HIGH HOLIDAY
PRAYER BOOK

HIGH HOLIDAY
PRAYER BOOK
מַחֲזוֹר לְרֹאשׁ הַשָּׁנָה וּלְיוֹם הַכִּפּוּרִים

Worship Services for
ROSH HASHANAH and YOM KIPPUR
with Explanatory Notes, Supplementary Prayers,
Meditations, and New Readings

Compiled and arranged by
RABBI MORRIS SILVERMAN

Published for
THE UNITED SYNAGOGUE OF AMERICA
by THE PRAYER BOOK PRESS

אֶת־סֵפֶר הַתְּפִלּוֹת הַיָּשָׁן . . .

אֶת־סֵפֶר הַתְּפִלּוֹת הַיָּשָׁן, הַנּוֹבֵל מִדְּמָעוֹת, אֶקַּח בְּיָדִי,
לְאֵל אֱלֹהֵי אֲבוֹתַי, צוּרָם וּמַחֲסָם מִקֶּדֶם, מִמְּצוּקִי אֶקְרָא,
בַּמִּלִּים הָהֵן הַיְשָׁנוֹת, חֲרוּכוֹת כְּאֵב הַדּוֹרוֹת, מַר־שִׂיחִי אֶשְׁפֹּךְ,
תַּשֶּׂאנָה הֵן, הַיּוֹדְעוֹת שְׁבִילֵי מְרוֹמִים, תְּלוּנָתִי אֶל אֵל בַּמְּרוֹמִים:
וַאֲשֶׁר קָצְרָה לְשׁוֹנִי לְהַבִּיעַ מֵעֹצֶר זְוָעָה, וַאֲשֶׁר יִצְפֹּן לְבָבִי,
בְּנִיבָן הַפָּשׁוּט וְהַנֶּאֱמָן לִפְנֵי אֵל תְּשַׁחְנָה, תִּבְעֶינָה רַחֲמִים:
וְאֵל בַּשָּׁמַיִם, אֲשֶׁר שָׁמַע תְּפִלּוֹת אֲבוֹתַי וְכֹחַ וָעֹז נָתַן בָּם
לָשֵׂאת וְלִסְבֹּל כָּל־צָרָה וְחֶרְפָּה וְזָדוֹן בָּעוֹלָם וּלְקַוּוֹת גְּאֻלָּה,
אוּלַי יִשְׁמַע גַּם תְּפִלָּתִי, אֶנְקָתִי יֶאֱסֹף וִיהִי לְמָגֵן לִי:...
...וְאֵין עוֹזֵר וְתוֹמֵךְ לִי, כִּי אִם אֵל בַּשָּׁמָיִם:

The Old Prayer Book

This book of prayers, old and stained with tears,
I take into my hand,
And unto the God of my fathers,
Who from ages past has been their Rock and Refuge,
I call in my distress.
In ancient words, seared with the pain of generations,
I pour out my woe.
May these words that know the heavenly paths,
Ascend aloft unto God on high,
To convey to Him that which my tongue cannot express —
All that lies deep hidden
Within my heart.
May these words, simple and true, speak for me before God,
Entreating His mercy.
Perchance the heavenly God who hearkened to my fathers' prayers,
Who gave them courage and strength
To bear all their sorrow and degradation,
Yet ever to hope for redemption —
Perchance He will also hear my prayer and hearken to my cry,
And be to me a protecting shield,
For there is none to help or sustain me,
But God in heaven.

THE UNITED SYNAGOGUE OF AMERICA
Expresses its appreciation to
RABBI MORRIS SILVERMAN
For Compiling, Translating and Editing
This HIGH HOLIDAY PRAYER BOOK

ACKNOWLEDGMENT

This HIGH HOLIDAY PRAYER BOOK was prepared in consultation with the following distinguished scholars and rabbis:

PROFESSOR ISRAEL DAVIDSON ז״ל

PROFESSOR LOUIS GINZBERG ז״ל

PROFESSOR LOUIS FINKELSTEIN

PROFESSOR SHALOM SPIEGEL

DR. MAX ARZT

DR. MAX DROB ז״ל

DR. ROBERT GORDIS

DR. WILLIAM GREENFELD

DR. GERSHON HADAS

DR. HERMAN HAILPERIN

DR. JACOB S. MINKIN

DR. ISRAEL LEVINTHAL

DR. DAVID DE SOLA POOL

DR. ISIDORE SIGNER ז״ל

DR. MILTON STEINBERG ז״ל

PREFACE

Israel's ancient prayers transcend the milieu of their authors and possess the power and the beauty to evoke, even in our own generation, the loftiest emotions and the profoundest sentiments. To convey this beauty and power, to reveal this abiding appeal through explanatory notes and interpretation, to correlate this ancient text with contemporaneous prayers expressing modern aspirations, has been the purpose which actuated the compilation of this HIGH HOLIDAY PRAYER BOOK. In other words, this Prayer Book seeks to be true to the spirit and practice of traditional Judaism, and at the same time endeavors to meet the needs of the present day. The extent to which this aim has been met can be discovered only through a careful perusal of the volume itself. Nevertheless, it would not be amiss to indicate the fundamental motivation of this effort and the principles underlying it.

No fundamental prayer and no familiar Hebrew phrase has been omitted. Deliberate changes or emendations in the Hebrew text, slight as they may be, are disturbing and extremely disconcerting to those who are familiar with the Hebrew passages. Such prayers as *Kol Nidre*, *Hineni*, *Av Horaḥamim*, *U'mipneh Ḥataenu*, the *Avodah*, and *Ata V'ḥartanu* have been retained in their entirety and are introduced with explanatory notes which help to convey their historical background and render them relevant to our age.

New supplementary readings have been inserted at various points in the Service to re-interpret the old prayers, thus preserving the traditional passages, and at the same time presenting the contemporaneous viewpoint. The old and the new elements, the traditional and the supplementary readings have been combined in one edition because the constant use of two or more books at a service tends to cause confusion and detracts from the dignity and effectiveness of worship.

Translations, generally, are either so literal that they fail to convey the intent of the prayer or so free that they are unfaithful to the text. Hebrew, like other languages, with its own individual style, its idiomatic expressions and poetic forms, cannot be translated word for word without violating its spirit. It must be borne in mind that Israel's Prayer Book includes selections from Biblical and Talmudic as well as medieval sources of different periods and lands. Some of the prayers, notably the Piyyutim, are couched in concise terms, rich in allusion, often cryptic, with Biblical and Rabbinic phrases skillfully woven into the text, in a unique rhythmic form, and in alphabetical acrostic. Others are written with an over-abundance of synonyms for purpose of emphasis. The singular and plural are used indiscriminately, and the Deity is referred to in the second and third person in the same sentence. Obviously, a literal translation of such passages would result in pedantry, confusion, and even distortion of the original text. To retain the spirit of these prayers, it is therefore necessary to paraphrase and to re-interpret them in modern terms. This procedure is in keeping with the method and spirit of Targum Onkelos, Jonathan Ben 'Uzziel and the other Targumim, who, in their translations, often gave a new meaning to an old text. An example in the old Prayer Book itself is the Aramaic verses in *U'voh l'tzion.*

Though a Prayer Book need not become a dissertation on history or an apologia, nevertheless, explanatory notes are necessary before all Torah readings, before the *Malḥuyot, Ziḥronot* and *Shoferot,* and before a number of Piyyutim and other prayers, to render them more meaningful for us. The *Eleh Ezkerah,* dealing with the Ten Martyrs has been enlarged to a section on Martyrology with excerpts from extraneous sources.

Recognizing the need of more congregational participation in the Service as conducive to greater interest and fervor, a number of the translations have been arranged in prose and metrical form for Responsive Reading. The writings of Yehuda Halevi, Moses ibn Ezra, Ibn Gabirol, Solomon Schechter, Mordecai M. Kaplan, Solomon Solis-Cohen and others have been utilized for Meditations and Responsive Readings within the framework of the text itself. To enrich our Service and give it a universal touch, several beautiful poems from the Sephardic ritual have also been included in the Prayer Book.

For the Day of Atonement, when a longer Service may be

necessary, additional Readings have been inserted between *Musaf* and *Minḥa,* and between *Minḥa* and *Ne'ilah.*

An Index lists the sources of all additional Readings and the names of the composers and translators.

A number of responses and hymns have been transliterated into English as an aid to congregational singing. Whereas transliteration in notes and in headings should follow the scientifically recognized system, the aim in transliteration for congregational singing should be completely practical, and should approximate the pronunciation prevalent in Ashkenazic congregations.

ACKNOWLEDGMENTS

That this Prayer Book may be truly representative of traditional Judaism in America and reflect practices in various congregations, a number of Rabbis and scholars were consulted. I am deeply grateful to Professor LOUIS GINZBERG, Professor ISRAEL DAVIDSON, ז״ל and Professor LOUIS FINKELSTEIN of the Jewish Theological Seminary of America for their scholarly assistance and advice.

I can not express sufficiently my obligation to the following distinguished colleagues and friends:

Dr. ISRAEL H. LEVINTHAL of the Brooklyn Jewish Center, for his indefatigable cooperation in the arrangement of the text, his valuable suggestions and his personal warmhearted encouragement throughout the progress of this endeavor;

Dr. MAX ARZT of Scranton, Pa., Lecturer at the Jewish Theological Seminary, for giving unstintingly of his time and thought, for carefully reading the entire manuscript and for his innumerable constructive comments;

Dr. ROBERT GORDIS of Rockaway Park, L. I., Lecturer in Bible at the Jewish Theological Seminary, for his kindness in critically examining all the prayers, especially for his help in the revision of all the Biblical passages;

Dr. MAX DROB and Dr. JACOB S. MINKIN of New York City for their painstaking efforts in reading the entire manuscript, and for their excellent recommendations by which this edition of the Prayer Book has profited.

I am also indebted to the following colleagues who have read various parts of the manuscript and have made a number of useful suggestions: Rabbi GERSHON HADAS of Kansas City, Mo., Rabbi DAVID DE SOLA POOL and Rabbi MILTON STEINBERG of New York, Rabbi HERMAN HAILPERIN of Pittsburgh, Pa., Rabbi WILLIAM P. GREENFELD of Waterbury, Conn., and Rabbi ISADORE SIGNER of Manhattan Beach, N. Y.

I am particularly happy to record my appreciation to my wife for her invaluable aid in the arrangement of the rhythmic passages and for her assistance in seeing the manuscript through the press to its final completion.

Although I am deeply grateful to all who have cooperated with me, I personally assume all responsibility for the deficiencies that may appear.

Acknowledgment is gratefully made to the United Synagogue of America for permission to use Professor MORDECAI M. KAPLAN'S Readings from the "Supplementary Prayers for the High Holidays," and to the Jewish Publication Society of America for permission to use its translation of Bible passages, the Piyyutim of IBN GABIROL translated by ISRAEL ZANGWILL; the Piyyutim of YEHUDA HALEVI, translated by NINA SALAMAN: and the Piyyutim of MOSES IBN EZRA, translated by Dr. SOLOMON SOLIS-COHEN; and to Rosenbach & Co., for permission to use several religious poems from the volume, "When Love Passed By and Other Verses" by Dr. SOLOMON SOLIS-COHEN; and to YA'AQOV COHEN of Tel Aviv, Palestine, for his Hebrew poem, "The Old Prayer Book," which serves as a frontpiece of this volume.

In concluding this labor of love, I humbly offer my thanks to God for life and health, and for the opportunity of editing this HIGH HOLIDAY PRAYER BOOK which I trust will, in some measure, make the High Holiday Service more meaningful, and inspire the worshippers to rededicate themselves to the ideals of the מלכות שמים

MORRIS SILVERMAN

HARTFORD, CONN.
Tishri 5700
September 1939.

CONTENTS

אַשְׁרֵי יוֹשְׁבֵי בֵיתֶךָ עוֹד יְהַלְלוּךָ סֶּלָה:
אַשְׁרֵי הָעָם שֶׁכָּכָה לּוֹ אַשְׁרֵי הָעָם שֶׁיְיָ אֱלֹהָיו:

קמ״ה תְּהִלָּה לְדָוִד.

אֲרוֹמִמְךָ אֱלוֹהַי הַמֶּלֶךְ וַאֲבָרְכָה שִׁמְךָ לְעוֹלָם וָעֶד:
בְּכָל־יוֹם אֲבָרְכֶךָּ וַאֲהַלְלָה שִׁמְךָ לְעוֹלָם וָעֶד:
גָּדוֹל יְיָ וּמְהֻלָּל מְאֹד וְלִגְדֻלָּתוֹ אֵין חֵקֶר:
דּוֹר לְדוֹר יְשַׁבַּח מַעֲשֶׂיךָ וּגְבוּרֹתֶיךָ יַגִּידוּ:
הֲדַר כְּבוֹד הוֹדֶךָ וְדִבְרֵי נִפְלְאֹתֶיךָ אָשִׂיחָה:
וֶעֱזוּז נוֹרְאֹתֶיךָ יֹאמֵרוּ וּגְדֻלָּתְךָ אֲסַפְּרֶנָּה:
זֵכֶר רַב־טוּבְךָ יַבִּיעוּ וְצִדְקָתְךָ יְרַנֵּנוּ:
חַנּוּן וְרַחוּם יְיָ אֶרֶךְ אַפַּיִם וּגְדָל־חָסֶד:
טוֹב־יְיָ לַכֹּל וְרַחֲמָיו עַל־כָּל־מַעֲשָׂיו:
יוֹדוּךָ יְיָ כָּל־מַעֲשֶׂיךָ וַחֲסִידֶיךָ יְבָרְכוּכָה:
כְּבוֹד מַלְכוּתְךָ יֹאמֵרוּ וּגְבוּרָתְךָ יְדַבֵּרוּ:
לְהוֹדִיעַ לִבְנֵי הָאָדָם גְּבוּרֹתָיו וּכְבוֹד הֲדַר מַלְכוּתוֹ:
מַלְכוּתְךָ מַלְכוּת כָּל־עֹלָמִים וּמֶמְשַׁלְתְּךָ בְּכָל־דּוֹר וָדוֹר:
סוֹמֵךְ יְיָ לְכָל־הַנֹּפְלִים וְזוֹקֵף לְכָל־הַכְּפוּפִים:
עֵינֵי כֹל אֵלֶיךָ יְשַׂבֵּרוּ וְאַתָּה נוֹתֵן לָהֶם אֶת־אָכְלָם בְּעִתּוֹ:
פּוֹתֵחַ אֶת־יָדֶךָ וּמַשְׂבִּיעַ לְכָל־חַי רָצוֹן:
צַדִּיק יְיָ בְּכָל־דְּרָכָיו וְחָסִיד בְּכָל־מַעֲשָׂיו:
קָרוֹב יְיָ לְכָל־קֹרְאָיו לְכֹל אֲשֶׁר יִקְרָאֻהוּ בֶאֱמֶת:
רְצוֹן־יְרֵאָיו יַעֲשֶׂה וְאֶת־שַׁוְעָתָם יִשְׁמַע וְיוֹשִׁיעֵם:
שׁוֹמֵר יְיָ אֶת־כָּל־אֹהֲבָיו וְאֵת כָּל־הָרְשָׁעִים יַשְׁמִיד:
תְּהִלַּת יְיָ יְדַבֶּר־פִּי וִיבָרֵךְ כָּל־בָּשָׂר שֵׁם קָדְשׁוֹ
לְעוֹלָם וָעֶד:
וַאֲנַחְנוּ נְבָרֵךְ יָהּ מֵעַתָּה וְעַד־עוֹלָם הַלְלוּיָהּ:

Reader

יִתְגַּדַּל וְיִתְקַדַּשׁ שְׁמֵהּ רַבָּא. בְּעָלְמָא דִּי־בְרָא כִרְעוּתֵהּ. וְיַמְלִיךְ מַלְכוּתֵהּ בְּחַיֵּיכוֹן וּבְיוֹמֵיכוֹן וּבְחַיֵּי דְכָל־בֵּית יִשְׂרָאֵל בַּעֲגָלָא וּבִזְמַן קָרִיב. וְאִמְרוּ אָמֵן:

יְהֵא שְׁמֵהּ רַבָּא מְבָרַךְ לְעָלַם וּלְעָלְמֵי עָלְמַיָּא:

יִתְבָּרַךְ וְיִשְׁתַּבַּח וְיִתְפָּאַר וְיִתְרוֹמַם וְיִתְנַשֵּׂא וְיִתְהַדָּר וְיִתְעַלֶּה
וְיִתְהַלָּל שְׁמֵהּ דְּקֻדְשָׁא. בְּרִיךְ הוּא. לְעֵלָּא מִן־כָּל־בִּרְכָתָא
וְשִׁירָתָא תֻּשְׁבְּחָתָא וְנֶחֱמָתָא דַּאֲמִירָן בְּעָלְמָא. וְאִמְרוּ אָמֵן:

The Amidah is said standing, in silent devotion

אֲדֹנָי שְׂפָתַי תִּפְתָּח וּפִי יַגִּיד תְּהִלָּתֶךָ:

בָּרוּךְ אַתָּה יְיָ אֱלֹהֵינוּ וֵאלֹהֵי אֲבוֹתֵינוּ. אֱלֹהֵי אַבְרָהָם אֱלֹהֵי
יִצְחָק וֵאלֹהֵי יַעֲקֹב. הָאֵל הַגָּדוֹל הַגִּבּוֹר וְהַנּוֹרָא. אֵל עֶלְיוֹן. גּוֹמֵל
חֲסָדִים טוֹבִים וְקֹנֵה הַכֹּל. וְזוֹכֵר חַסְדֵי אָבוֹת וּמֵבִיא גוֹאֵל לִבְנֵי
בְנֵיהֶם לְמַעַן שְׁמוֹ בְּאַהֲבָה.

מֶלֶךְ עוֹזֵר וּמוֹשִׁיעַ וּמָגֵן. בָּרוּךְ אַתָּה יְיָ מָגֵן אַבְרָהָם:

אַתָּה גִּבּוֹר לְעוֹלָם אֲדֹנָי. מְחַיֵּה מֵתִים אַתָּה רַב לְהוֹשִׁיעַ.

מְכַלְכֵּל חַיִּים בְּחֶסֶד. מְחַיֵּה מֵתִים בְּרַחֲמִים רַבִּים. סוֹמֵךְ
נוֹפְלִים וְרוֹפֵא חוֹלִים וּמַתִּיר אֲסוּרִים. וּמְקַיֵּם אֱמוּנָתוֹ לִישֵׁנֵי
עָפָר. מִי כָמוֹךָ בַּעַל גְּבוּרוֹת וּמִי דּוֹמֶה לָּךְ. מֶלֶךְ מֵמִית וּמְחַיֶּה
וּמַצְמִיחַ יְשׁוּעָה.

וְנֶאֱמָן אַתָּה לְהַחֲיוֹת מֵתִים. בָּרוּךְ אַתָּה יְיָ מְחַיֵּה הַמֵּתִים:*

---

*When the Reader chants the Amidah, the following Kedushah is added:
נְקַדֵּשׁ אֶת שִׁמְךָ בָּעוֹלָם כְּשֵׁם שֶׁמַּקְדִּישִׁים אוֹתוֹ בִּשְׁמֵי מָרוֹם
כַּכָּתוּב עַל־יַד נְבִיאֶךָ. וְקָרָא זֶה אֶל־זֶה וְאָמַר.

קָדוֹשׁ קָדוֹשׁ קָדוֹשׁ יְיָ צְבָאוֹת. מְלֹא כָל־הָאָרֶץ כְּבוֹדוֹ:

Reader לְעֻמָּתָם בָּרוּךְ יֹאמֵרוּ.

בָּרוּךְ כְּבוֹד יְיָ מִמְּקוֹמוֹ:

Reader וּבְדִבְרֵי קָדְשְׁךָ כָּתוּב לֵאמֹר.

יִמְלֹךְ יְיָ לְעוֹלָם אֱלֹהַיִךְ צִיּוֹן לְדֹר וָדֹר. הַלְלוּיָהּ:

Reader

לְדוֹר וָדוֹר נַגִּיד גָּדְלֶךָ. וּלְנֵצַח נְצָחִים קְדֻשָּׁתְךָ נַקְדִּישׁ.
וְשִׁבְחֲךָ אֱלֹהֵינוּ מִפִּינוּ לֹא יָמוּשׁ לְעוֹלָם וָעֶד. כִּי אֵל מֶלֶךְ גָּדוֹל
וְקָדוֹשׁ אָתָּה. בָּרוּךְ אַתָּה יְיָ. הָאֵל הַקָּדוֹשׁ:

אַתָּה קָדוֹשׁ וְשִׁמְךָ קָדוֹשׁ. וּקְדוֹשִׁים בְּכָל־יוֹם יְהַלְלוּךָ סֶּלָה. בָּרוּךְ אַתָּה יְיָ הָאֵל הַקָּדוֹשׁ:

אַתָּה חוֹנֵן לְאָדָם דַּעַת וּמְלַמֵּד לֶאֱנוֹשׁ בִּינָה. חָנֵּנוּ מֵאִתְּךָ דֵּעָה בִּינָה וְהַשְׂכֵּל: בָּרוּךְ אַתָּה יְיָ חוֹנֵן הַדָּעַת:

הֲשִׁיבֵנוּ אָבִינוּ לְתוֹרָתֶךָ. וְקָרְבֵנוּ מַלְכֵּנוּ לַעֲבוֹדָתֶךָ. וְהַחֲזִירֵנוּ בִּתְשׁוּבָה שְׁלֵמָה לְפָנֶיךָ: בָּרוּךְ אַתָּה יְיָ הָרוֹצֶה בִּתְשׁוּבָה.

סְלַח לָנוּ אָבִינוּ כִּי חָטָאנוּ. מְחַל לָנוּ מַלְכֵּנוּ כִּי פָשָׁעְנוּ. כִּי מוֹחֵל וְסוֹלֵחַ אָתָּה: בָּרוּךְ אַתָּה יְיָ חַנּוּן הַמַּרְבֶּה לִסְלוֹחַ:

רְאֵה בְעָנְיֵנוּ וְרִיבָה רִיבֵנוּ. וּגְאָלֵנוּ מְהֵרָה לְמַעַן שְׁמֶךָ. כִּי גּוֹאֵל חָזָק אָתָּה: בָּרוּךְ אַתָּה יְיָ גּוֹאֵל יִשְׂרָאֵל:

רְפָאֵנוּ יְיָ וְנֵרָפֵא. הוֹשִׁיעֵנוּ וְנִוָּשֵׁעָה. כִּי תְהִלָּתֵנוּ אָתָּה. וְהַעֲלֵה רְפוּאָה שְׁלֵמָה לְכָל מַכּוֹתֵינוּ. כִּי אֵל מֶלֶךְ רוֹפֵא נֶאֱמָן וְרַחֲמָן אָתָּה: בָּרוּךְ אַתָּה יְיָ רוֹפֵא חוֹלֵי עַמּוֹ יִשְׂרָאֵל:

בָּרֵךְ עָלֵינוּ יְיָ אֱלֹהֵינוּ אֶת־הַשָּׁנָה הַזֹּאת וְאֶת כָּל מִינֵי תְבוּאָתָהּ לְטוֹבָה וְתֵן בְּרָכָה עַל פְּנֵי הָאֲדָמָה. וְשַׂבְּעֵנוּ מִטּוּבֶךָ. וּבָרֵךְ שְׁנָתֵנוּ כַּשָּׁנִים הַטּוֹבוֹת: בָּרוּךְ אַתָּה יְיָ מְבָרֵךְ הַשָּׁנִים:

תְּקַע בְּשׁוֹפָר גָּדוֹל לְחֵרוּתֵנוּ. וְשָׂא נֵס לְקַבֵּץ גָּלֻיּוֹתֵנוּ. וְקַבְּצֵנוּ יַחַד מֵאַרְבַּע כַּנְפוֹת הָאָרֶץ: בָּרוּךְ אַתָּה יְיָ מְקַבֵּץ נִדְחֵי עַמּוֹ יִשְׂרָאֵל:

הָשִׁיבָה שׁוֹפְטֵינוּ כְּבָרִאשׁוֹנָה. וְיוֹעֲצֵינוּ כְּבַתְּחִלָּה. וְהָסֵר מִמֶּנּוּ יָגוֹן וַאֲנָחָה. וּמְלוֹךְ עָלֵינוּ אַתָּה יְיָ לְבַדְּךָ בְּחֶסֶד וּבְרַחֲמִים וְצַדְּקֵנוּ בַּמִּשְׁפָּט: בָּרוּךְ אַתָּה יְיָ מֶלֶךְ אוֹהֵב צְדָקָה וּמִשְׁפָּט:

וְלַמַּלְשִׁינִים אַל תְּהִי תִקְוָה. וְכָל־הָרִשְׁעָה כְּרֶגַע תֹּאבֵד. וְכָל־אוֹיְבֶיךָ מְהֵרָה יִכָּרֵתוּ. וּמַלְכוּת זָדוֹן מְהֵרָה תְעַקֵּר וּתְשַׁבֵּר וּתְמַגֵּר וְתַכְנִיעַ בִּמְהֵרָה בְיָמֵינוּ. בָּרוּךְ אַתָּה יְיָ שׁוֹבֵר אוֹיְבִים וּמַכְנִיעַ זֵדִים:

עַל הַצַּדִּיקִים וְעַל הַחֲסִידִים. וְעַל זִקְנֵי עַמְּךָ בֵּית יִשְׂרָאֵל. וְעַל פְּלֵיטַת סוֹפְרֵיהֶם וְעַל גֵּרֵי הַצֶּדֶק וְעָלֵינוּ. יֶהֱמוּ רַחֲמֶיךָ יְיָ אֱלֹהֵינוּ. וְתֵן שָׂכָר טוֹב לְכָל הַבּוֹטְחִים בְּשִׁמְךָ בֶּאֱמֶת. וְשִׂים חֶלְקֵנוּ

עִמָּהֶם לְעוֹלָם וְלֹא נֵבוֹשׁ כִּי בְךָ בָּטָחְנוּ. בָּרוּךְ אַתָּה יְיָ מִשְׁעָן וּמִבְטָח לַצַּדִּיקִים:

וְלִירוּשָׁלַיִם עִירְךָ בְּרַחֲמִים תָּשׁוּב. וְתִשְׁכּוֹן בְּתוֹכָהּ כַּאֲשֶׁר דִּבַּרְתָּ. וּבְנֵה אוֹתָהּ בְּקָרוֹב בְּיָמֵינוּ בִּנְיַן עוֹלָם. וְכִסֵּא דָוִד מְהֵרָה לְתוֹכָהּ תָּכִין. בָּרוּךְ אַתָּה יְיָ בּוֹנֵה יְרוּשָׁלָיִם:

אֶת־צֶמַח דָּוִד עַבְדְּךָ מְהֵרָה תַצְמִיחַ. וְקַרְנוֹ תָּרוּם בִּישׁוּעָתֶךָ. כִּי לִישׁוּעָתְךָ קִוִּינוּ כָּל־הַיּוֹם. בָּרוּךְ אַתָּה יְיָ מַצְמִיחַ קֶרֶן יְשׁוּעָה:

שְׁמַע קוֹלֵנוּ יְיָ אֱלֹהֵינוּ. חוּס וְרַחֵם עָלֵינוּ. וְקַבֵּל בְּרַחֲמִים וּבְרָצוֹן אֶת־תְּפִלָּתֵנוּ. כִּי אֵל שׁוֹמֵעַ תְּפִלּוֹת וְתַחֲנוּנִים אָתָּה. וּמִלְּפָנֶיךָ מַלְכֵּנוּ רֵיקָם אַל תְּשִׁיבֵנוּ. כִּי אַתָּה שׁוֹמֵעַ תְּפִלַּת עַמְּךָ יִשְׂרָאֵל בְּרַחֲמִים. בָּרוּךְ אַתָּה יְיָ שׁוֹמֵעַ תְּפִלָּה:

רְצֵה יְיָ אֱלֹהֵינוּ בְּעַמְּךָ יִשְׂרָאֵל וּבִתְפִלָּתָם. וְהָשֵׁב אֶת־הָעֲבוֹדָה לִדְבִיר בֵּיתֶךָ וְאִשֵּׁי יִשְׂרָאֵל. וּתְפִלָּתָם בְּאַהֲבָה תְקַבֵּל בְּרָצוֹן. וּתְהִי לְרָצוֹן תָּמִיד עֲבוֹדַת יִשְׂרָאֵל עַמֶּךָ.

וְתֶחֱזֶינָה עֵינֵינוּ בְּשׁוּבְךָ לְצִיּוֹן בְּרַחֲמִים. בָּרוּךְ אַתָּה יְיָ הַמַּחֲזִיר שְׁכִינָתוֹ לְצִיּוֹן:

*מוֹדִים אֲנַחְנוּ לָךְ שָׁאַתָּה הוּא יְיָ אֱלֹהֵינוּ וֵאלֹהֵי אֲבוֹתֵינוּ לְעוֹלָם וָעֶד. צוּר חַיֵּינוּ מָגֵן יִשְׁעֵנוּ אַתָּה הוּא לְדוֹר וָדוֹר. נוֹדֶה לְּךָ וּנְסַפֵּר תְּהִלָּתֶךָ עַל חַיֵּינוּ הַמְּסוּרִים בְּיָדֶךָ וְעַל נִשְׁמוֹתֵינוּ הַפְּקוּדוֹת לָךְ. וְעַל נִסֶּיךָ שֶׁבְּכָל־יוֹם עִמָּנוּ וְעַל נִפְלְאוֹתֶיךָ וְטוֹבוֹתֶיךָ שֶׁבְּכָל־עֵת עֶרֶב וָבֹקֶר וְצָהֳרָיִם. הַטּוֹב כִּי לֹא־כָלוּ רַחֲמֶיךָ. וְהַמְרַחֵם כִּי לֹא־תַמּוּ חֲסָדֶיךָ מֵעוֹלָם קִוִּינוּ לָךְ:

**When the Reader chants the Amidah, the Congregation says:*

מוֹדִים אֲנַחְנוּ לָךְ. שָׁאַתָּה הוּא יְיָ אֱלֹהֵינוּ וֵאלֹהֵי אֲבוֹתֵינוּ אֱלֹהֵי כָל־בָּשָׂר. יוֹצְרֵנוּ יוֹצֵר בְּרֵאשִׁית. בְּרָכוֹת וְהוֹדָאוֹת לְשִׁמְךָ הַגָּדוֹל וְהַקָּדוֹשׁ. עַל שֶׁהֶחֱיִיתָנוּ וְקִיַּמְתָּנוּ. כֵּן תְּחַיֵּנוּ וּתְקַיְּמֵנוּ. וְתֶאֱסוֹף גָּלֻיּוֹתֵינוּ לְחַצְרוֹת קָדְשֶׁךָ. לִשְׁמוֹר חֻקֶּיךָ וְלַעֲשׂוֹת רְצוֹנֶךָ וּלְעָבְדְּךָ בְּלֵבָב שָׁלֵם. עַל שֶׁאֲנַחְנוּ מוֹדִים לָךְ. בָּרוּךְ אֵל הַהוֹדָאוֹת:

וְעַל כֻּלָּם יִתְבָּרַךְ וְיִתְרוֹמַם שִׁמְךָ מַלְכֵּנוּ תָּמִיד לְעוֹלָם וָעֶד: וְכֹל הַחַיִּים יוֹדְוּךָ סֶּלָה וִיהַלְלוּ אֶת־שִׁמְךָ בֶּאֱמֶת הָאֵל יְשׁוּעָתֵנוּ וְעֶזְרָתֵנוּ סֶלָה. בָּרוּךְ אַתָּה יְיָ הַטּוֹב שִׁמְךָ וּלְךָ נָאֶה לְהוֹדוֹת:

שָׁלוֹם רָב עַל יִשְׂרָאֵל עַמְּךָ תָּשִׂים לְעוֹלָם. כִּי אַתָּה הוּא מֶלֶךְ אָדוֹן לְכָל־הַשָּׁלוֹם. וְטוֹב בְּעֵינֶיךָ לְבָרֵךְ אֶת־עַמְּךָ יִשְׂרָאֵל בְּכָל־עֵת וּבְכָל־שָׁעָה בִּשְׁלוֹמֶךָ.

בָּרוּךְ אַתָּה יְיָ הַמְבָרֵךְ אֶת־עַמּוֹ יִשְׂרָאֵל בַּשָּׁלוֹם:

אֱלֹהַי נְצוֹר לְשׁוֹנִי מֵרָע וּשְׂפָתַי מִדַּבֵּר מִרְמָה וְלִמְקַלְלַי נַפְשִׁי תִדּוֹם וְנַפְשִׁי כֶּעָפָר לַכֹּל תִּהְיֶה: פְּתַח לִבִּי בְּתוֹרָתֶךָ וּבְמִצְוֹתֶיךָ תִּרְדּוֹף נַפְשִׁי. וְכֹל הַחוֹשְׁבִים עָלַי רָעָה מְהֵרָה הָפֵר עֲצָתָם וְקַלְקֵל מַחֲשַׁבְתָּם: עֲשֵׂה לְמַעַן שְׁמֶךָ עֲשֵׂה לְמַעַן יְמִינֶךָ עֲשֵׂה לְמַעַן קְדֻשָּׁתֶךָ עֲשֵׂה לְמַעַן תּוֹרָתֶךָ: לְמַעַן יֵחָלְצוּן יְדִידֶיךָ הוֹשִׁיעָה יְמִינְךָ וַעֲנֵנִי: יִהְיוּ לְרָצוֹן אִמְרֵי־פִי וְהֶגְיוֹן לִבִּי לְפָנֶיךָ יְיָ צוּרִי וְגוֹאֲלִי: עֹשֶׂה שָׁלוֹם בִּמְרוֹמָיו הוּא יַעֲשֶׂה שָׁלוֹם עָלֵינוּ וְעַל כָּל־יִשְׂרָאֵל וְאִמְרוּ אָמֵן:

יְהִי רָצוֹן מִלְּפָנֶיךָ יְיָ אֱלֹהֵינוּ וֵאלֹהֵי אֲבוֹתֵינוּ שֶׁיִּבָּנֶה בֵּית הַמִּקְדָּשׁ בִּמְהֵרָה בְיָמֵינוּ וְתֵן חֶלְקֵנוּ בְּתוֹרָתֶךָ: וְשָׁם נַעֲבָדְךָ בְּיִרְאָה כִּימֵי עוֹלָם וּכְשָׁנִים קַדְמוֹנִיּוֹת: וְעָרְבָה לַייָ מִנְחַת יְהוּדָה וִירוּשָׁלָיִם כִּימֵי עוֹלָם וּכְשָׁנִים קַדְמוֹנִיּוֹת:

Reader's Kaddish, page 16

Alenu, page 22

תפלת ערבית לראש השנה

EVENING SERVICE
FOR
THE NEW YEAR

תפלת ערבית לראש השנה

EVENING SERVICE
FOR
THE NEW YEAR

מַה־טֹּבוּ אֹהָלֶיךָ יַעֲקֹב מִשְׁכְּנֹתֶיךָ יִשְׂרָאֵל: וַאֲנִי בְּרֹב
חַסְדְּךָ אָבוֹא בֵיתֶךָ אֶשְׁתַּחֲוֶה אֶל־הֵיכַל קָדְשְׁךָ בְּיִרְאָתֶךָ:
יְיָ אָהַבְתִּי מְעוֹן בֵּיתֶךָ וּמְקוֹם מִשְׁכַּן כְּבוֹדֶךָ: וַאֲנִי
אֶשְׁתַּחֲוֶה וְאֶכְרָעָה אֶבְרְכָה לִפְנֵי־יְיָ עֹשִׂי: וַאֲנִי תְפִלָּתִי־
לְךָ יְיָ עֵת רָצוֹן אֱלֹהִים בְּרָב־חַסְדֶּךָ עֲנֵנִי בֶּאֱמֶת יִשְׁעֶךָ:

How goodly are thy tents, O Jacob, thy dwelling places, O Israel! In Thine abundant love have I come into Thy house, O Lord, and in reverence do I worship Thee in Thy holy Sanctuary. O Lord, I love the habitation of Thy house and the place where Thy glory dwelleth. Therefore I will bow down and pray unto Thee, O Lord, my Maker. Accept my prayer, O God, and in Thy great mercy, answer me with Thy saving truth. Amen.

MEDITATION

Even when the gates of heaven are shut to prayer, they are open to tears. Prayer is Israel's only weapon, a weapon inherited from our fathers, tried and tested in a thousand battles.

TALMUD

There is an old story, conceived by the sages and handed down from age to age, that when God had finished the world, He asked one of the angels if aught were wanting on land or on sea, in air or in heaven. The angel replied that all was perfect; one thing only was lacking—speech, to praise God's works. And the heavenly Father approved the angel's words, and soon thereafter He created man, gifted with the muses. This is the ancient story, and in consonance with its spirit, I say: 'It is God's peculiar work to benefit man, and man's work to give Him thanks.'

PHILO-JUDAEUS, FIRST CENTURY

Prayer for the New Year

Reader

O God, divine Ruler of the universe, as the twilight of the old year fades into the night that marks the birth of another year, we gather together in Thy house with mingled emotions, mindful of the blessings and the sorrows Thou hast seen fit to lay upon us.

Thou, O Lord, art without beginning and without end. Before Thee, time and change are as naught. A thousand years in Thy sight are as yesterday when it is past, but as for man, his years are numbered; every hour is precious for Thou hast set a limit to his days on earth. On Rosh Hashanah we become aware of the flight of time, the vanity of our possessions, and the uncertainty of life. We feel the need of pursuing that which is timeless and indestructible. O may our prayers on these Holy Days arouse within us lofty resolves. Stimulate us to find richer meaning and fuller content in all our daily tasks and aspirations.

We pray that this year be for us and for all mankind a year of life and health, a year of sustenance and cheer. Help us to make it a year of consecration to the Torah, of devotion to Our People, of loyalty to Zion and of service to humanity; a year of faith and wisdom to meet the perplexities and perils which may beset us.

On this Rosh Hashanah and in the days to come, may we acknowledge Thee our Father and regard all men as brothers. May it be a year of peace, concord and serenity, a year in which Thy spirit will fill the hearts of all Thy children everywhere. Amen.

On Sabbath

צ״ב מִזְמוֹר שִׁיר לְיוֹם הַשַּׁבָּת:

טוֹב לְהוֹדוֹת לַייָ וּלְזַמֵּר לְשִׁמְךָ עֶלְיוֹן: לְהַגִּיד בַּבֹּקֶר חַסְדֶּךָ וֶאֱמוּנָתְךָ בַּלֵּילוֹת: עֲלֵי־עָשׂוֹר וַעֲלֵי־נָבֶל עֲלֵי הִגָּיוֹן בְּכִנּוֹר: כִּי שִׂמַּחְתַּנִי יְיָ בְּפָעֳלֶךָ בְּמַעֲשֵׂי יָדֶיךָ אֲרַנֵּן: מַה־גָּדְלוּ מַעֲשֶׂיךָ יְיָ מְאֹד עָמְקוּ מַחְשְׁבֹתֶיךָ: אִישׁ־בַּעַר לֹא יֵדָע וּכְסִיל לֹא־יָבִין אֶת־זֹאת: בִּפְרֹחַ רְשָׁעִים כְּמוֹ־עֵשֶׂב וַיָּצִיצוּ כָּל־פֹּעֲלֵי אָוֶן לְהִשָּׁמְדָם עֲדֵי־עַד: וְאַתָּה מָרוֹם לְעֹלָם יְיָ: כִּי הִנֵּה אֹיְבֶיךָ יְיָ כִּי־הִנֵּה אֹיְבֶיךָ יֹאבֵדוּ יִתְפָּרְדוּ כָּל־פֹּעֲלֵי אָוֶן: וַתָּרֶם כִּרְאֵים קַרְנִי בַּלֹּתִי בְּשֶׁמֶן רַעֲנָן: וַתַּבֵּט עֵינִי בְּשׁוּרָי בַּקָּמִים עָלַי מְרֵעִים תִּשְׁמַעְנָה אָזְנָי: צַדִּיק כַּתָּמָר יִפְרָח כְּאֶרֶז בַּלְּבָנוֹן יִשְׂגֶּה: שְׁתוּלִים בְּבֵית יְיָ בְּחַצְרוֹת אֱלֹהֵינוּ יַפְרִיחוּ: עוֹד יְנוּבוּן בְּשֵׂיבָה דְּשֵׁנִים וְרַעֲנַנִּים יִהְיוּ: לְהַגִּיד כִּי־יָשָׁר יְיָ צוּרִי וְלֹא־עַוְלָתָה בּוֹ:

צ״ג

יְיָ מָלָךְ גֵּאוּת לָבֵשׁ לָבֵשׁ יְיָ עֹז הִתְאַזָּר אַף־תִּכּוֹן תֵּבֵל בַּל־תִּמּוֹט: נָכוֹן כִּסְאֲךָ מֵאָז מֵעוֹלָם אָתָּה: נָשְׂאוּ נְהָרוֹת יְיָ נָשְׂאוּ נְהָרוֹת קוֹלָם יִשְׂאוּ נְהָרוֹת דָּכְיָם: מִקֹּלוֹת מַיִם רַבִּים אַדִּירִים מִשְׁבְּרֵי־יָם אַדִּיר בַּמָּרוֹם יְיָ: עֵדֹתֶיךָ נֶאֶמְנוּ מְאֹד לְבֵיתְךָ נַאֲוָה־קֹדֶשׁ יְיָ לְאֹרֶךְ יָמִים:

On the Sabbath

Selected from Psalms 92-93

It is good to give thanks unto the Lord,
And to sing praises unto Thy name, O Most High;
  To declare Thy loving-kindness each morning,
  And Thy faithfulness every night,
With an instrument of ten strings,
And with the psaltery,
With exalted music upon the harp.
  For Thou, O Lord, hast made me rejoice in Thy work;
  I will glory in the works of Thy hands.
How great are Thy deeds, O Lord!
Thy thoughts are very deep.
  The ignorant man does not know,
  Neither does a fool understand this—
That when the wicked spring up like the grass
And when the workers of iniquity flourish,
It is only that they may be destroyed forever.
  But the righteous shall flourish as the palm tree,
  Growing mighty as a cedar in Lebanon.
Planted in the house of the Lord,
They shall flourish in the courts of our God.
  They shall still bring forth fruit in old age;
  They shall be full of strength and vigor,
To praise the Lord for His justice,
Our Rock in whom there is no unrighteousness.
  The Lord reigneth; He is clothed in majesty;
  The world is set firm that it cannot be moved.
Thy throne, O Lord, is established from of old;
Thou art from everlasting.
  The floods lift up, O Lord,
  The floods lift up their roaring.
Above the voices of many waters,
Above the breakers of the sea,
Supreme art Thou, O Lord!
  Thy testimonies are very sure;
  Holiness becometh Thy house,
  O Lord, for evermore.

Kaddish, page 23

THE LORD IS KING*

The Lord is King!
The Lord was King!
Forever shall the Lord be King!

Ere space exists, or earth, or sky,
   The Lord is King!
Ere sun or star shone forth on high,
   The Lord was King!
When earth shall be a robe outworn,
And sky shall fade like mists of morn,
   Still shall the Lord fore'er be King!

The Lord is King!
The Lord was King!
Forever shall the Lord be King!

When earth He flings mid star-filled space,
   The Lord is King!
When living creatures there found place,
   The Lord was King!
When homeward from earth's corners four,
He calls the scattered folk once more,
   Then shall the Lord fore'er be King!

The Lord is King!
The Lord was King!
Forever shall the Lord be King!

* From the Sephardic ritual.

REVELATION OF GOD IN NATURE

Responsive Reading

Our fathers acclaimed the God
Whose handiwork they read
In the mysterious heavens above
And in the varied scene of earth below,
In the orderly march of days and nights,
Of seasons and years,
And in the chequered fate of man.

> "Lift your eyes on high
> And see who made it all.
> The Lord bringeth out the stars in order,
> And calleth them all by name."[1]

God is the mystery of life,
Enkindling inert matter
With inner drive and purpose.

> "He who maketh the dawn and darkness
> And treadeth upon the heights of the earth,
> His name is the Eternal."[2]

God is in the faith
By which we overcome
The fear of loneliness, of helplessness,
Of failure and of death.

> God is in the hope
> Which, like a shaft of light,
> Cleaves the dark abysms
> Of sin, and of despair.

God is in the love
Which creates, protects, forgives.
His the spirit
Which broods upon the chaos men have wrought,
Disturbing its static wrongs,
And stirring into life the formless beginnings
Of the new and better world.

> "Thou art my portion, O Eternal;
> Thou wilt show me the path of life.
> Everlasting happiness dost Thou provide."[3]

[1] Isaiah 40:26.   [2] Amos 4:13.   [3] Psalm 16:5, 11.

Reader

בָּרְכוּ אֶת־יְיָ הַמְבֹרָךְ:

Congregation and Reader

בָּרוּךְ יְיָ הַמְבֹרָךְ לְעוֹלָם וָעֶד:

בָּרוּךְ אַתָּה יְיָ אֱלֹהֵינוּ מֶלֶךְ הָעוֹלָם אֲשֶׁר בִּדְבָרוֹ מַעֲרִיב עֲרָבִים בְּחָכְמָה פּוֹתֵחַ שְׁעָרִים וּבִתְבוּנָה מְשַׁנֶּה עִתִּים וּמַחֲלִיף אֶת־הַזְּמַנִּים וּמְסַדֵּר אֶת־הַכּוֹכָבִים בְּמִשְׁמְרוֹתֵיהֶם בָּרָקִיעַ כִּרְצוֹנוֹ. בּוֹרֵא יוֹם וָלָיְלָה גּוֹלֵל אוֹר מִפְּנֵי חֹשֶׁךְ וְחֹשֶׁךְ מִפְּנֵי אוֹר. וּמַעֲבִיר יוֹם וּמֵבִיא לָיְלָה וּמַבְדִּיל בֵּין יוֹם וּבֵין לָיְלָה. יְיָ צְבָאוֹת שְׁמוֹ. אֵל חַי וְקַיָּם תָּמִיד יִמְלוֹךְ עָלֵינוּ לְעוֹלָם וָעֶד. בָּרוּךְ אַתָּה יְיָ הַמַּעֲרִיב עֲרָבִים:

אַהֲבַת עוֹלָם בֵּית יִשְׂרָאֵל עַמְּךָ אָהָבְתָּ. תּוֹרָה וּמִצְוֹת חֻקִּים וּמִשְׁפָּטִים אוֹתָנוּ לִמַּדְתָּ. עַל־כֵּן יְיָ אֱלֹהֵינוּ בְּשָׁכְבֵנוּ וּבְקוּמֵנוּ נָשִׂיחַ בְּחֻקֶּיךָ. וְנִשְׂמַח בְּדִבְרֵי תוֹרָתֶךָ וּבְמִצְוֹתֶיךָ לְעוֹלָם וָעֶד. כִּי הֵם חַיֵּינוּ וְאֹרֶךְ יָמֵינוּ וּבָהֶם נֶהְגֶּה יוֹמָם וָלָיְלָה. וְאַהֲבָתְךָ אַל תָּסִיר מִמֶּנּוּ לְעוֹלָמִים. בָּרוּךְ אַתָּה יְיָ אוֹהֵב עַמּוֹ יִשְׂרָאֵל:

Congregation rises

Reader

Bless the Lord who is to be praised.

Congregation and Reader

Praised be the Lord who is blessed for all eternity.

Congregation

Bo-ruḥ a-dō-noy ha-m'vō-roḥ l'-ō-lom vo-ed.

Congregation is seated

Blessed art Thou, O Lord our God, Ruler of the universe, who with Thy word bringest on the evening twilight, and with Thy wisdom openest the gates of the heavens. With understanding Thou dost order the cycles of time and dost vary the seasons, setting the stars in their courses in the sky, according to Thy will. Thou createst day and night, rolling away the light from before the darkness, and the darkness from before the light. By Thy will the day passes into night; the Lord of creation is Thy name. O ever living God, mayest Thou rule over us to all eternity. Blessed art Thou, O Lord, who bringest on the evening twilight.

With everlasting love hast Thou loved the house of Israel, teaching us Thy Torah and commandments, Thy statutes and judgments. Therefore, O Lord, our God, when we lie down and when we rise up, we will meditate on Thy teachings and rejoice in the words of Thy Torah and in its commandments at all times, for they are our life and the length of our days. Day and night will we meditate upon them so that Thy love may never depart from us. Blessed art Thou, O Lord, who lovest Thy people Israel.

דברים ו׳ ד׳–ט׳

שְׁמַע יִשְׂרָאֵל יְהוָה אֱלֹהֵינוּ יְהוָה אֶחָד׃

בָּרוּךְ שֵׁם כְּבוֹד מַלְכוּתוֹ לְעוֹלָם וָעֶד׃

וְאָהַבְתָּ אֵת יְהוָה אֱלֹהֶיךָ בְּכָל־לְבָבְךָ וּבְכָל־נַפְשְׁךָ וּבְכָל־מְאֹדֶךָ׃ וְהָיוּ הַדְּבָרִים הָאֵלֶּה אֲשֶׁר אָנֹכִי מְצַוְּךָ הַיּוֹם עַל־לְבָבֶךָ׃ וְשִׁנַּנְתָּם לְבָנֶיךָ וְדִבַּרְתָּ בָּם בְּשִׁבְתְּךָ בְּבֵיתֶךָ וּבְלֶכְתְּךָ בַדֶּרֶךְ וּבְשָׁכְבְּךָ וּבְקוּמֶךָ׃ וּקְשַׁרְתָּם לְאוֹת עַל־יָדֶךָ וְהָיוּ לְטֹטָפֹת בֵּין עֵינֶיךָ׃ וּכְתַבְתָּם עַל־מְזֻזוֹת בֵּיתֶךָ וּבִשְׁעָרֶיךָ׃

NOTE

The Shema is the outstanding prayer in Judaism. It consists of three sections from the Bible, each emphasizing a basic aspect of Judaism. The Shema itself is the classic statement of the Jewish doctrine of the Unity of God, for which countless Jews have given up their lives. The first paragraph (Deuteronomy 6:4–9) stresses the love of God and the duty of educating ourselves and our children in the Torah. The second paragraph (Deuteronomy 11:13–21) emphasizes the conviction that the moral law is the counterpart of the natural law, since evil-doing inevitably brings disaster in its wake. This is reflected in the history of man. The third paragraph (Numbers 15:37–41) reminds us of the importance of ritual and ceremony as gateways to faith and morality.

Deuteronomy 6:4–9

Hear, O Israel: the Lord our God, the Lord is One.

Blessed be the name of His glorious kingdom for ever and ever.

Congregation

Sh'ma yis-ro-ayl, A-dō-noy e-lō-hay-nu, A-dō-noy e-ḥod.

And thou shalt love the Lord thy God with all thy heart, with all thy soul, and with all thy might. And these words which I command thee this day shall be in thy heart. Thou shalt teach them diligently unto thy children, speaking of them when thou sittest in thy house, when thou walkest by the way, when thou liest down and when thou risest up. And thou shalt bind them for a sign upon thy hand, and they shall be for frontlets between thine eyes. And thou shalt write them upon the door posts of thy house and upon thy gates.

דברים י״א י״ג–כ״א

וְהָיָה אִם־שָׁמֹעַ תִּשְׁמְעוּ אֶל־מִצְוֹתַי אֲשֶׁר אָנֹכִי מְצַוֶּה
אֶתְכֶם הַיּוֹם לְאַהֲבָה אֶת־יְהֹוָה אֱלֹהֵיכֶם וּלְעָבְדוֹ בְּכָל־
לְבַבְכֶם וּבְכָל־נַפְשְׁכֶם: וְנָתַתִּי מְטַר־אַרְצְכֶם בְּעִתּוֹ יוֹרֶה
וּמַלְקוֹשׁ וְאָסַפְתָּ דְגָנֶךָ וְתִירֹשְׁךָ וְיִצְהָרֶךָ: וְנָתַתִּי עֵשֶׂב
בְּשָׂדְךָ לִבְהֶמְתֶּךָ וְאָכַלְתָּ וְשָׂבָעְתָּ: הִשָּׁמְרוּ לָכֶם פֶּן־יִפְתֶּה
לְבַבְכֶם וְסַרְתֶּם וַעֲבַדְתֶּם אֱלֹהִים אֲחֵרִים וְהִשְׁתַּחֲוִיתֶם
לָהֶם: וְחָרָה אַף־יְהֹוָה בָּכֶם וְעָצַר אֶת־הַשָּׁמַיִם וְלֹא־יִהְיֶה
מָטָר וְהָאֲדָמָה לֹא תִתֵּן אֶת־יְבוּלָהּ וַאֲבַדְתֶּם מְהֵרָה מֵעַל
הָאָרֶץ הַטֹּבָה אֲשֶׁר יְהֹוָה נֹתֵן לָכֶם: וְשַׂמְתֶּם אֶת־דְּבָרַי אֵלֶּה
עַל־לְבַבְכֶם וְעַל־נַפְשְׁכֶם וּקְשַׁרְתֶּם אֹתָם לְאוֹת עַל־יֶדְכֶם
וְהָיוּ לְטוֹטָפֹת בֵּין עֵינֵיכֶם: וְלִמַּדְתֶּם אֹתָם אֶת־בְּנֵיכֶם
לְדַבֵּר בָּם בְּשִׁבְתְּךָ בְּבֵיתֶךָ וּבְלֶכְתְּךָ בַדֶּרֶךְ וּבְשָׁכְבְּךָ
וּבְקוּמֶךָ: וּכְתַבְתָּם עַל־מְזוּזוֹת בֵּיתֶךָ וּבִשְׁעָרֶיךָ: לְמַעַן
יִרְבּוּ יְמֵיכֶם וִימֵי בְנֵיכֶם עַל הָאֲדָמָה אֲשֶׁר נִשְׁבַּע יְהֹוָה
לַאֲבֹתֵיכֶם לָתֵת לָהֶם כִּימֵי הַשָּׁמַיִם עַל־הָאָרֶץ:

במדבר ט״ו ל״ז–מ״א

וַיֹּאמֶר יְהֹוָה אֶל־מֹשֶׁה לֵּאמֹר: דַּבֵּר אֶל־בְּנֵי יִשְׂרָאֵל
וְאָמַרְתָּ אֲלֵהֶם וְעָשׂוּ לָהֶם צִיצִת עַל־כַּנְפֵי בִגְדֵיהֶם
לְדֹרֹתָם וְנָתְנוּ עַל־צִיצִת הַכָּנָף פְּתִיל תְּכֵלֶת: וְהָיָה לָכֶם
לְצִיצִת וּרְאִיתֶם אֹתוֹ וּזְכַרְתֶּם אֶת־כָּל־מִצְוֹת יְהֹוָה וַעֲשִׂיתֶם
אֹתָם וְלֹא תָתוּרוּ אַחֲרֵי לְבַבְכֶם וְאַחֲרֵי עֵינֵיכֶם אֲשֶׁר־אַתֶּם
זֹנִים אַחֲרֵיהֶם: לְמַעַן תִּזְכְּרוּ וַעֲשִׂיתֶם אֶת־כָּל־מִצְוֹתָי
וִהְיִיתֶם קְדֹשִׁים לֵאלֹהֵיכֶם: אֲנִי יְהֹוָה אֱלֹהֵיכֶם אֲשֶׁר
הוֹצֵאתִי אֶתְכֶם מֵאֶרֶץ מִצְרַיִם לִהְיוֹת לָכֶם לֵאלֹהִים אֲנִי
יְהֹוָה אֱלֹהֵיכֶם:

Reader יְהֹוָה אֱלֹהֵיכֶם אֱמֶת:

Deuteronomy 11:13–21

And it shall come to pass, if ye shall hearken diligently unto My commandments which I command you this day, to love the Lord your God, and to serve Him with all your heart and with all your soul, that I will give the rain of your land in its season, the former rain and the latter rain, that thou mayest gather in thy corn, and thy wine, and thine oil. And I will give grass in thy fields for thy cattle, and thou shalt eat and be satisfied. Take heed to yourselves lest your heart be deceived, and ye turn aside and serve other gods and worship them; and the displeasure of the Lord will be aroused against you, and He shut up the heaven so that there shall be no rain, and the ground shall not yield her fruit; and ye perish quickly from off the good land which the Lord giveth you. Therefore shall ye lay up these My words in your heart and in your soul; and ye shall bind them for a sign upon your hand, and they shall be for frontlets between your eyes. And ye shall teach them to your children, talking of them when thou sittest in thy house, and when thou walkest by the way, and when thou liest down, and when thou risest up. And thou shalt write them upon the doorposts of thy house and upon thy gates, that your days may be multiplied, and the days of your children, upon the land which the Lord promised unto your fathers to give them, as the days of the heavens above the earth.

Numbers 15:37–41

And the Lord spoke unto Moses, saying: Speak unto the children of Israel, and bid them make fringes in the corners of their garments throughout their generations, putting upon the fringe of each corner a thread of blue. And it shall be unto you for a fringe, that ye may look upon it and remember all the commandments of the Lord, and do them; and that ye go not about after your own heart and your own eyes, after which ye use to go astray; that ye may remember to do all My commandments, and be holy unto your God. I am the Lord your God, who brought you out of the land of Egypt, to be your God; I am the Lord your God.

אֱמֶת וֶאֱמוּנָה כָּל־זֹאת וְקַיָּם עָלֵינוּ כִּי הוּא יְיָ אֱלֹהֵינוּ וְאֵין זוּלָתוֹ וַאֲנַחְנוּ יִשְׂרָאֵל עַמּוֹ: הַפּוֹדֵנוּ מִיַּד מְלָכִים מַלְכֵּנוּ הַגּוֹאֲלֵנוּ מִכַּף כָּל־הֶעָרִיצִים: הָאֵל הַנִּפְרָע לָנוּ מִצָּרֵינוּ וְהַמְשַׁלֵּם גְּמוּל לְכָל־אוֹיְבֵי נַפְשֵׁנוּ: הָעֹשֶׂה גְדֹלוֹת עַד אֵין חֵקֶר וְנִפְלָאוֹת עַד אֵין מִסְפָּר: הַשָּׂם נַפְשֵׁנוּ בַּחַיִּים וְלֹא נָתַן לַמּוֹט רַגְלֵנוּ: הַמַּדְרִיכֵנוּ עַל בָּמוֹת אוֹיְבֵינוּ וַיָּרֶם קַרְנֵנוּ עַל כָּל־שֹׂנְאֵינוּ: הָעֹשֶׂה לָּנוּ נִסִּים וּנְקָמָה בְּפַרְעֹה אוֹתֹת וּמוֹפְתִים בְּאַדְמַת בְּנֵי חָם: הַמַּכֶּה בְעֶבְרָתוֹ כָּל־בְּכוֹרֵי מִצְרָיִם וַיּוֹצֵא אֶת עַמּוֹ יִשְׂרָאֵל מִתּוֹכָם לְחֵרוּת עוֹלָם: הַמַּעֲבִיר בָּנָיו בֵּין גִּזְרֵי יַם־סוּף אֶת רוֹדְפֵיהֶם וְאֶת שׂוֹנְאֵיהֶם בִּתְהוֹמוֹת טִבַּע: וְרָאוּ בָנָיו גְּבוּרָתוֹ שִׁבְּחוּ וְהוֹדוּ לִשְׁמוֹ: וּמַלְכוּתוֹ בְּרָצוֹן קִבְּלוּ עֲלֵיהֶם. מֹשֶׁה וּבְנֵי יִשְׂרָאֵל לְךָ עָנוּ שִׁירָה בְּשִׂמְחָה רַבָּה וְאָמְרוּ כֻלָּם.

מִי־כָמֹכָה בָּאֵלִם יְיָ מִי כָּמֹכָה נֶאְדָּר בַּקֹּדֶשׁ נוֹרָא תְהִלֹּת עֹשֵׂה פֶלֶא:

מַלְכוּתְךָ רָאוּ בָנֶיךָ בּוֹקֵעַ יָם לִפְנֵי מֹשֶׁה זֶה אֵלִי עָנוּ וְאָמְרוּ.

יְיָ יִמְלֹךְ לְעֹלָם וָעֶד:

וְנֶאֱמַר כִּי־פָדָה יְיָ אֶת־יַעֲקֹב וּגְאָלוֹ מִיַּד חָזָק מִמֶּנּוּ. בָּרוּךְ אַתָּה יְיָ גָּאַל יִשְׂרָאֵל:

Responsive Reading

Adapted from the Hebrew

True and certain it is that there is one God,
And there is none like unto Him.

It is He who redeemeth us from the might of tyrants,
And preserveth us from the hand of all oppressors.

Great are the things that God hath done;
His wonders are without number.

He brought forth the children of Israel from Egypt,
And delivered them from slavery unto freedom.

In all ages the Lord hath been our hope;
He hath rescued us from enemies who sought to destroy us.

May He continue His protecting care over Israel,
And guard all His children from disaster.

When the children of Israel beheld the might of the Lord
As He redeemed them out of the land of Egypt,
They gave thanks unto Him
And willingly accepted His sovereignty.

Moses and the children of Israel sang a song unto Him.
They proclaimed in great exultation:

"Who is like unto Thee, O Lord, among the mighty?
Who is like unto Thee, glorious in holiness,
Revered in praises, doing wonders?"

Congregation

Mee ḥo-mō-ḥo bo-ay-lim A-dō-noy,
Mee ko-mō-ḥo ne-dor ba-kō-desh,
Nō-ro s'hi-lōs, ō-say fe-leh.

When Thou didst rescue Israel at the Red Sea,
Thy children beheld Thy supreme power;

"This is my God!" they exclaimed.
"The Lord shall reign for ever and ever!"

A-dō-noy yim-lōḥ l'-ō-lom vo-ed.

As Thou hast delivered Israel from a power mightier than he,
So mayest Thou redeem all Thy children from oppression.

Blessed art Thou, O Lord,
Redeemer of Israel.

הַשְׁכִּיבֵנוּ יְיָ אֱלֹהֵינוּ לְשָׁלוֹם וְהַעֲמִידֵנוּ מַלְכֵּנוּ לְחַיִּים. וּפְרוֹשׂ עָלֵינוּ סֻכַּת שְׁלוֹמֶךָ וְתַקְּנֵנוּ בְּעֵצָה טוֹבָה מִלְּפָנֶיךָ וְהוֹשִׁיעֵנוּ לְמַעַן שְׁמֶךָ. וְהָגֵן בַּעֲדֵנוּ וְהָסֵר מֵעָלֵינוּ אוֹיֵב דֶּבֶר וְחֶרֶב וְרָעָב וְיָגוֹן וְהָסֵר שָׂטָן מִלְּפָנֵינוּ וּמֵאַחֲרֵינוּ. וּבְצֵל כְּנָפֶיךָ תַּסְתִּירֵנוּ כִּי אֵל שׁוֹמְרֵנוּ וּמַצִּילֵנוּ אָתָּה כִּי אֵל מֶלֶךְ חַנּוּן וְרַחוּם אָתָּה. וּשְׁמוֹר צֵאתֵנוּ וּבוֹאֵנוּ לְחַיִּים וּלְשָׁלוֹם מֵעַתָּה וְעַד עוֹלָם. וּפְרוֹשׂ עָלֵינוּ סֻכַּת שְׁלוֹמֶךָ. בָּרוּךְ אַתָּה יְיָ הַפּוֹרֵשׂ סֻכַּת שָׁלוֹם עָלֵינוּ וְעַל כָּל־עַמּוֹ יִשְׂרָאֵל וְעַל יְרוּשָׁלָיִם:

On Sabbath

וְשָׁמְרוּ בְנֵי־יִשְׂרָאֵל אֶת־הַשַּׁבָּת. לַעֲשׂוֹת אֶת־הַשַּׁבָּת לְדֹרֹתָם בְּרִית עוֹלָם בֵּינִי וּבֵין בְּנֵי יִשְׂרָאֵל אוֹת הִיא לְעֹלָם. כִּי־שֵׁשֶׁת יָמִים עָשָׂה יְהוָה אֶת־הַשָּׁמַיִם וְאֶת־הָאָרֶץ וּבַיּוֹם הַשְּׁבִיעִי שָׁבַת וַיִּנָּפַשׁ:

תִּקְעוּ בַחֹדֶשׁ שׁוֹפָר בַּכֶּסֶה לְיוֹם חַגֵּנוּ:
כִּי חֹק לְיִשְׂרָאֵל הוּא מִשְׁפָּט לֵאלֹהֵי יַעֲקֹב:

Reader

יִתְגַּדַּל וְיִתְקַדַּשׁ שְׁמֵהּ רַבָּא. בְּעָלְמָא דִּי־בְרָא כִרְעוּתֵהּ. וְיַמְלִיךְ מַלְכוּתֵהּ בְּחַיֵּיכוֹן וּבְיוֹמֵיכוֹן וּבְחַיֵּי דְכָל־בֵּית יִשְׂרָאֵל בַּעֲגָלָא וּבִזְמַן קָרִיב. וְאִמְרוּ אָמֵן:

Congregation and Reader

יְהֵא שְׁמֵהּ רַבָּא מְבָרַךְ לְעָלַם וּלְעָלְמֵי עָלְמַיָּא:

Reader

יִתְבָּרַךְ וְיִשְׁתַּבַּח וְיִתְפָּאַר וְיִתְרוֹמַם וְיִתְנַשֵּׂא וְיִתְהַדַּר וְיִתְעַלֶּה וְיִתְהַלָּל שְׁמֵהּ דְּקֻדְשָׁא. בְּרִיךְ הוּא. לְעֵלָּא וּלְעֵלָּא מִן־כָּל־בִּרְכָתָא וְשִׁירָתָא תֻּשְׁבְּחָתָא וְנֶחֱמָתָא דַּאֲמִירָן בְּעָלְמָא. וְאִמְרוּ אָמֵן:

Grant that we lie down in peace,
Secure in Thy protecting love;
And shelter us beneath Thy wings,
To keep us safe throughout the night.

On the morrow raise us up
In perfect peace to life, O God,
To face each task with faith in Thee,
With strength restored and zeal renewed.

Save us for Thine own name's sake,
And guard us from all lurking foes.
Remove all sorrow, hatred, strife,
And turn Thy children's hearts to Thee.

Spread Thy tent of peace, O Lord,
Above Jerusalem, we pray,
And o'er Thy people Israel,
Dispersed abroad in every land.

Praised art Thou, great Lord, our King,
Whose shelt'ring love spreads o'er the world,
Enfolding all who seek Thy peace,
Who dwell together in Thy grace.

On Sabbath

And the children of Israel shall keep the Sabbath and observe it throughout their generations for a perpetual covenant. It is a sign between Me and the children of Israel forever, for in six days the Lord made heaven and earth, and on the seventh day He ceased from work and rested.

Sound the Shofar on the new moon, in the time appointed for our festival day. It is a statute for Israel, an ordinance of the God of Jacob.

Reader

Magnified and sanctified be the great name of God throughout the world which He hath created according to His will. May He establish His kingdom during the days of your life and during the life of all the house of Israel, speedily, yea, soon; and say ye, Amen.

May His great name be blessed for ever and ever.

Exalted and honored be the name of the Holy One, blessed be He, whose glory transcends, yea, is beyond all blessings and hymns, praises and consolations which are uttered in the world; and say ye, Amen.

The Amidah is said standing, in silent devotion

אֲדֹנָי שְׂפָתַי תִּפְתָּח וּפִי יַגִּיד תְּהִלָּתֶךָ:

בָּרוּךְ אַתָּה יְיָ אֱלֹהֵינוּ וֵאלֹהֵי אֲבוֹתֵינוּ. אֱלֹהֵי אַבְרָהָם אֱלֹהֵי יִצְחָק וֵאלֹהֵי יַעֲקֹב. הָאֵל הַגָּדוֹל הַגִּבּוֹר וְהַנּוֹרָא אֵל עֶלְיוֹן. גּוֹמֵל חֲסָדִים טוֹבִים וְקֹנֵה הַכֹּל. וְזוֹכֵר חַסְדֵי אָבוֹת וּמֵבִיא גוֹאֵל לִבְנֵי בְנֵיהֶם לְמַעַן שְׁמוֹ בְּאַהֲבָה: זָכְרֵנוּ לַחַיִּים מֶלֶךְ חָפֵץ בַּחַיִּים. וְכָתְבֵנוּ בְּסֵפֶר הַחַיִּים. לְמַעַנְךָ אֱלֹהִים חַיִּים: מֶלֶךְ עוֹזֵר וּמוֹשִׁיעַ וּמָגֵן. בָּרוּךְ אַתָּה יְיָ מָגֵן אַבְרָהָם:

אַתָּה גִּבּוֹר לְעוֹלָם אֲדֹנָי מְחַיֵּה מֵתִים אַתָּה רַב לְהוֹשִׁיעַ. מְכַלְכֵּל חַיִּים בְּחֶסֶד מְחַיֵּה מֵתִים בְּרַחֲמִים רַבִּים. סוֹמֵךְ נוֹפְלִים וְרוֹפֵא חוֹלִים וּמַתִּיר אֲסוּרִים וּמְקַיֵּם אֱמוּנָתוֹ לִישֵׁנֵי עָפָר. מִי כָמוֹךָ בַּעַל גְּבוּרוֹת וּמִי דּוֹמֶה לָּךְ. מֶלֶךְ מֵמִית וּמְחַיֶּה וּמַצְמִיחַ יְשׁוּעָה: מִי כָמוֹךָ אַב הָרַחֲמִים זוֹכֵר יְצוּרָיו לַחַיִּים בְּרַחֲמִים: וְנֶאֱמָן אַתָּה לְהַחֲיוֹת מֵתִים: בָּרוּךְ אַתָּה יְיָ מְחַיֵּה הַמֵּתִים:

אַתָּה קָדוֹשׁ וְשִׁמְךָ קָדוֹשׁ וּקְדוֹשִׁים בְּכָל־יוֹם יְהַלְלוּךָ סֶּלָה:

וּבְכֵן תֵּן פַּחְדְּךָ יְיָ אֱלֹהֵינוּ עַל כָּל־מַעֲשֶׂיךָ וְאֵימָתְךָ עַל כָּל־מַה־שֶּׁבָּרָאתָ. וְיִירָאוּךָ כָּל־הַמַּעֲשִׂים וְיִשְׁתַּחֲווּ לְפָנֶיךָ כָּל־הַבְּרוּאִים. וְיֵעָשׂוּ כֻלָּם אֲגֻדָּה אֶחָת לַעֲשׂוֹת רְצוֹנְךָ בְּלֵבָב שָׁלֵם. כְּמוֹ שֶׁיָּדַעְנוּ יְיָ אֱלֹהֵינוּ שֶׁהַשִּׁלְטוֹן לְפָנֶיךָ עֹז בְּיָדְךָ וּגְבוּרָה בִּימִינֶךָ וְשִׁמְךָ נוֹרָא עַל כָּל־מַה־שֶּׁבָּרָאתָ:

וּבְכֵן תֵּן כָּבוֹד יְיָ לְעַמֶּךָ תְּהִלָּה לִירֵאֶיךָ וְתִקְוָה לְדוֹרְשֶׁיךָ וּפִתְחוֹן פֶּה לַמְיַחֲלִים לָךְ. שִׂמְחָה לְאַרְצֶךָ

The Amidah is said standing, in silent devotion

O Lord, open Thou my lips that my mouth may declare Thy praise.

Blessed art Thou, O Lord our God and God of our fathers, God of Abraham, God of Isaac, and God of Jacob, the great, mighty, revered and exalted God who bestowest loving-kindness and art Master of all. Mindful of the patriarchs' love for Thee, Thou wilt in Thy love bring a redeemer to their children's children for the sake of Thy name. Remember us unto life, O King who delightest in life, and inscribe us in the Book of Life so that we may live worthily for Thy sake, O God of life. O King, Thou Helper, Redeemer and Shield, praised be Thou, O Lord, Shield of Abraham.

Thou, O Lord, art mighty forever. Thou callest the dead to immortal life for Thou art mighty in salvation. Thou sustainest the living with loving-kindness, and in great mercy grantest everlasting life to those who have passed away. Thou upholdest the falling, healest the sick, settest free those in bondage, and keepest faith with those that sleep in the dust. Who is like unto Thee, Almighty King, who decreest death and grantest immortal life and bringest forth salvation? Who may be compared to Thee, Father of mercy, who in love rememberest Thy creatures unto life? Faithful art Thou to grant eternal life to the departed. Blessed art Thou, O Lord, who callest the dead to life everlasting.

Thou art holy and Thy name is holy and holy beings praise Thee daily.

And therefore, O Lord our God, let Thine awe be manifest in all Thy works, and a reverence for Thee fill all that Thou hast created, so that all Thy creatures may know Thee, and all mankind bow down to acknowledge Thee. May all Thy children unite in one fellowship to do Thy will with a perfect heart; for we know, O Lord our God, that dominion is Thine, that Thy might and power are supreme, and that Thy name is to be revered over all Thou hast created.

And therefore, O Lord, grant glory to Thy people who serve Thee, praise to those who revere Thee, hope to those who seek Thee, and confidence to those who yearn for Thee. Bring

וְשָׂשׂוֹן לְעִירֶךָ וּצְמִיחַת קֶרֶן לְדָוִד עַבְדֶּךָ וַעֲרִיכַת נֵר לְבֶן יִשַׁי מְשִׁיחֶךָ בִּמְהֵרָה בְיָמֵינוּ:

וּבְכֵן צַדִּיקִים יִרְאוּ וְיִשְׂמָחוּ וִישָׁרִים יַעֲלֹזוּ וַחֲסִידִים בְּרִנָּה יָגִילוּ. וְעוֹלָתָה תִּקְפָּץ־פִּיהָ וְכָל־הָרִשְׁעָה כֻּלָּהּ כְּעָשָׁן תִּכְלֶה. כִּי תַעֲבִיר מֶמְשֶׁלֶת זָדוֹן מִן הָאָרֶץ:

וְתִמְלוֹךְ אַתָּה יְיָ לְבַדֶּךָ עַל כָּל־מַעֲשֶׂיךָ בְּהַר צִיּוֹן מִשְׁכַּן כְּבוֹדֶךָ וּבִירוּשָׁלַיִם עִיר קָדְשֶׁךָ כַּכָּתוּב בְּדִבְרֵי קָדְשֶׁךָ. יִמְלֹךְ יְיָ לְעוֹלָם אֱלֹהַיִךְ צִיּוֹן לְדֹר וָדֹר הַלְלוּיָהּ:

קָדוֹשׁ אַתָּה וְנוֹרָא שְׁמֶךָ וְאֵין אֱלוֹהַּ מִבַּלְעָדֶיךָ כַּכָּתוּב. וַיִּגְבַּהּ יְיָ צְבָאוֹת בַּמִּשְׁפָּט וְהָאֵל הַקָּדוֹשׁ נִקְדַּשׁ בִּצְדָקָה. בָּרוּךְ אַתָּה יְיָ הַמֶּלֶךְ הַקָּדוֹשׁ:

אַתָּה בְחַרְתָּנוּ מִכָּל־הָעַמִּים. אָהַבְתָּ אוֹתָנוּ. וְרָצִיתָ בָּנוּ. וְרוֹמַמְתָּנוּ מִכָּל־הַלְּשׁוֹנוֹת. וְקִדַּשְׁתָּנוּ בְּמִצְוֹתֶיךָ. וְקֵרַבְתָּנוּ מַלְכֵּנוּ לַעֲבוֹדָתֶךָ. וְשִׁמְךָ הַגָּדוֹל וְהַקָּדוֹשׁ עָלֵינוּ קָרָאתָ:

On Saturday night add:

וַתּוֹדִיעֵנוּ יְיָ אֱלֹהֵינוּ אֶת־מִשְׁפְּטֵי צִדְקֶךָ וַתְּלַמְּדֵנוּ לַעֲשׂוֹת חֻקֵּי רְצוֹנֶךָ. וַתִּתֶּן־לָנוּ יְיָ אֱלֹהֵינוּ מִשְׁפָּטִים יְשָׁרִים וְתוֹרוֹת אֱמֶת חֻקִּים וּמִצְוֹת טוֹבִים. וַתַּנְחִילֵנוּ זְמַנֵּי שָׂשׂוֹן וּמוֹעֲדֵי קֹדֶשׁ וְחַגֵּי נְדָבָה. וַתּוֹרִישֵׁנוּ קְדֻשַּׁת שַׁבָּת וּכְבוֹד מוֹעֵד וַחֲגִיגַת הָרֶגֶל. וַתַּבְדֵּל יְיָ אֱלֹהֵינוּ בֵּין קֹדֶשׁ לְחוֹל בֵּין אוֹר לְחֹשֶׁךְ בֵּין יִשְׂרָאֵל לָעַמִּים בֵּין יוֹם הַשְּׁבִיעִי לְשֵׁשֶׁת יְמֵי הַמַּעֲשֶׂה. בֵּין קְדֻשַּׁת שַׁבָּת לִקְדֻשַּׁת יוֹם טוֹב הִבְדַּלְתָּ וְאֶת־יוֹם הַשְּׁבִיעִי מִשֵּׁשֶׁת יְמֵי הַמַּעֲשֶׂה קִדַּשְׁתָּ. הִבְדַּלְתָּ וְקִדַּשְׁתָּ אֶת־עַמְּךָ יִשְׂרָאֵל בִּקְדֻשָּׁתֶךָ:

joy to Thy land, gladness to Thy city, renewed strength to the seed of David, and a constant light to Thy servants in Zion. O may this come to pass speedily in our days.

And therefore, the righteous shall see and be glad, the just exult and the pious rejoice in song, while iniquity shall close its mouth and all wickedness shall vanish like smoke, when Thou removest the dominion of tyranny from the earth.

And Thou, O Lord, wilt rule, Thou alone, over all Thy works on Mount Zion, the dwelling place of Thy glory, and in Jerusalem, Thy holy city, fulfilling the words of the Psalmist: "The Lord shall reign forever; thy God, O Zion, shall be Sovereign unto all generations. Praise the Lord."

Holy art Thou, and awe-inspiring is Thy name, and there is no God besides Thee; as it is written in Holy Scriptures: "The Lord of hosts is exalted through justice, and the holy God is sanctified through righteousness." Blessed art Thou, O Lord, the holy King.

Thou didst choose us for Thy service from among all peoples, loving us and taking delight in us. Thou didst exalt us above all tongues by making us holy through Thy commandments. Thou hast drawn us near, O our King, unto Thy service and hast called us by Thy great and holy name.

On Saturday night add:

Thou hast made known unto us, O Lord our God, Thy righteous judgments, and hast taught us to perform the statutes of Thy will. Thou hast given us, O Lord our God, just ordinances and laws of truth, statutes and commandments that are good. Thou hast caused us to inherit joyous seasons and holy days and festivals of freewill offering. Thou hast endowed us with the sanctity of the Sabbath and the holy days, and the joyous delight of Thy festivals. And Thou hast bidden us, O Lord our God, to distinguish between holy and profane, between light and darkness, between the seventh day of rest and the six days of work. Thou hast set a distinction between the holiness of the Sabbath and the holiness of the festival, and hast hallowed the seventh day above the six days of work. Thou hast sanctified Thy people Israel with Thy holiness.

On Sabbath add the bracketed words

וַתִּתֶּן־לָנוּ יְיָ אֱלֹהֵינוּ בְּאַהֲבָה אֶת־יוֹם [הַשַּׁבָּת הַזֶּה וְאֶת־יוֹם] הַזִּכָּרוֹן הַזֶּה יוֹם [זִכְרוֹן] תְּרוּעָה [בְּאַהֲבָה] מִקְרָא קֹדֶשׁ. זֵכֶר לִיצִיאַת מִצְרָיִם:

אֱלֹהֵינוּ וֵאלֹהֵי אֲבוֹתֵינוּ יַעֲלֶה וְיָבֹא וְיַגִּיעַ וְיֵרָאֶה וְיֵרָצֶה וְיִשָּׁמַע וְיִפָּקֵד וְיִזָּכֵר זִכְרוֹנֵנוּ וּפִקְדוֹנֵנוּ וְזִכְרוֹן אֲבוֹתֵינוּ וְזִכְרוֹן מָשִׁיחַ בֶּן דָּוִד עַבְדֶּךָ וְזִכְרוֹן יְרוּשָׁלַיִם עִיר קָדְשֶׁךָ וְזִכְרוֹן כָּל־עַמְּךָ בֵּית יִשְׂרָאֵל לְפָנֶיךָ לִפְלֵיטָה לְטוֹבָה לְחֵן וּלְחֶסֶד וּלְרַחֲמִים לְחַיִּים וּלְשָׁלוֹם בְּיוֹם הַזִּכָּרוֹן הַזֶּה: זָכְרֵנוּ יְיָ אֱלֹהֵינוּ בּוֹ לְטוֹבָה. וּפָקְדֵנוּ בוֹ לִבְרָכָה. וְהוֹשִׁיעֵנוּ בוֹ לְחַיִּים: וּבִדְבַר יְשׁוּעָה וְרַחֲמִים חוּס וְחָנֵּנוּ וְרַחֵם עָלֵינוּ וְהוֹשִׁיעֵנוּ כִּי אֵלֶיךָ עֵינֵינוּ. כִּי אֵל מֶלֶךְ חַנּוּן וְרַחוּם אָתָּה:

אֱלֹהֵינוּ וֵאלֹהֵי אֲבוֹתֵינוּ מְלוֹךְ עַל כָּל־הָעוֹלָם כֻּלּוֹ בִּכְבוֹדֶךָ וְהִנָּשֵׂא עַל כָּל־הָאָרֶץ בִּיקָרֶךָ וְהוֹפַע בַּהֲדַר גְּאוֹן עֻזֶּךָ עַל כָּל־יוֹשְׁבֵי תֵבֵל אַרְצֶךָ. וְיֵדַע כָּל־פָּעוּל כִּי אַתָּה פְעַלְתּוֹ וְיָבִין כָּל־יָצוּר כִּי אַתָּה יְצַרְתּוֹ. וְיֹאמַר כֹּל אֲשֶׁר נְשָׁמָה בְאַפּוֹ יְיָ אֱלֹהֵי יִשְׂרָאֵל מֶלֶךְ וּמַלְכוּתוֹ בַּכֹּל מָשָׁלָה: אֱלֹהֵינוּ וֵאלֹהֵי אֲבוֹתֵינוּ [רְצֵה בִמְנוּחָתֵנוּ] קַדְּשֵׁנוּ בְּמִצְוֹתֶיךָ וְתֵן חֶלְקֵנוּ בְּתוֹרָתֶךָ שַׂבְּעֵנוּ מִטּוּבֶךָ וְשַׂמְּחֵנוּ בִּישׁוּעָתֶךָ. [וְהַנְחִילֵנוּ יְיָ אֱלֹהֵינוּ בְּאַהֲבָה וּבְרָצוֹן שַׁבַּת קָדְשֶׁךָ וְיָנוּחוּ בָהּ יִשְׂרָאֵל מְקַדְּשֵׁי שְׁמֶךָ] וְטַהֵר לִבֵּנוּ לְעָבְדְּךָ בֶּאֱמֶת. כִּי אַתָּה אֱלֹהִים אֱמֶת וּדְבָרְךָ אֱמֶת וְקַיָּם לָעַד. בָּרוּךְ אַתָּה יְיָ. מֶלֶךְ עַל כָּל־הָאָרֶץ מְקַדֵּשׁ [הַשַּׁבָּת וְ] יִשְׂרָאֵל וְיוֹם הַזִּכָּרוֹן:

On Sabbath add the bracketed words

And Thou hast given us in love, O Lord our God, [this Sabbath day and] this Day of Remembrance, a day for [recalling the] sounding of the Shofar; a holy convocation as a memorial of the departure from Egypt.

Our God and God of our fathers, may Israel be remembered with loving-kindness and mercy, for life and peace; may Zion be remembered for deliverance and well-being on this Day of Remembrance. Remember us, O Lord our God, for our good, and be mindful of us for a life of blessing. In accordance with Thy promise of salvation and mercy, spare us and be gracious unto us; have compassion upon us and save us. Unto Thee have we lifted our eyes, for Thou art a gracious and merciful God and King.

Our God and God of our fathers, reign over all the universe in Thy glory, and in Thy splendor be exalted over all the earth. Shine forth in the majesty of Thy triumphant power over all the inhabitants of Thy world, that every living form may know that Thou hast formed it, and every living creature understand that Thou hast created it, and all with life's breath in their nostrils may declare: "The Lord, God of Israel, is King and His dominion ruleth over all." Our God and God of our fathers, [accept our rest;] sanctify us by Thy commandments, and grant that our portion be in Thy Torah; satisfy us with Thy goodness, and gladden us with Thy salvation. [Cause us, O Lord our God, in love and favor to inherit Thy holy Sabbath; and may Israel rest thereon and bless Thy name.] Make our hearts pure to serve Thee in truth for Thou, O God, art Truth, and Thy word is truth and endureth forever. Blessed art Thou, O Lord, Thou King over all the earth, who sanctifiest [the Sabbath and] Israel and the Day of Remembrance.

רְצֵה יְיָ אֱלֹהֵינוּ בְּעַמְּךָ יִשְׂרָאֵל וּבִתְפִלָּתָם. וְהָשֵׁב אֶת־הָעֲבוֹדָה לִדְבִיר בֵּיתֶךָ וְאִשֵּׁי יִשְׂרָאֵל וּתְפִלָּתָם בְּאַהֲבָה תְקַבֵּל בְּרָצוֹן. וּתְהִי לְרָצוֹן תָּמִיד עֲבוֹדַת יִשְׂרָאֵל עַמֶּךָ. וְתֶחֱזֶינָה עֵינֵינוּ בְּשׁוּבְךָ לְצִיּוֹן בְּרַחֲמִים. בָּרוּךְ אַתָּה יְיָ הַמַּחֲזִיר שְׁכִינָתוֹ לְצִיּוֹן:

מוֹדִים אֲנַחְנוּ לָךְ שָׁאַתָּה הוּא יְיָ אֱלֹהֵינוּ וֵאלֹהֵי אֲבוֹתֵינוּ לְעוֹלָם וָעֶד. צוּר חַיֵּינוּ מָגֵן יִשְׁעֵנוּ אַתָּה הוּא לְדוֹר וָדוֹר. נוֹדֶה לְּךָ וּנְסַפֵּר תְּהִלָּתֶךָ עַל חַיֵּינוּ הַמְּסוּרִים בְּיָדֶךָ וְעַל נִשְׁמוֹתֵינוּ הַפְּקוּדוֹת לָךְ וְעַל נִסֶּיךָ שֶׁבְּכָל־יוֹם עִמָּנוּ וְעַל נִפְלְאוֹתֶיךָ וְטוֹבוֹתֶיךָ שֶׁבְּכָל־עֵת עֶרֶב וָבֹקֶר וְצָהֳרָיִם. הַטּוֹב כִּי לֹא־כָלוּ רַחֲמֶיךָ וְהַמְרַחֵם כִּי לֹא־תַמּוּ חֲסָדֶיךָ מֵעוֹלָם קִוִּינוּ לָךְ:

וְעַל כֻּלָּם יִתְבָּרַךְ וְיִתְרוֹמַם שִׁמְךָ מַלְכֵּנוּ תָּמִיד לְעוֹלָם וָעֶד. וּכְתוֹב לְחַיִּים טוֹבִים כָּל־בְּנֵי בְרִיתֶךָ: וְכֹל הַחַיִּים יוֹדוּךָ סֶּלָה וִיהַלְלוּ אֶת־שִׁמְךָ בֶּאֱמֶת הָאֵל יְשׁוּעָתֵנוּ וְעֶזְרָתֵנוּ סֶלָה. בָּרוּךְ אַתָּה יְיָ הַטּוֹב שִׁמְךָ וּלְךָ נָאֶה לְהוֹדוֹת:

שָׁלוֹם רָב עַל־יִשְׂרָאֵל עַמְּךָ תָּשִׂים לְעוֹלָם. כִּי אַתָּה הוּא מֶלֶךְ אָדוֹן לְכָל־הַשָּׁלוֹם. וְטוֹב בְּעֵינֶיךָ לְבָרֵךְ אֶת־עַמְּךָ יִשְׂרָאֵל בְּכָל־עֵת וּבְכָל־שָׁעָה בִּשְׁלוֹמֶךָ. בְּסֵפֶר חַיִּים בְּרָכָה וְשָׁלוֹם וּפַרְנָסָה טוֹבָה נִזָּכֵר וְנִכָּתֵב לְפָנֶיךָ אֲנַחְנוּ וְכָל־עַמְּךָ בֵּית יִשְׂרָאֵל לְחַיִּים טוֹבִים וּלְשָׁלוֹם. בָּרוּךְ אַתָּה יְיָ עוֹשֵׂה הַשָּׁלוֹם:

O Lord our God, be gracious unto Thy people Israel and accept their prayer. Restore worship to Thy Sanctuary and receive in love and favor the supplication of Israel. May the worship of Thy people be ever acceptable unto Thee. O may our eyes witness Thy return in mercy to Zion. Blessed art Thou, O Lord, who restorest Thy divine presence unto Zion.

We thankfully acknowledge that Thou art the Lord our God and the God of our fathers unto all eternity; the Rock of our lives, and the Shield of our salvation through every generation. We will be grateful unto Thee and declare Thy praise for our lives which are entrusted into Thy hands, for our souls which are in Thy care, for Thy miracles which are daily with us, and for Thy wonderful goodness toward us at all times, evening, morn and noon. Thou art good, and Thy love never fails; Thou art merciful, and Thy kindnesses never cease. We have ever hoped in Thee.

For all this, Thy name, O our divine Ruler, shall be blessed and exalted forever. O inscribe all the children of Thy cove-- nant for a happy life. And may all the living do homage unto Thee forever, and praise Thy name in truth, O God who art our salvation and our help. Blessed be Thou, O Lord, Benefi- cent One; unto Thee it is seemly to give praise.

Grant lasting peace unto Israel and all mankind for Thou art the God of peace; and may it be good in Thy sight to bless all Thy children everywhere at all times with Thy peace. In the book of life, blessing, peace and good sustenance, may we be remembered and inscribed before Thee, we and all Thy people, the house of Israel, for a good and peaceful life. Blessed art Thou, O Lord, who makest peace.

אֱלֹהַי נְצוֹר לְשׁוֹנִי מֵרָע וּשְׂפָתַי מִדַּבֵּר מִרְמָה וְלִמְקַלְלַי נַפְשִׁי תִדּוֹם וְנַפְשִׁי כֶּעָפָר לַכֹּל תִּהְיֶה: פְּתַח לִבִּי בְּתוֹרָתֶךָ וּבְמִצְוֹתֶיךָ תִּרְדּוֹף נַפְשִׁי. וְכֹל הַחוֹשְׁבִים עָלַי רָעָה. מְהֵרָה הָפֵר עֲצָתָם וְקַלְקֵל מַחֲשַׁבְתָּם: עֲשֵׂה לְמַעַן שְׁמֶךָ עֲשֵׂה לְמַעַן יְמִינֶךָ עֲשֵׂה לְמַעַן קְדֻשָּׁתֶךָ עֲשֵׂה לְמַעַן תּוֹרָתֶךָ: לְמַעַן יֵחָלְצוּן יְדִידֶיךָ. הוֹשִׁיעָה יְמִינְךָ וַעֲנֵנִי: יִהְיוּ לְרָצוֹן אִמְרֵי־פִי וְהֶגְיוֹן לִבִּי לְפָנֶיךָ. יְיָ צוּרִי וְגוֹאֲלִי: עֹשֶׂה שָׁלוֹם בִּמְרוֹמָיו. הוּא יַעֲשֶׂה שָׁלוֹם עָלֵינוּ וְעַל כָּל־יִשְׂרָאֵל וְאִמְרוּ אָמֵן:

יְהִי רָצוֹן מִלְּפָנֶיךָ יְיָ אֱלֹהֵינוּ וֵאלֹהֵי אֲבוֹתֵינוּ שֶׁיִּבָּנֶה בֵּית הַמִּקְדָּשׁ בִּמְהֵרָה בְיָמֵינוּ וְתֵן חֶלְקֵנוּ בְּתוֹרָתֶךָ: וְשָׁם נַעֲבָדְךָ בְּיִרְאָה כִּימֵי עוֹלָם וּכְשָׁנִים קַדְמֹנִיּוֹת: וְעָרְבָה לַייָ מִנְחַת יְהוּדָה וִירוּשָׁלָיִם כִּימֵי עוֹלָם וּכְשָׁנִים קַדְמוֹנִיּוֹת:

On Sabbath add:

וַיְכֻלּוּ הַשָּׁמַיִם וְהָאָרֶץ וְכָל־צְבָאָם: וַיְכַל אֱלֹהִים בַּיּוֹם הַשְּׁבִיעִי מְלַאכְתּוֹ אֲשֶׁר עָשָׂה וַיִּשְׁבֹּת בַּיּוֹם הַשְּׁבִיעִי מִכָּל־מְלַאכְתּוֹ אֲשֶׁר עָשָׂה: וַיְבָרֶךְ אֱלֹהִים אֶת־יוֹם הַשְּׁבִיעִי וַיְקַדֵּשׁ אֹתוֹ. כִּי בוֹ שָׁבַת מִכָּל־מְלַאכְתּוֹ אֲשֶׁר־בָּרָא אֱלֹהִים לַעֲשׂוֹת:

Reader

בָּרוּךְ אַתָּה יְיָ אֱלֹהֵינוּ וֵאלֹהֵי אֲבוֹתֵינוּ. אֱלֹהֵי אַבְרָהָם. אֱלֹהֵי יִצְחָק וֵאלֹהֵי יַעֲקֹב. הָאֵל הַגָּדוֹל הַגִּבּוֹר וְהַנּוֹרָא. אֵל עֶלְיוֹן קֹנֵה שָׁמַיִם וָאָרֶץ:

O Lord,
Guard my tongue from evil and my lips from speaking guile,
And to those who slander me, let me give no heed.
May my soul be humble and forgiving unto all.
Open Thou my heart, O Lord, unto Thy sacred Law,
That Thy statutes I may know and all Thy truths pursue.
Bring to naught designs of those who seek to do me ill;
Speedily defeat their aims and thwart their purposes
For Thine own sake, for Thine own power,
For Thy holiness and Law.
That Thy loved ones be delivered,
Answer me, O Lord, and save with Thy redeeming power.

May the words of my mouth and the meditation of my heart be acceptable unto Thee, O Lord, my Rock and my Redeemer. Thou who keepest harmony in the heavenly spheres, mayest Thou make peace for us, for Israel, and for all Thy children everywhere. Amen.

May it be Thy will, O Lord our God and God of our fathers, to grant our portion in Thy Torah and to rebuild the Temple speedily in our days. There we will serve Thee with awe as in the days of old. May the worship of Judah and Jerusalem be acceptable unto Thee as in the days of old.

On Sabbath add:

Thus the heaven and the earth were finished, and all their host. And on the seventh day God finished His work, and He rested on the seventh day from all His work which He had made. Then God blessed the seventh day, and He consecrated it, because on it He rested from all His work of creation. (Genesis 2:1–3)

Reader

Blessed art Thou, O Lord our God and God of our fathers, God of Abraham, God of Isaac, and God of Jacob, the great, mighty, revered and exalted God who possessest heaven and earth.

On Sabbath add:

מָגֵן אָבוֹת בִּדְבָרוֹ מְחַיֵּה מֵתִים בְּמַאֲמָרוֹ הַמֶּלֶךְ הַקָּדוֹשׁ שֶׁאֵין כָּמוֹהוּ הַמֵּנִיחַ לְעַמּוֹ בְּיוֹם שַׁבַּת קָדְשׁוֹ. כִּי בָם רָצָה לְהָנִיחַ לָהֶם. לְפָנָיו נַעֲבוֹד בְּיִרְאָה וָפַחַד וְנוֹדֶה לִשְׁמוֹ בְּכָל־יוֹם תָּמִיד מֵעֵין הַבְּרָכוֹת. אֵל הַהוֹדָאוֹת אֲדוֹן הַשָּׁלוֹם מְקַדֵּשׁ הַשַּׁבָּת וּמְבָרֵךְ שְׁבִיעִי. וּמֵנִיחַ בִּקְדֻשָּׁה לְעַם מְדֻשְּׁנֵי עֹנֶג. זֵכֶר לְמַעֲשֵׂה בְרֵאשִׁית:

Reader

אֱלֹהֵינוּ וֵאלֹהֵי אֲבוֹתֵינוּ רְצֵה בִמְנוּחָתֵנוּ קַדְּשֵׁנוּ בְּמִצְוֹתֶיךָ וְתֵן חֶלְקֵנוּ בְּתוֹרָתֶךָ. שַׂבְּעֵנוּ מִטּוּבֶךָ וְשַׂמְּחֵנוּ בִּישׁוּעָתֶךָ. וְטַהֵר לִבֵּנוּ לְעָבְדְּךָ בֶּאֱמֶת. וְהַנְחִילֵנוּ יְיָ אֱלֹהֵינוּ בְּאַהֲבָה וּבְרָצוֹן שַׁבַּת קָדְשֶׁךָ. וְיָנוּחוּ בָהּ יִשְׂרָאֵל מְקַדְּשֵׁי שְׁמֶךָ. בָּרוּךְ אַתָּה יְיָ מְקַדֵּשׁ הַשַּׁבָּת:

Reader's Kaddish

יִתְגַּדַּל וְיִתְקַדַּשׁ שְׁמֵהּ רַבָּא. בְּעָלְמָא דִּי־בְרָא כִרְעוּתֵהּ. וְיַמְלִיךְ מַלְכוּתֵהּ בְּחַיֵּיכוֹן וּבְיוֹמֵיכוֹן וּבְחַיֵּי דְכָל־בֵּית יִשְׂרָאֵל בַּעֲגָלָא וּבִזְמַן קָרִיב. וְאִמְרוּ אָמֵן:

Congregation and Reader

יְהֵא שְׁמֵהּ רַבָּא מְבָרַךְ לְעָלַם וּלְעָלְמֵי עָלְמַיָּא:

Reader

יִתְבָּרַךְ וְיִשְׁתַּבַּח וְיִתְפָּאַר וְיִתְרוֹמַם וְיִתְנַשֵּׂא וְיִתְהַדָּר וְיִתְעַלֶּה וְיִתְהַלָּל שְׁמֵהּ דְּקֻדְשָׁא. בְּרִיךְ הוּא. לְעֵלָּא וּלְעֵלָּא מִן־כָּל־בִּרְכָתָא וְשִׁירָתָא תֻּשְׁבְּחָתָא וְנֶחֱמָתָא דַּאֲמִירָן בְּעָלְמָא. וְאִמְרוּ אָמֵן:

תִּתְקַבֵּל צְלוֹתְהוֹן וּבָעוּתְהוֹן דְּכָל־יִשְׂרָאֵל קֳדָם אֲבוּהוֹן דִּי־בִשְׁמַיָּא. וְאִמְרוּ אָמֵן:

יְהֵא שְׁלָמָא רַבָּא מִן־שְׁמַיָּא וְחַיִּים עָלֵינוּ וְעַל־כָּל־יִשְׂרָאֵל. וְאִמְרוּ אָמֵן:

עֹשֶׂה שָׁלוֹם בִּמְרוֹמָיו הוּא יַעֲשֶׂה שָׁלוֹם עָלֵינוּ וְעַל־כָּל־יִשְׂרָאֵל. וְאִמְרוּ אָמֵן:

On Sabbath add:

Our fathers' shield, God's word has ever been;
He giveth life eternal to the dead.
Holy is He; no other can compare
With Him who giveth rest each Sabbath day
Unto His people whom He loves.
With veneration and with awe we serve Him;
We praise Him every day and bless His name.
To God all thanks are due, the Lord of peace,
He halloweth the Sabbath and doth bless the seventh day;
He giveth rest unto a people knowing its delight,
In remembrance of creation.

Reader

Our God and God of our fathers, accept our rest. Sanctify us through Thy commandments, and grant our portion in Thy Torah; satisfy us with Thy goodness and gladden us with Thy salvation. Make our hearts pure to serve Thee in truth. In Thy loving favor, O Lord our God, let us inherit Thy holy Sabbath, and may Israel who sanctifies Thy name, rest thereon. Blessed art Thou, O Lord, who hallowest the Sabbath.

Reader's Kaddish

Magnified and sanctified be the great name of God throughout the world which He hath created according to His will. May He establish His kingdom during the days of your life and during the life of all the house of Israel, speedily, yea, soon; and say ye, Amen.

Congregation and Reader

May His great name be blessed for ever and ever.

Reader

Exalted and honored be the name of the Holy One, blessed be He, whose glory transcends, yea, is beyond all blessings and hymns, praises and consolations which are uttered in the world; and say ye, Amen.

May the prayers and supplications of the house of Israel be acceptable unto their Father in heaven; and say ye, Amen.

May there be abundant peace from heaven, and life for us and for all Israel; and say ye, Amen.

May He who establisheth peace in the heavens, grant peace unto us and unto all Israel; and say ye, Amen.

Hymn for the Eve of the New Year

Composed by Abraham Hazzan (Gerondi), thirteenth **century,**
and chanted in Sephardic synagogues

Thy stricken daughter, now, O Lord, prepares
  —Bowed 'neath the rod—
Her songs of fervent praise, her tearful prayers—
  Heal her, O God!
Heal her—deliver her from all her woes—
  A year of sorrows draweth to its close!

The psalmist's lay, the prophet's word sublime,
  To Thee pertain;
And ancient litany and poet's rhyme
  Prolong the strain.
Hide not Thine eyes forever, Lord, but see
Her deep distress, who pours her soul to Thee,
Whilst tyrants scourge her flesh with cruel blows—
  A year of sorrows draweth to its close!

When wilt Thou draw Thy daughter from the pit
  Of misery,
And break her prison-yoke and bid her sit
  With them made free?
Display Thy wonders! From Thy ruined fold,
Drive out the ravening beasts. There, as of old,
Gather Thy scattered sheep and guard from foes—
  A year of sorrows draweth to its close!

Despoiled and mocked, sport of the heathen's wrath,
  But constant still,
The foot of Israel swerves not from Thy path,
  Nor ever will.
Her song is hushed, but all her soul on fire
With frustrate longing; Thou art her desire!
Her breaking heart with love of Thee o'erflows—
  A year of sorrows draweth to its close!

Lead gently to the bower of blissful rest,
  Her, so long torn
From her Beloved; bid that anguished breast
  Cease now to mourn.
Thy precious vine, whose clusters ruthless men
Have stript, that beasts have trampled, lift again;
Behold! Even now the buds of hope unclose—
  A year of sorrows draweth to its close!

Be strong, ye faithful, joyously endure,
  For wrong shall cease.
Trust still the Rock: His Covenant is sure,
  His paths are peace.
Yet shall He lead you Zionward, and say:
"Cast up! Cast up! Make firm and broad the way!"
O may the approaching year behold that day!
  Begin, New Year—and bring that joyous day!

Prayer before Kiddush

Creator of the universe and of man! In partaking of the cup of wine, the symbol of joy and of bounty, we acknowledge Thee, the source of life and blessing, even as our forefathers acknowledged Thee throughout the ages. Standing between a past which is gone and a future not yet born, we pray Thee for a year of abundance and happiness, a year wherein cheer shall fill our homes so that we may rejoice in family fellowship; a year wherein we shall endow our daily pursuits with sanctity, use wisely the gifts of nature and the talents with which Thou hast blessed us. Grant that we, like our ancestors, may feel Thy presence in everything we do, so that all our days will be hallowed by Thy spirit.

In gratitude, we rise for the Kiddush, to revere Thy holy name.

קידוש

On Sabbath add the bracketed words

בָּרוּךְ אַתָּה יְיָ אֱלֹהֵינוּ מֶלֶךְ הָעוֹלָם בּוֹרֵא פְּרִי הַגָּפֶן:

בָּרוּךְ אַתָּה יְיָ אֱלֹהֵינוּ מֶלֶךְ הָעוֹלָם אֲשֶׁר בָּחַר־בָּנוּ מִכָּל־עָם וְרוֹמְמָנוּ מִכָּל־לָשׁוֹן וְקִדְּשָׁנוּ בְּמִצְוֹתָיו. וַתִּתֶּן לָנוּ יְיָ אֱלֹהֵינוּ בְּאַהֲבָה אֶת [יוֹם הַשַּׁבָּת הַזֶּה וְאֶת] יוֹם הַזִּכָּרוֹן הַזֶּה. יוֹם [זִכְרוֹן] תְּרוּעָה [בְּאַהֲבָה] מִקְרָא קֹדֶשׁ זֵכֶר לִיצִיאַת מִצְרָיִם. כִּי בָנוּ בָחַרְתָּ וְאוֹתָנוּ קִדַּשְׁתָּ מִכָּל־הָעַמִּים. וּדְבָרְךָ אֱמֶת וְקַיָּם לָעַד. בָּרוּךְ אַתָּה יְיָ מֶלֶךְ עַל כָּל־הָאָרֶץ מְקַדֵּשׁ [הַשַּׁבָּת וְ]יִשְׂרָאֵל וְיוֹם הַזִּכָּרוֹן:

On Saturday night add:

בָּרוּךְ אַתָּה יְיָ אֱלֹהֵינוּ מֶלֶךְ הָעוֹלָם. בּוֹרֵא מְאוֹרֵי הָאֵשׁ:

בָּרוּךְ אַתָּה יְיָ אֱלֹהֵינוּ מֶלֶךְ הָעוֹלָם. הַמַּבְדִּיל בֵּין קֹדֶשׁ לְחוֹל בֵּין אוֹר לְחֹשֶׁךְ בֵּין יִשְׂרָאֵל לָעַמִּים. בֵּין יוֹם הַשְּׁבִיעִי לְשֵׁשֶׁת יְמֵי הַמַּעֲשֶׂה. בֵּין קְדֻשַּׁת שַׁבָּת לִקְדֻשַּׁת יוֹם טוֹב הִבְדַּלְתָּ. וְאֶת־יוֹם הַשְּׁבִיעִי מִשֵּׁשֶׁת יְמֵי הַמַּעֲשֶׂה קִדַּשְׁתָּ. הִבְדַּלְתָּ וְקִדַּשְׁתָּ אֶת־עַמְּךָ יִשְׂרָאֵל בִּקְדֻשָּׁתֶךָ. בָּרוּךְ אַתָּה יְיָ. הַמַּבְדִּיל בֵּין קֹדֶשׁ לְקֹדֶשׁ:

בָּרוּךְ אַתָּה יְיָ אֱלֹהֵינוּ מֶלֶךְ הָעוֹלָם
שֶׁהֶחֱיָנוּ וְקִיְּמָנוּ וְהִגִּיעָנוּ לַזְּמַן הַזֶּה:

KIDDUSH

On Sabbath add the words in brackets

Blessed art Thou, O Lord our God, King of the universe, who createst the fruit of the vine.

Blessed art Thou, O Lord our God, King of the universe, who hast chosen us from all people by sanctifying us with Thy commandments. As a token of Thy love, Thou hast given us, O Lord our God, [this Sabbath day and] this Day of Remembrance, a day for [recalling in love the] sounding of the Shofar, a holy assembly in memory of our liberation from Egypt. Thy word is truth and endureth forever. Blessed art Thou, O Lord, King over all the earth, who sanctifiest [the Sabbath and] Israel and the Day of Remembrance.

On Saturday night add:

Blessed art Thou, O Lord our God, King of the universe, who createst the light of the fire.

Blessed art Thou, O Lord our God, King of the universe, who hast made a distinction between that which is holy and that which is profane, between light and darkness, between Israel and those nations that know Thee not, between the seventh day of rest and the six days of work. Thou hast set a distinction between the holiness of the Sabbath and the holiness of the Festival, and hast hallowed the Sabbath above the six days of work. Thou hast sanctified Israel by Thy holiness. Blessed art Thou, O Lord, who hast filled our life with a sense of holiness.

Blessed art Thou, O Lord our God, King of the universe, who hast kept us in life, and hast sustained us and enabled us to reach this season.

How to Number Our Days

Responsive Reading

Our God and God of our fathers, we thank Thee for having kept us in life, and having sustained us to this day.

O Thou who art all good, may Thy loving-kindness continue to protect and strengthen us, and may Thy grace sanctify and beautify our lives.

Standing on the threshold of a new year, we become fearfully aware of the speeding of time and the ebbing of the years.

We are perplexed by doubts concerning the worth of what was, and harassed by anxieties concerning what will be.

Yet we know that not for such dismal thoughts hast Thou given us this sacred day;

For Thou wouldst have us conquer fear, and worship Thee in gladness and serenity.

So teach us to number our days that we may get us a heart of wisdom.

Grant that we may use with diligence and foresight our appointed span of time.

We pray for the wisdom that will not let us live for the passing hour and the transient joy, or succumb to despair when clouds darken our skies.

May whatever the days bring to us, bring forth the best that is in us.

May we learn to behold Thee in all the wonder, beauty, and order of Thy creation,

And gratefully to discern the marvels Thou workest for us daily.

Deliver us from the desolating sense of loneliness to which we condemn ourselves by our self-centered aims.

Open our eyes to the beneficent and redeeming hosts with which Thou hast surrounded us, and of which Thou art Lord.

May we realize that ours are the untold years of striving embodied in the garnered treasures of the spirit that have come down to us from the ages;

And that in us there also live endless generations to whom Thou wouldst have us pass on those treasures enhanced by worthy deeds of our own achieving.

May we come to understand that not upon outward fortune does our salvation depend, but upon the spirit in which we live with one another.

Grant us the intelligence and good-will unitedly to bend circumstance to our hearts' most sacred yearnings.

Grant us the wisdom that will guard us from the intoxication of the senses,

And the strength of will that will keep us from being drawn into the vortex of raging passions.

Grant us the wisdom that will dispel from our hearts the restless urge to outrun our fellowmen in the race for pelf and power,

And that will move us to outdo ourselves by waking into action the virtues that lie dormant in our souls.

Grant us the courage to trust ourselves to Thee and Thy saving power.

Inspire us with the faith that will help us overcome all sin and sadness.

May the regeneration of character and conscience strengthen our hope in the establishment of Thy kingdom on earth.

May the assurance of better things to come enable us so to live as to hasten their coming.   Amen.

MEDITATION

Every man is granted free-will. If he desire to incline towards the good way and be righteous, he has the power to do so; and if he desire to incline towards the unrighteous way, and be a wicked man, he also has the power to do so. Give no room in your minds to that which is asserted by heathen fools, and also by many of the ignorant among the Israelites themselves, namely, that the Holy One, blessed be He, decrees that a man from his birth should be either a righteous man or a wicked man.

Since the power of doing good or evil is in our own hands, and since all the wicked deeds which we have committed have been committed with our full consciousness, it befits us to turn in penitence and to forsake our evil deeds; the power of doing so being still in our hands.

MOSES MAIMONIDES

עָלֵינוּ לְשַׁבֵּחַ לַאֲדוֹן הַכֹּל לָתֵת גְּדֻלָּה לְיוֹצֵר בְּרֵאשִׁית שֶׁלֹּא עָשָׂנוּ כְּגוֹיֵי הָאֲרָצוֹת וְלֹא שָׂמָנוּ כְּמִשְׁפְּחוֹת הָאֲדָמָה שֶׁלֹּא שָׂם חֶלְקֵנוּ כָּהֶם וְגוֹרָלֵנוּ כְּכָל הֲמוֹנָם:

וַאֲנַחְנוּ כּוֹרְעִים וּמִשְׁתַּחֲוִים וּמוֹדִים

לִפְנֵי מֶלֶךְ מַלְכֵי הַמְּלָכִים הַקָּדוֹשׁ בָּרוּךְ הוּא.

שֶׁהוּא נוֹטֶה שָׁמַיִם וְיוֹסֵד אָרֶץ וּמוֹשַׁב יְקָרוֹ בַּשָּׁמַיִם מִמַּעַל וּשְׁכִינַת עֻזּוֹ בְּגָבְהֵי מְרוֹמִים: הוּא אֱלֹהֵינוּ אֵין עוֹד. אֱמֶת מַלְכֵּנוּ אֶפֶס זוּלָתוֹ כַּכָּתוּב בְּתוֹרָתוֹ וְיָדַעְתָּ הַיּוֹם וַהֲשֵׁבֹתָ אֶל לְבָבֶךָ כִּי יְיָ הוּא הָאֱלֹהִים בַּשָּׁמַיִם מִמַּעַל וְעַל־הָאָרֶץ מִתָּחַת. אֵין עוֹד:

עַל־כֵּן נְקַוֶּה לְךָ יְיָ אֱלֹהֵינוּ לִרְאוֹת מְהֵרָה בְּתִפְאֶרֶת עֻזֶּךָ לְהַעֲבִיר גִּלּוּלִים מִן הָאָרֶץ וְהָאֱלִילִים כָּרוֹת יִכָּרֵתוּן. לְתַקֵּן עוֹלָם בְּמַלְכוּת שַׁדַּי. וְכָל־בְּנֵי בָשָׂר יִקְרְאוּ בִשְׁמֶךָ לְהַפְנוֹת אֵלֶיךָ כָּל־רִשְׁעֵי אָרֶץ. יַכִּירוּ וְיֵדְעוּ כָּל־יוֹשְׁבֵי תֵבֵל. כִּי־לְךָ תִּכְרַע כָּל־בֶּרֶךְ תִּשָּׁבַע כָּל־לָשׁוֹן: לְפָנֶיךָ יְיָ אֱלֹהֵינוּ יִכְרְעוּ וְיִפֹּלוּ. וְלִכְבוֹד שִׁמְךָ יְקָר יִתֵּנוּ. וִיקַבְּלוּ כֻלָּם אֶת עוֹל מַלְכוּתֶךָ. וְתִמְלוֹךְ עֲלֵיהֶם מְהֵרָה לְעוֹלָם וָעֶד. כִּי הַמַּלְכוּת שֶׁלְּךָ הִיא וּלְעוֹלְמֵי עַד תִּמְלוֹךְ בְּכָבוֹד: כַּכָּתוּב בְּתוֹרָתֶךָ יְיָ יִמְלֹךְ לְעוֹלָם וָעֶד: וְנֶאֱמַר וְהָיָה יְיָ לְמֶלֶךְ עַל־כָּל־הָאָרֶץ בַּיּוֹם הַהוּא יִהְיֶה יְיָ אֶחָד וּשְׁמוֹ אֶחָד:

Congregation rises

Let us adore the Lord of all, who formed the world from of old, that He hath not made us like unto the heathens of the earth, nor fashioned us like the godless of the land; that He hath not made our destiny as theirs, nor cast our lot with their multitude.

We bend the knee, bow in worship, and give thanks unto the King of kings, the Holy One, blessed be He.

Congregation

Va-a'-naḥ-nu kō-r'eem u-mish-ta-ḥa-veem u-mō-deem
Li-f'nay me-leḥ, ma-l'ḥay ham'lo-ḥeem, ha-ko-dōsh bo-ruḥ hu.

Congregation is seated

He stretched forth the heavens and laid the foundations of the earth. His glory is revealed in the heavens above, and His might is manifest in the loftiest heights. He is our God; there is none other. In truth He is our King, there is none besides Him. Thus it is written in His Torah: "Know this day, and consider it in thy heart that the Lord, He is God in the heavens above and on the earth beneath; there is none else."

We therefore hope in Thee, O Lord our God, that we may soon behold the glory of Thy might, when Thou wilt remove the abominations of the earth and cause all idolatry to be abolished, when the world will be perfected under Thine almighty kingdom, and all the children of men will call upon Thy name, when Thou wilt turn unto Thyself all the wicked of the earth. May all the inhabitants of the world perceive and know that unto Thee every knee must bend, every tongue vow loyalty. Before Thee, O Lord our God, may all bow in worship, and give honor unto Thy glorious name. May they all accept the yoke of thy kingdom and speedily do Thou rule over them forever. For the kingdom is Thine and evermore wilt Thou reign in glory, as it is written in Thy Torah: "The Lord shall reign for ever and ever." "And the Lord shall be King over all the earth; on that day the Lord shall be One, and His name one."

Congregation

V'ho-yo A-dō-noy l'meh-leḥ al kol ho-o-rets,
Ba-yōm ha-hu yi-h'ye A-dō-noy e-ḥod u-sh'mō e-ḥod.

PRAYER BEFORE MOURNER'S KADDISH

Almighty and eternal God, ere we part, we recall those whom Thou hast summoned unto Thee. In love we remember their kind words and their unselfish deeds. We thank Thee, O Lord, for their lives, for our companionship with them, for the sweet memories they leave behind. May we, in tribute to our departed, live wisely, courageously and usefully. Thus will our departed be bound up in the bond of life and endure as a living influence among us. Comfort, we pray Thee, those who mourn. Strengthen them in their sorrow and deepen their faith as they rise to sanctify Thy name.

Mourners

יִתְגַּדַּל וְיִתְקַדַּשׁ שְׁמֵהּ רַבָּא. בְּעָלְמָא דִּי־בְרָא כִרְעוּתֵהּ.
וְיַמְלִיךְ מַלְכוּתֵהּ בְּחַיֵּיכוֹן וּבְיוֹמֵיכוֹן וּבְחַיֵּי דְכָל־בֵּית
יִשְׂרָאֵל בַּעֲגָלָא וּבִזְמַן קָרִיב. וְאִמְרוּ אָמֵן:

Congregation and Mourners

יְהֵא שְׁמֵהּ רַבָּא מְבָרַךְ לְעָלַם וּלְעָלְמֵי עָלְמַיָּא:

Mourners

יִתְבָּרַךְ וְיִשְׁתַּבַּח וְיִתְפָּאַר וְיִתְרוֹמַם וְיִתְנַשֵּׂא וְיִתְהַדַּר
וְיִתְעַלֶּה וְיִתְהַלַּל שְׁמֵהּ דְּקֻדְשָׁא. בְּרִיךְ הוּא. לְעֵלָּא וּלְעֵלָּא
מִן־כָּל־בִּרְכָתָא וְשִׁירָתָא תֻּשְׁבְּחָתָא וְנֶחֱמָתָא דַּאֲמִירָן
בְּעָלְמָא. וְאִמְרוּ אָמֵן:

יְהֵא שְׁלָמָא רַבָּא מִן־שְׁמַיָּא וְחַיִּים עָלֵינוּ וְעַל־כָּל־
יִשְׂרָאֵל. וְאִמְרוּ אָמֵן:

עֹשֶׂה שָׁלוֹם בִּמְרוֹמָיו הוּא יַעֲשֶׂה שָׁלוֹם עָלֵינוּ וְעַל־כָּל־
יִשְׂרָאֵל. וְאִמְרוּ אָמֵן:

Mourners' Kaddish

Magnified and sanctified be the great name of God throughout the world which He hath created according to His will. May He establish His kingdom during the days of your life and during the life of all the house of Israel, speedily, yea, soon; and say ye, Amen.

Congregation and Mourners

May His great name be blessed for ever and ever.

Mourners

Exalted and honored be the name of the Holy One, blessed be He, whose glory transcends, yea, is beyond all blessings and hymns, praises and consolations which are uttered in the world; and say ye, Amen.

May there be abundant peace from heaven, and life for us and for all Israel; and say ye, Amen.

May He who establisheth peace in the heavens, grant peace unto us and unto all Israel; and say ye, Amen.

MOURNERS' KADDISH

Yis-ga-dal v'yis-ka-dash sh'may ra-bo,
B'ol-mo dee-v'ro ḥir u-say, v'yam-leeḥ mal-ḥu-say,
B'ḥa-yay-ḥōn uv-yō-may-ḥōn, uv-ḥa-yay d'ḥol bays yis-ro-ayl
Ba-a-go-lo u-viz'man ko-reev, v'im-ru o-mayn.

Y'hay sh'may ra-bo m'vo-raḥ, l'o-lam ul-ol-may ol-ma-yo.

Yis-bo-raḥ v'yish-ta-baḥ, v'yis-po-ar v'yis-rō-mam,
V'yis-na-say v'yis-ha-dar, v'yis-a-leh, v'yis-ha-lal
   sh'may d'kud-sho b'riḥ hu;
L'ay-lo ul-ay-lo min kol bir-ḥo-so v'shee-ro-so,
Tush-b'ḥo-so v'ne-ḥeh-mo-so, da-a-mee-ron b'ol-mo,
V'im-ru o-mayn.
Y'hay sh'lo-mo ra-bo min sh'ma-yo,
V'ḥa-yeem o-lay-nu v'al kol yis-ro-ayl v'im-ru o-mayn.
Ō-se sho-lōm bim-rō-mov hu ya-a-se sho-lōm,
O-lay-nu v'al kol yis-ro-ayl v'im-ru o-mayn.

תהלים כ״ז לְדָוִד.

יְיָ אוֹרִי וְיִשְׁעִי מִמִּי אִירָא יְיָ מָעוֹז חַיַּי מִמִּי אֶפְחָד:
בִּקְרֹב עָלַי מְרֵעִים לֶאֱכֹל אֶת־בְּשָׂרִי צָרַי וְאֹיְבַי לִי הֵמָּה
כָּשְׁלוּ וְנָפָלוּ: אִם־תַּחֲנֶה עָלַי מַחֲנֶה לֹא־יִירָא לִבִּי אִם־
תָּקוּם עָלַי מִלְחָמָה בְּזֹאת אֲנִי בוֹטֵחַ: אַחַת שָׁאַלְתִּי מֵאֵת יְיָ
אוֹתָהּ אֲבַקֵּשׁ שִׁבְתִּי בְּבֵית־יְיָ כָּל־יְמֵי חַיַּי לַחֲזוֹת בְּנֹעַם־יְיָ
וּלְבַקֵּר בְּהֵיכָלוֹ: כִּי יִצְפְּנֵנִי בְּסֻכֹּה בְּיוֹם רָעָה יַסְתִּרֵנִי
בְּסֵתֶר אָהֳלוֹ בְּצוּר יְרוֹמְמֵנִי: וְעַתָּה יָרוּם רֹאשִׁי עַל־אֹיְבַי
סְבִיבוֹתַי וְאֶזְבְּחָה בְאָהֳלוֹ זִבְחֵי תְרוּעָה אָשִׁירָה וַאֲזַמְּרָה
לַייָ: שְׁמַע־יְיָ קוֹלִי אֶקְרָא וְחָנֵּנִי וַעֲנֵנִי: לְךָ אָמַר לִבִּי בַּקְּשׁוּ
פָנָי אֶת־פָּנֶיךָ יְיָ אֲבַקֵּשׁ: אַל־תַּסְתֵּר פָּנֶיךָ מִמֶּנִּי אַל־תַּט
בְּאַף עַבְדֶּךָ עֶזְרָתִי הָיִיתָ אַל־תִּטְּשֵׁנִי וְאַל־תַּעַזְבֵנִי אֱלֹהֵי
יִשְׁעִי: כִּי־אָבִי וְאִמִּי עֲזָבוּנִי וַייָ יַאַסְפֵנִי: הוֹרֵנִי יְיָ דַּרְכֶּךָ
וּנְחֵנִי בְּאֹרַח מִישׁוֹר לְמַעַן שֹׁרְרָי: אַל־תִּתְּנֵנִי בְּנֶפֶשׁ צָרָי
כִּי קָמוּ־בִי עֵדֵי־שֶׁקֶר וִיפֵחַ חָמָס: לוּלֵא הֶאֱמַנְתִּי לִרְאוֹת
בְּטוּב־יְיָ בְּאֶרֶץ חַיִּים: קַוֵּה אֶל־יְיָ חֲזַק וְיַאֲמֵץ לִבֶּךָ וְקַוֵּה
אֶל־יְיָ:

Selected from Psalm 27

The Lord is my light and my salvation; whom shall I fear?
The Lord is the stronghold of my life;
Of whom shall I be afraid?

When evil-doers came upon me to consume my flesh,
Even mine enemies and my foes, they stumbled and fell.

Though a host should encamp against me,
My heart shall not fear;

Wait for the Lord;
Be strong, and let your heart take courage;
Yea, wait for the Lord.

Closing Prayer for the New Year

Reader

Standing on the threshold of a New Year, between darkness and dawn, between memory and hope, between the known and the unknown, we feel Thy presence, O Thou who art timeless, Creator of the world and of man! We have come to Thy Sanctuary, O Lord, to give utterance to the emotions that surge within us. Recalling the past year with its exultations and its disillusionments, its joys and sorrows, and facing the uncharted course of the coming year, we realize that our destinies are in Thy hand.

Out of the depths of our hearts, we express our gratitude to Thee for the joy of living, for health and home and friends, and for the countless opportunities of enriching our lives.

We give Thee thanks for the fortitude which has sustained us in adversity and delivered us from despair, for the unfaltering faith in Thee that enabled us to regard each failure as a challenge to greater achievement and to find good even in our trials and sorrows. Yea, we are grateful for the comfort Thou didst send us in hours of darkness and grief when precious links in our family chain were severed, and loved ones were called to their eternal rest.

Grant, O God, in the coming year, peace to all who are afflicted in body and spirit, solace to the bereaved, and healing balm to the broken hearted.

Help us, O Father, to banish from our midst greed and lust, prejudice and hatred. Send Thy light of love and understanding to a groping and bewildered humanity, that the nations of the earth may know that all men are brothers created in Thine image. May the Redeemer come unto Zion, and Jerusalem be restored speedily in our day, so that all the children of Israel may be delivered from oppression.

We pray, O Lord, that by our deeds we may become worthy of Thy grace, and thus be inscribed in Thy Book of Life. Amen.

יגדל

יִגְדַּל אֱלֹהִים חַי וְיִשְׁתַּבַּח   נִמְצָא וְאֵין עֵת אֶל מְצִיאוּתוֹ:

אֶחָד וְאֵין יָחִיד כְּיִחוּדוֹ   נֶעְלָם וְגַם אֵין סוֹף לְאַחְדּוּתוֹ:

אֵין לוֹ דְּמוּת הַגּוּף וְאֵינוֹ גוּף   לֹא נַעֲרוֹךְ אֵלָיו קְדֻשָּׁתוֹ:

קַדְמוֹן לְכָל־דָּבָר אֲשֶׁר נִבְרָא   רִאשׁוֹן וְאֵין רֵאשִׁית לְרֵאשִׁיתוֹ:

הִנּוֹ אֲדוֹן עוֹלָם לְכָל־נוֹצָר   יוֹרֶה גְדֻלָּתוֹ וּמַלְכוּתוֹ:

שֶׁפַע נְבוּאָתוֹ נְתָנוֹ   אֶל אַנְשֵׁי סְגֻלָּתוֹ וְתִפְאַרְתּוֹ:

לֹא קָם בְּיִשְׂרָאֵל כְּמֹשֶׁה עוֹד   נָבִיא. וּמַבִּיט אֶת־תְּמוּנָתוֹ:

תּוֹרַת אֱמֶת נָתַן לְעַמּוֹ אֵל   עַל־יַד נְבִיאוֹ נֶאֱמַן בֵּיתוֹ:

לֹא יַחֲלִיף הָאֵל וְלֹא יָמִיר דָּתוֹ   לְעוֹלָמִים לְזוּלָתוֹ:

צוֹפֶה וְיוֹדֵעַ סְתָרֵינוּ   מַבִּיט לְסוֹף דָּבָר בְּקַדְמָתוֹ:

גּוֹמֵל לְאִישׁ חֶסֶד כְּמִפְעָלוֹ   נוֹתֵן לְרָשָׁע רָע כְּרִשְׁעָתוֹ:

יִשְׁלַח לְקֵץ יָמִין מְשִׁיחֵנוּ   לִפְדּוֹת מְחַכֵּי קֵץ יְשׁוּעָתוֹ:

מֵתִים יְחַיֶּה אֵל בְּרֹב חַסְדּוֹ   בָּרוּךְ עֲדֵי־עַד שֵׁם תְּהִלָּתוֹ:

Yigdal

The living God O magnify and bless,
Transcending time and here eternally.

One Being, yet unique in unity;
A mystery of Oneness, measureless.

Lo! form or body He has none, and man
No semblance of His holiness can frame.

Before Creation's dawn He was the same;
The first to be, though never He began.

He is the world's and every creature's Lord;
His rule and majesty are manifest,

And through His chosen, glorious sons exprest
In prophecies that through their lips are poured.

Yet never like to Moses rose a seer,
Permitted glimpse behind the veil divine.

This faithful prince of God's prophetic line
Received the Law of Truth for Israel's ear.

The Law God gave, He never will amend,
Nor ever by another Law replace.

Our secret things are spread before His face;
In all beginnings He beholds the end.

The saint's reward He measures to his meed;
The sinner reaps the harvest of his ways.

Messiah He will send at end of days,
And all the faithful to salvation lead.

God will the dead again to life restore
In His abundance of almighty love.

Then blessèd be His name, all names above,
And let His praise resound forevermore.

Yig-dal e'lō-heem ḥye, v'yish-ta-baḥ, nim-tso v'ayn ays, el m'tsee-u-sō.
E-ḥod v'ayn yo-ḥeed k'yi-ḥu-dō, ne-e'lom v'gam ayn sōf l'aḥ-du-sō.
Ayn lō d'mus ha-guf, v'ay-nō guf, lō na-a'-rōḥ ay-lov k'du-sho-sō.
Kad-mōn l'ḥol do-vor a'-sher niv-ro, ri-shōn v'ayn ray-shees, l'ray-shee-sō.
Hi-nō a-dōn ō-lom, l'ḥol nō-tsor, yō-reh g'du-lo-sō, u-ma-l'ḥu-sō.
Sheh-fa n'vu-o-sō, n'so-nō, el a-n'shay s'gu-lo-sō, v'sif-ar-tō.
Lō kom b'yis-ro-ayl, k'mō-sheh ōd, no-vee u-ma-beet, es t'mu-no-sō.
Tō-ras e'-mes no-san l'a-mō ayl, al yad n'vee-ō, ne-e'man bay-sō.
Lō ya-ḥa'leef ho-ayl, v'lō yo-meer do-sō, l'ō-lo-meem l'zu-lo-sō.
Tsō-fe v-yō-day-a s'so-ray-nu, ma-beet l'sōf do-vor b'kad-mo-sō.
Gō-mayl l'eesh ḥe-sed k'mif-o-lō, nō-sayn l'ro-sho ra, k'rish-o-sō.
Yish-laḥ l'kayts yo-meen, m'shee-ḥay-nu, lif-dōs m'ḥa-kay kaytz y'shu-o-sō.
May-seem y'ḥa-ye ayl b'rōv has-dō, bo-ruḥ a-day ad shaym t'hi-lo-sō.

ברכות השחר

מַה־טֹּבוּ אֹהָלֶיךָ יַעֲקֹב. מִשְׁכְּנֹתֶיךָ יִשְׂרָאֵל: וַאֲנִי בְּרֹב חַסְדְּךָ. אָבוֹא בֵיתֶךָ. אֶשְׁתַּחֲוֶה אֶל־הֵיכַל קָדְשְׁךָ בְּיִרְאָתֶךָ: יְיָ אָהַבְתִּי מְעוֹן בֵּיתֶךָ. וּמְקוֹם מִשְׁכַּן כְּבוֹדֶךָ: וַאֲנִי אֶשְׁתַּחֲוֶה וְאֶכְרָעָה. אֶבְרְכָה לִפְנֵי־יְיָ עֹשִׂי: וַאֲנִי תְפִלָּתִי־לְךָ יְיָ. עֵת רָצוֹן אֱלֹהִים בְּרָב־חַסְדֶּךָ עֲנֵנִי בֶּאֱמֶת יִשְׁעֶךָ:

Prayer when putting on the Tallit

בָּרוּךְ אַתָּה יְיָ אֱלֹהֵינוּ מֶלֶךְ הָעוֹלָם. אֲשֶׁר קִדְּשָׁנוּ בְּמִצְוֹתָיו וְצִוָּנוּ לְהִתְעַטֵּף בַּצִּיצִת:

מַה־יָּקָר חַסְדְּךָ אֱלֹהִים וּבְנֵי אָדָם בְּצֵל כְּנָפֶיךָ יֶחֱסָיוּן: יִרְוְיֻן מִדֶּשֶׁן בֵּיתֶךָ וְנַחַל עֲדָנֶיךָ תַשְׁקֵם: כִּי עִמְּךָ מְקוֹר חַיִּים בְּאוֹרְךָ נִרְאֶה אוֹר: מְשֹׁךְ חַסְדְּךָ לְיֹדְעֶיךָ וְצִדְקָתְךָ לְיִשְׁרֵי לֵב:

שַׁחַר אֲבַקֶּשְׁךָ. צוּרִי וּמִשְׂגַּבִּי אֶעֱרֹךְ לְפָנֶיךָ
שַׁחְרִי וְגַם עַרְבִּי:
לִפְנֵי גְדֻלָּתְךָ אֶעֱמֹד וְאֶבָּהֵל. כִּי עֵינְךָ תִרְאֶה
כָּל־מַחְשְׁבוֹת לִבִּי:
מַה־זֶּה אֲשֶׁר יוּכַל הַלֵּב וְהַלָּשׁוֹן לַעֲשׂוֹת. וּמַה־כֹּחַ
רוּחִי בְּתוֹךְ קִרְבִּי:
הִנֵּה לְךָ תִיטַב זִמְרַת אֱנוֹשׁ. עַל כֵּן אוֹדְךָ בְּעוֹד תִּהְיֶה
נִשְׁמַת אֱלוֹהַּ בִּי:

How goodly are thy tents, O Jacob, thy dwelling places, O Israel! In Thine abundant love have I come into Thy house, O Lord, and in reverence do I worship Thee in Thy holy Sanctuary. O Lord, I love the habitation of Thy house and the place where Thy glory dwelleth. Therefore I will bow down and pray unto Thee, O Lord, my Maker. Accept my prayer, O God, and in Thy great mercy, answer me with Thy saving truth. Amen.

Prayer when putting on the Tallit

Blessed art Thou, O Lord our God, King of the universe, who having sanctified us with Thy commandments hast ordained that we wrap ourselves in the fringed garment.

How precious is Thy loving-kindness, O God! The children of men take refuge under the protection of Thy sheltering care. They shall be abundantly satisfied in Thy house; and Thou shalt refresh them with Thy living waters. For with Thee is the fountain of life; in Thy light do we see light. O continue Thy loving-kindness unto those who know Thee, and Thy righteousness to the upright in heart.

Hymn by Solomon ibn Gabirol, eleventh century

At the dawn I seek Thee,
    Refuge, Rock sublime;
Set my prayer before Thee in the morning,
    And my prayer at eventime.

I before Thy greatness
    Stand and am afraid;
All my secret thoughts Thine eye beholdeth,
    Deep within my bosom laid.

And withal what is it
    Heart and tongue can do?
What is this my strength, and what is even
    This the spirit in me too?

But indeed man's singing
    May seem good to Thee;
So I praise Thee, singing, while there dwelleth
    Yet the breath of God in me.

יִגְדַּל אֱלֹהִים חַי וְיִשְׁתַּבַּח נִמְצָא וְאֵין עֵת אֶל מְצִיאוּתוֹ:
אֶחָד וְאֵין יָחִיד כְּיִחוּדוֹ נֶעְלָם וְגַם אֵין סוֹף לְאַחְדוּתוֹ:
אֵין לוֹ דְּמוּת הַגּוּף וְאֵינוֹ גוּף לֹא נַעֲרוֹךְ אֵלָיו קְדֻשָּׁתוֹ:
קַדְמוֹן לְכָל־דָּבָר אֲשֶׁר נִבְרָא רִאשׁוֹן וְאֵין רֵאשִׁית לְרֵאשִׁיתוֹ:
הִנּוֹ אֲדוֹן עוֹלָם לְכָל־נוֹצָר יוֹרֶה גְדֻלָּתוֹ וּמַלְכוּתוֹ:
שֶׁפַע נְבוּאָתוֹ נְתָנוֹ אֶל אַנְשֵׁי סְגֻלָּתוֹ וְתִפְאַרְתּוֹ:
לֹא קָם בְּיִשְׂרָאֵל כְּמֹשֶׁה עוֹד נָבִיא. וּמַבִּיט אֶת־תְּמוּנָתוֹ:
תּוֹרַת אֱמֶת נָתַן לְעַמּוֹ אֵל עַל־יַד נְבִיאוֹ נֶאֱמַן בֵּיתוֹ:
לֹא יַחֲלִיף הָאֵל וְלֹא יָמִיר דָּתוֹ לְעוֹלָמִים לְזוּלָתוֹ:
צוֹפֶה וְיוֹדֵעַ סְתָרֵינוּ מַבִּיט לְסוֹף דָּבָר בְּקַדְמָתוֹ:
גּוֹמֵל לְאִישׁ חֶסֶד כְּמִפְעָלוֹ נוֹתֵן לְרָשָׁע רָע כְּרִשְׁעָתוֹ:
יִשְׁלַח לְקֵץ יָמִין מְשִׁיחֵנוּ לִפְדּוֹת מְחַכֵּי קֵץ יְשׁוּעָתוֹ:
מֵתִים יְחַיֶּה אֵל בְּרֹב חַסְדּוֹ בָּרוּךְ עֲדֵי־עַד שֵׁם תְּהִלָּתוֹ:

אֲדוֹן עוֹלָם אֲשֶׁר מָלַךְ בְּטֶרֶם כָּל יְצִיר נִבְרָא:
לְעֵת נַעֲשָׂה בְחֶפְצוֹ כֹּל אֲזַי מֶלֶךְ שְׁמוֹ נִקְרָא:
וְאַחֲרֵי כִּכְלוֹת הַכֹּל לְבַדּוֹ יִמְלוֹךְ נוֹרָא:
וְהוּא הָיָה וְהוּא הֹוֶה וְהוּא יִהְיֶה בְּתִפְאָרָה:

YIGDAL

The living God O magnify and bless,
Transcending time and here eternally.
One Being, yet unique in unity;
A mystery of Oneness, measureless.
Lo! form or body He has none, and man
No semblance of His holiness can frame.
Before Creation's dawn He was the same;
The first to be, though never He began.
He is the world's and every creature's Lord;
His rule and majesty are manifest,
And through His chosen, glorious sons exprest
In prophecies that through their lips are poured.
Yet never like to Moses rose a seer,
Permitted glimpse behind the veil divine.
This faithful prince of God's prophetic line
Received the Law of Truth for Israel's ear.
The Law God gave, He never will amend,
Nor ever by another Law replace.
Our secret things are spread before His face;
In all beginnings He beholds the end.
The saint's reward He measures to his meed:
The sinner reaps the harvest of his ways.
Messiah He will send at end of days,
And all the faithful to salvation lead.
God will the dead again to life restore
In His abundance of almighty love.
Then blessèd be His name, all names above,
And let His praise resound forevermore.

ADON OLOM

Lord of the world, the King supreme,
Ere aught was formed, He reigned alone.
When by His will all things were wrought,
Then was His sovereign name made known.
And when in time all things shall cease,
He still shall reign in majesty.
He was, He is, He shall remain
All-glorious eternally.

וְהוּא אֶחָד וְאֵין שֵׁנִי לְהַמְשִׁיל לוֹ לְהַחְבִּירָה:
בְּלִי רֵאשִׁית בְּלִי תַכְלִית וְלוֹ הָעֹז וְהַמִּשְׂרָה:
וְהוּא אֵלִי וְחַי גּוֹאֲלִי וְצוּר חֶבְלִי בְּעֵת צָרָה:
וְהוּא נִסִּי וּמָנוֹס לִי מְנָת כּוֹסִי בְּיוֹם אֶקְרָא:
בְּיָדוֹ אַפְקִיד רוּחִי בְּעֵת אִישַׁן וְאָעִירָה:
וְעִם רוּחִי גְּוִיָּתִי יְיָ לִי וְלֹא אִירָא:

בָּרוּךְ אַתָּה יְיָ אֱלֹהֵינוּ מֶלֶךְ הָעוֹלָם אֲשֶׁר קִדְּשָׁנוּ בְּמִצְוֹתָיו וְצִוָּנוּ עַל נְטִילַת יָדָיִם:

בָּרוּךְ אַתָּה יְיָ אֱלֹהֵינוּ מֶלֶךְ הָעוֹלָם אֲשֶׁר יָצַר אֶת הָאָדָם בְּחָכְמָה וּבָרָא בוֹ נְקָבִים נְקָבִים חֲלוּלִים חֲלוּלִים. גָּלוּי וְיָדוּעַ לִפְנֵי כִסֵּא כְבוֹדֶךָ שֶׁאִם יִפָּתֵחַ אֶחָד מֵהֶם אוֹ יִסָּתֵם אֶחָד מֵהֶם אִי אֶפְשַׁר לְהִתְקַיֵּם וְלַעֲמוֹד לְפָנֶיךָ. בָּרוּךְ אַתָּה יְיָ רוֹפֵא כָל־בָּשָׂר וּמַפְלִיא לַעֲשׂוֹת:

בָּרוּךְ אַתָּה יְיָ אֱלֹהֵינוּ מֶלֶךְ הָעוֹלָם אֲשֶׁר קִדְּשָׁנוּ בְּמִצְוֹתָיו וְצִוָּנוּ לַעֲסוֹק בְּדִבְרֵי תוֹרָה:

וְהַעֲרֶב־נָא יְיָ אֱלֹהֵינוּ אֶת־דִּבְרֵי תוֹרָתְךָ בְּפִינוּ וּבְפִי עַמְּךָ בֵּית יִשְׂרָאֵל. וְנִהְיֶה אֲנַחְנוּ וְצֶאֱצָאֵינוּ וְצֶאֱצָאֵי עַמְּךָ בֵּית יִשְׂרָאֵל כֻּלָּנוּ יוֹדְעֵי שְׁמֶךָ וְלוֹמְדֵי תוֹרָתֶךָ לִשְׁמָהּ. בָּרוּךְ אַתָּה יְיָ הַמְלַמֵּד תּוֹרָה לְעַמּוֹ יִשְׂרָאֵל: בָּרוּךְ אַתָּה יְיָ אֱלֹהֵינוּ מֶלֶךְ הָעוֹלָם אֲשֶׁר בָּחַר־בָּנוּ מִכָּל־הָעַמִּים וְנָתַן לָנוּ אֶת־תּוֹרָתוֹ. בָּרוּךְ אַתָּה יְיָ נוֹתֵן הַתּוֹרָה:

יְבָרֶכְךָ יְיָ וְיִשְׁמְרֶךָ: יָאֵר יְיָ פָּנָיו אֵלֶיךָ וִיחֻנֶּךָּ: יִשָּׂא יְיָ פָּנָיו אֵלֶיךָ וְיָשֵׂם לְךָ שָׁלוֹם:

Incomparable, unique is He,
No other can His oneness share.
Without beginning, without end,
Dominion's might is His to bear.
He is my living God who saves,
My Rock when grief or trials befall,
My Banner and my Refuge strong,
My bounteous Portion when I call.
My soul I give unto His care,
Asleep, awake, for He is near,
And with my soul, my body, too;
God is with me, I have no fear.

Blessed art Thou, O Lord our God, King of the universe, who hast sanctified us with Thy commandments and enjoined on us the cleansing of the hands.

Blessed art Thou, O Lord our God, King of the universe, who hast fashioned man in wisdom, and hast created within him the organs of life. It is revealed and known before Thy glorious throne that if but one of these be obstructed it would be impossible to subsist and to stand before Thy presence. Blessed art Thou, O Lord, who workest the miracle of healing for all flesh.

Blessed art Thou, O Lord our God, King of the universe, who hast sanctified us with Thy commandments and hast enjoined us to ponder over and study the words of the Torah.

O Lord our God, grant that we and all Thy people, the house of Israel, find delight in the study of the Torah. May we and our children and all the future generations of the house of Israel know Thy name and learn Thy Torah for its own sake. Blessed art Thou, O Lord, who teachest the Torah to Thy people Israel. Blessed art Thou, O Lord our God, King of the universe, who hast chosen us from among all peoples by giving us Thy Torah. Blessed art Thou, O Lord, Giver of the Torah.

The Lord bless you and keep you. The Lord make His countenance shine upon you and be gracious unto you. The Lord turn His countenance unto you, and grant you peace.

משנה פאה פ"א ובריייתות

אֵלּוּ דְבָרִים שֶׁאֵין לָהֶם שִׁעוּר. הַפֵּאָה וְהַבִּכּוּרִים וְהָרֵאָיוֹן וּגְמִילוּת חֲסָדִים וְתַלְמוּד תּוֹרָה: אֵלּוּ דְבָרִים שֶׁאָדָם אוֹכֵל פֵּרוֹתֵיהֶם בָּעוֹלָם הַזֶּה וְהַקֶּרֶן קַיֶּמֶת לוֹ לָעוֹלָם הַבָּא. וְאֵלּוּ הֵן. כִּבּוּד אָב וָאֵם וּגְמִילוּת חֲסָדִים וְהַשְׁכָּמַת בֵּית הַמִּדְרָשׁ שַׁחֲרִית וְעַרְבִית וְהַכְנָסַת אוֹרְחִים וּבִקּוּר חוֹלִים וְהַכְנָסַת כַּלָּה וְהַלְוָיַת הַמֵּת וְעִיּוּן תְּפִלָּה וַהֲבָאַת שָׁלוֹם בֵּין אָדָם לַחֲבֵרוֹ. וְתַלְמוּד תּוֹרָה כְּנֶגֶד כֻּלָּם:

אֱלֹהַי נְשָׁמָה שֶׁנָּתַתָּ בִּי טְהוֹרָה הִיא. אַתָּה בְרָאתָהּ אַתָּה יְצַרְתָּהּ אַתָּה נְפַחְתָּהּ בִּי וְאַתָּה מְשַׁמְּרָהּ בְּקִרְבִּי. וְאַתָּה עָתִיד לִטְּלָהּ מִמֶּנִּי וּלְהַחֲזִירָהּ בִּי לֶעָתִיד לָבֹא: כָּל־זְמַן שֶׁהַנְּשָׁמָה בְקִרְבִּי מוֹדֶה אֲנִי לְפָנֶיךָ יְיָ אֱלֹהַי וֵאלֹהֵי אֲבוֹתַי רִבּוֹן כָּל־הַמַּעֲשִׂים אֲדוֹן כָּל־הַנְּשָׁמוֹת: בָּרוּךְ אַתָּה יְיָ הַמַּחֲזִיר נְשָׁמוֹת לִפְגָרִים מֵתִים:

בָּרוּךְ אַתָּה יְיָ אֱלֹהֵינוּ מֶלֶךְ הָעוֹלָם אֲשֶׁר נָתַן לַשֶּׂכְוִי בִינָה לְהַבְחִין בֵּין יוֹם וּבֵין לָיְלָה:

בָּרוּךְ אַתָּה יְיָ אֱלֹהֵינוּ מֶלֶךְ הָעוֹלָם שֶׁלֹּא עָשַׂנִי נָכְרִי:

בָּרוּךְ אַתָּה יְיָ אֱלֹהֵינוּ מֶלֶךְ הָעוֹלָם שֶׁלֹּא עָשַׂנִי עָבֶד:

Men say:

בָּרוּךְ אַתָּה יְיָ אֱלֹהֵינוּ מֶלֶךְ הָעוֹלָם שֶׁלֹּא עָשַׂנִי אִשָּׁה:

Women say:

בָּרוּךְ אַתָּה יְיָ אֱלֹהֵינוּ מֶלֶךְ הָעוֹלָם שֶׁעָשַׂנִי כִּרְצוֹנוֹ:

בָּרוּךְ אַתָּה יְיָ אֱלֹהֵינוּ מֶלֶךְ הָעוֹלָם פּוֹקֵחַ עִוְרִים:

בָּרוּךְ אַתָּה יְיָ אֱלֹהֵינוּ מֶלֶךְ הָעוֹלָם מַלְבִּישׁ עֲרֻמִּים:

בָּרוּךְ אַתָּה יְיָ אֱלֹהֵינוּ מֶלֶךְ הָעוֹלָם מַתִּיר אֲסוּרִים:

Mishnah Peah 1, and Baraitot

These are the commandments for which no fixed measure is imposed: leaving the corner of the field for the poor, the gift of the firstfruits, the pilgrimage offering at the Sanctuary on the three festivals, deeds of loving-kindness and the study of the Torah. These are the commandments, the fruits of which a man enjoys in this life while the principal endures for him to all eternity: honoring one's father and mother, performing deeds of loving-kindness, attending the house of study morning and evening, hospitality to wayfarers, visiting the sick, dowering the bride, accompanying the dead to the grave, devotion in prayer, and making peace between man and his fellow; but the study of the Torah is equivalent to them all.

O my God, the soul which Thou hast set within me is pure. Thou hast created it, Thou didst fashion it, Thou hast breathed it into me and Thou preservest it within me. Thou wilt reclaim it from me; but Thou wilt restore it to me in the life to come. So long as the breath of life is within me, I will give thanks unto Thee, O Lord my God and God of my fathers, Sovereign of all creation, Master of all souls. Blessed art Thou, O Lord, who restorest life to mortal creatures.

Blessed art Thou, O Lord our God, King of the universe, who hast given the mind understanding to distinguish between day and night.

Blessed art Thou, O Lord our God, King of the universe, who hast not made me a heathen.

Blessed art Thou, O Lord our God, King of the universe, who hast not made me a slave.

Men say:

Blessed art Thou, O Lord our God, King of the universe, who hast set upon me the obligations of a man.

Women say:

Blessed art Thou, O Lord our God, King of the universe, who hast made me according to Thy will.

Blessed art Thou, O Lord our God, King of the universe, who openest the eyes of the blind.

Blessed art Thou, O Lord our God, King of the universe, who clothest the naked.

Blessed art Thou, O Lord our God, King of the universe, who releasest the bound.

בָּרוּךְ אַתָּה יְיָ אֱלֹהֵינוּ מֶלֶךְ הָעוֹלָם זוֹקֵף כְּפוּפִים:
בָּרוּךְ אַתָּה יְיָ אֱלֹהֵינוּ מֶלֶךְ הָעוֹלָם רוֹקַע הָאָרֶץ עַל הַמָּיִם:
בָּרוּךְ אַתָּה יְיָ אֱלֹהֵינוּ מֶלֶךְ הָעוֹלָם שֶׁעָשָׂה לִי כָּל־צָרְכִּי:
בָּרוּךְ אַתָּה יְיָ אֱלֹהֵינוּ מֶלֶךְ הָעוֹלָם אֲשֶׁר הֵכִין מִצְעֲדֵי גָבֶר:
בָּרוּךְ אַתָּה יְיָ אֱלֹהֵינוּ מֶלֶךְ הָעוֹלָם אוֹזֵר יִשְׂרָאֵל בִּגְבוּרָה:
בָּרוּךְ אַתָּה יְיָ אֱלֹהֵינוּ מֶלֶךְ הָעוֹלָם עוֹטֵר יִשְׂרָאֵל בְּתִפְאָרָה:
בָּרוּךְ אַתָּה יְיָ אֱלֹהֵינוּ מֶלֶךְ הָעוֹלָם הַנּוֹתֵן לַיָּעֵף כֹּחַ:

בָּרוּךְ אַתָּה יְיָ אֱלֹהֵינוּ מֶלֶךְ הָעוֹלָם הַמַּעֲבִיר שֵׁנָה מֵעֵינַי וּתְנוּמָה מֵעַפְעַפָּי. וִיהִי רָצוֹן מִלְּפָנֶיךָ יְיָ אֱלֹהֵינוּ וֵאלֹהֵי אֲבוֹתֵינוּ שֶׁתַּרְגִּילֵנוּ בְּתוֹרָתֶךָ וְדַבְּקֵנוּ בְּמִצְוֹתֶיךָ וְאַל תְּבִיאֵנוּ לֹא לִידֵי חֵטְא וְלֹא לִידֵי עֲבֵרָה וְעָוֹן וְלֹא לִידֵי נִסָּיוֹן וְלֹא לִידֵי בִזָּיוֹן. וְאַל תַּשְׁלֶט־בָּנוּ יֵצֶר הָרָע וְהַרְחִיקֵנוּ מֵאָדָם רָע וּמֵחָבֵר רָע. וְדַבְּקֵנוּ בְּיֵצֶר הַטּוֹב וּבְמַעֲשִׂים טוֹבִים וְכוֹף אֶת־יִצְרֵנוּ לְהִשְׁתַּעְבֶּד־לָךְ. וּתְנֵנוּ הַיּוֹם וּבְכָל־יוֹם לְחֵן וּלְחֶסֶד וּלְרַחֲמִים בְּעֵינֶיךָ וּבְעֵינֵי כָל־רוֹאֵינוּ וְתִגְמְלֵנוּ חֲסָדִים טוֹבִים. בָּרוּךְ אַתָּה יְיָ גּוֹמֵל חֲסָדִים טוֹבִים לְעַמּוֹ יִשְׂרָאֵל:

יְהִי רָצוֹן מִלְּפָנֶיךָ יְיָ אֱלֹהַי וֵאלֹהֵי אֲבוֹתַי שֶׁתַּצִּילֵנִי הַיּוֹם וּבְכָל־יוֹם מֵעַזֵּי פָנִים וּמֵעַזּוּת פָּנִים. מֵאָדָם רָע וּמֵחָבֵר רָע וּמִשָּׁכֵן רָע וּמִפֶּגַע רָע וּמִשָּׂטָן הַמַּשְׁחִית מִדִּין קָשֶׁה וּמִבַּעַל דִּין קָשֶׁה בֵּין שֶׁהוּא בֶן בְּרִית וּבֵין שֶׁאֵינוֹ בֶן בְּרִית:

Blessed art Thou, O Lord our God, King of the universe, who raisest up those who are bowed down.

Blessed art Thou, O Lord our God, King of the universe, who stretchest out the earth over the waters.

Blessed art Thou, O Lord our God, King of the universe, who hast provided for all my needs.

Blessed art Thou, O Lord our God, King of the universe, who guidest the steps of man.

Blessed art Thou, O Lord our God, King of the universe, who girdest Israel with strength.

Blessed art Thou, O Lord our God, King of the universe, who crownest Israel with glory.

Blessed art Thou, O Lord our God, King of the universe, who givest strength to the weary.

Blessed art Thou, O Lord our God, King of the universe, who removest sleep from mine eyes, yea, and slumber from mine eyelids.

And may it be Thy will, O Lord our God and God of our fathers, to cause us to walk in the way of Thy Law and to cleave to Thy precepts. Let us not fall into the power of sin, transgression or iniquity, nor succumb to temptation. Let not the sinful inclination hold sway over us. Keep us far from the influence of wicked men and corrupt companions, and cause us to cleave to our good inclination and to good deeds. O bend our will to Thy service, and grant us this day and every day, grace, kindness and mercy, both in Thy sight and in the sight of all men, and bestow Thy loving-kindness upon us. Blessed art Thou, O Lord, who bestowest Thy bountiful love upon the people of Israel.

Be it Thy will, O Lord my God and God of my fathers, to deliver me this day and every day from arrogance and from arrogant men, from every corrupt person, from every evil companion and neighbor, and from all mishap; from the dangers that lurk about me, from a harsh judgment and an implacable opponent, whether or not he be a son of the covenant.

לעולם יהא אדם ירא שמים ומודה על האמת ודובר אמת בלבבו וישכם ויאמר.

רִבּוֹן כָּל־הָעוֹלָמִים לֹא עַל צִדְקוֹתֵינוּ אֲנַחְנוּ מַפִּילִים תַּחֲנוּנֵינוּ לְפָנֶיךָ כִּי עַל רַחֲמֶיךָ הָרַבִּים. מָה־אֲנַחְנוּ. מֶה־חַיֵּינוּ. מֶה־חַסְדֵּנוּ. מַה־צִּדְקֵנוּ. מַה־יְּשׁוּעָתֵנוּ. מַה־כֹּחֵנוּ. מַה־גְּבוּרָתֵנוּ. מַה־נֹּאמַר לְפָנֶיךָ יְיָ אֱלֹהֵינוּ וֵאלֹהֵי אֲבוֹתֵינוּ. הֲלֹא כָּל־הַגִּבּוֹרִים כְּאַיִן לְפָנֶיךָ. וְאַנְשֵׁי הַשֵּׁם כְּלֹא הָיוּ וַחֲכָמִים כִּבְלִי מַדָּע וּנְבוֹנִים כִּבְלִי הַשְׂכֵּל. כִּי רֹב מַעֲשֵׂיהֶם תֹּהוּ וִימֵי חַיֵּיהֶם הֶבֶל לְפָנֶיךָ. וּמוֹתַר הָאָדָם מִן הַבְּהֵמָה אָיִן כִּי הַכֹּל הָבֶל:

אֲבָל אֲנַחְנוּ עַמְּךָ בְּנֵי בְרִיתֶךָ. בְּנֵי אַבְרָהָם אֹהַבְךָ שֶׁנִּשְׁבַּעְתָּ לּוֹ בְּהַר הַמּוֹרִיָּה. זֶרַע יִצְחָק יְחִידוֹ שֶׁנֶּעֱקַד עַל גַּב הַמִּזְבֵּחַ. עֲדַת יַעֲקֹב בִּנְךָ בְּכוֹרֶךָ שֶׁמֵּאַהֲבָתְךָ שֶׁאָהַבְתָּ אֹתוֹ וּמִשִּׂמְחָתְךָ שֶׁשָּׂמַחְתָּ בּוֹ קָרָאתָ אֶת־שְׁמוֹ יִשְׂרָאֵל וִישֻׁרוּן:

לְפִיכָךְ אֲנַחְנוּ חַיָּבִים לְהוֹדוֹת לְךָ וּלְשַׁבֵּחֲךָ וּלְפָאֶרְךָ וּלְבָרֵךְ וּלְקַדֵּשׁ וְלָתֵת שֶׁבַח וְהוֹדָיָה לִשְׁמֶךָ: אַשְׁרֵינוּ. מַה־טּוֹב חֶלְקֵנוּ וּמַה־נָּעִים גּוֹרָלֵנוּ וּמַה־יָּפָה יְרֻשָּׁתֵנוּ. אַשְׁרֵינוּ שֶׁאֲנַחְנוּ מַשְׁכִּימִים וּמַעֲרִיבִים עֶרֶב וָבֹקֶר וְאוֹמְרִים פַּעֲמַיִם בְּכָל־יוֹם.

שְׁמַע יִשְׂרָאֵל יְיָ אֱלֹהֵינוּ יְיָ אֶחָד:

בָּרוּךְ שֵׁם כְּבוֹד מַלְכוּתוֹ לְעוֹלָם וָעֶד:

אַתָּה הוּא עַד שֶׁלֹּא נִבְרָא הָעוֹלָם. אַתָּה הוּא מִשֶּׁנִּבְרָא הָעוֹלָם. אַתָּה הוּא בָּעוֹלָם הַזֶּה וְאַתָּה הוּא לָעוֹלָם הַבָּא: קַדֵּשׁ אֶת־שִׁמְךָ עַל מַקְדִּישֵׁי שְׁמֶךָ וְקַדֵּשׁ אֶת־שִׁמְךָ בְּעוֹלָמֶךָ. וּבִישׁוּעָתְךָ תָּרִים וְתַגְבִּיהַּ קַרְנֵנוּ. בָּרוּךְ אַתָּה יְיָ מְקַדֵּשׁ אֶת־שִׁמְךָ בָּרַבִּים:

Man should ever revere God, acknowledging the truth and speaking the truth in his heart. As he rises in the morning let him declare:

Sovereign of all worlds! Not because of our righteousness do we lay our supplication before Thee, but because of Thy great mercies. What are we? What is our life? What is our goodness? What our righteousness? What our help? What is our strength? What is our might? What can we say before Thee, O Lord our God and God of our fathers? Are not the mightiest like naught before Thee, and men of renown as though they were not, wise men as if they were without knowledge, and men of understanding as though they were lacking in discretion? For the multitude of their works is emptiness, and the days of their life are vanity before Thee; and the pre-eminence of man over the beast is naught, for all is vanity except the pure soul which must hereafter give accounting before the throne of Thy glory.*

For we are Thy people, the children of Thy covenant, the children of Abraham who loved Thee and to whom Thou didst give Thy promise on Mount Moriah. We are the seed of Isaac, who was bound upon the altar. We are the congregation of Jacob, whose name Thou didst call Israel and Jeshurun out of the love Thou didst lavish upon him and the joy with which Thou didst rejoice over him.

We therefore give thanks unto Thee, glorify and bless Thee, and render praise and thanksgiving unto Thy name. Happy are we! How goodly is our portion, how pleasant our lot, how beautiful our heritage! Happy are we who pray morning and evening, at sunrise and sunset, proclaiming twice every day:

Hear, O Israel: the Lord our God, the Lord is One.

Blessed be the name of His glorious kingdom for ever and ever.

Ere yet the world was formed, Thou, O Lord, wast God. Since the world was formed Thou art in this world and Thou wilt be God forevermore. Sanctify Thy name through those who call Thee holy. Yea, hallow Thy name in Thy world, and through Thy salvation raise up and exalt our destiny. Blessed art Thou, O Lord, who hallowest Thy name before all men.

* Based on Sephardic text

אַתָּה הוּא יְיָ אֱלֹהֵינוּ בַּשָּׁמַיִם וּבָאָרֶץ וּבִשְׁמֵי הַשָּׁמַיִם הָעֶלְיוֹנִים. אֱמֶת אַתָּה הוּא רִאשׁוֹן וְאַתָּה הוּא אַחֲרוֹן וּמִבַּלְעָדֶיךָ אֵין אֱלֹהִים: קַבֵּץ קוֶֹיךָ מֵאַרְבַּע כַּנְפוֹת הָאָרֶץ: יַכִּירוּ וְיֵדְעוּ כָּל־בָּאֵי עוֹלָם כִּי אַתָּה הוּא הָאֱלֹהִים לְבַדְּךָ לְכֹל מַמְלְכוֹת הָאָרֶץ. אַתָּה עָשִׂיתָ אֶת־הַשָּׁמַיִם וְאֶת־הָאָרֶץ אֶת־הַיָּם וְאֶת־כָּל־אֲשֶׁר בָּם. וּמִי בְּכָל־מַעֲשֵׂה יָדֶיךָ בָּעֶלְיוֹנִים אוֹ בַתַּחְתּוֹנִים שֶׁיֹּאמַר לְךָ מַה־תַּעֲשֶׂה: אָבִינוּ שֶׁבַּשָּׁמַיִם עֲשֵׂה עִמָּנוּ חֶסֶד בַּעֲבוּר שִׁמְךָ הַגָּדוֹל שֶׁנִּקְרָא עָלֵינוּ. וְקַיֶּם־לָנוּ יְיָ אֱלֹהֵינוּ מַה־שֶּׁכָּתוּב. בָּעֵת הַהִיא אָבִיא אֶתְכֶם וּבָעֵת קַבְּצִי אֶתְכֶם כִּי אֶתֵּן אֶתְכֶם לְשֵׁם וְלִתְהִלָּה בְּכֹל עַמֵּי הָאָרֶץ בְּשׁוּבִי אֶת־שְׁבוּתֵיכֶם לְעֵינֵיכֶם אָמַר יְיָ:

ספרא א'

רַבִּי יִשְׁמָעֵאל אוֹמֵר בִּשְׁלֹשׁ עֶשְׂרֵה מִדּוֹת הַתּוֹרָה נִדְרֶשֶׁת:

מִקַּל וָחֹמֶר. וּמִגְּזֵרָה שָׁוָה.

מִבִּנְיָן אָב מִכָּתוּב אֶחָד. וּמִבִּנְיָן אָב מִשְּׁנֵי כְתוּבִים.

מִכְּלָל וּפְרָט וּמִפְּרָט וּכְלָל.

כְּלָל וּפְרָט וּכְלָל אִי אַתָּה דָן אֶלָּא כְּעֵין הַפְּרָט.

מִכְּלָל שֶׁהוּא צָרִיךְ לִפְרָט. וּמִפְּרָט שֶׁהוּא צָרִיךְ לִכְלָל.

כָּל־דָּבָר שֶׁהָיָה בִּכְלָל וְיָצָא מִן הַכְּלָל לְלַמֵּד לֹא לְלַמֵּד עַל עַצְמוֹ יָצָא אֶלָּא לְלַמֵּד עַל הַכְּלָל כֻּלּוֹ יָצָא.

כָּל־דָּבָר שֶׁהָיָה בִּכְלָל וְיָצָא לִטְעוֹן טֹעַן אֶחָד שֶׁהוּא כְעִנְיָנוֹ יָצָא לְהָקֵל וְלֹא לְהַחֲמִיר.

כָּל־דָּבָר שֶׁהָיָה בִּכְלָל וְיָצָא לִטְעוֹן טֹעַן אַחֵר שֶׁלֹּא כְעִנְיָנוֹ יָצָא לְהָקֵל וּלְהַחֲמִיר.

Thou art the Lord our God in heaven and on earth and in all the heavenly spheres. In truth Thou art the first and Thou art the last, and besides Thee there is no God. O gather those that hope in Thee from the four corners of the earth. Then all mankind shall understand and acknowledge that Thou alone art God over all the kingdoms of the earth. Thou hast made the heavens and the earth, the sea and all that is therein. And who is there of all Thy handiwork, of those above or those below that shall say unto Thee, "What doest Thou?" Our Father who art in heaven, deal mercifully with us for the sake of Thy great name by which we are called; and fulfill unto us, O Lord our God, the words of Holy Scripture: "At that time will I bring you in, and at that time will I gather you; for I will make you a name and a praise among all the peoples of the earth, when I redeem you from captivity before your very eyes, saith the Lord."

NOTE

In Judaism, which has always emphasized learning, study is one of the foremost modes of worship. Thus at the beginning of the morning service a passage from the Sifra is recited, followed by the Kaddish d'Rabbanan which includes a prayer for the welfare of the Rabbis and students of the Torah.

Sifra: Chapter 1

Rabbi Ishmael says the Torah may be expounded by these thirteen principles of logic:

1. Inference from minor to major, or from major to minor.

2. Inference from similarity of phrases in texts.

3. A comprehensive principle derived from one text, or from two related texts.

4. A general proposition followed by a specifying particular.

5. A particular term followed by a general proposition.

6. A general law limited by a specific application and then treated again in general terms must be interpreted according to the tenor of the specific limitation.

7. A general proposition requiring a particular or specific term to explain it, and conversely, a particular term requiring a general one to complement it.

8. When a subject included in a general proposition is afterwards particularly excepted to give information concerning it, the exception is made not for that one instance only, but to apply to the general proposition as a whole.

כָּל־דָּבָר שֶׁהָיָה בִּכְלָל וְיָצָא לָדוּן בַּדָּבָר הֶחָדָשׁ אִי אַתָּה יָכוֹל לְהַחֲזִירוֹ לִכְלָלוֹ עַד שֶׁיַּחֲזִירֶנּוּ הַכָּתוּב לִכְלָלוֹ בְּפֵרוּשׁ.

דָּבָר הַלָּמֵד מֵעִנְיָנוֹ. וְדָבָר הַלָּמֵד מִסּוֹפוֹ.

וְכֵן שְׁנֵי כְתוּבִים הַמַּכְחִישִׁים זֶה אֶת־זֶה עַד שֶׁיָּבוֹא הַכָּתוּב הַשְּׁלִישִׁי וְיַכְרִיעַ בֵּינֵיהֶם:

יְהִי רָצוֹן מִלְּפָנֶיךָ יְיָ אֱלֹהֵינוּ וֵאלֹהֵי אֲבוֹתֵינוּ שֶׁיִּבָּנֶה בֵּית הַמִּקְדָּשׁ בִּמְהֵרָה בְיָמֵינוּ וְתֵן חֶלְקֵנוּ בְּתוֹרָתֶךָ: וְשָׁם נַעֲבָדְךָ בְּיִרְאָה כִּימֵי עוֹלָם וּכְשָׁנִים קַדְמֹנִיּוֹת:

קדיש דרבנן

יִתְגַּדַּל וְיִתְקַדַּשׁ שְׁמֵהּ רַבָּא. בְּעָלְמָא דִּי־בְרָא כִרְעוּתֵהּ. וְיַמְלִיךְ מַלְכוּתֵהּ בְּחַיֵּיכוֹן וּבְיוֹמֵיכוֹן וּבְחַיֵּי דְכָל־בֵּית יִשְׂרָאֵל בַּעֲגָלָא וּבִזְמַן קָרִיב. וְאִמְרוּ אָמֵן:

יְהֵא שְׁמֵהּ רַבָּא מְבָרַךְ לְעָלַם וּלְעָלְמֵי עָלְמַיָּא:

יִתְבָּרַךְ וְיִשְׁתַּבַּח וְיִתְפָּאַר וְיִתְרוֹמַם וְיִתְנַשֵּׂא וְיִתְהַדַּר וְיִתְעַלֶּה וְיִתְהַלַּל שְׁמֵהּ דְּקֻדְשָׁא. בְּרִיךְ הוּא. לְעֵלָּא וּלְעֵלָּא מִן־כָּל־בִּרְכָתָא וְשִׁירָתָא תֻּשְׁבְּחָתָא וְנֶחֱמָתָא דַּאֲמִירָן בְּעָלְמָא. וְאִמְרוּ אָמֵן:

עַל יִשְׂרָאֵל וְעַל רַבָּנָן. וְעַל תַּלְמִידֵיהוֹן וְעַל כָּל־תַּלְמִידֵי תַלְמִידֵיהוֹן. וְעַל כָּל־מָאן דְּעָסְקִין בְּאוֹרַיְתָא. דִּי־בְאַתְרָא הָדֵין. וְדִי־בְכָל־אֲתַר וַאֲתַר. יְהֵא לְהוֹן וּלְכוֹן שְׁלָמָא רַבָּא. חִנָּא וְחִסְדָּא וְרַחֲמִין. וְחַיִּין אֲרִיכִין. וּמְזוֹנָא רְוִיחֵי. וּפוּרְקָנָא מִן־קֳדָם אֲבוּהוֹן דִּי־בִשְׁמַיָּא וְאַרְעָא. וְאִמְרוּ אָמֵן:

9. Whenever anything is first included in a general proposition and is then excepted to prove another similar proposition, this specifying alleviates and does not aggravate the law's restriction.

10. But when anything is first included in a general proposition and is then excepted to state a case that is not a similar proposition, such specifying alleviates in some respects and in other aggravates the law's restriction.

11. Anything included in a general proposition and afterwards excepted to determine a new matter can not be applied to the general proposition unless this be expressly done in the text.

12. An interpretation may be deduced from the text or from subsequent terms of the text.

13. In like manner when two texts contradict each other, we follow the second, until a third text is found which reconciles the contradiction.

May it be Thy will, O Lord our God and God of our fathers, to grant our portion in Thy Law and to rebuild the Temple speedily in our days. There we will serve Thee with awe as in the days of old.

A Prayer for Scholars

Magnified and sanctified by the great name of God throughout the world which He hath created according to His will. May He establish His kingdom during the days of your life and during the life of all the house of Israel, speedily, yea, soon; and say ye, Amen.

May His great name be blessed for ever and ever.

Exalted and honored be the name of the Holy One, blessed be He, whose glory transcends, yea, is beyond all blessings and hymns, praises and consolations which are uttered in the world; and say ye, Amen.

Unto Israel and unto our scholars, unto their disciples and pupils, and unto all who engage in the study of the Torah, here and everywhere, unto them and unto you, may there be abundant peace, grace, loving-kindness, mercy, long life, sustenance and salvation from their Father in heaven; and say ye, Amen.

יְהֵא שְׁלָמָא רַבָּא מִן־שְׁמַיָּא. וְחַיִּים טוֹבִים עָלֵינוּ וְעַל־כָּל־יִשְׂרָאֵל. וְאִמְרוּ אָמֵן:

עֹשֶׂה שָׁלוֹם בִּמְרוֹמָיו הוּא בְּרַחֲמָיו יַעֲשֶׂה שָׁלוֹם עָלֵינוּ וְעַל־כָּל־יִשְׂרָאֵל. וְאִמְרוּ אָמֵן:

Psalm for Sunday

הַיּוֹם יוֹם רִאשׁוֹן בְּשַׁבָּת שֶׁבּוֹ הָיוּ הַלְוִיִּם אוֹמְרִים בְּבֵית הַמִּקְדָּשׁ:

כ״ד לְדָוִד מִזְמוֹר

לַיְיָ הָאָרֶץ וּמְלוֹאָהּ תֵּבֵל וְיֹשְׁבֵי בָהּ: כִּי הוּא עַל־יַמִּים יְסָדָהּ וְעַל־נְהָרוֹת יְכוֹנְנֶהָ: מִי־יַעֲלֶה בְהַר יְיָ וּמִי־יָקוּם בִּמְקוֹם קָדְשׁוֹ: נְקִי כַפַּיִם וּבַר לֵבָב אֲשֶׁר לֹא־נָשָׂא לַשָּׁוְא נַפְשִׁי וְלֹא נִשְׁבַּע לְמִרְמָה: יִשָּׂא בְרָכָה מֵאֵת יְיָ וּצְדָקָה מֵאֱלֹהֵי יִשְׁעוֹ: זֶה דּוֹר דֹּרְשָׁיו מְבַקְשֵׁי פָנֶיךָ יַעֲקֹב סֶלָה: שְׂאוּ שְׁעָרִים רָאשֵׁיכֶם וְהִנָּשְׂאוּ פִּתְחֵי עוֹלָם וְיָבוֹא מֶלֶךְ הַכָּבוֹד: מִי זֶה מֶלֶךְ הַכָּבוֹד יְיָ עִזּוּז וְגִבּוֹר יְיָ גִּבּוֹר מִלְחָמָה: שְׂאוּ שְׁעָרִים רָאשֵׁיכֶם וּשְׂאוּ פִּתְחֵי עוֹלָם וְיָבֹא מֶלֶךְ הַכָּבוֹד: מִי הוּא זֶה מֶלֶךְ הַכָּבוֹד יְיָ צְבָאוֹת הוּא מֶלֶךְ הַכָּבוֹד סֶלָה:

Psalm for Monday

הַיּוֹם יוֹם שֵׁנִי בְּשַׁבָּת שֶׁבּוֹ הָיוּ הַלְוִיִּם אוֹמְרִים בְּבֵית הַמִּקְדָּשׁ:

מ״ח שִׁיר מִזְמוֹר לִבְנֵי־קֹרַח:

גָּדוֹל יְיָ וּמְהֻלָּל מְאֹד בְּעִיר אֱלֹהֵינוּ הַר־קָדְשׁוֹ: יְפֵה נוֹף מְשׂוֹשׂ כָּל־הָאָרֶץ הַר־צִיּוֹן יַרְכְּתֵי צָפוֹן קִרְיַת מֶלֶךְ רָב: אֱלֹהִים בְּאַרְמְנוֹתֶיהָ נוֹדַע לְמִשְׂגָּב: כִּי־הִנֵּה הַמְּלָכִים נוֹעֲדוּ עָבְרוּ יַחְדָּו: הֵמָּה רָאוּ כֵּן תָּמָהוּ נִבְהֲלוּ נֶחְפָּזוּ:

May there be abundant peace from heaven, and a happy life for us, and for all Israel; and say ye, Amen.

May He who establisheth peace in the heavens, in His mercy, grant peace unto us and unto all Israel; and say ye, Amen.

Mourners' Kaddish, page 23

Psalm for Sunday

Selected from Psalm 24

The earth is the Lord's with all that it contains,
The world, and they that dwell thereon.

For He hath founded it upon the seas,
And established it upon the floods.

Who shall ascend the mountain of the Lord?
And who shall stand in His holy place?

He that has clean hands and a pure heart;
Who has not set his mind on what is false.

He shall receive a blessing from the Lord,
And righteousness from the God of his salvation.

Lift up your heads, O ye gates,
Yea, lift them up, ye everlasting doors,
That the King of glory may come in.

Who then is the King of glory?
The Lord of hosts;
He is the King of glory.

Service continues on page 38

Psalm for Monday

Selected from Psalm 48

Great is the Lord, and highly to be praised,
In the city of our God, His holy mountain,

High and fair, the joy of the whole earth;
Even Mount Zion, the uttermost parts of the north,
The city of the great King.

רְעָדָה אֲחָזָתַם שָׁם חִיל כַּיּוֹלֵדָה׃ בְּרוּחַ קָדִים תְּשַׁבֵּר
אֳנִיּוֹת תַּרְשִׁישׁ׃ כַּאֲשֶׁר שָׁמַעְנוּ כֵּן רָאִינוּ בְּעִיר יְיָ־צְבָאוֹת
בְּעִיר אֱלֹהֵינוּ אֱלֹהִים יְכוֹנְנֶהָ עַד־עוֹלָם סֶלָה׃ דִּמִּינוּ
אֱלֹהִים חַסְדֶּךָ בְּקֶרֶב הֵיכָלֶךָ׃ כְּשִׁמְךָ אֱלֹהִים כֵּן תְּהִלָּתְךָ
עַל־קַצְוֵי־אֶרֶץ צֶדֶק מָלְאָה יְמִינֶךָ׃ יִשְׂמַח הַר־צִיּוֹן תָּגֵלְנָה
בְּנוֹת יְהוּדָה לְמַעַן מִשְׁפָּטֶיךָ׃ סֹבּוּ צִיּוֹן וְהַקִּיפוּהָ סִפְרוּ
מִגְדָּלֶיהָ׃ שִׁיתוּ לִבְּכֶם לְחֵילָה פַּסְּגוּ אַרְמְנוֹתֶיהָ לְמַעַן
תְּסַפְּרוּ לְדוֹר אַחֲרוֹן׃ כִּי זֶה אֱלֹהִים אֱלֹהֵינוּ עוֹלָם וָעֶד
הוּא יְנַהֲגֵנוּ עַל־מוּת׃

Psalm for Tuesday

הַיּוֹם יוֹם שְׁלִישִׁי בְּשַׁבָּת שֶׁבּוֹ הָיוּ הַלְוִיִּם אוֹמְרִים בְּבֵית הַמִּקְדָּשׁ׃

פ״ב מִזְמוֹר לְאָסָף.

אֱלֹהִים נִצָּב בַּעֲדַת־אֵל בְּקֶרֶב אֱלֹהִים יִשְׁפֹּט׃ עַד־מָתַי
תִּשְׁפְּטוּ־עָוֶל וּפְנֵי רְשָׁעִים תִּשְׂאוּ־סֶלָה׃ שִׁפְטוּ־דַל וְיָתוֹם עָנִי
וָרָשׁ הַצְדִּיקוּ׃ פַּלְּטוּ־דַל וְאֶבְיוֹן מִיַּד רְשָׁעִים הַצִּילוּ׃ לֹא
יָדְעוּ וְלֹא־יָבִינוּ בַּחֲשֵׁכָה יִתְהַלָּכוּ יִמּוֹטוּ כָּל־מוֹסְדֵי אָרֶץ׃
אֲנִי אָמַרְתִּי אֱלֹהִים אַתֶּם וּבְנֵי עֶלְיוֹן כֻּלְּכֶם׃ אָכֵן כְּאָדָם
תְּמוּתוּן וּכְאַחַד הַשָּׂרִים תִּפֹּלוּ׃ קוּמָה אֱלֹהִים שָׁפְטָה
הָאָרֶץ כִּי־אַתָּה תִנְחַל בְּכָל־הַגּוֹיִם׃

Psalm for Wednesday

הַיּוֹם יוֹם רְבִיעִי בְּשַׁבָּת שֶׁבּוֹ הָיוּ הַלְוִיִּם אוֹמְרִים בְּבֵית הַמִּקְדָּשׁ׃

צ״ד אֵל־נְקָמוֹת יְיָ אֵל נְקָמוֹת הוֹפִיעַ׃ הִנָּשֵׂא שֹׁפֵט הָאָרֶץ
הָשֵׁב גְּמוּל עַל־גֵּאִים׃ עַד־מָתַי רְשָׁעִים יְיָ עַד־מָתַי רְשָׁעִים

God in her palaces
Hath made Himself known for a stronghold.

> We have meditated on Thy loving-kindness, O God,
> In the midst of Thy Temple.

As is Thy name, O God,
So is Thy praise unto the ends of the earth;
Thy right hand is full of righteousness.

> Let Mount Zion be glad,
> Let the cities of Judah rejoice,
> Because of Thy saving deeds.

For such is God, our God, for ever and ever;
He will guide us eternally.

Service continues on page 38

Psalm for Tuesday
Selected from Psalm 82

God standeth in the council of the mighty;
In the midst of the judges He judgeth:

> 'How long will you judge unjustly,
> And respect the persons of the wicked,
> Favoring evil men?

Do justice to the poor and fatherless;
Deal righteously with the afflicted and destitute.

> Rescue the poor and needy;
> Deliver them out of the hand of the wicked.'

Arise, O God, judge the earth;
For Thou shalt have dominion over all the nations.

Service continues on page 38

Psalm for Wednesday
Selected from Psalm 94

O Lord, Thou God who requitest evil,
And bringest the wicked to judgment,
Shine forth.

> Rise up, Thou Judge of the earth;
> Render to the arrogant their recompense.

יַעֲלֹזוּ: יַבִּיעוּ יְדַבְּרוּ עָתָק יִתְאַמְּרוּ כָּל־פֹּעֲלֵי אָוֶן: עַמְּךָ יְיָ יְדַכְּאוּ וְנַחֲלָתְךָ יְעַנּוּ: אַלְמָנָה וְגֵר יַהֲרֹגוּ וִיתוֹמִים יְרַצֵּחוּ: וַיֹּאמְרוּ לֹא יִרְאֶה־יָּהּ וְלֹא־יָבִין אֱלֹהֵי יַעֲקֹב: בִּינוּ בֹּעֲרִים בָּעָם וּכְסִילִים מָתַי תַּשְׂכִּילוּ: הֲנֹטַע אֹזֶן הֲלֹא יִשְׁמָע אִם־יֹצֵר עַיִן הֲלֹא יַבִּיט: הֲיֹסֵר גּוֹיִם הֲלֹא יוֹכִיחַ הַמְלַמֵּד אָדָם דָּעַת: יְיָ יֹדֵעַ מַחְשְׁבוֹת אָדָם כִּי הֵמָּה הָבֶל: אַשְׁרֵי הַגֶּבֶר אֲשֶׁר־תְּיַסְּרֶנּוּ יָּהּ וּמִתּוֹרָתְךָ תְלַמְּדֶנּוּ: לְהַשְׁקִיט לוֹ מִימֵי רָע עַד־יִכָּרֶה לָרָשָׁע שָׁחַת: כִּי לֹא־יִטֹּשׁ יְיָ עַמּוֹ וְנַחֲלָתוֹ לֹא יַעֲזֹב: כִּי־עַד־צֶדֶק יָשׁוּב מִשְׁפָּט וְאַחֲרָיו כָּל־יִשְׁרֵי־לֵב: מִי־יָקוּם לִי עִם־מְרֵעִים מִי־יִתְיַצֵּב לִי עִם־פֹּעֲלֵי אָוֶן: לוּלֵי יְיָ עֶזְרָתָה לִּי כִּמְעַט שָׁכְנָה דוּמָה נַפְשִׁי: אִם־אָמַרְתִּי מָטָה רַגְלִי חַסְדְּךָ יְיָ יִסְעָדֵנִי: בְּרֹב שַׂרְעַפַּי בְּקִרְבִּי תַּנְחוּמֶיךָ יְשַׁעַשְׁעוּ נַפְשִׁי: הַיְחָבְרְךָ כִּסֵּא הַוּוֹת יֹצֵר עָמָל עֲלֵי־חֹק: יָגוֹדּוּ עַל־נֶפֶשׁ צַדִּיק וְדָם נָקִי יַרְשִׁיעוּ: וַיְהִי יְיָ לִי לְמִשְׂגָּב וֵאלֹהַי לְצוּר מַחְסִי: וַיָּשֶׁב עֲלֵיהֶם אֶת־אוֹנָם וּבְרָעָתָם יַצְמִיתֵם יַצְמִיתֵם יְיָ אֱלֹהֵינוּ:

לְכוּ נְרַנְּנָה לַייָ נָרִיעָה לְצוּר יִשְׁעֵנוּ:

Psalm for Thursday

הַיּוֹם יוֹם חֲמִישִׁי בְּשַׁבָּת שֶׁבּוֹ הָיוּ הַלְוִיִּם אוֹמְרִים בְּבֵית הַמִּקְדָּשׁ:

פ״א לַמְנַצֵּחַ עַל־הַגִּתִּית לְאָסָף:

הַרְנִינוּ לֵאלֹהִים עוּזֵּנוּ הָרִיעוּ לֵאלֹהֵי יַעֲקֹב: שְׂאוּ־זִמְרָה וּתְנוּ־תֹף כִּנּוֹר נָעִים עִם־נָבֶל: תִּקְעוּ בַחֹדֶשׁ שׁוֹפָר בַּכֶּסֶה לְיוֹם חַגֵּנוּ: כִּי חֹק לְיִשְׂרָאֵל הוּא מִשְׁפָּט לֵאלֹהֵי יַעֲקֹב: עֵדוּת בִּיהוֹסֵף שָׂמוֹ בְּצֵאתוֹ עַל־אֶרֶץ מִצְרָיִם שְׂפַת לֹא־

Lord, how long shall the wicked,
How long shall the wicked exult?
> Loudly they vaunt their arrogance;
> All the workers of iniquity bear themselves haughtily.
They crush Thy people, O Lord,
And afflict Thy heritage.
> They slay the widow and the stranger,
> And murder the fatherless.
And they say: 'The Lord doth not see,
Neither doth the God of Jacob give heed.'
> He that planted the ear, shall He not hear?
> He that formed the eye, shall He not see?
He that instructeth nations, shall not He correct them?
Even He that teacheth man knowledge, shall He not reprove
    him?
> Happy is the man whom Thou instructest, O Lord,
> And teachest out of Thy Law;
For righteousness shall be vindicated,
And all the upright in heart shall follow it.
> Who will rise up for me against the evil-doers?
> Who will stand up for me against the workers of iniquity?
Unless the Lord had been my help,
My soul would have dwelt in the silence of death.
> If I say: 'My foot slips,'
> Thy mercy, O Lord, holdeth me up.
When my cares are many within me,
Thy comforts delight my soul.
> O come, let us sing unto the Lord;
> Let us sing for joy to the Rock of our salvation.

Service continues on page 38

Psalm for Thursday
Selected from Psalm 81

Sing joyously unto God our strength;
Sing aloud unto the God of Jacob.
> Take up the melody, and sound the timbrel,
> The sweet harp with the lute.
Blow the shofar at the new moon,
At the full moon for our festival day.
> For it is a statute for Israel,
> An ordinance of the God of Jacob.

יָדַעְתִּי אֶשְׁמָע: הֲסִירוֹתִי מִסֵּבֶל שִׁכְמוֹ כַּפָּיו מִדּוּד תַּעֲבֹרְנָה: בַּצָּרָה קָרָאתָ וָאֲחַלְּצֶךָּ אֶעֶנְךָ בְּסֵתֶר רַעַם אֶבְחָנְךָ עַל־מֵי מְרִיבָה סֶלָה: שְׁמַע עַמִּי וְאָעִידָה בָּךְ יִשְׂרָאֵל אִם־תִּשְׁמַע־לִי: לֹא־יִהְיֶה בְךָ אֵל זָר וְלֹא תִשְׁתַּחֲוֶה לְאֵל נֵכָר: אָנֹכִי יְיָ אֱלֹהֶיךָ הַמַּעַלְךָ מֵאֶרֶץ מִצְרָיִם הַרְחֶב־פִּיךָ וַאֲמַלְאֵהוּ: וְלֹא־שָׁמַע עַמִּי לְקוֹלִי וְיִשְׂרָאֵל לֹא־אָבָה לִי: וָאֲשַׁלְּחֵהוּ בִּשְׁרִירוּת לִבָּם יֵלְכוּ בְּמוֹעֲצוֹתֵיהֶם: לוּ עַמִּי שֹׁמֵעַ לִי יִשְׂרָאֵל בִּדְרָכַי יְהַלֵּכוּ: כִּמְעַט אוֹיְבֵיהֶם אַכְנִיעַ וְעַל־צָרֵיהֶם אָשִׁיב יָדִי: מְשַׂנְאֵי יְיָ יְכַחֲשׁוּ־לוֹ וִיהִי עִתָּם לְעוֹלָם: וַיַּאֲכִילֵהוּ מֵחֵלֶב חִטָּה וּמִצּוּר דְּבַשׁ אַשְׂבִּיעֶךָ:

Psalm for Friday

הַיּוֹם יוֹם שִׁשִּׁי בְּשַׁבָּת שֶׁבּוֹ הָיוּ הַלְוִיִּם אוֹמְרִים בְּבֵית הַמִּקְדָּשׁ:

צ״ג יְיָ מָלָךְ גֵּאוּת לָבֵשׁ לָבֵשׁ יְיָ עֹז הִתְאַזָּר אַף־תִּכּוֹן תֵּבֵל בַּל־תִּמּוֹט: נָכוֹן כִּסְאֲךָ מֵאָז מֵעוֹלָם אָתָּה: נָשְׂאוּ נְהָרוֹת יְיָ נָשְׂאוּ נְהָרוֹת קוֹלָם יִשְׂאוּ נְהָרוֹת דָּכְיָם: מִקֹּלוֹת מַיִם רַבִּים אַדִּירִים מִשְׁבְּרֵי־יָם אַדִּיר בַּמָּרוֹם יְיָ: עֵדֹתֶיךָ נֶאֶמְנוּ מְאֹד לְבֵיתְךָ נַאֲוָה־קֹדֶשׁ יְיָ לְאֹרֶךְ יָמִים:

Psalm for the Sabbath Day

הַיּוֹם יוֹם שַׁבַּת קֹדֶשׁ שֶׁבּוֹ הָיוּ הַלְוִיִּם אוֹמְרִים בְּבֵית הַמִּקְדָּשׁ:

צ״ב מִזְמוֹר שִׁיר לְיוֹם הַשַּׁבָּת:

טוֹב לְהוֹדוֹת לַייָ וּלְזַמֵּר לְשִׁמְךָ עֶלְיוֹן: לְהַגִּיד בַּבֹּקֶר חַסְדֶּךָ וֶאֱמוּנָתְךָ בַּלֵּילוֹת: עֲלֵי־עָשׂוֹר וַעֲלֵי־נָבֶל עֲלֵי הִגָּיוֹן בְּכִנּוֹר: כִּי שִׂמַּחְתַּנִי יְיָ בְּפָעֳלֶךָ בְּמַעֲשֵׂי יָדֶיךָ אֲרַנֵּן: מַה־

I, the Lord, removed the burden from your shoulder;
Your hands were freed from the heavy hod.
　　You called in trouble, and I rescued you;
　　I answered you in the secret place of thunder;
　　I tested you at the waters of Meribah, saying:
'Hear, O My people, and I will admonish you;
O Israel, if you would only hearken unto Me!
　　There shall no strange god be in your midst;
　　Neither shall you worship any foreign god.
I am the Lord your God,
Who brought you up out of the land of Egypt;
Open your mouth, and I will grant you of My bounty.'

Service continues on page 38

Psalm for Friday
Selected from Psalm 93

The Lord reigneth; He is clothed in majesty;
The world is established, that it cannot be moved.
　　Thy throne is established of old;
　　Thou art from everlasting.
The floods lift up, O Lord,
The floods lift up their roaring.
　　Above the voices of many waters,
　　Above the breakers of the sea,
　　The Lord on high is supreme.
Thy testimonies are very sure,
Holiness becometh Thy house,
O Lord, forevermore.

Service continues on page 38

Psalm for the Sabbath Day
Selected from Psalm 92

It is good to give thanks unto the Lord,
And to sing praises unto Thy name, O Most High;
　　To declare Thy loving-kindness each morning,
　　And Thy faithfulness every night,
For Thou, O Lord, hast made me rejoice in Thy work;
I will glory in the works of Thy hands.
　　How great are Thy deeds, O Lord!
　　Thy thoughts are very deep.

גָּדְלוּ מַעֲשֶׂיךָ יְיָ מְאֹד עָמְקוּ מַחְשְׁבֹתֶיךָ: אִישׁ בַּעַר לֹא יֵדָע וּכְסִיל לֹא־יָבִין אֶת־זֹאת: בִּפְרֹחַ רְשָׁעִים כְּמוֹ־עֵשֶׂב וַיָּצִיצוּ כָּל־פֹּעֲלֵי אָוֶן לְהִשָּׁמְדָם עֲדֵי־עַד: וְאַתָּה מָרוֹם לְעֹלָם יְיָ: כִּי הִנֵּה אֹיְבֶיךָ יְיָ כִּי־הִנֵּה אֹיְבֶיךָ יֹאבֵדוּ יִתְפָּרְדוּ כָּל־פֹּעֲלֵי אָוֶן: וַתָּרֶם כִּרְאֵים קַרְנִי בַּלֹּתִי בְּשֶׁמֶן רַעֲנָן: וַתַּבֵּט עֵינִי בְּשׁוּרָי בַּקָּמִים עָלַי מְרֵעִים תִּשְׁמַעְנָה אָזְנָי: צַדִּיק כַּתָּמָר יִפְרָח כְּאֶרֶז בַּלְּבָנוֹן יִשְׂגֶּה: שְׁתוּלִים בְּבֵית יְיָ בְּחַצְרוֹת אֱלֹהֵינוּ יַפְרִיחוּ: עוֹד יְנוּבוּן בְּשֵׂיבָה דְּשֵׁנִים וְרַעֲנַנִּים יִהְיוּ: לְהַגִּיד כִּי־יָשָׁר יְיָ צוּרִי וְלֹא־עַוְלָתָה בּוֹ:

Penitential Psalm

כ״ז לְדָוִד.

יְיָ אוֹרִי וְיִשְׁעִי מִמִּי אִירָא יְיָ מָעוֹז חַיַּי מִמִּי אֶפְחָד: בִּקְרֹב עָלַי מְרֵעִים לֶאֱכֹל אֶת־בְּשָׂרִי צָרַי וְאֹיְבַי לִי הֵמָּה כָּשְׁלוּ וְנָפָלוּ: אִם־תַּחֲנֶה עָלַי מַחֲנֶה לֹא־יִירָא לִבִּי אִם־תָּקוּם עָלַי מִלְחָמָה בְּזֹאת אֲנִי בוֹטֵחַ: אַחַת שָׁאַלְתִּי מֵאֵת יְיָ אוֹתָהּ אֲבַקֵּשׁ שִׁבְתִּי בְּבֵית־יְיָ כָּל־יְמֵי חַיַּי לַחֲזוֹת בְּנֹעַם־יְיָ וּלְבַקֵּר בְּהֵיכָלוֹ: כִּי יִצְפְּנֵנִי בְּסֻכֹּה בְּיוֹם רָעָה יַסְתִּרֵנִי בְּסֵתֶר אָהֳלוֹ בְּצוּר יְרוֹמְמֵנִי: וְעַתָּה יָרוּם רֹאשִׁי עַל־אֹיְבַי סְבִיבוֹתַי וְאֶזְבְּחָה בְאָהֳלוֹ זִבְחֵי תְרוּעָה אָשִׁירָה וַאֲזַמְּרָה לַייָ: שְׁמַע־יְיָ קוֹלִי אֶקְרָא וְחָנֵּנִי וַעֲנֵנִי: לְךָ אָמַר לִבִּי בַּקְּשׁוּ פָנָי אֶת־פָּנֶיךָ יְיָ אֲבַקֵּשׁ: אַל־תַּסְתֵּר פָּנֶיךָ מִמֶּנִּי אַל־תַּט בְּאַף עַבְדֶּךָ עֶזְרָתִי הָיִיתָ אַל־תִּטְּשֵׁנִי וְאַל־תַּעַזְבֵנִי אֱלֹהֵי יִשְׁעִי: כִּי־אָבִי וְאִמִּי עֲזָבוּנִי וַייָ יַאַסְפֵנִי: הוֹרֵנִי יְיָ דַּרְכֶּךָ

The ignorant man does not know,
Nor does a fool understand this—
>That when the wicked spring up like the grass,
>And when the workers of iniquity flourish,
>It is only that they may be destroyed forever.
But Thou, O Lord, art supreme forevermore.
>The righteous shall flourish as the palm tree,
>Growing mighty as the cedar of Lebanon.
Planted in the house of the Lord,
They shall flourish in the courts of our God.
>They shall still bring forth fruit in old age;
>They shall be full of strength and vigor,
To praise the Lord for His justice,
Our Rock, in whom there is no unrighteousness.

Selected from Psalm 27

The Lord is my light and my salvation; whom shall I fear?
The Lord is the stronghold of my life;
Of whom shall I be afraid?
>When evil-doers came upon me to consume my flesh,
>Even mine enemies and my foes, they stumbled and fell.
Though a host should encamp against me,
My heart shall not fear;
>Though war were waged on me,
>Even then would I be confident.
One thing have I asked of the Lord,
That I may dwell in the house of the Lord all the days of my
>life,
>To behold the graciousness of the Lord,
>And to enter into His Temple;
>For He concealeth me in His pavilion in the day of evil.
He hideth me in the shelter of His tent;
He lifteth me up upon a rock.
>And now shall my head be lifted up to victory,
>And I will bring to His tabernacle offerings with trumpet-
>sound.
I will sing, yea, I will sing praises unto the Lord;
Hear, O Lord, when I cry with my voice,
>And be gracious unto me, and answer me.
>Thou hast been my help;
>Cast me not off, neither forsake me, O God of my salvation.

וּנְחֵנִי בְּאֹרַח מִישׁוֹר לְמַעַן שׁוֹרְרָי: אַל־תִּתְּנֵנִי בְּנֶפֶשׁ צָרָי כִּי
קָמוּ־בִי עֵדֵי־שֶׁקֶר וִיפֵחַ חָמָס: לוּלֵא הֶאֱמַנְתִּי לִרְאוֹת
בְּטוּב־יְיָ בְּאֶרֶץ חַיִּים: קַוֵּה אֶל־יְיָ חֲזַק וְיַאֲמֵץ לִבֶּךָ וְקַוֵּה
אֶל־יְיָ:

Psalm for the Day of Atonement

ל״ב לְדָוִד מַשְׂכִּיל.

אַשְׁרֵי נְשׂוּי־פֶּשַׁע כְּסוּי חֲטָאָה:
אַשְׁרֵי אָדָם לֹא־יַחְשֹׁב יְיָ לוֹ עָוֹן וְאֵין בְּרוּחוֹ רְמִיָּה:
כִּי הֶחֱרַשְׁתִּי בָּלוּ עֲצָמָי בְּשַׁאֲגָתִי כָּל־הַיּוֹם:
כִּי יוֹמָם וָלַיְלָה תִּכְבַּד עָלַי יָדֶךָ
נֶהְפַּךְ לְשַׁדִּי בְּחַרְבֹנֵי קַיִץ סֶלָה:
חַטָּאתִי אוֹדִיעֲךָ וַעֲוֹנִי לֹא־כִסִּיתִי
אָמַרְתִּי אוֹדֶה עֲלֵי פְשָׁעַי לַייָ
וְאַתָּה נָשָׂאתָ עֲוֹן חַטָּאתִי סֶלָה:
עַל־זֹאת יִתְפַּלֵּל כָּל־חָסִיד אֵלֶיךָ לְעֵת מְצוֹא
רַק לְשֵׁטֶף מַיִם רַבִּים אֵלָיו לֹא יַגִּיעוּ:
אַתָּה סֵתֶר לִי מִצַּר תִּצְּרֵנִי רָנֵּי פַלֵּט תְּסוֹבְבֵנִי סֶלָה:
אַשְׂכִּילְךָ וְאוֹרְךָ בְּדֶרֶךְ־זוּ תֵלֵךְ אִיעֲצָה עָלֶיךָ עֵינִי:
אַל־תִּהְיוּ כְּסוּס כְּפֶרֶד אֵין הָבִין בְּמֶתֶג וָרֶסֶן עֶדְיוֹ לִבְלוֹם
בַּל קְרֹב אֵלֶיךָ:
רַבִּים מַכְאוֹבִים לָרָשָׁע וְהַבּוֹטֵחַ בַּייָ חֶסֶד יְסוֹבְבֶנּוּ:
שִׂמְחוּ בַייָ וְגִילוּ צַדִּיקִים וְהַרְנִינוּ כָּל־יִשְׁרֵי־לֵב:

Teach me Thy way, O Lord; and lead me in an even path,
Because of them that lie in wait for me.

Hope in the Lord;
Be strong, and let your heart take courage;
Yea, hope in the Lord.

Psalm 32—for the Day of Atonement

Happy is he whose transgression is forgiven,
Whose sin is pardoned.

Happy is the man unto whom the Lord counteth not
iniquity,
And in whose spirit there is no guile.

When I kept silent concerning my guilt, my bones wore away
Through my groaning all the day long.

For day and night Thy hand was heavy upon me;
My body dried up as in the droughts of summer.

Then I acknowledged my sin unto Thee,
And mine iniquity have I not hid;

I said: 'I will make confession concerning my transgressions
unto the Lord'—
And Thou, Thou forgavest the iniquity of my sin.

For this let every one that is godly pray unto Thee
When he discovers his sin;

Surely, when the great waters overflow,
May they not overtake me.

Thou art my shelter;
Thou wilt preserve me from the adversary;
With songs of deliverance Thou wilt compass me about.

'I will instruct you and teach you
In the way which you shall go;
I will give counsel, Mine eye being upon you.'

Be not as the horse, or as the mule,
Which have no understanding;

Whose mouth must be held in with bit and bridle,
That they come not near you.

Many are the sorrows of the wicked;
But he that trusts in the Lord, mercy compasses him about.

Be glad in the Lord, and rejoice, ye righteous;
And sing for joy, all ye that are upright in heart.

שיר הכבוד

The Ark is opened

אַנְעִים זְמִירוֹת וְשִׁירִים אֶאֱרוֹג   כִּי אֵלֶיךָ נַפְשִׁי תַעֲרוֹג:
נַפְשִׁי חָמְדָה בְּצֵל יָדֶךָ   לָדַעַת כָּל־רָז סוֹדֶךָ:

מִדֵּי דַבְּרִי בִּכְבוֹדֶךָ   הוֹמֶה לִבִּי אֶל־דּוֹדֶיךָ:
עַל־כֵּן אֲדַבֵּר בְּךָ נִכְבָּדוֹת   וְשִׁמְךָ אֲכַבֵּד בְּשִׁירֵי יְדִידוֹת:

אֲסַפְּרָה כְבוֹדְךָ וְלֹא רְאִיתִיךָ   אֲדַמְּךָ אֲכַנְּךָ וְלֹא יְדַעְתִּיךָ:
בְּיַד נְבִיאֶיךָ בְּסוֹד עֲבָדֶיךָ   דִּמִּיתָ הֲדַר כְּבוֹד הוֹדֶךָ:

גְּדֻלָּתְךָ וּגְבוּרָתֶךָ   כִּנּוּ לְתֹקֶף פְּעֻלָּתֶךָ:
דִּמּוּ אוֹתְךָ וְלֹא כְּפִי־יֶשְׁךָ   וַיְשַׁוּוּךָ לְפִי מַעֲשֶׂיךָ:

הִמְשִׁילוּךָ בְּרֹב חֶזְיוֹנוֹת   הִנְּךָ אֶחָד בְּכָל־דִּמְיוֹנוֹת:
וַיֶּחֱזוּ בְךָ זִקְנָה וּבַחֲרוּת   וּשְׂעַר רֹאשְׁךָ בְּשֵׂיבָה וְשַׁחֲרוּת:

זִקְנָה בְּיוֹם דִּין וּבַחֲרוּת בְּיוֹם קְרָב. כְּאִישׁ מִלְחָמוֹת יָדָיו לוֹ רָב:
חָבַשׁ כּוֹבַע יְשׁוּעָה בְּרֹאשׁוֹ   הוֹשִׁיעָה־לּוֹ יְמִינוֹ וּזְרוֹעַ קָדְשׁוֹ:

טַלְלֵי אוֹרוֹת רֹאשׁוֹ נִמְלָא   וּקְוֻצּוֹתָיו רְסִיסֵי לָיְלָה:
יִתְפָּאֵר בִּי כִּי חָפֵץ בִּי   וְהוּא יִהְיֶה־לִּי לַעֲטֶרֶת צְבִי:

כֶּתֶם טָהוֹר פָּז דְּמוּת רֹאשׁוֹ   וְחַק עַל מֵצַח כְּבוֹד שֵׁם קָדְשׁוֹ:
לְחֵן וּלְכָבוֹד צְבִי תִפְאָרָה   אֻמָּתוֹ לוֹ עִטְּרָה עֲטָרָה:

THE HYMN OF GLORY

Selected from the Hebrew

The Ark is opened

Sweet hymns shall be my chant and woven songs,
For Thou art all for which my spirit longs —

To be within the shadow of Thy hand,
And all Thy mystery to understand.

The while Thy glory is upon my tongue,
My inmost heart with love of Thee is wrung.

So though Thy mighty marvels I proclaim,
'Tis songs of love wherewith I greet Thy name.

I have not seen Thee, yet I tell Thy praise,
Nor known Thee, yet I image forth Thy ways.

For by Thy seers' and servants' mystic speech
Thou didst Thy sov'ran splendor darkly teach,

And from the grandeur of Thy work they drew
The measure of Thy inner greatness, too.

They told of Thee, but not as Thou must be,
Since from Thy work they tried to body Thee.

To countless visions did their pictures run,
Behold through all the visions Thou art One.

I glorify Him, for He joys in me,
My crown of beauty He shall ever be!

His head is like pure gold: His forehead's flame
Is graven glory of His holy name.

And with that lovely diadem 'tis graced,
The coronal His people there have placed.

מַחְלְפוֹת רֹאשׁוֹ כְּבִימֵי בְחֻרוֹת קְוֻצּוֹתָיו תַּלְתַּלִּים שְׁחוֹרוֹת:
נְוֵה הַצֶּדֶק צְבִי תִפְאַרְתּוֹ יַעֲלֶה־נָּא עַל רֹאשׁ שִׂמְחָתוֹ:

סְגֻלָּתוֹ תְּהִי בְיָדוֹ עֲטֶרֶת וּצְנִיף מְלוּכָה צְבִי תִפְאֶרֶת:
עֲמוּסִים נְשָׂאָם עֲטֶרֶת עִנְּדָם מֵאֲשֶׁר יָקְרוּ בְעֵינָיו כִּבְּדָם:

פְּאֵרוֹ עָלַי וּפְאֵרִי עָלָיו וְקָרוֹב אֵלַי בְּקָרְאִי אֵלָיו:
צַח וְאָדוֹם לִלְבוּשׁוֹ אָדֹם פּוּרָה בְדָרְכוֹ בְּבוֹאוֹ מֵאֱדוֹם:

קֶשֶׁר תְּפִלִּין הֶרְאָה לֶעָנָו תְּמוּנַת יְיָ לְנֶגֶד עֵינָיו:
רוֹצֶה בְעַמּוֹ עֲנָוִים יְפָאֵר יוֹשֵׁב תְּהִלּוֹת בָּם לְהִתְפָּאֵר:

רֹאשׁ דְּבָרְךָ אֱמֶת קוֹרֵא מֵרֹאשׁ דּוֹר וָדוֹר עַם דּוֹרֶשְׁךָ דְּרוֹשׁ:
שִׁית הֲמוֹן שִׁירַי נָא עָלֶיךָ וְרִנָּתִי תִּקְרַב אֵלֶיךָ:

תְּהִלָּתִי תְּהִי לְרֹאשְׁךָ עֲטֶרֶת וּתְפִלָּתִי תִּכּוֹן קְטֹרֶת:
תִּיקַר שִׁירַת־רָשׁ בְּעֵינֶיךָ כַּשִּׁיר יוּשַׁר עַל־קָרְבָּנֶיךָ:

בִּרְכָתִי תַעֲלֶה לְרֹאשׁ מַשְׁבִּיר מְחוֹלֵל וּמוֹלִיד צַדִּיק כַּבִּיר:
וּבְבִרְכָתִי תְנַעַנַע לִי רֹאשׁ וְאוֹתָהּ קַח לְךָ כִּבְשָׂמִים רֹאשׁ:

יֶעֱרַב נָא שִׂיחִי עָלֶיךָ כִּי נַפְשִׁי תַעֲרוֹג אֵלֶיךָ:

לְךָ יְיָ הַגְּדֻלָּה וְהַגְּבוּרָה וְהַתִּפְאֶרֶת וְהַנֵּצַח וְהַהוֹד כִּי־כֹל בַּשָּׁמַיִם וּבָאָרֶץ לְךָ יְיָ הַמַּמְלָכָה וְהַמִּתְנַשֵּׂא לְכֹל לְרֹאשׁ: מִי יְמַלֵּל גְּבוּרוֹת יְיָ יַשְׁמִיעַ כָּל־תְּהִלָּתוֹ:

The Ark is closed

And be His treasured people in His hand
A diadem His kingly brow to band.

By him they were uplifted, carried, crowned,
Thus honored inasmuch as precious found.

His glory is on me, and mine on Him,
And when I call He is not far or dim.

He loves His folk; the meek will glorify,
And, shrined in prayer, draw their rapt reply.

Truth is Thy primal word; at Thy behest
The generations pass — O aid our quest

For Thee, and set my host of song on high,
And let my psalmody come very nigh.

My praises as a coronal account,
And let my prayer as Thine incense mount.

Deem precious unto Thee the poor man's song,
As those that to Thine altar did belong.

Rise, O my blessing, to the lord of birth,
The breeding, quickening, righteous force of earth.

Do Thou receive it with acceptant nod,
My choicest incense offered to my God.

And let my meditation grateful be,
For all my being is athirst for Thee.

Thine, O Lord, is the greatness and the power, the glory, the victory and the majesty; for all that is in the heaven and on the earth is Thine. Thine is the kingdom, O Lord, and Thou art exalted supreme above all. Who can recount the mighty acts of the Lord? Who can proclaim all His full praise?

The Ark is closed

ל מִזְמוֹר שִׁיר חֲנֻכַּת הַבַּיִת לְדָוִד:

אֲרוֹמִמְךָ יְיָ כִּי דִלִּיתָנִי וְלֹא־שִׂמַּחְתָּ אֹיְבַי לִי: יְיָ אֱלֹהָי שִׁוַּעְתִּי אֵלֶיךָ וַתִּרְפָּאֵנִי: יְיָ הֶעֱלִיתָ מִן־שְׁאוֹל נַפְשִׁי חִיִּיתַנִי מִיָּרְדִי בוֹר: זַמְּרוּ לַייָ חֲסִידָיו וְהוֹדוּ לְזֵכֶר קָדְשׁוֹ: כִּי רֶגַע בְּאַפּוֹ חַיִּים בִּרְצוֹנוֹ. בָּעֶרֶב יָלִין בֶּכִי וְלַבֹּקֶר רִנָּה: וַאֲנִי אָמַרְתִּי בְשַׁלְוִי בַּל־אֶמּוֹט לְעוֹלָם: יְיָ בִּרְצוֹנְךָ הֶעֱמַדְתָּה לְהַרְרִי עֹז הִסְתַּרְתָּ פָנֶיךָ הָיִיתִי נִבְהָל: אֵלֶיךָ יְיָ אֶקְרָא וְאֶל־אֲדֹנָי אֶתְחַנָּן: מַה־בֶּצַע בְּדָמִי בְּרִדְתִּי אֶל שָׁחַת הֲיוֹדְךָ עָפָר הֲיַגִּיד אֲמִתֶּךָ: שְׁמַע־יְיָ וְחָנֵּנִי יְיָ הֱיֵה עֹזֵר לִי: הָפַכְתָּ מִסְפְּדִי לְמָחוֹל לִי פִּתַּחְתָּ שַׂקִּי וַתְּאַזְּרֵנִי שִׂמְחָה: לְמַעַן יְזַמֶּרְךָ כָבוֹד וְלֹא יִדֹּם יְיָ אֱלֹהַי לְעוֹלָם אוֹדֶךָּ:

Mourners' Kaddish

יִתְגַּדַּל וְיִתְקַדַּשׁ שְׁמֵהּ רַבָּא. בְּעָלְמָא דִּי־בְרָא כִרְעוּתֵהּ. וְיַמְלִיךְ מַלְכוּתֵהּ בְּחַיֵּיכוֹן וּבְיוֹמֵיכוֹן וּבְחַיֵּי דְכָל־בֵּית יִשְׂרָאֵל בַּעֲגָלָא וּבִזְמַן קָרִיב. וְאִמְרוּ אָמֵן:

Congregation and Mourners

יְהֵא שְׁמֵהּ רַבָּא מְבָרַךְ לְעָלַם וּלְעָלְמֵי עָלְמַיָּא:

Mourners

יִתְבָּרַךְ וְיִשְׁתַּבַּח וְיִתְפָּאַר וְיִתְרוֹמַם וְיִתְנַשֵּׂא וְיִתְהַדַּר וְיִתְעַלֶּה וְיִתְהַלַּל שְׁמֵהּ דְּקֻדְשָׁא. בְּרִיךְ הוּא. לְעֵלָּא וּלְעֵלָּא מִן־כָּל־בִּרְכָתָא וְשִׁירָתָא תֻּשְׁבְּחָתָא וְנֶחֱמָתָא דַּאֲמִירָן בְּעָלְמָא. וְאִמְרוּ אָמֵן:

יְהֵא שְׁלָמָא רַבָּא מִן־שְׁמַיָּא וְחַיִּים עָלֵינוּ וְעַל־כָּל־יִשְׂרָאֵל. וְאִמְרוּ אָמֵן:

עֹשֶׂה שָׁלוֹם בִּמְרוֹמָיו הוּא יַעֲשֶׂה שָׁלוֹם עָלֵינוּ וְעַל כָּל־יִשְׂרָאֵל. וְאִמְרוּ אָמֵן:

Selected from Psalm 30

I will extol Thee, O Lord, for Thou hast raised me up;
I cried unto Thee, and Thou didst heal me.

O Lord, Thou broughtest up my soul from the nether world;
Thou didst keep me alive that I should not go down to the grave.

Sing praises unto the Lord, O ye His faithful ones,
And give thanks to His holy name.

Weeping may tarry for the night,
But joy comes in the morning.

'What profit is there in my death, when I go down to the grave?
Shall the dust praise Thee? shall it declare Thy truth?

Hear, O Lord, and be gracious unto me;
Lord, be Thou my helper.'

Thou didst turn for me my mourning into dancing;
Thou didst loose my sackcloth, and gird me with gladness.

So that my soul may sing praise to Thee and not be silent.
O Lord my God, I will give thanks unto Thee forever.

THE MOURNERS' KADDISH

Yis-ga-dal v'yis-ka-dash sh'may ra-bo,
B'ol-mo dee-v'ro ḥir u-say, v'yam-leeḥ mal-ḥu-say,
B'ḥa-yay-ḥōn uv-yō-may-ḥōn, uv-ḥa-yay d'ḥol bays yis-ro-ayl,
Ba-a-go-lo u-viz'man ko-reev, v'im-ru o-mayn.

Y'hay sh'may ra-bo m'vo-raḥ, l'o-lam ul-ol-may ol-ma-yo.

Yis-bo-raḥ v'yish-ta-baḥ, v'yis-po-ar v'yis-rō-mam,
V'yis-na-say v'yis-ha-dar, v'yis-a-leh, v'yis-ha-lal sh'may d'kud-sho b'riḥ hu;

L'ay-lo ul-ay-lo min kol bir-ḥo-so v'shee-ro-so,
Tush-b'ḥo-so v'ne-ḥeh-mo-so, da-a-mee-ron b'ol-mo, V'im-ru o-mayn.

Y'hay sh'lo-mo ra-bo min sh'ma-yo,
V'ḥa-yeem o-lay-nu v'al kol yis-ro-ayl v'im-ru o-mayn.

Ō-se sho-lōm bim-rō-mov hu ya-a-se sho-lōm,
O-lay-nu v'al kol yis-ro-ayl v'im-ru o-mayn.

פסוקי דזמרה

בָּרוּךְ שֶׁאָמַר וְהָיָה הָעוֹלָם. בָּרוּךְ הוּא: בָּרוּךְ עוֹשֶׂה בְרֵאשִׁית: בָּרוּךְ אוֹמֵר וְעוֹשֶׂה: בָּרוּךְ גּוֹזֵר וּמְקַיֵּם: בָּרוּךְ מְרַחֵם עַל הָאָרֶץ: בָּרוּךְ מְרַחֵם עַל הַבְּרִיּוֹת: בָּרוּךְ מְשַׁלֵּם שָׂכָר טוֹב לִירֵאָיו: בָּרוּךְ חַי לָעַד וְקַיָּם לָנֶצַח: בָּרוּךְ פּוֹדֶה וּמַצִּיל. בָּרוּךְ שְׁמוֹ: בָּרוּךְ אַתָּה יְיָ אֱלֹהֵינוּ מֶלֶךְ הָעוֹלָם. הָאֵל הָאָב הָרַחֲמָן הַמְהֻלָּל בְּפִי עַמּוֹ. מְשֻׁבָּח וּמְפֹאָר בִּלְשׁוֹן חֲסִידָיו וַעֲבָדָיו. וּבְשִׁירֵי דָוִד עַבְדֶּךָ נְהַלֶּלְךָ יְיָ אֱלֹהֵינוּ. בִּשְׁבָחוֹת וּבִזְמִירוֹת נְגַדֶּלְךָ וּנְשַׁבֵּחֲךָ וּנְפָאֶרְךָ וְנַזְכִּיר שִׁמְךָ וְנַמְלִיכְךָ מַלְכֵּנוּ אֱלֹהֵינוּ יָחִיד חֵי הָעוֹלָמִים. מֶלֶךְ מְשֻׁבָּח וּמְפֹאָר עֲדֵי־עַד שְׁמוֹ הַגָּדוֹל. בָּרוּךְ אַתָּה יְיָ מֶלֶךְ מְהֻלָּל בַּתִּשְׁבָּחוֹת:

דברי הימים א׳ ט״ז ח׳–ל״ו

הוֹדוּ לַייָ קִרְאוּ בִשְׁמוֹ הוֹדִיעוּ בָעַמִּים עֲלִילֹתָיו: שִׁירוּ לוֹ זַמְּרוּ־לוֹ שִׂיחוּ בְּכָל־נִפְלְאֹתָיו: הִתְהַלְלוּ בְּשֵׁם קָדְשׁוֹ יִשְׂמַח לֵב מְבַקְשֵׁי יְיָ: דִּרְשׁוּ יְיָ וְעֻזּוֹ בַּקְּשׁוּ פָנָיו תָּמִיד: זִכְרוּ נִפְלְאֹתָיו אֲשֶׁר עָשָׂה מֹפְתָיו וּמִשְׁפְּטֵי־פִיהוּ: זֶרַע יִשְׂרָאֵל עַבְדּוֹ בְּנֵי יַעֲקֹב בְּחִירָיו: הוּא יְיָ אֱלֹהֵינוּ בְּכָל־הָאָרֶץ מִשְׁפָּטָיו: זִכְרוּ לְעוֹלָם בְּרִיתוֹ דָּבָר צִוָּה לְאֶלֶף דּוֹר: אֲשֶׁר כָּרַת אֶת־אַבְרָהָם וּשְׁבוּעָתוֹ לְיִצְחָק: וַיַּעֲמִידֶהָ לְיַעֲקֹב לְחֹק לְיִשְׂרָאֵל בְּרִית עוֹלָם: לֵאמֹר לְךָ אֶתֵּן אֶרֶץ־כְּנָעַן חֶבֶל נַחֲלַתְכֶם: בִּהְיוֹתְכֶם מְתֵי מִסְפָּר כִּמְעַט וְגָרִים בָּהּ:

INTRODUCTORY HYMNS AND PSALMS

Blessed be He who spoke and the world was, blessed be He. Blessed be He who created the world in the beginning. Blessed be He who speaketh and doeth, who ordaineth and performeth. Blessed be He who hath compassion upon the earth and upon His creatures. Blessed be He who bestoweth a good reward upon them that revere Him. Blessed be He who liveth forever and endureth to all eternity. Blessed be He who ransometh and delivereth; blessed be His name. Blessed art Thou, O Lord our God, King of the universe, O God, merciful Father, praised by the mouth of Thy people, extolled and glorified by the tongue of Thy faithful ones and servants. With the psalms of David, Thy servant, we will praise Thee, O Lord our God; with hymns and songs we will extol and glorify Thee; we will make mention of Thy name and do homage to Thee, our King and God, that art One, the life of the universe. O King, who art extolled and glorified, Thy name endureth to all eternity. Blessed art Thou, O Lord, King adored with praises.

Selected from I Chronicles 16: 8–36

O give thanks unto the Lord, call upon His name;
Make known His deeds among the peoples.

   Glory in His holy name;
   Let the heart of them rejoice that seek the Lord.

He is the Lord our God;
His judgments are throughout the earth.

   Remember His covenant forever,
   The word which He commanded to a thousand generations;

The covenant which He made with Abraham,
And His oath unto Isaac;

   And He established it unto Jacob for a statute,
   To Israel for an everlasting covenant;

Saying: 'Unto you will I give the land of Canaan
The portion of your inheritance.'

   When you were but a few men in number,
   Yea, very few, mere sojourners in the land,

וַיִּתְהַלְּכוּ מִגּוֹי אֶל־גּוֹי וּמִמַּמְלָכָה אֶל־עַם אַחֵר: לֹא־הִנִּיחַ לְאִישׁ לְעָשְׁקָם וַיּוֹכַח עֲלֵיהֶם מְלָכִים: אַל־תִּגְּעוּ בִּמְשִׁיחָי וּבִנְבִיאַי אַל־תָּרֵעוּ: שִׁירוּ לַייָ כָּל־הָאָרֶץ בַּשְּׂרוּ מִיּוֹם־אֶל־יוֹם יְשׁוּעָתוֹ: סַפְּרוּ בַגּוֹיִם אֶת־כְּבוֹדוֹ בְּכָל־הָעַמִּים נִפְלְאֹתָיו: כִּי גָדוֹל יְיָ וּמְהֻלָּל מְאֹד וְנוֹרָא הוּא עַל־כָּל־אֱלֹהִים: כִּי כָּל־אֱלֹהֵי הָעַמִּים אֱלִילִים. וַייָ שָׁמַיִם עָשָׂה: הוֹד וְהָדָר לְפָנָיו עֹז וְחֶדְוָה בִּמְקֹמוֹ: הָבוּ לַייָ מִשְׁפְּחוֹת עַמִּים הָבוּ לַייָ כָּבוֹד וָעֹז: הָבוּ לַייָ כְּבוֹד שְׁמוֹ שְׂאוּ מִנְחָה וּבֹאוּ לְפָנָיו הִשְׁתַּחֲווּ לַייָ בְּהַדְרַת־קֹדֶשׁ: חִילוּ מִלְּפָנָיו כָּל־הָאָרֶץ אַף־תִּכּוֹן תֵּבֵל בַּל־תִּמּוֹט: יִשְׂמְחוּ הַשָּׁמַיִם וְתָגֵל הָאָרֶץ וְיֹאמְרוּ בַגּוֹיִם יְיָ מָלָךְ: יִרְעַם הַיָּם וּמְלוֹאוֹ יַעֲלֹץ הַשָּׂדֶה וְכָל־אֲשֶׁר־בּוֹ: אָז יְרַנְּנוּ עֲצֵי הַיָּעַר מִלִּפְנֵי יְיָ כִּי־בָא לִשְׁפּוֹט אֶת־הָאָרֶץ: הוֹדוּ לַייָ כִּי טוֹב כִּי לְעוֹלָם חַסְדּוֹ: וְאִמְרוּ הוֹשִׁיעֵנוּ אֱלֹהֵי יִשְׁעֵנוּ וְקַבְּצֵנוּ וְהַצִּילֵנוּ מִן־הַגּוֹיִם לְהוֹדוֹת לְשֵׁם קָדְשֶׁךָ לְהִשְׁתַּבֵּחַ בִּתְהִלָּתֶךָ: בָּרוּךְ יְיָ אֱלֹהֵי יִשְׂרָאֵל מִן־הָעוֹלָם וְעַד־הָעֹלָם וַיֹּאמְרוּ כָל־הָעָם אָמֵן וְהַלֵּל לַייָ:

רוֹמְמוּ יְיָ אֱלֹהֵינוּ וְהִשְׁתַּחֲווּ לַהֲדֹם רַגְלָיו קָדוֹשׁ הוּא: רוֹמְמוּ יְיָ אֱלֹהֵינוּ וְהִשְׁתַּחֲווּ לְהַר קָדְשׁוֹ כִּי קָדוֹשׁ יְיָ אֱלֹהֵינוּ:

וְהוּא רַחוּם יְכַפֵּר עָוֹן וְלֹא יַשְׁחִית וְהִרְבָּה לְהָשִׁיב אַפּוֹ וְלֹא־יָעִיר כָּל־חֲמָתוֹ: אַתָּה יְיָ לֹא תִכְלָא רַחֲמֶיךָ מִמֶּנִּי חַסְדְּךָ וַאֲמִתְּךָ תָּמִיד יִצְּרוּנִי: זְכֹר רַחֲמֶיךָ יְיָ וַחֲסָדֶיךָ כִּי מֵעוֹלָם הֵמָּה: תְּנוּ עֹז לֵאלֹהִים עַל יִשְׂרָאֵל גַּאֲוָתוֹ וְעֻזּוֹ בַּשְּׁחָקִים: נוֹרָא אֱלֹהִים מִמִּקְדָּשֶׁיךָ אֵל יִשְׂרָאֵל הוּא נוֹתֵן

Wandering from people to people,
And from one kingdom to another,

 He suffered no man to do them wrong,
 Yea, for their sake He reproved kings:

'Touch not Mine anointed
And do My prophets no harm.'

Sing unto the Lord, all the earth;
Proclaim His salvation from day to day.

 Declare His glory among the nations,
 His marvellous works among all the peoples.

For all the gods of the peoples are things of nought;
But the Lord made the heavens.

 Honor and majesty are before Him;
 Strength and gladness are in His place.

Ascribe unto the Lord, O families of mankind,
Ascribe unto the Lord glory and strength.

 Ascribe unto the Lord the glory due unto His name;
 Bring an offering, and come before Him;
 Worship the Lord in the beauty of holiness.

Let the heavens be glad, and let the earth rejoice;
And let them say among the nations: 'The Lord reigneth.'

 Let the sea roar and all within it give praise;
 Let the field and all within it exult;

Then shall the trees of the forest sing for joy,
Before the Lord, for He cometh to judge the earth.

 O give thanks unto the Lord for He is good,
 For His mercy endureth forever.

The following prayer is composed of various verses from the Psalms

Exalt the Lord our God, and worship at His footstool;
holy is He. Exalt the Lord our God, and worship at His
holy mountain; for the Lord our God is holy. And He, being
full of compassion, forgiveth iniquity and destroyeth not.
Thou, O Lord, wilt not withhold Thy compassions from me;
let Thy mercy and Thy truth continually preserve me. Re-
member, O Lord, Thy compassions and Thy mercies; for they
have been from of old. Ascribe strength unto God; His
majesty is over Israel, and His strength is in the skies. Awe-
inspiring is God out of your holy places; the God of Israel, He

עֹז וְתַעֲצֻמוֹת לָעָם בָּרוּךְ אֱלֹהִים: אֵל־נְקָמוֹת יְיָ אֵל נְקָמוֹת הוֹפִיעַ: הִנָּשֵׂא שֹׁפֵט הָאָרֶץ הָשֵׁב גְּמוּל עַל גֵּאִים: לַייָ הַיְשׁוּעָה עַל־עַמְּךָ בִרְכָתֶךָ סֶּלָה: יְיָ צְבָאוֹת עִמָּנוּ מִשְׂגָּב־לָנוּ אֱלֹהֵי יַעֲקֹב סֶלָה: יְיָ צְבָאוֹת אַשְׁרֵי אָדָם בֹּטֵחַ בָּךְ: יְיָ הוֹשִׁיעָה הַמֶּלֶךְ יַעֲנֵנוּ בְיוֹם־קָרְאֵנוּ: הוֹשִׁיעָה אֶת־עַמֶּךָ וּבָרֵךְ אֶת־נַחֲלָתֶךָ וּרְעֵם וְנַשְּׂאֵם עַד הָעוֹלָם: נַפְשֵׁנוּ חִכְּתָה לַייָ עֶזְרֵנוּ וּמָגִנֵּנוּ הוּא: כִּי־בוֹ יִשְׂמַח לִבֵּנוּ כִּי בְשֵׁם קָדְשׁוֹ בָטָחְנוּ: יְהִי חַסְדְּךָ יְיָ עָלֵינוּ כַּאֲשֶׁר יִחַלְנוּ לָךְ: הַרְאֵנוּ יְיָ חַסְדֶּךָ וְיֶשְׁעֲךָ תִּתֶּן־לָנוּ: קוּמָה עֶזְרָתָה לָּנוּ וּפְדֵנוּ לְמַעַן חַסְדֶּךָ: אָנֹכִי יְיָ אֱלֹהֶיךָ הַמַּעַלְךָ מֵאֶרֶץ מִצְרָיִם הַרְחֶב־פִּיךָ וַאֲמַלְאֵהוּ: אַשְׁרֵי הָעָם שֶׁכָּכָה לּוֹ אַשְׁרֵי הָעָם שֶׁיְיָ אֱלֹהָיו: וַאֲנִי בְּחַסְדְּךָ בָטַחְתִּי יָגֵל לִבִּי בִּישׁוּעָתֶךָ אָשִׁירָה לַייָ כִּי גָמַל עָלָי:

י״ט לַמְנַצֵּחַ מִזְמוֹר לְדָוִד:

הַשָּׁמַיִם מְסַפְּרִים כְּבוֹד־אֵל וּמַעֲשֵׂה יָדָיו מַגִּיד הָרָקִיעַ: יוֹם לְיוֹם יַבִּיעַ אֹמֶר וְלַיְלָה לְּלַיְלָה יְחַוֶּה־דָּעַת: אֵין אֹמֶר וְאֵין דְּבָרִים בְּלִי נִשְׁמָע קוֹלָם: בְּכָל־הָאָרֶץ יָצָא קַוָּם וּבִקְצֵה תֵבֵל מִלֵּיהֶם לַשֶּׁמֶשׁ שָׂם אֹהֶל בָּהֶם: וְהוּא כְּחָתָן יֹצֵא מֵחֻפָּתוֹ יָשִׂישׂ כְּגִבּוֹר לָרוּץ אֹרַח: מִקְצֵה הַשָּׁמַיִם מוֹצָאוֹ וּתְקוּפָתוֹ עַל־קְצוֹתָם וְאֵין נִסְתָּר מֵחַמָּתוֹ: תּוֹרַת יְיָ תְּמִימָה מְשִׁיבַת נָפֶשׁ עֵדוּת יְיָ נֶאֱמָנָה מַחְכִּימַת פֶּתִי: פִּקּוּדֵי יְיָ יְשָׁרִים מְשַׂמְּחֵי־לֵב מִצְוַת יְיָ בָּרָה מְאִירַת עֵינָיִם: יִרְאַת יְיָ טְהוֹרָה עוֹמֶדֶת לָעַד מִשְׁפְּטֵי־יְיָ אֱמֶת צָדְקוּ יַחְדָּו:

giveth strength and power unto the people; blessed be God.
O Lord, Thou God, who requitest evil and bringest the wicked
to judgment, shine forth.   Rise up, Thou Judge of the earth;
render to the arrogant their recompense.   Salvation belongs
unto the Lord; Thy blessing be upon Thy people.   The Lord
of hosts is with us; the God of Jacob is our high tower.   O
Lord of hosts, happy is the man that trusts in Thee.   Save,
O Lord; O King, answer us in the day that we call.   Save Thy
people, and bless Thine inheritance; tend them, and sustain
them forever.   Our soul has waited for the Lord; He is our
Help and our Shield.   For our heart rejoices in Him, because
we have trusted in His holy name.   Let Thy mercy, O Lord,
be upon us, according as we have hoped in Thee.   Show us
Thy mercy, O Lord, and grant us Thy salvation.   Arise for
our help and redeem us for Thy mercy's sake.   I am the Lord
your God who brought you out of the land of Egypt; open
your mouth, and I will grant you of My bounty.   Happy is
the people that fares thus; happy is the people whose God is
the Lord.   And as for me, in Thy mercy do I trust; my heart
shall rejoice in Thy salvation.   I will sing unto the Lord
because He hath dealt bountifully with me.

Selected from Psalm 19

The heavens declare the glory of God,
And the firmament shows His handiwork;

> Day after day takes up the tale,
> Night after night makes Him known.

The law of the Lord is perfect, restoring the soul;
The testimony of the Lord is sure, making wise the simple.

> The precepts of the Lord are right, rejoicing the heart;
> The commandment of the Lord is clear, enlightening the
> eyes.

The faith of the Lord is pure, enduring forever;
The ordinances of the Lord are true,
They are righteous altogether;

> More to be desired are they than gold,
> Yea, than much fine gold;
> Sweeter also than honey and the honeycomb.

הַנֶּחֱמָדִים מִזָּהָב וּמִפַּז רָב וּמְתוּקִים מִדְּבַשׁ וְנֹפֶת צוּפִים: גַּם־עַבְדְּךָ נִזְהָר בָּהֶם בְּשָׁמְרָם עֵקֶב רָב: שְׁגִיאוֹת מִי־יָבִין מִנִּסְתָּרוֹת נַקֵּנִי: גַּם מִזֵּדִים חֲשֹׂךְ עַבְדֶּךָ אַל־יִמְשְׁלוּ־בִי אָז אֵיתָם וְנִקֵּיתִי מִפֶּשַׁע רָב: יִהְיוּ לְרָצוֹן אִמְרֵי־פִי וְהֶגְיוֹן לִבִּי לְפָנֶיךָ יְיָ צוּרִי וְגוֹאֲלִי:

לד לְדָוִד בְּשַׁנּוֹתוֹ אֶת־טַעְמוֹ לִפְנֵי אֲבִימֶלֶךְ וַיְגָרְשֵׁהוּ וַיֵּלַךְ:

אֲבָרְכָה אֶת־יְיָ בְּכָל־עֵת תָּמִיד תְּהִלָּתוֹ בְּפִי: בַּייָ תִּתְהַלֵּל נַפְשִׁי יִשְׁמְעוּ עֲנָוִים וְיִשְׂמָחוּ: גַּדְּלוּ לַייָ אִתִּי וּנְרוֹמְמָה שְׁמוֹ יַחְדָּו: דָּרַשְׁתִּי אֶת־יְיָ וְעָנָנִי וּמִכָּל־מְגוּרוֹתַי הִצִּילָנִי: הִבִּיטוּ אֵלָיו וְנָהָרוּ וּפְנֵיהֶם אַל־יֶחְפָּרוּ: זֶה עָנִי קָרָא וַייָ שָׁמֵעַ וּמִכָּל־צָרוֹתָיו הוֹשִׁיעוֹ: חֹנֶה מַלְאַךְ־יְיָ סָבִיב לִירֵאָיו וַיְחַלְּצֵם: טַעֲמוּ וּרְאוּ כִּי־טוֹב יְיָ אַשְׁרֵי הַגֶּבֶר יֶחֱסֶה־בּוֹ: יְראוּ אֶת־יְיָ קְדֹשָׁיו כִּי אֵין מַחְסוֹר לִירֵאָיו: כְּפִירִים רָשׁוּ וְרָעֵבוּ וְדֹרְשֵׁי יְיָ לֹא־יַחְסְרוּ כָל־טוֹב: לְכוּ־בָנִים שִׁמְעוּ־לִי יִרְאַת יְיָ אֲלַמֶּדְכֶם: מִי־הָאִישׁ הֶחָפֵץ חַיִּים אֹהֵב יָמִים לִרְאוֹת טוֹב: נְצֹר לְשׁוֹנְךָ מֵרָע וּשְׂפָתֶיךָ מִדַּבֵּר מִרְמָה: סוּר מֵרָע וַעֲשֵׂה־טוֹב בַּקֵּשׁ שָׁלוֹם וְרָדְפֵהוּ: עֵינֵי יְיָ אֶל־צַדִּיקִים וְאָזְנָיו אֶל־שַׁוְעָתָם: פְּנֵי יְיָ בְּעֹשֵׂי רָע לְהַכְרִית מֵאֶרֶץ זִכְרָם: צָעֲקוּ וַייָ שָׁמֵעַ וּמִכָּל־צָרוֹתָם הִצִּילָם: קָרוֹב יְיָ לְנִשְׁבְּרֵי־לֵב וְאֶת־דַּכְּאֵי־רוּחַ יוֹשִׁיעַ: רַבּוֹת רָעוֹת צַדִּיק וּמִכֻּלָּם יַצִּילֶנּוּ יְיָ: שֹׁמֵר כָּל־עַצְמוֹתָיו אַחַת מֵהֵנָּה לֹא נִשְׁבָּרָה: תְּמוֹתֵת רָשָׁע רָעָה וְשֹׂנְאֵי צַדִּיק יֶאְשָׁמוּ: פּוֹדֶה יְיָ נֶפֶשׁ עֲבָדָיו וְלֹא יֶאְשְׁמוּ כָּל־הַחֹסִים בּוֹ:

Moreover by them is Thy servant warned;
In keeping of them there is great reward.

   Who can discern his own errors?
   Clear Thou me from unknown faults.

Keep back Thy servant also from wilful sins,
That they may not have dominion over me;
Then shall I be faultless,
And I shall be free from great transgression.

   May the words of my mouth and the meditation of my heart
     be acceptable before Thee,
   O Lord, my Rock, and my Redeemer.

Selected from Psalm 34

I will bless the Lord at all times;
His praise shall continually be on my lips;

   I sought the Lord, and He answered me,
   And delivered me from all my fears.

The humble looked unto Him and were radiant;
And their faces shall never be abashed.

   Here is a poor man who cried out and the Lord heard him,
   And saved him from all his troubles.

O consider and see that the Lord is good;
Happy is the man that takes refuge in Him.

   Come, ye children, hearken unto me;
   I will teach you the fear of the Lord.

Who is the man that desires life,
And loves days, that he may see good therein?

   Keep your tongue from evil,
   And your lips from speaking guile.

Depart from evil, and do good;
Seek peace, and pursue it.

   The eyes of the Lord are toward the righteous,
   And His ears are open unto their cry.

The Lord is nigh unto the broken hearted,
And saveth such as are of a contrite spirit.

   Many are the ills of the righteous,
   But the Lord delivereth him out of them all.

Evil shall destroy the wicked;
And they that hate the righteous shall be punished.

   The Lord redeemeth the soul of His servants;
   And none of them that take refuge in Him shall be desolate.

צ׳ תְּפִלָּה לְמשֶׁה אִישׁ־הָאֱלֹהִים.

אֲדֹנָי מָעוֹן אַתָּה הָיִיתָ לָּנוּ בְּדֹר וָדֹר: בְּטֶרֶם הָרִים יֻלָּדוּ וַתְּחוֹלֵל אֶרֶץ וְתֵבֵל וּמֵעוֹלָם עַד־עוֹלָם אַתָּה אֵל: תָּשֵׁב אֱנוֹשׁ עַד־דַּכָּא וַתֹּאמֶר שׁוּבוּ בְנֵי־אָדָם: כִּי אֶלֶף שָׁנִים בְּעֵינֶיךָ כְּיוֹם אֶתְמוֹל כִּי יַעֲבֹר וְאַשְׁמוּרָה בַלָּיְלָה: זְרַמְתָּם שֵׁנָה יִהְיוּ בַּבֹּקֶר כֶּחָצִיר יַחֲלֹף: בַּבֹּקֶר יָצִיץ וְחָלָף לָעֶרֶב יְמוֹלֵל וְיָבֵשׁ: כִּי־כָלִינוּ בְאַפֶּךָ וּבַחֲמָתְךָ נִבְהָלְנוּ: שַׁתָּה עֲוֹנֹתֵינוּ לְנֶגְדֶּךָ עֲלֻמֵנוּ לִמְאוֹר פָּנֶיךָ: כִּי כָל־יָמֵינוּ פָּנוּ בְעֶבְרָתֶךָ כִּלִּינוּ שָׁנֵינוּ כְמוֹ־הֶגֶה: יְמֵי־שְׁנוֹתֵינוּ בָהֶם שִׁבְעִים שָׁנָה וְאִם בִּגְבוּרֹת שְׁמוֹנִים שָׁנָה וְרָהְבָּם עָמָל וָאָוֶן כִּי־גָז חִישׁ וַנָּעֻפָה: מִי־יוֹדֵעַ עֹז אַפֶּךָ וּכְיִרְאָתְךָ עֶבְרָתֶךָ: לִמְנוֹת יָמֵינוּ כֵּן הוֹדַע וְנָבִא לְבַב חָכְמָה: שׁוּבָה יְיָ עַד־מָתָי וְהִנָּחֵם עַל־עֲבָדֶיךָ: שַׂבְּעֵנוּ בַבֹּקֶר חַסְדֶּךָ וּנְרַנְּנָה וְנִשְׂמְחָה בְּכָל־יָמֵינוּ: שַׂמְּחֵנוּ כִּימוֹת עִנִּיתָנוּ שְׁנוֹת רָאִינוּ רָעָה: יֵרָאֶה אֶל־עֲבָדֶיךָ פָעֳלֶךָ וַהֲדָרְךָ עַל־בְּנֵיהֶם: וִיהִי נֹעַם אֲדֹנָי אֱלֹהֵינוּ עָלֵינוּ וּמַעֲשֵׂה יָדֵינוּ כּוֹנְנָה עָלֵינוּ וּמַעֲשֵׂה יָדֵינוּ כּוֹנְנֵהוּ:

צ״א

יֹשֵׁב בְּסֵתֶר עֶלְיוֹן בְּצֵל שַׁדַּי יִתְלוֹנָן: אֹמַר לַייָ מַחְסִי וּמְצוּדָתִי אֱלֹהַי אֶבְטַח־בּוֹ: כִּי הוּא יַצִּילְךָ מִפַּח יָקוּשׁ מִדֶּבֶר הַוּוֹת: בְּאֶבְרָתוֹ יָסֶךְ לָךְ וְתַחַת־כְּנָפָיו תֶּחְסֶה צִנָּה וְסֹחֵרָה אֲמִתּוֹ: לֹא תִירָא מִפַּחַד לָיְלָה מֵחֵץ יָעוּף יוֹמָם: מִדֶּבֶר בָּאֹפֶל יַהֲלֹךְ מִקֶּטֶב יָשׁוּד צָהֳרָיִם: יִפֹּל מִצִּדְּךָ אֶלֶף וּרְבָבָה מִימִינֶךָ אֵלֶיךָ לֹא יִגָּשׁ: רַק בְּעֵינֶיךָ תַבִּיט

Selected from Psalm 90

Lord, Thou hast been our dwelling-place in all generations.
  Before the mountains were brought forth,
  Or ever Thou hadst formed the earth and the world,
  Even from everlasting to everlasting, Thou art God.
For a thousand years in Thy sight
Are but as yesterday when it is past,
And as a watch in the night.
  In the morning man is like grass which grows up;
  In the morning it flourishes, and grows up;
  In the evening it is cut down, and withers.
Thou hast set our iniquities before Thee,
Our secret sins in the light of Thy presence.
We bring our years to an end as a tale that is told.
  The days of our years are but three-score years and ten,
  Or by reason of strength four-score;
Yet is their pride but travail and vanity;
For speedily our life is over and we vanish.
  Teach us, therefore, to number our days,
  That we may get us a heart of wisdom.
Let Thy graciousness, O Lord our God, be upon us;
Establish Thou also the work of our hands for us;
Yea, the work of our hands establish Thou it.

Selected from Psalm 91

He that dwells in the presence of the Most High,
Abides under the protection of the Almighty.
  I say of the Lord: 'He is my refuge and my fortress,
  My God, in whom I trust.'
He will cover you with His pinions,
And under His wings you shall find refuge,
For faith in Him shall be your shield and armor.
  You shall not be afraid of the terror by night,
  Nor of the arrow that flies by day;
Of the pestilence that stalks in darkness,
Nor of the destruction that ravages at noonday.
  A thousand may fall at your side,
  And ten thousand at your right hand;
  But it shall not come near you.

וְשִׁלֻּמַת רְשָׁעִים תִּרְאֶה: כִּי־אַתָּה יְיָ מַחְסִי עֶלְיוֹן שַׂמְתָּ
מְעוֹנֶךָ: לֹא־תְאֻנֶּה אֵלֶיךָ רָעָה וְנֶגַע לֹא־יִקְרַב בְּאָהֳלֶךָ:
כִּי מַלְאָכָיו יְצַוֶּה־לָּךְ לִשְׁמָרְךָ בְּכָל־דְּרָכֶיךָ: עַל־כַּפַּיִם
יִשָּׂאוּנְךָ פֶּן־תִּגֹּף בָּאֶבֶן רַגְלֶךָ: עַל־שַׁחַל וָפֶתֶן תִּדְרֹךְ תִּרְמֹס
כְּפִיר וְתַנִּין: כִּי בִי חָשַׁק וַאֲפַלְּטֵהוּ אֲשַׂגְּבֵהוּ כִּי־יָדַע שְׁמִי:
יִקְרָאֵנִי וְאֶעֱנֵהוּ עִמּוֹ אָנֹכִי בְצָרָה אֲחַלְּצֵהוּ וַאֲכַבְּדֵהוּ:
אֹרֶךְ יָמִים אַשְׂבִּיעֵהוּ וְאַרְאֵהוּ בִּישׁוּעָתִי:

אֹרֶךְ יָמִים אַשְׂבִּיעֵהוּ וְאַרְאֵהוּ בִּישׁוּעָתִי:

קל״ה

הַלְלוּיָהּ. הַלְלוּ אֶת־שֵׁם יְיָ הַלְלוּ עַבְדֵי יְיָ: שֶׁעֹמְדִים
בְּבֵית יְיָ בְּחַצְרוֹת בֵּית אֱלֹהֵינוּ: הַלְלוּיָהּ כִּי־טוֹב יְיָ זַמְּרוּ
לִשְׁמוֹ כִּי נָעִים: כִּי־יַעֲקֹב בָּחַר לוֹ יָהּ יִשְׂרָאֵל לִסְגֻלָּתוֹ: כִּי
אֲנִי יָדַעְתִּי כִּי־גָדוֹל יְיָ וַאֲדֹנֵינוּ מִכָּל־אֱלֹהִים: כֹּל אֲשֶׁר־
חָפֵץ יְיָ עָשָׂה בַּשָּׁמַיִם וּבָאָרֶץ בַּיַּמִּים וְכָל־תְּהֹמוֹת: מַעֲלֶה
נְשִׂאִים מִקְצֵה הָאָרֶץ בְּרָקִים לַמָּטָר עָשָׂה מוֹצֵא רוּחַ
מֵאוֹצְרוֹתָיו: שֶׁהִכָּה בְּכוֹרֵי מִצְרָיִם מֵאָדָם עַד־בְּהֵמָה:
שָׁלַח אוֹתוֹת וּמֹפְתִים בְּתוֹכֵכִי מִצְרָיִם בְּפַרְעֹה וּבְכָל־
עֲבָדָיו: שֶׁהִכָּה גּוֹיִם רַבִּים וְהָרַג מְלָכִים עֲצוּמִים: לְסִיחוֹן
מֶלֶךְ הָאֱמֹרִי וּלְעוֹג מֶלֶךְ הַבָּשָׁן וּלְכֹל מַמְלְכוֹת כְּנָעַן: וְנָתַן
אַרְצָם נַחֲלָה נַחֲלָה לְיִשְׂרָאֵל עַמּוֹ: יְיָ שִׁמְךָ לְעוֹלָם יְיָ
זִכְרְךָ לְדֹר־וָדֹר: כִּי־יָדִין יְיָ עַמּוֹ וְעַל־עֲבָדָיו יִתְנֶחָם: עֲצַבֵּי
הַגּוֹיִם כֶּסֶף וְזָהָב מַעֲשֵׂה יְדֵי אָדָם: פֶּה לָהֶם וְלֹא יְדַבֵּרוּ
עֵינַיִם לָהֶם וְלֹא יִרְאוּ: אָזְנַיִם לָהֶם וְלֹא יַאֲזִינוּ אַף אֵין־יֶשׁ־
רוּחַ בְּפִיהֶם: כְּמוֹהֶם יִהְיוּ עֹשֵׂיהֶם כֹּל אֲשֶׁר־בֹּטֵחַ בָּהֶם:

For you have made the Lord your fortress,
And the Most High, your refuge.
  No evil shall befall you,
  Neither shall any plague come near your tent.
For He will give His angels charge over you,
To guard you in all your ways.
  'Because he has set his love upon Me, therefore will I
    deliver him;
  I will protect him because he has known My name.
He shall call upon Me, and I will answer him;
I will be with him in trouble;
I will rescue him, and bring him to honor.
  Long life will I give him,
  And he shall witness My salvation.'

Selected from Psalm 135

Praise the name of the Lord;
Give praise, O ye servants of the Lord,
  For I know that the Lord is great,
  And that our Lord is above all that are worshipped as gods.
Whatsoever the Lord desireth, that hath He done,
In heaven and in earth, in the seas and in all deeps;
  He causeth the vapors to ascend from the ends of the earth;
  He maketh lightnings for the rain;
  He bringeth forth the wind out of His store-houses.
He sent signs and wonders into the midst of Egypt,
Upon Pharaoh, and upon all his servants.
  O Lord, Thy name endureth forever;
  Thy fame, O Lord, throughout all generations.
For the Lord will judge His people,
And have compassion upon His servants.
  The idols of the heathens are mere silver and gold,
  The work of men's hands.
They have mouths, but they speak not;
Eyes have they, but they see not;
  They have ears, but they hear not;
  Neither is there any breath in their mouths.
They that make them shall be like unto them;
Yea, every one that trusted in them.

בֵּית יִשְׂרָאֵל בָּרְכוּ אֶת־יְיָ בֵּית אַהֲרֹן בָּרְכוּ אֶת־יְיָ: בֵּית הַלֵּוִי בָּרְכוּ אֶת־יְיָ יִרְאֵי יְיָ בָּרְכוּ אֶת־יְיָ: בָּרוּךְ יְיָ מִצִּיּוֹן שֹׁכֵן יְרוּשָׁלָיִם. הַלְלוּיָהּ:

קל״ו

הוֹדוּ לַייָ כִּי־טוֹב כִּי לְעוֹלָם חַסְדּוֹ:
הוֹדוּ לֵאלֹהֵי הָאֱלֹהִים כִּי לְעוֹלָם חַסְדּוֹ:
הוֹדוּ לַאֲדֹנֵי הָאֲדֹנִים כִּי לְעוֹלָם חַסְדּוֹ:
לְעֹשֵׂה נִפְלָאוֹת גְּדֹלוֹת לְבַדּוֹ כִּי לְעוֹלָם חַסְדּוֹ:
לְעֹשֵׂה הַשָּׁמַיִם בִּתְבוּנָה כִּי לְעוֹלָם חַסְדּוֹ:
לְרוֹקַע הָאָרֶץ עַל־הַמָּיִם כִּי לְעוֹלָם חַסְדּוֹ:
לְעֹשֵׂה אוֹרִים גְּדֹלִים כִּי לְעוֹלָם חַסְדּוֹ:
אֶת־הַשֶּׁמֶשׁ לְמֶמְשֶׁלֶת בַּיּוֹם כִּי לְעוֹלָם חַסְדּוֹ:
אֶת־הַיָּרֵחַ וְכוֹכָבִים לְמֶמְשְׁלוֹת בַּלָּיְלָה כִּי לְעוֹלָם חַסְדּוֹ:
לְמַכֵּה מִצְרַיִם בִּבְכוֹרֵיהֶם כִּי לְעוֹלָם חַסְדּוֹ:
וַיּוֹצֵא יִשְׂרָאֵל מִתּוֹכָם כִּי לְעוֹלָם חַסְדּוֹ:
בְּיָד חֲזָקָה וּבִזְרוֹעַ נְטוּיָה כִּי לְעוֹלָם חַסְדּוֹ:
לְגֹזֵר יַם־סוּף לִגְזָרִים כִּי לְעוֹלָם חַסְדּוֹ:
וְהֶעֱבִיר יִשְׂרָאֵל בְּתוֹכוֹ כִּי לְעוֹלָם חַסְדּוֹ:
וְנִעֵר פַּרְעֹה וְחֵילוֹ בְיַם־סוּף כִּי לְעוֹלָם חַסְדּוֹ:
לְמוֹלִיךְ עַמּוֹ בַּמִּדְבָּר כִּי לְעוֹלָם חַסְדּוֹ:
לְמַכֵּה מְלָכִים גְּדֹלִים כִּי לְעוֹלָם חַסְדּוֹ:
וַיַּהֲרֹג מְלָכִים אַדִּירִים כִּי לְעוֹלָם חַסְדּוֹ:
לְסִיחוֹן מֶלֶךְ הָאֱמֹרִי כִּי לְעוֹלָם חַסְדּוֹ:
וּלְעוֹג מֶלֶךְ הַבָּשָׁן כִּי לְעוֹלָם חַסְדּוֹ:

O house of Israel, bless the Lord;
O house of Aaron, bless the Lord;

Blessed be the Lord out of Zion,
Who dwelleth at Jerusalem.   Hallelujah.

Selected from Psalm 136

O give thanks unto the Lord, for He is good,
For His mercy endureth forever.

O give thanks unto the God of gods,
For His mercy endureth forever.

To Him who alone doeth great wonders,
For His mercy endureth forever.

To Him that by understanding made the heavens,
For His mercy endureth forever.

To Him that spread forth the earth above the waters,
For His mercy endureth forever.

To Him that made great lights,
For His mercy endureth forever;

The sun to rule by day,
For His mercy endureth forever;

The moon and stars to rule by night,
For His mercy endureth forever.

To Him who brought out Israel from Egypt,
For His mercy endureth forever;

With a strong hand, and with an outstretched arm,
For His mercy endureth forever.

To Him who divided the Red Sea,
For His mercy endureth forever;

And made Israel to pass through it,
For His mercy endureth forever.

To Him that led His people through the wilderness,
For His mercy endureth forever.

To Him that smote great kings,
For His mercy endureth forever;

Who remembered us when we were brought low,
For His mercy endureth forever;

And hath delivered us from our adversaries,
For His mercy endureth forever.

וְנָתַן אַרְצָם לְנַחֲלָה כִּי לְעוֹלָם חַסְדּוֹ:
נַחֲלָה לְיִשְׂרָאֵל עַבְדּוֹ כִּי לְעוֹלָם חַסְדּוֹ:
שֶׁבְּשִׁפְלֵנוּ זָכַר לָנוּ כִּי לְעוֹלָם חַסְדּוֹ:
וַיִּפְרְקֵנוּ מִצָּרֵינוּ כִּי לְעוֹלָם חַסְדּוֹ:
נֹתֵן לֶחֶם לְכָל־בָּשָׂר כִּי לְעוֹלָם חַסְדּוֹ:
הוֹדוּ לְאֵל הַשָּׁמָיִם כִּי לְעוֹלָם חַסְדּוֹ:

ל״ג

רַנְּנוּ צַדִּיקִים בַּיְיָ לַיְשָׁרִים נָאוָה תְהִלָּה: הוֹדוּ לַייָ בְּכִנּוֹר בְּנֵבֶל עָשׂוֹר זַמְּרוּ־לוֹ: שִׁירוּ לוֹ שִׁיר חָדָשׁ הֵיטִיבוּ נַגֵּן בִּתְרוּעָה: כִּי־יָשָׁר דְּבַר־יְיָ וְכָל־מַעֲשֵׂהוּ בֶּאֱמוּנָה: אֹהֵב צְדָקָה וּמִשְׁפָּט חֶסֶד יְיָ מָלְאָה הָאָרֶץ: בִּדְבַר יְיָ שָׁמַיִם נַעֲשׂוּ וּבְרוּחַ פִּיו כָּל־צְבָאָם: כֹּנֵס כַּנֵּד מֵי הַיָּם נֹתֵן בְּאוֹצָרוֹת תְּהוֹמוֹת: יִירְאוּ מֵיְיָ כָּל־הָאָרֶץ מִמֶּנּוּ יָגוּרוּ כָּל־יֹשְׁבֵי תֵבֵל: כִּי הוּא אָמַר וַיֶּהִי הוּא־צִוָּה וַיַּעֲמֹד: יְיָ הֵפִיר עֲצַת גּוֹיִם הֵנִיא מַחְשְׁבוֹת עַמִּים: עֲצַת יְיָ לְעוֹלָם תַּעֲמֹד מַחְשְׁבוֹת לִבּוֹ לְדֹר וָדֹר: אַשְׁרֵי הַגּוֹי אֲשֶׁר־יְיָ אֱלֹהָיו הָעָם בָּחַר לְנַחֲלָה לוֹ: מִשָּׁמַיִם הִבִּיט יְיָ רָאָה אֶת־כָּל־בְּנֵי הָאָדָם: מִמְּכוֹן־שִׁבְתּוֹ הִשְׁגִּיחַ אֶל כָּל־יֹשְׁבֵי הָאָרֶץ: הַיֹּצֵר יַחַד לִבָּם הַמֵּבִין אֶל־כָּל־מַעֲשֵׂיהֶם: אֵין הַמֶּלֶךְ נוֹשָׁע בְּרָב־חָיִל גִּבּוֹר לֹא־יִנָּצֵל בְּרָב־כֹּחַ: שֶׁקֶר הַסּוּס לִתְשׁוּעָה וּבְרֹב חֵילוֹ לֹא יְמַלֵּט: הִנֵּה עֵין יְיָ אֶל־יְרֵאָיו לַמְיַחֲלִים לְחַסְדּוֹ: לְהַצִּיל מִמָּוֶת נַפְשָׁם וּלְחַיּוֹתָם בָּרָעָב: נַפְשֵׁנוּ חִכְּתָה לַייָ עֶזְרֵנוּ וּמָגִנֵּנוּ הוּא: כִּי־בוֹ יִשְׂמַח לִבֵּנוּ כִּי בְשֵׁם קָדְשׁוֹ בָטָחְנוּ: יְהִי־חַסְדְּךָ יְיָ עָלֵינוּ כַּאֲשֶׁר יִחַלְנוּ לָךְ:

Who giveth food to all,
For His mercy endureth forever.

O give thanks unto the God of heaven,
For His mercy endureth forever.

Selected from Psalm 33

Rejoice in the Lord, O ye righteous;
Praise is befitting from the upright.

Give thanks unto the Lord with the harp;
Sing praises unto Him with the psaltery of ten strings.

For the word of the Lord is upright;
And all His work is done in faithfulness.

He loveth righteousness and justice;
The earth is full of the loving-kindness of the Lord.

By the word of the Lord were the heavens made;
And all the host of them by His command.

He gathereth the waters of the sea together as a heap;
He layeth up the deeps in storehouses.

Let the earth revere the Lord;
Let all the inhabitants of the world stand in awe of Him.

For He spoke, and it was;
He commanded, and it stood.

The Lord bringeth the design of the heathens to nought;
He maketh their thoughts to be of no effect.

The counsel of the Lord standeth forever,
The thoughts of His heart to all generations.

The Lord looketh down from heaven;
He beholdeth all the sons of men;

From the place of His habitation He gazeth
Upon all the inhabitants of the earth;

He that fashioneth the hearts of them all,
Considereth all their doings.

A king is not saved by the greatness of power;
A mighty man is not delivered by sheer strength.

Our soul still waits for the Lord;
He is our help and our shield.

For in Him doth our heart rejoice,
Because we trust in His holy name.

צ״ב מִזְמוֹר שִׁיר לְיוֹם הַשַּׁבָּת:

טוֹב לְהֹדוֹת לַייָ וּלְזַמֵּר לְשִׁמְךָ עֶלְיוֹן: לְהַגִּיד בַּבֹּקֶר חַסְדֶּךָ וֶאֱמוּנָתְךָ בַּלֵּילוֹת: עֲלֵי־עָשׂוֹר וַעֲלֵי־נָבֶל עֲלֵי הִגָּיוֹן בְּכִנּוֹר: כִּי שִׂמַּחְתַּנִי יְיָ בְּפָעֳלֶךָ בְּמַעֲשֵׂי יָדֶיךָ אֲרַנֵּן: מַה־גָּדְלוּ מַעֲשֶׂיךָ יְיָ מְאֹד עָמְקוּ מַחְשְׁבֹתֶיךָ: אִישׁ־בַּעַר לֹא יֵדָע וּכְסִיל לֹא־יָבִין אֶת־זֹאת: בִּפְרֹחַ רְשָׁעִים כְּמוֹ־עֵשֶׂב וַיָּצִיצוּ כָּל־פֹּעֲלֵי אָוֶן לְהִשָּׁמְדָם עֲדֵי־עַד: וְאַתָּה מָרוֹם לְעֹלָם יְיָ: כִּי הִנֵּה אֹיְבֶיךָ יְיָ כִּי־הִנֵּה אֹיְבֶיךָ יֹאבֵדוּ יִתְפָּרְדוּ כָּל־פֹּעֲלֵי אָוֶן: וַתָּרֶם כִּרְאֵים קַרְנִי בַּלֹּתִי בְּשֶׁמֶן רַעֲנָן: וַתַּבֵּט עֵינִי בְּשׁוּרָי בַּקָּמִים עָלַי מְרֵעִים תִּשְׁמַעְנָה אָזְנָי: צַדִּיק כַּתָּמָר יִפְרָח כְּאֶרֶז בַּלְּבָנוֹן יִשְׂגֶּה: שְׁתוּלִים בְּבֵית יְיָ בְּחַצְרוֹת אֱלֹהֵינוּ יַפְרִיחוּ: עוֹד יְנוּבוּן בְּשֵׂיבָה דְּשֵׁנִים וְרַעֲנַנִּים יִהְיוּ: לְהַגִּיד כִּי־יָשָׁר יְיָ צוּרִי וְלֹא־עַוְלָתָה בּוֹ:

צ״ג

יְיָ מָלָךְ גֵּאוּת לָבֵשׁ לָבֵשׁ יְיָ עֹז הִתְאַזָּר אַף־תִּכּוֹן תֵּבֵל בַּל־תִּמּוֹט: נָכוֹן כִּסְאֲךָ מֵאָז מֵעוֹלָם אָתָּה: נָשְׂאוּ נְהָרוֹת יְיָ נָשְׂאוּ נְהָרוֹת קוֹלָם יִשְׂאוּ נְהָרוֹת דָּכְיָם: מִקֹּלוֹת מַיִם רַבִּים אַדִּירִים מִשְׁבְּרֵי־יָם אַדִּיר בַּמָּרוֹם יְיָ: עֵדֹתֶיךָ נֶאֶמְנוּ מְאֹד לְבֵיתְךָ נַאֲוָה־קֹּדֶשׁ יְיָ לְאֹרֶךְ יָמִים:

יְהִי כְבוֹד יְיָ לְעוֹלָם יִשְׂמַח יְיָ בְּמַעֲשָׂיו: יְהִי שֵׁם יְיָ מְבֹרָךְ מֵעַתָּה וְעַד עוֹלָם: מִמִּזְרַח־שֶׁמֶשׁ עַד־מְבוֹאוֹ מְהֻלָּל שֵׁם יְיָ. רָם עַל־כָּל־גּוֹיִם יְיָ עַל הַשָּׁמַיִם כְּבוֹדוֹ: יְיָ שִׁמְךָ

Selected from Psalms 92–93

It is good to give thanks unto the Lord,
And to sing praises unto Thy name, O Most High;

To declare Thy loving-kindness each morning,
And Thy faithfulness every night;

For Thou, O Lord, hast made me rejoice in Thy work;
I will glory in the works of Thy hands.

How great are Thy deeds, O Lord;
Thy thoughts are very deep.

The ignorant man does not know,
Neither does a fool understand this—

That when the wicked spring up like grass
And when the workers of iniquity flourish,
It is only that they may be destroyed forever.

But the righteous shall flourish as the palm tree,
Growing mighty as a cedar in Lebanon.

Planted in the house of the Lord,
They shall flourish in the courts of our God.

They shall still bring forth fruit in old age;
They shall be full of strength and vigor,

To praise the Lord for His justice,
Our Rock in whom there is no unrighteousness.

The Lord reigneth; He is clothed in majesty;
The world is established that it cannot be moved.

The floods lift up, O Lord,
The floods lift up their roaring.

Above the voices of many waters,
Above the breakers of the sea,
The Lord on high is supreme.

Thy testimonies are very sure,
Holiness becometh Thy house,
O Lord, forevermore.

The following Prayer is composed of various Scriptural verses

May the glory of the Lord endure forever; let the Lord rejoice in His works! Blessed be the name of the Lord from this time forth and forever. From the rising of the sun unto the going down thereof the Lord's name is to be praised. The Lord is high above all nations; His glory is above the heavens.

לְעוֹלָם יְיָ זִכְרְךָ לְדֹר־וָדֹר: יְיָ בַּשָּׁמַיִם הֵכִין כִּסְאוֹ וּמַלְכוּתוֹ
בַּכֹּל מָשָׁלָה: יִשְׂמְחוּ הַשָּׁמַיִם וְתָגֵל הָאָרֶץ וְיֹאמְרוּ בַגּוֹיִם יְיָ
מָלָךְ: יְיָ מֶלֶךְ יְיָ מָלָךְ יְיָ יִמְלֹךְ לְעֹלָם וָעֶד: יְיָ מֶלֶךְ עוֹלָם
וָעֶד אָבְדוּ גוֹיִם מֵאַרְצוֹ: יְיָ הֵפִיר עֲצַת גּוֹיִם הֵנִיא מַחְשְׁבוֹת
עַמִּים: רַבּוֹת מַחֲשָׁבוֹת בְּלֶב־אִישׁ וַעֲצַת יְיָ הִיא תָקוּם:
עֲצַת יְיָ לְעוֹלָם תַּעֲמֹד מַחְשְׁבוֹת לִבּוֹ לְדֹר וָדֹר: כִּי הוּא
אָמַר וַיֶּהִי הוּא צִוָּה וַיַּעֲמֹד: כִּי־בָחַר יְיָ בְּצִיּוֹן אִוָּהּ לְמוֹשָׁב
לוֹ: כִּי־יַעֲקֹב בָּחַר לוֹ יָהּ יִשְׂרָאֵל לִסְגֻלָּתוֹ: כִּי לֹא־יִטֹּשׁ יְיָ
עַמּוֹ וְנַחֲלָתוֹ לֹא יַעֲזוֹב: וְהוּא רַחוּם יְכַפֵּר עָוֹן וְלֹא יַשְׁחִית
וְהִרְבָּה לְהָשִׁיב אַפּוֹ וְלֹא־יָעִיר כָּל־חֲמָתוֹ: יְיָ הוֹשִׁיעָה
הַמֶּלֶךְ יַעֲנֵנוּ בְיוֹם־קָרְאֵנוּ:

אַשְׁרֵי יוֹשְׁבֵי בֵיתֶךָ עוֹד יְהַלְלוּךָ סֶּלָה:
אַשְׁרֵי הָעָם שֶׁכָּכָה לּוֹ אַשְׁרֵי הָעָם שֶׁיְיָ אֱלֹהָיו:

קמ״ה תְּהִלָּה לְדָוִד.

אֲרוֹמִמְךָ אֱלוֹהַי הַמֶּלֶךְ וַאֲבָרְכָה שִׁמְךָ לְעוֹלָם וָעֶד:
בְּכָל־יוֹם אֲבָרְכֶךָּ וַאֲהַלְלָה שִׁמְךָ לְעוֹלָם וָעֶד:
גָּדוֹל יְיָ וּמְהֻלָּל מְאֹד וְלִגְדֻלָּתוֹ אֵין חֵקֶר:
דּוֹר לְדוֹר יְשַׁבַּח מַעֲשֶׂיךָ וּגְבוּרֹתֶיךָ יַגִּידוּ:
הֲדַר כְּבוֹד הוֹדֶךָ וְדִבְרֵי נִפְלְאֹתֶיךָ אָשִׂיחָה:
וֶעֱזוּז נוֹרְאוֹתֶיךָ יֹאמֵרוּ וּגְדֻלָּתְךָ אֲסַפְּרֶנָּה:
זֵכֶר רַב־טוּבְךָ יַבִּיעוּ וְצִדְקָתְךָ יְרַנֵּנוּ:
חַנּוּן וְרַחוּם יְיָ אֶרֶךְ אַפַּיִם וּגְדָל־חָסֶד:
טוֹב־יְיָ לַכֹּל וְרַחֲמָיו עַל־כָּל־מַעֲשָׂיו:

O Lord, Thy name endureth forever; Thy memorial, O Lord, throughout all generations. The Lord hath established His throne in the heavens, and His kingdom ruleth over all. Let the heavens be glad, and let the earth rejoice; and let them say among the nations: "The Lord reigneth." The Lord reigneth, The Lord hath reigned, the Lord shall reign for ever and ever. The Lord is King for ever and ever; the heathens are perished out of His land. The Lord bringeth the counsel of the nations to nought; He maketh the thoughts of the peoples to be of no effect. There are many devices in a man's heart; but the counsel of the Lord, that shall stand. The counsel of the Lord standeth forever, the thoughts of His heart to all generations. For He spoke, and it was; He commanded, and it stood. For the Lord hath chosen Zion; He hath desired it for His habitation. For the Lord hath called Jacob unto Himself, and Israel for His own treasure. For the Lord will not cast off His people, neither will He forsake His inheritance. But He, being full of compassion, forgiveth iniquity, and destroyeth not. Save us, O Lord; O King, answer us in the day that we call.

Selected from Psalm 145

I will extol Thee, My God, O King,
And praise Thy name for ever and ever.

Every day will I bless Thee,
And I will praise Thy name for ever and ever.

Great is the Lord and greatly to be praised,
And His greatness is without end.

One generation shall laud Thy works to another,
And shall declare Thy mighty acts.

I will speak of the splendor of Thy glorious majesty,
And tell of Thy wonders.

And men shall proclaim the might of Thy acts,
And I will declare Thy greatness.

They shall make known the fame of Thy great goodness,
And shall joyously proclaim Thy righteousness.

The Lord is gracious and full of compassion;
Slow to anger and abundant in kindness.

יוֹדוּךָ יְיָ כָּל־מַעֲשֶׂיךָ וַחֲסִידֶיךָ יְבָרְכוּכָה:

כְּבוֹד מַלְכוּתְךָ יֹאמֵרוּ וּגְבוּרָתְךָ יְדַבֵּרוּ:

לְהוֹדִיעַ לִבְנֵי הָאָדָם גְּבוּרֹתָיו וּכְבוֹד הֲדַר מַלְכוּתוֹ:

מַלְכוּתְךָ מַלְכוּת כָּל־עֹלָמִים וּמֶמְשַׁלְתְּךָ בְּכָל־דּוֹר וָדֹר:

סוֹמֵךְ יְיָ לְכָל־הַנֹּפְלִים וְזוֹקֵף לְכָל־הַכְּפוּפִים:

עֵינֵי כֹל אֵלֶיךָ יְשַׂבֵּרוּ וְאַתָּה נוֹתֵן־לָהֶם אֶת־אָכְלָם בְּעִתּוֹ:

פּוֹתֵחַ אֶת־יָדֶךָ וּמַשְׂבִּיעַ לְכָל־חַי רָצוֹן:

צַדִּיק יְיָ בְּכָל־דְּרָכָיו וְחָסִיד בְּכָל־מַעֲשָׂיו:

קָרוֹב יְיָ לְכָל־קֹרְאָיו לְכֹל אֲשֶׁר יִקְרָאֻהוּ בֶאֱמֶת:

רְצוֹן יְרֵאָיו יַעֲשֶׂה וְאֶת־שַׁוְעָתָם יִשְׁמַע וְיוֹשִׁיעֵם:

שׁוֹמֵר יְיָ אֶת־כָּל־אֹהֲבָיו וְאֵת כָּל־הָרְשָׁעִים יַשְׁמִיד:

תְּהִלַּת יְיָ יְדַבֶּר־פִּי וִיבָרֵךְ כָּל־בָּשָׂר שֵׁם קָדְשׁוֹ לְעוֹלָם וָעֶד:

וַאֲנַחְנוּ נְבָרֵךְ יָהּ מֵעַתָּה וְעַד־עוֹלָם. הַלְלוּיָהּ:

קמ"ו

הַלְלוּיָהּ. הַלְלִי נַפְשִׁי אֶת־יְיָ: אֲהַלְלָה יְיָ בְּחַיָּי אֲזַמְּרָה
לֵאלֹהַי בְּעוֹדִי: אַל־תִּבְטְחוּ בִנְדִיבִים בְּבֶן־אָדָם שֶׁאֵין לוֹ
תְשׁוּעָה: תֵּצֵא רוּחוֹ יָשֻׁב לְאַדְמָתוֹ בַּיּוֹם הַהוּא אָבְדוּ
עֶשְׁתֹּנֹתָיו: אַשְׁרֵי שֶׁאֵל יַעֲקֹב בְּעֶזְרוֹ שִׂבְרוֹ עַל־יְיָ אֱלֹהָיו:
עֹשֶׂה שָׁמַיִם וָאָרֶץ אֶת־הַיָּם וְאֶת־כָּל־אֲשֶׁר־בָּם הַשֹּׁמֵר אֱמֶת
לְעוֹלָם: עֹשֶׂה מִשְׁפָּט לַעֲשׁוּקִים נֹתֵן לֶחֶם לָרְעֵבִים יְיָ מַתִּיר
אֲסוּרִים: יְיָ פֹּקֵחַ עִוְרִים יְיָ זֹקֵף כְּפוּפִים יְיָ אֹהֵב צַדִּיקִים:
יְיָ שֹׁמֵר אֶת־גֵּרִים יָתוֹם וְאַלְמָנָה יְעוֹדֵד וְדֶרֶךְ רְשָׁעִים
יְעַוֵּת: יִמְלֹךְ יְיָ לְעוֹלָם אֱלֹהַיִךְ צִיּוֹן לְדֹר וָדֹר. הַלְלוּיָהּ:

All whom Thou hast made shall give thanks unto Thee, O
   Lord,
And Thy faithful ones shall bless Thee.

They shall declare the glory of Thy kingdom,
And tell of Thy power,

   To make known to the sons of men Thy mighty acts,
   And the glorious splendor of Thy kingdom.

Thy kingdom is an everlasting kingdom,
And Thy dominion endureth throughout all generations.

   The Lord upholdeth all who fall,
   And raiseth up all who are bowed down.

The eyes of all hopefully look to Thee,
And Thou givest them their food in due season.

   Thou openest Thy hand,
   And satisfiest every living thing with favor.

The Lord is righteous in all His ways,
And gracious in all His works.

   The Lord is near unto all who call upon Him,
   To all who call upon Him in truth.

Selected from Psalm 146

Praise the Lord, O my soul.
I will praise the Lord while I live.

   Put not your trust in princes,
   Nor in mere man in whom there is no help.

Happy is he whose help is the God of Jacob,
Whose hope is in the Lord his God,

   Who doeth justice for the oppressed;
   Who giveth bread to the hungry.

The Lord setteth the captives free;
The Lord openeth the eyes of the blind;

   The Lord raiseth up them that are bowed down;
   The Lord loveth the righteous;

The Lord preserveth the strangers;
He upholdeth the fatherless and the widow.

   The Lord will reign forever;
   Thy God, O Zion, shall be Sovereign unto all generations.
Hallelujah.

קמ"ז

הַלְלוּיָהּ. כִּי־טוֹב זַמְּרָה אֱלֹהֵינוּ כִּי־נָעִים נָאוָה תְהִלָּה: בּוֹנֵה יְרוּשָׁלַיִם יְיָ נִדְחֵי יִשְׂרָאֵל יְכַנֵּס: הָרוֹפֵא לִשְׁבוּרֵי לֵב וּמְחַבֵּשׁ לְעַצְּבוֹתָם: מוֹנֶה מִסְפָּר לַכּוֹכָבִים לְכֻלָּם שֵׁמוֹת יִקְרָא: גָּדוֹל אֲדוֹנֵינוּ וְרַב־כֹּחַ לִתְבוּנָתוֹ אֵין מִסְפָּר: מְעוֹדֵד עֲנָוִים יְיָ מַשְׁפִּיל רְשָׁעִים עֲדֵי־אָרֶץ: עֱנוּ לַייָ בְּתוֹדָה זַמְּרוּ לֵאלֹהֵינוּ בְכִנּוֹר: הַמְכַסֶּה שָׁמַיִם בְּעָבִים הַמֵּכִין לָאָרֶץ מָטָר הַמַּצְמִיחַ הָרִים חָצִיר: נוֹתֵן לִבְהֵמָה לַחְמָהּ לִבְנֵי עֹרֵב אֲשֶׁר יִקְרָאוּ: לֹא בִגְבוּרַת הַסּוּס יֶחְפָּץ לֹא־בְשׁוֹקֵי הָאִישׁ יִרְצֶה: רוֹצֶה יְיָ אֶת־יְרֵאָיו אֶת־הַמְיַחֲלִים לְחַסְדּוֹ: שַׁבְּחִי יְרוּשָׁלַיִם אֶת־יְיָ הַלְלִי אֱלֹהַיִךְ צִיּוֹן: כִּי־חִזַּק בְּרִיחֵי שְׁעָרָיִךְ בֵּרַךְ בָּנַיִךְ בְּקִרְבֵּךְ: הַשָּׂם־גְּבוּלֵךְ שָׁלוֹם חֵלֶב חִטִּים יַשְׂבִּיעֵךְ: הַשֹּׁלֵחַ אִמְרָתוֹ אָרֶץ עַד־מְהֵרָה יָרוּץ דְּבָרוֹ: הַנֹּתֵן שֶׁלֶג כַּצָּמֶר כְּפוֹר כָּאֵפֶר יְפַזֵּר: מַשְׁלִיךְ קַרְחוֹ כְפִתִּים לִפְנֵי קָרָתוֹ מִי יַעֲמֹד: יִשְׁלַח דְּבָרוֹ וְיַמְסֵם יַשֵּׁב רוּחוֹ יִזְּלוּ־מָיִם: מַגִּיד דְּבָרָיו לְיַעֲקֹב חֻקָּיו וּמִשְׁפָּטָיו לְיִשְׂרָאֵל: לֹא עָשָׂה כֵן לְכָל־גּוֹי וּמִשְׁפָּטִים בַּל־יְדָעוּם. הַלְלוּיָהּ:

קמ"ח

הַלְלוּיָהּ. הַלְלוּ אֶת־יְיָ מִן־הַשָּׁמַיִם הַלְלוּהוּ בַּמְּרוֹמִים: הַלְלוּהוּ כָל־מַלְאָכָיו הַלְלוּהוּ כָּל־צְבָאָיו: הַלְלוּהוּ שֶׁמֶשׁ וְיָרֵחַ הַלְלוּהוּ כָּל־כּוֹכְבֵי אוֹר: הַלְלוּהוּ שְׁמֵי הַשָּׁמָיִם וְהַמַּיִם אֲשֶׁר מֵעַל הַשָּׁמָיִם: יְהַלְלוּ אֶת־שֵׁם יְיָ כִּי הוּא צִוָּה וְנִבְרָאוּ: וַיַּעֲמִידֵם לָעַד לְעוֹלָם חָק־נָתַן וְלֹא יַעֲבוֹר: הַלְלוּ אֶת־יְיָ מִן־הָאָרֶץ תַּנִּינִים וְכָל־תְּהֹמוֹת: אֵשׁ וּבָרָד שֶׁלֶג וְקִיטוֹר רוּחַ סְעָרָה עֹשָׂה דְבָרוֹ: הֶהָרִים וְכָל־גְּבָעוֹת עֵץ

Selected from Psalm 147

Hallelujah.   It is good to sing praises unto our God;
It is pleasant, and praise is befitting.
   The Lord restoreth Jerusalem,
   He gathereth together the dispersed of Israel;
He healeth the broken in heart,
And bindeth up their wounds.
   He counteth the numbers of the stars;
   He giveth them all their names.
Great is our Lord, and mighty in power;
His understanding is infinite.
   The Lord upholdeth the humble;
   He bringeth the wicked low.
Sing unto the Lord with thanksgiving,
Sing praises upon the harp unto our God,
   Who covereth the heaven with clouds,
   Who prepareth rain for the earth,
   Who maketh the mountains to spring with grass.
The Lord taketh pleasure in them that revere Him,
In those that hope for His mercy.
   Glorify the Lord, O Jerusalem;
   Praise thy God, O Zion.
For He hath made strong the bars of thy gates;
He hath blessed thy children within thee.
   He maketh peace within thy borders;
   He giveth thee abundantly the fat of wheat.
He declareth His word unto Jacob,
His statutes and His ordinances unto Israel.

Selected from Psalm 148

Hallelujah.   Praise the Lord from the heavens;
Praise Him in the heights.
   Praise Him, all His angels;
   Praise Him, sun and moon;
Praise Him, ye heaven of heavens,
And ye waters that are above the heavens,
   Let them praise the name of the Lord;
   For He commanded, and they were created.
Praise the Lord from the earth,
Ye sea-monsters, and all deeps;
   Fire and hail, snow and vapor,
   Stormy wind, fulfilling His word;

פְּרִי וְכָל־אֲרָזִים: הַחַיָּה וְכָל־בְּהֵמָה רֶמֶשׂ וְצִפּוֹר כָּנָף: מַלְכֵי־אֶרֶץ וְכָל־לְאֻמִּים שָׂרִים וְכָל־שֹׁפְטֵי אָרֶץ: בַּחוּרִים וְגַם־בְּתוּלוֹת זְקֵנִים עִם־נְעָרִים: יְהַלְלוּ אֶת־שֵׁם יְיָ כִּי־נִשְׂגָּב שְׁמוֹ לְבַדּוֹ הוֹדוֹ עַל־אֶרֶץ וְשָׁמָיִם: וַיָּרֶם קֶרֶן לְעַמּוֹ תְּהִלָּה לְכָל־חֲסִידָיו לִבְנֵי יִשְׂרָאֵל עַם קְרֹבוֹ הַלְלוּיָהּ:

קמ"ט

הַלְלוּיָהּ. שִׁירוּ לַייָ שִׁיר חָדָשׁ תְּהִלָּתוֹ בִּקְהַל חֲסִידִים: יִשְׂמַח יִשְׂרָאֵל בְּעֹשָׂיו בְּנֵי־צִיּוֹן יָגִילוּ בְמַלְכָּם: יְהַלְלוּ שְׁמוֹ בְמָחוֹל בְּתֹף וְכִנּוֹר יְזַמְּרוּ־לוֹ: כִּי־רוֹצֶה יְיָ בְּעַמּוֹ יְפָאֵר עֲנָוִים בִּישׁוּעָה: יַעְלְזוּ חֲסִידִים בְּכָבוֹד יְרַנְּנוּ עַל־מִשְׁכְּבוֹתָם: רוֹמְמוֹת אֵל בִּגְרוֹנָם וְחֶרֶב פִּיפִיּוֹת בְּיָדָם: לַעֲשׂוֹת נְקָמָה בַּגּוֹיִם תּוֹכֵחוֹת בַּלְאֻמִּים: לֶאְסֹר מַלְכֵיהֶם בְּזִקִּים וְנִכְבְּדֵיהֶם בְּכַבְלֵי בַרְזֶל: לַעֲשׂוֹת בָּהֶם מִשְׁפָּט כָּתוּב הָדָר הוּא לְכָל־חֲסִידָיו הַלְלוּיָהּ:

ק"נ

הַלְלוּיָהּ. הַלְלוּ־אֵל בְּקָדְשׁוֹ הַלְלוּהוּ בִּרְקִיעַ עֻזּוֹ: הַלְלוּהוּ בִגְבוּרֹתָיו הַלְלוּהוּ כְּרֹב גֻּדְלוֹ: הַלְלוּהוּ בְּתֵקַע שׁוֹפָר הַלְלוּהוּ בְּנֵבֶל וְכִנּוֹר: הַלְלוּהוּ בְתֹף וּמָחוֹל הַלְלוּהוּ בְּמִנִּים וְעֻגָב: הַלְלוּהוּ בְצִלְצְלֵי־שָׁמַע הַלְלוּהוּ בְּצִלְצְלֵי תְרוּעָה: כֹּל הַנְּשָׁמָה תְּהַלֵּל יָהּ הַלְלוּיָהּ: כֹ'הַ'תְ'יָ'הַ

בָּרוּךְ יְיָ לְעוֹלָם אָמֵן וְאָמֵן: בָּרוּךְ יְיָ מִצִּיּוֹן שֹׁכֵן יְרוּשָׁלָיִם הַלְלוּיָהּ: בָּרוּךְ יְיָ אֱלֹהִים אֱלֹהֵי יִשְׂרָאֵל עֹשֵׂה נִפְלָאוֹת לְבַדּוֹ: וּבָרוּךְ שֵׁם כְּבוֹדוֹ לְעוֹלָם וְיִמָּלֵא כְבוֹדוֹ אֶת־כָּל־הָאָרֶץ אָמֵן וְאָמֵן:

Mountains and all hills,
Fruitful trees and all cedars;
   Beasts and all cattle,
   Creeping things and winged fowl;
Kings of the earth and all peoples,
Princes and all judges of the earth;
   Both young men and maidens,
   Old men and children;
Let them all praise the name of the Lord,
For His name alone is exalted;
His glory is above the earth and heaven.

Selected from Psalm 149

Hallelujah. Sing unto the Lord a new song,
And His praise in the assembly of the faithful.
   Let Israel rejoice in his Maker;
   Let the children of Zion be joyful in their King.
Let them praise His name in the dance;
Let them sing praises unto Him with timbrel and harp.
   For the Lord taketh pleasure in His people;
   He adorneth the humble with salvation.

Selected from Psalm 150

Hallelujah. Praise God in His Sanctuary;
Praise Him in the firmament of His power.
   Praise Him for His mighty acts;
   Praise Him according to His abundant greatness.
Praise Him with the blast of the shofar;
Praise Him with the psaltery and harp.
   Praise Him with the timbrel and dance;
   Praise Him with stringed instruments and the flute.
Praise Him with the loud-sounding cymbals;
Praise Him with the clanging cymbals.
   Let everything that has breath praise the Lord. Hallelujah.

Blessed be the Lord forevermore. Amen. Blessed be the
Lord out of Zion, He who dwelleth in Jerusalem. Hallelujah.
Blessed be the Lord God, the God of Israel, who alone doeth
wondrous things. And blessed be His glorious name forever;
and let the whole earth be filled with His glory. Amen.

דברי הימים א כ"ט י'–י"ג

וַיְבָרֶךְ דָּוִיד אֶת־יְיָ לְעֵינֵי כָּל־הַקָּהָל וַיֹּאמֶר דָּוִיד בָּרוּךְ אַתָּה יְיָ אֱלֹהֵי יִשְׂרָאֵל אָבִינוּ מֵעוֹלָם וְעַד־עוֹלָם: לְךָ יְיָ הַגְּדֻלָּה וְהַגְּבוּרָה וְהַתִּפְאֶרֶת וְהַנֵּצַח וְהַהוֹד כִּי־כֹל בַּשָּׁמַיִם וּבָאָרֶץ לְךָ יְיָ הַמַּמְלָכָה וְהַמִּתְנַשֵּׂא לְכֹל לְרֹאשׁ: וְהָעֹשֶׁר וְהַכָּבוֹד מִלְּפָנֶיךָ וְאַתָּה מוֹשֵׁל בַּכֹּל וּבְיָדְךָ כֹּחַ וּגְבוּרָה וּבְיָדְךָ לְגַדֵּל וּלְחַזֵּק לַכֹּל: וְעַתָּה אֱלֹהֵינוּ מוֹדִים אֲנַחְנוּ לָךְ וּמְהַלְלִים לְשֵׁם תִּפְאַרְתֶּךָ:

נחמיה ט' ו'–י"א

אַתָּה־הוּא יְיָ לְבַדֶּךָ אַתָּה עָשִׂיתָ אֶת־הַשָּׁמַיִם שְׁמֵי הַשָּׁמַיִם וְכָל־צְבָאָם הָאָרֶץ וְכָל־אֲשֶׁר עָלֶיהָ הַיַּמִּים וְכָל־אֲשֶׁר בָּהֶם וְאַתָּה מְחַיֶּה אֶת־כֻּלָּם וּצְבָא הַשָּׁמַיִם לְךָ מִשְׁתַּחֲוִים: אַתָּה הוּא יְיָ הָאֱלֹהִים אֲשֶׁר בָּחַרְתָּ בְּאַבְרָם וְהוֹצֵאתוֹ מֵאוּר כַּשְׂדִּים וְשַׂמְתָּ שְּׁמוֹ אַבְרָהָם: וּמָצָאתָ אֶת־לְבָבוֹ נֶאֱמָן לְפָנֶיךָ

וְכָרוֹת עִמּוֹ הַבְּרִית לָתֵת אֶת־אֶרֶץ הַכְּנַעֲנִי הַחִתִּי הָאֱמֹרִי וְהַפְּרִזִּי וְהַיְבוּסִי וְהַגִּרְגָּשִׁי לָתֵת לְזַרְעוֹ וַתָּקֶם אֶת־דְּבָרֶיךָ כִּי צַדִּיק אָתָּה: וַתֵּרֶא אֶת־עֳנִי אֲבֹתֵינוּ בְּמִצְרָיִם וְאֶת־זַעֲקָתָם שָׁמַעְתָּ עַל־יַם־סוּף: וַתִּתֵּן אֹתֹת וּמֹפְתִים בְּפַרְעֹה וּבְכָל־עֲבָדָיו וּבְכָל־עַם אַרְצוֹ כִּי יָדַעְתָּ כִּי הֵזִידוּ עֲלֵיהֶם וַתַּעַשׂ־לְךָ שֵׁם כְּהַיּוֹם הַזֶּה: וְהַיָּם בָּקַעְתָּ לִפְנֵיהֶם וַיַּעַבְרוּ בְתוֹךְ־הַיָּם בַּיַּבָּשָׁה וְאֶת־רֹדְפֵיהֶם הִשְׁלַכְתָּ בִמְצוֹלֹת כְּמוֹ־אֶבֶן בְּמַיִם עַזִּים:

1 Chronicles 29:10–13

David blessed the Lord before all the congregation; and David said: Blessed be Thou, O Lord, the God of Israel our father, for ever and ever. Thine, O Lord, is the greatness, and the power, the glory, the victory, and the majesty; for all that is in the heaven and on the earth is Thine. Thine is the kingdom, O Lord, and Thou art exalted supreme above all. Riches and honor come of Thee, and Thou rulest over all. In Thy hand is power and might; and it is in Thy power to make great, and to give strength unto all. Therefore, our God, we thank Thee, and praise Thy glorious name.

Nehemiah 9:6–11

Thou alone art the Lord. Thou hast made heaven, the heaven of heavens with all their host, the earth and all that it contains, the seas and all that is in them. Thou preservest them all; and the host of heaven render homage unto Thee. Thou art the Lord God, who didst choose Abram. Thou didst bring him forth out of Ur of the Chaldees, and gavest him the name of Abraham, finding his heart faithful before Thee.

Thou madest a covenant with him to give to his descendants the land of the Canaanite, the Hittite, the Amorite, and the Perizzite, and the Jebusite, and the Girgashite, and Thou hast fulfilled Thy words; for Thou art righteous. And Thou didst see the affliction of our fathers in Egypt, and didst hear their cry by the Red Sea; and didst perform signs and wonders upon Pharaoh, and on all his servants, and on all the people of his land, knowing that they dealt arrogantly against them. Thus didst Thou make Thy name great to this day. Thou didst divide the sea before them, so that they crossed the sea on dry land, whereas their pursuers didst Thou cast into the depths like a stone into the mighty waters.

שמות י״ד ל׳–ט״ו י״ח

וַיּוֹשַׁע יְהֹוָה בַּיּוֹם הַהוּא אֶת־יִשְׂרָאֵל מִיַּד מִצְרָיִם וַיַּרְא
יִשְׂרָאֵל אֶת־מִצְרַיִם מֵת עַל־שְׂפַת הַיָּם: וַיַּרְא יִשְׂרָאֵל אֶת־
הַיָּד הַגְּדֹלָה אֲשֶׁר עָשָׂה יְהֹוָה בְּמִצְרַיִם וַיִּירְאוּ הָעָם אֶת־
יְהֹוָה וַיַּאֲמִינוּ בַּיהֹוָה וּבְמֹשֶׁה עַבְדּוֹ:

אָז יָשִׁיר־מֹשֶׁה וּבְנֵי יִשְׂרָאֵל אֶת־הַשִּׁירָה הַזֹּאת לַיהֹוָה וַיֹּאמְרוּ
לֵאמֹר   אָשִׁירָה לַיהֹוָה כִּי־גָאֹה גָּאָה   סוּס
וְרֹכְבוֹ רָמָה בַיָּם: עָזִּי וְזִמְרָת יָהּ וַיְהִי־לִי
לִישׁוּעָה   זֶה אֵלִי וְאַנְוֵהוּ   אֱלֹהֵי
אָבִי וַאֲרֹמְמֶנְהוּ:   יְהֹוָה אִישׁ מִלְחָמָה יְהֹוָה
שְׁמוֹ:   מַרְכְּבֹת פַּרְעֹה וְחֵילוֹ יָרָה בַיָּם   וּמִבְחַר
שָׁלִשָׁיו טֻבְּעוּ בְיַם־סוּף: תְּהֹמֹת יְכַסְיֻמוּ יָרְדוּ בִמְצוֹלֹת כְּמוֹ־
אָבֶן: יְמִינְךָ יְהֹוָה נֶאְדָּרִי בַּכֹּחַ   יְמִינְךָ
יְהֹוָה תִּרְעַץ אוֹיֵב: וּבְרֹב גְּאוֹנְךָ תַּהֲרֹס
קָמֶיךָ   תְּשַׁלַּח חֲרֹנְךָ יֹאכְלֵמוֹ כַּקַּשׁ:   וּבְרוּחַ
אַפֶּיךָ נֶעֶרְמוּ מַיִם   נִצְּבוּ כְמוֹ־נֵד
נֹזְלִים   קָפְאוּ תְהֹמֹת בְּלֶב־יָם: אָמַר
אוֹיֵב אֶרְדֹּף אַשִּׂיג   אֲחַלֵּק שָׁלָל תִּמְלָאֵמוֹ
נַפְשִׁי   אָרִיק חַרְבִּי תּוֹרִישֵׁמוֹ יָדִי: נָשַׁפְתָּ
בְרוּחֲךָ כִּסָּמוֹ יָם   צָלְלוּ כַּעוֹפֶרֶת בְּמַיִם
אַדִּירִים: מִי־כָמֹכָה בָּאֵלִם יְהֹוָה   מִי
כָּמֹכָה נֶאְדָּר בַּקֹּדֶשׁ   נוֹרָא תְהִלֹּת עֹשֵׂה
פֶלֶא: נָטִיתָ יְמִינְךָ תִּבְלָעֵמוֹ אָרֶץ: נָחִיתָ
בְחַסְדְּךָ עַם־זוּ גָּאָלְתָּ   נֵהַלְתָּ בְעָזְּךָ אֶל־נְוֵה

Selected from Exodus 14:30–15:18

Then sang Moses and the children of Israel this song unto the
Lord:
I will sing unto the Lord, for He is highly exalted;
The horse and his rider hath He thrown into the sea.

The Lord is my strength and song,
And He is become my salvation;

He is my God, and I will glorify Him,
My father's God, and I will exalt Him.

Pharaoh's chariots and his host hath He cast into the sea,
And his chosen captains are sunk in the Red Sea.

The deeps cover them—
They went down into the depths like a stone.

Thy right hand, O Lord, glorious in power,
Thy right hand, O Lord, overcometh the enemy.

And in the greatness of Thine excellency Thou didst over-
throw them that rose up against Thee.

The floods stood upright as a heap;
The deeps were congealed in the heart of the sea.

The enemy said:
'I will pursue, I will overtake, I will divide the spoil;
My lust shall be satisfied upon them;
I will draw my sword, my hand shall destroy them.'

Thou didst blow with Thy wind, the sea covered them;
They sank as lead in the mighty waters.

Who is like unto Thee, O Lord, among the mighty?
Who is like unto Thee, glorious in holiness,
Revered in praises, doing wonders?

Thou didst stretch out Thy right hand—
The earth swallowed them.

Thou in Thy love hast led the people that Thou hast redeemed;
Thou hast guided them by Thy strength to Thy holy habitation.

קָדְשֶׁךָ: שָׁמְעוּ עַמִּים יִרְגָּזוּן חִיל
אָחַז יֹשְׁבֵי פְּלָשֶׁת: אָז נִבְהֲלוּ אַלּוּפֵי
אֱדוֹם אֵילֵי מוֹאָב יֹאחֲזֵמוֹ רָעַד נָמֹגוּ
כֹּל יֹשְׁבֵי כְנָעַן: תִּפֹּל עֲלֵיהֶם אֵימָתָה
וָפַחַד בִּגְדֹל זְרוֹעֲךָ יִדְּמוּ כָּאָבֶן עַד־
יַעֲבֹר עַמְּךָ יְהוָֹה עַד־יַעֲבֹר עַם־זוּ
קָנִיתָ: תְּבִאֵמוֹ וְתִטָּעֵמוֹ בְּהַר נַחֲלָתְךָ מָכוֹן
לְשִׁבְתְּךָ פָּעַלְתָּ יְהוָֹה מִקְּדָשׁ אֲדֹנָי כּוֹנְנוּ
יָדֶיךָ: יְהוָֹה יִמְלֹךְ לְעֹלָם וָעֶד:
יְהוָֹה יִמְלֹךְ לְעֹלָם וָעֶד:

כִּי לַיְיָ הַמְּלוּכָה וּמוֹשֵׁל בַּגּוֹיִם: וְעָלוּ מוֹשִׁעִים בְּהַר צִיּוֹן לִשְׁפֹּט אֶת־הַר עֵשָׂו וְהָיְתָה לַיְיָ הַמְּלוּכָה: וְהָיָה יְיָ לְמֶלֶךְ עַל־כָּל־הָאָרֶץ בַּיּוֹם הַהוּא יִהְיֶה יְיָ אֶחָד וּשְׁמוֹ אֶחָד:

נִשְׁמַת כָּל־חַי תְּבָרֵךְ אֶת־שִׁמְךָ יְיָ אֱלֹהֵינוּ. וְרוּחַ כָּל־בָּשָׂר תְּפָאֵר וּתְרוֹמֵם זִכְרְךָ מַלְכֵּנוּ תָּמִיד. מִן־הָעוֹלָם וְעַד־הָעוֹלָם אַתָּה אֵל. וּמִבַּלְעָדֶיךָ אֵין לָנוּ מֶלֶךְ גּוֹאֵל וּמוֹשִׁיעַ פּוֹדֶה וּמַצִּיל וּמְפַרְנֵס וּמְרַחֵם בְּכָל־עֵת צָרָה וְצוּקָה. אֵין לָנוּ מֶלֶךְ אֶלָּא אָתָּה: אֱלֹהֵי הָרִאשׁוֹנִים וְהָאַחֲרוֹנִים. אֱלוֹהַּ כָּל־בְּרִיּוֹת אֲדוֹן כָּל־תּוֹלָדוֹת הַמְהֻלָּל בְּרֹב הַתִּשְׁבָּחוֹת הַמְנַהֵג עוֹלָמוֹ בְּחֶסֶד וּבְרִיּוֹתָיו בְּרַחֲמִים: וַיְיָ לֹא־יָנוּם וְלֹא יִישָׁן. הַמְעוֹרֵר יְשֵׁנִים וְהַמֵּקִיץ נִרְדָּמִים וְהַמֵּשִׂיחַ אִלְּמִים וְהַמַּתִּיר אֲסוּרִים וְהַסּוֹמֵךְ נוֹפְלִים וְהַזּוֹקֵף כְּפוּפִים. לְךָ לְבַדְּךָ אֲנַחְנוּ מוֹדִים:

The peoples have heard; they tremble.
Pangs have taken hold of the inhabitants of Philistia.

Then were the chiefs of Edom affrighted;
The mighty men of Moab were seized with trembling;
All the inhabitants of Canaan were frightened.

Terror and dread fall upon them;
By the greatness of Thine arm they are as still as a stone;
Till Thy people pass over, O Lord,
Till the people that Thou hast acquired pass over.

Thou bringest them in, and plantest them in the mountain of
    Thine inheritance,
The place, O Lord, which Thou hast made for Thee to dwell in,
The Sanctuary, O Lord, which Thou hast established.

The Lord shall reign for ever and ever.

For the kingdom is the Lord's; and He is the ruler over the
nations.   And redeemers shall ascend Mount Zion to judge
Mount Esau; and the kingdom shall be the Lord's.   And
the Lord shall be King over all the earth; on that day shall
the Lord be One, and His name one.

The breath of every living being shall bless Thy name, O
Lord our God, and the spirit of all flesh shall ever glorify
and extol Thee, O our King.   From everlasting to everlasting
Thou art God, and besides Thee we have no King.   O Thou art
He who redeemest and savest, who rescuest and deliverest,
who sustainest and showest compassion in all times of trouble
and distress; yea, we have no Sovereign but Thee.

Thou who art God from the beginning and wilt be God even
unto the end, God of all that liveth, Lord of all generations,
extolled with many praises, guiding Thy world with loving-
kindness and Thy creatures with tender compassion.   Lo,
Thou art the Lord who slumbereth not nor sleepeth; Thou
arousest those who sleep and awakenest them from their
slumber.   Thou restorest speech to those who were silent in
their slumber, renewest the energy of those who were wrapt
in the bands of sleep, supportest the falling and raisest them
that are bowed down.   To Thee alone do we give thanks.

אִלּוּ פִינוּ מָלֵא שִׁירָה כַּיָּם וּלְשׁוֹנֵנוּ רִנָּה כַּהֲמוֹן גַּלָּיו וְשִׂפְתוֹתֵינוּ שֶׁבַח כְּמֶרְחֲבֵי רָקִיעַ. וְעֵינֵינוּ מְאִירוֹת כַּשֶּׁמֶשׁ וְכַיָּרֵחַ. וְיָדֵינוּ פְרוּשׂוֹת כְּנִשְׁרֵי שָׁמָיִם. וְרַגְלֵינוּ קַלּוֹת כָּאַיָּלוֹת. אֵין אֲנַחְנוּ מַסְפִּיקִים לְהוֹדוֹת לְךָ יְיָ אֱלֹהֵינוּ וֵאלֹהֵי אֲבוֹתֵינוּ וּלְבָרֵךְ אֶת־שְׁמֶךָ עַל אַחַת מֵאֶלֶף אֶלֶף אַלְפֵי אֲלָפִים וְרִבֵּי רְבָבוֹת פְּעָמִים הַטּוֹבוֹת שֶׁעָשִׂיתָ עִם אֲבוֹתֵינוּ וְעִמָּנוּ: מִמִּצְרַיִם גְּאַלְתָּנוּ יְיָ אֱלֹהֵינוּ וּמִבֵּית עֲבָדִים פְּדִיתָנוּ. בְּרָעָב זַנְתָּנוּ וּבְשָׂבָע כִּלְכַּלְתָּנוּ. מֵחֶרֶב הִצַּלְתָּנוּ וּמִדֶּבֶר מִלַּטְתָּנוּ וּמֵחֳלָיִם רָעִים וְנֶאֱמָנִים דִּלִּיתָנוּ: עַד הֵנָּה עֲזָרוּנוּ רַחֲמֶיךָ. וְלֹא־עֲזָבוּנוּ חֲסָדֶיךָ. וְאַל תִּטְּשֵׁנוּ יְיָ אֱלֹהֵינוּ לָנֶצַח:

עַל כֵּן אֵבָרִים שֶׁפִּלַּגְתָּ בָּנוּ וְרוּחַ וּנְשָׁמָה שֶׁנָּפַחְתָּ בְּאַפֵּינוּ וְלָשׁוֹן אֲשֶׁר שַׂמְתָּ בְּפִינוּ. הֵן הֵם יוֹדוּ וִיבָרְכוּ וִישַׁבְּחוּ וִיפָאֲרוּ וִירוֹמְמוּ וְיַעֲרִיצוּ וְיַקְדִּישׁוּ וְיַמְלִיכוּ אֶת שִׁמְךָ מַלְכֵּנוּ: כִּי כָל־פֶּה לְךָ יוֹדֶה וְכָל־לָשׁוֹן לְךָ תִשָּׁבַע וְכָל־בֶּרֶךְ לְךָ תִכְרַע וְכָל־קוֹמָה לְפָנֶיךָ תִשְׁתַּחֲוֶה: וְכָל־לְבָבוֹת יִירָאוּךָ וְכָל־קֶרֶב וּכְלָיוֹת יְזַמְּרוּ לִשְׁמֶךָ. כַּדָּבָר שֶׁכָּתוּב כָּל עַצְמוֹתַי תֹּאמַרְנָה יְיָ מִי כָמוֹךָ. מַצִּיל עָנִי מֵחָזָק מִמֶּנּוּ וְעָנִי וְאֶבְיוֹן מִגּוֹזְלוֹ: מִי יִדְמֶה לָּךְ וּמִי יִשְׁוֶה לָּךְ וּמִי יַעֲרָךְ לָךְ. הָאֵל הַגָּדוֹל הַגִּבּוֹר וְהַנּוֹרָא אֵל עֶלְיוֹן קוֹנֵה שָׁמַיִם וָאָרֶץ: נְהַלֶּלְךָ וּנְשַׁבֵּחֲךָ וּנְפָאֶרְךָ וּנְבָרֵךְ אֶת שֵׁם קָדְשֶׁךָ כָּאָמוּר. לְדָוִד בָּרְכִי נַפְשִׁי אֶת יְיָ וְכָל־קְרָבַי אֶת שֵׁם קָדְשׁוֹ:

הָאֵל בְּתַעֲצֻמוֹת עֻזֶּךָ. הַגָּדוֹל בִּכְבוֹד שְׁמֶךָ. הַגִּבּוֹר לָנֶצַח וְהַנּוֹרָא בְּנוֹרְאוֹתֶיךָ.

On Yom Kippur, continue on page 255

Were our mouths filled with song as the sea, our tongues with melody as the murmuring waves; could our lips utter praise as the spacious firmament; were our eyes glowing light as the sun and the moon; our hands spread forth as the eagles of heaven, and our feet, swift as the hinds, we would still be unable to thank and bless Thee sufficiently, O Lord our God and God of our fathers, for even one of the thousands, yea, infinite blessings which Thou hast bestowed upon our fathers and upon us. From Egypt didst Thou redeem us, O Lord our God, and from the house of bondage Thou didst deliver us; in famine Thou didst feed us and in time of plenty, it was Thou who didst sustain us. Thou hast delivered us from the sword, saved us from pestilence and rescued us from dire and lingering illness. Hitherto, Thy tender mercies have been our help and Thy loving-kindnesses have never failed us; mayest Thou never forsake us, O Lord our God, in the days to come.

Therefore, the limbs with which Thou hast endowed us, and the spirit and breath which Thou hast breathed into our being, and the power of speech with which Thou hast blessed us, lo, all of them shall unite in thanking, exalting, revering, and sanctifying Thy name, O our King. Yea, every mouth shall give thanks unto Thee and every tongue shall vow allegiance unto Thee. To Thee every knee shall bend and even the mighty ones shall humble themselves before Thee. Every heart shall revere Thee, and our being shall sing praises to Thy name, even as it is written in Holy Scriptures:
All my bones shall say, "O Lord who is like unto Thee
Who deliverest the weak from him that is stronger,
Yea, the poor and the needy from one who would rob him?"[1]

Who is like unto Thee; who is equal unto Thee; who can be compared to Thee; O God, great, mighty, revered and supreme God, Possessor of heaven and earth? We will praise, laud and glorify Thee; we will bless Thy holy name:
"Bless the Lord, O my soul;
And all that is within me, bless His holy name."[2]

Thou art God in the vastness of Thy power; Thou art great in the glory of Thy name; mighty through Thine eternity and revered in Thine awe-inspiring works.

On Yom Kippur, continue on page 255

[1] Psalm 35:10.   [2] Psalm 103:1.

הַמֶּלֶךְ
יוֹשֵׁב עַל־כִּסֵּא רָם וְנִשָּׂא:

שׁוֹכֵן עַד מָרוֹם וְקָדוֹשׁ שְׁמוֹ. וְכָתוּב. רַנְּנוּ צַדִּיקִים בַּייָ לַיְשָׁרִים נָאוָה תְהִלָּה: בְּפִי יְשָׁרִים תִּתְרוֹמָם. וּבְדִבְרֵי צַדִּיקִים תִּתְבָּרַךְ. וּבִלְשׁוֹן חֲסִידִים תִּתְקַדָּשׁ. וּבְקֶרֶב קְדוֹשִׁים תִּתְהַלָּל:

וּבְמַקְהֲלוֹת רִבְבוֹת עַמְּךָ בֵּית יִשְׂרָאֵל בְּרִנָּה יִתְפָּאַר שִׁמְךָ מַלְכֵּנוּ בְּכָל־דּוֹר וָדוֹר. שֶׁכֵּן חוֹבַת כָּל־הַיְצוּרִים לְפָנֶיךָ יְיָ אֱלֹהֵינוּ וֵאלֹהֵי אֲבוֹתֵינוּ. לְהוֹדוֹת לְהַלֵּל לְשַׁבֵּחַ לְפָאֵר לְרוֹמֵם לְהַדֵּר לְבָרֵךְ לְעַלֵּה וּלְקַלֵּס עַל כָּל־דִּבְרֵי שִׁירוֹת וְתִשְׁבְּחוֹת דָּוִד בֶּן יִשַׁי עַבְדְּךָ מְשִׁיחֶךָ:

יִשְׁתַּבַּח שִׁמְךָ לָעַד מַלְכֵּנוּ. הָאֵל הַמֶּלֶךְ הַגָּדוֹל וְהַקָּדוֹשׁ בַּשָּׁמַיִם וּבָאָרֶץ. כִּי לְךָ נָאֶה יְיָ אֱלֹהֵינוּ וֵאלֹהֵי אֲבוֹתֵינוּ שִׁיר וּשְׁבָחָה הַלֵּל וְזִמְרָה עֹז וּמֶמְשָׁלָה נֶצַח גְּדֻלָּה וּגְבוּרָה תְּהִלָּה וְתִפְאֶרֶת קְדֻשָּׁה וּמַלְכוּת בְּרָכוֹת וְהוֹדָאוֹת מֵעַתָּה וְעַד עוֹלָם. בָּרוּךְ אַתָּה יְיָ אֵל מֶלֶךְ גָּדוֹל בַּתִּשְׁבָּחוֹת. אֵל הַהוֹדָאוֹת אֲדוֹן הַנִּפְלָאוֹת. הַבּוֹחֵר בְּשִׁירֵי זִמְרָה. מֶלֶךְ אֵל חֵי הָעוֹלָמִים:

Reader

יִתְגַּדַּל וְיִתְקַדַּשׁ שְׁמֵהּ רַבָּא. בְּעָלְמָא דִּי־בְרָא כִרְעוּתֵהּ. וְיַמְלִיךְ מַלְכוּתֵהּ בְּחַיֵּיכוֹן וּבְיוֹמֵיכוֹן וּבְחַיֵּי דְכָל־בֵּית יִשְׂרָאֵל בַּעֲגָלָא וּבִזְמַן קָרִיב. וְאִמְרוּ אָמֵן:

יְהֵא שְׁמֵהּ רַבָּא מְבָרַךְ לְעָלַם וּלְעָלְמֵי עָלְמַיָּא:

יִתְבָּרַךְ וְיִשְׁתַּבַּח וְיִתְפָּאַר וְיִתְרוֹמַם וְיִתְנַשֵּׂא וְיִתְהַדָּר וְיִתְעַלֶּה וְיִתְהַלַּל שְׁמֵהּ דְּקֻדְשָׁא. בְּרִיךְ הוּא. לְעֵלָּא וּלְעֵלָּא מִן־כָּל־בִּרְכָתָא וְשִׁירָתָא תֻּשְׁבְּחָתָא וְנֶחֱמָתָא דַּאֲמִירָן בְּעָלְמָא. וְאִמְרוּ אָמֵן:

Thou art the King
Enthroned on high in majesty.

Thou abidest to eternity; exalted and holy is Thy name.
As the Psalmist has written: "Rejoice in the Lord, O ye
righteous; for praise is befitting from the upright."

By the lips of the upright Thou shalt be exalted,
By the words of the righteous Thou shalt be blessed,
By the tongue of the faithful Thou shalt be sanctified,
And in the midst of the holy Thou shalt be glorified.

In the assemblies of the tens of thousands of Thy people,
in the house of Israel, Thy name, O our King, shall be glorified
with song throughout every generation. For it is the duty
of Thy creatures, O Lord our God and God of our fathers,
to give thanks unto Thee, laud, exalt, adore and bless Thee,
even beyond all the psalms of praise of David, the son of
Jesse, Thine anointed.

Praised be Thy name, O our King forever, Thou God and
King, great and holy in heaven and on earth. For unto Thee
alone, O Lord our God and God of our fathers, song and praise
are becoming, hymn and psalm, power and dominion, su-
premacy, greatness, might, renown, and glory, holiness and
sovereignty, blessings and thanksgiving, henceforth and ever-
more. Blessed art Thou, O Lord, almighty King, exalted in
praises, God of thanksgiving. Thou art the Lord of wonders;
Thou delightest in songs and psalms, O ever living Sovereign,
Life of the universe.

Reader

Magnified and sanctified be the great name of God throughout the
world which He hath created according to His will. May He estab-
lish His kingdom during the days of your life and during the life of all
the house of Israel, speedily, yea, soon; and say ye, Amen.

May His great name be blessed for ever and ever.

Exalted and honored be the name of the Holy One, blessed be He,
whose glory transcends, yea, is beyond all blessings and hymns, praises
and consolations which are uttered in the world; and say ye, Amen.

Reader

בָּרְכוּ אֶת־יְיָ הַמְבֹרָךְ:

Congregation and Reader

בָּרוּךְ יְיָ הַמְבֹרָךְ לְעוֹלָם וָעֶד:

בָּרוּךְ אַתָּה יְיָ אֱלֹהֵינוּ מֶלֶךְ הָעוֹלָם. יוֹצֵר אוֹר וּבוֹרֵא חֹשֶׁךְ עֹשֶׂה שָׁלוֹם וּבוֹרֵא אֶת־הַכֹּל:

אוֹר עוֹלָם בְּאוֹצַר חַיִּים אוֹרוֹת מֵאֹפֶל אָמַר וַיֶּהִי:

*First Day Rosh Hashanah**

מֶלֶךְ אָזוּר גְּבוּרָה. גָּדוֹל שִׁמְךָ בִּגְבוּרָה. לְךָ זְרוֹעַ עִם גְּבוּרָה: מֶלֶךְ בִּגְדֵי נָקָם. לָבֵשׁ בְּיוֹם נָקָם. לְצָרָיו יָשִׁיב אֶל חֵיקָם: מֶלֶךְ גֵּאוּת לָבֵשׁ. יַמִּים מְיַבֵּשׁ. וְגַאֲוַת אֲפִיקִים מְכַבֵּשׁ:

Reader

מֶלֶךְ בַּעֲשָׂרָה לְבוּשִׁים. הִתְאַזָּר בִּקְדוֹשִׁים.
אֵל נַעֲרָץ בְּסוֹד קְדוֹשִׁים. קָדוֹשׁ:

Congregation

מֶלֶךְ דָּר בִּנְהוֹרָא. עֹטֶה כַּשַּׂלְמָה אוֹרָה. מִשְׁפָּטֵינוּ יוֹצִיא כָאוֹרָה: מֶלֶךְ הִתְאַזָּר עֹז. יְמִינוֹ תָּעוֹז. וֶאֱנוֹשׁ אַל יָעוֹז: מֶלֶךְ וַיִּלְבַּשׁ צְדָקָה. וְנִקְדַּשׁ בִּצְדָקָה. לְךָ יְיָ הַצְּדָקָה: מֶלֶךְ זֶה הָדוּר בִּלְבוּשׁוֹ. וְכוֹבַע יְשׁוּעָה בְּרֹאשׁוֹ. אֱלֹהִים

* (*On Second Day, page 64*)

Congregation rises

Reader

Bless the Lord who is to be praised.

Congregation and Reader

Praised be the Lord who is blessed for all eternity.

Congregation

Bo-ruḥ a-dō-noy ha-m'vō-roḥ l'-ō-lom vo-ed.

Congregation is seated

Blessed art Thou, O Lord our God, King of the universe, who formest light and createst darkness, who makest peace and createst all things.

Yea, everlasting light is in God's treasury of life; out of the darkness He spoke and there was light.

First Day Rosh Hashanah*

The following Piyyut (Hymn) was written by Eleazar Kalir, one of the earliest medieval Hebrew poets believed to have lived in the seventh or eighth century. In this Piyyut, he envisions God as Sovereign over nature and man. God is not only powerful, but He is righteous and will brook no injustice. He judges all men and will "tread down the transgressors." For us, this poem reaffirms our faith that the forces of wickedness will be overcome.

O King, girt with power, Thy name is great in strength; Thine is the arm of triumph. O King, clad in garments of judgment, on the day of retribution, Thou wilt requite the evil of Thy foes. O King, clothed in splendor, Thou didst dry up the sea, subduing the fury of the mighty waters.

The King is attired in tenfold garments adorned in holiness to reveal the Commandments of Israel. He is omnipotent, and in the thronged assembly of the holy ones, He is holy.

The King who dwelleth in light, who as with a garment is robed in light, will bring forth our judgment into light. The King is surrounded with strength, mighty is His right hand. Let mortal man not act presumptuously. Thou, O King, robed in righteousness and sanctified through righteousness, unto Thee, O Lord, belongeth righteousness.

* On Second Day, page 64

יָשַׁב עַל־כִּסֵּא קָדְשׁוֹ: מֶלֶךְ חֲמוּץ בְּגָדִים. בְּדָרְכוֹ בוֹגְדִים. יִבְצֹר רוּחַ נְגִידִים: מֶלֶךְ טַלִּיתוֹ כַּשֶּׁלֶג מְצֻחְצָח. צַח וּבְצַחְצָחוֹת יְצַחְצַח. מְצַחְצְחִים פָּעֳלָם לָנֶצַח: מֶלֶךְ יָעַט קִנְאָה. קַנֹּא קִנֵּא גָּאֹה גָּאָה. כְּאִישׁ מִלְחָמוֹת יָעִיר קִנְאָה: מֶלֶךְ כָּל־אַפְסֵי אָרֶץ. יִשְׁתַּחֲווּ לְמֶלֶךְ עַל־כָּל־הָאָרֶץ. כִּי בָא לִשְׁפּוֹט אֶת־הָאָרֶץ: מֶלֶךְ לְיוֹם קוּמוֹ לָעַד. כָּל־יְצוּר לְפָנָיו יִרְעַד. רָם וְנִשָּׂא שׁוֹכֵן עַד: מֶלֶךְ מוֹשֵׁל עוֹלָם בִּגְבוּרָתוֹ. יִרְעֲשׁוּ הָרִים מִגַּאֲוָתוֹ. וּכְאֵילִים יִרְקְדוּ מִגַּעֲרָתוֹ: מֶלֶךְ נוֹרָא לְמַלְכֵי אָרֶץ. חוּל תָּחוּל הָאָרֶץ. מִיּוֹשֵׁב הַכְּרוּבִים תָּנוּט הָאָרֶץ: מֶלֶךְ שְׂאֵתוֹ מִי יַעֲצָר כֹּחַ. וְהוּא נוֹשֵׂא כֹל בַּכֹּחַ. נוֹתֵן לַיָּעֵף כֹּחַ: מֶלֶךְ עָמְדוֹ לָדִין. בְּיוֹם הַדִּין. שְׁפוֹט גֵּאִים בַּדִּין: מֶלֶךְ פִּלֵּשׁ סוֹד הַמַּעֲמִיקִים. לַסְתִּיר עֵצָה בְּמַעֲמַקִּים. יֶחֱשֹׂף וִיגַלֶּה עֲמוּקִים: מֶלֶךְ צִוָּה מִכָּל־רוּחַ. עָרִיצֵי גַּסֵּי הָרוּחַ. לְאַפְפֵם בְּשֶׁטֶף רוּחַ: מֶלֶךְ קָהֵל מַלְכֵי אֲדָמָה. בְּסַעֲרוֹ מַשָּׂא דוּמָה. יִפְקֹד עַל צְבָא רוּמָה: מֶלֶךְ רָם וְגָבֹהַּ בַּמִּשְׁפָּט. וְעֹז מֶלֶךְ אָהֵב מִשְׁפָּט. מְכוֹן כִּסְאוֹ צֶדֶק וּמִשְׁפָּט: מֶלֶךְ שׁוֹפֵט צֶדֶק. לְפָנָיו יְהַלֵּךְ צֶדֶק. לְהָלִיץ בְּעַד רוֹדְפֵי צֶדֶק: מֶלֶךְ תַּקִּיף בְּמֶמְשָׁלָה. וְכִסְאוֹ תָּלָה לְמַעְלָה. וּמַלְכוּתוֹ בַּכֹּל מָשָׁלָה:

מֶלֶךְ תַּחַת חֶלֶד מֵהַבִּיטוֹ. מַרְעִיד יְסוֹד בְּהַבִּיטוֹ. בַּכֹּל מְשׁוֹטֵט מַבָּטוֹ: מֶלֶךְ תָּר בְּכָל פֹּעַל. בַּכֹּל מַה־יִּפְעַל. בְּמַטָּה וּבְמָעַל:

מֶלֶךְ אֱלֹהֵי עוֹלָם. הַמְלִיכוּהוּ עַם עוֹלָם. יְיָ יִמְלֹךְ לְעֹלָם. קָדוֹשׁ:

The King is arrayed in glory, with a crown of victory. He sitteth on His holy throne. The King in crimson garments treads transgressors down, and will humble the pride of princes. The King with snow-white raiment will purify those who strive to make their actions pure.

The King is wrapt in zeal and highly exalted. As a mighty warrior, He is aroused to righteous indignation. The King whom the ends of the earth shall worship is King over all the earth. He cometh to judge the earth. The King when He shall arise for judgment, all creatures shall stand in awe before Him, for He who inhabiteth eternity is high and exalted.

The King who ruleth the world in His might, at His majesty the mountains quake. They skip like rams at His rebuke. The King, before whom all the Kings of the earth stand in awe, before whom the earth trembles and shakes, dwelleth above the cherubim. The King, whose majestic power none can restrain, who sustaineth all by His might, giveth strength to the weary.

The King, when He riseth to judge on the Day of Judgment, will pronounce sentence on the haughty in justice. The King to whom all secrets are revealed and our deepest plans are known, He will lay bare and discover our profoundest thoughts. The King who is in command of all the winds will overwhelm the haughty in spirit with an overwhelming blast.

The King will assemble the kings of the earth when He shall fulfill the prophetic vision and bring to judgment all the haughty hosts.* The King is high and exalted in justice; the mighty King loveth justice; His throne is founded on righteousness and justice.

The King who judgeth righteously, righteousness goeth before Him to plead for those who pursue righteousness. The King, mighty in dominion, whose throne is established in the heavens, His kingdom extendeth over all.

The King, whose gaze shaketh the earth's foundations, comprehendeth all things. The King scrutinizeth all living creatures everywhere.

The King of the universe! He is proclaimed Sovereign by His eternal people. "The Lord shall reign forever!" He is the Holy God.

* Isaiah 21:2.

On Sabbath

הַכֹּל יוֹדְוּךָ וְהַכֹּל יְשַׁבְּחְוּךָ. וְהַכֹּל יֹאמְרוּ אֵין קָדוֹשׁ כַּיְיָ: הַכֹּל יְרוֹמְמְוּךָ סֶּלָה יוֹצֵר הַכֹּל. הָאֵל הַפּוֹתֵחַ בְּכָל־יוֹם דַּלְתוֹת שַׁעֲרֵי מִזְרָח וּבוֹקֵעַ חַלּוֹנֵי רָקִיעַ. מוֹצִיא חַמָּה מִמְּקוֹמָהּ וּלְבָנָה מִמְּכוֹן שִׁבְתָּהּ. וּמֵאִיר לָעוֹלָם כֻּלּוֹ וּלְיוֹשְׁבָיו שֶׁבָּרָא בְּמִדַּת רַחֲמִים: הַמֵּאִיר לָאָרֶץ וְלַדָּרִים עָלֶיהָ בְּרַחֲמִים. וּבְטוּבוֹ מְחַדֵּשׁ בְּכָל־יוֹם תָּמִיד מַעֲשֵׂה בְרֵאשִׁית: הַמֶּלֶךְ הַמְרוֹמָם לְבַדּוֹ מֵאָז. הַמְשֻׁבָּח וְהַמְפֹאָר וְהַמִּתְנַשֵּׂא מִימוֹת עוֹלָם: אֱלֹהֵי עוֹלָם בְּרַחֲמֶיךָ הָרַבִּים רַחֵם עָלֵינוּ אֲדוֹן עֻזֵּנוּ צוּר מִשְׂגַּבֵּנוּ מָגֵן יִשְׁעֵנוּ מִשְׂגָּב בַּעֲדֵנוּ: אֵין כְּעֶרְכֶּךָ וְאֵין זוּלָתֶךָ. אֶפֶס בִּלְתֶּךָ וּמִי דּוֹמֶה לָּךְ: אֵין כְּעֶרְכְּךָ יְיָ אֱלֹהֵינוּ בָּעוֹלָם הַזֶּה. וְאֵין זוּלָתְךָ מַלְכֵּנוּ לְחַיֵּי הָעוֹלָם הַבָּא: אֶפֶס בִּלְתְּךָ גּוֹאֲלֵנוּ לִימוֹת הַמָּשִׁיחַ. וְאֵין דּוֹמֶה לְּךָ מוֹשִׁיעֵנוּ לִתְחִיַּת הַמֵּתִים:

On Sabbath

אֵל אָדוֹן עַל כָּל־הַמַּעֲשִׂים. בָּרוּךְ וּמְבֹרָךְ בְּפִי כָּל־נְשָׁמָה: גָּדְלוֹ וְטוּבוֹ מָלֵא עוֹלָם. דַּעַת וּתְבוּנָה סוֹבְבִים אוֹתוֹ: הַמִּתְגָּאֶה עַל־חַיּוֹת הַקֹּדֶשׁ. וְנֶהְדָּר בְּכָבוֹד עַל־הַמֶּרְכָּבָה: זְכוּת וּמִישׁוֹר לִפְנֵי כִסְאוֹ. חֶסֶד וְרַחֲמִים לִפְנֵי כְבוֹדוֹ: טוֹבִים מְאוֹרוֹת שֶׁבָּרָא אֱלֹהֵינוּ. יְצָרָם בְּדַעַת בְּבִינָה וּבְהַשְׂכֵּל: כֹּחַ וּגְבוּרָה נָתַן בָּהֶם. לִהְיוֹת מוֹשְׁלִים בְּקֶרֶב תֵּבֵל: מְלֵאִים זִיו וּמְפִיקִים נֹגַהּ. נָאֶה זִיוָם בְּכָל־הָעוֹלָם: שְׂמֵחִים בְּצֵאתָם וְשָׂשִׂים בְּבוֹאָם. עוֹשִׂים בְּאֵימָה רְצוֹן קוֹנָם: פְּאֵר וְכָבוֹד נוֹתְנִים לִשְׁמוֹ. צָהֳלָה וְרִנָּה לְזֵכֶר מַלְכוּתוֹ:

On Sabbath

All shall thank Thee, and all shall praise Thee, as they declare: "There is none holy like the Lord." All shall extol Thee, Thou Creator of all things; O God, who openest every day the gates of the east, and cleavest the windows of the firmament, bringing forth the sun and the moon from their places on high, giving light to the whole world and its inhabitants whom Thou createst by Thy attribute of mercy. In Thy goodness Thou renewest each day the miracle of creation. O King, Thou alone wast exalted of yore, glorified and extolled from days of old. O everlasting God, in Thine abundant mercy, have compassion upon us; Lord of our strength, Rock of our stronghold, Shield of our salvation, be Thou a stronghold around us. There is none to be compared to Thee, neither is there any besides Thee; there is none but Thee! Who is like unto Thee? There is none like unto Thee, O Lord our God, in this world, neither is there any besides Thee, O our King, in the world to come; there is none but Thee, O our Redeemer, for the days of the Messiah; neither is there any like unto Thee, O our Savior, for the assurance of life eternal.

On Sabbath

The Lord is Master over all His works;
Blessed is He, acclaimed by every living thing.
His greatness and His goodness fill the universe,
While knowledge and discernment compass Him about.
The Lord, exalted over all the celestial host,
Above the heavenly chariot in radiance adorned,
Purity and justice stand before His throne,
Kindness and compassion before His glory go.
The luminaries which the Lord hath wrought are good,
With wisdom, knowledge and discernment were they made.
Endowed with might, endowed with everlasting power,
They govern all the world.
In splendor, lustrously their brightness radiates,
Their brilliance beautiful throughout the universe.
In rising they rejoice, in setting they exult,
Awesomely fulfilling their Creator's will.
Glory and honor do they give unto His name;
In joyous songs of praise His kingdom they acclaim.

קָרָא לַשֶּׁמֶשׁ וַיִּזְרַח אוֹר. רָאָה וְהִתְקִין צוּרַת הַלְּבָנָה:
שֶׁבַח נוֹתְנִים לוֹ כָּל־צְבָא מָרוֹם. תִּפְאֶרֶת וּגְדֻלָּה שְׂרָפִים
וְאוֹפַנִּים וְחַיּוֹת הַקֹּדֶשׁ.

לָאֵל אֲשֶׁר שָׁבַת מִכָּל־הַמַּעֲשִׂים. בַּיּוֹם הַשְּׁבִיעִי הִתְעַלָּה
וְיָשַׁב עַל־כִּסֵּא כְבוֹדוֹ: תִּפְאֶרֶת עָטָה לְיוֹם הַמְּנוּחָה. עֹנֶג
קָרָא לְיוֹם הַשַּׁבָּת: זֶה שֶׁבַח שֶׁלַּיּוֹם הַשְּׁבִיעִי שֶׁבּוֹ שָׁבַת אֵל
מִכָּל־מְלַאכְתּוֹ. וְיוֹם הַשְּׁבִיעִי מְשַׁבֵּחַ וְאוֹמֵר. מִזְמוֹר שִׁיר
לְיוֹם הַשַּׁבָּת טוֹב לְהוֹדוֹת לַיָי: לְפִיכָךְ יְפָאֲרוּ וִיבָרְכוּ
לָאֵל כָּל־יְצוּרָיו. שֶׁבַח יְקָר וּגְדֻלָּה יִתְּנוּ לָאֵל מֶלֶךְ יוֹצֵר
כֹּל. הַמַּנְחִיל מְנוּחָה לְעַמּוֹ יִשְׂרָאֵל בִּקְדֻשָּׁתוֹ בְּיוֹם שַׁבַּת
קֹדֶשׁ: שִׁמְךָ יְיָ אֱלֹהֵינוּ יִתְקַדַּשׁ. וְזִכְרְךָ מַלְכֵּנוּ יִתְפָּאַר
בַּשָּׁמַיִם מִמַּעַל וְעַל־הָאָרֶץ מִתָּחַת: תִּתְבָּרַךְ מוֹשִׁיעֵנוּ עַל־
שֶׁבַח מַעֲשֵׂה יָדֶיךָ. וְעַל־מְאוֹרֵי אוֹר שֶׁעָשִׂיתָ יְפָאֲרוּךָ סֶּלָה:

On Sabbath, continue with תתברך צורנו *page 67*

On Second Day

The following Piyyut may be read responsively

מֶלֶךְ אָמוֹן מַאֲמָרְךָ מֵרָחוֹק מֻצָּב. שִׁמְךָ יִתְפָּאַר
בַּעֲדָתְךָ יִתְיַצָּב. לְעוֹלָם יְיָ דְּבָרְךָ נִצָּב:
מֶלֶךְ בִּכְלוֹתְךָ הַיּוֹם מַעַשׂ אֻמָּנוּתֶךָ. מִדִּין הַצַּלְתָּ מְרֻקָּם
בִּתְמוּנָתֶךָ. לְדוֹר־וָדוֹר אֱמוּנָתֶךָ:
מֶלֶךְ גָּזַרְתָּ כְּמוֹ כֵן לְצֶאֱצָאֵימוֹ פִּדְיוֹם. עֲבוּר לְהִמָּלֵט
מִשְּׂאֵתְךָ אָיוֹם. לְמִשְׁפָּטֶיךָ עָמְדוּ הַיּוֹם:

God called unto the sun and it shone forth in light;
He looked, and then He formed the figure of the moon.
The heavenly host, the constellations give Him praise,
And all celestial beings of the heavenly throne
Attribute honor, greatness, glory—

Unto God who rested from all His works, and on the seventh day exalted Himself and was enthroned in His glory; robed in majesty on the day of rest, He called the Sabbath a day of delight. This is the praise of the Sabbath day, that God rested thereon from all His work; the Sabbath day itself offering praise to Him: "A Psalm, a song of the Sabbath day. It is good to give thanks unto the Lord." Therefore let all His creatures glorify and bless God; let them render praise, honor and greatness unto God, the King and Creator of all, who in His holiness giveth an inheritance of rest to His people Israel on the holy Sabbath day. Thy name, O Lord our God, shall be sanctified, and Thy remembrance, O our King, shall be glorified in heaven above and on the earth beneath. Be Thou blessed, O our Savior, for the excellency of Thy handiwork, and for the bright luminaries which Thou hast made; all shall testify to Thy glory.

Continue with "Be Thou blessed," page 67

On Second Day

A Piyyut (Hymn) by the Sage, Simeon ben Isaac ben Abun of Mainz, tenth century

O King, Thy word standeth steadfast from of yore. Thy name abideth in glory with Thy congregation; "Thy word, O Lord, endureth forever."

O King, on this day Thou didst finish Thy work and from stern judgment Thou didst deliver man fashioned in Thine image; for "from generation to generation is Thy faithfulness."

O King, for his offspring Thou hast decreed redemption so that through righteousness they may be worthy of Thy love. "This day they stand at the bar of Thy judgment."

On Second Day

שׁוֹמְרֵי מִצְוֹת עֵדֶיךָ וְעוֹבְדֶיךָ. נִטְּלֵם וְנַשְּׂאֵם לְהַרְבּוֹת כְּבוֹדֶךָ. כִּי הַכֹּל עֲבָדֶיךָ. קָדוֹשׁ:

זְכוֹר דּוֹרְשֶׁיךָ לְתֶחִי לְעוֹדְדֵם. וְהָרֵם קַרְנָם בְּרַחֲמֶיךָ לְהַקְדֵּם. זְכֹר עֲדָתְךָ קָנִיתָ קֶּדֶם:

זְכוֹר הַמְּשׁוּכָה אַחֲרֶיךָ בְּאַהַב לְחַלּוֹתֶךָ. נִסְמֶכֶת בְּשַׁעֲשׁוּעַ דַּת נַחֲלָתֶךָ. גָּאַלְתָּ שֵׁבֶט נַחֲלָתֶךָ:

זְכוֹר וּמַהֵר יוֹם יִשְׁעֲךָ לְקָרְבוֹ. בִּדְבִירְךָ לְהִשְׁתַּחֲווֹת וּבְמִשְׁכְּנוֹתֶיךָ לָבֹא. הַר צִיּוֹן זֶה שָׁכַנְתָּ בּוֹ:

בְּרַחֲמִים יֵקַר צְעִירֵי הַצֹּאן. חָקָם הַטְרִיפֵם פְּנִימִי וְחִיצוֹן. וַאֲנִי תְפִלָּתִי לְךָ יְיָ עֵת רָצוֹן. קָדוֹשׁ:

שׁוֹפָר זְמַנּוֹ בָּא תְּקוֹעַ בְּעִנְיָנָיו. בְּקֶרֶן אַיִל לְהִזָּכֵר לְבְחוּנָיו. אַחַר נֶאֱחַז בַּסְּבַךְ בְּקַרְנָיו:

שׁוֹפָר חָרַד הַמַּחֲנֶה מֵרָחוֹק לַעֲמוֹד. רַחוּם זָכְרֵהוּ וּלְצַדְקֵנוּ תַּחְמוֹד. הַשּׁוֹפָר הוֹלֵךְ וְחָזֵק מְאֹד:

שׁוֹפָר טִכַּסְתָּ בַּכֶּסֶה לְמִי מָנָה עָפָר. יְשׁוּבוּן מֵאָוֶן בְּכִפּוּר לְהִתְכַּפָּר. תִּקְעוּ בַחֹדֶשׁ שׁוֹפָר:

אֵל חָנַן נַחֲלָתוֹ בְּנֹעַם לְהַשְׁפַּר. יְדָעָם קָרוֹא קָרְבְּנוֹתָיו בְּמִסְפָּר. וְתִיטַב לַייָ מִשּׁוֹר פָּר. קָדוֹשׁ:

מֶלֶךְ יִשְׁפֹּט עַמִּים בְּמֵישָׁרִים לְנַשְּׂאוֹ. צוֹפֶה לְדַקְדֵּק דִּינָם בְּהִתְנַשְּׂאוֹ. כּוֹנֵן לַמִּשְׁפָּט כִּסְאוֹ:

מֶלֶךְ כַּבִּיר נִקְדַּשׁ בִּצְדָקָה לְבַדּוֹ. חַי יִגְבַּהּ בַּמִּשְׁפָּט בְּהִתְכַּבְּדוֹ. לַעֲשׂוֹת מִשְׁפַּט עַבְדּוֹ:

מֶלֶךְ לְרֹגֶז רַחֵם יִזְכּוֹר כְּנָאֳמוֹ. קָרוֹב לְהַצְדִּיק עַם הַמְיַחֲדִים שְׁמוֹ. עַמּוֹ יִשְׂרָאֵל דְּבַר יוֹם בְּיוֹמוֹ:

On Second Day

They guard Thy laws; they are Thy witnesses, Thy worshippers. O bear with them and exalt them that they may spread Thy glory, "for they are Thy servants."

Remember them that seek Thee and grant them life. Bless them with strength and hasten Thy mercy. "Remember Thy congregation Thou hast acquired of old."

Remember Israel drawn unto Thee in loving entreaty, sustained and redeemed by the sweet comforts of Thy Torah. O remember and speed the day of Thy salvation. "May we restore Zion and worship in Thy shrine."

Tend with compassion the lambs of Thy flock; give them their food for soul and body. "May my prayer be unto Thee in an acceptable time," O Most Holy One.

The season is come to sound the ram's horn, and thus recall Abraham's offering of "the ram which was caught by its horns in the thicket."

As the horn sounded at Sinai, the camp of Israel in awe stood afar. All Merciful, remember this and be gracious to us in judgment; for lo, "the horn waxed louder and louder."

Thou hast enjoined the sounding of the shofar upon Thy eternal people so that Israel might return from evil and win perfect atonement. "Blow ye the horn on the New Moon."

God has graced His people with the beauty of holiness. "Sincere prayer is better than sacrifice," saith the Lord, the Holy One.

The King judgeth all nations with equity that He may be exalted, and from His lofty height He regardeth and examineth their cause. "He hath established His throne with justice."

The omnipotent King is alone hallowed in righteousness. The Eternal is exalted and glorious in judgment; "He is ready to reward His servant with justice."

According to His promise the King will temper His displeasure with mercy. He is nigh to justify the people that daily proclaim the unity of His name; "He sustaineth His people Israel, every day."

יֵרָאֶה פָּעֳלֶךָ וַהֲדָרְךָ לִתְמִימִים. חַיּוֹת בְּצִלְּךָ לְאֹרֶךְ יָמִים. מַלְכוּתְךָ מַלְכוּת כָּל־עוֹלָמִים. קָדוֹשׁ:

זְכוֹר מְקַנְּיָךְ נַחַת שֻׁלְחָנְךָ לַעֲרֹכָה. אֱדֶר תְּהִלָּתְךָ בְּפִימוֹ לְהִתְבָּרְכָה. זֵכֶר צַדִּיק לִבְרָכָה:

זְכוֹר נְדִיבֵי עַמִּים אֲבוֹת הָעוֹלָם. חֲשׂוֹךְ עֲבָדֶיךָ מִזָּדוֹן וְנֶעְלָם. וְחֶסֶד יְיָ מֵעוֹלָם וְעַד־עוֹלָם:

זְכוֹר סֻכַּת שָׁלֵם הַיּוֹשֶׁבֶת בְּדוּדָה. חוּשָׁה לַהֲכִין אוֹתָהּ וּלְסַעֲדָהּ. יִשְׂמַח הַר צִיּוֹן תָּגֵלְנָה בְּנוֹת יְהוּדָה:

לְחַיֵּי עוֹלָם יִכָּתְבוּ אֱמוּנָי. יִזְכּוּ לַחֲזוֹת בְּנֹעַם יְיָ. לְזִכָּרוֹן בְּהֵיכַל יְיָ. קָדוֹשׁ:

שׁוֹפָר עֲבָרַת קוֹלוֹ נִשְׁמַע בְּאַשּׁוּר. לְהַעֲטוֹת שִׂמְחַת עוֹלָם בְּקִשּׁוּר. וּבָאוּ הָאֹבְדִים בְּאֶרֶץ אַשּׁוּר:

שׁוֹפָר פִּצֵּץ קוֹלוֹ בְּעֶבְרֵי נַהֲרָיִם. חֵרוּת לְהַשְׁמִיעַ יְהוּדָה וְאֶפְרָיִם. וְהַנִּדָּחִים בְּאֶרֶץ מִצְרָיִם:

שׁוֹפָר צָרְפַת וּסְפָרַד יִצְרַח לְהִתְקַדֵּשׁ. נְפוּצִים בְּאַרְבַּע נֵצַח יְחַדֵּשׁ. וְהִשְׁתַּחֲווּ לַייָ בְּהַר הַקֹּדֶשׁ:

אִמְרֵי נִחוּמֶיךָ יְשַׁעַשְׁעוּנִי בְּכִפְלָיִם. סֶלָה לַעֲבְדְּךָ בְּכָל גְּבוּלָיִם. בְּהַר הַקֹּדֶשׁ בִּירוּשָׁלָיִם. קָדוֹשׁ:

מֶלֶךְ קָדוֹשׁ שׁוֹכֵן שְׁמֵי עֶרֶץ. נַחֵץ מְבַשֵּׂר עֲלוֹת הַפּוֹרֵץ. יְיָ מָלָךְ תָּגֵל הָאָרֶץ:

מֶלֶךְ רָם וְנִשָּׂא הַיּוֹדֵעַ וָעֵד. בְּנֵה קִרְיָתְךָ כִּי בָא מוֹעֵד. יְיָ יִמְלֹךְ לְעֹלָם וָעֶד:

מֶלֶךְ שִׁלְטוֹנְךָ לָעַד בַּכֹּל מָשְׁלָם. יַשֵּׁר לִירֵאֶיךָ דֶּרֶךְ לְהוֹעִילָם. יִמְלֹךְ יְיָ לְעוֹלָם.

תְּנַהֲגֵנוּ בְּאַרְצוֹת הַחַיִּים לְהִתְהַלְּכָה. בְּאוֹר יְיָ לְכוּ וְנֵלְכָה. וְהָיְתָה לַייָ הַמְּלוּכָה. קָדוֹשׁ:

On Second Day

May Thy work and Thy glory be revealed unto the faithful, that they may dwell beneath Thy sheltering love for length of days. "For Thy kingdom is an everlasting kingdom," O Holy One.

Remember those who hope in Thee and who praise Thy majesty. Spread before them Thy heavenly delights, and "let the remembrance of the righteous be for a blessing."

Remember those princes and patriarchs of old. Guard Thy servants from conscious guilt and unwitting error; for "the mercy of the Lord is from everlasting to everlasting."

Remember Jerusalem, the tabernacle of peace that now stands desolate. Hasten to rebuild it and establish it securely. "Then shall Zion rejoice and Judah's daughters be glad."

Unto life everlasting may the faithful be inscribed; may they be worthy of the grace and love of the Lord, "a memorial in the Temple of the most Holy."

The tones of the horn come clearly, spreading everlasting joy and healing for all and bidding them return "who were lost in the land of Assyria."

Its voice leaps through the coasts of Syria; with tidings of freedom to Judah and Ephraim, "and to the outcasts in the land of Egypt."

To the uttermost regions it sounds its call to holiness; to our far scattered brothers it heralds new and eternal life; "and they shall all come to worship before the Lord on the holy mountain."

Thy words of comfort shall bring us double solace, assuring us that everywhere all men shall serve Thee, and the homeless shall wend their way "to Jerusalem, Thy holy mountain," O Holy One.

O Holy King, Thou who dwellest in the majestic skies, speed the forerunner to announce the Deliverer's coming; "The Lord reigneth, the earth shall rejoice."

King, high and exalted, omniscient witness of all, build up Thy city for the time is come. "The Lord shall reign to all eternity."

King, whose everlasting dominion extendeth over all, make straight the path of Thy worshippers and lead them; "The Lord shall reign for ever and ever."

Thou wilt guide our steps in the land of the living. O come and let us walk in the light of the Lord, "For sovereignty shall be the Lord's," the Holy One.

On week-days

הַמֵּאִיר לָאָרֶץ וְלַדָּרִים עָלֶיהָ בְּרַחֲמִים וּבְטוּבוֹ מְחַדֵּשׁ בְּכָל־יוֹם תָּמִיד מַעֲשֵׂה בְרֵאשִׁית: מָה־רַבּוּ מַעֲשֶׂיךָ יְיָ. כֻּלָּם בְּחָכְמָה עָשִׂיתָ. מָלְאָה הָאָרֶץ קִנְיָנֶךָ: הַמֶּלֶךְ הַמְרוֹמָם לְבַדּוֹ מֵאָז הַמְשֻׁבָּח וְהַמְפֹאָר וְהַמִּתְנַשֵּׂא מִימוֹת עוֹלָם. אֱלֹהֵי עוֹלָם בְּרַחֲמֶיךָ הָרַבִּים רַחֵם עָלֵינוּ. אֲדוֹן עֻזֵּנוּ צוּר מִשְׂגַּבֵּנוּ מָגֵן יִשְׁעֵנוּ מִשְׂגָּב בַּעֲדֵנוּ: אֵל בָּרוּךְ גְּדוֹל דֵּעָה. הֵכִין וּפָעַל זָהֳרֵי חַמָּה. טוֹב יָצַר כָּבוֹד לִשְׁמוֹ. מְאוֹרוֹת נָתַן סְבִיבוֹת עֻזּוֹ. פִּנּוֹת צְבָאָיו קְדוֹשִׁים רוֹמְמֵי שַׁדַּי תָּמִיד מְסַפְּרִים כְּבוֹד אֵל וּקְדֻשָּׁתוֹ: תִּתְבָּרַךְ יְיָ אֱלֹהֵינוּ עַל־שֶׁבַח מַעֲשֵׂה יָדֶיךָ וְעַל־מְאוֹרֵי אוֹר שֶׁעָשִׂיתָ יְפָאֲרוּךָ סֶּלָה:

On Sabbath and week-days

תִּתְבָּרַךְ צוּרֵנוּ מַלְכֵּנוּ וְגוֹאֲלֵנוּ בּוֹרֵא קְדוֹשִׁים יִשְׁתַּבַּח שִׁמְךָ לָעַד מַלְכֵּנוּ. יוֹצֵר מְשָׁרְתִים וַאֲשֶׁר מְשָׁרְתָיו כֻּלָּם עוֹמְדִים בְּרוּם עוֹלָם וּמַשְׁמִיעִים בְּיִרְאָה יַחַד בְּקוֹל דִּבְרֵי אֱלֹהִים חַיִּים וּמֶלֶךְ עוֹלָם: כֻּלָּם אֲהוּבִים כֻּלָּם בְּרוּרִים כֻּלָּם גִּבּוֹרִים וְכֻלָּם עֹשִׂים בְּאֵימָה וּבְיִרְאָה רְצוֹן קוֹנָם. וְכֻלָּם פּוֹתְחִים אֶת פִּיהֶם בִּקְדֻשָּׁה וּבְטָהֳרָה בְּשִׁירָה וּבְזִמְרָה וּמְבָרְכִים וּמְשַׁבְּחִים וּמְפָאֲרִים וּמַעֲרִיצִים וּמַקְדִּישִׁים וּמַמְלִיכִים

אֶת־שֵׁם הָאֵל הַמֶּלֶךְ הַגָּדוֹל הַגִּבּוֹר וְהַנּוֹרָא קָדוֹשׁ הוּא: וְכֻלָּם מְקַבְּלִים עֲלֵיהֶם עֹל מַלְכוּת שָׁמַיִם זֶה מִזֶּה. וְנוֹתְנִים רְשׁוּת זֶה לָזֶה לְהַקְדִּישׁ לְיוֹצְרָם. בְּנַחַת רוּחַ בְּשָׂפָה בְרוּרָה וּבִנְעִימָה קְדֻשָּׁה כֻּלָּם כְּאֶחָד עוֹנִים וְאוֹמְרִים בְּיִרְאָה.

קָדוֹשׁ קָדוֹשׁ קָדוֹשׁ יְיָ צְבָאוֹת. מְלֹא כָל־הָאָרֶץ כְּבוֹדוֹ:

On week-days

In mercy Thou bringest light to the earth and to those who dwell thereon, and in Thy goodness renewest continually each day the miracle of creation. How great are Thy works, O Lord; in wisdom hast Thou made them all; the earth is full of Thy handiwork. O King, Thou alone hast been exalted of yore, and Thou wilt be praised and glorified unto all eternity. O everlasting God, in Thine abundant mercy have compassion upon us. O Lord of our strength, sheltering Rock, Shield of our salvation, Thou art a stronghold unto us.

O God, blessed and all knowing, Thou hast designed and made the radiance of the sun. Thou, O Beneficent One, hast wrought glory unto Thy name; Thou hast set luminaries round about Thy strength. All Thy hosts in heaven continually declare Thy high praises and Thy holiness, O Almighty. Be Thou blessed, O Lord our God, for the excellence of Thy handiwork and for the bright luminaries which Thou hast made; all shall glorify Thee.

On Sabbath and week-days

Be Thou blessed, O our Rock, our King and Redeemer, our Creator of ministering angels who, as envisaged by the prophet, stand in the heights of the universe and together proclaim with awe the words of the living God and everlasting King.* All the heavenly hosts are beloved; all are pure; all are mighty; and all in holiness and purity, with song and psalm, all bless and revere, sanctify and ascribe sovereignty—

To the name of God, the great, mighty, awe-inspiring and holy King. They all pledge to one another to accept the yoke of the Kingdom of Heaven and give sanction to one another to hallow their Creator. In tranquil spirit, with pure speech and sacred melody they all respond in unison and reverently proclaim:

> "Holy, holy, holy, is the Lord of hosts;
> The whole earth is full of His glory."

* Isaiah 6.

Congregation

כְּבוֹדוֹ אֹהֶל כְּהַיּוֹם בְּרַחֲמִים מֶלֶךְ.

Reader

בּוֹחֵן כָּל־עֶשְׁתּוֹנוֹת צָעִיר וְרַב מֶלֶךְ. גֵּאוּת וָעֹז הִתְאַזָּר מֶלֶךְ. דּוֹק וָחֶלֶד יֶחֶרְדוּן מֵאֵימַת מֶלֶךְ:

Congregation

הַיּוֹצֵר יַחַד לִבָּם יָחוֹן מֶלֶךְ. וּמֵבִין אֶל כָּל־מַעֲשֵׂיהֶם יַצְדִּיק מֶלֶךְ. זִכָּרוֹן הוּא יוֹם תְּרוּעַת מֶלֶךְ:

Reader

חֹק לְיִשְׂרָאֵל הוּא לְזַכּוֹתָם מֶלֶךְ. טֶרֶף נָתַן לִירֵאָיו מַמְלִיךְ כָּל־מֶלֶךְ. יִזְכּוֹר לְעוֹלָם בְּרִיתוֹ בְּזִכְרוֹן טוֹב מֶלֶךְ:

Congregation

כָּלָה אַל תַּעַשׂ לִשְׁאֵרִית בְּנֵי מֶלֶךְ. לָכֵן אֲתָנוּ לְךָ מַלְכֵּנוּ מֶלֶךְ. מֵאֶתְמוֹל קִדַּמְנוּךָ לְחַלּוֹתְךָ מֶלֶךְ:

Reader

נָא נְצוֹר חֶסֶד לְנִינֵי שְׁלָחוּ לוֹ שְׁלֹשֶׁת אֵילֵי מֶלֶךְ. סְכוּת בָּאֵי בְתַחַן לְמַר בָּכוּ אֶרְאֶלֵּי מֶלֶךְ. עֲנוּתָם בַּל תְּבֶז לָלֶן בַּמָּקוֹם עָלוּ וְיָרְדוּ בוֹ מַלְאֲכֵי מֶלֶךְ:

Congregation

פְּדֵם הַיּוֹם מִדִּין גָּמוּר מְלַחֲיְבֵם מֶלֶךְ.

Reader

צַדְּקֵם בְּרַחֲמִים וּפָקְדֵם לְטוֹבָה מֶלֶךְ.

קְשׁוֹב קוֹל תְּקִיעָה מְתוֹקְעֵי נִקְשׁוֹב זִכְרוֹן תְּקִיעָה מְזוֹכְרֵי לְךָ הַיּוֹם מֶלֶךְ. רַחֲמִים תְּעוֹרֵר לִמְחַכֵּיךָ מֶלֶךְ:

Congregation and Reader

שְׁעֵה שַׁוְעַת עַם מְשַׁחֲרֶיךָ מֶלֶךְ. תְּפֶן בְּתוֹמְכֵי בָרוּךְ וּנְבָרֶכְךָ אֱלֹהִים חַיִּים וָמֶלֶךְ:

Piyyut (Hymn) composed in alphabetical acrostic by Eleazar Kalir.

Tent-like this day the King stretched out the sky,
His glory and His love to testify;
This day for judgment all, both low and high,
    Must face their King.

He girds Himself with majesty and might,
And earth and heaven tremble in affright;
But He who fashions hearts will judge aright,
    Our gracious King.

For He, who knows each action and its aim,
Will mercifully moderate our blame
This day, when solemn trumpet-blasts proclaim
    Our Lord the King.

So He ordained to purify His flock,
Who feeds His saints from His unfailing stock;
Whose covenant is built upon the rock,
    Almighty King.

O root not out the remnant of Thy sons,
Not one the service of Thy palace shuns;
From yesterday began our orisons
    To praise the King.

Ah, pity us, by grace of our descent
From him to whom three messengers were sent,
And him for whom the angels' tears were spent,
    Our fathers' King!

And add unto our cry the merits vast
Of him who down in sleep his body cast,
Where up and down the holy angels passed
    To serve the King.

Assuage the rigors of Thy first degree,
Let justice not with mercy disagree;
Hark how today the trumpet sounds our plea,
    O gentle King!

Mercy for all whose hopes in Thee do rest,
Thy devotees, in whom the world is blest;
Let benedictions spring in every breast,
    Eternal King!

וְהַחַיּוֹת יְשׁוֹרֵרוּ וּכְרֻבִים יְפָאֵרוּ וּשְׂרָפִים יָרֹנּוּ וְאֶרְאֶלִּים יְבָרֵכוּ: פְּנֵי כָּל־חַיָּה וְאוֹפַן וּכְרוּב לְעֻמַּת שְׂרָפִים. לְעֻמָּתָם מְשַׁבְּחִים וְאוֹמְרִים. בָּרוּךְ כְּבוֹד־יְיָ מִמְּקוֹמוֹ:

לְאֵל בָּרוּךְ נְעִימוֹת יִתֵּנוּ. לְמֶלֶךְ אֵל חַי וְקַיָּם זְמִירוֹת יֹאמֵרוּ וְתִשְׁבָּחוֹת יַשְׁמִיעוּ. כִּי הוּא לְבַדּוֹ פּוֹעֵל גְּבוּרוֹת עֹשֶׂה חֲדָשׁוֹת בַּעַל מִלְחָמוֹת זוֹרֵעַ צְדָקוֹת מַצְמִיחַ יְשׁוּעוֹת בּוֹרֵא רְפוּאוֹת נוֹרָא תְהִלּוֹת אֲדוֹן הַנִּפְלָאוֹת. הַמְחַדֵּשׁ בְּטוּבוֹ בְּכָל־יוֹם תָּמִיד מַעֲשֵׂה בְרֵאשִׁית. כָּאָמוּר. לְעֹשֵׂה אוֹרִים גְּדֹלִים כִּי לְעוֹלָם חַסְדּוֹ: אוֹר חָדָשׁ עַל צִיּוֹן תָּאִיר וְנִזְכֶּה כֻלָּנוּ מְהֵרָה לְאוֹרוֹ. בָּרוּךְ אַתָּה יְיָ יוֹצֵר הַמְּאוֹרוֹת:

אַהֲבָה רַבָּה אֲהַבְתָּנוּ יְיָ אֱלֹהֵינוּ חֶמְלָה גְדוֹלָה וִיתֵרָה חָמַלְתָּ עָלֵינוּ: אָבִינוּ מַלְכֵּנוּ בַּעֲבוּר אֲבוֹתֵינוּ שֶׁבָּטְחוּ בְךָ וַתְּלַמְּדֵם חֻקֵּי חַיִּים כֵּן תְּחָנֵּנוּ וּתְלַמְּדֵנוּ: אָבִינוּ הָאָב הָרַחֲמָן הַמְרַחֵם. רַחֵם עָלֵינוּ וְתֵן בְּלִבֵּנוּ לְהָבִין וּלְהַשְׂכִּיל לִשְׁמֹעַ לִלְמֹד וּלְלַמֵּד לִשְׁמֹר וְלַעֲשׂוֹת וּלְקַיֵּם אֶת־כָּל־דִּבְרֵי תַלְמוּד תּוֹרָתֶךָ בְּאַהֲבָה: וְהָאֵר עֵינֵינוּ בְּתוֹרָתֶךָ וְדַבֵּק לִבֵּנוּ בְּמִצְוֹתֶיךָ וְיַחֵד לְבָבֵנוּ לְאַהֲבָה וּלְיִרְאָה אֶת־שְׁמֶךָ וְלֹא נֵבוֹשׁ לְעוֹלָם וָעֶד: כִּי בְשֵׁם קָדְשְׁךָ הַגָּדוֹל וְהַנּוֹרָא בָּטָחְנוּ נָגִילָה וְנִשְׂמְחָה בִּישׁוּעָתֶךָ: וַהֲבִיאֵנוּ לְשָׁלוֹם מֵאַרְבַּע כַּנְפוֹת הָאָרֶץ וְתוֹלִיכֵנוּ קוֹמְמִיּוּת לְאַרְצֵנוּ: כִּי אֵל פּוֹעֵל יְשׁוּעוֹת אָתָּה וּבָנוּ בָחַרְתָּ מִכָּל־עַם וְלָשׁוֹן וְקֵרַבְתָּנוּ לְשִׁמְךָ הַגָּדוֹל סֶלָה בֶּאֱמֶת לְהוֹדוֹת לְךָ וּלְיַחֶדְךָ בְּאַהֲבָה. בָּרוּךְ אַתָּה יְיָ הַבּוֹחֵר בְּעַמּוֹ יִשְׂרָאֵל בְּאַהֲבָה:

And according to the vision of the prophets, the heavenly beings sing, the cherubim glorify; the seraphim exalt and all the angels utter praises and proclaim, "Blessed be the glory of the Lord that fills the universe."*

To the blessed God they offer sweet song; to the Ruler, the living and ever-enduring God, they utter hymns and make their praises heard; for He alone worketh mighty deeds and maketh new things. He is the Lord who combats evil, sowing righteousness and causing salvation to spring forth. He createth healing for He is the Lord of wonders and is revered in praises. In His goodness He reneweth the creation every day continually, as it is said in the Psalm: "Give thanks to Him that made great lights, for His mercy endureth forever." O cause a new light to shine upon Zion, and may we all be worthy to delight in its splendor. Blessed art Thou, O Lord, Creator of light.

With abounding love hast Thou loved us, O Lord our God, and with exceeding compassion hast Thou shown us Thy mercy. O our Father, our King, for the sake of our fathers who trusted in Thee and whom Thou didst teach the statutes of life, be gracious unto us also and teach us. O our Father, merciful Father, have mercy upon us and prepare our hearts to understand, to discern, to hearken and to learn, to teach and to observe, to practice and to fulfill in love all the words of instruction contained in Thy Law. Enlighten us through Thy Torah and cause us to cleave to Thy commandments and unite our hearts to love and revere Thy name so that we may never suffer humiliation. Because we have trusted in Thy holy, great and revered name, make us rejoice and be glad in Thy salvation. O bring us in peace from the four corners of the earth, and lead the homeless of our people triumphantly to our land, for Thou art the God who grantest deliverance. Thou hast chosen us to bring us near unto Thy great name in truth that we might lovingly give thanks unto Thee and proclaim Thy unity in love. Blessed art Thou, O Lord, who in love hast chosen Thy people Israel for Thy service.

* The Rabbinic interpretation.

דברים ו׳ ד׳–ט׳

שְׁמַע יִשְׂרָאֵל יְהֹוָה אֱלֹהֵינוּ יְהֹוָה אֶחָד׃

בָּרוּךְ שֵׁם כְּבוֹד מַלְכוּתוֹ לְעוֹלָם וָעֶד׃

וְאָהַבְתָּ אֵת יְהֹוָה אֱלֹהֶיךָ בְּכָל־לְבָבְךָ וּבְכָל־נַפְשְׁךָ וּבְכָל־מְאֹדֶךָ׃ וְהָיוּ הַדְּבָרִים הָאֵלֶּה אֲשֶׁר אָנֹכִי מְצַוְּךָ הַיּוֹם עַל־לְבָבֶךָ׃ וְשִׁנַּנְתָּם לְבָנֶיךָ וְדִבַּרְתָּ בָּם בְּשִׁבְתְּךָ בְּבֵיתֶךָ וּבְלֶכְתְּךָ בַדֶּרֶךְ וּבְשָׁכְבְּךָ וּבְקוּמֶךָ׃ וּקְשַׁרְתָּם לְאוֹת עַל־יָדֶךָ וְהָיוּ לְטֹטָפֹת בֵּין עֵינֶיךָ׃ וּכְתַבְתָּם עַל־מְזֻזוֹת בֵּיתֶךָ וּבִשְׁעָרֶיךָ׃

דברים י״א י״ג–כ״א

וְהָיָה אִם־שָׁמֹעַ תִּשְׁמְעוּ אֶל־מִצְוֹתַי אֲשֶׁר אָנֹכִי מְצַוֶּה אֶתְכֶם הַיּוֹם לְאַהֲבָה אֶת־יְהֹוָה אֱלֹהֵיכֶם וּלְעָבְדוֹ בְּכָל־לְבַבְכֶם וּבְכָל־נַפְשְׁכֶם׃ וְנָתַתִּי מְטַר־אַרְצְכֶם בְּעִתּוֹ יוֹרֶה וּמַלְקוֹשׁ וְאָסַפְתָּ דְגָנֶךָ וְתִירֹשְׁךָ וְיִצְהָרֶךָ׃ וְנָתַתִּי עֵשֶׂב בְּשָׂדְךָ לִבְהֶמְתֶּךָ וְאָכַלְתָּ וְשָׂבָעְתָּ׃ הִשָּׁמְרוּ לָכֶם פֶּן־יִפְתֶּה לְבַבְכֶם וְסַרְתֶּם וַעֲבַדְתֶּם אֱלֹהִים אֲחֵרִים וְהִשְׁתַּחֲוִיתֶם לָהֶם׃ וְחָרָה אַף־יְהֹוָה בָּכֶם וְעָצַר אֶת־הַשָּׁמַיִם וְלֹא־יִהְיֶה מָטָר וְהָאֲדָמָה לֹא תִתֵּן אֶת־יְבוּלָהּ וַאֲבַדְתֶּם מְהֵרָה מֵעַל הָאָרֶץ הַטֹּבָה אֲשֶׁר יְהֹוָה נֹתֵן לָכֶם׃ וְשַׂמְתֶּם אֶת־דְּבָרַי אֵלֶּה עַל־לְבַבְכֶם וְעַל־נַפְשְׁכֶם וּקְשַׁרְתֶּם אֹתָם לְאוֹת עַל־יֶדְכֶם וְהָיוּ לְטוֹטָפֹת בֵּין עֵינֵיכֶם׃ וְלִמַּדְתֶּם אֹתָם אֶת־בְּנֵיכֶם לְדַבֵּר בָּם בְּשִׁבְתְּךָ בְּבֵיתֶךָ וּבְלֶכְתְּךָ בַדֶּרֶךְ וּבְשָׁכְבְּךָ וּבְקוּמֶךָ׃ וּכְתַבְתָּם עַל־מְזוּזוֹת בֵּיתֶךָ וּבִשְׁעָרֶיךָ׃ לְמַעַן יִרְבּוּ יְמֵיכֶם וִימֵי בְנֵיכֶם עַל הָאֲדָמָה אֲשֶׁר נִשְׁבַּע יְהֹוָה לַאֲבֹתֵיכֶם לָתֵת לָהֶם כִּימֵי הַשָּׁמַיִם עַל־הָאָרֶץ׃

Deuteronomy 6:4–9

Hear, O Israel: the Lord our God, the Lord is One.

Blessed be the name of His glorious kingdom for ever and ever.

Congregation

Sh'ma yis-ro-ayl, A-dō-noy e-lō-hay-nu, A-dō-noy e-hod.

And thou shalt love the Lord thy God with all thy heart, with all thy soul, and with all thy might. And these words which I command thee this day shall be in thy heart. Thou shalt teach them diligently unto thy children, speaking of them when thou sittest in thy house, when thou walkest by the way, when thou liest down and when thou risest up. And thou shalt bind them for a sign upon thy hand, and they shall be for frontlets between thine eyes. And thou shalt write them upon the door posts of thy house and upon thy gates.

Deuteronomy 11:13–21

And it shall come to pass, if ye shall hearken diligently unto My commandments which I command you this day, to love the Lord your God, and to serve Him with all your heart and with all your soul, that I will give the rain of your land in its season, the former rain and the latter rain, that thou mayest gather in thy corn, and thy wine, and thine oil. And I will give grass in thy fields for thy cattle, and thou shalt eat and be satisfied. Take heed to yourselves lest your heart be deceived, and ye turn aside and serve other gods and worship them; and the displeasure of the Lord will be aroused against you, and He shut up the heaven so that there shall be no rain, and the ground shall not yield her fruit; and ye perish quickly from off the good land which the Lord giveth you. Therefore shall ye lay up these My words in your heart and in your soul; and ye shall bind them for a sign upon your hand, and they shall be for frontlets between your eyes. And ye shall teach them to your children, talking of them when thou sittest in thy house, and when thou walkest by the way, and when thou liest down, and when thou risest up. And thou shalt write them upon the doorposts of thy house and upon thy gates, that your days may be multiplied, and the days of your children, upon the land which the Lord promised unto your fathers to give them, as the days of the heavens above the earth.

במדבר ט״ו ל״ז—מ״א

וַיֹּאמֶר יְהוָֹה אֶל־משֶׁה לֵּאמֹר: דַּבֵּר אֶל־בְּנֵי יִשְׂרָאֵל וְאָמַרְתָּ אֲלֵהֶם וְעָשׂוּ לָהֶם צִיצִת עַל־כַּנְפֵי בִגְדֵיהֶם לְדֹרֹתָם וְנָתְנוּ עַל־צִיצִת הַכָּנָף פְּתִיל תְּכֵלֶת: וְהָיָה לָכֶם לְצִיצִת וּרְאִיתֶם אֹתוֹ וּזְכַרְתֶּם אֶת־כָּל־מִצְוֹת יְהוָֹה וַעֲשִׂיתֶם אֹתָם וְלֹא־תָתוּרוּ אַחֲרֵי לְבַבְכֶם וְאַחֲרֵי עֵינֵיכֶם אֲשֶׁר־אַתֶּם זֹנִים אַחֲרֵיהֶם: לְמַעַן תִּזְכְּרוּ וַעֲשִׂיתֶם אֶת־כָּל־מִצְוֹתָי וִהְיִיתֶם קְדשִׁים לֵאלֹהֵיכֶם: אֲנִי יְהוָֹה אֱלֹהֵיכֶם אֲשֶׁר הוֹצֵאתִי אֶתְכֶם מֵאֶרֶץ מִצְרַיִם לִהְיוֹת לָכֶם לֵאלֹהִים אֲנִי יְהוָֹה אֱלֹהֵיכֶם:

יְהוָֹה אֱלֹהֵיכֶם אֱמֶת:

אֱמֶת וְיַצִּיב וְנָכוֹן וְקַיָּם וְיָשָׁר וְנֶאֱמָן וְאָהוּב וְחָבִיב וְנֶחְמָד וְנָעִים וְנוֹרָא וְאַדִּיר וּמְתֻקָּן וּמְקֻבָּל וְטוֹב וְיָפֶה הַדָּבָר הַזֶּה עָלֵינוּ לְעוֹלָם וָעֶד: אֱמֶת אֱלֹהֵי עוֹלָם מַלְכֵּנוּ צוּר יַעֲקֹב מָגֵן יִשְׁעֵנוּ: לְדוֹר וָדוֹר הוּא קַיָּם וּשְׁמוֹ קַיָּם וְכִסְאוֹ נָכוֹן וּמַלְכוּתוֹ וֶאֱמוּנָתוֹ לָעַד קַיֶּמֶת. וּדְבָרָיו חָיִים וְקַיָּמִים נֶאֱמָנִים וְנֶחֱמָדִים לָעַד וּלְעוֹלְמֵי עוֹלָמִים. עַל אֲבוֹתֵינוּ וְעָלֵינוּ עַל בָּנֵינוּ וְעַל דּוֹרוֹתֵינוּ וְעַל כָּל־דּוֹרוֹת זֶרַע יִשְׂרָאֵל עֲבָדֶיךָ:

עַל הָרִאשׁוֹנִים וְעַל הָאַחֲרוֹנִים דָּבָר טוֹב וְקַיָּם לְעוֹלָם וָעֶד: אֱמֶת וֶאֱמוּנָה חֹק וְלֹא יַעֲבוֹר: אֱמֶת שָׁאַתָּה הוּא יְיָ אֱלֹהֵינוּ וֵאלֹהֵי אֲבוֹתֵינוּ. מַלְכֵּנוּ מֶלֶךְ אֲבוֹתֵינוּ גּוֹאֲלֵנוּ גּוֹאֵל אֲבוֹתֵינוּ יוֹצְרֵנוּ צוּר יְשׁוּעָתֵנוּ פּוֹדֵנוּ וּמַצִּילֵנוּ מֵעוֹלָם שְׁמֶךָ. אֵין אֱלֹהִים זוּלָתֶךָ:

Numbers 15:37-41

And the Lord spoke unto Moses, saying: Speak unto the children of Israel, and bid them make fringes in the corners of their garments throughout their generations, putting upon the fringe of each corner a thread of blue. And it shall be unto you for a fringe, that ye may look upon it and remember all the commandments of the Lord, and do them; and that ye go not about after your own heart and your own eyes, after which ye use to go astray; that ye may remember to do all My commandments, and be holy unto your God. I am the Lord your God, who brought you out of the land of Egypt, to be your God; I am the Lord your God.

True and firm, established and enduring, right and faithful, beloved and precious, desirable and pleasant, revered and mighty, well-ordered and acceptable, good and beautiful, is this Thy teaching unto us for ever and ever. It is true that God of the universe is our King, and the Rock of Jacob is our protecting shield. Throughout all generations He endureth and his name endureth; His throne is established, and His kingdom and His faithfulness are eternal. His words also live and endure; they are faithful and desirable forever and to all eternity, as for our fathers, so also for us, for our children, for our generations, and for all the descendants of the seed of Israel.

As for our ancestors, so for our descendants, Thy word is good and endureth for ever and ever; it is true and constant, a statute which shall not pass away. It is true that Thou art the Lord our God and the God of our fathers, our King and our fathers' King, our Redeemer and the Redeemer of our fathers, our Creator, the Rock of our salvation, our Preserver and Deliverer; Thy name is from everlasting; there is no God besides Thee.

עֶזְרַת אֲבוֹתֵינוּ אַתָּה הוּא מֵעוֹלָם. מָגֵן וּמוֹשִׁיעַ לִבְנֵיהֶם
אַחֲרֵיהֶם בְּכָל־דּוֹר וָדוֹר: בְּרוּם עוֹלָם מוֹשָׁבֶךָ וּמִשְׁפָּטֶיךָ
וְצִדְקָתְךָ עַד אַפְסֵי אָרֶץ: אַשְׁרֵי אִישׁ שֶׁיִּשְׁמַע לְמִצְוֹתֶיךָ
וְתוֹרָתְךָ וּדְבָרְךָ יָשִׂים עַל לִבּוֹ. אֱמֶת אַתָּה הוּא אָדוֹן
לְעַמֶּךָ וּמֶלֶךְ גִּבּוֹר לָרִיב רִיבָם: אֱמֶת אַתָּה הוּא רִאשׁוֹן
וְאַתָּה הוּא אַחֲרוֹן וּמִבַּלְעָדֶיךָ אֵין לָנוּ מֶלֶךְ גּוֹאֵל וּמוֹשִׁיעַ:
מִמִּצְרַיִם גְּאַלְתָּנוּ יְיָ אֱלֹהֵינוּ וּמִבֵּית עֲבָדִים פְּדִיתָנוּ: כָּל־
בְּכוֹרֵיהֶם הָרַגְתָּ וּבְכוֹרְךָ גָּאָלְתָּ. וְיַם סוּף בָּקַעְתָּ וְזֵדִים
טִבַּעְתָּ וִידִידִים הֶעֱבַרְתָּ. וַיְכַסּוּ מַיִם צָרֵיהֶם. אֶחָד מֵהֶם
לֹא־נוֹתָר: עַל־זֹאת שִׁבְּחוּ אֲהוּבִים וְרוֹמְמוּ אֵל. וְנָתְנוּ
יְדִידִים זְמִירוֹת שִׁירוֹת וְתִשְׁבָּחוֹת בְּרָכוֹת וְהוֹדָאוֹת לְמֶלֶךְ
אֵל חַי וְקַיָּם. רָם וְנִשָּׂא גָּדוֹל וְנוֹרָא מַשְׁפִּיל גֵּאִים וּמַגְבִּיהַּ
שְׁפָלִים מוֹצִיא אֲסִירִים וּפוֹדֶה עֲנָוִים וְעוֹזֵר דַּלִּים וְעוֹנֶה
לְעַמּוֹ בְּעֵת שַׁוְּעָם אֵלָיו. תְּהִלּוֹת לְאֵל עֶלְיוֹן בָּרוּךְ הוּא
וּמְבֹרָךְ. מֹשֶׁה וּבְנֵי יִשְׂרָאֵל לְךָ עָנוּ שִׁירָה בְּשִׂמְחָה רַבָּה.
וְאָמְרוּ כֻלָּם.

מִי־כָמֹכָה בָּאֵלִם יְיָ מִי כָּמֹכָה נֶאְדָּר בַּקֹּדֶשׁ נוֹרָא תְהִלֹּת
עֹשֵׂה־פֶלֶא:

שִׁירָה חֲדָשָׁה שִׁבְּחוּ גְאוּלִים לְשִׁמְךָ עַל שְׂפַת הַיָּם. יַחַד
כֻּלָּם הוֹדוּ וְהִמְלִיכוּ וְאָמְרוּ.

יְיָ יִמְלֹךְ לְעֹלָם וָעֶד:

צוּר יִשְׂרָאֵל קוּמָה בְּעֶזְרַת יִשְׂרָאֵל. וּפְדֵה כִנְאֻמֶךָ יְהוּדָה
וְיִשְׂרָאֵל. גֹּאֲלֵנוּ יְיָ צְבָאוֹת שְׁמוֹ קְדוֹשׁ יִשְׂרָאֵל.
בָּרוּךְ אַתָּה יְיָ גָּאַל יִשְׂרָאֵל:

Responsive Reading

Selected from the Hebrew

Thou hast been the help of our fathers from of old,
A Shield and a Savior to their children in every generation.

In the heights of the universe is Thy habitation,
And Thy righteousness reacheth unto the ends of the earth.

Happy is the man who hearkens unto Thy commandments,
And takes Thy Torah and Thy word to heart.

It is true that Thou alone art the Lord of all Thy people,
And a mighty King to plead their cause.

From Egypt Thou didst redeem us, O Lord our God,
And from the house of bondage Thou didst deliver us.

Thou didst divide the Red Sea;
Thou didst make the children of Israel to pass through.

Wherefore they praised and extolled Thee, O Lord;
They offered thanksgiving to Thee, their living God.

Thou bringest low the haughty and raisest up the lowly;
Thou leadest forth the prisoners and deliverest the meek.

Thou helpest the poor and answerest their cry.
O rescue Thy people from those who seek to destroy them.

Moses and the children of Israel
Sang unto Thee with great joy:

"Who is like unto Thee, O Lord, among the mighty?
Who is like unto Thee, glorious in holiness,
Revered in praises, doing wonders?"

With a new song,
The redeemed offered praise unto Thy name
At the shore of the Red Sea.

Together they gave thanks and proclaimed Thy sovereignty:
"The Lord shall reign for ever and ever."

O Rock of Israel, arise to help Thy scattered folk;
Deliver all who are crushed beneath oppression's heel.

Thou art our Savior, the Lord of hosts is Thy name;
Blessed art Thou, O Lord, Redeemer of Israel.

The Amidah is said standing, in silent devotion

אֲדֹנָי שְׂפָתַי תִּפְתָּח וּפִי יַגִּיד תְּהִלָּתֶךָ:

בָּרוּךְ אַתָּה יְיָ אֱלֹהֵינוּ וֵאלֹהֵי אֲבוֹתֵינוּ. אֱלֹהֵי אַבְרָהָם אֱלֹהֵי יִצְחָק וֵאלֹהֵי יַעֲקֹב. הָאֵל הַגָּדוֹל הַגִּבּוֹר וְהַנּוֹרָא אֵל עֶלְיוֹן. גּוֹמֵל חֲסָדִים טוֹבִים וְקוֹנֵה הַכֹּל. וְזוֹכֵר חַסְדֵי אָבוֹת וּמֵבִיא גוֹאֵל לִבְנֵי בְנֵיהֶם לְמַעַן שְׁמוֹ בְּאַהֲבָה: זָכְרֵנוּ לַחַיִּים מֶלֶךְ חָפֵץ בַּחַיִּים. וְכָתְבֵנוּ בְּסֵפֶר הַחַיִּים. לְמַעַנְךָ אֱלֹהִים חַיִּים: מֶלֶךְ עוֹזֵר וּמוֹשִׁיעַ וּמָגֵן. בָּרוּךְ אַתָּה יְיָ מָגֵן אַבְרָהָם:

אַתָּה גִּבּוֹר לְעוֹלָם אֲדֹנָי מְחַיֵּה מֵתִים אַתָּה רַב לְהוֹשִׁיעַ. מְכַלְכֵּל חַיִּים בְּחֶסֶד מְחַיֵּה מֵתִים בְּרַחֲמִים רַבִּים. סוֹמֵךְ נוֹפְלִים וְרוֹפֵא חוֹלִים וּמַתִּיר אֲסוּרִים וּמְקַיֵּם אֱמוּנָתוֹ לִישֵׁנֵי עָפָר. מִי כָמוֹךָ בַּעַל גְּבוּרוֹת וּמִי דּוֹמֶה לָּךְ. מֶלֶךְ מֵמִית וּמְחַיֶּה וּמַצְמִיחַ יְשׁוּעָה: מִי כָמוֹךָ אַב הָרַחֲמִים זוֹכֵר יְצוּרָיו לַחַיִּים בְּרַחֲמִים: וְנֶאֱמָן אַתָּה לְהַחֲיוֹת מֵתִים: בָּרוּךְ אַתָּה יְיָ מְחַיֵּה הַמֵּתִים:

אַתָּה קָדוֹשׁ וְשִׁמְךָ קָדוֹשׁ וּקְדוֹשִׁים בְּכָל־יוֹם יְהַלְלוּךָ סֶּלָה:

וּבְכֵן תֵּן פַּחְדְּךָ יְיָ אֱלֹהֵינוּ עַל כָּל־מַעֲשֶׂיךָ וְאֵימָתְךָ עַל כָּל־מַה־שֶּׁבָּרָאתָ. וְיִירָאוּךָ כָּל־הַמַּעֲשִׂים וְיִשְׁתַּחֲווּ לְפָנֶיךָ כָּל־הַבְּרוּאִים. וְיֵעָשׂוּ כֻלָּם אֲגֻדָּה אֶחָת לַעֲשׂוֹת רְצוֹנְךָ בְּלֵבָב שָׁלֵם. כְּמוֹ שֶׁיָּדַעְנוּ יְיָ אֱלֹהֵינוּ שֶׁהַשִּׁלְטוֹן לְפָנֶיךָ עֹז בְּיָדְךָ וּגְבוּרָה בִּימִינֶךָ וְשִׁמְךָ נוֹרָא עַל כָּל־מַה־שֶּׁבָּרָאתָ:

וּבְכֵן תֵּן כָּבוֹד יְיָ לְעַמֶּךָ תְּהִלָּה לִירֵאֶיךָ וְתִקְוָה לְדוֹרְשֶׁיךָ וּפִתְחוֹן פֶּה לַמְיַחֲלִים לָךְ. שִׂמְחָה לְאַרְצֶךָ

The Amidah is said standing, in silent devotion

O Lord, open Thou my lips that my mouth may declare Thy praise.

Blessed art Thou, O Lord our God and God of our fathers, God of Abraham, God of Isaac, and God of Jacob, the great. mighty, revered and exalted God who bestowest loving-kindness and art Master of all. Mindful of the patriarchs' love for Thee, Thou wilt in Thy love bring a redeemer to their children's children for the sake of Thy name. Remember us unto life, O King who delightest in life, and inscribe us in the Book of Life so that we may live worthily for Thy sake, O God of life. O King, Thou Helper, Redeemer and Shield, praised be Thou, O Lord, Shield of Abraham.

Thou, O Lord, art mighty forever. Thou callest the dead to immortal life for Thou art mighty in salvation. Thou sustainest the living with loving-kindness, and in great mercy grantest everlasting life to those who have passed away. Thou upholdest the falling, healest the sick, settest free those in bondage, and keepest faith with those that sleep in the dust. Who is like unto Thee, Almighty King, who decreest death and grantest immortal life and bringest forth salvation? Who may be compared to Thee, Father of mercy, who in love rememberest Thy creatures unto life? Faithful art Thou to grant eternal life to the departed. Blessed art Thou, O Lord, who callest the dead to life everlasting.

Thou art holy and Thy name is holy and holy beings praise Thee daily.

And therefore, O Lord our God, let Thine awe be manifest in all Thy works, and a reverence for Thee fill all that Thou hast created, so that all Thy creatures may know Thee, and all mankind bow down to acknowledge Thee. May all Thy children unite in one fellowship to do Thy will with a perfect heart; for we know, O Lord our God, that dominion is Thine, that Thy might and power are supreme, and that Thy name is to be revered over all Thou hast created.

And therefore, O Lord, grant glory to Thy people who serve Thee, praise to those who revere Thee, hope to those who seek Thee, and confidence to those who yearn for Thee. Bring

וְשָׂשׂוֹן לְעִירֶךָ וּצְמִיחַת קֶרֶן לְדָוִד עַבְדֶּךָ וַעֲרִיכַת נֵר לְבֶן יִשַׁי מְשִׁיחֶךָ בִּמְהֵרָה בְיָמֵינוּ:

וּבְכֵן צַדִּיקִים יִרְאוּ וְיִשְׂמָחוּ וִישָׁרִים יַעֲלֹזוּ וַחֲסִידִים בְּרִנָּה יָגִילוּ. וְעוֹלָתָה תִּקְפָּץ־פִּיהָ וְכָל־הָרִשְׁעָה כֻּלָּהּ כְּעָשָׁן תִּכְלֶה. כִּי תַעֲבִיר מֶמְשֶׁלֶת זָדוֹן מִן הָאָרֶץ:

וְתִמְלוֹךְ אַתָּה יְיָ לְבַדֶּךָ עַל כָּל־מַעֲשֶׂיךָ בְּהַר צִיּוֹן מִשְׁכַּן כְּבוֹדֶךָ וּבִירוּשָׁלַיִם עִיר קָדְשֶׁךָ כַּכָּתוּב בְּדִבְרֵי קָדְשֶׁךָ. יִמְלֹךְ יְיָ לְעוֹלָם אֱלֹהַיִךְ צִיּוֹן לְדֹר וָדֹר הַלְלוּיָהּ:

קָדוֹשׁ אַתָּה וְנוֹרָא שְׁמֶךָ וְאֵין אֱלוֹהַ מִבַּלְעָדֶיךָ כַּכָּתוּב. וַיִּגְבַּהּ יְיָ צְבָאוֹת בַּמִּשְׁפָּט וְהָאֵל הַקָּדוֹשׁ נִקְדַּשׁ בִּצְדָקָה. בָּרוּךְ אַתָּה יְיָ הַמֶּלֶךְ הַקָּדוֹשׁ:

אַתָּה בְחַרְתָּנוּ מִכָּל־הָעַמִּים. אָהַבְתָּ אוֹתָנוּ. וְרָצִיתָ בָּנוּ. וְרוֹמַמְתָּנוּ מִכָּל־הַלְּשׁוֹנוֹת. וְקִדַּשְׁתָּנוּ בְּמִצְוֹתֶיךָ. וְקֵרַבְתָּנוּ מַלְכֵּנוּ לַעֲבוֹדָתֶךָ. וְשִׁמְךָ הַגָּדוֹל וְהַקָּדוֹשׁ עָלֵינוּ קָרָאתָ:

On Sabbath add the bracketed words

וַתִּתֶּן לָנוּ יְיָ אֱלֹהֵינוּ בְּאַהֲבָה אֶת [יוֹם הַשַּׁבָּת הַזֶּה וְאֶת] יוֹם הַזִּכָּרוֹן הַזֶּה יוֹם [זִכְרוֹן] תְּרוּעָה [בְּאַהֲבָה] מִקְרָא קֹדֶשׁ. זֵכֶר לִיצִיאַת מִצְרָיִם:

אֱלֹהֵינוּ וֵאלֹהֵי אֲבוֹתֵינוּ יַעֲלֶה וְיָבֹא וְיַגִּיעַ וְיֵרָאֶה וְיֵרָצֶה וְיִשָּׁמַע וְיִפָּקֵד וְיִזָּכֵר זִכְרוֹנֵנוּ וּפִקְדוֹנֵנוּ וְזִכְרוֹן אֲבוֹתֵינוּ וְזִכְרוֹן מָשִׁיחַ בֶּן דָּוִד עַבְדֶּךָ וְזִכְרוֹן יְרוּשָׁלַיִם עִיר קָדְשֶׁךָ וְזִכְרוֹן כָּל־עַמְּךָ בֵּית יִשְׂרָאֵל לְפָנֶיךָ לִפְלֵיטָה לְטוֹבָה

joy to Thy land, gladness to Thy city, renewed strength to the seed of David, and a constant light to Thy servants in Zion. O may this come to pass speedily in our days.

And therefore, the righteous shall see and be glad, the just exult, and the pious rejoice in song, while iniquity shall close its mouth and all wickedness shall vanish like smoke, when Thou removest the dominion of tyranny from the earth.

And Thou, O Lord, wilt rule, Thou alone, over all Thy works on Mount Zion, the dwelling place of Thy glory, and in Jerusalem, Thy holy city, fulfilling the words of the Psalmist: "The Lord shall reign forever; thy God, O Zion, shall be Sovereign unto all generations. Praise the Lord."

Holy art Thou, and awe-inspiring is Thy name, and there is no God besides Thee; as it is written in Holy Scriptures: "The Lord of hosts is exalted through justice, and the holy God is sanctified through righteousness." Blessed art Thou, O Lord, the holy King.

Thou didst choose us for Thy service from among all peoples, loving us and taking delight in us. Thou didst exalt us above all tongues by making us holy through Thy commandments. Thou hast drawn us near, O our King, unto Thy service and hast called us by Thy great and holy name.

On Sabbath add the bracketed words

And Thou hast given us in love, O Lord our God, [this Sabbath day and] this Day of Remembrance, a day for [recalling the] sounding of the Shofar, a holy convocation as a memorial of the departure from Egypt.

Our God and God of our fathers, may Israel be remembered with loving-kindness and mercy, for life and peace; may Zion

לְחֵן וּלְחֶסֶד וּלְרַחֲמִים לְחַיִּים וּלְשָׁלוֹם בְּיוֹם הַזִּכָּרוֹן הַזֶּה: זָכְרֵנוּ יְיָ אֱלֹהֵינוּ בּוֹ לְטוֹבָה. וּפָקְדֵנוּ בוֹ לִבְרָכָה. וְהוֹשִׁיעֵנוּ בוֹ לְחַיִּים. וּבִדְבַר יְשׁוּעָה וְרַחֲמִים חוּס וְחָנֵּנוּ וְרַחֵם עָלֵינוּ וְהוֹשִׁיעֵנוּ כִּי אֵלֶיךָ עֵינֵינוּ. כִּי אֵל מֶלֶךְ חַנּוּן וְרַחוּם אָתָּה:

אֱלֹהֵינוּ וֵאלֹהֵי אֲבוֹתֵינוּ מְלוֹךְ עַל כָּל־הָעוֹלָם כֻּלּוֹ בִּכְבוֹדֶךָ וְהִנָּשֵׂא עַל כָּל־הָאָרֶץ בִּיקָרֶךָ וְהוֹפַע בַּהֲדַר גְּאוֹן עֻזֶּךָ עַל כָּל־יוֹשְׁבֵי תֵבֵל אַרְצֶךָ. וְיֵדַע כָּל־פָּעוּל כִּי אַתָּה פְעַלְתּוֹ וְיָבִין כָּל־יָצוּר כִּי אַתָּה יְצַרְתּוֹ. וְיֹאמַר כֹּל אֲשֶׁר נְשָׁמָה בְּאַפּוֹ יְיָ אֱלֹהֵי יִשְׂרָאֵל מֶלֶךְ וּמַלְכוּתוֹ בַּכֹּל מָשָׁלָה: אֱלֹהֵינוּ וֵאלֹהֵי אֲבוֹתֵינוּ [רְצֵה בִמְנוּחָתֵנוּ] קַדְּשֵׁנוּ בְּמִצְוֹתֶיךָ וְתֵן חֶלְקֵנוּ בְּתוֹרָתֶךָ שַׂבְּעֵנוּ מִטּוּבֶךָ וְשַׂמְּחֵנוּ בִּישׁוּעָתֶךָ. [וְהַנְחִילֵנוּ יְיָ אֱלֹהֵינוּ בְּאַהֲבָה וּבְרָצוֹן שַׁבַּת קָדְשֶׁךָ וְיָנוּחוּ בָהּ יִשְׂרָאֵל מְקַדְּשֵׁי שְׁמֶךָ] וְטַהֵר לִבֵּנוּ לְעָבְדְּךָ בֶּאֱמֶת. כִּי אַתָּה אֱלֹהִים אֱמֶת וּדְבָרְךָ אֱמֶת וְקַיָּם לָעַד. בָּרוּךְ אַתָּה יְיָ. מֶלֶךְ עַל כָּל־הָאָרֶץ מְקַדֵּשׁ [הַשַּׁבָּת וְ] יִשְׂרָאֵל וְיוֹם הַזִּכָּרוֹן:

רְצֵה יְיָ אֱלֹהֵינוּ בְּעַמְּךָ יִשְׂרָאֵל וּבִתְפִלָּתָם. וְהָשֵׁב אֶת־הָעֲבוֹדָה לִדְבִיר בֵּיתֶךָ וְאִשֵּׁי יִשְׂרָאֵל וּתְפִלָּתָם בְּאַהֲבָה תְקַבֵּל בְּרָצוֹן. וּתְהִי לְרָצוֹן תָּמִיד עֲבוֹדַת יִשְׂרָאֵל עַמֶּךָ. וְתֶחֱזֶינָה עֵינֵינוּ בְּשׁוּבְךָ לְצִיּוֹן בְּרַחֲמִים. בָּרוּךְ אַתָּה יְיָ הַמַּחֲזִיר שְׁכִינָתוֹ לְצִיּוֹן:

be remembered for deliverance and well-being on this Day of Remembrance. Remember us, O Lord our God, for our good, and be mindful of us for a life of blessing. In accordance with Thy promise of salvation and mercy, spare us and be gracious unto us; have compassion upon us and save us. Unto Thee have we lifted our eyes, for Thou art a gracious and merciful God and King.

Our God and God of our fathers, reign over all the universe in Thy glory, and in Thy splendor be exalted over all the earth. Shine forth in the majesty of Thy triumphant power over all the inhabitants of Thy world, that every living form may know that Thou hast formed it, and every living creature understand that Thou hast created it, and all with life's breath in their nostrils may declare: "The Lord, God of Israel, is King and His dominion ruleth over all." Our God and God of our fathers, [accept our rest;] sanctify us by Thy commandments, and grant that our portion be in Thy Torah; satisfy us with Thy goodness, and gladden us with Thy salvation. [Cause us, O Lord our God, in love and favor to inherit Thy holy Sabbath; and may Israel rest thereon and bless Thy name.] Make our hearts pure to serve Thee in truth, for Thou, O God, art Truth, and Thy word is truth and endureth forever. Blessed art Thou, O Lord, Thou King over all the earth, who sanctifiest [the Sabbath and] Israel and the Day of Remembrance.

O Lord our God, be gracious unto Thy people Israel and accept their prayer. Restore worship to Thy Sanctuary and receive in love and favor the supplication of Israel. May the worship of Thy people be ever acceptable unto Thee. O may our eyes witness Thy return in mercy to Zion. Blessed art Thou, O Lord, who restorest Thy divine presence unto Zion.

מוֹדִים אֲנַחְנוּ לָךְ שָׁאַתָּה הוּא יְיָ אֱלֹהֵינוּ וֵאלֹהֵי אֲבוֹתֵינוּ
לְעוֹלָם וָעֶד. צוּר חַיֵּינוּ מָגֵן יִשְׁעֵנוּ אַתָּה הוּא לְדוֹר וָדוֹר.
נוֹדֶה לְּךָ וּנְסַפֵּר תְּהִלָּתֶךָ עַל חַיֵּינוּ הַמְּסוּרִים בְּיָדֶךָ וְעַל
נִשְׁמוֹתֵינוּ הַפְּקוּדוֹת לָךְ וְעַל נִסֶּיךָ שֶׁבְּכָל־יוֹם עִמָּנוּ וְעַל
נִפְלְאוֹתֶיךָ וְטוֹבוֹתֶיךָ שֶׁבְּכָל־עֵת עֶרֶב וָבֹקֶר וְצָהֳרָיִם.
הַטּוֹב כִּי לֹא־כָלוּ רַחֲמֶיךָ וְהַמְרַחֵם כִּי לֹא־תַמּוּ חֲסָדֶיךָ
מֵעוֹלָם קִוִּינוּ לָךְ:

וְעַל כֻּלָּם יִתְבָּרַךְ וְיִתְרוֹמַם שִׁמְךָ מַלְכֵּנוּ תָּמִיד לְעוֹלָם
וָעֶד. וּכְתוֹב לְחַיִּים טוֹבִים כָּל־בְּנֵי בְרִיתֶךָ: וְכֹל הַחַיִּים
יוֹדוּךָ סֶּלָה וִיהַלְלוּ אֶת־שִׁמְךָ בֶּאֱמֶת הָאֵל יְשׁוּעָתֵנוּ וְעֶזְרָתֵנוּ
סֶלָה. בָּרוּךְ אַתָּה יְיָ הַטּוֹב שִׁמְךָ וּלְךָ נָאֶה לְהוֹדוֹת:

שִׂים שָׁלוֹם טוֹבָה וּבְרָכָה חֵן וָחֶסֶד וְרַחֲמִים עָלֵינוּ וְעַל
כָּל־יִשְׂרָאֵל עַמֶּךָ. בָּרְכֵנוּ אָבִינוּ כֻּלָּנוּ כְּאֶחָד בְּאוֹר פָּנֶיךָ.
כִּי בְאוֹר פָּנֶיךָ נָתַתָּ לָּנוּ יְיָ אֱלֹהֵינוּ תּוֹרַת חַיִּים וְאַהֲבַת חֶסֶד
וּצְדָקָה וּבְרָכָה וְרַחֲמִים וְחַיִּים וְשָׁלוֹם. וְטוֹב בְּעֵינֶיךָ
לְבָרֵךְ אֶת־עַמְּךָ יִשְׂרָאֵל בְּכָל־עֵת וּבְכָל־שָׁעָה בִּשְׁלוֹמֶךָ:
בְּסֵפֶר חַיִּים בְּרָכָה וְשָׁלוֹם וּפַרְנָסָה טוֹבָה נִזָּכֵר וְנִכָּתֵב
לְפָנֶיךָ אֲנַחְנוּ וְכָל־עַמְּךָ בֵּית יִשְׂרָאֵל לְחַיִּים טוֹבִים
וּלְשָׁלוֹם. בָּרוּךְ אַתָּה יְיָ עוֹשֵׂה הַשָּׁלוֹם:

אֱלֹהַי נְצוֹר לְשׁוֹנִי מֵרָע וּשְׂפָתַי מִדַּבֵּר מִרְמָה וְלִמְקַלְלַי
נַפְשִׁי תִדּוֹם וְנַפְשִׁי כֶּעָפָר לַכֹּל תִּהְיֶה: פְּתַח לִבִּי בְּתוֹרָתֶךָ
וּבְמִצְוֹתֶיךָ תִּרְדּוֹף נַפְשִׁי. וְכֹל הַחוֹשְׁבִים עָלַי רָעָה מְהֵרָה
הָפֵר עֲצָתָם וְקַלְקֵל מַחֲשַׁבְתָּם: עֲשֵׂה לְמַעַן שְׁמֶךָ עֲשֵׂה
לְמַעַן יְמִינֶךָ עֲשֵׂה לְמַעַן קְדֻשָּׁתֶךָ עֲשֵׂה לְמַעַן תּוֹרָתֶךָ:

We thankfully acknowledge that Thou art the Lord our God and the God of our fathers unto all eternity; the Rock of our lives, and the Shield of our salvation through every generation. We will be grateful unto Thee and declare Thy praise for our lives which are entrusted into Thy hands, for our souls which are in Thy care, for Thy miracles which are daily with us, and for Thy wonderful goodness toward us at all times, evening, morn and noon. Thou art good, and Thy love never fails; Thou art merciful, and Thy kindnesses never cease. We have ever hoped in Thee.

For all this, Thy name, O our divine Ruler, shall be blessed and exalted forever. O inscribe all the children of Thy covenant for a happy life. And may all the living do homage unto Thee forever, and praise Thy name in truth, O God who art our salvation and our help. Blessed be Thou, O Lord, Beneficent One; unto Thee it is seemly to give praise.

Our Father, grant peace and well-being, blessing and grace, loving-kindness and mercy unto us and unto all Israel, Thy people. Bless us, O our Father, all of us together, with the light of Thy presence; for by that light Thou hast given us, O Lord our God, the Torah of life, loving-kindness and righteousness, blessing and mercy, life and peace. O may it be good in Thy sight at all times to bless Israel and all Thy children with Thy peace.

In the book of life, blessing, peace and good sustenance, may we be remembered and inscribed before Thee, we and all Thy people, the house of Israel, for a happy life and for peace.
Blessed art Thou, O Lord, who makest peace.

O Lord, guard my tongue from evil and my lips from speaking deceitfully; and to such as malign me, let me give no heed; yea, let me be forgiving unto all. Open my heart to Thy Law that I may follow Thy commandments. If any devise evil against me, speedily make their counsel of none effect, and frustrate their designs. Do it for the sake of Thy name so that Thy power may be made manifest; do it for the sake of Thy holiness so that Thy Law may be revered.

לְמַעַן יֵחָלְצוּן יְדִידֶיךָ הוֹשִׁיעָה יְמִינְךָ וַעֲנֵנִי: יִהְיוּ לְרָצוֹן אִמְרֵי־פִי וְהֶגְיוֹן לִבִּי לְפָנֶיךָ יְיָ צוּרִי וְגוֹאֲלִי: עֹשֶׂה שָׁלוֹם בִּמְרוֹמָיו הוּא יַעֲשֶׂה שָׁלוֹם עָלֵינוּ וְעַל כָּל־יִשְׂרָאֵל וְאִמְרוּ אָמֵן:

יְהִי רָצוֹן מִלְּפָנֶיךָ יְיָ אֱלֹהֵינוּ וֵאלֹהֵי אֲבוֹתֵינוּ שֶׁיִּבָּנֶה בֵּית הַמִּקְדָּשׁ בִּמְהֵרָה בְיָמֵינוּ וְתֵן חֶלְקֵנוּ בְּתוֹרָתֶךָ: וְשָׁם נַעֲבָדְךָ בְּיִרְאָה כִּימֵי עוֹלָם וּכְשָׁנִים קַדְמֹנִיּוֹת: וְעָרְבָה לַייָ מִנְחַת יְהוּדָה וִירוּשָׁלָיִם כִּימֵי עוֹלָם וּכְשָׁנִים קַדְמֹנִיּוֹת:

חזרת התפלה לשליח צבור

The Ark is opened

Reader

בָּרוּךְ אַתָּה יְיָ אֱלֹהֵינוּ וֵאלֹהֵי אֲבוֹתֵינוּ. אֱלֹהֵי אַבְרָהָם אֱלֹהֵי יִצְחָק וֵאלֹהֵי יַעֲקֹב. הָאֵל הַגָּדוֹל הַגִּבּוֹר וְהַנּוֹרָא אֵל עֶלְיוֹן. גּוֹמֵל חֲסָדִים טוֹבִים וְקוֹנֵה הַכֹּל. וְזוֹכֵר חַסְדֵי אָבוֹת וּמֵבִיא גוֹאֵל לִבְנֵי בְנֵיהֶם לְמַעַן שְׁמוֹ בְּאַהֲבָה:

מִסּוֹד חֲכָמִים וּנְבוֹנִים. וּמִלֶּמֶד דַּעַת מְבִינִים. אֶפְתְּחָה פִּי בִּתְפִלָּה וּבְתַחֲנוּנִים. לְחַלּוֹת וּלְחַנֵּן פְּנֵי מֶלֶךְ מַלְכֵי הַמְּלָכִים וַאֲדוֹנֵי הָאֲדוֹנִים:

On First Day add:

יָרֵאתִי בְּפִצוֹתִי שִׂיחַ לְהַשְׁחִיל. קוּמִי לְחַלּוֹת פְּנֵי נוֹרָא וְדָחִיל. וְקָטֹנְתִּי מַעַשׂ לָכֵן אַזְחִיל. תְּבוּנָה חָסַרְתִּי וְאֵיךְ אוֹחִיל. יוֹצְרִי הֲבִינֵנִי מוֹרָשָׁה לְהַנְחִיל. אַיְּלֵנִי וְאַמְּצֵנִי מֵרִפְיוֹן וָחִיל. לַחֲשִׁי יֻרְצֶה כְּמַנְטִיף וּמַשְׁחִיל. בִּטּוּיַי יָמְתַּק כְּצוּף נָחִיל. רָצוּי בְּיֹשֶׁר וְלֹא כְּמַכְחִיל. מְשַׁלְּחַי לְהַמְצִיא כֹּפֶר וּמְחִיל. שַׁאֲנַנִּי יֶעֱרַב וְלֹא כְּמַשְׁחִיל. הֵעָתֵר לְנִגָּשִׁים

In order that Thy beloved ones may be delivered, O save with Thy right hand, and answer me. May the words of my mouth and the meditations of my heart be acceptable unto Thee, O Lord, my Rock and my Redeemer. Thou who keepest harmony in the heavenly spheres, mayest Thou make peace for us, for Israel, and for all Thy children everywhere. Amen.

May it be Thy will, O Lord our God and God of our fathers, to grant our portion in Thy Law and to rebuild the Temple speedily in our days. There we will serve Thee with awe as in the days of old.

Reader's Repetition of the Amidah

The Ark is opened

Blessed art Thou, O Lord our God and God of our fathers, God of Abraham, God of Isaac, and God of Jacob, the great, mighty, revered and exalted God who bestowest loving-kindness and art Master of all. Mindful of the patriarchs' love for Thee, Thou wilt in Thy love bring a redeemer to their children's children for the sake of Thy name.

With the inspired words of the wise, and with knowledge derived from the discerning, I will open my lips in prayer and supplication to entreat and implore the presence of the King of kings and the Lord of lords.

On First Day add:

In the following Piyyut (Hymn), the composer, Yekuthiel ben Moses of Spyer who lived in the eleventh century, reveals a deep religious fervor and piety as he realizes the awe of the Day of Judgment.

With humility and apprehension, I offer my supplication to implore Thee, O revered and exalted God. The unworthiness of my deeds fills me with trepidation, and lacking in wisdom, what is my hope?

O Creator, give me understanding that I may transmit my sacred portion. Strengthen and uphold me lest I falter. Consider my prayer like rare incense and let my fervent plea be sweeter than honey. Heed Thou its sincere utterance and pardon the people whose emissary I have been appointed.

May my prayer be accptable to Thee and not be regarded as worthless. Hearken to Thy humble servant in accordance with Thy promise to Moses. When Thou dost search my deeds my heart sinks within me, and my stricken soul trembles at

וְנֶחֱשָׁבִים כְּזָחִיל. חַנּוּן כְּהַבְטִיחָךְ לְבִנְקֹרֶת מְחִיל. זַעֲקִי קָשׁוּב בְּעֵת אַתְחִיל. קְרָבַי יֶחֶמְרוּ בְּחָקְרָךְ חֲלוֹחִיל. וּמֵאֵימַת הַדִּין נַפְשִׁי תַּבְחִיל. אִם כְּגְמוּל הַלֵּב יָחִיל. מְקוֹרֵי עַפְעַפַּי אַזִּיל כְּמַזְחִיל. צְדָקָה אֲקַוֶּה מִמְּךָ וְאוֹחִיל. יֹשֶׁר הוֹרֵי זָכְרָה לְהַאֲחִיל. חַם לִבִּי בַּהֲגִיגִי יַגְחִיל. יִסְתָּעֵר בְּקִרְבִּי בְּעֵת אֶת חִיל:

On Second Day add:

אָתִיתִי לְחַנְּנָךְ בְּלֵב קָרוּעַ וּמֻרְתָּח. בַּקֵּשׁ רַחֲמִים כְּעָנִי בַפֶּתַח. גַּלְגֵּל רַחֲמֶיךָ וְדִין אַל תִּמְתַּח. אֲדֹנָי שְׂפָתַי תִּפְתָּח: דָּבָר אֵין בְּפִי וּבִלְשׁוֹנִי מִלָּה. הֵן יְיָ יָדַעְתָּ כֻלָּהּ. וּמִמַּעֲמַקֵּי הַלֵּב לְפָנֶיךָ אוֹחִילָה. אֶחֱסֶה בְּסֵתֶר כְּנָפֶיךָ סֶלָה: זַלְעָפָה וּפַלָּצוּת אֲחָזוּנִי בְמוֹרָא. חַלּוֹת פְּנֵי נוֹרָא בְּנֶפֶשׁ יְקָרָה. טוּב טַעַם וָדַעַת קָטֹנְתִּי לְחַסְּרָה. עַל כֵּן זָחַלְתִּי וָאִירָא: יָגַעְתִּי בְּאַנְחָתִי אֵיךְ לַעֲמוֹד לְפָנֶיךָ. כִּי אֵין מַעֲשִׂים לְזַכּוֹת בְּעֵינֶיךָ. לְחַלּוֹתְךָ שְׁלָחוּנִי מַקְהֲלוֹת הֲמוֹנֶיךָ. תָּכִין לִבָּם תַּקְשִׁיב אָזְנֶךָ: מָה־אֲנִי וּמֶה־חַיַּי תּוֹלֵעָה וְרִמָּה. נִבְעַר מִדַּעַת וּבְאֶפֶס מְזִמָּה. סָמַכְתִּי יִתְדוֹתַי בְּסֵפֶר הַחָכְמָה. מַעֲנֶה רַךְ יָשִׁיב חֵמָה: עֻזִּי אֵלֶיךָ אֶשְׁמְרָה לְסַעֲדִי. פֶּתַח דְּבָרֶיךָ הָאֵר לְהַגִּידִי. צַדְּקֵנִי וְאַמְּצֵנִי וְתֵן לְאֵל יָדִי. כִּי אַתָּה מִשְׂגַּבִּי אֱלֹהֵי חַסְדִּי: קְהָלֶיךָ עוֹמְדִים לְבַקֵּשׁ מְחִילָתֶךָ. רַחֲמֶיךָ יִכָּמְרוּ לְרַחֵם בְּחֶמְלָתֶךָ. שׁוֹפְכִים לֵב כַּמַּיִם לְעֻמָּתֶךָ. וְאַתָּה תִּשְׁמַע הַשָּׁמַיִם מְכוֹן שִׁבְתֶּךָ: תְּחַזֵּק לְעַמְּךָ יָדָם הָרָפָה. שְׁלַח מֵאִתְּךָ עֵזֶר וּתְרוּפָה. נְאָמֶיךָ יַשִּׂיגוּ לְחַזֵּק וּלְתָקְפָּה. כָּל־אִמְרַת אֱלוֹהַּ צְרוּפָה:

The Ark is closed

the approach of Judgment Day. If sin were requited in full, who could survive? Behold my tears as I crave Thy mercy and yearn for Thy pardon for the sake of the merit of our forefathers. My heart is stirred as I meditate thus; anxiety agitates my soul, for judgment is nigh.

On Second Day add:

The following Piyyut (Hymn), composed by the Sage Simeon ben Isaac ben Abun of Mainz, tenth century, evidences the sincere piety and humility with which the Hazan (Reader) offered his prayer and the deep sense of responsibility with which he approached the ark to offer supplication for the congregation whose emissary he was.

I come to supplicate Thee with a heart rent and agitated. As a mendicant begging at Thy gates, I seek Thy mercy. May Thy loving-kindness prevail and not stern justice. O Lord, open Thou my mouth. No word is on my tongue, nor speech on my lips, but Thou, O Lord, knowest it all. From the depth of my heart I entreat Thee, O may I find shelter with Thee.

Trembling takes hold of me as I implore Thee, O Thou awe-inspiring God. Deficient in goodness and knowledge, I approach Thy presence with trepidation. I am weary with sighing. How can I stand before Thee? I am lacking in good deeds to be deserving in Thy sight. Yet the congregation has sent me as its emissary to entreat Thee. O incline the hearts of these people and give heed to their prayers.

What am I? What is my life? I am like unto the worm wanting in knowledge and void of understanding. And yet I rely on the proverb in the Book of Wisdom: "A soft answer turns away wrath."

Thou art my strength. I wait for Thee. Reveal to me the words Thou wouldst have me say. O justify me, give me strength for Thou art my refuge, O gracious God.

The congregation seeks Thy pardon. Have compassion upon Thy people. Behold, they pour their hearts out unto Thee like water. O hearken to them from heaven, Thy dwelling place. Yea, strengthen the weakened hands of Thy people, and send them help and healing. Through Thy word they shall attain strength and glory for all Thy words are pure.

The Ark is closed

זָכְרֵנוּ לַחַיִּים מֶלֶךְ חָפֵץ בַּחַיִּים. וְכָתְבֵנוּ בְּסֵפֶר הַחַיִּים. לְמַעַנְךָ אֱלֹהִים חַיִּים: מֶלֶךְ עוֹזֵר וּמוֹשִׁיעַ וּמָגֵן. בָּרוּךְ אַתָּה יְיָ מָגֵן אַבְרָהָם:

אַתָּה גִּבּוֹר לְעוֹלָם אֲדֹנָי מְחַיֵּה מֵתִים אַתָּה רַב לְהוֹשִׁיעַ. מְכַלְכֵּל חַיִּים בְּחֶסֶד מְחַיֵּה מֵתִים בְּרַחֲמִים רַבִּים סוֹמֵךְ נוֹפְלִים וְרוֹפֵא חוֹלִים וּמַתִּיר אֲסוּרִים וּמְקַיֵּם אֱמוּנָתוֹ לִישֵׁנֵי עָפָר. מִי כָמוֹךְ בַּעַל גְּבוּרוֹת וּמִי דּוֹמֶה לָּךְ. מֶלֶךְ מֵמִית וּמְחַיֶּה וּמַצְמִיחַ יְשׁוּעָה:

מִי כָמוֹךְ אַב הָרַחֲמִים זוֹכֵר יְצוּרָיו לַחַיִּים בְּרַחֲמִים: וְנֶאֱמָן אַתָּה לְהַחֲיוֹת מֵתִים. בָּרוּךְ אַתָּה יְיָ מְחַיֵּה הַמֵּתִים:

יִמְלֹךְ יְיָ לְעוֹלָם אֱלֹהַיִךְ צִיּוֹן לְדֹר וָדֹר הַלְלוּיָהּ:

וְאַתָּה קָדוֹשׁ יוֹשֵׁב תְּהִלּוֹת יִשְׂרָאֵל אֵל נָא:

Reader	*Congregation*
אַתָּה הוּא אֱלֹהֵינוּ.	בַּשָּׁמַיִם וּבָאָרֶץ:
גִּבּוֹר וְנַעֲרָץ.	דָּגוּל מֵרְבָבָה:
הוּא שָׂח וַיֶּהִי.	וְצִוָּה וְנִבְרָאוּ:
זִכְרוֹ לָנֶצַח.	חַי עוֹלָמִים:
טְהוֹר עֵינַיִם.	יוֹשֵׁב סֵתֶר:
כִּתְרוֹ יְשׁוּעָה.	לְבוּשׁוֹ צְדָקָה:
מַעֲטֵהוּ קִנְאָה.	נֶאְפָּד נְקָמָה:
סִתְרוֹ יֹשֶׁר.	עֲצָתוֹ אֱמוּנָה:
פְּעֻלָּתוֹ אֱמֶת.	צַדִּיק וְיָשָׁר:
קָרוֹב לְקוֹרְאָיו בֶּאֱמֶת.	רָם וּמִתְנַשֵּׂא:
שׁוֹכֵן שְׁחָקִים.	תֹּלֶה אֶרֶץ עַל בְּלִימָה:

חַי וְקַיָּם נוֹרָא וּמָרוֹם וְקָדוֹשׁ:

Remember us unto life, O King who delightest in life, and inscribe us in the Book of Life so that we may live worthily for Thy sake, O God of life. O King, Thou Helper, Redeemer and Shield, praised be Thou, O Lord, Shield of Abraham.

Thou, O Lord, art mighty forever. Thou callest the dead to immortal life for Thou art mighty in salvation. Thou sustainest the living with loving-kindness, and in great mercy grantest everlasting life to those who have passed away. Thou upholdest the falling, healest the sick, settest free those in bondage, and keepest faith with those that sleep in the dust. Who is like unto Thee, Almighty King, who decreest death and grantest immortal life and bringest forth salvation? Who may be compared to Thee, Father of mercy, who in love rememberest Thy creatures unto life? Faithful art Thou to grant eternal life to the departed. Blessed art Thou, O Lord, who callest the dead to life everlasting.

The Lord shall reign forever; thy God, O Zion, shall be Sovereign unto all generations. Praise the Lord.

For Thou art holy, O Thou who art enthroned upon the praises of Israel; O God, we beseech thee!

Piyyut composed in alphabetical acrostic by Eleazar Kalir

Thou art our God in heaven and upon earth;
Mighty and powerful, acclaimed by multitudes.
He spoke and it was; He commanded and all was created.

His memorial is eternal; He liveth forever.
He is all seeing; He dwelleth even in secret places.

His crown is salvation; His garment is righteousness.
His robe is zeal; He is girt with justice.
His secret is rectitude; His counsel is faithfulness.
His work is truth; He is righteous and just.
He is nigh unto them that call upon him in truth; He is high and exalted.
He abideth in the heavens; He suspendeth the earth in space.

O living and enduring, revered, exalted and holy God!

On the First Day when it falls on a week day and on the Second Day when it falls on Sunday

תָּעִיר וְתָרִיעַ. לְהַכְרִית כָּל־מֵרִיעַ. וְתִקְדַּשׁ בְּיוֹדְעֵי לְהָרִיעַ. קָדוֹשׁ:

אַדֶּרֶת מַמְלָכָה. עַל מָה הֻשְׁלְכָה. וְעוֹד לֹא מָלָכָה: לְבֵל הִמְלִיכָה. וְאַחֲרָיו הָלְכָה. שֶׁלֹּא כַהֲלָכָה: עָלֶיהָ הָמְלָכָה. גְּבֶרֶת מַמְלָכָה. עַד תּוֹפִיעַ מְלוּכָה: זְבוּלֵי חָרְכָה. מַתְמִימֵי פָּרְכָה. וְנִתַּן לָהּ אַרְכָה: רָחֲבָה וְאָרְכָה. וְקֶשֶׁת דָּרְכָה. וְעַל הֶאֱרִיכָה: בְּעֵתָהּ בְּרַכָּה. וְהִנֵּה דְרוּכָה. וְעַד עַתָּה מוֹלְכָה: יְסוֹדוֹת עֲרֵמָה. עֵרָה וְהֶחֱרִימָה. וְעַד יְסוֹד עָרְמָה: רֹאשׁ הֵרִימָה. וְסוֹד הֶעֱרִימָה. וְיָדֶיהָ רָמָה: בָּעֲרָה מֵעָרְמָה. וְעַד שַׁחַק רוּמָה. וְתֶאְפּוֹד מְלוּכָה: יְרִיעוֹתַי נִדְדָה. אָהֳלֵי שִׁדְּדָה. וְחָרְשָׁה וְשִׂדְּדָה: קְצִינוּת רָפְדָה. וּמַלְכוּת אָפְדָה. וְזֹאת הִקְפִּידָה: יָזְמָה וּמָרְדָה. עֲבוֹד לַזָּר חָרְדָה. וְחִלְּלָה מְלוּכָה: לְחַצָּה בְּנֵי מֶלֶךְ. וּפָצָה לְעֵין מֶלֶךְ. מִי לִי בְּדוֹק מֶלֶךְ: יָהֲרָה בְּכֵס מֶלֶךְ. זוּלָתִי אֵין מֶלֶךְ. אֲנִי וְאַפְסִי מֶלֶךְ: רָם עַל כָּל־מֶלֶךְ. תַּגְעִילֶנָּה מִמֶּלֶךְ. וּלְךָ תָּשִׁיב מְלוּכָה:

תָּעִיר וְתָרִיעַ. לְהַכְרִית כָּל־מֵרִיעַ. וְתִקְדַּשׁ בְּיוֹדְעֵי לְהָרִיעַ. קָדוֹשׁ:

וּבְכֵן וַיְיָ פָּקַד אֶת־שָׂרָה כַּאֲשֶׁר אָמָר: צֶאֱצָאֶיהָ כֵּן פְּקוֹד לְטוֹב הַיּוֹם. קָדוֹשׁ:

Continue on page 82

*On the First Day when it falls on a week-day and on the
Second Day when it falls on Sunday*

The following Piyyut (Hymn) was written by Eleazar Kalir.
With a wealth of Biblical and Midrashic allusions which can-
not be reproduced in translation, the author describes the
downfall of Israel's kingdom, deplores the ascendancy of might
in the world, and expresses his faith that God's sovereignty
will yet be acclaimed.

O Lord, rouse Thee and sound the clarion, that the forces
of evil may be destroyed; and Thou shalt be hallowed by
them that know the blast of the shofar, O Holy One.

Why has the glorious kingdom been overthrown and not yet
restored?   Because Bel, the idol of greed and might, was
worshipped.   May God's kingdom soon be established.

Our home is in ashes, our righteous ones scattered, the
enemy grows stronger and more insolent.   He bends the bow
and extends the yoke, terrifying those whom Thou tenderly
lovest, treading them under foot and still holding sway over
them.

The foe destroys our foundations, executing his secret plans
with a high hand and exalting himself to the high heavens.
He has demolished our dwellings and ploughed them under
field, triumphing in power.

The adversary rebels against Thee, O Lord, mocking Thy
kingdom, glorying in might, oppressing Thy children and
boasting: "Who in heaven is my king?   I alone rule."

O Lord who art exalted above all rulers, humble the foe,
cast down his glory and again assert Thy sovereignty.

O Lord, rouse Thee and sound the clarion, that the forces
of evil may be destroyed; and Thou shalt be hallowed by
them that know the blast of the shofar, O Holy One.

And thus the Lord remembered Sarah as He had promised.
Even so remember her offspring this day for good, O Holy One.

Continue on Page 82

On the Sabbath and the Second Day (excepting Sunday)

The following Piyyut may be read responsively

וּבְכֵן וַיְיָ פָּקַד אֶת־שָׂרָה כַּאֲשֶׁר אָמָר: צֶאֱצָאֶיהָ כֵּן פְּקוֹד לְטוֹב הַיּוֹם. קָדוֹשׁ:

שְׁמוֹ מְפָאֲרִים עֲדַת חֲבָלוֹ. וְנַעֲרָץ בְּאֶרְאֶלֵּי קֹדֶשׁ הִלּוּלוֹ. וּבְהֵיכָלוֹ כָּבוֹד אוֹמֵר כֻּלּוֹ. קָדוֹשׁ:

שׁוֹמְרֵי מִצְוֹתָיו עוֹד יְשׁוּבוּן לְבִצָּרוֹן. נִדְבָּרִים יְרֵאָיו בְּהַכְשֵׁר וְיִתְרוֹן. וַיַּקְשֵׁב יְיָ וַיִּשְׁמָע וַיִּכָּתֵב סֵפֶר זִכָּרוֹן. קָדוֹשׁ:

שַׁפְּרוּ מַעֲשֵׂיכֶם וּבְרִית לֹא תוּפַר. נַאֲקַתְכֶם יַאֲזִין שְׁחָקִים שַׁפַּר. וְתִיטַב לַייָ מִשּׁוֹר פָּר. קָדוֹשׁ:

שִׁבְטֵי מְקוֹרָאֶךָ עַלֵּה וְהַמְשֵׁל. נְטִישׁוֹת צָרִים בְּהַתִּיזְךָ לְנַשֵּׁל. כִּי לַייָ הַמְּלוּכָה וּמוֹשֵׁל. קָדוֹשׁ:

שְׁבוּתֵנוּ מִמֶּרְחָק עֲלוֹת לְהַר קָדְשׁוֹ. וּנְפָאֲרֶנּוּ תָּמִיד בִּדְבִיר מִקְדָּשׁוֹ. כִּי זָכַר אֶת־דְּבַר קָדְשׁוֹ. קָדוֹשׁ:

שֶׁבַח מִגְדַּל עֹז שֵׁם הַגָּדוֹל. נֶצַח בְּתִתּוֹ לְמַלְכּוֹ עֹז וּמִגְדֹּל. בַּיּוֹם הַהוּא יִתָּקַע בְּשׁוֹפָר גָּדוֹל. קָדוֹשׁ:

קִרְיַת מְשׂוֹשׂ הֵיכָל וְאוּלָם. מִזְבֵּחַ יָשִׁיב וּכְלֵי שָׁרֵת כֻּלָּם. יְיָ יִמְלֹךְ לְעֹלָם:

שָׁמַיִם וָאָרֶץ יְרַנְּנוּ לִשְׁמוֹ. יְעָרוֹת יִמְחֲאוּ כָף לְהַנְעִימוֹ. כִּי פָקַד יְיָ אֶת־עַמּוֹ:

תֹּקֶף אֶרְאֶלִּים וְכוֹכְבֵי צְפַר. תְּהִלּוֹת יִתְּנוּ שֶׁבַח לְהַשְׁפַּר. הַלְלוּהוּ בְּתֵקַע שׁוֹפָר:

כָּל־יֹשְׁבֵי תֵבֵל וְשֹׁכְנֵי אָרֶץ. יֹאמְרוּ תָמִיד הִגְדִּיל יְיָ לַעֲשׂוֹת בָּאָרֶץ. וְהָיָה יְיָ לְמֶלֶךְ עַל־כָּל־הָאָרֶץ. קָדוֹשׁ:

On the Sabbath and the Second Day (excepting Sunday)

Piyyut by Rabbi Simeon ben Isaac ben Abun of Mainz, tenth century

And thus the Lord remembered Sarah as He had promised. Even so remember her offspring this day for good, O Holy One.

Thy children glorify Thy name; adoring angels sing Thy praise, "and in Thy Temple everything saith: 'Glory to Thee,' " O Holy One.

They who keep Thy commandments shall be strong and secure. They shall worship Thee in confidence and faith, for Thou, O Lord, listenest to their inner promptings, and their sincere pleas "shall be recorded in Thy Book of Remembrance," O Holy One.

When they mend their deeds, Thy covenant shall not be annulled. Their cry shall reach Thee, O Lord who adornest the firmament, "and their prayer shall be more acceptable than sacrifice to Thee, O Lord," O Holy One.

Rise up and rule the descendants of the tribes whom Thou hast called to Thee. O destroy the fury of the enemy. "Thine is the kingdom; Thou alone rulest," O Holy One.

Lead up our exiles from afar unto the holy mountain that we may glorify Thee in Thy holy Sanctuary, "for Thou dost remember Thy sacred word," O Holy One.

Thou art a blessed tower of strength. Thou wilt grant Thy righteous leaders strength and security. "On that day shall a great trumpet be blown," O Holy One.

The city of delight, the Sanctuary, yea, all the glories of Zion, mayest Thou restore in full splendor. "The Lord shall reign for ever and ever."

Heaven and earth shall sing praises to Thy name; the forests shall clap their hands and resound with sweet melody. "For the Lord hath remembered His people."

The angels in glorious array and stars of the dawn shall peal forth praises in triumphant melody. "Praise Him with the sound of the shofar."

All creatures of the universe, all dwellers of earth shall proclaim: The Lord hath wrought wondrous things throughout the earth. "For the Lord shall be King over all the earth," the Holy One.

יִשְׁפֹּט תֵּבֵל בְּצֶדֶק וּלְאֻמִּים בְּמֵישָׁרִים. הָאֵל קָדוֹשׁ:
וְהוּא בְאֶחָד וּמִי יְשִׁיבֶנּוּ. וְנַפְשׁוֹ אִוְּתָה וַיָּעַשׂ. נוֹרָא וְקָדוֹשׁ:

Congregation

אֶתֵּן לְפוֹעֲלִי צֶדֶק. בְּיוֹם הַנִּבְחַר מֵעֶשׂ לְהִבָּדֵק: גַּאֲוָתוֹ מְאוֹד גָּדְלָה. דֶּרֶךְ עַנְוָתוֹ לְפִי הַגְּדֻלָּה: הוּא אֲדוֹן הָעוֹלָם. וּמִי הִקְשָׁה אֵלָיו וַיִּשְׁלָם: זוֹכֵר הוֹלֵךְ בַּתֹּם. חוֹנֵן וְעוֹשֶׂה דִּין יָתוֹם: טָהוֹר מָרוֹם וְנִשָּׂא. יָפֶה בְעִתּוֹ הַכֹּל עָשָׂה: כַּבִּיר לֹא יִמְאַס. לְנִבְזֶה בְּעֵינָיו נִמְאָס: מְפֹאָר רוֹכֵב עֲרָבוֹת. נֹגַהּ נֶגְדּוֹ וְאֵשׁ לֶהָבוֹת: סוֹעֵף בַּחֲרָבוֹת שְׁנוּנוֹת. עֲבוּר יְתוֹמִים וְאַלְמָנוֹת: פֹּעַל אָדָם יְשַׁלֵּם. צַר פֶּה וּמֵשִׂים אִלֵּם: קוֹנֵה הַכֹּל בְּרַחֲמִים. רָם וּמַשְׁפִּיל רָמִים: שׁוֹפֵט יְצוּרָיו בַּחֲנִינָה. תָּמִים פֹּעַל אֵל אֱמוּנָה: שׁוֹפְטֵי אֶרֶץ כַּתֹּהוּ. מִפַּחְדּוֹ יִבָּהֲלוּ וְיִתְמָהוּ: עוֹשֶׂה מִשְׁפַּט עַמּוֹ. וּתְחִלָּה מְקַדְּמָם מִפְּנֵי זַעְמוֹ: נְדִיבִים בְּדִקְדּוּקָם יָחִילוּ. בַּאֲשֶׁר מִשְׁפָּטוֹ פָּעֲלוּ: רוֹאֶה כָּל־תַּעֲלוּמוֹת. יוֹשֵׁב בְּגָבְהֵי מְרוֹמוֹת: צוֹפֶה כָּל־נוֹלָדוֹת. חוֹפֵשׂ כָּל־הָעֲתִידוֹת: קוֹרֵא הַדּוֹרוֹת מֵרֹאשׁ. חִקְרֵי לֵב לָתוּר וְלִדְרוֹשׁ:

Reader

זוֹכֵר בְּרִית רִאשׁוֹנִים. קַיֵּם שְׁבוּעָה לָאַחֲרוֹנִים:
יִשְׁפּוֹט תֵּבֵל בְּצֶדֶק. וּלְאֻמִּים בְּמֵישָׁרִים. הָאֵל קָדוֹשׁ:

He judgeth the world in righteousness and the peoples in equity.

He is One and Omnipotent. What He desireth, He doeth, the revered and holy God.

Congregation

Piyyut (Hymn) by Simeon ben Isaac ben Abun, tenth century.

I will proclaim the justice of my Maker on this day set aside for the scrutiny of the deeds of men. His majesty is exalted, yet as is His greatness, so is His love of humility. He is the Lord of the world; who can oppose Him with impunity? He remembereth those who walk uprightly; He is compassionate and judgeth the cause of the fatherless. He that is pure, enthroned on high, hath made all things beautiful in their due time. Though He is mighty, He delighteth in those in whose eyes vileness is despised. He ordereth the heavenly spheres and we acclaim His glory. He bringeth to judgment the wicked who oppress orphans and widows, and He rendereth unto every man according to his deeds.

He who doth possess all and is exalted, casteth down the arrogant. He judgeth His creatures with clemency; His work is perfect and He is the Lord of truth. The earthly judges stand in awe of Him for He is the Judge of His people. Even those most scrupulous in justice are astonished because He knoweth every hidden secret. Though He dwelleth above the loftiest heights, He knoweth all that is and perceiveth all that will be. He calleth upon all men in all generations to search the innermost thoughts of their hearts.

Reader

He remembereth the covenant of the patriarchs and He will fulfill His promise to their descendants. He judgeth the world in righteousness and the people in equity; He is the holy God.

On First Day

Reader and Congregation

יְיָ מֶלֶךְ יְיָ מָלָךְ יְיָ יִמְלֹךְ לְעֹלָם וָעֶד:

Reader	*Congregation*
אַדִּירֵי אֲיֻמָּה יַאְדִּירוּ בְקוֹל.	יְיָ מֶלֶךְ:
בְּרוּאֵי בָרָק יְבָרְכוּ בְקוֹל.	יְיָ מָלָךְ:
גִּבּוֹרֵי גֹבַהּ יַגְבִּירוּ בְקוֹל.	יְיָ יִמְלֹךְ:

יְיָ מֶלֶךְ יְיָ מָלָךְ יְיָ יִמְלֹךְ לְעֹלָם וָעֶד:

דּוֹהֲרֵי דוֹלְקִים יְדוֹבְבוּ בְקוֹל.	יְיָ מֶלֶךְ:
הֲמוֹנֵי הֲמֻלָּה יְהַלְלוּ בְקוֹל.	יְיָ מָלָךְ:
וַחֲיָלִים וְחַיּוֹת יְוַעֲדוּ בְקוֹל.	יְיָ יִמְלֹךְ:

יְיָ מֶלֶךְ יְיָ מָלָךְ יְיָ יִמְלֹךְ לְעֹלָם וָעֶד:

זוֹכְרֵי זְמִירוֹת יְזַמְּרוּ בְקוֹל.	יְיָ מֶלֶךְ:
חַכְמֵי חִידוֹת יְחַסְּנוּ בְקוֹל.	יְיָ מָלָךְ:
טַפְסְרֵי טְפוּחִים יְטַכְּסוּ בְקוֹל.	יְיָ יִמְלֹךְ:

יְיָ מֶלֶךְ יְיָ מָלָךְ יְיָ יִמְלֹךְ לְעֹלָם וָעֶד:

יוֹרְשֵׁי יְקָרָה יְיַשְּׁרוּ בְקוֹל.	יְיָ מֶלֶךְ:
כַּבִּירֵי כֹחַ יַכְתִּירוּ בְקוֹל.	יְיָ מָלָךְ:
לְבוּשֵׁי לֶהָבוֹת יְלַבְּבוּ בְקוֹל.	יְיָ יִמְלֹךְ:

יְיָ מֶלֶךְ יְיָ מָלָךְ יְיָ יִמְלֹךְ לְעֹלָם וָעֶד:

On First Day

Piyyut by Eleazar Kalir.

The Lord is King, the Lord was King, the Lord shall be King
for ever and ever.

The heroic sons of a mighty race
Shout in thunder the Lord is King;
The angels whose figure the lightnings trace
Flame to the world that the Lord was King;
And seraphs whose stature is one with space,
Proclaim that the Lord shall be King forever.

The Lord is King, the Lord was King, the Lord shall be King
for ever and ever.

The rushing and undulant sons of fire
Fiercely cry that the Lord is King;
The rustling legions with harp and lyre
Sweetly tell that the Lord was King;
And numberless creatures in ceaseless choir
Chant that the Lord shall be King forever.

The Lord is King, the Lord was King, the Lord shall be King
for ever and ever.

The bards who remember the songs of yore
Sing aloud that the Lord is King;
The sages enshrouded in mystic lore
Find and proclaim that the Lord was King;
And rulers of spans of the heavenly floor
Cry that the Lord shall be King forever.

The Lord is King, the Lord was King, the Lord shall be King
for ever and ever.

The heirs of the Torah, Thy rich bequest,
Chant in joy that the Lord is King;
The lordly warriors with crown and crest
Crown Thee, declaring the Lord was King;
And angels in fiery garments drest
Repeat that the Lord shall be King forever.

The Lord is King, the Lord was King, the Lord shall be King
for ever and ever.

On First Day

Reader	Congregation
מַנְעִימֵי מֶלֶל יְמַלְלוּ בְקוֹל.	יְיָ מֶלֶךְ:
נֹצְצֵי נֹגַהּ יְנַצְּחוּ בְקוֹל.	יְיָ מָלָךְ:
שְׂרָפִים סוֹבְבִים יְסַלְסְלוּ בְקוֹל.	יְיָ יִמְלֹךְ:

יְיָ מֶלֶךְ יְיָ מָלָךְ יְיָ יִמְלֹךְ לְעֹלָם וָעֶד:

עוֹרְכֵי עֹז יַעֲנוּ בְקוֹל.	יְיָ מֶלֶךְ:
פְּחוּדֵי פִלְאָךְ יִפְצְחוּ בְקוֹל.	יְיָ מָלָךְ:
צְבָאוֹת צֹאנָךְ יְצַלְצְלוּ בְקוֹל.	יְיָ יִמְלֹךְ:

יְיָ מֶלֶךְ יְיָ מָלָךְ יְיָ יִמְלֹךְ לְעֹלָם וָעֶד:

קְהִלּוֹת קֹדֶשׁ יַקְדִּישׁוּ בְקוֹל.	יְיָ מֶלֶךְ:
רִבְבוֹת רְבָבָה יְרַנְּנוּ בְקוֹל.	יְיָ מָלָךְ:
שְׁבִיבֵי שַׁלְהָבוֹת יְשַׁנְּנוּ בְקוֹל.	יְיָ יִמְלֹךְ:

יְיָ מֶלֶךְ יְיָ מָלָךְ יְיָ יִמְלֹךְ לְעֹלָם וָעֶד:

תּוֹמְכֵי תְהִלּוֹת יַתְמִידוּ בְקוֹל.	יְיָ מֶלֶךְ:
תּוֹקְפֵי תִפְאַרְתֶּךָ יַתְמִימוּ בְקוֹל.	יְיָ מָלָךְ:
תְּמִימֵי תְעוּדָה יְתַנּוּ בְקוֹל.	יְיָ יִמְלֹךְ:

יְיָ מֶלֶךְ יְיָ מָלָךְ יְיָ יִמְלֹךְ לְעֹלָם וָעֶד:

Continue on page 89

On First Day

Mellifluous orators trained of tongue
   Preach and teach that the Lord is King;
The shimmering cherubim, radiant, young,
   Trumpet exultant the Lord was King;
And seraphim circling have ever sung
   The song that the Lord shall be King forever.

The Lord is King, the Lord was King, the Lord shall be King
for ever and ever.

Thy people in passionate worship cry
   One to another the Lord is King.
In awe of the marvels beneath the sky
   Each explains that the Lord was King.
One sound from Thy pastures ascends on high:
   The chant that the Lord shall be King forever.

The Lord is King, the Lord was King, the Lord shall be King
for ever and ever.

Assemblies of holiness consecrate
   Thee with the cry that the Lord is King.
Innumerous myriads iterate
   Only this—that the Lord was King;
And flame-flashing angels enthroned in state
   Echo the Lord shall be King forever.

The Lord is King, the Lord was King, the Lord shall be King
for ever and ever.

The universe throbs with Thy pauseless praise,
   Chorus eternal, the Lord is King.
Thy glory is cried from the dawn of days,
   Worshippers calling the Lord was King.
And ever the saints who shall witness Thy ways
   Shall cry that the Lord shall be King forever.

The Lord is King, the Lord was King, the Lord shall be King
for ever and ever.

Continue on page 89

On Second Day

אָדוֹן אִם מַעֲשִׂים אֵין בָּנוּ. שִׁמְךָ הַגָּדוֹל יַעֲמָד־לָנוּ. וְאַל תָּבֹא בְמִשְׁפָּט עִמָּנוּ. קָדוֹשׁ:

הֵן לֹא יַאֲמִין בִּקְדוֹשָׁיו. וְתָהֳלָה יָשִׂים בְּאֵלֵי תַרְשִׁישָׁיו. וְאֵיךְ יִצְדְּקוּ קְרוּצֵי גוּשָׁיו. קָדוֹשׁ:

The following Piyyut may be read responsively

וּבְכֵן וַיְהִי בִישֻׁרוּן מֶלֶךְ:

מֶלֶךְ עֶלְיוֹן. אַמִּיץ הַמְנֻשָּׂא. לְכָל־רֹאשׁ מִתְנַשֵּׂא. אוֹמֵר וְעוֹשֶׂה. מָעוֹז וּמַחְסֶה. נֹשֵׂא וְנוֹשֵׂא. מוֹשִׁיב מְלָכִים לַכִּסֵּא. לַעֲדֵי־עַד יִמְלוֹךְ:

מֶלֶךְ עֶלְיוֹן. גִּבּוֹר בִּגְבוּרוֹת. קוֹרֵא הַדּוֹרוֹת. גּוֹלֶה נִסְתָּרוֹת. אִמְרוֹתָיו טְהוֹרוֹת. יוֹדֵעַ סְפוּרוֹת. לְתוֹצָאוֹת מַזָּרוֹת. לַעֲדֵי־עַד יִמְלוֹךְ:

מֶלֶךְ עֶלְיוֹן. הַמְפֹאָר בְּפִי כֹל. וְהוּא כֹל יָכוֹל. הַמְרַחֵם אֶת כֹּל. וְנוֹתֵן מִחְיָה לַכֹּל. וְנֶעְלָם מֵעֵין כֹּל. וְעֵינָיו מְשׁוֹטְטוֹת בַּכֹּל. לַעֲדֵי־עַד יִמְלוֹךְ:

מֶלֶךְ עֶלְיוֹן. זוֹכֵר נִשְׁכָּחוֹת. חוֹקֵר טוּחוֹת. עֵינָיו פְּקוּחוֹת. מַגִּיד שֵׂחוֹת. אֱלֹהֵי הָרוּחוֹת. אִמְרוֹתָיו נְכוֹחוֹת. לַעֲדֵי־עַד יִמְלוֹךְ:

מֶלֶךְ עֶלְיוֹן. טָהוֹר בִּזְבוּלָיו. אוֹת הוּא בְּאֶרְאֶלָּיו. אֵין עֲרוֹךְ אֵלָיו. לִפְעוֹל כְּמִפְעָלָיו. חוֹל שָׂם גְּבוּלָיו. בַּהֲמוֹת יָם לְגַלָּיו. לַעֲדֵי־עַד יִמְלוֹךְ:

מֶלֶךְ עֶלְיוֹן. כּוֹנֵס מֵי הַיָּם. רוֹגַע גַּלֵּי יָם. סוֹעֵר שְׁאוֹן דָּכְיָם. מְלֹא הָעוֹלָם דַּיָּם. מַשְׁבִּיחָם בַּעְיָם. וְשָׁבִים אָחוֹר וְאַיָּם. לַעֲדֵי־עַד יִמְלוֹךְ:

On Second Day

O Lord, if we are deficient in good deeds, let Thy great name plead for us, and enter not into judgment with us, O Holy One.

When even Thy angels are not perfect, how then shall Thy creatures, formed of clay, be justified before Thee, O Holy One?

The following Piyyut, composed by Rabbi Simeon ben Isaac ben Abun of Mainz, tenth century, contrasts the power, majesty and eternity of the divine King of the universe with the evanescent and inevitably vanishing power of earthly tyrants designated as *meleḥ evyon* "mortal king" in rhythmic contrast with *Meleḥ Elyon* "Most High King." Thus the poet reaffirms his faith in the sovereignty of God and fears not the power of mortal tyrants. Originally, each verse of *meleḥ elyon* was followed by a verse of *meleḥ evyon* in an alphabetical acrostic but because of the desire for brevity only two verses, the first and last of *meleḥ evyon* were retained.

And thus He was King in Jeshurun.

The King Most High, mighty and exalted, supreme above all, He promiseth and fulfilleth. Stronghold and Refuge, He is exalted, setting kings upon the throne. *He shall reign forever.*

The King Most High, mighty in His deeds, calling to the ages, He revealeth secret things. His words are pure. He knoweth the number of the stars in their heavenly courses.
He shall reign forever.

The King Most High, praised by all the living, accomplishing all things; He hath mercy over all; He giveth food to all. He is invisible, yet He seeth all. *He shall reign forever.*

The King Most High, remembering things forgotten, searching the heart with unfailing sight, He layeth bare our thoughts. He is God of all spirits and His words are just.
He shall reign forever.

The King Most High, pure where He abideth, supreme above His angels, He is incomparable. None can work His wonders; He setteth the sand as boundary for the raging waves of the sea.
He shall reign forever.

The King Most High, gathering in His waters, stilling the waves of the sea, at His bidding, the tempests roar. He unlooseth waters that might engulf the world, but He restraineth their fury so that they turn back and are no more.
He shall reign forever.

מֶלֶךְ עֶלְיוֹן. מוֹשֵׁל בִּגְבוּרָה. דַּרְכּוֹ סוּפָה וּסְעָרָה. עוֹטֶה
אוֹרָה. לַיְלָה כַּיּוֹם לְהָאִירָה. עֲרָפֶל לוֹ סִתְרָה. וְעִמֵּהּ
שְׁרֵא נְהוֹרָא. לַעֲדֵי־עַד יִמְלוֹךְ:

מֶלֶךְ עֶלְיוֹן. סִתְרוֹ עָבִים. סְבִיבָיו לְהָבִים. רְכוּבוֹ כְּרוּבִים.
מְשָׁרְתָיו שְׁבִיבִים. מַזָּלוֹת וְכוֹכָבִים. הִלּוּלוֹ מַרְבִּים.
לַעֲדֵי־עַד יִמְלוֹךְ:

מֶלֶךְ עֶלְיוֹן. פּוֹתֵחַ יָד וּמַשְׂבִּיעַ. צוֹרֵר מַיִם וּמַנְבִּיעַ. יַבֶּשֶׁת
לְהַטְבִּיעַ. לִשְׁלִישׁ וְלִרְבִיעַ. יוֹם לְיוֹם יַבִּיעַ. שִׁבְחוֹ
לְהַבִּיעַ. לַעֲדֵי־עַד יִמְלוֹךְ:

מֶלֶךְ עֶלְיוֹן. קָדוֹשׁ וְנוֹרָא. בְּמוֹפֵת וּבְמוֹרָא. מְמַדֵּי אֶרֶץ
קָרָא. וְאֶבֶן פִּנָּתָהּ יָרָה. וְכָל־הַנִּבְרָא לִכְבוֹדוֹ בָּרָא.
לַעֲדֵי־עַד יִמְלוֹךְ:

מֶלֶךְ עֶלְיוֹן. שׁוֹמֵעַ אֶל אֶבְיוֹנִים. וּמַאֲזִין חִנּוּנִים. מַאֲרִיךְ
רְצוֹנִים. וּמְקַצֵּר חֲרוֹנִים. רִאשׁוֹן לָרִאשׁוֹנִים. וְאַחֲרוֹן
לָאַחֲרוֹנִים. לַעֲדֵי־עַד יִמְלוֹךְ:

The following two verses are said silently:

מֶלֶךְ אֶבְיוֹן. בָּלֶה וְיֹרֵד שַׁחַת. בִּשְׁאוֹל וּבְתַחַת. בְּלֵאוּת בְּלִי נַחַת.
עַד מָתַי יִמְלוֹךְ:

מֶלֶךְ אֶבְיוֹן. תְּנוּמָה תְעוּפֶנּוּ. תַּרְדֵּמָה תְעוֹפְפֶנּוּ. תֹּהוּ יְשׁוּפֶנּוּ.
עַד מָתַי יִמְלוֹךְ:

אֲבָל מֶלֶךְ עֶלְיוֹן. שׁוֹפֵט הָאֱמֶת. מַעְבָדָיו אֱמֶת. עוֹשֶׂה
חֶסֶד וֶאֱמֶת. וְרַב חֶסֶד וֶאֱמֶת. נְתִיבָתוֹ אֱמֶת. חוֹתָמוֹ אֱמֶת.
לַעֲדֵי־עַד יִמְלוֹךְ:

Second Day

The King Most High, ruling with power, His path is the storm and the whirlwind; He is robed with light, making night shine before Him as the day. Though darkness surrounds Him, light abides with Him.

He shall reign forever.

The King Most High, clouds encompass Him, flames leap about Him, cherubim flutter around Him. Lightnings speed to perform His service, stars and constellations declare His praise.

He shall reign forever.

The King Most High, opening His hand and satisfying all, He gathereth the waters and unlooseth them again to saturate the parched land. Day utters speech unto day, declaring His praise.

He shall reign forever.

The King Most High, holy and supreme, is held in awe because of His wondrous and awesome deeds. He hath proclaimed the measurements of the earth, He hath laid its cornerstone, and created all things for His glory.

He shall reign forever.

The King Most High, hearkening to the needy, heeding their supplication, bountiful in His mercy, He subdueth His displeasure. He is the first of all that was, and will be after all else.

He shall reign forever.

The following two verses are said silently:

But mortal king on earth, perishing and descending to the grave, weary and restless, how long will he reign?

The king on earth, sleep overtakes him, deep slumber overcomes him, chaos overwhelms him, how long more will he reign?

But the King Most High, He is the true Judge; His works are true; in truth He showeth loving-kindness and mercy. His path is truth and His seal is truth.

He shall reign forever.

יְיָ מֶלֶךְ יְיָ מָלָךְ יְיָ יִמְלֹךְ לְעֹלָם וָעֶד:

כָּל־שִׁנְאַנֵּי שַׁחַק. בְּאֹמֶר מַאְדִּירִים. יְיָ מֶלֶךְ:
כָּל־שׁוֹכְנֵי שֶׁחֶק. בִּבְרָכָה מְבָרְכִים. יְיָ מָלָךְ:
אֵלּוּ וָאֵלּוּ. בְּגֹבַהּ מַגְדִּילִים. יְיָ יִמְלֹךְ:
יְיָ מֶלֶךְ יְיָ מָלָךְ יְיָ יִמְלֹךְ לְעֹלָם וָעֶד:

כָּל־מַלְאֲכֵי מַעְלָה. בְּדֵעָה מַדְגִּילִים. יְיָ מֶלֶךְ:
כָּל־מוֹשְׁלֵי מַטָּה. בְּהַלֵּל מְהַלְלִים. יְיָ מָלָךְ:
אֵלּוּ וָאֵלּוּ. בְּוַדַּאי מוֹדִים. יְיָ יִמְלֹךְ:
יְיָ מֶלֶךְ יְיָ מָלָךְ יְיָ יִמְלֹךְ לְעֹלָם וָעֶד:

כָּל־עָרִיצֵי עֶלְיוֹנִים. בְּזֶמֶר מְזַמְּרִים. יְיָ מֶלֶךְ:
כָּל־עוֹבְרֵי עוֹלָמִים. בְּחַיִל מְחַסְּנִים. יְיָ מָלָךְ:
אֵלּוּ וָאֵלּוּ. בְּטַעַם מְטַכְּסִים. יְיָ יִמְלֹךְ:
יְיָ מֶלֶךְ יְיָ מָלָךְ יְיָ יִמְלֹךְ לְעֹלָם וָעֶד:

כָּל־וְעוּדֵי וַעַד. בְּיֹשֶׁר מְיַפִּים. יְיָ מֶלֶךְ:
כָּל־וָתִיקֵי וֶסֶת. בְּכֹשֶׁר מְכַלְלִים. יְיָ מָלָךְ:
אֵלּוּ וָאֵלּוּ. בְּלַהַג מְלַהֲגִים. יְיָ יִמְלֹךְ:
יְיָ מֶלֶךְ יְיָ מָלָךְ יְיָ יִמְלֹךְ לְעֹלָם וָעֶד:

כָּל־נְדִיבֵי נְדָבוֹת. בְּמַאֲמָר מְמַלְלִים. יְיָ מֶלֶךְ:
כָּל־נִכְבַּדֵּי נֹעַם. בְּנִצּוּחַ מְנַצְּחִים. יְיָ מָלָךְ:
אֵלּוּ וָאֵלּוּ. בְּשִׂיחַ מְשׂוֹחֲחִים. יְיָ יִמְלֹךְ:
יְיָ מֶלֶךְ יְיָ מָלָךְ יְיָ יִמְלֹךְ לְעֹלָם וָעֶד:

כָּל־בַּעֲלֵי בִינָה. בְּעִלּוּי מְעַלִּים. יְיָ מֶלֶךְ:
כָּל־בְּרוּאֵי בְרִיָּה. בְּפֶצַח מְפַצְּחִים. יְיָ מָלָךְ:
אֵלּוּ וָאֵלּוּ. בְּצִפְצוּף מְצַפְצְפִים. יְיָ יִמְלֹךְ:
יְיָ מֶלֶךְ יְיָ מָלָךְ יְיָ יִמְלֹךְ לְעֹלָם וָעֶד:

Second Day

Piyyut by Rabbi Simeon ben Isaac ben Abun

The Lord is King; the Lord was King;
The Lord forever shall be King.
All the hosts of heaven proclaim:
The Lord is King.
All on earth bless His name:
The Lord was King.
Both these and those acknowledge together:
The Lord forever shall be King.
All the envoys of heaven unfurl His banner:
The Lord is King.
All the rulers on earth praise:
The Lord was King.
Both these and those affirm together:
The Lord forever shall be King.
All the mighty angels sing:
The Lord is King.
All the pilgrims on earth declare:
The Lord was King.
Both these and those utter together:
The Lord forever shall be King.
All the guardian angels truthfully say:
The Lord is King.
All the throngs assembled repeat:
The Lord was King.
Both these and those avow together:
The Lord forever shall be King.
All ministering angels lift their voices:
The Lord is King.
All who glory in the Law triumphantly announce:
The Lord was King.
Both these and those meditate together:
The Lord forever shall be King.
All gifted with discernment praise:
The Lord is King.
All created beings shout with joy:
The Lord was King.
Both these and those whisper together:
The Lord forever shall be King.

כָּל־רִשְׁפֵּי רוּמָה. בְּקוֹל מַקְדִּישִׁים. יְיָ מֶלֶךְ:
כָּל־רָאשֵׁי רוֹן. בְּרֶנֶן מְרַנְנִים. יְיָ מָלָךְ:
אֵלּוּ וָאֵלּוּ. בְּשִׁירָה מְשׁוֹרְרִים. יְיָ יִמְלֹךְ:
יְיָ מֶלֶךְ יְיָ מָלָךְ יְיָ יִמְלֹךְ לְעֹלָם וָעֶד:

כָּל־יַקִּירֵי יֹפִי. בְּתֹקֶף מְתַנִּים. יְיָ מֶלֶךְ:
כָּל־יוֹשְׁבֵי יְשׁוּב. בְּיִחוּד מְיַחֲדִים. יְיָ מָלָךְ:
אֵלּוּ וָאֵלּוּ. בְּאֹמֶר מְאַדְּרִים. יְיָ יִמְלֹךְ:
יְיָ מֶלֶךְ יְיָ מָלָךְ יְיָ יִמְלֹךְ לְעֹלָם וָעֶד:

כָּל־צוֹבְאֵי צָבָא. בְּלֶמֶד מְלַמְּדִים. יְיָ מֶלֶךְ:
כָּל־צְנוּפֵי צְפִירָה. בְּצֶדֶק מַצְדִּיקִים. יְיָ מָלָךְ:
אֵלּוּ וָאֵלּוּ. בְּחַיִל מְחַזְּרִים. יְיָ יִמְלֹךְ:
יְיָ מֶלֶךְ יְיָ מָלָךְ יְיָ יִמְלֹךְ לְעֹלָם וָעֶד:

כָּל־חַיָּלֵי חֹסֶן. בַּחֲרָדָה מְחַלִּים. יְיָ מֶלֶךְ:
כָּל־חֲשׁוּקֵי חֶמֶד. בְּחָזְקָה מְחַזְּקִים. יְיָ מָלָךְ:
אֵלּוּ וָאֵלּוּ. בְּנִגּוּן מְנַגְּנִים. יְיָ יִמְלֹךְ:
יְיָ מֶלֶךְ יְיָ מָלָךְ יְיָ יִמְלֹךְ לְעֹלָם וָעֶד:

כָּל־קְדוֹשֵׁי קָדוֹשׁ. בִּקְדֻשָּׁה מַקְדִּישִׁים. יְיָ מֶלֶךְ:
כָּל־קְבוּצֵי קָהָל. בְּקֹשֶׁט מְקַשְּׁטִים. יְיָ מָלָךְ:
אֵלּוּ וָאֵלּוּ. בְּנֹעַם מַנְעִימִים. יְיָ יִמְלֹךְ:
יְיָ מֶלֶךְ יְיָ מָלָךְ יְיָ יִמְלֹךְ לְעֹלָם וָעֶד:

כָּל־חַשְׁמַלֵּי זִקִּים. לַבְּקָרִים מִתְחַדְּשִׁים. יְיָ מֶלֶךְ:
כָּל־תַּרְשִׁישֵׁי גֹבַהּ. בִּדְמָמָה מְלַחֲשִׁים. יְיָ מָלָךְ:
אֵלּוּ וָאֵלּוּ. בְּשִׁלּוּשׁ מְשַׁלְּשִׁים. יְיָ יִמְלֹךְ:
יְיָ מֶלֶךְ יְיָ מָלָךְ יְיָ יִמְלֹךְ לְעֹלָם וָעֶד:

Second Day

All angels on high sanctify Him:
>*The Lord is King.*

All leaders of song exult:
>*The Lord was King.*

Both these and those in music blend together:
>*The Lord forever shall be King.*

All of glorious beauty break forth in melody:
>*The Lord is King.*

All who dwell on earth in unison profess:
>*The Lord was King.*

Both these and those glorify together:
>*The Lord forever shall be King.*

All the Hosts on high send forth the word:
>*The Lord is King.*

All versed in the Law speak with righteousness:
>*The Lord was King.*

Both these and those reply together:
>*The Lord forever shall be King.*

All the mighty legions tell in awe:
>*The Lord is King.*

All who delight in the Law make known:
>*The Lord was King.*

Both these and those sing together:
>*The Lord forever shall be King.*

All the holy angels hallow God's name:
>*The Lord is King.*

All thronged assemblies in truth respond:
>*The Lord was King.*

Both these and those with melody resound:
>*The Lord forever shall be King.*

All the angels of light daily utter:
>*The Lord is King.*

All the mighty reverently whisper:
>*The Lord was King.*

Both these and those proclaim "Holy" thrice together:
>*The Lord forever shall be King.*

The Ark is opened

וּבְכֵן לְךָ הַכֹּל יַכְתִּירוּ:

לְאֵל עוֹרֵךְ דִּין: לְבוֹחֵן לְבָבוֹת בְּיוֹם דִּין:
לְגוֹלֶה עֲמֻקּוֹת בַּדִּין: לְדוֹבֵר מֵישָׁרִים בְּיוֹם דִּין:
לְהוֹגֶה דֵעוֹת בַּדִּין: לְוָתִיק וְעֹשֶׂה חֶסֶד בְּיוֹם דִּין:
לְזוֹכֵר בְּרִיתוֹ בַּדִּין: לְחוֹמֵל מַעֲשָׂיו בְּיוֹם דִּין:
לְטַהֵר חוֹסָיו בַּדִּין: לְיוֹדֵעַ מַחֲשָׁבוֹת בְּיוֹם דִּין:
לְכוֹבֵשׁ כַּעְסוֹ בַּדִּין: לְלוֹבֵשׁ צְדָקוֹת בְּיוֹם דִּין:
לְמוֹחֵל עֲוֹנוֹת בַּדִּין: לְנוֹרָא תְהִלּוֹת בְּיוֹם דִּין:
לְסוֹלֵחַ לַעֲמוּסָיו בַּדִּין: לְעוֹנֶה לְקוֹרְאָיו בְּיוֹם דִּין:
לְפוֹעֵל רַחֲמָיו בַּדִּין: לְצוֹפֶה נִסְתָּרוֹת בְּיוֹם דִּין:
לְקוֹנֶה עֲבָדָיו בַּדִּין: לְרַחֵם עַמּוֹ בְּיוֹם דִּין:
לְשׁוֹמֵר אוֹהֲבָיו בַּדִּין: לְתוֹמֵךְ תְּמִימָיו בְּיוֹם דִּין:

The Ark is closed

The Ark is opened

Piyyut composed in alphabetical acrostic by Eleazar Kalir

And thus, all shall acclaim sovereignty unto God:
Unto God who ordereth judgment,
Who searcheth hearts on the Day of Judgment;
Who uncovereth deep things in judgment,
Who ordaineth righteousness on the Day of Judgment;
Who uttereth knowledge in judgment,
Who is perfect, and showeth mercy on the Day of Judgment;
Who remembereth His covenant in judgment,
Who hath compassion upon His handiwork on the Day of
    Judgment;
Who maketh pure them that trust in Him in judgment,
Who divineth men's thoughts on the Day of Judgment;
Who restraineth His indignation on the Day of Judgment,
Who is clothed in charity on the Day of Judgment;
Who pardoneth iniquities in judgment,
Who is revered in praises on the Day of Judgment;
Who forgiveth the people chastened by Him in judgment,
Who answereth His suppliants on the Day of Judgment;
Who showeth His mercy in judgment,
Who observeth secret things on the Day of Judgment;
Who is Master of all in judgment,
Who hath compassion upon His people on the Day of Judg-
    ment;
Who preserveth them that love Him in judgment,
Who sustaineth His blameless ones on the Day of Judgment.

The Ark is closed

קדושה

וּבְכֵן וּלְךָ תַעֲלֶה קְדֻשָּׁה כִּי אַתָּה אֱלֹהֵינוּ מֶלֶךְ:

נְקַדֵּשׁ אֶת־שִׁמְךָ בָּעוֹלָם כְּשֵׁם שֶׁמַּקְדִּישִׁים אוֹתוֹ בִּשְׁמֵי מָרוֹם. כַּכָּתוּב עַל־יַד נְבִיאֶךָ. וְקָרָא זֶה אֶל־זֶה וְאָמַר.

קָדוֹשׁ קָדוֹשׁ קָדוֹשׁ יְיָ צְבָאוֹת. מְלֹא כָל־הָאָרֶץ כְּבוֹדוֹ:

אָז בְּקוֹל רַעַשׁ גָּדוֹל אַדִּיר וְחָזָק מַשְׁמִיעִים קוֹל מִתְנַשְּׂאִים לְעֻמַּת שְׂרָפִים לְעֻמָּתָם בָּרוּךְ יֹאמֵרוּ.

בָּרוּךְ כְּבוֹד־יְיָ מִמְּקוֹמוֹ:

מִמְּקוֹמְךָ מַלְכֵּנוּ תוֹפִיעַ וְתִמְלוֹךְ עָלֵינוּ כִּי מְחַכִּים אֲנַחְנוּ לָךְ: מָתַי תִּמְלוֹךְ בְּצִיּוֹן. בְּקָרוֹב בְּיָמֵינוּ לְעוֹלָם וָעֶד תִּשְׁכּוֹן: תִּתְגַּדַּל וְתִתְקַדַּשׁ בְּתוֹךְ יְרוּשָׁלַיִם עִירְךָ לְדוֹר וָדוֹר וּלְנֵצַח נְצָחִים: וְעֵינֵינוּ תִרְאֶינָה מַלְכוּתֶךָ כַּדָּבָר הָאָמוּר בְּשִׁירֵי עֻזֶּךָ עַל־יְדֵי דָוִד מְשִׁיחַ צִדְקֶךָ:

יִמְלֹךְ יְיָ לְעוֹלָם. אֱלֹהַיִךְ צִיּוֹן לְדֹר וָדֹר. הַלְלוּיָהּ:

לְדוֹר וָדוֹר נַגִּיד גָּדְלֶךָ. וּלְנֵצַח נְצָחִים קְדֻשָּׁתְךָ נַקְדִּישׁ. וְשִׁבְחֲךָ אֱלֹהֵינוּ מִפִּינוּ לֹא יָמוּשׁ לְעוֹלָם וָעֶד. כִּי אֵל מֶלֶךְ גָּדוֹל וְקָדוֹשׁ אָתָּה:

וּבְכֵן תֵּן פַּחְדְּךָ יְיָ אֱלֹהֵינוּ עַל כָּל־מַעֲשֶׂיךָ וְאֵימָתְךָ עַל כָּל־מַה־שֶּׁבָּרָאתָ. וְיִירָאוּךָ כָּל־הַמַּעֲשִׂים וְיִשְׁתַּחֲווּ לְפָנֶיךָ כָּל־הַבְּרוּאִים. וְיֵעָשׂוּ כֻלָּם אֲגֻדָּה אֶחָת לַעֲשׂוֹת רְצוֹנְךָ בְּלֵבָב שָׁלֵם. כְּמוֹ שֶׁיָּדַעְנוּ יְיָ אֱלֹהֵינוּ שֶׁהַשִּׁלְטוֹן לְפָנֶיךָ עֹז בְּיָדְךָ וּגְבוּרָה בִּימִינֶךָ וְשִׁמְךָ נוֹרָא עַל כָּל־מַה־שֶּׁבָּרָאתָ:

וּבְכֵן תֵּן כָּבוֹד יְיָ לְעַמֶּךָ תְּהִלָּה לִירֵאֶיךָ וְתִקְוָה לְדוֹרְשֶׁיךָ וּפִתְחוֹן פֶּה לַמְיַחֲלִים לָךְ. שִׂמְחָה לְאַרְצֶךָ

And thus may the sanctification ascend unto Thee for
Thou art our God and King.

We will sanctify Thy name on earth, even as it is sanctified in the heavens above, as it is written by the hand of Thy prophet: And one called unto another and said,

'Holy, holy, holy is the Lord of hosts;
The whole earth is full of His glory.'
Ko-dōsh, ko-dōsh, ko-dōsh, A-dō-noy ts'vo-ōs,
M'lō ḥol ho-o-rets k'vō-dō.
Blessed be the glory of the Lord that fills the universe.
Bo-ruḥ k'vōd A-dō-noy mi-m'kō-mō.

From Thine exalted abode, shine forth, O our King, and reign over us, for we wait for Thee. When wilt Thou rule in Zion? Speedily, even in our days, do Thou dwell there forever. Mayest Thou be exalted and sanctified in the midst of Jerusalem, Thy city, throughout all generations and to all eternity. O let our eyes behold the establishment of Thy kingdom, according to the word that was spoken in the Psalms of David:

The Lord shall reign forever; thy God, O Zion, shall be Sovereign unto all generations. Praise the Lord.

Yim'lōḥ A-dō-noy l'ō-lom e-lō-ha-yiḥ tsi-yōn,
L'dōr vo-dōr, ha'l'lu-yoh.

Unto all generations we shall declare Thy greatness, and to all eternity we will proclaim Thy holiness; and Thy praise, O our God, shall not depart from our mouth forever, for Thou art a great and holy God and King.

And therefore, O Lord our God, let Thine awe be manifest in all Thy works, and a reverence for Thee fill all that Thou hast created, so that all Thy creatures may know Thee, and all mankind bow down to acknowledge Thee. May all Thy children unite in one fellowship to do Thy will with a perfect heart; for we know, O Lord our God, that dominion is Thine, that Thy might and power are supreme, and that Thy name is to be revered over all Thou hast created.

And therefore, O Lord, grant glory to Thy people who serve Thee, praise to those who revere Thee, hope to those who seek Thee, and confidence to those who yearn for Thee. Bring

וְשָׂשׂוֹן לְעִירֶךָ וּצְמִיחַת קֶרֶן לְדָוִד עַבְדֶּךָ וַעֲרִיכַת נֵר לְבֶן יִשַׁי מְשִׁיחֶךָ בִּמְהֵרָה בְיָמֵינוּ:

וּבְכֵן צַדִּיקִים יִרְאוּ וְיִשְׂמָחוּ וִישָׁרִים יַעֲלֹזוּ וַחֲסִידִים בְּרִנָּה יָגִילוּ. וְעוֹלָתָה תִּקְפָּץ־פִּיהָ וְכָל־הָרִשְׁעָה כֻּלָּהּ כְּעָשָׁן תִּכְלֶה. כִּי תַעֲבִיר מֶמְשֶׁלֶת זָדוֹן מִן הָאָרֶץ:

וְתִמְלוֹךְ אַתָּה יְיָ לְבַדֶּךָ עַל כָּל־מַעֲשֶׂיךָ בְּהַר צִיּוֹן מִשְׁכַּן כְּבוֹדֶךָ וּבִירוּשָׁלַיִם עִיר קָדְשֶׁךָ כַּכָּתוּב בְּדִבְרֵי קָדְשֶׁךָ. יִמְלֹךְ יְיָ לְעוֹלָם אֱלֹהַיִךְ צִיּוֹן לְדֹר וָדֹר הַלְלוּיָהּ:

קָדוֹשׁ אַתָּה וְנוֹרָא שְׁמֶךָ וְאֵין אֱלוֹהַּ מִבַּלְעָדֶיךָ כַּכָּתוּב. וַיִּגְבַּהּ יְיָ צְבָאוֹת בַּמִּשְׁפָּט וְהָאֵל הַקָּדוֹשׁ נִקְדַּשׁ בִּצְדָקָה. בָּרוּךְ אַתָּה יְיָ הַמֶּלֶךְ הַקָּדוֹשׁ:

אַתָּה בְחַרְתָּנוּ מִכָּל־הָעַמִּים. אָהַבְתָּ אוֹתָנוּ. וְרָצִיתָ בָּנוּ. וְרוֹמַמְתָּנוּ מִכָּל־הַלְּשׁוֹנוֹת. וְקִדַּשְׁתָּנוּ בְּמִצְוֹתֶיךָ. וְקֵרַבְתָּנוּ מַלְכֵּנוּ לַעֲבוֹדָתֶךָ. וְשִׁמְךָ הַגָּדוֹל וְהַקָּדוֹשׁ עָלֵינוּ קָרָאתָ:

On Sabbath add the bracketed words

וַתִּתֶּן לָנוּ יְיָ אֱלֹהֵינוּ בְּאַהֲבָה אֶת [יוֹם הַשַּׁבָּת הַזֶּה וְאֶת] יוֹם הַזִּכָּרוֹן הַזֶּה יוֹם [זִכְרוֹן] תְּרוּעָה [בְּאַהֲבָה] מִקְרָא קֹדֶשׁ. זֵכֶר לִיצִיאַת מִצְרָיִם:

אֱלֹהֵינוּ וֵאלֹהֵי אֲבוֹתֵינוּ יַעֲלֶה וְיָבֹא וְיַגִּיעַ וְיֵרָאֶה וְיֵרָצֶה וְיִשָּׁמַע וְיִפָּקֵד וְיִזָּכֵר זִכְרוֹנֵנוּ וּפִקְדוֹנֵנוּ וְזִכְרוֹן אֲבוֹתֵינוּ וְזִכְרוֹן מָשִׁיחַ בֶּן דָּוִד עַבְדֶּךָ וְזִכְרוֹן יְרוּשָׁלַיִם עִיר קָדְשֶׁךָ וְזִכְרוֹן כָּל־עַמְּךָ בֵּית יִשְׂרָאֵל לְפָנֶיךָ לִפְלֵיטָה לְטוֹבָה

joy to Thy land, gladness to Thy city, renewed strength to the seed of David, and a constant light to Thy servants in Zion. O may this come to pass speedily in our days.

And therefore, the righteous shall see and be glad, the just exult, and the pious rejoice in song, while iniquity shall close its mouth and all wickedness shall vanish like smoke, when Thou removest the dominion of tyranny from the earth.

And Thou, O Lord, wilt rule, Thou alone, over all Thy works on Mount Zion, the dwelling place of Thy glory, and in Jerusalem, Thy holy city, fulfilling the words of the Psalmist: "The Lord shall reign forever; thy God, O Zion, shall be Sovereign unto all generations. Praise the Lord."

Holy art Thou, and awe-inspiring is Thy name, and there is no God besides Thee; as it is written in Holy Scriptures: "The Lord of hosts is exalted through justice, and the holy God is sanctified through righteousness." Blessed art Thou, O Lord, the holy King.

Thou didst choose us for Thy service from among all peoples, loving us and taking delight in us. Thou didst exalt us above all tongues by making us holy through Thy commandments. Thou hast drawn us near, O our King, unto Thy service and hast called us by Thy great and holy name.

On Sabbath add the bracketed words

And Thou hast given us in love, O Lord our God, [this Sabbath day and] this Day of Remembrance, a day for [recalling the] sounding of the Shofar, a holy convocation as a memorial of the departure from Egypt.

Our God and God of our fathers, may Israel be remembered with loving-kindness and mercy, for life and peace; may Zion

לְחֵן וּלְחֶסֶד וּלְרַחֲמִים לְחַיִּים וּלְשָׁלוֹם בְּיוֹם הַזִּכָּרוֹן הַזֶּה: זָכְרֵנוּ יְיָ אֱלֹהֵינוּ בּוֹ לְטוֹבָה. וּפָקְדֵנוּ בוֹ לִבְרָכָה. וְהוֹשִׁיעֵנוּ בוֹ לְחַיִּים. וּבִדְבַר יְשׁוּעָה וְרַחֲמִים חוּס וְחָנֵּנוּ וְרַחֵם עָלֵינוּ וְהוֹשִׁיעֵנוּ כִּי אֵלֶיךָ עֵינֵינוּ. כִּי אֵל מֶלֶךְ חַנּוּן וְרַחוּם אָתָּה:

אֱלֹהֵינוּ וֵאלֹהֵי אֲבוֹתֵינוּ מְלוֹךְ עַל כָּל־הָעוֹלָם כֻּלּוֹ בִּכְבוֹדֶךָ וְהִנָּשֵׂא עַל כָּל־הָאָרֶץ בִּיקָרֶךָ וְהוֹפַע בַּהֲדַר גְּאוֹן עֻזֶּךָ עַל כָּל־יוֹשְׁבֵי תֵבֵל אַרְצֶךָ. וְיֵדַע כָּל־פָּעוּל כִּי אַתָּה פְעַלְתּוֹ וְיָבִין כָּל־יָצוּר כִּי אַתָּה יְצַרְתּוֹ. וְיֹאמַר כֹּל אֲשֶׁר נְשָׁמָה בְּאַפּוֹ יְיָ אֱלֹהֵי יִשְׂרָאֵל מֶלֶךְ וּמַלְכוּתוֹ בַּכֹּל מָשָׁלָה: אֱלֹהֵינוּ וֵאלֹהֵי אֲבוֹתֵינוּ [רְצֵה בִמְנוּחָתֵנוּ] קַדְּשֵׁנוּ בְּמִצְוֹתֶיךָ וְתֵן חֶלְקֵנוּ בְּתוֹרָתֶךָ שַׂבְּעֵנוּ מִטּוּבֶךָ וְשַׂמְּחֵנוּ בִּישׁוּעָתֶךָ. [וְהַנְחִילֵנוּ יְיָ אֱלֹהֵינוּ בְּאַהֲבָה וּבְרָצוֹן שַׁבַּת קָדְשֶׁךָ וְיָנוּחוּ בָהּ יִשְׂרָאֵל מְקַדְּשֵׁי שְׁמֶךָ] וְטַהֵר לִבֵּנוּ לְעָבְדְּךָ בֶּאֱמֶת. כִּי אַתָּה אֱלֹהִים אֱמֶת וּדְבָרְךָ אֱמֶת וְקַיָּם לָעַד. בָּרוּךְ אַתָּה יְיָ. מֶלֶךְ עַל כָּל־הָאָרֶץ מְקַדֵּשׁ [הַשַּׁבָּת וְ]יִשְׂרָאֵל וְיוֹם הַזִּכָּרוֹן:

רְצֵה יְיָ אֱלֹהֵינוּ בְּעַמְּךָ יִשְׂרָאֵל וּבִתְפִלָּתָם. וְהָשֵׁב אֶת־הָעֲבוֹדָה לִדְבִיר בֵּיתֶךָ וְאִשֵּׁי יִשְׂרָאֵל וּתְפִלָּתָם בְּאַהֲבָה תְקַבֵּל בְּרָצוֹן. וּתְהִי לְרָצוֹן תָּמִיד עֲבוֹדַת יִשְׂרָאֵל עַמֶּךָ. וְתֶחֱזֶינָה עֵינֵינוּ בְּשׁוּבְךָ לְצִיּוֹן בְּרַחֲמִים. בָּרוּךְ אַתָּה יְיָ הַמַּחֲזִיר שְׁכִינָתוֹ לְצִיּוֹן:

be remembered for deliverance and well-being on this Day of Remembrance. Remember us, O Lord our God, for our good, and be mindful of us for a life of blessing. In accordance with Thy promise of salvation and mercy, spare us and be gracious unto us; have compassion upon us and save us. Unto Thee have we lifted our eyes, for Thou art a gracious and merciful God and King.

Our God and God of our fathers, reign over all the universe in Thy glory, and in Thy splendor be exalted over all the earth. Shine forth in the majesty of Thy triumphant power over all the inhabitants of Thy world, that every living form may know that Thou hast formed it, and every living creature understand that Thou hast created it, and all with life's breath in their nostrils may declare: "The Lord, God of Israel, is King and His dominion ruleth over all." Our God and God of our fathers, [accept our rest;] sanctify us by Thy commandments, and grant that our portion be in Thy Torah; satisfy us with Thy goodness, and gladden us with Thy salvation. [Cause us, O Lord our God, in love and favor to inherit Thy holy Sabbath; and may Israel rest thereon and bless Thy name.] Make our hearts pure to serve Thee in truth, for Thou, O God, art Truth, and Thy word is truth and endureth forever. Blessed art Thou, O Lord, Thou King over all the earth, who sanctifiest [the Sabbath and] Israel and the Day of Remembrance.

O Lord our God, be gracious unto Thy people Israel and accept their prayer. Restore worship to Thy Sanctuary and receive in love and favor the supplication of Israel. May the worship of Thy people be ever acceptable unto Thee. O may our eyes witness Thy return in mercy to Zion. Blessed art Thou, O Lord, who restorest Thy divine presence unto Zion.

*מוֹדִים אֲנַחְנוּ לָךְ שָׁאַתָּה הוּא יְיָ אֱלֹהֵינוּ וֵאלֹהֵי אֲבוֹתֵינוּ לְעוֹלָם וָעֶד. צוּר חַיֵּינוּ מָגֵן יִשְׁעֵנוּ אַתָּה הוּא לְדוֹר וָדוֹר. נוֹדֶה לְּךָ וּנְסַפֵּר תְּהִלָּתֶךָ עַל חַיֵּינוּ הַמְּסוּרִים בְּיָדֶךָ וְעַל נִשְׁמוֹתֵינוּ הַפְּקוּדוֹת לָךְ וְעַל נִסֶּיךָ שֶׁבְּכָל־יוֹם עִמָּנוּ וְעַל נִפְלְאוֹתֶיךָ וְטוֹבוֹתֶיךָ שֶׁבְּכָל־עֵת עֶרֶב וָבֹקֶר וְצָהֳרָיִם. הַטּוֹב כִּי לֹא־כָלוּ רַחֲמֶיךָ וְהַמְרַחֵם כִּי לֹא־תַמּוּ חֲסָדֶיךָ מֵעוֹלָם קִוִּינוּ לָךְ:

**Congregation, as Reader begins the above prayer:*

מוֹדִים אֲנַחְנוּ לָךְ שָׁאַתָּה הוּא יְיָ אֱלֹהֵינוּ וֵאלֹהֵי אֲבוֹתֵינוּ אֱלֹהֵי כָל בָּשָׂר יוֹצְרֵנוּ יוֹצֵר בְּרֵאשִׁית. בְּרָכוֹת וְהוֹדָאוֹת לְשִׁמְךָ הַגָּדוֹל וְהַקָּדוֹשׁ עַל שֶׁהֶחֱיִיתָנוּ וְקִיַּמְתָּנוּ. כֵּן תְּחַיֵּנוּ וּתְקַיְּמֵנוּ וְתֶאֱסוֹף גָּלֻיּוֹתֵינוּ לְחַצְרוֹת קָדְשֶׁךָ לִשְׁמֹר חֻקֶּיךָ וְלַעֲשׂוֹת רְצוֹנֶךָ וּלְעָבְדְּךָ בְּלֵבָב שָׁלֵם עַל שֶׁאֲנַחְנוּ מוֹדִים לָךְ. בָּרוּךְ אֵל הַהוֹדָאוֹת:

וְעַל כֻּלָּם יִתְבָּרַךְ וְיִתְרוֹמַם שִׁמְךָ מַלְכֵּנוּ תָּמִיד לְעוֹלָם וָעֶד:

Congregation and Reader

וּכְתוֹב לְחַיִּים טוֹבִים כָּל־בְּנֵי בְרִיתֶךָ:

Reader

וְכֹל הַחַיִּים יוֹדוּךָ סֶּלָה וִיהַלְלוּ אֶת שִׁמְךָ בֶּאֱמֶת הָאֵל יְשׁוּעָתֵנוּ וְעֶזְרָתֵנוּ סֶלָה. בָּרוּךְ אַתָּה יְיָ הַטּוֹב שִׁמְךָ וּלְךָ נָאֶה לְהוֹדוֹת:

אֱלֹהֵינוּ וֵאלֹהֵי אֲבוֹתֵינוּ. בָּרְכֵנוּ בַּבְּרָכָה הַמְשֻׁלֶּשֶׁת בַּתּוֹרָה הַכְּתוּבָה עַל־יְדֵי מֹשֶׁה עַבְדֶּךָ. הָאֲמוּרָה מִפִּי אַהֲרֹן וּבָנָיו כֹּהֲנִים עַם קְדוֹשֶׁךָ כָּאָמוּר.

Reader	*Congregation*
יְבָרֶכְךָ יְיָ וְיִשְׁמְרֶךָ.	כֵּן יְהִי רָצוֹן:
יָאֵר יְיָ פָּנָיו אֵלֶיךָ וִיחֻנֶּךָּ.	כֵּן יְהִי רָצוֹן:
יִשָּׂא יְיָ פָּנָיו אֵלֶיךָ וְיָשֵׂם לְךָ שָׁלוֹם.	כֵּן יְהִי רָצוֹן:

* We thankfully acknowledge that Thou art the Lord our God and the God of our fathers unto all eternity, the Rock of our lives, and the Shield of our salvation through every generation. We will be grateful unto Thee and declare Thy praise for our lives which are entrusted into Thy hands, for our souls which are in Thy care, for Thy miracles which are daily with us, and for Thy wonderful goodness toward us at all times, evening, morn and noon. Thou art good, and Thy love never fails; Thou art merciful, and Thy kindnesses never cease. We have ever hoped in Thee.

* Congregation, as Reader begins the above prayer:

We thank Thee who art the Lord, our God and the God of our fathers, the God of all flesh, our Creator and the Creator of the universe. Blessings and thanksgiving are due unto Thy great and holy name because Thou hast given us life and sustained us. O continue to keep us in life and preserve us. Gather our exiles into Thy holy Sanctuary to observe Thy statutes, to do Thy will and to serve Thee with a perfect heart. For this do we give thanks unto Thee, O God, blessed in all thanksgiving.

For all this, Thy name, O our divine Ruler, shall be blessed and exalted forever.

Congregation and Reader

O inscribe all the children of Thy covenant for a happy life.

Reader

And may all the living do homage unto Thee forever, and praise Thy name in truth, O God who art our salvation and our help. Blessed be Thou, O Lord, Beneficent One; unto Thee it is seemly to give praise.

Our God and God of our fathers, bless us with the threefold blessing written in the Torah of Moses, Thy servant, and spoken by Aaron and his descendants, Thy consecrated priests:

Reader	*Congregation*
May the Lord bless you and keep you.	So may it be His will.
May the Lord make His countenance to shine upon you and be gracious unto you.	So may it be His will.
May the Lord turn His countenance unto you and give you peace.	So may it be His will.

שִׂים שָׁלוֹם טוֹבָה וּבְרָכָה חֵן וָחֶסֶד וְרַחֲמִים עָלֵינוּ וְעַל כָּל־יִשְׂרָאֵל עַמֶּךָ. בָּרְכֵנוּ אָבִינוּ כֻּלָּנוּ כְּאֶחָד בְּאוֹר פָּנֶיךָ. כִּי בְאוֹר פָּנֶיךָ נָתַתָּ לָּנוּ יְיָ אֱלֹהֵינוּ תּוֹרַת חַיִּים וְאַהֲבַת חֶסֶד וּצְדָקָה וּבְרָכָה וְרַחֲמִים וְחַיִּים וְשָׁלוֹם. וְטוֹב בְּעֵינֶיךָ לְבָרֵךְ אֶת־עַמְּךָ יִשְׂרָאֵל בְּכָל־עֵת וּבְכָל־שָׁעָה בִּשְׁלוֹמֶךָ:

Congregation and Reader

בְּסֵפֶר חַיִּים בְּרָכָה וְשָׁלוֹם וּפַרְנָסָה טוֹבָה נִזָּכֵר וְנִכָּתֵב לְפָנֶיךָ אֲנַחְנוּ וְכָל־עַמְּךָ בֵּית יִשְׂרָאֵל לְחַיִּים טוֹבִים וּלְשָׁלוֹם:

בָּרוּךְ אַתָּה יְיָ עוֹשֵׂה הַשָּׁלוֹם:

(*The following verses are omitted on Sabbath*)

The Ark is opened

אָבִינוּ מַלְכֵּנוּ חָטָאנוּ לְפָנֶיךָ:
אָבִינוּ מַלְכֵּנוּ אֵין לָנוּ מֶלֶךְ אֶלָּא אָתָּה:
אָבִינוּ מַלְכֵּנוּ עֲשֵׂה עִמָּנוּ לְמַעַן שְׁמֶךָ:
אָבִינוּ מַלְכֵּנוּ חַדֵּשׁ עָלֵינוּ שָׁנָה טוֹבָה:
אָבִינוּ מַלְכֵּנוּ בַּטֵּל מֵעָלֵינוּ כָּל־גְּזֵרוֹת קָשׁוֹת:
אָבִינוּ מַלְכֵּנוּ בַּטֵּל מַחְשְׁבוֹת שׂוֹנְאֵינוּ:
אָבִינוּ מַלְכֵּנוּ הָפֵר עֲצַת אוֹיְבֵינוּ:
אָבִינוּ מַלְכֵּנוּ כַּלֵּה כָּל־צַר וּמַשְׂטִין מֵעָלֵינוּ:
אָבִינוּ מַלְכֵּנוּ סְתוֹם פִּיּוֹת מַשְׂטִינֵנוּ וּמְקַטְרְגֵינוּ:
אָבִינוּ מַלְכֵּנוּ כַּלֵּה דֶּבֶר וְחֶרֶב וְרָעָב וּשְׁבִי וּמַשְׁחִית מִבְּנֵי בְרִיתֶךָ:
אָבִינוּ מַלְכֵּנוּ מְנַע מַגֵּפָה מִנַּחֲלָתֶךָ:

Our Father, grant peace and well-being, blessing and grace, loving-kindness and mercy unto us and unto all Israel, Thy people. Bless us, O our Father, all of us together, with the light of Thy presence; for by that light Thou hast given us, O Lord our God, the Torah of life, loving-kindness and righteousness, blessing and mercy, life and peace. O may it be good in Thy sight at all times to bless Israel and all Thy children with Thy peace.

Congregation and Reader

In the book of life, blessing, peace and good sustenance, may we be remembered and inscribed before Thee, we and all Thy people, the house of Israel, for a happy life and for peace.

Blessed art Thou, O Lord, who makest peace.

(The following verses are omitted on Sabbath)
The Ark is opened

Our Father, our King, we have sinned before Thee.
Our Father, our King, we have no king except Thee.
Our Father, our King, deal with us kindly for the sake of Thy name.
Our Father, our King, renew unto us a year of good.
Our Father, our King, annul every evil decree against us.
Our Father, our King, annul the designs of those who hate us.
Our Father, our King, frustrate the counsel of our enemies.
Our Father, our King, destroy the power of every oppressor and adversary.
Our Father, our King, silence the mouths of our adversaries and those who accuse us falsely.
Our Father, our King, remove pestilence, sword, famine, captivity, destruction and plague from the children who obey Thy covenant.
Our Father, our King, withhold the plague from Thy people.

אָבִינוּ מַלְכֵּנוּ סְלַח וּמְחַל לְכָל־עֲוֹנוֹתֵינוּ:
אָבִינוּ מַלְכֵּנוּ מְחֵה וְהַעֲבֵר פְּשָׁעֵינוּ וְחַטֹּאתֵינוּ מִנֶּגֶד עֵינֶיךָ:
אָבִינוּ מַלְכֵּנוּ מְחוֹק בְּרַחֲמֶיךָ הָרַבִּים כָּל־שִׁטְרֵי חוֹבוֹתֵינוּ:
אָבִינוּ מַלְכֵּנוּ הַחֲזִירֵנוּ בִּתְשׁוּבָה שְׁלֵמָה לְפָנֶיךָ:
אָבִינוּ מַלְכֵּנוּ שְׁלַח רְפוּאָה שְׁלֵמָה לְחוֹלֵי עַמֶּךָ:
אָבִינוּ מַלְכֵּנוּ קְרַע רוֹעַ גְּזַר דִּינֵנוּ:
אָבִינוּ מַלְכֵּנוּ זָכְרֵנוּ בְּזִכְרוֹן טוֹב לְפָנֶיךָ:
אָבִינוּ מַלְכֵּנוּ כָּתְבֵנוּ בְּסֵפֶר חַיִּים טוֹבִים:
אָבִינוּ מַלְכֵּנוּ כָּתְבֵנוּ בְּסֵפֶר גְּאֻלָּה וִישׁוּעָה:
אָבִינוּ מַלְכֵּנוּ כָּתְבֵנוּ בְּסֵפֶר פַּרְנָסָה וְכַלְכָּלָה:
אָבִינוּ מַלְכֵּנוּ כָּתְבֵנוּ בְּסֵפֶר זְכֻיּוֹת:
אָבִינוּ מַלְכֵּנוּ כָּתְבֵנוּ בְּסֵפֶר סְלִיחָה וּמְחִילָה:
אָבִינוּ מַלְכֵּנוּ הַצְמַח לָנוּ יְשׁוּעָה בְּקָרוֹב:
אָבִינוּ מַלְכֵּנוּ הָרֵם קֶרֶן יִשְׂרָאֵל עַמֶּךָ:
אָבִינוּ מַלְכֵּנוּ הָרֵם קֶרֶן מְשִׁיחֶךָ:
אָבִינוּ מַלְכֵּנוּ מַלֵּא יָדֵינוּ מִבִּרְכוֹתֶיךָ:
אָבִינוּ מַלְכֵּנוּ מַלֵּא אֲסָמֵינוּ שָׂבָע:
אָבִינוּ מַלְכֵּנוּ שְׁמַע קוֹלֵנוּ חוּס וְרַחֵם עָלֵינוּ:
אָבִינוּ מַלְכֵּנוּ קַבֵּל בְּרַחֲמִים וּבְרָצוֹן אֶת־תְּפִלָּתֵנוּ:
אָבִינוּ מַלְכֵּנוּ פְּתַח שַׁעֲרֵי שָׁמַיִם לִתְפִלָּתֵנוּ:
אָבִינוּ מַלְכֵּנוּ נָא אַל תְּשִׁיבֵנוּ רֵיקָם מִלְּפָנֶיךָ:
אָבִינוּ מַלְכֵּנוּ זְכוֹר כִּי עָפָר אֲנָחְנוּ:
אָבִינוּ מַלְכֵּנוּ תְּהֵא הַשָּׁעָה הַזֹּאת שְׁעַת רַחֲמִים וְעֵת רָצוֹן מִלְּפָנֶיךָ:
אָבִינוּ מַלְכֵּנוּ חֲמוֹל עָלֵינוּ וְעַל עוֹלָלֵינוּ וְטַפֵּנוּ:

Our Father, our King, forgive and pardon our iniquities.

Our Father, our King, blot out our transgressions, and cause our sins to pass away from before Thee.

Our Father, our King, efface in Thine abundant mercy all record of our guilt.

Our Father, our King, may we return unto Thee in perfect repentance.

Our Father, our King, send a perfect healing to the sick among Thy people.

Our Father, our King, repeal the evil sentence that may be decreed against us.

Our Father, our King, remember us for our well-being.

Our Father, our King, inscribe us in the book of happy life.

Our Father, our King, inscribe us in the book of freedom and salvation.

Our Father, our King, inscribe us in the book of sustenance.

Our Father, our King, inscribe us for a meritorious life.

Our Father, our King, inscribe us in the book of forgiveness and reconciliation.

Our Father, our King, cause salvation speedily to spring forth for us.

Our Father, our King, bring glory to Israel, Thy people.

Our Father, our King, exalt the majesty of Thine anointed Redeemer.

Our Father, our King, provide us with Thine abundant blessings.

Our Father, our King, fill our storehouses with plenty.

Our Father, our King, hear our voice, have pity and compassion upon us.

Our Father, our King, receive our prayer with merciful favor.

Our Father, our King, open the gates of heaven unto our prayer.

Our Father, our King, O turn us not away from Thee unanswered.

Our Father, our King, remember our frailty for we are but dust.

Our Father, our King, let this hour be an hour of mercy and a time of favor before Thee.

Our Father, our King, have mercy upon us and upon our children.

אָבִינוּ מַלְכֵּנוּ עֲשֵׂה לְמַעַן הֲרוּגִים עַל שֵׁם קָדְשֶׁךָ:
אָבִינוּ מַלְכֵּנוּ עֲשֵׂה לְמַעַן טְבוּחִים עַל יִחוּדֶךָ:
אָבִינוּ מַלְכֵּנוּ עֲשֵׂה לְמַעַן בָּאֵי בָאֵשׁ וּבַמַּיִם עַל קִדּוּשׁ שְׁמֶךָ:
אָבִינוּ מַלְכֵּנוּ נְקוֹם לְעֵינֵינוּ נִקְמַת דַּם עֲבָדֶיךָ הַשָּׁפוּךְ:
אָבִינוּ מַלְכֵּנוּ עֲשֵׂה לְמַעַנְךָ אִם לֹא לְמַעֲנֵנוּ:
אָבִינוּ מַלְכֵּנוּ עֲשֵׂה לְמַעַנְךָ וְהוֹשִׁיעֵנוּ:
אָבִינוּ מַלְכֵּנוּ עֲשֵׂה לְמַעַן רַחֲמֶיךָ הָרַבִּים:
אָבִינוּ מַלְכֵּנוּ עֲשֵׂה לְמַעַן שִׁמְךָ הַגָּדוֹל הַגִּבּוֹר וְהַנּוֹרָא שֶׁנִּקְרָא עָלֵינוּ:
אָבִינוּ מַלְכֵּנוּ חָנֵּנוּ וַעֲנֵנוּ כִּי אֵין בָּנוּ מַעֲשִׂים עֲשֵׂה עִמָּנוּ צְדָקָה וָחֶסֶד וְהוֹשִׁיעֵנוּ:

The Ark is closed

Reader's Kaddish

יִתְגַּדַּל וְיִתְקַדַּשׁ שְׁמֵהּ רַבָּא. בְּעָלְמָא דִּי־בְרָא כִרְעוּתֵהּ. וְיַמְלִיךְ מַלְכוּתֵהּ בְּחַיֵּיכוֹן וּבְיוֹמֵיכוֹן וּבְחַיֵּי דְכָל־בֵּית יִשְׂרָאֵל בַּעֲגָלָא וּבִזְמַן קָרִיב. וְאִמְרוּ אָמֵן:

Congregation and Reader

יְהֵא שְׁמֵהּ רַבָּא מְבָרַךְ לְעָלַם וּלְעָלְמֵי עָלְמַיָּא:

Reader

יִתְבָּרַךְ וְיִשְׁתַּבַּח וְיִתְפָּאַר וְיִתְרוֹמַם וְיִתְנַשֵּׂא וְיִתְהַדָּר וְיִתְעַלֶּה וְיִתְהַלָּל שְׁמֵהּ דְּקֻדְשָׁא. בְּרִיךְ הוּא. לְעֵלָּא וּלְעֵלָּא מִן־כָּל־בִּרְכָתָא וְשִׁירָתָא תֻּשְׁבְּחָתָא וְנֶחֱמָתָא דַּאֲמִירָן בְּעָלְמָא. וְאִמְרוּ אָמֵן:

תִּתְקַבַּל צְלוֹתְהוֹן וּבָעוּתְהוֹן דְּכָל־יִשְׂרָאֵל קֳדָם אֲבוּהוֹן דִּי־בִשְׁמַיָּא. וְאִמְרוּ אָמֵן:

יְהֵא שְׁלָמָא רַבָּא מִן־שְׁמַיָּא וְחַיִּים עָלֵינוּ וְעַל־כָּל־יִשְׂרָאֵל. וְאִמְרוּ אָמֵן:

עֹשֶׂה שָׁלוֹם בִּמְרוֹמָיו הוּא יַעֲשֶׂה שָׁלוֹם עָלֵינוּ וְעַל־כָּל־יִשְׂרָאֵל. וְאִמְרוּ אָמֵן:

Our Father, our King, do this for the sake of those who were slain for Thy holy name.

Our Father, our King, do this for the sake of those who were slaughtered for Thy unity.

Our Father, our King, do this for the sake of those who went through fire and water for the sanctification of Thy name.

Our Father, our King, bring to judgment those who have shed the blood of Thy people.

Our Father, our King, grant our supplication for Thy sake, if not for ours.

Our Father, our King, accept our prayer for Thy sake and save us.

Our Father, our King, do this for the sake of Thine abundant mercies.

Our Father, our King, do it for the sake of Thy great, mighty and revered name.

Our Father, our King, be Thou gracious unto us and answer us, for lo, we are unworthy; deal Thou with us in charity and loving-kindness and save us.

The Ark is closed

Reader's Kaddish

Magnified and sanctified be the great name of God throughout the world which He hath created according to His will. May He establish His kingdom during the days of your life and during the life of all the house of Israel, speedily, yea, soon; and say ye, Amen.

May His great name be blessed for ever and ever.

Exalted and honored be the name of the Holy One, blessed be He, whose glory transcends, yea, is beyond all blessings and hymns, praises and consolations which are uttered in the world; and say ye, Amen.

May the prayers and supplications of the whole house of Israel be acceptable unto their Father in heaven; and say ye, Amen.

May there be abundant peace from heaven, and life for us and for all Israel; and say ye, Amen.

May He who establisheth peace in the heavens, grant peace unto us and unto all Israel; and say ye, Amen.

סדר הוצאת התורה

אֵין כָּמוֹךָ בָאֱלֹהִים אֲדֹנָי וְאֵין כְּמַעֲשֶׂיךָ: מַלְכוּתְךָ מַלְכוּת כָּל־עֹלָמִים וּמֶמְשַׁלְתְּךָ בְּכָל־דּוֹר וָדֹר: יְיָ מֶלֶךְ יְיָ מָלָךְ יְיָ יִמְלֹךְ לְעֹלָם וָעֶד: יְיָ עֹז לְעַמּוֹ יִתֵּן יְיָ יְבָרֵךְ אֶת־עַמּוֹ בַשָּׁלוֹם:

אַב הָרַחֲמִים הֵיטִיבָה בִרְצוֹנְךָ אֶת־צִיּוֹן תִּבְנֶה חוֹמוֹת יְרוּשָׁלָיִם: כִּי בְךָ לְבַד בָּטָחְנוּ מֶלֶךְ אֵל רָם וְנִשָּׂא אֲדוֹן עוֹלָמִים:

The Ark is opened

וַיְהִי בִּנְסֹעַ הָאָרֹן וַיֹּאמֶר משֶׁה קוּמָה יְיָ וְיָפֻצוּ אֹיְבֶיךָ וְיָנֻסוּ מְשַׂנְאֶיךָ מִפָּנֶיךָ: כִּי מִצִּיּוֹן תֵּצֵא תוֹרָה וּדְבַר־יְיָ מִירוּשָׁלָיִם:

On Sabbath the following until ישעך *is omitted*

יְיָ יְיָ אֵל רַחוּם וְחַנּוּן אֶרֶךְ אַפַּיִם וְרַב־חֶסֶד וֶאֱמֶת:
נֹצֵר חֶסֶד לָאֲלָפִים נֹשֵׂא עָוֹן וָפֶשַׁע וְחַטָּאָה וְנַקֵּה:

רִבּוֹן הָעוֹלָם מַלֵּא מִשְׁאֲלוֹתֵינוּ לְטוֹבָה וְהָפֵק רְצוֹנֵנוּ וְתֶן־לָנוּ שְׁאֵלָתֵנוּ וּמְחוֹל עַל כָּל־עֲוֹנוֹתֵינוּ וְעַל כָּל־עֲוֹנוֹת אַנְשֵׁי בָתֵּינוּ מְחִילָה בְּחֶסֶד מְחִילָה בְּרַחֲמִים. וְטַהֲרֵנוּ מֵחֲטָאֵינוּ וּמֵעֲוֹנוֹתֵינוּ וּמִפְּשָׁעֵינוּ. וְזָכְרֵנוּ בְּזִכְרוֹן טוֹב לְפָנֶיךָ. וּפָקְדֵנוּ בִּפְקֻדַּת יְשׁוּעָה וְרַחֲמִים. וְזָכְרֵנוּ לְחַיִּים טוֹבִים וַאֲרוּכִים וּלְשָׁלוֹם לְפַרְנָסָה וְכַלְכָּלָה. וְתֶן־לָנוּ לֶחֶם לֶאֱכוֹל וּבֶגֶד לִלְבּוֹשׁ וְעֹשֶׁר וְכָבוֹד וְאֹרֶךְ יָמִים לַהֲגוֹת בְּתוֹרָתֶךָ וּלְקַיֵּם מִצְוֹתֶיהָ וְשֵׂכֶל וּבִינָה לְהָבִין וּלְהַשְׂכִּיל

SERVICE FOR TAKING OUT TORAH

There is none like unto Thee among the mighty, O Lord; and there are no works like unto Thine. Thy kingdom is an everlasting kingdom and Thy dominion endureth throughout all generations. The Lord reigneth, the Lord hath reigned, the Lord will reign for ever and ever. The Lord will give strength unto His people; the Lord will bless His people with peace.

Father of compassion, favor Zion with Thy goodness and help us to rebuild the walls of Jerusalem. For in Thee alone do we put our trust, O King, high and exalted God, Lord of the universe.

The Ark is opened

And it came to pass when the Ark set forward, that Moses said, "Rise up, O Lord, and let Thine enemies be scattered; and let them that hate Thee flee before Thee."

"For out of Zion shall go forth the Torah, and the word of the Lord from Jerusalem."

Kee mi-tsi-yōn tay-tsay sō-ro,
U-d'var A-dō-noy mee-ru-sho-lo-yim.

On the Sabbath the following is omitted

The Lord, the Eternal, is a merciful and gracious God, slow to anger and abounding in loving-kindness and truth; keeping mercy for thousands, forgiving iniquity, transgression and sin, and acquitting the penitent.

MEDITATION

Lord of the universe, fulfill the worthy desires of our hearts and in Thy loving-kindness pardon our iniquities. Cleanse us of all our sins; remember us for our good, for salvation and compassion. Bless us with a long and happy life, a life of usefulness and peace. Give us bread to eat and raiment to put on, substance and honor, and length of days to meditate on Thy Torah and to fulfill Thy commandments. O do Thou send healing for all our sorrows and bless all the work of our hands. Ordain for us good decrees of salvation and comfort, and annul all severe judgments against us. Promote the welfare of our beloved country and guide and inspire its leaders to govern the nation in truth and justice. May this be Thy will, O Lord. Amen.

עִמְקֵי סוֹדוֹתֶיהָ. וּשְׁלַח רְפוּאָה לְכָל־מַכְאוֹבֵינוּ וּתְבָרֵךְ אֶת־כָּל־מַעֲשֵׂה יָדֵינוּ וְתִגְזוֹר עָלֵינוּ גְּזֵרוֹת טוֹבוֹת יְשׁוּעוֹת וְנֶחָמוֹת וּתְבַטֵּל מֵעָלֵינוּ כָּל־גְּזֵרוֹת קָשׁוֹת. וְתַטֶּה לֵב הַמַּלְכוּת וְיוֹעֲצֶיהָ וְשָׂרֶיהָ עָלֵינוּ לְטוֹבָה. אָמֵן וְכֵן יְהִי רָצוֹן:

יִהְיוּ לְרָצוֹן אִמְרֵי־פִי וְהֶגְיוֹן לִבִּי לְפָנֶיךָ יְיָ צוּרִי וְגוֹאֲלִי:

וַאֲנִי תְפִלָּתִי־לְךָ יְיָ עֵת רָצוֹן אֱלֹהִים בְּרָב־חַסְדֶּךָ עֲנֵנִי בֶּאֱמֶת יִשְׁעֶךָ:

Reader and Congregation

בָּרוּךְ שֶׁנָּתַן תּוֹרָה לְעַמּוֹ יִשְׂרָאֵל בִּקְדֻשָּׁתוֹ:

Two Scrolls of the Torah are taken from the Ark

Reader and Congregation

שְׁמַע יִשְׂרָאֵל יְיָ אֱלֹהֵינוּ יְיָ אֶחָד:
אֶחָד אֱלֹהֵינוּ גָּדוֹל אֲדוֹנֵינוּ קָדוֹשׁ וְנוֹרָא שְׁמוֹ:

Reader

גַּדְּלוּ לַייָ אִתִּי. וּנְרוֹמְמָה שְׁמוֹ יַחְדָּו:

Reader and Congregation

לְךָ יְיָ הַגְּדֻלָּה וְהַגְּבוּרָה וְהַתִּפְאֶרֶת וְהַנֵּצַח וְהַהוֹד כִּי־כֹל בַּשָּׁמַיִם וּבָאָרֶץ לְךָ יְיָ הַמַּמְלָכָה וְהַמִּתְנַשֵּׂא לְכֹל לְרֹאשׁ: רוֹמְמוּ יְיָ אֱלֹהֵינוּ וְהִשְׁתַּחֲווּ לַהֲדוֹם רַגְלָיו קָדוֹשׁ הוּא: רוֹמְמוּ יְיָ אֱלֹהֵינוּ וְהִשְׁתַּחֲווּ לְהַר קָדְשׁוֹ כִּי־קָדוֹשׁ יְיָ אֱלֹהֵינוּ:

Congregation

Sh'ma Yis-ro-ayl A-dō-noy e-lō-hay-nu A-dō-noy e-ḥod.
E-ḥod e-lō-hay-nu go-dōl A-dō-nay-nu ko-dōsh sh'mō.

L'ḥo A-dō-noy ha-g'du-lo v'ha-g'vu-ro v'ha-tif-e-res, v-ha-nay-tasaḥ v-ha-hōd. Kee ḥōl ba-sho-ma-yim, u'vo-o-rets, l'ḥo A-dō-noy ha-mam-lo-ḥo, v'ha-mis-na-say l'ḥōl l'rōsh.

May the words of my mouth and the meditation of my heart be acceptable before Thee, O Lord, my Rock and my Redeemer.

As for me, may my prayer unto Thee, O Lord, be in an acceptable time; O God, in the abundance of Thy lovingkindness, answer me in the truth of Thy salvation.

Blessed be He who in His holiness hath given the Torah unto Israel.

Reader

Almighty Father, as we pray unto Thee on this day for life and peace, help us to realize that only as we love and revere Thy Torah, our Tree of Life, will our years be rich and our lives purposeful. All things perish in the course of time, only Thy word endureth forever. Fill our hearts with love of Thee and open our eyes that we may behold the wonders of Thy Torah, to follow Thy precepts all the days of our lives. Grant us length of days to study and teach, remember and fulfill Thy commandments. Like all the generations of Israel who have gone before, may we truly say: "Thy Word is a lamp unto my feet and a light unto my path."

Bless us, we pray Thee, in the coming year, with Thy loving favor. Grant us the wisdom to perceive Thy presence in all the manifestations of life so that we may be filled with Thy spirit and live worthily as Thy children. Amen.

Two Scrolls of the Torah are taken from the Ark

Hear, O Israel: the Lord our God, the Lord is One.

One is our God; great is our Lord; holy and revered is His name.

Extol the Lord with me, and let us exalt His name together.

Thine, O Lord, is the greatness, the power, the glory, the triumph, and the majesty; for all that is in the heaven and on the earth is Thine. Thine is the kingdom, O Lord, and Thou art supreme above all. Exalt the Lord our God, and worship at His footstool; holy is He. Exalt the Lord our God, and worship at His holy mountain for the Lord our God is holy.

Reader

אַב הָרַחֲמִים הוּא יְרַחֵם עַם עֲמוּסִים וְיִזְכּוֹר בְּרִית אֵיתָנִים וְיַצִּיל נַפְשׁוֹתֵינוּ מִן הַשָּׁעוֹת הָרָעוֹת וְיִגְעַר בְּיֵצֶר הָרָע מִן הַנְּשׂוּאִים וְיָחֹן אוֹתָנוּ לִפְלֵיטַת עוֹלָמִים וִימַלֵּא מִשְׁאֲלוֹתֵינוּ בְּמִדָּה טוֹבָה יְשׁוּעָה וְרַחֲמִים:

Reader

וְיַעֲזוֹר וְיָגֵן וְיוֹשִׁיעַ לְכֹל הַחוֹסִים בּוֹ וְנֹאמַר אָמֵן: הַכֹּל הָבוּ גֹדֶל לֵאלֹהֵינוּ וּתְנוּ כָבוֹד לַתּוֹרָה: יַעֲמוֹד

בָּרוּךְ שֶׁנָּתַן תּוֹרָה לְעַמּוֹ יִשְׂרָאֵל בִּקְדֻשָּׁתוֹ:

וְאַתֶּם הַדְּבֵקִים בַּייָ אֱלֹהֵיכֶם חַיִּים כֻּלְּכֶם הַיּוֹם:

Those honored by being called to the Torah recite the following blessing:

בָּרְכוּ אֶת־יְיָ הַמְבֹרָךְ:

Congregation:

בָּרוּךְ יְיָ הַמְבֹרָךְ לְעוֹלָם וָעֶד:

The person called to the Torah repeats the response and continues:

בָּרוּךְ אַתָּה יְיָ אֱלֹהֵינוּ מֶלֶךְ הָעוֹלָם. אֲשֶׁר בָּחַר־בָּנוּ מִכָּל הָעַמִּים וְנָתַן־לָנוּ אֶת־תּוֹרָתוֹ. בָּרוּךְ אַתָּה יְיָ. נוֹתֵן הַתּוֹרָה:

After reading a section of the Torah, the following blessing is said:

בָּרוּךְ אַתָּה יְיָ אֱלֹהֵינוּ מֶלֶךְ הָעוֹלָם. אֲשֶׁר נָתַן־לָנוּ תּוֹרַת אֱמֶת. וְחַיֵּי עוֹלָם נָטַע בְּתוֹכֵנוּ. בָּרוּךְ אַתָּה יְיָ. נוֹתֵן הַתּוֹרָה:

Reader

May the Father of compassion have mercy upon a people whom He lovingly tended. May He remember the covenant with the patriarchs; may He deliver us from evil times, curb the evil inclination in the people whom He hath tenderly protected, and graciously grant us enduring deliverance. May He abundantly fulfill our desires and grant us salvation and mercy.

NOTE

No concept of Judaism has been more persistently misunderstood than that of the Chosen People. It has been confused with false pride and national chauvinism. It has been mistakably identified with the pernicious doctrine of racial superiority. For the Jew, the concept of the "chosen" people meant that more was expected of him than of others and that his actions would be judged by higher standards. It was a form of *noblesse oblige*, imposing upon him moral responsibilities, the need of stressing holiness, righteousness, and other spiritual values. The Prayer Book usually interprets the meaning of Chosen People by linking it with the gift of the Torah which is Israel's sacred trust and Israel's contribution to mankind.

"If ye will hearken to My voice, and keep My covenant, then shall ye be Mine own treasure. Ye shall be unto Me a kingdom of priests and a holy people." (Exodus 19:5–6) "You only have I known of all the families of the earth, therefore I will visit upon you all your iniquities." (Amos 3:2) "Israel shall not fail nor be crushed till he have set the right in the earth. I, the Lord have called thee in righteousness for a light of the nations." (Isaiah 42:4,6) "Have we not all one Father? Hath not one God created us all?" (Malachi 2:10)

THE BLESSINGS FOR THE TORAH

Bless the Lord who is to be praised.

Praised be the Lord who is blessed for all eternity.

Blessed art Thou, O Lord our God, King of the universe, who didst choose us from among all the peoples by giving us Thy Torah. Blessed art Thou, O Lord, Giver of the Torah.

Blessed art Thou, O Lord our God, King of the universe, who in giving us a Torah of truth, hast planted everlasting life within us. Blessed art Thou, O Lord, Giver of the Torah.

Torah Reading

Second Day

Rosh Hashanah

Page 107

בראשית כ״א א׳–ל״ד

כהן וַיהוָה פָּקַד אֶת־שָׂרָה כַּאֲשֶׁר אָמָר וַיַּעַשׂ יְהוָה
לְשָׂרָה כַּאֲשֶׁר דִּבֵּר׃ וַתַּהַר וַתֵּלֶד שָׂרָה לְאַבְרָהָם בֵּן
לִזְקֻנָיו לַמּוֹעֵד אֲשֶׁר־דִּבֶּר אֹתוֹ אֱלֹהִים׃ וַיִּקְרָא אַבְרָהָם
אֶת־שֶׁם־בְּנוֹ הַנּוֹלַד־לוֹ אֲשֶׁר־יָלְדָה־לּוֹ שָׂרָה יִצְחָק׃ וַיָּמָל
אַבְרָהָם אֶת־יִצְחָק בְּנוֹ בֶּן־שְׁמֹנַת יָמִים כַּאֲשֶׁר צִוָּה אֹתוֹ
אֱלֹהִים׃

לוי וְאַבְרָהָם בֶּן־מְאַת שָׁנָה בְּהִוָּלֶד לוֹ אֵת יִצְחָק בְּנוֹ׃
וַתֹּאמֶר שָׂרָה צְחֹק עָשָׂה לִי אֱלֹהִים כָּל־הַשֹּׁמֵעַ יִצְחַק־לִי׃
וַתֹּאמֶר מִי מִלֵּל לְאַבְרָהָם הֵינִיקָה בָנִים שָׂרָה כִּי־יָלַדְתִּי
בֵן לִזְקֻנָיו׃ וַיִּגְדַּל הַיֶּלֶד וַיִּגָּמַל וַיַּעַשׂ אַבְרָהָם מִשְׁתֶּה
גָדוֹל בְּיוֹם הִגָּמֵל אֶת־יִצְחָק׃

[בשבת שלישי] וַתֵּרֶא שָׂרָה אֶת־בֶּן־הָגָר הַמִּצְרִית אֲשֶׁר־יָלְדָה לְאַבְרָהָם
מְצַחֵק׃ וַתֹּאמֶר לְאַבְרָהָם גָּרֵשׁ הָאָמָה הַזֹּאת וְאֶת־בְּנָהּ כִּי
לֹא יִירַשׁ בֶּן־הָאָמָה הַזֹּאת עִם־בְּנִי עִם־יִצְחָק׃ וַיֵּרַע

NOTE

The Biblical portion, Genesis Chapter 21, for the first day of Rosh Hashanah, tells of the birth of a son to Abraham and Sarah in their old age. Alarmed over Ishmael's baneful influence upon Isaac, Sarah insists on the banishment of Hagar and her son, Ishmael. Abraham is perplexed, but receives divine assurance that it is all for the best. "Through Isaac shall thy name be carried on." Hagar and Ishmael are miraculously saved from starvation and Ishmael becomes a man of war. The chapter concludes with the incident of a quarrel between the shepherds of Abraham and their neighbors. Desiring to put an end to ill-will and controversy, Abraham makes a peace covenant with Abimelech at Beer-sheba.

This passage contains the incident of God remembering Sarah, and "Ziḥronot, – God Remembers," is one of the three dominant themes of the Musaf service. It is significant that the readings on the New Year refer to the birth not only of Isaac but also of Samuel and Rebecca. Rosh Hashanah commemorates the birthday of the universe and the rebirth of humanity. To insure the moral progress of humanity it is essential to nurture our children spiritually, so that they may be imbued with good character and noble ideals. "In the child God gives humanity a chance to make good its mistakes and fulfill its fondest dreams."

On Rosh Hashanah when we pray that all nations "form one fellowship to serve God with a perfect heart," it is appropriate to read of this first recorded covenant of peace and good will. Only through understanding and friendship will there be peace between nation and nation.

And the Lord remembered Sarah as He had said, and the Lord did unto Sarah as He had spoken. And Sarah conceived and bore Abraham a son in his old age, at the set time of which God had spoken to him. And Abraham called the name of his son that was born unto him, whom Sarah bore to him, Isaac. And Abraham circumcised his son Isaac when he was eight days old, as God had commanded him.

And Abraham was a hundred years old, when his son Isaac was born unto him. And Sarah said: 'God hath made laughter for me'; and she said: 'Everyone that heareth will laugh with me. Who would have said unto Abraham, that Sarah should be suckling a child?' And the child grew, and was weaned. And Abraham made a great feast on the day that Isaac was weaned.

And Sarah saw the son of Hagar the Egyptian, whom she

הַדָּבָ֖ר מְאֹ֣ד בְּעֵינֵ֣י אַבְרָהָ֑ם עַ֖ל אוֹדֹ֥ת בְּנֽוֹ׃ וַיֹּ֨אמֶר אֱלֹהִ֜ים
אֶל־אַבְרָהָ֗ם אַל־יֵרַ֤ע בְּעֵינֶ֙יךָ֙ עַל־הַנַּ֣עַר וְעַל־אֲמָתֶ֔ךָ כֹּל֩
אֲשֶׁ֨ר תֹּאמַ֥ר אֵלֶ֛יךָ שָׂרָ֖ה שְׁמַ֣ע בְּקֹלָ֑הּ כִּ֣י בְיִצְחָ֔ק יִקָּרֵ֥א לְךָ֖
זָֽרַע׃

[שלישי (בשבת רביעי)] וְגַ֥ם אֶת־בֶּן־הָאָמָ֖ה לְג֣וֹי אֲשִׂימֶ֑נּוּ כִּ֥י זַרְעֲךָ֖ הֽוּא׃ וַיַּשְׁכֵּ֣ם
אַבְרָהָ֣ם ׀ בַּבֹּ֡קֶר וַיִּֽקַּֽח־לֶחֶם֩ וְחֵ֨מַת מַ֜יִם וַיִּתֵּ֣ן אֶל־הָ֠גָר שָׂ֧ם
עַל־שִׁכְמָ֛הּ וְאֶת־הַיֶּ֖לֶד וַֽיְשַׁלְּחֶ֑הָ וַתֵּ֣לֶךְ וַתֵּ֔תַע בְּמִדְבַּ֖ר
בְּאֵ֥ר שָֽׁבַע׃ וַיִּכְל֥וּ הַמַּ֖יִם מִן־הַחֵ֑מֶת וַתַּשְׁלֵ֣ךְ אֶת־הַיֶּ֔לֶד תַּ֖חַת
אַחַ֥ד הַשִּׂיחִֽם׃ וַתֵּלֶךְ֩ וַתֵּ֨שֶׁב לָ֜הּ מִנֶּ֗גֶד הַרְחֵק֙ כִּמְטַחֲוֵ֣י קֶ֔שֶׁת
כִּ֣י אָֽמְרָ֔ה אַל־אֶרְאֶ֖ה בְּמ֣וֹת הַיָּ֑לֶד וַתֵּ֣שֶׁב מִנֶּ֔גֶד וַתִּשָּׂ֥א
אֶת־קֹלָ֖הּ וַתֵּֽבְךְּ׃ וַיִּשְׁמַ֣ע אֱלֹהִים֮ אֶת־ק֣וֹל הַנַּ֒עַר֒ וַיִּקְרָא֩
מַלְאַ֨ךְ אֱלֹהִ֤ים ׀ אֶל־הָגָר֙ מִן־הַשָּׁמַ֔יִם וַיֹּ֥אמֶר לָ֖הּ מַה־לָּ֣ךְ
הָגָ֑ר אַל־תִּ֣ירְאִ֔י כִּֽי־שָׁמַ֧ע אֱלֹהִ֛ים אֶל־ק֥וֹל הַנַּ֖עַר בַּאֲשֶׁ֥ר
הוּא־שָֽׁם׃

[(בשבת חמישי)] קֽוּמִי֙ שְׂאִ֣י אֶת־הַנַּ֔עַר וְהַחֲזִ֥יקִי אֶת־יָדֵ֖ךְ בּ֑וֹ כִּֽי־לְג֥וֹי גָּד֖וֹל
אֲשִׂימֶֽנּוּ׃ וַיִּפְקַ֤ח אֱלֹהִים֙ אֶת־עֵינֶ֔יהָ וַתֵּ֖רֶא בְּאֵ֣ר מָ֑יִם
וַתֵּ֜לֶךְ וַתְּמַלֵּ֤א אֶת־הַחֵ֙מֶת֙ מַ֔יִם וַתַּ֖שְׁקְ אֶת־הַנָּֽעַר׃ וַיְהִ֧י
אֱלֹהִ֛ים אֶת־הַנַּ֖עַר וַיִּגְדָּ֑ל וַיֵּ֙שֶׁב֙ בַּמִּדְבָּ֔ר וַיְהִ֖י רֹבֶ֥ה קַשָּֽׁת׃
וַיֵּ֖שֶׁב בְּמִדְבַּ֣ר פָּארָ֑ן וַתִּֽקַּֽח־ל֥וֹ אִמּ֛וֹ אִשָּׁ֖ה מֵאֶ֥רֶץ מִצְרָֽיִם׃

[רביעי (בשבת ששי)] וַֽיְהִי֙ בָּעֵ֣ת הַהִ֔וא וַיֹּ֣אמֶר אֲבִימֶ֗לֶךְ וּפִיכֹל֙ שַׂר־צְבָא֔וֹ אֶל־
אַבְרָהָ֖ם לֵאמֹ֑ר אֱלֹהִ֣ים עִמְּךָ֔ בְּכֹ֥ל אֲשֶׁר־אַתָּ֖ה עֹשֶֽׂה׃ וְעַתָּ֗ה
הִשָּׁ֨בְעָה לִּ֤י בֵֽאלֹהִים֙ הֵ֔נָּה אִם־תִּשְׁקֹ֣ר לִ֔י וּלְנִינִ֖י וּלְנֶכְדִּ֑י
כַּחֶ֜סֶד אֲשֶׁ֨ר עָשִׂ֤יתִי עִמְּךָ֙ תַּעֲשֶׂ֣ה עִמָּדִ֔י וְעִם־הָאָ֖רֶץ

had borne unto Abraham, making sport. Wherefore she said unto Abraham: 'Send away this bondwoman and her son; for the son of this bondwoman shall not be heir together with my son, Isaac.'* And the thing was very grievous in Abraham's sight on account of his son. And God said unto Abraham: 'Do not be troubled because of the lad, and because of thy bondwoman; in all that Sarah saith unto thee, hearken unto her voice; for it is through Isaac that thy name shall be carried on. And also of the son of the bondwoman will I make a nation, because he is thy child.'

And Abraham rose up early in the morning, and took bread and a bottle of water, and gave them unto Hagar, putting them on her shoulder, together with the child, and sent her away; and she departed, and wandered in the wilderness of Beer-sheba. And when the water in the bottle was spent, she laid the child under one of the shrubs. And she left, and sat down facing him a good way off, at the distance of a bowshot; for she thought: Let me not see the death of the child. And she sat opposite him and she lifted up her voice and wept. And God heard, and the angel of God called to Hagar out of heaven, and said unto her: 'What aileth thee, Hagar? Fear not; for God hath heard the voice of the lad where he is lying. Arise, lift up the lad, and hold him fast by thy hand, for I will make him a great nation.' And God opened her eyes, and she saw a well of water; and she went, and filled the bottle with water, and gave the lad to drink. And God was with the lad, and he grew up; and he dwelt in the wilderness, and became an archer. And he dwelt in the wilderness of Paran; and his mother took for him a wife from the land of Egypt.

* Judged by present-day moral standards, the banishment of Hagar and Ishmael seems an unusually severe act. It must be understood in the light of primitive social standards, according to which the child of a concubine enjoyed a lower social status, and had no claim to the same rights and privileges as the son of the wife. Our sages find a moral basis for the conflict between Sarah and Hagar. They explain the phrase "Ishmael making sport" as follows: Ishmael would shoot arrows at passers-by and laugh when he saw them wounded. Another interpretation is that "immorality, murder and idolatry" characterized the life of Ishmael while justice, truth, and peace were the principles which Isaac was to promulgate. These two attitudes cannot long exist side by side. Hence Sarah felt justified in sending Ishmael away in order to maintain the ideals of Isaac.

אֲשֶׁר־גַּרְתָּה בָּהּ: וַיֹּאמֶר אַבְרָהָם אָנֹכִי אִשָּׁבֵעַ: וְהוֹכִחַ
אַבְרָהָם אֶת־אֲבִימֶלֶךְ עַל־אֹדוֹת בְּאֵר הַמַּיִם אֲשֶׁר גָּזְלוּ
עַבְדֵי אֲבִימֶלֶךְ: וַיֹּאמֶר אֲבִימֶלֶךְ לֹא יָדַעְתִּי מִי עָשָׂה אֶת־
הַדָּבָר הַזֶּה וְגַם־אַתָּה לֹא־הִגַּדְתָּ לִּי וְגַם אָנֹכִי לֹא שָׁמַעְתִּי
בִּלְתִּי הַיּוֹם: וַיִּקַּח אַבְרָהָם צֹאן וּבָקָר וַיִּתֵּן לַאֲבִימֶלֶךְ
וַיִּכְרְתוּ שְׁנֵיהֶם בְּרִית:

חמישי (בשבת שביעי)

וַיַּצֵּב אַבְרָהָם אֶת־שֶׁבַע כִּבְשֹׂת הַצֹּאן לְבַדְּהֶן: וַיֹּאמֶר
אֲבִימֶלֶךְ אֶל־אַבְרָהָם מָה הֵנָּה שֶׁבַע כְּבָשֹׂת הָאֵלֶּה אֲשֶׁר
הִצַּבְתָּ לְבַדָּנָה: וַיֹּאמֶר כִּי אֶת־שֶׁבַע כְּבָשֹׂת תִּקַּח מִיָּדִי
בַּעֲבוּר תִּהְיֶה־לִּי לְעֵדָה כִּי חָפַרְתִּי אֶת־הַבְּאֵר הַזֹּאת: עַל־
כֵּן קָרָא לַמָּקוֹם הַהוּא בְּאֵר שָׁבַע כִּי שָׁם נִשְׁבְּעוּ שְׁנֵיהֶם:
וַיִּכְרְתוּ בְרִית בִּבְאֵר שָׁבַע וַיָּקָם אֲבִימֶלֶךְ וּפִיכֹל שַׂר־
צְבָאוֹ וַיָּשֻׁבוּ אֶל־אֶרֶץ פְּלִשְׁתִּים: וַיִּטַּע אֶשֶׁל בִּבְאֵר שָׁבַע
וַיִּקְרָא־שָׁם בְּשֵׁם יְהוָה אֵל עוֹלָם: וַיָּגָר אַבְרָהָם בְּאֶרֶץ
פְּלִשְׁתִּים יָמִים רַבִּים:

Both Scrolls are placed upon the Reader's desk

Reader

יִתְגַּדַּל וְיִתְקַדַּשׁ שְׁמֵהּ רַבָּא. בְּעָלְמָא דִּי־בְרָא כִרְעוּתֵהּ.
וְיַמְלִיךְ מַלְכוּתֵהּ בְּחַיֵּיכוֹן וּבְיוֹמֵיכוֹן וּבְחַיֵּי דְכָל־בֵּית
יִשְׂרָאֵל בַּעֲגָלָא וּבִזְמַן קָרִיב. וְאִמְרוּ אָמֵן:

יְהֵא שְׁמֵהּ רַבָּא מְבָרַךְ לְעָלַם וּלְעָלְמֵי עָלְמַיָּא:

יִתְבָּרַךְ וְיִשְׁתַּבַּח וְיִתְפָּאַר וְיִתְרוֹמַם וְיִתְנַשֵּׂא וְיִתְהַדַּר
וְיִתְעַלֶּה וְיִתְהַלַּל שְׁמֵהּ דְּקֻדְשָׁא. בְּרִיךְ הוּא. לְעֵלָּא וּלְעֵלָּא
מִן־כָּל־בִּרְכָתָא וְשִׁירָתָא תֻּשְׁבְּחָתָא וְנֶחֱמָתָא דַּאֲמִירָן
בְּעָלְמָא. וְאִמְרוּ אָמֵן:

And it came to pass at that time, that Abimeleḥ and Phicol, the captain of his host, spoke unto Abraham, saying: 'God is with thee in all that thou doest. Now therefore swear unto me here by God that thou wilt not deal falsely with me, nor with my son, nor with my son's son; but according to the kindness that I have done unto thee, thou shalt do unto me, and to the land wherein Thou sojournest.' And Abraham said: 'I will so swear.' Abraham rebuked Abimeleḥ because of the well of water which Abimeleḥ's slaves had seized by violence. And Abimeleḥ said: 'I know not who hath done this thing; neither didst thou tell me, nor did I hear of it before today.' Thereupon Abraham took sheep and oxen, and gave them unto Abimeleḥ; and they both made a covenant.

And Abraham set apart seven ewe-lambs of the flock. And Abimeleḥ said unto Abraham: 'What is the meaning of these seven ewe-lambs which thou hast set apart?' And he said: 'Verily these seven ewe-lambs shalt thou take from my hand, that it may bear witness for me that I have digged this well. Therefore that place was called Beer-sheba (well of the oath), because there they both took oaths.

So they made a covenant at Beer-sheba; and Abimeleḥ rose up, and Phicol, the captain of his host, and they returned to the land of the Philistines. And Abraham planted a tamarisk-tree in Beer-sheba, and there he proclaimed the name of the Lord, the everlasting God. And Abraham sojourned in the land of the Philistines many days.

Both Scrolls are placed upon the Reader's desk

[In Judaism, study is an important form of worship leading directly to prayer and righteous living. Hence, after reading a passage from the Bible, the congregation joins the Reader in praising God in the Kaddish, Israel's Doxology.]

Congregation

Ba-a-go-lo ba-a-go-lo u-vi-z'man ko-reev v'im-ru, o-mayn.
Y'hay sh'may ra-bo m'vo-raḥ l'o-lam u-l'o-l'may o-l'ma-yo yis-bo-raḥ.
Tush-b'ḥo-so v'ne-ḥeh-mo-so da-a-mee-ron b'o-l'mo.

The first Scroll is raised and the Congregation responds:

וְזֹאת הַתּוֹרָה אֲשֶׁר־שָׂם מֹשֶׁה לִפְנֵי בְּנֵי יִשְׂרָאֵל עַל־פִּי
יְיָ בְּיַד־מֹשֶׁה: עֵץ־חַיִּים הִיא לַמַּחֲזִיקִים בָּהּ וְתֹמְכֶיהָ מְאֻשָּׁר:
דְּרָכֶיהָ דַרְכֵי־נֹעַם וְכָל־נְתִיבֹתֶיהָ שָׁלוֹם: אֹרֶךְ יָמִים
בִּימִינָהּ בִּשְׂמֹאלָהּ עֹשֶׁר וְכָבוֹד: יְיָ חָפֵץ לְמַעַן צִדְקוֹ יַגְדִּיל
תּוֹרָה וְיַאְדִּיר:

The following Maftir is then read from the second Scroll:

במדבר כ"ט א'–ו'

וּבַחֹדֶשׁ הַשְּׁבִיעִי בְּאֶחָד לַחֹדֶשׁ מִקְרָא־קֹדֶשׁ יִהְיֶה לָכֶם
כָּל־מְלֶאכֶת עֲבֹדָה לֹא תַעֲשׂוּ יוֹם תְּרוּעָה יִהְיֶה לָכֶם:
וַעֲשִׂיתֶם עֹלָה לְרֵיחַ נִיחֹחַ לַיהוָה פַּר בֶּן־בָּקָר אֶחָד אַיִל
אֶחָד כְּבָשִׂים בְּנֵי־שָׁנָה שִׁבְעָה תְּמִימִם: וּמִנְחָתָם סֹלֶת
בְּלוּלָה בַשָּׁמֶן שְׁלֹשָׁה עֶשְׂרֹנִים לַפָּר שְׁנֵי עֶשְׂרֹנִים לָאָיִל:
וְעִשָּׂרוֹן אֶחָד לַכֶּבֶשׂ הָאֶחָד לְשִׁבְעַת הַכְּבָשִׂים: וּשְׂעִיר־
עִזִּים אֶחָד חַטָּאת לְכַפֵּר עֲלֵיכֶם: מִלְּבַד עֹלַת הַחֹדֶשׁ
וּמִנְחָתָהּ וְעֹלַת הַתָּמִיד וּמִנְחָתָהּ וְנִסְכֵּיהֶם כְּמִשְׁפָּטָם לְרֵיחַ
נִיחֹחַ אִשֶּׁה לַיהוָה:

The second Scroll is raised and the Congregation responds:

וְזֹאת הַתּוֹרָה אֲשֶׁר־שָׂם מֹשֶׁה לִפְנֵי בְּנֵי יִשְׂרָאֵל עַל־פִּי
יְיָ בְּיַד־מֹשֶׁה:

The Blessing Before the Haftarah

בָּרוּךְ אַתָּה יְיָ אֱלֹהֵינוּ מֶלֶךְ הָעוֹלָם אֲשֶׁר בָּחַר בִּנְבִיאִים
טוֹבִים וְרָצָה בְדִבְרֵיהֶם הַנֶּאֱמָרִים בֶּאֱמֶת. בָּרוּךְ אַתָּה
יְיָ הַבּוֹחֵר בַּתּוֹרָה וּבְמֹשֶׁה עַבְדּוֹ וּבְיִשְׂרָאֵל עַמּוֹ וּבִנְבִיאֵי
הָאֱמֶת וָצֶדֶק:

The first Scroll is raised and the Congregation responds:

This is the Torah proclaimed by Moses to the children of Israel, at the command of the Lord.

V'zōs ha-tō-ro a-sher som mō-sheh li-f'nay b'nay yis-ro-ayl
Al-pee A-dō-noy b'yad mō-sheh.

Selected from the Maftir (Numbers, 29:1)

And in the seventh month, on the first day of the month, ye shall have a holy convocation; ye shall do no manner of servile work; it is a day of blowing the ram's horn unto you.

The second Scroll is raised and the Congregation responds:
"V'zōs ha-tō-ro."

Haftarah—First Day Rosh Hashanah

NOTE

The Reading from the Prophets (1 Samuel 1–2:20) also deals with the birth of a child, and depicts Hannah fulfilling her vow of "lending" her son, Samuel, whose life was consecrated to the service of God. Like Sarah, Hannah manifests grave concern for the spiritual welfare of her child. Her example teaches us that the future of Judaism is largely in the hands of the Jewish mother. In our day, even more than in the past, the mother is responsible for her child's interest in religious education. The Jewish mother determines whether or not her home shall be permeated with a wholesome Jewish atmosphere. She can inculcate in the child a love for the Synagogue and for Jewish learning. "And Hannah brought her child to the house of the Lord while the child was young."

THE BLESSINGS BEFORE THE HAFTARAH

Blessed art Thou, O Lord our God, Ruler of the universe, who hast selected faithful prophets and hast taken delight in their words which were spoken in truth. Blessed art Thou, O Lord, who hast chosen the Torah, Thy servant Moses, Thy people Israel, and Thy prophets of truth and righteousness.

שמואל א׳ א׳–ב׳ י׳

וַיְהִי אִישׁ אֶחָד מִן־הָרָמָתַיִם צוֹפִים מֵהַר אֶפְרָיִם וּשְׁמוֹ
אֶלְקָנָה בֶּן־יְרֹחָם בֶּן־אֱלִיהוּא בֶּן־תֹּחוּ בֶן־צוּף אֶפְרָתִי׃
וְלוֹ שְׁתֵּי נָשִׁים שֵׁם אַחַת חַנָּה וְשֵׁם הַשֵּׁנִית פְּנִנָּה וַיְהִי
לִפְנִנָּה יְלָדִים וּלְחַנָּה אֵין יְלָדִים׃ וְעָלָה הָאִישׁ הַהוּא מֵעִירוֹ
מִיָּמִים יָמִימָה לְהִשְׁתַּחֲוֺת וְלִזְבֹּחַ לַיהוָה צְבָאוֹת בְּשִׁלֹה
וְשָׁם שְׁנֵי בְנֵי־עֵלִי חָפְנִי וּפִנְחָס כֹּהֲנִים לַיהוָה׃ וַיְהִי הַיּוֹם
וַיִּזְבַּח אֶלְקָנָה וְנָתַן לִפְנִנָּה אִשְׁתּוֹ וּלְכָל־בָּנֶיהָ וּבְנוֹתֶיהָ מָנוֹת׃
וּלְחַנָּה יִתֵּן מָנָה אַחַת אַפָּיִם כִּי אֶת־חַנָּה אָהֵב וַיהוָה סָגַר
רַחְמָהּ׃ וְכִעֲסַתָּה צָרָתָהּ גַּם־כַּעַס בַּעֲבוּר הַרְּעִמָהּ כִּי־סָגַר
יְהוָה בְּעַד רַחְמָהּ׃ וְכֵן יַעֲשֶׂה שָׁנָה בְשָׁנָה מִדֵּי עֲלֹתָהּ בְּבֵית
יְהוָה כֵּן תַּכְעִסֶנָּה וַתִּבְכֶּה וְלֹא תֹאכַל׃ וַיֹּאמֶר לָהּ אֶלְקָנָה
אִישָׁהּ חַנָּה לָמֶה תִבְכִּי וְלָמֶה לֹא תֹאכְלִי וְלָמֶה יֵרַע
לְבָבֵךְ הֲלוֹא אָנֹכִי טוֹב לָךְ מֵעֲשָׂרָה בָּנִים׃ וַתָּקָם חַנָּה
אַחֲרֵי אָכְלָה בְשִׁלֹה וְאַחֲרֵי שָׁתֹה וְעֵלִי הַכֹּהֵן יֹשֵׁב עַל־
הַכִּסֵּא עַל־מְזוּזַת הֵיכַל יְהוָה׃ וְהִיא מָרַת נָפֶשׁ וַתִּתְפַּלֵּל
עַל־יְהוָה וּבָכֹה תִבְכֶּה׃ וַתִּדֹּר נֶדֶר וַתֹּאמַר יְהוָה צְבָאוֹת
אִם־רָאֹה תִרְאֶה ׀ בָּעֳנִי אֲמָתֶךָ וּזְכַרְתַּנִי וְלֹא־תִשְׁכַּח אֶת־
אֲמָתֶךָ וְנָתַתָּה לַאֲמָתְךָ זֶרַע אֲנָשִׁים וּנְתַתִּיו לַיהוָה כָּל־
יְמֵי חַיָּיו וּמוֹרָה לֹא־יַעֲלֶה עַל־רֹאשׁוֹ׃ וְהָיָה כִּי הִרְבְּתָה
לְהִתְפַּלֵּל לִפְנֵי יְהוָה וְעֵלִי שֹׁמֵר אֶת־פִּיהָ׃ וְחַנָּה הִיא
מְדַבֶּרֶת עַל־לִבָּהּ רַק שְׂפָתֶיהָ נָּעוֹת וְקוֹלָהּ לֹא יִשָּׁמֵעַ
וַיַּחְשְׁבֶהָ עֵלִי לְשִׁכֹּרָה׃ וַיֹּאמֶר אֵלֶיהָ עֵלִי עַד־מָתַי
תִּשְׁתַּכָּרִין הָסִירִי אֶת־יֵינֵךְ מֵעָלָיִךְ׃ וַתַּעַן חַנָּה וַתֹּאמֶר

1 Samuel 1–2:20

Now there was a certain man of Ramathaim-zophim, of the hill-country of Ephraim, whose name was Elkanah, son of Jeroham, son of Elihu, son of Tohu, son of Zuph, an Ephraimite. He had two wives: the name of one was Hannah, and the name of the other Peninnah; and Peninnah had children, but Hannah was childless. And this man would go up from his city from year to year to worship and to sacrifice unto the Lord of hosts in Shiloh where the two sons of Eli, Hophni and Phinehas, were priests unto the Lord.

When the day came that Elkanah offered his sacrifice, he gave portions to Peninnah, his wife, and to all her sons and daughters, while unto Hannah he gave a double portion for he loved Hannah, though the Lord had made her childless. And Peninnah, her rival, vexed her sorely because the Lord had made her childless. So Elkanah did year by year, and whenever Hannah went up to the house of the Lord, Peninnah vexed her so that she wept and would not eat. And Elkanah her husband said unto her: 'Hannah, why weepest thou? And why eatest thou not? And why is thy heart grieved? Am not I better to thee than ten sons?'

So Hannah arose after they had eaten in Shiloh, and after they had drunk, and Eli the priest was sitting upon his seat by the doorpost of the Temple of the Lord. And as Hannah was in bitterness of soul, she prayed unto the Lord, and wept profusely. And she took a vow, and said: 'O Lord of hosts, if Thou wilt indeed look upon the plight of Thy handmaid, and remember me, and not forget Thy handmaid, but wilt give unto Thy handmaid a son, then I will give him unto the Lord all the days of his life, and there shall no razor come upon his head.'* And it came to pass, as she continued to pray before the Lord, that Eli observed her mouth, for Hannah was speaking in her heart; only her lips moved, but her voice could not be heard. Therefore Eli thought that she was drunk, and he said unto her: 'How long wilt thou be drunk? Put away thy wine from thee.' And Hannah answered: 'Not so,

---

* In accordance with the law of the Nazarite who is dedicated to the service of God.

לֹא אֲדֹנִי אִשָּׁה קְשַׁת־רוּחַ אָנֹכִי וְיַיִן וְשֵׁכָר לֹא שָׁתִיתִי וָאֶשְׁפֹּךְ אֶת־נַפְשִׁי לִפְנֵי יְהוָֹה׃ אַל־תִּתֵּן אֶת־אֲמָתְךָ לִפְנֵי בַּת־בְּלִיָּעַל כִּי מֵרֹב שִׂיחִי וְכַעְסִי דִּבַּרְתִּי עַד־הֵנָּה׃ וַיַּעַן עֵלִי וַיֹּאמֶר לְכִי לְשָׁלוֹם וֵאלֹהֵי יִשְׂרָאֵל יִתֵּן אֶת־שֵׁלָתֵךְ אֲשֶׁר שָׁאַלְתְּ מֵעִמּוֹ׃ וַתֹּאמֶר תִּמְצָא שִׁפְחָתְךָ חֵן בְּעֵינֶיךָ וַתֵּלֶךְ הָאִשָּׁה לְדַרְכָּהּ וַתֹּאכַל וּפָנֶיהָ לֹא־הָיוּ־לָהּ עוֹד׃ וַיַּשְׁכִּמוּ בַבֹּקֶר וַיִּשְׁתַּחֲווּ לִפְנֵי יְהוָֹה וַיָּשֻׁבוּ וַיָּבֹאוּ אֶל־בֵּיתָם הָרָמָתָה וַיֵּדַע אֶלְקָנָה אֶת־חַנָּה אִשְׁתּוֹ וַיִּזְכְּרֶהָ יְהוָֹה׃ וַיְהִי לִתְקֻפוֹת הַיָּמִים וַתַּהַר חַנָּה וַתֵּלֶד בֵּן וַתִּקְרָא אֶת־שְׁמוֹ שְׁמוּאֵל כִּי מֵיְהוָֹה שְׁאִלְתִּיו׃ וַיַּעַל הָאִישׁ אֶלְקָנָה וְכָל־בֵּיתוֹ לִזְבֹּחַ לַיהוָֹה אֶת־זֶבַח הַיָּמִים וְאֶת־נִדְרוֹ׃ וְחַנָּה לֹא עָלָתָה כִּי־אָמְרָה לְאִישָׁהּ עַד־יִגָּמֵל הַנַּעַר וַהֲבִאֹתִיו וְנִרְאָה אֶת־פְּנֵי יְהוָֹה וְיָשַׁב שָׁם עַד־עוֹלָם׃ וַיֹּאמֶר לָהּ אֶלְקָנָה אִישָׁהּ עֲשִׂי הַטּוֹב בְּעֵינַיִךְ שְׁבִי עַד־גָּמְלֵךְ אֹתוֹ אַךְ יָקֵם יְהוָֹה אֶת־דְּבָרוֹ וַתֵּשֶׁב הָאִשָּׁה וַתֵּינֶק אֶת־בְּנָהּ עַד־גָמְלָהּ אֹתוֹ׃ וַתַּעֲלֵהוּ עִמָּהּ כַּאֲשֶׁר גְּמָלַתּוּ בְּפָרִים שְׁלֹשָׁה וְאֵיפָה אַחַת קֶמַח וְנֵבֶל יַיִן וַתְּבִאֵהוּ בֵית־יְהוָֹה שִׁלוֹ וְהַנַּעַר נָעַר׃ וַיִּשְׁחֲטוּ אֶת־הַפָּר וַיָּבִאוּ אֶת־הַנַּעַר אֶל־עֵלִי׃ וַתֹּאמֶר בִּי אֲדֹנִי חֵי נַפְשְׁךָ אֲדֹנִי אֲנִי הָאִשָּׁה הַנִּצֶּבֶת עִמְּכָה בָּזֶה לְהִתְפַּלֵּל אֶל־יְהוָֹה׃ אֶל־הַנַּעַר הַזֶּה הִתְפַּלָּלְתִּי וַיִּתֵּן יְהוָֹה לִי אֶת־שְׁאֵלָתִי אֲשֶׁר שָׁאַלְתִּי מֵעִמּוֹ׃ וְגַם אָנֹכִי הִשְׁאִלְתִּהוּ לַיהוָֹה כָּל־הַיָּמִים אֲשֶׁר הָיָה הוּא שָׁאוּל לַיהוָֹה וַיִּשְׁתַּחוּ שָׁם לַיהוָֹה׃

my lord; I am a woman of a sorrowful spirit; I have drunk neither wine nor strong drink, but I am pouring out my soul before the Lord. Count not thy handmaid as a worthless woman for out of the abundance of my pain and my vexation have I spoken hitherto.' Then Eli answered and said: 'Go in peace, and may the God of Israel grant the petition that thou hast asked of Him.' And she replied: 'Let thy servant find favor in thy sight.' So the' woman went her way, and did eat, and her countenance was no longer sad.

They rose up in the morning early, and worshipped before the Lord, and returned, and came to their house to Ramah; and Elkanah knew Hannah his wife; and the Lord remembered her; and it came to pass, at the turn of the year, that Hannah conceived and bore a son; and she called his name Samuel, 'because,' she said, 'I have borrowed him of the Lord.'

And the man Elkanah, and all his household, went up to offer unto the Lord the yearly sacrifice and his vow. But Hannah went not up; for she said unto her husband: 'Not until the child be weaned; then I will bring him, that he may appear before the Lord, and there abide forever.' And Elkanah, her husband, said unto her: 'Do what seemeth thee good; tarry until thou hast weaned him; only may the Lord fulfill His word.' So the woman remained behind and nursed her son until she weaned him. And when she had weaned him, she took him up with her, with three bullocks and one ephah of meal, and a bottle of wine, and brought him unto the house of the Lord in Shiloh; and the boy was but a child. And when the bullock was slain, the child was brought to Eli. And she said: 'Oh, my lord, as thou livest, I am the woman that stood by thee here, praying unto the Lord. For this child I prayed; and the Lord hath granted me my petition which I asked of Him; therefore have I dedicated him unto the Lord; as long as he liveth he is lent to the Lord.' And they worshipped the Lord there.

וַתִּתְפַּלֵּל חַנָּה֙ וַתֹּאמַ֔ר עָלַ֤ץ לִבִּי֙ בַּֽיהוָ֔ה רָ֥מָה קַרְנִ֖י
בַּֽיהוָ֑ה רָ֤חַב פִּי֙ עַל־א֣וֹיְבַ֔י כִּ֥י שָׂמַ֖חְתִּי בִּישׁוּעָתֶֽךָ: אֵין־קָד֥וֹשׁ
כַּֽיהוָ֖ה כִּ֣י אֵ֣ין בִּלְתֶּ֑ךָ וְאֵ֥ין צ֖וּר כֵּֽאלֹהֵֽינוּ: אַל־תַּרְבּ֤וּ
תְדַבְּרוּ֙ גְּבֹהָ֣ה גְבֹהָ֔ה יֵצֵ֥א עָתָ֖ק מִפִּיכֶ֑ם כִּ֣י אֵ֤ל דֵּעוֹת֙ יְהוָ֔ה
וְלֹ֥א נִתְכְּנ֖וּ עֲלִלֽוֹת: קֶ֥שֶׁת גִּבֹּרִ֖ים חַתִּ֑ים וְנִכְשָׁלִ֖ים אָ֥זְרוּ
חָֽיִל: שְׂבֵעִ֤ים בַּלֶּ֨חֶם֙ נִשְׂכָּ֔רוּ וּרְעֵבִ֖ים חָדֵ֑לּוּ עַד־עֲקָרָה֙
יָֽלְדָ֣ה שִׁבְעָ֔ה וְרַבַּ֥ת בָּנִ֖ים אֻמְלָֽלָה: יְהוָ֖ה מֵמִ֣ית וּמְחַיֶּ֑ה
מוֹרִ֥יד שְׁא֖וֹל וַיָּֽעַל: יְהוָ֛ה מוֹרִ֥ישׁ וּמַֽעֲשִׁ֖יר מַשְׁפִּ֥יל אַף־
מְרוֹמֵֽם: מֵקִ֤ים מֵֽעָפָר֙ דָּ֔ל מֵֽאַשְׁפֹּ֖ת יָרִ֣ים אֶבְי֑וֹן לְהוֹשִׁיב֙
עִם־נְדִיבִ֔ים וְכִסֵּ֥א כָב֖וֹד יַנְחִלֵ֑ם כִּ֤י לַֽיהוָה֙ מְצֻ֣קֵי אֶ֔רֶץ
וַיָּ֥שֶׁת עֲלֵיהֶ֖ם תֵּבֵֽל: רַגְלֵ֤י חֲסִידָו֙ יִשְׁמֹ֔ר וּרְשָׁעִ֖ים בַּחֹ֣שֶׁךְ
יִדָּ֑מּוּ כִּֽי־לֹ֥א בְכֹ֖חַ יִגְבַּר־אִֽישׁ: יְהוָ֗ה יֵחַ֣תּוּ מְרִיבָ֔ו° עָלָו֙
בַּשָּׁמַ֣יִם יַרְעֵ֔ם יְהוָ֖ה יָדִ֣ין אַפְסֵי־אָ֑רֶץ וְיִתֶּן־עֹ֣ז לְמַלְכּ֔וֹ וְיָרֵ֖ם
קֶ֥רֶן ⌐ מְשִׁיחֽוֹ:

° וְלוֹ קרי

The Blessings after the Haftarah, page 113

And Hannah prayed, and said:
My heart glorieth in the Lord,
My strength is increased through my God.
My heart exulteth over my foes
Because I rejoice in Thy salvation.
There is none holy as the Lord
For there is none besides Thee;
Neither is there any rock like our God.
Speak no more so arrogantly;
Let not boastings come out of your mouth
For the Lord is a God of knowledge,
And by Him deeds are weighed.
The bows of the mighty shall be broken,
While they that stumble shall be girded with strength.
They that were secure must hire themselves for bread;
And they that were hungry have ceased from hunger—
Yea, she who was barren has borne seven,
While she that had many children is left desolate.
It is the Lord who causeth death and giveth life;
He bringeth down to the grave and bringeth up again,
The Lord maketh poor and maketh rich;
He bringeth low, He also lifteth up.
He raiseth up the poor from the dust,
And lifteth up the needy from the dust-heap,
To make them sit with princes
And inherit the throne of glory;
For the pillars of the earth are the Lord's
And He hath set the world upon them.
He will guard the steps of His holy ones,
But the wicked shall be silenced in darkness;
For not by might shall man prevail.
They that strive with the Lord shall be shattered;
Against them will He thunder in heaven.
The Lord judgeth the ends of the earth;
And He will give strength unto those who rule righteously.

The Blessings after the Haftarah, page 113

Our Crown of Distinction

Our great claim to the gratitude of mankind is that we gave to the world the word of God, the Bible. We have stormed heaven to snatch down this heavenly gift, as the Paitan (Synagogue Liturgical Poet) puts it. We threw ourselves into the breach, and covered it with our bodies against every attack. We allowed ourselves to be slain in hundreds and thousands rather than become unfaithful to it, and we bore witness to its truth, and watched over its purity in the face of a hostile world. The Bible is our sole *raison d'être;* and it is just this which the Higher Anti-Semitism, both within and without our ranks, is seeking to destroy, denying all our claims for the past, and leaving us without hope for the future. This intellectual persecution can only be fought with intellectual weapons, and unless we make an effort to recover our Bible we are irrevocably lost from both worlds.

Israel, to the Rabbis at least, is not a nation by virtue of race or of certain peculiar political combinations. The brutal Torah-less nationalism promulgated in certain quarters would have been to them just as hateful as the suicidal Torah-less universalism preached in other quarters. And if we could imagine for a moment Israel giving up its allegiance to God, its Torah, and its divine institution, the Rabbis would be the first to sign its death warrant as a nation.

Solomon Schechter

Note on Torah Reading

Few chapters of the Bible have had a more lasting influence upon Israel, than Genesis, Chapter 22, which contains the familiar story of the Akedah, the binding of Isaac. The patriarch, Abraham, is commanded to offer as a sacrifice to the Lord, his precious child, Isaac, his comfort in his old age. It was a supreme test of Abraham's faith in God, a test safe only in a divine hand, capable of intervening, as God did intervene, as soon as the spiritual end of the trial was accomplished. When the angel of the Lord forbade Abraham to slay his son, a ram, caught in the thickets, was substituted as a sacrifice. Abraham was assured that because he had stood the test, a great future was in store for his offspring.

The sounding of the shofar, the ram's horn, is a reminder of that implicit obedience to God which was revealed by Abraham and Isaac. The theme of the Akedah which is expressed in several of the Holiday prayers, was intended to arouse God's compassion for Isaac's descendants, and to inspire us to deeds of sacrifice. Religion consists of those aspirations for which we are ready to sacrifice comfort, position, and even safety. We do not truly live for our ideals unless we are ready, if necessary, to die for them.

Why, then, did God stay the hand of Abraham? The incident of the Akedah symbolizes a great forward step in human progress. In telling us how Abraham was dramatically interrupted in the act of sacrificing his son, the Torah proclaims true religion's emancipation from the hideous practice of human sacrifice. At a time when primitive religions demanded the sacrifice of children to their gods ("for even their sons and daughters do they burn in fire to their gods," Deuteronomy 12:31), Judaism taught that the God of Abraham prohibits human sacrifice. Unlike the cruel heathen deities, the God of our fathers required only the spiritual surrender of man. "Lay not thine hand upon the lad." Mankind has yet to learn that God condemns the shedding of human blood!

Abraham's willingness to sacrifice his greatest possession on the altar of his God, evoked a new ideal in Israel—the ideal of martyrdom. As persecution against the Jew increased, the story of the Akedah which was ingrained in the consciousness of the Jew, gave our forefathers the superhuman courage to prefer death to apostasy and betrayal. The inspiration of the Akedah made for unwavering steadfastness to the religious and ethical ideals of Judaism.

There is not a single noble cause, movement or achievement that does not call for great sacrifice and martyrdom. Liberty, science, truth—all have exacted their toll of heroes. The people of Israel has been the very symbol of martyrdom on behalf of freedom, justice and truth.

בראשית כ״ב א׳–כ״ד

כהן וַיְהִי אַחַר הַדְּבָרִים הָאֵלֶּה וְהָאֱלֹהִים נִסָּה אֶת־אַבְרָהָם
וַיֹּאמֶר אֵלָיו אַבְרָהָם וַיֹּאמֶר הִנֵּנִי׃ וַיֹּאמֶר קַח־נָא אֶת־בִּנְךָ
אֶת־יְחִידְךָ אֲשֶׁר־אָהַבְתָּ אֶת־יִצְחָק וְלֶךְ־לְךָ אֶל־אֶרֶץ
הַמֹּרִיָּה וְהַעֲלֵהוּ שָׁם לְעֹלָה עַל אַחַד הֶהָרִים אֲשֶׁר אֹמַר
אֵלֶיךָ׃ וַיַּשְׁכֵּם אַבְרָהָם בַּבֹּקֶר וַיַּחֲבֹשׁ אֶת־חֲמֹרוֹ וַיִּקַּח אֶת־
שְׁנֵי נְעָרָיו אִתּוֹ וְאֵת יִצְחָק בְּנוֹ וַיְבַקַּע עֲצֵי עֹלָה וַיָּקָם
וַיֵּלֶךְ אֶל־הַמָּקוֹם אֲשֶׁר־אָמַר־לוֹ הָאֱלֹהִים׃

לוי בַּיּוֹם הַשְּׁלִישִׁי וַיִּשָּׂא אַבְרָהָם אֶת־עֵינָיו וַיַּרְא אֶת־
הַמָּקוֹם מֵרָחֹק׃ וַיֹּאמֶר אַבְרָהָם אֶל־נְעָרָיו שְׁבוּ־לָכֶם פֹּה
עִם־הַחֲמוֹר וַאֲנִי וְהַנַּעַר נֵלְכָה עַד־כֹּה וְנִשְׁתַּחֲוֶה וְנָשׁוּבָה
אֲלֵיכֶם׃ וַיִּקַּח אַבְרָהָם אֶת־עֲצֵי הָעֹלָה וַיָּשֶׂם עַל־יִצְחָק
בְּנוֹ וַיִּקַּח בְּיָדוֹ אֶת־הָאֵשׁ וְאֶת־הַמַּאֲכֶלֶת וַיֵּלְכוּ שְׁנֵיהֶם
יַחְדָּו׃ וַיֹּאמֶר יִצְחָק אֶל־אַבְרָהָם אָבִיו וַיֹּאמֶר אָבִי וַיֹּאמֶר
הִנֶּנִּי בְנִי וַיֹּאמֶר הִנֵּה הָאֵשׁ וְהָעֵצִים וְאַיֵּה הַשֶּׂה לְעֹלָה׃
וַיֹּאמֶר אַבְרָהָם אֱלֹהִים יִרְאֶה־לּוֹ הַשֶּׂה לְעֹלָה בְּנִי וַיֵּלְכוּ
שְׁנֵיהֶם יַחְדָּו׃

שלישי וַיָּבֹאוּ אֶל־הַמָּקוֹם אֲשֶׁר אָמַר־לוֹ הָאֱלֹהִים וַיִּבֶן שָׁם
אַבְרָהָם אֶת־הַמִּזְבֵּחַ וַיַּעֲרֹךְ אֶת־הָעֵצִים וַיַּעֲקֹד אֶת־יִצְחָק
בְּנוֹ וַיָּשֶׂם אֹתוֹ עַל־הַמִּזְבֵּחַ מִמַּעַל לָעֵצִים׃ וַיִּשְׁלַח
אַבְרָהָם אֶת־יָדוֹ וַיִּקַּח אֶת־הַמַּאֲכֶלֶת לִשְׁחֹט אֶת־בְּנוֹ׃
וַיִּקְרָא אֵלָיו מַלְאַךְ יְהוָה מִן־הַשָּׁמַיִם וַיֹּאמֶר אַבְרָהָם ׀
אַבְרָהָם וַיֹּאמֶר הִנֵּנִי׃ וַיֹּאמֶר אַל־תִּשְׁלַח יָדְךָ אֶל־הַנַּעַר
וְאַל־תַּעַשׂ לוֹ מְאוּמָה כִּי ׀ עַתָּה יָדַעְתִּי כִּי־יְרֵא אֱלֹהִים

Genesis 22

And it came to pass after these things, that God put Abraham to the test and said unto him: 'Abraham,' and he answered: 'Here am I.'   And He said: 'Take now thy son, thine only son, whom thou lovest, Isaac, and get thee into the land of Moriah; and offer him there in sacrifice upon one of the mountains of which I will tell thee.'   And Abraham rose early in the morning, saddled his ass, and took two of his young men with him, and Isaac, his son; and he cleaved the wood for the burnt-offering, and rose up, and went unto the place of which God had told him.

On the third day, Abraham lifted up his eyes, and saw the place afar off.   And Abraham said unto his young men: 'You remain here with the ass, and I and the lad will go yonder, and we will worship, and then come back to you.'   And Abraham took the wood of the burnt-offering, and laid it upon Isaac his son; and he took in his hand the fire and the knife, and they went both of them together.   And Isaac spoke unto Abraham, his father, and said: 'Father.'   And he said: 'Here am I, my son.'   And he said: 'Here are the fire and the wood but where is the lamb for a burnt-offering?'   And Abraham said: 'God will provide the lamb for a burnt offering, my son.'   And they both went on together.

And they came to the place of which God had told him and Abraham built the altar there and arranged the wood and bound Isaac, his son, and laid him on the altar, upon the wood.   And Abraham stretched out his hand, and took the knife to slay his son.   But the angel of the Lord called unto him from heaven, and said: 'Abraham, Abraham!'   And he answered: 'Here am I!'   And he said: 'Lay not thy hand upon the lad, neither do anything unto him; for now I know that thou dost revere God, seeing thou hast not withheld thy

אַתָּה וְלֹא חָשַׂכְתָּ אֶת־בִּנְךָ אֶת־יְחִידְךָ מִמֶּנִּי: וַיִּשָּׂא אַבְרָהָם אֶת־עֵינָיו וַיַּרְא וְהִנֵּה־אַיִל אַחַר נֶאֱחַז בַּסְּבַךְ בְּקַרְנָיו וַיֵּלֶךְ אַבְרָהָם וַיִּקַּח אֶת־הָאַיִל וַיַּעֲלֵהוּ לְעֹלָה תַּחַת בְּנוֹ: וַיִּקְרָא אַבְרָהָם שֵׁם־הַמָּקוֹם הַהוּא יְהוָֹה ׀ יִרְאֶה אֲשֶׁר יֵאָמֵר הַיּוֹם בְּהַר יְהוָֹה יֵרָאֶה:

רביעי וַיִּקְרָא מַלְאַךְ יְהוָֹה אֶל־אַבְרָהָם שֵׁנִית מִן־הַשָּׁמָיִם: וַיֹּאמֶר בִּי נִשְׁבַּעְתִּי נְאֻם־יְהוָֹה כִּי יַעַן אֲשֶׁר עָשִׂיתָ אֶת־הַדָּבָר הַזֶּה וְלֹא חָשַׂכְתָּ אֶת־בִּנְךָ אֶת־יְחִידֶךָ: כִּי־בָרֵךְ אֲבָרֶכְךָ וְהַרְבָּה אַרְבֶּה אֶת־זַרְעֲךָ כְּכוֹכְבֵי הַשָּׁמַיִם וְכַחוֹל אֲשֶׁר עַל־שְׂפַת הַיָּם וְיִרַשׁ זַרְעֲךָ אֵת שַׁעַר אֹיְבָיו: וְהִתְבָּרְכוּ בְזַרְעֲךָ כֹּל גּוֹיֵי הָאָרֶץ עֵקֶב אֲשֶׁר שָׁמַעְתָּ בְּקֹלִי: וַיָּשָׁב אַבְרָהָם אֶל־נְעָרָיו וַיָּקֻמוּ וַיֵּלְכוּ יַחְדָּו אֶל־בְּאֵר שָׁבַע וַיֵּשֶׁב אַבְרָהָם בִּבְאֵר שָׁבַע:

חמישי וַיְהִי אַחֲרֵי הַדְּבָרִים הָאֵלֶּה וַיֻּגַּד לְאַבְרָהָם לֵאמֹר הִנֵּה יָלְדָה מִלְכָּה גַם־הִוא בָּנִים לְנָחוֹר אָחִיךָ: אֶת־עוּץ בְּכֹרוֹ וְאֶת־בּוּז אָחִיו וְאֶת־קְמוּאֵל אֲבִי אֲרָם: וְאֶת־כֶּשֶׂד וְאֶת־חֲזוֹ וְאֶת־פִּלְדָּשׁ וְאֶת־יִדְלָף וְאֵת בְּתוּאֵל: וּבְתוּאֵל יָלַד אֶת־רִבְקָה שְׁמֹנָה אֵלֶּה יָלְדָה מִלְכָּה לְנָחוֹר אֲחִי אַבְרָהָם: וּפִילַגְשׁוֹ וּשְׁמָהּ רְאוּמָה וַתֵּלֶד גַּם־הִוא אֶת־טֶבַח וְאֶת־גַּחַם וְאֶת־תַּחַשׁ וְאֶת־מַעֲכָה:

Both Scrolls are placed on the Reader's desk

Kaddish, page 102

The first Scroll is raised and the Congregation responds:

וְזֹאת הַתּוֹרָה אֲשֶׁר־שָׂם מֹשֶׁה לִפְנֵי בְּנֵי יִשְׂרָאֵל עַל־פִּי יְיָ בְּיַד־מֹשֶׁה:

son, thine only son, from Me.' Then Abraham lifted up his eyes and looked, and behold, behind him there was a ram caught in the thicket by its horns. And Abraham went and took the ram, and offered it up for a burnt-offering instead of his son. And Abraham called the name of that place Adonai-jireh; as it is said to this day: 'In the mount where the Lord provideth.'

And the angel of the Lord called unto Abraham a second time out of heaven, and said: 'In My name have I sworn, saith the Lord, because thou hast done this thing, and hast not withheld thy son, thine only son, that I will surely bless thee and I will multiply thy children like the stars of heaven, and the sand upon the shore of the sea; and thy children shall inherit the gate of their enemies; and in thy seed shall all the nations of the earth be blessed; because thou hast hearkened to My voice.' So Abraham returned unto his young men, and they rose up and went together to Beer-sheba; and Abraham dwelt at Beer-sheba.

And it came to pass after these things, that Abraham was told, 'Behold, Milcah hath borne children unto thy brother, Nahor: Uz, his firstborn, and Buz, his brother, and Kemuel, the father of Aram; and Chesed, and Hazo, and Pildash, and Jidlaph, and Bethuel.' And Bethuel was the father of Rebekah; these eight did Milcah bear to Nahor, Abraham's brother. And his concubine, whose name was Reumah, bore him Tebah, and Gaham, and Tahash, and Maacah.

Both Scrolls are placed on the Reader's desk

[In Judaism, study is an important form of worship leading directly to prayer and righteous living. Hence, after reading a passage from the Bible, the congregation joins the Reader in praising God in the Kaddish, Israel's Doxology.]

Kaddish, page 102

The first Scroll is raised and the Congregation responds:

V'zōs ha-tō-ro a-sher som mō-sheh li-f'nay b'nay yis-ro-ayl Al-pee A-dō-noy b'yad mō-sheh.

This is the Torah proclaimed by Moses to the children of Israel, at the command of the Lord.

The following Maftir is then read from the second Scroll:

במדבר כ״ט א׳–ו׳

וּבַחֹ֨דֶשׁ הַשְּׁבִיעִ֜י בְּאֶחָ֣ד לַחֹ֗דֶשׁ מִֽקְרָא־קֹ֙דֶשׁ֙ יִהְיֶ֣ה לָכֶ֔ם כָּל־מְלֶ֥אכֶת עֲבֹדָ֖ה לֹ֣א תַעֲשׂ֑וּ י֥וֹם תְּרוּעָ֖ה יִהְיֶ֥ה לָכֶֽם׃ וַעֲשִׂיתֶ֨ם עֹלָ֜ה לְרֵ֤יחַ נִיחֹ֙חַ֙ לַֽיהֹוָ֔ה פַּ֧ר בֶּן־בָּקָ֛ר אֶחָ֖ד אַ֣יִל אֶחָ֑ד כְּבָשִׂ֧ים בְּנֵי־שָׁנָ֛ה שִׁבְעָ֖ה תְּמִימִֽם׃ וּמִ֨נְחָתָ֔ם סֹ֖לֶת בְּלוּלָ֣ה בַשָּׁ֑מֶן שְׁלֹשָׁ֤ה עֶשְׂרֹנִים֙ לַפָּ֔ר שְׁנֵ֥י עֶשְׂרֹנִ֖ים לָאָֽיִל׃ וְעִשָּׂר֣וֹן אֶחָ֔ד לַכֶּ֖בֶשׂ הָאֶחָ֑ד לְשִׁבְעַ֖ת הַכְּבָשִֽׂים׃ וּשְׂעִיר־עִזִּ֥ים אֶחָ֖ד חַטָּ֑את לְכַפֵּ֖ר עֲלֵיכֶֽם׃ מִלְּבַד֩ עֹלַ֨ת הַחֹ֜דֶשׁ וּמִנְחָתָ֗הּ וְעֹלַ֤ת הַתָּמִיד֙ וּמִנְחָתָ֔הּ וְנִסְכֵּיהֶ֖ם כְּמִשְׁפָּטָ֑ם לְרֵ֣יחַ נִיחֹ֔חַ אִשֶּׁ֖ה לַֽיהֹוָֽה׃

The second Scroll is raised and the Congregation responds:

וְזֹאת הַתּוֹרָה אֲשֶׁר־שָׂם מֹשֶׁה לִפְנֵי בְּנֵי יִשְׂרָאֵל עַל־פִּי יְיָ בְּיַד מֹשֶׁה׃

The Blessing before the Haftarah

בָּרוּךְ אַתָּה יְיָ אֱלֹהֵינוּ מֶלֶךְ הָעוֹלָם אֲשֶׁר בָּחַר בִּנְבִיאִים טוֹבִים וְרָצָה בְדִבְרֵיהֶם הַנֶּאֱמָרִים בֶּאֱמֶת. בָּרוּךְ אַתָּה יְיָ הַבּוֹחֵר בַּתּוֹרָה וּבְמֹשֶׁה עַבְדּוֹ וּבְיִשְׂרָאֵל עַמּוֹ וּבִנְבִיאֵי הָאֱמֶת וָצֶדֶק׃

ירמיה ל״א ב׳–כ׳

כֹּ֚ה אָמַ֣ר יְהֹוָ֔ה מָצָ֥א חֵן֙ בַּמִּדְבָּ֔ר עַ֖ם שְׂרִ֣ידֵי חָ֑רֶב הָל֖וֹךְ לְהַרְגִּיע֥וֹ יִשְׂרָאֵֽל׃ מֵֽרָח֕וֹק יְהֹוָ֖ה נִרְאָ֣ה לִ֑י וְאַהֲבַ֤ת עוֹלָם֙ אֲהַבְתִּ֔יךְ עַל־כֵּ֖ן מְשַׁכְתִּ֥יךְ חָֽסֶד׃ ע֤וֹד אֶבְנֵךְ֙ וְנִבְנֵ֔ית בְּתוּלַ֖ת יִשְׂרָאֵ֑ל ע֚וֹד תַּעְדִּ֣י תֻפַּ֔יִךְ וְיָצָ֖את בִּמְח֥וֹל מְשַׂחֲקִֽים׃ ע֚וֹד תִּטְּעִ֣י כְרָמִ֔ים בְּהָרֵ֖י שֹׁמְר֑וֹן נָטְע֥וּ נֹטְעִ֖ים וְחִלֵּֽלוּ׃ כִּ֣י יֶשׁ־י֔וֹם קָֽרְא֥וּ נֹצְרִ֖ים בְּהַ֣ר אֶפְרָ֑יִם ק֚וּמוּ וְנַעֲלֶ֣ה צִיּ֔וֹן אֶל־יְהֹוָ֖ה אֱלֹהֵֽינוּ׃ כִּי־כֹ֣ה ׀ אָמַ֣ר יְהֹוָ֗ה רָנּ֤וּ לְיַעֲקֹב֙

Selected from the Maftir (Numbers 29:1)

And in the seventh month, on the first day of the month, ye shall have a holy convocation; ye shall do no manner of servile work; it is a day of blowing the ram's horn unto you.

The second Scroll is raised and the Congregation responds:
"V'zōs ha-tō-ro"

NOTE ON HAFTARAH

This Prophetic portion (Jeremiah 31:2–20) is a striking example of the hopefulness which faith in God engenders in man. The prophet Jeremiah, who beheld the destruction of the First Temple and the exile of his people, heartens the despairing Jews with a glowing picture of the restoration. With poetic fancy, the prophet portrays mother Rachel, who was buried at Ramah, weeping disconsolately for her homeless children. God, however, comforts her with the assurance that her children will yet return to Zion after sincere repentance. Ephraim, as Israel is called, is pictured as the prodigal child whom God loves with great compassion, and whom He takes to His heart when Ephraim expresses deep remorse for his wrong-doing. Legend tells us that when Jewish exiles passed the grave of Rachel, she cried so bitterly, that God Himself was deeply moved by the tears of this mother, and said: "For thy sake, O Rachel, I will lead the children of Israel back to their land."

Jeremiah 31:2–20

Thus saith the Lord: "The people who survived the sword have found grace in the wilderness, when I went forth to give rest unto Israel." From afar the Lord appeared unto me. "Yea, I have loved thee with an everlasting love; therefore, with affection have I drawn thee unto Me. Again will I build thee, and thou shalt be built, O virgin of Israel; again shalt thou be adorned with thy tabrets, and shalt go forth in merry dances. Again shalt thou plant vineyards upon the mountains of Samaria; the planters shall plant, and enjoy the fruit thereof. For there shall be a day, that the watchmen shall call upon the mount Ephraim: 'Arise ye, and let us go up to Zion, unto the Lord our God.' "

For thus saith the Lord: Sing with gladness for Jacob, and exult at the head of the nations; announce ye, sing praises

שִׂמְחָה וְצַהֲלוּ בְּרֹאשׁ הַגּוֹיִם הַשְׁמִיעוּ הַלְלוּ וְאִמְרוּ הוֹשַׁע
יְהוָה אֶת־עַמְּךָ אֵת שְׁאֵרִית יִשְׂרָאֵל׃ הִנְנִי מֵבִיא אוֹתָם
מֵאֶרֶץ צָפוֹן וְקִבַּצְתִּים מִיַּרְכְּתֵי־אָרֶץ בָּם עִוֵּר וּפִסֵּחַ הָרָה
וְיֹלֶדֶת יַחְדָּו קָהָל גָּדוֹל יָשׁוּבוּ הֵנָּה׃ בִּבְכִי יָבֹאוּ וּבְתַחֲנוּנִים
אוֹבִילֵם אוֹלִיכֵם אֶל־נַחֲלֵי מַיִם בְּדֶרֶךְ יָשָׁר לֹא יִכָּשְׁלוּ
בָּהּ כִּי־הָיִיתִי לְיִשְׂרָאֵל לְאָב וְאֶפְרַיִם בְּכֹרִי הוּא׃ שִׁמְעוּ
דְבַר־יְהוָה גּוֹיִם וְהַגִּידוּ בָאִיִּים מִמֶּרְחָק וְאִמְרוּ מְזָרֵה
יִשְׂרָאֵל יְקַבְּצֶנּוּ וּשְׁמָרוֹ כְּרֹעֶה עֶדְרוֹ׃ כִּי־פָדָה יְהוָה אֶת־
יַעֲקֹב וּגְאָלוֹ מִיַּד חָזָק מִמֶּנּוּ׃ וּבָאוּ וְרִנְּנוּ בִמְרוֹם־צִיּוֹן
וְנָהֲרוּ אֶל־טוּב יְהוָה עַל־דָּגָן וְעַל־תִּירֹשׁ וְעַל־יִצְהָר וְעַל־
בְּנֵי־צֹאן וּבָקָר וְהָיְתָה נַפְשָׁם כְּגַן רָוֶה וְלֹא־יוֹסִיפוּ
לְדַאֲבָה עוֹד׃ אָז תִּשְׂמַח בְּתוּלָה בְּמָחוֹל וּבַחֻרִים וּזְקֵנִים
יַחְדָּו וְהָפַכְתִּי אֶבְלָם לְשָׂשׂוֹן וְנִחַמְתִּים וְשִׂמַּחְתִּים
מִיגוֹנָם׃ וְרִוֵּיתִי נֶפֶשׁ הַכֹּהֲנִים דָּשֶׁן וְעַמִּי אֶת־טוּבִי יִשְׂבָּעוּ
נְאֻם־יְהוָה׃ כֹּה ׀ אָמַר יְהוָה קוֹל בְּרָמָה נִשְׁמָע נְהִי
בְּכִי תַמְרוּרִים רָחֵל מְבַכָּה עַל־בָּנֶיהָ מֵאֲנָה לְהִנָּחֵם עַל־
בָּנֶיהָ כִּי אֵינֶנּוּ׃ כֹּה ׀ אָמַר יְהוָה מִנְעִי קוֹלֵךְ מִבֶּכִי
וְעֵינַיִךְ מִדִּמְעָה כִּי יֵשׁ שָׂכָר לִפְעֻלָּתֵךְ נְאֻם־יְהוָה וְשָׁבוּ
מֵאֶרֶץ אוֹיֵב׃ וְיֵשׁ־תִּקְוָה לְאַחֲרִיתֵךְ נְאֻם־יְהוָה וְשָׁבוּ בָנִים
לִגְבוּלָם׃ שָׁמוֹעַ שָׁמַעְתִּי אֶפְרַיִם מִתְנוֹדֵד יִסַּרְתַּנִי וָאִוָּסֵר
כְּעֵגֶל לֹא לֻמָּד הֲשִׁבֵנִי וְאָשׁוּבָה כִּי אַתָּה יְהוָה אֱלֹהָי׃ כִּי־
אַחֲרֵי שׁוּבִי נִחַמְתִּי וְאַחֲרֵי הִוָּדְעִי סָפַקְתִּי עַל־יָרֵךְ
בֹּשְׁתִּי וְגַם־נִכְלַמְתִּי כִּי נָשָׂאתִי חֶרְפַּת נְעוּרָי׃ הֲבֵן יַקִּיר לִי
אֶפְרַיִם אִם יֶלֶד שַׁעֲשֻׁעִים כִּי־מִדֵּי דַבְּרִי בּוֹ זָכֹר
אֶזְכְּרֶנּוּ עוֹד עַל־כֵּן הָמוּ מֵעַי לוֹ רַחֵם אֲרַחֲמֶנּוּ נְאֻם־יְהוָה׃

and say: 'O Lord, save Thy people, the remnant of Israel.' Behold, I will bring them from the north country, and gather them from the uttermost parts of the earth. With them even the blind and the lame, the woman with child and her that travaileth with child; as a great company shall they return hither. They shall come with tears of joy, and with supplications will I lead them; I will guide them by rivers of water in a straight way wherein they shall not stumble; for I am a Father to Israel, and Ephraim is My first-born. Hear the words of the Lord, O ye nations, and declare it in the isles afar off, and say: 'He that scattered Israel doth gather him, and keep him, as a shepherd doth his flock.' For the Lord hath redeemed Jacob, and delivered him from a stronger power. And they shall come and sing in the height of Zion, and shall stream unto the bounty of the Lord, to the corn, and to the wine, and to the oil, and to the young of the flock and of the herd; and their soul shall be as a watered garden, and no more shall they languish in sorrow. Then shall the maiden rejoice in the dance, and the young men and the old shall be merry together; for I will turn their mourning into joy, and will comfort them, and make them rejoice from their sorrow. And I will satiate the soul of the priests, and My people shall be satisfied in My bounty, saith the Lord.

Thus saith the Lord: Hark, a voice is heard in Ramah, lamentation, and bitter weeping, Rachel weeping for her children. She refuseth to be comforted for her children, because they are exiled. Thus saith the Lord: Refrain thy voice from weeping, and thine eyes from tears; for thy work shall be rewarded, saith the Lord; and they shall come back from the land of the enemy. And there is hope for thy future, saith the Lord; And thy children shall return to their own border. I have surely heard Ephraim bemoaning himself: 'Thou hast chastised me, and I was chastised, as a calf untrained; turn Thou me from evil and I shall return, for Thou art the Lord my God. Surely my exile led me to repent, and after I was instructed, I smote my thigh in remorse; I was ashamed, yea, even confounded for the sins I committed in my youth.' Is not Ephraim my precious son, My beloved child? For even when I speak against him, I remember him with affection; therefore, My heart yearneth for him, yea, I will surely have compassion upon him, saith the Lord.

THE BLESSINGS AFTER THE HAFTARAH

בָּרוּךְ אַתָּה יְיָ אֱלֹהֵינוּ מֶלֶךְ הָעוֹלָם צוּר כָּל־הָעוֹלָמִים צַדִּיק בְּכָל־הַדּוֹרוֹת הָאֵל הַנֶּאֱמָן הָאוֹמֵר וְעוֹשֶׂה הַמְדַבֵּר וּמְקַיֵּם שֶׁכָּל־דְּבָרָיו אֱמֶת וָצֶדֶק: נֶאֱמָן אַתָּה הוּא יְיָ אֱלֹהֵינוּ וְנֶאֱמָנִים דְּבָרֶיךָ וְדָבָר אֶחָד מִדְּבָרֶיךָ אָחוֹר לֹא יָשׁוּב רֵיקָם כִּי אֵל מֶלֶךְ נֶאֱמָן וְרַחֲמָן אָתָּה. בָּרוּךְ אַתָּה יְיָ הָאֵל הַנֶּאֱמָן בְּכָל־דְּבָרָיו:

רַחֵם עַל צִיּוֹן כִּי הִיא בֵּית חַיֵּינוּ וְלַעֲלוּבַת נֶפֶשׁ תּוֹשִׁיעַ בִּמְהֵרָה בְיָמֵינוּ. בָּרוּךְ אַתָּה יְיָ מְשַׂמֵּחַ צִיּוֹן בְּבָנֶיהָ:

שַׂמְּחֵנוּ יְיָ אֱלֹהֵינוּ בְּאֵלִיָּהוּ הַנָּבִיא עַבְדֶּךָ וּבְמַלְכוּת בֵּית דָּוִד מְשִׁיחֶךָ בִּמְהֵרָה יָבֹא וְיָגֵל לִבֵּנוּ. עַל־כִּסְאוֹ לֹא־יֵשֶׁב זָר וְלֹא־יִנְחֲלוּ עוֹד אֲחֵרִים אֶת־כְּבוֹדוֹ. כִּי בְשֵׁם קָדְשְׁךָ נִשְׁבַּעְתָּ לּוֹ שֶׁלֹּא־יִכְבֶּה נֵרוֹ לְעוֹלָם וָעֶד. בָּרוּךְ אַתָּה יְיָ מָגֵן דָּוִד:

On Sabbath add the bracketed words

עַל־הַתּוֹרָה וְעַל־הָעֲבוֹדָה וְעַל־הַנְּבִיאִים וְעַל־יוֹם [הַשַּׁבָּת הַזֶּה וְעַל־יוֹם] הַזִּכָּרוֹן הַזֶּה שֶׁנָּתַתָּ לָּנוּ יְיָ אֱלֹהֵינוּ [לִקְדֻשָּׁה וְלִמְנוּחָה] לְכָבוֹד וּלְתִפְאָרֶת: עַל־הַכֹּל יְיָ אֱלֹהֵינוּ אֲנַחְנוּ מוֹדִים לָךְ וּמְבָרְכִים אוֹתָךְ. יִתְבָּרַךְ שִׁמְךָ בְּפִי כָּל־חַי תָּמִיד לְעוֹלָם וָעֶד. וּדְבָרְךָ אֱמֶת וְקַיָּם לָעַד. בָּרוּךְ אַתָּה יְיָ. מֶלֶךְ עַל־כָּל־הָאָרֶץ מְקַדֵּשׁ [הַשַּׁבָּת וְ]יִשְׂרָאֵל וְיוֹם הַזִּכָּרוֹן:

The Blessing after the Haftarah

Blessed art Thou, O Lord our God, King of the universe, Rock of all ages, righteous in all generations. Thou art the faithful God who dost promise and perform, who dost speak and fulfill; whose words are true and righteous. We have faith in Thee, O Lord our God, and in Thy words which will be fulfilled. Thou art a faithful and merciful God and King. Blessed art Thou, O Lord God, who art faithful in fulfilling Thy words.

Be merciful unto Zion, for it is the fountain of our life, and mayest Thou soon in our own day save the city that is grieved in spirit. Blessed art Thou, O Lord, who makest Zion rejoice with her children.

The throne of David is the historic symbol of righteous government and the restoration of Israel's homeland.

Bring us the joy foretold by Elijah, Thy servant, herald of peace and redemption, and delight us with the establishment of the Messianic order which our forebears called by the name of David, Thine anointed. May no stranger occupy his throne and may no usurper inherit his glory. For Thou hast promised unto him that his light will never be extinguished. Blessed art Thou, the Shield of David.

On Sabbath add the bracketed words

We thank and bless Thee, O Lord our God, for the Torah and for our worship and for the prophets, [for this Sabbath day] and for this Day of Remembrance, which Thou, O Lord our God, hast given us [for holiness and for rest] for glory and delight. May Thy name be continuously praised by the mouth of every living being forevermore. Thy word is truth and endureth forever. Blessed art Thou, O Lord, King over all the earth who hallowest [the Sabbath and] Israel and the Day of Remembrance.

יְקוּם פֻּרְקָן מִן שְׁמַיָּא חִנָּא וְחִסְדָּא וְרַחֲמֵי וְחַיֵּי אֲרִיכֵי וּמְזוֹנֵי רְוִיחֵי וְסִיַּעְתָּא דִשְׁמַיָּא וּבַרְיוּת גּוּפָא וּנְהוֹרָא מַעַלְיָא. זַרְעָא חַיָּא וְקַיָּמָא. זַרְעָא דִּי לָא־יִפְסֻק וְדִי לָא־יִבְטֻל מִפִּתְגָּמֵי אוֹרַיְתָא. לְמָרָנָן וְרַבָּנָן חֲבוּרָתָא קַדִּישָׁתָא. דִּי בְאַרְעָא דְיִשְׂרָאֵל דִּי בְבָבֶל וְדִי בְּכָל אַרְעַת גָּלְוָתַנָא. לְרֵישֵׁי כַלֵּי וּלְרֵישֵׁי גָלְוָתָא וּלְרֵישֵׁי מְתִיבָתָא וּלְדַיָּנֵי דִי בָבָא: לְכָל־תַּלְמִידֵיהוֹן וּלְכָל תַּלְמִידֵי תַלְמִידֵיהוֹן וּלְכָל־מָן דְּעָסְקִין בְּאוֹרַיְתָא. מַלְכָּא דְעָלְמָא יְבָרֵךְ יָתְהוֹן יַפִּישׁ חַיֵּיהוֹן וְיַסְגֵּא יוֹמֵיהוֹן וְיִתֵּן אַרְכָה לִשְׁנֵיהוֹן. וְיִתְפָּרְקוּן וְיִשְׁתֵּזְבוּן מִן כָּל־עָקָא וּמִן כָּל מַרְעִין בִּישִׁין. מָרַן דִּי בִשְׁמַיָּא יְהֵא בְסַעְדְּהוֹן כָּל זְמַן וְעִדָּן וְנֹאמַר אָמֵן:

יְקוּם פֻּרְקָן מִן שְׁמַיָּא חִנָּא וְחִסְדָּא וְרַחֲמֵי וְחַיֵּי אֲרִיכֵי וּמְזוֹנֵי רְוִיחֵי וְסִיַּעְתָּא דִשְׁמַיָּא וּבַרְיוּת גּוּפָא וּנְהוֹרָא מַעַלְיָא. זַרְעָא חַיָּא וְקַיָּמָא. זַרְעָא דִּי לָא־יִפְסֻק וְדִי לָא־יִבְטֻל מִפִּתְגָּמֵי אוֹרַיְתָא. לְכָל־קְהָלָא קַדִּישָׁא הָדֵין. רַבְרְבַיָּא עִם זְעֵרַיָּא טַפְלָא וּנְשַׁיָּא. מַלְכָּא דְעָלְמָא יְבָרֵךְ יָתְכוֹן יַפִּישׁ חַיֵּיכוֹן וְיַשְׂגֵּא יוֹמֵיכוֹן וְיִתֵּן אַרְכָה לִשְׁנֵיכוֹן. וְתִתְפָּרְקוּן וְתִשְׁתֵּזְבוּן מִן כָּל־עָקָא וּמִן כָּל־מַרְעִין בִּישִׁין. מָרַן דִּי בִשְׁמַיָּא יְהֵא בְסַעְדְּכוֹן כָּל־זְמַן וְעִדָּן. וְנֹאמַר אָמֵן:

מִי שֶׁבֵּרַךְ אֲבוֹתֵינוּ אַבְרָהָם יִצְחָק וְיַעֲקֹב הוּא יְבָרֵךְ אֶת־כָּל־הַקָּהָל הַקָּדוֹשׁ הַזֶּה עִם כָּל־קְהִלּוֹת הַקֹּדֶשׁ. הֵם וּנְשֵׁיהֶם וּבְנֵיהֶם וּבְנוֹתֵיהֶם וְכָל אֲשֶׁר לָהֶם. וּמִי שֶׁמְּיַחֲדִים בָּתֵּי כְנֵסִיּוֹת לִתְפִלָּה. וּמִי שֶׁבָּאִים בְּתוֹכָם לְהִתְפַּלֵּל. וּמִי שֶׁנּוֹתְנִים נֵר לַמָּאוֹר וְיַיִן לְקִדּוּשׁ וּלְהַבְדָּלָה וּפַת לָאוֹרְחִים וּצְדָקָה לָעֲנִיִּים. וְכָל־מִי שֶׁעוֹסְקִים בְּצָרְכֵי צִבּוּר וּבְבִנְיַן אֶרֶץ יִשְׂרָאֵל בֶּאֱמוּנָה. הַקָּדוֹשׁ בָּרוּךְ הוּא יְשַׁלֵּם שְׂכָרָם וְיָסִיר מֵהֶם כָּל־מַחֲלָה וְיִרְפָּא לְכָל־גּוּפָם וְיִסְלַח לְכָל־עֲוֹנָם. וְיִשְׁלַח בְּרָכָה וְהַצְלָחָה בְּכָל־מַעֲשֵׂה יְדֵיהֶם עִם כָּל־יִשְׂרָאֵל אֲחֵיהֶם וְנֹאמַר אָמֵן:

PRAYER FOR THE SCHOLARS

Heavenly Father, we invoke Thy divine aid upon the scholars and teachers associated in the study of the Torah in the land of Israel, in Babylon, and in all the lands of the dispersion. We pray also for those leaders who spread learning among the people, the leaders of the community, those who head schools of learning as well as those who exercise authority in the courts of sacred law. May they, their disciples, the disciples of their disciples and all who apply themselves in the study of the Torah be granted heavenly salvation. Bestow upon them grace, lovingkindness and mercy, long life, ample sustenance, health of body and enlightenment of the mind. May they be blessed with children who will not neglect the Torah. May the Ruler of the universe bless them, prolong their lives, increase their days, and add to their years. May they be saved and delivered from every trouble and misfortune. May the Lord of heaven be their help at all times and seasons; and let us say, Amen.

PRAYER FOR ISRAEL

We invoke Thy divine aid upon this entire congregation, its men and women as well as its children. May there be vouchsafed unto them salvation from heaven, grace, lovingkindness, and mercy, long life, ample sustenance, health of body and enlightenment of the mind. May you be blessed with children who will not neglect the Torah. May the Ruler of the universe bless you, prolong your lives, increase your days, and add to your years. May you be saved and delivered from every trouble and misfortune. May the Lord of heaven be your help at all times and seasons; and let us say, Amen.

PRAYER FOR THE CONGREGATION

May He who blessed our fathers, Abraham, Isaac, and Jacob, bless the people of this congregation, and of all other congregations; them, their wives, their sons, their daughters and all their dear ones. May His blessings also be vouchsafed unto those who dedicate and maintain Synagogues, unto those who enter therein to worship, and unto those who provide for the wayfarer, and are charitable to the poor. May He also bless those who faithfully devote themselves to the needs of the community and to the rebuilding of Eretz Yisrael. May the Holy One, blessed be He, remove from them all sickness, preserve them in health, forgive their sins, prosper the work of their hands and bestow blessings upon them and upon all Israel, their brethren, and let us say, Amen.

A Prayer for Our Country

Reader

Almighty God, eternal Ruler of the universe, Thou art revealed in the harmony and the beauty of nature. Thou art also manifest in the lives of good men and in the righteousness of nations. Keep our nation forever righteous and just. Bless our country and all mankind with the light of Thy presence. May all the peoples that make up this great Commonwealth consecrate their efforts, under Thy guidance, to the cause of liberty, equality and justice. May we remain united in purpose, respecting each other's rights and striving together with resolute hearts and willing hands for the welfare of all the inhabitants of our land.

O God, Father of all men, do Thou bind us ever more closely into a brotherhood of peoples, that we may labor unceasingly against the festering vices of malice and greed, fear and ignorance, hypocrisy and corruption, avarice and violence. May this country forever be the land of the free, where all may dwell in security and peace.

Prosper our country, O Lord, in all its worthy endeavors, so that future generations may praise Thee and call us blessed for the spirit of fellowship implanted in the hearts of all Thy children. Vouchsafe Thy blessings unto the President of the United States, the Governor of this State, and all who exercise just and rightful authority. Enlarge their vision so that they may guide us in wisdom and thus make our land a mighty force for righteousness among the nations of the world.

Fashion Thou our hearts anew and bend our will to Thy purpose so that the call to war and the clash of arms will not resound in our land. Grant that our country may lead the way in the pursuit of peace and the fulfillment of the vision of Thy prophet: "Men shall do no evil and work no destruction on all God's holy mountain for the earth shall be filled with the knowledge of the Lord, as the waters cover the sea." Amen.

Prayer for the State of Israel

O Heavenly Father, our Protector and Redeemer, bless, we pray Thee, the State of Israel.

Shield her with Thy loving care; guide her leaders with the light of Thy truth and direct them with Thy good counsel.

Strengthen the hands of those who build and defend the Holy Land. Grant peace and tranquility to the Land; joy and serenity to all its inhabitants.

Remember our brethren of the whole House of Israel, and gather the homeless of our people from the lands of their dispersion. Enable them to return in dignity to Zion, Thy city, and Jerusalem, the dwelling-place of Thy glory. Thus shall be fulfilled the promise set forth in Thy Torah:

"Though your dispersed be in the ends of the earth, from there will the Lord God gather them and bring them into the land which their fathers inherited, and they shall possess it."

Unite our hearts to love and revere Thy name and to observe the teachings of Thy Torah.

Reveal the glory of Thy majesty to all the inhabitants of the earth so that all the living shall proclaim that Thou art the God of Israel and the Sovereign of all mankind. Amen

Adapted from the prayer of the Chief Rabbinate of Israel.

On Sabbath, the Shofar is not sounded, and the Service is continued on page 121

Reader

Awake, ye sleepers from your slumber, and rouse you from your lethargy. Scrutinize your deeds and return in repentance. Remember your Creator, ye who forget eternal truth in the trifles of the hour, who go astray all your years after vain illusions which can neither profit nor deliver. Look well into your souls and mend your ways and your actions; let each one of you forsake his evil path and his unworthy purpose. and return to God, so that He may have mercy upon you.

MOSES MAIMONIDES

מ״ז לַמְנַצֵּחַ לִבְנֵי־קֹרַח מִזְמוֹר:

כָּל־הָעַמִּים תִּקְעוּ־כָף הָרִיעוּ לֵאלֹהִים בְּקוֹל רִנָּה: כִּי־יְיָ עֶלְיוֹן נוֹרָא מֶלֶךְ גָּדוֹל עַל־כָּל־הָאָרֶץ: יַדְבֵּר עַמִּים תַּחְתֵּינוּ וּלְאֻמִּים תַּחַת רַגְלֵינוּ: יִבְחַר־לָנוּ אֶת־נַחֲלָתֵנוּ אֶת־גְּאוֹן יַעֲקֹב אֲשֶׁר־אָהֵב סֶלָה: עָלָה אֱלֹהִים בִּתְרוּעָה יְיָ בְּקוֹל שׁוֹפָר: זַמְּרוּ אֱלֹהִים זַמֵּרוּ זַמְּרוּ לְמַלְכֵּנוּ זַמֵּרוּ: כִּי מֶלֶךְ כָּל־הָאָרֶץ אֱלֹהִים זַמְּרוּ מַשְׂכִּיל: מָלַךְ אֱלֹהִים עַל־גּוֹיִם אֱלֹהִים יָשַׁב עַל־כִּסֵּא קָדְשׁוֹ: נְדִיבֵי עַמִּים נֶאֱסָפוּ עַם אֱלֹהֵי אַבְרָהָם כִּי לֵאלֹהִים מָגִנֵּי־אֶרֶץ מְאֹד נַעֲלָה:

מִן־הַמֵּצַר קָרָאתִי יָּהּ עָנָנִי בַמֶּרְחַב יָהּ:

קוֹלִי שָׁמָעְתָּ אַל־תַּעְלֵם אָזְנְךָ לְרַוְחָתִי לְשַׁוְעָתִי:

רֹאשׁ־דְּבָרְךָ אֱמֶת וּלְעוֹלָם כָּל־מִשְׁפַּט צִדְקֶךָ:

עֲרֹב עַבְדְּךָ לְטוֹב אַל־יַעַשְׁקֻנִי זֵדִים:

שָׂשׂ אָנֹכִי עַל־אִמְרָתֶךָ כְּמוֹצֵא שָׁלָל רָב:

טוּב טַעַם וָדַעַת לַמְּדֵנִי כִּי בְמִצְוֹתֶיךָ הֶאֱמָנְתִּי:

נִדְבוֹת פִּי רְצֵה־נָא יְיָ וּמִשְׁפָּטֶיךָ לַמְּדֵנִי:

On Sabbath, the Shofar is not sounded, and the Service
is continued on page 121

Selected from Psalm 47

All ye peoples clap your hands;
Sing aloud unto God with a voice of triumph.

> For the Lord, the Most High, is to be worshipped in awe;
> He is a great King over all the earth.

He manifested Himself with the sound of the Shofar,
The Lord amidst the sound of the Shofar.

> Sing unto God, sing praises;
> Sing unto our King, sing praises.

For God is the King over the whole earth;
Sing praises with sweet melody.

> God ruleth over the nations;
> God is enthroned in holiness.

The princes of the people are gathered together
With the people of the God of Abraham.

> For God is the shield of the earth;
> He is greatly exalted.

Additional verses selected from Psalms

Out of my depths I called upon the Lord;
He answered me and He set me free.

> Thou hast heard my voice;
> Turn not away from my plea.

The beginning of Thy word is truth,
And all Thy righteous judgments are eternal.

> Be Thou my protection;
> Let not the arrogant oppress me.

I rejoice at Thy word
As one that finds great spoil.

> Teach me good judgment and knowledge,
> For I have faith in Thy commandments.

Accept the sincere offering of my lips, O Lord,
And teach me Thy laws.

Reader

Give heed to the sound of the Shofar,
The *sharp, piercing blasts* of the Shofar,
Rending the air with its message,
Its portent of heav'nly salvation,
Summoning man to his Father
To render Him homage, devotion.
Renounce ye your sins and transgressions,
False aims and vainglorious striving;
Infuse in your hearts a new spirit
To build a new earth and new heaven.
Heed ye the sound of the Shofar,
The blast that is blown, O my people.

בָּרוּךְ אַתָּה יְיָ אֱלֹהֵינוּ מֶלֶךְ הָעוֹלָם אֲשֶׁר
קִדְּשָׁנוּ בְּמִצְוֹתָיו וְצִוָּנוּ לִשְׁמוֹעַ קוֹל שׁוֹפָר:

בָּרוּךְ אַתָּה יְיָ אֱלֹהֵינוּ מֶלֶךְ הָעוֹלָם
שֶׁהֶחֱיָנוּ וְקִיְּמָנוּ וְהִגִּיעָנוּ לַזְּמַן הַזֶּה:

תקיעה שברים תרועה תקיעה
תקיעה שברים תרועה תקיעה
תקיעה שברים תרועה תקיעה

יְהִי רָצוֹן מִלְּפָנֶיךָ יְיָ אֱלֹהֵינוּ וֵאלֹהֵי אֲבוֹתֵינוּ שֶׁהַתְּקִיעוֹת וְהַקּוֹלוֹת הַיּוֹצְאִים מִן הַשּׁוֹפָר שֶׁאָנוּ תוֹקְעִים יַעֲלוּ לִפְנֵי כִּסֵּא כְבוֹדֶךָ וְיַמְלִיצוּ טוֹב בַּעֲדֵנוּ לְכַפֵּר עַל כָּל־חַטֹּאתֵינוּ. בָּרוּךְ אַתָּה בַּעַל הָרַחֲמִים:

Reader

Give heed to the blasts of the Shofar,
The *shrill quiv'ring notes* of the Shofar,
Sounding its message of warning,
Its cry of alarm and awakening—
Urging us work with our brothers
To combat the ills that beset man.

Accept ye the challenge to triumph
O'er forces of wrath and destruction.
Remove from your midst crime and warfare,
All poverty, greed and contention.
Heed ye the sound of the Shofar,
The blast that is blown, O my people.

תקיעה שברים תקיעה

תקיעה שברים תקיעה

תקיעה שברים תקיעה

יְהִי רָצוֹן ...

Reader

Give heed to the sound of the Shofar,
The *loud clarion call* of the Shofar,
Bringing bright hope to a people
Long scattered and stricken with sorrow;
Comforting Israel with promise
Of healing divine and redemption.
Renew ye your faith in God's covenant
That made you a nation through Torah.
Return to your God and establish
A Kingdom of Peace for all people.
Heed ye the sound of the Shofar,
The blast that is blown, O my people.

תקיעה תרועה תקיעה

תקיעה תרועה תקיעה

תקיעה תרועה תקיעה גדולה

יְהִי רָצוֹן ...

אַשְׁרֵי הָעָם יֹדְעֵי תְרוּעָה. יְיָ בְּאוֹר־פָּנֶיךָ יְהַלֵּכוּן:

Happy is the people that know the sound of the Shofar;
In the light of Thy spirit, O Lord, shall they walk.

אַשְׁרֵי יוֹשְׁבֵי בֵיתֶךָ עוֹד יְהַלְלוּךָ סֶּלָה:
אַשְׁרֵי הָעָם שֶׁכָּכָה לּוֹ אַשְׁרֵי הָעָם שֶׁיְיָ אֱלֹהָיו:

קמ"ה תְּהִלָּה לְדָוִד.

אֲרוֹמִמְךָ אֱלוֹהַי הַמֶּלֶךְ וַאֲבָרְכָה שִׁמְךָ לְעוֹלָם וָעֶד:
בְּכָל־יוֹם אֲבָרְכֶךָּ וַאֲהַלְלָה שִׁמְךָ לְעוֹלָם וָעֶד:
גָּדוֹל יְיָ וּמְהֻלָּל מְאֹד וְלִגְדֻלָּתוֹ אֵין חֵקֶר:
דּוֹר לְדוֹר יְשַׁבַּח מַעֲשֶׂיךָ וּגְבוּרֹתֶיךָ יַגִּידוּ:
הֲדַר כְּבוֹד הוֹדֶךָ וְדִבְרֵי נִפְלְאֹתֶיךָ אָשִׂיחָה:
וֶעֱזוּז נוֹרְאֹתֶיךָ יֹאמֵרוּ וּגְדֻלָּתְךָ אֲסַפְּרֶנָּה:
זֵכֶר רַב־טוּבְךָ יַבִּיעוּ וְצִדְקָתְךָ יְרַנֵּנוּ:
חַנּוּן וְרַחוּם יְיָ אֶרֶךְ אַפַּיִם וּגְדָל־חָסֶד:
טוֹב־יְיָ לַכֹּל וְרַחֲמָיו עַל־כָּל־מַעֲשָׂיו:
יוֹדוּךָ יְיָ כָּל־מַעֲשֶׂיךָ וַחֲסִידֶיךָ יְבָרְכוּכָה:
כְּבוֹד מַלְכוּתְךָ יֹאמֵרוּ וּגְבוּרָתְךָ יְדַבֵּרוּ:
לְהוֹדִיעַ לִבְנֵי הָאָדָם גְּבוּרֹתָיו וּכְבוֹד הֲדַר מַלְכוּתוֹ:
מַלְכוּתְךָ מַלְכוּת כָּל־עֹלָמִים וּמֶמְשַׁלְתְּךָ בְּכָל־דּוֹר וָדֹר:
סוֹמֵךְ יְיָ לְכָל־הַנֹּפְלִים וְזוֹקֵף לְכָל־הַכְּפוּפִים:
עֵינֵי כֹל אֵלֶיךָ יְשַׂבֵּרוּ וְאַתָּה נוֹתֵן־לָהֶם אֶת־אָכְלָם בְּעִתּוֹ:
פּוֹתֵחַ אֶת־יָדֶךָ וּמַשְׂבִּיעַ לְכָל־חַי רָצוֹן:
צַדִּיק יְיָ בְּכָל־דְּרָכָיו וְחָסִיד בְּכָל־מַעֲשָׂיו:
קָרוֹב יְיָ לְכָל־קֹרְאָיו לְכֹל אֲשֶׁר יִקְרָאֻהוּ בֶאֱמֶת:

Happy are they who dwell in Thy house; forever shall they praise Thee. Happy the people who thus fare; happy the people whose God is the Eternal.

Psalm 145

I will extol Thee, my God, O King,
And praise Thy name for ever and ever.

    Every day will I bless Thee,
    And I will praise Thy name for ever and ever.

Great is the Lord and greatly to be praised,
And His greatness is without end.

    One generation shall laud Thy works to another,
    And shall declare Thy mighty acts.

I will speak of the splendor of Thy glorious majesty,
And tell of Thy wonders.

    And men shall proclaim the might of Thy acts,
    And I will declare Thy greatness.

They shall make known the fame of Thy great goodness,
And shall joyously proclaim Thy righteousness.

    The Lord is gracious and full of compassion;
    Slow to anger and abundant in kindness.

The Lord is good to all;
And His love is over all His works.

    All whom Thou hast made shall give thanks unto Thee, O Lord,
    And Thy faithful ones shall bless Thee.

They shall declare the glory of Thy kingdom,
And tell of Thy power,

    To make known to the sons of men Thy mighty acts,
    And the glorious splendor of Thy kingdom.

Thy kingdom is an everlasting kingdom,
And Thy dominion endureth throughout all generations.

    The Lord upholdeth all who fall,
    And raiseth up all who are bowed down.

The eyes of all hopefully look to Thee,
And Thou givest them their food in due season.

    Thou openest Thy hand,
    And satisfiest every living thing with favor.

The Lord is righteous in all His ways,
And gracious in all His works.

    The Lord is near unto all who call upon Him,
    To all who call upon Him in truth.

רְצוֹן־יְרֵאָיו יַעֲשֶׂה וְאֶת־שַׁוְעָתָם יִשְׁמַע וְיוֹשִׁיעֵם:
שׁוֹמֵר יְיָ אֶת־כָּל־אֹהֲבָיו וְאֵת כָּל־הָרְשָׁעִים יַשְׁמִיד:
תְּהִלַּת יְיָ יְדַבֶּר־פִּי וִיבָרֵךְ כָּל־בָּשָׂר שֵׁם קָדְשׁוֹ לְעוֹלָם וָעֶד:
וַאֲנַחְנוּ נְבָרֵךְ יָהּ מֵעַתָּה וְעַד עוֹלָם הַלְלוּיָהּ:

סדר הכנסת התורה

The Ark is opened

Reader

יְהַלְלוּ אֶת־שֵׁם יְיָ כִּי־נִשְׂגָּב שְׁמוֹ לְבַדּוֹ.

Congregation

הוֹדוֹ עַל־אֶרֶץ וְשָׁמָיִם: וַיָּרֶם קֶרֶן לְעַמּוֹ תְּהִלָּה לְכָל־חֲסִידָיו לִבְנֵי יִשְׂרָאֵל עַם קְרֹבוֹ. הַלְלוּיָהּ:

Hō-dō al e-rets v'sho-mo-yim,
Va-yo-rem ke-ren l'a-mō, t'hi-lo l-ḥol ḥa-see-dov,
Li-v'nay yis-ro-ayl am k'rō-vō, ha-l'lu-yo.

On Sabbath

כ״ט מִזְמוֹר לְדָוִד.

הָבוּ לַייָ בְּנֵי אֵלִים הָבוּ לַייָ כָּבוֹד וָעֹז: הָבוּ לַייָ כְּבוֹד שְׁמוֹ הִשְׁתַּחֲווּ לַייָ בְּהַדְרַת־קֹדֶשׁ: קוֹל יְיָ עַל־הַמָּיִם אֵל־הַכָּבוֹד הִרְעִים יְיָ עַל־מַיִם רַבִּים: קוֹל־יְיָ בַּכֹּחַ קוֹל יְיָ בֶּהָדָר: קוֹל יְיָ שֹׁבֵר אֲרָזִים וַיְשַׁבֵּר יְיָ אֶת־אַרְזֵי הַלְּבָנוֹן: וַיַּרְקִידֵם כְּמוֹ־עֵגֶל לְבָנוֹן וְשִׂרְיוֹן כְּמוֹ בֶן־רְאֵמִים: קוֹל־יְיָ חֹצֵב לַהֲבוֹת אֵשׁ: קוֹל יְיָ יָחִיל מִדְבָּר יָחִיל יְיָ מִדְבַּר קָדֵשׁ: קוֹל יְיָ יְחוֹלֵל אַיָּלוֹת וַיֶּחֱשֹׂף יְעָרוֹת וּבְהֵיכָלוֹ כֻּלּוֹ אֹמֵר כָּבוֹד: יְיָ לַמַּבּוּל יָשָׁב וַיֵּשֶׁב יְיָ מֶלֶךְ לְעוֹלָם: יְיָ עֹז לְעַמּוֹ יִתֵּן יְיָ יְבָרֵךְ אֶת־עַמּוֹ בַשָּׁלוֹם:

He will fulfill the desire of them that revere Him;
He also will hear their cry and will save them.
The Eternal preserveth all who love Him,
But all wickedness will He destroy.
My mouth shall utter the praise of the Lord;
And let all men bless His holy name forever.
We will bless the Eternal from this time forth,
And forevermore. Hallelujah. Praise the Lord.

Replacing Torah Scrolls

The Ark is opened

Let all praise the name of the Lord;
For His name alone is supreme.

His glory is above the earth and heaven. He hath given glory unto His people; He is the praise of all the children of Israel, a people near unto Him. Hallelujah.

On Sabbath

Selected from Psalm 29

Ascribe unto the Lord, ye mighty ones,
Ascribe unto the Eternal glory and power.
Ascribe unto the Lord, the glory due His name;
Worship the Lord in the beauty of holiness.
The voice of the Lord is over the waters;
The God of glory thundereth!
The Lord is over the mighty waters.
The voice of the Lord breaketh the cedars;
Yea, the Eternal shattereth the cedars of Lebanon.
The Lord maketh the mountains skip like a calf,
Lebanon and Sirion leap like a young steer.
The voice of the Lord heweth out flames;
The Lord heweth out flames of fire.
The voice of the Lord whirleth the sand of the desert;
The Eternal whirleth the desert of Kadesh.
The voice of the Lord maketh the oak trees dance,
And strippeth the forests bare,
While in His Temple all proclaim, 'Glory.'
The Lord sat enthroned over the flood;
The Lord is enthroned as King forever.
The Lord will give strength to His people;
The Lord will bless His people with peace.

On Week-Days

כ״ד לְדָוִד מִזְמוֹר.

לַיְיָ הָאָֽרֶץ וּמְלוֹאָהּ תֵּבֵל וְיֹֽשְׁבֵי בָהּ: כִּי הוּא עַל־יַמִּים יְסָדָהּ וְעַל־נְהָרוֹת יְכוֹנְנֶֽהָ: מִי־יַעֲלֶה בְהַר יְיָ וּמִי־יָקוּם בִּמְקוֹם קָדְשׁוֹ: נְקִי כַפַּֽיִם וּבַר לֵבָב אֲשֶׁר לֹא־נָשָׂא לַשָּׁוְא נַפְשִׁי וְלֹא נִשְׁבַּע לְמִרְמָה: יִשָּׂא בְרָכָה מֵאֵת יְיָ וּצְדָקָה מֵאֱלֹהֵי יִשְׁעוֹ: זֶה דּוֹר דֹּרְשָׁיו מְבַקְשֵׁי פָנֶֽיךָ יַעֲקֹב סֶֽלָה: שְׂאוּ שְׁעָרִים רָאשֵׁיכֶם וְהִנָּשְׂאוּ פִּתְחֵי עוֹלָם וְיָבוֹא מֶֽלֶךְ הַכָּבוֹד: מִי זֶה מֶֽלֶךְ הַכָּבוֹד יְיָ עִזּוּז וְגִבּוֹר יְיָ גִּבּוֹר מִלְחָמָה: שְׂאוּ שְׁעָרִים רָאשֵׁיכֶם וּשְׂאוּ פִּתְחֵי עוֹלָם וְיָבֹא מֶֽלֶךְ הַכָּבוֹד: מִי הוּא זֶה מֶֽלֶךְ הַכָּבוֹד יְיָ צְבָאוֹת הוּא מֶֽלֶךְ הַכָּבוֹד סֶֽלָה:

The Scrolls are returned to the Ark

וּבְנֻחֹה יֹאמַר שׁוּבָה יְיָ רִבְבוֹת אַלְפֵי יִשְׂרָאֵל: קוּמָה יְיָ לִמְנוּחָתֶֽךָ אַתָּה וַאֲרוֹן עֻזֶּֽךָ: כֹּהֲנֶֽיךָ יִלְבְּשׁוּ־צֶֽדֶק וַחֲסִידֶֽיךָ יְרַנֵּֽנוּ: בַּעֲבוּר דָּוִד עַבְדֶּֽךָ אַל־תָּשֵׁב פְּנֵי מְשִׁיחֶֽךָ: כִּי לֶֽקַח טוֹב נָתַֽתִּי לָכֶם תּוֹרָתִי אַל־תַּעֲזֹֽבוּ: עֵץ־חַיִּים הִיא לַמַּחֲזִיקִים בָּהּ וְתֹמְכֶֽיהָ מְאֻשָּׁר: דְּרָכֶֽיהָ דַרְכֵי־נֹֽעַם וְכָל־נְתִיבוֹתֶֽיהָ שָׁלוֹם: הֲשִׁיבֵֽנוּ יְיָ אֵלֶֽיךָ וְנָשֽׁוּבָה חַדֵּשׁ יָמֵֽינוּ כְּקֶֽדֶם:

Reader

Our God, and God of our fathers, we thank Thee for the priceless treasure of Thy Torah, the repository of man's noblest experiences and loftiest aspirations. Grant that the portion of the Torah read today influence our lives for good and inspire us to seek further knowledge of Thy word. Thus our minds will be enriched and our lives endowed with the peace and serenity that is ever the portion of those that love Thy Torah. Amen.

The Ark is closed

On Week-Days

Selected from Psalm 24

The earth is the Lord's with all that it contains;
The world and they that dwell thereon.

    For He hath founded it upon the seas,
    And established it upon the floods.

Who may ascend the mountain of the Lord?
And who shall stand in His holy place?

    He that has clean hands and a pure heart;
    Who has not taken My name in vain,
    And has not sworn deceitfully.

He shall receive a blessing from the Lord,
And righteousness from the God of His salvation.

    Lift up your heads, O ye gates,
    Yea, lift them up, ye everlasting doors,
    That the King of glory may come in.

Who then is the King of glory?
The Lord of hosts,
He is the King of glory.

The Scrolls are returned to the Ark

Selected from the Hebrew

When the Ark rested, Moses said:
"Return, O Lord, unto the multitude of the families of Israel."

    Arise, O Lord, unto Thy Sanctuary,
    Thou, and the Ark of Thy strength.

Let Thy priests be clothed with righteousness;
And let Thy faithful ones exult.

    I give you good counsel;
    Forsake not My Torah.

It is a Tree of Life to them that hold fast to it;
And every one that upholds it is happy.

    Its ways are ways of pleasantness,
    And all its paths are peace.

Turn us unto Thee, O Lord, and we shall return;
Renew our days as of old.

The Ark is closed

תפלה לשליח צבור

הִנְנִי

הִנְנִי הֶעָנִי מִמַּעַשׂ. נִרְעָשׁ וְנִפְחָד מִפַּחַד יוֹשֵׁב תְּהִלּוֹת יִשְׂרָאֵל. בָּאתִי לַעֲמֹד וּלְהִתְחַנֵּן לְפָנֶיךָ עַל עַמְּךָ יִשְׂרָאֵל אֲשֶׁר שְׁלָחוּנִי. אַף עַל פִּי שֶׁאֵינִי כְדַי וְהָגוּן לְכָךְ. לָכֵן אֲבַקֵּשׁ מִמְּךָ אֱלֹהֵי אַבְרָהָם אֱלֹהֵי יִצְחָק וֵאלֹהֵי יַעֲקֹב: יְיָ יְיָ אֵל רַחוּם וְחַנּוּן אֱלֹהֵי יִשְׂרָאֵל. שַׁדַּי אָיוֹם וְנוֹרָא. הֱיֵה נָא מַצְלִיחַ דַּרְכִּי אֲשֶׁר אֲנִי הוֹלֵךְ לַעֲמֹד וּלְבַקֵּשׁ רַחֲמִים עָלַי וְעַל שׁוֹלְחָי. נָא אַל תַּפְשִׁיעֵם בְּחַטֹּאתַי וְאַל תְּחַיְּבֵם בַּעֲוֹנוֹתַי כִּי חוֹטֵא וּפוֹשֵׁעַ אָנִי. וְאַל יִכָּלְמוּ בִּפְשָׁעַי וְאַל יֵבֹשׁוּ הֵם בִּי וְאַל אֵבוֹשׁ אֲנִי בָּהֶם. קַבֵּל תְּפִלָּתִי כִּתְפִלַּת זָקֵן וְרָגִיל וּפִרְקוֹ נָאֶה וּזְקָנוֹ מְגֻדָּל וְקוֹלוֹ נָעִים וּמְעֹרָב בְּדַעַת עִם הַבְּרִיּוֹת. וְתִגְעַר בַּשָּׂטָן לְבַל יַשְׂטִינֵנִי. וִיהִי נָא דִלּוּגֵנוּ עָלֶיךָ אַהֲבָה. וְעַל כָּל־פְּשָׁעִים תְּכַסֶּה בְּאַהֲבָה. כָּל־צָרוֹת וְרָעוֹת הֲפָךְ־נָא לָנוּ וּלְכָל־יִשְׂרָאֵל לְשָׂשׂוֹן וּלְשִׂמְחָה לְחַיִּים וּלְשָׁלוֹם. הָאֱמֶת וְהַשָּׁלוֹם אֱהָבוּ וְלֹא יְהִי שׁוּם מִכְשׁוֹל בִּתְפִלָּתִי:

וִיהִי רָצוֹן מִלְּפָנֶיךָ יְיָ אֱלֹהֵי אַבְרָהָם יִצְחָק וְיַעֲקֹב. הָאֵל הַגָּדוֹל הַגִּבּוֹר וְהַנּוֹרָא אֵל עֶלְיוֹן. אֶהְיֶה אֲשֶׁר אֶהְיֶה. שֶׁכָּל־הַמַּלְאָכִים שֶׁהֵם מַעֲלֵי תְפִלּוֹת יָבִיאוּ תְפִלָּתִי לִפְנֵי כִסֵּא כְבוֹדֶךָ. וְיַצִּיגוּ אוֹתָהּ לְפָנֶיךָ. בַּעֲבוּר כָּל־הַצַּדִּיקִים וְהַחֲסִידִים הַתְּמִימִים וְהַיְשָׁרִים. וּבַעֲבוּר כְּבוֹד שִׁמְךָ הַגָּדוֹל וְהַנּוֹרָא. כִּי אַתָּה שׁוֹמֵעַ תְּפִלַּת עַמְּךָ יִשְׂרָאֵל בְּרַחֲמִים. בָּרוּךְ אַתָּה שׁוֹמֵעַ תְּפִלָּה:

THE READER'S PRAYER

HINENI

The following supplication, composed by a humble Hazan (Reader) in the Middle Ages, reveals the fervor and humility with which our forefathers prayed on these Days of Judgment. May we recapture its spirit of sincere piety and earnestness.

Behold, in deep humility

I stand and plead before Thee, God on high;

Great Lord who art enthroned above all praise,

O hearken and give heed unto my prayer.

Though unworthy of my sacred task,

Though imperfect, too, and filled with awe,

I bow before Thy holy presence here,

To crave compassion for my erring folk.

O God of Israel's patriarchs,

Their children's children send me as their voice,

To supplicate Thy pardon and Thy grace,

To ask Thy mercy, Thy continued love.

Though unworthy of my mission, Lord,

Though I stand not flawless in Thy sight,

Condemn Thou not my people for my faults,

Consider but their virtues, Righteous Judge.

Forgive us our iniquities,

And turn Thou our afflictions unto joy.

Thou great, exalted God who hearest prayer,

Hear ours, and bless us all with life and peace.

תפלת מוסף לראש השנה

Reader

יִתְגַּדַּל וְיִתְקַדַּשׁ שְׁמֵהּ רַבָּא. בְּעָלְמָא דִּי־בְרָא כִרְעוּתֵהּ. וְיַמְלִיךְ מַלְכוּתֵהּ בְּחַיֵּיכוֹן וּבְיוֹמֵיכוֹן וּבְחַיֵּי דְכָל־בֵּית יִשְׂרָאֵל בַּעֲגָלָא וּבִזְמַן קָרִיב. וְאִמְרוּ אָמֵן:

Congregation and Reader

יְהֵא שְׁמֵהּ רַבָּא מְבָרַךְ לְעָלַם וּלְעָלְמֵי עָלְמַיָּא:

Reader

יִתְבָּרַךְ וְיִשְׁתַּבַּח וְיִתְפָּאַר וְיִתְרוֹמַם וְיִתְנַשֵּׂא וְיִתְהַדַּר וְיִתְעַלֶּה וְיִתְהַלַּל שְׁמֵהּ דְּקֻדְשָׁא. בְּרִיךְ הוּא. לְעֵלָּא וּלְעֵלָּא מִן־כָּל־בִּרְכָתָא וְשִׁירָתָא תֻּשְׁבְּחָתָא וְנֶחֱמָתָא דַּאֲמִירָן בְּעָלְמָא. וְאִמְרוּ אָמֵן:

The Amidah is said standing, in silent devotion

אֲדֹנָי שְׂפָתַי תִּפְתָּח וּפִי יַגִּיד תְּהִלָּתֶךָ:

בָּרוּךְ אַתָּה יְיָ אֱלֹהֵינוּ וֵאלֹהֵי אֲבוֹתֵינוּ. אֱלֹהֵי אַבְרָהָם אֱלֹהֵי יִצְחָק וֵאלֹהֵי יַעֲקֹב. הָאֵל הַגָּדוֹל הַגִּבּוֹר וְהַנּוֹרָא אֵל עֶלְיוֹן. גּוֹמֵל חֲסָדִים טוֹבִים וְקֹנֵה הַכֹּל. וְזוֹכֵר חַסְדֵי אָבוֹת וּמֵבִיא גוֹאֵל לִבְנֵי בְנֵיהֶם לְמַעַן שְׁמוֹ בְּאַהֲבָה: זָכְרֵנוּ לְחַיִּים מֶלֶךְ חָפֵץ בַּחַיִּים. וְכָתְבֵנוּ בְּסֵפֶר הַחַיִּים.

ADDITIONAL SERVICE—ROSH HASHANAH

Reader

Magnified and sanctified be the great name of God throughout the world which He hath created according to His will. May He establish His kingdom during the days of your life and during the life of all the house of Israel, speedily, yea, soon; and say ye, Amen.

Congregation and Reader

May His great name be blessed for ever and ever.

Reader

Exalted and honored be the name of the Holy One, blessed be He, whose glory transcends, yea, is beyond all blessings and hymns, praises and consolations which are uttered in the world; and say ye, Amen.

Congregation

Ba-a-go-lo ba-a-go-lo u-vi-z'man ko-reev v'im-ru, o-mayn. Y'hay sh'may ra-bo m'vo-raḥ l'o-lam u-l'o-l'may o-l'ma-yo yis-bo-raḥ.
Tush-b'ḥo-so v'ne-ḥeh-mo-so da-a-mee-ron b'o-l'mo.

The Amiaah is said standing, in silent devotion

O Lord, open Thou my lips that my mouth may declare Thy praise.

Blessed art Thou, O Lord our God and God of our fathers, God of Abraham, God of Isaac, and God of Jacob, the great, mighty, revered and exalted God who bestowest loving-kindness and art Master of all. Mindful of the patriarchs' love for Thee, Thou wilt in Thy love bring a redeemer to their children's children for the sake of Thy name. Remember us unto life, O King who delightest in life, and inscribe us in the Book of Life so that we may live worthily for Thy sake,

לְמַעַנְךָ אֱלֹהִים חַיִּים: מֶלֶךְ עוֹזֵר וּמוֹשִׁיעַ וּמָגֵן. בָּרוּךְ אַתָּה יְיָ מָגֵן אַבְרָהָם:

אַתָּה גִּבּוֹר לְעוֹלָם אֲדֹנָי מְחַיֵּה מֵתִים אַתָּה רַב לְהוֹשִׁיעַ. מְכַלְכֵּל חַיִּים בְּחֶסֶד מְחַיֵּה מֵתִים בְּרַחֲמִים רַבִּים. סוֹמֵךְ נוֹפְלִים וְרוֹפֵא חוֹלִים וּמַתִּיר אֲסוּרִים וּמְקַיֵּם אֱמוּנָתוֹ לִישֵׁנֵי עָפָר. מִי כָמוֹךָ בַּעַל גְּבוּרוֹת וּמִי דּוֹמֶה לָּךְ. מֶלֶךְ מֵמִית וּמְחַיֶּה וּמַצְמִיחַ יְשׁוּעָה: מִי כָמוֹךָ אַב הָרַחֲמִים זוֹכֵר יְצוּרָיו לְחַיִּים בְּרַחֲמִים: וְנֶאֱמָן אַתָּה לְהַחֲיוֹת מֵתִים. בָּרוּךְ אַתָּה יְיָ מְחַיֵּה הַמֵּתִים:

אַתָּה קָדוֹשׁ וְשִׁמְךָ קָדוֹשׁ וּקְדוֹשִׁים בְּכָל־יוֹם יְהַלְלוּךָ סֶּלָה:

וּבְכֵן תֵּן פַּחְדְּךָ יְיָ אֱלֹהֵינוּ עַל כָּל־מַעֲשֶׂיךָ וְאֵימָתְךָ עַל כָּל־מַה־שֶּׁבָּרָאתָ. וְיִירָאוּךָ כָּל־הַמַּעֲשִׂים וְיִשְׁתַּחֲווּ לְפָנֶיךָ כָּל־הַבְּרוּאִים. וְיֵעָשׂוּ כֻלָּם אֲגֻדָּה אֶחָת לַעֲשׂוֹת רְצוֹנְךָ בְּלֵבָב שָׁלֵם. כְּמוֹ שֶׁיָּדַעְנוּ יְיָ אֱלֹהֵינוּ שֶׁהַשִּׁלְטוֹן לְפָנֶיךָ עֹז בְּיָדְךָ וּגְבוּרָה בִּימִינֶךָ וְשִׁמְךָ נוֹרָא עַל כָּל־מַה־שֶּׁבָּרָאתָ:

וּבְכֵן תֵּן כָּבוֹד יְיָ לְעַמֶּךָ תְּהִלָּה לִירֵאֶיךָ וְתִקְוָה לְדוֹרְשֶׁיךָ וּפִתְחוֹן פֶּה לַמְיַחֲלִים לָךְ. שִׂמְחָה לְאַרְצֶךָ וְשָׂשׂוֹן לְעִירֶךָ וּצְמִיחַת קֶרֶן לְדָוִד עַבְדֶּךָ וַעֲרִיכַת נֵר לְבֶן יִשַׁי מְשִׁיחֶךָ בִּמְהֵרָה בְיָמֵינוּ:

וּבְכֵן צַדִּיקִים יִרְאוּ וְיִשְׂמָחוּ וִישָׁרִים יַעֲלֹזוּ וַחֲסִידִים בְּרִנָּה יָגִילוּ. וְעוֹלָתָה תִּקְפָּץ־פִּיהָ וְכָל־הָרִשְׁעָה כֻּלָּהּ כְּעָשָׁן תִּכְלֶה. כִּי תַעֲבִיר מֶמְשֶׁלֶת זָדוֹן מִן הָאָרֶץ:

O God of life. O King, Thou Helper, Redeemer and Shield, praised be Thou, O Lord, Shield of Abraham.

Thou, O Lord, art mighty forever. Thou callest the dead to immortal life for Thou art mighty in salvation. Thou sustainest the living with loving-kindness, and in great mercy grantest everlasting life to those who have passed away. Thou upholdest the falling, healest the sick, settest free those in bondage, and keepest faith with those that sleep in the dust. Who is like unto Thee, Almighty King, who decreest death and grantest immortal life and bringest forth salvation? Who may be compared to Thee, Father of mercy, who in love rememberest Thy creatures unto life? Faithful art Thou to grant eternal life to the departed. Blessed art Thou, O Lord, who callest the dead to life everlasting.

Thou art holy and Thy name is holy and holy beings praise Thee daily.

· And therefore, O Lord our God, let Thine awe be manifest in all Thy works, and a reverence for Thee fill all that Thou hast created, so that all Thy creatures may know Thee, and all mankind bow down to acknowledge Thee. May all Thy children unite in one fellowship to do Thy will with a perfect heart; for we know, O Lord our God, that dominion is Thine, that Thy might and power are supreme, and that Thy name is to be revered over all Thou hast created.

And therefore, O Lord, grant glory to Thy people who serve Thee, praise to those who revere Thee, hope to those who seek Thee, and confidence to those who yearn for Thee. Bring joy to Thy land, gladness to Thy city, renewed strength to the seed of David, and a constant light to Thy servants in Zion. O may this come to pass speedily in our days.

And therefore, the righteous shall see and be glad, the just exult, and the pious rejoice in song, while iniquity shall close its mouth and all wickedness shall vanish like smoke, when Thou removest the dominion of tyranny from the earth.

וְתִמְלוֹךְ אַתָּה יְיָ לְבַדֶּךָ עַל כָּל־מַעֲשֶׂיךָ בְּהַר צִיּוֹן מִשְׁכַּן כְּבוֹדֶךָ וּבִירוּשָׁלַיִם עִיר קָדְשֶׁךָ כַּכָּתוּב בְּדִבְרֵי קָדְשֶׁךָ. יִמְלֹךְ יְיָ לְעוֹלָם אֱלֹהַיִךְ צִיּוֹן לְדֹר וָדֹר הַלְלוּיָהּ:

קָדוֹשׁ אַתָּה וְנוֹרָא שְׁמֶךָ וְאֵין אֱלוֹהַּ מִבַּלְעָדֶיךָ כַּכָּתוּב. וַיִּגְבַּהּ יְיָ צְבָאוֹת בַּמִּשְׁפָּט וְהָאֵל הַקָּדוֹשׁ נִקְדַּשׁ בִּצְדָקָה. בָּרוּךְ אַתָּה יְיָ הַמֶּלֶךְ הַקָּדוֹשׁ:

אַתָּה בְחַרְתָּנוּ מִכָּל־הָעַמִּים. אָהַבְתָּ אוֹתָנוּ. וְרָצִיתָ בָּנוּ. וְרוֹמַמְתָּנוּ מִכָּל־הַלְּשׁוֹנוֹת. וְקִדַּשְׁתָּנוּ בְּמִצְוֹתֶיךָ. וְקֵרַבְתָּנוּ מַלְכֵּנוּ לַעֲבוֹדָתֶךָ. וְשִׁמְךָ הַגָּדוֹל וְהַקָּדוֹשׁ עָלֵינוּ קָרָאתָ:

On Sabbath add the bracketed words

וַתִּתֶּן לָנוּ יְיָ אֱלֹהֵינוּ בְּאַהֲבָה אֶת־יוֹם [הַשַּׁבָּת הַזֶּה וְאֶת־יוֹם] הַזִּכָּרוֹן הַזֶּה יוֹם [זִכְרוֹן] תְּרוּעָה [בְּאַהֲבָה] מִקְרָא קֹדֶשׁ. זֵכֶר לִיצִיאַת מִצְרָיִם:

וּמִפְּנֵי חֲטָאֵינוּ גָּלִינוּ מֵאַרְצֵנוּ וְנִתְרַחַקְנוּ מֵעַל אַדְמָתֵנוּ וְאֵין אֲנַחְנוּ יְכוֹלִים לַעֲשׂוֹת חוֹבוֹתֵינוּ בְּבֵית בְּחִירָתֶךָ בַּבַּיִת הַגָּדוֹל וְהַקָּדוֹשׁ שֶׁנִּקְרָא שִׁמְךָ עָלָיו מִפְּנֵי הַיָּד שֶׁנִּשְׁתַּלְּחָה בְּמִקְדָּשֶׁךָ:

And Thou, O Lord, wilt rule, Thou alone, over all Thy works on Mount Zion, the dwelling place of Thy glory, and in Jerusalem, Thy holy city, fulfilling the words of the Psalmist: The Lord shall reign forever; thy God, O Zion, shall be Sovereign unto all generations. Praise ye the Lord.

Holy art Thou, and awe-inspiring is Thy name, and there is no God besides Thee; as it is written in Holy Scriptures: "The Lord of hosts is exalted through justice, and the holy God is sanctified through righteousness." Blessed art Thou, O Lord, the holy King.

Thou didst choose us for Thy service from among all peoples, loving us and taking delight in us. Thou didst exalt us above all tongues by making us holy through Thy commandments. Thou hast drawn us near, O our King, unto Thy service and hast called us by Thy great and holy name.

On Sabbath add the bracketed words

And Thou hast given us in love, O Lord our God, [this Sabbath day and] this Day of Remembrance, a day for [recalling the] sounding of the Shofar; a holy convocation as a memorial of the departure from Egypt.

Because of our sins, we were exiled from our land and removed far away from our country. We cannot perform our sacred duties in Thy great and holy Temple called by Thy name, because of the destruction that has come upon Thy Sanctuary.

יְהִי רָצוֹן מִלְּפָנֶיךָ יְיָ אֱלֹהֵינוּ וֵאלֹהֵי אֲבוֹתֵינוּ מֶלֶךְ רַחֲמָן שֶׁתָּשׁוּב וּתְרַחֵם עָלֵינוּ וְעַל מִקְדָּשְׁךָ בְּרַחֲמֶיךָ הָרַבִּים. וְתִבְנֵהוּ מְהֵרָה וּתְגַדֵּל כְּבוֹדוֹ: אָבִינוּ מַלְכֵּנוּ גַּלֵּה כְּבוֹד מַלְכוּתְךָ עָלֵינוּ מְהֵרָה. וְהוֹפַע וְהִנָּשֵׂא עָלֵינוּ לְעֵינֵי כָּל־חָי. וְקָרֵב פְּזוּרֵינוּ מִבֵּין הַגּוֹיִם. וּנְפוּצוֹתֵינוּ כַּנֵּס מִיַּרְכְּתֵי אָרֶץ: וַהֲבִיאֵנוּ לְצִיּוֹן עִירְךָ בְּרִנָּה. וְלִירוּשָׁלַיִם בֵּית מִקְדָּשְׁךָ בְּשִׂמְחַת עוֹלָם: וְשָׁם נַעֲשֶׂה לְפָנֶיךָ אֶת קָרְבְּנוֹת חוֹבוֹתֵינוּ. תְּמִידִים כְּסִדְרָם וּמוּסָפִים כְּהִלְכָתָם: וְאֶת מוּסַף יוֹם [הַשַּׁבָּת הַזֶּה וְאֶת־מוּסַף יוֹם] הַזִּכָּרוֹן הַזֶּה נַעֲשֶׂה וְנַקְרִיב לְפָנֶיךָ בְּאַהֲבָה כְּמִצְוַת רְצוֹנֶךָ כְּמוֹ שֶׁכָּתַבְתָּ עָלֵינוּ בְּתוֹרָתֶךָ עַל יְדֵי מֹשֶׁה עַבְדֶּךָ מִפִּי כְבוֹדֶךָ כָּאָמוּר:

On Sabbath

[וּבְיוֹם הַשַּׁבָּת שְׁנֵי־כְבָשִׂים בְּנֵי־שָׁנָה תְּמִימִם וּשְׁנֵי עֶשְׂרֹנִים סֹלֶת מִנְחָה בְּלוּלָה בַשֶּׁמֶן וְנִסְכּוֹ: עֹלַת שַׁבַּת בְּשַׁבַּתּוֹ עַל־עֹלַת הַתָּמִיד וְנִסְכָּהּ:]

וּבַחֹדֶשׁ הַשְּׁבִיעִי בְּאֶחָד לַחֹדֶשׁ מִקְרָא־קֹדֶשׁ יִהְיֶה לָכֶם כָּל־מְלֶאכֶת עֲבֹדָה לֹא תַעֲשׂוּ יוֹם תְּרוּעָה יִהְיֶה לָכֶם:

וַעֲשִׂיתֶם עֹלָה לְרֵיחַ נִיחֹחַ לַייָ פַּר בֶּן־בָּקָר אֶחָד אַיִל אֶחָד כְּבָשִׂים בְּנֵי שָׁנָה שִׁבְעָה תְּמִימִם: וּמִנְחָתָם וְנִסְכֵּיהֶם כִּמְדֻבָּר שְׁלשָׁה עֶשְׂרֹנִים לַפָּר וּשְׁנֵי עֶשְׂרֹנִים לָאָיִל וְעִשָּׂרוֹן לַכֶּבֶשׂ וְיַיִן כְּנִסְכּוֹ וּשְׁנֵי שְׂעִירִים לְכַפֵּר. וּשְׁנֵי תְמִידִים כְּהִלְכָתָם: מִלְּבַד עֹלַת הַחֹדֶשׁ וּמִנְחָתָהּ וְעֹלַת הַתָּמִיד וּמִנְחָתָהּ. וְנִסְכֵּיהֶם כְּמִשְׁפָּטָם לְרֵיחַ נִיחֹחַ אִשֶּׁה לַייָ:

On Sabbath

[יִשְׂמְחוּ בְמַלְכוּתְךָ שׁוֹמְרֵי שַׁבָּת וְקוֹרְאֵי עֹנֶג. עַם מְקַדְּשֵׁי שְׁבִיעִי כֻּלָּם יִשְׂבְּעוּ וְיִתְעַנְּגוּ מִטּוּבֶךָ. וְהַשְּׁבִיעִי רָצִיתָ בּוֹ וְקִדַּשְׁתּוֹ חֶמְדַּת יָמִים אוֹתוֹ קָרָאתָ זֵכֶר לְמַעֲשֵׂה בְרֵאשִׁית:]

May it be Thy will, O Lord our God, and God of our fathers, merciful King, again in Thine abundant compassion to have mercy upon us and upon Thy Sanctuary. O rebuild it speedily and make it great in glory. Our Father, our King, speedily reveal the glory of Thy kingdom unto us; shine forth and be exalted over us in the sight of all living. Bring together our scattered ones from among the nations, and gather our dispersed from the ends of the earth. Lead us with joyous song unto Zion, Thy city, and with everlasting joy unto Jerusalem, the home of Thy Sanctuary.

There shall we bring Thee our offerings in the spirit of reverence and awe which marked the sacrifices brought to Thy Temple by our ancestors of yore as prescribed in Thy Law.

(Numbers 28:9–10)

(Numbers 29:1–6)

And in the seventh month, on the first day of the month, ye shall have a holy convocation; ye shall do no manner of servile work; it is a day of blowing the ram's horn unto you. (Numbers 29:1)

On Sabbath

They that keep the Sabbath and call it a delight shall rejoice in Thy kingdom; the people that sanctify the seventh day, even all of them shall find serenity and delight in Thy goodness, for Thou didst find pleasure in the seventh day and didst hallow it. Thou didst call it the most desirable of days in remembrance of creation.

עָלֵינוּ לְשַׁבֵּחַ לַאֲדוֹן הַכֹּל לָתֵת גְּדֻלָּה לְיוֹצֵר בְּרֵאשִׁית שֶׁלֹּא עָשָׂנוּ כְּגוֹיֵי הָאֲרָצוֹת וְלֹא שָׂמָנוּ כְּמִשְׁפְּחוֹת הָאֲדָמָה שֶׁלֹּא שָׂם חֶלְקֵנוּ כָּהֶם וְגֹרָלֵנוּ כְּכָל־הֲמוֹנָם: וַאֲנַחְנוּ כֹּרְעִים וּמִשְׁתַּחֲוִים וּמוֹדִים לִפְנֵי מֶלֶךְ מַלְכֵי הַמְּלָכִים הַקָּדוֹשׁ בָּרוּךְ הוּא שֶׁהוּא נוֹטֶה שָׁמַיִם וְיוֹסֵד אָרֶץ וּמוֹשַׁב יְקָרוֹ בַּשָּׁמַיִם מִמַּעַל וּשְׁכִינַת עֻזּוֹ בְּגָבְהֵי מְרוֹמִים: הוּא אֱלֹהֵינוּ אֵין עוֹד. אֱמֶת מַלְכֵּנוּ אֶפֶס זוּלָתוֹ. כַּכָּתוּב בְּתוֹרָתוֹ וְיָדַעְתָּ הַיּוֹם וַהֲשֵׁבֹתָ אֶל־לְבָבֶךָ כִּי יְיָ הוּא הָאֱלֹהִים בַּשָּׁמַיִם מִמַּעַל וְעַל־הָאָרֶץ מִתָּחַת. אֵין עוֹד:

עַל כֵּן נְקַוֶּה לְךָ יְיָ אֱלֹהֵינוּ לִרְאוֹת מְהֵרָה בְּתִפְאֶרֶת עֻזֶּךָ לְהַעֲבִיר גִּלּוּלִים מִן הָאָרֶץ וְהָאֱלִילִים כָּרוֹת יִכָּרֵתוּן. לְתַקֵּן עוֹלָם בְּמַלְכוּת שַׁדַּי. וְכָל־בְּנֵי בָשָׂר יִקְרְאוּ בִשְׁמֶךָ לְהַפְנוֹת אֵלֶיךָ כָּל־רִשְׁעֵי אָרֶץ. יַכִּירוּ וְיֵדְעוּ כָּל־יוֹשְׁבֵי תֵבֵל. כִּי לְךָ תִּכְרַע כָּל־בֶּרֶךְ תִּשָּׁבַע כָּל־לָשׁוֹן: לְפָנֶיךָ יְיָ אֱלֹהֵינוּ יִכְרְעוּ וְיִפֹּלוּ. וְלִכְבוֹד שִׁמְךָ יְקָר יִתֵּנוּ. וִיקַבְּלוּ כֻלָּם אֶת־עֹל מַלְכוּתֶךָ. וְתִמְלוֹךְ עֲלֵיהֶם מְהֵרָה לְעוֹלָם וָעֶד. כִּי הַמַּלְכוּת שֶׁלְּךָ הִיא וּלְעוֹלְמֵי עַד תִּמְלוֹךְ בְּכָבוֹד. כַּכָּתוּב בְּתוֹרָתֶךָ יְיָ יִמְלֹךְ לְעֹלָם וָעֶד:

וְנֶאֱמַר. לֹא־הִבִּיט אָוֶן בְּיַעֲקֹב וְלֹא־רָאָה עָמָל בְּיִשְׂרָאֵל יְיָ אֱלֹהָיו עִמּוֹ וּתְרוּעַת מֶלֶךְ בּוֹ: וְנֶאֱמַר. וַיְהִי בִישֻׁרוּן מֶלֶךְ בְּהִתְאַסֵּף רָאשֵׁי עָם יַחַד שִׁבְטֵי יִשְׂרָאֵל: וּבְדִבְרֵי קָדְשְׁךָ כָּתוּב לֵאמֹר. כִּי לַייָ הַמְּלוּכָה וּמוֹשֵׁל בַּגּוֹיִם: וְנֶאֱמַר. יְיָ מָלָךְ גֵּאוּת לָבֵשׁ לָבֵשׁ יְיָ עֹז הִתְאַזָּר אַף תִּכּוֹן תֵּבֵל בַּל תִּמּוֹט: וְנֶאֱמַר. שְׂאוּ שְׁעָרִים רָאשֵׁיכֶם וְהִנָּשְׂאוּ פִּתְחֵי עוֹלָם וְיָבוֹא מֶלֶךְ הַכָּבוֹד: מִי זֶה מֶלֶךְ הַכָּבוֹד יְיָ עִזּוּז וְגִבּוֹר יְיָ

Let us adore the Lord of all, who formed the world from of old, that He hath not made us like unto the heathens of the earth, nor fashioned us like the godless of the land; that He hath not made our destiny as theirs, nor cast our lot with their multitude. We bend the knee, bow in worship, and give thanks unto the King of kings, the Holy One, blessed be He.

He stretched forth the heavens and laid the foundations of the earth. His glory is revealed in the heavens above, and His might is manifest in the loftiest heights. He is our God; there is none other. In truth He is our King, there is none besides Him. Thus it is written in His Torah: "Know this day, and consider it in thy heart that the Lord, He is God in the heavens above and on the earth beneath; there is none else."

We therefore hope in Thee, O Lord our God, that we may soon behold the glory of Thy might, when Thou wilt remove the abominations of the earth and cause all idolatry to be abolished, when the world will be perfected under Thine almighty kingdom, and all the children of men will call upon Thy name, when Thou wilt turn unto Thyself all the wicked of the earth. May all the inhabitants of the world perceive and know that unto Thee every knee must bend, every tongue vow loyalty. Before Thee, O Lord our God, may all bow in worship, and give honor unto Thy glorious name. May they all accept the yoke of Thy kingdom and speedily do Thou rule over them forever. For the kingdom is Thine and evermore wilt Thou reign in glory, as it is written in Holy Scriptures:

MALḤUYOT (SOVEREIGNTY) VERSES

The Lord shall reign for ever and ever.[1]

He hath beheld no iniquity in Jacob, neither hath He seen perverseness in Israel. The Lord their God is with them and they raise their voices to honor their King.[2]

God became King in Jeshurun when the heads of the people were gathered with all the tribes of Israel.[3]

For the sovereignty is the Lord's, and He is the Ruler over the nations.[4]

The Lord reigneth; He is robed with majesty; the Lord is robed and girt with power; the world is set firm that it cannot be moved.[5]

[1] Ex. 15:13.   [2] Nu. 23:21.   [3] Deut. 23:5.   [4] Ps. 22:29.   [5] Ps. 93:1.

גִּבּוֹר מִלְחָמָה: שְׂאוּ שְׁעָרִים רָאשֵׁיכֶם וּשְׂאוּ פִּתְחֵי עוֹלָם וְיָבֹא מֶלֶךְ הַכָּבוֹד: מִי הוּא זֶה מֶלֶךְ הַכָּבוֹד יְיָ צְבָאוֹת הוּא מֶלֶךְ הַכָּבוֹד סֶלָה: וְעַל יְדֵי עֲבָדֶיךָ הַנְּבִיאִים כָּתוּב לֵאמֹר. כֹּה אָמַר יְיָ מֶלֶךְ־יִשְׂרָאֵל וְגֹאֲלוֹ יְיָ צְבָאוֹת אֲנִי רִאשׁוֹן וַאֲנִי אַחֲרוֹן וּמִבַּלְעָדַי אֵין אֱלֹהִים: וְנֶאֱמַר. וְעָלוּ מוֹשִׁעִים בְּהַר צִיּוֹן לִשְׁפֹּט אֶת־הַר עֵשָׂו וְהָיְתָה לַייָ הַמְּלוּכָה: וְנֶאֱמַר. וְהָיָה יְיָ לְמֶלֶךְ עַל־כָּל־הָאָרֶץ בַּיּוֹם הַהוּא יִהְיֶה יְיָ אֶחָד וּשְׁמוֹ אֶחָד: וּבְתוֹרָתְךָ כָּתוּב לֵאמֹר.

שְׁמַע יִשְׂרָאֵל יְיָ אֱלֹהֵינוּ יְיָ אֶחָד:

On Sabbath add the bracketed words

אֱלֹהֵינוּ וֵאלֹהֵי אֲבוֹתֵינוּ מְלוֹךְ עַל כָּל־הָעוֹלָם כֻּלּוֹ בִּכְבוֹדֶךָ וְהִנָּשֵׂא עַל כָּל־הָאָרֶץ בִּיקָרֶךָ וְהוֹפַע בַּהֲדַר גְּאוֹן עֻזֶּךָ עַל כָּל־יוֹשְׁבֵי תֵבֵל אַרְצֶךָ. וְיֵדַע כָּל־פָּעוּל כִּי אַתָּה פְעַלְתּוֹ וְיָבִין כָּל־יָצוּר כִּי אַתָּה יְצַרְתּוֹ. וְיֹאמַר כֹּל אֲשֶׁר נְשָׁמָה בְאַפּוֹ יְיָ אֱלֹהֵי יִשְׂרָאֵל מֶלֶךְ וּמַלְכוּתוֹ בַּכֹּל מָשָׁלָה: אֱלֹהֵינוּ וֵאלֹהֵי אֲבוֹתֵינוּ [רְצֵה בִמְנוּחָתֵנוּ] קַדְּשֵׁנוּ בְּמִצְוֹתֶיךָ וְתֵן חֶלְקֵנוּ בְּתוֹרָתֶךָ שַׂבְּעֵנוּ מִטּוּבֶךָ וְשַׂמְּחֵנוּ בִּישׁוּעָתֶךָ. [וְהַנְחִילֵנוּ יְיָ אֱלֹהֵינוּ בְּאַהֲבָה וּבְרָצוֹן שַׁבַּת קָדְשֶׁךָ וְיָנוּחוּ בָהּ יִשְׂרָאֵל מְקַדְּשֵׁי שְׁמֶךָ] וְטַהֵר לִבֵּנוּ לְעָבְדְּךָ בֶּאֱמֶת. כִּי אַתָּה אֱלֹהִים אֱמֶת וּדְבָרְךָ אֱמֶת וְקַיָּם לָעַד. בָּרוּךְ אַתָּה יְיָ. מֶלֶךְ עַל כָּל־הָאָרֶץ מְקַדֵּשׁ [הַשַּׁבָּת וְ]יִשְׂרָאֵל וְיוֹם הַזִּכָּרוֹן:

אַתָּה זוֹכֵר מַעֲשֵׂה עוֹלָם וּפוֹקֵד כָּל־יְצוּרֵי קֶדֶם. לְפָנֶיךָ נִגְלוּ כָּל־תַּעֲלֻמוֹת וַהֲמוֹן נִסְתָּרוֹת שֶׁמִּבְּרֵאשִׁית: אֵין שִׁכְחָה לִפְנֵי כִסֵּא כְבוֹדֶךָ וְאֵין נִסְתָּר מִנֶּגֶד עֵינֶיךָ: אַתָּה זוֹכֵר אֶת־

Lift up your heads, O ye gates and be ye lifted up, ye everlasting doors that the King of glory may come in. 'Who is the King of glory?' 'The Lord of hosts, He is the King of glory.'[6]

Thus saith the Lord of hosts, the Lord, King and Redeemer of Israel: 'I am the first, and I am the last, and besides Me there is no God.'[7]

And redeemers shall ascend Mount Zion to judge Mount Esau and the sovereignty shall be the Lord's.[8]

And the Lord shall be King over all the earth; on that day the Lord shall be One and His name one.[9]

Hear, O Israel: the Lord our God, the Lord is One.[10]

Our God and God of our fathers, reign over all the universe in Thy glory, and in Thy splendor be exalted over all the earth. Shine forth in the majesty of Thy triumphant power over all the inhabitants of Thy world, that every living form may know that Thou hast formed it, and every living creature understand that Thou hast created it, and all with life's breath in their nostrils may declare: "The Lord, God of Israel, is King and His dominion ruleth over all." Our God and God of our fathers, [accept our rest;] sanctify us by Thy commandments, and grant that our portion be in Thy Torah; satisfy us with Thy goodness, and gladden us with Thy salvation. [Cause us, O Lord our God, in love and favor to inherit Thy holy Sabbath; and may Israel rest thereon and bless Thy name.] Make our hearts pure to serve Thee in truth; for Thou, O God, art Truth, and Thy word is truth and endureth forever. Blessed art Thou, O Lord, Thou King over all the earth, who sanctifiest [the Sabbath and] Israel and the Day of Remembrance.

Thou rememberest what was wrought from eternity, and art mindful of all that Thou hast created from of old. Before Thee is revealed all that is hidden and the multitude of concealed things from the beginning of time. There is no forgetfulness before the throne of Thy glory, nor is there aught hidden from Thine eyes. Thou rememberest each act com-

---

[6] Psalm 24:7–10.   [7] Isaiah 44:6.   [8] Obadiah 1: 21.   [9] Zechariah 14:9.
[10] Deuteronomy 6: 5.

כָּל־הַמִּפְעָל. וְגַם כָּל־הַיְצוּר לֹא נִכְחַד מִמֶּךָּ: הַכֹּל גָּלוּי וְיָדוּעַ לְפָנֶיךָ יְיָ אֱלֹהֵינוּ. צוֹפֶה וּמַבִּיט עַד סוֹף כָּל־הַדּוֹרוֹת. כִּי תָבִיא חֹק זִכָּרוֹן. לְהִפָּקֵד כָּל־רוּחַ וָנֶפֶשׁ. לְהִזָּכֵר מַעֲשִׂים רַבִּים וַהֲמוֹן בְּרִיּוֹת לְאֵין תַּכְלִית: מֵרֵאשִׁית כָּזֹאת הוֹדָעְתָּ. וּמִלְּפָנִים אוֹתָהּ גִּלִּיתָ: זֶה הַיּוֹם תְּחִלַּת מַעֲשֶׂיךָ זִכָּרוֹן לְיוֹם רִאשׁוֹן. כִּי חֹק לְיִשְׂרָאֵל הוּא מִשְׁפָּט לֵאלֹהֵי יַעֲקֹב: וְעַל הַמְּדִינוֹת בּוֹ יֵאָמֵר. אֵיזוֹ לַחֶרֶב. וְאֵיזוֹ לַשָּׁלוֹם. אֵיזוֹ לָרָעָב. וְאֵיזוֹ לַשָּׂבַע: וּבְרִיּוֹת בּוֹ יִפָּקֵדוּ. לְהַזְכִּירָם לַחַיִּים וְלַמָּוֶת: מִי לֹא נִפְקַד כְּהַיּוֹם הַזֶּה: כִּי זֵכֶר כָּל־הַיְצוּר לְפָנֶיךָ בָּא. מַעֲשֵׂה אִישׁ וּפְקֻדָּתוֹ. וַעֲלִילוֹת מִצְעֲדֵי גָבֶר. מַחְשְׁבוֹת אָדָם וְתַחְבּוּלוֹתָיו וְיִצְרֵי מַעַלְלֵי אִישׁ: אַשְׁרֵי אִישׁ שֶׁלֹּא יִשְׁכָּחֶךָּ. וּבֶן אָדָם יִתְאַמֶּץ־בָּךְ: כִּי דוֹרְשֶׁיךָ לְעוֹלָם לֹא יִכָּשֵׁלוּ. וְלֹא יִכָּלְמוּ לָנֶצַח כָּל־הַחוֹסִים בָּךְ: כִּי זֵכֶר כָּל־הַמַּעֲשִׂים לְפָנֶיךָ בָּא. וְאַתָּה דוֹרֵשׁ מַעֲשֵׂה כֻלָּם: וְגַם אֶת־נֹחַ בְּאַהֲבָה זָכַרְתָּ. וַתִּפְקְדֵהוּ בִּדְבַר יְשׁוּעָה וְרַחֲמִים בַּהֲבִיאֲךָ אֶת־מֵי הַמַּבּוּל לְשַׁחֵת כָּל־בָּשָׂר מִפְּנֵי רֹעַ מַעַלְלֵיהֶם: עַל־כֵּן זִכְרוֹנוֹ בָּא לְפָנֶיךָ יְיָ אֱלֹהֵינוּ לְהַרְבּוֹת זַרְעוֹ כְּעַפְרוֹת תֵּבֵל וְצֶאֱצָאָיו כְּחוֹל הַיָּם. כַּכָּתוּב בְּתוֹרָתֶךָ. וַיִּזְכֹּר אֱלֹהִים אֶת־נֹחַ וְאֵת כָּל־הַחַיָּה וְאֶת־כָּל־הַבְּהֵמָה אֲשֶׁר אִתּוֹ בַּתֵּבָה וַיַּעֲבֵר אֱלֹהִים רוּחַ עַל־הָאָרֶץ וַיָּשֹׁכּוּ הַמָּיִם: וְנֶאֱמַר. וַיִּשְׁמַע אֱלֹהִים אֶת־נַאֲקָתָם וַיִּזְכֹּר אֱלֹהִים אֶת־בְּרִיתוֹ אֶת־אַבְרָהָם אֶת־יִצְחָק וְאֶת־יַעֲקֹב: וְנֶאֱמַר. וְזָכַרְתִּי אֶת־בְּרִיתִי יַעֲקוֹב וְאַף אֶת־בְּרִיתִי יִצְחָק וְאַף אֶת־בְּרִיתִי אַבְרָהָם אֶזְכֹּר וְהָאָרֶץ

mitted and no creature is concealed from Thee. All things are manifest and known unto Thee, O Lord our God, who lookest and forseest to the end of all generations. For Thou appointest a time of memorial when every spirit and soul shall be visited, and Thou wilt remember Thy multitudinous works and the countless throng of Thy creatures. From the beginning didst Thou make this Thy purpose known, and from of yore didst Thou disclose that this day, which marks the beginning of Thy work, is a memorial of the first day. It is a statute for Israel, an ordinance of the God of Jacob.

On this day it is decreed which countries are destined for the sword and which for peace, which for famine and which for plenty. On this day every creature stands in judgment and is recorded for life or for death. Who is not brought to account on this day? For before Thee appears the record of every man's deeds, his works and his ways, his thoughts and his schemes, his plans and the motives of his acts. Happy is the man who forgets Thee not, and the son of man who finds strength in Thee; for those who seek Thee never shall stumble, neither shall they who put their trust in Thee ever be put to shame. For the record of all acts comes before Thee, and Thou searchest into the doings of them all.

Thou wast mindful of Thy love of Noah and didst remember him with a promise of salvation and mercy when Thou broughtest forth the waters of the flood to destroy all flesh because of their evil deeds. Thus didst Thou remember him, O Lord our God, and didst multiply his seed as the dust of the earth, and his offspring as the sand of the sea.

Ziḥronot (Remembrance) Verses

And God remembered Noah and every living creature, and all the cattle that were with him in the ark; and God made a wind to blow over the earth and the waters abated.[1]

And God heard their groaning; and God remembered His covenant with Abraham, Isaac and Jacob.[2]

Then will I remember my covenant with the patriarchs and I will remember the land.[3]

[1] Genesis 8:1.   [2] Exodus 2:24.   [3] Leviticus 26:42.

אֶזְכֹּר: וּבְדִבְרֵי קָדְשְׁךָ כָּתוּב לֵאמֹר. זֵכֶר עָשָׂה לְנִפְלְאֹתָיו חַנּוּן וְרַחוּם יְיָ: וְנֶאֱמַר. טֶרֶף נָתַן לִירֵאָיו יִזְכֹּר לְעוֹלָם בְּרִיתוֹ: וְנֶאֱמַר. וַיִּזְכֹּר לָהֶם בְּרִיתוֹ וַיִּנָּחֵם כְּרֹב חֲסָדָיו: וְעַל־יְדֵי עֲבָדֶיךָ הַנְּבִיאִים כָּתוּב לֵאמֹר. הָלֹךְ וְקָרָאתָ בְאָזְנֵי יְרוּשָׁלַיִם לֵאמֹר כֹּה אָמַר יְיָ זָכַרְתִּי לָךְ חֶסֶד נְעוּרַיִךְ אַהֲבַת כְּלוּלֹתָיִךְ לֶכְתֵּךְ אַחֲרַי בַּמִּדְבָּר בְּאֶרֶץ לֹא זְרוּעָה: וְנֶאֱמַר. וְזָכַרְתִּי אֲנִי אֶת־בְּרִיתִי אוֹתָךְ בִּימֵי נְעוּרָיִךְ וַהֲקִימוֹתִי לָךְ בְּרִית עוֹלָם: וְנֶאֱמַר. הֲבֵן יַקִּיר לִי אֶפְרַיִם אִם יֶלֶד שַׁעֲשׁוּעִים כִּי־מִדֵּי דַבְּרִי בּוֹ זָכֹר אֶזְכְּרֶנּוּ עוֹד עַל־כֵּן הָמוּ מֵעַי לוֹ רַחֵם אֲרַחֲמֶנּוּ נְאֻם יְיָ:

אֱלֹהֵינוּ וֵאלֹהֵי אֲבוֹתֵינוּ. זָכְרֵנוּ בְּזִכְרוֹן טוֹב לְפָנֶיךָ וּפָקְדֵנוּ בִּפְקֻדַּת יְשׁוּעָה וְרַחֲמִים מִשְּׁמֵי שְׁמֵי קֶדֶם: וּזְכָר־לָנוּ יְיָ אֱלֹהֵינוּ אֶת־הַבְּרִית וְאֶת־הַחֶסֶד וְאֶת־הַשְּׁבוּעָה אֲשֶׁר נִשְׁבַּעְתָּ לְאַבְרָהָם אָבִינוּ בְּהַר הַמֹּרִיָּה. וְתֵרָאֶה לְפָנֶיךָ עֲקֵדָה שֶׁעָקַד אַבְרָהָם אָבִינוּ אֶת־יִצְחָק בְּנוֹ עַל גַּב הַמִּזְבֵּחַ וְכָבַשׁ רַחֲמָיו לַעֲשׂוֹת רְצוֹנְךָ בְּלֵבָב שָׁלֵם. כֵּן יִכְבְּשׁוּ רַחֲמֶיךָ אֶת־כַּעַסְךָ מֵעָלֵינוּ. וּבְטוּבְךָ הַגָּדוֹל יָשׁוּב חֲרוֹן אַפְּךָ מֵעַמְּךָ וּמֵעִירְךָ וּמִנַּחֲלָתֶךָ: וְקַיֶּם־לָנוּ יְיָ אֱלֹהֵינוּ אֶת־הַדָּבָר שֶׁהִבְטַחְתָּנוּ בְּתוֹרָתֶךָ עַל־יְדֵי מֹשֶׁה עַבְדֶּךָ מִפִּי כְבוֹדֶךָ כָּאָמוּר. וְזָכַרְתִּי לָהֶם בְּרִית רִאשֹׁנִים אֲשֶׁר הוֹצֵאתִי אֹתָם מֵאֶרֶץ מִצְרַיִם לְעֵינֵי הַגּוֹיִם לִהְיוֹת לָהֶם לֵאלֹהִים אֲנִי יְיָ: כִּי זוֹכֵר כָּל־הַנִּשְׁכָּחוֹת אַתָּה הוּא מֵעוֹלָם וְאֵין שִׁכְחָה לִפְנֵי כִסֵּא כְבוֹדֶךָ. וַעֲקֵדַת יִצְחָק לְזַרְעוֹ הַיּוֹם בְּרַחֲמִים תִּזְכּוֹר. בָּרוּךְ אַתָּה יְיָ זוֹכֵר הַבְּרִית:

God hath made a memorial for His wondrous works; the Lord is gracious and full of compassion.[4]

He hath given food unto them that revere Him; He will ever be mindful of His covenant.[5]

And He remembered for their sake His covenant; He relented of His wrath according to the greatness of His mercies.[6]

Go and proclaim so that Jerusalem may hear: Thus saith The Lord, 'I remember for you the devotion of your youth, the love of your espousals; how you went after Me in the wilderness, in a land unsown.'[7]

Nevertheless I will remember My covenant with you in the days of your youth; and I will establish unto you an everlasting covenant.[8]

Is not Ephraim My beloved son, My beloved child, for even when I speak against him, I remember him with affection. Therefore, My heart yearneth for him; yea, I will surely have compassion upon him, saith the Lord.[9]

Our God and God of our fathers, be mindful of us for our good and remember us from Thine everlasting heights unto salvation and mercy. Remember unto us, O Lord our God, Thy loving-kindness and Thy covenant made with our patriarch, Abraham, on Mount Moriah, when he bound his son, Isaac, on the altar before Thee. May the memory of his zeal in performing Thy will with a perfect heart, invoke Thy compassion upon us. In Thy great goodness be merciful unto us, unto Zion, Thy city and Thine inheritance. Fulfill unto us, O Lord our God, the promise which Thou hast affirmed for us in Thy Torah through Thy servant, Moses:

For their sakes I will remember the covenant of their ancestors whom I brought forth out of the land of Egypt in the sight of the nations, to be their God; I am the Lord.[10]

Thou rememberest from eternity all forgotten things, and before Thy throne of glory there is no forgetfulness. On this day, remember in mercy unto his descendants the binding of Isaac. Blessed art Thou, O Lord, who rememberest the covenant.

---

[4] Psalm 111:4.   [5] Psalm 111:5.   [6] Psalm 106:45.   [7] Jeremiah 2:2.
[8] Ezekiel 16:60.   [9] Jeremiah 31:20.   [10] Leviticus 26:45.

אַתָּה נִגְלֵיתָ בַּעֲנַן כְּבוֹדְךָ עַל עַם קָדְשְׁךָ לְדַבֵּר עִמָּם: מִן הַשָּׁמַיִם הִשְׁמַעְתָּם קוֹלֶךָ וְנִגְלֵיתָ עֲלֵיהֶם בְּעַרְפַלֵּי טֹהַר: גַּם כָּל־הָעוֹלָם כֻּלּוֹ חָל מִפָּנֶיךָ. וּבְרִיּוֹת בְּרֵאשִׁית חָרְדוּ מִמֶּךָּ בְּהִגָּלוֹתְךָ מַלְכֵּנוּ עַל הַר סִינַי לְלַמֵּד לְעַמְּךָ תּוֹרָה וּמִצְוֹת. וַתַּשְׁמִיעֵם אֶת־הוֹד קוֹלֶךָ וְדִבְּרוֹת קָדְשְׁךָ מִלַּהֲבוֹת אֵשׁ: בְּקֹלֹת וּבְרָקִים עֲלֵיהֶם נִגְלֵיתָ. וּבְקוֹל שֹׁפָר עֲלֵיהֶם הוֹפָעְתָּ: כַּכָּתוּב בְּתוֹרָתֶךָ. וַיְהִי בַיּוֹם הַשְּׁלִישִׁי בִּהְיֹת הַבֹּקֶר וַיְהִי קֹלֹת וּבְרָקִים וְעָנָן כָּבֵד עַל הָהָר וְקֹל שֹׁפָר חָזָק מְאֹד וַיֶּחֱרַד כָּל־הָעָם אֲשֶׁר בַּמַּחֲנֶה: וְנֶאֱמַר. וַיְהִי קוֹל הַשֹּׁפָר הוֹלֵךְ וְחָזֵק מְאֹד מֹשֶׁה יְדַבֵּר וְהָאֱלֹהִים יַעֲנֶנּוּ בְקוֹל: וְנֶאֱמַר. וְכָל־הָעָם רֹאִים אֶת־הַקּוֹלֹת וְאֶת־הַלַּפִּידִם וְאֵת קוֹל הַשֹּׁפָר וְאֶת־הָהָר עָשֵׁן וַיַּרְא הָעָם וַיָּנֻעוּ וַיַּעַמְדוּ מֵרָחֹק: וּבְדִבְרֵי קָדְשְׁךָ כָּתוּב לֵאמֹר. עָלָה אֱלֹהִים בִּתְרוּעָה יְיָ בְּקוֹל שׁוֹפָר: וְנֶאֱמַר. בַּחֲצֹצְרוֹת וְקוֹל שׁוֹפָר הָרִיעוּ לִפְנֵי הַמֶּלֶךְ יְיָ: וְנֶאֱמַר. תִּקְעוּ בַחֹדֶשׁ שׁוֹפָר בַּכֶּסֶה לְיוֹם חַגֵּנוּ: כִּי חֹק לְיִשְׂרָאֵל הוּא מִשְׁפָּט לֵאלֹהֵי יַעֲקֹב: וְנֶאֱמַר. הַלְלוּיָהּ הַלְלוּ אֵל בְּקָדְשׁוֹ הַלְלוּהוּ בִּרְקִיעַ עֻזּוֹ: הַלְלוּהוּ בִגְבוּרֹתָיו הַלְלוּהוּ כְּרֹב גֻּדְלוֹ: הַלְלוּהוּ בְּתֵקַע שׁוֹפָר הַלְלוּהוּ בְּנֵבֶל וְכִנּוֹר: הַלְלוּהוּ בְתֹף וּמָחוֹל הַלְלוּהוּ בְּמִנִּים וְעֻגָב: הַלְלוּהוּ בְצִלְצְלֵי שָׁמַע הַלְלוּהוּ בְּצִלְצְלֵי תְרוּעָה: כֹּל הַנְּשָׁמָה תְּהַלֵּל יָהּ הַלְלוּיָהּ: וְעַל־יְדֵי עֲבָדֶיךָ הַנְּבִיאִים כָּתוּב לֵאמֹר. כָּל־יֹשְׁבֵי תֵבֵל וְשֹׁכְנֵי אָרֶץ כִּנְשֹׂא נֵס הָרִים תִּרְאוּ וְכִתְקֹעַ שׁוֹפָר תִּשְׁמָעוּ: וְנֶאֱמַר. וְהָיָה בַּיּוֹם הַהוּא יִתָּקַע בְּשׁוֹפָר גָּדוֹל וּבָאוּ הָאֹבְדִים בְּאֶרֶץ אַשּׁוּר

Thou didst reveal Thyself in a cloud of glory unto Thy holy people. From the heavens they heard Thy voice, and Thou didst manifest Thyself unto them in clouds of purity. The whole world trembled at Thy presence and Thy works of creation stood in awe before Thee when Thou, O our King, didst reveal Thyself on Mount Sinai to teach Thy people Thy Law and commandments, causing them to hear the majesty of Thy voice and Thy holy words from flames of fire. Amid thunders and lightning, Thou didst reveal Thyself to them and Thou didst shine forth upon them as the Shofar was sounded.

Shoferot (Trumpet) Verses

And it was on the third day, in the morning, there was thunder and lightning and a dense cloud over the mountain; there was a loud Shofar-blast, and all the people in the camp trembled.[1]

The sound of the Shofar waxed louder and louder; Moses spoke and God answered him.[2]

And all the people perceived the thunders and the lightnings and the voice of the Shofar, and the mountain smoking; and when the people saw it, they trembled and stood afar off.[3]

He manifested Himself with the sound of the Shofar, the Lord amidst the sound of the Shofar.[4]

With trumpets and sound of the Shofar, raise joyful voices before the King, the Lord.[5]

Sound the Shofar on the new moon and on the full moon for our festival day. For it is a statute for Israel, an ordinance of the God of Jacob.[6]

Praise the Lord, hallelujah; praise God in His Sanctuary; praise Him in the mighty firmament. Praise Him for His saving deeds; praise Him according to His abundant greatness. Praise Him with the blast of the Shofar; praise Him with psaltery and harp. Praise Him with timbrel and dance; praise Him with stringed instruments and reed. Praise Him with resounding cymbals; praise Him with clanging cymbals. Everything' that has breath, praise the Lord. Hallelujah.[7]

All ye inhabitants of the world and dwellers on the earth; when a banner is lifted up on the mountain, see ye, and when the Shofar is sounded, hear ye.[8]

[1] Exodus 19:16.   [2] Exodus 19:19.   [3] Exodus 20:15.   [4] Psalm 47:6.
[5] Psalm 98:6.   [6] Psalm 81:4–5.   [7] Psalm 150.   [8] Isaiah 18:3.

וְהַנִּדָּחִים בְּאֶרֶץ מִצְרָיִם וְהִשְׁתַּחֲווּ לַייָ בְּהַר הַקֹּדֶשׁ בִּירוּשָׁלָיִם: וְנֶאֱמַר. וַייָ עֲלֵיהֶם יֵרָאֶה וְיָצָא כַבָּרָק חִצּוֹ וַאדֹנָי אֱלֹהִים בַּשּׁוֹפָר יִתְקָע וְהָלַךְ בְּסַעֲרוֹת תֵּימָן: יְיָ צְבָאוֹת יָגֵן עֲלֵיהֶם: כֵּן תָּגֵן עַל עַמְּךָ יִשְׂרָאֵל בִּשְׁלוֹמֶךָ:

אֱלֹהֵינוּ וֵאלֹהֵי אֲבוֹתֵינוּ. תְּקַע בְּשׁוֹפָר גָּדוֹל לְחֵרוּתֵנוּ. וְשָׂא נֵס לְקַבֵּץ גָּלֻיּוֹתֵינוּ. וְקָרֵב פְּזוּרֵינוּ מִבֵּין הַגּוֹיִם. וּנְפוּצוֹתֵינוּ כַּנֵּס מִיַּרְכְּתֵי אָרֶץ: וַהֲבִיאֵנוּ לְצִיּוֹן עִירְךָ בְּרִנָּה. וְלִירוּשָׁלַיִם בֵּית מִקְדָּשְׁךָ בְּשִׂמְחַת עוֹלָם: וְשָׁם נַעֲשֶׂה לְפָנֶיךָ אֶת־קָרְבְּנוֹת חוֹבוֹתֵינוּ כִּמְצֻוָּה עָלֵינוּ בְּתוֹרָתֶךָ עַל־יְדֵי מֹשֶׁה עַבְדְּךָ מִפִּי כְבוֹדֶךָ כָּאָמוּר. וּבְיוֹם שִׂמְחַתְכֶם וּבְמוֹעֲדֵיכֶם וּבְרָאשֵׁי חָדְשֵׁיכֶם וּתְקַעְתֶּם בַּחֲצֹצְרֹת עַל עֹלֹתֵיכֶם וְעַל זִבְחֵי שַׁלְמֵיכֶם וְהָיוּ לָכֶם לְזִכָּרוֹן לִפְנֵי אֱלֹהֵיכֶם אֲנִי יְיָ אֱלֹהֵיכֶם: כִּי אַתָּה שׁוֹמֵעַ קוֹל שׁוֹפָר וּמַאֲזִין תְּרוּעָה וְאֵין דּוֹמֶה־לָּךְ: בָּרוּךְ אַתָּה יְיָ שׁוֹמֵעַ קוֹל תְּרוּעַת עַמּוֹ יִשְׂרָאֵל בְּרַחֲמִים:

רְצֵה יְיָ אֱלֹהֵינוּ בְּעַמְּךָ יִשְׂרָאֵל וּבִתְפִלָּתָם. וְהָשֵׁב אֶת־הָעֲבוֹדָה לִדְבִיר בֵּיתֶךָ וְאִשֵּׁי יִשְׂרָאֵל וּתְפִלָּתָם בְּאַהֲבָה תְקַבֵּל בְּרָצוֹן. וּתְהִי לְרָצוֹן תָּמִיד עֲבוֹדַת יִשְׂרָאֵל עַמֶּךָ. וְתֶחֱזֶינָה עֵינֵינוּ בְּשׁוּבְךָ לְצִיּוֹן בְּרַחֲמִים. בָּרוּךְ אַתָּה יְיָ הַמַּחֲזִיר שְׁכִינָתוֹ לְצִיּוֹן:

On that day a great Shofar shall be sounded; and they shall come who were lost in the land of Assyria, and they who were cast away in the land of Egypt; and they shall bow down to the Lord on the holy mountain at Jerusalem. The Lord shall be revealed unto them, and His arrows go forth as lightning. The Lord shall sound the Shofar, and shall go in the whirlwinds of the south. The Lord of hosts will defend them.[9] So be Thou a shield over Thy people Israel with Thy peace.

Our God and God of our fathers, sound the great Shofar for our freedom, set up the banner to gather our exiles, assemble our scattered ones from among the nations, and gather our dispersed from the uttermost parts of the earth. Lead us with exultation and with everlasting joy unto Zion, Thy city, unto Jerusalem, the place of Thy Sanctuary where we will offer our devotions even as our forefathers prepared the offering prescribed by Thy Law.

On the day of your gladness, and on your festivals, and on new moons, ye shall sound the Shofar over your offerings; and they shall be to you a memorial before your God; I am the Lord your God.[10]

For Thou hearest the sound of the Shofar and givest heed to its call. There is none like unto Thee. Blessed art Thou, O Lord, who in mercy hearest the Shofar sounds of Thy people Israel.

O Lord our God, be gracious unto Thy people Israel and accept their prayer. Restore worship to Thy Sanctuary and receive in love and favor the supplication of Israel. May the worship of Thy people be ever acceptable unto Thee. O may our eyes witness Thy return in mercy to Zion. Blessed art Thou, O Lord, who restorest Thy divine presence unto Zion.

[9] Zechariah 9:14.   [10] Numbers 10:10.

מוֹדִים אֲנַחְנוּ לָךְ שָׁאַתָּה הוּא יְיָ אֱלֹהֵינוּ וֵאלֹהֵי אֲבוֹתֵינוּ לְעוֹלָם וָעֶד. צוּר חַיֵּינוּ מָגֵן יִשְׁעֵנוּ אַתָּה הוּא לְדוֹר וָדוֹר. נוֹדֶה לְךָ וּנְסַפֵּר תְּהִלָּתֶךָ עַל חַיֵּינוּ הַמְּסוּרִים בְּיָדֶךָ וְעַל נִשְׁמוֹתֵינוּ הַפְּקוּדוֹת לָךְ וְעַל נִסֶּיךָ שֶׁבְּכָל־יוֹם עִמָּנוּ וְעַל נִפְלְאוֹתֶיךָ וְטוֹבוֹתֶיךָ שֶׁבְּכָל־עֵת עֶרֶב וָבֹקֶר וְצָהֳרָיִם. הַטּוֹב כִּי לֹא־כָלוּ רַחֲמֶיךָ וְהַמְרַחֵם כִּי לֹא־תַמּוּ חֲסָדֶיךָ מֵעוֹלָם קִוִּינוּ לָךְ:

וְעַל כֻּלָּם יִתְבָּרַךְ וְיִתְרוֹמַם שִׁמְךָ מַלְכֵּנוּ תָּמִיד לְעוֹלָם וָעֶד. וּכְתוֹב לְחַיִּים טוֹבִים כָּל־בְּנֵי בְרִיתֶךָ: וְכֹל הַחַיִּים יוֹדוּךָ סֶּלָה וִיהַלְלוּ אֶת־שִׁמְךָ בֶּאֱמֶת הָאֵל יְשׁוּעָתֵנוּ וְעֶזְרָתֵנוּ סֶלָה. בָּרוּךְ אַתָּה יְיָ הַטּוֹב שִׁמְךָ וּלְךָ נָאֶה לְהוֹדוֹת:

שִׂים שָׁלוֹם טוֹבָה וּבְרָכָה חֵן וָחֶסֶד וְרַחֲמִים עָלֵינוּ וְעַל כָּל־יִשְׂרָאֵל עַמֶּךָ. בָּרְכֵנוּ אָבִינוּ כֻּלָּנוּ כְּאֶחָד בְּאוֹר פָּנֶיךָ. כִּי בְאוֹר פָּנֶיךָ נָתַתָּ לָּנוּ יְיָ אֱלֹהֵינוּ תּוֹרַת חַיִּים וְאַהֲבַת חֶסֶד וּצְדָקָה וּבְרָכָה וְרַחֲמִים וְחַיִּים וְשָׁלוֹם. וְטוֹב בְּעֵינֶיךָ לְבָרֵךְ אֶת־עַמְּךָ יִשְׂרָאֵל בְּכָל־עֵת וּבְכָל־שָׁעָה בִּשְׁלוֹמֶךָ: בְּסֵפֶר חַיִּים בְּרָכָה וְשָׁלוֹם וּפַרְנָסָה טוֹבָה נִזָּכֵר וְנִכָּתֵב לְפָנֶיךָ אֲנַחְנוּ וְכָל־עַמְּךָ בֵּית יִשְׂרָאֵל לְחַיִּים טוֹבִים וּלְשָׁלוֹם. בָּרוּךְ אַתָּה יְיָ עוֹשֵׂה הַשָּׁלוֹם:

We thankfully acknowledge that Thou art the Lord our God and the God of our fathers unto all eternity; the Rock of our lives, and the Shield of our salvation through every generation. We will be grateful unto Thee and declare Thy praise for our lives which are entrusted into Thy hands, for our souls which are in Thy care, for Thy miracles which are daily with us, and for Thy wonderful goodness toward us at all times, evening, morn and noon. Thou art good, and Thy love never fails; Thou art merciful, and Thy kindnesses never cease. We have ever hoped in Thee.

For all this, Thy name, O our divine Ruler, shall be blessed and exalted forever. O inscribe all the children of Thy covenant for a happy life. And may all the living do homage unto Thee forever, and praise Thy name in truth, O God who art our salvation and our help. Blessed be Thou, O Lord, Beneficent One; unto Thee it is seemly to give praise.

Our Father, grant peace and well-being, blessing and grace, loving-kindness and mercy unto us and unto all Israel, Thy people. Bless us, O our Father, all of us together, with the light of Thy presence; for by that light Thou hast given us, O Lord our God, the Torah of life, loving-kindness and righteousness, blessing and mercy, life and peace. O may it be good in Thy sight at all times to bless Israel and all Thy children with Thy peace.

In the book of life, blessing, peace and good sustenance, may we be remembered and inscribed before Thee, we and all Thy people, the house of Israel, for a happy life and for peace.

Blessed art Thou, O Lord, who makest peace.

אֱלֹהַי נְצוֹר לְשׁוֹנִי מֵרָע וּשְׂפָתַי מִדַּבֵּר מִרְמָה וְלִמְקַלְלַי נַפְשִׁי תִדּוֹם וְנַפְשִׁי כֶּעָפָר לַכֹּל תִּהְיֶה: פְּתַח לִבִּי בְּתוֹרָתֶךָ וּבְמִצְוֹתֶיךָ תִּרְדּוֹף נַפְשִׁי. וְכֹל הַחוֹשְׁבִים עָלַי רָעָה. מְהֵרָה הָפֵר עֲצָתָם וְקַלְקֵל מַחֲשַׁבְתָּם: עֲשֵׂה לְמַעַן שְׁמֶךָ עֲשֵׂה לְמַעַן יְמִינֶךָ עֲשֵׂה לְמַעַן קְדֻשָּׁתֶךָ עֲשֵׂה לְמַעַן תּוֹרָתֶךָ: לְמַעַן יֵחָלְצוּן יְדִידֶיךָ. הוֹשִׁיעָה יְמִינְךָ וַעֲנֵנִי: יִהְיוּ לְרָצוֹן אִמְרֵי־פִי וְהֶגְיוֹן לִבִּי לְפָנֶיךָ. יְיָ צוּרִי וְגוֹאֲלִי: עֹשֶׂה שָׁלוֹם בִּמְרוֹמָיו. הוּא יַעֲשֶׂה שָׁלוֹם עָלֵינוּ וְעַל כָּל־יִשְׂרָאֵל וְאִמְרוּ אָמֵן:

יְהִי רָצוֹן מִלְּפָנֶיךָ יְיָ אֱלֹהֵינוּ וֵאלֹהֵי אֲבוֹתֵינוּ שֶׁיִּבָּנֶה בֵּית הַמִּקְדָּשׁ בִּמְהֵרָה בְיָמֵינוּ וְתֵן חֶלְקֵנוּ בְּתוֹרָתֶךָ: וְשָׁם נַעֲבָדְךָ בְּיִרְאָה כִּימֵי עוֹלָם וּכְשָׁנִים קַדְמֹנִיּוֹת: וְעָרְבָה לַייָ מִנְחַת יְהוּדָה וִירוּשָׁלָיִם כִּימֵי עוֹלָם וּכְשָׁנִים קַדְמוֹנִיּוֹת:

O Lord,
Guard my tongue from evil and my lips from speaking guile,
And to those who slander me, let me give no heed.
May my soul be humble and forgiving unto all.
Open Thou my heart, O Lord, unto Thy sacred Law,
That Thy statutes I may know and all Thy truths pursue.
Bring to naught designs of those who seek to do me ill;
Speedily defeat their aims and thwart their purposes
For Thine own sake, for Thine own power,
For Thy holiness and Law.
That Thy loved ones be delivered,
Answer me, O Lord, and save with Thy redeeming power.

May the words of my mouth and the meditation of my heart be acceptable unto Thee, O Lord, my Rock and my Redeemer. Thou who keepest harmony in the heavenly spheres, mayest Thou make peace for us, for Israel, and for all Thy children everywhere.   Amen.

May it be Thy will, O Lord our God and God of our fathers, to grant our portion in Thy Torah and to rebuild the Temple speedily in our days.   There we will serve Thee with awe as in the days of old. May the worship of Judah and Jerusalem be acceptable unto Thee as in the days of old.

MEDITATION

THE DAYS OF AWE

To our ancestors the days at the beginning of each new year
were "days of awe."
They pictured God as holding then His heavenly assize, and
decreeing the fate of men and nations.
To us, too, those days betoken divine judgment,
For what they mean to us decides our fate, whether we shall
better the world, or it shall make us worse.

We cannot enter upon a new year without a slight sinking
of the heart.
The uncertainty of what the future holds in store for us is
enough to move us to prayer.
The piyyut of the martyred Rabbi Amnon, recounting the
perils that lurk everywhere, sends us trembling for pro-
tection under the wings of the Almighty.

But our ancient sages taught us also to pray in another mood;
The tefillah they would have us send to heaven breathes a
different yearning.
It comes to us with this behest:
In well-doing rather than in well-being seek your salvation.
Leave for a while the narrow sphere of your concerns, and
with Israel's ancient seers ascend the mount of vision.
Thence behold the millions of your fellow-beings madly strug-
gling for air and light, and a place in the sun, and tearing
each other's flesh in the panicky scramble.
You will forget your small cares in the woes of the defeated
and helpless multitudes.
The pang of compassion will grip your heart, a pang that,
for aught we know, is the stirring of God within you;
And you will plead: "Oh that men were united to do Thy
will with a perfect heart!"
Then descend into the valley where men die struggling;
Thither take the vision, the pang and the prayer, and trans-
mute their urge into deeds of love.

Before Thee Is My Whole Desire

(Selected)

O Lord, before Thee is my whole desire—
Yea, though I cannot bring it to my lips.
When far from Thee, I die while yet in life;
But if I cling to Thee I live, though I should die.
Only I know not how to come before Thee,
Nor what should be my service nor my law.
Show me, O Lord, Thy ways,
And turn me back from bondage of my folly.
The world which Thou hast set within my heart
Hath held me back from seeking out mine end.
And how then shall I serve my Maker, while
A captive to my lust, a slave to my desire?
What can I say? Temptation doth pursue me
As doth an enemy, from youth to age;
And what hath fate for me if not Thy favor?
If Thou art not my lot, what is my lot?
I am despoiled and naked of good works;
Thy righteousness alone my covering—
But why make longer speech, why question more?
O Lord, before Thee is my whole desire.

YEHUDI HALEVI, 1140

Meditation

O God, realizing all my deficiencies, I stand before Thee, overwhelmed by Thy greatness and majesty. But Thou hast permitted me to pray to Thee and to offer homage to Thy exalted name according to the measure of my knowledge, and to lay my supplication at Thy feet.

Thou knowest best what is for my good. If I recite my wants, it is not to remind Thee of them, but only so that I may understand better how great is my dependence upon Thee. If, then, I ask Thee for the things that make not for my well-being, it is because I am ignorant; Thy choice is better than mine, and I submit myself to Thine unalterable decrees and Thy supreme direction.

BAHYA IBN PAKUDA, 1040

חזרת התפלה לשליח צבור

On Second Day, page 143

Reader

בָּרוּךְ אַתָּה יְיָ אֱלֹהֵינוּ וֵאלֹהֵי אֲבוֹתֵינוּ. אֱלֹהֵי אַבְרָהָם אֱלֹהֵי יִצְחָק וֵאלֹהֵי יַעֲקֹב. הָאֵל הַגָּדוֹל הַגִּבּוֹר וְהַנּוֹרָא אֵל עֶלְיוֹן. גּוֹמֵל חֲסָדִים טוֹבִים וְקוֹנֵה הַכֹּל. וְזוֹכֵר חַסְדֵי אָבוֹת וּמֵבִיא גוֹאֵל לִבְנֵי בְנֵיהֶם לְמַעַן שְׁמוֹ בְּאַהֲבָה:

מִסּוֹד חֲכָמִים וּנְבוֹנִים. וּמִלֶּמֶד דַּעַת מְבִינִים. אֶפְתְּחָה פִּי בִּתְפִלָּה וּבְתַחֲנוּנִים. לְחַלּוֹת וּלְחַנֵּן פְּנֵי מֶלֶךְ מַלְכֵי הַמְּלָכִים וַאֲדוֹנֵי הָאֲדוֹנִים:

Congregation

אֶפֶד מֵאָז לְשֶׁפֶט הַיּוֹם. בְּחוֹן מַעֲשֵׂה כָל־יוֹם. גִּישַׁת יְקוּמִים פְּנֵי אָיוֹם. דִּינָם בּוֹ לְפַלֵּס לְפִדְיוֹם: הָרִאשׁוֹן אָדָם בּוֹ נוֹצָר. וְצֻוָּה חֹק וְלֹא נָצָר. זֶה מֵלִיץ כְּהִרְחִיב בַּצָּר. חֲקָקוֹ לַמִּשְׁפָּט וְלַדּוֹרוֹת מְנֻצָּר: טִיעַת חוֹצֵב גְּבָעוֹת וְצוּרִים. יֻלְּדוּ בוֹ מֵרֹאשׁ צוּרִים. כְּיוֹשְׁבֵי נְטָעִים הֵמָּה הַיּוֹצְרִים. לְלַמֵּד בּוֹ צֶדֶק לַעֲצוּרִים: מְיוּחָס שְׁמוֹ בְּשֵׁם אֵיתָנִים. נֵס לְהִתְנוֹסֵס עֶלְיוֹנִים וְתַחְתּוֹנִים. סְפָרִים נִפְתָּחִים וּמַעֲשִׂים מְתֻנִּים. עוֹבְרִים לְפָנֶיךָ וְחֶשְׁבּוֹן נוֹתְנִים: פָּקִיד הוּכַן לְתִקּוּן מוֹעֲדֶיךָ. צֹאן לְהַעֲבִיר בַּשֵּׁבֶט עָדֶיךָ. קֶרֶן בְּמָשְׁכָם [קֶרֶן בְּזָכְרָם] הַיּוֹם עֵדֶיךָ. רַחוּם זְכוֹר שְׁבוּעַת עֲבָדֶיךָ:

נַעֲלֶה שׁוֹפָר עִם תַּחֲנוּן. שַׁדַּי לְפַתּוֹתְךָ בָּם בְּחִנּוּן.
תָּשִׁיב לְנֶדֶן בְּרַק הַשָּׁנוּן. תַּחֲזִק מָגֵן לְגוֹנְנִי בְּגִנּוּן:

READER'S REPETITION OF THE AMIDAH

On Second Day, page 143

Blessed art Thou, O Lord our God and God of our fathers, God of Abraham, God of Isaac, and God of Jacob, the great, mighty, revered and exalted God who bestowest loving-kindness and art Master of all. Mindful of the patriarchs' love for Thee, Thou wilt in Thy love bring a redeemer to their children's children for the sake of Thy name.

With the inspired words of the wise, and with knowledge derived from the discerning, I will open my lips in prayer and supplication to entreat and implore the presence of the King of kings and Lord of lords.

Piyyut (Hymn) composed in alphabetical acrostic by Eleazar Kalir who lived in the seventh or eighth century

This day has been ordained of old as a day of reckoning, whereon the deeds of man are weighed and judged. All creatures approach Thy presence imploring Thee that mercy may outweigh strict justice. This is the day according to Israel's ancient tradition whereon Thou didst create Adam who after his disobedience sought the solace of Thy forgiveness. This day in Israel's lore, recalls the birth of the patriarchs whose faith was as firm as the hills and the rocks, and who taught Thy righteousness to ages yet unborn. On this day are tried both those of high and low estate. All pass before Thee. The Book of Life is opened and man's deeds proclaim themselves. None can escape the judgment revealed in their own records. Foremost among Thy holy convocations, is this day when as sheep, one by one, we pass under Thy shepherd's staff. We beseech Thee, O Lord, be mindful of Thy assurance of salvation and pardon.

O let the Shofar's shout ascend to heaven,
And in Thy tender mercy hear our prayer,
    And grant, O Lord, atonement.

O sheathe the glittering sword forevermore,
Uphold Thy shield for us on every side,
    And grant us peace enduring.

זָכְרֵנוּ לַחַיִּים מֶלֶךְ חָפֵץ בַּחַיִּים. וְכָתְבֵנוּ בְּסֵפֶר הַחַיִּים. לְמַעַנְךָ אֱלֹהִים חַיִּים: מֶלֶךְ עוֹזֵר וּמוֹשִׁיעַ וּמָגֵן. בָּרוּךְ אַתָּה יְיָ מָגֵן אַבְרָהָם:

אַתָּה גִּבּוֹר לְעוֹלָם אֲדֹנָי מְחַיֵּה מֵתִים אַתָּה רַב לְהוֹשִׁיעַ. מְכַלְכֵּל חַיִּים בְּחֶסֶד מְחַיֵּה מֵתִים בְּרַחֲמִים רַבִּים. סוֹמֵךְ נוֹפְלִים וְרוֹפֵא חוֹלִים וּמַתִּיר אֲסוּרִים וּמְקַיֵּם אֱמוּנָתוֹ לִישֵׁנֵי עָפָר. מִי כָמוֹךָ בַּעַל גְּבוּרוֹת וּמִי דּוֹמֶה לָּךְ. מֶלֶךְ מֵמִית וּמְחַיֶּה וּמַצְמִיחַ יְשׁוּעָה:

Congregation

תֵּכֶּן בְּמָכוֹן לְכֵס שֶׁבֶת. שְׁעוֹן וּמוּסָר כְּעָלוּ בְּמַחֲשֶׁבֶת. רָם תְּהִי אָזְנְךָ קַשֶּׁבֶת. קוֹל שׁוֹפָר שְׁעוֹת מְנוּשֶּׁבֶת: צָרַת אֹמֶר לֹא יָדוֹן. פַּעֲמַיִם לֹא תָקוּם לַאֲבַדּוֹן. עוֹלָם אֲשֶׁר בְּאַרְבָּעָה נָדוֹן. סָמוּךְ בְּחַסְדְּךָ וּבַאֲמִתְּךָ אָדוֹן: נוֹעֲדִים בְּיוֹם קְרָב וְנִלְחָמִים. מוּל אֶבֶן נֶגֶף מִתְלַחֲמִים. לִבּוּב תְּרוּעָתָם שְׁעֵה מִמְּרוֹמִים. כִּסֵּא דִין לְהָמִיר בְּשֶׁל רַחֲמִים: יָחִיד אֲשֶׁר בְּעֵקֶד נִשְׁפָּט. טְלָאָיו יְחָנְנוּ מִלְּהִשָּׁפֵט. חָלִילָה לְּךָ אֱלֹהֵי הַמִּשְׁפָּט. זָכוּר לֹא יַעֲשֶׂה מִשְׁפָּט: וְאִם כְּאָדָם עָבְרוּ בְרִית. הָאֵל כָּאֵל הַבֵּט לַבְּרִית. דִּבְּרוֹת אֵלֶּה דִּבְרֵי הַבְּרִית. גַּלֵּה בְּזִכְרוֹן שְׁלוֹשׁ בְּרִית:

עוֹלָם בְּבַקְּרָךְ בְּרֹאשׁ הַשָּׁנָה. בְּהַכְרָעַת צֶדֶק תַּכְרִיעַ שָׁנָה. אֲסוּמָה טְלוּלָה גְּשׁוּמָה אִם שְׁחוּנָה. אֲטוּמִים לְהַחֲיוֹת בְּטַלְלֵי שֵׁנָה:

Remember us unto life, O King who delightest in life, and inscribe us in the Book of Life so that we may live worthily for Thy sake, O God of life. O King, Thou Helper, Redeemer and Shield, praised be Thou, O Lord, Shield of Abraham.

Thou, O Lord, art mighty forever. Thou callest the dead to immortal life for Thou art mighty in salvation. Thou sustainest the living with loving-kindness, and in great mercy grantest everlasting life to those who have passed away. Thou upholdest the falling, healest the sick, settest free those in bondage, and keepest faith with those that sleep in the dust. Who is like unto Thee, Almighty King, who decreest death and grantest immortal life and bringest forth salvation?

Piyyut (Hymn) composed in inverted alphabetical acrostic by Eleazar Kalir who lived in the seventh or eighth century

Most High, if when seated on Thy judgment-throne, Thou takest thought of man to chastise him, then hearken to the sound of the Shofar that rises up from the earth. Judge not Thy world with severity. In Thy loving-kindness and faithfulness, O Lord, support Thy world that is judged at the four seasons of the year. We are assembled like warriors in the day of battle, yea, we are at war with the evil within ourselves. Do Thou heed from heaven's heights the Shofar-blast, and leave Thy throne of stern justice for Thy seat of mercy. Remember Isaac who was bound on the altar, and for his sake, grant his offspring mercy. If we, being mortals, have been faithless to Thy covenant, Thou art God, and being God, wilt yet regard it.

When Thou searchest the world on this New Year's Day, invest Thou the New Year with righteousness, with fruits and dew, with rains and warmth; and with Thy dew of life, grant life to them that sleep in death.

מִי כָמוֹךָ אַב הָרַחֲמִים זוֹכֵר יְצוּרָיו לַחַיִּים בְּרַחֲמִים:
וְנֶאֱמָן אַתָּה לְהַחֲיוֹת מֵתִים. בָּרוּךְ אַתָּה יְיָ מְחַיֵּה הַמֵּתִים:

יִמְלוֹךְ יְיָ לְעוֹלָם אֱלֹהַיִךְ צִיּוֹן לְדֹר וָדֹר הַלְלוּיָהּ:
וְאַתָּה קָדוֹשׁ יוֹשֵׁב תְּהִלּוֹת יִשְׂרָאֵל אֵל נָא:

אֵל אֱמוּנָה בְּעָרְכְּךָ דִּין. אִם תְּמַצֵּה עֹמֶק הַדִּין. מִי יִצְדַּק לְפָנֶיךָ בַּדִּין. קָדוֹשׁ:

אִם לֹא לְמַעֲנוֹ יַעַשׂ. וְיָסִיר חֲרוֹן אַף וָכַעַשׂ. אֵין לְבַקֵּר וְלִמְצוֹא מַעַשׂ. קָדוֹשׁ:

The Ark is opened

The following Piyyut may be read responsively

וּבְכֵן וַיְהִי בִישֻׁרוּן מֶלֶךְ:

מֶלֶךְ עֶלְיוֹן. אֵל דָּר בַּמָּרוֹם. אַדִּיר בַּמָּרוֹם. אֹמֶץ יָדוֹ תָּרוֹם. לַעֲדֵי־עַד יִמְלוֹךְ:

מֶלֶךְ עֶלְיוֹן. גִּבּוֹר לְהָקִים. גּוֹזֵר וּמֵקִים. גּוֹלֶה עֲמוּקִים. לַעֲדֵי־עַד יִמְלוֹךְ:

מֶלֶךְ עֶלְיוֹן. הַמְדַבֵּר בִּצְדָקָה. הַלּוֹבֵשׁ צְדָקָה. הַמַּאֲזִין צְעָקָה. לַעֲדֵי־עַד יִמְלוֹךְ:

מֶלֶךְ עֶלְיוֹן. זוֹכֵר צוּרִים. זַכּוּת יְצוּרִים. זוֹעֵם צָרִים. לַעֲדֵי־עַד יִמְלוֹךְ:

Who may be compared to Thee, Father of mercy, who in love rememberest Thy creatures unto life? Faithful art Thou to grant eternal life to the departed. Blessed art Thou, O Lord, who callest the dead to life everlasting.

The Lord shall reign forever; thy God, O Zion, shall be Sovereign unto all generations. Praise the Lord.

For Thou art holy, O Thou who art enthroned upon the praises of Israel; O God, we beseech Thee!

O faithful God, if when Thou preparest judgment Thou shouldest mete out the full measure of justice, who would be found guiltless before Thee, Holy One?

If for Thine own sake Thou art not forgiving unto us, we cannot, though we seek, find merit in our deeds, O Holy One.

In the following Piyyut, the author of which is unknown, the majesty, power and eternity of God, the divine King, *meleḥ elyon*, is contrasted with the frailty, helplessness and vanity of *meleḥ evyon*, the mortal king. Originally, after each *meleḥ elyon* verse there followed a *meleḥ evyon* in alphabetical acrostic, but because of the desire for brevity only two verses, the first and last of the *meleḥ evyon* verses were retained.

The Ark is opened

And thus He was King in Jeshurun.

Highest Divinity!
Throned in the firmament,
Potentate paramount,
Hand superdominant,
   Lord of Infinity!

Highest Divinity!
Great in performing all,
Sure in decreeing all,
Stern in unbaring all,
   Lord of Infinity!

Highest Divinity!
Speaking in holiness,
Vestured in righteousness,
Heedful of suppliants,
   Lord of Infinity!

מֶלֶךְ עֶלְיוֹן. טוֹב שׁוֹכֵן עַד. טוּבוֹ לָעַד. טִפַּח שְׁמֵי עַד.
לַעֲדֵי־עַד יִמְלוֹךְ:

מֶלֶךְ עֶלְיוֹן. כַּשַּׂלְמָה עוֹטֶה אוֹר. כָּל־מְאוֹרֵי אוֹר. כַּבִּיר וְנָאוֹר.
לַעֲדֵי־עַד יִמְלוֹךְ:

מֶלֶךְ עֶלְיוֹן. מֶלֶךְ עוֹלָמִים. מְפַעְנֵחַ נֶעֱלָמִים. מֵשִׂיחַ אִלְּמִים.
לַעֲדֵי־עַד יִמְלוֹךְ:

מֶלֶךְ עֶלְיוֹן. סוֹבֵל הַכֹּל. סָב וּמְבַלֶּה כֹּל. סוֹקֵר הַכֹּל.
לַעֲדֵי־עַד יִמְלוֹךְ:

מֶלֶךְ עֶלְיוֹן. פְּאֵרוֹ עֹז. פֹּעַל יְמִינוֹ תָּעוֹז. פּוֹדֶה וּמָעוֹז.
לַעֲדֵי־עַד יִמְלוֹךְ:

מֶלֶךְ עֶלְיוֹן. קְדוֹשָׁיו לַהַב. קוֹרֵא מֵי רָהַב. קָרוֹב לְקוֹרְאָיו בְּאַהַב.
לַעֲדֵי־עַד יִמְלוֹךְ:

מֶלֶךְ עֶלְיוֹן. שֵׁנָה אֵין לְפָנָיו. שֶׁקֶט בִּפְנִינָיו. שֶׁבַח טוֹב בְּמַצְפּוּנָיו.
לַעֲדֵי־עַד יִמְלוֹךְ:

The Ark is closed

The following two verses are said silently:

מֶלֶךְ אֶבְיוֹן. בָּלֶה וְיֹרֵד שַׁחַת. בִּשְׁאוֹל וּבְתַחַת. בְּלֵאוּת בְּלִי נַחַת.
עַד מָתַי יִמְלוֹךְ:

מֶלֶךְ אֶבְיוֹן. תְּנוּמָה תְעוּפֶנּוּ. תַּרְדֵּמָה תְעוֹפְפֶנּוּ. תֹּהוּ יְשׁוּפֶנּוּ.
עַד מָתַי יִמְלוֹךְ:

The Ark is opened

אֲבָל מֶלֶךְ עֶלְיוֹן. תָּקְפּוֹ לָעַד. תִּפְאַרְתּוֹ עֲדֵי־עַד. תְּהִלָּתוֹ עוֹמֶדֶת לָעַד.
לַעֲדֵי־עַד יִמְלוֹךְ:

The Ark is closed

Continue on page 145

Highest Divinity!
Time is His dwelling-place,
Goodness e'erlastingly
Spanning the firmament,
　Lord of Infinity!

Highest Divinity!
King of the universe,
Piercer of mysteries,
Causing the dumb to speak,
　Lord of Infinity!

Highest Divinity!
Propping, sustaining all,
Mighty, surviving all,
Seeing, unseen of all,
　Lord of Infinity!

Highest Divinity!
Sleeping nor slumbering,
Center of restfulness,
Awed angels chant His praise,
　Lord of Infinity!

The Ark is closed

Lowly humanity,
Doomed to go down to death,
Grave-ward and lower still,
Vain is man's heritage,
　Sovran of vanity.

Lowly humanity,
Sleep is his daily end,
Deep sleep his final goal,
Darkness flows over him,
　Sovran of vanity.

The Ark is opened

Highest Divinity!
Dynasty of endlessness,
Timeless resplendency,
Worshipped eternally,
　Lord of Infinity!

The Ark is closed
Continue on Page 145

On Second Day Only

חזרת התפלה לשליח צבור

Reader

בָּרוּךְ אַתָּה יְיָ אֱלֹהֵינוּ וֵאלֹהֵי אֲבוֹתֵינוּ. אֱלֹהֵי אַבְרָהָם אֱלֹהֵי יִצְחָק וֵאלֹהֵי יַעֲקֹב. הָאֵל הַגָּדוֹל הַגִּבּוֹר וְהַנּוֹרָא אֵל עֶלְיוֹן. גּוֹמֵל חֲסָדִים טוֹבִים וְקוֹנֵה הַכֹּל. וְזוֹכֵר חַסְדֵי אָבוֹת וּמֵבִיא גוֹאֵל לִבְנֵי בְנֵיהֶם לְמַעַן שְׁמוֹ בְּאַהֲבָה: זָכְרֵנוּ לַחַיִּים מֶלֶךְ חָפֵץ בַּחַיִּים. וְכָתְבֵנוּ בְּסֵפֶר הַחַיִּים. לְמַעַנְךָ אֱלֹהִים חַיִּים: מֶלֶךְ עוֹזֵר וּמוֹשִׁיעַ וּמָגֵן. בָּרוּךְ אַתָּה יְיָ מָגֵן אַבְרָהָם:

אַתָּה גִּבּוֹר לְעוֹלָם אֲדֹנָי מְחַיֵּה מֵתִים אַתָּה רַב לְהוֹשִׁיעַ. מְכַלְכֵּל חַיִּים בְּחֶסֶד מְחַיֵּה מֵתִים בְּרַחֲמִים רַבִּים. סוֹמֵךְ נוֹפְלִים וְרוֹפֵא חוֹלִים וּמַתִּיר אֲסוּרִים וּמְקַיֵּם אֱמוּנָתוֹ לִישֵׁנֵי עָפָר. מִי כָמוֹךָ בַּעַל גְּבוּרוֹת וּמִי דוֹמֶה לָּךְ. מֶלֶךְ מֵמִית וּמְחַיֶּה וּמַצְמִיחַ יְשׁוּעָה: מִי כָמוֹךָ אַב הָרַחֲמִים זוֹכֵר יְצוּרָיו לַחַיִּים בְּרַחֲמִים: וְנֶאֱמָן אַתָּה לְהַחֲיוֹת מֵתִים. בָּרוּךְ אַתָּה יְיָ מְחַיֵּה הַמֵּתִים:

On Second Day Only

READER'S REPETITION OF THE AMIDAH

Reader

Blessed art Thou, O Lord our God and God of our fathers, God of Abraham, God of Isaac, and God of Jacob, the great, mighty, revered and exalted God who bestowest loving-kindness and art Master of all. Mindful of the patriarchs' love for Thee, Thou wilt in Thy love bring a redeemer to their children's children for the sake of Thy name. Remember us unto life, O King who delightest in life, and inscribe us in the Book of Life so that we may live worthily for Thy sake, O God of life. O King, Thou Helper, Redeemer and Shield, praised be Thou, O Lord, Shield of Abraham.

Thou, O Lord, art mighty forever. Thou callest the dead to immortal life for Thou art mighty in salvation. Thou sustainest the living with loving-kindness, and in great mercy grantest everlasting life to those who have passed away. Thou upholdest the falling, healest the sick, settest free those in bondage, and keepest faith with those that sleep in the dust. Who is like unto Thee, Almighty King, who decreest death and grantest immortal life and bringest forth salvation? Who may be compared to Thee, Father of mercy, who in love rememberest Thy creatures unto life? Faithful art Thou to grant eternal life to the departed. Blessed art Thou, O Lord, who callest the dead to life everlasting.

THE BOOK OF LIFE

'Inscribe us in the Book of Life.' This must be understood in a spiritual sense. When a man clings to the love of God, and puts his trust in His infinite mercy, he takes upon himself the yoke of the Kingdom of Heaven and therewith inscribes himself in the Book of Life. Whereas the man, a slave to his passions, who so loses his belief in the all-embracing love of God that he fails to repent and return to his Father in heaven, his despair of the love of God is equivalent to his being inscribed—God forbid—in the Book of Death.

ISRAEL BAAL SHEM, 1760

NOTE ON THE U-N'-SAH-NE TO-KEF

For centuries the U-n'-sah-ne To-kef, chanted on Rosh Hashanah and Yom Kippur, stirred our forefathers. It epitomizes the central theme of the High Holidays and our philosophy of life. Tradition ascribes this prayer to Rabbi Amnon of Mayence who uttered it in his last moments as he lay dying in martyrdom, affirming his faith in Israel's God. It makes us sense the reality of a Day of Judgment on which God opens the books containing in our own handwriting the complete record of the past year. One by one, as a shepherd counts his sheep, God reviews the deeds and determines the destiny of every living soul.

The realistic enumeration of the misfortunes which may befall us during the coming year causes even the strongest and most secure among us to tremble with trepidation and sends us all to seek protection in our God. But the author does not wish us to linger long on the fears and uncertainties of the morrow. He has an abiding conviction that man can influence his fate and change the course of his life through "Repentance, Prayer and Righteousness."

The author ponders over man's precarious and painful lot in the world. Man's striving, he says, is futile. Man's significance is as a mote of dust, and his span of life vanishes with the wind. Man's origin is dust, and to dust he returns. But the author passes beyond this negative conclusion to a triumphant affirmation:

"But Thou art ever our living God and King."

It is our faith in God which gives life meaning and purpose, hope and dignity. The sufferings of the martyred poet do not embitter him against life. Likewise the people of Israel, victims of man's brutality, do not descend to despair, nor succumb to hatred and reprisal, nor rebel against Providence. The pain of Israel is part of the paean of life. With triumphant fervor and invincible trust they acknowledge the sovereignty of God and their indomitable faith in life.

It is our acceptance of the living God which lifts us above despondency, makes us feel ourselves at home in the universe, and teaches us to regard our reverses as a challenge to nobler living.

When we link our destiny with God we become a spark of the Divine. Each of us becomes a personality entitled to liberty, not by gift of the state, but by grace of our Creator who fashioned all human beings in His image. When we acclaim the living God we feel that we are born for noble ends. We become co-workers with God, and must strive to transform the chaos and suffering about us into order and joy, thus ushering in the Kingdom of God on earth.

As we rise to recite the U-n'sah-neh To-kef, may we capture its spirit and may its faith transfigure our lives.

Reader

וּבְכֵן וּלְךָ תַעֲלֶה קְדֻשָּׁה. כִּי אַתָּה אֱלֹהֵינוּ מֶלֶךְ:

Congregation

וּנְתַנֶּה תֹּקֶף קְדֻשַּׁת הַיּוֹם. כִּי הוּא נוֹרָא וְאָיוֹם. וּבוֹ תִנָּשֵׂא מַלְכוּתֶךָ. וְיִכּוֹן בְּחֶסֶד כִּסְאֶךָ. וְתֵשֵׁב עָלָיו בֶּאֱמֶת: אֱמֶת כִּי אַתָּה הוּא דַיָּן וּמוֹכִיחַ וְיוֹדֵעַ וָעֵד. וְכוֹתֵב וְחוֹתֵם וְסוֹפֵר וּמוֹנֶה. וְתִזְכּוֹר כָּל־הַנִּשְׁכָּחוֹת. וְתִפְתַּח אֶת־סֵפֶר הַזִּכְרוֹנוֹת. וּמֵאֵלָיו יִקָּרֵא. וְחוֹתַם יַד כָּל־אָדָם בּוֹ:

וּבְשׁוֹפָר גָּדוֹל יִתָּקַע. וְקוֹל דְּמָמָה דַקָּה יִשָּׁמַע. וּמַלְאָכִים יֵחָפֵזוּן. וְחִיל וּרְעָדָה יֹאחֵזוּן. וְיֹאמְרוּ הִנֵּה יוֹם הַדִּין. לִפְקוֹד עַל־צְבָא מָרוֹם בַּדִּין. כִּי לֹא יִזְכּוּ בְעֵינֶיךָ בַּדִּין. וְכָל־בָּאֵי עוֹלָם תַּעֲבִיר לְפָנֶיךָ כִּבְנֵי מָרוֹן: כְּבַקָּרַת רוֹעֶה עֶדְרוֹ. מַעֲבִיר צֹאנוֹ תַּחַת שִׁבְטוֹ. כֵּן תַּעֲבִיר וְתִסְפּוֹר וְתִמְנֶה. וְתִפְקוֹד נֶפֶשׁ כָּל־חָי. וְתַחְתּוֹךְ קִצְבָה לְכָל־בְּרִיָּה. וְתִכְתּוֹב אֶת־גְּזַר דִּינָם:

Reader

May our sanctification of Thy name ascend unto Thee; for Thou art our God and King.

Congregation

We will observe the mighty holiness of this day, for it is one of awe and anxiety. Thereon is Thy dominion exalted. On this day we conceive Thee established on Thy throne of mercy, sitting thereon in truth. We behold Thee, as Judge and Witness, recording our secret thoughts and acts and setting the seal thereon. Thou recordest everything; yea, Thou rememberest the things forgotten. Thou unfoldest the records, and the deeds therein inscribed tell their own story for lo, the seal of every man's hand is set thereto.

The great Shofar is sounded, and a still small voice is heard. The angels in heaven are dismayed and are seized with fear and trembling, as they proclaim: "Behold the Day of Judgment!" The hosts of heaven are to be arraigned in judgment for in Thine eyes even they are not free from guilt. All who enter the world dost Thou cause to pass before Thee, one by one, as a flock of sheep. As a shepherd musters his sheep and causes them to pass beneath his staff, so dost Thou pass and record, count and visit, every living soul, appointing the measure of every creature's life and decreeing its destiny.

בְּראשׁ הַשָּׁנָה יִכָּתֵבוּן. וּבְיוֹם צוֹם כִּפּוּר יֵחָתֵמוּן. כַּמָּה יַעַבְרוּן. וְכַמָּה יִבָּרֵאוּן. מִי יִחְיֶה. וּמִי יָמוּת. מִי בְקִצּוֹ. וּמִי לֹא בְקִצּוֹ. מִי בָאֵשׁ. וּמִי בַמַּיִם. מִי בַחֶרֶב. וּמִי בַחַיָּה. מִי בָרָעָב. וּמִי בַצָּמָא. מִי בָרַעַשׁ. וּמִי בַמַּגֵּפָה. מִי בַחֲנִיקָה. וּמִי בַסְּקִילָה. מִי יָנוּחַ. וּמִי יָנוּעַ. מִי יִשָּׁקֵט. וּמִי יִטָּרֵף. מִי יִשָּׁלֵו. וּמִי יִתְיַסָּר. מִי יֵעָנִי. וּמִי יֵעָשֵׁר. מִי יִשָּׁפֵל. וּמִי יָרוּם:

וּתְשׁוּבָה וּתְפִלָּה וּצְדָקָה
מַעֲבִירִין אֶת־רֹעַ הַגְּזֵרָה:

כִּי כְּשִׁמְךָ כֵּן תְּהִלָּתֶךָ. קָשֶׁה לִכְעוֹס וְנוֹחַ לִרְצוֹת. כִּי לֹא תַחְפּוֹץ בְּמוֹת הַמֵּת. כִּי אִם בְּשׁוּבוֹ מִדַּרְכּוֹ וְחָיָה. וְעַד יוֹם מוֹתוֹ תְּחַכֶּה לּוֹ. אִם יָשׁוּב מִיַּד תְּקַבְּלוֹ: אֱמֶת כִּי אַתָּה הוּא יוֹצְרָם. וְאַתָּה יוֹדֵעַ יִצְרָם. כִּי הֵם בָּשָׂר וָדָם: אָדָם יְסוֹדוֹ מֵעָפָר וְסוֹפוֹ לֶעָפָר. בְּנַפְשׁוֹ יָבִיא לַחְמוֹ. מָשׁוּל כְּחֶרֶס הַנִּשְׁבָּר. כְּחָצִיר יָבֵשׁ. וּכְצִיץ נוֹבֵל. כְּצֵל עוֹבֵר. וּכְעָנָן כָּלָה. וּכְרוּחַ נוֹשָׁבֶת. וּכְאָבָק פּוֹרֵחַ. וְכַחֲלוֹם יָעוּף:

וְאַתָּה הוּא מֶלֶךְ אֵל חַי וְקַיָּם:

אֵין קִצְבָה לִשְׁנוֹתֶיךָ. וְאֵין קֵץ לְאֹרֶךְ יָמֶיךָ. וְאֵין לְשַׁעֵר מַרְכְּבוֹת כְּבוֹדֶךָ. וְאֵין לְפָרֵשׁ עִלּוּם שְׁמֶךָ. שִׁמְךָ נָאֶה לְךָ וְאַתָּה נָאֶה לִשְׁמֶךָ. וּשְׁמֵנוּ קָרָאתָ בִשְׁמֶךָ:

עֲשֵׂה לְמַעַן שְׁמֶךָ. וְקַדֵּשׁ אֶת־שִׁמְךָ עַל מַקְדִּישֵׁי שְׁמֶךָ. בַּעֲבוּר כְּבוֹד שִׁמְךָ הַנַּעֲרָץ וְהַנִּקְדָּשׁ. כְּסוֹד שִׂיחַ שַׂרְפֵי קֹדֶשׁ. הַמַּקְדִּישִׁים שִׁמְךָ בַּקֹּדֶשׁ. דָּרֵי מַעְלָה עִם דָּרֵי מַטָּה.

On New Year's Day the decree is inscribed and on the Day of Atonement it is sealed, how many shall pass away and how many shall be born; who shall live and who shall die; who shall attain the measure of man's days and who shall not attain it; who shall perish by fire and who by water; who by sword, and who by beast; who by hunger and who by thirst; who by earthquake and who by plague; who by strangling and who by stoning; who shall have rest and who shall go wandering; who shall be tranquil and who shall be disturbed; who shall be at ease and who shall be afflicted; who shall become poor and who shall wax rich; who shall be brought low and who shall be exalted.

BUT REPENTANCE, PRAYER AND RIGHTEOUSNESS
AVERT THE SEVERE DECREE.

For according to Thy name so is Thy praise. Thou art slow to anger and ready to forgive. Thou desirest not the death of the sinner but that he return from his evil way and live. Even until his dying day Thou waitest for him, perchance he will repent and Thou wilt straightway receive him.

Verily, Thou as Creator knowest the nature of man, for he is but flesh and blood. Man's origin is dust and he returns to the dust. He obtains his bread by the peril of his life; he is like a fragile potsherd, as the grass that withers, as the flower that fades, as a fleeting shadow, as a passing cloud, as the wind that blows, as the floating dust, yea, and as a dream that vanishes.

BUT THOU ART EVER OUR LIVING GOD AND KING.

Thy years have no measure nor hath the length of Thy days any end. None can conceive Thee, nor fathom Thy mysteries. Thy name is glorious and we therefore pray that our name be forever linked with Thine own.

* In the words of the mystic utterance recorded in Holy Scriptures, we sanctify Thy name, so that the angels in heaven unite with Israel on earth in glorifying Thy sovereignty.

* Isaiah 6.

כַּכָּתוּב עַל־יַד נְבִיאֶךָ. וְקָרָא זֶה אֶל־זֶה וְאָמַר.

קָדוֹשׁ קָדוֹשׁ קָדוֹשׁ יְיָ צְבָאוֹת.
מְלֹא כָל־הָאָרֶץ כְּבוֹדוֹ:

כְּבוֹדוֹ מָלֵא עוֹלָם. מְשָׁרְתָיו שׁוֹאֲלִים זֶה לָזֶה אַיֵּה מְקוֹם כְּבוֹדוֹ. לְעֻמָּתָם בָּרוּךְ יֹאמֵרוּ.

בָּרוּךְ כְּבוֹד־יְיָ מִמְּקוֹמוֹ:

מִמְּקוֹמוֹ הוּא יִפֶן בְּרַחֲמִים וְיָחֹן עַם הַמְיַחֲדִים שְׁמוֹ עֶרֶב וָבֹקֶר בְּכָל־יוֹם תָּמִיד פַּעֲמַיִם בְּאַהֲבָה שְׁמַע אוֹמְרִים.

שְׁמַע יִשְׂרָאֵל יְיָ אֱלֹהֵינוּ יְיָ אֶחָד:

אֶחָד הוּא אֱלֹהֵינוּ הוּא אָבִינוּ הוּא מַלְכֵּנוּ הוּא מוֹשִׁיעֵנוּ. וְהוּא יַשְׁמִיעֵנוּ בְּרַחֲמָיו שֵׁנִית לְעֵינֵי כָּל־חָי. לִהְיוֹת לָכֶם לֵאלֹהִים.

אֲנִי יְיָ אֱלֹהֵיכֶם:

אַדִּיר אַדִּירֵנוּ יְיָ אֲדוֹנֵינוּ מָה־אַדִּיר שִׁמְךָ בְּכָל־הָאָרֶץ: וְהָיָה יְיָ לְמֶלֶךְ עַל־כָּל־הָאָרֶץ בַּיּוֹם הַהוּא יִהְיֶה יְיָ אֶחָד וּשְׁמוֹ אֶחָד: וּבְדִבְרֵי קָדְשְׁךָ כָּתוּב לֵאמֹר.

יִמְלֹךְ יְיָ לְעוֹלָם. אֱלֹהַיִךְ צִיּוֹן לְדֹר וָדֹר. הַלְלוּיָהּ:

לְדוֹר וָדוֹר נַגִּיד גָּדְלֶךָ. וּלְנֵצַח נְצָחִים קְדֻשָּׁתְךָ נַקְדִּישׁ. וְשִׁבְחֲךָ אֱלֹהֵינוּ מִפִּינוּ לֹא יָמוּשׁ לְעוֹלָם וָעֶד. כִּי אֵל מֶלֶךְ גָּדוֹל וְקָדוֹשׁ אָתָּה:

חֲמוֹל עַל־מַעֲשֶׂיךָ וְתִשְׂמַח בְּמַעֲשֶׂיךָ. וְיֹאמְרוּ לְךָ חוֹסֶיךָ בְּצַדֶּקְךָ עֲמוּסֶיךָ תֻּקְדַּשׁ אָדוֹן עַל כָּל־מַעֲשֶׂיךָ:

K'DUSHAH

Holy, holy, holy is the Lord of hosts;
The whole earth is full of His glory.

Ko-dōsh, ko-dōsh, ko-dōsh, A-dō-noy ts'vo-ōs,
M'lo ḥol ho-o-rets k'vō-dō.

His majesty pervades the universe; His ministering angels ask one another: 'Where is the place of His glory?'

Blessed be the glory of the Lord that fills the universe.*

Bo-ruḥ k'vōd A-dō-noy mi-m'kō-mō.

From His sacred abode may He turn in mercy unto the people that evening and morning, twice daily, proclaim in love the unity of His name, saying:

Hear, O Israel: the Lord our God, the Lord is One.

Sh'ma yis-ro-ayl A-dō-noy e-lō-hay-nu A-dō-noy e-ḥod.

One is the Eternal our God, our Father, our Sovereign, and our Savior, and He will again in mercy proclaim in the presence of all living:

'I am the Lord your God.'
A-nee A-dō-noy e-lo-hay-ḥem.

Thou art most exalted; O Lord our God, how glorious is Thy name in all the earth! And the Lord shall be King over all the earth; on that day shall the Lord be One and His name one. And in Holy Scriptures it is written:

The Lord shall reign for ever; thy God, O Zion, shall be Sovereign unto all generations. Praise the Lord.

Yim-lōḥ A-dō-noy l'ō-lom e-lō-ha-yiḥ tsi-yōn,
L'dōr vo-dōr, ha-l'lu-yoh.

Unto endless generations we shall declare Thy greatness, and to all eternity we will proclaim Thy holiness. Thy praise, O our God, shall not depart from our mouth forever, for Thou art a great and holy God and King.

O have compassion upon Thy work and rejoice therein. And when Thou hast justified them that have been sustained by Thee, Thy faithful servants shall say: O Lord, be Thou sanctified over all Thy works.

* The Rabbinic interpretation.

כִּי מַקְדִּישֶׁיךָ בִּקְדֻשָּׁתְךָ קִדַּשְׁתָּ. נָאֶה לְקָדוֹשׁ פְּאֵר מִקְּדוֹשִׁים: וּבְכֵן יִתְקַדַּשׁ שִׁמְךָ יְיָ אֱלֹהֵינוּ עַל יִשְׂרָאֵל עַמֶּךָ וְעַל יְרוּשָׁלַיִם עִירֶךָ וְעַל צִיּוֹן מִשְׁכַּן כְּבוֹדֶךָ וְעַל מַלְכוּת בֵּית דָּוִד מְשִׁיחֶךָ וְעַל מְכוֹנְךָ וְהֵיכָלֶךָ: עוֹד יִזְכָּר־לָנוּ אַהֲבַת אֵיתָן אֲדוֹנֵנוּ. וּבַבֵּן הַנֶּעֱקַד יַשְׁבִּית מְדַיְּנֵנוּ. וּבִזְכוּת הַתָּם יוֹצִיא אָיוֹם לְצֶדֶק דִּינֵנוּ. כִּי קָדוֹשׁ הַיּוֹם לַאֲדוֹנֵינוּ: בְּאֵין מֵלִיץ יֹשֶׁר מוּל מַגִּיד פֶּשַׁע. תַּגִּיד לְיַעֲקֹב דְּבַר חֹק וּמִשְׁפָּט. וְצַדְּקֵנוּ בַּמִּשְׁפָּט הַמֶּלֶךְ הַמִּשְׁפָּט:

The following Piyyut may be read responsively

הָאוֹחֵז בְּיַד מִדַּת מִשְׁפָּט:
וְכֹל מַאֲמִינִים שֶׁהוּא אֵל אֱמוּנָה:
הַבּוֹחֵן וּבוֹדֵק גִּנְזֵי נִסְתָּרוֹת:
וְכֹל מַאֲמִינִים שֶׁהוּא בּוֹחֵן כְּלָיוֹת:
הַגּוֹאֵל מִמָּוֶת וּפוֹדֶה מִשַּׁחַת:
וְכֹל מַאֲמִינִים שֶׁהוּא גּוֹאֵל חָזָק:
הַדָּן יְחִידִי לְבָאֵי עוֹלָם:
וְכֹל מַאֲמִינִים שֶׁהוּא דַּיָּן אֱמֶת:
הֶהָגוּי בְּאֶהְיֶה אֲשֶׁר אֶהְיֶה:
וְכֹל מַאֲמִינִים שֶׁהוּא הָיָה וְהֹוֶה וְיִהְיֶה:
הַוַּדַּאי שְׁמוֹ כֵּן תְּהִלָּתוֹ:
וְכֹל מַאֲמִינִים שֶׁהוּא וְאֵין בִּלְתּוֹ:
הַזּוֹכֵר לְמַזְכִּירָיו טוֹבוֹת זִכְרוֹנוֹת:
וְכֹל מַאֲמִינִים שֶׁהוּא זוֹכֵר הַבְּרִית:
הַחוֹתֵךְ חַיִּים לְכָל־חָי:
וְכֹל מַאֲמִינִים שֶׁהוּא חַי וְקַיָּם:

For with Thy holiness Thou hast sanctified them that call Thee holy. Seemly unto Thee, O Holy One, is Thy pious servants' crown of praise. And thus may Thy name, O Lord our God, be hallowed over Israel and over Jerusalem, Thy city; over Zion, the habitation of Thy glory; over the Messianic Kingdom; over Thy dwelling place, Thy Sanctuary, and over all mankind. Thou wilt yet remember for our sake the love of Abraham, the patriarch, yea, and of Isaac, his son, who was bound on the altar, and the merit of Jacob, the man of simple faith; and Thou wilt bring forth our suit to the light of acquittal, and forgive us, for this day is holy unto Thee, O Lord. Since there is no advocate of righteousness to plead our cause, do Thou Thyself teach Jacob Thy word, statute and judgment; and clear us in judgment, O King of justice.

Piyyut (Hymn) composed in alphabetical acrostic by Yannai of the seventh century

God holdeth in His hand the measure of judgment;
    And all believe that He is the faithful God.

He trieth and searcheth into the most hidden secrets;
    And all believe that He knoweth the innermost thoughts.

He redeemeth from death and delivereth from the grave;
    And all believe that He is the mighty Redeemer.

He alone is the Judge of all who come into the world;
    And all believe that He is the true Judge.

He is called 'I am that I am';
    And all believe that He is, was, and ever will be.

His name is the Immutable and thus is His praise;
    And all believe that there is none besides Him.

He remembereth for their good those who are mindful of Him·
    And all believe that He remembereth the covenant.

He apportioneth life unto all His creatures;
    And all believe that He liveth and endureth.

הַטּוֹב. וּמֵטִיב לָרָעִים וְלַטּוֹבִים:
וְכֹל מַאֲמִינִים שֶׁהוּא טוֹב לַכֹּל:
הַיּוֹדֵעַ יֵצֶר כָּל־יְצוּרִים:
וְכֹל מַאֲמִינִים שֶׁהוּא יוֹצְרָם בַּבָּטֶן:
הַכֹּל יָכוֹל וְכוֹלְלָם יַחַד:
וְכֹל מַאֲמִינִים שֶׁהוּא כֹּל יוּכָל:
הַלָּן בְּסֵתֶר בְּצֵל שַׁדַּי:
וְכֹל מַאֲמִינִים שֶׁהוּא לְבַדּוֹ הוּא:
הַמַּמְלִיךְ מְלָכִים וְלוֹ הַמְּלוּכָה:
וְכֹל מַאֲמִינִים שֶׁהוּא מֶלֶךְ עוֹלָם:
הַנּוֹהֵג בְּחַסְדּוֹ כָּל־דּוֹר:
וְכֹל מַאֲמִינִים שֶׁהוּא נוֹצֵר חָסֶד:
הַסּוֹבֵל וּמַעֲלִים עַיִן מִסּוֹרְרִים:
וְכֹל מַאֲמִינִים שֶׁהוּא סוֹלֵחַ סֶלָה:
הָעֶלְיוֹן וְעֵינוֹ אֶל יְרֵאָיו:
וְכֹל מַאֲמִינִים שֶׁהוּא עוֹנֶה לָחַשׁ:
הַפּוֹתֵחַ שַׁעַר לְדוֹפְקֵי בִתְשׁוּבָה:
וְכֹל מַאֲמִינִים שֶׁהוּא פְּתוּחָה יָדוֹ:
הַצּוֹפֶה לָרָשָׁע וְחָפֵץ בְּהִצָּדְקוֹ:
וְכֹל מַאֲמִינִים שֶׁהוּא צַדִּיק וְיָשָׁר:
הַקְּצַר בְּזַעַם וּמַאֲרִיךְ אַף:
וְכֹל מַאֲמִינִים שֶׁהוּא קָשֶׁה לִכְעוֹס:
הָרַחוּם וּמַקְדִּים רַחֲמִים לְרֹגֶז:
וְכֹל מַאֲמִינִים שֶׁהוּא רַךְ לִרְצוֹת:

He is good and beneficent to the wicked as well as to the good;
    And all believe that He is good unto all.

He knoweth the nature of all creatures;
    And all believe that He fashioned them all.

He is all-powerful and all-perfect;
    And all believe that He is omnipotent.

The Almighty dwelleth everywhere, even in the secret place;
    And all believe that He, alone, is One.

He causeth kings to reign, while all dominion is His;
    And all believe that He is the eternal King.

He guideth every generation with His loving-kindness;
    And all believe that He keepeth mercy.

He is patient, and overlooketh the evil of the rebellious;
    And all believe that He forgiveth.

He is exalted, and He guardeth those that revere Him;
    And all believe that He answereth the silent prayer.

He openeth His gate unto them that knock in repentance;
    And all believe that His hand is ever open to receive them.

He waiteth for the wicked and delighteth when they return to
        righteousness;
    And all believe that He is just and righteous.

He is slow to anger and forbearing;
    And all believe that it is difficult to arouse His wrath.

He is merciful, for His compassion goeth before His indigna-
        tion;
    And all believe that He is easy to reconcile.

הַשָּׁוֶה. וּמַשְׁוֶה קָטוֹן וְגָדוֹל:
וְכֹל מַאֲמִינִים שֶׁהוּא שׁוֹפֵט צֶדֶק:
הַתָּם וּמִתַּמֵּם עִם תְּמִימִים:
וְכֹל מַאֲמִינִים שֶׁהוּא תָּמִים פָּעֳלוֹ:

תְּשַׂגַּב לְבַדֶּךָ וְתִמְלֹךְ עַל כֹּל בְּיִחוּד. כַּכָּתוּב עַל־יַד נְבִיאֶךָ. וְהָיָה יְיָ לְמֶלֶךְ עַל־כָּל־הָאָרֶץ בַּיּוֹם הַהוּא יִהְיֶה יְיָ אֶחָד וּשְׁמוֹ אֶחָד:

וּבְכֵן תֵּן פַּחְדְּךָ יְיָ אֱלֹהֵינוּ עַל כָּל־מַעֲשֶׂיךָ וְאֵימָתְךָ עַל כָּל־מַה־שֶּׁבָּרָאתָ. וְיִירָאוּךָ כָּל־הַמַּעֲשִׂים וְיִשְׁתַּחֲווּ לְפָנֶיךָ כָּל־הַבְּרוּאִים. וְיֵעָשׂוּ כֻלָּם אֲגֻדָּה אֶחָת לַעֲשׂוֹת רְצוֹנְךָ בְּלֵבָב שָׁלֵם. כְּמוֹ שֶׁיָּדַעְנוּ יְיָ אֱלֹהֵינוּ שֶׁהַשִּׁלְטוֹן לְפָנֶיךָ עֹז בְּיָדְךָ וּגְבוּרָה בִּימִינֶךָ וְשִׁמְךָ נוֹרָא עַל כָּל־מַה־שֶּׁבָּרָאתָ:

וּבְכֵן תֵּן כָּבוֹד יְיָ לְעַמֶּךָ תְּהִלָּה לִירֵאֶיךָ וְתִקְוָה לְדוֹרְשֶׁיךָ וּפִתְחוֹן פֶּה לַמְיַחֲלִים לָךְ. שִׂמְחָה לְאַרְצֶךָ וְשָׂשׂוֹן לְעִירֶךָ וּצְמִיחַת קֶרֶן לְדָוִד עַבְדֶּךָ וַעֲרִיכַת נֵר לְבֶן יִשַׁי מְשִׁיחֶךָ בִּמְהֵרָה בְיָמֵינוּ:

וּבְכֵן צַדִּיקִים יִרְאוּ וְיִשְׂמָחוּ וִישָׁרִים יַעֲלֹזוּ וַחֲסִידִים בְּרִנָּה יָגִילוּ. וְעוֹלָתָה תִּקְפָּץ פִּיהָ וְכָל־הָרִשְׁעָה כֻּלָּהּ כְּעָשָׁן תִּכְלֶה. כִּי תַעֲבִיר מֶמְשֶׁלֶת זָדוֹן מִן הָאָרֶץ:

He is just and before Him the great and small are alike;
  And all believe that He is the righteous Judge.

He is perfect and dealeth truly with the pure at heart;
  And all believe that His work is perfect.

Thou alone wilt be exalted, and Thou wilt reign over all in unity, as it is written by the hand of Thy prophet: The Lord shall be King over all the earth; on that day shall the Lord be One and his name one.

NOTE

The following three paragraphs, each beginning with *U-v'ḥane* "And therefore," reaffirm loyalty to a universal outlook and world brotherhood, the well-being of Israel, and the triumph of the moral law. The three forces of internationalism, nationalism and religion, each retaining its own sphere of influence, but reacting upon one another, will hasten the advent of the Kingdom of God and bring salvation to mankind.

And therefore, O Lord our God, let Thine awe be manifest in all Thy works, and a reverence for Thee fill all that Thou hast created, so that all Thy creatures may know Thee, and all mankind bow down to acknowledge Thee. May all Thy children unite in one fellowship to do Thy will with a perfect heart; for we know, O Lord our God, that dominion is Thine, that Thy might and power are supreme, and that Thy name is to be revered over all Thou hast created.

And therefore, O Lord, grant glory to Thy people who serve Thee, praise to those who revere Thee, hope to those who seek Thee, and confidence to those who yearn for Thee. Bring joy to Thy land, gladness to Thy city, renewed strength to the seed of David, and a constant light to Thy servants in Zion. O may this come to pass speedily in our days.

And therefore, the righteous shall see and be glad, the just exult, and the pious rejoice in song, while iniquity shall close its mouth and all wickedness shall vanish like smoke, when Thou removest the dominion of tyranny from the earth.

וְיֶאֱתָיוּ כֹּל לְעָבְדֶךָ וִיבָרְכוּ שֵׁם כְּבוֹדֶךָ. וְיַגִּידוּ בָאִיִּים צִדְקֶךָ: וְיִדְרְשׁוּךָ עַמִּים לֹא יְדָעוּךָ. וִיהַלְלוּךָ כָּל־אַפְסֵי אָרֶץ. וְיֹאמְרוּ תָמִיד יִגְדַּל יְיָ: וְיִזְבְּחוּ לְךָ אֶת־זִבְחֵיהֶם. וְיִזְנְחוּ אֶת־עֲצַבֵּיהֶם. וְיַחְפְּרוּ עִם פְּסִילֵיהֶם: וְיַטּוּ שְׁכֶם אֶחָד לְעָבְדֶךָ. וְיִירָאוּךָ עִם שֶׁמֶשׁ מְבַקְשֵׁי פָנֶיךָ. וְיַכִּירוּ כֹּחַ מַלְכוּתֶךָ. וִילַמְּדוּ תוֹעִים בִּינָה: וִימַלְלוּ אֶת־גְּבוּרָתֶךָ. וִינַשְּׂאוּךָ מִתְנַשֵּׂא לְכֹל לְרֹאשׁ. וִיסַלְּדוּ בְחִילָה פָּנֶיךָ. וִיעַטְּרוּךָ נֵזֶר תִּפְאָרָה: וְיִפְצְחוּ הָרִים רִנָּה. וְיִצְהֲלוּ אִיִּים בְּמָלְכֶךָ. וִיקַבְּלוּ עֹל מַלְכוּתְךָ עֲלֵיהֶם. וִירוֹמְמוּךָ בִּקְהַל עָם: וְיִשְׁמְעוּ רְחוֹקִים וְיָבוֹאוּ. וְיִתְּנוּ לְךָ כֶּתֶר מְלוּכָה:

Congregational Singing

V'yeh-eh-so-yu kol l'ov-de-ḥo vee-vo-r'ḥu shaym kvō-de-ḥo, v'yah-gee-du vo-ee-yim tzid-ke-ḥo.

V'yid-r'shu-ḥo ah-meem lō y'do-u-ḥo, vee-ha-l'lu-ḥo kol af-say-o-retz, v'yōm-ru so-meed yig-dal a-dō-noy.

V'yiz-b'ḥu l'ḥo es ziv-ḥay-hem, v'yiz-n'ḥu es a-tza-bay-hem, v'yaḥ-p'ru im p'see-lay-hem.

V'yah-tu sh'ḥem e-ḥod l'ov-de-ḥo, v'yee-ro-u-ḥo im sheh-mesh m'vak-shay fo-ne-ḥo.

V'ya-kee-ru kō-aḥ mal-ḥu-seh-ḥo, vee lam-du sō-eem bee-no.

Vee-mah-l'lu es g'vu-ro-seh-ḥo, vee-nas-u-ḥo mis-na-say l'-ḥol l'rosh, vee sa-l'du v'ḥee-lo po-neh-ḥo, vee-at-ru-ḥo ne-zer tif-o-ro.

V'yif-tz'ḥu ho-reem ri-no, v'yitz-ha'lu i-yeem b'mo-l ḥeh-ḥo, vee-ka-b'lu ōle ma-l'ḥu-s'ḥo a'lay-hem, vee rō-m'mu-ḥo bi-k'hal om

V'yish-m'u r'ḥo-keem v'yo-vō-u, v'yit-nu l'ḥo ke-ser m'lu-ḥo.

The following poem written more than 1200 years ago by an unknown author is remarkable for its universalistic outlook. This is particularly noteworthy since the Middle Ages were marked largely by intolerance prejudice and violence.

ALL THE WORLD SHALL COME TO SERVE THEE

All the world shall come to serve Thee
   And bless Thy glorious name,
And Thy righteousness triumphant
   The islands shall acclaim.
And the peoples shall go seeking
   Who knew Thee not before,
And the ends of earth shall praise Thee,
   And tell Thy greatness o'er.

They shall build for Thee their altars,
   Their idols overthrown,
And their graven gods shall shame them,
   As they turn to Thee alone.
They shall worship Thee at sunrise,
   And feel Thy Kingdom's might,
And impart their understanding
   To those astray in night.

They shall testify Thy greatness,
   And of Thy power speak,
And extol Thee, shrined, uplifted
   Beyond man's highest peak.
And with reverential homage,
   Of love and wonder born,
With the ruler's crown of beauty
   Thy head they shall adorn.

With the coming of Thy kingdom
   The hills shall break into song,
And the islands laugh exultant
   That they to God belong.
And all their congregations
   So loud Thy praise shall sing,
That the uttermost peoples, hearing,
   Shall hail Thee crowned King.

וְתִמְלוֹךְ אַתָּה יְיָ לְבַדֶּךָ עַל כָּל־מַעֲשֶׂיךָ בְּהַר צִיּוֹן
מִשְׁכַּן כְּבוֹדֶךָ וּבִירוּשָׁלַיִם עִיר קָדְשֶׁךָ כַּכָּתוּב בְּדִבְרֵי
קָדְשֶׁךָ. יִמְלֹךְ יְיָ לְעוֹלָם אֱלֹהַיִךְ צִיּוֹן לְדֹר וָדֹר הַלְלוּיָהּ:

קָדוֹשׁ אַתָּה וְנוֹרָא שְׁמֶךָ וְאֵין אֱלוֹהַּ מִבַּלְעָדֶיךָ כַּכָּתוּב.
וַיִּגְבַּהּ יְיָ צְבָאוֹת בַּמִּשְׁפָּט וְהָאֵל הַקָּדוֹשׁ נִקְדַּשׁ בִּצְדָקָה.
בָּרוּךְ אַתָּה יְיָ הַמֶּלֶךְ הַקָּדוֹשׁ:

אַתָּה בְחַרְתָּנוּ מִכָּל־הָעַמִּים. אָהַבְתָּ אוֹתָנוּ. וְרָצִיתָ בָּנוּ.
וְרוֹמַמְתָּנוּ מִכָּל־הַלְּשׁוֹנוֹת. וְקִדַּשְׁתָּנוּ בְּמִצְוֹתֶיךָ. וְקֵרַבְתָּנוּ
מַלְכֵּנוּ לַעֲבוֹדָתֶךָ. וְשִׁמְךָ הַגָּדוֹל וְהַקָּדוֹשׁ עָלֵינוּ קָרָאתָ:

On Sabbath add the bracketed words

וַתִּתֶּן לָנוּ יְיָ אֱלֹהֵינוּ בְּאַהֲבָה אֶת־יוֹם [הַשַּׁבָּת הַזֶּה וְאֶת־יוֹם]
הַזִּכָּרוֹן הַזֶּה יוֹם [זִכְרוֹן] תְּרוּעָה [בְּאַהֲבָה] מִקְרָא קֹדֶשׁ.
זֵכֶר לִיצִיאַת מִצְרָיִם:

וּמִפְּנֵי חֲטָאֵינוּ גָּלִינוּ מֵאַרְצֵנוּ וְנִתְרַחַקְנוּ מֵעַל אַדְמָתֵנוּ
וְאֵין אֲנַחְנוּ יְכוֹלִים לַעֲשׂוֹת חוֹבוֹתֵינוּ בְּבֵית בְּחִירָתֶךָ בַּבַּיִת
הַגָּדוֹל וְהַקָּדוֹשׁ שֶׁנִּקְרָא שִׁמְךָ עָלָיו מִפְּנֵי הַיָּד שֶׁנִּשְׁתַּלְּחָה
בְּמִקְדָּשֶׁךָ:

And Thou, O Lord, wilt rule, Thou alone, over all Thy works on Mount Zion, the dwelling place of Thy glory, and in Jerusalem, Thy holy city, fulfilling the words of the Psalmist: The Lord shall reign forever; thy God, O Zion, shall be Sovereign unto all generations. Praise ye the Lord.

Holy art Thou, and awe-inspiring is Thy name, and there is no God besides Thee; as it is written in Holy Scriptures: "The Lord of hosts is exalted through justice, and the holy God is sanctified through righteousness." Blessed art Thou, O Lord, the holy King.

Thou didst choose us for Thy service from among all peoples, loving us and taking delight in us. Thou didst exalt us above all tongues by making us holy through Thy commandments. Thou hast drawn us near, O our King, unto Thy service and hast called us by Thy great and holy name.

On Sabbath add the bracketed words

And Thou hast given us in love, O Lord our God, [this Sabbath day and] this Day of Remembrance, a day for [recalling the] sounding of the Shofar; a holy convocation as a memorial of the departure from Egypt.

NOTE

For centuries the Temple in Jerusalem served as the symbol of Israel's unity and a source of inspiration to our ancestors. Yet, when the Temple was destroyed, our people chanted no hymn of hate against the enemy that hurled them into the long, dark night of exile and oppression. Instead of succumbing to despair, our people, firm in their faith in God, held themselves responsible for the destruction, and nurtured the hope of a return to the land of their fathers, where they would restore the Temple and its worship. That spirit finds expression in the following prayer known as *U-mip-ne Ḥa-ta-e-nu*. Its recital today should stimulate us to work whole-heartedly for the rebuilding of Israel's homeland so that "out of Zion shall go forth the Law and the word of God from Jerusalem."

Because of our sins, we were exiled from our land and removed far away from our country. We cannot perform our sacred duties in Thy great and holy Temple called by Thy name, because of the destruction that has come upon Thy Sanctuary.

יְהִי רָצוֹן מִלְּפָנֶיךָ יְיָ אֱלֹהֵינוּ וֵאלֹהֵי אֲבוֹתֵינוּ מֶלֶךְ רַחֲמָן שֶׁתָּשׁוּב וּתְרַחֵם עָלֵינוּ וְעַל מִקְדָּשְׁךָ בְּרַחֲמֶיךָ הָרַבִּים. וְתִבְנֵהוּ מְהֵרָה וּתְגַדֵּל כְּבוֹדוֹ: אָבִינוּ מַלְכֵּנוּ גַּלֵּה כְּבוֹד מַלְכוּתְךָ עָלֵינוּ מְהֵרָה. וְהוֹפַע וְהִנָּשֵׂא עָלֵינוּ לְעֵינֵי כָּל־חָי. וְקָרֵב פְּזוּרֵינוּ מִבֵּין הַגּוֹיִם. וּנְפוּצוֹתֵינוּ כַּנֵּס מִיַּרְכְּתֵי אָרֶץ: וַהֲבִיאֵנוּ לְצִיּוֹן עִירְךָ בְּרִנָּה. וְלִירוּשָׁלַיִם בֵּית מִקְדָּשְׁךָ בְּשִׂמְחַת עוֹלָם: וְשָׁם נַעֲשֶׂה לְפָנֶיךָ אֶת קָרְבְּנוֹת חוֹבוֹתֵינוּ. תְּמִידִים כְּסִדְרָם וּמוּסָפִים כְּהִלְכָתָם: וְאֶת מוּסַף יוֹם [הַשַּׁבָּת הַזֶּה וְאֶת־מוּסַף יוֹם] הַזִּכָּרוֹן הַזֶּה נַעֲשֶׂה וְנַקְרִיב לְפָנֶיךָ בְּאַהֲבָה כְּמִצְוַת רְצוֹנֶךָ כְּמוֹ שֶׁכָּתַבְתָּ עָלֵינוּ בְּתוֹרָתֶךָ עַל יְדֵי מֹשֶׁה עַבְדֶּךָ מִפִּי כְבוֹדֶךָ כָּאָמוּר:

On Sabbath

[וּבְיוֹם הַשַּׁבָּת שְׁנֵי־כְבָשִׂים בְּנֵי־שָׁנָה תְּמִימִם וּשְׁנֵי עֶשְׂרֹנִים סֹלֶת מִנְחָה בְּלוּלָה בַשֶּׁמֶן וְנִסְכּוֹ: עֹלַת שַׁבַּת בְּשַׁבַּתּוֹ עַל־עֹלַת הַתָּמִיד וְנִסְכָּהּ:]

וּבַחֹדֶשׁ הַשְּׁבִיעִי בְּאֶחָד לַחֹדֶשׁ מִקְרָא־קֹדֶשׁ יִהְיֶה לָכֶם כָּל־מְלֶאכֶת עֲבֹדָה לֹא תַעֲשׂוּ יוֹם תְּרוּעָה יִהְיֶה לָכֶם:

וַעֲשִׂיתֶם עֹלָה לְרֵיחַ נִיחֹחַ לַייָ פַּר בֶּן־בָּקָר אֶחָד אַיִל אֶחָד כְּבָשִׂים בְּנֵי שָׁנָה שִׁבְעָה תְּמִימִם: וּמִנְחָתָם וְנִסְכֵּיהֶם כִּמְדֻבָּר שְׁלֹשָׁה עֶשְׂרֹנִים לַפָּר וּשְׁנֵי עֶשְׂרֹנִים לָאָיִל וְעִשָּׂרוֹן לַכֶּבֶשׂ וְיַיִן כְּנִסְכּוֹ וּשְׁנֵי שְׂעִירִים לְכַפֵּר. וּשְׁנֵי תְמִידִים כְּהִלְכָתָם: מִלְּבַד עֹלַת הַחֹדֶשׁ וּמִנְחָתָהּ וְעֹלַת הַתָּמִיד וּמִנְחָתָהּ. וְנִסְכֵּיהֶם כְּמִשְׁפָּטָם לְרֵיחַ נִיחֹחַ אִשֶּׁה לַייָ:

On Sabbath

[יִשְׂמְחוּ בְמַלְכוּתְךָ שׁוֹמְרֵי שַׁבָּת וְקוֹרְאֵי עֹנֶג. עַם מְקַדְּשֵׁי שְׁבִיעִי כֻּלָּם יִשְׂבְּעוּ וְיִתְעַנְּגוּ מִטּוּבֶךָ. וְהַשְּׁבִיעִי רָצִיתָ בּוֹ וְקִדַּשְׁתּוֹ חֶמְדַּת יָמִים אוֹתוֹ קָרָאתָ זֵכֶר לְמַעֲשֵׂה בְרֵאשִׁית:]

May it be Thy will, O Lord our God, and God of our fathers, merciful King, again in Thine abundant compassion to have mercy upon us and upon Thy Sanctuary. O rebuild it speedily and make it great in glory. Our Father, our King, speedily reveal the glory of Thy kingdom unto us; shine forth and be exalted over us in the sight of all living. Bring together our scattered ones from among the nations, and gather our dispersed from the ends of the earth. Lead us with joyous song unto Zion, Thy city, and with everlasting joy unto Jerusalem, the home of Thy Sanctuary.

There shall we bring Thee our offerings in the spirit of reverence and awe which marked the sacrifices brought to Thy Temple by our ancestors of yore as prescribed in Thy Law.

(Numbers 28:9–10)

(Numbers 29:1–6)

And in the seventh month, on the first day of the month, ye shall have a holy convocation; ye shall do no manner of servile work; it is a day of blowing the ram's horn unto you. (Numbers 29:1)

On Sabbath

They that keep the Sabbath and call it a delight shall rejoice in Thy kingdom; the people that sanctify the seventh day, even all of them shall find serenity and delight in Thy goodness, for Thou didst find pleasure in the seventh day and didst hallow it. Thou didst call it the most desirable of days in remembrance of creation.

In the following Meditation, the people of the Congregation pray for their leaders

אֱלֹהֵינוּ וֵאלֹהֵי אֲבוֹתֵינוּ הֱיֵה עִם פִּיפִיּוֹת שְׁלוּחֵי עַמְּךָ בֵּית יִשְׂרָאֵל. הָעוֹמְדִים לְבַקֵּשׁ תְּפִלָּה וְתַחֲנוּנִים מִלְּפָנֶיךָ עַל עַמְּךָ בֵּית יִשְׂרָאֵל: הוֹרֵם מַה־שֶּׁיֹּאמְרוּ. הֲבִינֵם מַה־שֶּׁיְּדַבֵּרוּ. הֲשִׁיבֵם מַה־שֶּׁיִּשְׁאֲלוּ. יַדְּעֵם הֵיךְ יְפָאֵרוּ: בְּאוֹר פָּנֶיךָ יְהַלֵּכוּן. בֶּרֶךְ לְךָ יִכְרָעוּן. עַמְּךָ בְּפִיהֶם יְבָרְכוּן. וּמִבִּרְכוֹת פִּיךָ כֻּלָּם יִתְבָּרְכוּן: עַמְּךָ לְפָנֶיךָ יַעֲבִירוּן. וְהֵם בַּתָּוֶךְ יַעֲבוֹרוּן: עֵינֵי עַמְּךָ בָּם תְּלוּיוֹת. וְעֵינֵיהֶם לְךָ מְיַחֲלוֹת: נִגָּשִׁים מוּל אֲרוֹן הַקֹּדֶשׁ בְּאֵימָה. לְשַׁכֵּךְ כַּעַס וְחֵמָה. וְעַמְּךָ מְסַבְּבִים אוֹתָם כַּחוֹמָה. וְאַתָּה מִן הַשָּׁמַיִם תַּשְׁגִּיחַ אוֹתָם לְרַחֲמָה: עַיִן נוֹשְׂאִים לְךָ לַשָּׁמַיִם. לֵב שׁוֹפְכִים נִכְחֶךָ כַּמַּיִם. וְאַתָּה תִּשְׁמַע מִן הַשָּׁמַיִם: שֶׁלֹּא יִכָּשְׁלוּ בִלְשׁוֹנָם. וְלֹא יִנָּקְשׁוּ בִשְׁנוּנָם. וְלֹא יֵבוֹשׁוּ בְּמַשְׁעֵנָם. וְלֹא יִכָּלְמוּ בָם שְׁאוֹנָם. וְאַל יֹאמַר פִּיהֶם דָּבָר שֶׁלֹּא כִרְצוֹנֶךָ: כִּי חֲנוּנֶיךָ יְיָ אֱלֹהֵינוּ הֵמָּה חֲנוּנִים. וּמְרוּחָמֶיךָ הֵמָּה מְרוּחָמִים: כְּמָה שֶּׁיָּדַעְנוּ יְיָ אֱלֹהֵינוּ אֶת־אֲשֶׁר תָּחוֹן יוּחָן. וְאֶת־אֲשֶׁר תְּרַחֵם יְרוּחָם. כַּכָּתוּב בְּתוֹרָתֶךָ. וְחַנֹּתִי אֶת־אֲשֶׁר אָחֹן וְרִחַמְתִּי אֶת־אֲשֶׁר אֲרַחֵם: וְנֶאֱמַר אַל־יֵבֹשׁוּ בִי קֹוֶיךָ אֲדֹנָי אֱלֹהִים צְבָאוֹת. אַל־יִכָּלְמוּ בִי מְבַקְשֶׁיךָ אֱלֹהֵי יִשְׂרָאֵל:

Reader

אוֹחִילָה לָאֵל. אֲחַלֶּה פָנָיו. אֶשְׁאֲלָה מִמֶּנּוּ מַעֲנֵה לָשׁוֹן: אֲשֶׁר בִּקְהַל עָם אָשִׁירָה עֻזּוֹ. אַבִּיעָה רְנָנוֹת בְּעַד מִפְעָלָיו: לְאָדָם מַעַרְכֵי לֵב. וּמֵיְיָ מַעֲנֵה לָשׁוֹן: יְיָ שְׂפָתַי תִּפְתָּח וּפִי יַגִּיד תְּהִלָּתֶךָ: יִהְיוּ לְרָצוֹן אִמְרֵי־פִי וְהֶגְיוֹן לִבִּי לְפָנֶיךָ יְיָ צוּרִי וְגוֹאֲלִי:

In the following Meditation, the people of the Congregation
pray for their leaders

MEDITATION

Our God and God of our fathers, inspire the lips of those
who have been appointed by Thy people, the house of Israel,
to stand in prayer before Thee, to beseech Thee and suppli-
cate Thy presence for them. Teach them what to say; instruct
them what to speak; grant them what they ask; and make
known to them how they may glorify Thee. They walk in
the light of Thy spirit; they bend their knee unto Thee, and
with their lips utter blessings upon Thy people. O do Thou
bless them, O Lord, with Thy loving favor. They lead Thy
people to seek Thee, and from their midst they approach Thee;
the eyes of Thy people are upon their leaders and the eyes
of the leaders are toward Thee. They approach the holy Ark
in reverence to pray for their people; O look down from heaven
in compassion upon them. They lift up their eyes unto Thee
and open their hearts in supplication. O do Thou hear them
from Thy heavenly abode. Suffer them not to falter with
their tongue nor to err in their speech, that the multitudes that
repose their trust in them be not put to shame nor bear re-
proach. Guard their lips from uttering any word that is not
according to Thy will. They have found grace and won Thy
mercy, as it is written in Thy words: "I will be gracious to
whom I will be gracious, and I will show mercy on whom I
will show mercy."

Reader

I will hope in God; His presence I will entreat; I will ask
Him the gift of speech that in the Congregation of the people
I may sing of His power and render joyful melody concerning
His deeds. The preparation of the heart is the concern of
man, but the gift of speech comes from the Lord. O Lord,
open Thou my lips that my mouth shall declare Thy praise.
May the words of my mouth and the meditation of my heart
be acceptable unto Thee, O Lord, my Rock and my Redeemer.

NOTE ON MALḤUYOT, ZIḤRONOT AND SHOFEROT

The following three sections of the Musaf known as the *Malḥuyot, Ziḥronot* and *Shoferot* deal with the themes: God the King, God the Divine Recorder, and God the Revealer of our Law. The Mishna Rosh Hashanah (4:6) compiled in the second century of the common era, already mentions these three divisions as part of the ritual of the day. It refers to the practice, still observed, of sounding the Shofar between each portion, and the provision that each of these three sections contain not less than ten verses from the threefold division of the Bible—three from Torah (Pentateuch), three from Ketuvim (Sacred Writings), three from Neviim (Prophets), and a concluding verse from the Torah. Each of these collections of verses is preceded by an introduction ascribed to the great Babylonian scholar, Rab, of the third century c.e., and is concluded by a prayer ending with its own particular benediction.

For us, these sections reveal three basic teachings of Judaism: God in Nature, God in History and God in Revelation.

God is the Creator of the world and the source of all existence and reality. There is order in nature. There is a moral law for man. There is a higher law than the state. God is Sovereign. Mankind's salvation depends on accepting God as King.

God who remembers even the forgotten things, is the Judge of men and nations. There is a purpose and a plan in history. Every violation of the divine code of justice, truth and lovingkindness brings in its wake disastrous consequences for individuals and peoples.

God revealed Himself on Mount Sinai to our forefathers amid sounds of the Shofar. The great Shofar will herald God's redemption of Israel and all mankind. In every noble endeavor God reveals Himself to us as He did to our forefathers.

Introductory Reading before Malḥuyot

GOD IS KING

The Lord was King.
> The world about us did not spring
> From forces uncontrolled and free,

> And man is not caprice or whim
> Created without thought or form.

> Before the mountains were brought forth,
> Before the sun and moon and stars,

> Before the waters in the deep,
> Before wild beasts or birds on wing,
> > The Lord was King.

The Lord is King.
> His spirit ever hovering
> Above His world, above mankind,

> To guide the destiny of man
> Against a blind and helpless fate.

> Not will o'wisp nor beast to prey,
> Not slave to passion, greed or power,

> Endowed with reason, man obeys
> A higher law of governing.
> > The Lord is King.

The Lord forever will be King.
> His moral rule awakening
> Man's conscience 'gainst debasing vice

> That breeds disease and blinds the eye,
> And keeps men bowed in servitude.

> When man will take his brother's hand,
> When hate will cease and peace hold sway,

> When nations join to walk His way
> And all to righteous precepts cling,
> > The Lord forever will be King.

> Then let us rise and bend the knee,
> Acclaim Him Sovereign, Lord and King,
> Who was, and is, and e'er will be
> Exalted in His Majesty.

עָלֵינוּ לְשַׁבֵּחַ לַאֲדוֹן הַכֹּל לָתֵת גְּדֻלָּה לְיוֹצֵר
בְּרֵאשִׁית שֶׁלֹּא עָשָׂנוּ כְּגוֹיֵי הָאֲרָצוֹת וְלֹא שָׂמָנוּ כְּמִשְׁפְּחוֹת
הָאֲדָמָה שֶׁלֹּא שָׂם חֶלְקֵנוּ כָּהֶם וְגֹרָלֵנוּ כְּכָל הֲמוֹנָם:

וַאֲנַחְנוּ כּוֹרְעִים וּמִשְׁתַּחֲוִים וּמוֹדִים

לִפְנֵי מֶלֶךְ מַלְכֵי הַמְּלָכִים הַקָּדוֹשׁ בָּרוּךְ הוּא.

שֶׁהוּא נוֹטֶה שָׁמַיִם וְיוֹסֵד אָרֶץ וּמוֹשַׁב יְקָרוֹ בַּשָּׁמַיִם מִמַּעַל
וּשְׁכִינַת עֻזּוֹ בְּגָבְהֵי מְרוֹמִים: הוּא אֱלֹהֵינוּ אֵין עוֹד. אֱמֶת
מַלְכֵּנוּ אֶפֶס זוּלָתוֹ כַּכָּתוּב בְּתוֹרָתוֹ וְיָדַעְתָּ הַיּוֹם וַהֲשֵׁבֹתָ
אֶל לְבָבֶךָ כִּי יְיָ הוּא הָאֱלֹהִים בַּשָּׁמַיִם מִמַּעַל וְעַל הָאָרֶץ
מִתָּחַת.אֵין עוֹד:

Note

The introduction to the *Malḥuyot* is the well known *A-le-nu*, one of the oldest prayers of our liturgy which was later adopted from this Amidah as the fitting climax to the three daily services. Solomon Shechter wrote of this prayer: "In its iconoclastic victory of monotheism over all kinds of idolatries, it might be best described as the Marseillaise of the people of the Lord of hosts, a Marseillaise which is not followed by a Reign of Terror, but by the Kingdom of God on earth." The *A-le-nu* carries with it reverent associations of Jewish martyrdom. Its declaration of God's kingship made it an appropriate death song for the martyrs of the Middle Ages who gave up their lives for Kiddush Hashem, the Sanctification of God's Name. Its recital now should stir us to remain loyal to the fundamental principles of Judaism and quicken our faith in the inevitable triumph of righteousness.

Congregation rises

Let us adore the Lord of all, who formed the world from of old, that He hath not made us like unto the heathens of the earth, nor fashioned us like the godless of the land; that He hath not made our destiny as theirs, nor cast our lot with their multitude.

We bend the knee, bow in worship, and give thanks unto the King of kings, the Holy One, blessed be He.

Va-a'-naḥ-nu kō-r'eem u-mish-ta-ḥa-veem u-mō-deem

Li-f'nay me-leḥ, ma-l'ḥay ham'lo-ḥeem, ha-ko-dōsh bo-ruḥ hu.

Congregation is seated

He stretched forth the heavens and laid the foundations of the earth. His glory is revealed in the heavens above, and His might is manifest in the loftiest heights. He is our God; there is none other. In truth He is our King, there is none besides Him. Thus it is written in His Torah: "Know this day, and consider it in thy heart that the Lord, He is God in the heavens above and on the earth beneath; there is none else."

עַל כֵּן נְקַוֶּה לְּךָ יְיָ אֱלֹהֵינוּ לִרְאוֹת מְהֵרָה בְּתִפְאֶרֶת עֻזֶּךָ לְהַעֲבִיר גִּלּוּלִים מִן הָאָרֶץ וְהָאֱלִילִים כָּרוֹת יִכָּרֵתוּן. לְתַקֵּן עוֹלָם בְּמַלְכוּת שַׁדַּי. וְכָל־בְּנֵי בָשָׂר יִקְרְאוּ בִשְׁמֶךָ לְהַפְנוֹת אֵלֶיךָ כָּל־רִשְׁעֵי אָרֶץ. יַכִּירוּ וְיֵדְעוּ כָּל־יוֹשְׁבֵי תֵבֵל. כִּי־לְךָ תִּכְרַע כָּל־בֶּרֶךְ תִּשָּׁבַע כָּל־לָשׁוֹן: לְפָנֶיךָ יְיָ אֱלֹהֵינוּ יִכְרְעוּ וְיִפּוֹלוּ. וְלִכְבוֹד שִׁמְךָ יְקָר יִתֵּנוּ. וִיקַבְּלוּ כֻלָּם אֶת עֹל מַלְכוּתֶךָ. וְתִמְלוֹךְ עֲלֵיהֶם מְהֵרָה לְעוֹלָם וָעֶד. כִּי הַמַּלְכוּת שֶׁלְּךָ הִיא וּלְעוֹלְמֵי עַד תִּמְלוֹךְ בְּכָבוֹד. כַּכָּתוּב בְּתוֹרָתֶךָ יְיָ יִמְלֹךְ לְעֹלָם וָעֶד:

וְנֶאֱמַר. לֹא הִבִּיט אָוֶן בְּיַעֲקֹב וְלֹא רָאָה עָמָל בְּיִשְׂרָאֵל יְיָ אֱלֹהָיו עִמּוֹ וּתְרוּעַת מֶלֶךְ בּוֹ: וְנֶאֱמַר. וַיְהִי בִישֻׁרוּן מֶלֶךְ בְּהִתְאַסֵּף רָאשֵׁי עָם יַחַד שִׁבְטֵי יִשְׂרָאֵל: וּבְדִבְרֵי קָדְשְׁךָ כָּתוּב לֵאמֹר. כִּי לַיְיָ הַמְּלוּכָה וּמוֹשֵׁל בַּגּוֹיִם: וְנֶאֱמַר. יְיָ מָלָךְ גֵּאוּת לָבֵשׁ לָבֵשׁ יְיָ עֹז הִתְאַזָּר אַף תִּכּוֹן תֵּבֵל בַּל תִּמּוֹט: וְנֶאֱמַר. שְׂאוּ שְׁעָרִים רָאשֵׁיכֶם וְהִנָּשְׂאוּ פִּתְחֵי עוֹלָם וְיָבוֹא מֶלֶךְ הַכָּבוֹד: מִי זֶה מֶלֶךְ הַכָּבוֹד יְיָ עִזּוּז וְגִבּוֹר יְיָ גִּבּוֹר מִלְחָמָה: שְׂאוּ שְׁעָרִים רָאשֵׁיכֶם וּשְׂאוּ פִּתְחֵי עוֹלָם וְיָבֹא מֶלֶךְ הַכָּבוֹד: מִי הוּא זֶה מֶלֶךְ הַכָּבוֹד יְיָ צְבָאוֹת הוּא מֶלֶךְ הַכָּבוֹד סֶלָה: וְעַל־יְדֵי עֲבָדֶיךָ הַנְּבִיאִים כָּתוּב לֵאמֹר. כֹּה אָמַר יְיָ מֶלֶךְ־יִשְׂרָאֵל וְגֹאֲלוֹ יְיָ צְבָאוֹת אֲנִי רִאשׁוֹן וַאֲנִי אַחֲרוֹן וּמִבַּלְעָדַי אֵין אֱלֹהִים: וְנֶאֱמַר. וְעָלוּ מוֹשִׁעִים בְּהַר צִיּוֹן לִשְׁפֹּט אֶת־הַר עֵשָׂו וְהָיְתָה לַיְיָ הַמְּלוּכָה: וְנֶאֱמַר. וְהָיָה יְיָ לְמֶלֶךְ עַל־כָּל־הָאָרֶץ בַּיּוֹם הַהוּא יִהְיֶה יְיָ אֶחָד וּשְׁמוֹ אֶחָד: וּבְתוֹרָתְךָ כָּתוּב לֵאמֹר.

שְׁמַע יִשְׂרָאֵל יְיָ אֱלֹהֵינוּ יְיָ אֶחָד:

We therefore hope in Thee, O Lord our God, that we may soon behold the glory of Thy might, when Thou wilt remove the abominations of the earth and cause all idolatry to be abolished, when the world will be perfected under Thine almighty kingdom, and all the children of men will call upon Thy name, when Thou wilt turn unto Thyself all the wicked of the earth. May all the inhabitants of the world perceive and know that unto Thee every knee must bend, every tongue vow loyalty. Before Thee, O Lord our God, may all bow in worship, and give honor unto Thy glorious name. May they all accept the yoke of Thy Kingdom and speedily do Thou rule over them forever. For the kingdom is Thine and evermore wilt Thou reign in glory, as it is written in Holy Scriptures:

MALḤUYOT (SOVEREIGNTY) VERSES

The Lord shall reign for ever and ever.[1]

He hath beheld no iniquity in Jacob, neither hath He seen perverseness in Israel. The Lord their God is with them and they raise their voices to honor their king.[2]

God became King in Jeshurun when the heads of the people were gathered with all the tribes of Israel.[3]

For the sovereignty is the Lord's, and He is the Ruler over the nations.[4]

The Lord reigneth; He is robed with majesty; the Lord is robed and girt with power; the world is set firm that it cannot be moved.[5]

Lift up your heads, O ye gates and be ye lifted up, ye everlasting doors that the King of glory may come in. 'Who is the King of glory?' 'The Lord of hosts, He is the King of glory.'[6]

Thus saith the Lord of hosts, the Lord, King and Redeemer of Israel: 'I am the first, and I am the last, and besides Me there is no God.'[7]

And redeemers shall ascend Mount Zion to judge Mount Esau and the sovereignty shall be the Lord's.[8]

And the Lord shall be King over all the earth; on that day the Lord shall be One and His name one.[9]

Hear, O Israel: the Lord our God, the Lord is One.[10]

[1] Ex. 15:18.   [2] Nu. 23:21.   [3] Deut. 33:5.   [4] Ps. 22:29.   [5] Ps. 93:1.
[6] Ps. 24:7–10.   [7] Isaiah 44:6.   [8] Obad. 1:21.   [9] Zech. 14:9.   [10] Deut. 6:5.

On Sabbath add the bracketed words

אֱלֹהֵינוּ וֵאלֹהֵי אֲבוֹתֵינוּ מְלוֹךְ עַל כָּל־הָעוֹלָם כֻּלּוֹ בִּכְבוֹדֶךָ. וְהִנָּשֵׂא עַל כָּל־הָאָרֶץ בִּיקָרֶךָ וְהוֹפַע בַּהֲדַר גְּאוֹן עֻזֶּךָ עַל כָּל־יוֹשְׁבֵי תֵבֵל אַרְצֶךָ. וְיֵדַע כָּל־פָּעוּל כִּי אַתָּה פְעַלְתּוֹ וְיָבִין כָּל־יָצוּר כִּי אַתָּה יְצַרְתּוֹ. וְיֹאמַר כֹּל אֲשֶׁר נְשָׁמָה בְאַפּוֹ יְיָ אֱלֹהֵי יִשְׂרָאֵל מֶלֶךְ וּמַלְכוּתוֹ בַּכֹּל מָשָׁלָה: אֱלֹהֵינוּ וֵאלֹהֵי אֲבוֹתֵינוּ [רְצֵה בִמְנוּחָתֵנוּ] קַדְּשֵׁנוּ בְּמִצְוֹתֶיךָ וְתֵן חֶלְקֵנוּ בְּתוֹרָתֶךָ שַׂבְּעֵנוּ מִטּוּבֶךָ וְשַׂמְּחֵנוּ בִּישׁוּעָתֶךָ. [וְהַנְחִילֵנוּ יְיָ אֱלֹהֵינוּ בְּאַהֲבָה וּבְרָצוֹן שַׁבַּת קָדְשֶׁךָ וְיָנוּחוּ בָהּ יִשְׂרָאֵל מְקַדְּשֵׁי שְׁמֶךָ] וְטַהֵר לִבֵּנוּ לְעָבְדְּךָ בֶּאֱמֶת. כִּי אַתָּה אֱלֹהִים אֱמֶת וּדְבָרְךָ אֱמֶת וְקַיָּם לָעַד. בָּרוּךְ אַתָּה יְיָ. מֶלֶךְ עַל כָּל־הָאָרֶץ מְקַדֵּשׁ [הַשַּׁבָּת וְ]יִשְׂרָאֵל וְיוֹם הַזִּכָּרוֹן:

The Shofar is sounded except on Sabbath

תקיעה: שברים: תרועה: תקיעה:

Congregation

הַיּוֹם הֲרַת עוֹלָם. הַיּוֹם יַעֲמִיד בַּמִּשְׁפָּט כָּל־יְצוּרֵי עוֹלָמִים. אִם כְּבָנִים אִם כַּעֲבָדִים: אִם כְּבָנִים רַחֲמֵנוּ כְּרַחֵם אָב עַל בָּנִים. וְאִם כַּעֲבָדִים עֵינֵינוּ לְךָ תְלוּיוֹת. עַד שֶׁתְּחָנֵּנוּ וְתוֹצִיא כָאוֹר מִשְׁפָּטֵנוּ אָיוֹם קָדוֹשׁ:

The following prayer is omitted on Sabbath

אֲרֶשֶׁת שְׂפָתֵינוּ יֶעֱרַב לְפָנֶיךָ אֵל רָם וְנִשָּׂא. מֵבִין וּמַאֲזִין מַבִּיט וּמַקְשִׁיב לְקוֹל תְּקִיעָתֵנוּ. וּתְקַבֵּל בְּרַחֲמִים וּבְרָצוֹן סֵדֶר מַלְכִיּוֹתֵינוּ:

On Sabbath add the bracketed words

Our God and God of our fathers, reign over all the universe in Thy glory, and in Thy splendor be exalted over all the earth. Shine forth in the majesty of Thy triumphant power over all the inhabitants of Thy world, that every living form may know that Thou hast formed it, and every living creature understand that Thou hast created it, and all with life's breath in their nostrils may declare: "The Lord, God of Israel, is King, and His dominion ruleth over all." Our God and God of our fathers, [accept our rest;] sanctify us by Thy commandments, and grant that our portion be in Thy Torah; satisfy us with Thy goodness, and gladden us with Thy salvation. [Cause us, O Lord our God, in love and favor to inherit Thy holy Sabbath; and may Israel rest thereon and bless Thy name.] Make our hearts pure to serve Thee in truth; for Thou, O God, art Truth, and Thy word is truth and endureth forever. Blessed art Thou, O Lord, Thou King over all the earth, who sanctifiest [the Sabbath and] Israel and the Day of Remembrance.

The Shofar is sounded except on Sabbath

TEKIAH SHEVARIM TERUAH TEKIAH

Congregation

This day the world was called into being; this day all the creatures of the universe stand in judgment before Thee as children or as servants. If as children, have pity upon us as a father pities his children; and if as servants, we call upon Thee to be gracious unto us and merciful in judgment of us, O revered and holy God.

The following prayer is omitted on Sabbath

May the entreaty of our lips find favor before Thee, O most high and exalted God, who understandeth and heareth, who regardeth and considereth the voice of our Shofar blast.

Accept with mercy and favor our proclamation of Thy *Sovereignty.*

Introductory Reading before Ziḥronot

GOD REMEMBERS

Thou rememberest, O Lord God,
Our past from whence we've sprung;
That past which lives in the blood of our veins,
In the flesh enfolding our earthly frame.

    Let *us* remember that we shall be the past
    To countless others who will come from us,

    And may we live uprightly that we bequeath to them
    The strength and vigor of Thine eternal love.

Thou rememberest, O Lord God,
Our past which lives in our minds;
That past, rooted in the ages, which blossomed forth
From psalmist and sage, from prophet and priest.

    Let *us* remember that we are guardians
    Of this sacred trust we pledged to keep inviolate,

    And may it be a way of life to cherish all our years,
    To pass it on to future heirs unsullied and enhanced.

Thou rememberest, O Lord God,
Our past which lives in our hearts;
That past, wrought out of the hopes of Israel,
That renews itself in the traditions of our eternal people.

    Let *us* remember that our hearths are altars,
    Our homes holy Sanctuaries blessed by Thee;

    And may we be Thy faithful priests to tend with zeal,
    To serve with love, to crown with sanctity each daily act.

Thou rememberest, O Lord God,
Our past which stressed justice among all men;
That past which lives in us through ideals taught by Moses,
Preached by prophets, proclaimed by sages.

    Let *us* remember that we must be champions
    Of eternal truths, unfailing doctrines,

    And hence resolve to consecrate our lives to mankind's weal,
    That future generations may bless us for their past.

Thou rememberest, O Lord God,
Our historic past which saw its rise in Thee;
That past, begun with Abraham and sweeping through the
mists of time,
Has been preserved and lives in us this day.

> Let *us* remember when foes rise up against us,
> That Thou art nigh even as in ages past;
>
> And may we put our trust in Thy redeeming power,
> That we may ne'er despair, nor need we be afraid.

Thou rememberest, O Lord God,
Our heroic past, our steadfast faith;
That past ennobled by courageous martyrs
Devoted to Thy Torah and to Thee.

> Let *us* remember in these days of doubt,
> That we are progeny of dauntless folk;
>
> And like our fathers give ourselves to Thee,
> That we may know Thy ways and sanctify Thy name.

Thou rememberest, O Lord God,
Our tragic past, our lot among the nations;
That past wherein have perished those who lived by sword,
Who put their trust in force and steel and ranks of marching
men.

> Let *us* remember that the hand of God
> Is in the fate of empires, the destiny of nations;
>
> And let us strive to keep our country righteous, just, and
> free,
> That for all it may remain a land divinely blessed.

Thou rememberest, O Lord God,
Our glorious past on Zion's hill;
That past which marked a nation's birth, brought forth the
Book
That has become the heritage of all mankind.

> Let *us* remember ours is the task
> To build anew that ancient land;
>
> And let us turn Thy exiled children homeward,
> That from Jerusalem again may come Thy word.

אַתָּה זוֹכֵר מַעֲשֵׂה עוֹלָם וּפוֹקֵד כָּל־יְצוּרֵי קֶדֶם. לְפָנֶיךָ נִגְלוּ כָּל־תַּעֲלֻמוֹת וַהֲמוֹן נִסְתָּרוֹת שֶׁמִּבְּרֵאשִׁית: אֵין שִׁכְחָה לִפְנֵי כִסֵּא כְבוֹדֶךָ וְאֵין נִסְתָּר מִנֶּגֶד עֵינֶיךָ: אַתָּה זוֹכֵר אֶת־כָּל־הַמִּפְעָל. וְגַם כָּל־הַיְצוּר לֹא נִכְחַד מִמֶּךָּ: הַכֹּל גָּלוּי וְיָדוּעַ לְפָנֶיךָ יְיָ אֱלֹהֵינוּ. צוֹפֶה וּמַבִּיט עַד סוֹף כָּל־הַדּוֹרוֹת. כִּי תָבִיא חֹק זִכָּרוֹן. לְהִפָּקֵד כָּל־רוּחַ וָנָפֶשׁ. לְהִזָּכֵר מַעֲשִׂים רַבִּים וַהֲמוֹן בְּרִיּוֹת לְאֵין תַּכְלִית: מֵרֵאשִׁית כָּזֹאת הוֹדַעְתָּ. וּמִלְּפָנִים אוֹתָהּ גִּלִּיתָ: זֶה הַיּוֹם תְּחִלַּת מַעֲשֶׂיךָ זִכָּרוֹן לְיוֹם רִאשׁוֹן. כִּי חֹק לְיִשְׂרָאֵל הוּא מִשְׁפָּט לֵאלֹהֵי יַעֲקֹב: וְעַל הַמְּדִינוֹת בּוֹ יֵאָמֵר. אֵיזוֹ לַחֶרֶב. וְאֵיזוֹ לַשָּׁלוֹם. אֵיזוֹ לָרָעָב. וְאֵיזוֹ לַשֹּׂבַע: וּבְרִיּוֹת בּוֹ יִפָּקֵדוּ. לְהַזְכִּירָם לַחַיִּים וְלַמָּוֶת: מִי לֹא נִפְקָד כְּהַיּוֹם הַזֶּה: כִּי זֵכֶר כָּל־הַיְצוּר לְפָנֶיךָ בָּא. מַעֲשֵׂה אִישׁ וּפְקֻדָּתוֹ. וַעֲלִילוֹת מִצְעֲדֵי גָבֶר. מַחְשְׁבוֹת אָדָם וְתַחְבּוּלוֹתָיו וְיִצְרֵי מַעַלְלֵי אִישׁ: אַשְׁרֵי אִישׁ שֶׁלֹּא יִשְׁכָּחֶךָּ. וּבֶן אָדָם יִתְאַמֶּץ־בָּךְ: כִּי דוֹרְשֶׁיךָ לְעוֹלָם לֹא יִכָּשֵׁלוּ. וְלֹא יִכָּלְמוּ לָנֶצַח כָּל־הַחוֹסִים בָּךְ: כִּי זֵכֶר כָּל־הַמַּעֲשִׂים לְפָנֶיךָ בָּא. וְאַתָּה דוֹרֵשׁ מַעֲשֵׂה כֻלָּם: וְגַם אֶת־נֹחַ בְּאַהֲבָה זָכַרְתָּ. וַתִּפְקְדֵהוּ בִּדְבַר יְשׁוּעָה וְרַחֲמִים בַּהֲבִיאֲךָ אֶת־מֵי הַמַּבּוּל לְשַׁחֵת כָּל־בָּשָׂר מִפְּנֵי רֹעַ מַעַלְלֵיהֶם: עַל־כֵּן זִכְרוֹנוֹ בָּא לְפָנֶיךָ יְיָ אֱלֹהֵינוּ לְהַרְבּוֹת זַרְעוֹ כְּעַפְרוֹת תֵּבֵל וְצֶאֱצָאָיו כְּחוֹל הַיָּם. כַּכָּתוּב בְּתוֹרָתֶךָ. וַיִּזְכֹּר אֱלֹהִים אֶת־נֹחַ וְאֵת כָּל־הַחַיָּה וְאֶת־כָּל־הַבְּהֵמָה אֲשֶׁר אִתּוֹ בַּתֵּבָה וַיַּעֲבֵר אֱלֹהִים רוּחַ עַל־הָאָרֶץ וַיָּשֹׁכּוּ הַמָּיִם: וְנֶאֱמַר. וַיִּשְׁמַע אֱלֹהִים אֶת־

Thou rememberest what was wrought from eternity, and art mindful of all that Thou hast created from of old. Before Thee is revealed all that is hidden and the multitude of concealed things from the beginning of time. There is no forgetfulness before the throne of Thy glory, nor is there aught hidden from Thine eyes. Thou rememberest each act committed and no creature is concealed from Thee. All things are manifest and known unto Thee, O Lord our God, who lookest and forseest to the end of all generations. For Thou appointest a time of memorial when every spirit and soul shall be visited, and Thou wilt remember Thy multitudinous works and the countless throng of Thy creatures. From the beginning didst Thou make this Thy purpose known, and from of yore didst Thou disclose that this day, which marks the beginning of Thy work, is a memorial of the first day. It is a statute for Israel, an ordinance of the God of Jacob.

On this day it is decreed which countries are destined for the sword and which for peace, which for famine and which for plenty. On this day every creature stands in judgment and is recorded for life or for death. Who is not brought to account on this day? For before Thee appears the record of every man's deeds, his works and his ways, his thoughts and his schemes, his plans and the motives of his acts. Happy is the man who forgets Thee not, and the son of man who finds strength in Thee; for those who seek Thee never shall stumble, neither shall they who put their trust in Thee ever be put to shame. For the record of all acts comes before Thee, and Thou searchest into the doings of them all.

Thou wast mindful of Thy love of Noah and didst remember him with a promise of salvation and mercy when Thou broughtest forth the waters of the flood to destroy all flesh because of their evil deeds. Thus didst Thou remember him, O Lord our God, and didst multiply his seed as the dust of the earth, and his offspring as the sand of the sea.

Zihronot (Remembrance) Verses

And God remembered Noah and every living creature, and all the cattle that were with him in the ark; and God made a wind to blow over the earth and the waters abated.[1]

[1] Genesis 8:1.

נַאֲקָתָם וַיִּזְכֹּר אֱלֹהִים אֶת־בְּרִיתוֹ אֶת־אַבְרָהָם אֶת־יִצְחָק וְאֶת־יַעֲקֹב: וְנֶאֱמַר. וְזָכַרְתִּי אֶת־בְּרִיתִי יַעֲקוֹב וְאַף אֶת־בְּרִיתִי יִצְחָק וְאַף אֶת־בְּרִיתִי אַבְרָהָם אֶזְכֹּר וְהָאָרֶץ אֶזְכֹּר: וּבְדִבְרֵי קָדְשְׁךָ כָּתוּב לֵאמֹר. זֵכֶר עָשָׂה לְנִפְלְאֹתָיו חַנּוּן וְרַחוּם יְיָ: וְנֶאֱמַר. טֶרֶף נָתַן לִירֵאָיו יִזְכֹּר לְעוֹלָם בְּרִיתוֹ: וְנֶאֱמַר. וַיִּזְכֹּר לָהֶם בְּרִיתוֹ וַיִּנָּחֵם כְּרֹב חֲסָדָיו: וְעַל יְדֵי עֲבָדֶיךָ הַנְּבִיאִים כָּתוּב לֵאמֹר. הָלֹךְ וְקָרָאתָ בְאָזְנֵי יְרוּשָׁלַיִם לֵאמֹר כֹּה אָמַר יְיָ זָכַרְתִּי לָךְ חֶסֶד נְעוּרַיִךְ אַהֲבַת כְּלוּלֹתָיִךְ לֶכְתֵּךְ אַחֲרַי בַּמִּדְבָּר בְּאֶרֶץ לֹא זְרוּעָה: וְנֶאֱמַר. וְזָכַרְתִּי אֲנִי אֶת־בְּרִיתִי אוֹתָךְ בִּימֵי נְעוּרָיִךְ וַהֲקִימוֹתִי לָךְ בְּרִית עוֹלָם: וְנֶאֱמַר. הֲבֵן יַקִּיר לִי אֶפְרַיִם אִם יֶלֶד שַׁעֲשׁוּעִים כִּי־מִדֵּי דַבְּרִי בּוֹ זָכֹר אֶזְכְּרֶנּוּ עוֹד עַל־כֵּן הָמוּ מֵעַי לוֹ רַחֵם אֲרַחֲמֶנּוּ נְאֻם־יְיָ:

אֱלֹהֵינוּ וֵאלֹהֵי אֲבוֹתֵינוּ. זָכְרֵנוּ בְּזִכָּרוֹן טוֹב לְפָנֶיךָ וּפָקְדֵנוּ בִּפְקֻדַּת יְשׁוּעָה וְרַחֲמִים מִשְּׁמֵי שְׁמֵי קֶדֶם: וּזְכָר־לָנוּ יְיָ אֱלֹהֵינוּ אֶת־הַבְּרִית וְאֶת־הַחֶסֶד וְאֶת־הַשְּׁבוּעָה אֲשֶׁר נִשְׁבַּעְתָּ לְאַבְרָהָם אָבִינוּ בְּהַר הַמֹּרִיָּה. וְתֵרָאֶה לְפָנֶיךָ עֲקֵדָה שֶׁעָקַד אַבְרָהָם אָבִינוּ אֶת־יִצְחָק בְּנוֹ עַל גַּב הַמִּזְבֵּחַ וְכָבַשׁ רַחֲמָיו לַעֲשׂוֹת רְצוֹנְךָ בְּלֵבָב שָׁלֵם. כֵּן יִכְבְּשׁוּ רַחֲמֶיךָ אֶת־כַּעַסְךָ מֵעָלֵינוּ. וּבְטוּבְךָ הַגָּדוֹל יָשׁוּב חֲרוֹן אַפְּךָ מֵעַמְּךָ וּמֵעִירְךָ וּמִנַּחֲלָתֶךָ: וְקַיֶּם־לָנוּ יְיָ אֱלֹהֵינוּ אֶת־הַדָּבָר שֶׁהִבְטַחְתָּנוּ בְּתוֹרָתֶךָ עַל־יְדֵי מֹשֶׁה עַבְדֶּךָ מִפִּי כְבוֹדֶךָ כָּאָמוּר. וְזָכַרְתִּי לָהֶם בְּרִית רִאשֹׁנִים אֲשֶׁר הוֹצֵאתִי אֹתָם מֵאֶרֶץ מִצְרַיִם לְעֵינֵי הַגּוֹיִם לִהְיוֹת לָהֶם

And God heard their groaning; and God remembered His covenant with Abraham, Isaac and Jacob.[2]

Then will I remember my covenant with the patriarchs and I will remember the land.[3]

God hath made a memorial for His wondrous works; the Lord is gracious and full of compassion.[4]

He hath given food unto them that revere Him; He will ever be mindful of His covenant.[5]

And He remembered for their sake His covenant; He relented of His wrath according to the greatness of His mercies.[6]

Go and proclaim so that Jerusalem may hear: Thus saith The Lord, 'I remember for you the devotion of your youth, the love of your espousals; how you went after Me in the wilderness, in a land unsown.'[7]

Nevertheless I will remember My covenant with you in the days of your youth; and I will establish unto you an everlasting covenant.[8]

Is not Ephraim My beloved son, My beloved child, for even when I speak against him, I remember him with affection, Therefore, My heart yearneth for him; yea, I will surely have compassion upon him, saith the Lord.[9]

Our God and God of our fathers, be mindful of us for our good and remember us from Thine everlasting heights unto salvation and mercy. Remember unto us, O Lord our God, Thy loving-kindness and Thy covenant made with our patriarch, Abraham, on Mount Moriah, when he bound his son, Isaac, on the altar before Thee. May the memory of his zeal in performing Thy will with a perfect heart, invoke Thy compassion upon us. In Thy great goodness be merciful unto us, unto Zion, Thy city and Thine inheritance. Fulfill unto us, O Lord our God, the promise which Thou hast affirmed for us in Thy Torah through Thy servant, Moses:

For their sakes I will remember the covenant of their ancestors whom I brought forth out of the land of Egypt in the sight of the nations, to be their God; I am the Lord.[10]

---

[2] Exodus 2:24. [3] Leviticus 26:42. [4] Psalm 91:4. [5] Psalm 91:5.
[6] Psalm 106:45. [7] Jeremiah 2:2. [8] Ezekiel 16:60. [9] Jeremiah 31:20.
[10] Leviticus 26:45.

לֵאלֹהִים אֲנִי יְיָ: כִּי זוֹכֵר כָּל־הַנִּשְׁכָּחוֹת אַתָּה הוּא מֵעוֹלָם
וְאֵין שִׁכְחָה לִפְנֵי כִסֵּא כְבוֹדֶךָ. וַעֲקֵדַת יִצְחָק לְזַרְעוֹ הַיּוֹם
בְּרַחֲמִים תִּזְכּוֹר. בָּרוּךְ אַתָּה יְיָ זוֹכֵר הַבְּרִית:

The Shofar is sounded except on Sabbath

תקיעה: שברים: תרועה: תקיעה:

Congregation

הַיּוֹם הֲרַת עוֹלָם. הַיּוֹם יַעֲמִיד בַּמִּשְׁפָּט כָּל־יְצוּרֵי
עוֹלָמִים. אִם כְּבָנִים אִם כַּעֲבָדִים: אִם כְּבָנִים רַחֲמֵנוּ
כְּרַחֵם אָב עַל בָּנִים. וְאִם כַּעֲבָדִים עֵינֵינוּ לְךָ תְלוּיוֹת.
עַד שֶׁתְּחָנֵּנוּ וְתוֹצִיא כָאוֹר מִשְׁפָּטֵנוּ אָיוֹם קָדוֹשׁ:

The following prayer is omitted on Sabbath

אֲרֶשֶׁת שְׂפָתֵינוּ יֶעֱרַב לְפָנֶיךָ אֵל רָם וְנִשָּׂא. מֵבִין וּמַאֲזִין
מַבִּיט וּמַקְשִׁיב לְקוֹל תְּקִיעָתֵנוּ וּתְקַבֵּל בְּרַחֲמִים וּבְרָצוֹן
סֵדֶר זִכְרוֹנוֹתֵינוּ:

Thou rememberest from eternity all forgotten things, and before Thy throne of glory there is no forgetfulness. On this day, remember in mercy unto his descendants the binding of Isaac. Blessed art Thou, O Lord, who rememberest the covenant.

The Shofar is sounded except on Sabbath

TEKIAH SHEVARIM TERUAH TEKIAH

Congregation

This day the world was called into being; this day all the creatures of the universe stand in judgment before Thee as children or as servants. If as children, have pity upon us as a father pities his children; and if as servants, we call upon Thee to be gracious unto us and merciful in judgment of us, O revered and holy God.

The following prayer is omitted on Sabbath

May the entreaty of our lips find favor before Thee, O most high and exalted God, who understandeth and heareth, who regardeth and considereth the voice of our Shofar blast.

Accept with mercy and favor our prayers concerning Thy Remembrance.

Introductory Reading before Shoferot

God Reveals Himself

"With trumpets and sounds of the Shofar, acclaim the Lord."[1] Even as the trumpet announces the coronation of earthly kings, the Shofar, on this anniversary of creation, proclaims the reign of God, the Creator and Ruler of the universe.

As we perceive each new manifestation of law and truth, God reveals Himself anew.

"Shall the ram's horn be blown in the city and the people not tremble?"[2] During these Ten Days of Penitence the sounds of the Shofar are an admonition to us to make our peace with God and with our fellow-men.

As we search our hearts and mend our ways through noble impulse and unselfish act, God reveals Himself anew.

"When the sound of the Shofar waxed louder and louder, Moses spoke and God answered him."[3] The Shofar recalls the revelation of God to the children of Israel, that memorable experience dramatically recorded in the Torah's account of the giving of the Ten Commandments on Mount Sinai.

When we resolve to live as a Kingdom of Priests and a holy people, God reveals Himself anew.

"When he sees the sword come upon the land, he shall sound the Shofar and warn the people."[4] The Shofar reminds us of the prophets, the watchmen of the city, who sounded the trumpet of alarm and called man to his moral responsibility.

Through our upright leaders and teachers who carry on the prophetic traditions of justice and mercy, God reveals Himself anew.

"And Abraham offered the ram instead of his son."[5] The Shofar recalls the binding of Isaac on Mount Moriah, of Abraham's implicit obedience to God, the symbol of Israel's heroic line of martyrs for Kiddush Hashem.

As we sanctify life by courageously upholding honor and righteousness, God reveals Himself anew.

[1] Psalm 98:6.   [2] Amos 3:6.   [3] Exodus 19:19.   [4] Ezekiel 33:3.
[5] Genesis 22:13.

"Thou hast heard the sound of the Shofar, and the alarm of war; destruction follows upon destruction."[6]   The Shofar reminds us of the destruction of the Temple and the perpetual threat to Jewish life in the diaspora.

When we maintain the Synagogue, which like the Temple of old, is our spiritual center, uniting us in useful and happy fellowship, God reveals Himself anew.

"The great Shofar shall be sounded, and they that are dispersed shall worship God at Jerusalem."[7]   The Shofar heralds the joyful return of the exiled and oppressed to the land of their fathers.

As we rebuild the Holy Land and redeem Zion with justice, God reveals Himself anew.

"Proclaim liberty throughout the land unto all inhabitants thereof."[8]   The Shofar in the days of old proclaimed the Jubilee year of freedom, restoring men to their homes and to their ancestral inheritance.

Through our efforts to restore the birthright of freedom to all those bruised and beaten in their struggle for bread and shelter, God reveals Himself anew.

"Lay not thy hand upon the lad."[9]   The Shofar, reminding us of the ram which was substituted for the sacrifice of Isaac, emphasizes Israel's ancient protest against the destruction of life and the shedding of human blood.

When we prevent the needless loss of life and strive to abolish man's inhumanity to man by removing the cause of violence and war, God reveals Himself anew.

"When the Shofar is sounded, hear ye, all ye inhabitants of the world."[10]   The Shofar proclaims the ultimate establishment of God's kingdom, when mankind shall dwell together in unity, helpfulness and peace.

In all endeavors to transform chaos, strife and greed into harmony, understanding and mutual helpfulness, God reveals Himself anew.

Let us then heed the call of the Shofar and do our utmost to hasten the establishment of God's kingdom on earth that we may live in the light of those to whom God reveals Himself.

[6] Jeremiah 4:19–2.   [7] Isaiah 27:13.   [8] Leviticus 25:10.
[9] Genesis 22:12.   [10] Isaiah 18:3.

אַתָּה נִגְלֵיתָ בַּעֲנַן כְּבוֹדְךָ עַל עַם קָדְשְׁךָ לְדַבֵּר עִמָּם: מִן הַשָּׁמַיִם הִשְׁמַעְתָּם קוֹלֶךָ וְנִגְלֵיתָ עֲלֵיהֶם בְּעַרְפַלֵּי טֹהַר: גַּם כָּל־הָעוֹלָם כֻּלּוֹ חָל מִפָּנֶיךָ. וּבְרִיּוֹת בְּרֵאשִׁית חָרְדוּ מִמֶּךָּ בְּהִגָּלוֹתְךָ מַלְכֵּנוּ עַל הַר סִינַי לְלַמֵּד לְעַמְּךָ תּוֹרָה וּמִצְווֹת. וַתַּשְׁמִיעֵם אֶת־הוֹד קוֹלֶךָ וְדִבְּרוֹת קָדְשְׁךָ מִלַּהֲבוֹת אֵשׁ: בְּקֹלֹת וּבְרָקִים עֲלֵיהֶם נִגְלֵיתָ. וּבְקוֹל שֹׁפָר עֲלֵיהֶם הוֹפָעְתָּ: כַּכָּתוּב בְּתוֹרָתֶךָ. וַיְהִי בַיּוֹם הַשְּׁלִישִׁי בִּהְיֹת הַבֹּקֶר וַיְהִי קֹלֹת וּבְרָקִים וְעָנָן כָּבֵד עַל הָהָר וְקֹל שֹׁפָר חָזָק מְאֹד וַיֶּחֱרַד כָּל־הָעָם אֲשֶׁר בַּמַּחֲנֶה: וְנֶאֱמַר. וַיְהִי קוֹל הַשֹּׁפָר הוֹלֵךְ וְחָזֵק מְאֹד מֹשֶׁה יְדַבֵּר וְהָאֱלֹהִים יַעֲנֶנּוּ בְקוֹל: וְנֶאֱמַר. וְכָל־הָעָם רֹאִים אֶת־הַקּוֹלֹת וְאֶת־הַלַּפִּידִם וְאֵת קוֹל הַשֹּׁפָר וְאֶת־הָהָר עָשֵׁן וַיַּרְא הָעָם וַיָּנֻעוּ וַיַּעַמְדוּ מֵרָחֹק: וּבְדִבְרֵי קָדְשְׁךָ כָּתוּב לֵאמֹר. עָלָה אֱלֹהִים בִּתְרוּעָה יְיָ בְּקוֹל שׁוֹפָר: וְנֶאֱמַר. בַּחֲצֹצְרוֹת וְקוֹל שׁוֹפָר הָרִיעוּ לִפְנֵי הַמֶּלֶךְ יְיָ: וְנֶאֱמַר. תִּקְעוּ בַחֹדֶשׁ שׁוֹפָר בַּכֶּסֶה לְיוֹם חַגֵּנוּ: כִּי חֹק לְיִשְׂרָאֵל הוּא מִשְׁפָּט לֵאלֹהֵי יַעֲקֹב: וְנֶאֱמַר. הַלְלוּיָהּ הַלְלוּ אֵל בְּקָדְשׁוֹ הַלְלוּהוּ בִּרְקִיעַ עֻזּוֹ: הַלְלוּהוּ בִגְבוּרֹתָיו הַלְלוּהוּ כְּרֹב גֻּדְלוֹ: הַלְלוּהוּ בְּתֵקַע שׁוֹפָר הַלְלוּהוּ בְּנֵבֶל וְכִנּוֹר: הַלְלוּהוּ בְתֹף וּמָחוֹל הַלְלוּהוּ בְּמִנִּים וְעֻגָב: הַלְלוּהוּ בְצִלְצְלֵי שָׁמַע הַלְלוּהוּ בְּצִלְצְלֵי תְרוּעָה: כֹּל הַנְּשָׁמָה תְּהַלֵּל יָהּ הַלְלוּיָהּ: וְעַל־יְדֵי עֲבָדֶיךָ הַנְּבִיאִים כָּתוּב לֵאמֹר. כָּל־יֹשְׁבֵי תֵבֵל וְשֹׁכְנֵי אָרֶץ כִּנְשֹׂא נֵס הָרִים תִּרְאוּ וְכִתְקֹעַ שׁוֹפָר תִּשְׁמָעוּ: וְנֶאֱמַר. וְהָיָה בַּיּוֹם הַהוּא יִתָּקַע בְּשׁוֹפָר גָּדוֹל וּבָאוּ הָאֹבְדִים בְּאֶרֶץ אַשּׁוּר

Thou didst reveal Thyself in a cloud of glory unto Thy holy people. From the heavens they heard Thy voice, and Thou didst manifest Thyself unto them in clouds of purity. The whole world trembled at Thy presence and Thy works of creation stood in awe before Thee when Thou, O our King, didst reveal Thyself on Mount Sinai to teach Thy people Thy Law and commandments, causing them to hear the majesty of Thy voice and Thy holy words from flames of fire. Amid thunders and lightning, Thou didst reveal Thyself to them and Thou didst shine forth upon them as the Shofar was sounded.

SHOFEROT (TRUMPET) VERSES

And it was on the third day, in the morning, there was thunder and lightning and a dense cloud over the mountain; there was a loud Shofar-blast, and all the people in the camp trembled.[1]

The sound of the Shofar waxed louder and louder; Moses spoke and God answered him.[2]

And all the people perceived the thunders and the lightnings and the voice of the Shofar, and the mountain smoking; and when the people saw it, they trembled and stood afar off.[3]

He manifested Himself with the sound of the Shofar, the Lord amidst the sound of the Shofar.[4]

With trumpets and sound of the Shofar, raise joyful voices before the King, the Lord.[5]

Sound the Shofar on the new moon and on the full moon for our festival day. For it is a statute for Israel, an ordinance of the God of Jacob.[6]

Praise the Lord, hallelujah; praise God in His Sanctuary; praise Him in the mighty firmament. Praise Him for His saving deeds; praise Him according to His abundant greatness. Praise Him with the blast of the Shofar; praise Him with psaltery and harp. Praise Him with timbrel and dance; praise Him with stringed instruments and reed. Praise Him with resounding cymbals; praise Him with clanging cymbals. Everything that has breath, praise the Lord. Hallelujah.[7]

All ye inhabitants of the world and dwellers on the earth; when a banner is lifted up on the mountain, see ye, and when the Shofar is sounded, hear ye.[8]

[1] Exodus 19:16.   [2] Exodus 19:19.   [3] Exodus 20:15.   [4] Psalm 47:6.
[5] Psalm 98:6.   [6] Psalm 81:4-5.   [7] Psalm 150.   [8] Isaiah 18:3.

וְהַנִּדָּחִים בְּאֶרֶץ מִצְרָיִם וְהִשְׁתַּחֲווּ לַיְיָ בְּהַר הַקֹּדֶשׁ בִּירוּשָׁלָיִם: וְנֶאֱמַר. וַיְיָ עֲלֵיהֶם יֵרָאֶה וְיָצָא כַבָּרָק חִצּוֹ וַאדֹנָי אֱלֹהִים בַּשּׁוֹפָר יִתְקָע וְהָלַךְ בְּסַעֲרוֹת תֵּימָן: יְיָ צְבָאוֹת יָגֵן עֲלֵיהֶם: כֵּן תָּגֵן עַל עַמְּךָ יִשְׂרָאֵל בִּשְׁלוֹמֶךָ:

אֱלֹהֵינוּ וֵאלֹהֵי אֲבוֹתֵינוּ. תְּקַע בְּשׁוֹפָר גָּדוֹל לְחֵרוּתֵנוּ. וְשָׂא נֵס לְקַבֵּץ גָּלֻיּוֹתֵינוּ. וְקָרֵב פְּזוּרֵינוּ מִבֵּין הַגּוֹיִם. וּנְפוּצוֹתֵינוּ כַּנֵּס מִיַּרְכְּתֵי אָרֶץ: וַהֲבִיאֵנוּ לְצִיּוֹן עִירְךָ בְּרִנָּה. וְלִירוּשָׁלַיִם בֵּית מִקְדָּשְׁךָ בְּשִׂמְחַת עוֹלָם: וְשָׁם נַעֲשֶׂה לְפָנֶיךָ אֶת־קָרְבְּנוֹת חוֹבוֹתֵינוּ כִּמְצֻוָּה עָלֵינוּ בְּתוֹרָתֶךָ עַל־יְדֵי מֹשֶׁה עַבְדֶּךָ מִפִּי כְבוֹדֶךָ כָּאָמוּר. וּבְיוֹם שִׂמְחַתְכֶם וּבְמוֹעֲדֵיכֶם וּבְרָאשֵׁי חָדְשֵׁיכֶם וּתְקַעְתֶּם בַּחֲצֹצְרֹת עַל עֹלֹתֵיכֶם וְעַל זִבְחֵי שַׁלְמֵיכֶם וְהָיוּ לָכֶם לְזִכָּרוֹן לִפְנֵי אֱלֹהֵיכֶם אֲנִי יְיָ אֱלֹהֵיכֶם: כִּי אַתָּה שׁוֹמֵעַ קוֹל שׁוֹפָר וּמַאֲזִין תְּרוּעָה וְאֵין דּוֹמֶה לָּךְ: בָּרוּךְ אַתָּה יְיָ שׁוֹמֵעַ קוֹל תְּרוּעַת עַמּוֹ יִשְׂרָאֵל בְּרַחֲמִים:

The Shofar is sounded except on Sabbath

תקיעה: שברים: תרועה: תקיעה:

Congregation

הַיּוֹם הֲרַת עוֹלָם. הַיּוֹם יַעֲמִיד בַּמִּשְׁפָּט כָּל־יְצוּרֵי עוֹלָמִים. אִם כְּבָנִים אִם כַּעֲבָדִים: אִם כְּבָנִים רַחֲמֵנוּ כְּרַחֵם אָב עַל בָּנִים. וְאִם כַּעֲבָדִים עֵינֵינוּ לְךָ תְלוּיוֹת. עַד שֶׁתְּחָנֵּנוּ וְתוֹצִיא כָאוֹר מִשְׁפָּטֵנוּ אָיוֹם קָדוֹשׁ:

The following prayer is omitted on Sabbath

אֲרֶשֶׁת שְׂפָתֵינוּ יֶעֱרַב לְפָנֶיךָ אֵל רָם וְנִשָּׂא. מֵבִין וּמַאֲזִין מַבִּיט וּמַקְשִׁיב לְקוֹל תְּקִיעָתֵנוּ וּתְקַבֵּל בְּרַחֲמִים וּבְרָצוֹן סֵדֶר שׁוֹפְרוֹתֵינוּ:

On that day a great Shofar shall be sounded; and they shall come who were lost in the land of Assyria, and they who were cast away in the land of Egypt; and they shall bow down to the Lord on the holy mountain at Jerusalem. The Lord shall be revealed unto them, and His arrows go forth as lightning. The Lord shall sound the Shofar, and shall go in the whirlwinds of the south. The Lord of hosts will defend them.[9] So be Thou a shield over Thy people Israel with Thy peace.

Our God and God of our fathers, sound the great Shofar for our freedom, set up the banner to gather our exiles, assemble our scattered ones from among the nations, and gather our dispersed from the uttermost parts of the earth. Lead us with exultation and with everlasting joy unto Zion, Thy city, unto Jerusalem, the place of Thy Sanctuary where we will offer our devotions even as our forefathers prepared the offerings prescribed by Thy Law.

> On the day of your gladness, and on your festivals, and on new moons, ye shall sound the Shofar over your offerings; and they shall be to you a memorial before your God; I am the Lord your God.[10]

For Thou hearest the sound of the Shofar and givest heed to its call. There is none like unto Thee. Blessed art Thou, O Lord, who in mercy hearest the Shofar sounds of Thy people Israel.

The Shofar is sounded except on Sabbath

TEKIAH SHEVARIM TERUAH TEKIAH

This day the world was called into being; this day all the creatures of the universe stand in judgment before Thee as children or as servants. If as children, have pity upon us as a father pities his children; and if as servants, we call upon Thee to be gracious unto us and merciful in judgment of us, O revered and holy God.

The following prayer is omitted on Sabbath

May the entreaty of our lips find favor before Thee, O most high and exalted God, who understandeth and heareth, who regardeth and considereth the voice of our Shofar blast.

Accept with mercy and favor our prayers concerning the *Shofar.*

[9] Zechariah 9:14.   [10] Numbers 10:10.

רְצֵה יְיָ אֱלֹהֵינוּ בְּעַמְּךָ יִשְׂרָאֵל וּבִתְפִלָּתָם. וְהָשֵׁב אֶת־הָעֲבוֹדָה לִדְבִיר בֵּיתֶךָ וְאִשֵּׁי יִשְׂרָאֵל וּתְפִלָּתָם בְּאַהֲבָה תְקַבֵּל בְּרָצוֹן. וּתְהִי לְרָצוֹן תָּמִיד עֲבוֹדַת יִשְׂרָאֵל עַמֶּךָ:

When the Cohanim offer the Priestly Blessing, the following prayer is added.

וְתֶעֱרַב לְפָנֶיךָ עֲתִירָתֵנוּ כְּעוֹלָה וּכְקָרְבָּן. אָנָּא רַחוּם בְּרַחֲמֶיךָ הָרַבִּים הָשֵׁב שְׁכִינָתְךָ לְצִיּוֹן עִירֶךָ וְסֵדֶר הָעֲבוֹדָה לִירוּשָׁלָיִם. וְתֶחֱזֶינָה עֵינֵינוּ בְּשׁוּבְךָ לְצִיּוֹן בְּרַחֲמִים. וְשָׁם נַעֲבָדְךָ בְּיִרְאָה כִּימֵי עוֹלָם וּכְשָׁנִים קַדְמוֹנִיּוֹת:

בָּרוּךְ אַתָּה יְיָ שֶׁאוֹתְךָ לְבַדְּךָ בְּיִרְאָה נַעֲבוֹד:

וְתֶחֱזֶינָה עֵינֵינוּ בְּשׁוּבְךָ לְצִיּוֹן בְּרַחֲמִים. בָּרוּךְ אַתָּה יְיָ הַמַּחֲזִיר שְׁכִינָתוֹ לְצִיּוֹן:

*מוֹדִים אֲנַחְנוּ לָךְ שָׁאַתָּה הוּא יְיָ אֱלֹהֵינוּ וֵאלֹהֵי אֲבוֹתֵינוּ לְעוֹלָם וָעֶד. צוּר חַיֵּינוּ מָגֵן יִשְׁעֵנוּ אַתָּה הוּא לְדוֹר וָדוֹר. נוֹדֶה לְּךָ וּנְסַפֵּר תְּהִלָּתֶךָ עַל חַיֵּינוּ הַמְּסוּרִים בְּיָדֶךָ וְעַל נִשְׁמוֹתֵינוּ הַפְּקוּדוֹת לָךְ וְעַל נִסֶּיךָ שֶׁבְּכָל־יוֹם עִמָּנוּ וְעַל נִפְלְאוֹתֶיךָ וְטוֹבוֹתֶיךָ שֶׁבְּכָל־עֵת עֶרֶב וָבֹקֶר וְצָהֳרָיִם. הַטּוֹב כִּי לֹא־כָלוּ רַחֲמֶיךָ וְהַמְרַחֵם כִּי לֹא־תַמּוּ חֲסָדֶיךָ מֵעוֹלָם קִוִּינוּ לָךְ:

**Congregation, as Reader begins the above prayer:*

מוֹדִים אֲנַחְנוּ לָךְ שָׁאַתָּה הוּא יְיָ אֱלֹהֵינוּ וֵאלֹהֵי אֲבוֹתֵינוּ אֱלֹהֵי כָל־בָּשָׂר יוֹצְרֵנוּ יוֹצֵר בְּרֵאשִׁית. בְּרָכוֹת וְהוֹדָאוֹת לְשִׁמְךָ הַגָּדוֹל וְהַקָּדוֹשׁ עַל שֶׁהֶחֱיִיתָנוּ וְקִיַּמְתָּנוּ. כֵּן תְּחַיֵּנוּ וּתְקַיְּמֵנוּ וְתֶאֱסוֹף גָּלֻיּוֹתֵינוּ לְחַצְרוֹת קָדְשֶׁךָ לִשְׁמֹר חֻקֶּיךָ וְלַעֲשׂוֹת רְצוֹנֶךָ וּלְעָבְדְךָ בְּלֵבָב שָׁלֵם עַל שֶׁאֲנַחְנוּ מוֹדִים לָךְ. בָּרוּךְ אֵל הַהוֹדָאוֹת:

O Lord our God, be gracious unto Thy people Israel and accept their prayer. Restore worship to Thy Sanctuary and receive in love and favor the supplication of Israel. May the worship of Thy people be ever acceptable unto Thee.

When the Cohanim offer the Priestly Blessing, the following prayer is added.

And may our prayer be acceptable unto Thee as burnt offering, and as sacrifice. O Thou who art merciful, we beseech Thee, in Thine abundant mercy, to restore Thy divine presence unto Zion, and the sacred service to Jerusalem. O let our eyes behold Thy return in mercy to Zion, and there will we worship Thee in awe as in the days of old and as in ancient years.

Blessed art Thou, O Lord, whom alone we serve in awe.

Reader

O may our eyes witness Thy return in mercy to Zion! Blessed art Thou, O Lord, who restorest Thy divine presence unto Zion.

* We thankfully acknowledge that Thou art the Lord our God and the God of our fathers unto all eternity; the Rock of our lives, and the Shield of our salvation through every generation. We will be grateful unto Thee and declare Thy praise for our lives which are entrusted into Thy hands, for our souls which are in Thy care, for Thy miracles, which are daily with us and for Thy wonderful goodness toward us at all times, evening, morn and noon. Thou art good, and Thy love never fails; Thou art merciful, and Thy kindnesses never cease. We have ever hoped in Thee.

* Congregation, as Reader begins the above prayer:

We thank Thee who art the Lord our God and the God of our fathers, the God of all flesh, our Creator and the Creator of the universe. Blessings and thanksgiving are due unto Thy great and holy name because Thou hast given us life and sustained us. O continue to keep us in life and preserve us. Gather our exiles into Thy holy Sanctuary, to observe Thy statutes, to do Thy will and to serve Thee with a perfect heart. For this do we give thanks unto Thee, O God, blessed in all thanksgiving.

וְעַל כֻּלָּם יִתְבָּרַךְ וְיִתְרוֹמַם שִׁמְךָ מַלְכֵּנוּ תָּמִיד לְעוֹלָם וָעֶד:

Congregation and Reader

אָבִינוּ מַלְכֵּנוּ זְכוֹר רַחֲמֶיךָ וּכְבוֹשׁ כַּעַסְךָ וְכַלֵּה דֶבֶר וְחֶרֶב וְרָעָב וּשְׁבִי וּמַשְׁחִית וְעָוֹן וּשְׁמַד וּמַגֵּפָה וּפֶגַע רַע וְכָל־מַחֲלָה וְכָל־תְּקָלָה וְכָל־קְטָטָה וְכָל־מִינֵי פֻרְעָנִיּוֹת וְכָל־גְּזֵרָה רָעָה וְשִׂנְאַת חִנָּם. מֵעָלֵינוּ וּמֵעַל כָּל־בְּנֵי בְרִיתֶךָ:

Congregation and Reader

וּכְתוֹב לְחַיִּים טוֹבִים כָּל־בְּנֵי בְרִיתֶךָ:

וְכֹל הַחַיִּים יוֹדוּךָ סֶּלָה וִיהַלְלוּ אֶת־שִׁמְךָ בֶּאֱמֶת הָאֵל יְשׁוּעָתֵנוּ וְעֶזְרָתֵנוּ סֶלָה. בָּרוּךְ אַתָּה יְיָ הַטּוֹב שִׁמְךָ וּלְךָ נָאֶה לְהוֹדוֹת:

When the Cohanim offer the Priestly Blessing, the Reader continues:

אֱלֹהֵינוּ וֵאלֹהֵי אֲבוֹתֵינוּ בָּרְכֵנוּ בַבְּרָכָה הַמְשֻׁלֶּשֶׁת בַּתּוֹרָה הַכְּתוּבָה עַל־יְדֵי מֹשֶׁה עַבְדֶּךָ הָאֲמוּרָה מִפִּי אַהֲרֹן וּבָנָיו

Reader כֹּהֲנִים *Congregation* עַם קְדוֹשֶׁךָ כָּאָמוּר.

The Cohanim pronounce the following blessing:

בָּרוּךְ אַתָּה יְיָ. אֱלֹהֵינוּ מֶלֶךְ הָעוֹלָם אֲשֶׁר קִדְּשָׁנוּ בִּקְדֻשָּׁתוֹ שֶׁל אַהֲרֹן וְצִוָּנוּ לְבָרֵךְ אֶת־עַמּוֹ יִשְׂרָאֵל בְּאַהֲבָה:

אָמֵן:	יְבָרֶכְךָ יְיָ וְיִשְׁמְרֶךָ
אָמֵן:	יָאֵר יְיָ פָּנָיו אֵלֶיךָ וִיחֻנֶּךָּ.
אָמֵן:	יִשָּׂא יְיָ פָּנָיו אֵלֶיךָ וְיָשֵׂם לְךָ שָׁלוֹם.

אֱלֹהֵינוּ וֵאלֹהֵי אֲבוֹתֵינוּ בָּרְכֵנוּ בַּבְּרָכָה הַמְשֻׁלֶּשֶׁת בַּתּוֹרָה הַכְּתוּבָה עַל־יְדֵי מֹשֶׁה עַבְדֶּךָ הָאֲמוּרָה מִפִּי אַהֲרֹן וּבָנָיו כֹּהֲנִים עַם קְדוֹשֶׁךָ כָּאָמוּר.

כֵּן יְהִי רָצוֹן:	יְבָרֶכְךָ יְיָ וְיִשְׁמְרֶךָ:
כֵּן יְהִי רָצוֹן:	יָאֵר יְיָ פָּנָיו אֵלֶיךָ וִיחֻנֶּךָּ:
כֵּן יְהִי רָצוֹן:	יִשָּׂא יְיָ פָּנָיו אֵלֶיךָ וְיָשֵׂם לְךָ שָׁלוֹם:

For all this, Thy name, O our divine Ruler, shall be blessed and exalted forever.

Congregation and Reader

Our Father, our King, remember Thy mercy, show us Thy compassion and remove from us and from the children of Thy covenant pestilence, sword and famine, destruction, captivity, iniquity and plague, all evil occurrences and every disease, every stumbling-block and contention, every evil decree and all causeless enmity.

Congregation and Reader

O inscribe all the children of Thy covenant for a happy life.

And may all the living do homage unto Thee forever, and praise Thy name in truth, O God, who art our salvation and our help. Blessed be Thou, O Lord, Beneficent One; unto Thee it is seemly to give praise.

When the Cohanim offer the Priestly Blessing, the Reader continues:

Our God and God of our fathers, bless us with the three-fold blessing written in the Torah of Moses, Thy servant, and spoken by Aaron and his descendants,

Reader: the priests,   *Congregation:* Thy holy people, as it is said:

The Cohanim

Blessed art Thou, O Lord our God, King of the universe, who hast hallowed us with the holiness of Aaron and hast commanded us to bless Thy people Israel in love.

May the Lord bless you and keep you.   Amen.

May the Lord make His countenace to shine upon you and be gracious unto you.   Amen.

May the Lord turn His countenance unto you and give you peace.

Amen.

Reader

Our God and God of our fathers, bless us with the three-fold blessing written in the Torah of Moses, Thy servant, and spoken by Aaron and his descendants, Thy consecrated priests:

Reader	*Congregation*
May the Lord bless you and keep you.	So may it be His will.
May the Lord make His countenance to shine upon you and be gracious unto you.	So may it be His will.
May the Lord turn His countenance unto you and give you peace.	So may it be His will.

שִׂים שָׁלוֹם טוֹבָה וּבְרָכָה חֵן וָחֶסֶד וְרַחֲמִים עָלֵינוּ וְעַל כָּל־יִשְׂרָאֵל עַמֶּךָ. בָּרְכֵנוּ אָבִינוּ כֻּלָּנוּ כְּאֶחָד בְּאוֹר פָּנֶיךָ. כִּי בְאוֹר פָּנֶיךָ נָתַתָּ לָּנוּ יְיָ אֱלֹהֵינוּ תּוֹרַת חַיִּים וְאַהֲבַת חֶסֶד וּצְדָקָה וּבְרָכָה וְרַחֲמִים וְחַיִּים וְשָׁלוֹם. וְטוֹב בְּעֵינֶיךָ לְבָרֵךְ אֶת־עַמְּךָ יִשְׂרָאֵל בְּכָל־עֵת וּבְכָל־שָׁעָה בִּשְׁלוֹמֶךָ:

Congregation and Reader

בְּסֵפֶר חַיִּים בְּרָכָה וְשָׁלוֹם וּפַרְנָסָה טוֹבָה נִזָּכֵר וְנִכָּתֵב לְפָנֶיךָ אֲנַחְנוּ וְכָל־עַמְּךָ בֵּית יִשְׂרָאֵל לְחַיִּים טוֹבִים וּלְשָׁלוֹם:

וְנֶאֱמַר כִּי בִי יִרְבּוּ יָמֶיךָ וְיוֹסִיפוּ לְךָ שְׁנוֹת חַיִּים: לְחַיִּים טוֹבִים תִּכְתְּבֵנוּ. אֱלֹהִים חַיִּים כָּתְבֵנוּ בְּסֵפֶר הַחַיִּים. כַּכָּתוּב. וְאַתֶּם הַדְּבֵקִים בַּייָ אֱלֹהֵיכֶם חַיִּים כֻּלְּכֶם הַיּוֹם:

The Ark is opened

Reader	*Congregation*
הַיּוֹם תְּאַמְּצֵנוּ:	אָמֵן:
הַיּוֹם תְּבָרְכֵנוּ:	אָמֵן:
הַיּוֹם תְּגַדְּלֵנוּ:	אָמֵן:
הַיּוֹם תִּדְרְשֵׁנוּ לְטוֹבָה:	אָמֵן:
הַיּוֹם תִּכְתְּבֵנוּ לְחַיִּים טוֹבִים:	אָמֵן:
הַיּוֹם תִּשְׁמַע שַׁוְעָתֵנוּ:	אָמֵן:
הַיּוֹם תְּקַבֵּל בְּרַחֲמִים וּבְרָצוֹן אֶת־תְּפִלָּתֵנוּ:	אָמֵן:
הַיּוֹם תִּתְמְכֵנוּ בִּימִין צִדְקֶךָ:	אָמֵן:

The Ark is closed

Our Father, grant peace and well-being, blessing and grace, loving-kindness and mercy unto us and unto all Israel, Thy people. Bless us, O our Father, all of us together, with the light of Thy presence; for by that light Thou hast given us, O Lord our God, the Torah of life, loving-kindness and righteousness, blessing and mercy, life and peace. O may it be good in Thy sight at all times to bless Israel and all Thy children with Thy peace.

Congregation and Reader

In the book of life, blessing, peace and good sustenance, may we be remembered and inscribed before Thee, we and all Thy people, the house of Israel, for a happy life and for peace.

As it is written: "For by Me shall your days be multiplied, and the years of your life shall be increased." O inscribe us for a happy life. O living God, inscribe us in the Book of Life as it is written: "And you that cleave unto the Lord your God, are alive, everyone of you, this day."

The Ark is opened

This day mayest Thou strengthen us. Amen.
This day mayest Thou bless us. Amen.
This day mayest Thou exalt us. Amen.
This day mayest Thou consider us for well-being. Amen.
This day mayest Thou inscribe us for happy life. Amen.
This day mayest Thou hear our supplication. Amen.
This day mayest Thou accept our prayer in mercy and favor. Amen.
This day mayest Thou uphold us with the power of Thy righteousness. Amen.

The Ark is closed

כְּהַיּוֹם הַזֶּה תְּבִיאֵנוּ שָׂשִׂים וּשְׂמֵחִים בְּבִנְיַן שָׁלֵם כַּכָּתוּב עַל־יַד נְבִיאֶךָ. וַהֲבִיאוֹתִים אֶל־הַר קָדְשִׁי וְשִׂמַּחְתִּים בְּבֵית תְּפִלָּתִי עוֹלֹתֵיהֶם וְזִבְחֵיהֶם לְרָצוֹן עַל־מִזְבְּחִי. כִּי בֵיתִי בֵּית תְּפִלָּה יִקָּרֵא לְכָל־הָעַמִּים: וְנֶאֱמַר. וַיְצַוֵּנוּ יְיָ לַעֲשׂוֹת אֶת־כָּל־הַחֻקִּים הָאֵלֶּה לְיִרְאָה אֶת־יְיָ אֱלֹהֵינוּ. לְטוֹב לָנוּ כָּל־הַיָּמִים לְחַיֹּתֵנוּ כְּהַיּוֹם הַזֶּה: וְנֶאֱמַר. וּצְדָקָה תִּהְיֶה־לָּנוּ כִּי־נִשְׁמֹר לַעֲשׂוֹת אֶת־כָּל־הַמִּצְוָה הַזֹּאת לִפְנֵי יְיָ אֱלֹהֵינוּ כַּאֲשֶׁר צִוָּנוּ: וּצְדָקָה וּבְרָכָה וְרַחֲמִים וְחַיִּים וְשָׁלוֹם יִהְיֶה־לָּנוּ וּלְכָל־יִשְׂרָאֵל עַד הָעוֹלָם. בָּרוּךְ אַתָּה יְיָ עוֹשֵׂה הַשָּׁלוֹם:

Reader's Kaddish

יִתְגַּדַּל וְיִתְקַדַּשׁ שְׁמֵהּ רַבָּא. בְּעָלְמָא דִּי־בְרָא כִרְעוּתֵהּ. וְיַמְלִיךְ מַלְכוּתֵהּ בְּחַיֵּיכוֹן וּבְיוֹמֵיכוֹן וּבְחַיֵּי דְכָל־בֵּית יִשְׂרָאֵל בַּעֲגָלָא וּבִזְמַן קָרִיב. וְאִמְרוּ אָמֵן:

Congregation and Reader

יְהֵא שְׁמֵהּ רַבָּא מְבָרַךְ לְעָלַם וּלְעָלְמֵי עָלְמַיָּא:

Reader

יִתְבָּרַךְ וְיִשְׁתַּבַּח וְיִתְפָּאַר וְיִתְרוֹמַם וְיִתְנַשֵּׂא וְיִתְהַדַּר וְיִתְעַלֶּה וְיִתְהַלַּל שְׁמֵהּ דְּקֻדְשָׁא. בְּרִיךְ הוּא. לְעֵלָּא וּלְעֵלָּא מִן־כָּל־בִּרְכָתָא וְשִׁירָתָא תֻּשְׁבְּחָתָא וְנֶחֱמָתָא דַּאֲמִירָן בְּעָלְמָא. וְאִמְרוּ אָמֵן:

תִּתְקַבֵּל צְלוֹתְהוֹן וּבָעוּתְהוֹן דְּכָל־יִשְׂרָאֵל קֳדָם אֲבוּהוֹן דִּי־בִשְׁמַיָּא. וְאִמְרוּ אָמֵן:

יְהֵא שְׁלָמָא רַבָּא מִן־שְׁמַיָּא וְחַיִּים עָלֵינוּ וְעַל־כָּל־יִשְׂרָאֵל. וְאִמְרוּ אָמֵן:

עֹשֶׂה שָׁלוֹם בִּמְרוֹמָיו הוּא יַעֲשֶׂה שָׁלוֹם עָלֵינוּ וְעַל־כָּל־יִשְׂרָאֵל. וְאִמְרוּ אָמֵן:

Upon a day like this mayest Thou bring us rejoicing unto Thy Temple of peace, as it is written in the words of Thy prophet: "And I will bring them to My holy mountain and make them joyful in My house of prayer; their offerings shall be accepted upon Mine altar; for My house shall be called a house of prayer for all peoples." And it is said: "And the Lord commanded us to do all these statutes, to revere the Lord our God for our good always, that He might preserve us alive, as at this day." And it is said: "And it shall be accounted as righteousness for us, if we observe to do all these commandments before the Lord our God, as He hath commanded us." And righteousness and blessing, mercy, life and peace be unto us and unto all Israel forever. Blessed art Thou, O Lord, who makest peace.

Reader's Kaddish

Magnified and sanctified be the great name of God throughout the world which He hath created according to His will. May He establish His kingdom during the days of your life and during the life of all the house of Israel, speedily, yea, soon; and say ye, Amen.

May His great name be blessed for ever and ever.

Exalted and honored be the name of the Holy One, blessed be He, whose glory transcends, yea, is beyond all blessings and hymns, praises and consolations which are uttered in the world; and say ye, Amen.

May the prayers and supplications of the whole house of Israel be acceptable unto their Father in heaven; and say ye, Amen.

May there be abundant peace from heaven, and life for us and for all Israel; and say ye, Amen.

May He who establisheth peace in the heavens, grant peace unto us and unto all Israel; and say ye, Amen.

MEDITATION

And remember that the companionship of Time is but of short duration. It flies more quickly than the shades of evening. We are like a child that grasps in his hand a sunbeam. He opens his hand soon again, but, to his amazement, finds it empty and the brightness gone.

YEDAYA PENINI, 14th cent.

A man should so live that at the close of every day he can repeat: 'I have not wasted my day.'

ZOHAR

אֵין כֵּאלֹהֵינוּ. אֵין כַּאדוֹנֵינוּ.
אֵין כְּמַלְכֵּנוּ. אֵין כְּמוֹשִׁיעֵנוּ:

מִי כֵאלֹהֵינוּ. מִי כַאדוֹנֵינוּ.
מִי כְמַלְכֵּנוּ. מִי כְמוֹשִׁיעֵנוּ:

נוֹדֶה לֵאלֹהֵינוּ. נוֹדֶה לַאדוֹנֵינוּ.
נוֹדֶה לְמַלְכֵּנוּ. נוֹדֶה לְמוֹשִׁיעֵנוּ:

בָּרוּךְ אֱלֹהֵינוּ. בָּרוּךְ אֲדוֹנֵינוּ.
בָּרוּךְ מַלְכֵּנוּ. בָּרוּךְ מוֹשִׁיעֵנוּ:

אַתָּה הוּא אֱלֹהֵינוּ. אַתָּה הוּא אֲדוֹנֵינוּ.
אַתָּה הוּא מַלְכֵּנוּ. אַתָּה הוּא מוֹשִׁיעֵנוּ:

אַתָּה הוּא שֶׁהִקְטִירוּ אֲבוֹתֵינוּ לְפָנֶיךָ אֶת קְטֹרֶת הַסַּמִּים:

תלמוד בבלי. סוף מסכת ברכות

אָמַר רַבִּי אֶלְעָזָר אָמַר רַבִּי חֲנִינָא. תַּלְמִידֵי חֲכָמִים מַרְבִּים שָׁלוֹם בָּעוֹלָם. שֶׁנֶּאֱמַר וְכָל־בָּנַיִךְ לִמּוּדֵי יְיָ וְרַב שְׁלוֹם בָּנָיִךְ. אַל תִּקְרָא בָּנָיִךְ אֶלָּא בּוֹנָיִךְ: שָׁלוֹם רָב לְאֹהֲבֵי תוֹרָתֶךָ וְאֵין לָמוֹ מִכְשׁוֹל: יְהִי־שָׁלוֹם בְּחֵילֵךְ שַׁלְוָה בְּאַרְמְנוֹתָיִךְ. לְמַעַן אַחַי וְרֵעָי אֲדַבְּרָה־נָּא שָׁלוֹם בָּךְ: לְמַעַן בֵּית־יְיָ אֱלֹהֵינוּ אֲבַקְשָׁה טוֹב לָךְ: יְיָ עֹז לְעַמּוֹ יִתֵּן יְיָ יְבָרֵךְ אֶת־עַמּוֹ בַשָּׁלוֹם:

There is none like our God;
There is none like our Lord;
There is none like our King;
There is none like our Savior.

Who is like our God?
Who is like our Lord?
Who is like our King?
Who is like our Savior?

We will give thanks unto our God;
We will give thanks unto our Lord;
We will give thanks unto our King;
We will give thanks unto our Savior.

Blessed be our God;
Blessed be our Lord;
Blessed be our King;
Blessed be our Savior.

Thou art our God;
Thou art our Lord;
Thou art our King;
Thou art our Savior.

Thou art He unto whom our fathers burnt the fragrant incense.

Talmud Berakhot

Rabbi Eleazar quoted Rabbi Hanina who said: Scholars increase peace in the world, as it is written in Scripture: 'When all thy children shall be taught of the Lord, great shall be the peace of thy children.' Read not baw-na-yiḥ, 'thy children,' but bō-no-yiḥ, 'thy builders.' Great peace have they that love Thy Torah; and there is no stumbling for them. Peace be within thy walls, and prosperity within thy palaces. For the sake of my brethren and friends, I would say, Peace be with thee! For the sake of the house of the Lord our God, I would seek thy good. The Lord will give strength unto His people; the Lord will bless His people with peace.

עָלֵינוּ לְשַׁבֵּחַ לַאֲדוֹן הַכֹּל לָתֵת גְּדֻלָּה לְיוֹצֵר בְּרֵאשִׁית שֶׁלֹּא עָשָׂנוּ כְּגוֹיֵי הָאֲרָצוֹת וְלֹא שָׂמָנוּ כְּמִשְׁפְּחוֹת הָאֲדָמָה שֶׁלֹּא שָׂם חֶלְקֵנוּ כָּהֶם וְגֹרָלֵנוּ כְּכָל הֲמוֹנָם:

וַאֲנַחְנוּ כּוֹרְעִים וּמִשְׁתַּחֲוִים וּמוֹדִים
לִפְנֵי מֶלֶךְ מַלְכֵי הַמְּלָכִים הַקָּדוֹשׁ בָּרוּךְ הוּא.

שֶׁהוּא נוֹטֶה שָׁמַיִם וְיוֹסֵד אָרֶץ וּמוֹשַׁב יְקָרוֹ בַּשָּׁמַיִם מִמַּעַל וּשְׁכִינַת עֻזּוֹ בְּגָבְהֵי מְרוֹמִים: הוּא אֱלֹהֵינוּ אֵין עוֹד. אֱמֶת מַלְכֵּנוּ אֶפֶס זוּלָתוֹ כַּכָּתוּב בְּתוֹרָתוֹ וְיָדַעְתָּ הַיּוֹם וַהֲשֵׁבֹתָ אֶל לְבָבֶךָ כִּי יְיָ הוּא הָאֱלֹהִים בַּשָּׁמַיִם מִמַּעַל וְעַל־הָאָרֶץ מִתָּחַת. אֵין עוֹד:

עַל־כֵּן נְקַוֶּה לְּךָ יְיָ אֱלֹהֵינוּ לִרְאוֹת מְהֵרָה בְּתִפְאֶרֶת עֻזֶּךָ לְהַעֲבִיר גִּלּוּלִים מִן הָאָרֶץ וְהָאֱלִילִים כָּרוֹת יִכָּרֵתוּן. לְתַקֵּן עוֹלָם בְּמַלְכוּת שַׁדַּי. וְכָל־בְּנֵי בָשָׂר יִקְרְאוּ בִשְׁמֶךָ לְהַפְנוֹת אֵלֶיךָ כָּל־רִשְׁעֵי אָרֶץ. יַכִּירוּ וְיֵדְעוּ כָּל־יוֹשְׁבֵי תֵבֵל. כִּי־לְךָ תִּכְרַע כָּל־בֶּרֶךְ תִּשָּׁבַע כָּל־לָשׁוֹן: לְפָנֶיךָ יְיָ אֱלֹהֵינוּ יִכְרְעוּ וְיִפֹּלוּ. וְלִכְבוֹד שִׁמְךָ יְקָר יִתֵּנוּ. וִיקַבְּלוּ כֻלָּם אֶת עוֹל מַלְכוּתֶךָ. וְתִמְלוֹךְ עֲלֵיהֶם מְהֵרָה לְעוֹלָם וָעֶד. כִּי הַמַּלְכוּת שֶׁלְּךָ הִיא וּלְעוֹלְמֵי עַד תִּמְלוֹךְ בְּכָבוֹד: כַּכָּתוּב בְּתוֹרָתֶךָ יְיָ יִמְלֹךְ לְעוֹלָם וָעֶד: וְנֶאֱמַר וְהָיָה יְיָ לְמֶלֶךְ עַל־כָּל־הָאָרֶץ בַּיּוֹם הַהוּא יִהְיֶה יְיָ אֶחָד וּשְׁמוֹ אֶחָד:

Congregation rises

Let us adore the Lord of all, who formed the world from of old, that He hath not made us like unto the heathens of the earth, nor fashioned us like the godless of the land; that He hath not made our destiny as theirs, nor cast our lot with their multitude.

We bend the knee, bow in worship, and give thanks unto the King of kings, the Holy One, blessed be He.

Congregation

Va-a'-naḥ-nu kō-r'eem u-mish-ta-ḥa-veem u-mō-deem

Li-f'nay me-leḥ, ma-l'ḥay ham'lo-ḥeem, ha-ko-dōsh bo-ruḥ hu.

Congregation is seated

He stretched forth the heavens and laid the foundations of the earth. His glory is revealed in the heavens above, and His might is manifest in the loftiest heights. He is our God; there is none other. In truth He is our King, there is none besides Him. Thus it is written in His Torah: "Know this day, and consider it in thy heart that the Lord, He is God in the heavens above and on the earth beneath; there is none else."

We therefore hope in Thee, O Lord our God, that we may soon behold the glory of Thy might, when Thou wilt remove the abominations of the earth and cause all idolatry to be abolished, when the world will be perfected under Thine almighty kingdom, and all the children of men will call upon Thy name, when Thou wilt turn unto Thyself all the wicked of the earth. May all the inhabitants of the world perceive and know that unto Thee every knee must bend, every tongue vow loyalty. Before Thee, O Lord our God, may all bow in worship, and give honor unto Thy glorious name. May they all accept the yoke of thy kingdom and speedily do Thou rule over them forever. For the kingdom is Thine and evermore wilt Thou reign in glory, as it is written in Thy Torah: "The Lord shall reign for ever and ever." "And the Lord shall be King over all the earth; on that day the Lord shall be One, and His name one."

Congregation

V'ho-yo A-dō-noy l'meh-leḥ al kol ho-o-rets,
Ba-yōm ha-hu yi-h'ye A-dō-noy e-ḥod u-sh'mō e-ḥod.

PRAYER BEFORE MOURNER'S KADDISH

Almighty and eternal God, ere we part, we recall those whom Thou hast summoned unto Thee. In love we remember their kind words and their unselfish deeds. We thank Thee, O Lord, for their lives, for our companionship with them, for the sweet memories they leave behind. May we, in tribute to our departed, live wisely, courageously and usefully. Thus will our departed be bound up in the bond of life and endure as a living influence among us. Comfort, we pray Thee, those who mourn. Strengthen them in their sorrow and deepen their faith as they rise to sanctify Thy name.

Mourners

יִתְגַּדַּל וְיִתְקַדַּשׁ שְׁמֵהּ רַבָּא. בְּעָלְמָא דִּי־בְרָא כִרְעוּתֵהּ. וְיַמְלִיךְ מַלְכוּתֵהּ בְּחַיֵּיכוֹן וּבְיוֹמֵיכוֹן וּבְחַיֵּי דְכָל־בֵּית יִשְׂרָאֵל בַּעֲגָלָא וּבִזְמַן קָרִיב. וְאִמְרוּ אָמֵן:

Congregation and Mourners

יְהֵא שְׁמֵהּ רַבָּא מְבָרַךְ לְעָלַם וּלְעָלְמֵי עָלְמַיָּא:

Mourners

יִתְבָּרַךְ וְיִשְׁתַּבַּח וְיִתְפָּאַר וְיִתְרֹמַם וְיִתְנַשֵּׂא וְיִתְהַדַּר וְיִתְעַלֶּה וְיִתְהַלַּל שְׁמֵהּ דְּקֻדְשָׁא. בְּרִיךְ הוּא. לְעֵלָּא וּלְעֵלָּא מִן־כָּל־בִּרְכָתָא וְשִׁירָתָא תֻּשְׁבְּחָתָא וְנֶחֱמָתָא דַּאֲמִירָן בְּעָלְמָא. וְאִמְרוּ אָמֵן:

יְהֵא שְׁלָמָא רַבָּא מִן־שְׁמַיָּא וְחַיִּים עָלֵינוּ וְעַל־כָּל־יִשְׂרָאֵל. וְאִמְרוּ אָמֵן:

עֹשֶׂה שָׁלוֹם בִּמְרוֹמָיו הוּא יַעֲשֶׂה שָׁלוֹם עָלֵינוּ וְעַל־כָּל־יִשְׂרָאֵל. וְאִמְרוּ אָמֵן:

Mourners' Kaddish

Magnified and sanctified be the great name of God throughout the world which He hath created according to His will. May He establish His kingdom during the days of your life and during the life of all the house of Israel, speedily, yea, soon; and say ye, Amen.

Congregation and Mourners

May His great name be blessed for ever and ever.

Mourners

Exalted and honored be the name of the Holy One, blessed be He, whose glory transcends, yea, is beyond all blessings and hymns, praises and consolations which are uttered in the world; and say ye, Amen.

May there be abundant peace from heaven, and life for us and for all Israel; and say ye, Amen.

May He who establisheth peace in the heavens, grant peace unto us and unto all Israel; and say ye, Amen.

MOURNERS' KADDISH

Yis-ga-dal v'yis-ka-dash sh'may ra-bo,
B'ol-mo dee-v'ro ḥir u-say, v'yam-leeḥ mal-ḥu-say,
B'ḥa-yay-ḥōn uv-yō-may-ḥōn, uv-ḥa-yay d'ḥol bays yis-ro-ayl,
Ba-a-go-lo u-viz'man ko-reev, v'im-ru o-mayn.

Y'hay sh'may ra-bo m'vo-raḥ, l'o-lam ul-ol-may ol-ma-yo.

Yis-bo-raḥ v'yish-ta-baḥ, v'yis-po-ar v'yis-rō-mam,
V'yis-na-say v'yis-ha-dar, v'yis-a-leh, v'yis-ha-lal
    sh'may d'kud-sho b'riḥ hu;
L'ay-lo ul-ay-lo min kol bir-ḥo-so v'shee-ro-so,
Tush-b'ḥo-so v'ne-ḥeh-mo-so, da-a-mee-ron b'ol-mo,
V'im-ru o-mayn.
Y'hay sh'lo-mo ra-bo min sh'ma-yo,
V'ḥa-yeem o-lay-nu v'al kol yis-ro-ayl v'im-ru o-mayn.
Ō-se sho-lōm bim-rō-mov hu ya-a-se sho-lōm,
O-lay-nu v'al kol yis-ro-ayl v'im-ru o-mayn.

אדון עולם

אֲדוֹן עוֹלָם אֲשֶׁר מָלַךְ   בְּטֶרֶם כָּל יְצִיר נִבְרָא׃
לְעֵת נַעֲשָׂה בְחֶפְצוֹ כֹּל   אֲזַי מֶלֶךְ שְׁמוֹ נִקְרָא׃
וְאַחֲרֵי כִּכְלוֹת הַכֹּל   לְבַדּוֹ יִמְלוֹךְ נוֹרָא׃
וְהוּא הָיָה וְהוּא הֹוֶה   וְהוּא יִהְיֶה בְּתִפְאָרָה׃
וְהוּא אֶחָד וְאֵין שֵׁנִי   לְהַמְשִׁיל לוֹ לְהַחְבִּירָה׃
בְּלִי רֵאשִׁית בְּלִי תַכְלִית   וְלוֹ הָעֹז וְהַמִּשְׂרָה׃
וְהוּא אֵלִי וְחַי גֹּאֲלִי   וְצוּר חֶבְלִי בְּעֵת צָרָה׃
וְהוּא נִסִּי וּמָנוֹס לִי   מְנָת כּוֹסִי בְּיוֹם אֶקְרָא׃
בְּיָדוֹ אַפְקִיד רוּחִי   בְּעֵת אִישַׁן וְאָעִירָה׃
וְעִם רוּחִי גְּוִיָּתִי   יְיָ לִי וְלֹא אִירָא׃

LORD OF THE WORLD

Lord of the world, the King supreme,
Ere aught was formed, He reigned alone.
When by His will all things were wrought,
Then was His sovereign name made known.

And when in time all things shall cease,
He still shall reign in majesty.
He was, He is, He shall remain
All-glorious eternally.

Incomparable, unique is He,
No other can His Oneness share.
Without beginning, without end,
Dominion's might is His to bear.

He is my living God who saves,
My Rock when grief or trials befall,
My Banner and my Refuge strong,
My bounteous Portion when I call.

My soul I give unto His care,
Asleep, awake, for He is near,
And with my soul, my body, too;
God is with me, I have no fear.

A-dōn ō-lom a-sher mo-laḥ, b'te-rem kol y'tseer niv'ro.
L'ays na-a'so v'ḥef-tsō kōl, a-zye me-leḥ sh'mō-nik-ro.

V'a-ḥa'-ray ki-ḥ'lōs ha-kōl, l'va-dō yim-lōḥ nō-ro.
V'hu ho-yo, v'hu hō-ve, v'hu yi-ye b'sif-o-ro.

V'hu e-ḥod v'ayn shay-nee, l'ham-sheel lō l'haḥ-bee-ro.
B'lee ray-shees b'lee-saḥ-lees, v'lō ho-ōz v'ha-mis-ro.

V'hu ay-lee v'ḥye gō-a'-lee, v'tsur ḥev-lee b'ays tso-ro.
V'hu ni-see u-mo-nōs lee, m'nos kō-see b'yōm ek-ro.

B'yo-dō af-keed ru-ḥee, b'ays ee-shan v'o-ee-ro.
V'im ru-ḥee g'vi-yo-see, A-dō-noy lee v'lō-ee-ro.

תפלת מנחה לראש השנה

אַשְׁרֵי יוֹשְׁבֵי בֵיתֶךָ עוֹד יְהַלְלוּךָ סֶּלָה:
אַשְׁרֵי הָעָם שֶׁכָּכָה לּוֹ אַשְׁרֵי הָעָם שֶׁיְיָ אֱלֹהָיו:

קמ"ה תְּהִלָּה לְדָוִד.

אֲרוֹמִמְךָ אֱלוֹהַי הַמֶּלֶךְ וַאֲבָרְכָה שִׁמְךָ לְעוֹלָם וָעֶד:
בְּכָל־יוֹם אֲבָרְכֶךָּ וַאֲהַלְלָה שִׁמְךָ לְעוֹלָם וָעֶד:
גָּדוֹל יְיָ וּמְהֻלָּל מְאֹד וְלִגְדֻלָּתוֹ אֵין חֵקֶר:
דּוֹר לְדוֹר יְשַׁבַּח מַעֲשֶׂיךָ וּגְבוּרֹתֶיךָ יַגִּידוּ:
הֲדַר כְּבוֹד הוֹדֶךָ וְדִבְרֵי נִפְלְאֹתֶיךָ אָשִׂיחָה:
וֶעֱזוּז נוֹרְאֹתֶיךָ יֹאמֵרוּ וּגְדֻלָּתְךָ אֲסַפְּרֶנָּה:
זֵכֶר רַב־טוּבְךָ יַבִּיעוּ וְצִדְקָתְךָ יְרַנֵּנוּ:
חַנּוּן וְרַחוּם יְיָ אֶרֶךְ אַפַּיִם וּגְדָל־חָסֶד:
טוֹב־יְיָ לַכֹּל וְרַחֲמָיו עַל־כָּל־מַעֲשָׂיו:
יוֹדוּךָ יְיָ כָּל־מַעֲשֶׂיךָ וַחֲסִידֶיךָ יְבָרְכוּכָה:
כְּבוֹד מַלְכוּתְךָ יֹאמֵרוּ וּגְבוּרָתְךָ יְדַבֵּרוּ:
לְהוֹדִיעַ לִבְנֵי הָאָדָם גְּבוּרֹתָיו וּכְבוֹד הֲדַר מַלְכוּתוֹ:
מַלְכוּתְךָ מַלְכוּת כָּל־עֹלָמִים וּמֶמְשַׁלְתְּךָ בְּכָל־דּוֹר וָדֹר:
סוֹמֵךְ יְיָ לְכָל־הַנֹּפְלִים וְזוֹקֵף לְכָל־הַכְּפוּפִים:
עֵינֵי כֹל אֵלֶיךָ יְשַׂבֵּרוּ וְאַתָּה נוֹתֵן־לָהֶם אֶת־אָכְלָם בְּעִתּוֹ:
פּוֹתֵחַ אֶת־יָדֶךָ וּמַשְׂבִּיעַ לְכָל־חַי רָצוֹן:
צַדִּיק יְיָ בְּכָל־דְּרָכָיו וְחָסִיד בְּכָל־מַעֲשָׂיו:
קָרוֹב יְיָ לְכָל־קֹרְאָיו לְכֹל אֲשֶׁר יִקְרָאֻהוּ בֶאֱמֶת:

Happy are they who dwell in Thy house; forever shall they praise Thee. Happy the people who thus fare; happy the people whose God is the Eternal.

Psalm 145

I will extol Thee, my God, O King,
And praise Thy name for ever and ever.

Every day will I bless Thee,
And I will praise Thy name for ever and ever.

Great is the Lord and greatly to be praised,
And His greatness is without end.

One generation shall laud Thy works to another,
And shall declare Thy mighty acts.

I will speak of the splendor of Thy glorious majesty,
And tell of Thy wonders.

And men shall proclaim the might of Thy acts,
And I will declare Thy greatness.

They shall make known the fame of Thy great goodness,
And shall joyously proclaim Thy righteousness.

The Lord is gracious and full of compassion;
Slow to anger and abundant in kindness.

The Lord is good to all;
And His love is over all His works.

All whom Thou hast made shall give thanks unto Thee, O Lord,
And Thy faithful ones shall bless Thee.

They shall declare the glory of Thy kingdom,
And tell of Thy power,

To make known to the sons of men Thy mighty acts,
And the glorious splendor of Thy kingdom.

Thy kingdom is an everlasting kingdom,
And Thy dominion endureth throughout all generations.

The Lord upholdeth all who fall,
And raiseth up all who are bowed down.

The eyes of all hopefully look to Thee,
And Thou givest them their food in due season.

Thou openest Thy hand,
And satisfiest every living thing with favor.

The Lord is righteous in all His ways,
And gracious in all His works.

The Lord is near unto all who call upon Him,
To all who call upon Him in truth.

רְצוֹן־יְרֵאָיו יַעֲשֶׂה וְאֶת־שַׁוְעָתָם יִשְׁמַע וְיוֹשִׁיעֵם:
שׁוֹמֵר יְיָ אֶת־כָּל אֹהֲבָיו וְאֵת כָּל־הָרְשָׁעִים יַשְׁמִיד:
תְּהִלַּת יְיָ יְדַבֶּר־פִּי וִיבָרֵךְ כָּל־בָּשָׂר שֵׁם קָדְשׁוֹ לְעוֹלָם וָעֶד:
וַאֲנַחְנוּ נְבָרֵךְ יָהּ מֵעַתָּה וְעַד־עוֹלָם הַלְלוּיָהּ:

וּבָא לְצִיּוֹן גּוֹאֵל וּלְשָׁבֵי פֶשַׁע בְּיַעֲקֹב נְאֻם יְיָ: וַאֲנִי זֹאת בְּרִיתִי אוֹתָם אָמַר יְיָ רוּחִי אֲשֶׁר עָלֶיךָ וּדְבָרַי אֲשֶׁר־שַׂמְתִּי בְּפִיךָ לֹא־יָמוּשׁוּ מִפִּיךָ וּמִפִּי זַרְעֲךָ וּמִפִּי זֶרַע זַרְעֲךָ אָמַר יְיָ מֵעַתָּה וְעַד עוֹלָם: וְאַתָּה קָדוֹשׁ יוֹשֵׁב תְּהִלּוֹת יִשְׂרָאֵל: וְקָרָא זֶה אֶל־זֶה וְאָמַר קָדוֹשׁ קָדוֹשׁ קָדוֹשׁ יְיָ צְבָאוֹת מְלֹא כָל־הָאָרֶץ כְּבוֹדוֹ: וּמְקַבְּלִין דֵּין מִן דֵּין וְאָמְרִין קַדִּישׁ בִּשְׁמֵי מְרוֹמָא עִלָּאָה. בֵּית שְׁכִינְתֵּהּ. קַדִּישׁ עַל אַרְעָא עוֹבַד גְּבוּרְתֵּהּ קַדִּישׁ לְעָלַם וּלְעָלְמֵי עָלְמַיָּא יְיָ צְבָאוֹת מַלְיָא כָל־אַרְעָא זִיו יְקָרֵהּ: וַתִּשָּׂאֵנִי רוּחַ וָאֶשְׁמַע אַחֲרַי קוֹל רַעַשׁ גָּדוֹל. בָּרוּךְ כְּבוֹד־יְיָ מִמְּקוֹמוֹ: וּנְטָלַתְנִי רוּחָא וְשִׁמְעֵת בַּתְרַי קָל זִיעַ סַגִּיא דִּי־מְשַׁבְּחִין וְאָמְרִין. בְּרִיךְ יְקָרָא דַיְיָ מֵאֲתַר בֵּית שְׁכִינְתֵּהּ: יְיָ יִמְלֹךְ לְעֹלָם וָעֶד: יְיָ מַלְכוּתֵהּ קָאֵם לְעָלַם וּלְעָלְמֵי עָלְמַיָּא: יְיָ אֱלֹהֵי אַבְרָהָם יִצְחָק וְיִשְׂרָאֵל אֲבוֹתֵינוּ שָׁמְרָה זֹאת לְעוֹלָם לְיֵצֶר מַחְשְׁבוֹת לְבַב עַמֶּךָ וְהָכֵן לְבָבָם אֵלֶיךָ: וְהוּא רַחוּם יְכַפֵּר עָוֹן וְלֹא יַשְׁחִית וְהִרְבָּה לְהָשִׁיב אַפּוֹ וְלֹא יָעִיר כָּל־חֲמָתוֹ: כִּי אַתָּה אֲדֹנָי טוֹב וְסַלָּח וְרַב חֶסֶד לְכָל־קֹרְאֶיךָ: צִדְקָתְךָ צֶדֶק לְעוֹלָם וְתוֹרָתְךָ אֱמֶת: תִּתֵּן אֱמֶת לְיַעֲקֹב חֶסֶד לְאַבְרָהָם אֲשֶׁר נִשְׁבַּעְתָּ לַאֲבֹתֵינוּ מִימֵי קֶדֶם: בָּרוּךְ אֲדֹנָי יוֹם יוֹם יַעֲמָס לָנוּ הָאֵל יְשׁוּעָתֵנוּ סֶלָה: יְיָ צְבָאוֹת עִמָּנוּ מִשְׂגָּב־לָנוּ

He will fulfill the desire of them that revere Him;
He also will hear their cry and will save them.
   The Eternal preserveth all who love Him,
   But all wickedness will He destroy.
My mouth shall utter the praise of the Lord;
And let all men bless His holy name forever.
   We will bless the Eternal from this time forth,
   And forevermore. Hallelujah. Praise the Lord.

And a redeemer shall come to Zion and to those in Jacob who turn from transgression, saith the Lord. And as for Me, this is My covenant with them, saith the Lord: My spirit that is upon you, and My words which I have put in your mouth shall not depart out of your mouth, nor out of the mouth of your children nor your children's children henceforth and forever. Thou art holy, O Thou who art enthroned upon the praises of Israel. And one called to another and said:[1] Holy, holy, holy is the Lord of hosts; the whole earth is full of His glory. [And they receive sanction one from the other, and say: Holy in the highest heavens, the place of His abode; Holy upon earth, the work of His mighty power; Holy forever and to all eternity is the Lord of hosts; the whole earth is full of the radiance of His glory.]* And a wind lifted me up, and I heard behind me a mighty chorus proclaiming: Blessed be the glory of the Lord everywhere. [Then a wind lifted me up, and I heard behind me the mighty moving sound of those who uttered praises and said: Blessed be the glory of the Lord from the place of his abode.] The Lord shall reign for ever and ever. [The kingdom of the Lord is established forever and to all eternity.]

O Lord, God of our fathers, Abraham, Isaac and Israel, keep this forever in the inward thoughts of the heart of Thy people, and direct their heart unto Thee, for Thou, being merciful, full of compassion, forgiveth iniquity and destroyeth not; yea, many a time Thou turnest anger away. For Thou, O Lord, art good, and ready to forgive; abounding in mercy unto all who call upon Thee. Thy righteousness is everlasting, and Thy Law is truth. Thou wilt show faithfulness to Jacob and mercy to Abraham, as Thou hast promised unto our fathers from the days of old. Blessed be the Lord who day by day bears our burden. He is the God of our salvation, the Lord of hosts be with us; the God of Jacob be

---

[1] The vision of Isaiah, ch. 6.   * The verses enclosed in brackets are the Targum or Aramaic paraphrases of the preceding Biblical texts.

אֱלֹהֵי יַעֲקֹב סֶלָה: יְיָ צְבָאוֹת אַשְׁרֵי אָדָם בֹּטֵחַ בָּךְ: יְיָ הוֹשִׁיעָה הַמֶּלֶךְ יַעֲנֵנוּ בְיוֹם קָרְאֵנוּ: בָּרוּךְ הוּא אֱלֹהֵינוּ שֶׁבְּרָאָנוּ לִכְבוֹדוֹ וְהִבְדִּילָנוּ מִן הַתּוֹעִים וְנָתַן לָנוּ תּוֹרַת אֱמֶת וְחַיֵּי עוֹלָם נָטַע בְּתוֹכֵנוּ הוּא יִפְתַּח לִבֵּנוּ בְּתוֹרָתוֹ וְיָשֵׂם בְּלִבֵּנוּ אַהֲבָתוֹ וְיִרְאָתוֹ וְלַעֲשׂוֹת רְצוֹנוֹ וּלְעָבְדוֹ בְּלֵבָב שָׁלֵם לְמַעַן לֹא נִיגַע לָרִיק וְלֹא נֵלֵד לַבֶּהָלָה: יְהִי רָצוֹן מִלְּפָנֶיךָ יְיָ אֱלֹהֵינוּ וֵאלֹהֵי אֲבוֹתֵינוּ שֶׁנִּשְׁמוֹר חֻקֶּיךָ בָּעוֹלָם הַזֶּה וְנִזְכֶּה וְנִחְיֶה וְנִרְאֶה וְנִירַשׁ טוֹבָה וּבְרָכָה לִשְׁנֵי יְמוֹת הַמָּשִׁיחַ וּלְחַיֵּי הָעוֹלָם הַבָּא: לְמַעַן יְזַמֶּרְךָ כָבוֹד וְלֹא יִדֹּם יְיָ אֱלֹהַי לְעוֹלָם אוֹדֶךָּ: בָּרוּךְ הַגֶּבֶר אֲשֶׁר יִבְטַח בַּייָ וְהָיָה יְיָ מִבְטַחוֹ: בִּטְחוּ בַייָ עֲדֵי־עַד כִּי בְּיָהּ יְיָ צוּר עוֹלָמִים: וְיִבְטְחוּ בְךָ יוֹדְעֵי שְׁמֶךָ כִּי לֹא עָזַבְתָּ דֹרְשֶׁיךָ יְיָ: יְיָ חָפֵץ לְמַעַן צִדְקוֹ יַגְדִּיל תּוֹרָה וְיַאְדִּיר:

Reader

יִתְגַּדַּל וְיִתְקַדַּשׁ שְׁמֵהּ רַבָּא. בְּעָלְמָא דִּי־בְרָא כִרְעוּתֵהּ. וְיַמְלִיךְ מַלְכוּתֵהּ בְּחַיֵּיכוֹן וּבְיוֹמֵיכוֹן וּבְחַיֵּי דְכָל־בֵּית יִשְׂרָאֵל בַּעֲגָלָא וּבִזְמַן קָרִיב. וְאִמְרוּ אָמֵן:

Congregation and Reader

יְהֵא שְׁמֵהּ רַבָּא מְבָרַךְ לְעָלַם וּלְעָלְמֵי עָלְמַיָּא:

Reader

יִתְבָּרַךְ וְיִשְׁתַּבַּח וְיִתְפָּאַר וְיִתְרוֹמַם וְיִתְנַשֵּׂא וְיִתְהַדַּר וְיִתְעַלֶּה וְיִתְהַלָּל שְׁמֵהּ דְּקֻדְשָׁא. בְּרִיךְ הוּא. לְעֵלָּא וּלְעֵלָּא מִן־כָּל־בִּרְכָתָא וְשִׁירָתָא תֻּשְׁבְּחָתָא וְנֶחֱמָתָא דַּאֲמִירָן בְּעָלְמָא. וְאִמְרוּ אָמֵן:

On a week-day, continue on page 185

a stronghold unto us. O Lord of hosts, happy is the man that trusts in Thee. Save, O Lord; O King, answer us on the day when we call.

Blessed be our God who hath created us for His glory, and hath separated us from them that go astray by giving us the Torah of truth, thus planting everlasting life in our midst. May He open our hearts unto His Law, and with love and reverence may we do His will and serve Him with a perfect heart that we may not labor in vain, nor bring forth confusion. May it be Thy will, O Lord our God and God of our fathers, that we keep Thy statutes in the world, and be worthy to live and inherit happiness and blessings in the days of the Messiah and in the life of the world to come.

May my soul sing Thy praise and not be silent; O Lord my God, I will give thanks unto Thee forever. Blessed is the man that trusts in Thee, O Lord, and whose trust Thou art. Trust in the Lord forever, for the Lord is an everlasting Rock. And they that know Thy name will put their trust in Thee; Thou hast not forsaken them that seek Thee. Thou, O Lord, desirest for the sake of Thy righteousness to make the Torah great and glorious.

Reader

Magnified and sanctified be the great name of God throughout the world which He hath created according to His will. May He establish His kingdom during the days of your life and during the life of all the house of Israel, speedily, yea, soon; and say ye, Amen.

Congregation and Reader

May His great name be blessed for ever and ever.

Reader

Exalted and honored be the name of the Holy One, blessed be He, whose glory transcends, yea, is beyond all blessings and hymns, praises and consolations which are uttered in the world; and say ye, Amen.

On a week-day, continue on page 185

On Sabbath

וַאֲנִי תְפִלָּתִי־לְךָ יְיָ עֵת רָצוֹן אֱלֹהִים בְּרָב־חַסְדֶּךָ עֲנֵנִי בֶּאֱמֶת יִשְׁעֶךָ:

The Ark is opened

Reader

וַיְהִי בִּנְסֹעַ הָאָרֹן וַיֹּאמֶר מֹשֶׁה קוּמָה יְיָ וְיָפֻצוּ אֹיְבֶיךָ וְיָנֻסוּ מְשַׂנְאֶיךָ מִפָּנֶיךָ:

Congregation

כִּי מִצִּיּוֹן תֵּצֵא תוֹרָה וּדְבַר־יְיָ מִירוּשָׁלָיִם:

בָּרוּךְ שֶׁנָּתַן תּוֹרָה לְעַמּוֹ יִשְׂרָאֵל בִּקְדֻשָּׁתוֹ:

Reader

גַּדְּלוּ לַייָ אִתִּי. וּנְרוֹמְמָה שְׁמוֹ יַחְדָּו:

Congregation and Reader

לְךָ יְיָ הַגְּדֻלָּה וְהַגְּבוּרָה וְהַתִּפְאֶרֶת וְהַנֵּצַח וְהַהוֹד כִּי־כֹל בַּשָּׁמַיִם וּבָאָרֶץ לְךָ יְיָ הַמַּמְלָכָה וְהַמִּתְנַשֵּׂא לְכֹל לְרֹאשׁ: רוֹמְמוּ יְיָ אֱלֹהֵינוּ וְהִשְׁתַּחֲווּ לַהֲדֹם רַגְלָיו קָדוֹשׁ הוּא: רוֹמְמוּ יְיָ אֱלֹהֵינוּ וְהִשְׁתַּחֲווּ לְהַר קָדְשׁוֹ כִּי־קָדוֹשׁ יְיָ אֱלֹהֵינוּ:

דברים ל״ב א׳–י״ב

כהן הַאֲזִינוּ הַשָּׁמַיִם וַאֲדַבֵּרָה וְתִשְׁמַע הָאָרֶץ אִמְרֵי־פִי:
יַעֲרֹף כַּמָּטָר לִקְחִי תִּזַּל כַּטַּל אִמְרָתִי
כִּשְׂעִירִם עֲלֵי־דֶשֶׁא וְכִרְבִיבִים עֲלֵי־עֵשֶׂב:
כִּי שֵׁם יְהוָה אֶקְרָא הָבוּ גֹדֶל לֵאלֹהֵינוּ:

On Sabbath

As for me, may my prayer unto Thee, O Lord, be in an acceptable time; O God, in the abundance of Thy loving-kindness, answer me in the truth of Thy salvation.

The Ark is opened

Reader

And it came to pass when the Ark set forward, that Moses said: "Rise up, O Lord, and let Thine enemies be scattered; and let them that hate Thee flee before Thee."

Congregation

For out of Zion shall go forth the Torah, and the word of the Lord from Jerusalem.

Kee mi-tsi-yōn tay-tsay sō-ro,
U-d'var A-dō-noy mee-ru-sho-lo-yim.

Blessed be He who in His holiness hath given the Torah unto Israel.

Reader

Extol the Lord with me, and let us exalt His name together.

Congregation and Reader

Thine, O Lord, is the greatness, the power, the glory, the triumph, and the majesty; for all that is in the heaven and on the earth is Thine. Thine is the kingdom, O Lord, and Thou art supreme above all. Exalt the Lord our God, and worship at His footstool; holy is He. Exalt the Lord our God, and worship at His holy mountain for the Lord our God is holy.

Deuteronomy 32:1–12

Give ear, ye heavens, and I will speak; and let the earth hear the words of my mouth. My doctrine shall drop as the rain; my speech shall distil as the dew, as the small rain upon the tender herb and as the showers upon the grass. For I will proclaim the name of the Lord; ascribe greatness unto our God.

לוי הַצּוּר תָּמִים פָּעֳלוֹ כִּי כָל־דְּרָכָיו מִשְׁפָּט
אֵל אֱמוּנָה וְאֵין עָוֶל צַדִּיק וְיָשָׁר הוּא:
שִׁחֵת לוֹ לֹא בָּנָיו מוּמָם דּוֹר עִקֵּשׁ וּפְתַלְתֹּל:
הַ לַיהוָה תִּגְמְלוּ־זֹאת עַם נָבָל וְלֹא חָכָם
הֲלוֹא־הוּא אָבִיךָ קָּנֶךָ הוּא עָשְׂךָ וַיְכֹנְנֶךָ:
ישראל זְכֹר יְמוֹת עוֹלָם בִּינוּ שְׁנוֹת דֹּר־וָדֹר
שְׁאַל אָבִיךָ וְיַגֵּדְךָ זְקֵנֶיךָ וְיֹאמְרוּ־לָךְ:
בְּהַנְחֵל עֶלְיוֹן גּוֹיִם בְּהַפְרִידוֹ בְּנֵי אָדָם
יַצֵּב גְּבֻלֹת עַמִּים לְמִסְפַּר בְּנֵי יִשְׂרָאֵל:
כִּי חֵלֶק יְהוָה עַמּוֹ יַעֲקֹב חֶבֶל נַחֲלָתוֹ:
יִמְצָאֵהוּ בְּאֶרֶץ מִדְבָּר וּבְתֹהוּ יְלֵל יְשִׁמֹן
יְסֹבְבֶנְהוּ יְבוֹנְנֵהוּ יִצְּרֶנְהוּ כְּאִישׁוֹן עֵינוֹ:
כְּנֶשֶׁר יָעִיר קִנּוֹ עַל־גּוֹזָלָיו יְרַחֵף
יִפְרֹשׂ כְּנָפָיו יִקָּחֵהוּ יִשָּׂאֵהוּ עַל־אֶבְרָתוֹ:
יְהוָה בָּדָד יַנְחֶנּוּ וְאֵין עִמּוֹ אֵל נֵכָר:

The Ark is opened

Reader

יְהַלְלוּ אֶת־שֵׁם יְיָ כִּי־נִשְׂגָּב שְׁמוֹ לְבַדּוֹ.

Congregation

הוֹדוֹ עַל־אֶרֶץ וְשָׁמָיִם: וַיָּרֶם קֶרֶן לְעַמּוֹ תְּהִלָּה לְכָל־
חֲסִידָיו לִבְנֵי יִשְׂרָאֵל עַם קְרֹבוֹ הַלְלוּיָהּ:

כ״ד לְדָוִד מִזְמוֹר

לַייָ הָאָרֶץ וּמְלוֹאָהּ תֵּבֵל וְיֹשְׁבֵי בָהּ: כִּי הוּא עַל־יַמִּים
יְסָדָהּ וְעַל־נְהָרוֹת יְכוֹנְנֶהָ: מִי־יַעֲלֶה בְהַר יְיָ וּמִי־יָקוּם
בִּמְקוֹם קָדְשׁוֹ: נְקִי כַפַּיִם וּבַר לֵבָב אֲשֶׁר לֹא־נָשָׂא לַשָּׁוְא

The Rock, His work is perfect for all His ways are justice; a God of faithfulness and without iniquity, just and right is He. Is corruption His? No; His children's is the blemish; a generation crooked and perverse. Do ye thus requite the Lord, O foolish people and unwise? Is not He thy Father that hath gotten thee? Hath He not made thee, and established thee?

Remember the days of old, consider the years of many generations; ask thy father, and he will declare unto thee, thine elders, and they will tell thee. When the Most High gave to the nations their inheritance, when He separated the children of men, He set the borders of the peoples according to the number of the children of Israel. For the portion of the Lord is His people, Jacob the lot of His inheritance. He found him in a desert land, and in the waste, a howling wilderness; He compassed him about; He cared for him, He kept him as the apple of His eye. As an eagle that stirreth up her nest, hovereth over her young, spreadeth abroad her wings, taketh them, beareth them on her pinions—The Lord alone did lead him, and there was no strange god with Him.

The Ark is opened

Reader

Let all praise the name of the Lord;
For His name alone is supreme.

Congregation

His glory is above the earth and heaven. He hath given glory unto His people; He is the praise of all the children of Israel, a people near unto Him. Hallelujah.

Selected from Psalm 24

The earth is the Lord's with all that it contains;
The world and they that dwell thereon.

For He hath founded it upon the seas,
And established it upon the floods.

Who may ascend the mountain of the Lord?
And who shall stand in His holy place?

He that has clean hands and a pure heart;
Who has not taken My name in vain,
And has not sworn deceitfully.

נַפְשִׁי וְלֹא נִשְׁבַּע לְמִרְמָה: יִשָּׂא בְרָכָה מֵאֵת יְיָ וּצְדָקָה מֵאֱלֹהֵי יִשְׁעוֹ: זֶה דּוֹר דֹּרְשָׁיו מְבַקְשֵׁי פָנֶיךָ יַעֲקֹב סֶלָה: שְׂאוּ שְׁעָרִים רָאשֵׁיכֶם וְהִנָּשְׂאוּ פִּתְחֵי עוֹלָם וְיָבוֹא מֶלֶךְ הַכָּבוֹד: מִי זֶה מֶלֶךְ הַכָּבוֹד יְיָ עִזּוּז וְגִבּוֹר יְיָ גִּבּוֹר מִלְחָמָה: שְׂאוּ שְׁעָרִים רָאשֵׁיכֶם וּשְׂאוּ פִּתְחֵי עוֹלָם וְיָבֹא מֶלֶךְ הַכָּבוֹד: מִי הוּא זֶה מֶלֶךְ הַכָּבוֹד יְיָ צְבָאוֹת הוּא מֶלֶךְ הַכָּבוֹד סֶלָה:

וּבְנֻחֹה יֹאמַר שׁוּבָה יְיָ רִבְבוֹת אַלְפֵי יִשְׂרָאֵל: קוּמָה יְיָ לִמְנוּחָתֶךָ אַתָּה וַאֲרוֹן עֻזֶּךָ: כֹּהֲנֶיךָ יִלְבְּשׁוּ צֶדֶק וַחֲסִידֶיךָ יְרַנֵּנוּ: בַּעֲבוּר דָּוִד עַבְדֶּךָ אַל תָּשֵׁב פְּנֵי מְשִׁיחֶךָ: כִּי לֶקַח טוֹב נָתַתִּי לָכֶם תּוֹרָתִי אַל־תַּעֲזֹבוּ: עֵץ חַיִּים הִיא לַמַּחֲזִיקִים בָּהּ וְתֹמְכֶיהָ מְאֻשָּׁר: דְּרָכֶיהָ דַרְכֵי־נֹעַם וְכָל־נְתִיבוֹתֶיהָ שָׁלוֹם: הֲשִׁיבֵנוּ יְיָ אֵלֶיךָ וְנָשׁוּבָה חַדֵּשׁ יָמֵינוּ כְּקֶדֶם:

The Ark is closed

Reader

יִתְגַּדַּל וְיִתְקַדַּשׁ שְׁמֵהּ רַבָּא. בְּעָלְמָא דִּי־בְרָא כִרְעוּתֵהּ. וְיַמְלִיךְ מַלְכוּתֵהּ בְּחַיֵּיכוֹן וּבְיוֹמֵיכוֹן וּבְחַיֵּי דְכָל־בֵּית יִשְׂרָאֵל בַּעֲגָלָא וּבִזְמַן קָרִיב. וְאִמְרוּ אָמֵן:

Congregation and Reader

יְהֵא שְׁמֵהּ רַבָּא מְבָרַךְ לְעָלַם וּלְעָלְמֵי עָלְמַיָּא:

Reader

יִתְבָּרַךְ וְיִשְׁתַּבַּח וְיִתְפָּאַר וְיִתְרוֹמַם וְיִתְנַשֵּׂא וְיִתְהַדַּר וְיִתְעַלֶּה וְיִתְהַלַּל שְׁמֵהּ דְּקֻדְשָׁא. בְּרִיךְ הוּא. לְעֵלָּא וּלְעֵלָּא מִכָּל־בִּרְכָתָא וְשִׁירָתָא תֻּשְׁבְּחָתָא וְנֶחֱמָתָא דַּאֲמִירָן בְּעָלְמָא. וְאִמְרוּ אָמֵן:

He shall receive a blessing from the Lord,
And righteousness from the God of His salvation.

Lift up your heads, O ye gates,
Yea, lift them up, ye everlasting doors,
That the King of glory may come in.

Who then is the King of glory?
The Lord of hosts,
He is the King of glory.

Selected from the Hebrew

When the Ark rested, Moses said:
'Return, O Lord, unto the multitude of the families of Israel.'

Arise, O Lord, unto Thy Sanctuary,
Thou, and the Ark of Thy strength.

Let Thy priests be clothed with righteousness;
And let Thy faithful ones exult.

I give you good counsel;
Forsake not My Torah.

It is a Tree of Life to them that hold fast to it.
And every one that upholds it is happy.

Its ways are ways of pleasantness,
And all its paths are peace.

Turn us unto Thee, O Lord, and we shall return;
Renew our days as of old.

The Ark is closed

Reader

Magnified and sanctified be the great name of God throughout the world which He hath created according to His will. May He establish His kingdom during the days of your life and during the life of all the house of Israel, speedily, yea, soon; and say ye, Amen.

Congregation and Reader

May His great name be blessed for ever and ever.

Reader

Exalted and honored be the name of the Holy One, blessed be He, whose glory transcends, yea, is beyond all blessings and hymns, praises and consolations which are uttered in the world; and say ye, Amen.

The Amidah is said standing, in silent devotion

אֲדֹנָי שְׂפָתַי תִּפְתָּח וּפִי יַגִּיד תְּהִלָּתֶךָ:

בָּרוּךְ אַתָּה יְיָ אֱלֹהֵינוּ וֵאלֹהֵי אֲבוֹתֵינוּ. אֱלֹהֵי אַבְרָהָם אֱלֹהֵי יִצְחָק וֵאלֹהֵי יַעֲקֹב. הָאֵל הַגָּדוֹל הַגִּבּוֹר וְהַנּוֹרָא אֵל עֶלְיוֹן. גּוֹמֵל חֲסָדִים טוֹבִים וְקוֹנֵה הַכֹּל. וְזוֹכֵר חַסְדֵי אָבוֹת וּמֵבִיא גוֹאֵל לִבְנֵי בְנֵיהֶם לְמַעַן שְׁמוֹ בְּאַהֲבָה:

זָכְרֵנוּ לַחַיִּים מֶלֶךְ חָפֵץ בַּחַיִּים. וְכָתְבֵנוּ בְּסֵפֶר הַחַיִּים. לְמַעַנְךָ אֱלֹהִים חַיִּים: מֶלֶךְ עוֹזֵר וּמוֹשִׁיעַ וּמָגֵן. בָּרוּךְ אַתָּה יְיָ מָגֵן אַבְרָהָם:

אַתָּה גִּבּוֹר לְעוֹלָם אֲדֹנָי מְחַיֵּה מֵתִים אַתָּה רַב לְהוֹשִׁיעַ. מְכַלְכֵּל חַיִּים בְּחֶסֶד מְחַיֵּה מֵתִים בְּרַחֲמִים רַבִּים. סוֹמֵךְ נוֹפְלִים וְרוֹפֵא חוֹלִים וּמַתִּיר אֲסוּרִים וּמְקַיֵּם אֱמוּנָתוֹ לִישֵׁנֵי עָפָר. מִי כָמוֹךָ בַּעַל גְּבוּרוֹת וּמִי דוֹמֶה לָּךְ. מֶלֶךְ מֵמִית וּמְחַיֶּה וּמַצְמִיחַ יְשׁוּעָה: מִי כָמוֹךָ אַב הָרַחֲמִים זוֹכֵר יְצוּרָיו לַחַיִּים בְּרַחֲמִים: וְנֶאֱמָן אַתָּה לְהַחֲיוֹת מֵתִים. בָּרוּךְ אַתָּה יְיָ מְחַיֵּה הַמֵּתִים:*

אַתָּה קָדוֹשׁ וְשִׁמְךָ קָדוֹשׁ וּקְדוֹשִׁים בְּכָל־יוֹם יְהַלְלוּךָ סֶּלָה:

**When the Reader chants the Amidah, the Kedushah is added*

נְקַדֵּשׁ אֶת־שִׁמְךָ בָּעוֹלָם כְּשֵׁם שֶׁמַּקְדִּישִׁים אוֹתוֹ בִּשְׁמֵי מָרוֹם כַּכָּתוּב עַל־יַד נְבִיאֶךָ. וְקָרָא זֶה אֶל־זֶה וְאָמַר.

קָדוֹשׁ קָדוֹשׁ קָדוֹשׁ יְיָ צְבָאוֹת. מְלֹא כָל־הָאָרֶץ כְּבוֹדוֹ:

Reader לְעֻמָּתָם בָּרוּךְ יֹאמֵרוּ.

בָּרוּךְ כְּבוֹד־יְיָ מִמְּקוֹמוֹ:

Reader וּבְדִבְרֵי קָדְשְׁךָ כָּתוּב לֵאמֹר.

יִמְלֹךְ יְיָ לְעוֹלָם. אֱלֹהַיִךְ צִיּוֹן לְדֹר וָדֹר. הַלְלוּיָהּ:

The Amidah is said standing, in silent devotion

O Lord, open Thou my lips that my mouth may declare Thy praise.

Blessed art Thou, O Lord our God and God of our fathers, God of Abraham, God of Isaac, and God of Jacob, the great, mighty, revered and exalted God who bestowest loving-kindness and art Master of all. Mindful of the patriarchs' love for Thee, Thou wilt in Thy love bring a redeemer to their children's children for the sake of Thy name.

Remember us unto life, O King who delightest in life, and inscribe us in the Book of Life so that we may live worthily for Thy sake, O God of life. O King, Thou Helper, Redeemer and Shield, praised be Thou, O Lord, Shield of Abraham.

Thou, O Lord, art mighty forever. Thou callest the dead to immortal life for Thou art mighty in salvation. Thou sustainest the living with loving-kindness, and in great mercy grantest everlasting life to those who have passed away. Thou upholdest the falling, healest the sick, settest free those in bondage, and keepest faith with those that sleep in the dust. Who is like unto Thee, Almighty King, who decreest death and grantest immortal life and bringest forth salvation? Who may be compared to Thee, Father of mercy, who in love rememberest Thy creatures unto life? Faithful art Thou to grant eternal life to the departed. Blessed art Thou, O Lord, who callest the dead to life everlasting.*

Thou art holy and Thy name is holy and holy beings praise Thee daily.

---

* *When the Reader chants the Amidah, the Kedushah is added*

We sanctify Thy name on earth even as it is sanctified in the heavens above, as described in the vision of Thy prophet:
And the seraphim called one unto another saying:
Holy, holy, holy is the Lord of hosts,
The whole earth is full of His glory.

Reader

Whereupon the angels declare:
Blessed be the glory of God from His heavenly abode.

Reader

And as it is written in Holy Scriptures:
The Lord shall reign forever; thy God, O Zion, shall be Sovereign unto all generations. Hallelujah!

Reader

לְדוֹר וָדוֹר נַגִּיד גָּדְלֶךָ. וּלְנֵצַח נְצָחִים קְדֻשָּׁתְךָ נַקְדִּישׁ. וְשִׁבְחֲךָ אֱלֹהֵינוּ מִפִּינוּ לֹא יָמוּשׁ לְעוֹלָם וָעֶד. כִּי אֵל מֶלֶךְ גָּדוֹל וְקָדוֹשׁ אָתָּה:

וּבְכֵן תֵּן פַּחְדְּךָ יְיָ אֱלֹהֵינוּ עַל כָּל־מַעֲשֶׂיךָ וְאֵימָתְךָ עַל כָּל־מַה־שֶּׁבָּרָאתָ. וְיִירָאוּךָ כָּל־הַמַּעֲשִׂים וְיִשְׁתַּחֲווּ לְפָנֶיךָ כָּל־הַבְּרוּאִים. וְיֵעָשׂוּ כֻלָּם אֲגֻדָּה אֶחָת לַעֲשׂוֹת רְצוֹנְךָ בְּלֵבָב שָׁלֵם. כְּמוֹ שֶׁיָּדַעְנוּ יְיָ אֱלֹהֵינוּ שֶׁהַשִּׁלְטוֹן לְפָנֶיךָ עֹז בְּיָדְךָ וּגְבוּרָה בִּימִינֶךָ וְשִׁמְךָ נוֹרָא עַל כָּל־מַה־שֶּׁבָּרָאתָ:

וּבְכֵן תֵּן כָּבוֹד יְיָ לְעַמֶּךָ תְּהִלָּה לִירֵאֶיךָ וְתִקְוָה לְדוֹרְשֶׁיךָ וּפִתְחוֹן פֶּה לַמְיַחֲלִים לָךְ. שִׂמְחָה לְאַרְצֶךָ וְשָׂשׂוֹן לְעִירֶךָ וּצְמִיחַת קֶרֶן לְדָוִד עַבְדֶּךָ וַעֲרִיכַת נֵר לְבֶן יִשַׁי מְשִׁיחֶךָ בִּמְהֵרָה בְיָמֵינוּ:

וּבְכֵן צַדִּיקִים יִרְאוּ וְיִשְׂמָחוּ וִישָׁרִים יַעֲלֹזוּ וַחֲסִידִים בְּרִנָּה יָגִילוּ. וְעוֹלָתָה תִּקְפָּץ־פִּיהָ וְכָל־הָרִשְׁעָה כֻּלָּהּ כְּעָשָׁן תִּכְלֶה. כִּי תַעֲבִיר מֶמְשֶׁלֶת זָדוֹן מִן הָאָרֶץ:

וְתִמְלוֹךְ אַתָּה יְיָ לְבַדֶּךָ עַל כָּל־מַעֲשֶׂיךָ בְּהַר צִיּוֹן מִשְׁכַּן כְּבוֹדֶךָ וּבִירוּשָׁלַיִם עִיר קָדְשֶׁךָ כַּכָּתוּב בְּדִבְרֵי קָדְשֶׁךָ. יִמְלֹךְ יְיָ לְעוֹלָם אֱלֹהַיִךְ צִיּוֹן לְדֹר וָדֹר הַלְלוּיָהּ:

קָדוֹשׁ אַתָּה וְנוֹרָא שְׁמֶךָ וְאֵין אֱלוֹהַּ מִבַּלְעָדֶיךָ כַּכָּתוּב. וַיִּגְבַּה יְיָ צְבָאוֹת בַּמִּשְׁפָּט וְהָאֵל הַקָּדוֹשׁ נִקְדַּשׁ בִּצְדָקָה. בָּרוּךְ אַתָּה יְיָ הַמֶּלֶךְ הַקָּדוֹשׁ:

Reader

Unto all generations we shall declare Thy greatness, and to all eternity we will proclaim Thy holiness; and Thy praise, O our God, shall not depart from our mouth forever, for Thou art a great and holy God and King.

And therefore, O Lord our God, let Thine awe be manifest in all Thy works, and a reverence for Thee fill all that Thou hast created, so that all Thy creatures may know Thee, and all mankind bow down to acknowledge Thee. May all Thy children unite in one fellowship to do Thy will with a perfect heart; for we know, O Lord our God, that dominion is Thine, that Thy might and power are supreme, and that Thy name is to be revered over all Thou hast created.

And therefore, O Lord, grant glory to Thy people who serve Thee, praise to those who revere Thee, hope to those who seek Thee, and confidence to those who yearn for Thee. Bring joy to Thy land, gladness to Thy city, renewed strength to the seed of David, and a constant light to Thy servants in Zion. O may this come to pass speedily in our days.

And therefore, the righteous shall see and be glad, the just exult, and the pious rejoice in song, while iniquity shall close its mouth and all wickedness shall vanish like smoke, when Thou removest the dominion of tyranny from the earth.

And Thou, O Lord, wilt rule, Thou alone, over all Thy works on Mount Zion, the dwelling place of Thy glory, and in Jerusalem, Thy holy city, fulfilling the words of the Psalmist: The Lord shall reign forever; thy God, O Zion, shall be Sovereign unto all generations. Praise the Lord.

Holy art Thou, and awe-inspiring is Thy name, and there is no God besides Thee; as it is written in Holy Scriptures: "The Lord of hosts is exalted through justice, and the holy God is sanctified through righteousness." Blessed art Thou, O Lord, the holy King.

אַתָּה בְחַרְתָּנוּ מִכָּל הָעַמִּים. אָהַבְתָּ אוֹתָנוּ. וְרָצִיתָ בָּנוּ. וְרוֹמַמְתָּנוּ מִכָּל הַלְּשׁוֹנוֹת. וְקִדַּשְׁתָּנוּ בְּמִצְוֹתֶיךָ. וְקֵרַבְתָּנוּ מַלְכֵּנוּ לַעֲבוֹדָתֶךָ. וְשִׁמְךָ הַגָּדוֹל וְהַקָּדוֹשׁ עָלֵינוּ קָרָאתָ:

On Sabbath add the bracketed words

וַתִּתֶּן־לָנוּ יְיָ אֱלֹהֵינוּ בְּאַהֲבָה אֶת־יוֹם [הַשַּׁבָּת הַזֶּה וְאֶת־יוֹם] הַזִּכָּרוֹן הַזֶּה יוֹם [זִכְרוֹן] תְּרוּעָה [בְּאַהֲבָה] מִקְרָא קֹדֶשׁ זֵכֶר לִיצִיאַת מִצְרָיִם:

אֱלֹהֵינוּ וֵאלֹהֵי אֲבוֹתֵינוּ יַעֲלֶה וְיָבֹא וְיַגִּיעַ וְיֵרָאֶה וְיֵרָצֶה וְיִשָּׁמַע וְיִפָּקֵד וְיִזָּכֵר זִכְרוֹנֵנוּ וּפִקְדוֹנֵנוּ וְזִכְרוֹן אֲבוֹתֵינוּ וְזִכְרוֹן מָשִׁיחַ בֶּן דָּוִד עַבְדֶּךָ וְזִכְרוֹן יְרוּשָׁלַיִם עִיר קָדְשֶׁךָ וְזִכְרוֹן כָּל־עַמְּךָ בֵּית יִשְׂרָאֵל לְפָנֶיךָ לִפְלֵיטָה לְטוֹבָה לְחֵן וּלְחֶסֶד וּלְרַחֲמִים לְחַיִּים וּלְשָׁלוֹם בְּיוֹם הַזִּכָּרוֹן הַזֶּה: זָכְרֵנוּ יְיָ אֱלֹהֵינוּ בּוֹ לְטוֹבָה. וּפָקְדֵנוּ בוֹ לִבְרָכָה. וְהוֹשִׁיעֵנוּ בוֹ לְחַיִּים. וּבִדְבַר יְשׁוּעָה וְרַחֲמִים חוּס וְחָנֵּנוּ וְרַחֵם עָלֵינוּ וְהוֹשִׁיעֵנוּ כִּי אֵלֶיךָ עֵינֵינוּ. כִּי אֵל מֶלֶךְ חַנּוּן וְרַחוּם אָתָּה:

אֱלֹהֵינוּ וֵאלֹהֵי אֲבוֹתֵינוּ מְלוֹךְ עַל כָּל־הָעוֹלָם כֻּלּוֹ בִּכְבוֹדֶךָ וְהִנָּשֵׂא עַל כָּל־הָאָרֶץ בִּיקָרֶךָ וְהוֹפַע בַּהֲדַר גְּאוֹן עֻזֶּךָ עַל כָּל־יוֹשְׁבֵי תֵבֵל אַרְצֶךָ. וְיֵדַע כָּל־פָּעוּל כִּי אַתָּה פְעַלְתּוֹ וְיָבִין כָּל־יָצוּר כִּי אַתָּה יְצַרְתּוֹ. וְיֹאמַר כֹּל אֲשֶׁר נְשָׁמָה בְאַפּוֹ יְיָ אֱלֹהֵי יִשְׂרָאֵל מֶלֶךְ וּמַלְכוּתוֹ בַּכֹּל מָשָׁלָה: אֱלֹהֵינוּ וֵאלֹהֵי אֲבוֹתֵינוּ [רְצֵה בִמְנוּחָתֵנוּ] קַדְּשֵׁנוּ בְּמִצְוֹתֶיךָ וְתֵן חֶלְקֵנוּ בְּתוֹרָתֶךָ שַׂבְּעֵנוּ מִטּוּבֶךָ

Thou didst choose us for Thy service from among all peoples, loving us and taking delight in us. Thou didst exalt us above all tongues by making us holy through Thy commandments. Thou hast drawn us near, O our King, unto Thy service and hast called us by Thy great and holy name.

On Sabbath add the bracketed words

And Thou hast given us in love, O Lord our God, [this Sabbath day and] this Day of Remembrance, a day for [recalling the] sounding of the Shofar; a holy convocation as a memorial of the departure from Egypt.

Our God and God of our fathers, may Israel be remembered with loving-kindness and mercy, for life and peace; may Zion be remembered for deliverance and well-being on this Day of Remembrance. Remember us, O Lord our God, for our good, and be mindful of us for a life of blessing. In accordance with Thy promise of salvation and mercy, spare us and be gracious unto us; have compassion upon us and save us. Unto Thee have we lifted our eyes, for Thou art a gracious and merciful God and King.

Our God and God of our fathers, reign over all the universe in Thy glory, and in Thy splendor be exalted over all the earth. Shine forth in the majesty of Thy triumphant power over all the inhabitants of Thy world, that every living form may know that Thou hast formed it, and every living creature understand that Thou hast created it, and all with life's breath in their nostrils may declare: "The Lord, God of Israel, is King and His dominion ruleth over all." Our God and God of our fathers, [accept our rest;] sanctify us by Thy commandments, and grant that our portion be in Thy Torah; satisfy us with Thy goodness, and gladden us with Thy

וְשַׂמְּחֵנוּ בִּישׁוּעָתֶךָ.]וְהַנְחִילֵנוּ יְיָ אֱלֹהֵינוּ בְּאַהֲבָה וּבְרָצוֹן שַׁבַּת קָדְשֶׁךָ וְיָנוּחוּ בָהּ יִשְׂרָאֵל מְקַדְּשֵׁי שְׁמֶךָ[וְטַהֵר לִבֵּנוּ לְעָבְדְּךָ בֶּאֱמֶת. כִּי אַתָּה אֱלֹהִים אֱמֶת וּדְבָרְךָ אֱמֶת וְקַיָּם לָעַד. בָּרוּךְ אַתָּה יְיָ. מֶלֶךְ עַל כָּל־הָאָרֶץ מְקַדֵּשׁ]הַשַּׁבָּת וְ[יִשְׂרָאֵל וְיוֹם הַזִּכָּרוֹן:

רְצֵה יְיָ אֱלֹהֵינוּ בְּעַמְּךָ יִשְׂרָאֵל וּבִתְפִלָּתָם. וְהָשֵׁב אֶת־ הָעֲבוֹדָה לִדְבִיר בֵּיתֶךָ וְאִשֵּׁי יִשְׂרָאֵל וּתְפִלָּתָם בְּאַהֲבָה תְקַבֵּל בְּרָצוֹן. וּתְהִי לְרָצוֹן תָּמִיד עֲבוֹדַת יִשְׂרָאֵל עַמֶּךָ. וְתֶחֱזֶינָה עֵינֵינוּ בְּשׁוּבְךָ לְצִיּוֹן בְּרַחֲמִים. בָּרוּךְ אַתָּה יְיָ הַמַּחֲזִיר שְׁכִינָתוֹ לְצִיּוֹן:

*מוֹדִים אֲנַחְנוּ לָךְ שָׁאַתָּה הוּא יְיָ אֱלֹהֵינוּ וֵאלֹהֵי אֲבוֹתֵינוּ לְעוֹלָם וָעֶד. צוּר חַיֵּינוּ מָגֵן יִשְׁעֵנוּ אַתָּה הוּא לְדוֹר וָדוֹר. נוֹדֶה לְּךָ וּנְסַפֵּר תְּהִלָּתֶךָ עַל חַיֵּינוּ הַמְּסוּרִים בְּיָדֶךָ וְעַל נִשְׁמוֹתֵינוּ הַפְּקוּדוֹת לָךְ וְעַל נִסֶּיךָ שֶׁבְּכָל־יוֹם עִמָּנוּ וְעַל נִפְלְאוֹתֶיךָ וְטוֹבוֹתֶיךָ שֶׁבְּכָל־עֵת עֶרֶב וָבֹקֶר וְצָהֳרָיִם. הַטּוֹב כִּי לֹא־כָלוּ רַחֲמֶיךָ וְהַמְרַחֵם כִּי לֹא־תַמּוּ חֲסָדֶיךָ מֵעוֹלָם קִוִּינוּ לָךְ:

*When the Reader chants the Amidah, the Congregation says:

מוֹדִים אֲנַחְנוּ לָךְ שָׁאַתָּה הוּא יְיָ אֱלֹהֵינוּ וֵאלֹהֵי אֲבוֹתֵינוּ אֱלֹהֵי כָל־בָּשָׂר יוֹצְרֵנוּ יוֹצֵר בְּרֵאשִׁית. בְּרָכוֹת וְהוֹדָאוֹת לְשִׁמְךָ הַגָּדוֹל וְהַקָּדוֹשׁ עַל שֶׁהֶחֱיִיתָנוּ וְקִיַּמְתָּנוּ. כֵּן תְּחַיֵּנוּ וּתְקַיְּמֵנוּ וְתֶאֱסוֹף גָּלֻיּוֹתֵינוּ לְחַצְרוֹת קָדְשֶׁךָ לִשְׁמֹר חֻקֶּיךָ וְלַעֲשׂוֹת רְצוֹנֶךָ וּלְעָבְדְּךָ בְּלֵבָב שָׁלֵם עַל שֶׁאֲנַחְנוּ מוֹדִים לָךְ. בָּרוּךְ אֵל הַהוֹדָאוֹת:

salvation. [Cause us, O Lord our God, in love and favor to inherit Thy holy Sabbath; and may Israel rest thereon and bless Thy name.] Make our hearts pure to serve Thee in truth; for Thou, O God, art Truth, and Thy word is truth and endureth forever. Blessed art Thou, O Lord, Thou King over all the earth, who sanctifiest [the Sabbath and] Israel and the Day of Remembrance.

O Lord our God, be gracious unto Thy people Israel and accept their prayer. Restore worship to Thy Sanctuary and receive in love and favor the supplication of Israel. May the worship of Thy people be ever acceptable unto Thee. O may our eyes witness Thy return in mercy to Zion. Blessed art Thou, O Lord, who restorest Thy divine presence unto Zion.

* We thankfully acknowledge that Thou art the Lord our God and the God of our fathers unto all eternity; the Rock of our lives, and the Shield of our salvation through every generation. We will be grateful unto Thee and declare Thy praise for our lives which are entrusted into Thy hands, for our souls which are in Thy care, for Thy miracles which are daily with us, and for Thy wonderful goodness toward us at all times, evening, morn and noon. Thou art good, and Thy love never fails; Thou art merciful, and Thy kindnesses never cease. We have ever hoped in Thee.

* When the Reader chants the Amidah, the Congregation says:

We thank Thee who art the Lord our God and the God of our fathers, the God of all flesh, our Creator and the Creator of the universe. Blessings and thanksgiving are due unto Thy great and holy name because Thou hast given us life and sustained us. O continue to keep us in life and preserve us. Gather our exiles into Thy holy Sanctuary, to observe Thy statutes, to do Thy will and to serve Thee with a perfect heart. For this do we give thanks unto Thee, O God, blessed in all thanksgiving.

וְעַל כֻּלָּם יִתְבָּרַךְ וְיִתְרוֹמַם שִׁמְךָ מַלְכֵּנוּ תָּמִיד לְעוֹלָם וָעֶד.

וּכְתוֹב לְחַיִּים טוֹבִים כָּל־בְּנֵי בְרִיתֶךָ:

וְכֹל הַחַיִּים יוֹדוּךָ סֶּלָה וִיהַלְלוּ אֶת שִׁמְךָ בֶּאֱמֶת הָאֵל יְשׁוּעָתֵנוּ וְעֶזְרָתֵנוּ סֶלָה. בָּרוּךְ אַתָּה יְיָ הַטּוֹב שִׁמְךָ וּלְךָ נָאֶה לְהוֹדוֹת:

שָׁלוֹם רָב עַל יִשְׂרָאֵל עַמְּךָ תָּשִׂים לְעוֹלָם. כִּי אַתָּה הוּא מֶלֶךְ אָדוֹן לְכָל־הַשָּׁלוֹם. וְטוֹב בְּעֵינֶיךָ לְבָרֵךְ אֶת־עַמְּךָ יִשְׂרָאֵל בְּכָל־עֵת וּבְכָל־שָׁעָה בִּשְׁלוֹמֶךָ.
בְּסֵפֶר חַיִּים בְּרָכָה וְשָׁלוֹם וּפַרְנָסָה טוֹבָה נִזָּכֵר וְנִכָּתֵב לְפָנֶיךָ אֲנַחְנוּ וְכָל־עַמְּךָ בֵּית יִשְׂרָאֵל לְחַיִּים טוֹבִים וּלְשָׁלוֹם.
בָּרוּךְ אַתָּה יְיָ עֹשֵׂה הַשָּׁלוֹם:

אֱלֹהַי נְצוֹר לְשׁוֹנִי מֵרָע וּשְׂפָתַי מִדַּבֵּר מִרְמָה וְלִמְקַלְלַי נַפְשִׁי תִדּוֹם וְנַפְשִׁי כֶּעָפָר לַכֹּל תִּהְיֶה: פְּתַח לִבִּי בְּתוֹרָתֶךָ וּבְמִצְוֹתֶיךָ תִּרְדּוֹף נַפְשִׁי. וְכֹל הַחוֹשְׁבִים עָלַי רָעָה מְהֵרָה הָפֵר עֲצָתָם וְקַלְקֵל מַחֲשַׁבְתָּם: עֲשֵׂה לְמַעַן שְׁמֶךָ עֲשֵׂה לְמַעַן יְמִינֶךָ עֲשֵׂה לְמַעַן קְדֻשָּׁתֶךָ עֲשֵׂה לְמַעַן תּוֹרָתֶךָ: לְמַעַן יֵחָלְצוּן יְדִידֶיךָ הוֹשִׁיעָה יְמִינְךָ וַעֲנֵנִי: יִהְיוּ לְרָצוֹן אִמְרֵי פִי וְהֶגְיוֹן לִבִּי לְפָנֶיךָ יְיָ צוּרִי וְגוֹאֲלִי: עֹשֶׂה שָׁלוֹם בִּמְרוֹמָיו הוּא יַעֲשֶׂה שָׁלוֹם עָלֵינוּ וְעַל כָּל־יִשְׂרָאֵל וְאִמְרוּ אָמֵן:

יְהִי רָצוֹן לְפָנֶיךָ יְיָ אֱלֹהֵינוּ וֵאלֹהֵי אֲבוֹתֵינוּ שֶׁיִּבָּנֶה בֵּית הַמִּקְדָּשׁ בִּמְהֵרָה בְיָמֵינוּ וְתֵן חֶלְקֵנוּ בְּתוֹרָתֶךָ: וְשָׁם נַעֲבָדְךָ בְּיִרְאָה כִּימֵי עוֹלָם וּכְשָׁנִים קַדְמֹנִיּוֹת:

For all this, Thy name, O our divine Ruler, shall be blessed and exalted forever.

O inscribe all the children of Thy covenant for a happy life.

And may all the living do homage unto Thee forever, and praise Thy name in truth, O God who art our salvation and our help. Blessed be Thou, O Lord, Beneficent One; unto Thee it is seemly to give praise.

Grant lasting peace unto Israel and all mankind for Thou art the God of peace; and may it be good in Thy sight to bless all Thy children everywhere at all times with Thy peace.

In the book of life, blessing, peace and good sustenance may we be remembered and inscribed before Thee, we and all Thy people, the house of Israel, for a good and peaceful life.
Blessed art Thou, O Lord, who makest peace.

O Lord,
Guard my tongue from evil and my lips from speaking guile,
And to those who slander me, let me give no heed.
May my soul be humble and forgiving unto all.
Open Thou my heart, O Lord, unto Thy sacred Law,
That Thy statutes I may know and all Thy truths pursue.
Bring to naught designs of those who seek to do me ill;
Speedily defeat their aims and thwart their purposes
For Thine own sake, for Thine own power,
For Thy holiness and Law.
That Thy loved ones be delivered,
Answer me, O Lord, and save with Thy redeeming power.

May the words of my mouth and the meditation of my heart be acceptable unto Thee, O Lord, my Rock and my Redeemer. Thou who keepest harmony in the heavenly spheres, mayest Thou make peace for us, for Israel, and for all Thy children everywhere. Amen.

May it be Thy will, O Lord our God and God of our fathers, to grant our portion in Thy Torah and to rebuild the Temple speedily in our days. There we will serve Thee with awe as in the days of old.

(*The following verses are omitted on Sabbath*)

The Ark is opened

אָבִינוּ מַלְכֵּנוּ חָטָאנוּ לְפָנֶיךָ:
אָבִינוּ מַלְכֵּנוּ אֵין לָנוּ מֶלֶךְ אֶלָּא אָתָּה:
אָבִינוּ מַלְכֵּנוּ עֲשֵׂה עִמָּנוּ לְמַעַן שְׁמֶךָ:
אָבִינוּ מַלְכֵּנוּ חַדֵּשׁ עָלֵינוּ שָׁנָה טוֹבָה:
אָבִינוּ מַלְכֵּנוּ בַּטֵּל מֵעָלֵינוּ כָּל־גְּזֵרוֹת קָשׁוֹת:
אָבִינוּ מַלְכֵּנוּ בַּטֵּל מַחְשְׁבוֹת שׂוֹנְאֵינוּ:
אָבִינוּ מַלְכֵּנוּ הָפֵר עֲצַת אוֹיְבֵינוּ:
אָבִינוּ מַלְכֵּנוּ כַּלֵּה כָל־צַר וּמַשְׂטִין מֵעָלֵינוּ:
אָבִינוּ מַלְכֵּנוּ סְתוֹם פִּיּוֹת מַשְׂטִינֵינוּ וּמְקַטְרְגֵינוּ:
אָבִינוּ מַלְכֵּנוּ כַּלֵּה דֶּבֶר וְחֶרֶב וְרָעָב וּשְׁבִי וּמַשְׁחִית מִבְּנֵי בְרִיתֶךָ:
אָבִינוּ מַלְכֵּנוּ מְנַע מַגֵּפָה מִנַּחֲלָתֶךָ:
אָבִינוּ מַלְכֵּנוּ סְלַח וּמְחַל לְכָל־עֲוֹנוֹתֵינוּ:
אָבִינוּ מַלְכֵּנוּ מְחֵה וְהַעֲבֵר פְּשָׁעֵינוּ וְחַטֹּאתֵינוּ מִנֶּגֶד עֵינֶיךָ:
אָבִינוּ מַלְכֵּנוּ מְחוֹק בְּרַחֲמֶיךָ הָרַבִּים כָּל־שִׁטְרֵי חוֹבוֹתֵינוּ:
אָבִינוּ מַלְכֵּנוּ הַחֲזִירֵנוּ בִּתְשׁוּבָה שְׁלֵמָה לְפָנֶיךָ:
אָבִינוּ מַלְכֵּנוּ שְׁלַח רְפוּאָה שְׁלֵמָה לְחוֹלֵי עַמֶּךָ:
אָבִינוּ מַלְכֵּנוּ קְרַע רוֹעַ גְּזַר דִּינֵנוּ:
אָבִינוּ מַלְכֵּנוּ זָכְרֵנוּ בְּזִכְרוֹן טוֹב לְפָנֶיךָ:
אָבִינוּ מַלְכֵּנוּ כָּתְבֵנוּ בְּסֵפֶר חַיִּים טוֹבִים:
אָבִינוּ מַלְכֵּנוּ כָּתְבֵנוּ בְּסֵפֶר גְּאֻלָּה וִישׁוּעָה:
אָבִינוּ מַלְכֵּנוּ כָּתְבֵנוּ בְּסֵפֶר פַּרְנָסָה וְכַלְכָּלָה:
אָבִינוּ מַלְכֵּנוּ כָּתְבֵנוּ בְּסֵפֶר זְכֻיּוֹת:
אָבִינוּ מַלְכֵּנוּ כָּתְבֵנוּ בְּסֵפֶר סְלִיחָה וּמְחִילָה:

(The following verses are omitted on Sabbath.)

The Ark is opened

Our Father, our King, we have sinned before Thee.

Our Father, our King, we have no king except Thee.

Our Father, our King, deal with us kindly for the sake of Thy name.

Our Father, our King, renew unto us a year of good.

Our Father, our King, annul every evil decree against us.

Our Father, our King, annul the designs of those who hate us.

Our Father, our King, frustrate the counsel of our enemies.

Our Father, our King, destroy the power of every oppressor and adversary.

Our Father, our King, silence the mouths of our adversaries and those who accuse us falsely.

Our Father, our King, remove pestilence, sword, famine, captivity, destruction and plague from the children who obey Thy covenant.

Our Father, our King, withhold the plague from Thy people.

Our Father, our King, forgive and pardon our iniquities.

Our Father, our King, blot out our transgressions, and cause our sins to pass away from before Thee.

Our Father, our King, efface in Thine abundant mercy all record of our guilt.

Our Father, our King, may we return unto Thee in perfect repentance.

Our Father, our King, send a perfect healing to the sick among Thy people.

Our Father, our King, repeal the evil sentence that may be decreed against us.

Our Father, our King, remember us for our well-being.

Our Father, our King, inscribe us in the book of happy life.

Our Father, our King, inscribe us in the book of freedom and salvation.

Our Father, our King, inscribe us in the book of sustenance.

Our Father, our King, inscribe us for a meritorious life.

Our Father, our King, inscribe us in the book of forgiveness and reconciliation.

אָבִינוּ מַלְכֵּנוּ הַצְמַח לָנוּ יְשׁוּעָה בְּקָרוֹב:

אָבִינוּ מַלְכֵּנוּ הָרֵם קֶרֶן יִשְׂרָאֵל עַמֶּךָ:

אָבִינוּ מַלְכֵּנוּ הָרֵם קֶרֶן מְשִׁיחֶךָ:

אָבִינוּ מַלְכֵּנוּ מַלֵּא יָדֵינוּ מִבִּרְכוֹתֶיךָ:

אָבִינוּ מַלְכֵּנוּ מַלֵּא אֲסָמֵינוּ שָׂבָע:

אָבִינוּ מַלְכֵּנוּ שְׁמַע קוֹלֵנוּ חוּס וְרַחֵם עָלֵינוּ:

אָבִינוּ מַלְכֵּנוּ קַבֵּל בְּרַחֲמִים וּבְרָצוֹן אֶת־תְּפִלָּתֵנוּ:

אָבִינוּ מַלְכֵּנוּ פְּתַח שַׁעֲרֵי שָׁמַיִם לִתְפִלָּתֵנוּ:

אָבִינוּ מַלְכֵּנוּ נָא אַל תְּשִׁיבֵנוּ רֵיקָם מִלְּפָנֶיךָ:

אָבִינוּ מַלְכֵּנוּ זְכוֹר כִּי עָפָר אֲנָחְנוּ:

אָבִינוּ מַלְכֵּנוּ תְּהֵא הַשָּׁעָה הַזֹּאת שְׁעַת רַחֲמִים וְעֵת רָצוֹן מִלְּפָנֶיךָ:

אָבִינוּ מַלְכֵּנוּ חֲמוֹל עָלֵינוּ וְעַל עוֹלָלֵינוּ וְטַפֵּנוּ:

אָבִינוּ מַלְכֵּנוּ עֲשֵׂה לְמַעַן הֲרוּגִים עַל שֵׁם קָדְשֶׁךָ:

אָבִינוּ מַלְכֵּנוּ עֲשֵׂה לְמַעַן טְבוּחִים עַל יִחוּדֶךָ:

אָבִינוּ מַלְכֵּנוּ עֲשֵׂה לְמַעַן בָּאֵי בָאֵשׁ וּבַמַּיִם עַל קִדּוּשׁ שְׁמֶךָ:

אָבִינוּ מַלְכֵּנוּ נְקוֹם לְעֵינֵינוּ נִקְמַת דַּם עֲבָדֶיךָ הַשָּׁפוּךְ:

אָבִינוּ מַלְכֵּנוּ עֲשֵׂה לְמַעַנְךָ אִם לֹא לְמַעֲנֵנוּ:

אָבִינוּ מַלְכֵּנוּ עֲשֵׂה לְמַעַנְךָ וְהוֹשִׁיעֵנוּ:

אָבִינוּ מַלְכֵּנוּ עֲשֵׂה לְמַעַן רַחֲמֶיךָ הָרַבִּים:

אָבִינוּ מַלְכֵּנוּ עֲשֵׂה לְמַעַן שִׁמְךָ הַגָּדוֹל הַגִּבּוֹר וְהַנּוֹרָא שֶׁנִּקְרָא עָלֵינוּ:

אָבִינוּ מַלְכֵּנוּ חָנֵּנוּ וַעֲנֵנוּ כִּי אֵין בָּנוּ מַעֲשִׂים עֲשֵׂה עִמָּנוּ צְדָקָה וָחֶסֶד וְהוֹשִׁיעֵנוּ:

The Ark is closed

Continue with Reader's Kaddish and Alenu, pages 201–203

Our Father, our King, cause salvation speedily to spring forth for us.

Our Father, our King, bring glory to Israel, Thy people.

Our Father, our King, exalt the majesty of Thine anointed Redeemer.

Our Father, our King, provide us with Thine abundant blessings.

Our Father, our King, fill our storehouses with plenty.

Our Father, our King, hear our voice, have pity and compassion upon us.

Our Father, our King, receive our prayer with merciful favor.

Our Father, our King, open the gates of heaven unto our prayer.

Our Father, our King, O turn us not away from Thee unanswered.

Our Father, our King, remember our frailty for we are but dust.

Our Father, our King, let this hour be an hour of mercy and a time of favor before Thee.

Our Father, our King, have mercy upon us, and upon our children.

Our Father, our King, do this for the sake of those who were slain for Thy holy name.

Our Father, our King, do this for the sake of those who were slaughtered for Thy unity.

Our Father, our King, do this for the sake of those who went through fire and water for the sanctification of Thy name.

Our Father, our King, bring to judgment those who have shed the blood of Thy people.

Our Father, our King, grant our supplication for Thy sake, if not for ours.

Our Father, our King, accept our prayer for Thy sake and save us.

Our Father, our King, do this for the sake of Thine abundant mercies.

Our Father, our King, do it for the sake of Thy great, mighty and revered name.

Our Father, our King, be Thou gracious unto us and answer us; for lo, we are unworthy; deal Thou with us in charity and loving-kindness and save us.

The Ark is closed

Continue with Reader's Kaddish and Alenu, pages 201–203

YOM KIPPUR SERVICES

תפלת מנחה לערב יום כפור

אַשְׁרֵי יוֹשְׁבֵי בֵיתֶךָ עוֹד יְהַלְלוּךָ סֶּלָה:
אַשְׁרֵי הָעָם שֶׁכָּכָה לּוֹ אַשְׁרֵי הָעָם שֶׁיְיָ אֱלֹהָיו:

קמ״ה תְּהִלָּה לְדָוִד.

אֲרוֹמִמְךָ אֱלוֹהַי הַמֶּלֶךְ וַאֲבָרְכָה שִׁמְךָ לְעוֹלָם וָעֶד:
בְּכָל־יוֹם אֲבָרְכֶךָּ וַאֲהַלְלָה שִׁמְךָ לְעוֹלָם וָעֶד:
גָּדוֹל יְיָ וּמְהֻלָּל מְאֹד וְלִגְדֻלָּתוֹ אֵין חֵקֶר:
דּוֹר לְדוֹר יְשַׁבַּח מַעֲשֶׂיךָ וּגְבוּרֹתֶיךָ יַגִּידוּ:
הֲדַר כְּבוֹד הוֹדֶךָ וְדִבְרֵי נִפְלְאֹתֶיךָ אָשִׂיחָה:
וֶעֱזוּז נוֹרְאֹתֶיךָ יֹאמֵרוּ וּגְדֻלָּתְךָ אֲסַפְּרֶנָּה:
זֵכֶר רַב־טוּבְךָ יַבִּיעוּ וְצִדְקָתְךָ יְרַנֵּנוּ:
חַנּוּן וְרַחוּם יְיָ אֶרֶךְ אַפַּיִם וּגְדָל־חָסֶד:
טוֹב־יְיָ לַכֹּל וְרַחֲמָיו עַל־כָּל־מַעֲשָׂיו:
יוֹדוּךָ יְיָ כָּל־מַעֲשֶׂיךָ וַחֲסִידֶיךָ יְבָרְכוּכָה:
כְּבוֹד מַלְכוּתְךָ יֹאמֵרוּ וּגְבוּרָתְךָ יְדַבֵּרוּ:
לְהוֹדִיעַ לִבְנֵי הָאָדָם גְּבוּרֹתָיו וּכְבוֹד הֲדַר מַלְכוּתוֹ:
מַלְכוּתְךָ מַלְכוּת כָּל־עֹלָמִים וּמֶמְשַׁלְתְּךָ בְּכָל־דּוֹר וָדֹר:
סוֹמֵךְ יְיָ לְכָל־הַנֹּפְלִים וְזוֹקֵף לְכָל־הַכְּפוּפִים:
עֵינֵי כֹל אֵלֶיךָ יְשַׂבֵּרוּ וְאַתָּה נוֹתֵן־לָהֶם אֶת־אָכְלָם בְּעִתּוֹ:
פּוֹתֵחַ אֶת־יָדֶךָ וּמַשְׂבִּיעַ לְכָל־חַי רָצוֹן:
צַדִּיק יְיָ בְּכָל־דְּרָכָיו וְחָסִיד בְּכָל־מַעֲשָׂיו:
קָרוֹב יְיָ לְכָל־קֹרְאָיו לְכֹל אֲשֶׁר יִקְרָאֻהוּ בֶאֱמֶת:

191

Happy are they who dwell in Thy house; forever shall they praise Thee. Happy the people who thus fare; happy the people whose God is the Eternal.

Psalm 145

I will extol Thee, my God, O King,
And praise Thy name for ever and ever.

Every day will I bless Thee,
And I will praise Thy name for ever and ever.

Great is the Lord and greatly to be praised,
And His greatness is without end.

One generation shall laud Thy works to another,
And shall declare Thy mighty acts.

I will speak of the splendor of Thy glorious majesty,
And tell of Thy wonders.

And men shall proclaim the might of Thy acts,
And I will declare Thy greatness.

They shall make known the fame of Thy great goodness,
And shall joyously proclaim Thy righteousness.

The Lord is gracious and full of compassion;
Slow to anger and abundant in kindness.

The Lord is good to all;
And His love is over all His works.

All whom Thou hast made shall give thanks unto Thee, O Lord,
And Thy faithful ones shall bless Thee.

They shall declare the glory of Thy kingdom,
And tell of Thy power,

To make known to the sons of men Thy mighty acts,
And the glorious splendor of Thy kingdom.

Thy kingdom is an everlasting kingdom,
And Thy dominion endureth throughout all generations.

The Lord upholdeth all who fall,
And raiseth up all who are bowed down.

The eyes of all hopefully look to Thee,
And Thou givest them their food in due season.

Thou openest Thy hand,
And satisfiest every living thing with favor.

The Lord is righteous in all His ways,
And gracious in all His works.

The Lord is near unto all who call upon Him,
To all who call upon Him in truth.

רְצוֹן־יְרֵאָיו יַעֲשֶׂה וְאֶת־שַׁוְעָתָם יִשְׁמַע וְיוֹשִׁיעֵם: שׁוֹמֵר יְיָ אֶת־כָּל־אֹהֲבָיו וְאֵת כָּל־הָרְשָׁעִים יַשְׁמִיד: תְּהִלַּת יְיָ יְדַבֶּר־פִּי וִיבָרֵךְ כָּל־בָּשָׂר שֵׁם קָדְשׁוֹ לְעוֹלָם וָעֶד: וַאֲנַחְנוּ נְבָרֵךְ יָהּ מֵעַתָּה וְעַד עוֹלָם הַלְלוּיָהּ:

Reader

יִתְגַּדַּל וְיִתְקַדַּשׁ שְׁמֵהּ רַבָּא. בְּעָלְמָא דִּי־בְרָא כִרְעוּתֵהּ. וְיַמְלִיךְ מַלְכוּתֵהּ בְּחַיֵּיכוֹן וּבְיוֹמֵיכוֹן וּבְחַיֵּי דְכָל־בֵּית יִשְׂרָאֵל בַּעֲגָלָא וּבִזְמַן קָרִיב. וְאִמְרוּ אָמֵן:

Congregation and Reader

יְהֵא שְׁמֵהּ רַבָּא מְבָרַךְ לְעָלַם וּלְעָלְמֵי עָלְמַיָּא:

Reader

יִתְבָּרַךְ וְיִשְׁתַּבַּח וְיִתְפָּאַר וְיִתְרוֹמַם וְיִתְנַשֵּׂא וְיִתְהַדָּר וְיִתְעַלֶּה וְיִתְהַלַּל שְׁמֵהּ דְּקֻדְשָׁא. בְּרִיךְ הוּא. לְעֵלָּא וּלְעֵלָּא מִן־כָּל־בִּרְכָתָא וְשִׁירָתָא תֻּשְׁבְּחָתָא וְנֶחֱמָתָא דַּאֲמִירָן בְּעָלְמָא. וְאִמְרוּ אָמֵן:

The Amidah is said standing, in silent devotion

אֲדֹנָי שְׂפָתַי תִּפְתָּח וּפִי יַגִּיד תְּהִלָּתֶךָ:

בָּרוּךְ אַתָּה יְיָ אֱלֹהֵינוּ וֵאלֹהֵי אֲבוֹתֵינוּ. אֱלֹהֵי אַבְרָהָם אֱלֹהֵי יִצְחָק וֵאלֹהֵי יַעֲקֹב. הָאֵל הַגָּדוֹל הַגִּבּוֹר וְהַנּוֹרָא אֵל עֶלְיוֹן. גּוֹמֵל חֲסָדִים טוֹבִים וְקוֹנֵה הַכֹּל. וְזוֹכֵר חַסְדֵי אָבוֹת וּמֵבִיא גוֹאֵל לִבְנֵי בְנֵיהֶם לְמַעַן שְׁמוֹ בְּאַהֲבָה:

זָכְרֵנוּ לַחַיִּים מֶלֶךְ חָפֵץ בַּחַיִּים. וְכָתְבֵנוּ בְּסֵפֶר הַחַיִּים. לְמַעַנְךָ אֱלֹהִים חַיִּים:

מֶלֶךְ עוֹזֵר וּמוֹשִׁיעַ וּמָגֵן. בָּרוּךְ אַתָּה יְיָ מָגֵן אַבְרָהָם:

He will fulfill the desire of them that revere Him;
He also will hear their cry and will save them.

The Eternal preserveth all who love Him,
But all wickedness will He destroy.

My mouth shall utter the praise of the Lord;
And let all men bless His holy name forever.

We will bless the Eternal from this time forth,
And forevermore. Hallelujah. Praise the Lord.

Reader

Magnified and sanctified be the great name of God through-
out the world which He hath created according to His will.
May He establish His kingdom during the days of your life
and during the life of all the house of Israel, speedily, yea,
soon; and say ye, Amen.

Congregation and Reader

May His great name be blessed for ever and ever.

Reader

Exalted and honored be the name of the Holy One, blessed
be He, whose glory transcends, yea, is beyond all blessings and
hymns, praises and consolations which are uttered in the
world; and say ye, Amen.

The Amidah is said standing, in silent devotion

O Lord, open Thou my lips that my mouth may declare
Thy praise.

Blessed art Thou, O Lord our God and God of our fathers,
God of Abraham, God of Isaac, and God of Jacob, the great,
mighty, revered and exalted God who bestowest loving-kind-
ness and art Master of all. Mindful of the patriarchs' love
for Thee, Thou wilt in Thy love bring a redeemer to their
children's children for the sake of Thy name.

Remember us unto life, O King who delightest in life, and
inscribe us in the Book of Life so that we may live worthily
for Thy sake, O God of life.

O King, Thou Helper, Redeemer and Shield, praised be
Thou, O Lord, Shield of Abraham.

אַתָּה גִּבּוֹר לְעוֹלָם אֲדֹנָי מְחַיֵּה מֵתִים אַתָּה רַב לְהוֹשִׁיעַ. מְכַלְכֵּל חַיִּים בְּחֶסֶד מְחַיֵּה מֵתִים בְּרַחֲמִים רַבִּים. סוֹמֵךְ נוֹפְלִים וְרוֹפֵא חוֹלִים וּמַתִּיר אֲסוּרִים וּמְקַיֵּם אֱמוּנָתוֹ לִישֵׁנֵי עָפָר. מִי כָמוֹךָ בַּעַל גְּבוּרוֹת וּמִי דּוֹמֶה לָּךְ. מֶלֶךְ מֵמִית וּמְחַיֶּה וּמַצְמִיחַ יְשׁוּעָה:

מִי כָמוֹךָ אַב הָרַחֲמִים זוֹכֵר יְצוּרָיו לַחַיִּים בְּרַחֲמִים:

וְנֶאֱמָן אַתָּה לְהַחֲיוֹת מֵתִים. בָּרוּךְ אַתָּה יְיָ מְחַיֵּה הַמֵּתִים:*

אַתָּה קָדוֹשׁ וְשִׁמְךָ קָדוֹשׁ וּקְדוֹשִׁים בְּכָל־יוֹם יְהַלְלוּךָ סֶּלָה. בָּרוּךְ אַתָּה יְיָ הַמֶּלֶךְ הַקָּדוֹשׁ:

**When the Reader repeats the Amidah, the Kedushah is added*

נְקַדֵּשׁ אֶת שִׁמְךָ בָּעוֹלָם כְּשֵׁם שֶׁמַּקְדִּישִׁים אוֹתוֹ בִּשְׁמֵי מָרוֹם כַּכָּתוּב עַל־יַד נְבִיאֶךָ. וְקָרָא זֶה אֶל־זֶה וְאָמַר.

קָדוֹשׁ קָדוֹשׁ קָדוֹשׁ יְיָ צְבָאוֹת. מְלֹא כָל־הָאָרֶץ כְּבוֹדוֹ:

Reader לְעֻמָּתָם בָּרוּךְ יֹאמֵרוּ.

בָּרוּךְ כְּבוֹד־יְיָ מִמְּקוֹמוֹ:

Reader וּבְדִבְרֵי קָדְשְׁךָ כָּתוּב לֵאמֹר.

יִמְלֹךְ יְיָ לְעוֹלָם אֱלֹהַיִךְ צִיּוֹן לְדֹר וָדֹר. הַלְלוּיָהּ:

לְדוֹר וָדוֹר נַגִּיד גָּדְלֶךָ. וּלְנֵצַח נְצָחִים קְדֻשָּׁתְךָ נַקְדִּישׁ. וְשִׁבְחֲךָ אֱלֹהֵינוּ מִפִּינוּ לֹא יָמוּשׁ לְעוֹלָם וָעֶד. כִּי אֵל מֶלֶךְ גָּדוֹל וְקָדוֹשׁ אָתָּה. בָּרוּךְ אַתָּה יְיָ הַמֶּלֶךְ הַקָּדוֹשׁ:

Thou, O Lord, art mighty forever. Thou callest the dead to immortal life for Thou art mighty in salvation. Thou sustainest the living with loving-kindness, and in great mercy grantest everlasting life to those who have passed away. Thou upholdest the falling, healest the sick, settest free those in bondage, and keepest faith with those that sleep in the dust. Who is like unto Thee, Almighty King, who decreest death and grantest immortal life and bringest forth salvation?

Who may be compared to Thee, Father of mercy, who in love rememberest Thy creatures unto life? Faithful art Thou to grant eternal life to the departed. Blessed art Thou, O Lord, who callest the dead to life everlasting.*

Thou art holy and Thy name is holy and holy beings praise Thee daily. Blessed art Thou, O Lord, the holy King.

---

* *When the Reader chants the Amidah, the Kedushah is added*

We sanctify Thy name on earth even as it is sanctified in the heavens above, as described in the vision of Thy prophet:

And the seraphim called one unto another saying:
Holy, holy, holy is the Lord of hosts,
The whole earth is full of His glory.

Reader

Whereupon the angels declare:

Blessed be the glory of God from his heavenly abode.

Reader

And as it is written in Holy Scriptures:

The Lord shall reign forever; thy God, O Zion, shall be Sovereign unto all generations. Hallelujah!

Unto endless generations we shall declare Thy greatness, and to all eternity we will proclaim Thy holiness. Thy praise, O our God, shall not depart from our mouth forever, for Thou art a great and holy God and King.

אַתָּה חוֹנֵן לְאָדָם דַּעַת וּמְלַמֵּד לֶאֱנוֹשׁ בִּינָה. חָנֵּנוּ מֵאִתְּךָ דֵּעָה בִּינָה וְהַשְׂכֵּל. בָּרוּךְ אַתָּה יְיָ חוֹנֵן הַדָּעַת:

הֲשִׁיבֵנוּ אָבִינוּ לְתוֹרָתֶךָ וְקָרְבֵנוּ מַלְכֵּנוּ לַעֲבוֹדָתֶךָ וְהַחֲזִירֵנוּ בִּתְשׁוּבָה שְׁלֵמָה לְפָנֶיךָ. בָּרוּךְ אַתָּה יְיָ הָרוֹצֶה בִּתְשׁוּבָה:

סְלַח־לָנוּ אָבִינוּ כִּי חָטָאנוּ מְחַל־לָנוּ מַלְכֵּנוּ כִּי פָשָׁעְנוּ כִּי מוֹחֵל וְסוֹלֵחַ אָתָּה. בָּרוּךְ אַתָּה יְיָ חַנּוּן הַמַּרְבֶּה לִסְלוֹחַ:

רְאֵה בְעָנְיֵנוּ וְרִיבָה רִיבֵנוּ וּגְאָלֵנוּ מְהֵרָה לְמַעַן שְׁמֶךָ. כִּי גוֹאֵל חָזָק אָתָּה. בָּרוּךְ אַתָּה יְיָ גּוֹאֵל יִשְׂרָאֵל:

רְפָאֵנוּ יְיָ וְנֵרָפֵא הוֹשִׁיעֵנוּ וְנִוָּשֵׁעָה כִּי תְהִלָּתֵנוּ אָתָּה. וְהַעֲלֵה רְפוּאָה שְׁלֵמָה לְכָל־מַכּוֹתֵינוּ כִּי אֵל מֶלֶךְ רוֹפֵא נֶאֱמָן וְרַחֲמָן אָתָּה. בָּרוּךְ אַתָּה יְיָ רוֹפֵא חוֹלֵי עַמּוֹ יִשְׂרָאֵל:

בָּרֵךְ עָלֵינוּ יְיָ אֱלֹהֵינוּ אֶת־הַשָּׁנָה הַזֹּאת וְאֶת־כָּל־מִינֵי תְבוּאָתָהּ לְטוֹבָה וְתֵן בְּרָכָה עַל פְּנֵי הָאֲדָמָה וְשַׂבְּעֵנוּ מִטּוּבֶךָ וּבָרֵךְ שְׁנָתֵנוּ כַּשָּׁנִים הַטּוֹבוֹת. בָּרוּךְ אַתָּה יְיָ מְבָרֵךְ הַשָּׁנִים:

תְּקַע בְּשׁוֹפָר גָּדוֹל לְחֵרוּתֵנוּ וְשָׂא נֵס לְקַבֵּץ גָּלֻיּוֹתֵינוּ וְקַבְּצֵנוּ יַחַד מֵאַרְבַּע כַּנְפוֹת הָאָרֶץ. בָּרוּךְ אַתָּה יְיָ מְקַבֵּץ נִדְחֵי עַמּוֹ יִשְׂרָאֵל:

הָשִׁיבָה שׁוֹפְטֵינוּ כְּבָרִאשׁוֹנָה וְיוֹעֲצֵינוּ כְּבַתְּחִלָּה וְהָסֵר מִמֶּנּוּ יָגוֹן וַאֲנָחָה וּמְלוֹךְ עָלֵינוּ אַתָּה יְיָ לְבַדְּךָ בְּחֶסֶד וּבְרַחֲמִים וְצַדְּקֵנוּ בַּמִּשְׁפָּט. בָּרוּךְ אַתָּה יְיָ הַמֶּלֶךְ הַמִּשְׁפָּט:

Thou endowest man with knowledge and teachest man understanding. O grant us knowledge, understanding and discernment. Blessed art Thou, O Lord, who bestowest knowledge upon man.

Bring us back, O our Father, to Thy Torah; draw us near, O our King, to Thy service, and restore us unto Thy presence in wholehearted repentance. Blessed art Thou, O Lord, who desirest repentance.

Forgive us, O our Father, for we have sinned; pardon us, O our King, for we have transgressed. Verily Thou art merciful and forgiving. Blessed art Thou, O gracious Lord, who art abundant in forgiveness.

Behold our affliction and plead our cause. Hasten to redeem us for the sake of Thy name, for Thou art a mighty Redeemer. Blessed art Thou, O Lord, Redeemer of Israel.

Heal us, O Lord, and we shall be healed; save us and we shall be saved, for to Thee we offer praise. Grant complete healing for all our ailments for Thou, O God, our King, art our faithful and merciful Healer. Praised art Thou, O Lord, who healest the sick among Thy people Israel.

Bless this year unto us, O Lord our God, and bless its yield that it may be for our welfare. Send Thy blessing upon the earth and satisfy us out of Thy bounty, O Lord. Do Thou bless this year, that it be for us a year of abundance. Praised be Thou, O Lord, who dost bless the years.

Sound the great Shofar proclaiming our freedom. Raise the banner to assemble our exiles, and gather us together from the four corners of the earth. Blessed art Thou, O God, who wilt gather the dispersed of Thy people Israel.

Restore our judges as of yore, and our counsellors as aforetime, and thus remove from us grief and suffering. Reign Thou over us, O Lord, Thou alone in loving-kindness and mercy, and vindicate us in judgment. Blessed art Thou, O Lord, the King of judgment.

וְלַמַּלְשִׁינִים אַל תְּהִי תִקְוָה וְכָל־הָרִשְׁעָה כְּרֶגַע תֹּאבֵד. וְכָל־אוֹיְבֶיךָ מְהֵרָה יִכָּרֵתוּ וּמַלְכוּת זָדוֹן מְהֵרָה תְעַקֵּר וּתְשַׁבֵּר וּתְמַגֵּר וְתַכְנִיעַ בִּמְהֵרָה בְיָמֵינוּ. בָּרוּךְ אַתָּה יְיָ שׁוֹבֵר אוֹיְבִים וּמַכְנִיעַ זֵדִים:

עַל הַצַּדִּיקִים וְעַל הַחֲסִידִים וְעַל זִקְנֵי עַמְּךָ בֵּית יִשְׂרָאֵל וְעַל פְּלֵיטַת סוֹפְרֵיהֶם וְעַל גֵּרֵי הַצֶּדֶק וְעָלֵינוּ יֶהֱמוּ רַחֲמֶיךָ יְיָ אֱלֹהֵינוּ וְתֵן שָׂכָר טוֹב לְכֹל הַבּוֹטְחִים בְּשִׁמְךָ בֶּאֱמֶת וְשִׂים חֶלְקֵנוּ עִמָּהֶם לְעוֹלָם וְלֹא נֵבוֹשׁ כִּי־בְךָ בָּטָחְנוּ. בָּרוּךְ אַתָּה יְיָ מִשְׁעָן וּמִבְטָח לַצַּדִּיקִים:

וְלִירוּשָׁלַיִם עִירְךָ בְּרַחֲמִים תָּשׁוּב וְתִשְׁכּוֹן בְּתוֹכָהּ כַּאֲשֶׁר דִּבַּרְתָּ וּבְנֵה אוֹתָהּ בְּקָרוֹב בְּיָמֵינוּ בִּנְיַן עוֹלָם וְכִסֵּא דָוִד מְהֵרָה לְתוֹכָהּ תָּכִין. בָּרוּךְ אַתָּה יְיָ בּוֹנֵה יְרוּשָׁלָיִם:

אֶת־צֶמַח דָּוִד עַבְדְּךָ מְהֵרָה תַצְמִיחַ וְקַרְנוֹ תָּרוּם בִּישׁוּעָתֶךָ כִּי לִישׁוּעָתְךָ קִוִּינוּ כָּל־הַיּוֹם. בָּרוּךְ אַתָּה יְיָ מַצְמִיחַ קֶרֶן יְשׁוּעָה:

שְׁמַע קוֹלֵנוּ יְיָ אֱלֹהֵינוּ חוּס וְרַחֵם עָלֵינוּ וְקַבֵּל בְּרַחֲמִים וּבְרָצוֹן אֶת־תְּפִלָּתֵנוּ כִּי אֵל שׁוֹמֵעַ תְּפִלּוֹת וְתַחֲנוּנִים אָתָּה. וּמִלְּפָנֶיךָ מַלְכֵּנוּ רֵיקָם אַל תְּשִׁיבֵנוּ. כִּי אַתָּה שׁוֹמֵעַ תְּפִלַּת עַמְּךָ יִשְׂרָאֵל בְּרַחֲמִים. בָּרוּךְ אַתָּה יְיָ שׁוֹמֵעַ תְּפִלָּה:

רְצֵה יְיָ אֱלֹהֵינוּ בְּעַמְּךָ יִשְׂרָאֵל וּבִתְפִלָּתָם. וְהָשֵׁב אֶת־הָעֲבוֹדָה לִדְבִיר בֵּיתֶךָ וְאִשֵּׁי יִשְׂרָאֵל וּתְפִלָּתָם בְּאַהֲבָה תְקַבֵּל בְּרָצוֹן. וּתְהִי לְרָצוֹן תָּמִיד עֲבוֹדַת יִשְׂרָאֵל עַמֶּךָ. וְתֶחֱזֶינָה עֵינֵינוּ בְּשׁוּבְךָ לְצִיּוֹן בְּרַחֲמִים. בָּרוּךְ אַתָּה יְיָ הַמַּחֲזִיר שְׁכִינָתוֹ לְצִיּוֹן:

As for slanderers, may their hopes come to naught, and may all wickedness perish. May all Thine enemies be destroyed. Do Thou uproot the dominion of arrogance; crush it and subdue it in our day. Blessed art Thou, O Lord, who breakest the power of the enemy and bringest low the arrogant.

May Thy tender mercies, O Lord our God, be stirred towards the righteous and the pious, towards the leaders of Thy people Israel, towards all the scholars that have survived, towards the righteous proselytes and towards us. Grant Thy favor unto all who faithfully trust in Thee, and may our portion ever be with them. May we never suffer humiliation for in Thee do we put our trust. Blessed art Thou, O Lord, who art the staff and trust of the righteous.

> The throne and dynasty of David are historic symbols of righteous government and the restoration of Israel's homeland.

Return in mercy to Jerusalem, Thy city, and dwell Thou therein as Thou hast promised. Rebuild it in our own day as an enduring habitation, and speedily set up therein the throne of David. Blessed art Thou, O Lord, who rebuildest Jerusalem.

Cause the dynasty of David soon to flourish and may it be exalted through Thy saving power, for we daily await Thy deliverance. Blessed art Thou, O Lord, who causest salvation to come forth.

Hear our voice, O Lord our God, have compassion upon us and receive our prayers in loving favor for Thou, O God, hearkenest unto prayers and supplications. Turn us not from Thy presence without Thy blessing, O our King, for Thou hearest the prayers of Thy people Israel with compassion. Blessed art Thou, O Lord, who hearkenest unto prayer.

Our Lord our God, be gracious unto Thy people Israel and accept their prayer. Restore worship to Thy Sanctuary and receive in love and favor the supplication of Israel. May the worship of Thy people be ever acceptable unto Thee. O may our eyes witness Thy return in mercy to Zion. Blessed art Thou, O Lord, who restorest Thy divine presence unto Zion.

*מוֹדִים אֲנַחְנוּ לָךְ שָׁאַתָּה הוּא יְיָ אֱלֹהֵינוּ וֵאלֹהֵי אֲבוֹתֵינוּ לְעוֹלָם וָעֶד. צוּר חַיֵּינוּ מָגֵן יִשְׁעֵנוּ אַתָּה הוּא לְדוֹר וָדוֹר. נוֹדֶה לְּךָ וּנְסַפֵּר תְּהִלָּתֶךָ עַל חַיֵּינוּ הַמְּסוּרִים בְּיָדֶךָ וְעַל נִשְׁמוֹתֵינוּ הַפְּקוּדוֹת לָךְ וְעַל נִסֶּיךָ שֶׁבְּכָל־יוֹם עִמָּנוּ וְעַל נִפְלְאוֹתֶיךָ וְטוֹבוֹתֶיךָ שֶׁבְּכָל־עֵת עֶרֶב וָבֹקֶר וְצָהֳרָיִם. הַטּוֹב כִּי לֹא־כָלוּ רַחֲמֶיךָ וְהַמְרַחֵם כִּי לֹא־תַמּוּ חֲסָדֶיךָ מֵעוֹלָם קִוִּינוּ לָךְ:

**When the Reader chants the Amidah, the Congregation says:*

מוֹדִים אֲנַחְנוּ לָךְ שָׁאַתָּה הוּא יְיָ אֱלֹהֵינוּ וֵאלֹהֵי אֲבוֹתֵינוּ אֱלֹהֵי כָל־בָּשָׂר יוֹצְרֵנוּ יוֹצֵר בְּרֵאשִׁית. בְּרָכוֹת וְהוֹדָאוֹת לְשִׁמְךָ הַגָּדוֹל וְהַקָּדוֹשׁ עַל שֶׁהֶחֱיִיתָנוּ וְקִיַּמְתָּנוּ. כֵּן תְּחַיֵּנוּ וּתְקַיְּמֵנוּ וְתֶאֱסוֹף גָּלֻיּוֹתֵינוּ לְחַצְרוֹת קָדְשֶׁךָ לִשְׁמֹר חֻקֶּיךָ וְלַעֲשׂוֹת רְצוֹנֶךָ וּלְעָבְדְךָ בְּלֵבָב שָׁלֵם עַל שֶׁאֲנַחְנוּ מוֹדִים לָךְ. בָּרוּךְ אֵל הַהוֹדָאוֹת:

וְעַל כֻּלָּם יִתְבָּרַךְ וְיִתְרוֹמַם שִׁמְךָ מַלְכֵּנוּ תָּמִיד לְעוֹלָם וָעֶד:

וּכְתוֹב לְחַיִּים טוֹבִים כָּל־בְּנֵי בְרִיתֶךָ:

וְכֹל הַחַיִּים יוֹדוּךָ סֶּלָה וִיהַלְלוּ אֶת־שִׁמְךָ בֶּאֱמֶת הָאֵל יְשׁוּעָתֵנוּ וְעֶזְרָתֵנוּ סֶלָה. בָּרוּךְ אַתָּה יְיָ הַטּוֹב שִׁמְךָ וּלְךָ נָאֶה לְהוֹדוֹת:

שָׁלוֹם רָב עַל יִשְׂרָאֵל עַמְּךָ תָּשִׂים לְעוֹלָם. כִּי אַתָּה הוּא מֶלֶךְ אָדוֹן לְכָל־הַשָּׁלוֹם. וְטוֹב בְּעֵינֶיךָ לְבָרֵךְ אֶת־עַמְּךָ יִשְׂרָאֵל בְּכָל־עֵת וּבְכָל־שָׁעָה בִּשְׁלוֹמֶךָ.

* We thankfully acknowledge that Thou art the Lord our
God and the God of our fathers unto all eternity; the Rock of
our lives, and the Shield of our salvation through every genera-
tion. We will be grateful unto Thee and declare Thy praise
for our lives which are entrusted into Thy hands, for our souls
which are in Thy care, for Thy miracles, which are daily with
us and for Thy wonderful goodness toward us at all times,
evening, morn and noon. Thou art good and Thy love never
fails; Thou art merciful, and Thy kindnesses never cease. We
have ever hoped in Thee.

* When the Reader chants the Amidah, the Congregation says:

We thank Thee, who art the Lord, our God and the God of
our fathers, the God of all flesh, our Creator and the Creator
of the universe. Blessings and thanksgiving are due unto Thy
great and holy name because Thou hast given us life and sus-
tained us. O continue to keep us in life and preserve us.
Gather our exiles into Thy holy Sanctuary, to observe Thy
statutes, to do Thy will and to serve Thee with a perfect
heart. For this do we give thanks unto Thee, O God, blessed
in all thanksgiving.

For all this, Thy name, O our divine Ruler, shall be blessed
and exalted forever.

O inscribe all the children of Thy covenant for a happy life.

And may all the living do homage unto Thee forever, and
praise Thy name in truth, O God who art our salvation and
our help. Blessed be Thou, O Lord, Beneficent One; unto
Thee it is seemly to give praise.

Grant lasting peace unto Israel and all mankind for Thou
art the God of peace; and may it be good in Thy sight to
bless all Thy children everywhere at all times with Thy peace.

בְּסֵפֶר חַיִּים בְּרָכָה וְשָׁלוֹם וּפַרְנָסָה טוֹבָה נִזָּכֵר וְנִכָּתֵב לְפָנֶיךָ אֲנַחְנוּ וְכָל־עַמְּךָ בֵּית יִשְׂרָאֵל לְחַיִּים טוֹבִים וּלְשָׁלוֹם. בָּרוּךְ אַתָּה יְיָ עוֹשֵׂה הַשָּׁלוֹם:*

אֱלֹהֵינוּ וֵאלֹהֵי אֲבוֹתֵינוּ.

תָּבֹא לְפָנֶיךָ תְּפִלָּתֵנוּ וְאַל תִּתְעַלַּם מִתְּחִנָּתֵנוּ. שֶׁאֵין אֲנַחְנוּ עַזֵּי פָנִים וּקְשֵׁי עֹרֶף לוֹמַר לְפָנֶיךָ יְיָ אֱלֹהֵינוּ וֵאלֹהֵי אֲבוֹתֵינוּ צַדִּיקִים אֲנַחְנוּ וְלֹא חָטָאנוּ אֲבָל אֲנַחְנוּ חָטָאנוּ:

אָשַׁמְנוּ. בָּגַדְנוּ. גָּזַלְנוּ. דִּבַּרְנוּ דֹפִי. הֶעֱוִינוּ. וְהִרְשַׁעְנוּ. זַדְנוּ. חָמַסְנוּ. טָפַלְנוּ שֶׁקֶר. יָעַצְנוּ רָע. כִּזַּבְנוּ. לַצְנוּ. מָרַדְנוּ. נִאַצְנוּ. סָרַרְנוּ. עָוִינוּ. פָּשַׁעְנוּ. צָרַרְנוּ. קִשִּׁינוּ עֹרֶף. רָשַׁעְנוּ. שִׁחַתְנוּ. תִּעַבְנוּ. תָּעִינוּ. תִּעְתָּעְנוּ:

סַרְנוּ מִמִּצְוֹתֶיךָ וּמִמִּשְׁפָּטֶיךָ הַטּוֹבִים וְלֹא שָׁוָה לָנוּ: וְאַתָּה צַדִּיק עַל כָּל־הַבָּא עָלֵינוּ. כִּי אֱמֶת עָשִׂיתָ וַאֲנַחְנוּ הִרְשָׁעְנוּ:

מַה־נֹּאמַר לְפָנֶיךָ יוֹשֵׁב מָרוֹם וּמַה־נְּסַפֵּר לְפָנֶיךָ שׁוֹכֵן שְׁחָקִים. הֲלֹא כָּל־הַנִּסְתָּרוֹת וְהַנִּגְלוֹת אַתָּה יוֹדֵעַ:

אַתָּה יוֹדֵעַ רָזֵי עוֹלָם. וְתַעֲלוּמוֹת סִתְרֵי כָל־חָי: אַתָּה חוֹפֵשׂ כָּל־חַדְרֵי בָטֶן וּבוֹחֵן כְּלָיוֹת וָלֵב: אֵין דָּבָר נֶעְלָם מִמֶּךָּ וְאֵין נִסְתָּר מִנֶּגֶד עֵינֶיךָ:

וּבְכֵן יְהִי רָצוֹן מִלְּפָנֶיךָ יְיָ אֱלֹהֵינוּ וֵאלֹהֵי אֲבוֹתֵינוּ. שֶׁתִּסְלַח לָנוּ עַל כָּל־חַטֹּאתֵינוּ. וְתִמְחַל לָנוּ עַל כָּל־עֲוֹנוֹתֵינוּ. וּתְכַפֶּר־לָנוּ עַל כָּל־פְּשָׁעֵינוּ:

* *Reader continues with Kaddish on page 201*

In the book of life, blessing, peace and good sustenance may we be remembered and inscribed before Thee, we and all Thy people, the house of Israel, for a good and peaceful life. Blessed art Thou, O Lord who makest peace.*

Our God and God of our fathers!

May our prayer come before Thee. Hide not Thyself from our supplication, for we are neither so arrogant nor so hardened, as to say before Thee, O Lord our God and God of our fathers, 'we are righteous and have not sinned'; verily, we have sinned.

We have trespassed, we have dealt treacherously, we have robbed, we have spoken slander, we have acted perversely, and we have wrought wickedness; we have been presumptuous, we have done violence, we have framed lies, we have counselled evil, and we have spoken falsely; we have scoffed, we have revolted, we have provoked, we have rebelled, we have committed iniquity, and we have transgressed; we have oppressed, we have been stiff-necked, we have done wickedly, we have corrupted, we have committed abomination, we have gone astray, we have led others astray.

We have turned away from Thy commandments and Thy judgments that are good, and it has profited us naught. But Thou art righteous in all that has come upon us; for Thou hast acted truthfully, but we have wrought unrighteousness.

What shall we say before Thee, O Thou who dwellest on high and what shall we declare before Thee, Thou who abidest in the heavens? Dost Thou not know all things, both the hidden and the revealed?

Thou knowest the mysteries of the universe and the hidden secrets of all living. Thou searchest out the heart of man, and probest all our thoughts and aspirations. Naught escapeth Thee, neither is anything concealed from Thy sight.

May it therefore be Thy will, O Lord, our God and God of our fathers, to forgive us all our sins, to pardon all our iniquities, and to grant us atonement for all our transgressions.

* *Reader Continues with Kaddish on page 201*

עַל חֵטְא שֶׁחָטָאנוּ לְפָנֶיךָ בְּאֹנֶס וּבְרָצוֹן:
וְעַל חֵטְא שֶׁחָטָאנוּ לְפָנֶיךָ בְּאִמּוּץ הַלֵּב:
עַל חֵטְא שֶׁחָטָאנוּ לְפָנֶיךָ בִּבְלִי דָעַת:
וְעַל חֵטְא שֶׁחָטָאנוּ לְפָנֶיךָ בְּבִטּוּי שְׂפָתָיִם:
עַל חֵטְא שֶׁחָטָאנוּ לְפָנֶיךָ בְּגִלּוּי עֲרָיוֹת:
וְעַל חֵטְא שֶׁחָטָאנוּ לְפָנֶיךָ בְּגָלוּי וּבַסָּתֶר:
עַל חֵטְא שֶׁחָטָאנוּ לְפָנֶיךָ בְּדַעַת וּבְמִרְמָה:
וְעַל חֵטְא שֶׁחָטָאנוּ לְפָנֶיךָ בְּדִבּוּר פֶּה:
עַל חֵטְא שֶׁחָטָאנוּ לְפָנֶיךָ בְּהוֹנָאַת רֵעַ:
וְעַל חֵטְא שֶׁחָטָאנוּ לְפָנֶיךָ בְּהַרְהוֹר הַלֵּב:
עַל חֵטְא שֶׁחָטָאנוּ לְפָנֶיךָ בִּוְעִידַת זְנוּת:
וְעַל חֵטְא שֶׁחָטָאנוּ לְפָנֶיךָ בְּוִדּוּי פֶּה:
עַל חֵטְא שֶׁחָטָאנוּ לְפָנֶיךָ בְּזִלְזוּל הוֹרִים וּמוֹרִים:
וְעַל חֵטְא שֶׁחָטָאנוּ לְפָנֶיךָ בְּזָדוֹן וּבִשְׁגָגָה:
עַל חֵטְא שֶׁחָטָאנוּ לְפָנֶיךָ בְּחֹזֶק יָד:
וְעַל חֵטְא שֶׁחָטָאנוּ לְפָנֶיךָ בְּחִלּוּל הַשֵּׁם:
עַל חֵטְא שֶׁחָטָאנוּ לְפָנֶיךָ בְּטֻמְאַת שְׂפָתָיִם:
וְעַל חֵטְא שֶׁחָטָאנוּ לְפָנֶיךָ בְּטִפְּשׁוּת פֶּה:
עַל חֵטְא שֶׁחָטָאנוּ לְפָנֶיךָ בְּיֵצֶר הָרָע:
וְעַל חֵטְא שֶׁחָטָאנוּ לְפָנֶיךָ בְּיוֹדְעִים וּבְלֹא יוֹדְעִים:

וְעַל כֻּלָּם אֱלוֹהַ סְלִיחוֹת סְלַח־לָנוּ. מְחַל־לָנוּ. כַּפֶּר־לָנוּ:

עַל חֵטְא שֶׁחָטָאנוּ לְפָנֶיךָ בְּכַחַשׁ וּבְכָזָב:
וְעַל חֵטְא שֶׁחָטָאנוּ לְפָנֶיךָ בְּכַפַּת שֹׁחַד:
עַל חֵטְא שֶׁחָטָאנוּ לְפָנֶיךָ בְּלָצוֹן:

For the sin which we have committed before Thee under compulsion or of our own will,
And for the sin which we have committed before Thee by hardening our hearts;
For the sin which we have committed before Thee unknowingly,
And for the sin which we have committed before Thee with utterance of the lips;
For the sin which we have committed before Thee by unchastity,
And for the sin which we have committed before Thee openly or secretly;
For the sin which we have committed before Thee knowingly and deceitfully,
And for the sin which we have committed before Thee in speech;
For the sin which we have committed before Thee by wronging our neighbor,
And for the sin which we have committed before Thee by sinful meditation of the heart;
For the sin which we have committed before Thee by association with impurity,
And for the sin which we have committed before Thee by confession of the lips;
For the sin which we have committed before Thee by spurning parents and teachers,
And for the sin which we have committed before Thee in presumption or in error;
For the sin which we have committed before Thee by violence,
And for the sin which we have committed before Thee by the profanation of Thy name;
For the sin which we have committed before Thee by unclean lips,
And for the sin which we have committed before Thee by impure speech;
For the sin which we have committed before Thee by the evil inclination,
And for the sin which we have committed before Thee wittingly or unwittingly;
For all these, O God of forgiveness, forgive us, pardon us, grant us atonement.

V'al ku-lom e-lō-ha s'li-ḥōs s'laḥ lo-nu m'ḥal lo-nu ka-per lo-nu.

For the sin which we have committed before Thee by denying and lying,
And for the sin which we have committed before Thee by bribery;
For the sin which we have committed before Thee by scoffing,

וְעַל חֵטְא שֶׁחָטָאנוּ לְפָנֶיךָ בְּלָשׁוֹן הָרָע:
עַל חֵטְא שֶׁחָטָאנוּ לְפָנֶיךָ בְּמַשָּׂא וּבְמַתָּן:
וְעַל חֵטְא שֶׁחָטָאנוּ לְפָנֶיךָ בְּמַאֲכָל וּבְמִשְׁתֶּה:
עַל חֵטְא שֶׁחָטָאנוּ לְפָנֶיךָ בְּנֶשֶׁךְ וּבְמַרְבִּית:
וְעַל חֵטְא שֶׁחָטָאנוּ לְפָנֶיךָ בִּנְטִיַּת גָּרוֹן:
עַל חֵטְא שֶׁחָטָאנוּ לְפָנֶיךָ בְּשִׂיחַ שִׂפְתוֹתֵינוּ:
וְעַל חֵטְא שֶׁחָטָאנוּ לְפָנֶיךָ בְּשִׂקּוּר עָיִן:
עַל חֵטְא שֶׁחָטָאנוּ לְפָנֶיךָ בְּעֵינַיִם רָמוֹת:
וְעַל חֵטְא שֶׁחָטָאנוּ לְפָנֶיךָ בְּעַזּוּת מֶצַח:

וְעַל כֻּלָּם אֱלוֹהַּ סְלִיחוֹת סְלַח־לָנוּ: מְחַל־לָנוּ. כַּפֶּר־לָנוּ:

עַל חֵטְא שֶׁחָטָאנוּ לְפָנֶיךָ בִּפְרִיקַת עֹל:
וְעַל חֵטְא שֶׁחָטָאנוּ לְפָנֶיךָ בִּפְלִילוּת:
עַל חֵטְא שֶׁחָטָאנוּ לְפָנֶיךָ בִּצְדִיַּת רֵעַ:
וְעַל חֵטְא שֶׁחָטָאנוּ לְפָנֶיךָ בְּצָרוּת עָיִן:
עַל חֵטְא שֶׁחָטָאנוּ לְפָנֶיךָ בְּקַלּוּת רֹאשׁ:
וְעַל חֵטְא שֶׁחָטָאנוּ לְפָנֶיךָ בְּקַשְׁיוּת עֹרֶף:
עַל חֵטְא שֶׁחָטָאנוּ לְפָנֶיךָ בְּרִיצַת רַגְלַיִם לְהָרַע:
וְעַל חֵטְא שֶׁחָטָאנוּ לְפָנֶיךָ בִּרְכִילוּת:
עַל חֵטְא שֶׁחָטָאנוּ לְפָנֶיךָ בִּשְׁבוּעַת שָׁוְא:
וְעַל חֵטְא שֶׁחָטָאנוּ לְפָנֶיךָ בְּשִׂנְאַת חִנָּם:
עַל חֵטְא שֶׁחָטָאנוּ לְפָנֶיךָ בִּתְשׂוּמֶת יָד:
וְעַל חֵטְא שֶׁחָטָאנוּ לְפָנֶיךָ בְּתִמְהוֹן לֵבָב:

וְעַל כֻּלָּם אֱלוֹהַּ סְלִיחוֹת סְלַח־לָנוּ. מְחַל־לָנוּ. כַּפֶּר־לָנוּ:

And for the sin which we have committed before Thee by slander;

For the sin which we have committed before Thee in commerce,

And for the sin which we have committed before Thee in eating and drinking;

For the sin which we have committed before Thee by demanding usurous interest,

And for the sin which we have committed before Thee by stretching forth the neck in pride;

For the sin which we have committed before Thee by idle gossip,

And for the sin which we have committed before Thee with wanton looks;

For the sin which we have committed before Thee with haughty eyes,

And for the sin which we have committed before Thee by effrontery;

For all these, O God of forgiveness, forgive us, pardon us, grant us atonement.

V'al ku-lom e-lō-ha s'li-ḥōs s'laḥ lo-nu m'ḥal lo-nu ka-per lo-nu.

For the sin which we have committed before Thee by casting off the yoke of Thy commandments,

And for the sin which we have committed before Thee by contentiousness;

For the sin which we have committed before Thee by ensnaring our neighbor,

And for the sin which we have committed before Thee by envy;

For the sin which we have committed before Thee by levity,

And for the sin which we have committed before Thee by being stiff-necked;

For the sin which we have committed before Thee by running to do evil,

And for the sin which we have committed before Thee by talebearing;

For the sin which we have committed before Thee by vain oaths,

And for the sin which we have committed before Thee by causeless hatred;

For the sin which we have committed before Thee by breach of trust,

And for the sin which we have committed before Thee with confusion of mind;

For all these, O God of forgiveness, forgive us, pardon us, grant us atonement.

V'al ku-lom e-lō-ha s'li-ḥōs s'laḥ lo-nu m'ḥal lo-nu ka-per lo-nu.

וְעַל חֲטָאִים שֶׁאָנוּ חַיָּבִים עֲלֵיהֶם עוֹלָה:
וְעַל חֲטָאִים שֶׁאָנוּ חַיָּבִים עֲלֵיהֶם חַטָּאת:
וְעַל חֲטָאִים שֶׁאָנוּ חַיָּבִים עֲלֵיהֶם קָרְבָּן עוֹלֶה וְיוֹרֵד:
וְעַל חֲטָאִים שֶׁאָנוּ חַיָּבִים עֲלֵיהֶם אָשָׁם וַדַּאי וְתָלוּי:
וְעַל חֲטָאִים שֶׁאָנוּ חַיָּבִים עֲלֵיהֶם מַכַּת מַרְדּוּת:
וְעַל חֲטָאִים שֶׁאָנוּ חַיָּבִים עֲלֵיהֶם מַלְקוּת אַרְבָּעִים:
וְעַל חֲטָאִים שֶׁאָנוּ חַיָּבִים עֲלֵיהֶם מִיתָה בִּידֵי שָׁמָיִם:
וְעַל חֲטָאִים שֶׁאָנוּ חַיָּבִים עֲלֵיהֶם כָּרֵת וַעֲרִירִי:

וְעַל כֻּלָּם אֱלוֹהַּ סְלִיחוֹת סְלַח־לָנוּ. מְחַל־לָנוּ. כַּפֶּר־לָנוּ:

וְעַל חֲטָאִים שֶׁאָנוּ חַיָּבִים עֲלֵיהֶם אַרְבַּע מִיתוֹת בֵּית דִּין. סְקִילָה. שְׂרֵפָה. הֶרֶג. וְחֶנֶק: עַל מִצְוַת עֲשֵׂה וְעַל מִצְוַת לֹא תַעֲשֶׂה. בֵּין שֶׁיֵּשׁ בָּהּ קוּם עֲשֵׂה. וּבֵין שֶׁאֵין בָּהּ קוּם עֲשֵׂה. אֶת־הַגְּלוּיִם לָנוּ וְאֶת־שֶׁאֵינָם גְּלוּיִם לָנוּ: אֶת־הַגְּלוּיִם לָנוּ כְּבָר אֲמַרְנוּם לְפָנֶיךָ. וְהוֹדִינוּ לְךָ עֲלֵיהֶם. וְאֶת־שֶׁאֵינָם גְּלוּיִם לָנוּ לְפָנֶיךָ הֵם גְּלוּיִם וִידוּעִים. כַּדָּבָר שֶׁנֶּאֱמַר הַנִּסְתָּרֹת לַייָ אֱלֹהֵינוּ. וְהַנִּגְלֹת לָנוּ וּלְבָנֵינוּ עַד־עוֹלָם. לַעֲשׂוֹת אֶת־כָּל־דִּבְרֵי הַתּוֹרָה הַזֹּאת: כִּי אַתָּה סָלְחָן לְיִשְׂרָאֵל וּמָחֳלָן לְשִׁבְטֵי יְשֻׁרוּן בְּכָל־דּוֹר וָדוֹר וּמִבַּלְעָדֶיךָ אֵין לָנוּ מֶלֶךְ מוֹחֵל וְסוֹלֵחַ אֶלָּא אָתָּה:

אֱלֹהַי עַד שֶׁלֹּא נוֹצַרְתִּי אֵינִי כְדַי. וְעַכְשָׁו שֶׁנּוֹצַרְתִּי כְּאִלּוּ לֹא נוֹצַרְתִּי. עָפָר אֲנִי בְּחַיָּי. קַל וָחֹמֶר בְּמִיתָתִי. הֲרֵי אֲנִי לְפָנֶיךָ כִּכְלִי מָלֵא בוּשָׁה וּכְלִמָּה: יְהִי רָצוֹן מִלְּפָנֶיךָ יְיָ אֱלֹהַי וֵאלֹהֵי אֲבוֹתַי שֶׁלֹּא אֶחֱטָא עוֹד. וּמַה־שֶּׁחָטָאתִי לְפָנֶיךָ מָרֵק בְּרַחֲמֶיךָ הָרַבִּים. אֲבָל לֹא עַל יְדֵי יִסּוּרִים וָחֳלָיִם רָעִים:

The following enumeration of sins refers to the period when
the sacrificial system of the Temple and the judicial power of
the Sanhedrin still existed.

Forgive us too, for the sins for which, in the days of the
Temple, the law would have required a burnt offering, a sin
offering, an offering varying according to our means, and an
offering for certain or for doubtful trespass; and for the sins
for which the law would have imposed chastisement, flagella-
tion, untimely death, excision, or one of the four death pen-
alties inflicted by Courts of Law.

Forgive us for the breach of positive precepts and for the
breach of negative precepts, both for the sins of which we are
aware as well as for those that are unknown to us. Those of
which we are aware, we have already declared and confessed
unto Thee; and those that are unknown to us, lo, they are
revealed and manifest unto Thee, according to the word that
has been spoken: "The secret things belong unto the Lord our
God, but things that are revealed, belong unto us and unto
our children forever, that we may do all the words of the
Torah." For Thou art the Forgiver of Israel and the Pardoner
of the tribes of Jeshurun in every generation, and besides Thee
we have no king to pardon and forgive our sins. We have
Thee alone.

O Lord, before I was formed I had no worth, and now
that I have been formed, I am as though I had not been
formed. Dust am I in my life; yea, even more so in my death.
Behold I am before Thee like a vessel filled with shame and
confusion. May it be Thy will, O Lord my God, and the
God of my fathers, that I sin no more, and as for the sins
I have committed before Thee, purge them away in Thine
abundant mercy but not by means of affliction and suffering.

אֱלֹהַי נְצוֹר לְשׁוֹנִי מֵרָע וּשְׂפָתַי מִדַּבֵּר מִרְמָה וְלִמְקַלְלַי נַפְשִׁי תִדּוֹם וְנַפְשִׁי כֶּעָפָר לַכֹּל תִּהְיֶה: פְּתַח לִבִּי בְּתוֹרָתֶךָ וּבְמִצְוֹתֶיךָ תִּרְדּוֹף נַפְשִׁי. וְכֹל הַחוֹשְׁבִים עָלַי רָעָה. מְהֵרָה הָפֵר עֲצָתָם וְקַלְקֵל מַחֲשַׁבְתָּם: עֲשֵׂה לְמַעַן שְׁמֶךָ עֲשֵׂה לְמַעַן יְמִינֶךָ עֲשֵׂה לְמַעַן קְדֻשָּׁתֶךָ עֲשֵׂה לְמַעַן תּוֹרָתֶךָ: לְמַעַן יֵחָלְצוּן יְדִידֶיךָ. הוֹשִׁיעָה יְמִינְךָ וַעֲנֵנִי: יִהְיוּ לְרָצוֹן אִמְרֵי־פִי וְהֶגְיוֹן לִבִּי לְפָנֶיךָ. יְיָ צוּרִי וְגוֹאֲלִי: עֹשֶׂה שָׁלוֹם בִּמְרוֹמָיו. הוּא יַעֲשֶׂה שָׁלוֹם עָלֵינוּ וְעַל כָּל־יִשְׂרָאֵל וְאִמְרוּ אָמֵן:

יְהִי רָצוֹן מִלְּפָנֶיךָ יְיָ אֱלֹהֵינוּ וֵאלֹהֵי אֲבוֹתֵינוּ שֶׁיִּבָּנֶה בֵּית הַמִּקְדָּשׁ בִּמְהֵרָה בְיָמֵינוּ וְתֵן חֶלְקֵנוּ בְּתוֹרָתֶךָ: וְשָׁם נַעֲבָדְךָ בְּיִרְאָה כִּימֵי עוֹלָם וּכְשָׁנִים קַדְמֹנִיּוֹת: וְעָרְבָה לַייָ מִנְחַת יְהוּדָה וִירוּשָׁלָיִם כִּימֵי עוֹלָם וּכְשָׁנִים קַדְמוֹנִיּוֹת:

Reader's Kaddish

יִתְגַּדַּל וְיִתְקַדַּשׁ שְׁמֵהּ רַבָּא. בְּעָלְמָא דִּי־בְרָא כִרְעוּתֵהּ. וְיַמְלִיךְ מַלְכוּתֵהּ בְּחַיֵּיכוֹן וּבְיוֹמֵיכוֹן וּבְחַיֵּי דְכָל־בֵּית יִשְׂרָאֵל בַּעֲגָלָא וּבִזְמַן קָרִיב. וְאִמְרוּ אָמֵן:

Congregation and Reader

יְהֵא שְׁמֵהּ רַבָּא מְבָרַךְ לְעָלַם וּלְעָלְמֵי עָלְמַיָּא:

Reader

יִתְבָּרַךְ וְיִשְׁתַּבַּח וְיִתְפָּאַר וְיִתְרוֹמַם וְיִתְנַשֵּׂא וְיִתְהַדָּר וְיִתְעַלֶּה וְיִתְהַלָּל שְׁמֵהּ דְּקֻדְשָׁא. בְּרִיךְ הוּא. לְעֵלָּא וּלְעֵלָּא מִן־כָּל־בִּרְכָתָא וְשִׁירָתָא תֻּשְׁבְּחָתָא וְנֶחֱמָתָא דַּאֲמִירָן בְּעָלְמָא. וְאִמְרוּ אָמֵן:

תִּתְקַבֵּל צְלוֹתְהוֹן וּבָעוּתְהוֹן דְּכָל־יִשְׂרָאֵל קֳדָם אֲבוּהוֹן דִּי־בִשְׁמַיָּא. וְאִמְרוּ אָמֵן:

יְהֵא שְׁלָמָא רַבָּא מִן־שְׁמַיָּא וְחַיִּים עָלֵינוּ וְעַל־כָּל־יִשְׂרָאֵל. וְאִמְרוּ אָמֵן:

עֹשֶׂה שָׁלוֹם בִּמְרוֹמָיו הוּא יַעֲשֶׂה שָׁלוֹם עָלֵינוּ וְעַל־כָּל־יִשְׂרָאֵל. וְאִמְרוּ אָמֵן:

O Lord,

Guard my tongue from evil and my lips from speaking guile,
And to those who slander me, let me give no heed.
May my soul be humble and forgiving unto all.
Open Thou my heart, O Lord, unto Thy sacred Law,
That Thy statutes I may know and all Thy truths pursue.
Bring to naught designs of those who seek to do me ill;
Speedily defeat their aims and thwart their purposes
For Thine own sake, for Thine own power,
For Thy holiness and Law.
That Thy loved ones be delivered,
Answer me, O Lord, and save with Thy redeeming power.

May the words of my mouth and the meditation of my heart be acceptable unto Thee, O Lord, my Rock and my Redeemer. Thou who keepest harmony in the heavenly spheres, mayest Thou make peace for us, for Israel, and for all Thy children everywhere. Amen.

May it be Thy will, O Lord our God and God of our fathers, to grant our portion in Thy Torah and to rebuild the Temple speedily in our days.   There we will serve Thee with awe as in the days of old.

Reader's Kaddish

Magnified and sanctified be the great name of God throughout the world which He hath created according to His will. May He establish His kingdom during the days of your life and during the life of all the house of Israel, speedily, yea, soon; and say ye, Amen.

May His great name be blessed for ever and ever.

Exalted and honored be the name of the Holy One, blessed be He, whose glory transcends, yea, is beyond all blessings and hymns, praises and consolations which are uttered in the world; and say ye, Amen.

May the prayers and supplications of the whole house of Israel be acceptable unto their Father in heaven; and say ye, Amen.

May there be abundant peace from heaven, and life for us and for all Israel; and say ye, Amen.

May He who establisheth peace in the heavens, grant peace unto us and unto all Israel; and say ye, Amen.

עָלֵינוּ לְשַׁבֵּחַ לַאֲדוֹן הַכֹּל לָתֵת גְּדֻלָּה לְיוֹצֵר בְּרֵאשִׁית שֶׁלֹּא עָשָׂנוּ כְּגוֹיֵי הָאֲרָצוֹת וְלֹא שָׂמָנוּ כְּמִשְׁפְּחוֹת הָאֲדָמָה שֶׁלֹּא שָׂם חֶלְקֵנוּ כָּהֶם וְגֹרָלֵנוּ כְּכָל הֲמוֹנָם:

וַאֲנַחְנוּ כּוֹרְעִים וּמִשְׁתַּחֲוִים וּמוֹדִים
לִפְנֵי מֶלֶךְ מַלְכֵי הַמְּלָכִים הַקָּדוֹשׁ בָּרוּךְ הוּא.

שֶׁהוּא נוֹטֶה שָׁמַיִם וְיוֹסֵד אָרֶץ וּמוֹשַׁב יְקָרוֹ בַּשָּׁמַיִם מִמַּעַל וּשְׁכִינַת עֻזּוֹ בְּגָבְהֵי מְרוֹמִים: הוּא אֱלֹהֵינוּ אֵין עוֹד. אֱמֶת מַלְכֵּנוּ אֶפֶס זוּלָתוֹ כַּכָּתוּב בְּתוֹרָתוֹ וְיָדַעְתָּ הַיּוֹם וַהֲשֵׁבֹתָ אֶל לְבָבֶךָ כִּי יְיָ הוּא הָאֱלֹהִים בַּשָּׁמַיִם מִמַּעַל וְעַל־הָאָרֶץ מִתָּחַת. אֵין עוֹד:

עַל־כֵּן נְקַוֶּה לְּךָ יְיָ אֱלֹהֵינוּ לִרְאוֹת מְהֵרָה בְּתִפְאֶרֶת עֻזֶּךָ לְהַעֲבִיר גִּלּוּלִים מִן הָאָרֶץ וְהָאֱלִילִים כָּרוֹת יִכָּרֵתוּן. לְתַקֵּן עוֹלָם בְּמַלְכוּת שַׁדַּי. וְכָל־בְּנֵי בָשָׂר יִקְרְאוּ בִשְׁמֶךָ לְהַפְנוֹת אֵלֶיךָ כָּל־רִשְׁעֵי אָרֶץ. יַכִּירוּ וְיֵדְעוּ כָּל־יוֹשְׁבֵי תֵבֵל. כִּי־לְךָ תִּכְרַע כָּל־בֶּרֶךְ תִּשָּׁבַע כָּל־לָשׁוֹן: לְפָנֶיךָ יְיָ אֱלֹהֵינוּ יִכְרְעוּ וְיִפּוֹלוּ. וְלִכְבוֹד שִׁמְךָ יְקָר יִתֵּנוּ. וִיקַבְּלוּ כֻלָּם אֶת עוֹל מַלְכוּתֶךָ. וְתִמְלוֹךְ עֲלֵיהֶם מְהֵרָה לְעוֹלָם וָעֶד. כִּי הַמַּלְכוּת שֶׁלְּךָ הִיא וּלְעוֹלְמֵי עַד תִּמְלוֹךְ בְּכָבוֹד: כַּכָּתוּב בְּתוֹרָתֶךָ יְיָ יִמְלֹךְ לְעוֹלָם וָעֶד: וְנֶאֱמַר וְהָיָה יְיָ לְמֶלֶךְ עַל־כָּל־הָאָרֶץ בַּיּוֹם הַהוּא יִהְיֶה יְיָ אֶחָד וּשְׁמוֹ אֶחָד:

Congregation rises

Let us adore the Lord of all, who formed the world from of old, that He hath not made us like unto the heathens of the earth, nor fashioned us like the godless of the land; that He hath not made our destiny as theirs, nor cast our lot with their multitude.

We bend the knee, bow in worship, and give thanks unto the King of kings, the Holy One, blessed be He.

Congregation

Va-a'-naḥ-nu kō-r'eem u-mish-ta-ḥa-veem u-mō-deem

Li-f'nay me-leḥ, ma-l'ḥay ham'lo-ḥeem, ha-ko-dōsh bo-ruḥ hu.

Congregation is seated

He stretched forth the heavens and laid the foundations of the earth. His glory is revealed in the heavens above, and His might is manifest in the loftiest heights. He is our God; there is none other. In truth He is our King, there is none besides Him. Thus it is written in His Torah: "Know this day, and consider it in thy heart that the Lord, He is God in the heavens above and on the earth beneath; there is none else."

We therefore hope in Thee, O Lord our God, that we may soon behold the glory of Thy might, when Thou wilt remove the abominations of the earth and cause all idolatry to be abolished, when the world will be perfected under Thine almighty kingdom, and all the children of men will call upon Thy name, when Thou wilt turn unto Thyself all the wicked of the earth. May all the inhabitants of the world perceive and know that unto Thee every knee must bend, every tongue vow loyalty. Before Thee, O Lord our God, may all bow in worship, and give honor unto Thy glorious name. May they all accept the yoke of thy kingdom and speedily do Thou rule over them forever. For the kingdom is Thine and evermore wilt Thou reign in glory, as it is written in Thy Torah: "The Lord shall reign for ever and ever." "And the Lord shall be King over all the earth; on that day the Lord shall be One, and His name one."

Congregation

V'ho-yo A-dō-noy l'meh-leḥ al kol ho-o-rets,
Ba-yōm ha-hu yi-h'ye A-dō-noy e-ḥod u-sh'mō e-ḥod.

Mourners' Kaddish

יִתְגַּדַּל וְיִתְקַדַּשׁ שְׁמֵהּ רַבָּא. בְּעָלְמָא דִּי־בְרָא כִרְעוּתֵהּ. וְיַמְלִיךְ מַלְכוּתֵהּ בְּחַיֵּיכוֹן וּבְיוֹמֵיכוֹן וּבְחַיֵּי דְכָל־בֵּית יִשְׂרָאֵל בַּעֲגָלָא וּבִזְמַן קָרִיב. וְאִמְרוּ אָמֵן:

Congregation and Mourners

יְהֵא שְׁמֵהּ רַבָּא מְבָרַךְ לְעָלַם וּלְעָלְמֵי עָלְמַיָּא:

Mourners

יִתְבָּרַךְ וְיִשְׁתַּבַּח וְיִתְפָּאַר וְיִתְרוֹמַם וְיִתְנַשֵּׂא וְיִתְהַדָּר וְיִתְעַלֶּה וְיִתְהַלָּל שְׁמֵהּ דְּקֻדְשָׁא. בְּרִיךְ הוּא. לְעֵלָּא וּלְעֵלָּא מִן־כָּל־בִּרְכָתָא וְשִׁירָתָא תֻּשְׁבְּחָתָא וְנֶחֱמָתָא דַּאֲמִירָן בְּעָלְמָא. וְאִמְרוּ אָמֵן:

יְהֵא שְׁלָמָא רַבָּא מִן־שְׁמַיָּא וְחַיִּים עָלֵינוּ וְעַל־כָּל־יִשְׂרָאֵל. וְאִמְרוּ אָמֵן:

עֹשֶׂה שָׁלוֹם בִּמְרוֹמָיו הוּא יַעֲשֶׂה שָׁלוֹם עָלֵינוּ וְעַל־כָּל־יִשְׂרָאֵל. וְאִמְרוּ אָמֵן:

Yis-ga-dal v'yis-ka-dash sh'may ra-bo,
B'ol-mo dee-v'ro ḥir-u-say, v'yam-leeḥ mal-ḥu-say,
B'ḥa-yay-ḥōn uv-yō-may-ḥōn, uv-ḥa-yay d'ḥol bays yis-ro-ayl,
Ba-a-go-lo u-viz'man ko-reev, v'im-ru o-mayn.

Y'hay sh'may ra-bo m'vo-raḥ, l'o-lam ul-ol-may ol-ma-yo.
Yis-bo-raḥ v'yish-ta-baḥ, v'yis-po-ar v'yis-rō-mam,
V'yis-na-say v'yis-ha-dar, v'yis-a-leh, v'yis-ha-lal
sh'may d'kud-sho b'riḥ hu;

L'ay-lo ul-ay-lo min kol bir-ḥo-so v'shee-ro-so,
Tush-b'ḥo-so v'ne-ḥeh-mo-so, da-a-mee-ron b'ol-mo,
V'im-ru o-mayn.

Y'hay sh'lo-mo ra-bo min sh'ma-yo,
V'ḥa-yeem o-lay-nu v'al kol yis-ro-ayl v'im-ru o-mayn.
Ō-se sho-lōm bim-rō-mov hu ya-a-se sho-lōm
O-lay-nu v'al kol yis-ro-ayl v'im-ru o-mayn.

תפלת ערבית ליום כפור

EVENING SERVICE
FOR
THE DAY OF ATONEMENT

Prayer when putting on the Tallit

בָּרוּךְ אַתָּה יְיָ אֱלֹהֵינוּ מֶלֶךְ הָעוֹלָם. אֲשֶׁר קִדְּשָׁנוּ בְּמִצְוֹתָיו וְצִוָּנוּ לְהִתְעַטֵּף בַּצִּיצִת:

Blessed art Thou, O Lord, our God, King of the universe, who having sanctified us with Thy commandments hast ordained that we wrap ourselves in the fringed garment.

Opening Prayer

Reader

Our God and God of our fathers, as evening casts its shadows over the earth, ushering in the most solemn day of the year, we join with our fellow Jews throughout the world in prayer and meditation. We put aside all petty thoughts and vain desires. What is our life, and of what avail our strength? What is our wealth, and to what purpose our power? We lift up our eyes unto Thee, O Lord, and yearn for Thy light and inspiration. On this Kol Nidre Night, sanctified by sacred memories, united with the generations of the past, recalling the piety and devotion of our ancestors, we stand in Thy presence stripped of all pretence and revealed in all our weakness. O Thou who seest all, Thou knowest how frail and fragile we are.

We aim toward lofty heights, but temptation overcomes us. Greed and vanity blind our eyes, envy and arrogance eat into the marrow of our bones, false ambitions bring us bitter remorse, and selfishness dwarfs our souls. We are creatures of haphazard living. We stumble and fall; we grope and wander. O Lord, strengthen us in our weak moments and guide our faltering footsteps. Speak to our hearts with the still small voice of Thy spirit so that we may search our ways and return unto Thee. Cause us to be forgiving even as we ask to be forgiven. Cause us to discover the faults of our ways and the errors into which we have fallen, so that we may not repeat the trespasses for which we repent this day.

Amidst the uncertainties and tragedies of life, we need Thee, O God. Only when we are aware of Thee do we have fortitude, vision and hope. Out of the depths of our hearts do we call upon Thee. O hearken unto our voice and attend our prayer. Turn us unto Thee, O Lord, so that we may be at peace with ourselves and with our fellowmen. On this sacred night, may we heed the admonition of Thy prophet, to cast away our sins and transgressions and make us a new heart and a new spirit. Amen.

NOTE ON KOL NIDRE PRAYER

Though the author and the date of the Kol Nidre are unknown, the prayer was in use as early as the Gaonic period in the eighth century. In ancient times, as in our day, vows unto the Lord were often rashly made. In the precarious eras in which our forefathers lived, circumstances beyond their control frequently denied them the opportunity of fulfilling their vows. Because of the unusual stress and exigencies of their lives, these vows at times were forgotten and thus violated. Recognizing that the broken word profaned the soul, they developed the earnest desire to have such vows nullified on the Day of Atonement, when men yearned to be at peace with God and their fellowmen. The following legal formula, known as the Kol Nidre, was the result. In those lands where Jews, under duress, made vows to accept another faith, the recital of the Kol Nidre often brought relief to their tormented consciences.

Judaism always recognized and taught that the Kol Nidre cannot release anyone from a juridical oath or from any promise, contract or obligation between man and man. It applies only to those vows which an individual makes to his God and in which no other persons are involved. Sins between man and man are not forgiven until amends have been made for the wrong.

The underlying motives of the Kol Nidre prayer, the sincere longing for a clear conscience, the release from the feeling of guilt, the recognition of the sacredness of the plighted word, and the desire to be absolved from vows which could not be carried out or which would make for enmity and rancor, still possess significance for us today.

As famous as the legal formula, is the appealing melody which grew up around the words. Through the words and the melody of Kol Nidre, the Jew expressed his deepest feelings and emotions. Altogether apart from the meaning of the words and their significance, the plaintive chant has captivated and charmed the heart of the Jew to this day.

Reader

בִּישִׁיבָה שֶׁל מַעְלָה. וּבִישִׁיבָה שֶׁל מַטָּה. עַל דַּעַת הַמָּקוֹם. וְעַל דַּעַת הַקָּהָל. אָנוּ מַתִּירִין לְהִתְפַּלֵּל עִם הָעֲבַרְיָנִים:

כָּל נִדְרֵי. וֶאֱסָרֵי. וַחֲרָמֵי. וְקוֹנָמֵי. וְכִנּוּיֵי. וְקִנּוּסֵי. וּשְׁבוּעוֹת. דִּנְדַרְנָא. וּדְאִשְׁתַּבַּעְנָא. וּדְאַחֲרִימְנָא. וְדִאֲסַרְנָא עַל נַפְשָׁתָנָא. מִיּוֹם כִּפֻּרִים זֶה עַד יוֹם כִּפֻּרִים הַבָּא עָלֵינוּ לְטוֹבָה. כֻּלְּהוֹן אִחֲרַטְנָא בְהוֹן. כֻּלְּהוֹן יְהוֹן שָׁרָן. שְׁבִיקִין. שְׁבִיתִין. בְּטֵלִין וּמְבֻטָּלִין. לָא שְׁרִירִין וְלָא קַיָּמִין: נִדְרָנָא לָא נִדְרֵי. וֶאֱסָרָנָא לָא אֱסָרֵי. וּשְׁבוּעָתָנָא לָא שְׁבוּעוֹת:

Reader and Congregation

וְנִסְלַח לְכָל־עֲדַת בְּנֵי יִשְׂרָאֵל וְלַגֵּר הַגָּר בְּתוֹכָם.
כִּי לְכָל־הָעָם בִּשְׁגָגָה:

Reader

סְלַח־נָא לַעֲוֹן הָעָם הַזֶּה כְּגֹדֶל חַסְדֶּךָ
וְכַאֲשֶׁר נָשָׂאתָה לָעָם הַזֶּה מִמִּצְרַיִם וְעַד הֵנָּה: וְשָׁם נֶאֱמַר

Congregation

וַיֹּאמֶר יְהוָה סָלַחְתִּי כִּדְבָרֶךָ:

Reader

בָּרוּךְ אַתָּה יְיָ אֱלֹהֵינוּ מֶלֶךְ הָעוֹלָם.
שֶׁהֶחֱיָנוּ וְקִיְּמָנוּ וְהִגִּיעָנוּ לַזְּמַן הַזֶּה:

NOTE

Whereas the Hebrew text does not specify what vows are meant, it was clearly understood by Jews at all times that the recital of the Kol Nidre could not release one from vows and obligations made to his fellowmen. This is evident from the following selection of the Mishna, the authoritative code of law which antedates the Kol Nidre by at least five hundred years. Only willful enemies of the truth persist in distorting the meaning of the Kol Nidre. "For transgressions between man and God, repentance on Yom Kippur brings atonement. For transgressions between man and man, Yom Kippur brings no atonement, until the injured party is appeased." (Mishna Yoma, Chapter 8)

Reader

By authority of the heavenly Tribunal, and of the Court below, with divine sanction and with the sanction of this holy congregation, we declare it lawful to pray together with those who have transgressed.

The legal formula of Kol Nidre has been retained in its archaic form

All vows, bonds, promises, obligations, and oaths [to God] wherewith we have vowed, sworn and bound ourselves from this Day of Atonement unto the next Day of Atonement, may it come unto us for good; lo, of all these, we repent us in them. They shall be absolved, released, annulled, made void, and of none effect; they shall not be binding nor shall they have any power. Our vows [to God] shall not be vows; our bonds shall not be bonds; and our oaths shall not be oaths.

Reader and Congregation

And the congregation of Israel shall be forgiven, as well as the stranger that dwells among them, since the people have transgressed unwittingly.

O pardon the iniquities of this people according to Thy great mercy, as Thou hast forgiven this people from the days of Egypt until now.

The Lord said: "I have forgiven according to thy word."

Blessed art Thou, O Lord our God, King of the universe, who has kept us in life, and hast sustained us, and enabled us to reach this season.

MEDITATION

KOL NIDRE

Kol Nidre—chant of ages,
Chant of Israel, chant of sorrow,
Measuring off the throbbing heartbeats
Of a people bowed in anguish,
Crushed by tyrants, thwarted, broken,
Wand'ring ever—homeless, weary.
Generations set your motif
Out of trials, hopes and yearnings,
Added each its variations
To your theme and to your cadence.
Diverse lands and diverse periods
Poured their soul into your music.
When we hearken with our hearts tuned,
We can hear the lamentations
Through time's corridor resounding;
We can see revealed before us
Heroes, martyrs, saints and scholars,
Loyal, steadfast sons of Israel
Sanctifying God, their Father.

KOL NIDRE

Kol Nidre—chant of ages,
Chant of pain and chant of pathos,
Mingled with your notes of sorrow
Vibrant measures trill and quiver,
Rising to a great crescendo
With the Jew's undying spirit
As he raises 'loft his Torah,
Symbol of his faith and vigor.
Notes of joyous exultation
Crept into your dirgeful music
As with fortitude he cherished
All his fathers held most sacred.
While our hearts beat to your rhythm,
Stir us with new consecration
To our fathers' God, to serve Him
With our heart and soul and fervor.

KOL NIDRE

Kol Nidre—chant of ages,
Chant of grief and chant of triumph,
Echoing, this night of mem'ries,
In the ears and heart of Israel,
Once again you draw together
All dispersed and all God's faithful
To return and humbly seek Him—
Suppliants for His grace and pardon.
Faced by grim, appalling forces
In these days of woeful living,
Do we plead before God's mercy
For His strength, His help, His guidance.
With your plaintive chant, Kol Nidre,
Rise our prayers to heaven ascending,
For a surcease of man's sorrows,
For the dawn of peace and freedom,
When all hearts are purged of hatred,
Passions, lusts that rend asunder.
Then all men will stand together
To acknowledge God, their Father.

On Sabbath

צ״ב מִזְמוֹר שִׁיר לְיוֹם הַשַּׁבָּת:

טוֹב לְהוֹדוֹת לַיְיָ וּלְזַמֵּר לְשִׁמְךָ עֶלְיוֹן: לְהַגִּיד בַּבֹּקֶר חַסְדֶּךָ וֶאֱמוּנָתְךָ בַּלֵּילוֹת: עֲלֵי־עָשׂוֹר וַעֲלֵי־נָבֶל עֲלֵי הִגָּיוֹן בְּכִנּוֹר: כִּי שִׂמַּחְתַּנִי יְיָ בְּפָעֳלֶךָ בְּמַעֲשֵׂי יָדֶיךָ אֲרַנֵּן: מַה־גָּדְלוּ מַעֲשֶׂיךָ יְיָ מְאֹד עָמְקוּ מַחְשְׁבֹתֶיךָ: אִישׁ־בַּעַר לֹא יֵדָע וּכְסִיל לֹא־יָבִין אֶת־זֹאת: בִּפְרֹחַ רְשָׁעִים כְּמוֹ־עֵשֶׂב וַיָּצִיצוּ כָּל־פֹּעֲלֵי אָוֶן לְהִשָּׁמְדָם עֲדֵי־עַד: וְאַתָּה מָרוֹם לְעֹלָם יְיָ: כִּי הִנֵּה אֹיְבֶיךָ יְיָ כִּי־הִנֵּה אֹיְבֶיךָ יֹאבֵדוּ יִתְפָּרְדוּ כָּל־פֹּעֲלֵי אָוֶן: וַתָּרֶם כִּרְאֵים קַרְנִי בַּלֹּתִי בְּשֶׁמֶן רַעֲנָן: וַתַּבֵּט עֵינִי בְּשׁוּרָי בַּקָּמִים עָלַי מְרֵעִים תִּשְׁמַעְנָה אָזְנָי: צַדִּיק כַּתָּמָר יִפְרָח כְּאֶרֶז בַּלְּבָנוֹן יִשְׂגֶּה: שְׁתוּלִים בְּבֵית יְיָ בְּחַצְרוֹת אֱלֹהֵינוּ יַפְרִיחוּ: עוֹד יְנוּבוּן בְּשֵׂיבָה דְּשֵׁנִים וְרַעֲנַנִּים יִהְיוּ: לְהַגִּיד כִּי־יָשָׁר יְיָ צוּרִי וְלֹא־עַוְלָתָה בּוֹ:

צ״ג

יְיָ מָלָךְ גֵּאוּת לָבֵשׁ לָבֵשׁ יְיָ עֹז הִתְאַזָּר אַף־תִּכּוֹן תֵּבֵל בַּל־תִּמּוֹט: נָכוֹן כִּסְאֲךָ מֵאָז מֵעוֹלָם אָתָּה: נָשְׂאוּ נְהָרוֹת יְיָ נָשְׂאוּ נְהָרוֹת קוֹלָם יִשְׂאוּ נְהָרוֹת דָּכְיָם: מִקֹּלוֹת מַיִם רַבִּים אַדִּירִים מִשְׁבְּרֵי־יָם אַדִּיר בַּמָּרוֹם יְיָ: עֵדֹתֶיךָ נֶאֶמְנוּ מְאֹד לְבֵיתְךָ נַאֲוָה־קֹדֶשׁ יְיָ לְאֹרֶךְ יָמִים:

On the Sabbath

Selected from Psalms 92-93

It is good to give thanks unto the Lord,
And to sing praises unto Thy name, O Most High;
To declare Thy loving-kindness each morning,
And Thy faithfulness every night,
With an instrument of ten strings,
And with the psaltery,
With exalted music upon the harp.
For Thou, O Lord, hast made me rejoice in Thy work;
I will glory in the works of Thy hands.
How great are Thy deeds, O Lord!
Thy thoughts are very deep.
The ignorant man does not know,
Neither does a fool understand this—
That when the wicked spring up like the grass
And when the workers of iniquity flourish,
It is only that they may be destroyed forever.
But the righteous shall flourish as the palm tree,
Growing mighty as a cedar in Lebanon.
Planted in the house of the Lord,
They shall flourish in the courts of our God.
They shall still bring forth fruit in old age;
They shall be full of strength and vigor,
To praise the Lord for His justice,
Our Rock in whom there is no unrighteousness.
The Lord reigneth; He is clothed in majesty;
The world is set firm that it cannot be moved.
Thy throne, O Lord, is established from of old;
Thou art from everlasting.
The floods lift up, O Lord,
The floods lift up their roaring.
Above the voices of many waters,
Above the breakers of the sea,
Supreme art Thou, O Lord!
Thy testimonies are very sure;
Holiness becometh Thy house,
O Lord, for evermore.

Kaddish, page 203

Responsive Reading

Yet even now, saith the Lord,
Turn ye unto Me with all your heart,
And with fasting and with weeping and with lamentations.

Rend your hearts, and not your garments,
And turn unto the Lord, your God;
For He is gracious and compassionate.

Forgive your neighbor the injury done to you,
And then, when you pray, your sins will be forgiven.

If man cherishes anger against another,
How does he seek healing from God?

If he has no mercy for his brother,
How dare he make supplication for his own sins?

Scanty bread is the life of the poor;
He that deprives him thereof is a man of blood.

He slays his neighbor who takes away his living;
And a blood-shedder is he
That deprives the hireling of his wages.

Say not, 'If I sin, no eye beholds it,
Or if I deal untruly in all secrecy, who will know it?'

They that lack understanding say these things,
And the man of folly thinks this.

He who washes after contact with a dead body
And touches it again,
What has he gained by his bathing?

So a man fasting for his sins and again doing the same—
Who will listen to his prayer?
And what has he gained by his self-affliction?

Say not, 'From God is my transgression,
It is He that made me stumble!'

Evil and abomination doth the Lord hate,
And He doth not let it come nigh to them that worship Him.

Life and death are before man,
That which he desires shall be given to him.

Seek the Lord while He may be found;
Call upon Him while He is yet near.

> I set before you this day the blessing and the curse,
> Life and death, good and evil; choose life.

Let the wicked forsake his way,
And the man of iniquity his thoughts;

> And let him return unto the Lord,
> And He will have compassion upon him,
> And to our God for He will abundantly pardon.

Is not this My chosen fast,
To loose the bands of tyranny
To relieve the burdens of the poor, and free the oppressed?

> Is it not to share your bread with the hungry,
> And that you hide not yourself from your own flesh?

When you see the naked to clothe him,
And never turn aside from any fellow-creature.

> Then shall your light appear as the dawn,
> And you will be righteous before Me,
> And My glory shall be with you.

Then when you call, I, the Lord, will answer,
And when you cry, I will say, "Here I am."

MEDITATION

THE DEW OF MERCY

Thy people, scorched by sun of hate,
Scourged by oppressors, Lord, compassionate!
Let healing mercy fall on fevered brow
And cruel wounds, as dew from heaven. For Thou
Art God who hears Thy faithful servants' plea,
    Shield unto all that trust in Thee.

Thy quickening spirit on our flesh outpour,
Her pristine beauty to our land restore,
Thy saving grace bestow on us, as dew—
    Return, O Lord, and make us live anew!

SOLOMON IBN GABIROL

Reader

בָּרְכוּ אֶת־יְיָ הַמְבֹרָךְ:

Congregation and Reader

בָּרוּךְ יְיָ הַמְבֹרָךְ לְעוֹלָם וָעֶד:

בָּרוּךְ אַתָּה יְיָ אֱלֹהֵינוּ מֶלֶךְ הָעוֹלָם אֲשֶׁר בִּדְבָרוֹ מַעֲרִיב עֲרָבִים בְּחָכְמָה פּוֹתֵחַ שְׁעָרִים וּבִתְבוּנָה מְשַׁנֶּה עִתִּים וּמַחֲלִיף אֶת־הַזְּמַנִּים וּמְסַדֵּר אֶת־הַכֹּכָבִים בְּמִשְׁמְרֹתֵיהֶם בָּרָקִיעַ כִּרְצוֹנוֹ. בּוֹרֵא יוֹם וָלָיְלָה גּוֹלֵל אוֹר מִפְּנֵי חֹשֶׁךְ וְחֹשֶׁךְ מִפְּנֵי אוֹר. וּמַעֲבִיר יוֹם וּמֵבִיא לָיְלָה וּמַבְדִּיל בֵּין יוֹם וּבֵין לָיְלָה. יְיָ צְבָאוֹת שְׁמוֹ. אֵל חַי וְקַיָּם תָּמִיד יִמְלוֹךְ עָלֵינוּ לְעוֹלָם וָעֶד. בָּרוּךְ אַתָּה יְיָ הַמַּעֲרִיב עֲרָבִים:

אַהֲבַת עוֹלָם בֵּית יִשְׂרָאֵל עַמְּךָ אָהָבְתָּ. תּוֹרָה וּמִצְוֹת חֻקִּים וּמִשְׁפָּטִים אוֹתָנוּ לִמַּדְתָּ. עַל־כֵּן יְיָ אֱלֹהֵינוּ בְּשָׁכְבֵנוּ וּבְקוּמֵנוּ נָשִׂיחַ בְּחֻקֶּיךָ. וְנִשְׂמַח בְּדִבְרֵי תוֹרָתֶךָ וּבְמִצְוֹתֶיךָ לְעוֹלָם וָעֶד. כִּי הֵם חַיֵּינוּ וְאֹרֶךְ יָמֵינוּ וּבָהֶם נֶהְגֶּה יוֹמָם וָלָיְלָה. וְאַהֲבָתְךָ אַל תָּסִיר מִמֶּנּוּ לְעוֹלָמִים. בָּרוּךְ אַתָּה יְיָ אוֹהֵב עַמּוֹ יִשְׂרָאֵל:

Congregation rises

Reader

Bless the Lord who is to be praised.

Congregation and Reader

Praised be the Lord who is blessed for all eternity.

Congregation

Bo-ruḥ a-dō-noy ha-m'vō-roḥ l'-ō-lom vo-ed.

Congregation is seated

Blessed art Thou, O Lord our God, Ruler of the universe, who with Thy word bringest on the evening twilight, and with Thy wisdom openest the gates of the heavens. With understanding Thou dost order the cycles of time and dost vary the seasons, setting the stars in their courses in the sky, according to Thy will. Thou createst day and night, rolling away the light from before the darkness, and the darkness from before the light. By Thy will the day passes into night; the Lord of creation is Thy name. O ever living God, mayest Thou rule over us to all eternity. Blessed art Thou, O Lord, who bringest on the evening twilight.

With everlasting love hast Thou loved the house of Israel, teaching us Thy Torah and commandments, Thy statutes and judgments. Therefore, O Lord, our God, when we lie down and when we rise up, we will meditate on Thy teachings and rejoice in the words of Thy Torah and in its commandments at all times, for they are our life and the length of our days. Day and night will we meditate upon them so that Thy love may never depart from us. Blessed art Thou, O Lord, who lovest Thy people Israel.

דברים ו׳ ד׳–ט׳

שְׁמַע יִשְׂרָאֵל יְהוָה אֱלֹהֵינוּ יְהוָה אֶחָד׃

בָּרוּךְ שֵׁם כְּבוֹד מַלְכוּתוֹ לְעוֹלָם וָעֶד׃

וְאָהַבְתָּ אֵת יְהוָה אֱלֹהֶיךָ בְּכָל־לְבָבְךָ וּבְכָל־נַפְשְׁךָ וּבְכָל־מְאֹדֶךָ׃ וְהָיוּ הַדְּבָרִים הָאֵלֶּה אֲשֶׁר אָנֹכִי מְצַוְּךָ הַיּוֹם עַל־לְבָבֶךָ׃ וְשִׁנַּנְתָּם לְבָנֶיךָ וְדִבַּרְתָּ בָּם בְּשִׁבְתְּךָ בְּבֵיתֶךָ וּבְלֶכְתְּךָ בַדֶּרֶךְ וּבְשָׁכְבְּךָ וּבְקוּמֶךָ׃ וּקְשַׁרְתָּם לְאוֹת עַל־יָדֶךָ וְהָיוּ לְטֹטָפֹת בֵּין עֵינֶיךָ׃ וּכְתַבְתָּם עַל־מְזֻזוֹת בֵּיתֶךָ וּבִשְׁעָרֶיךָ׃

Note

The Shema is the outstanding prayer in Judaism. It consists of three sections from the Bible, each emphasizing a basic aspect of Judaism. The Shema itself is the classic statement of the Jewish doctrine of the Unity of God, for which countless Jews have given up their lives. The first paragraph (Deuteronomy 6:4–9) stresses the love of God and the duty of educating ourselves and our children in the Torah. The second paragraph (Deuteronomy 11:13–21) emphasizes the conviction that the moral law is the counterpart of the natural law, since evil-doing inevitably brings disaster in its wake. This is reflected in the history of man. The third paragraph (Numbers 15:37–41) reminds us of the importance of ritual and ceremony as gateways to faith and morality.

Deuteronomy 6:4–9

Hear, O Israel: the Lord our God, the Lord is One.

Blessed be the name of His glorious kingdom for ever and ever.

Congregation

Sh'ma yis-ro-ayl, A-dō-noy e-lō-hay-nu, A-dō-noy e-ḥod.

And thou shalt love the Lord thy God with all thy heart, with all thy soul, and with all thy might. And these words which I command thee this day shall be in thy heart. Thou shalt teach them diligently unto thy children, speaking of them when thou sittest in thy house, when thou walkest by the way, when thou liest down and when thou risest up. And thou shalt bind them for a sign upon thy hand, and they shall be for frontlets between thine eyes. And thou shalt write them upon the door posts of thy house and upon thy gates.

דברים י״א י״ג–כ״א

וְהָיָה אִם־שָׁמֹעַ תִּשְׁמְעוּ אֶל־מִצְוֹתַי אֲשֶׁר אָנֹכִי מְצַוֶּה
אֶתְכֶם הַיּוֹם לְאַהֲבָה אֶת־יְהֹוָה אֱלֹהֵיכֶם וּלְעָבְדוֹ בְּכָל־
לְבַבְכֶם וּבְכָל־נַפְשְׁכֶם: וְנָתַתִּי מְטַר־אַרְצְכֶם בְּעִתּוֹ יוֹרֶה
וּמַלְקוֹשׁ וְאָסַפְתָּ דְגָנֶךָ וְתִירֹשְׁךָ וְיִצְהָרֶךָ: וְנָתַתִּי עֵשֶׂב
בְּשָׂדְךָ לִבְהֶמְתֶּךָ וְאָכַלְתָּ וְשָׂבָעְתָּ: הִשָּׁמְרוּ לָכֶם פֶּן־יִפְתֶּה
לְבַבְכֶם וְסַרְתֶּם וַעֲבַדְתֶּם אֱלֹהִים אֲחֵרִים וְהִשְׁתַּחֲוִיתֶם
לָהֶם: וְחָרָה אַף־יְהֹוָה בָּכֶם וְעָצַר אֶת־הַשָּׁמַיִם וְלֹא־יִהְיֶה
מָטָר וְהָאֲדָמָה לֹא תִתֵּן אֶת־יְבוּלָהּ וַאֲבַדְתֶּם מְהֵרָה מֵעַל
הָאָרֶץ הַטֹּבָה אֲשֶׁר יְהֹוָה נֹתֵן לָכֶם: וְשַׂמְתֶּם אֶת־דְּבָרַי אֵלֶּה
עַל־לְבַבְכֶם וְעַל־נַפְשְׁכֶם וּקְשַׁרְתֶּם אֹתָם לְאוֹת עַל־יֶדְכֶם
וְהָיוּ לְטוֹטָפֹת בֵּין עֵינֵיכֶם: וְלִמַּדְתֶּם אֹתָם אֶת־בְּנֵיכֶם
לְדַבֵּר בָּם בְּשִׁבְתְּךָ בְּבֵיתֶךָ וּבְלֶכְתְּךָ בַדֶּרֶךְ וּבְשָׁכְבְּךָ
וּבְקוּמֶךָ: וּכְתַבְתָּם עַל־מְזוּזוֹת בֵּיתֶךָ וּבִשְׁעָרֶיךָ: לְמַעַן
יִרְבּוּ יְמֵיכֶם וִימֵי בְנֵיכֶם עַל הָאֲדָמָה אֲשֶׁר נִשְׁבַּע יְהֹוָה
לַאֲבֹתֵיכֶם לָתֵת לָהֶם כִּימֵי הַשָּׁמַיִם עַל־הָאָרֶץ:

במדבר ט״ו ל״ז–מ״א

וַיֹּאמֶר יְהֹוָה אֶל־מֹשֶׁה לֵּאמֹר: דַּבֵּר אֶל־בְּנֵי יִשְׂרָאֵל
וְאָמַרְתָּ אֲלֵהֶם וְעָשׂוּ לָהֶם צִיצִת עַל־כַּנְפֵי בִגְדֵיהֶם
לְדֹרֹתָם וְנָתְנוּ עַל־צִיצִת הַכָּנָף פְּתִיל תְּכֵלֶת: וְהָיָה לָכֶם
לְצִיצִת וּרְאִיתֶם אֹתוֹ וּזְכַרְתֶּם אֶת־כָּל־מִצְוֹת יְהֹוָה וַעֲשִׂיתֶם
אֹתָם וְלֹא תָתֻרוּ אַחֲרֵי לְבַבְכֶם וְאַחֲרֵי עֵינֵיכֶם אֲשֶׁר־אַתֶּם
זֹנִים אַחֲרֵיהֶם: לְמַעַן תִּזְכְּרוּ וַעֲשִׂיתֶם אֶת־כָּל־מִצְוֹתָי
וִהְיִיתֶם קְדֹשִׁים לֵאלֹהֵיכֶם: אֲנִי יְהֹוָה אֱלֹהֵיכֶם אֲשֶׁר
הוֹצֵאתִי אֶתְכֶם מֵאֶרֶץ מִצְרַיִם לִהְיוֹת לָכֶם לֵאלֹהִים אֲנִי
יְהֹוָה אֱלֹהֵיכֶם: *Reader* יְהֹוָה אֱלֹהֵיכֶם אֱמֶת:

Deuteronomy 11:13–21

And it shall come to pass, if ye shall hearken diligently unto My commandments which I command you this day, to love the Lord your God, and to serve Him with all your heart and with all your soul, that I will give the rain of your land in its season, the former rain and the latter rain, that thou mayest gather in thy corn, and thy wine, and thine oil. And I will give grass in thy fields for thy cattle, and thou shalt eat and be satisfied. Take heed to yourselves lest your heart be deceived, and ye turn aside and serve other gods and worship them; and the displeasure of the Lord will be aroused against you, and He shut up the heaven so that there shall be no rain, and the ground shall not yield her fruit; and ye perish quickly from off the good land which the Lord giveth you. Therefore shall ye lay up these My words in your heart and in your soul; and ye shall bind them for a sign upon your hand, and they shall be for frontlets between your eyes. And ye shall teach them to your children, talking of them when thou sittest in thy house, and when thou walkest by the way, and when thou liest down, and when thou risest up. And thou shalt write them upon the doorposts of thy house and upon thy gates, that your days may be multiplied, and the days of your children, upon the land which the Lord promised unto your fathers to give them, as the days of the heavens above the earth.

Numbers 15:37–41

And the Lord spoke unto Moses, saying: Speak unto the children of Israel, and bid them make fringes in the corners of their garments throughout their generations, putting upon the fringe of each corner a thread of blue. And it shall be unto you for a fringe, that ye may look upon it and remember all the commandments of the Lord, and do them; and that ye go not about after your own heart and your own eyes, after which ye use to go astray; that ye may remember to do all My commandments, and be holy unto your God. I am the Lord your God, who brought you out of the land of Egypt, to be your God; I am the Lord your God.

אֱמֶת וֶאֱמוּנָה כָּל־זֹאת וְקַיָּם עָלֵינוּ כִּי הוּא יְיָ אֱלֹהֵינוּ וְאֵין זוּלָתוֹ וַאֲנַחְנוּ יִשְׂרָאֵל עַמּוֹ: הַפּוֹדֵנוּ מִיַּד מְלָכִים מַלְכֵּנוּ הַגּוֹאֲלֵנוּ מִכַּף כָּל־הֶעָרִיצִים: הָאֵל הַנִּפְרָע לָנוּ מִצָּרֵינוּ וְהַמְשַׁלֵּם גְּמוּל לְכָל־אוֹיְבֵי נַפְשֵׁנוּ: הָעֹשֶׂה גְדֹלוֹת עַד אֵין חֵקֶר וְנִפְלָאוֹת עַד אֵין מִסְפָּר: הַשָּׂם נַפְשֵׁנוּ בַּחַיִּים וְלֹא נָתַן לַמּוֹט רַגְלֵנוּ: הַמַּדְרִיכֵנוּ עַל בָּמוֹת אוֹיְבֵינוּ וַיָּרֶם קַרְנֵנוּ עַל כָּל־שֹׂנְאֵינוּ: הָעֹשֶׂה לָּנוּ נִסִּים וּנְקָמָה בְּפַרְעֹה אוֹתֹת וּמוֹפְתִים בְּאַדְמַת בְּנֵי חָם: הַמַּכֶּה בְעֶבְרָתוֹ כָּל־בְּכוֹרֵי מִצְרָיִם וַיּוֹצֵא אֶת עַמּוֹ יִשְׂרָאֵל מִתּוֹכָם לְחֵרוּת עוֹלָם: הַמַּעֲבִיר בָּנָיו בֵּין גִּזְרֵי יַם־סוּף אֶת רוֹדְפֵיהֶם וְאֶת שׂוֹנְאֵיהֶם בִּתְהוֹמוֹת טִבַּע: וְרָאוּ בָנָיו גְּבוּרָתוֹ שִׁבְּחוּ וְהוֹדוּ לִשְׁמוֹ: וּמַלְכוּתוֹ בְּרָצוֹן קִבְּלוּ עֲלֵיהֶם. מֹשֶׁה וּבְנֵי יִשְׂרָאֵל לְךָ עָנוּ שִׁירָה בְּשִׂמְחָה רַבָּה וְאָמְרוּ כֻלָּם.

מִי־כָמֹכָה בָּאֵלִם יְיָ מִי כָּמֹכָה נֶאְדָּר בַּקֹּדֶשׁ נוֹרָא תְהִלֹּת עֹשֵׂה פֶלֶא:

מַלְכוּתְךָ רָאוּ בָנֶיךָ בּוֹקֵעַ יָם לִפְנֵי מֹשֶׁה זֶה אֵלִי עָנוּ וְאָמְרוּ.

יְיָ יִמְלֹךְ לְעֹלָם וָעֶד:

וְנֶאֱמַר כִּי־פָדָה יְיָ אֶת־יַעֲקֹב וּגְאָלוֹ מִיַּד חָזָק מִמֶּנּוּ. בָּרוּךְ אַתָּה יְיָ גָּאַל יִשְׂרָאֵל:

Responsive Reading

Adapted from the Hebrew

True and certain it is that there is one God,
And there is none like unto Him.

It is He who redeemeth us from the might of tyrants,
And preserveth us from the hand of all oppressors.

Great are the things that God hath done;
His wonders are without number.

He brought forth the children of Israel from Egypt,
And delivered them from slavery unto freedom.

In all ages the Lord hath been our hope;
He hath rescued us from enemies who sought to destroy us.

May He continue His protecting care over Israel,
And guard all His children from disaster.

When the children of Israel beheld the might of the Lord
As He redeemed them out of the land of Egypt,
They gave thanks unto Him
And willingly accepted His sovereignty.

Moses and the children of Israel sang a song unto Him.
They proclaimed in great exultation:

"Who is like unto Thee, O Lord, among the mighty?
Who is like unto Thee, glorious in holiness,
Revered in praises, doing wonders?"

Congregation

Mee ḥo-mō-ḥo bo-ay-lim A-dō-noy,
Mee ko-mō-ḥo ne-dor ba-kō-desh,
Nō-ro s'hi-lōs, ō-say fe-leh.

When Thou didst rescue Israel at the Red Sea,
Thy children beheld Thy supreme power;

"This is my God!" they exclaimed.
"The Lord shall reign for ever and ever!"

A-dō-noy yim-lōḥ l'-ō-lom vo-ed.

As Thou hast delivered Israel from a power mightier than he,
So mayest Thou redeem all Thy children from oppression.

Blessed art Thou, O Lord,
Redeemer of Israel.

הַשְׁכִּיבֵנוּ יְיָ אֱלֹהֵינוּ לְשָׁלוֹם וְהַעֲמִידֵנוּ מַלְכֵּנוּ לְחַיִּים. וּפְרוֹשׂ עָלֵינוּ סֻכַּת שְׁלוֹמֶךָ וְתַקְּנֵנוּ בְּעֵצָה טוֹבָה מִלְּפָנֶיךָ וְהוֹשִׁיעֵנוּ לְמַעַן שְׁמֶךָ. וְהָגֵן בַּעֲדֵנוּ וְהָסֵר מֵעָלֵינוּ אוֹיֵב דֶּבֶר וְחֶרֶב וְרָעָב וְיָגוֹן וְהָסֵר שָׂטָן מִלְּפָנֵינוּ וּמֵאַחֲרֵינוּ. וּבְצֵל כְּנָפֶיךָ תַּסְתִּירֵנוּ כִּי אֵל שׁוֹמְרֵנוּ וּמַצִּילֵנוּ אָתָּה כִּי אֵל מֶלֶךְ חַנּוּן וְרַחוּם אָתָּה. וּשְׁמוֹר צֵאתֵנוּ וּבוֹאֵנוּ לְחַיִּים וּלְשָׁלוֹם מֵעַתָּה וְעַד עוֹלָם. וּפְרוֹשׂ עָלֵינוּ סֻכַּת שְׁלוֹמֶךָ. בָּרוּךְ אַתָּה יְיָ הַפּוֹרֵשׂ סֻכַּת שָׁלוֹם עָלֵינוּ וְעַל כָּל־עַמּוֹ יִשְׂרָאֵל וְעַל יְרוּשָׁלָיִם:

On Sabbath

וְשָׁמְרוּ בְנֵי־יִשְׂרָאֵל אֶת־הַשַּׁבָּת. לַעֲשׂוֹת אֶת־הַשַּׁבָּת לְדֹרֹתָם בְּרִית עוֹלָם בֵּינִי וּבֵין בְּנֵי יִשְׂרָאֵל אוֹת הִיא לְעֹלָם. כִּי־שֵׁשֶׁת יָמִים עָשָׂה יְהוָֹה אֶת־הַשָּׁמַיִם וְאֶת־הָאָרֶץ וּבַיּוֹם הַשְּׁבִיעִי שָׁבַת וַיִּנָּפַשׁ:

כִּי־בַיּוֹם הַזֶּה יְכַפֵּר עֲלֵיכֶם לְטַהֵר אֶתְכֶם
מִכֹּל חַטֹּאתֵיכֶם לִפְנֵי יְיָ תִּטְהָרוּ:

Reader

יִתְגַּדַּל וְיִתְקַדַּשׁ שְׁמֵהּ רַבָּא. בְּעָלְמָא דִּי־בְרָא כִרְעוּתֵהּ. וְיַמְלִיךְ מַלְכוּתֵהּ בְּחַיֵּיכוֹן וּבְיוֹמֵיכוֹן וּבְחַיֵּי דְכָל־בֵּית יִשְׂרָאֵל בַּעֲגָלָא וּבִזְמַן קָרִיב. וְאִמְרוּ אָמֵן:

Congregation and Reader

יְהֵא שְׁמֵהּ רַבָּא מְבָרַךְ לְעָלַם וּלְעָלְמֵי עָלְמַיָּא:

Reader

יִתְבָּרַךְ וְיִשְׁתַּבַּח וְיִתְפָּאַר וְיִתְרוֹמַם וְיִתְנַשֵּׂא וְיִתְהַדַּר וְיִתְעַלֶּה וְיִתְהַלַּל שְׁמֵהּ דְּקֻדְשָׁא. בְּרִיךְ הוּא. לְעֵלָּא וּלְעֵלָּא מִכָּל־בִּרְכָתָא וְשִׁירָתָא תֻּשְׁבְּחָתָא וְנֶחֱמָתָא דַּאֲמִירָן בְּעָלְמָא. וְאִמְרוּ אָמֵן:

Grant that we lie down in peace,
Secure in Thy protecting love;
And shelter us beneath Thy wings,
To keep us safe throughout the night.

On the morrow raise us up
In perfect peace to life, O God,
To face each task with faith in Thee,
With strength restored and zeal renewed.

Save us for Thine own name's sake,
And guard us from all lurking foes.

Remove all sorrow, hatred, strife,
And turn Thy children's hearts to Thee.

Spread Thy tent of peace, O Lord,
Above Jerusalem, we pray,
And o'er Thy people Israel,
Dispersed abroad in every land.

Praised art Thou, great Lord, our King,
Whose shelt'ring love spreads o'er the world,

Enfolding all who seek Thy peace,
Who dwell together in Thy grace.

On Sabbath

And the children of Israel shall keep the Sabbath and observe it throughout their generations for a perpetual covenant. It is a sign between Me and the children of Israel forever, for in six days the Lord made heaven and earth, and on the seventh day He ceased from work and rested.

For on this day shall atonement be made for you, to cleanse you; from all your sins before the Lord shall you be clean.

Reader

Magnified and sanctified be the great name of God throughout the world which He hath created according to His will. May He establish His kingdom during the days of your life and during the life of all the house of Israel, speedily, yea, soon; and say ye, Amen.

May His great name be blessed for ever and ever.

Exalted and honored be the name of the Holy One, blessed be He, whose glory transcends, yea, is beyond all blessings and hymns, praises and consolations which are uttered in the world; and say ye, Amen.

The Amidah is said standing, in silent devotion

אֲדֹנָי שְׂפָתַי תִּפְתָּח וּפִי יַגִּיד תְּהִלָּתֶךָ:

בָּרוּךְ אַתָּה יְיָ אֱלֹהֵינוּ וֵאלֹהֵי אֲבוֹתֵינוּ. אֱלֹהֵי אַבְרָהָם אֱלֹהֵי יִצְחָק וֵאלֹהֵי יַעֲקֹב. הָאֵל הַגָּדוֹל הַגִּבּוֹר וְהַנּוֹרָא אֵל עֶלְיוֹן. גּוֹמֵל חֲסָדִים טוֹבִים וְקֹנֵה הַכֹּל. וְזוֹכֵר חַסְדֵי אָבוֹת וּמֵבִיא גוֹאֵל לִבְנֵי בְנֵיהֶם לְמַעַן שְׁמוֹ בְּאַהֲבָה: זָכְרֵנוּ לַחַיִּים מֶלֶךְ חָפֵץ בַּחַיִּים. וְכָתְבֵנוּ בְּסֵפֶר הַחַיִּים. לְמַעַנְךָ אֱלֹהִים חַיִּים: מֶלֶךְ עוֹזֵר וּמוֹשִׁיעַ וּמָגֵן. בָּרוּךְ אַתָּה יְיָ מָגֵן אַבְרָהָם:

אַתָּה גִּבּוֹר לְעוֹלָם אֲדֹנָי מְחַיֵּה מֵתִים אַתָּה רַב לְהוֹשִׁיעַ. מְכַלְכֵּל חַיִּים בְּחֶסֶד מְחַיֵּה מֵתִים בְּרַחֲמִים רַבִּים. סוֹמֵךְ נוֹפְלִים וְרוֹפֵא חוֹלִים וּמַתִּיר אֲסוּרִים וּמְקַיֵּם אֱמוּנָתוֹ לִישֵׁנֵי עָפָר. מִי כָמוֹךָ בַּעַל גְּבוּרוֹת וּמִי דוֹמֶה לָּךְ. מֶלֶךְ מֵמִית וּמְחַיֶּה וּמַצְמִיחַ יְשׁוּעָה: מִי כָמוֹךָ אַב הָרַחֲמִים זוֹכֵר יְצוּרָיו לַחַיִּים בְּרַחֲמִים: וְנֶאֱמָן אַתָּה לְהַחֲיוֹת מֵתִים: בָּרוּךְ אַתָּה יְיָ מְחַיֵּה הַמֵּתִים:

אַתָּה קָדוֹשׁ וְשִׁמְךָ קָדוֹשׁ וּקְדוֹשִׁים בְּכָל־יוֹם יְהַלְלוּךָ סֶּלָה:

וּבְכֵן תֵּן פַּחְדְּךָ יְיָ אֱלֹהֵינוּ עַל כָּל־מַעֲשֶׂיךָ וְאֵימָתְךָ עַל כָּל־מַה־שֶּׁבָּרָאתָ. וְיִירָאוּךָ כָּל־הַמַּעֲשִׂים וְיִשְׁתַּחֲווּ לְפָנֶיךָ כָּל־הַבְּרוּאִים. וְיֵעָשׂוּ כֻלָּם אֲגֻדָּה אֶחָת לַעֲשׂוֹת רְצוֹנְךָ בְּלֵבָב שָׁלֵם. כְּמוֹ שֶׁיָּדַעְנוּ יְיָ אֱלֹהֵינוּ שֶׁהַשִּׁלְטוֹן לְפָנֶיךָ עֹז בְּיָדְךָ וּגְבוּרָה בִּימִינֶךָ וְשִׁמְךָ נוֹרָא עַל כָּל־מַה־שֶּׁבָּרָאתָ:

וּבְכֵן תֵּן כָּבוֹד יְיָ לְעַמֶּךָ תְּהִלָּה לִירֵאֶיךָ וְתִקְוָה לְדוֹרְשֶׁיךָ וּפִתְחוֹן פֶּה לַמְיַחֲלִים לָךְ. שִׂמְחָה לְאַרְצֶךָ

The Amidah is said standing, in silent devotion

O Lord, open Thou my lips that my mouth may declare Thy praise.

Blessed art Thou, O Lord our God and God of our fathers, God of Abraham, God of Isaac, and God of Jacob, the great, mighty, revered and exalted God who bestowest loving-kindness and art Master of all. Mindful of the patriarchs' love for Thee, Thou wilt in Thy love bring a redeemer to their children's children for the sake of Thy name. Remember us unto life, O King who delightest in life, and inscribe us in the Book of Life so that we may live worthily for Thy sake, O God of life. O King, Thou Helper, Redeemer and Shield, praised be Thou, O Lord, Shield of Abraham.

Thou, O Lord, art mighty forever. Thou callest the dead to immortal life for Thou art mighty in salvation. Thou sustainest the living with loving-kindness, and in great mercy grantest everlasting life to those who have passed away. Thou upholdest the falling, healest the sick, settest free those in bondage, and keepest faith with those that sleep in the dust. Who is like unto Thee, Almighty King, who decreest death and grantest immortal life and bringest forth salvation? Who may be compared to Thee, Father of mercy, who in love rememberest Thy creatures unto life? Faithful art Thou to grant eternal life to the departed. Blessed art Thou, O Lord, who callest the dead to life everlasting.

Thou art holy and Thy name is holy and holy beings praise Thee daily.

And therefore, O Lord our God, let Thine awe be manifest in all Thy works, and a reverence for Thee fill all that Thou hast created, so that all Thy creatures may know Thee, and all mankind bow down to acknowledge Thee. May all Thy children unite in one fellowship to do Thy will with a perfect heart; for we know, O Lord our God, that dominion is Thine, that Thy might and power are supreme, and that Thy name is to be revered over all Thou hast created.

And therefore, O Lord, grant glory to Thy people who serve Thee, praise to those who revere Thee, hope to those who seek Thee, and confidence to those who yearn for Thee. Bring

וְשָׂשׂוֹן לְעִירֶךָ וּצְמִיחַת קֶרֶן לְדָוִד עַבְדֶּךָ וַעֲרִיכַת נֵר לְבֶן יִשַׁי מְשִׁיחֶךָ בִּמְהֵרָה בְיָמֵינוּ:

וּבְכֵן צַדִּיקִים יִרְאוּ וְיִשְׂמָחוּ וִישָׁרִים יַעֲלֹזוּ וַחֲסִידִים בְּרִנָּה יָגִילוּ. וְעוֹלָתָה תִּקְפָּץ־פִּיהָ וְכָל־הָרִשְׁעָה כֻּלָּהּ כְּעָשָׁן תִּכְלֶה. כִּי תַעֲבִיר מֶמְשֶׁלֶת זָדוֹן מִן הָאָרֶץ:

וְתִמְלוֹךְ אַתָּה יְיָ לְבַדֶּךָ עַל כָּל־מַעֲשֶׂיךָ בְּהַר צִיּוֹן מִשְׁכַּן כְּבוֹדֶךָ וּבִירוּשָׁלַיִם עִיר קָדְשֶׁךָ כַּכָּתוּב בְּדִבְרֵי קָדְשֶׁךָ. יִמְלֹךְ יְיָ לְעוֹלָם אֱלֹהַיִךְ צִיּוֹן לְדֹר וָדֹר הַלְלוּיָהּ:

קָדוֹשׁ אַתָּה וְנוֹרָא שְׁמֶךָ וְאֵין אֱלוֹהַּ מִבַּלְעָדֶיךָ כַּכָּתוּב. וַיִּגְבַּהּ יְיָ צְבָאוֹת בַּמִּשְׁפָּט וְהָאֵל הַקָּדוֹשׁ נִקְדַּשׁ בִּצְדָקָה. בָּרוּךְ אַתָּה יְיָ הַמֶּלֶךְ הַקָּדוֹשׁ:

אַתָּה בְחַרְתָּנוּ מִכָּל־הָעַמִּים. אָהַבְתָּ אוֹתָנוּ. וְרָצִיתָ בָּנוּ. וְרוֹמַמְתָּנוּ מִכָּל־הַלְּשׁוֹנוֹת. וְקִדַּשְׁתָּנוּ בְּמִצְוֹתֶיךָ. וְקֵרַבְתָּנוּ מַלְכֵּנוּ לַעֲבוֹדָתֶךָ. וְשִׁמְךָ הַגָּדוֹל וְהַקָּדוֹשׁ עָלֵינוּ קָרָאתָ:

וַתִּתֶּן־לָנוּ יְיָ אֱלֹהֵינוּ בְּאַהֲבָה אֶת־יוֹם [הַשַּׁבָּת הַזֶּה לִקְדֻשָּׁה וְלִמְנוּחָה וְאֶת־יוֹם] הַכִּפֻּרִים הַזֶּה לִמְחִילָה וְלִסְלִיחָה וּלְכַפָּרָה וְלִמְחָל־בּוֹ אֶת־כָּל־עֲוֹנוֹתֵינוּ [בְּאַהֲבָה] מִקְרָא קֹדֶשׁ. זֵכֶר לִיצִיאַת מִצְרָיִם:

אֱלֹהֵינוּ וֵאלֹהֵי אֲבוֹתֵינוּ יַעֲלֶה וְיָבֹא וְיַגִּיעַ וְיֵרָאֶה וְיֵרָצֶה וְיִשָּׁמַע וְיִפָּקֵד וְיִזָּכֵר זִכְרוֹנֵנוּ וּפִקְדוֹנֵנוּ וְזִכְרוֹן אֲבוֹתֵינוּ וְזִכְרוֹן מָשִׁיחַ בֶּן דָּוִד עַבְדֶּךָ וְזִכְרוֹן יְרוּשָׁלַיִם עִיר קָדְשֶׁךָ וְזִכְרוֹן כָּל־עַמְּךָ בֵּית יִשְׂרָאֵל לְפָנֶיךָ לִפְלֵיטָה לְטוֹבָה לְחֵן וּלְחֶסֶד וּלְרַחֲמִים לְחַיִּים וּלְשָׁלוֹם בְּיוֹם הַכִּפּוּרִים הַזֶּה: זָכְרֵנוּ יְיָ אֱלֹהֵינוּ בּוֹ לְטוֹבָה. וּפָקְדֵנוּ בוֹ לִבְרָכָה.

joy to Thy land, gladness to Thy city, renewed strength to the seed of David, and a constant light to Thy servants in Zion. O may this come to pass speedily in our days.

And therefore, the righteous shall see and be glad, the just exult, and the pious rejoice in song, while iniquity shall close its mouth and all wickedness shall vanish like smoke, when Thou removest the dominion of tyranny from the earth.

And Thou, O Lord, wilt rule, Thou alone, over all Thy works on Mount Zion, the dwelling place of Thy glory, and in Jerusalem, Thy holy city, fulfilling the words of the Psalmist: "The Lord shall reign forever; thy God, O Zion, shall be Sovereign unto all generations. Praise the Lord."

Holy art Thou, and awe-inspiring is Thy name, and there is no God besides Thee; as it is written in Holy Scriptures: "The Lord of hosts is exalted through justice, and the holy God is sanctified through righteousness." Blessed art Thou, O Lord, the holy King.

Thou didst choose us for Thy service from among all peoples, loving us and taking delight in us. Thou didst exalt us above all tongues by making us holy through Thy commandments. Thou hast drawn us near, O our King, unto Thy service and hast called us by Thy great and holy name.

On Sabbath add the bracketed words

And Thou hast given us in love O Lord our God, [this Sabbath day and] this Day of Atonement, for pardon, forgiveness and atonement, that we may [in love] obtain pardon thereon for all our iniquities; a holy convocation in memory of the departure from Egypt.

Our God and God of our fathers, may Israel be remembered for loving-kindness and mercy, life and peace; may Zion be remembered for deliverance and well-being on this Day of

וְהוֹשִׁיעֵנוּ בוֹ לְחַיִּים. וּבִדְבַר יְשׁוּעָה וְרַחֲמִים חוּס וְחָנֵּנוּ וְרַחֵם עָלֵינוּ וְהוֹשִׁיעֵנוּ כִּי אֵלֶיךָ עֵינֵינוּ. כִּי אֵל מֶלֶךְ חַנּוּן וְרַחוּם אָתָּה:

אֱלֹהֵינוּ וֵאלֹהֵי אֲבוֹתֵינוּ מְחַל לַעֲוֹנוֹתֵינוּ בְּיוֹם [הַשַּׁבָּת הַזֶּה וּבְיוֹם] הַכִּפֻּרִים הַזֶּה מְחֵה וְהַעֲבֵר פְּשָׁעֵינוּ וְחַטֹּאתֵינוּ מִנֶּגֶד עֵינֶיךָ. כָּאָמוּר אָנֹכִי אָנֹכִי הוּא מֹחֶה פְשָׁעֶיךָ לְמַעֲנִי וְחַטֹּאתֶיךָ לֹא אֶזְכֹּר: וְנֶאֱמַר מָחִיתִי כָעָב פְּשָׁעֶיךָ וְכֶעָנָן חַטֹּאתֶיךָ שׁוּבָה אֵלַי כִּי גְאַלְתִּיךָ: וְנֶאֱמַר כִּי־בַיּוֹם הַזֶּה יְכַפֵּר עֲלֵיכֶם לְטַהֵר אֶתְכֶם מִכֹּל חַטֹּאתֵיכֶם לִפְנֵי יְיָ תִּטְהָרוּ: אֱלֹהֵינוּ וֵאלֹהֵי אֲבוֹתֵינוּ [רְצֵה בִמְנוּחָתֵנוּ] קַדְּשֵׁנוּ בְּמִצְוֹתֶיךָ וְתֵן חֶלְקֵנוּ בְּתוֹרָתֶךָ שַׂבְּעֵנוּ מִטּוּבֶךָ וְשַׂמְּחֵנוּ בִּישׁוּעָתֶךָ. [וְהַנְחִילֵנוּ יְיָ אֱלֹהֵינוּ בְּאַהֲבָה וּבְרָצוֹן שַׁבַּת קָדְשֶׁךָ וְיָנוּחוּ בָהּ יִשְׂרָאֵל מְקַדְּשֵׁי שְׁמֶךָ] וְטַהֵר לִבֵּנוּ לְעָבְדְּךָ בֶּאֱמֶת. כִּי אַתָּה סָלְחָן לְיִשְׂרָאֵל וּמָחֳלָן לְשִׁבְטֵי יְשֻׁרוּן בְּכָל־דּוֹר וָדוֹר וּמִבַּלְעָדֶיךָ אֵין לָנוּ מֶלֶךְ מוֹחֵל וְסוֹלֵחַ אֶלָּא אָתָּה. בָּרוּךְ אַתָּה יְיָ. מֶלֶךְ מוֹחֵל וְסוֹלֵחַ לַעֲוֹנוֹתֵינוּ וְלַעֲוֹנוֹת עַמּוֹ בֵּית יִשְׂרָאֵל. וּמַעֲבִיר אַשְׁמוֹתֵינוּ בְּכָל־שָׁנָה וְשָׁנָה. מֶלֶךְ עַל כָּל־הָאָרֶץ מְקַדֵּשׁ [הַשַּׁבָּת וְ]יִשְׂרָאֵל וְיוֹם הַכִּפֻּרִים:

רְצֵה יְיָ אֱלֹהֵינוּ בְּעַמְּךָ יִשְׂרָאֵל וּבִתְפִלָּתָם. וְהָשֵׁב אֶת־הָעֲבוֹדָה לִדְבִיר בֵּיתֶךָ וְאִשֵּׁי יִשְׂרָאֵל וּתְפִלָּתָם בְּאַהֲבָה תְקַבֵּל בְּרָצוֹן. וּתְהִי לְרָצוֹן תָּמִיד עֲבוֹדַת יִשְׂרָאֵל עַמֶּךָ. וְתֶחֱזֶינָה עֵינֵינוּ בְּשׁוּבְךָ לְצִיּוֹן בְּרַחֲמִים. בָּרוּךְ אַתָּה יְיָ הַמַּחֲזִיר שְׁכִינָתוֹ לְצִיּוֹן:

Atonement. Remember us, O Lord our God for our good, and be mindful of us for a life of blessing. In accordance with Thy promise of salvation and mercy, spare us and be gracious unto us; have compassion upon us and save us. Unto Thee have we lifted our eyes for Thou art a gracious and merciful God and King.

Our God and God of our fathers, pardon our iniquities [on this Sabbath Day, and] on this Atonement Day. Efface our transgressions and our sins, and make them pass away from before Thine eyes; as it is written in Scripture: "I, even I, am He that effaceth your transgressions for Mine own sake." "I have blotted out as a cloud your transgressions, and, as a mist, your sins; return unto Me for I have redeemed you." "For on this day shall atonement be made for you, to cleanse you; from all your sins shall you be clean before the Lord." Our God and God of our fathers, [accept our rest;] sanctify us by Thy commandments, and grant that our portion be in Thy Torah; satisfy us with Thy goodness, and gladden us with Thy salvation. [Cause us, O Lord our God, in love and favor to inherit Thy holy Sabbath; and may Israel rest thereon and bless Thy name.]

Make our hearts pure to serve Thee in truth for Thou art the Forgiver of Israel and the Pardoner of the tribes of Jeshurun in every generation, and besides Thee we have no King who pardoneth and forgiveth. Blessed art Thou, O Lord, Thou King who pardonest and forgivest our iniquities and the iniquities of the house of Israel, who makest our trespasses to pass away year by year, Thou King over all the earth, who sanctifiest [the Sabbath and] Israel and the Day of Atonement.

O Lord our God, be gracious unto Thy people Israel and accept their prayer. Restore worship to Thy Sanctuary and receive in love and favor the supplication of Israel. May the worship of Thy people be ever acceptable unto Thee. O may our eyes witness Thy return in mercy to Zion. Blessed art Thou, O Lord, who restorest Thy divine presence unto Zion.

מוֹדִים אֲנַחְנוּ לָךְ שָׁאַתָּה הוּא יְיָ אֱלֹהֵינוּ וֵאלֹהֵי אֲבוֹתֵינוּ לְעוֹלָם וָעֶד. צוּר חַיֵּינוּ מָגֵן יִשְׁעֵנוּ אַתָּה הוּא לְדוֹר וָדוֹר. נוֹדֶה לְּךָ וּנְסַפֵּר תְּהִלָּתֶךָ עַל חַיֵּינוּ הַמְּסוּרִים בְּיָדֶךָ וְעַל נִשְׁמוֹתֵינוּ הַפְּקוּדוֹת לָךְ וְעַל נִסֶּיךָ שֶׁבְּכָל־יוֹם עִמָּנוּ וְעַל נִפְלְאוֹתֶיךָ וְטוֹבוֹתֶיךָ שֶׁבְּכָל־עֵת עֶרֶב וָבֹקֶר וְצָהֳרָיִם. הַטּוֹב כִּי לֹא־כָלוּ רַחֲמֶיךָ וְהַמְרַחֵם כִּי לֹא־תַמּוּ חֲסָדֶיךָ מֵעוֹלָם קִוִּינוּ לָךְ:

וְעַל כֻּלָּם יִתְבָּרַךְ וְיִתְרוֹמַם שִׁמְךָ מַלְכֵּנוּ תָּמִיד לְעוֹלָם וָעֶד. וּכְתוֹב לְחַיִּים טוֹבִים כָּל־בְּנֵי בְרִיתֶךָ: וְכֹל הַחַיִּים יוֹדוּךָ סֶּלָה וִיהַלְלוּ אֶת־שִׁמְךָ בֶּאֱמֶת הָאֵל יְשׁוּעָתֵנוּ וְעֶזְרָתֵנוּ סֶלָה. בָּרוּךְ אַתָּה יְיָ הַטּוֹב שִׁמְךָ וּלְךָ נָאֶה לְהוֹדוֹת:

שָׁלוֹם רָב עַל־יִשְׂרָאֵל עַמְּךָ תָּשִׂים לְעוֹלָם. כִּי אַתָּה הוּא מֶלֶךְ אָדוֹן לְכָל הַשָּׁלוֹם. וְטוֹב בְּעֵינֶיךָ לְבָרֵךְ אֶת־עַמְּךָ יִשְׂרָאֵל בְּכָל־עֵת וּבְכָל־שָׁעָה בִּשְׁלוֹמֶךָ. בְּסֵפֶר חַיִּים בְּרָכָה וְשָׁלוֹם וּפַרְנָסָה טוֹבָה נִזָּכֵר וְנִכָּתֵב לְפָנֶיךָ אֲנַחְנוּ וְכָל־עַמְּךָ בֵּית יִשְׂרָאֵל לְחַיִּים טוֹבִים וּלְשָׁלוֹם. בָּרוּךְ אַתָּה יְיָ עוֹשֵׂה הַשָּׁלוֹם:

אֱלֹהֵינוּ וֵאלֹהֵי אֲבוֹתֵינוּ.

תָּבֹא לְפָנֶיךָ תְּפִלָּתֵנוּ וְאַל תִּתְעַלַּם מִתְּחִנָּתֵנוּ. שֶׁאֵין אֲנַחְנוּ עַזֵּי פָנִים וּקְשֵׁי עֹרֶף לוֹמַר לְפָנֶיךָ יְיָ אֱלֹהֵינוּ וֵאלֹהֵי אֲבוֹתֵינוּ צַדִּיקִים אֲנַחְנוּ וְלֹא חָטָאנוּ אֲבָל אֲנַחְנוּ חָטָאנוּ:

We thankfully acknowledge that Thou art the Lord our God and the God of our fathers unto all eternity; the Rock of our lives, and the Shield of our salvation through every generation. We will be grateful unto Thee and declare Thy praise for our lives which are entrusted into Thy hands, for our souls which are in Thy care, for Thy miracles which are daily with us, and for Thy wonderful goodness toward us at all times, evening, morn and noon. Thou art good, and Thy love never fails; Thou art merciful, and Thy kindnesses never cease. We have ever hoped in Thee.

For all this, Thy name, O our divine Ruler, shall be blessed and exalted forever. O inscribe all the children of Thy covenant for a happy life. And may all the living do homage unto Thee forever, and praise Thy name in truth, O God who art our salvation and our help. Blessed be Thou, O Lord, Beneficent One; unto Thee it is seemly to give praise.

Grant lasting peace unto Israel and all mankind for Thou art the God of peace; and may it be good in Thy sight to bless all Thy children everywhere at all times with Thy peace. In the book of life, blessing, peace and good sustenance may we be remembered and inscribed before Thee, we and all Thy people, the house of Israel, for a good and peaceful life. Blessed art Thou, O Lord who makest peace.

Our God and God of our fathers!

May our prayer come before Thee. Hide not Thyself from our supplication, for we are neither so arrogant nor so hardened, as to say before Thee, O Lord our God and God of our fathers, 'we are righteous and have not sinned'; verily, we have sinned.

אָשַׁמְנוּ. בָּגַדְנוּ. גָּזַלְנוּ. דִּבַּרְנוּ דֹפִי. הֶעֱוִינוּ. וְהִרְשַׁעְנוּ. זַדְנוּ. חָמַסְנוּ. טָפַלְנוּ שֶׁקֶר. יָעַצְנוּ רָע. כִּזַּבְנוּ. לַצְנוּ. מָרַדְנוּ. נִאַצְנוּ. סָרַרְנוּ. עָוִינוּ. פָּשַׁעְנוּ. צָרַרְנוּ. קִשִּׁינוּ עֹרֶף. רָשַׁעְנוּ. שִׁחַתְנוּ. תִּעַבְנוּ. תָּעִינוּ. תִּעְתָּעְנוּ:

סַרְנוּ מִמִּצְוֹתֶיךָ וּמִמִּשְׁפָּטֶיךָ הַטּוֹבִים וְלֹא שָׁוָה לָנוּ: וְאַתָּה צַדִּיק עַל כָּל־הַבָּא עָלֵינוּ. כִּי־אֱמֶת עָשִׂיתָ וַאֲנַחְנוּ הִרְשָׁעְנוּ:

מַה־נֹּאמַר לְפָנֶיךָ יוֹשֵׁב מָרוֹם וּמַה־נְּסַפֵּר לְפָנֶיךָ שׁוֹכֵן שְׁחָקִים. הֲלֹא כָּל־הַנִּסְתָּרוֹת וְהַנִּגְלוֹת אַתָּה יוֹדֵעַ:

אַתָּה יוֹדֵעַ רָזֵי עוֹלָם. וְתַעֲלוּמוֹת סִתְרֵי כָל־חָי: אַתָּה חוֹפֵשׂ כָּל־חַדְרֵי בָטֶן וּבוֹחֵן כְּלָיוֹת וָלֵב: אֵין דָּבָר נֶעְלָם מִמֶּךָּ. וְאֵין נִסְתָּר מִנֶּגֶד עֵינֶיךָ:

וּבְכֵן יְהִי רָצוֹן מִלְּפָנֶיךָ יְיָ אֱלֹהֵינוּ וֵאלֹהֵי אֲבוֹתֵינוּ. שֶׁתִּסְלַח לָנוּ עַל כָּל־חַטֹּאתֵינוּ. וְתִמְחַל לָנוּ עַל כָּל־עֲוֹנוֹתֵינוּ. וּתְכַפֶּר־לָנוּ עַל כָּל־פְּשָׁעֵינוּ:

עַל חֵטְא שֶׁחָטָאנוּ לְפָנֶיךָ בְּאֹנֶס וּבְרָצוֹן:
וְעַל חֵטְא שֶׁחָטָאנוּ לְפָנֶיךָ בְּאִמּוּץ הַלֵּב:
עַל חֵטְא שֶׁחָטָאנוּ לְפָנֶיךָ בִּבְלִי דָעַת:
וְעַל חֵטְא שֶׁחָטָאנוּ לְפָנֶיךָ בְּבִטּוּי שְׂפָתָיִם:
עַל חֵטְא שֶׁחָטָאנוּ לְפָנֶיךָ בְּגִלּוּי עֲרָיוֹת:
וְעַל חֵטְא שֶׁחָטָאנוּ לְפָנֶיךָ בְּגָלוּי וּבַסָּתֶר:
עַל חֵטְא שֶׁחָטָאנוּ לְפָנֶיךָ בְּדַעַת וּבְמִרְמָה:
וְעַל חֵטְא שֶׁחָטָאנוּ לְפָנֶיךָ בְּדִבּוּר פֶּה:
עַל חֵטְא שֶׁחָטָאנוּ לְפָנֶיךָ בְּהוֹנָאַת רֵעַ:

We have trespassed, we have dealt treacherously, we have robbed, we have spoken slander, we have acted perversely, and we have wrought wickedness; we have been presumptuous, we have done violence, we have framed lies, we have counselled evil, and we have spoken falsely; we have scoffed, we have revolted, we have provoked, we have rebelled, we have committed iniquity, and we have transgressed; we have oppressed, we have been stiff-necked, we have done wickedly, we have corrupted, we have committed abomination, we have gone astray, we have led others astray.

We have turned away from Thy commandments and Thy judgments that are good, and it has profited us naught. But Thou art righteous in all that has come upon us for Thou hast acted truthfully, but we have wrought unrighteousness.

What shall we say before Thee, O Thou who dwellest on high and what shall we declare before Thee, Thou who abidest in the heavens? Dost Thou not know all things, both the hidden and the revealed?

Thou knowest the mysteries of the universe and the hidden secrets of all living. Thou searchest out the heart of man, and probest all our thoughts and aspirations. Naught escapeth Thee, neither is anything concealed from Thy sight.

May it therefore be Thy will, O Lord, our God and God of our fathers, to forgive us all our sins, to pardon all our iniquities, and to grant us atonement for all our transgressions.

For the sin which we have committed before Thee under compulsion or of our own will,

And for the sin which we have committed before Thee by hardening our hearts;

For the sin which we have committed before Thee unknowingly,

And for the sin which we have committed before Thee with utterance of the lips;

For the sin which we have committed before Thee by unchastity,

And for the sin which we have committed before Thee openly or secretly;

For the sin which we have committed before Thee knowingly and deceitfully,

And for the sin which we have committed before Thee in speech;

For the sin which we have committed before Thee by wronging our neighbor,

וְעַל חֵטְא שֶׁחָטָאנוּ לְפָנֶיךָ בְּהַרְהוֹר הַלֵּב:
עַל חֵטְא שֶׁחָטָאנוּ לְפָנֶיךָ בִּוְעִידַת זְנוּת:
וְעַל חֵטְא שֶׁחָטָאנוּ לְפָנֶיךָ בְּוִדּוּי פֶּה:
עַל חֵטְא שֶׁחָטָאנוּ לְפָנֶיךָ בְּזִלְזוּל הוֹרִים וּמוֹרִים:
וְעַל חֵטְא שֶׁחָטָאנוּ לְפָנֶיךָ בְּזָדוֹן וּבִשְׁגָגָה:
עַל חֵטְא שֶׁחָטָאנוּ לְפָנֶיךָ בְּחֹזֶק יָד:
וְעַל חֵטְא שֶׁחָטָאנוּ לְפָנֶיךָ בְּחִלּוּל הַשֵּׁם:
עַל חֵטְא שֶׁחָטָאנוּ לְפָנֶיךָ בְּטֻמְאַת שְׂפָתָיִם:
וְעַל חֵטְא שֶׁחָטָאנוּ לְפָנֶיךָ בְּטִפְשׁוּת פֶּה:
עַל חֵטְא שֶׁחָטָאנוּ לְפָנֶיךָ בְּיֵצֶר הָרָע:
וְעַל חֵטְא שֶׁחָטָאנוּ לְפָנֶיךָ בְּיוֹדְעִים וּבְלֹא יוֹדְעִים:

וְעַל כֻּלָּם אֱלוֹהַּ סְלִיחוֹת סְלַח־לָנוּ. מְחַל־לָנוּ. כַּפֶּר־לָנוּ:

עַל חֵטְא שֶׁחָטָאנוּ לְפָנֶיךָ בְּכַחַשׁ וּבְכָזָב:
וְעַל חֵטְא שֶׁחָטָאנוּ לְפָנֶיךָ בְּכַפַּת שֹׁחַד:
עַל חֵטְא שֶׁחָטָאנוּ לְפָנֶיךָ בְּלָצוֹן:
וְעַל חֵטְא שֶׁחָטָאנוּ לְפָנֶיךָ בְּלָשׁוֹן הָרָע:
עַל חֵטְא שֶׁחָטָאנוּ לְפָנֶיךָ בְּמַשָּׂא וּבְמַתָּן:
וְעַל חֵטְא שֶׁחָטָאנוּ לְפָנֶיךָ בְּמַאֲכָל וּבְמִשְׁתֶּה:
עַל חֵטְא שֶׁחָטָאנוּ לְפָנֶיךָ בְּנֶשֶׁךְ וּבְמַרְבִּית:
וְעַל חֵטְא שֶׁחָטָאנוּ לְפָנֶיךָ בִּנְטִיַּת גָּרוֹן:
עַל חֵטְא שֶׁחָטָאנוּ לְפָנֶיךָ בְּשִׂיחַ שִׂפְתוֹתֵינוּ:
וְעַל חֵטְא שֶׁחָטָאנוּ לְפָנֶיךָ בְּשִׂקּוּר עָיִן:
עַל חֵטְא שֶׁחָטָאנוּ לְפָנֶיךָ בְּעֵינַיִם רָמוֹת:
וְעַל חֵטְא שֶׁחָטָאנוּ לְפָנֶיךָ בְּעַזּוּת מֶצַח:

And for the sin which we have committed before Thee by sinful meditation of the heart;

For the sin which we have committed before Thee by association with impurity,

And for the sin which we have committed before Thee by confession of the lips;

For the sin which we have committed before Thee by spurning parents and teachers,

And for the sin which we have committed before Thee in presumption or in error;

For the sin which we have committed before Thee by violence,

And for the sin which we have committed before Thee by the profanation of Thy name;

For the sin which we have committed before Thee by unclean lips,

And for the sin which we have committed before Thee by impure speech;

For the sin which we have committed before Thee by the evil inclination,

And for the sin which we have committed before Thee wittingly or unwittingly;

For all these, O God of forgiveness, forgive us, pardon us, grant us atonement.

For the sin which we have committed before Thee by denying and lying,

And for the sin which we have committed before Thee by bribery;

For the sin which we have committed before Thee by scoffing,

And for the sin which we have committed before Thee by slander;

For the sin which we have committed before Thee in commerce,

And for the sin which we have committed before Thee in eating and drinking;

For the sin which we have committed before Thee by demanding usurous interest,

And for the sin which we have committed before Thee by stretching forth the neck in pride;

For the sin which we have committed before Thee by idle gossip,

And for the sin which we have committed before Thee with wanton looks;

For the sin which we have committed before Thee with haughty eyes,

And for the sin which we have committed before Thee by effrontery;

וְעַל כֻּלָּם אֱלֽוֹהַּ סְלִיחוֹת סְלַח־לָֽנוּ. מְחַל־לָֽנוּ. כַּפֶּר־לָֽנוּ:

עַל חֵטְא שֶׁחָטָֽאנוּ לְפָנֶֽיךָ בִּפְרִיקַת עֹל:

וְעַל חֵטְא שֶׁחָטָֽאנוּ לְפָנֶֽיךָ בִּפְלִילוּת:

עַל חֵטְא שֶׁחָטָֽאנוּ לְפָנֶֽיךָ בִּצְדִיַּת רֵֽעַ:

וְעַל חֵטְא שֶׁחָטָֽאנוּ לְפָנֶֽיךָ בְּצָרוּת עָֽיִן:

וְעַל חֵטְא שֶׁחָטָֽאנוּ לְפָנֶֽיךָ בְּקַלּוּת רֹאשׁ:

וְעַל חֵטְא שֶׁחָטָֽאנוּ לְפָנֶֽיךָ בְּקַשְׁיוּת עֹֽרֶף:

עַל חֵטְא שֶׁחָטָֽאנוּ לְפָנֶֽיךָ בְּרִיצַת רַגְלַֽיִם לְהָרַע:

וְעַל חֵטְא שֶׁחָטָֽאנוּ לְפָנֶֽיךָ בִּרְכִילוּת:

עַל חֵטְא שֶׁחָטָֽאנוּ לְפָנֶֽיךָ בִּשְׁבֽוּעַת שָׁוְא:

וְעַל חֵטְא שֶׁחָטָֽאנוּ לְפָנֶֽיךָ בְּשִׂנְאַת חִנָּם:

עַל חֵטְא שֶׁחָטָֽאנוּ לְפָנֶֽיךָ בִתְשֽׂוּמֶת יָד:

וְעַל חֵטְא שֶׁחָטָֽאנוּ לְפָנֶֽיךָ בְּתִמְהוֹן לֵבָב:

וְעַל כֻּלָּם אֱלֽוֹהַּ סְלִיחוֹת סְלַח־לָֽנוּ. מְחַל־לָֽנוּ. כַּפֶּר־לָֽנוּ:

וְעַל חֲטָאִים שֶׁאָֽנוּ חַיָּבִים עֲלֵיהֶם עוֹלָה:

וְעַל חֲטָאִים שֶׁאָֽנוּ חַיָּבִים עֲלֵיהֶם חַטָּאת:

וְעַל חֲטָאִים שֶׁאָֽנוּ חַיָּבִים עֲלֵיהֶם קָרְבָּן עוֹלֶה וְיוֹרֵד:

וְעַל חֲטָאִים שֶׁאָֽנוּ חַיָּבִים עֲלֵיהֶם אָשָׁם וַדַּאי וְתָלוּי:

וְעַל חֲטָאִים שֶׁאָֽנוּ חַיָּבִים עֲלֵיהֶם מַכַּת מַרְדּוּת:

וְעַל חֲטָאִים שֶׁאָֽנוּ חַיָּבִים עֲלֵיהֶם מַלְקוּת אַרְבָּעִים:

וְעַל חֲטָאִים שֶׁאָֽנוּ חַיָּבִים עֲלֵיהֶם מִיתָה בִּידֵי שָׁמָֽיִם:

וְעַל חֲטָאִים שֶׁאָֽנוּ חַיָּבִים עֲלֵיהֶם כָּרֵת וַעֲרִירִי:

וְעַל כֻּלָּם אֱלֽוֹהַּ סְלִיחוֹת סְלַח־לָֽנוּ. מְחַל־לָֽנוּ. כַּפֶּר־לָֽנוּ:

For all these, O God of forgiveness, forgive us, pardon us, grant us atonement.

For the sin which we have committed before Thee by casting off the yoke of Thy commandments,

And for the sin which we have committed before Thee by contentiousness;

For the sin which we have committed before Thee by ensnaring our neighbor,

And for the sin which we have committed before Thee by envy;

For the sin which we have committed before Thee by levity,

And for the sin which we have committed before Thee by being stiff-necked;

For the sin which we have committed before Thee by running to do evil,

And for the sin which we have committed before Thee by talebearing;

For the sin which we have committed before Thee by vain oaths,

And for the sin which we have committed before Thee by causeless hatred;

For the sin which we have committed before Thee by breach of trust,

And for the sin which we have committed before Thee with confusion of mind;

For all these, O God of forgiveness, forgive us, pardon us, grant us atonement.

The following enumeration of sins refers to the period when the sacrificial system of the Temple and the judicial power of the Sanhedrin still existed.

Forgive us too, for the sins for which, in the days of the Temple, the law would have required a burnt offering, a sin offering, an offering varying according to our means, and an offering for certain or for doubtful trespass; and for the sins for which the law would have imposed chastisement, flagellation, untimely death, excision, or one of the four death penalties inflicted by Courts of Law.

וְעַל חֲטָאִים שֶׁאָנוּ חַיָּבִים עֲלֵיהֶם אַרְבַּע מִיתוֹת בֵּית דִּין. סְקִילָה. שְׂרֵפָה. הֶרֶג. וְחֶנֶק: עַל מִצְוַת עֲשֵׂה וְעַל מִצְוַת לֹא תַעֲשֶׂה. בֵּין שֶׁיֵּשׁ בָּהּ קוּם עֲשֵׂה. וּבֵין שֶׁאֵין בָּהּ קוּם עֲשֵׂה. אֶת־הַגְּלוּיִם לָנוּ וְאֶת־שֶׁאֵינָם גְּלוּיִם לָנוּ: אֶת־הַגְּלוּיִם לָנוּ כְּבָר אֲמַרְנוּם לְפָנֶיךָ. וְהוֹדִינוּ לְךָ עֲלֵיהֶם. וְאֶת־שֶׁאֵינָם גְּלוּיִם לָנוּ לְפָנֶיךָ הֵם גְּלוּיִם וִידוּעִים. כַּדָּבָר שֶׁנֶּאֱמַר הַנִּסְתָּרֹת לַייָ אֱלֹהֵינוּ. וְהַנִּגְלֹת לָנוּ וּלְבָנֵינוּ עַד־עוֹלָם. לַעֲשׂוֹת אֶת־כָּל־דִּבְרֵי הַתּוֹרָה הַזֹּאת: כִּי אַתָּה סָלְחָן לְיִשְׂרָאֵל וּמָחֳלָן לְשִׁבְטֵי יְשֻׁרוּן בְּכָל־דּוֹר וָדוֹר וּמִבַּלְעָדֶיךָ אֵין לָנוּ מֶלֶךְ מוֹחֵל וְסוֹלֵחַ אֶלָּא אָתָּה:

אֱלֹהַי עַד שֶׁלֹּא נוֹצַרְתִּי אֵינִי כְדַי. וְעַכְשָׁו שֶׁנּוֹצַרְתִּי כְּאִלּוּ לֹא נוֹצַרְתִּי. עָפָר אֲנִי בְּחַיָּי. קַל וָחֹמֶר בְּמִיתָתִי. הֲרֵי אֲנִי לְפָנֶיךָ כִּכְלִי מָלֵא בוּשָׁה וּכְלִמָּה: יְהִי רָצוֹן מִלְּפָנֶיךָ יְיָ אֱלֹהַי וֵאלֹהֵי אֲבוֹתַי שֶׁלֹּא אֶחֱטָא עוֹד. וּמַה־שֶּׁחָטָאתִי לְפָנֶיךָ מָרֵק בְּרַחֲמֶיךָ הָרַבִּים. אֲבָל לֹא עַל יְדֵי יִסּוּרִים וָחֳלָיִם רָעִים:

אֱלֹהַי נְצוֹר לְשׁוֹנִי מֵרָע וּשְׂפָתַי מִדַּבֵּר מִרְמָה וְלִמְקַלְלַי נַפְשִׁי תִדּוֹם וְנַפְשִׁי כֶּעָפָר לַכֹּל תִּהְיֶה: פְּתַח לִבִּי בְּתוֹרָתֶךָ וּבְמִצְוֹתֶיךָ תִּרְדּוֹף נַפְשִׁי. וְכֹל הַחוֹשְׁבִים עָלַי רָעָה מְהֵרָה הָפֵר עֲצָתָם וְקַלְקֵל מַחֲשַׁבְתָּם: עֲשֵׂה לְמַעַן שְׁמֶךָ עֲשֵׂה לְמַעַן יְמִינֶךָ עֲשֵׂה לְמַעַן קְדֻשָּׁתֶךָ עֲשֵׂה לְמַעַן תּוֹרָתֶךָ: לְמַעַן יֵחָלְצוּן יְדִידֶיךָ הוֹשִׁיעָה יְמִינְךָ וַעֲנֵנִי: יִהְיוּ לְרָצוֹן אִמְרֵי־פִי וְהֶגְיוֹן לִבִּי לְפָנֶיךָ יְיָ צוּרִי וְגוֹאֲלִי: עֹשֶׂה שָׁלוֹם בִּמְרוֹמָיו הוּא יַעֲשֶׂה שָׁלוֹם עָלֵינוּ וְעַל כָּל־יִשְׂרָאֵל וְאִמְרוּ אָמֵן:

Forgive us for the breach of positive precepts and for the breach of negative precepts, both for the sins of which we are aware as well as for those that are unknown to us. Those of which we are aware, we have already declared and confessed unto Thee; and those that are unknown to us, lo, they are revealed and manifest unto Thee, according to the word that has been spoken: "The secret things belong unto the Lord our God, but things that are revealed, belong unto us and unto our children forever, that we may do all the words of the Torah." For Thou art the Forgiver of Israel and the Pardoner of the tribes of Jeshurun in every generation, and besides Thee we have no king to pardon and forgive our sins. We have Thee alone.

O Lord, before I was formed I had no worth, and now that I have been formed, I am as though I had not been formed. Dust am I in my life; yea, even more so in my death. Behold I am before Thee like a vessel filled with shame and confusion. May it be Thy will, O Lord my God and the God of my fathers, that I sin no more, and as for the sins I have committed before Thee, purge them away in Thine abundant mercy but not by means of affliction and suffering.

O Lord,
Guard my tongue from evil and my lips from speaking guile,
And to those who slander me, let me give no heed.
May my soul be humble and forgiving unto all.
Open Thou my heart, O Lord, unto Thy sacred Law,
That Thy statutes I may know and all Thy truths pursue.
Bring to naught designs of those who seek to do me ill;
Speedily defeat their aims and thwart their purposes
For Thine own sake, for Thine own power,
For Thy holiness and Law.
That Thy loved ones be delivered,
Answer me, O Lord, and save with Thy redeeming power.

May the words of my mouth and the meditation of my heart be acceptable unto Thee, O Lord, my Rock and my Redeemer. Thou who keepest harmony in the heavenly spheres, mayest Thou make peace for us, for Israel, and for all Thy children everywhere. Amen.

יְהִי רָצוֹן מִלְּפָנֶיךָ יְיָ אֱלֹהֵינוּ וֵאלֹהֵי אֲבוֹתֵינוּ שֶׁיִּבָּנֶה בֵּית הַמִּקְדָּשׁ בִּמְהֵרָה בְיָמֵינוּ וְתֵן חֶלְקֵנוּ בְּתוֹרָתֶךָ: וְשָׁם נַעֲבָדְךָ בְּיִרְאָה כִּימֵי עוֹלָם וּכְשָׁנִים קַדְמֹנִיּוֹת: וְעָרְבָה לַייָ מִנְחַת יְהוּדָה וִירוּשָׁלָיִם כִּימֵי עוֹלָם וּכְשָׁנִים קַדְמֹנִיּוֹת:

On Sabbath

וַיְכֻלּוּ הַשָּׁמַיִם וְהָאָרֶץ וְכָל־צְבָאָם: וַיְכַל אֱלֹהִים בַּיּוֹם הַשְּׁבִיעִי מְלַאכְתּוֹ אֲשֶׁר עָשָׂה וַיִּשְׁבֹּת בַּיּוֹם הַשְּׁבִיעִי מִכָּל־מְלַאכְתּוֹ אֲשֶׁר עָשָׂה: וַיְבָרֶךְ אֱלֹהִים אֶת־יוֹם הַשְּׁבִיעִי וַיְקַדֵּשׁ אֹתוֹ. כִּי בוֹ שָׁבַת מִכָּל־מְלַאכְתּוֹ אֲשֶׁר־בָּרָא אֱלֹהִים לַעֲשׂוֹת:

Reader

בָּרוּךְ אַתָּה יְיָ אֱלֹהֵינוּ וֵאלֹהֵי אֲבוֹתֵינוּ. אֱלֹהֵי אַבְרָהָם. אֱלֹהֵי יִצְחָק וֵאלֹהֵי יַעֲקֹב. הָאֵל הַגָּדוֹל הַגִּבּוֹר וְהַנּוֹרָא. אֵל עֶלְיוֹן קֹנֵה שָׁמַיִם וָאָרֶץ:

Reader and Congregation

מָגֵן אָבוֹת בִּדְבָרוֹ מְחַיֵּה מֵתִים בְּמַאֲמָרוֹ הַמֶּלֶךְ הַקָּדוֹשׁ שֶׁאֵין כָּמוֹהוּ הַמֵּנִיחַ לְעַמּוֹ בְּיוֹם שַׁבַּת קָדְשׁוֹ. כִּי בָם רָצָה לְהָנִיחַ לָהֶם. לְפָנָיו נַעֲבוֹד בְּיִרְאָה וָפַחַד וְנוֹדֶה לִשְׁמוֹ בְּכָל־יוֹם תָּמִיד מֵעֵין הַבְּרָכוֹת. אֵל הַהוֹדָאוֹת אֲדוֹן הַשָּׁלוֹם מְקַדֵּשׁ הַשַּׁבָּת וּמְבָרֵךְ שְׁבִיעִי. וּמֵנִיחַ בִּקְדֻשָּׁה לְעַם מְדֻשְּׁנֵי עֹנֶג. זֵכֶר לְמַעֲשֵׂה בְרֵאשִׁית:

Reader

אֱלֹהֵינוּ וֵאלֹהֵי אֲבוֹתֵינוּ רְצֵה בִמְנוּחָתֵנוּ קַדְּשֵׁנוּ בְּמִצְוֹתֶיךָ וְתֵן חֶלְקֵנוּ בְּתוֹרָתֶךָ. שַׂבְּעֵנוּ מִטּוּבֶךָ וְשַׂמְּחֵנוּ בִּישׁוּעָתֶךָ. וְטַהֵר לִבֵּנוּ לְעָבְדְּךָ בֶּאֱמֶת. וְהַנְחִילֵנוּ יְיָ אֱלֹהֵינוּ בְּאַהֲבָה וּבְרָצוֹן שַׁבַּת קָדְשֶׁךָ. וְיָנוּחוּ בָהּ יִשְׂרָאֵל מְקַדְּשֵׁי שְׁמֶךָ. בָּרוּךְ אַתָּה יְיָ מְקַדֵּשׁ הַשַּׁבָּת:

May it be Thy will, O Lord our God and God of our fathers, to grant our portion in Thy Law and to rebuild the Temple speedily in our days. There we will serve Thee with awe as in the days of old.

On Sabbath

Thus the heaven and the earth were finished, and all their host. And on the seventh day God finished His work, and He rested on the seventh day from all His work which He had made. Then God blessed the seventh day, and He consecrated it, because on it He rested from all His work of creation. (Genesis 2:1–3)

Reader

Blessed art Thou, O Lord our God and God of our fathers, God of Abraham, God of Isaac, and God of Jacob, the great, mighty, revered and exalted God who possessest heaven and earth.

Reader and Congregation

Our fathers' shield, God's word has ever been;
He giveth life eternal to the dead.
Holy is He; no other can compare
With Him who giveth rest each Sabbath day
Unto His people whom He loves.
With veneration and with awe we serve Him;
We praise Him every day and bless His name.
To God all thanks are due, the Lord of peace,
He halloweth the Sabbath and doth bless the seventh day;
He giveth rest unto a people knowing its delight,
In remembrance of creation.

Reader

Our God and God of our fathers, accept our rest. Sanctify us through Thy commandments, and grant our portion in Thy Torah; satisfy us with Thy goodness and gladden us with Thy salvation. Make our hearts pure to serve Thee in truth. In Thy loving favor, O Lord our God, let us inherit Thy holy Sabbath, and may Israel who sanctifies Thy name, rest thereon. Blessed art Thou, O Lord, who hallowest the Sabbath.

The Ark is opened

יַעֲלֶה תַּחֲנוּנֵנוּ מֵעֶרֶב.
וְיָבֹא שַׁוְעָתֵנוּ מִבֹּקֶר.
וְיֵרָאֶה רִנּוּנֵנוּ עַד עָרֶב:
יַעֲלֶה קוֹלֵנוּ מֵעֶרֶב.
וְיָבֹא צִדְקָתֵנוּ מִבֹּקֶר.
וְיֵרָאֶה פִּדְיוֹנֵנוּ עַד עָרֶב:
יַעֲלֶה עִנּוּיֵנוּ מֵעֶרֶב.
וְיָבֹא סְלִיחָתֵנוּ מִבֹּקֶר.
וְיֵרָאֶה נַאֲקָתֵנוּ עַד עָרֶב:
יַעֲלֶה מְנוּסֵנוּ מֵעֶרֶב.
וְיָבֹא לְמַעֲנוֹ מִבֹּקֶר.
וְיֵרָאֶה כִּפּוּרֵנוּ עַד עָרֶב:
יַעֲלֶה יִשְׁעֵנוּ מֵעֶרֶב.
וְיָבֹא טָהֳרֵנוּ מִבֹּקֶר.
וְיֵרָאֶה חִנּוּנֵנוּ עַד עָרֶב:
יַעֲלֶה זִכְרוֹנֵנוּ מֵעֶרֶב.
וְיָבֹא וִעוּדֵנוּ מִבֹּקֶר.
וְיֵרָאֶה הַדְרָתֵנוּ עַד עָרֶב:
יַעֲלֶה דָּפְקֵנוּ מֵעֶרֶב.
וְיָבֹא גִּילֵנוּ מִבֹּקֶר.
וְיֵרָאֶה בַּקָּשָׁתֵנוּ עַד עָרֶב:
יַעֲלֶה אֶנְקָתֵנוּ מֵעֶרֶב.
וְיָבֹא אֵלֶיךָ מִבֹּקֶר.
וְיֵרָאֶה אֵלֵינוּ עַד עָרֶב:

The Ark is closed

NOTE

The theme of this well-known poem, *Ya-aleh*, the author of which is unknown, was suggested by the twenty-four-hour service of the Day of Atonement which begins with the Kol Nidre in the evening, is resumed early at dawn, continues throughout the entire day, and culminates at dusk. The author, using the inverted alphabetical acrostic, makes a poetical and soul-stirring plea that the prayers of Israel ascend to heaven at nightfall, arrive before God's throne at dawn, so that salvation and reconciliation may come at dusk.

O may our supplications rise at nightfall,
Our prayers approach Thy presence from the dawn,
And let our exultation come at dusk.

O may our voices rise in prayer at nightfall,
Our righteousness ascend to Thee from dawn,
And let redemption come to us at dusk.

O may our sorrows rise to Thee at nightfall,
Our pardon issue forth from break of dawn,
And let our cries be heard by Thee at dusk.

O may our trust in Thee rise up at nightfall,
Our hope be granted for Thy sake from dawn,
And let our expiation come at dusk.

O may our liberation rise at nightfall,
Our cleansing from all guilt come from the dawn,
And let Thy grace be manifest at dusk.

O may our merits rise to Thee at nightfall,
Our congregation plead with Thee from dawn,
And let Thy glory shine for us at dusk.

O may we knock upon Thy gates at nightfall,
Our joy and gladness come to us from dawn,
And let our plea be granted us at dusk.

O may our cries rise up to Thee at nightfall,
Our anguish reach Thy presence from the dawn,
And turn to us in mercy, Lord, at dusk.

Responsive Reading

שֹׁמֵעַ תְּפִלָּה עָדֶיךָ כָּל־בָּשָׂר יָבֹאוּ:
יָבוֹא כָל־בָּשָׂר לְהִשְׁתַּחֲוֹת לְפָנֶיךָ יְיָ:
יָבֹאוּ וְיִשְׁתַּחֲווּ לְפָנֶיךָ אֲדֹנָי וִיכַבְּדוּ לִשְׁמֶךָ:
בֹּאוּ נִשְׁתַּחֲוֶה וְנִכְרָעָה נִבְרְכָה לִפְנֵי־יְיָ עֹשֵׂנוּ:
בֹּאוּ שְׁעָרָיו בְּתוֹדָה חֲצֵרֹתָיו בִּתְהִלָּה הוֹדוּ לוֹ בָּרְכוּ שְׁמוֹ:
הִנֵּה בָּרְכוּ אֶת־יְיָ כָּל־עַבְדֵי יְיָ הָעֹמְדִים בְּבֵית יְיָ בַּלֵּילוֹת:
שְׂאוּ יְדֵיכֶם קֹדֶשׁ וּבָרְכוּ אֶת־יְיָ:
נָבוֹאָה לְמִשְׁכְּנוֹתָיו נִשְׁתַּחֲוֶה לַהֲדֹם רַגְלָיו:
רוֹמְמוּ יְיָ אֱלֹהֵינוּ וְהִשְׁתַּחֲווּ לַהֲדֹם רַגְלָיו קָדוֹשׁ הוּא:
רוֹמְמוּ יְיָ אֱלֹהֵינוּ וְהִשְׁתַּחֲווּ לְהַר קָדְשׁוֹ כִּי קָדוֹשׁ יְיָ אֱלֹהֵינוּ:
הִשְׁתַּחֲווּ לַייָ בְּהַדְרַת־קֹדֶשׁ חִילוּ מִפָּנָיו כָּל־הָאָרֶץ:
וַאֲנַחְנוּ בְּרֹב חַסְדְּךָ נָבוֹא בֵיתֶךָ נִשְׁתַּחֲוֶה אֶל הֵיכַל קָדְשְׁךָ בְּיִרְאָתֶךָ:
נִשְׁתַּחֲוֶה אֶל הֵיכַל קָדְשְׁךָ וְנוֹדֶה אֶת שְׁמֶךָ עַל חַסְדְּךָ וְעַל אֲמִתֶּךָ כִּי הִגְדַּלְתָּ עַל כָּל שִׁמְךָ אִמְרָתֶךָ:
יְיָ אֱלֹהֵי צְבָאוֹת מִי כָמוֹךָ חֲסִין יָהּ וֶאֱמוּנָתְךָ סְבִיבוֹתֶיךָ:
כִּי מִי בַשַּׁחַק יַעֲרֹךְ לַייָ יִדְמֶה לַייָ בִּבְנֵי אֵלִים:
כִּי גָדוֹל אַתָּה וְעֹשֵׂה נִפְלָאוֹת אַתָּה אֱלֹהִים לְבַדֶּךָ:
כִּי גָדוֹל מֵעַל שָׁמַיִם חַסְדֶּךָ וְעַד שְׁחָקִים אֲמִתֶּךָ:
גָּדוֹל יְיָ וּמְהֻלָּל מְאֹד וְלִגְדֻלָּתוֹ אֵין חֵקֶר:
כִּי גָדוֹל יְיָ וּמְהֻלָּל מְאֹד נוֹרָא הוּא עַל־כָּל־אֱלֹהִים:

Responsive Reading

Selected from the Hebrew

And Thou who hearest prayers,
Unto Thee all flesh shall come.

> They shall come and worship before Thee, O Lord,
> And do honor to Thy name.

O come, let us worship and bow down;
Let us bend the knee before the Lord, our Maker.

> Enter into His gates with thanksgiving,
> And into His courts with praise.

Behold, bless the Lord, all ye servants of the Lord,
Who stand through the night in the house of the Lord.

> Lift up your hands in the Sanctuary and bless the Lord.
> We will enter His tabernacle and worship at His footstool.

Exalt the Lord our God,
And worship at His holy mountain.

> O worship the Lord in the beauty of holiness;
> Revere Him all that inhabit the earth.

We will come into Thy house in the abundance of Thy mercy;
In reverence for Thee will we worship toward Thy holy
Temple.

> We will praise Thy name for Thy loving-kindness and for
> Thy truth;
> Thou hast made Thy word supreme above all.

God of hosts, who is like unto Thee?
Thy faithfulness is round about Thee.

> Who in heaven can be compared unto the Lord?
> Who among the mighty can stand beside the Lord?

For Thou art great and doest wondrous things;
Thou art God alone.

> For Thy mercy is great above the heavens,
> And Thy truth reaches unto the clouds.

Great is the Lord and greatly to be praised;
And His greatness is unsearchable.

כִּי אֵל גָּדוֹל יְיָ וּמֶלֶךְ גָּדוֹל עַל־כָּל־אֱלֹהִים:
אֲשֶׁר מִי אֵל בַּשָּׁמַיִם וּבָאָרֶץ אֲשֶׁר יַעֲשֶׂה כְמַעֲשֶׂיךָ וְכִגְבוּרֹתֶיךָ:
מִי לֹא יִרָאֲךָ מֶלֶךְ הַגּוֹיִם כִּי לְךָ יָאָתָה כִּי בְכָל חַכְמֵי הַגּוֹיִם וּבְכָל מַלְכוּתָם מֵאֵין כָּמוֹךָ:
מֵאֵין כָּמוֹךָ יְיָ גָּדוֹל אַתָּה וְגָדוֹל שִׁמְךָ בִּגְבוּרָה:
לְךָ זְרוֹעַ עִם גְּבוּרָה תָּעֹז יָדְךָ תָּרוּם יְמִינֶךָ:
לְךָ יוֹם אַף לְךָ לָיְלָה אַתָּה הֲכִינוֹתָ מָאוֹר וָשָׁמֶשׁ:
אֲשֶׁר בְּיָדוֹ מֶחְקְרֵי אָרֶץ וְתוֹעֲפוֹת הָרִים לוֹ:
מִי יְמַלֵּל גְּבוּרוֹת יְיָ יַשְׁמִיעַ כָּל תְּהִלָּתוֹ:
לְךָ יְיָ הַגְּדֻלָּה וְהַגְּבוּרָה וְהַתִּפְאֶרֶת וְהַנֵּצַח וְהַהוֹד כִּי־כֹל בַּשָּׁמַיִם וּבָאָרֶץ. לְךָ יְיָ הַמַּמְלָכָה וְהַמִּתְנַשֵּׂא לְכֹל לְרֹאשׁ:
לְךָ שָׁמַיִם אַף לְךָ אָרֶץ תֵּבֵל וּמְלוֹאָהּ אַתָּה יְסַדְתָּם:
אַתָּה הִצַּבְתָּ כָּל־גְּבוּלוֹת אָרֶץ קַיִץ וָחֹרֶף אַתָּה יְצַרְתָּם:
אַתָּה רִצַּצְתָּ רָאשֵׁי לִוְיָתָן תִּתְּנֶנּוּ מַאֲכָל לְעַם לְצִיִּים:
אַתָּה בָקַעְתָּ מַעְיָן וָנָחַל אַתָּה הוֹבַשְׁתָּ נַהֲרוֹת אֵיתָן:
אַתָּה פוֹרַרְתָּ בְעָזְּךָ יָם שִׁבַּרְתָּ רָאשֵׁי תַנִּינִים עַל הַמָּיִם:
אַתָּה מוֹשֵׁל בְּגֵאוּת הַיָּם בְּשׂוֹא גַלָּיו אַתָּה תְשַׁבְּחֵם:
גָּדוֹל יְיָ וּמְהֻלָּל מְאֹד בְּעִיר אֱלֹהֵינוּ הַר קָדְשׁוֹ:
יְיָ צְבָאוֹת אֱלֹהֵי יִשְׂרָאֵל יוֹשֵׁב הַכְּרֻבִים אַתָּה הוּא הָאֱלֹהִים לְבַדֶּךָ:
אֵל נַעֲרָץ בְּסוֹד קְדוֹשִׁים רַבָּה וְנוֹרָא עַל כָּל־סְבִיבָיו:
וְיוֹדוּ שָׁמַיִם פִּלְאֲךָ יְיָ אַף אֱמוּנָתְךָ בִּקְהַל קְדוֹשִׁים:

Responsive Reading

Selected from the Hebrew

Who would not be in awe of Thee, O King of nations?
In all the kingdoms there is none like unto Thee.

    Mighty art Thou, and great is Thy name;
    With Thee are strength and majesty.

The day is Thine and the night also,
Thou hast prepared the light and the sun.

    For in Thy hand are the depths of the earth;
    The strength of the hills is also Thine.

Thine, O Lord, are greatness and power,
Glory, victory and majesty.

    For all that is in heaven and on the earth is Thine;
    Thine is sovereignty, O Lord; Thou rulest supreme.

The heavens are Thine and the earth also;
The world and the fullness thereof, Thou hast founded them

    Thou hast set all the borders of the earth;
    Thou hast made summer and winter.

The sea is Thine and Thou hast made it;
And Thy hands formed the dry land.

    Thou rulest the raging of the sea;
    When the waves thereof arise, Thou stillest them.

Great art Thou and greatly to be praised
In Thy city on the holy mountain.

    The heavens shall praise Thy wonders, O Lord;
    And Thy faithfulness among the holy ones.

לְכוּ נְרַנְּנָה לַיְיָ נָרִיעָה לְצוּר יִשְׁעֵנוּ:
נְקַדְּמָה פָנָיו בְּתוֹדָה בִּזְמִירוֹת נָרִיעַ לוֹ:
צֶדֶק וּמִשְׁפָּט מְכוֹן כִּסְאֶךָ חֶסֶד וֶאֱמֶת יְקַדְּמוּ פָנֶיךָ:
אֲשֶׁר יַחְדָּו נַמְתִּיק סוֹד בְּבֵית אֱלֹהִים נְהַלֵּךְ בְּרָגֶשׁ:
אֲשֶׁר־לוֹ הַיָּם וְהוּא עָשָׂהוּ וְיַבֶּשֶׁת יָדָיו יָצָרוּ:
אֲשֶׁר בְּיָדוֹ נֶפֶשׁ כָּל־חָי וְרוּחַ כָּל־בְּשַׂר אִישׁ:

הַנְּשָׁמָה לָךְ וְהַגּוּף פָּעֳלָךְ חוּסָה עַל עֲמָלָךְ: הַנְּשָׁמָה לָךְ וְהַגּוּף שֶׁלָּךְ יְיָ עֲשֵׂה לְמַעַן שְׁמֶךָ: אָתָאנוּ עַל שִׁמְךָ יְיָ עֲשֵׂה לְמַעַן שְׁמֶךָ: בַּעֲבוּר כְּבוֹד שִׁמְךָ כִּי אֵל חַנּוּן וְרַחוּם שְׁמֶךָ: לְמַעַן שִׁמְךָ יְיָ וְסָלַחְתָּ לַעֲוֹנֵנוּ כִּי רַב הוּא:

Reader and Congregation

דַּרְכְּךָ אֱלֹהֵינוּ לְהַאֲרִיךְ אַפֶּךָ לָרָעִים וְלַטּוֹבִים. וְהִיא תְהִלָּתֶךָ:

לְמַעַנְךָ אֱלֹהֵינוּ עֲשֵׂה וְלֹא לָנוּ. רְאֵה עֲמִידָתֵנוּ דַּלִּים וְרֵקִים:

תַּעֲלֶה אֲרוּכָה לְעָלֶה נִדָּף. תְּנַחֵם עַל עָפָר וָאֵפֶר: תַּשְׁלִיךְ חֲטָאֵינוּ וְתָחוֹן בְּמַעֲשֶׂיךָ. תֵּרֶא כִּי אֵין אִישׁ עֲשֵׂה עִמָּנוּ צְדָקָה:

הַאֲזִינָה יְיָ תְּפִלָּתֵנוּ וְהַקְשִׁיבָה בְּקוֹל תַּחֲנוּנוֹתֵינוּ: הַקְשִׁיבָה לְקוֹל שַׁוְעֵנוּ מַלְכֵּנוּ וֵאלֹהֵינוּ כִּי אֵלֶיךָ נִתְפַּלָּל: תְּהִי נָא אָזְנְךָ קַשֶּׁבֶת וְעֵינֶיךָ פְּתוּחוֹת אֶל תְּפִלַּת עֲבָדֶיךָ עַמְּךָ יִשְׂרָאֵל: וְשָׁמַעְתָּ מִן־הַשָּׁמַיִם מִמְּכוֹן שִׁבְתֶּךָ אֶת־תְּפִלָּתָם וְאֶת־תְּחִנָּתָם וְעָשִׂיתָ מִשְׁפָּטָם וְסָלַחְתָּ לְעַמְּךָ אֲשֶׁר חָטְאוּ לָךְ:

O come, let us sing unto the Lord;
Let us rejoice before the Rock of our salvation.

Let us come before Thy presence with thanksgiving;
Let our voices ring out with psalms unto Thee.

Righteousness and justice are the foundation of Thy throne;
Mercy and truth go before Thee.

Let us take counsel together,
And walk into Thy house, O God.

In Thy hand is the soul of every living thing, and the breath of all mankind. The soul is Thine, and the body is Thy creation; have compassion on Thy handiwork. Yea, both soul and body are Thine. O Lord, grant our prayer for Thy name's sake. We have come hither trusting in Thy name for Thou art called a merciful and gracious God. And for Thy name's sake, pardon our iniquity, for it is great.

Reader and Congregation

Our God, Thou art forbearing toward the evil and the good; and that is Thy praise.

For Thy sake, not for ours, grant our request. Lo, how we stand before Thee, humble and lacking in virtues!

Bring Thou healing to man who is as helpless as a wind-driven leaf. Have compassion upon us who are merely dust and ashes, and cast our sins away in pity for Thy handiwork. Behold, we have none to intercede for us. O deal Thou with us mercifully.

Hear our prayer, O Lord, and attend to the voice of our supplications. Hearken unto our cry, our King and our God; for unto Thee do we pray. Behold and heed the prayer of Thy servants, the house of Israel. And from the heavens, even from Thy dwelling place, grant their supplications, uphold their cause, and forgive the people that have sinned against Thee.

כְּרַחֵם אָב עַל בָּנִים כֵּן תְּרַחֵם יְיָ עָלֵינוּ: לַייָ הַיְשׁוּעָה עַל עַמְּךָ בִרְכָתֶךָ סֶּלָה: יְיָ צְבָאוֹת עִמָּנוּ מִשְׂגָּב־לָנוּ אֱלֹהֵי יַעֲקֹב סֶלָה: יְיָ צְבָאוֹת אַשְׁרֵי אָדָם בּוֹטֵחַ בָּךְ: יְיָ הוֹשִׁיעָה הַמֶּלֶךְ יַעֲנֵנוּ בְיוֹם קָרְאֵנוּ:

סְלַח־נָא לַעֲוֹן הָעָם הַזֶּה כְּגֹדֶל חַסְדֶּךָ וְכַאֲשֶׁר נָשָׂאתָה לָעָם הַזֶּה מִמִּצְרַיִם וְעַד הֵנָּה: וְשָׁם נֶאֱמַר

וַיֹּאמֶר יְיָ סָלַחְתִּי כִּדְבָרֶךָ:

הַטֵּה אֱלֹהַי אָזְנְךָ וּשְׁמָע פְּקַח עֵינֶיךָ וּרְאֵה שֹׁמְמֹתֵינוּ וְהָעִיר אֲשֶׁר־נִקְרָא שִׁמְךָ עָלֶיהָ: כִּי לֹא עַל־צִדְקֹתֵינוּ אֲנַחְנוּ מַפִּילִים תַּחֲנוּנֵינוּ לְפָנֶיךָ. כִּי עַל־רַחֲמֶיךָ הָרַבִּים: אֲדֹנָי שְׁמָעָה אֲדֹנָי סְלָחָה אֲדֹנָי הַקְשִׁיבָה וַעֲשֵׂה אַל־תְּאַחַר לְמַעַנְךָ אֱלֹהַי. כִּי־שִׁמְךָ נִקְרָא עַל־עִירְךָ וְעַל־עַמֶּךָ:

The following Piyyut may be read responsively

אֱלֹהֵינוּ וֵאלֹהֵי אֲבוֹתֵינוּ

סְלַח נָא אֲשָׁמוֹת וּפְשָׁעֵי לְאֻמֶּךָ.
לַעֲוֹן בָּנֶיךָ בַּל יֶחֱרֶה זַעְמֶךָ:
סְלַח נָא גֹּעוֹלָם וְיִחְיוּ מִמְּקוֹר עִמֶּךָ.
לַעֲוֹן דְּגָלֶיךָ שָׂא וְתִנָּחֵם כְּנָאֳמֶךָ:
סְלַח נָא הַכֹּל מוֹדִים וְעוֹזְבִים כְּרִשּׁוּמֶךָ.
לַעֲוֹן וָפֶשַׁע מְחֹל לְמַעַן שְׁמֶךָ:
סְלַח נָא זְדוֹנוֹת וּשְׁגָגוֹת לִבְרוּאֵי לִשְׁמֶךָ:
לַעֲוֹן חֲטָאֵימוֹ חַטֵּא בִּנְדִיבַת גִּשְׁמֶךָ:
סְלַח נָא טֶפֶשׁ טִפְלוּת רִשְׁעֵי עַמֶּךָ.
לַעֲוֹן יְדִידֶיךָ יְבֻקַּשׁ וְאֵינֶנּוּ כִּנְאֻמֶךָ:

As a father pities his children, so pity us, O Lord. Salvation comes from the Lord; may Thy blessing be upon Thy people. The Lord of hosts is with us; the God of Jacob is as a high tower unto us. O Lord of hosts, happy is the man that trusts in Thee. Save us, O Lord; mayest Thou, O King, answer us on the day we call.

O pardon the iniquity of this people according to the greatness of Thy mercy, and according as Thou hast forgiven this people from the days of Egypt even until now.

And the Lord said: 'I have forgiven according to thy word.'

O my God, hear our prayer and behold the desolation of Zion, the city which is called by Thy name; for we do not present our supplications before Thee for our righteous deeds, but because of Thy great mercies. O Lord, hear; O Lord, forgive; O Lord, hearken and deal kindly with us. Delay not for Thine own sake, O my God, for Thy city and Thy people are called by Thy name.

The following Piyyut (Hymn) was composed in alphabetical acrostic by Rabbi Meir ben Baruh of Rothenburg, thirteenth century.

Our God and God of our fathers,

O forgive the transgressions of Thy people,
And pardon them despite their iniquity.

O forgive their abominations; grant them life from Thy fountain,
And pardon the trespasses of Thy children; have mercy on them as Thou hast promised.

O forgive, for they all confess and repent,
And pardon their sin for Thy name's sake.

O forgive the sins of presumption and ignorance of those created to proclaim the unity of Thy name,
And pardon their errors as with rain.

O forgive the foolishness wrought by the wicked against Thee,
And pardon them their folly as Thou hast declared.

סְלַח נָא כַּחַשׁ כֹּרְעִים וּמִשְׁתַּחֲוִים לְעֻמֶּךָ.
לַעֲוֹן לְקוֹיֶךָ כַּפֵּר בְּטוּב טַעְמֶךָ:
סְלַח נָא מְרִי מְיַחֲלֶיךָ וּמְיַחֲדֶיךָ בְּעוֹלָמֶךָ.
לַעֲוֹן נִדָּחִים מְחֵה. וּבְנֵה אוּלָמֶךָ:
סְלַח נָא סְלוּפָם וְגוֹנְנֵם בְּסֻכַּת שְׁלוֹמֶךָ.
לַעֲוֹן עֲבָדֶיךָ עַלֵּם. וּכְבוֹשׁ בְּעִלּוּמֶךָ:
סְלַח נָא פֶּן יֵעָנְשׁוּ מִמְּרוֹמֶךָ.
לַעֲוֹן צֹאנְךָ שַׁכַּח. וְהִיא תְהִלָּתְךָ וְרוֹמְמֶךָ:
סְלַח נָא קְלוֹנָם וַחֲמוֹל עָלֵימוֹ מִמְּרוֹמֶךָ.
לַעֲוֹן רְחוּמֶיךָ תִּשָּׂא מִלְּצוֹדָם בְּחֶרְמֶךָ:
סְלַח נָא שֶׁמֶץ תַּעְתּוּעַ תִּעוּב רְחוּמֶיךָ.
לַעֲוֹן תְּמִימֶיךָ הַעֲבֵר כְּגֹדֶל רַחֲמֶיךָ:

אַל תָּבֹא בְמִשְׁפָּט עִמָּנוּ כִּי לֹא יִצְדַּק לְפָנֶיךָ כָל־חָי: מַה־נֹּאמַר לְפָנֶיךָ יְיָ אֱלֹהֵינוּ וּמַה־נְּדַבֵּר וּמַה־נִּצְטַדָּק: אֱלֹהֵינוּ בֹּשְׁנוּ בְּמַעֲשֵׂינוּ וְנִכְלַמְנוּ בַּעֲוֹנֵינוּ: אֱלֹהֵינוּ בֹּשְׁנוּ וְנִכְלַמְנוּ לְהָרִים אֱלֹהֵינוּ פָּנֵינוּ אֵלֶיךָ: יָדַעְנוּ כִּי חָטָאנוּ וְאֵין מִי יַעֲמוֹד בַּעֲדֵנוּ. שִׁמְךָ הַגָּדוֹל יַעֲמָד־לָנוּ בְּעֵת צָרָה:

כְּרַחֵם אָב עַל בָּנִים כֵּן תְּרַחֵם יְיָ עָלֵינוּ: לַייָ הַיְשׁוּעָה עַל עַמְּךָ בִרְכָתֶךָ סֶּלָה: יְיָ צְבָאוֹת עִמָּנוּ מִשְׂגָּב־לָנוּ אֱלֹהֵי יַעֲקֹב סֶלָה: יְיָ צְבָאוֹת אַשְׁרֵי אָדָם בֹּטֵחַ בָּךְ: יְיָ הוֹשִׁיעָה הַמֶּלֶךְ יַעֲנֵנוּ בְיוֹם קָרְאֵנוּ:

כִּי לֹא עַל־צִדְקֹתֵינוּ אֲנַחְנוּ מַפִּילִים תַּחֲנוּנֵינוּ לְפָנֶיךָ. כִּי עַל־רַחֲמֶיךָ הָרַבִּים: אֲדֹנָי שְׁמָעָה אֲדֹנָי סְלָחָה אֲדֹנָי הַקְשִׁיבָה וַעֲשֵׂה אַל־תְּאַחַר לְמַעַנְךָ אֱלֹהַי. כִּי־שִׁמְךָ נִקְרָא עַל־עִירְךָ וְעַל־עַמֶּךָ:

O forgive the guile of those that kneel and prostrate themselves before Thee,

And pardon their deception in the goodness of Thy grace.

O forgive those who place their hope in Thee, and who proclaim Thy unity in the world, though they have oft-times disobeyed Thee,

And pardon the iniquities of those who are scattered; O do Thou help them to rebuild Thy Temple.

O forgive their perverseness and shield them in Thy refuge of peace,

And pardon the sin of Thy servants and conceal it in Thy secret place.

O forgive ere chastisement comes from Thy heavenly abode,

And pardon the sin of Thy flock, for that is Thy praise and Thy glory.

O forgive their misdeeds, and be kind to them from Thy height,

And pardon their iniquity that they may not be ensnared in the trap of evil.

O forgive and remove the stain of disgrace from Thy children,

And pardon the iniquity of Thy faithful ones in accordance with Thy great mercy.

Judge us not severely, for in Thy sight no man living is wholly righteous. What shall we say before Thee, O our God? What shall we speak, and how shall we clear ourselves? O our God, we are ashamed of our deeds, and confounded by our iniquities. We know that we have sinned and we have none to defend us but Thee. We turn to Thee; do Thou protect us in time of trouble.

As a father pities his children, so pity us, O Lord. Salvation comes from the Lord; may Thy blessing be upon Thy people. The Lord of hosts is with us; the God of Jacob is as a high tower unto us. O Lord of hosts, happy is the man that trusts in Thee. Save us, O Lord; mayest Thou, O King, answer us on the day we call.

For we do not present our supplications before Thee for our righteous deeds, but because of Thy great mercies. O Lord, hear; O Lord, forgive; O Lord, hearken and deal kindly with us. Delay not for Thine own sake, O my God; for Thy city and Thy people are called by Thy name.

אֱלֹהֵינוּ וֵאלֹהֵי אֲבוֹתֵינוּ.

אָמְנָם כֵּן יֵצֶר סוֹכֵן בָּנוּ.
בָּךְ לְהַצְדֵּק רַב צֶדֶק וַעֲנֵנוּ סָלַחְתִּי:
גְּעַל מְרַגֵּל וְגַם פַּגֵּל סִפְּרוֹ.
דּוֹד שׁוֹאֵג בְּקוֹל יִתֵּן קוֹל דְּבָרוֹ סָלַחְתִּי:
הַס קַטֵּגוֹר וְקַח סַנֵּגוֹר מְקוֹמוֹ.
וִיהִי יְיָ לְמִשְׁעָן לוֹ לְמַעַן נְאָמוֹ סָלַחְתִּי:
זְכוּת אֶזְרָח גַּם יִפְרַח לְשׁוֹשַׁנָּה.
חֵטְא הַעֲבֵר וְקוֹל הַגְּבֵר מִמְּעוֹנָה סָלַחְתִּי:
טוֹב וְסַלָּח מְחַל וּסְלַח אֲשֵׁמִים.
יָהּ הַקְשֵׁב וְגַם הָשֵׁב מִמְּרוֹמִים סָלַחְתִּי:
כְּאֵב תַּחֲבוֹשׁ וּבְצוּל תִּכְבּוֹשׁ עֲוֹנִי.
לְךָ תְּהִלָּה אֱמוֹר מִלָּה לְמַעֲנִי סָלַחְתִּי:
מְחֵה פֶּשַׁע וְגַם רֶשַׁע בְּנֵי בְרִית.
נְהַג חַסְדֶּךָ כֵּן הוֹדֶךָ לִשְׁאֵרִית סָלַחְתִּי:
סְכוּת רַחֲשִׁי וְגַם לַחֲשִׁי תִּרְצֶה.
עָוֹן נוֹשֵׂא לְמַעַנְךָ עֲשֵׂה וְתִפְצֶה סָלַחְתִּי:
פְּנֵה לְעֶלְבּוֹן מְקוֹם עָוֹן לְהָשִׂים.
צַחַן הָסֵר וְגַם תְּבַשֵּׂר לְבָךְ חוֹסִים סָלַחְתִּי:
קוֹלִי שְׁמַע וּרְאֵה דֶּמַע עֵינִי.
רִיב רִיבִי שְׁעֵה נִיבִי וַהֲשִׁיבֵנִי סָלַחְתִּי:
שֶׁמֶץ טַהֵר כְּעָב מַהֵר כְּנֶאֱמַר
תִּמְחֶה פֶּשַׁע לְעַם נוֹשַׁע וְתֹאמַר סָלַחְתִּי:

The following Piyyut (Hymn) was composed by Rabbi Yom Tob of York, who was killed in the York massacre, 1189. The translation retains the alphabetical acrostic and the rhythmic form of the original.

Our God and God of our fathers,

A y, 'tis thus	Evil us	hath in bond;
B y Thy grace	guilt efface	and respond, "Forgiven!"
C ast scorn o'er	and abhor	th' informer's word;
D ear God, deign	this refrain	to make heard, "Forgiven!"
E ar in lieu	give him who	intercedes;
F avoring,	answer, King,	when he pleads, "Forgiven!"
G rant also	the Lily[1] blow	in Abram's right;
H eal our shame	and proclaim	from Thine height, "Forgiven!"
J ust, forgiving,	Mercy living,	sin condone;
L ist our cry,	loud reply	from Thy throne, "Forgiven!"
M y wound heal,	deep conceal	stain and flake,
N ow gain praise	by Thy phrase	"For My sake, Forgiven!"
O forgive!	Thy sons live	from Thee reft;
P raised for grace,	turn Thy face	to those left, "Forgiven!"
R aise to Thee,	this my plea,	take my pray'r,
S in unmake	for Thy sake	and declare, "Forgiven!"
T ears, regret,	witness set	in sin's place;
U plift trust	from the dust	to Thy face— "Forgiven!"
V oice that sighs,	tear-filled eyes,	do not spurn;
W eigh and pause,	plead my cause,	and return "Forgiven!"
Y ea, off-rolled—	as foretold—	clouds impure,
Z ion's folk,	free of yoke,	O assure "Forgiven!"

[1] Israel, Song of Songs, 2:1–2.

כִּי הִנֵּה כַּחֹֽמֶר בְּיַד הַיּוֹצֵר. בִּרְצוֹתוֹ מַרְחִיב וּבִרְצוֹתוֹ
מְקַצֵּר. כֵּן אֲנַֽחְנוּ בְיָדְךָ חֶֽסֶד נוֹצֵר.
לַבְּרִית הַבֵּט וְאַל תֵּֽפֶן לַיֵּֽצֶר:

כִּי הִנֵּה כָאֶֽבֶן בְּיַד הַמְסַתֵּת. בִּרְצוֹתוֹ אוֹחֵז וּבִרְצוֹתוֹ
מְכַתֵּת. כֵּן אֲנַֽחְנוּ בְיָדְךָ מְחַיֶּה וּמְמוֹתֵת.
לַבְּרִית הַבֵּט וְאַל תֵּֽפֶן לַיֵּֽצֶר:

כִּי הִנֵּה כְּגַרְזֶן בְּיַד הֶחָרָשׁ. בִּרְצוֹתוֹ דִּבֵּק לָאוּר וּבִרְצוֹתוֹ
פֵּרַשׁ. כֵּן אֲנַֽחְנוּ בְיָדְךָ תּוֹמֵךְ עָנִי וָרָשׁ.
לַבְּרִית הַבֵּט וְאַל תֵּֽפֶן לַיֵּֽצֶר:

כִּי הִנֵּה כְּהֶֽגֶה בְּיַד הַמַּלָּח. בִּרְצוֹתוֹ אוֹחֵז וּבִרְצוֹתוֹ
שִׁלַּח. כֵּן אֲנַֽחְנוּ בְיָדְךָ אֵל טוֹב וְסַלָּח.
לַבְּרִית הַבֵּט וְאַל תֵּֽפֶן לַיֵּֽצֶר:

כִּי הִנֵּה כִּזְכוּכִית בְּיַד הַמְזַגֵּג. בִּרְצוֹתוֹ חוֹגֵג וּבִרְצוֹתוֹ
מְמוֹגֵג. כֵּן אֲנַֽחְנוּ בְיָדְךָ מַעֲבִיר זָדוֹן וְשׁוֹגֵג.
לַבְּרִית הַבֵּט וְאַל תֵּֽפֶן לַיֵּֽצֶר:

כִּי הִנֵּה כִּירִיעָה בְּיַד הָרוֹקֵם. בִּרְצוֹתוֹ מְיַשֵּׁר וּבִרְצוֹתוֹ
מְעַקֵּם. כֵּן אֲנַֽחְנוּ בְיָדְךָ אֵל קַנּוֹא וְנוֹקֵם.
לַבְּרִית הַבֵּט וְאַל תֵּֽפֶן לַיֵּֽצֶר:

כִּי הִנֵּה כַּכֶּֽסֶף בְּיַד הַצּוֹרֵף. בִּרְצוֹתוֹ מְסַגְסֵג וּבִרְצוֹתוֹ
מְצָרֵף. כֵּן אֲנַֽחְנוּ בְיָדְךָ מַמְצִיא לְמָזוֹר תֶּֽרֶף.
לַבְּרִית הַבֵּט וְאַל תֵּֽפֶן לַיֵּֽצֶר:

כִּי הִנֵּה כַּחֹֽמֶר בְּיַד הַיּוֹצֵר. בִּרְצוֹתוֹ מַרְחִיב וּבִרְצוֹתוֹ
מְקַצֵּר. כֵּן אֲנַֽחְנוּ בְיָדְךָ חֶֽסֶד נֹצֵר.
לַבְּרִית הַבֵּט וְאַל תֵּֽפֶן לַיֵּֽצֶר:

This beautiful Piyyut, the author of which is unknown, emphasizes man's dependence on his Maker and pleads for God's mercy.

As clay are we, as soft and yielding clay
That lies between the fingers of the potter.
At his will he moulds it thick or thin,
And forms its shape according to his fancy.
So are we in Thy hand, God of love;

  Thy covenant recall and show Thy mercy.

As stone are we, inert, resistless stone
That lies within the fingers of the mason.
At his will he keeps it firm and whole,
Or at his pleasure hews it into fragments.
So are we in Thy hand, God of life;

  Thy covenant recall and show Thy mercy.

As iron are we, as cold and rigid iron
That lies within the fingers of the craftsman.
At his will he forges it to shape,
Or draws it boldly forth to lie unbended.
So are we in Thy hand, God who saves;

  Thy covenant recall and show Thy mercy.

As glass are we, as thin, transparent glass
That lies within the fingers of the blower.
At his will, he blows it crystal clear,
Or melts it down to suit his whim or notion.
So are we in Thy hand, gracious God;

  Thy covenant recall and show Thy mercy.

As cloth are we, as formless, graceless cloth
That lies within the fingers of the draper.
At his will he shapes its lines and folds,
Or leaves it unadorned to hang unseemly.
So are we in Thy hand, righteous God;

  Thy covenant recall and show Thy mercy.

As silver are we, with metal dross alloyed
That lies within the fingers of the smelter.
At his will he fuses or refines,
Retains the slag or keeps it pure and precious.
So are we in Thy hand, healing God;

  Thy covenant recall and show Thy mercy.

אֵל מֶלֶךְ יוֹשֵׁב עַל כִּסֵּא רַחֲמִים.

מִתְנַהֵג בַּחֲסִידוּת מוֹחֵל עֲוֹנוֹת עַמּוֹ.

מַעֲבִיר רִאשׁוֹן רִאשׁוֹן.

מַרְבֶּה מְחִילָה לְחַטָּאִים וּסְלִיחָה לְפוֹשְׁעִים.

עוֹשֶׂה צְדָקוֹת עִם כָּל־בָּשָׂר וָרוּחַ.

לֹא כְרָעָתָם תִּגְמוֹל.

אֵל הוֹרֵיתָ לָנוּ לוֹמַר שְׁלֹשׁ עֶשְׂרֵה.

זְכָר־לָנוּ הַיּוֹם בְּרִית שְׁלֹשׁ עֶשְׂרֵה.

כְּמוֹ שֶׁהוֹדַעְתָּ לֶעָנָו מִקֶּדֶם כְּמוֹ שֶׁכָּתוּב.

וַיֵּרֶד יְיָ בֶּעָנָן וַיִּתְיַצֵּב עִמּוֹ שָׁם וַיִּקְרָא בְשֵׁם יְיָ:

וַיַּעֲבֹר יְיָ עַל פָּנָיו וַיִּקְרָא.

יְיָ יְיָ אֵל רַחוּם וְחַנּוּן אֶרֶךְ אַפַּיִם וְרַב חֶסֶד וֶאֱמֶת: נֹצֵר חֶסֶד לָאֲלָפִים נֹשֵׂא עָוֹן וָפֶשַׁע וְחַטָּאָה וְנַקֵּה. וְסָלַחְתָּ לַעֲוֹנֵנוּ וּלְחַטָּאתֵנוּ וּנְחַלְתָּנוּ:

סְלַח־לָנוּ אָבִינוּ כִּי חָטָאנוּ. מְחַל־לָנוּ מַלְכֵּנוּ כִּי פָשָׁעְנוּ:

כִּי אַתָּה אֲדֹנָי טוֹב וְסַלָּח וְרַב־חֶסֶד לְכָל־קֹרְאֶיךָ:

Thou sittest on Thy judgment seat
  Enthroned on high,
And one by one man's trespasses
  In penance pass Thee by.
Almighty King, Thy governing
Is with tender love replete.
Absolve we pray, our fears allay,
With mercy judgment mete.

Thou dwellest high, our Rock and Shield,
  Enthroned in might,
And pardonest each one his sins,
  From scarlet mak'st Thou white.
O Ruler wise, before Thine eyes,
Our frailties stand revealed.
Thy judgment be with charity,
Thy might with mercy wield.

Thou taughtest us Thy attributes
  Thirteen to say.
Remember then Thy covenant
  With us unto this day.
O living Fount, on Sinai's mount
Didst plant Thy nation's roots.
The truth, Thy seal, didst Thou reveal,
And none Thy word refutes.

Thou stoodest in a heavenly glow
  With Moses there.
Invoked he then Thy name, O God,
  And thus didst Thou declare:
"A gracious Lord, compassionate Lord,
To wrath and anger slow,
Forgiving sin, men's hearts to win,
To thousands mercy show."

Forgive us, O our Father, for we have sinned; pardon us, our King, for we have transgressed. For Thou, O Lord, art good, and ready to forgive, and art abundant in mercy unto all them that call upon Thee.

זְכֹר רַחֲמֶיךָ יְיָ וַחֲסָדֶיךָ כִּי מֵעוֹלָם הֵמָּה: אַל־תִּזְכָּר־לָנוּ עֲוֹנוֹת רִאשׁוֹנִים מַהֵר יְקַדְּמוּנוּ רַחֲמֶיךָ כִּי דַלּוֹנוּ מְאֹד: זָכְרֵנוּ יְיָ בִּרְצוֹן עַמֶּךָ. פָּקְדֵנוּ בִּישׁוּעָתֶךָ: זְכֹר עֲדָתְךָ קָנִיתָ קֶּדֶם גָּאַלְתָּ שֵׁבֶט נַחֲלָתֶךָ הַר צִיּוֹן זֶה שָׁכַנְתָּ בּוֹ: זְכֹר יְיָ חִבַּת יְרוּשָׁלָיִם. אַהֲבַת צִיּוֹן אַל תִּשְׁכַּח לָנֶצַח: זְכֹר יְיָ לִבְנֵי אֱדוֹם אֵת יוֹם יְרוּשָׁלָיִם הָאֹמְרִים עָרוּ עָרוּ עַד הַיְסוֹד בָּהּ: אַתָּה תָקוּם תְּרַחֵם צִיּוֹן כִּי עֵת לְחֶנְנָהּ כִּי בָא מוֹעֵד: זְכֹר לְאַבְרָהָם לְיִצְחָק וּלְיִשְׂרָאֵל עֲבָדֶיךָ אֲשֶׁר נִשְׁבַּעְתָּ לָהֶם בָּךְ וַתְּדַבֵּר אֲלֵהֶם אַרְבֶּה אֶת־זַרְעֲכֶם כְּכוֹכְבֵי הַשָּׁמָיִם. וְכָל־הָאָרֶץ הַזֹּאת אֲשֶׁר אָמַרְתִּי אֶתֵּן לְזַרְעֲכֶם וְנָחֲלוּ לְעֹלָם: זְכֹר לַעֲבָדֶיךָ לְאַבְרָהָם לְיִצְחָק וּלְיַעֲקֹב. אַל־תֵּפֶן אֶל־קְשִׁי הָעָם הַזֶּה וְאֶל־רִשְׁעוֹ וְאֶל־חַטָּאתוֹ:

אַל־נָא תָשֵׁת עָלֵינוּ חַטָּאת אֲשֶׁר נוֹאַלְנוּ וַאֲשֶׁר חָטָאנוּ:
חָטָאנוּ צוּרֵנוּ. סְלַח־לָנוּ יוֹצְרֵנוּ:

הֵן יַעֲבִיר זָדוֹן לִמְשׁוּגָה. כִּי לְכָל־הָעָם בִּשְׁגָגָה:
חָטָאנוּ צוּרֵנוּ. סְלַח־לָנוּ יוֹצְרֵנוּ:

זְכָר־לָנוּ בְּרִית אָבוֹת כַּאֲשֶׁר אָמַרְתָּ. וְזָכַרְתִּי אֶת־בְּרִיתִי יַעֲקוֹב וְאַף אֶת־בְּרִיתִי יִצְחָק וְאַף אֶת־בְּרִיתִי אַבְרָהָם אֶזְכֹּר וְהָאָרֶץ אֶזְכֹּר: זְכָר־לָנוּ בְּרִית רִאשׁוֹנִים כַּאֲשֶׁר אָמַרְתָּ. וְזָכַרְתִּי לָהֶם בְּרִית רִאשֹׁנִים אֲשֶׁר הוֹצֵאתִי אֹתָם מֵאֶרֶץ מִצְרַיִם לְעֵינֵי הַגּוֹיִם לִהְיוֹת לָהֶם לֵאלֹהִים אֲנִי יְיָ: עֲשֵׂה עִמָּנוּ כְּמָה שֶׁהִבְטַחְתָּנוּ. וְאַף־גַּם־זֹאת בִּהְיוֹתָם בְּאֶרֶץ אֹיְבֵיהֶם לֹא־מְאַסְתִּים וְלֹא־גְעַלְתִּים לְכַלֹּתָם לְהָפֵר בְּרִיתִי

Remember, O Lord, Thy tender mercies and Thy loving-kindness for they are everlasting. O remember not our former iniquities. Hasten Thy tender mercies for we are brought very low. Remember us, O Lord, with favor, and grant us Thy salvation. Remember Thy congregation which Thou hast gotten of old and which Thou hast redeemed, and Mount Zion wherein Thou hast dwelt. Remember, O Lord, the devotion of Jerusalem, and never forget the love of Zion. Recall, O Lord, the words of the Edomites, who in the day of Jerusalem said: "Raze it, raze it even unto its very foundation." Thou wilt arise and have mercy upon Zion, for the time has now come to favor her.

Remember Abraham, Isaac and Israel, Thy servants, to whom Thou promised: "I will multiply your seed as the stars of heaven, and all this land that I have spoken of will I give unto your seed, and they shall inherit it forever." Yea, remember Thy servants, Abraham, Isaac and Jacob; look not unto the stubbornness of this people, nor to their wickedness, nor to their sin.

Judge us not too harshly, we beseech Thee, for the sins which we have committed foolishly.

We have sinned, O our Rock! Our Creator, forgive us!

Verily, God will forgive our sins committed in ignorance; as it is written: "For all the people have erred in ignorance."

We have sinned, O our Rock! Our Creator, forgive us!

Remember unto us the covenant of the patriarchs, "And I will remember My covenant with Abraham, with Isaac and with Jacob; and I will remember the land."

Remember unto us the covenant of our ancestors, "And I will, for their sakes, remember the covenant of their ancestors whom I brought forth out of the land of Egypt in the sight of the nations that I might be their God; I am the Lord."

Deal with us according to the promise in Scriptures: "And even when they be in the land of their enemies, I will not cast them away, neither will I abhor them, to destroy them utterly, and to break My covenant with them; for I am the Lord, their God."

אֶתְכֶם כִּי אֲנִי יְיָ אֱלֹהֵיהֶם: רַחֵם עָלֵינוּ וְאַל־תַּשְׁחִיתֵנוּ כְּמָה
שֶׁכָּתוּב. כִּי אֵל רַחוּם יְיָ אֱלֹהֶיךָ לֹא יַרְפְּךָ וְלֹא יַשְׁחִיתֶךָ
וְלֹא יִשְׁכַּח אֶת־בְּרִית אֲבוֹתֶיךָ אֲשֶׁר נִשְׁבַּע לָהֶם: מוֹל אֶת־
לְבָבֵנוּ לְאַהֲבָה וּלְיִרְאָה אֶת־שְׁמֶךָ כַּכָּתוּב בְּתוֹרָתֶךָ. וּמָל
יְיָ אֱלֹהֶיךָ אֶת־לְבָבְךָ וְאֶת־לְבַב זַרְעֶךָ לְאַהֲבָה אֶת־יְיָ
אֱלֹהֶיךָ בְּכָל־לְבָבְךָ וּבְכָל־נַפְשְׁךָ לְמַעַן חַיֶּיךָ: הָשֵׁב שְׁבוּתֵנוּ
וְרַחֲמֵנוּ כְּמָה שֶׁכָּתוּב: וְשָׁב יְיָ אֱלֹהֶיךָ אֶת־שְׁבוּתְךָ וְרִחֲמֶךָ
וְשָׁב וְקִבֶּצְךָ מִכָּל־הָעַמִּים אֲשֶׁר הֱפִיצְךָ יְיָ אֱלֹהֶיךָ שָׁמָּה:
קַבֵּץ נִדָּחֵנוּ כְּמָה שֶׁכָּתוּב. אִם יִהְיֶה נִדַּחֲךָ בִּקְצֵה הַשָּׁמָיִם
מִשָּׁם יְקַבֶּצְךָ יְיָ אֱלֹהֶיךָ וּמִשָּׁם יִקָּחֶךָ: הִמָּצֵא לָנוּ בְּבַקָּשָׁתֵנוּ
כְּמָה שֶׁכָּתוּב. וּבִקַּשְׁתֶּם מִשָּׁם אֶת־יְיָ אֱלֹהֶיךָ וּמָצָאתָ כִּי
תִדְרְשֶׁנּוּ בְּכָל־לְבָבְךָ וּבְכָל־נַפְשֶׁךָ: מְחֵה פְשָׁעֵינוּ לְמַעַנְךָ
כַּאֲשֶׁר אָמַרְתָּ. אָנֹכִי אָנֹכִי הוּא מֹחֶה פְשָׁעֶיךָ לְמַעֲנִי
וְחַטֹּאתֶיךָ לֹא אֶזְכֹּר: מְחֵה פְשָׁעֵינוּ כָּעָב וְכֶעָנָן כַּאֲשֶׁר
אָמַרְתָּ. מָחִיתִי כָעָב פְּשָׁעֶיךָ וְכֶעָנָן חַטֹּאתֶיךָ שׁוּבָה אֵלַי
כִּי גְאַלְתִּיךָ: הַלְבֵּן חֲטָאֵינוּ כַּשֶּׁלֶג וְכַצֶּמֶר כְּמָה שֶׁכָּתוּב.
לְכוּ נָא וְנִוָּכְחָה יֹאמַר יְיָ אִם יִהְיוּ חֲטָאֵיכֶם כַּשָּׁנִים כַּשֶּׁלֶג
יַלְבִּינוּ אִם יַאְדִּימוּ כַתּוֹלָע כַּצֶּמֶר יִהְיוּ: זְרוֹק עָלֵינוּ מַיִם
טְהוֹרִים וְטַהֲרֵנוּ כְּמָה שֶׁכָּתוּב. וְזָרַקְתִּי עֲלֵיכֶם מַיִם
טְהוֹרִים וּטְהַרְתֶּם מִכֹּל טֻמְאוֹתֵיכֶם וּמִכָּל גִּלּוּלֵיכֶם אֲטַהֵר
אֶתְכֶם: כַּפֵּר חֲטָאֵינוּ בַּיּוֹם הַזֶּה וְטַהֲרֵנוּ כְּמָה שֶׁכָּתוּב. כִּי־
בַיּוֹם הַזֶּה יְכַפֵּר עֲלֵיכֶם לְטַהֵר אֶתְכֶם מִכֹּל חַטֹּאתֵיכֶם
לִפְנֵי יְיָ תִּטְהָרוּ: הֲבִיאֵנוּ אֶל הַר קָדְשֶׁךָ וְשַׂמְּחֵנוּ בְּבֵית
תְּפִלָּתֶךָ כְּמָה שֶׁכָּתוּב. וַהֲבִיאוֹתִים אֶל־הַר קָדְשִׁי וְשִׂמַּחְתִּים

Have mercy upon us and destroy us not, "For the Lord your God is a merciful God; He will not forsake you, neither will He destroy you, nor forget the covenant made with your fathers."

Purify our hearts to love and revere Thy name. "And the Lord your God will incline your heart and the heart of your seed, to love the Lord your God with all your heart and with all your soul, that you may live."

O bring back our captivity and have compassion upon us. "Then the Lord your God will turn your captivity and have compassion upon you, and will again gather you from all the peoples whither the Lord your God hath scattered you."

O gather our dispersed and homeless. "If any of them be driven out unto the utmost parts of heaven, from thence will the Lord your God gather you, and from thence will He fetch you."

O be Thou with us to guide our paths. "And if you shall seek the Lord your God, you shall find Him, if you seek Him with all your heart and with all your soul."

O blot out our transgressions for Thy sake. "I, even I, am He that blotteth out your transgressions, for Mine own sake, and I will not remember your sins."

O blot out our transgressions and may they vanish as a thick cloud and as a mist. "I have blotted out as a thick cloud your transgressions, and as a mist your sins; return unto Me; for I have redeemed you."

O turn Thou our sins as white as snow or wool. "Come now, and let us reason together," saith the Lord. "Though your sins be as scarlet, they shall be as white as snow; though they be red like crimson, they shall be as wool."

O cleanse us from all our impurities. "Then will I sprinkle clean water upon you, and you shall be clean; from all your defilement and from all your abominations will I cleanse you."

O forgive our sins on this day and purify us. "For on this day shall atonement be made for you to cleanse you; from all your sins before the Lord shall you be clean."

O bring us to Thy holy mountain and make us joyful in Thy house of prayer. "I will bring them to My holy mountain and make them joyful in My house of prayer; their offerings shall

בְּבֵית תְּפִלָּתִי עוֹלוֹתֵיהֶם וְזִבְחֵיהֶם לְרָצוֹן עַל־מִזְבְּחִי כִּי בֵיתִי בֵּית תְּפִלָּה יִקָּרֵא לְכָל־הָעַמִּים:

Reader and Congregation

שְׁמַע קוֹלֵנוּ יְיָ אֱלֹהֵינוּ חוּס וְרַחֵם עָלֵינוּ וְקַבֵּל בְּרַחֲמִים וּבְרָצוֹן אֶת־תְּפִלָּתֵנוּ:

הֲשִׁיבֵנוּ יְיָ אֵלֶיךָ וְנָשׁוּבָה חַדֵּשׁ יָמֵינוּ כְּקֶדֶם:

אֲמָרֵינוּ הַאֲזִינָה יְיָ בִּינָה הֲגִיגֵנוּ: יִהְיוּ לְרָצוֹן אִמְרֵי־פִינוּ וְהֶגְיוֹן לִבֵּנוּ לְפָנֶיךָ יְיָ צוּרֵנוּ וְגוֹאֲלֵנוּ:

אַל־תַּשְׁלִיכֵנוּ מִלְּפָנֶיךָ וְרוּחַ קָדְשְׁךָ אַל־תִּקַּח מִמֶּנּוּ:

אַל־תַּשְׁלִיכֵנוּ לְעֵת זִקְנָה כִּכְלוֹת כֹּחֵנוּ אַל־תַּעַזְבֵנוּ:

אַל־תַּעַזְבֵנוּ יְיָ אֱלֹהֵינוּ אַל־תִּרְחַק מִמֶּנּוּ: עֲשֵׂה עִמָּנוּ אוֹת לְטוֹבָה וְיִרְאוּ שׂוֹנְאֵינוּ וְיֵבֹשׁוּ כִּי אַתָּה יְיָ עֲזַרְתָּנוּ וְנִחַמְתָּנוּ: כִּי לְךָ יְיָ הוֹחָלְנוּ אַתָּה תַעֲנֶה אֲדֹנָי אֱלֹהֵינוּ:

אֱלֹהֵינוּ וֵאלֹהֵי אֲבוֹתֵינוּ אַל־תַּעַזְבֵנוּ. וְאַל־תִּטְּשֵׁנוּ. וְאַל־תַּכְלִימֵנוּ. וְאַל־תָּפֵר בְּרִיתְךָ אִתָּנוּ. קָרְבֵנוּ לְתוֹרָתֶךָ. לַמְּדֵנוּ מִצְוֹתֶיךָ. הוֹרֵנוּ דְרָכֶיךָ. הַט לִבֵּנוּ לְיִרְאָה אֶת שְׁמֶךָ. וּמוֹל אֶת־לְבָבֵנוּ לְאַהֲבָתֶךָ. וְנָשׁוּב אֵלֶיךָ בֶּאֱמֶת וּבְלֵב שָׁלֵם. וּלְמַעַן שִׁמְךָ הַגָּדוֹל תִּמְחוֹל וְתִסְלַח לַעֲוֹנֵינוּ כַּכָּתוּב בְּדִבְרֵי קָדְשֶׁךָ לְמַעַן שִׁמְךָ יְיָ וְסָלַחְתָּ לַעֲוֹנִי כִּי רַב הוּא:

אֱלֹהֵינוּ וֵאלֹהֵי אֲבוֹתֵינוּ סְלַח־לָנוּ. מְחַל־לָנוּ. כַּפֶּר־לָנוּ:

כִּי אָנוּ עַמֶּךָ וְאַתָּה אֱלֹהֵינוּ. אָנוּ בָנֶיךָ וְאַתָּה אָבִינוּ
אָנוּ עֲבָדֶיךָ וְאַתָּה אֲדוֹנֵנוּ. אָנוּ קְהָלֶךָ וְאַתָּה חֶלְקֵנוּ

be accepted upon Mine altar; for My house shall be called a house of prayer for all people."

> Heavenly Father, heed our cry,
> Give ear and grant our supplication.
>
> Accept our words, our fervent prayer,
> Consider Thou our meditation.
>
> Rock divine, be with Thy folk,
> Cast not Thy people from Thy presence.
>
> Without Thee, God, there is no hope,
> Our life an aimless evanescence.
>
> Lord, forsake us not, we pray,
> Be Thou our staff when our strength faileth;
>
> When youth to feeble age gives way,
> Naught then but Thee, O God, availeth.
>
> Thou, O Father, wast our hope
> In all our days through joy and sorrow.
>
> Be with us yet and to the end,
> Our Comforter in life's tomorrow.

Our God and God of our fathers, forsake us not, nor leave us. Cast us not off, nor annul Thy covenant with us. Bring us nearer to Thy Law, and teach us Thy commandments. Show us Thy ways, incline our hearts to revere Thy name. O purify our hearts that we may merit Thy love and return unto Thee in truth with a perfect heart. For Thy great name's sake, pardon and forgive our sins, even as it is written in Holy Scriptures: For Thy name's sake, O Lord, pardon my iniquity for it is great.

Our God and God of our fathers, forgive us, pardon us, and grant us atonement;

> For we are Thy people, and Thou art our God;
> We are Thy children, and Thou our Father.
> We are Thy servants, and Thou our Master;
> We are Thy congregation, and Thou our Portion.
> We are Thine inheritance and Thou our Lot;
> We are Thy flock, and Thou our Shepherd.
> We are Thy vineyard, and Thou our Keeper;
> We are Thy work, and Thou our Creator.

אָֽנוּ נַחֲלָתֶֽךָ וְאַתָּה גוֹרָלֵֽנוּ. אָֽנוּ צֹאנֶֽךָ וְאַתָּה רוֹעֵֽנוּ:
אָֽנוּ כַרְמֶֽךָ וְאַתָּה נוֹטְרֵֽנוּ. אָֽנוּ פְעֻלָּתֶֽךָ וְאַתָּה יוֹצְרֵֽנוּ:
אָֽנוּ רַעְיָתֶֽךָ וְאַתָּה דוֹדֵֽנוּ. אָֽנוּ סְגֻלָּתֶֽךָ וְאַתָּה קְרוֹבֵֽנוּ:
אָֽנוּ עַמֶּֽךָ וְאַתָּה מַלְכֵּֽנוּ. אָֽנוּ מַאֲמִירֶֽךָ וְאַתָּה מַאֲמִירֵֽנוּ:

Reader

אָֽנוּ עַזֵּי פָנִים וְאַתָּה רַחוּם וְחַנּוּן. אָֽנוּ קְשֵׁי עֹֽרֶף וְאַתָּה אֶֽרֶךְ אַפַּֽיִם. אָֽנוּ מְלֵאֵי עָוֹן וְאַתָּה מָלֵא רַחֲמִים. אָֽנוּ יָמֵֽינוּ כְּצֵל עוֹבֵר. וְאַתָּה הוּא וּשְׁנוֹתֶֽיךָ לֹא יִתָּֽמּוּ:

אֱלֹהֵֽינוּ וֵאלֹהֵי אֲבוֹתֵֽינוּ. תָּבֹא לְפָנֶֽיךָ תְּפִלָּתֵֽנוּ וְאַל תִּתְעַלַּם מִתְּחִנָּתֵֽנוּ. שֶׁאֵין אֲנַֽחְנוּ עַזֵּי פָנִים וּקְשֵׁי עֹֽרֶף לוֹמַר לְפָנֶֽיךָ יְיָ אֱלֹהֵֽינוּ וֵאלֹהֵי אֲבוֹתֵֽינוּ צַדִּיקִים אֲנַֽחְנוּ וְלֹא חָטָֽאנוּ אֲבָל אֲנַֽחְנוּ חָטָֽאנוּ:

Congregation and Reader

אָשַֽׁמְנוּ. בָּגַֽדְנוּ. גָּזַֽלְנוּ. דִּבַּֽרְנוּ דֹֽפִי. הֶעֱוִֽינוּ. וְהִרְשַֽׁעְנוּ. זַֽדְנוּ. חָמַֽסְנוּ. טָפַֽלְנוּ שֶֽׁקֶר. יָעַֽצְנוּ רָע. כִּזַּֽבְנוּ. לַֽצְנוּ. מָרַֽדְנוּ. נִאַֽצְנוּ. סָרַֽרְנוּ. עָוִֽינוּ. פָּשַֽׁעְנוּ. צָרַֽרְנוּ. קִשִּֽׁינוּ עֹֽרֶף. רָשַֽׁעְנוּ. שִׁחַֽתְנוּ. תִּעַֽבְנוּ. תָּעִֽינוּ. תִּעְתָּֽעְנוּ:

סַֽרְנוּ מִמִּצְוֹתֶֽיךָ וּמִמִּשְׁפָּטֶֽיךָ הַטּוֹבִים וְלֹא שָֽׁוָה לָֽנוּ: וְאַתָּה צַדִּיק עַל כָּל־הַבָּא עָלֵֽינוּ. כִּי־אֱמֶת עָשִֽׂיתָ וַאֲנַֽחְנוּ הִרְשָֽׁעְנוּ:

הִרְשַֽׁעְנוּ וּפָשַֽׁעְנוּ. לָכֵן לֹא נוֹשָֽׁעְנוּ. וְתֵן בְּלִבֵּֽנוּ לַעֲזוֹב דֶּֽרֶךְ רֶֽשַׁע וְחִישׁ לָֽנוּ יֶֽשַׁע: כַּכָּתוּב עַל יַד נְבִיאֶֽךָ. יַעֲזֹב רָשָׁע דַּרְכּוֹ וְאִישׁ אָֽוֶן מַחְשְׁבֹתָיו וְיָשֹׁב אֶל־יְיָ וִירַחֲמֵֽהוּ וְאֶל־אֱלֹהֵֽינוּ כִּי־יַרְבֶּה לִסְלֽוֹחַ:

We are Thy faithful, and Thou our Beloved;
We are Thy loyal ones, and Thou our Lord.
We are Thy subjects, and Thou our King.
We are Thy devoted people, and Thou our exalted God.

It is characteristic of the spirit of Judaism that the confessional is recited in public and is expressed in the plural. Each human being is responsible for all the sins of the society in which he lives, either by his own acts of commission or by his passive acquiescence in the conditions that breed crime and lawlessness.

Reader

We are insolent, but Thou art merciful and compassionate. We are obstinate, but Thou art long-suffering. We are burdened by our sins, but Thou art abounding in mercy. As for us, our days are like a passing shadow; but Thou art immutable, and Thy years never-ending.

Our God and God of our fathers, may our prayers come before Thee. Hide not Thyself from our supplication for we are neither so arrogant nor so hardened as to say before Thee, O Lord our God and God of our fathers, 'we are righteous and have not sinned'; verily, we have sinned.

Congregation and Reader

We have trespassed, we have dealt treacherously, we have robbed, we have spoken slander, we have acted perversely, and we have wrought wickedness; we have been presumptuous, we have done violence, we have framed lies, we have counselled evil, and we have spoken falsely; we have scoffed, we have revolted, we have provoked, we have rebelled, we have committed iniquity, and we have transgressed; we have oppressed, we have been stiff-necked, we have done wickedly, we have corrupted, we have committed abomination, we have gone astray, we have led others astray.

We have turned away from Thy commandments and Thy judgments that are good, and it has profited us naught. But Thou art righteous in all that has come upon us for Thou hast acted truthfully, but we have wrought unrighteousness.

We have acted wickedly and have transgressed; wherefore we have not been saved. O incline our hearts to forsake the path of evil, and hasten our salvation. Let the wicked forsake his way, and the unrighteous man his thoughts; let him return unto the Lord, and He will have mercy upon him, and unto our God, for He is ever ready to pardon.

אֱלֹהֵינוּ וֵאלֹהֵי אֲבוֹתֵינוּ. סְלַח וּמְחַל לַעֲוֹנוֹתֵינוּ בְּיוֹם [הַשַּׁבָּת הַזֶּה וּבְיוֹם] הַכִּפּוּרִים הַזֶּה. וְהֵעָתֶר־לָנוּ בִּתְפִלָּתֵנוּ. מְחֵה וְהַעֲבֵר פְּשָׁעֵינוּ מִנֶּגֶד עֵינֶיךָ. וְכוֹף אֶת־יִצְרֵנוּ לְהִשְׁתַּעְבֶּד־לָךְ. וְהַכְנַע עָרְפֵּנוּ לָשׁוּב אֵלֶיךָ. וְחַדֵּשׁ כִּלְיוֹתֵינוּ לִשְׁמוֹר פִּקֻּדֶיךָ. וּמוֹל אֶת־לְבָבֵנוּ לְאַהֲבָה וּלְיִרְאָה אֶת־שְׁמֶךָ כַּכָּתוּב בְּתוֹרָתֶךָ. וּמָל יְיָ אֱלֹהֶיךָ אֶת־לְבָבְךָ וְאֶת־לְבַב זַרְעֶךָ לְאַהֲבָה אֶת־יְיָ אֱלֹהֶיךָ בְּכָל־לְבָבְךָ וּבְכָל־נַפְשְׁךָ לְמַעַן חַיֶּיךָ:

הַזְּדוֹנוֹת וְהַשְּׁגָגוֹת אַתָּה מַכִּיר. הָרָצוֹן וְהָאֹנֶס הַגְּלוּיִם וְהַנִּסְתָּרִים לְפָנֶיךָ הֵם גְּלוּיִם וִידוּעִים: מָה־אָנוּ. מֶה־חַיֵּינוּ. מֶה־חַסְדֵּנוּ. מַה־צִּדְקֵנוּ. מַה־יִּשְׁעֵנוּ. מַה־כֹּחֵנוּ. מַה־גְּבוּרָתֵנוּ. מַה־נֹּאמַר לְפָנֶיךָ יְיָ אֱלֹהֵינוּ וֵאלֹהֵי אֲבוֹתֵינוּ. הֲלֹא כָּל־הַגִּבּוֹרִים כְּאַיִן לְפָנֶיךָ וְאַנְשֵׁי הַשֵּׁם כְּלֹא הָיוּ וַחֲכָמִים כִּבְלִי מַדָּע וּנְבוֹנִים כִּבְלִי הַשְׂכֵּל. כִּי רֹב מַעֲשֵׂיהֶם תֹּהוּ וִימֵי חַיֵּיהֶם הֶבֶל לְפָנֶיךָ. וּמוֹתַר הָאָדָם מִן־הַבְּהֵמָה אָיִן כִּי הַכֹּל הָבֶל:

מַה־נֹּאמַר לְפָנֶיךָ יוֹשֵׁב מָרוֹם. וּמַה־נְּסַפֵּר לְפָנֶיךָ שׁוֹכֵן שְׁחָקִים. הֲלֹא כָּל־הַנִּסְתָּרוֹת וְהַנִּגְלוֹת אַתָּה יוֹדֵעַ:

שִׁמְךָ מֵעוֹלָם עוֹבֵר עַל פֶּשַׁע. שַׁוְעָתֵנוּ תַּאֲזִין בְּעָמְדֵנוּ לְפָנֶיךָ בִּתְפִלָּה: תַּעֲבוֹר עַל פֶּשַׁע לְעַם שָׁבֵי פֶשַׁע. תִּמְחֶה אַשְׁמָתֵינוּ מִנֶּגֶד עֵינֶיךָ:

אַתָּה יוֹדֵעַ רָזֵי עוֹלָם. וְתַעֲלוּמוֹת סִתְרֵי כָל־חָי: אַתָּה חוֹפֵשׂ כָּל־חַדְרֵי בָטֶן וּבוֹחֵן כְּלָיוֹת וָלֵב: אֵין דָּבָר נֶעְלָם מִמֶּךָּ. וְאֵין נִסְתָּר מִנֶּגֶד עֵינֶיךָ:

וּבְכֵן יְהִי רָצוֹן מִלְּפָנֶיךָ יְיָ אֱלֹהֵינוּ וֵאלֹהֵי אֲבוֹתֵינוּ. שֶׁתִּסְלַח־לָנוּ עַל כָּל־חַטֹּאתֵינוּ. וְתִמְחַל־לָנוּ עַל כָּל־עֲוֹנוֹתֵינוּ. וּתְכַפֶּר־לָנוּ עַל כָּל־פְּשָׁעֵינוּ:

Our God and God of our fathers, forgive and pardon our iniquities [on this day of rest and] on this Day of Atonement. O answer our prayers; erase and remove our transgressions from Thy sight. Subdue our inclination that we may serve Thee; and bend our will to turn unto Thee. Renew our determination to observe Thy precepts, and incline our hearts that we may love and revere Thy name in truth, as it is written in the Torah: "And the Lord your God will incline your heart and the heart of your seed, to love the Lord your God with all your heart and with all your soul, that you may live."

Thou art acquainted with our sins of presumption and of ignorance, committed either voluntarily or by compulsion, whether publicly or in secret. Before Thee they are revealed and known. What are we? What is our life? What is our goodness? What our righteousness? What our help? What is our strength? What is our might? What shall we say before Thee, O Lord our God and God of our fathers? Are not the mightiest like naught before Thee, and men of renown as though they were not, wise men as if they were without knowledge, and men of understanding as though they were lacking in discretion? For most of their work is emptiness, and the days of their life are as vanity before Thee, and the pre-eminence of man over beast is naught, for all is vanity, except only the pure soul which must hereafter give its accounting before Thy glorious throne.*

What shall we say before Thee, O Thou who dwellest on high and what shall we declare before Thee, Thou who abidest in the heavens? Dost Thou not know all things, both the hidden and the revealed?

Thy name is eternal, Thou who passest by transgression; give ear unto our cry when we stand before Thee in prayer. Pass by the transgression of the people who turn from transgression; O blot out our trespass from before Thine eyes.

Thou knowest the mysteries of the universe and the hidden secrets of all living. Thou searchest out the heart of man, and probest all our thoughts and aspirations. Naught escapeth Thee, neither is anything concealed from Thy sight.

May it therefore be Thy will, O Lord our God and God of our fathers, to forgive us all our sins, to pardon all our iniquities, and to grant us atonement for all our transgressions.

* Based on the Sephardic Text.

עַל חֵטְא שֶׁחָטָאנוּ לְפָנֶיךָ בְּאֹנֶס וּבְרָצוֹן:
וְעַל חֵטְא שֶׁחָטָאנוּ לְפָנֶיךָ בְּאִמּוּץ הַלֵּב:
עַל חֵטְא שֶׁחָטָאנוּ לְפָנֶיךָ בִּבְלִי דָעַת:
וְעַל חֵטְא שֶׁחָטָאנוּ לְפָנֶיךָ בְּבִטּוּי שְׂפָתָיִם:
עַל חֵטְא שֶׁחָטָאנוּ לְפָנֶיךָ בְּגִלּוּי עֲרָיוֹת:
וְעַל חֵטְא שֶׁחָטָאנוּ לְפָנֶיךָ בְּגָלוּי וּבַסָּתֶר:
עַל חֵטְא שֶׁחָטָאנוּ לְפָנֶיךָ בְּדַעַת וּבְמִרְמָה:
וְעַל חֵטְא שֶׁחָטָאנוּ לְפָנֶיךָ בְּדִבּוּר פֶּה:
עַל חֵטְא שֶׁחָטָאנוּ לְפָנֶיךָ בְּהוֹנָאַת רֵעַ:
וְעַל חֵטְא שֶׁחָטָאנוּ לְפָנֶיךָ בְּהַרְהוֹר הַלֵּב:
עַל חֵטְא שֶׁחָטָאנוּ לְפָנֶיךָ בִּוְעִידַת זְנוּת:
וְעַל חֵטְא שֶׁחָטָאנוּ לְפָנֶיךָ בְּוִדּוּי פֶּה:
עַל חֵטְא שֶׁחָטָאנוּ לְפָנֶיךָ בְּזִלְזוּל הוֹרִים וּמוֹרִים:
וְעַל חֵטְא שֶׁחָטָאנוּ לְפָנֶיךָ בְּזָדוֹן וּבִשְׁגָגָה:
עַל חֵטְא שֶׁחָטָאנוּ לְפָנֶיךָ בְּחֹזֶק יָד:
וְעַל חֵטְא שֶׁחָטָאנוּ לְפָנֶיךָ בְּחִלּוּל הַשֵּׁם:
עַל חֵטְא שֶׁחָטָאנוּ לְפָנֶיךָ בְּטֻמְאַת שְׂפָתָיִם:
וְעַל חֵטְא שֶׁחָטָאנוּ לְפָנֶיךָ בְּטִפְּשׁוּת פֶּה:
עַל חֵטְא שֶׁחָטָאנוּ לְפָנֶיךָ בְּיֵצֶר הָרָע:
וְעַל חֵטְא שֶׁחָטָאנוּ לְפָנֶיךָ בְּיוֹדְעִים וּבְלֹא יוֹדְעִים:

וְעַל כֻּלָּם אֱלוֹהַּ סְלִיחוֹת סְלַח־לָנוּ. מְחַל־לָנוּ. כַּפֶּר־לָנוּ:

עַל חֵטְא שֶׁחָטָאנוּ לְפָנֶיךָ בְּכַחַשׁ וּבְכָזָב:
וְעַל חֵטְא שֶׁחָטָאנוּ לְפָנֶיךָ בְּכַפַּת שֹׁחַד:
עַל חֵטְא שֶׁחָטָאנוּ לְפָנֶיךָ בְּלָצוֹן:

For the sin which we have committed before Thee under compulsion or of our own will,
And for the sin which we have committed before Thee by hardening our hearts;
For the sin which we have committed before Thee unknowingly,
And for the sin which we have committed before Thee with utterance of the lips;
For the sin which we have committed before Thee by unchastity,
And for the sin which we have committed before Thee openly or secretly;
For the sin which we have committed before Thee knowingly and deceitfully,
And for the sin which we have committed before Thee in speech;
For the sin which we have committed before Thee by wronging our neighbor,
And for the sin which we have committed before Thee by sinful meditation of the heart;
For the sin which we have committed before Thee by association with impurity,
And for the sin which we have committed before Thee by confession of the lips;
For the sin which we have committed before Thee by spurning parents and teachers,
And for the sin which we have committed before Thee in presumption or in error;
For the sin which we have committed before Thee by violence,
And for the sin which we have committed before Thee by the profanation of Thy name;
For the sin which we have committed before Thee by unclean lips,
And for the sin which we have committed before Thee by impure speech;
For the sin which we have committed before Thee by the evil inclination,
And for the sin which we have committed before Thee wittingly or unwittingly;
For all these, O God of forgiveness, forgive us, pardon us, grant us atonement.

V'al ku-lom¦e-lō-ha s'li-ḥōs s'laḥ lo-nu m'ḥal lo-nu ka-per lo-nu.

For the sin which we have committed before Thee by denying and lying,
And for the sin which we have committed before Thee by bribery;
For the sin which we have committed before Thee by scoffing,

וְעַל חֵטְא שֶׁחָטָאנוּ לְפָנֶיךָ בְּלָשׁוֹן הָרָע:
עַל חֵטְא שֶׁחָטָאנוּ לְפָנֶיךָ בְּמַשָּׂא וּבְמַתָּן:
וְעַל חֵטְא שֶׁחָטָאנוּ לְפָנֶיךָ בְּמַאֲכָל וּבְמִשְׁתֶּה:
עַל חֵטְא שֶׁחָטָאנוּ לְפָנֶיךָ בְּנֶשֶׁךְ וּבְמַרְבִּית:
וְעַל חֵטְא שֶׁחָטָאנוּ לְפָנֶיךָ בִּנְטִיַּת גָּרוֹן:
עַל חֵטְא שֶׁחָטָאנוּ לְפָנֶיךָ בְּשִׂיחַ שִׂפְתוֹתֵינוּ:
וְעַל חֵטְא שֶׁחָטָאנוּ לְפָנֶיךָ בְּשִׂקּוּר עָיִן:
עַל חֵטְא שֶׁחָטָאנוּ לְפָנֶיךָ בְּעֵינַיִם רָמוֹת:
וְעַל חֵטְא שֶׁחָטָאנוּ לְפָנֶיךָ בְּעַזּוּת מֶצַח:

וְעַל כֻּלָּם אֱלוֹהַּ סְלִיחוֹת סְלַח־לָנוּ: מְחַל־לָנוּ. כַּפֶּר־לָנוּ:

עַל חֵטְא שֶׁחָטָאנוּ לְפָנֶיךָ בִּפְרִיקַת עֹל:
וְעַל חֵטְא שֶׁחָטָאנוּ לְפָנֶיךָ בִּפְלִילוּת:
עַל חֵטְא שֶׁחָטָאנוּ לְפָנֶיךָ בִּצְדִיַּת רֵעַ:
וְעַל חֵטְא שֶׁחָטָאנוּ לְפָנֶיךָ בְּצָרוּת עָיִן:
עַל חֵטְא שֶׁחָטָאנוּ לְפָנֶיךָ בְּקַלּוּת רֹאשׁ:
וְעַל חֵטְא שֶׁחָטָאנוּ לְפָנֶיךָ בְּקַשְׁיוּת עֹרֶף:
עַל חֵטְא שֶׁחָטָאנוּ לְפָנֶיךָ בְּרִיצַת רַגְלַיִם לְהָרַע:
וְעַל חֵטְא שֶׁחָטָאנוּ לְפָנֶיךָ בִּרְכִילוּת:
עַל חֵטְא שֶׁחָטָאנוּ לְפָנֶיךָ בִּשְׁבוּעַת שָׁוְא:
וְעַל חֵטְא שֶׁחָטָאנוּ לְפָנֶיךָ בְּשִׂנְאַת חִנָּם:
עַל חֵטְא שֶׁחָטָאנוּ לְפָנֶיךָ בִּתְשׂוּמֶת יָד:
וְעַל חֵטְא שֶׁחָטָאנוּ לְפָנֶיךָ בְּתִמְהוֹן לֵבָב:

וְעַל כֻּלָּם אֱלוֹהַּ סְלִיחוֹת סְלַח־לָנוּ. מְחַל־לָנוּ. כַּפֶּר־לָנוּ:

And for the sin which we have committed before Thee by slander;

For the sin which we have committed before Thee in commerce,

And for the sin which we have committed before Thee in eating and drinking;

For the sin which we have committed before Thee by demanding usurous interest,

And for the sin which we have committed before Thee by stretching forth the neck in pride;

For the sin which we have committed before Thee by idle gossip,

And for the sin which we have committed before Thee with wanton looks;

For the sin which we have committed before Thee with haughty eyes,

And for the sin which we have committed before Thee by effrontery;

For all these, O God of forgiveness, forgive us, pardon us, grant us atonement.

V'al ku-lom e-lō-ha s'li-ḥōs s'laḥ lo-nu m'ḥal lo-nu ka-per lo-nu.

For the sin which we have committed before Thee by casting off the yoke of Thy commandments,

And for the sin which we have committed before Thee by contentiousness;

For the sin which we have committed before Thee by ensnaring our neighbor,

And for the sin which we have committed before Thee by envy;

For the sin which we have committed before Thee by levity,

And for the sin which we have committed before Thee by being stiff-necked;

For the sin which we have committed before Thee by running to do evil,

And for the sin which we have committed before Thee by talebearing;

For the sin which we have committed before Thee by vain oaths,

And for the sin which we have committed before Thee by causeless hatred;

For the sin which we have committed before Thee by breach of trust,

And for the sin which we have committed before Thee with confusion of mind;

For all these, O God of forgiveness, forgive us, pardon us, grant us atonement.

V'al ku-lom e-lō-ha s'li-ḥōs s'laḥ lo-nu m'ḥal lo-nu ka-per lo-nu.

וְעַל חֲטָאִים שֶׁאָנוּ חַיָּבִים עֲלֵיהֶם עוֹלָה:
וְעַל חֲטָאִים שֶׁאָנוּ חַיָּבִים עֲלֵיהֶם חַטָּאת:
וְעַל חֲטָאִים שֶׁאָנוּ חַיָּבִים עֲלֵיהֶם קָרְבָּן עוֹלֶה וְיוֹרֵד:
וְעַל חֲטָאִים שֶׁאָנוּ חַיָּבִים עֲלֵיהֶם אָשָׁם וַדַּאי וְתָלוּי:
וְעַל חֲטָאִים שֶׁאָנוּ חַיָּבִים עֲלֵיהֶם מַכַּת מַרְדּוּת:
וְעַל חֲטָאִים שֶׁאָנוּ חַיָּבִים עֲלֵיהֶם מַלְקוּת אַרְבָּעִים:
וְעַל חֲטָאִים שֶׁאָנוּ חַיָּבִים עֲלֵיהֶם מִיתָה בִּידֵי שָׁמָיִם:
וְעַל חֲטָאִים שֶׁאָנוּ חַיָּבִים עֲלֵיהֶם כָּרֵת וַעֲרִירִי:

וְעַל כֻּלָּם אֱלוֹהַּ סְלִיחוֹת סְלַח־לָנוּ. מְחַל־לָנוּ. כַּפֶּר־לָנוּ:

וְעַל חֲטָאִים שֶׁאָנוּ חַיָּבִים עֲלֵיהֶם אַרְבַּע מִיתוֹת בֵּית דִּין. סְקִילָה. שְׂרֵפָה. הֶרֶג. וְחֶנֶק: עַל מִצְוַת עֲשֵׂה וְעַל מִצְוַת לֹא תַעֲשֶׂה. בֵּין שֶׁיֵּשׁ בָּהּ קוּם עֲשֵׂה. וּבֵין שֶׁאֵין בָּהּ קוּם עֲשֵׂה. אֶת־הַגְּלוּיִם לָנוּ וְאֶת־שֶׁאֵינָם גְּלוּיִם לָנוּ: אֶת־הַגְּלוּיִם לָנוּ כְּבָר אֲמַרְנוּם לְפָנֶיךָ. וְהוֹדִינוּ לְךָ עֲלֵיהֶם. וְאֶת־שֶׁאֵינָם גְּלוּיִם לָנוּ לְפָנֶיךָ הֵם גְּלוּיִם וִידוּעִים. כַּדָּבָר שֶׁנֶּאֱמַר הַנִּסְתָּרֹת לַייָ אֱלֹהֵינוּ. וְהַנִּגְלֹת לָנוּ וּלְבָנֵינוּ עַד־עוֹלָם. לַעֲשׂוֹת אֶת־כָּל־דִּבְרֵי הַתּוֹרָה הַזֹּאת:

וְאַתָּה רַחוּם מְקַבֵּל שָׁבִים וְעַל הַתְּשׁוּבָה מֵרֹאשׁ הִבְטַחְתָּנוּ וְעַל הַתְּשׁוּבָה עֵינֵינוּ מְיַחֲלוֹת לָךְ:

וְדָוִד עַבְדְּךָ אָמַר לְפָנֶיךָ. שְׁגִיאוֹת מִי יָבִין מִנִּסְתָּרוֹת נַקֵּנִי: נַקֵּנוּ יְיָ אֱלֹהֵינוּ מִכָּל־פְּשָׁעֵינוּ וְטַהֲרֵנוּ מִכָּל־טֻמְאוֹתֵינוּ וּזְרוֹק עָלֵינוּ מַיִם טְהוֹרִים וְטַהֲרֵנוּ כַּכָּתוּב עַל־יַד נְבִיאֶךָ. וְזָרַקְתִּי עֲלֵיכֶם מַיִם טְהוֹרִים וּטְהַרְתֶּם מִכֹּל טֻמְאוֹתֵיכֶם וּמִכָּל־גִּלּוּלֵיכֶם אֲטַהֵר אֶתְכֶם:

The following enumeration of sins refers to the period when the sacrificial system of the Temple and the judicial power of the Sanhedrin still existed.

Forgive us too, for the sins for which, in the days of the Temple, the law would have required a burnt offering, a sin offering, an offering varying according to our means, and an offering for certain or for doubtful trespass; and for the sins for which the law would have imposed chastisement, flagellation, untimely death, excision, or one of the four death penalties inflicted by Courts of Law.

Forgive us for the breach of positive precepts and for the breach of negative precepts, both for the sins of which we are aware as well as for those that are unknown to us. Those of which we are aware, we have already declared and confessed unto Thee; and those that are unknown to us, lo, they are revealed and manifest unto Thee, according to the word that has been spoken: "The secret things belong unto the Lord our God, but things that are revealed, belong unto us and unto our children forever, that we may do all the words of the Torah."

And Thou, O most Merciful, dost receive them that repent; even from the very dawn of creation, Thou hast established for us forgiveness through repentance; therefore, relying upon our repentance, our eyes wait upon Thee.

Thy servant David cried out unto Thee: "Who can discern his error? Clear Thou me from secret faults." Clear us, O Lord our God, from all our transgressions and purify us from all our impurities, as it is written in the words of Thy prophet: "Then will I sprinkle clean water upon you, and you shall be clean; from all your defilements and from all your abominations will I cleanse you."

מִיכָה עַבְדְּךָ אָמַר לְפָנֶיךָ. מִי־אֵל כָּמוֹךָ נֹשֵׂא עָוֹן וְעֹובֵר עַל־פֶּשַׁע לִשְׁאֵרִית נַחֲלָתוֹ לֹא־הֶחֱזִיק לָעַד אַפּוֹ כִּי־חָפֵץ חֶסֶד הוּא: יָשׁוּב יְרַחֲמֵנוּ יִכְבּוֹשׁ עֲוֹנֹתֵינוּ וְתַשְׁלִיךְ בִּמְצוּלוֹת יָם כָּל־חַטֹּאתָם: וְכָל־חַטֹּאת עַמְּךָ בֵּית יִשְׂרָאֵל תַּשְׁלִיךְ בִּמְקוֹם אֲשֶׁר לֹא יִזָּכְרוּ וְלֹא יִפָּקְדוּ וְלֹא יַעֲלוּ עַל לֵב לְעוֹלָם: תִּתֵּן אֱמֶת לְיַעֲקֹב חֶסֶד לְאַבְרָהָם אֲשֶׁר־נִשְׁבַּעְתָּ לַאֲבֹתֵינוּ מִימֵי קֶדֶם:

דָּנִיֵּאל אִישׁ חֲמוּדוֹת שִׁוַּע לְפָנֶיךָ. הַטֵּה אֱלֹהַי אָזְנְךָ וּשְׁמָע פְּקַח עֵינֶיךָ וּרְאֵה שֹׁמְמֹתֵינוּ וְהָעִיר אֲשֶׁר־נִקְרָא שִׁמְךָ עָלֶיהָ כִּי לֹא עַל־צִדְקֹתֵינוּ אֲנַחְנוּ מַפִּילִים תַּחֲנוּנֵינוּ לְפָנֶיךָ כִּי עַל־רַחֲמֶיךָ הָרַבִּים: אֲדֹנָי שְׁמָעָה אֲדֹנָי סְלָחָה אֲדֹנָי הַקְשִׁיבָה וַעֲשֵׂה אַל־תְּאַחַר לְמַעַנְךָ אֱלֹהַי כִּי־שִׁמְךָ נִקְרָא עַל־עִירְךָ וְעַל־עַמֶּךָ:

עֶזְרָא הַסּוֹפֵר אָמַר לְפָנֶיךָ. אֱלֹהַי בֹּשְׁתִּי וְנִכְלַמְתִּי לְהָרִים אֱלֹהַי פָּנַי אֵלֶיךָ. כִּי עֲוֹנֹתֵינוּ רָבוּ לְמַעְלָה רֹאשׁ וְאַשְׁמָתֵנוּ גָדְלָה עַד לַשָּׁמָיִם: וְאַתָּה אֱלוֹהַּ סְלִיחוֹת חַנּוּן וְרַחוּם אֶרֶךְ אַפַּיִם וְרַב־חֶסֶד וְלֹא עֲזַבְתָּם: אַל תַּעַזְבֵנוּ אָבִינוּ. וְאַל תִּטְּשֵׁנוּ בּוֹרְאֵנוּ. וְאַל תַּזְנִיחֵנוּ יוֹצְרֵנוּ. וְאַל תַּעַשׂ עִמָּנוּ כָּלָה כְּחַטֹּאתֵינוּ: וְקַיֶּם־לָנוּ יְיָ אֱלֹהֵינוּ אֶת־הַדָּבָר שֶׁהִבְטַחְתָּנוּ בְּקַבָּלָה עַל־יְדֵי יִרְמְיָהוּ חוֹזָךְ כָּאָמוּר. בַּיָּמִים הָהֵם וּבָעֵת הַהִיא נְאֻם־יְיָ יְבֻקַּשׁ אֶת־עֲוֹן יִשְׂרָאֵל וְאֵינֶנּוּ וְאֶת־חַטֹּאת יְהוּדָה וְלֹא תִמָּצֶאינָה כִּי אֶסְלַח לַאֲשֶׁר אַשְׁאִיר: עַמְּךָ וְנַחֲלָתְךָ רְעֵבֵי טוּבְךָ צְמֵאֵי חַסְדְּךָ תְּאֵבֵי יִשְׁעֲךָ יַכִּירוּ וְיֵדְעוּ כִּי לַייָ אֱלֹהֵינוּ הָרַחֲמִים וְהַסְּלִיחוֹת:

Thy servant Micah declared before Thee: "Who is a God like unto Thee, that pardoneth iniquity and passeth by the transgression of the remnant of Israel? Thou retainest not anger forever, because Thou delightest in mercy. Thou wilt again have compassion upon us and subdue our iniquities; Thou wilt cast all our sins into the depths of the sea." And all the sins of Thy people, the house of Israel, Thou wilt cast into a place where they shall not be remembered, neither shall they be visited, neither shall they ever come to mind. "Thou wilt perform truth to Jacob, and mercy to Abraham, as Thou hast sworn unto our fathers from the days of old."

Daniel, the man greatly beloved, prayed unto Thee: "O my God, hear our plea and behold our desolation, and the city which is called by Thy name; for we do not present our supplications before Thee for our righteous deeds, but because of Thy great mercy. O Lord, hear; O Lord, forgive; O Lord, hearken and grant our request. Defer not, for Thine own sake, O my God, because Thy city and Thy people are called by Thy name."

Ezra, the Scribe, said before Thee: "O my God, I am ashamed and I blush to lift up my face to Thee, for our iniquities are manifold above our head and our trespasses reach unto the heavens."

Thou, O God of forgiveness, art gracious and merciful, long-suffering, and of great mercy; Thou didst not forsake our forefathers. Forsake us not, O our Father, neither cast us off, O our Creator, nor neglect us, O our Maker. Do not condemn us according to our sins; but confirm the word which Thou hast assured us in Holy Scriptures written in the words of Jeremiah, Thy seer: "In those days, and in that time, said the Lord, the iniquity of Israel shall be sought for, and there shall be none; and the sins of Judah, and they shall not be found; for I will forgive them whom I leave as a remnant." Thy people hunger for Thy goodness, they thirst after Thy loving-kindness, they long for Thy salvation. O let them know and understand that with the Eternal, our God, is the grace of mercy and the power of forgiveness.

On Sabbath, omit and turn to page 250

אֵל רַחוּם שְׁמֶךָ. אֵל חַנּוּן שְׁמֶךָ. בָּנוּ נִקְרָא שְׁמֶךָ. יְיָ עֲשֵׂה לְמַעַן שְׁמֶךָ: עֲשֵׂה לְמַעַן אֲמִתֶּךָ: עֲשֵׂה לְמַעַן בְּרִיתֶךָ: עֲשֵׂה לְמַעַן גָּדְלְךָ וְתִפְאַרְתֶּךָ: עֲשֵׂה לְמַעַן דָּתֶךָ: עֲשֵׂה לְמַעַן הוֹדֶךָ: עֲשֵׂה לְמַעַן וִעוּדֶךָ: עֲשֵׂה לְמַעַן זִכְרֶךָ: עֲשֵׂה לְמַעַן חַסְדֶּךָ: עֲשֵׂה לְמַעַן טוּבֶךָ: עֲשֵׂה לְמַעַן יִחוּדֶךָ: עֲשֵׂה לְמַעַן כְּבוֹדֶךָ: עֲשֵׂה לְמַעַן לִמּוּדֶךָ: עֲשֵׂה לְמַעַן מַלְכוּתֶךָ: עֲשֵׂה לְמַעַן נִצְחֶךָ: עֲשֵׂה לְמַעַן סוֹדֶךָ: עֲשֵׂה לְמַעַן עֻזֶּךָ: עֲשֵׂה לְמַעַן פְּאֵרֶךָ: עֲשֵׂה לְמַעַן צִדְקָתֶךָ: עֲשֵׂה לְמַעַן קְדֻשָּׁתֶךָ: עֲשֵׂה לְמַעַן רַחֲמֶיךָ הָרַבִּים: עֲשֵׂה לְמַעַן שְׁכִינָתֶךָ: עֲשֵׂה לְמַעַן תְּהִלָּתֶךָ: עֲשֵׂה לְמַעַן אוֹהֲבֶיךָ שׁוֹכְנֵי עָפָר: עֲשֵׂה לְמַעַן אַבְרָהָם יִצְחָק וְיַעֲקֹב: עֲשֵׂה לְמַעַן מֹשֶׁה וְאַהֲרֹן: עֲשֵׂה לְמַעַן דָּוִד וּשְׁלֹמֹה: עֲשֵׂה לְמַעַן יְרוּשָׁלַיִם עִיר קָדְשֶׁךָ: עֲשֵׂה לְמַעַן צִיּוֹן מִשְׁכַּן כְּבוֹדֶךָ: עֲשֵׂה לְמַעַן שׁוֹמְמוֹת הֵיכָלֶךָ: עֲשֵׂה לְמַעַן הֲרִיסוּת מִזְבְּחֶךָ: עֲשֵׂה לְמַעַן דַּם עֲבָדֶיךָ הַשָּׁפוּךְ: עֲשֵׂה לְמַעַן הֲרוּגִים עַל שֵׁם קָדְשֶׁךָ: עֲשֵׂה לְמַעַן טְבוּחִים עַל יִחוּדֶךָ: עֲשֵׂה לְמַעַן בָּאֵי בָאֵשׁ וּבַמַּיִם עַל קִדּוּשׁ שְׁמֶךָ: עֲשֵׂה לְמַעַן תִּינוֹקוֹת שֶׁל בֵּית רַבָּן: עֲשֵׂה לְמַעַן יוֹנְקֵי שָׁדַיִם שֶׁלֹּא חָטְאוּ: עֲשֵׂה לְמַעַן גְּמוּלֵי חָלָב שֶׁלֹּא פָשְׁעוּ: עֲשֵׂה לְמַעַן יְתוֹמִים וְאַלְמָנוֹת: עֲשֵׂה לְמַעַנְךָ אִם לֹא לְמַעֲנֵנוּ: עֲשֵׂה לְמַעַנְךָ וְהוֹשִׁיעֵנוּ:

עֲנֵנוּ יְיָ עֲנֵנוּ: עֲנֵנוּ אֱלֹהֵינוּ עֲנֵנוּ: עֲנֵנוּ אָבִינוּ עֲנֵנוּ: עֲנֵנוּ בּוֹרְאֵנוּ עֲנֵנוּ: עֲנֵנוּ גּוֹאֲלֵנוּ עֲנֵנוּ: עֲנֵנוּ דּוֹרְשֵׁנוּ עֲנֵנוּ: עֲנֵנוּ

On Sabbath, omit and turn to page 250

Thy name is Merciful God! Thy name is Gracious God! We are called by Thy name. O Lord, forgive us and be Thou with us for the sake of Thy name, Thy truth, Thy covenant, Thy greatness and Thy majesty.

Do so for the sake of Thy Law, Thine honor, Thy troth, Thy memorial, Thy loving-kindness, Thy goodness, Thy unity, Thy glory, Thy teachings, Thy kingdom.

Forgive us for the sake of Thy splendor, Thy mystery, Thy strength, Thine excellence, Thy righteousness, Thy holiness, Thine abundant mercy, Thy divine presence and Thy praise.

Deal kindly with us for the sake of Abraham, Isaac and Jacob, Moses and Aaron, David and Solomon; for Jerusalem's sake, Thy holy city; for Zion's sake, the tabernacle of Thy glory; for the sake of the desolation of Thy Temple and of the ruins of Thine altars.

Forgive us for the sake of the blood of Thy servants which has been poured forth; for the sake of those who have been slain for Thy holy name, who have been slaughtered for Thy unity; who went through fire and through water for the sanctification of Thy name.

Deal kindly with us for the sake of the young children who study Torah in the school; for the infants who have not sinned nor transgressed and for the sake of orphans and widows. Do so for Thine own sake, if not for ours; yea, do it for Thy sake and save us.

Answer us, O Lord, answer us.

O our Father, Creator, Redeemer, O Thou who seekest us, O Thou faithful God, Thou who art perfect and kind, Thou who art pure and upright,

Answer us, O Lord, answer us.

הָאֵל הַנֶּאֱמָן עֲנֵנוּ: עֲנֵנוּ וָתִיק וְחָסִיד עֲנֵנוּ: עֲנֵנוּ זַךְ וְיָשָׁר עֲנֵנוּ: עֲנֵנוּ חַי וְקַיָּם עֲנֵנוּ: עֲנֵנוּ טוֹב וּמֵטִיב עֲנֵנוּ: עֲנֵנוּ יוֹדֵעַ יֵצֶר עֲנֵנוּ: עֲנֵנוּ כּוֹבֵשׁ כְּעָסִים עֲנֵנוּ: עֲנֵנוּ לוֹבֵשׁ צְדָקוֹת עֲנֵנוּ: עֲנֵנוּ מֶלֶךְ מַלְכֵי הַמְּלָכִים עֲנֵנוּ: עֲנֵנוּ נוֹרָא וְנִשְׂגָּב עֲנֵנוּ: עֲנֵנוּ סוֹלֵחַ וּמוֹחֵל עֲנֵנוּ: עֲנֵנוּ עוֹנֶה בְּעֵת רָצוֹן עֲנֵנוּ: עֲנֵנוּ פּוֹדֶה וּמַצִּיל עֲנֵנוּ: עֲנֵנוּ צַדִּיק וְיָשָׁר עֲנֵנוּ: עֲנֵנוּ קָרוֹב לְקוֹרְאָיו עֲנֵנוּ: עֲנֵנוּ רַחוּם וְחַנּוּן עֲנֵנוּ: עֲנֵנוּ שׁוֹמֵעַ אֶל אֶבְיוֹנִים עֲנֵנוּ: עֲנֵנוּ תּוֹמֵךְ תְּמִימִים עֲנֵנוּ: עֲנֵנוּ אֱלֹהֵי אֲבוֹתֵינוּ עֲנֵנוּ: עֲנֵנוּ אֱלֹהֵי אַבְרָהָם עֲנֵנוּ: עֲנֵנוּ פַּחַד יִצְחָק עֲנֵנוּ: עֲנֵנוּ אֲבִיר יַעֲקֹב עֲנֵנוּ: עֲנֵנוּ מִשְׂגַּב אִמָּהוֹת עֲנֵנוּ: עֲנֵנוּ עֶזְרַת הַשְּׁבָטִים עֲנֵנוּ: עֲנֵנוּ קָשֶׁה לִכְעוֹס עֲנֵנוּ: עֲנֵנוּ רַךְ לִרְצוֹת עֲנֵנוּ: עֲנֵנוּ עוֹנֶה בְּעֵת צָרָה עֲנֵנוּ: עֲנֵנוּ אֲבִי יְתוֹמִים עֲנֵנוּ: עֲנֵנוּ דַּיַּן אַלְמָנוֹת עֲנֵנוּ:

מִי שֶׁעָנָה לְאַבְרָהָם אָבִינוּ בְּהַר הַמּוֹרִיָּה הוּא יַעֲנֵנוּ:
מִי שֶׁעָנָה לְיִצְחָק בְּנוֹ כְּשֶׁנֶּעֱקַד עַל גַּב הַמִּזְבֵּחַ הוּא יַעֲנֵנוּ:
מִי שֶׁעָנָה לְיַעֲקֹב בְּבֵית אֵל הוּא יַעֲנֵנוּ:
מִי שֶׁעָנָה לְיוֹסֵף בְּבֵית הָאֲסוּרִים הוּא יַעֲנֵנוּ:
מִי שֶׁעָנָה לַאֲבוֹתֵינוּ עַל יַם סוּף הוּא יַעֲנֵנוּ:
מִי שֶׁעָנָה לְמשֶׁה בְּחוֹרֵב הוּא יַעֲנֵנוּ:
מִי שֶׁעָנָה לְאַהֲרֹן בַּמַּחְתָּה הוּא יַעֲנֵנוּ:
מִי שֶׁעָנָה לְפִנְחָס בְּקוּמוֹ מִתּוֹךְ הָעֵדָה הוּא יַעֲנֵנוּ:
מִי שֶׁעָנָה לִיהוֹשֻׁעַ בַּגִּלְגָּל הוּא יַעֲנֵנוּ:
מִי שֶׁעָנָה לִשְׁמוּאֵל בַּמִּצְפָּה הוּא יַעֲנֵנוּ:

Thou who art ever-existing, good and beneficent, Thou who knowest our frailty, who suppressest anger, who art robed in righteousness, O Supreme King of kings,

> Answer us, O Lord, answer us.

Thou who art revered and exalted, who forgivest and pardonest, who answerest in a favorable time, Thou Redeemer and Deliverer,

> Answer us, O Lord, answer us.

Thou who art just and upright, near to all who call upon Thee, merciful and gracious, the support of the faithful,

> Answer us, O Lord, answer us.

O God of our fathers, O God of Abraham, O Revered of Isaac, O Mighty One of Jacob, Refuge of our mothers, Helper of the tribes,

> Answer us, O Lord, answer us.

Thou who art slow to anger, who art easily reconciled, who answerest in time of sorrow, Thou Father of orphans, Thou Judge of widows,

> Answer us, O Lord, answer us.

He who answered our father Abraham on Mount Moriah, and Isaac, his son, when he was bound on the altar, and Jacob in Bethel,

> He shall answer us.

He who answered Joseph in the dungeon, and our fathers at the Red Sea and Moses in Horeb,

> He shall answer us.

He who answered Aaron with the censer, and Phineas when he rose from amongst the congregation, and Joshua in Gilgal,

> He shall answer us.

מִי שֶׁעָנָה לְדָוִד וּשְׁלֹמֹה בְנוֹ בִּירוּשָׁלָיִם הוּא יַעֲנֵנוּ:
מִי שֶׁעָנָה לְאֵלִיָּהוּ בְּהַר הַכַּרְמֶל הוּא יַעֲנֵנוּ:
מִי שֶׁעָנָה לֶאֱלִישָׁע בִּירִיחוֹ הוּא יַעֲנֵנוּ:
מִי שֶׁעָנָה לְיוֹנָה בִּמְעֵי הַדָּגָה הוּא יַעֲנֵנוּ:
מִי שֶׁעָנָה לְחִזְקִיָּהוּ בְּחָלְיוֹ הוּא יַעֲנֵנוּ:
מִי שֶׁעָנָה לַחֲנַנְיָה מִישָׁאֵל וַעֲזַרְיָה בְּתוֹךְ כִּבְשַׁן הָאֵשׁ הוּא יַעֲנֵנוּ:
מִי שֶׁעָנָה לְדָנִיֵּאל בְּגוֹב הָאֲרָיוֹת הוּא יַעֲנֵנוּ:
מִי שֶׁעָנָה לְמָרְדְּכַי וְאֶסְתֵּר בְּשׁוּשַׁן הַבִּירָה הוּא יַעֲנֵנוּ:
מִי שֶׁעָנָה לְעֶזְרָא בַּגּוֹלָה הוּא יַעֲנֵנוּ:
מִי שֶׁעָנָה לְכָל־הַצַּדִּיקִים וְהַחֲסִידִים וְהַתְּמִימִים וְהַיְשָׁרִים הוּא יַעֲנֵנוּ:

רַחֲמָנָא דְעָנֵי לַעֲנִיֵּי עֲנֵינָא. רַחֲמָנָא דְעָנֵי לְמַכִּיכֵי רוּחָא עֲנֵינָא. רַחֲמָנָא דְעָנֵי לִתְבִירֵי לִבָּא עֲנֵינָא. רַחֲמָנָא עֲנֵינָא. רַחֲמָנָא חוּס. רַחֲמָנָא פְּרוּק. רַחֲמָנָא שֵׁזִיב. רַחֲמָנָא רַחֵם עֲלָן. הַשְׁתָּא בַּעֲגָלָא וּבִזְמַן קָרִיב:

(The following verses are omitted on Sabbath)

The Ark is opened

אָבִינוּ מַלְכֵּנוּ חָטָאנוּ לְפָנֶיךָ:
אָבִינוּ מַלְכֵּנוּ אֵין לָנוּ מֶלֶךְ אֶלָּא אָתָּה:
אָבִינוּ מַלְכֵּנוּ עֲשֵׂה עִמָּנוּ לְמַעַן שְׁמֶךָ:
אָבִינוּ מַלְכֵּנוּ חַדֵּשׁ עָלֵינוּ שָׁנָה טוֹבָה:
אָבִינוּ מַלְכֵּנוּ בַּטֵּל מֵעָלֵינוּ כָּל־גְּזֵרוֹת קָשׁוֹת:

He who answered Samuel in Mizpah, and David and Solomon, his son, in Jerusalem,

> He shall answer us.

He who answered Elijah on Mount Carmel and Elisha in Jericho, and Jonah in the bowels of the fish,

> He shall answer us.

He who answered Hezekiah in his sickness and Hananiah, Mishael and Azariah in the midst of the fiery furnace, and Daniel in the lion's den,

> He shall answer us.

He who answered Mordecai and Esther in Shushan the capital, and Ezra in the captivity,

> He shall answer us.

He who answered all the righteous and pious, the faithful and the upright in all generations,

> He shall answer us.

O merciful God, who answereth the poor, the lowly in spirit, and the broken of heart, answer us.

O merciful God, have compassion, redeem, save and have pity upon us, now and forever.

(The following verses are omitted on Sabbath)

The Ark is opened

Our Father, our King, we have sinned before Thee.

Our Father, our King, we have no king except Thee.

Our Father, our King, deal with us kindly for the sake of Thy name.

Our Father, our King, renew unto us a year of good.

Our Father, our King, annul every evil decree against us.

אָבִינוּ מַלְכֵּנוּ בַּטֵּל מַחְשְׁבוֹת שׂוֹנְאֵינוּ:
אָבִינוּ מַלְכֵּנוּ הָפֵר עֲצַת אוֹיְבֵינוּ:
אָבִינוּ מַלְכֵּנוּ כַּלֵּה כָל־צַר וּמַשְׂטִין מֵעָלֵינוּ:
אָבִינוּ מַלְכֵּנוּ סְתוֹם פִּיּוֹת מַשְׂטִינֵינוּ וּמְקַטְרְגֵינוּ:
אָבִינוּ מַלְכֵּנוּ כַּלֵּה דֶּבֶר וְחֶרֶב וְרָעָב וּשְׁבִי וּמַשְׁחִית מִבְּנֵי בְרִיתֶךָ:
אָבִינוּ מַלְכֵּנוּ מְנַע מַגֵּפָה מִנַּחֲלָתֶךָ:
אָבִינוּ מַלְכֵּנוּ סְלַח וּמְחַל לְכָל עֲוֹנוֹתֵינוּ:
אָבִינוּ מַלְכֵּנוּ מְחֵה וְהַעֲבֵר פְּשָׁעֵינוּ וְחַטֹּאתֵינוּ מִנֶּגֶד עֵינֶיךָ:
אָבִינוּ מַלְכֵּנוּ מְחוֹק בְּרַחֲמֶיךָ הָרַבִּים כָּל־שִׁטְרֵי חוֹבוֹתֵינוּ:
אָבִינוּ מַלְכֵּנוּ הַחֲזִירֵנוּ בִּתְשׁוּבָה שְׁלֵמָה לְפָנֶיךָ:
אָבִינוּ מַלְכֵּנוּ שְׁלַח רְפוּאָה שְׁלֵמָה לְחוֹלֵי עַמֶּךָ:
אָבִינוּ מַלְכֵּנוּ קְרַע רוֹעַ גְּזַר דִּינֵנוּ:
אָבִינוּ מַלְכֵּנוּ זָכְרֵנוּ בְּזִכְרוֹן טוֹב לְפָנֶיךָ:
אָבִינוּ מַלְכֵּנוּ כָּתְבֵנוּ בְּסֵפֶר חַיִּים טוֹבִים:
אָבִינוּ מַלְכֵּנוּ כָּתְבֵנוּ בְּסֵפֶר גְּאֻלָּה וִישׁוּעָה:
אָבִינוּ מַלְכֵּנוּ כָּתְבֵנוּ בְּסֵפֶר פַּרְנָסָה וְכַלְכָּלָה:
אָבִינוּ מַלְכֵּנוּ כָּתְבֵנוּ בְּסֵפֶר זְכֻיּוֹת:
אָבִינוּ מַלְכֵּנוּ כָּתְבֵנוּ בְּסֵפֶר סְלִיחָה וּמְחִילָה:
אָבִינוּ מַלְכֵּנוּ הַצְמַח לָנוּ יְשׁוּעָה בְּקָרוֹב:
אָבִינוּ מַלְכֵּנוּ הָרֵם קֶרֶן יִשְׂרָאֵל עַמֶּךָ:
אָבִינוּ מַלְכֵּנוּ הָרֵם קֶרֶן מְשִׁיחֶךָ:
אָבִינוּ מַלְכֵּנוּ מַלֵּא יָדֵינוּ מִבִּרְכוֹתֶיךָ:
אָבִינוּ מַלְכֵּנוּ מַלֵּא אֲסָמֵינוּ שָׂבָע:

Our Father, our King, annul the designs of those who hate us.

Our Father, our King, frustrate the counsel of our enemies.

Our Father, our King, destroy the power of every oppressor and adversary.

Our Father, our King, silence the mouths of our adversaries and those who accuse us falsely.

Our Father, our King, remove pestilence, sword, famine, captivity, destruction and plague from the children who obey Thy covenant.

Our Father, our King, withhold the plague from Thy people.

Our Father, our King, forgive and pardon our iniquities.

Our Father, our King, blot out our transgressions, and cause our sins to pass away from before Thee.

Our Father, our King, efface in Thine abundant mercy all record of our guilt.

Our Father, our King, may we return unto Thee in perfect repentance.

Our Father, our King, send a perfect healing to the sick among Thy people.

Our Father, our King, repeal the evil sentence that may be decreed against us.

Our Father, our King, remember us for our well-being.

Our Father, our King, inscribe us in the book of happy life.

Our Father, our King, inscribe us in the book of freedom and salvation.

Our Father, our King, inscribe us in the book of sustenance.

Our Father, our King, inscribe us for a meritorious life.

Our Father, our King, inscribe us in the book of forgiveness and reconciliation.

Our Father, our King, cause salvation speedily to spring forth for us.

Our Father, our King, bring glory to Israel, Thy people.

Our Father, our King, exalt the majesty of Thine anointed Redeemer.

Our Father, our King, provide us with Thine abundant blessings.

Our Father, our King, fill our storehouses with plenty.

אָבִינוּ מַלְכֵּנוּ שְׁמַע קוֹלֵנוּ חוּס וְרַחֵם עָלֵינוּ:

אָבִינוּ מַלְכֵּנוּ קַבֵּל בְּרַחֲמִים וּבְרָצוֹן אֶת־תְּפִלָּתֵנוּ:

אָבִינוּ מַלְכֵּנוּ פְּתַח שַׁעֲרֵי שָׁמַיִם לִתְפִלָּתֵנוּ:

אָבִינוּ מַלְכֵּנוּ נָא אַל תְּשִׁיבֵנוּ רֵיקָם מִלְּפָנֶיךָ:

אָבִינוּ מַלְכֵּנוּ זְכוֹר כִּי עָפָר אֲנָחְנוּ:

אָבִינוּ מַלְכֵּנוּ תְּהֵא הַשָּׁעָה הַזֹּאת שְׁעַת רַחֲמִים וְעֵת רָצוֹן מִלְּפָנֶיךָ:

אָבִינוּ מַלְכֵּנוּ חֲמוֹל עָלֵינוּ וְעַל עוֹלָלֵינוּ וְטַפֵּנוּ:

אָבִינוּ מַלְכֵּנוּ עֲשֵׂה לְמַעַן הֲרוּגִים עַל שֵׁם קָדְשֶׁךָ:

אָבִינוּ מַלְכֵּנוּ עֲשֵׂה לְמַעַן טְבוּחִים עַל יִחוּדֶךָ:

אָבִינוּ מַלְכֵּנוּ עֲשֵׂה לְמַעַן בָּאֵי בָאֵשׁ וּבַמַּיִם עַל קִדּוּשׁ שְׁמֶךָ:

אָבִינוּ מַלְכֵּנוּ נְקוֹם לְעֵינֵינוּ נִקְמַת דַּם עֲבָדֶיךָ הַשָּׁפוּךְ:

אָבִינוּ מַלְכֵּנוּ עֲשֵׂה לְמַעַנְךָ אִם לֹא לְמַעֲנֵנוּ:

אָבִינוּ מַלְכֵּנוּ עֲשֵׂה לְמַעַנְךָ וְהוֹשִׁיעֵנוּ:

אָבִינוּ מַלְכֵּנוּ עֲשֵׂה לְמַעַן רַחֲמֶיךָ הָרַבִּים:

אָבִינוּ מַלְכֵּנוּ עֲשֵׂה לְמַעַן שִׁמְךָ הַגָּדוֹל הַגִּבּוֹר וְהַנּוֹרָא שֶׁנִּקְרָא עָלֵינוּ:

אָבִינוּ מַלְכֵּנוּ חָנֵּנוּ וַעֲנֵנוּ כִּי אֵין בָּנוּ מַעֲשִׂים עֲשֵׂה עִמָּנוּ צְדָקָה וָחֶסֶד וְהוֹשִׁיעֵנוּ:

The Ark is closed

Our Father, our King, hear our voice, have pity and compassion upon us.

Our Father, our King, receive our prayer with merciful favor.

Our Father, our King, open the gates of heaven unto our prayer.

Our Father, our King, O turn us not away from Thee unanswered.

Our Father, our King, remember our frailty for we are but dust.

Our Father, our King, let this hour be an hour of mercy and a time of favor before Thee.

Our Father, our King, have mercy upon us, and upon our children.

Our Father, our King, do this for the sake of those who were slain for Thy holy name.

Our Father, our King, do this for the sake of those who were slaughtered for Thy unity.

Our Father, our King, do this for the sake of those who went through fire and water for the sanctification of Thy name.

Our Father, our King, bring to judgment those who have shed the blood of Thy people.

Our Father, our King, grant our supplication for Thy sake, if not for ours.

Our Father, our King, accept our prayer for Thy sake and save us.

Our Father, our King, do this for the sake of Thine abundant mercies.

Our Father, our King, do it for the sake of Thy great, mighty and revered name.

Our Father, our King, be Thou gracious unto us and answer us; for lo, we are unworthy; deal Thou with us in charity and loving-kindness and save us.

The Ark is closed

Reader's Kaddish

יִתְגַּדַּל וְיִתְקַדַּשׁ שְׁמֵהּ רַבָּא. בְּעָלְמָא דִּי־בְרָא כִרְעוּתֵהּ. וְיַמְלִיךְ מַלְכוּתֵהּ בְּחַיֵּיכוֹן וּבְיוֹמֵיכוֹן וּבְחַיֵּי דְכָל־בֵּית יִשְׂרָאֵל בַּעֲגָלָא וּבִזְמַן קָרִיב. וְאִמְרוּ אָמֵן:

Congregation and Reader

יְהֵא שְׁמֵהּ רַבָּא מְבָרַךְ לְעָלַם וּלְעָלְמֵי עָלְמַיָּא:

Reader

יִתְבָּרַךְ וְיִשְׁתַּבַּח וְיִתְפָּאַר וְיִתְרוֹמַם וְיִתְנַשֵּׂא וְיִתְהַדָּר וְיִתְעַלֶּה וְיִתְהַלָּל שְׁמֵהּ דְּקֻדְשָׁא. בְּרִיךְ הוּא. לְעֵלָּא וּלְעֵלָּא מִן־כָּל־בִּרְכָתָא וְשִׁירָתָא תֻּשְׁבְּחָתָא וְנֶחֱמָתָא דַּאֲמִירָן בְּעָלְמָא. וְאִמְרוּ אָמֵן:

תִּתְקַבֵּל צְלוֹתְהוֹן וּבָעוּתְהוֹן דְּכָל־יִשְׂרָאֵל קֳדָם אֲבוּהוֹן דִּי־בִשְׁמַיָּא. וְאִמְרוּ אָמֵן:

יְהֵא שְׁלָמָא רַבָּא מִן־שְׁמַיָּא וְחַיִּים עָלֵינוּ וְעַל־כָּל־יִשְׂרָאֵל וְאִמְרוּ אָמֵן:

עֹשֶׂה שָׁלוֹם בִּמְרוֹמָיו הוּא יַעֲשֶׂה שָׁלוֹם עָלֵינוּ וְעַל־כָּל־יִשְׂרָאֵל וְאִמְרוּ אָמֵן:

Magnified and sanctified be the great name of God throughout the world which He hath created according to His will. May He establish His kingdom during the days of your life and during the life of all the house of Israel, speedily, yea, soon; and say ye, Amen.

May His great name be blessed for ever and ever.

Exalted and honored be the name of the Holy One, blessed be He, whose glory transcends, yea, is beyond all blessings and hymns, praises and consolations which are uttered in the world; and say ye, Amen.

May the prayers and supplications of the whole house of Israel be acceptable unto their Father in heaven; and say ye, Amen.

May there be abundant peace from heaven, and life for us and for all Israel; and say ye, Amen.

May He who establisheth peace in the heavens, grant peace unto us and unto all Israel; and say ye, Amen.

MEDITATION

THY HUMBLE SERVANTS HEAR*

Lord, Thy humble servants hear,
  Suppliant now before Thee;
Our Father, from Thy children's plea
  Turn not, we implore Thee!

Lord, Thy people, sore oppressed,
  From the depths implore Thee;
Our Father, let us not this day
  Cry in vain before Thee.

Lord, blot out our evil pride,
  All our sins before Thee;
Our Father, for Thy mercy's sake,
  Pardon, we implore Thee.

Lord, no sacrifice we bring
  Prayers and tears implore Thee;
Our Father, take the gift we lay,
  Contrite hearts before Thee.

Lord, Thy sheep have wandered far,
  Gather them before Thee;
Our Father, let Thy shepherd's love
  Guide us, we implore Thee.

Lord, forgive and comfort all
  That in truth implore Thee;
Our Father, let our evening prayer
  Thus find grace before Thee.

Lord, Thy humble servants hear,
  Suppliant now before Thee;
Our Father, from Thy children's plea,
  Turn not, we implore Thee!

R. YEHUDAH

* Used in the Sephardic ritual.

עָלֵֽינוּ לְשַׁבֵּֽחַ לַאֲדוֹן הַכֹּל לָתֵת גְּדֻלָּה לְיוֹצֵר
בְּרֵאשִׁית שֶׁלֹּא עָשָֽׂנוּ כְּגוֹיֵי הָאֲרָצוֹת וְלֹא שָׂמָֽנוּ כְּמִשְׁפְּחוֹת
הָאֲדָמָה שֶׁלֹּא שָׂם חֶלְקֵֽנוּ כָּהֶם וְגֹרָלֵֽנוּ כְּכָל הֲמוֹנָם:
וַאֲנַֽחְנוּ כּוֹרְעִים וּמִשְׁתַּחֲוִים וּמוֹדִים
לִפְנֵי מֶֽלֶךְ מַלְכֵי הַמְּלָכִים הַקָּדוֹשׁ בָּרוּךְ הוּא.

שֶׁהוּא נוֹטֶה שָׁמַֽיִם וְיוֹסֵד אָֽרֶץ וּמוֹשַׁב יְקָרוֹ בַּשָּׁמַֽיִם מִמַּֽעַל
וּשְׁכִינַת עֻזּוֹ בְּגָבְהֵי מְרוֹמִים: הוּא אֱלֹהֵֽינוּ אֵין עוֹד. אֱמֶת
מַלְכֵּֽנוּ אֶֽפֶס זוּלָתוֹ כַּכָּתוּב בְּתוֹרָתוֹ וְיָדַעְתָּ הַיּוֹם וַהֲשֵׁבֹתָ
אֶל לְבָבֶֽךָ כִּי יְיָ הוּא הָאֱלֹהִים בַּשָּׁמַֽיִם מִמַּֽעַל וְעַל־הָאָֽרֶץ
מִתָּֽחַת אֵין עוֹד:

עַל־כֵּן נְקַוֶּה לְּךָ יְיָ אֱלֹהֵֽינוּ לִרְאוֹת מְהֵרָה בְּתִפְאֶֽרֶת
עֻזֶּֽךָ לְהַעֲבִיר גִּלּוּלִים מִן הָאָֽרֶץ וְהָאֱלִילִים כָּרוֹת
יִכָּרֵתוּן. לְתַקֵּן עוֹלָם בְּמַלְכוּת שַׁדַּי. וְכָל־בְּנֵי בָשָׂר יִקְרְאוּ
בִשְׁמֶֽךָ לְהַפְנוֹת אֵלֶֽיךָ כָּל־רִשְׁעֵי אָֽרֶץ. יַכִּֽירוּ וְיֵדְעוּ כָּל־
יוֹשְׁבֵי תֵבֵל. כִּי־לְךָ תִּכְרַע כָּל־בֶּֽרֶךְ תִּשָּׁבַע כָּל־לָשׁוֹן:
לְפָנֶֽיךָ יְיָ אֱלֹהֵֽינוּ יִכְרְעוּ וְיִפֹּֽלוּ. וְלִכְבוֹד שִׁמְךָ יְקָר יִתֵּֽנוּ.
וִיקַבְּלוּ כֻלָּם אֶת עוֹל מַלְכוּתֶֽךָ. וְתִמְלוֹךְ עֲלֵיהֶם מְהֵרָה
לְעוֹלָם וָעֶד. כִּי הַמַּלְכוּת שֶׁלְּךָ הִיא וּלְעוֹלְמֵי עַד תִּמְלוֹךְ
בְּכָבוֹד: כַּכָּתוּב בְּתוֹרָתֶֽךָ יְיָ יִמְלֹךְ לְעוֹלָם וָעֶד: וְנֶאֱמַר
וְהָיָה יְיָ לְמֶֽלֶךְ עַל־כָּל־הָאָֽרֶץ בַּיּוֹם הַהוּא יִהְיֶה יְיָ אֶחָד
וּשְׁמוֹ אֶחָד:

Congregation rises

Let us adore the Lord of all, who formed the world from of old, that He hath not made us like unto the heathens of the earth, nor fashioned us like the godless of the land; that He hath not made our destiny as theirs, nor cast our lot with their multitude.

We bend the knee, bow in worship, and give thanks unto the King of kings, the Holy One, blessed be He.

Congregation

Va-a'-naḥ-nu kō-r'eem u-mish-ta-ḥa-veem u-mō-deem

Li-f'nay me-leḥ, ma-l'ḥay ham'lo-ḥeem, ha-ko-dōsh bo-ruḥ hu.

Congregation is seated

He stretched forth the heavens and laid the foundations of the earth. His glory is revealed in the heavens above, and His might is manifest in the loftiest heights. He is our God; there is none other. In truth He is our King, there is none besides Him. Thus it is written in His Torah: "Know this day, and consider it in thy heart that the Lord, He is God in the heavens above and on the earth beneath; there is none else."

We therefore hope in Thee, O Lord our God, that we may soon behold the glory of Thy might, when Thou wilt remove the abominations of the earth and cause all idolatry to be abolished, when the world will be perfected under Thine almighty kingdom, and all the children of men will call upon Thy name, when Thou wilt turn unto Thyself all the wicked of the earth. May all the inhabitants of the world perceive and know that unto Thee every knee must bend, every tongue vow loyalty. Before Thee, O Lord our God, may all bow in worship, and give honor unto Thy glorious name. May they all accept the yoke of thy kingdom and speedily do Thou rule over them forever. For the kingdom is Thine and evermore wilt Thou reign in glory, as it is written in Thy Torah: "The Lord shall reign for ever and ever." "And the Lord shall be King over all the earth; on that day the Lord shall be One, and His name one."

Congregation

V'ho-yo A-dō-noy l'meh-leḥ al kol ho-o-rets,

Ba-yōm ha-hu yi-h'ye A-dō-noy e-ḥod u-sh'mō e-ḥod.

PRAYER BEFORE MOURNER'S KADDISH

Almighty and eternal God, ere we part, we recall those whom Thou hast summoned unto Thee. In love we remember their kind words and their unselfish deeds. We thank Thee, O Lord, for their lives, for our companionship with them, for the sweet memories they leave behind. May we, in tribute to our departed, live wisely, courageously and usefully. Thus will our departed be bound up in the bond of life and endure as a living influence among us. Comfort, we pray Thee, those who mourn. Strengthen them in their sorrow and deepen their faith as they rise to sanctify Thy name.

Mourners

יִתְגַּדַּל וְיִתְקַדַּשׁ שְׁמֵהּ רַבָּא. בְּעָלְמָא דִּי־בְרָא כִרְעוּתֵהּ.
וְיַמְלִיךְ מַלְכוּתֵהּ בְּחַיֵּיכוֹן וּבְיוֹמֵיכוֹן וּבְחַיֵּי דְכָל־בֵּית
יִשְׂרָאֵל בַּעֲגָלָא וּבִזְמַן קָרִיב. וְאִמְרוּ אָמֵן:

Congregation and Mourners

יְהֵא שְׁמֵהּ רַבָּא מְבָרַךְ לְעָלַם וּלְעָלְמֵי עָלְמַיָּא:

Mourners

יִתְבָּרַךְ וְיִשְׁתַּבַּח וְיִתְפָּאַר וְיִתְרוֹמַם וְיִתְנַשֵּׂא וְיִתְהַדַּר
וְיִתְעַלֶּה וְיִתְהַלַּל שְׁמֵהּ דְּקֻדְשָׁא. בְּרִיךְ הוּא. לְעֵלָּא וּלְעֵלָּא
מִן־כָּל־בִּרְכָתָא וְשִׁירָתָא תֻּשְׁבְּחָתָא וְנֶחֱמָתָא דַּאֲמִירָן
בְּעָלְמָא. וְאִמְרוּ אָמֵן:

יְהֵא שְׁלָמָא רַבָּא מִן־שְׁמַיָּא וְחַיִּים עָלֵינוּ וְעַל־כָּל־
יִשְׂרָאֵל. וְאִמְרוּ אָמֵן:

עֹשֶׂה שָׁלוֹם בִּמְרוֹמָיו הוּא יַעֲשֶׂה שָׁלוֹם עָלֵינוּ וְעַל־כָּל־
יִשְׂרָאֵל. וְאִמְרוּ אָמֵן:

Mourners' Kaddish

Magnified and sanctified be the great name of God throughout the world which He hath created according to His will. May He establish His kingdom during the days of your life and during the life of all the house of Israel, speedily, yea, soon; and say ye, Amen.

Congregation and Mourners

May His great name be blessed for ever and ever.

Mourners

Exalted and honored be the name of the Holy One, blessed be He, whose glory transcends, yea, is beyond all blessings and hymns, praises and consolations which are uttered in the world; and say ye, Amen.

May there be abundant peace from heaven, and life for us and for all Israel; and say ye, Amen.

May He who establisheth peace in the heavens, grant peace unto us and unto all Israel; and say ye, Amen.

Mourners' Kaddish

Yis-ga-dal v'yis-ka-dash sh'may ra-bo,
B'ol-mo dee-v'ro ḥir u-say, v'yam-leeḥ mal-ḥu-say,
B'ha-yay-hōn uv-yō-may-ḥōn, uv-ḥa-yay d'hol bays yis-ro-ayl,
Ba-a-go-lo u-viz'man ko-reev, v'im-ru o-mayn.

Y'hay sh'may ra-bo m'vo-raḥ, l'o-lam ul-ol-may ol-ma-yo.

Yis-bo-raḥ v'yish-ta-baḥ, v'yis-po-ar v'yis-rō-mam,
V'yis-na-say v'yis-ha-dar, v'yis-a-leh, v'yis-ha-lal
    sh'may d'kud-sho b'riḥ hu;
L'ay-lo ul-ay-lo min kol bir-ḥo-so v'shee-ro-so,
Tush-b'ḥo-so v'ne-ḥeh-mo-so, da-a-mee-ron b'ol-mo,
V'im-ru o-mayn.
Y'hay sh'lo-mo ra-bo min sh'ma-yo,
V'ḥa-yeem o-lay-nu v'al kol yis-ro-ayl v'im-ru o-mayn.
Ō-se sho-lōm bim-rō-mov hu ya-a-se sho-lōm,
O-lay-nu v'al kol yis-ro-ayl v'im-ru o-mayn.

יגדל

יִגְדַּל אֱלֹהִים חַי וְיִשְׁתַּבַּח נִמְצָא וְאֵין עֵת אֶל מְצִיאוּתוֹ:

אֶחָד וְאֵין יָחִיד כְּיִחוּדוֹ נֶעְלָם וְגַם אֵין סוֹף לְאַחְדוּתוֹ:

אֵין לוֹ דְּמוּת הַגּוּף וְאֵינוֹ גוּף לֹא נַעֲרוֹךְ אֵלָיו קְדֻשָּׁתוֹ:

קַדְמוֹן לְכָל־דָּבָר אֲשֶׁר נִבְרָא רִאשׁוֹן וְאֵין רֵאשִׁית לְרֵאשִׁיתוֹ:

הִנּוֹ אֲדוֹן עוֹלָם לְכָל־נוֹצָר יוֹרֶה גְדֻלָּתוֹ וּמַלְכוּתוֹ:

שֶׁפַע נְבוּאָתוֹ נְתָנוֹ אֶל אַנְשֵׁי סְגֻלָּתוֹ וְתִפְאַרְתּוֹ:

לֹא קָם בְּיִשְׂרָאֵל כְּמֹשֶׁה עוֹד נָבִיא. וּמַבִּיט אֶת־תְּמוּנָתוֹ:

תּוֹרַת אֱמֶת נָתַן לְעַמּוֹ אֵל עַל־יַד נְבִיאוֹ נֶאֱמַן בֵּיתוֹ:

לֹא יַחֲלִיף הָאֵל וְלֹא יָמִיר דָּתוֹ לְעוֹלָמִים לְזוּלָתוֹ:

צוֹפֶה וְיוֹדֵעַ סְתָרֵינוּ מַבִּיט לְסוֹף דָּבָר בְּקַדְמָתוֹ:

גּוֹמֵל לְאִישׁ חֶסֶד כְּמִפְעָלוֹ נוֹתֵן לְרָשָׁע רָע כְּרִשְׁעָתוֹ:

יִשְׁלַח לְקֵץ יָמִין מְשִׁיחֵנוּ לִפְדּוֹת מְחַכֵּי קֵץ יְשׁוּעָתוֹ:

מֵתִים יְחַיֶּה אֵל בְּרֹב חַסְדּוֹ בָּרוּךְ עֲדֵי־עַד שֵׁם תְּהִלָּתוֹ:

YIGDAL

The living God O magnify and bless,
Transcending time and here eternally.

One Being, yet unique in unity;
A mystery of Oneness, measureless.

Lo! form or body He has none, and man
No semblance of His holiness can frame.

Before Creation's dawn He was the same;
The first to be, though never He began.

He is the world's and every creature's Lord;
His rule and majesty are manifest,

And through His chosen, glorious sons exprest
In prophecies that through their lips are poured.

Yet never like to Moses rose a seer,
Permitted glimpse behind the veil divine.

This faithful prince of God's prophetic line
Received the Law of Truth for Israel's ear.

The Law God gave, He never will amend,
Nor ever by another Law replace.

Our secret things are spread before His face;
In all beginnings He beholds the end.

The saint's reward He measures to his meed;
The sinner reaps the harvest of his ways.

Messiah He will send at end of days,
And all the faithful to salvation lead.

God will the dead again to life restore
In His abundance of almighty love.

Then blessèd be His name, all names above,
And let His praise resound forevermore.

Yig-dal e'lō-heem ḥye, v'yish-ta-baḥ, nim-tso v'ayn ays, el m'tsee-u-sō.

E-ḥod v'ayn yo-ḥeed k'yi-ḥu-dō, ne-e'lom v'gam ayn sōf l'aḥ-du-sō.

Ayn lō d'mus ha-guf, v'ay-nō guf, lō na-a'-rōḥ ay-lov k'du-sho-sō.

Kad-mōn l'ḥol do-vor a'-sher niv-ro, ri-shōn v'ayn ray-shees, l'ray-shee-sō.

Hi-nō a-dōn ō-lom, l'ḥol nō-tsor, yō-reh g'du-lo-sō, u-ma-l'ḥu-sō.

Sheh-fa n'vu-o-sō, n'so-nō, el a-n'shay s'gu-lo-sō, v'sif-ar-tō.

Lō kom b'yis-ro-ayl, k'mō-sheh ōd, no-vee u-ma-beet, es t'mu-no-sō.

Tō-ras e'-mes no-san l'a-mō ayl, al yad n'vee-ō, ne-e'man bay-sō.

Lō ya-ḥa'leef ho-ayl, v'lō yo-meer do-sō, l'ō-lo-meem l'zu-lo-sō.

Tsō-fe v-yō-day-a s'so-ray-nu, ma-beet l'sōf do-vor b'kad-mo-sō.

Gō-mayl l'eesh ḥe-sed k'mif-o-lō, nō-sayn l'ro-sho ra, k'rish-o-sō.

Yish-laḥ l'kayts yo-meen, m'shee-ḥay-nu, lif-dōs m'ḥa-kay kaytz y'shu-o-sō.

May-seem y'ḥa-ye ayl b'rōv has-dō, bo-ruḥ a-day ad shaym t'hi-lo-sō.

אדון עולם

אֲדוֹן עוֹלָם אֲשֶׁר מָלַךְ   בְּטֶרֶם כָּל יְצִיר נִבְרָא:

לְעֵת נַעֲשָׂה בְחֶפְצוֹ כֹּל   אֲזַי מֶלֶךְ שְׁמוֹ נִקְרָא:

וְאַחֲרֵי כִּכְלוֹת הַכֹּל   לְבַדּוֹ יִמְלוֹךְ נוֹרָא:

וְהוּא הָיָה וְהוּא הֹוֶה   וְהוּא יִהְיֶה בְּתִפְאָרָה:

וְהוּא אֶחָד וְאֵין שֵׁנִי   לְהַמְשִׁיל לוֹ לְהַחְבִּירָה:

בְּלִי רֵאשִׁית בְּלִי תַכְלִית   וְלוֹ הָעֹז וְהַמִּשְׂרָה:

וְהוּא אֵלִי וְחַי גּוֹאֲלִי   וְצוּר חֶבְלִי בְּעֵת צָרָה:

וְהוּא נִסִּי וּמָנוֹס לִי   מְנָת כּוֹסִי בְּיוֹם אֶקְרָא:

בְּיָדוֹ אַפְקִיד רוּחִי   בְּעֵת אִישַׁן וְאָעִירָה:

וְעִם רוּחִי גְּוִיָּתִי   יְיָ לִי וְלֹא אִירָא:

LORD OF THE WORLD

Lord of the world, the King supreme,
Ere aught was formed, He reigned alone.
When by His will all things were wrought,
Then was His sovereign name made known.

And when in time all things shall cease,
He still shall reign in majesty.
He was, He is, He shall remain
All-glorious eternally.

Incomparable, unique is He,
No other can His Oneness share.
Without beginning, without end,
Dominion's might is His to bear.

He is my living God who saves,
My Rock when grief or trials befall,
My Banner and my Refuge strong,
My bounteous Portion when I call.

My soul I give unto His care,
Asleep, awake, for He is near,
And with my soul, my body, too;
God is with me, I have no fear.

A-dōn ō-lom a-sher mo-laḥ, b'te-rem kol y'tseer niv'ro.
L'ays na-a'so v'ḥef-tsō kōl, a-zye me-leḥ sh'mō-nik-ro.

V'a-ḥa'-ray ki-ḥ'lōs ha-kōl, l'va-dō yim-lōḥ nō-ro.
V'hu ho-yo, v'hu hō-ve, v'hu yi-ye b'sif-o-ro.

V'hu e-ḥod v'ayn shay-nee, l'ham-sheel lō l'haḥ-bee-ro.
B'lee ray-shees b'lee-saḥ-lees, v'lō ho-ōz v'ha-mis-ro.

V'hu ay-lee v'ḥye gō-a'-lee, v'tsur ḥev-lee b'ays tso-ro.
V'hu ni-see u-mo-nōs lee, m'nos kō-see b'yōm ek-ro.

B'yo-dō af-keed ru-ḥee, b'ays ee-shan v'o-ee-ro.
V'im ru-ḥee g'vi-yo-see, A-dō-noy lee v'lō-ee-ro.

Preliminary Service, pages 26–59

הַמֶּֽלֶךְ

יוֹשֵׁב עַל־כִּסֵּא רָם וְנִשָּׂא:

שׁוֹכֵן עַד מָרוֹם וְקָדוֹשׁ שְׁמוֹ. וְכָתוּב. רַנְּנוּ צַדִּיקִים בַּייָ לַיְשָׁרִים נָאוָה תְהִלָּה: בְּפִי יְשָׁרִים תִּתְרוֹמָם. וּבְדִבְרֵי צַדִּיקִים תִּתְבָּרַךְ. וּבִלְשׁוֹן חֲסִידִים תִּתְקַדָּשׁ. וּבְקֶֽרֶב קְדוֹשִׁים תִּתְהַלָּל:

וּבְמַקְהֲלוֹת רִבְבוֹת עַמְּךָ בֵּית יִשְׂרָאֵל בְּרִנָּה יִתְפָּאַר שִׁמְךָ מַלְכֵּנוּ בְּכָל־דּוֹר וָדוֹר. שֶׁכֵּן חוֹבַת כָּל־הַיְצוּרִים לְפָנֶֽיךָ יְיָ אֱלֹהֵֽינוּ וֵאלֹהֵי אֲבוֹתֵֽינוּ. לְהוֹדוֹת לְהַלֵּל לְשַׁבֵּֽחַ לְפָאֵר לְרוֹמֵם לְהַדֵּר לְבָרֵךְ לְעַלֵּה וּלְקַלֵּס עַל כָּל־דִּבְרֵי שִׁירוֹת וְתִשְׁבְּחוֹת דָּוִד בֶּן יִשַׁי עַבְדְּךָ מְשִׁיחֶֽךָ:

יִשְׁתַּבַּח שִׁמְךָ לָעַד מַלְכֵּֽנוּ. הָאֵל הַמֶּֽלֶךְ הַגָּדוֹל וְהַקָּדוֹשׁ בַּשָּׁמַֽיִם וּבָאָֽרֶץ. כִּי לְךָ נָאֶה יְיָ אֱלֹהֵֽינוּ וֵאלֹהֵי אֲבוֹתֵֽינוּ שִׁיר וּשְׁבָחָה הַלֵּל וְזִמְרָה עֹז וּמֶמְשָׁלָה נֶֽצַח גְּדֻלָּה וּגְבוּרָה תְּהִלָּה וְתִפְאֶֽרֶת קְדֻשָּׁה וּמַלְכוּת בְּרָכוֹת וְהוֹדָאוֹת מֵעַתָּה וְעַד עוֹלָם. בָּרוּךְ אַתָּה יְיָ אֵל מֶֽלֶךְ גָּדוֹל בַּתִּשְׁבָּחוֹת. אֵל הַהוֹדָאוֹת אֲדוֹן הַנִּפְלָאוֹת. הַבּוֹחֵר בְּשִׁירֵי זִמְרָה. מֶֽלֶךְ אֵל חֵי הָעוֹלָמִים:

Reader

יִתְגַּדַּל וְיִתְקַדַּשׁ שְׁמֵהּ רַבָּא. בְּעָלְמָא דִּי־בְרָא כִרְעוּתֵהּ. וְיַמְלִיךְ מַלְכוּתֵהּ בְּחַיֵּיכוֹן וּבְיוֹמֵיכוֹן וּבְחַיֵּי דְכָל־בֵּית יִשְׂרָאֵל בַּעֲגָלָא וּבִזְמַן קָרִיב. וְאִמְרוּ אָמֵן:

יְהֵא שְׁמֵהּ רַבָּא מְבָרַךְ לְעָלַם וּלְעָלְמֵי עָלְמַיָּא:

יִתְבָּרַךְ וְיִשְׁתַּבַּח וְיִתְפָּאַר וְיִתְרוֹמַם וְיִתְנַשֵּׂא וְיִתְהַדַּר וְיִתְעַלֶּה וְיִתְהַלַּל שְׁמֵהּ דְּקֻדְשָׁא. בְּרִיךְ הוּא. לְעֵֽלָּא וּלְעֵֽלָּא מִכָּל־בִּרְכָתָא וְשִׁירָתָא תֻּשְׁבְּחָתָא וְנֶחֱמָתָא דַּאֲמִירָן בְּעָלְמָא. וְאִמְרוּ אָמֵן:

Preliminary Service, pages 26–59

Thou art the King
Enthroned on high in majesty.

Thou abidest to eternity; exalted and holy is Thy name. As the Psalmist has written: "Rejoice in the Lord, O ye righteous; for praise is befitting from the upright."

By the lips of the upright Thou shalt be exalted,
By the words of the righteous Thou shalt be blessed,
By the tongue of the faithful Thou shalt be sanctified,
And in the midst of the holy Thou shalt be glorified.

In the assemblies of the tens of thousands of Thy people, in the house of Israel, Thy name, O our King, shall be glorified with song throughout every generation. For it is the duty of Thy creatures, O Lord our God and God of our fathers, to give thanks unto Thee, laud, exalt, adore and bless Thee, even beyond all the psalms of praise of David, the son of Jesse, Thine anointed.

Praised be Thy name, O our King forever, Thou God and King, great and holy in heaven and on earth. For unto Thee alone, O Lord our God and God of our fathers, song and praise are becoming, hymn and psalm, power and dominion, supremacy, greatness, might, renown, and glory, holiness and sovereignty, blessings and thanksgiving, henceforth and evermore. Blessed art Thou, O Lord, almighty King, exalted in praises, God of thanksgiving. Thou art the Lord of wonders; Thou delightest in songs and psalms, O ever living Sovereign, Life of the universe.

Reader

Magnified and sanctified be the great name of God throughout the world which He hath created according to His will. May He establish His kingdom during the days of your life and during the life of all the house of Israel, speedily, yea, soon; and say ye, Amen.

May His great name be blessed for ever and ever.

Exalted and honored be the name of the Holy One, blessed be He, whose glory transcends, yea, is beyond all blessings and hymns, praises and consolations which are uttered in the world; and say ye, Amen.

Reader

בָּרְכוּ אֶת־יְיָ הַמְבֹרָךְ:

Congregation

בָּרוּךְ יְיָ הַמְבֹרָךְ לְעוֹלָם וָעֶד:

בָּרוּךְ אַתָּה יְיָ אֱלֹהֵינוּ מֶלֶךְ הָעוֹלָם הַפּוֹתֵחַ לָנוּ שַׁעֲרֵי רַחֲמִים וּמֵאִיר עֵינֵי הַמְחַכִּים לִסְלִיחָתוֹ. יוֹצֵר אוֹר וּבוֹרֵא חֹשֶׁךְ עֹשֶׂה שָׁלוֹם וּבוֹרֵא אֶת־הַכֹּל:

אוֹר עוֹלָם בְּאוֹצַר חַיִּים אוֹרוֹת מֵאֹפֶל אָמַר וַיֶּהִי:

סְלַח לְגוֹי קָדוֹשׁ. בְּיוֹם קָדוֹשׁ. מָרוֹם וְקָדוֹשׁ:

חָטָאנוּ צוּרֵנוּ. סְלַח־לָנוּ יוֹצְרֵנוּ:

אָז בְּיוֹם כִּפּוּר סְלִיחָה הוֹרֵיתָ.
אוֹר וּמְחִילָה לְעַם זוּ קָנִיתָ:
בְּסָלְחָךְ לַעֲוֹנוֹת וַחֲטָאֵי עֵדָה.
בֶּעָשׂוֹר סְמוּכִים בְּבֵית הַוַּעֲדָה:
גָּבְרוּ חֲטָאִים בַּאֲנִי יְשֵׁנָה.
גַּשׁ יוֹם אֶחָד בִּימֵי שָׁנָה:
דּוֹבְבוּ בְּתַחֲנוּן לְמוֹחֵל וְסוֹלֵחַ.
דּוֹפְקֵי בִתְשׁוּבָה לְיוֹצֵר אוֹר וְסַלָּח:
הַמְתֵּק הָאוֹר לִסְלִיחָתִי.
הָעֵת תַּעֲנֶה וְתֹאמַר סָלַחְתִּי:
וְתָאִיר עֵינֵינוּ וְתַעֲבוֹר עַל פֶּשַׁע.
וְחוֹטְאֵי בִשְׁגָגָה אַל־נָא תָמִית בְּרֶשַׁע:
זַדְנוּ וְהִרְשַׁעְנוּ בְּרֹעַ מַעֲלָלֵינוּ.
זֶה צַדִּיק אַתָּה עַל כָּל־הַבָּא עָלֵינוּ:
חָטָאנוּ לְךָ מֶלֶךְ עוֹלָמִים.
חָנֵּנוּ בְּאוֹרְךָ וְלֹא נֵצֵא נִכְלָמִים:

Reader

Bless the Lord who is to be praised.

Congregation and Reader

Praised be the Lord who is blessed for all eternity.

Congregation

Bo-ruḥ a-dō-noy ha-m'vō-roḥ l'-ō-lom vo-ed.

Blessed art Thou, O Lord our God, King of the universe, who openest for us the gates of mercy and lightenest the eyes of them that hope for thy forgiveness, who formest light and createst darkness, who makest peace and createst all things.

Yea, everlasting light is in God's treasury of life;
Out of the darkness He spoke and there was light.
O forgive on this holy day, a people that aspires to holiness,
O Thou who art high and holy.
We have sinned against Thee, O our Rock;
O our Creator, forgive us.

From time immemorial, Thou didst on Atonement Day proclaim forgiveness, bringing light and pardon to Thy people, forgiving the sins and iniquities of the congregation assembled in Thy Sanctuary with trust in Thee.

Sin grew stronger while my soul was asleep, but the Day of Atonement arouses me to knock at the gates of repentance pleading before the Creator of light and the Bestower of pardon.

May I behold Thy light so that Thou mayest answer, "I have forgiven." O pass by our transgressions and do not condemn those who sin through ignorance.

We have done wickedly but Thou art just in all that has come upon us. We have sinned against Thee, O Sovereign of the universe. Guide us with Thy light that we may not suffer humiliation.

טוֹב וְסַלָּח לְךָ הִיא הַצְּדָקָה.
טַהֲרֵנוּ בְּמַעְיָנְךָ לוֹבֵשׁ צְדָקָה:
יוֹמָם וָלַיְלָה שָׁפַכְנוּ לֵב וָנֶפֶשׁ.
יִזְרַח לָנוּ אוֹר בְּכִפּוּר עִנּוּי נֶפֶשׁ:
כְּחַנּוּן תְּחַפֵּשׂ סִתְרֵי מַעֲשִׂים.
כְּרַחוּם תִּסְלַח עֲוֹנוֹת עֲמוּסִים:
לְמַעַן נָרוּץ בְּאוֹר פָּנֶיךָ.
לֹא נֵצֵא הַיּוֹם רֵיקָם מִלְּפָנֶיךָ:
מַלְבִּין כַּשֶּׁלֶג חֲטָאֵי עַמְּךָ.
מְקוֹר חַיִּים וָחֶסֶד עִמְּךָ:
נָבוֹאָה עָדֶיךָ זוֹכֵר הַבְּרִית.
נַהֲלֵנוּ בְּאוֹרְךָ כְּמוֹ נִסְתָּר בְּנַחַל כְּרִית:
שַׂר הַמְכַפֵּר בְּעַד צֹאן מַרְעִית.
סוֹכְכֵנוּ בְּאוֹרְךָ כְּסוֹכֵת מַרְאִית:
עֲנֵנוּ אָבִינוּ מִמַּעֲמַקִּים.
עוֹרֵר כְּאוֹר נֹגַהּ שׁוֹשַׁנַּת הָעֲמָקִים:
פְּתַח־לָנוּ שַׁעַר וְתַעֲלֶה תְפִלָּה.
פָּנֶיךָ נְחַלֶּה שׁוֹכֵן מֵעְלָה:
צֵאָתֵנוּ תְנַקֶּה וּבְחֵטְא לֹא נִתְחַקֵּק.
צְרָפֵנוּ כְּכֶסֶף שִׁבְעָתַיִם מְזֻקָּק:
קָרְבֵנוּ לְיִשְׁעֲךָ בְּאוֹר שְׁנֵי עֳפָרִים.
קוֹרְאֵי קְדֻשַּׁת יוֹם כִּפּוּרִים.
רְעֵנוּ כְּקֶדֶם וְתָאֳרֵנוּ יְנַהֵר.
רַחוּם הַקְשִׁיבָה וַעֲשֵׂה אַל תְּאַחַר:
שָׁפַכְנוּ כַּמַּיִם אַבְנֵי לְבּוֹת.
שַׁחַר אוֹר יַגִּיהַּ בּוֹחֵן לְבָבוֹת:

Good and forgiving God, righteousness is Thine; purify us in Thy fountain, O Thou who art garbed in righteousness.

Day and night we pour out our hearts and souls in prayer. O let Thy light shine upon our distress.

Be merciful when Thou searchest our secret deeds and forgive us if we have strayed from Thee.

O may we walk in the light of Thy spirit and not depart from Thy presence without Thy grace.

O make the sins of Thy people white as snow, for from Thee is the very source of life and loving-kindness.

We pray to Thee who rememberest the covenant, lead us in Thy light as Thou didst lead Elijah through the vale of darkness.

O Lord, who forgivest the sheep of Thy pasture, cover us with Thy light as Thou didst cover Moses when he beheld the rays of Thy glory.

Answer us, O our Father, in our deep affliction. Rouse from sleep as with a shining light, Israel, lily of the valley.

Open for us the gates of prayer and admit our supplication. O Thou, who dwellest on high, we seek Thy presence.

Cleanse us of our impurity, so that sin may leave no stain behind, and even as silver, seven times refined, may we be purified.

Draw us to Thy salvation for the sake of Moses and Aaron, who proclaimed the holiness of the Atonement Day.

Be our Shepherd as of yore and our life will be joyous. O merciful God, hear us and tarry not.

We have poured out our stubborn hearts as water. O send forth the morning ray of pardon, O Thou Searcher of hearts.

תְּחַטְּאֵנוּ בְּאֵזוֹב וְנִטְהַר בְּיוֹם סְלִיחָתִי. תַּקְשִׁיב סְלַח־נָא וְתֹאמַר סָלַחְתִּי:

סְלַח לְגוֹי קָדוֹשׁ. בְּיוֹם קָדוֹשׁ. מָרוֹם וְקָדוֹשׁ:

On Sabbath

הַכֹּל יוֹדוּךָ וְהַכֹּל יְשַׁבְּחוּךָ. וְהַכֹּל יֹאמְרוּ אֵין קָדוֹשׁ כַּיְיָ: הַכֹּל יְרוֹמְמוּךָ סֶּלָה יוֹצֵר הַכֹּל. הָאֵל הַפּוֹתֵחַ בְּכָל־יוֹם דַּלְתוֹת שַׁעֲרֵי מִזְרָח וּבוֹקֵעַ חַלּוֹנֵי רָקִיעַ. מוֹצִיא חַמָּה מִמְּקוֹמָהּ וּלְבָנָה מִמְּכוֹן שִׁבְתָּהּ. וּמֵאִיר לָעוֹלָם כֻּלּוֹ וּלְיוֹשְׁבָיו. שֶׁבָּרָא בְּמִדַּת רַחֲמִים: הַמֵּאִיר לָאָרֶץ וְלַדָּרִים עָלֶיהָ בְּרַחֲמִים. וּבְטוּבוֹ מְחַדֵּשׁ בְּכָל־יוֹם תָּמִיד מַעֲשֵׂה בְרֵאשִׁית: הַמֶּלֶךְ הַמְרוֹמָם לְבַדּוֹ מֵאָז. הַמְשֻׁבָּח וְהַמְפֹאָר וְהַמִּתְנַשֵּׂא מִימוֹת עוֹלָם: אֱלֹהֵי עוֹלָם בְּרַחֲמֶיךָ הָרַבִּים רַחֵם עָלֵינוּ אֲדוֹן עֻזֵּנוּ צוּר מִשְׂגַּבֵּנוּ מָגֵן יִשְׁעֵנוּ מִשְׂגָּב בַּעֲדֵנוּ: אֵין כְּעֶרְכְּךָ וְאֵין זוּלָתֶךָ. אֶפֶס בִּלְתְּךָ וּמִי דּוֹמֶה לָּךְ: אֵין כְּעֶרְכְּךָ יְיָ אֱלֹהֵינוּ בָּעוֹלָם הַזֶּה. וְאֵין זוּלָתְךָ מַלְכֵּנוּ לְחַיֵּי הָעוֹלָם הַבָּא: אֶפֶס בִּלְתְּךָ גּוֹאֲלֵנוּ לִימוֹת הַמָּשִׁיחַ. וְאֵין דּוֹמֶה לְּךָ מוֹשִׁיעֵנוּ לִתְחִיַּת הַמֵּתִים:

אֵל אָדוֹן עַל כָּל־הַמַּעֲשִׂים. בָּרוּךְ וּמְבֹרָךְ בְּפִי כָּל־נְשָׁמָה: גָּדְלוֹ וְטוּבוֹ מָלֵא עוֹלָם. דַּעַת וּתְבוּנָה סוֹבְבִים אוֹתוֹ: הַמִּתְגָּאֶה עַל־חַיּוֹת הַקֹּדֶשׁ. וְנֶהְדָּר בְּכָבוֹד עַל־הַמֶּרְכָּבָה: זְכוּת וּמִישׁוֹר לִפְנֵי כִסְאוֹ. חֶסֶד וְרַחֲמִים לִפְנֵי כְבוֹדוֹ: טוֹבִים מְאוֹרוֹת שֶׁבָּרָא אֱלֹהֵינוּ. יְצָרָם בְּדַעַת בְּבִינָה וּבְהַשְׂכֵּל: כֹּחַ וּגְבוּרָה נָתַן בָּהֶם. לִהְיוֹת מוֹשְׁלִים

Purify us and we shall be pure on this day of forgiveness.
O hearken, forgive us and say: "I have forgiven."

O forgive on this holy day a people that aspires to holiness,
O Thou who art high and holy.

On Sabbath

All shall thank Thee, and all shall praise Thee, as they
declare: "There is none holy like the Lord." All shall extol
Thee, Thou, Creator of all things; O God, who openest every
day the gates of the east, and cleavest the windows of the
firmament, bringing forth the sun and the moon from their
places on high, giving light to the whole world and its inhabit-
ants whom Thou createst by Thy attribute of mercy.   In
Thy goodness Thou renewest each day the miracle of creation.
O King, Thou alone wast exalted of yore; glorified and ex-
tolled from days of old.   O everlasting God, in Thine abun-
dant mercy, have compassion upon us; Lord of our strength,
Rock of our stronghold, Shield of our salvation, be Thou a
stronghold around us.   There is none to be compared to Thee,
neither is there any besides Thee; there is none but Thee!
Who is like unto Thee?   There is none like unto Thee, O Lord
our God, in this world, neither is there any besides Thee, O
our King, in the world to come; there is none but Thee, O our
Redeemer, for the days of the Messiah; neither is there any
like unto Thee, O our Savior, for the assurance of life eternal.

The Lord is Master over all His works;
Blessed is He, acclaimed by every living thing.
His greatness and His goodness fill the universe,
While knowledge and discernment compass Him about.
The Lord, exalted over all the celestial host,
Above the heavenly chariot in radiance adorned,
Purity and justice stand before His throne,
Kindness and compassion before His glory go.
The luminaries which the Lord hath wrought are good,
With wisdom, knowledge and discernment were they made.
Endowed with might, endowed with everlasting power,
They govern all the world.

בְּקֶרֶב תֵּבֵל: מְלֵאִים זִיו וּמְפִיקִים נֹגַהּ. נָאֶה זִיוָם בְּכָל־הָעוֹלָם: שְׂמֵחִים בְּצֵאתָם וְשָׂשִׂים בְּבוֹאָם. עוֹשִׂים בְּאֵימָה רְצוֹן קוֹנָם: פְּאֵר וְכָבוֹד נוֹתְנִים לִשְׁמוֹ. צָהֳלָה וְרִנָּה לְזֵכֶר מַלְכוּתוֹ: קָרָא לַשֶּׁמֶשׁ וַיִּזְרַח אוֹר. רָאָה וְהִתְקִין צוּרַת הַלְּבָנָה: שֶׁבַח נוֹתְנִים לוֹ כָּל־צְבָא מָרוֹם. תִּפְאֶרֶת וּגְדֻלָּה שְׂרָפִים וְאוֹפַנִּים וְחַיּוֹת הַקֹּדֶשׁ.

לָאֵל אֲשֶׁר שָׁבַת מִכָּל־הַמַּעֲשִׂים. בַּיּוֹם הַשְּׁבִיעִי הִתְעַלָּה וְיָשַׁב עַל־כִּסֵּא כְבוֹדוֹ: תִּפְאֶרֶת עָטָה לְיוֹם הַמְּנוּחָה. עֹנֶג קָרָא לְיוֹם הַשַּׁבָּת: זֶה שֶׁבַח שֶׁלַּיּוֹם הַשְּׁבִיעִי שֶׁבּוֹ שָׁבַת אֵל מִכָּל־מְלַאכְתּוֹ. וְיוֹם הַשְּׁבִיעִי מְשַׁבֵּחַ וְאוֹמֵר. מִזְמוֹר שִׁיר לְיוֹם הַשַּׁבָּת טוֹב לְהוֹדוֹת לַייָ: לְפִיכָךְ יְפָאֲרוּ וִיבָרְכוּ לָאֵל כָּל־יְצוּרָיו. שֶׁבַח יְקָר וּגְדֻלָּה יִתְּנוּ לָאֵל מֶלֶךְ יוֹצֵר כֹּל. הַמַּנְחִיל מְנוּחָה לְעַמּוֹ יִשְׂרָאֵל בִּקְדֻשָּׁתוֹ בְּיוֹם שַׁבַּת קֹדֶשׁ: שִׁמְךָ יְיָ אֱלֹהֵינוּ יִתְקַדַּשׁ. וְזִכְרְךָ מַלְכֵּנוּ יִתְפָּאַר. בַּשָּׁמַיִם מִמַּעַל וְעַל־הָאָרֶץ מִתָּחַת: תִּתְבָּרַךְ מוֹשִׁיעֵנוּ. עַל־שֶׁבַח מַעֲשֵׂה יָדֶיךָ וְעַל־מְאוֹרֵי אוֹר שֶׁעָשִׂיתָ יְפָאֲרוּךָ סֶּלָה:

On Sabbath continue with תתברך צורנו *on page 260*

On week-days

הַמֵּאִיר לָאָרֶץ וְלַדָּרִים עָלֶיהָ בְּרַחֲמִים וּבְטוּבוֹ מְחַדֵּשׁ בְּכָל־יוֹם תָּמִיד מַעֲשֵׂה בְרֵאשִׁית: מָה־רַבּוּ מַעֲשֶׂיךָ יְיָ. כֻּלָּם בְּחָכְמָה עָשִׂיתָ. מָלְאָה הָאָרֶץ קִנְיָנֶךָ: הַמֶּלֶךְ הַמְרוֹמָם לְבַדּוֹ מֵאָז הַמְשֻׁבָּח וְהַמְפֹאָר וְהַמִּתְנַשֵּׂא מִימוֹת עוֹלָם. אֱלֹהֵי עוֹלָם בְּרַחֲמֶיךָ הָרַבִּים רַחֵם עָלֵינוּ. אֲדוֹן עֻזֵּנוּ צוּר מִשְׂגַּבֵּנוּ מָגֵן יִשְׁעֵנוּ מִשְׂגָּב בַּעֲדֵנוּ: אֵל בָּרוּךְ גְּדוֹל דֵּעָה.

In splendor, lustrously their brightness radiates,
Their brilliance beautiful throughout the universe.
In rising they rejoice, in setting they exult,
Awesomely fulfilling their Creator's will.
Glory and honor do they give unto His name;
In joyous songs of praise His kingdom they acclaim.
God called unto the sun and it shone forth in light;
He looked, and then He formed the figure of the moon.
The heavenly host, the constellations give Him praise,
And all celestial beings of the heavenly throne
Attribute honor, greatness, glory—

Unto God who rested from all His works, and on the seventh day exalted Himself and was enthroned in His glory; robed in majesty on the day of rest, He called the Sabbath a day of delight. This is the praise of the Sabbath day, that God rested thereon from all His work; the Sabbath day itself offering praise to Him: "A Psalm, a song of the Sabbath day. It is good to give thanks unto the Lord." Therefore let all His creatures glorify and bless God; let them render praise, honor and greatness unto God, the King and Creator of all, who in His holiness giveth an inheritance of rest to His people Israel on the holy Sabbath day. Thy name, O Lord our God, shall be sanctified, and Thy remembrance, O our King, shall be glorified in heaven above and on the earth beneath. Be Thou blessed, O our Savior, for the excellency of Thy handiwork, and for the bright luminaries which Thou hast made; all shall testify to Thy glory.

On Sabbath continue with "Be Thou Blessed," page 260

On week-days

In mercy Thou bringest light to the earth and to those who dwell thereon, and in Thy goodness renewest continually each day the miracle of creation. How great are Thy works, O Lord; in wisdom hast Thou made them all; the earth is full of Thy handiwork. O King, Thou alone hast been exalted of yore, and Thou wilt be praised and glorified unto all eternity. O everlasting God, in Thine abundant mercy have compassion upon us. O Lord of our strength, sheltering Rock, Shield of our salvation, Thou art a stronghold unto us.

הֵכִין וּפָעַל זָהֳרֵי חַמָּה. טוֹב יָצַר כָּבוֹד לִשְׁמוֹ. מְאוֹרוֹת נָתַן סְבִיבוֹת עֻזּוֹ. פִּנּוֹת צְבָאָיו קְדוֹשִׁים רוֹמְמֵי שַׁדַּי תָּמִיד מְסַפְּרִים כְּבוֹד אֵל וּקְדֻשָּׁתוֹ: תִּתְבָּרַךְ יְיָ אֱלֹהֵינוּ עַל־שֶׁבַח מַעֲשֵׂה יָדֶיךָ וְעַל־מְאוֹרֵי אוֹר שֶׁעָשִׂיתָ יְפָאֲרוּךָ סֶּלָה:

On Sabbath and week-days

תִּתְבָּרַךְ צוּרֵנוּ מַלְכֵּנוּ וְגוֹאֲלֵנוּ בּוֹרֵא קְדוֹשִׁים יִשְׁתַּבַּח שִׁמְךָ לָעַד מַלְכֵּנוּ. יוֹצֵר מְשָׁרְתִים וַאֲשֶׁר מְשָׁרְתָיו כֻּלָּם עוֹמְדִים בְּרוּם עוֹלָם וּמַשְׁמִיעִים בְּיִרְאָה יַחַד בְּקוֹל דִּבְרֵי אֱלֹהִים חַיִּים וּמֶלֶךְ עוֹלָם: כֻּלָּם אֲהוּבִים כֻּלָּם בְּרוּרִים כֻּלָּם גִּבּוֹרִים וְכֻלָּם עֹשִׂים בְּאֵימָה וּבְיִרְאָה רְצוֹן קוֹנָם. וְכֻלָּם פּוֹתְחִים אֶת־פִּיהֶם בִּקְדֻשָּׁה וּבְטָהֳרָה בְּשִׁירָה וּבְזִמְרָה וּמְבָרְכִים וּמְשַׁבְּחִים וּמְפָאֲרִים וּמַעֲרִיצִים וּמַקְדִּישִׁים וּמַמְלִיכִים

אֶת־שֵׁם הָאֵל הַמֶּלֶךְ הַגָּדוֹל הַגִּבּוֹר וְהַנּוֹרָא קָדוֹשׁ הוּא: וְכֻלָּם מְקַבְּלִים עֲלֵיהֶם עֹל מַלְכוּת שָׁמַיִם זֶה מִזֶּה. וְנוֹתְנִים רְשׁוּת זֶה לָזֶה לְהַקְדִּישׁ לְיוֹצְרָם. בְּנַחַת רוּחַ בְּשָׂפָה בְרוּרָה וּבִנְעִימָה קְדֻשָּׁה כֻּלָּם כְּאֶחָד עוֹנִים וְאוֹמְרִים בְּיִרְאָה.

קָדוֹשׁ קָדוֹשׁ קָדוֹשׁ יְיָ צְבָאוֹת מְלֹא כָל־הָאָרֶץ כְּבוֹדוֹ:

Reader and Congregation

בָּרוּךְ שֵׁם כְּבוֹד מַלְכוּתוֹ:

מַלְכוּתוֹ בִּקְהַל עֲדָתִי. וּכְבוֹדוֹ הִיא אֱמוּנָתִי. אֵלָיו בְּקָשְׁתִּי לְכַפֵּר עֲוֹן חַטָּאתִי. וּבְיוֹם צוֹם כִּפּוּר סְלִיחָתִי יַעֲנֶה וְיֹאמַר סָלַחְתִּי:

O God, blessed and all-knowing, Thou hast designed and made the radiance of the sun. Thou, O Beneficent One, hast wrought glory unto Thy name; Thou hast set luminaries round about Thy strength. All Thy hosts in heaven continually declare Thy high praises and Thy holiness, O Almighty. Be Thou blessed, O Lord our God, for the excellence of Thy handiwork and for the bright luminaries which Thou hast made; all shall glorify Thee.

On Sabbath and week-days

Be Thou blessed, O our Rock, our King and Redeemer, our Creator of ministering angels who, as envisaged by the prophet, stand in the heights of the universe and together proclaim with awe the words of the living God and everlasting King.* All the heavenly hosts are beloved; all are pure; all are mighty; and all in holiness and purity, with song and psalm, all bless and revere, sanctify and ascribe sovereignty—

To the name of God, the great, mighty, awe-inspiring and holy King. They all pledge to one another to accept the yoke of the Kingdom of Heaven and give sanction to one another to hallow their Creator. In tranquil spirit, with pure speech and sacred melody they all respond in unison and reverently proclaim:

> Holy, holy, holy, is the Lord of hosts;
> The whole earth is full of His glory.

Reader and Congregation

Blessed be His glorious sovereign name.

His sovereignty, I acknowledge amidst the assembled throng. His glory is my faith. I seek Him on this fast day to forgive my sins, to pardon my wrong-doing. May He answer and say: "I have forgiven."

* Isaiah 6.

קָדוֹשׁ אַדִּיר בַּעֲלִיָּתוֹ.
קָדוֹשׁ בִּתְשׁוּבָה שָׁת סְלִיחָתוֹ.
קָדוֹשׁ גִּלָּה לְעַמּוֹ סוֹד דָּתוֹ.
קָדוֹשׁ דָּץ עַל כַּפָּרַת צֹאן מַרְעִיתוֹ:
קָדוֹשׁ הַסּוֹלֵחַ לַאֲיֻמָּתוֹ.
קָדוֹשׁ וְעַמּוֹ יְמַלְלוּ גְבוּרָתוֹ.
קָדוֹשׁ זוֹכֵר אֲיֻמָּה בְּאַהֲבָתוֹ.
קָדוֹשׁ חָפֵץ בְּעִנּוּי נֶפֶשׁ יוֹנָתוֹ:
קָדוֹשׁ טַהֵר טְמֵאִים בְּמֵי זְרִיקָתוֹ.
קָדוֹשׁ יַלְבִּין כַּשֶּׁלֶג חֲטָאֵי סְגֻלָּתוֹ.
קָדוֹשׁ כַּפֵּר לְעַמְּךָ יִשְׂרָאֵל שִׁגְגָתוֹ.
קָדוֹשׁ לְיוֹם אֶחָד בַּשָּׁנָה שָׁת קְרִיאָתוֹ:
קָדוֹשׁ מוֹחֵל וְסוֹלֵחַ לִתְשׁוּקָתוֹ.
קָדוֹשׁ נִרְאָה בְּהַר מְרוֹם הָרִים עֲמִידָתוֹ.
קָדוֹשׁ סוֹלֵחַ וְטוֹב לְסוֹבְלֵי עֹל יִרְאָתוֹ.
קָדוֹשׁ עָוֹן יְכַפֵּר וְלֹא יָעִיר כָּל־חֲמָתוֹ:
קָדוֹשׁ פְּשָׁעִים מַעֲבִיר בְּצִדְקָתוֹ.
קָדוֹשׁ צוֹם הֶעָשׂוֹר יְקַבֵּל לִתְשׁוּבָתוֹ.
קָדוֹשׁ קַבֵּץ קְהַל קְדוֹשִׁים בְּחֶמְלָתוֹ.
קָדוֹשׁ רַחוּם וְחַנּוּן וְאֵין זוּלָתוֹ:
קָדוֹשׁ שׁוֹכֵן שְׁחָקִים בִּמְכוֹן שִׁבְתּוֹ.
קָדוֹשׁ תַּרְשִׁישִׁים יַגִּידוּ תִפְאַרְתּוֹ:

מַלְכוּתוֹ בִּקְהַל עֲדָתִי. וּכְבוֹדוֹ הִיא אֱמוּנָתִי. אֵלָיו בִּקַּשְׁתִּי לְכַפֵּר עֲוֹן חַטָּאתִי. וּבְיוֹם צוֹם כִּפּוּר סְלִיחָתִי. יַעֲנֶה וְיֹאמַר סָלַחְתִּי:

The following Piyyut° (Hymn) composed in alphabetical acrostic is ascribed to Kalonymos of Lucca, father of Rabbi Meshullam, tenth century.

The Holy One is mighty in the heavens.

The Holy One hath established His pardon on repentance.

The Holy One revealed His Law to His people.

The Holy One rejoiceth when the sheep of His pasture are worthy of forgiveness.

The Holy One pardoneth the faithful.

The Holy One, all His people praise His mighty deeds.

The Holy One remembereth His people in love.

The Holy One delighteth in true repentance.

The Holy One poureth His cleansing waters on those unclean.

The Holy One maketh their sins as white as snow.

The Holy One seeketh to forgive the transgression of Israel.

The Holy One hath appointed this day for atonement.

The Holy One pardoneth them who turn to Him in truth.

The Holy One revealed Himself on Mount Sinai.

The Holy One forgiveth those who in reverential awe obey Him.

The Holy One will graciously pardon iniquity.

The Holy One removeth transgression.

The Holy One regardeth this day a fast for penitence.

The Holy One guideth His faithful ones.

The Holy One is most merciful and there is none besides Him.

The Holy One dwelleth in the high heavens.

The Holy One, angels proclaim His glory.

His sovereignty I acknowledge amidst the assembled throng. His glory is my faith; I seek Him on this fast day to forgive my sins, to pardon my wrong-doing. May He answer and say: "I have forgiven."

וְהַחַיּוֹת יְשׁוֹרֵרוּ וּכְרֻבִים יְפָאֵרוּ וּשְׂרָפִים יָרֹנּוּ וְאֶרְאֶלִּים יְבָרֵכוּ: פְּנֵי כָּל־חַיָּה וְאוֹפַן וּכְרוּב לְעֻמַּת שְׂרָפִים. לְעֻמָּתָם מְשַׁבְּחִים וְאוֹמְרִים. בָּרוּךְ כְּבוֹד־יְיָ מִמְּקוֹמוֹ:

לְאֵל בָּרוּךְ נְעִימוֹת יִתֵּנוּ. לְמֶלֶךְ אֵל חַי וְקַיָּם זְמִירוֹת יֹאמֵרוּ וְתִשְׁבָּחוֹת יַשְׁמִיעוּ. כִּי הוּא לְבַדּוֹ פּוֹעֵל גְּבוּרוֹת עֹשֶׂה חֲדָשׁוֹת בַּעַל מִלְחָמוֹת זוֹרֵעַ צְדָקוֹת מַצְמִיחַ יְשׁוּעוֹת בּוֹרֵא רְפוּאוֹת נוֹרָא תְהִלּוֹת אֲדוֹן הַנִּפְלָאוֹת. הַמְחַדֵּשׁ בְּטוּבוֹ בְּכָל־יוֹם תָּמִיד מַעֲשֵׂה בְרֵאשִׁית. כָּאָמוּר. לְעֹשֵׂה אוֹרִים גְּדֹלִים כִּי לְעוֹלָם חַסְדּוֹ: אוֹר חָדָשׁ עַל צִיּוֹן תָּאִיר וְנִזְכֶּה כֻלָּנוּ מְהֵרָה לְאוֹרוֹ. בָּרוּךְ אַתָּה יְיָ יוֹצֵר הַמְּאוֹרוֹת:

אַהֲבָה רַבָּה אֲהַבְתָּנוּ יְיָ אֱלֹהֵינוּ חֶמְלָה גְדוֹלָה וִיתֵרָה חָמַלְתָּ עָלֵינוּ: אָבִינוּ מַלְכֵּנוּ בַּעֲבוּר אֲבוֹתֵינוּ שֶׁבָּטְחוּ בְךָ וַתְּלַמְּדֵם חֻקֵּי חַיִּים כֵּן תְּחָנֵּנוּ וּתְלַמְּדֵנוּ: אָבִינוּ הָאָב הָרַחֲמָן הַמְרַחֵם. רַחֵם עָלֵינוּ וְתֵן בְּלִבֵּנוּ לְהָבִין וּלְהַשְׂכִּיל לִשְׁמֹעַ לִלְמֹד וּלְלַמֵּד לִשְׁמֹר וְלַעֲשׂוֹת וּלְקַיֵּם אֶת־כָּל־דִּבְרֵי תַלְמוּד תּוֹרָתֶךָ בְּאַהֲבָה: וְהָאֵר עֵינֵינוּ בְּתוֹרָתֶךָ וְדַבֵּק לִבֵּנוּ בְּמִצְוֹתֶיךָ וְיַחֵד לְבָבֵנוּ לְאַהֲבָה וּלְיִרְאָה אֶת־שְׁמֶךָ וְלֹא נֵבוֹשׁ לְעוֹלָם וָעֶד: כִּי בְשֵׁם קָדְשְׁךָ הַגָּדוֹל וְהַנּוֹרָא בָּטָחְנוּ נָגִילָה וְנִשְׂמְחָה בִּישׁוּעָתֶךָ: וַהֲבִיאֵנוּ לְשָׁלוֹם מֵאַרְבַּע כַּנְפוֹת הָאָרֶץ וְתוֹלִיכֵנוּ קוֹמְמִיּוּת לְאַרְצֵנוּ: כִּי אֵל פּוֹעֵל יְשׁוּעוֹת אָתָּה וּבָנוּ בָחַרְתָּ מִכָּל־עַם וְלָשׁוֹן וְקֵרַבְתָּנוּ לְשִׁמְךָ הַגָּדוֹל סֶלָה בֶּאֱמֶת לְהוֹדוֹת לְךָ וּלְיַחֶדְךָ בְּאַהֲבָה. בָּרוּךְ אַתָּה יְיָ הַבּוֹחֵר בְּעַמּוֹ יִשְׂרָאֵל בְּאַהֲבָה:

And according to the vision of the prophets, the heavenly beings sing, the cherubim glorify; the seraphim exalt and all the angels utter praises and proclaim, "Blessed be the glory of the Lord that fills the universe."*

To the blessed God they offer sweet song; to the Ruler, the living and ever-enduring God, they utter hymns and make their praises heard; for He alone worketh mighty deeds and maketh new things. He is the Lord who combats evil, sowing righteousness and causing salvation to spring forth. He createth healing for He is the Lord of wonders and is revered in praises. In His goodness He reneweth the creation every day continually, as it is said in the Psalm: "Give thanks to Him that made great lights, for His mercy endureth forever." O cause a new light to shine upon Zion, and may we all be worthy to delight in its splendor. Blessed art Thou, O Lord, Creator of light.

With abounding love hast Thou loved us, O Lord our God, and with exceeding compassion hast Thou shown us Thy mercy. O our Father, our King, for the sake of our fathers who trusted in Thee and whom Thou didst teach the statutes of life, be gracious unto us also and teach us. O our Father, merciful Father, have mercy upon us and prepare our hearts to understand, to discern, to hearken and to learn, to teach and to observe, to practice and to fulfill in love all the words of instruction contained in Thy Law. Enlighten us through Thy Torah and cause us to cleave to Thy commandments and unite our hearts to love and revere Thy name so that we may never suffer humiliation. Because we have trusted in Thy holy, great and revered name, make us rejoice and be glad in Thy salvation. O bring us in peace from the four corners of the earth, and lead the homeless of our people triumphantly to our land, for Thou art the God who grantest deliverance. Thou hast chosen us to bring us near unto Thy great name in truth that we might lovingly give thanks unto Thee and proclaim Thy unity in love. Blessed art Thou, O Lord, who in love hast chosen Thy people Israel for Thy service.

* The Rabbinic interpretation.

דברים ו׳ ד׳–ט׳

שְׁמַע יִשְׂרָאֵל יְהוָֹה אֱלֹהֵינוּ יְהוָֹה אֶחָד:

בָּרוּךְ שֵׁם כְּבוֹד מַלְכוּתוֹ לְעוֹלָם וָעֶד:

וְאָהַבְתָּ אֵת יְהוָֹה אֱלֹהֶיךָ בְּכָל־לְבָבְךָ וּבְכָל־נַפְשְׁךָ וּבְכָל־מְאֹדֶךָ: וְהָיוּ הַדְּבָרִים הָאֵלֶּה אֲשֶׁר אָנֹכִי מְצַוְּךָ הַיּוֹם עַל־לְבָבֶךָ: וְשִׁנַּנְתָּם לְבָנֶיךָ וְדִבַּרְתָּ בָּם בְּשִׁבְתְּךָ בְּבֵיתֶךָ וּבְלֶכְתְּךָ בַדֶּרֶךְ וּבְשָׁכְבְּךָ וּבְקוּמֶךָ: וּקְשַׁרְתָּם לְאוֹת עַל־יָדֶךָ וְהָיוּ לְטֹטָפֹת בֵּין עֵינֶיךָ: וּכְתַבְתָּם עַל־מְזֻזוֹת בֵּיתֶךָ וּבִשְׁעָרֶיךָ:

דברים י״א י״ג–כ״א

וְהָיָה אִם־שָׁמֹעַ תִּשְׁמְעוּ אֶל־מִצְוֹתַי אֲשֶׁר אָנֹכִי מְצַוֶּה אֶתְכֶם הַיּוֹם לְאַהֲבָה אֶת־יְהוָֹה אֱלֹהֵיכֶם וּלְעָבְדוֹ בְּכָל־לְבַבְכֶם וּבְכָל־נַפְשְׁכֶם: וְנָתַתִּי מְטַר־אַרְצְכֶם בְּעִתּוֹ יוֹרֶה וּמַלְקוֹשׁ וְאָסַפְתָּ דְגָנֶךָ וְתִירֹשְׁךָ וְיִצְהָרֶךָ: וְנָתַתִּי עֵשֶׂב בְּשָׂדְךָ לִבְהֶמְתֶּךָ וְאָכַלְתָּ וְשָׂבָעְתָּ: הִשָּׁמְרוּ לָכֶם פֶּן־יִפְתֶּה לְבַבְכֶם וְסַרְתֶּם וַעֲבַדְתֶּם אֱלֹהִים אֲחֵרִים וְהִשְׁתַּחֲוִיתֶם לָהֶם: וְחָרָה אַף־יְהוָֹה בָּכֶם וְעָצַר אֶת־הַשָּׁמַיִם וְלֹא־יִהְיֶה מָטָר וְהָאֲדָמָה לֹא תִתֵּן אֶת־יְבוּלָהּ וַאֲבַדְתֶּם מְהֵרָה מֵעַל הָאָרֶץ הַטֹּבָה אֲשֶׁר יְהוָֹה נֹתֵן לָכֶם: וְשַׂמְתֶּם אֶת־דְּבָרַי אֵלֶּה עַל־לְבַבְכֶם וְעַל־נַפְשְׁכֶם וּקְשַׁרְתֶּם אֹתָם לְאוֹת עַל־יֶדְכֶם וְהָיוּ לְטוֹטָפֹת בֵּין עֵינֵיכֶם: וְלִמַּדְתֶּם אֹתָם אֶת־בְּנֵיכֶם לְדַבֵּר בָּם בְּשִׁבְתְּךָ בְּבֵיתֶךָ וּבְלֶכְתְּךָ בַדֶּרֶךְ וּבְשָׁכְבְּךָ וּבְקוּמֶךָ: וּכְתַבְתָּם עַל־מְזוּזוֹת בֵּיתֶךָ וּבִשְׁעָרֶיךָ: לְמַעַן יִרְבּוּ יְמֵיכֶם וִימֵי בְנֵיכֶם עַל הָאֲדָמָה אֲשֶׁר נִשְׁבַּע יְהוָֹה לַאֲבֹתֵיכֶם לָתֵת לָהֶם כִּימֵי הַשָּׁמַיִם עַל־הָאָרֶץ:

Deuteronomy 6:4–9

Hear, O Israel: the Lord our God, the Lord is One.

Blessed be the name of His glorious kingdom for ever and ever.

Congregation

Sh'ma yis-ro-ayl, A-dō-noy e-lō-hay-nu, A-dō-noy e-ḥod.

And thou shalt love the Lord thy God with all thy heart, with all thy soul, and with all thy might. And these words which I command thee this day shall be in thy heart. Thou shalt teach them diligently unto thy children, speaking of them when thou sittest in thy house, when thou walkest by the way, when thou liest down and when thou risest up. And thou shalt bind them for a sign upon thy hand, and they shall be for frontlets between thine eyes. And thou shalt write them upon the door posts of thy house and upon thy gates.

Deuteronomy 11:13–21

And it shall come to pass, if ye shall hearken diligently unto My commandments which I command you this day, to love the Lord your God, and to serve Him with all your heart and with all your soul, that I will give the rain of your land in its season, the former rain and the latter rain, that thou mayest gather in thy corn, and thy wine, and thine oil. And I will give grass in thy fields for thy cattle, and thou shalt eat and be satisfied. Take heed to yourselves lest your heart be deceived, and ye turn aside and serve other gods and worship them; and the displeasure of the Lord will be aroused against you, and He shut up the heaven so that there shall be no rain, and the ground shall not yield her fruit; and ye perish quickly from off the good land which the Lord giveth you. Therefore shall ye lay up these My words in your heart and in your soul; and ye shall bind them for a sign upon your hand, and they shall be for frontlets between your eyes. And ye shall teach them to your children, talking of them when thou sittest in thy house, and when thou walkest by the way, and when thou liest down, and when thou risest up. And thou shalt write them upon the doorposts of thy house and upon thy gates, that your days may be multiplied, and the days of your children, upon the land which the Lord promised unto your fathers to give them, as the days of the heavens above the earth.

במדבר ט״ו ל״ז—מ״א

וַיֹּאמֶר יְהוָה אֶל־מֹשֶׁה לֵּאמֹר: דַּבֵּר אֶל־בְּנֵי יִשְׂרָאֵל וְאָמַרְתָּ אֲלֵהֶם וְעָשׂוּ לָהֶם צִיצִת עַל־כַּנְפֵי בִגְדֵיהֶם לְדֹרֹתָם וְנָתְנוּ עַל־צִיצִת הַכָּנָף פְּתִיל תְּכֵלֶת: וְהָיָה לָכֶם לְצִיצִת וּרְאִיתֶם אֹתוֹ וּזְכַרְתֶּם אֶת־כָּל־מִצְוֹת יְהוָה וַעֲשִׂיתֶם אֹתָם וְלֹא־תָתֻרוּ אַחֲרֵי לְבַבְכֶם וְאַחֲרֵי עֵינֵיכֶם אֲשֶׁר־אַתֶּם זֹנִים אַחֲרֵיהֶם: לְמַעַן תִּזְכְּרוּ וַעֲשִׂיתֶם אֶת־כָּל־מִצְוֹתָי וִהְיִיתֶם קְדֹשִׁים לֵאלֹהֵיכֶם: אֲנִי יְהוָה אֱלֹהֵיכֶם אֲשֶׁר הוֹצֵאתִי אֶתְכֶם מֵאֶרֶץ מִצְרַיִם לִהְיוֹת לָכֶם לֵאלֹהִים אֲנִי יְהוָה אֱלֹהֵיכֶם:

יְהוָה אֱלֹהֵיכֶם אֱמֶת:

אֱמֶת וְיַצִּיב וְנָכוֹן וְקַיָּם וְיָשָׁר וְנֶאֱמָן וְאָהוּב וְחָבִיב וְנֶחְמָד וְנָעִים וְנוֹרָא וְאַדִּיר וּמְתֻקָּן וּמְקֻבָּל וְטוֹב וְיָפֶה הַדָּבָר הַזֶּה עָלֵינוּ לְעוֹלָם וָעֶד: אֱמֶת אֱלֹהֵי עוֹלָם מַלְכֵּנוּ צוּר יַעֲקֹב מָגֵן יִשְׁעֵנוּ: לְדוֹר וָדוֹר הוּא קַיָּם וּשְׁמוֹ קַיָּם וְכִסְאוֹ נָכוֹן וּמַלְכוּתוֹ וֶאֱמוּנָתוֹ לָעַד קַיֶּמֶת. וּדְבָרָיו חָיִים וְקַיָּמִים נֶאֱמָנִים וְנֶחֱמָדִים לָעַד וּלְעוֹלְמֵי עוֹלָמִים. עַל אֲבוֹתֵינוּ וְעָלֵינוּ עַל בָּנֵינוּ וְעַל דּוֹרוֹתֵינוּ וְעַל כָּל־דּוֹרוֹת זֶרַע יִשְׂרָאֵל עֲבָדֶיךָ:

עַל הָרִאשׁוֹנִים וְעַל הָאַחֲרוֹנִים דָּבָר טוֹב וְקַיָּם לְעוֹלָם וָעֶד: אֱמֶת וֶאֱמוּנָה חֹק וְלֹא יַעֲבוֹר: אֱמֶת שָׁאַתָּה הוּא יְיָ אֱלֹהֵינוּ וֵאלֹהֵי אֲבוֹתֵינוּ. מַלְכֵּנוּ מֶלֶךְ אֲבוֹתֵינוּ גּוֹאֲלֵנוּ גּוֹאֵל אֲבוֹתֵינוּ יוֹצְרֵנוּ צוּר יְשׁוּעָתֵנוּ פּוֹדֵנוּ וּמַצִּילֵנוּ מֵעוֹלָם שְׁמֶךָ. אֵין אֱלֹהִים זוּלָתֶךָ:

Numbers 15:37-41

And the Lord spoke unto Moses, saying: Speak unto the children of Israel, and bid them make fringes in the corners of their garments throughout their generations, putting upon the fringe of each corner a thread of blue. And it shall be unto you for a fringe, that ye may look upon it and remember all the commandments of the Lord, and do them; and that ye go not about after your own heart and your own eyes, after which ye use to go astray; that ye may remember to do all My commandments, and be holy unto your God. I am the Lord your God, who brought you out of the land of Egypt, to be your God; I am the Lord your God.

True and firm, established and enduring, right and faithful, beloved and precious, desirable and pleasant, revered and mighty, well-ordered and acceptable, good and beautiful, is this Thy teaching unto us for ever and ever. It is true that God of the universe is our King, and the Rock of Jacob is our protecting shield. Throughout all generations He endureth and his name endureth; His throne is established, and His kingdom and His faithfulness are eternal. His words also live and endure; they are faithful and desirable forever and to all eternity, as for our fathers, so also for us, for our children, for our generations, and for all the descendants of the seed of Israel.

As for our ancestors, so for our descendants, Thy word is good and endureth for ever and ever; it is true and constant, a statute which shall not pass away. It is true that Thou art the Lord our God and the God of our fathers, our King and our fathers' King, our Redeemer and the Redeemer of our fathers, our Creator, the Rock of our salvation, our Preserver and Deliverer; Thy name is from everlasting; there is no God besides Thee.

עֶזְרַת אֲבוֹתֵינוּ אַתָּה הוּא מֵעוֹלָם. מָגֵן וּמוֹשִׁיעַ לִבְנֵיהֶם
אַחֲרֵיהֶם בְּכָל־דּוֹר וָדוֹר: בְּרוּם עוֹלָם מוֹשָׁבֶךָ וּמִשְׁפָּטֶיךָ
וְצִדְקָתְךָ עַד אַפְסֵי אָרֶץ: אַשְׁרֵי אִישׁ שֶׁיִּשְׁמַע לְמִצְוֹתֶיךָ
וְתוֹרָתְךָ וּדְבָרְךָ יָשִׂים עַל לִבּוֹ. אֱמֶת אַתָּה הוּא אָדוֹן
לְעַמֶּךָ וּמֶלֶךְ גִּבּוֹר לָרִיב רִיבָם: אֱמֶת אַתָּה הוּא רִאשׁוֹן
וְאַתָּה הוּא אַחֲרוֹן וּמִבַּלְעָדֶיךָ אֵין לָנוּ מֶלֶךְ גּוֹאֵל וּמוֹשִׁיעַ:
מִמִּצְרַיִם גְּאַלְתָּנוּ יְיָ אֱלֹהֵינוּ וּמִבֵּית עֲבָדִים פְּדִיתָנוּ: כָּל־
בְּכוֹרֵיהֶם הָרָגְתָּ וּבְכוֹרְךָ גָּאָלְתָּ.וְיַם סוּף בָּקַעְתָּ וְזֵדִים
טִבַּעְתָּ וִידִידִים הֶעֱבַרְתָּ. וַיְכַסּוּ מַיִם צָרֵיהֶם. אֶחָד מֵהֶם
לֹא־נוֹתָר. עַל־זֹאת שִׁבְּחוּ אֲהוּבִים וְרוֹמְמוּ אֵל. וְנָתְנוּ
יְדִידִים זְמִירוֹת שִׁירוֹת וְתִשְׁבָּחוֹת בְּרָכוֹת וְהוֹדָאוֹת לְמֶלֶךְ
אֵל חַי וְקַיָּם. רָם וְנִשָּׂא גָּדוֹל וְנוֹרָא מַשְׁפִּיל גֵּאִים וּמַגְבִּיהַּ
שְׁפָלִים מוֹצִיא אֲסִירִים וּפוֹדֶה עֲנָוִים וְעוֹזֵר דַּלִּים וְעוֹנֶה
לְעַמּוֹ בְּעֵת שַׁוְּעָם אֵלָיו. תְּהִלּוֹת לְאֵל עֶלְיוֹן בָּרוּךְ הוּא
וּמְבֹרָךְ. מֹשֶׁה וּבְנֵי יִשְׂרָאֵל לְךָ עָנוּ שִׁירָה בְּשִׂמְחָה רַבָּה.
וְאָמְרוּ כֻלָּם.
מִי־כָמֹכָה בָּאֵלִם יְיָ מִי כָּמֹכָה נֶאְדָּר בַּקֹּדֶשׁ נוֹרָא תְהִלֹּת
עֹשֵׂה־פֶלֶא:
שִׁירָה חֲדָשָׁה שִׁבְּחוּ גְאוּלִים לְשִׁמְךָ עַל שְׂפַת הַיָּם. יַחַד
כֻּלָּם הוֹדוּ וְהִמְלִיכוּ וְאָמְרוּ.
יְיָ יִמְלֹךְ לְעֹלָם וָעֶד:
צוּר יִשְׂרָאֵל קוּמָה בְּעֶזְרַת יִשְׂרָאֵל. וּפְדֵה כִנְאֻמֶךָ יְהוּדָה
וְיִשְׂרָאֵל. גֹּאֲלֵנוּ יְיָ צְבָאוֹת שְׁמוֹ קְדוֹשׁ יִשְׂרָאֵל.
בָּרוּךְ אַתָּה יְיָ גָּאַל יִשְׂרָאֵל:

Responsive Reading

Selected from the Hebrew

Thou hast been the help of our fathers from of old,
A Shield and a Savior to their children in every generation.

In the heights of the universe is Thy habitation,
And Thy righteousness reacheth unto the ends of the earth.

Happy is the man who hearkens unto Thy commandments,
And takes Thy Torah and Thy word to heart.

It is true that Thou alone art the Lord of all Thy people,
And a mighty King to plead their cause.

From Egypt Thou didst redeem us, O Lord our God,
And from the house of bondage Thou didst deliver us.

Thou didst divide the Red Sea;
Thou didst make the children of Israel to pass through.

Wherefore they praised and extolled Thee, O Lord;
They offered thanksgiving to Thee, their living God

Thou bringest low the haughty and raisest up the lowly;
Thou leadest forth the prisoners and deliverest the meek.

Thou helpest the poor and answerest their cry.
O rescue Thy people from those who seek to destroy them.

Moses and the children of Israel
Sang unto Thee with great joy:

"Who is like unto Thee, O Lord, among the mighty?
Who is like unto Thee, glorious in holiness,
Revered in praises, doing wonders?"

With a new song,
The redeemed offered praise unto Thy name
At the shore of the Red Sea.

Together they gave thanks and proclaimed Thy sovereignty:
"The Lord shall reign for ever and ever."

O Rock of Israel, arise to help Thy scattered folk;
Deliver all who are crushed beneath oppression's heel.

Thou art our Savior, the Lord of hosts is Thy name;
Blessed art Thou, O Lord, Redeemer of Israel.

The Amidah is said standing, in silent devotion

אֲדֹנָי שְׂפָתַי תִּפְתָּח וּפִי יַגִּיד תְּהִלָּתֶךָ:

בָּרוּךְ אַתָּה יְיָ אֱלֹהֵינוּ וֵאלֹהֵי אֲבוֹתֵינוּ. אֱלֹהֵי אַבְרָהָם אֱלֹהֵי יִצְחָק וֵאלֹהֵי יַעֲקֹב. הָאֵל הַגָּדוֹל הַגִּבּוֹר וְהַנּוֹרָא אֵל עֶלְיוֹן. גּוֹמֵל חֲסָדִים טוֹבִים וְקֹנֵה הַכֹּל. וְזוֹכֵר חַסְדֵי אָבוֹת וּמֵבִיא גוֹאֵל לִבְנֵי בְנֵיהֶם לְמַעַן שְׁמוֹ בְּאַהֲבָה: זָכְרֵנוּ לַחַיִּים מֶלֶךְ חָפֵץ בַּחַיִּים. וְכָתְבֵנוּ בְּסֵפֶר הַחַיִּים. לְמַעַנְךָ אֱלֹהִים חַיִּים: מֶלֶךְ עוֹזֵר וּמוֹשִׁיעַ וּמָגֵן. בָּרוּךְ אַתָּה יְיָ מָגֵן אַבְרָהָם:

אַתָּה גִּבּוֹר לְעוֹלָם אֲדֹנָי מְחַיֵּה מֵתִים אַתָּה רַב לְהוֹשִׁיעַ. מְכַלְכֵּל חַיִּים בְּחֶסֶד מְחַיֵּה מֵתִים בְּרַחֲמִים רַבִּים. סוֹמֵךְ נוֹפְלִים וְרוֹפֵא חוֹלִים וּמַתִּיר אֲסוּרִים וּמְקַיֵּם אֱמוּנָתוֹ לִישֵׁנֵי עָפָר. מִי כָמוֹךָ בַּעַל גְּבוּרוֹת וּמִי דוֹמֶה לָּךְ. מֶלֶךְ מֵמִית וּמְחַיֶּה וּמַצְמִיחַ יְשׁוּעָה: מִי כָמוֹךָ אַב הָרַחֲמִים זוֹכֵר יְצוּרָיו לַחַיִּים בְּרַחֲמִים: וְנֶאֱמָן אַתָּה לְהַחֲיוֹת מֵתִים: בָּרוּךְ אַתָּה יְיָ מְחַיֵּה הַמֵּתִים:

אַתָּה קָדוֹשׁ וְשִׁמְךָ קָדוֹשׁ וּקְדוֹשִׁים בְּכָל־יוֹם יְהַלְלוּךָ סֶּלָה:

וּבְכֵן תֵּן פַּחְדְּךָ יְיָ אֱלֹהֵינוּ עַל כָּל־מַעֲשֶׂיךָ וְאֵימָתְךָ עַל כָּל־מַה־שֶּׁבָּרָאתָ. וְיִירָאוּךָ כָּל־הַמַּעֲשִׂים וְיִשְׁתַּחֲווּ לְפָנֶיךָ כָּל־הַבְּרוּאִים. וְיֵעָשׂוּ כֻלָּם אֲגֻדָּה אֶחָת לַעֲשׂוֹת רְצוֹנְךָ בְּלֵבָב שָׁלֵם. כְּמוֹ שֶׁיָּדַעְנוּ יְיָ אֱלֹהֵינוּ שֶׁהַשִּׁלְטוֹן לְפָנֶיךָ עֹז בְּיָדְךָ וּגְבוּרָה בִּימִינֶךָ וְשִׁמְךָ נוֹרָא עַל כָּל־מַה־שֶּׁבָּרָאתָ:

וּבְכֵן תֵּן כָּבוֹד יְיָ לְעַמֶּךָ תְּהִלָּה לִירֵאֶיךָ וְתִקְוָה לְדוֹרְשֶׁיךָ וּפִתְחוֹן פֶּה לַמְיַחֲלִים לָךְ. שִׂמְחָה לְאַרְצֶךָ

The Amidah is said standing, in silent devotion

O Lord, open Thou my lips that my mouth may declare Thy praise.

Blessed art Thou, O Lord our God and God of our fathers, God of Abraham, God of Isaac, and God of Jacob, the great, mighty, revered and exalted God who bestowest loving-kindness and art Master of all. Mindful of the patriarchs' love for Thee, Thou wilt in Thy love bring a redeemer to their children's children for the sake of Thy name. Remember us unto life, O King who delightest in life, and inscribe us in the Book of Life so that we may live worthily for Thy sake, O God of life. O King, Thou Helper, Redeemer and Shield, praised be Thou, O Lord, Shield of Abraham.

Thou, O Lord, art mighty forever. Thou callest the dead to immortal life for Thou art mighty in salvation. Thou sustainest the living with loving-kindness, and in great mercy grantest everlasting life to those who have passed away. Thou upholdest the falling, healest the sick, settest free those in bondage, and keepest faith with those that sleep in the dust. Who is like unto Thee, Almighty King, who decreest death and grantest immortal life and bringest forth salvation? Who may be compared to Thee, Father of mercy, who in love rememberest Thy creatures unto life? Faithful art Thou to grant eternal life to the departed. Blessed art Thou, O Lord, who callest the dead to life everlasting.

Thou art holy and Thy name is holy and holy beings praise Thee daily.

And therefore, O Lord our God, let Thine awe be manifest in all Thy works, and a reverence for Thee fill all that Thou hast created, so that all Thy creatures may know Thee, and all mankind bow down to acknowledge Thee. May all Thy children unite in one fellowship to do Thy will with a perfect heart; for we know, O Lord our God, that dominion is Thine, that Thy might and power are supreme, and that Thy name is to be revered over all Thou hast created.

And therefore, O Lord, grant glory to Thy people who serve Thee, praise to those who revere Thee, hope to those who seek Thee, and confidence to those who yearn for Thee. Bring

וְשָׂשׂוֹן לְעִירֶךָ וּצְמִיחַת קֶרֶן לְדָוִד עַבְדֶּךָ וַעֲרִיכַת נֵר לְבֶן יִשַׁי מְשִׁיחֶךָ בִּמְהֵרָה בְיָמֵינוּ:

וּבְכֵן צַדִּיקִים יִרְאוּ וְיִשְׂמָחוּ וִישָׁרִים יַעֲלֹזוּ וַחֲסִידִים בְּרִנָּה יָגִילוּ. וְעוֹלָתָה תִּקְפָּץ־פִּיהָ וְכָל־הָרִשְׁעָה כֻּלָּהּ כְּעָשָׁן תִּכְלֶה. כִּי תַעֲבִיר מֶמְשֶׁלֶת זָדוֹן מִן הָאָרֶץ:

וְתִמְלוֹךְ אַתָּה יְיָ לְבַדֶּךָ עַל כָּל־מַעֲשֶׂיךָ בְּהַר צִיּוֹן מִשְׁכַּן כְּבוֹדֶךָ וּבִירוּשָׁלַיִם עִיר קָדְשֶׁךָ כַּכָּתוּב בְּדִבְרֵי קָדְשֶׁךָ. יִמְלֹךְ יְיָ לְעוֹלָם אֱלֹהַיִךְ צִיּוֹן לְדֹר וָדֹר הַלְלוּיָהּ:

קָדוֹשׁ אַתָּה וְנוֹרָא שְׁמֶךָ וְאֵין אֱלוֹהַּ מִבַּלְעָדֶיךָ כַּכָּתוּב. וַיִּגְבַּהּ יְיָ צְבָאוֹת בַּמִּשְׁפָּט וְהָאֵל הַקָּדוֹשׁ נִקְדַּשׁ בִּצְדָקָה. בָּרוּךְ אַתָּה יְיָ הַמֶּלֶךְ הַקָּדוֹשׁ:

אַתָּה בְחַרְתָּנוּ מִכָּל־הָעַמִּים. אָהַבְתָּ אוֹתָנוּ. וְרָצִיתָ בָּנוּ. וְרוֹמַמְתָּנוּ מִכָּל־הַלְּשׁוֹנוֹת. וְקִדַּשְׁתָּנוּ בְּמִצְוֹתֶיךָ. וְקֵרַבְתָּנוּ מַלְכֵּנוּ לַעֲבוֹדָתֶךָ. וְשִׁמְךָ הַגָּדוֹל וְהַקָּדוֹשׁ עָלֵינוּ קָרָאתָ:

וַתִּתֶּן־לָנוּ יְיָ אֱלֹהֵינוּ בְּאַהֲבָה אֶת־יוֹם [הַשַּׁבָּת הַזֶּה לִקְדֻשָּׁה וְלִמְנוּחָה וְאֶת־יוֹם] הַכִּפֻּרִים הַזֶּה לִמְחִילָה וְלִסְלִיחָה וּלְכַפָּרָה וְלִמְחָל־בּוֹ אֶת־כָּל־עֲוֹנוֹתֵינוּ [בְּאַהֲבָה] מִקְרָא קֹדֶשׁ. זֵכֶר לִיצִיאַת מִצְרָיִם:

אֱלֹהֵינוּ וֵאלֹהֵי אֲבוֹתֵינוּ יַעֲלֶה וְיָבֹא וְיַגִּיעַ וְיֵרָאֶה וְיֵרָצֶה וְיִשָּׁמַע וְיִפָּקֵד וְיִזָּכֵר זִכְרוֹנֵנוּ וּפִקְדוֹנֵנוּ וְזִכְרוֹן אֲבוֹתֵינוּ וְזִכְרוֹן מָשִׁיחַ בֶּן דָּוִד עַבְדֶּךָ וְזִכְרוֹן יְרוּשָׁלַיִם עִיר קָדְשֶׁךָ וְזִכְרוֹן כָּל־עַמְּךָ בֵּית יִשְׂרָאֵל לְפָנֶיךָ לִפְלֵיטָה לְטוֹבָה לְחֵן וּלְחֶסֶד וּלְרַחֲמִים לְחַיִּים וּלְשָׁלוֹם בְּיוֹם הַכִּפּוּרִים הַזֶּה: זָכְרֵנוּ יְיָ אֱלֹהֵינוּ בּוֹ לְטוֹבָה. וּפָקְדֵנוּ בוֹ לִבְרָכָה.

joy to Thy land, gladness to Thy city, renewed strength to the seed of David, and a constant light to Thy servants in Zion. O may this come to pass speedily in our days.

And therefore, the righteous shall see and be glad, the just exult, and the pious rejoice in song, while iniquity shall close its mouth and all wickedness shall vanish like smoke, when Thou removest the dominion of tyranny from the earth.

And Thou, O Lord, wilt rule, Thou alone, over all Thy works on Mount Zion, the dwelling place of Thy glory, and in Jerusalem, Thy holy city, fulfilling the words of the Psalmist: "The Lord shall reign forever; thy God, O Zion, shall be Sovereign unto all generations. Praise the Lord."

Holy art Thou, and awe-inspiring is Thy name, and there is no God besides Thee; as it is written in Holy Scriptures: "The Lord of hosts is exalted through justice, and the holy God is sanctified through righteousness." Blessed art Thou, O Lord, the holy King.

Thou didst choose us for Thy service from among all peoples, loving us and taking delight in us. Thou didst exalt us above all tongues by making us holy through Thy commandments. Thou hast drawn us near, O our King, unto Thy service and hast called us by Thy great and holy name.

On Sabbath add the bracketed words

And Thou hast given us in love O Lord our God, [this Sabbath day and] this Day of Atonement, for pardon, forgiveness and atonement, that we may [in love] obtain pardon thereon for all our iniquities; a holy convocation in memory of the departure from Egypt.

Our God and God of our fathers, may Israel be remembered for loving-kindness and mercy, life and peace; may Zion be remembered for deliverance and well-being on this Day of

וְהוֹשִׁיעֵנוּ בוֹ לְחַיִּים. וּבִדְבַר יְשׁוּעָה וְרַחֲמִים חוּס וְחָנֵּנוּ וְרַחֵם עָלֵינוּ וְהוֹשִׁיעֵנוּ כִּי אֵלֶיךָ עֵינֵינוּ. כִּי אֵל מֶלֶךְ חַנּוּן וְרַחוּם אָתָּה:

אֱלֹהֵינוּ וֵאלֹהֵי אֲבוֹתֵינוּ מְחַל לַעֲוֹנוֹתֵינוּ בְּיוֹם [הַשַּׁבָּת הַזֶּה וּבְיוֹם] הַכִּפֻּרִים הַזֶּה מְחֵה וְהַעֲבֵר פְּשָׁעֵינוּ וְחַטֹּאתֵינוּ מִנֶּגֶד עֵינֶיךָ. כָּאָמוּר אָנֹכִי אָנֹכִי הוּא מֹחֶה פְשָׁעֶיךָ לְמַעֲנִי וְחַטֹּאתֶיךָ לֹא אֶזְכֹּר: וְנֶאֱמַר מָחִיתִי כָעָב פְּשָׁעֶיךָ וְכֶעָנָן חַטֹּאתֶיךָ שׁוּבָה אֵלַי כִּי גְאַלְתִּיךָ: וְנֶאֱמַר כִּי־בַיּוֹם הַזֶּה יְכַפֵּר עֲלֵיכֶם לְטַהֵר אֶתְכֶם מִכֹּל חַטֹּאתֵיכֶם לִפְנֵי יְיָ תִּטְהָרוּ: אֱלֹהֵינוּ וֵאלֹהֵי אֲבוֹתֵינוּ [רְצֵה בִמְנוּחָתֵנוּ] קַדְּשֵׁנוּ בְּמִצְוֹתֶיךָ וְתֵן חֶלְקֵנוּ בְּתוֹרָתֶךָ שַׂבְּעֵנוּ מִטּוּבֶךָ וְשַׂמְּחֵנוּ בִּישׁוּעָתֶךָ. [וְהַנְחִילֵנוּ יְיָ אֱלֹהֵינוּ בְּאַהֲבָה וּבְרָצוֹן שַׁבַּת קָדְשֶׁךָ וְיָנוּחוּ בָהּ יִשְׂרָאֵל מְקַדְּשֵׁי שְׁמֶךָ] וְטַהֵר לִבֵּנוּ לְעָבְדְּךָ בֶּאֱמֶת. כִּי אַתָּה סָלְחָן לְיִשְׂרָאֵל וּמָחֳלָן לְשִׁבְטֵי יְשֻׁרוּן בְּכָל־דּוֹר וָדוֹר וּמִבַּלְעָדֶיךָ אֵין לָנוּ מֶלֶךְ מוֹחֵל וְסוֹלֵחַ אֶלָּא אָתָּה. בָּרוּךְ אַתָּה יְיָ. מֶלֶךְ מוֹחֵל וְסוֹלֵחַ לַעֲוֹנוֹתֵינוּ וְלַעֲוֹנוֹת עַמּוֹ בֵּית יִשְׂרָאֵל. וּמַעֲבִיר אַשְׁמוֹתֵינוּ בְּכָל־שָׁנָה וְשָׁנָה. מֶלֶךְ עַל כָּל־הָאָרֶץ מְקַדֵּשׁ [הַשַּׁבָּת וְ]יִשְׂרָאֵל וְיוֹם הַכִּפֻּרִים:

רְצֵה יְיָ אֱלֹהֵינוּ בְּעַמְּךָ יִשְׂרָאֵל וּבִתְפִלָּתָם. וְהָשֵׁב אֶת־הָעֲבוֹדָה לִדְבִיר בֵּיתֶךָ וְאִשֵּׁי יִשְׂרָאֵל וּתְפִלָּתָם בְּאַהֲבָה תְקַבֵּל בְּרָצוֹן. וּתְהִי לְרָצוֹן תָּמִיד עֲבוֹדַת יִשְׂרָאֵל עַמֶּךָ. וְתֶחֱזֶינָה עֵינֵינוּ בְּשׁוּבְךָ לְצִיּוֹן בְּרַחֲמִים. בָּרוּךְ אַתָּה יְיָ הַמַּחֲזִיר שְׁכִינָתוֹ לְצִיּוֹן:

Atonement. Remember us, O Lord our God for our good, and be mindful of us for a life of blessing. In accordance with Thy promise of salvation and mercy, spare us and be gracious unto us; have compassion upon us and save us. Unto Thee have we lifted our eyes for Thou art a gracious and merciful God and King.

Our God and God of our fathers, pardon our iniquities [on this Sabbath Day, and] on this Atonement Day. Efface our transgressions and our sins, and make them pass away from before Thine eyes; as it is written in Scripture: "I, even I, am He that effaceth your transgressions for Mine own sake." "I have blotted out as a cloud your transgressions, and, as a mist, your sins; return unto Me for I have redeemed you." "For on this day shall atonement be made for you, to cleanse you; from all your sins shall you be clean before the Lord." Our God and God of our fathers, [accept our rest;] sanctify us by Thy commandments, and grant that our portion be in Thy Torah; satisfy us with Thy goodness, and gladden us with Thy salvation. [Cause us, O Lord our God, in love and favor to inherit Thy holy Sabbath; and may Israel rest thereon and bless Thy name.]

Make our hearts pure to serve Thee in truth for Thou art the Forgiver of Israel and the Pardoner of the tribes of Jeshurun in every generation, and besides Thee we have no King who pardoneth and forgiveth. Blessed art Thou, O Lord, Thou King who pardonest and forgivest our iniquities and the iniquities of the house of Israel, who makest our trespasses to pass away year by year, Thou King over all the earth, who sanctifiest [the Sabbath and] Israel and the Day of Atonement.

O Lord our God, be gracious unto Thy people Israel and accept their prayer. Restore worship to Thy Sanctuary and receive in love and favor the supplication of Israel. May the worship of Thy people be ever acceptable unto Thee. O may our eyes witness Thy return in mercy to Zion. Blessed art Thou, O Lord, who restorest Thy divine presence unto Zion.

מוֹדִים אֲנַחְנוּ לָךְ שָׁאַתָּה הוּא יְיָ אֱלֹהֵינוּ וֵאלֹהֵי אֲבוֹתֵינוּ
לְעוֹלָם וָעֶד. צוּר חַיֵּינוּ מָגֵן יִשְׁעֵנוּ אַתָּה הוּא לְדוֹר וָדוֹר.
נוֹדֶה לְךָ וּנְסַפֵּר תְּהִלָּתֶךָ עַל חַיֵּינוּ הַמְּסוּרִים בְּיָדֶךָ וְעַל
נִשְׁמוֹתֵינוּ הַפְּקוּדוֹת לָךְ וְעַל נִסֶּיךָ שֶׁבְּכָל־יוֹם עִמָּנוּ וְעַל
נִפְלְאוֹתֶיךָ וְטוֹבוֹתֶיךָ שֶׁבְּכָל־עֵת עֶרֶב וָבֹקֶר וְצָהֳרָיִם.
הַטּוֹב כִּי לֹא־כָלוּ רַחֲמֶיךָ וְהַמְרַחֵם כִּי לֹא־תַמּוּ חֲסָדֶיךָ
מֵעוֹלָם קִוִּינוּ לָךְ:

וְעַל כֻּלָּם יִתְבָּרַךְ וְיִתְרוֹמַם שִׁמְךָ מַלְכֵּנוּ תָּמִיד לְעוֹלָם
וָעֶד. וּכְתוֹב לְחַיִּים טוֹבִים כָּל־בְּנֵי בְרִיתֶךָ: וְכֹל הַחַיִּים
יוֹדוּךָ סֶּלָה וִיהַלְלוּ אֶת שִׁמְךָ בֶּאֱמֶת הָאֵל יְשׁוּעָתֵנוּ
וְעֶזְרָתֵנוּ סֶלָה. בָּרוּךְ אַתָּה יְיָ הַטּוֹב שִׁמְךָ וּלְךָ נָאֶה
לְהוֹדוֹת:

שִׂים שָׁלוֹם טוֹבָה וּבְרָכָה חֵן וָחֶסֶד וְרַחֲמִים עָלֵינוּ וְעַל
כָּל־יִשְׂרָאֵל עַמֶּךָ. בָּרְכֵנוּ אָבִינוּ כֻּלָּנוּ כְּאֶחָד בְּאוֹר פָּנֶיךָ.
כִּי בְאוֹר פָּנֶיךָ נָתַתָּ לָּנוּ יְיָ אֱלֹהֵינוּ תּוֹרַת חַיִּים וְאַהֲבַת
חֶסֶד וּצְדָקָה וּבְרָכָה וְרַחֲמִים וְחַיִּים וְשָׁלוֹם. וְטוֹב בְּעֵינֶיךָ
לְבָרֵךְ אֶת־עַמְּךָ יִשְׂרָאֵל בְּכָל־עֵת וּבְכָל־שָׁעָה בִּשְׁלוֹמֶךָ.
בְּסֵפֶר חַיִּים בְּרָכָה וְשָׁלוֹם וּפַרְנָסָה טוֹבָה נִזָּכֵר וְנִכָּתֵב
לְפָנֶיךָ אֲנַחְנוּ וְכָל־עַמְּךָ בֵּית יִשְׂרָאֵל לְחַיִּים טוֹבִים
וּלְשָׁלוֹם. בָּרוּךְ אַתָּה יְיָ עוֹשֵׂה הַשָּׁלוֹם:

אֱלֹהֵינוּ וֵאלֹהֵי אֲבוֹתֵינוּ.

תָּבֹא לְפָנֶיךָ תְּפִלָּתֵנוּ וְאַל תִּתְעַלַּם מִתְּחִנָּתֵנוּ. שֶׁאֵין
אֲנַחְנוּ עַזֵּי פָנִים וּקְשֵׁי עֹרֶף לוֹמַר לְפָנֶיךָ יְיָ אֱלֹהֵינוּ וֵאלֹהֵי
אֲבוֹתֵינוּ צַדִּיקִים אֲנַחְנוּ וְלֹא חָטָאנוּ אֲבָל אֲנַחְנוּ חָטָאנוּ:

We thankfully acknowledge that Thou art the Lord our God and the God of our fathers unto all eternity; the Rock of our lives, and the Shield of our salvation through every generation. We will be grateful unto Thee and declare Thy praise for our lives which are entrusted into Thy hands, for our souls which are in Thy care, for Thy miracles which are daily with us, and for Thy wonderful goodness toward us at all times, evening, morn and noon. Thou art good, and Thy love never fails; Thou art merciful, and Thy kindnesses never cease. We have ever hoped in Thee.

For all this, Thy name, O our divine Ruler, shall be blessed and exalted forever. O inscribe all the children of Thy covenant for a happy life. And may all the living do homage unto Thee forever, and praise Thy name in truth, O God who art our salvation and our help. Blessed be Thou, O Lord, Beneficent One; unto Thee it is seemly to give praise.

Our Father, grant peace and well-being, blessing and grace, loving-kindness and mercy unto us and unto all Israel, Thy people. Bless us, O our Father, all of us together, with the light of Thy presence; for by that light Thou hast given us, O Lord our God, the Torah of life, loving-kindness and righteousness, blessing and mercy, life and peace. O may it be good in Thy sight at all times to bless Israel and all Thy children with Thy peace.

In the book of life, blessing, peace and good sustenance, may we be remembered and inscribed before Thee, we and all Thy people, the house of Israel, for a happy life and for peace. Blessed art Thou, O Lord, who makest peace.

Our God and God of our fathers!

May our prayers come before Thee. Hide not Thyself from our supplication for we are neither so arrogant nor so hardened as to say before Thee, O Lord our God and God of our fathers, 'we are righteous and have not sinned'; verily, we have sinned.

אָשַׁמְנוּ. בָּגַדְנוּ. גָּזַלְנוּ. דִּבַּרְנוּ דֹפִי. הֶעֱוִינוּ. וְהִרְשַׁעְנוּ. זַדְנוּ. חָמַסְנוּ. טָפַלְנוּ שֶׁקֶר. יָעַצְנוּ רָע. כִּזַּבְנוּ. לַצְנוּ. מָרַדְנוּ. נִאַצְנוּ. סָרַרְנוּ. עָוִינוּ. פָּשַׁעְנוּ. צָרַרְנוּ. קִשִּׁינוּ עֹרֶף. רָשַׁעְנוּ. שִׁחַתְנוּ. תִּעַבְנוּ. תָּעִינוּ. תִּעְתָּעְנוּ:

סַרְנוּ מִמִּצְוֹתֶיךָ וּמִמִּשְׁפָּטֶיךָ הַטּוֹבִים וְלֹא שָׁוָה לָנוּ: וְאַתָּה צַדִּיק עַל כָּל־הַבָּא עָלֵינוּ. כִּי־אֱמֶת עָשִׂיתָ וַאֲנַחְנוּ הִרְשָׁעְנוּ:

מַה־נֹּאמַר לְפָנֶיךָ יוֹשֵׁב מָרוֹם וּמַה־נְּסַפֵּר לְפָנֶיךָ שׁוֹכֵן שְׁחָקִים. הֲלֹא כָּל־הַנִּסְתָּרוֹת וְהַנִּגְלוֹת אַתָּה יוֹדֵעַ:

אַתָּה יוֹדֵעַ רָזֵי עוֹלָם. וְתַעֲלוּמוֹת סִתְרֵי כָל־חָי: אַתָּה חוֹפֵשׂ כָּל־חַדְרֵי בָטֶן וּבוֹחֵן כְּלָיוֹת וָלֵב: אֵין דָּבָר נֶעְלָם מִמֶּךָּ. וְאֵין נִסְתָּר מִנֶּגֶד עֵינֶיךָ:

וּבְכֵן יְהִי רָצוֹן מִלְּפָנֶיךָ יְיָ אֱלֹהֵינוּ וֵאלֹהֵי אֲבוֹתֵינוּ. שֶׁתִּסְלַח לָנוּ עַל כָּל־חַטֹּאתֵינוּ. וְתִמְחַל לָנוּ עַל כָּל־עֲוֹנוֹתֵינוּ. וּתְכַפֶּר־לָנוּ עַל כָּל־פְּשָׁעֵינוּ:

עַל חֵטְא שֶׁחָטָאנוּ לְפָנֶיךָ בְּאֹנֶס וּבְרָצוֹן:
וְעַל חֵטְא שֶׁחָטָאנוּ לְפָנֶיךָ בְּאִמּוּץ הַלֵּב:
עַל חֵטְא שֶׁחָטָאנוּ לְפָנֶיךָ בִּבְלִי דָעַת:
וְעַל חֵטְא שֶׁחָטָאנוּ לְפָנֶיךָ בְּבִטּוּי שְׂפָתָיִם:
עַל חֵטְא שֶׁחָטָאנוּ לְפָנֶיךָ בְּגִלּוּי עֲרָיוֹת:
וְעַל חֵטְא שֶׁחָטָאנוּ לְפָנֶיךָ בְּגָלוּי וּבַסָּתֶר:
עַל חֵטְא שֶׁחָטָאנוּ לְפָנֶיךָ בְּדַעַת וּבְמִרְמָה:
וְעַל חֵטְא שֶׁחָטָאנוּ לְפָנֶיךָ בְּדִבּוּר פֶּה:
עַל חֵטְא שֶׁחָטָאנוּ לְפָנֶיךָ בְּהוֹנָאַת רֵעַ:

We have trespassed, we have dealt treacherously, we have robbed, we have spoken slander, we have acted perversely, and we have wrought wickedness; we have been presumptuous, we have done violence, we have framed lies, we have counselled evil, and we have spoken falsely; we have scoffed, we have revolted, we have provoked, we have rebelled, we have committed iniquity, and we have transgressed; we have oppressed, we have been stiff-necked, we have done wickedly, we have corrupted, we have committed abomination, we have gone astray, we have led others astray.

We have turned away from Thy commandments and Thy judgments that are good, and it has profited us naught. But Thou art righteous in all that has come upon us for Thou hast acted truthfully, but we have wrought unrighteousness.

What shall we say before Thee, O Thou who dwellest on high and what shall we declare before Thee, Thou who abidest in the heavens? Dost Thou not know all things, both the hidden and the revealed?

Thou knowest the mysteries of the universe and the hidden secrets of all living. Thou searchest out the heart of man, and probest all our thoughts and aspirations. Naught escapeth Thee, neither is anything concealed from Thy sight.

May it therefore be Thy will, O Lord, our God and God of our fathers, to forgive us all our sins, to pardon all our iniquities, and to grant us atonement for all our transgressions.

For the sin which we have committed before Thee under compulsion or of our own will,
And for the sin which we have committed before Thee by hardening our hearts;
For the sin which we have committed before Thee unknowingly,
And for the sin which we have committed before Thee with utterance of the lips;
For the sin which we have committed before Thee by unchastity,
And for the sin which we have committed before Thee openly or secretly;
For the sin which we have committed before Thee knowingly and deceitfully,
And for the sin which we have committed before Thee in speech;
For the sin which we have committed before Thee by wronging our neighbor,

וְעַל חֵטְא שֶׁחָטָאנוּ לְפָנֶיךָ בְּהַרְהוֹר הַלֵּב:

עַל חֵטְא שֶׁחָטָאנוּ לְפָנֶיךָ בִּוְעִידַת זְנוּת:

וְעַל חֵטְא שֶׁחָטָאנוּ לְפָנֶיךָ בְּוִדּוּי פֶּה:

עַל חֵטְא שֶׁחָטָאנוּ לְפָנֶיךָ בְּזִלְזוּל הוֹרִים וּמוֹרִים:

וְעַל חֵטְא שֶׁחָטָאנוּ לְפָנֶיךָ בְּזָדוֹן וּבִשְׁגָגָה:

עַל חֵטְא שֶׁחָטָאנוּ לְפָנֶיךָ בְּחֹזֶק יָד:

וְעַל חֵטְא שֶׁחָטָאנוּ לְפָנֶיךָ בְּחִלּוּל הַשֵּׁם:

עַל חֵטְא שֶׁחָטָאנוּ לְפָנֶיךָ בְּטֻמְאַת שְׂפָתָיִם:

וְעַל חֵטְא שֶׁחָטָאנוּ לְפָנֶיךָ בְּטִפְשׁוּת פֶּה:

עַל חֵטְא שֶׁחָטָאנוּ לְפָנֶיךָ בְּיֵצֶר הָרָע:

וְעַל חֵטְא שֶׁחָטָאנוּ לְפָנֶיךָ בְּיוֹדְעִים וּבְלֹא יוֹדְעִים:

וְעַל כֻּלָּם אֱלוֹהַּ סְלִיחוֹת סְלַח־לָנוּ. מְחַל־לָנוּ. כַּפֶּר־לָנוּ:

עַל חֵטְא שֶׁחָטָאנוּ לְפָנֶיךָ בְּכַחַשׁ וּבְכָזָב:

וְעַל חֵטְא שֶׁחָטָאנוּ לְפָנֶיךָ בְּכַפַּת שֹׁחַד:

עַל חֵטְא שֶׁחָטָאנוּ לְפָנֶיךָ בְּלָצוֹן:

וְעַל חֵטְא שֶׁחָטָאנוּ לְפָנֶיךָ בְּלָשׁוֹן הָרָע:

עַל חֵטְא שֶׁחָטָאנוּ לְפָנֶיךָ בְּמַשָּׂא וּבְמַתָּן:

וְעַל חֵטְא שֶׁחָטָאנוּ לְפָנֶיךָ בְּמַאֲכָל וּבְמִשְׁתֶּה:

עַל חֵטְא שֶׁחָטָאנוּ לְפָנֶיךָ בְּנֶשֶׁךְ וּבְמַרְבִּית:

וְעַל חֵטְא שֶׁחָטָאנוּ לְפָנֶיךָ בִּנְטִיַּת גָּרוֹן:

עַל חֵטְא שֶׁחָטָאנוּ לְפָנֶיךָ בְּשִׂיחַ שִׂפְתוֹתֵינוּ:

וְעַל חֵטְא שֶׁחָטָאנוּ לְפָנֶיךָ בְּשִׂקּוּר עָיִן:

עַל חֵטְא שֶׁחָטָאנוּ לְפָנֶיךָ בְּעֵינַיִם רָמוֹת:

וְעַל חֵטְא שֶׁחָטָאנוּ לְפָנֶיךָ בְּעַזּוּת מֶצַח:

And for the sin which we have committed before Thee by sinful meditation of the heart;

For the sin which we have committed before Thee by association with impurity,

And for the sin which we have committed before Thee by confession of the lips;

For the sin which we have committed before Thee by spurning parents and teachers,

And for the sin which we have committed before Thee in presumption or in error;

For the sin which we have committed before Thee by violence,

And for the sin which we have committed before Thee by the profanation of Thy name;

For the sin which we have committed before Thee by unclean lips,

And for the sin which we have committed before Thee by impure speech;

For the sin which we have committed before Thee by the evil inclination,

And for the sin which we have committed before Thee wittingly or unwittingly;

For all these, O God of forgiveness, forgive us, pardon us, grant us atonement.

For the sin which we have committed before Thee by denying and lying,

And for the sin which we have committed before Thee by bribery;

For the sin which we have committed before Thee by scoffing,

And for the sin which we have committed before Thee by slander;

For the sin which we have committed before Thee in commerce,

And for the sin which we have committed before Thee in eating and drinking;

For the sin which we have committed before Thee by demanding usurous interest,

And for the sin which we have committed before Thee by stretching forth the neck in pride;

For the sin which we have committed before Thee by idle gossip,

And for the sin which we have committed before Thee with wanton looks;

For the sin which we have committed before Thee with haughty eyes,

And for the sin which we have committed before Thee by effrontery;

וְעַל כֻּלָּם אֱלוֹהַ סְלִיחוֹת סְלַח־לָנוּ. מְחַל־לָנוּ. כַּפֶּר־לָנוּ:

עַל חֵטְא שֶׁחָטָאנוּ לְפָנֶיךָ בִּפְרִיקַת עֹל:
וְעַל חֵטְא שֶׁחָטָאנוּ לְפָנֶיךָ בִּפְלִילוּת:
עַל חֵטְא שֶׁחָטָאנוּ לְפָנֶיךָ בִּצְדִיַּת רֵעַ:
וְעַל חֵטְא שֶׁחָטָאנוּ לְפָנֶיךָ בְּצָרוּת עָיִן:
וְעַל חֵטְא שֶׁחָטָאנוּ לְפָנֶיךָ בְּקַלּוּת רֹאשׁ:
וְעַל חֵטְא שֶׁחָטָאנוּ לְפָנֶיךָ בְּקַשְׁיוּת עֹרֶף:
עַל חֵטְא שֶׁחָטָאנוּ לְפָנֶיךָ בְּרִיצַת רַגְלַיִם לְהָרַע:
וְעַל חֵטְא שֶׁחָטָאנוּ לְפָנֶיךָ בִּרְכִילוּת:
עַל חֵטְא שֶׁחָטָאנוּ לְפָנֶיךָ בִּשְׁבוּעַת שָׁוְא:
וְעַל חֵטְא שֶׁחָטָאנוּ לְפָנֶיךָ בְּשִׂנְאַת חִנָּם:
עַל חֵטְא שֶׁחָטָאנוּ לְפָנֶיךָ בִּתְשׂוּמֶת יָד:
וְעַל חֵטְא שֶׁחָטָאנוּ לְפָנֶיךָ בְּתִמְהוֹן לֵבָב:

וְעַל כֻּלָּם אֱלוֹהַ סְלִיחוֹת סְלַח־לָנוּ. מְחַל־לָנוּ. כַּפֶּר־לָנוּ:

וְעַל חֲטָאִים שֶׁאָנוּ חַיָּבִים עֲלֵיהֶם עוֹלָה:
וְעַל חֲטָאִים שֶׁאָנוּ חַיָּבִים עֲלֵיהֶם חַטָּאת:
וְעַל חֲטָאִים שֶׁאָנוּ חַיָּבִים עֲלֵיהֶם קָרְבָּן עוֹלֶה וְיוֹרֵד:
וְעַל חֲטָאִים שֶׁאָנוּ חַיָּבִים עֲלֵיהֶם אָשָׁם וַדַּאי וְתָלוּי:
וְעַל חֲטָאִים שֶׁאָנוּ חַיָּבִים עֲלֵיהֶם מַכַּת מַרְדּוּת:
וְעַל חֲטָאִים שֶׁאָנוּ חַיָּבִים עֲלֵיהֶם מַלְקוּת אַרְבָּעִים:
וְעַל חֲטָאִים שֶׁאָנוּ חַיָּבִים עֲלֵיהֶם מִיתָה בִּידֵי שָׁמָיִם:
וְעַל חֲטָאִים שֶׁאָנוּ חַיָּבִים עֲלֵיהֶם כָּרֵת וַעֲרִירִי:

וְעַל כֻּלָּם אֱלוֹהַ סְלִיחוֹת סְלַח־לָנוּ. מְחַל־לָנוּ. כַּפֶּר־לָנוּ:

For all these, O God of forgiveness, forgive us, pardon us, grant us atonement.

For the sin which we have committed before Thee by casting off the yoke of Thy commandments,

And for the sin which we have committed before Thee by contentiousness;

For the sin which we have committed before Thee by ensnaring our neighbor,

And for the sin which we have committed before Thee by envy;

For the sin which we have committed before Thee by levity,

And for the sin which we have committed before Thee by being stiff-necked;

For the sin which we have committed before Thee by running to do evil,

And for the sin which we have committed before Thee by talebearing;

For the sin which we have committed before Thee by vain oaths,

And for the sin which we have committed before Thee by causeless hatred;

For the sin which we have committed before Thee by breach of trust,

And for the sin which we have committed before Thee with confusion of mind;

For all these, O God of forgiveness, forgive us, pardon us, grant us atonement.

The following enumeration of sins refers to the period when the sacrificial system of the Temple and the judicial power of the Sanhedrin still existed.

Forgive us too, for the sins for which, in the days of the Temple, the law would have required a burnt offering, a sin offering, an offering varying according to our means, and an offering for certain or for doubtful trespass; and for the sins for which the law would have imposed chastisement, flagellation, untimely death, excision, or one of the four death penalties inflicted by Courts of Law.

וְעַל חֲטָאִים שֶׁאָנוּ חַיָּבִים עֲלֵיהֶם אַרְבַּע מִיתוֹת בֵּית דִּין. סְקִילָה. שְׂרֵפָה. הֶרֶג. וְחֶנֶק: עַל מִצְוַת עֲשֵׂה וְעַל מִצְוַת לֹא תַעֲשֶׂה. בֵּין שֶׁיֵּשׁ בָּהּ קוּם עֲשֵׂה. וּבֵין שֶׁאֵין בָּהּ קוּם עֲשֵׂה. אֶת־הַגְּלוּיִם לָנוּ וְאֶת־שֶׁאֵינָם גְּלוּיִם לָנוּ: אֶת־הַגְּלוּיִם לָנוּ כְּבָר אֲמַרְנוּם לְפָנֶיךָ. וְהוֹדִינוּ לְךָ עֲלֵיהֶם. וְאֶת־שֶׁאֵינָם גְּלוּיִם לָנוּ לְפָנֶיךָ הֵם גְּלוּיִם וִידוּעִים. כַּדָּבָר שֶׁנֶּאֱמַר הַנִּסְתָּרֹת לַייָ אֱלֹהֵינוּ. וְהַנִּגְלֹת לָנוּ וּלְבָנֵינוּ עַד־עוֹלָם. לַעֲשׂוֹת אֶת־כָּל־דִּבְרֵי הַתּוֹרָה הַזֹּאת: כִּי אַתָּה סָלְחָן לְיִשְׂרָאֵל וּמָחֳלָן לְשִׁבְטֵי יְשֻׁרוּן בְּכָל־דּוֹר וָדוֹר וּמִבַּלְעָדֶיךָ אֵין לָנוּ מֶלֶךְ מוֹחֵל וְסוֹלֵחַ אֶלָּא אָתָּה:

אֱלֹהַי עַד שֶׁלֹּא נוֹצַרְתִּי אֵינִי כְדַי. וְעַכְשָׁו שֶׁנּוֹצַרְתִּי כְּאִלּוּ לֹא נוֹצַרְתִּי. עָפָר אֲנִי בְּחַיָּי. קַל וָחֹמֶר בְּמִיתָתִי. הֲרֵי אֲנִי לְפָנֶיךָ כִּכְלִי מָלֵא בוּשָׁה וּכְלִמָּה: יְהִי רָצוֹן מִלְּפָנֶיךָ יְיָ אֱלֹהַי וֵאלֹהֵי אֲבוֹתַי שֶׁלֹּא אֶחֱטָא עוֹד. וּמַה־שֶּׁחָטָאתִי לְפָנֶיךָ מָרֵק בְּרַחֲמֶיךָ הָרַבִּים. אֲבָל לֹא עַל יְדֵי יִסּוּרִים וָחֳלָיִם רָעִים:

אֱלֹהַי נְצוֹר לְשׁוֹנִי מֵרָע וּשְׂפָתַי מִדַּבֵּר מִרְמָה וְלִמְקַלְלַי נַפְשִׁי תִדּוֹם וְנַפְשִׁי כֶּעָפָר לַכֹּל תִּהְיֶה: פְּתַח לִבִּי בְּתוֹרָתֶךָ וּבְמִצְוֹתֶיךָ תִּרְדּוֹף נַפְשִׁי. וְכֹל הַחוֹשְׁבִים עָלַי רָעָה מְהֵרָה הָפֵר עֲצָתָם וְקַלְקֵל מַחֲשַׁבְתָּם: עֲשֵׂה לְמַעַן שְׁמֶךָ עֲשֵׂה לְמַעַן יְמִינֶךָ עֲשֵׂה לְמַעַן קְדֻשָּׁתֶךָ עֲשֵׂה לְמַעַן תּוֹרָתֶךָ: לְמַעַן יֵחָלְצוּן יְדִידֶיךָ הוֹשִׁיעָה יְמִינְךָ וַעֲנֵנִי: יִהְיוּ לְרָצוֹן אִמְרֵי־פִי וְהֶגְיוֹן לִבִּי לְפָנֶיךָ יְיָ צוּרִי וְגוֹאֲלִי: עֹשֶׂה שָׁלוֹם בִּמְרוֹמָיו הוּא יַעֲשֶׂה שָׁלוֹם עָלֵינוּ וְעַל כָּל־יִשְׂרָאֵל וְאִמְרוּ אָמֵן:

Forgive us for the breach of positive precepts and for the breach of negative precepts, both for the sins of which we are aware as well as for those that are unknown to us. Those of which we are aware, we have already declared and confessed unto Thee; and those that are unknown to us, lo, they are revealed and manifest unto Thee, according to the word that has been spoken: "The secret things belong unto the Lord our God, but things that are revealed, belong unto us and unto our children forever, that we may do all the words of the Torah." For Thou art the Forgiver of Israel and the Pardoner of the tribes of Jeshurun in every generation, and besides Thee we have no king to pardon and forgive our sins. We have Thee alone.

O Lord, before I was formed I had no worth, and now that I have been formed, I am as though I had not been formed. Dust am I in my life; yea, even more so in my death. Behold I am before Thee like a vessel filled with shame and confusion. May it be Thy will, O Lord my God and the God of my fathers, that I sin no more, and as for the sins I have committed before Thee, purge them away in Thine abundant mercy but not by means of affliction and suffering.

O Lord,
Guard my tongue from evil and my lips from speaking guile,
And to those who slander me, let me give no heed.
May my soul be humble and forgiving unto all.
Open Thou my heart, O Lord, unto Thy sacred Law,
That Thy statutes I may know and all Thy truths pursue.
Bring to naught designs of those who seek to do me ill;
Speedily defeat their aims and thwart their purposes
For Thine own sake, for Thine own power,
For Thy holiness and Law.
That Thy loved ones be delivered,
Answer me, O Lord, and save with Thy redeeming power.

May the words of my mouth and the meditation of my heart be acceptable unto Thee, O Lord, my Rock and my Redeemer. Thou who keepest harmony in the heavenly spheres, mayest Thou make peace for us, for Israel, and for all Thy children everywhere. Amen.

יְהִי רָצוֹן מִלְּפָנֶיךָ יְיָ אֱלֹהֵינוּ וֵאלֹהֵי אֲבוֹתֵינוּ שֶׁיִּבָּנֶה בֵּית הַמִּקְדָּשׁ בִּמְהֵרָה בְיָמֵינוּ וְתֵן חֶלְקֵנוּ בְּתוֹרָתֶךָ: וְשָׁם נַעֲבָדְךָ בְּיִרְאָה כִּימֵי עוֹלָם וּכְשָׁנִים קַדְמֹנִיּוֹת: וְעָרְבָה לַייָ מִנְחַת יְהוּדָה וִירוּשָׁלָיִם כִּימֵי עוֹלָם וּכְשָׁנִים קַדְמֹנִיּוֹת:

חזרת התפלה לשליח צבור

The Ark is opened

Reader

בָּרוּךְ אַתָּה יְיָ אֱלֹהֵינוּ וֵאלֹהֵי אֲבוֹתֵינוּ. אֱלֹהֵי אַבְרָהָם אֱלֹהֵי יִצְחָק וֵאלֹהֵי יַעֲקֹב. הָאֵל הַגָּדוֹל הַגִּבּוֹר וְהַנּוֹרָא אֵל עֶלְיוֹן. גּוֹמֵל חֲסָדִים טוֹבִים וְקוֹנֵה הַכֹּל. וְזוֹכֵר חַסְדֵי אָבוֹת וּמֵבִיא גוֹאֵל לִבְנֵי בְנֵיהֶם לְמַעַן שְׁמוֹ בְּאַהֲבָה:

מִסּוֹד חֲכָמִים וּנְבוֹנִים. וּמִלֶּמֶד דַּעַת מְבִינִים. אֶפְתְּחָה פִּי בִּתְפִלָּה וּבְתַחֲנוּנִים. לְחַלּוֹת וּלְחַנֵּן פְּנֵי מֶלֶךְ מָלֵא רַחֲמִים מוֹחֵל וְסוֹלֵחַ לַעֲוֹנִים:

אֲמֵיךְ נָשֶׂאתִי חִין בְּעֶרְכִּי. בְּמַלְאֲכוּת עַמְּךָ בֶּרֶךְ בְּבָרְכִּי. גִּחִי מִבֶּטֶן הֲגִיגֵהּ חֶשְׁכִּי. דַּבֵּר צָחוֹת וּבַאֲמִתְּךָ הַדְרִיכִי: הוֹרֵנִי שְׁפוֹךְ שִׂיחַ עֶרֶב. וְלוֹנֵנִי בְּצִלְּךָ אוֹתִי לְקָרֵב. זַעַק יוֹפַק בְּכִוּוּן קֶרֶב. חַלּוֹתִי פָנֶיךָ וְצִדְקָתְךָ תְקָרֵב: טְהוֹר עֵינַיִם מְאֹד נַעֲלָה. יַדְעֵנִי בִּין עֶרֶךְ תְּפִלָּה. כַּדָּת לְחַנֵּן בְּלִי תִפְלָה. לְהַמְצִיא לְשׁוֹלְחַי אֶרֶךְ וּתְעָלָה: מִפְתַּח שְׂפָתַי תְּבָרֵר וּתְיַשֵּׁר. נִדְבוֹת פִּי רְצֵה וְהַכְשֵׁר. סֶדֶר הֲגִיגִי כְּשַׁי יְתֻשַּׁר. עֶתֶר פִּצְחִי כְּזֻלַּת חֵשֶׁר: פְּעָמַי הָכֵן פְּצוֹתִי מִכֶּשֶׁל. צוּר תְּמוֹךְ אֲשׁוּרַי מֵהִנָּשֵׁל. קוֹמְמֵנִי וְחַזְּקֵנִי מֵרִפְיוֹן וָחֶשֶׁל. רְצוֹת אֲמָרַי וְלֹא אֶכָּשֵׁל: שָׁמְרֵנִי

May it be Thy will, O Lord our God and God of our fathers, to grant our portion in Thy Law and to rebuild the Temple speedily in our days. There we will serve Thee with awe as in the days of old.

READER'S REPETITION OF THE AMIDAH

The Ark is opened

Blessed art Thou, O Lord our God and God of our fathers, God of Abraham, God of Isaac, and God of Jacob, the great, mighty, revered and exalted God who bestowest loving-kindness and art Master of all. Mindful of the patriarchs' love for Thee, Thou wilt in Thy love bring a redeemer to their children's children for the sake of Thy name.

With the inspired words of the wise, and with knowledge derived from the discerning, I will open my lips in prayer and supplication to entreat and implore the presence of the King who is full of compassion, who pardoneth and forgiveth iniquity.

The following Piyyut (Hymn) composed by Meshullam ben Kalonymos of Rome, tenth century, represents the soul-stirring reactions of a poet who felt impelled to enlarge upon the theme of his own unworthiness and inadequacy as the emissary of the congregation.

With trepidation in my heart I offer my supplication, bending the knee as I bear Thy people's message. O Thou who hast brought me forth from the womb, enlighten my darkness, that I may speak words of fervor; lead me in Thy truth. Teach me to pour forth inspiring meditation, shelter me under Thy protection and draw me nigh unto Thee. My cry comes from the depth of my soul. I seek Thee; O let Thy charity in judgment be nigh. Thou who art omniscient and greatly exalted, teach me how to pray with understanding, that I may bring healing for them that send me. O purify and direct the utterance of my lips, accept my fervent prayer as an offering, and let my entreaty break forth as the flowing waters. Prepare Thou my way that my speech falter not; O Thou Rock, support my steps lest they fail; uphold and strengthen me that I grow not weary or faint; accept my words and suffer me not

כְּאִישׁוֹן מְפַלֵּץ וּבְעָתָה. שׁוּר בְּשִׁפְלוּתִי וּלְכָה לִישׁוּעָתָה: תָּחֹן דִּכְאוּתִי כִּלְחוֹזָךְ פַּצְתָּ. תְּרַחֵם עַל בֵּן אִמַּצְתָּ:

זָכְרֵנוּ לַחַיִּים מֶלֶךְ חָפֵץ בַּחַיִּים. וְכָתְבֵנוּ בְּסֵפֶר הַחַיִּים. לְמַעַנְךָ אֱלֹהִים חַיִּים: מֶלֶךְ עוֹזֵר וּמוֹשִׁיעַ וּמָגֵן. בָּרוּךְ אַתָּה יְיָ מָגֵן אַבְרָהָם:

אַתָּה גִּבּוֹר לְעוֹלָם אֲדֹנָי מְחַיֵּה מֵתִים אַתָּה רַב לְהוֹשִׁיעַ. מְכַלְכֵּל חַיִּים בְּחֶסֶד מְחַיֵּה מֵתִים בְּרַחֲמִים רַבִּים. סוֹמֵךְ נוֹפְלִים וְרוֹפֵא חוֹלִים וּמַתִּיר אֲסוּרִים וּמְקַיֵּם אֱמוּנָתוֹ לִישֵׁנֵי עָפָר. מִי כָמוֹךָ בַּעַל גְּבוּרוֹת וּמִי דּוֹמֶה לָּךְ מֶלֶךְ מֵמִית וּמְחַיֶּה וּמַצְמִיחַ יְשׁוּעָה:

Congregation

עַד יוֹם מוֹתוֹ תְּחַכֶּה־לּוֹ לִתְשׁוּבָה. לְהַנְטוֹתוֹ לִתְחִיָּה:

אֱנוֹשׁ מַה־יִּזְכֶּה וּצְבָא דֹק לֹא זַכּוּ בְעֵינֶיךָ: בַּלַּחִים אִם תִּבְעַר הָאֵשׁ. מַה־בֶּחָצִיר יָבֵשׁ: גָּלוּי לְךָ חֹשֶׁךְ כְּמוֹ אוֹר. מְשׁוֹטֵט כֹּל בְּעָיִן: דִּירָתְךָ בַּסֵּתֶר. וּגְלוּיוֹת לְךָ כָּל נִסְתָּרוֹת: הַדָּן יְחִידִי. וְהוּא בְאֶחָד וּמִי יְשִׁיבֶנּוּ: וְעַל גּוֹי וְעַל אָדָם יַחַד יִנְטֶה קָו. וְאֵין מִי יַרְשִׁיעַ: זֹאת יָבִין כָּל יָצִיר. וְלֹא יִתְעוּ יֵצֶר. לַחֲטוֹא לְיוֹצֵר: חֲתֻלַּת בְּאֵרוֹ. חֲפִירַת בּוֹרוֹ. חֶשְׁבּוֹן בּוֹרְאוֹ: טָמֵא מִשְּׂאֵרוֹ. וּמְטַמֵּא בְּעוֹדוֹ. וּמְטַמֵּא בְּמוֹתוֹ: יְמֵי חַיָּיו תֹּהוּ. וְלֵילוֹתָיו בֹּהוּ. וְעִנְיָנָיו הֶבֶל: כַּחֲלוֹם מֵהָקִיץ נִדְמֶה. בַּלָּהוֹת יְבַעֲתוּהוּ תָמִיד: לַיְלָה לֹא יִשְׁכַּב. יוֹמָם לֹא יָנוּחַ. עַד יֻרְדַּם בַּקֶּבֶר: מַה יִּתְאוֹנֵן אָדָם חַי. דַּיּוֹ אֲשֶׁר הוּא חָי. נוֹלַד לְעָמָל וִיגִיעָה. אַשְׁרָיו אִם יְהִי יְגִיעוֹ בְּדַת אֱמֶת: סוֹפוֹ עַל רֹאשׁוֹ מוֹכִיחַ. וְלָמָּה יַחֲנִיף: עוֹד

to fall. From terror and trembling preserve me; regard my contrition and come Thou to my aid. O be gracious unto the bruised in spirit, as Thou didst assure Thy seer, and have mercy upon Israel.

Remember us unto life, O King who delightest in life, and inscribe us in the Book of Life so that we may live worthily for Thy sake, O God of life. O King, Thou Helper, Redeemer and Shield, praised be Thou, O Lord, Shield of Abraham.

Thou, O Lord, art mighty forever. Thou callest the dead to immortal life for Thou art mighty in salvation. Thou sustainest the living with loving-kindness, and in great mercy grantest everlasting life to those who have passed away. Thou upholdest the falling, healest the sick, settest free those in bondage, and keepest faith with those that sleep in the dust. Who is like unto Thee, Almighty King, who decreest death and grantest immortal life and bringest forth salvation?

Piyyut by Meshullam ben Kalonymos of Rome, tenth century

Until the day of man's death dost Thou wait for him to repent, that he may be worthy of immortal life.

What is man that he should be pure? Even the heavenly hosts are not pure in Thy sight. When fire can consume the strong trees, what will become of the withered grass? Before Thee darkness is clear as light. Thy throne is concealed in mystery and all secret things are revealed unto Thee. Thou art sole Judge, Thou alone; who shall turn Thee from Thy purpose? Upon nations and men alike dost Thou render judgment, and none dare deny that Thou art righteous.

Let every creature ponder these three things and he will not be lured to sin against his Creator: let him consider his origin, whence he came, the pit that will mark his grave, and let him think of his Maker unto whom he must render account. All his life he is menaced by impurity and evil. Without faith in Thee, his days are emptiness and his labor, vanity. He is like a sleeper that awakens from a nightmare; terrors continually affright him.

At night he cannot rest; in the day he has no repose, until he slumbers in the grave. But why should man complain against his lot? Though he is born to trouble and toil, life is good, and happy is he if his labor is for the law of truth and justice. His end will testify to his beginning. Why should

חָתְמוֹ מְעִידוֹ עַל פָּעֳלוֹ. וּמַה־יִּגְנֹב דָּעַת: פּוֹעֵל צְדָקוֹת אִם יְהִי. יְלַוֻּהוּ לְבֵית עוֹלָמוֹ: צוֹפֶה בְחָכְמָה אִם יְהִי. עִמּוֹ תִּתְלוֹנֵן בְּכֶלְחוֹ: קָצוּף בְּדָמִים וּבְמִרְמָה אִם יְהִי. חֲרוּצִים יָמָיו: רְצוֹנוֹ וְחֶפְצוֹ בִּהְיוֹת בְּמוּסָר. יָנוּב בְּשֵׂיבָה טוֹבָה:

שֵׁם טוֹב אִם יִקְנֶה. מִשֵּׁמוֹת נְעִימִים אֲשֶׁר יִקָּרֵא: תַּחַת כֵּן יוֹם הַמִּיתָה מִיּוֹם לֵידָה הוּטָב:

עַד יוֹם מוֹתוֹ תְּחַכֶּה־לוֹ לִתְשׁוּבָה. לְהַנְטוֹתוֹ לִתְחִיָּה:

מִי כָמוֹךָ אַב הָרַחֲמִים זוֹכֵר יְצוּרָיו לַחַיִּים בְּרַחֲמִים:

וְנֶאֱמָן אַתָּה לְהַחֲיוֹת מֵתִים. בָּרוּךְ אַתָּה יְיָ מְחַיֵּה הַמֵּתִים:

יִמְלֹךְ יְיָ לְעוֹלָם אֱלֹהַיִךְ צִיּוֹן לְדֹר וָדֹר הַלְלוּיָהּ:

וְאַתָּה קָדוֹשׁ יוֹשֵׁב תְּהִלּוֹת יִשְׂרָאֵל אֵל נָא:

Reader	*Congregation*
אַתָּה הוּא אֱלֹהֵינוּ.	בַּשָּׁמַיִם וּבָאָרֶץ :
גִּבּוֹר וְנַעֲרָץ.	דָּגוּל מֵרְבָבָה :
הוּא שָׂח וַיֶּהִי.	וְצִוָּה וְנִבְרָאוּ :
זִכְרוֹ לָנֶצַח.	חַי עוֹלָמִים :
טְהוֹר עֵינַיִם.	יוֹשֵׁב סֵתֶר :
כִּתְרוֹ יְשׁוּעָה.	לְבוּשׁוֹ צְדָקָה :
מַעֲטֵהוּ קִנְאָה.	נֶאְפָּד נְקָמָה :
סִתְרוֹ יֹשֶׁר.	עֲצָתוֹ אֱמוּנָה :
פְּעֻלָּתוֹ אֱמֶת.	צַדִּיק וְיָשָׁר :
קָרוֹב לְקוֹרְאָיו בֶּאֱמֶת.	רָם וּמִתְנַשֵּׂא :
שׁוֹכֵן שְׁחָקִים.	תֹּלֶה אֶרֶץ עַל בְּלִימָה:

חַי וְקַיָּם נוֹרָא וּמָרוֹם וְקָדוֹשׁ:

man feign righteousness and live by deception? His own seal in the book of records will bear witness of his work. If he performs righteous deeds, they will follow him to his final resting place. If he strives for wisdom, it will abide with him in full age.

If wrath be upon him for the guilt of blood or guile, verily, his days shall plague him. But if he delights in virtue and is willing to receive reproof, he shall bring forth fruit to a ripe old age. If he acquires a good name it shall be better than lordly titles. Wherefore it is true that after living a useful life, "The day of death is better than the day of birth."

Until the day of man's death dost Thou wait for him to repent, that he may be worthy of immortal life.

Who may be compared to Thee, Father of mercy, who in love rememberest Thy creatures unto life? Faithful art Thou to grant eternal life to the departed. Blessed art Thou, O Lord, who callest the dead to life everlasting.

The Lord shall reign forever; thy God, O Zion, shall be Sovereign unto all generations. Praise the Lord.

For Thou art holy, O Thou who art enthroned upon the praises of Israel; O God, we beseech Thee!

Piyyut composed in alphabetical acrostic by Eleazar Kalir

Thou art our God in heaven and upon earth;
Mighty and powerful, acclaimed by multitudes.
He spoke and it was; He commanded and all was created.

His memorial is eternal; He liveth forever.
He is all seeing; He dwelleth even in secret places.

His crown is salvation; His garment is righteousness.
His robe is zeal; He is girt with justice.
His secret is rectitude; His counsel is faithfulness.
His work is truth; He is righteous and just.
He is nigh unto them that call upon him in truth; He is high and exalted.
He abideth in the heavens; He suspendeth the earth in space.

O living and enduring, revered, exalted and holy God!

אָנָּא סְלַח־נָא. פֶּשַׁע וְעָוֹן שָׂא־נָא. וְכֹחֲךָ יִגְדַּל־נָא. קָדוֹשׁ:
אָנָּא רַחוּם כַּפֵּר. עֲוֹן צָגִים תְּהִלָּתְךָ לְסַפֵּר. וְיָחֹקוּ לְחַיִּים טוֹבִים בַּסֵּפֶר. קָדוֹשׁ:

The following Piyyut may be read responsively

מוֹרֶה חַטָּאִים סְלוֹל לְהִתְהַלֵּךְ. מְלַמֵּד לְהַדְרִיכִי בְּדֶרֶךְ אֵלֵךְ: אֲרוֹמִמְךָ אֱלוֹהַי הַמֶּלֶךְ:

שַׁחַר וָנֶשֶׁף אֲיַחֵד לְהַמְלִיכֶךָ. שׁוֹכֵן עַד וְאֵין כְּעֶרְכֶּךָ. בְּכָל יוֹם אֲבָרְכֶךָּ:

לִבִּי חָרֵד עֲבוֹדָתְךָ לִתְמוֹד. לְהַעֲרִיץ קְדֻשָּׁתְךָ בְּמִשְׁמָר אֶעֱמוֹד: גָּדוֹל יְיָ וּמְהֻלָּל מְאֹד:

מְיַחֲלִים לְחַסְדְּךָ זֶרַע עֲמוּסֶיךָ. מַלֵּא מִשְׁאֲלוֹתָם וְיִשְׂמְחוּ חוֹסֶיךָ: דּוֹר לְדוֹר יְשַׁבַּח מַעֲשֶׂיךָ:

בְּחִלּוּי וָצוֹם גָּשִׁים לְעָבְדֶךָ. בְּרוּאִים כִּי הֵם לִכְבוֹדֶךָ. הֲדַר כְּבוֹד הוֹדֶךָ:

יְקַר מַלְכוּתְךָ בְּרַעַד יַאֲמִירוּ. יִחוּדְךָ בְּזָר לֹא יָמִירוּ. וֶעֱזוּז נוֹרְאוֹתֶיךָ יֹאמֵרוּ:

רֹן פְּגִיעוֹת לְפָנֶיךָ יַרְבֶּעוּ. רַחַשׁ הִלּוּלְךָ בַּיּוֹם יְשַׁבֵּעוּ. זֵכֶר רַב־טוּבְךָ יַבִּיעוּ:

בֹּקֶר אֶעֱרָךְ־לְךָ חִנּוּנַי. בִּפְנוֹת עֶרֶב תְּמְחֶה זְדוֹנַי: חַנּוּן וְרַחוּם יְיָ:

יָהּ צוּר כַּפֵּר אֶשְׁכֹּל. יִכְבּוֹשׁ עֲוֹנֵינוּ וְיֹאמְרוּ הַכֹּל. טוֹב יְיָ לַכֹּל:

O forgive, we beseech Thee, pardon our transgressions, and let Thy power be made manifest, O Most Holy.

All Merciful, we beseech Thee, forgive the iniquity of them that approach Thee to declare Thy praise; and let them be inscribed for a happy life, O Most Holy.

Piyyut by Meshullam ben Kalonymos

The responses in quotation marks constitute the first part of each verse of Psalm 145

Thou who showest sinners the path in which to walk, teach me the way to tread.

"I will extol Thee, my God, O King."

I will yoke dawn to night in continuous proclamation of Thy sovereignty. O Thou that abidest to eternity, Thou art the peerless One.

"Every day will I worship Thee."

My heart yearns to worship Thee; I will stand watch to extol Thy holiness.

"Great is the Lord and greatly to be praised."

Fulfill the desire of them who hope for Thy mercy, that Thy faithful servants may rejoice.

"One generation shall laud Thy works to another."

With supplication and fasting they draw near to Thee; they were fashioned for Thine honor, to serve Thee.

"The glorious splendor of Thy majesty, they shall proclaim."

With reverence they tell of the splendor of Thy kingdom, pledging unswerving loyalty to Thy unity.

"They shall speak of the might of Thy awe-inspiring acts."

This day a fourfold service they hold before Thee, and each day a sevenfold meditation of Thy praise.

"They shall utter the fame of Thy great goodness."

At morn I offer my supplication before Thee, and at eventide Thou wilt blot out my transgressions.

"The Lord is gracious and full of compassion."

God is our Rock, yea, our delight. He will subdue our perversity that all may proclaim:

"The Lord is good to all."

קוֹמֵם אִוּוּי קִרְיַת מְשׂוֹשֶׂךָ. קְדֻשַּׁת אַבְנֵי נֵזֶר בְּנוֹסְסֶךָ.
יוֹדוּךָ יְיָ כָּל־מַעֲשֶׂיךָ:

לְוִיֶּיךָ וַחֲסִידֶיךָ בְּנֹעַם יְזַמֵּרוּ. לְבוּשֵׁי שְׂרָד רֶקַח יְתַמֵּרוּ:
כְּבוֹד מַלְכוּתְךָ יֹאמֵרוּ:

וּשְׁתוּלִים בְּנָוֶךָ יַפְרִיחוּ בְחַצְרוֹתָיו. וְינוּבוּן בְּשֵׂיבָה דְּשֵׁנִים
בְּטִירוֹתָיו: לְהוֹדִיעַ לִבְנֵי הָאָדָם גְּבוּרוֹתָיו:

נִצְחָךְ יְנַגְּנוּ תְּמִימִים וּשְׁלֵמִים. נָשְׁאֲךָ כִּסְאֲךָ בְּבֵית עוֹלָמִים:
מַלְכוּתְךָ מַלְכוּת כָּל־עוֹלָמִים:

יַחַד בְּכַנֶּסְךָ לְשִׁכְנְךָ גְּאוּלִים. יַלְבִּישׁוּךָ עֹז כְּעוֹבְרֵי גַלִּים.
סוֹמֵךְ יְיָ לְכָל־הַנֹּפְלִים:

מַבִּיעֵי טוּבְךָ בְּוַעַד יִתְחַבֵּרוּ. מֵחִים חָשׁוּב תֵּחַן יְדַבֵּרוּ:
עֵינֵי כֹל אֵלֶיךָ יְשַׂבֵּרוּ:

וּדוּיִם יְנוּחַח שַׁי עָדֶיךָ. וִישַׁלֵּם פָּרִים אֶרֶשׁ עֵדֶיךָ:
פּוֹתֵחַ אֶת־יָדֶךָ:

סֶלָה בְּרַחֲמָיו יָצִיץ מֵחֲרַכָּיו. סְלוֹחַ יַרְבֶּה לְעַם מְבוֹרָכָיו:
צַדִּיק יְיָ בְּכָל־דְּרָכָיו:

חִין יֶשַׁע מִגּוֹי מְקוֹרָאָיו. חֹן יָחֹן קֹרְאֵי מִקְרָאָיו:
קָרוֹב יְיָ לְכָל־קֹרְאָיו:

זֶה אֵלִי פֶּלֶא עוֹשֶׂה. זַעֲקָתֵנוּ יֵרֶץ וְשׁוֹטְנֵנוּ יְעַסֶּה:
רְצוֹן יְרֵאָיו יַעֲשֶׂה:

קִוּוּי יִתֵּן לְלוֹ מַשְׁלִיךְ יְהָבָיו. קָדוֹשׁ פְּשָׁעֵינוּ יְכַסֶּה בְּאַהֲבָיו:
שׁוֹמֵר יְיָ אֶת־כָּל־אֹהֲבָיו:

קַבֵּל צִקּוּנִי כִּבְמִכְלַל יֹפִי. קוֹלִי תַאֲזִין וְתַצְלִיל דָּפִי:
תְּהִלַּת יְיָ יְדַבֶּר־פִּי:

Raise up the city of Thy joy; uplift her hallowed stones, precious as the jewels of a crown.

"All Thy works shall give thanks unto Thee, O Lord."

Thy Levites and pious servants will sing in harmony; priests in princely robes will serve Thee in righteousness.

"They shall speak of the glory of Thy kingdom."

In its courts shall they flourish and thrive within its walls, bringing forth fruit in their old age.

"To make known to the sons of men His mighty acts."

The pure and faithful will sing of Thy glory when Thou hast set Thy throne within the everlasting House.

"Thy kingdom is an everlasting kingdom."

When Thou gatherest the ransomed people to Thy dwelling-place, they shall invest Thee with might, like those of old that passed through the waves.

"The Lord upholdeth all that fall."

Thy people have gathered themselves in solemn assembly to declare Thy goodness and offer their prayer.

"The eyes of all wait upon Thee."

May their confession be as ancient offerings before Thee, and the utterance of Thy witnesses be like sacrifices on Thine altar.

"Thou openest Thy hand."

In Thy mercy glance from the lattice of heaven, ready to forgive the people that call Thee blessed.

"The Lord is righteous in all His Ways."

O hearken to the pleas of the folk called by Thy name, and be gracious unto those who observe Thy festivals.

"The Lord is nigh unto all them that call upon Him."

Thou art my God who worketh wonders; mayest Thou accept our cry and disregard vile accusers.

"He will fulfill the desire of them that revere Him."

Grant hope to the man who casts his burden upon Thee; O Thou Holy One, cover up our transgressions with Thy love.

"The Lord preserveth all them that love Him."

O receive my prayer as if it were offered in the holy city of perfect beauty. Hear my voice and pardon my offense.

"My mouth shall speak the praise of the Lord."

Congregation and Reader

מֶלֶךְ שׁוֹכֵן עַד. לְבַדְּךָ מְלוֹךְ עֲדֵי־עַד. הָאֵל קָדוֹשׁ:

Reader

וּבְכֵן וְאַתָּה כְּרַחוּם סְלַח לָנוּ:

Congregation

אָנָּא אֱלֹהִים חַיִּים. תִּכְתּוֹב דְּבֵקֶיךָ לְחַיִּים. כִּי עִמְּךָ מְקוֹר חַיִּים: בְּעֵת רָצוֹן תַּעֲנֶה תְחִנָּתִי. שִׁמְעָה יְיָ צֶדֶק הַקְשִׁיבָה רִנָּתִי. אַל־תַּעְלֵם אָזְנְךָ לְרַוְחָתִי לְשַׁוְעָתִי: גַּעֲיַת קְרָאֶיךָ בִּתְפִלַּת שַׁחַר. רְצֵה וְהַלְבֵּן אָדֶם כְּצַחַר. אֲדֹנָי הַקְשִׁיבָה וַעֲשֵׂה אַל־תְּאַחַר: דַּלּוֹתִי וְלִי יְהוֹשִׁיעַ. קוֶיךָ בַּל־תַּרְשִׁיעַ. מְדַבֵּר בִּצְדָקָה רַב לְהוֹשִׁיעַ: הַצְּפוּפִים יַחַד לְעָבְדֶךָ. צִבְאוֹת צֹאן יָדֶךָ. הַרְאֵנוּ יְיָ חַסְדֶּךָ: וּמַרְבִּים תַּחַן וָעֶתֶר. פֶּלֶל לַחֲשֵׁנוּ הֵעָתֵר. אַתָּה אֵל מִסְתַּתֵּר: זַעֲקֵנוּ שְׁעֵה אוֹתָנוּ לְצַדְּקָה. עֶרֶךְ שׁוּעֵנוּ כְּתִמּוּר דַּקָּה מִן הַדַּקָּה. לְךָ יְיָ הַצְּדָקָה: חַטְּאֵנוּ בְּאֵזוֹב וְטַהֲרֵנוּ. סָמְכֵנוּ סִתְרֵנוּ וְסִבְרֵנוּ. אֲנַחְנוּ הַחֹמֶר וְאַתָּה יוֹצְרֵנוּ: טָהוֹר קְשׁוֹב חִנּוּנַי. נַקֵּנִי מִכֶּתֶם עֲוֹנַי. מִקְוֵה יִשְׂרָאֵל יְיָ: יֶהֱמוּ מֵעֶיךָ עָלֵינוּ. מַהֵר רַחֲמֶיךָ יְקַדְּמוּנוּ. אַתָּה יְיָ אָבִינוּ: כְּרַחוּם תְּכַפֵּר עָוֹן. לַכֹּל תִּשָּׂא עָוֹן. וְאַל לָעַד תִּזְכּוֹר עָוֹן. וְאַתָּה כְּרַחוּם סְלַח־לָנוּ:

Reader and Congregation

הַיּוֹם יִכָּתֵב בְּסֵפֶר הַזִּכְרוֹנוֹת הַחַיִּים וְהַמָּוֶת. אָנָּא כַּנָּה. עוּרִי נָא. הִתְעוֹרְרִי נָא. עִמְדִי נָא. הִתְיַצְּבִי נָא. קוּמִי נָא. חַלִּי נָא. בְּעַד הַנֶּפֶשׁ חָנִּי נָא. פְּנֵי דַר עֶלְיוֹן:

Congregation and Reader

O King, who abidest to eternity, reign alone in eternal supremacy, Most Holy God.

Reader

O Thou who art merciful, forgive us.

Congregation

O God of life, inscribe for life, those who cleave unto Thee; for with Thee is the fountain of life. Answer my supplication in an acceptable time. Hear, O righteous Lord; hearken to my prayer and turn not away from my cry. Accept the entreaty of them that call upon Thee with the morning prayer, and turn the redness of their guilt white as wool. O Lord, hearken, help and delay not. I was brought low and Thou didst help me heretofore. Condemn not them that hope in Thee; Thou Lord of righteousness art mighty to save. Show Thy mercy, Lord, to Thy flock that serve Thee, for we supplicate and plead before Thee. O Thou inscrutable God, fulfill our fervent plea; regard our prayer like finest incense and acquit us. To Thee, O Lord, belongeth righteousness. Cleanse us with hyssop and purify us; sustain and shelter us and give us hope. We are but clay and Thou art our Maker. O Thou who art most pure, heed my supplications and cleanse me from the stain of mine iniquities, for Thou art the hope of Israel. Have compassion upon us and hasten Thy mercy, for Thou the Lord, art our Father.

In Thy mercy forgive our iniquity; yea, pardon the iniquity of all mankind. Remember it not for all time, but as Thou art merciful, forgive us.

Reader and Congregation

On this day life and death shall be written in the Book of Remembrance.
Israel, awake, I beseech thee! Rouse yourself; stand firm! Arise and supplicate Him for your soul; entreat Him who dwelleth on high.

The following Piyyut may be read responsively

וּבְכֵן אִמְרוּ לֵאלֹהִים מַה־נּוֹרָא מַעֲשֶׂיךָ׃

אִמְרוּ לֵאלֹהִים. אֶֽרֶךְ אַפַּֽיִם וּגְדָל כֹּֽחַ. מֵכִין הָרִים בְּכֹֽחַ.
חֲכַם לֵבָב וְאַמִּיץ כֹּֽחַ. נוֹתֵן לַיָּעֵף כֹּֽחַ.
לָכֵן יִתְגָּאֶה גָּדוֹל אֲדוֹנֵֽינוּ וְרַב כֹּֽחַ׃

אִמְרוּ לֵאלֹהִים. בּוֹנֶה בַשָּׁמַֽיִם מַעֲלוֹתָיו. מַשְׁקֶה הָרִים
מֵעֲלִיּוֹתָיו. זֵֽכֶר עָשָׂה לְנִפְלְאוֹתָיו. וְלוֹ נִתְכְּנוּ עֲלִילוֹתָיו.
לָכֵן יִתְגָּאֶה הַמְקָרֶה בַמַּֽיִם עֲלִיּוֹתָיו׃

אִמְרוּ לֵאלֹהִים. גֵּאֶה וְגָבֹהַּ בִּשְׁמֵי מַֽעְלָה. עֹטֶה אוֹר
כַּשַּׂלְמָה. לוֹ הַגְּבוּרָה וְהַגְּדֻלָּה. וְהָעֹז וְהַמֶּמְשָׁלָה.
לָכֵן יִתְגָּאֶה וּמַלְכוּתוֹ בַּכֹּל מָשָֽׁלָה׃

אִמְרוּ לֵאלֹהִים. דָּגוּל מֵרְבָבוֹת קֹֽדֶשׁ. וְנֶאְדָּר בַּקֹּֽדֶשׁ.
דַּרְכּוֹ בַקֹּֽדֶשׁ. וּמִשְׁתַּחֲוִים לוֹ בְּהַדְרַת קֹֽדֶשׁ.
לָכֵן יִתְגָּאֶה הֲלִיכוֹת אֵלִי מַלְכִּי בַקֹּֽדֶשׁ׃

אִמְרוּ לֵאלֹהִים. הוֹדוֹ כִּסָּה שָׁמַֽיִם. רוֹקַע הָאָֽרֶץ עַל
הַמַּֽיִם. יַרְעֵם מִשָּׁמַֽיִם. לְקוֹל תִּתּוֹ הֲמוֹן מַֽיִם בַּשָּׁמָֽיִם.
לָכֵן יִתְגָּאֶה הַנּוֹטֶה כַדֹּק שָׁמָֽיִם׃

אִמְרוּ לֵאלֹהִים. וְכָל בַּשָּׁלִישׁ עֲפַר הָאָֽרֶץ. יָדוֹ יָסְדָה
אָֽרֶץ. וִימִינוֹ טִפְּחָה שְׁמֵי עֶֽרֶץ. וְהֶעֱמִידָם בְּלִי פֶֽרֶץ.
לָכֵן יִתְגָּאֶה הַיֹּשֵׁב עַל חוּג הָאָֽרֶץ׃

אִמְרוּ לֵאלֹהִים. זָהַר כִּסְאוֹ שְׁבִיבֵי אֵשׁ. מְשָׁרְתָיו לוֹהֲטֵי
אֵשׁ. נֹֽגַהּ לָאֵשׁ וּמַבְרִיק הָאֵשׁ. לְפָנָיו נִמְשָׁכִים נַהֲרֵי אֵשׁ.
לָכֵן יִתְגָּאֶה אֵשׁ אֹכְלָה אֵשׁ׃

Piyyut composed in alphabetical acrostic by Meshullam
ben Kalonymos, tenth century

Say ye of God, how tremendous are Thy works!

Say ye of God: He is long-suffering and of great power;
He hath established the mountains with strength. Wise of
heart and mighty in strength, He giveth strength unto the
weary.

> Therefore be He exalted, for great is our Lord and all-
> powerful.

Say ye of God: He hath builded His lofty chambers in the
heavens; from His heights He watereth the hills. He hath
made a memorial of His wonders; by Him actions are weighed.

> Therefore be He exalted who layeth the beams of His
> chambers in the waters.

Say ye of God: He is high and exalted above the summitless
heavens; He covereth Himself with light as with a garment.
Might and greatness, strength and dominion are His.

> Therefore be He exalted whose kingdom beareth rule
> over all.

Say ye of God: He is supreme over the myriads of holy
beings and glorious in holiness. His presence is in the Sanctu-
ary; lo, all worship Him in the beauty of holiness.

> Therefore be He exalted, for He is my God and King;
> His presence pervadeth the Sanctuary.

Say ye of God: His glory covereth the heavens; He hath
spread forth the earth above the waters. When His thunders
roar in the heavens, there floweth a tumult of waters.

> Therefore be He exalted who stretcheth out the heavens
> as a curtain.

Say ye of God: He hath comprehended in a measure all the
dust of the earth for his hand hath founded the earth. His
right hand hath spanned the spacious heavens; He hath estab-
lished them that they be not rent asunder.

> Therefore be He exalted who dwelleth over the circle
> of the earth.

אִמְרוּ לֵאלֹהִים. חַי עוֹלָמִים. צָר בְּיָהּ עוֹלָמִים. אִוָּה בֵּית עוֹלָמִים. מָכוֹן לְשִׁבְתְּךָ עוֹלָמִים.

לָכֵן יִתְגָּאֶה עַתִּיק יוֹמִין:

אִמְרוּ לֵאלֹהִים. טְהוֹר עֵינַיִם. סְבִיבֹתָיו חַשְׁרַת מַיִם. עָבֵי שַׁחַק חֶשְׁכַת מַיִם. טְעֻנֵי מֶרְכַּבְתּוֹ גַּבֹּתָם מְלֵאת עֵינַיִם.

לָכֵן יִתְגָּאֶה מִצְוַת יְיָ בָּרָה מְאִירַת עֵינָיִם:

אִמְרוּ לֵאלֹהִים. יוֹדֵעַ מַה־בְּמַסְתְּרֵי חֹשֶׁךְ. לֹא יַחֲשִׁיךְ מֶנּוּ כָּל־חֹשֶׁךְ. קֵץ שָׂם לַחֹשֶׁךְ. הוֹפֵךְ לַבֹּקֶר צַלְמָוֶת וְחֹשֶׁךְ.

לָכֵן יִתְגָּאֶה יוֹצֵר אוֹר וּבוֹרֵא חֹשֶׁךְ:

אִמְרוּ לֵאלֹהִים. כּוֹנֵן כִּסְאוֹ לַמִּשְׁפָּט. מְכוֹן כִּסְאוֹ צֶדֶק וּמִשְׁפָּט. אֱלֹהֵי הַמִּשְׁפָּט. תֹּאחֵז יָדוֹ בְּמִשְׁפָּט.

לָכֵן יִתְגָּאֶה וַיִּגְבַּהּ יְיָ צְבָאוֹת בַּמִּשְׁפָּט:

אִמְרוּ לֵאלֹהִים. לוֹ יָאֲתָה מְלוּכָה. שׁוֹכֵן עַד וְאֶת־דַּכָּא. מֵשִׁיב אֱנוֹשׁ עַד־דַּכָּא. וְאוֹמֵר שׁוּבוּ בְּרוּחַ נְמוּכָה.

לָכֵן יִתְגָּאֶה כִּי לַייָ הַמְּלוּכָה:

אִמְרוּ לֵאלֹהִים. מוֹשֵׁל בִּגְבוּרָתוֹ עוֹלָם. הַכֹּל צָפוּי וְלֹא נֶעְלָם. זֶה־שְּׁמוֹ לְעוֹלָם. חַסְדּוֹ מֵעוֹלָם וְעַד עוֹלָם.

לָכֵן יִתְגָּאֶה בָּרוּךְ יְיָ אֱלֹהֵי יִשְׂרָאֵל מֵהָעוֹלָם וְעַד הָעוֹלָם:

אִמְרוּ לֵאלֹהִים. נוֹצֵר חֶסֶד לְאֶלֶף דּוֹר. לוֹחֵם קָמָיו מִדּוֹר דּוֹר. מֵקִים סֻכַּת מְשִׁיחוֹ לִגְדּוֹר. הָאוֹר חוֹנֶה עִמּוֹ בְּמָדוֹר.

לָכֵן יִתְגָּאֶה זֶה זִכְרוֹ לְדֹר דֹּר:

אִמְרוּ לֵאלֹהִים. סוֹבֵל עֶלְיוֹנִים וְתַחְתּוֹנִים. שׁוֹמֵעַ אֶל אֶבְיוֹנִים. מַאֲזִין שִׂיחַ חִנּוּנִים. מַקְשִׁיב שֶׁוַע רְנָנִים.

לָכֵן יִתְגָּאֶה אֱלֹהֵי הָאֱלֹהִים וַאֲדֹנֵי הָאֲדֹנִים:

Say ye of God: He is the life of the universe; by His majestic name He hath fashioned the universe; He hath desired a Sanctuary for all time, a place for His eternal habitation.

> Therefore be He exalted who is known as the Ancient of Days.

Say ye of God: He is pure of sight; about Him is the gathering of waters, the thick clouds of the skies, the darkness of waters. Many angels convey His heavenly chariot beheld by the prophet in his vision.

> Therefore be He exalted; the commandment of the Lord is pure enlightening the eyes.

Say ye of God: He knoweth what is in the secret places of darkness; for darkness hideth naught from Him. He setteth a limit to darkness; He turneth shadow and darkness to morning.

> Therefore be He exalted who formeth light and createth darkness.

Say ye of God: He hath established His throne in justice; the foundation of His throne is righteousness and judgment. He is the God of justice and dealeth justly with all.

> Therefore be He exalted, yea, the Lord of hosts is exalted in judgment.

Say ye of God: unto Him alone sovereignty is ascribed. He liveth everlastingly with the contrite; He turneth man to penitence, and saith, "Return ye with a humble spirit."

> Therefore be He exalted, for sovereignty is the Lord's.

Say ye of God: He ruleth the universe by His might; by Him all things are foreseen, lo, naught is hidden. His name is eternal and His mercy is from everlasting to everlasting.

> Therefore be He exalted. Blessed be the Lord God of Israel from everlasting to everlasting.

Say ye of God: He keepeth mercy to a thousand generations, and from generation to generation He maketh war against the forces of evil. He will sustain the righteous rulers; behold, light dwelleth with Him in His habitation.

> Therefore be He exalted whose memorial is from generation to generation.

Say ye of God: He beareth the heavens and the nethermost worlds. He hearkeneth to the needy and to the voice of supplication, yea, He is attentive to the cry of prayer.

> Therefore be He exalted, who is supreme, the God of gods, and Lord of lords.

אִמְרוּ לֵאלֹהִים. עִזּוּז וְגִבּוֹר אִישׁ מִלְחָמָה. נוֹקֵם לְצָרָיו
וּבַעַל חֵמָה. מַכְרִית קָמָיו בִּמְהוּמָה. נֹהֵם עֲלֵיהֶם
בִּנְהִימָה.

לָכֵן יִתְגָּאֶה יְיָ אִישׁ מִלְחָמָה:

אִמְרוּ לֵאלֹהִים. פֹּעַל וְעֹשֶׂה הַכֹּל. בְּיָדוֹ לְגַדֵּל וּלְחַזֵּק
לַכֹּל. אֵלָיו יְשַׂבְּרוּ עֵינֵי כֹל. וְעֵינָיו מְשׁוֹטְטוֹת בַּכֹּל.

לָכֵן יִתְגָּאֶה עֶלְיוֹן עַל כֹּל:

אִמְרוּ לֵאלֹהִים. צַדִּיק בְּכָל דְּרָכָיו. יָשָׁר מֵצִיץ מֵחֲרַכָּיו.
חָפֵץ בְּעַם מַמְלִיכָיו. יִירְשׁוּ אֶרֶץ מְבֹרָכָיו.

לָכֵן יִתְגָּאֶה בָּרְכוּ יְיָ כָּל־מַלְאָכָיו:

אִמְרוּ לֵאלֹהִים. קֹרֵא הַדֹּרוֹת מֵרֹאשׁ. מַגִּיד אַחֲרִית
מֵרֹאשׁ. בָּחַר בְּאוֹם דַּלַּת רֹאשׁ. עֻזּוֹ יוֹם יוֹם לִדְרוֹשׁ.

לָכֵן יִתְגָּאֶה הַמִּתְנַשֵּׂא לְכֹל לְרֹאשׁ:

אִמְרוּ לֵאלֹהִים. רָם וְנִשָּׂא שֹׁכֵן עַד. בִּטְחוּ בוֹ עֲדֵי־עַד.
כְּבוֹדוֹ בְּסוֹד קְדוֹשִׁים וָעַד. וּלְעַם קָדְשׁוֹ נוֹעַד.

לָכֵן יִתְגָּאֶה הַמַּבִּיט לָאָרֶץ וַתִּרְעָד:

אִמְרוּ לֵאלֹהִים. שְׁבִילוֹ בְּמַיִם רַבִּים. שָׁמָיו מַרְעִיף
רְבִיבִים. שְׁמוֹ מְיַחֲדִים שַׁחַר וַעֲרָבִים. בְּשַׁעַר בַּת רַבִּים.

לָכֵן יִתְגָּאֶה יְיָ צְבָאוֹת יוֹשֵׁב הַכְּרֻבִים:

אִמְרוּ לֵאלֹהִים. תְּהִלָּתוֹ מָלְאָה הָאָרֶץ. מַעֲבִיר כִּלָּיוֹן
וָחָרֶץ. מֵשִׁיב אַף וְחָרוֹן וָקֶרֶץ. שֶׁוַע מְחַנְנָיו יֶרֶץ.

לָכֵן יִתְגָּאֶה יְיָ אֲדוֹנֵינוּ מָה־אַדִּיר שִׁמְךָ בְּכָל־הָאָרֶץ:

Say ye of God: He is strong and powerful; He bringeth to judgment those who rise against Him. He is the mighty warrior, combatting the forces of injustice.

Therefore be He exalted; the Lord destroyeth wickedness and removeth oppression.

Say ye of God: He wrought and fashioned the universe; in His hands are all creatures, to make them great and to give them strength. The eyes of all wait upon Him who is all-seeing.

Therefore be He exalted who is supreme over all.

Say ye of God: He is righteous in all His ways; He regardeth the upright and delighteth in the people who acclaim Him King. They who are blessed of Him shall inherit the land.

Therefore be He exalted. Bless ye the Lord, ye, His emissaries.

Say ye of God: He calleth the generations from the beginning; He determineth the end from the beginning. He hath called a humble people to be in quest of His glory every day.

Therefore be He exalted who is supreme over all.

Say ye of God: He is high and lofty, inhabiting eternity; trust in Him forever. The assembly of the holy testify to His glory and His faithful people are His witnesses.

Therefore be He exalted who looketh on the earth, and it trembles.

Say ye of God: His path is over the mighty waters; His heavens drop down showers. Behold, morning and evening we proclaim His unity in the gate of His courts.

Therefore be He exalted who is the Lord of hosts, enthroned above the cherubim.

Say ye of God: The earth is full of His praise; He setteth aside the severe decree. Yea, He turneth away from destruction, and accepteth the cry of them that supplicate Him.

Therefore be He exalted. O Lord, our God, how glorious is Thy name in all the earth!

The following Piyyut may be read responsively

וּבְכֵן גְּדוֹלִים מַעֲשֵׂי אֱלֹהֵינוּ:

מַעֲשֵׂה אֱלֹהֵינוּ. אֵין מִי בַשַּׁחַק יַעֲרָךְ־לוֹ. בִּבְנֵי אֵלִים יִדְמֶה לוֹ. גְּבוֹהִים עָלָה לְמוֹשָׁב לוֹ. דָּרֵי גֵיא כַּחֲגָבִים לְמוּלוֹ.

לָכֵן יִתְגָּאֶה הַצּוּר תָּמִים פָּעֳלוֹ:

מַעֲשֵׂה אֱלֹהֵינוּ. הַמְשֵׁל וָפַחַד עִמּוֹ. וְהַרְבֵּה פְדוּת עִמּוֹ. זַעַק וְלַחַשׁ עַמּוֹ. חָשׁ וּמַאֲזִין מִמְּרוֹמוֹ.

לָכֵן יִתְגָּאֶה יְיָ צְבָאוֹת שְׁמוֹ:

מַעֲשֵׂה אֱלֹהֵינוּ. טֶרֶף נָתַן לִירֵאָיו. יוֹבִילוּ שַׁי לְמוֹרָאָיו. כִּתֵּי גְדוּדֵי צְבָאָיו. לֹא יָשְׁוּרוּ כְּבוֹד מַרְאָיו.

לָכֵן יִתְגָּאֶה הִנֵּה עֵין יְיָ אֶל יְרֵאָיו:

מַעֲשֵׂה אֱלֹהֵינוּ. מַלְאָכָיו עֹשֶׂה רוּחוֹת. נִקְדָּשׁ בְּשִׁירוֹת וְתִשְׁבָּחוֹת. סוֹכֵת שְׁפִיכַת שִׂיחוֹת. עוֹנֶה וּמַעֲמִיד רְוָחוֹת.

לָכֵן יִתְגָּאֶה אֱלֹהֵי הָרוּחוֹת:

מַעֲשֵׂה אֱלֹהֵינוּ. פּוֹדֶה מִשַּׁחַת עֲמוּסָיו. צוּר יוֹדֵעַ חוֹסָיו. קָדוֹשׁ מַפְלִיא נִסָּיו. רַחוּם לִמְרַצָּיו וּמַכְעִיסָיו.

לָכֵן יִתְגָּאֶה וְרַחֲמָיו עַל כָּל־מַעֲשָׂיו:

The following verse is said silently:

מַעֲשֵׂה אֱנוֹשׁ. תַּחְבְּלוֹתָיו מְזִמָּה. שִׁבְתּוֹ בְּתוֹךְ מִרְמָה. רְפִידָתוֹ רִמָּה. קָבוּר בִּסְעִיף אֲדָמָה. וְאֵיךְ יִתְגָּאֶה אָדָם לַהֶבֶל דָּמָה:

אֲבָל מַעֲשֵׂה אֱלֹהֵינוּ. שׁוֹמֵעַ שְׁוָעוֹת. שׁוֹעֶה עֶרֶךְ שׁוּעוֹת. תּוֹרוֹתָיו מְשַׁעְשְׁעוֹת. תַּכְסִיסוֹ כּוֹבַע יְשׁוּעוֹת.

לָכֵן יִתְגָּאֶה הָאֵל לָנוּ אֵל לְמוֹשָׁעוֹת:

In this Piyyut, Meshullam ben Kalonymos of Rome, tenth century, contrasts the enduring and amazing work of the Creator, as the source of man's salvation, with the mortal, momentary and confusing work of man. It conveys a solemn warning not to rely on princes or the son of man in whom there is no salvation.

How great is the work of our God!

The work of our God! The Lord is beyond compare; He maketh the skies His dwelling. The inhabitants of the earth are as grasshoppers before Him.

> Therefore be He exalted. "He is the Creator, the Rock, whose work is perfect."

The work of our God! With Him are dominion and majestic awe, yet He is ready to redeem. He hasteneth to hearken from heaven to the cry and humble prayer of His people.

> Therefore be He exalted. "His name is the Lord of hosts."

The work of our God! He giveth food to those who revere Him; they bring an offering to His Sanctuary. Even His heavenly hosts cannot behold His glory.

> Therefore be He exalted. "He is the Eternal whose eyes regardeth all who revere Him."

The work of our God! He maketh the winds His messengers; He is sanctified with songs and praise. He hearkeneth to prayer; He answereth and granteth relief to those who are in trouble.

> Therefore be He exalted. "He is the God of all spirits."

The work of our God! He redeemeth from destruction those who rely upon Him; He is the Rock who knoweth those who trust in Him. The most Holy who performeth great wonders, He is merciful to those who obey Him and even to those who provoke Him.

> Therefore be He exalted. "He is merciful over all His works."

The following verse is said silently:

The work of mortal man, his strategy is confusion; he dwells in the midst of deceit. His habitation will be with the worm; and his grave will be in the cleft of the earth. How can man be exalted whose "days are like unto vanity"?

But the work of our God! He hearkeneth to prayer; His Laws bring delight; His ornament is salvation.

> Therefore be He exalted. "He is our God, the God of salvation."

Responsive Reading

וּבְכֵן תְּנוּ עֹז לֵאלֹהִים. עַל יִשְׂרָאֵל גַּאֲוָתוֹ:

עַל יִשְׂרָאֵל אֱמוּנָתוֹ. עַל יִשְׂרָאֵל בִּרְכָתוֹ:

עַל יִשְׂרָאֵל גַּאֲוָתוֹ. עַל יִשְׂרָאֵל דִּבְרָתוֹ:

עַל יִשְׂרָאֵל הַדְרָתוֹ. עַל יִשְׂרָאֵל וְעִידָתוֹ:

עַל יִשְׂרָאֵל זְכִירָתוֹ. עַל יִשְׂרָאֵל חֶמְלָתוֹ:

עַל יִשְׂרָאֵל טָהֳרָתוֹ. עַל יִשְׂרָאֵל יְשָׁרָתוֹ:

עַל יִשְׂרָאֵל כַּנָּתוֹ. עַל יִשְׂרָאֵל לְאֻמָּתוֹ:

עַל יִשְׂרָאֵל מַלְכוּתוֹ. עַל יִשְׂרָאֵל נְעִימָתוֹ:

עַל יִשְׂרָאֵל סְגֻלָּתוֹ. עַל יִשְׂרָאֵל עֲדָתוֹ:

עַל יִשְׂרָאֵל פְּעֻלָּתוֹ. עַל יִשְׂרָאֵל צִדְקָתוֹ:

עַל יִשְׂרָאֵל קְדֻשָּׁתוֹ. עַל יִשְׂרָאֵל רוֹמְמוּתוֹ:

עַל יִשְׂרָאֵל שְׁכִינָתוֹ. עַל יִשְׂרָאֵל תִּפְאַרְתּוֹ:

וּבְכֵן אֵין כָּמְוֹךָ בָאֱלֹהִים אֲדֹנָי וְאֵין כְּמַעֲשֶׂיךָ:

אֵין כָּמְוֹךָ בְּאַדִּירֵי מַעְלָה. וְאֵין כְּמַעֲשֶׂיךָ בִּבְרוּרֵי מַטָּה:

אֵין כָּמְוֹךָ בִּגְדוּדֵי מַעְלָה. וְאֵין כְּמַעֲשֶׂיךָ בְּדָרֵי מַטָּה:

אֵין כָּמְוֹךָ בַּהֲמוֹנֵי מַעְלָה. וְאֵין כְּמַעֲשֶׂיךָ בְּוַעוּדֵי מַטָּה:

אֵין כָּמְוֹךָ בְּזַכֵּי מַעְלָה. וְאֵין כְּמַעֲשֶׂיךָ בַּחֲיָלֵי מַטָּה:

אֵין כָּמְוֹךָ בִּטְהוֹרֵי מַעְלָה. וְאֵין כְּמַעֲשֶׂיךָ בִּיַקִּירֵי מַטָּה:

אֵין כָּמְוֹךָ בִּכְרוּבֵי מַעְלָה. וְאֵין כְּמַעֲשֶׂיךָ בִּלְגְיוֹנֵי מַטָּה:

אֵין כָּמְוֹךָ בְּמַלְאֲכֵי מַעְלָה. וְאֵין כְּמַעֲשֶׂיךָ בִּנְגִידֵי מַטָּה:

אֵין כָּמְוֹךָ בְּשַׂרְפֵי מַעְלָה. וְאֵין כְּמַעֲשֶׂיךָ בְּעָרִיצֵי מַטָּה:

אֵין כָּמְוֹךָ בִּפְלִיאֵי מַעְלָה. וְאֵין כְּמַעֲשֶׂיךָ בִּצְבָאוֹת מַטָּה:

אֵין כָּמְוֹךָ בִּקְדוֹשֵׁי מַעְלָה. וְאֵין כְּמַעֲשֶׂיךָ בְּרוֹזְנֵי מַטָּה:

אֵין כָּמְוֹךָ בְּשִׁנְאַנֵּי מַעְלָה. וְאֵין כְּמַעֲשֶׂיךָ בְּתַקִּיפֵי מַטָּה:

Piyyutim in alphabetical acrostic composed
by Meshullam ben Kalonymos

Ascribe ye strength unto God; His excellency is over Israel.

Over Israel are His faithfulness and blessing,
     His pride, His word.
Over Israel are His majesty and testimony,
     His memorial, His compassion.
Over Israel are His purity and uprightness;
     Israel, His vineyard, His people.
Over Israel are His kingdom and delight;
     Israel, His treasure, His congregation, His handiwork.
Over Israel are His righteousness and holiness,
     His exaltation, His presence, His glory.

There is none like unto Thee among the mighty, O Lord,
Neither are there any works like unto Thy works.

There is none like unto Thee among the mighty in heaven,
Nor unto Thy works among the elect on earth.

There is none like unto Thee among the hosts of heaven,
Nor unto Thy works among those who dwell on earth.

There is none like unto Thee among the multitude in heaven,
Nor unto Thy works among the assemblies on earth.

There is none like unto Thee among the pure in heaven,
Nor unto Thy works among the multitudes on earth.

There is none like unto Thee among the upright in heaven,
Nor unto Thy works among the beloved ones on earth.

There is none like unto Thee among the cherubim in heaven,
Nor unto Thy works among the legions on earth.

There is none like unto Thee among the angels in heaven.
Nor unto Thy works among the rulers on earth.

There is none like unto Thee among the seraphim in heaven,
Nor unto Thy works among the powerful on earth.

There is none like unto Thee among the saints in heaven,
Nor unto Thy works among the lordly princes on earth.

There is none like unto Thee among the holy ones in heaven,
Nor unto Thy works among the eminent on earth.

There is none like unto Thee among the winged messengers
     in heaven,
Nor unto Thy works among the potentates on earth.

וּבְכֵן נְאַדֶּרְךָ חַי עוֹלָמִים:

הָאַדֶּרֶת וְהָאֱמוּנָה לְחַי עוֹלָמִים: הַבִּינָה וְהַבְּרָכָה לְחַי עוֹלָמִים: הַגַּאֲוָה וְהַגְּדֻלָּה לְחַי עוֹלָמִים: הַדֵּעָה וְהַדִּבּוּר לְחַי עוֹלָמִים: הַהוֹד וְהֶהָדָר לְחַי עוֹלָמִים: הַוַּעַד וְהַוָּתִיקוּת לְחַי עוֹלָמִים: הַזּוֹךְ וְהַזֹּהַר לְחַי עוֹלָמִים: הַחַיִל וְהַחֹסֶן לְחַי עוֹלָמִים: הַטֶּכֶס וְהַטֹּהַר לְחַי עוֹלָמִים: הַיִּחוּד וְהַיִּרְאָה לְחַי עוֹלָמִים: הַכֶּתֶר וְהַכָּבוֹד לְחַי עוֹלָמִים: הַלֶּקַח וְהַלִּבּוּב לְחַי עוֹלָמִים: הַמְּלוּכָה וְהַמֶּמְשָׁלָה לְחַי עוֹלָמִים: הַנּוֹי וְהַנֵּצַח לְחַי עוֹלָמִים: הַשִּׂגּוּי וְהַשֶּׂגֶב לְחַי עוֹלָמִים: הָעֹז וְהָעֲנָוָה לְחַי עוֹלָמִים: הַפְּדוּת וְהַפְּאֵר לְחַי עוֹלָמִים: הַצְּבִי וְהַצֶּדֶק לְחַי עוֹלָמִים: הַקְּרִיאָה וְהַקְּדֻשָּׁה לְחַי עוֹלָמִים: הָרֹן וְהָרוֹמֵמוּת לְחַי עוֹלָמִים: הַשִּׁיר וְהַשֶּׁבַח לְחַי עוֹלָמִים: הַתְּהִלָּה וְהַתִּפְאֶרֶת לְחַי עוֹלָמִים:

וּבְכֵן נַאֲמִירְךָ אֱלֹהֵינוּ בְּאֵימָה:

נַאֲמִירְךָ בְּאֵימָה. נְבָרֶכְךָ בְּבִינָה: נְגַדֶּלְךָ בִּגְדֻלָּה. נִדְרָשְׁךָ בְּדֵעָה: נְהַדֶּרְךָ בְּהוֹדָיָה. נוֹדְךָ בִּוְעִידָה: נַזְכִּירְךָ בְּזִמְרָה. נְחַסְּנָךְ בְּחִלָּה: נַטְעִימְךָ בְּטָהֳרָה. נְיַחֶדְךָ בְּיִרְאָה: נְכַבֶּדְךָ בִּכְרִיעָה. נְלַבֶּבְךָ בִּלְמִידָה: נַמְלִיכְךָ בִּמְלוּכָה. נְנַצְּחָךְ בִּנְעִימָה: נְשַׂגְּבָךְ בִּשְׂרָרָה: נַעֲרִיצְךָ בַּעֲנָוָה. נְפָאֲרָךְ בִּפְצִיחָה: נְצַלְצְלָךְ בְּצָהֳלָה: נַקְדִּישְׁךָ בִּקְרִיאָה. נְרוֹמְמָךְ בְּרְנָנָה. נְשׁוֹרְרָךְ בְּשְׁבָחָה. נַתְמִידְךָ בִּתְהִלָּה:

Thus will we glorify Thee,
O Thou who livest eternally.

Majesty and faithfulness,
Understanding and blessing,
Supremacy and greatness,
Knowledge and speech are Thine,
O Thou who livest eternally.
Honor and excellence,
Testimony and perfection,
Purity and splendor,
Valor and prowess are Thine,
O Thou who livest eternally.
Truth and purity,
Unity and reverence,
The crown and the glory,
Wisdom and knowledge are Thine,
O Thou who livest eternally.
Dominion and rule,
Radiance and victory,
Power and pre-eminence,
Strength and gentleness,
Redemption and glory are Thine,
O Thou who livest eternally.
Beauty and righteousness,
Worship and holiness,
Acclamation and exultation,
Song and hymn,
Praise and sovereignty are Thine,
O Thou who livest eternally.

And thus with awe we will acknowledge Thee our God.

We will acknowledge Thee in awe, and bless Thee with understanding. We will magnify Thee with praises, and seek Thee with knowledge. We will honor Thee with thanksgiving, and thank Thee by our testimony. We will remember Thee in song and worship Thee in supplication. We will talk of Thee in purity, and in reverence proclaim Thy unity. We will learn of Thy love and glorify Thee with the bent knee. We will sing of Thy sovereignty, exalt Thee by our fealty, and laud Thee with humility. We will honor Thee with triumphant hymns of joy, and hallow Thee in prayer. We will extol Thee with joyful psalms; we will tell of Thy goodness in melody, and continually declare Thy praise.

וּבְכֵן רוֹמְמוּ יְיָ אֱלֹהֵינוּ וְהִשְׁתַּחֲווּ לַהֲדוֹם רַגְלָיו קָדוֹשׁ הוּא:

רוֹמְמוּ אֵל מֶלֶךְ נֶאֱמָן. קָדוֹשׁ הוּא בָּרוּךְ בְּכָל־זְמָן: רוֹמְמוּ גּוֹמֵל חֲסָדִים. קָדוֹשׁ הוּא דָּתוֹתָיו דוֹדִים: רוֹמְמוּ הַנִּקְדָּשׁ בִּצְדָקָה. קָדוֹשׁ הוּא וּמַאֲזִין צְעָקָה: רוֹמְמוּ זֵרַת שְׁחָקִים. קָדוֹשׁ הוּא חִכּוֹ מַמְתַּקִּים: רוֹמְמוּ טוֹב לַכֹּל. קָדוֹשׁ הוּא יוֹדֵעַ הַכֹּל: רוֹמְמוּ כָּבוֹד אוֹמֵר כֻּלּוֹ בְּהֵיכָלוֹ. קָדוֹשׁ הוּא לְהַקְדִּישׁוֹ וּלְעַלּוֹ: רוֹמְמוּ מוֹנֶה מִסְפָּר לַכּוֹכָבִים. קָדוֹשׁ הוּא נִצָּב בַּעֲדַת כְּרוּבִים: רוֹמְמוּ סוֹבֵל בִּזְרוֹעוֹ עוֹלָם. קָדוֹשׁ הוּא עִזּוּז וּמִכֹּל נֶעְלָם: רוֹמְמוּ פּוֹדֶה וְחוֹנֵן יְדִידִים. קָדוֹשׁ הוּא צִדְקָתוֹ שָׁמַיִם מַגִּידִים: רוֹמְמוּ קָרוֹב לְקוֹרְאָיו. קָדוֹשׁ הוּא רוֹצֶה יְרֵאָיו: רוֹמְמוּ שׁוֹמֵעַ תְּפִלּוֹת. קָדוֹשׁ הוּא תִּפְאַרְתּוֹ בְּמַקְהֵלוֹת:

The Ark is opened

וּבְכֵן לְךָ הַכֹּל יַכְתִּירוּ:

לְאֵל עוֹרֵךְ דִּין: לְבוֹחֵן לְבָבוֹת בְּיוֹם דִּין:
לְגוֹלֶה עֲמֻקּוֹת בַּדִּין: לְדוֹבֵר מֵישָׁרִים בְּיוֹם דִּין:
לְהוֹגֶה דֵעוֹת בַּדִּין: לְוָתִיק וְעֹשֶׂה חֶסֶד בְּיוֹם דִּין:
לְזוֹכֵר בְּרִיתוֹ בַּדִּין: לְחוֹמֵל מַעֲשָׂיו בְּיוֹם דִּין:
לְטַהֵר חוֹסָיו בַּדִּין: לְיוֹדֵעַ מַחֲשָׁבוֹת בְּיוֹם דִּין:
לְכוֹבֵשׁ כַּעְסוֹ בַּדִּין: לְלוֹבֵשׁ צְדָקוֹת בְּיוֹם דִּין:
לְמוֹחֵל עֲוֹנוֹת בַּדִּין: לְנוֹרָא תְהִלּוֹת בְּיוֹם דִּין:
לְסוֹלֵחַ לַעֲמוּסָיו בַּדִּין: לְעוֹנֶה לְקוֹרְאָיו בְּיוֹם דִּין:
לְפוֹעֵל רַחֲמָיו בַּדִּין: לְצוֹפֶה נִסְתָּרוֹת בְּיוֹם דִּין:
לְקוֹנֶה עֲבָדָיו בַּדִּין: לְרַחֵם עַמּוֹ בְּיוֹם דִּין:
לְשׁוֹמֵר אוֹהֲבָיו בַּדִּין: לְתוֹמֵךְ תְּמִימָיו בְּיוֹם דִּין:

The Ark is closed

Exalt the Lord our God, and worship at His footstool; holy is He!

Exalt God, the faithful King; He is holy and blessed through all eternity. Exalt Him who dispenseth mercy; He is holy and His laws are precious. Exalt Him who is hallowed in righteousness; He is holy and hearkeneth to supplication. Exalt Him that spanneth the heavens; He is holy and His words are sweet. Exalt Him who is good to all; He is holy and knoweth all. Exalt Him in whose Temple everything saith, "Glory." He is holy and He is to be hallowed and extolled. Exalt Him who counteth the stars by number; He is holy and His spirit pervadeth in the assembly of the cherubim. Exalt Him who upholdeth the world with His arm; He is holy, mighty and inscrutable. Exalt Him that hath mercy upon His beloved to redeem them; He is holy; the heavens tell of His righteousness. Exalt Him who is near unto those who call upon Him. He is holy and accepteth them that revere Him. Exalt Him that heareth prayer; He is holy and His glory rests upon His congregation.

Piyyut in alphabetical acrostic composed by Eleazar Kalir

And thus, all shall acclaim sovereignty unto God:
Unto God who ordereth judgment,
Who searcheth hearts on the Day of Judgment;
Who uncovereth deep things in judgment,
Who ordaineth righteousness on the Day of Judgment;
Who uttereth knowledge in judgment,
Who is perfect, and showeth mercy on the Day of Judgment;
Who remembereth His covenant in judgment,
Who hath compassion upon His handiwork on the Day of Judgment;
Who maketh pure them that trust in Him in judgment,
Who divineth men's thoughts on the Day of Judgment;
Who restraineth His indignation on the Day of Judgment,
Who is clothed in charity on the Day of Judgment;
Who pardoneth iniquities in judgment,
Who is revered in praises on the Day of Judgment;
Who forgiveth the people chastened by Him in judgment,
Who answereth His suppliants on the Day of Judgment;
Who showeth His mercy in judgment,
Who observeth secret things on the Day of Judgment;
Who is Master of all in judgment,
Who hath compassion upon His people on the Day of Judgment;
Who preserveth them that love Him in judgment,
Who sustaineth His blameless ones on the Day of Judgment.

קדושה

וּבְכֵן וּלְךָ תַעֲלֶה קְדֻשָּׁה כִּי אַתָּה אֱלֹהֵינוּ מֶלֶךְ מוֹחֵל וְסוֹלֵחַ:

נַעֲרִיצְךָ וְנַקְדִּישְׁךָ כְּסוֹד שִׂיחַ שַׂרְפֵי קֹדֶשׁ הַמַּקְדִּישִׁים שִׁמְךָ בַּקֹּדֶשׁ. כַּכָּתוּב עַל־יַד נְבִיאֶךָ. וְקָרָא זֶה אֶל־זֶה וְאָמַר.

קָדוֹשׁ קָדוֹשׁ קָדוֹשׁ יְיָ צְבָאוֹת. מְלֹא כָל־הָאָרֶץ כְּבוֹדוֹ:

כְּבוֹדוֹ מָלֵא עוֹלָם. מְשָׁרְתָיו שׁוֹאֲלִים זֶה לָזֶה אַיֵּה מְקוֹם כְּבוֹדוֹ. לְעֻמָּתָם בָּרוּךְ יֹאמֵרוּ.

בָּרוּךְ כְּבוֹד־יְיָ מִמְּקוֹמוֹ:

מִמְּקוֹמוֹ הוּא יִפֶן בְּרַחֲמִים וְיָחוֹן עַם הַמְיַחֲדִים שְׁמוֹ עֶרֶב וָבֹקֶר בְּכָל־יוֹם תָּמִיד פַּעֲמַיִם בְּאַהֲבָה שְׁמַע אוֹמְרִים.

שְׁמַע יִשְׂרָאֵל יְיָ אֱלֹהֵינוּ יְיָ אֶחָד:

אֶחָד הוּא אֱלֹהֵינוּ הוּא אָבִינוּ הוּא מַלְכֵּנוּ הוּא מוֹשִׁיעֵנוּ. וְהוּא יַשְׁמִיעֵנוּ בְּרַחֲמָיו שֵׁנִית לְעֵינֵי כָּל־חָי. לִהְיוֹת לָכֶם לֵאלֹהִים.

אֲנִי יְיָ אֱלֹהֵיכֶם:

אַדִּיר אַדִּירֵנוּ יְיָ אֲדֹנֵינוּ מָה־אַדִּיר שִׁמְךָ בְּכָל־הָאָרֶץ: וְהָיָה יְיָ לְמֶלֶךְ עַל־כָּל־הָאָרֶץ בַּיּוֹם הַהוּא יִהְיֶה יְיָ אֶחָד וּשְׁמוֹ אֶחָד:

וּבְדִבְרֵי קָדְשְׁךָ כָּתוּב לֵאמֹר.

יִמְלֹךְ יְיָ לְעוֹלָם. אֱלֹהַיִךְ צִיּוֹן לְדֹר וָדֹר. הַלְלוּיָהּ:

לְדוֹר וָדוֹר נַגִּיד גָּדְלֶךָ. וּלְנֵצַח נְצָחִים קְדֻשָּׁתְךָ נַקְדִּישׁ. וְשִׁבְחֲךָ אֱלֹהֵינוּ מִפִּינוּ לֹא־יָמוּשׁ לְעוֹלָם וָעֶד. כִּי אֵל מֶלֶךְ גָּדוֹל וְקָדוֹשׁ אָתָּה:

K'DUSHAH

And thus may the sanctification ascend unto Thee, for Thou art our God, a King of pardon and forgiveness.

* In the words of the mystic utterance recorded in Holy Scriptures, we sanctify Thy name:

Holy, holy, holy is the Lord of hosts;
The whole earth is full of His glory.

Ko-dōsh, ko-dōsh, ko-dōsh, A-dō-noy ts'vo-ōs,
M'lō ḥol ho-o-rets k'vō-dō.

His majesty pervades the universe; His ministering angels ask one another: 'Where is the place of His glory?'

Blessed be the glory of the Lord that fills the universe.

Bo-ruḥ k'vōd A-dō-noy mi-m'kō-mō.

From His sacred abode may He turn in mercy unto the people which evening and morning, twice daily, proclaim in love the unity of His name, saying:

Hear, O Israel: the Lord our God, the Lord is One.

Sh'ma yis-ro-ayl A-dō-noy e-lō-hay-nu A-dō-noy e-ḥod.

One is the Eternal, our God, our Father, our Sovereign, and our Savior; and He will again in mercy proclaim in the presence of all living:

'I am the Lord your God.'
A-nee A-dō-noy e-lō-hay-ḥem.

Thou art most exalted; O Lord our God, how glorious is Thy name in all the earth! And the Lord shall be King over all the earth; on that day shall the Lord be One and His name one.

And in Holy Scriptures it is written:

The Lord shall reign forever; thy God, O Zion, shall be Sovereign unto all generations. Praise the Lord.

Yim-lōḥ A-dō-noy l'ō-lom e-lō-ha-yiḥ tsi-yōn,
L'dōr vo-dōr, ha-l'lu-yoh.

Unto endless generations we shall declare Thy greatness, and to all eternity we will proclaim Thy holiness. Thy praise, O our God, shall not depart from our mouth forever, for Thou art a great and holy God and King.

* Isaiah 6.

חֲמוֹל עַל מַעֲשֶׂיךָ וְתִשְׂמַח בְּמַעֲשֶׂיךָ. וְיֹאמְרוּ לְךָ חוֹסֶיךָ בְּצַדֶּקְךָ עֲמוּסֶיךָ תֻּקְדַּשׁ אָדוֹן עַל כָּל־מַעֲשֶׂיךָ:

כִּי מַקְדִּישֶׁיךָ בִּקְדֻשָּׁתְךָ קִדַּשְׁתָּ. נָאֶה לְקָדוֹשׁ פְּאֵר מִקְּדוֹשִׁים. בְּאֵין מֵלִיץ יֹשֶׁר מוּל מַגִּיד פֶּשַׁע. תַּגִּיד לְיַעֲקֹב דְּבַר חֹק וּמִשְׁפָּט. וְצַדְּקֵנוּ בַּמִּשְׁפָּט הַמֶּלֶךְ הַמִּשְׁפָּט: עוֹד יִזְכָּר־לָנוּ אַהֲבַת אֵיתָן אֲדוֹנֵנוּ. וּבַבֵּן הַנֶּעֱקַד יַשְׁבִּית מְדַיְּנֵנוּ. וּבִזְכוּת הַתָּם יוֹצִיא אָיוֹם לְצֶדֶק דִּינֵנוּ. כִּי קָדוֹשׁ הַיּוֹם לַאדוֹנֵינוּ: וּבְכֵן יִתְקַדַּשׁ שִׁמְךָ יְיָ אֱלֹהֵינוּ עַל יִשְׂרָאֵל עַמֶּךָ וְעַל יְרוּשָׁלַיִם עִירֶךָ וְעַל צִיּוֹן מִשְׁכַּן כְּבוֹדֶךָ וְעַל מַלְכוּת בֵּית דָּוִד מְשִׁיחֶךָ וְעַל מְכוֹנְךָ וְהֵיכָלֶךָ:

תִּשְׂגַּב לְבַדֶּךָ וְתִמְלוֹךְ עַל כֹּל בְּיִחוּד. כַּכָּתוּב עַל־יַד נְבִיאֶךָ. וְהָיָה יְיָ לְמֶלֶךְ עַל־כָּל־הָאָרֶץ בַּיּוֹם הַהוּא יִהְיֶה יְיָ אֶחָד וּשְׁמוֹ אֶחָד:

וּבְכֵן תֵּן פַּחְדְּךָ יְיָ אֱלֹהֵינוּ עַל כָּל־מַעֲשֶׂיךָ וְאֵימָתְךָ עַל כָּל־מַה־שֶּׁבָּרָאתָ. וְיִירָאוּךָ כָּל־הַמַּעֲשִׂים וְיִשְׁתַּחֲווּ לְפָנֶיךָ כָּל־הַבְּרוּאִים. וְיֵעָשׂוּ כֻלָּם אֲגֻדָּה אֶחָת לַעֲשׂוֹת רְצוֹנְךָ בְּלֵבָב שָׁלֵם. כְּמוֹ שֶׁיָּדַעְנוּ יְיָ אֱלֹהֵינוּ שֶׁהַשִּׁלְטוֹן לְפָנֶיךָ עֹז בְּיָדְךָ וּגְבוּרָה בִּימִינֶךָ וְשִׁמְךָ נוֹרָא עַל כָּל־מַה־שֶּׁבָּרָאתָ:

וּבְכֵן תֵּן כָּבוֹד יְיָ לְעַמֶּךָ תְּהִלָּה לִירֵאֶיךָ וְתִקְוָה לְדוֹרְשֶׁיךָ וּפִתְחוֹן פֶּה לַמְיַחֲלִים לָךְ. שִׂמְחָה לְאַרְצֶךָ

O have compassion upon Thy work and rejoice therein. And when Thou hast justified them that have been sustained by Thee, Thy faithful servants shall say: O Lord, be Thou sanctified over all Thy works.

For with Thy holiness Thou hast sanctified them that call Thee holy. Seemly unto Thee, O Holy One, is Thy pious servants' crown of praise. Since there is no advocate of righteousness to plead our cause, do Thou teach Jacob Thy word, statute and judgment; and clear us in judgment, O King of justice. Thou wilt yet remember for our sakes the love of Abraham, the patriarch, yea, and Isaac, his son, who was bound on the altar, and the merit of Jacob, the man of simple faith; and Thou wilt bring forth our suit to the light of acquittal and forgive us, for this day is holy unto Thee, O Lord. And thus may Thy name, O Lord our God, be hallowed over Israel and over Jerusalem, Thy city; over Zion, the habitation of Thy glory; over the Messianic kingdom; over Thy dwelling place, Thy Sanctuary, and over all mankind.

Thou alone wilt be exalted, and Thou wilt reign over all in unity, as it is written by the hand of Thy prophet: The Lord shall be King over all the earth; on that day shall the Lord be One and his name one.

And therefore, O Lord our God, let Thine awe be manifest in all Thy works, and a reverence for Thee fill all that Thou hast created, so that all Thy creatures may know Thee, and all mankind bow down to acknowledge Thee. May all Thy children unite in one fellowship to do Thy will with a perfect heart; for we know, O Lord our God, that dominion is Thine, that Thy might and power are supreme, and that Thy name is to be revered over all Thou hast created.

And therefore, O Lord, grant glory to Thy people who serve Thee, praise to those who revere Thee, hope to those who seek Thee, and confidence to those who yearn for Thee. Bring

וְשָׂשׂוֹן לְעִירֶךָ וּצְמִיחַת קֶרֶן לְדָוִד עַבְדֶּךָ וַעֲרִיכַת נֵר לְבֶן יִשַׁי מְשִׁיחֶךָ בִּמְהֵרָה בְיָמֵינוּ:

וּבְכֵן צַדִּיקִים יִרְאוּ וְיִשְׂמָחוּ וִישָׁרִים יַעֲלֹזוּ וַחֲסִידִים בְּרִנָּה יָגִילוּ. וְעוֹלָתָה תִּקְפָּץ־פִּיהָ וְכָל־הָרִשְׁעָה כֻּלָּהּ כְּעָשָׁן תִּכְלֶה. כִּי תַעֲבִיר מֶמְשֶׁלֶת זָדוֹן מִן הָאָרֶץ:

וְתִמְלוֹךְ אַתָּה יְיָ לְבַדֶּךָ עַל כָּל־מַעֲשֶׂיךָ בְּהַר צִיּוֹן מִשְׁכַּן כְּבוֹדֶךָ וּבִירוּשָׁלַיִם עִיר קָדְשֶׁךָ כַּכָּתוּב בְּדִבְרֵי קָדְשֶׁךָ. יִמְלֹךְ יְיָ לְעוֹלָם אֱלֹהַיִךְ צִיּוֹן לְדֹר וָדֹר הַלְלוּיָהּ:

קָדוֹשׁ אַתָּה וְנוֹרָא שְׁמֶךָ וְאֵין אֱלוֹהַּ מִבַּלְעָדֶיךָ כַּכָּתוּב. וַיִּגְבַּהּ יְיָ צְבָאוֹת בַּמִּשְׁפָּט וְהָאֵל הַקָּדוֹשׁ נִקְדַּשׁ בִּצְדָקָה. בָּרוּךְ אַתָּה יְיָ הַמֶּלֶךְ הַקָּדוֹשׁ:

אַתָּה בְחַרְתָּנוּ מִכָּל־הָעַמִּים. אָהַבְתָּ אוֹתָנוּ. וְרָצִיתָ בָּנוּ. וְרוֹמַמְתָּנוּ מִכָּל־הַלְּשׁוֹנוֹת. וְקִדַּשְׁתָּנוּ בְּמִצְוֹתֶיךָ. וְקֵרַבְתָּנוּ מַלְכֵּנוּ לַעֲבוֹדָתֶךָ. וְשִׁמְךָ הַגָּדוֹל וְהַקָּדוֹשׁ עָלֵינוּ קָרָאתָ:

וַתִּתֶּן־לָנוּ יְיָ אֱלֹהֵינוּ בְּאַהֲבָה אֶת־יוֹם [הַשַּׁבָּת הַזֶּה לִקְדֻשָּׁה וְלִמְנוּחָה וְאֶת־יוֹם] הַכִּפֻּרִים הַזֶּה לִמְחִילָה וְלִסְלִיחָה וּלְכַפָּרָה וְלִמְחָל־בּוֹ אֶת־כָּל־עֲוֹנוֹתֵינוּ [בְּאַהֲבָה] מִקְרָא קֹדֶשׁ. זֵכֶר לִיצִיאַת מִצְרָיִם:

אֱלֹהֵינוּ וֵאלֹהֵי אֲבוֹתֵינוּ יַעֲלֶה וְיָבֹא וְיַגִּיעַ וְיֵרָאֶה וְיֵרָצֶה וְיִשָּׁמַע וְיִפָּקֵד וְיִזָּכֵר זִכְרוֹנֵנוּ וּפִקְדּוֹנֵנוּ וְזִכְרוֹן אֲבוֹתֵינוּ וְזִכְרוֹן מָשִׁיחַ בֶּן דָּוִד עַבְדֶּךָ וְזִכְרוֹן יְרוּשָׁלַיִם עִיר קָדְשֶׁךָ וְזִכְרוֹן כָּל־עַמְּךָ בֵּית יִשְׂרָאֵל לְפָנֶיךָ לִפְלֵיטָה לְטוֹבָה לְחֵן וּלְחֶסֶד וּלְרַחֲמִים לְחַיִּים וּלְשָׁלוֹם בְּיוֹם הַכִּפּוּרִים הַזֶּה: זָכְרֵנוּ יְיָ אֱלֹהֵינוּ בּוֹ לְטוֹבָה. וּפָקְדֵנוּ בוֹ לִבְרָכָה.

joy to Thy land, gladness to Thy city, renewed strength to the seed of David, and a constant light to Thy servants in Zion. O may this come to pass speedily in our days.

And therefore, the righteous shall see and be glad, the just exult, and the pious rejoice in song, while iniquity shall close its mouth and all wickedness shall vanish like smoke, when Thou removest the dominion of tyranny from the earth.

And Thou, O Lord, wilt rule, Thou alone, over all Thy works on Mount Zion, the dwelling place of Thy glory, and in Jerusalem, Thy holy city, fulfilling the words of the Psalmist: "The Lord shall reign forever; thy God, O Zion, shall be Sovereign unto all generations. Praise the Lord."

Holy art Thou, and awe-inspiring is Thy name, and there is no God besides Thee; as it is written in Holy Scriptures: "The Lord of hosts is exalted through justice, and the holy God is sanctified through righteousness." Blessed art Thou, O Lord, the holy King.

Thou didst choose us for Thy service from among all peoples, loving us and taking delight in us. Thou didst exalt us above all tongues by making us holy through Thy commandments. Thou hast drawn us near, O our King, unto Thy service and hast called us by Thy great and holy name.

On Sabbath add the bracketed words

And Thou hast given us in love O Lord our God, [this Sabbath day and] this Day of Atonement, for pardon, forgiveness and atonement, that we may [in love] obtain pardon thereon for all our iniquities; a holy convocation in memory of the departure from Egypt.

Our God and God of our fathers, may Israel be remembered for loving-kindness and mercy, life and peace; may Zion be remembered for deliverance and well-being on this Day of

וְהוֹשִׁיעֵנוּ בוֹ לְחַיִּים. וּבִדְבַר יְשׁוּעָה וְרַחֲמִים חוּס וְחָנֵּנוּ וְרַחֵם עָלֵינוּ וְהוֹשִׁיעֵנוּ כִּי אֵלֶיךָ עֵינֵינוּ. כִּי אֵל מֶלֶךְ חַנּוּן וְרַחוּם אָתָּה:

סליחות לתפלת שחרית

סְלַח־לָנוּ אָבִינוּ כִּי בְרֹב אִוַּלְתֵּנוּ שָׁגִינוּ: מְחַל־לָנוּ מַלְכֵּנוּ כִּי רַבּוּ עֲוֹנֵינוּ:

אֵל מֶלֶךְ יוֹשֵׁב עַל כִּסֵּא רַחֲמִים. מִתְנַהֵג בַּחֲסִידוּת מוֹחֵל עֲוֹנוֹת עַמּוֹ. מַעֲבִיר רִאשׁוֹן רִאשׁוֹן. מַרְבֶּה מְחִילָה לְחַטָּאִים וּסְלִיחָה לְפוֹשְׁעִים. עוֹשֶׂה צְדָקוֹת עִם כָּל־בָּשָׂר וָרוּחַ. לֹא כְרָעָתָם תִּגְמוֹל. אֵל הוֹרֵיתָ לָנוּ לוֹמַר שְׁלֹשׁ עֶשְׂרֵה. זְכָר־לָנוּ הַיּוֹם בְּרִית שְׁלֹשׁ עֶשְׂרֵה. כְּמוֹ שֶׁהוֹדַעְתָּ לֶעָנָו מִקֶּדֶם כְּמוֹ שֶׁכָּתוּב. וַיֵּרֶד יְיָ בֶּעָנָן וַיִּתְיַצֵּב עִמּוֹ שָׁם וַיִּקְרָא בְשֵׁם יְיָ:

וַיַּעֲבֹר יְיָ עַל פָּנָיו וַיִּקְרָא.

יְיָ יְיָ אֵל רַחוּם וְחַנּוּן אֶרֶךְ אַפַּיִם וְרַב־חֶסֶד וֶאֱמֶת: נֹצֵר חֶסֶד לָאֲלָפִים נֹשֵׂא עָוֹן וָפֶשַׁע וְחַטָּאָה וְנַקֵּה: וְסָלַחְתָּ לַעֲוֹנֵנוּ וּלְחַטָּאתֵנוּ וּנְחַלְתָּנוּ:

סְלַח־לָנוּ אָבִינוּ כִּי חָטָאנוּ. מְחַל־לָנוּ מַלְכֵּנוּ כִּי פָשָׁעְנוּ: כִּי אַתָּה אֲדֹנָי טוֹב וְסַלָּח וְרַב־חֶסֶד לְכָל־קֹרְאֶיךָ:

Atonement. Remember us, O Lord our God for our good; and be mindful of us for a life of blessing. With Thy promise of salvation and mercy, spare us and be gracious unto us; have compassion upon us and save us. Unto Thee have we lifted our eyes for Thou art a gracious and merciful God and King.

PENITENTIAL PRAYERS

Forgive us, O our Father, for in the abundance of our folly we have gone astray. Pardon us, our King, for our iniquities have multiplied.

Almighty King, enthroned in mercy and governing Thy people with loving-kindness, Thou causest their sins to pass away one by one. Thou art ever ready to extend Thy pardon to sinners, and forgiveness to transgressors, judging charitably all the living, and not requiting them according to the evil they do. O God, who hast taught us to repeat Thy thirteen attributes, remember unto us this day the covenant of Thy mercy in these attributes, as Thou didst reveal them of old to Moses, the meek, in the words written in the Torah,[1] "And the Lord descended in the cloud and stood with him there, and proclaimed the name of the Lord.

And the Lord passed before him and proclaimed:

'The Lord, the Lord is a compassionate and gracious God, slow to anger, abounding in loving-kindness and truth; keeping mercy for thousands, forgiving iniquity, transgression and sin, and acquitting the penitent.' "[2] "O pardon our iniquity and our sin, and take us for Thy heritage."[3]

Forgive us, O our Father, for we have sinned; pardon us, our King, for we have transgressed. For Thou, O Lord, art good and ready to forgive, and art abounding in mercy unto all them that call upon Thee.

[1] Exodus 34:5–7.   [2] Midrashic interpretation.   [3] Exodus 34:9.

זְכֹר רַחֲמֶיךָ יְיָ וַחֲסָדֶיךָ כִּי מֵעוֹלָם הֵמָּה: אַל־תִּזְכָּר־לָנוּ עֲוֹנוֹת רִאשֹׁנִים מַהֵר יְקַדְּמוּנוּ רַחֲמֶיךָ כִּי דַלּוֹנוּ מְאֹד: זָכְרֵנוּ יְיָ בִּרְצוֹן עַמֶּךָ. פָּקְדֵנוּ בִּישׁוּעָתֶךָ: זְכֹר עֲדָתְךָ קָנִיתָ קֶּדֶם גָּאַלְתָּ שֵׁבֶט נַחֲלָתֶךָ הַר צִיּוֹן זֶה שָׁכַנְתָּ בּוֹ: זְכֹר יְיָ חִבַּת יְרוּשָׁלָיִם. אַהֲבַת צִיּוֹן אַל תִּשְׁכַּח לָנֶצַח: זְכֹר יְיָ לִבְנֵי אֱדוֹם אֵת יוֹם יְרוּשָׁלָיִם הָאֹמְרִים עָרוּ עָרוּ עַד הַיְסוֹד בָּהּ: אַתָּה תָקוּם תְּרַחֵם צִיּוֹן כִּי עֵת לְחֶנְנָהּ כִּי בָא מוֹעֵד: זְכֹר לְאַבְרָהָם לְיִצְחָק וּלְיִשְׂרָאֵל עֲבָדֶיךָ אֲשֶׁר נִשְׁבַּעְתָּ לָהֶם בָּךְ וַתְּדַבֵּר אֲלֵהֶם אַרְבֶּה אֶת־זַרְעֲכֶם כְּכוֹכְבֵי הַשָּׁמָיִם. וְכָל־הָאָרֶץ הַזֹּאת אֲשֶׁר אָמַרְתִּי אֶתֵּן לְזַרְעֲכֶם וְנָחֲלוּ לְעֹלָם: זְכֹר לַעֲבָדֶיךָ לְאַבְרָהָם לְיִצְחָק וּלְיַעֲקֹב. אַל־תֵּפֶן אֶל־קְשִׁי הָעָם הַזֶּה וְאֶל־רִשְׁעוֹ וְאֶל־חַטָּאתוֹ:

אַל־נָא תָשֵׁת עָלֵינוּ חַטָּאת אֲשֶׁר נוֹאַלְנוּ וַאֲשֶׁר חָטָאנוּ:
חָטָאנוּ צוּרֵנוּ. סְלַח־לָנוּ יוֹצְרֵנוּ:

זְכָר־לָנוּ בְּרִית אָבוֹת כַּאֲשֶׁר אָמַרְתָּ. וְזָכַרְתִּי אֶת־בְּרִיתִי יַעֲקוֹב וְאַף אֶת־בְּרִיתִי יִצְחָק וְאַף אֶת־בְּרִיתִי אַבְרָהָם אֶזְכֹּר וְהָאָרֶץ אֶזְכֹּר: זְכָר־לָנוּ בְּרִית רִאשֹׁנִים כַּאֲשֶׁר אָמַרְתָּ. וְזָכַרְתִּי לָהֶם בְּרִית רִאשֹׁנִים אֲשֶׁר הוֹצֵאתִי אֹתָם מֵאֶרֶץ מִצְרַיִם לְעֵינֵי הַגּוֹיִם לִהְיוֹת לָהֶם לֵאלֹהִים אֲנִי יְיָ: עֲשֵׂה עִמָּנוּ כְּמָה שֶׁהִבְטַחְתָּנוּ. וְאַף־גַּם־זֹאת בִּהְיוֹתָם בְּאֶרֶץ אֹיְבֵיהֶם לֹא־מְאַסְתִּים וְלֹא־גְעַלְתִּים לְכַלֹּתָם לְהָפֵר בְּרִיתִי

Remember, O Lord, Thy tender mercies and Thy loving-kindness for they are everlasting. O remember not our former iniquities. Hasten Thy tender mercies for we are brought very low. Remember us, O Lord, with favor, and grant us Thy salvation. Remember Thy congregation which Thou hast gotten of old and which Thou hast redeemed, and Mount Zion wherein Thou hast dwelt. Remember, O Lord, the devotion of Jerusalem, and never forget the love of Zion. Recall, O Lord, the words of the Edomites, who in the day of Jerusalem said: "Raze it, raze it even unto its very foundation." Thou wilt arise and have mercy upon Zion, for the time has now come to favor her.

Remember Abraham, Isaac and Israel, Thy servants, to whom Thou promised: "I will multiply your seed as the stars of heaven, and all this land that I have spoken of will I give unto your seed, and they shall inherit it forever." Yea, remember Thy servants, Abraham, Isaac and Jacob; look not unto the stubbornness of this people, nor to their wickedness, nor to their sin.

Judge us not too harshly, we beseech Thee, for the sins which we have committed foolishly.

We have sinned, O our Rock! Our Creator, forgive us!

Remember unto us the covenant of the patriarchs, "And I will remember My covenant with Abraham, with Israel and with Jacob; and I will remember the land."

Remember unto us the covenant of our ancestors, "And I will, for their sakes, remember the covenant of their ancestors whom I brought forth out of the land of Egypt in the sight of the nations that I might be their God; I am the Lord."

Deal with us according to the promise in Scriptures: "And even when they be in the land of their enemies, I will not cast them away, neither will I abhor them, to destroy them utterly, and to break My covenant with them; for I am the Lord, their God."

אִתָּם כִּי אֲנִי יְיָ אֱלֹהֵיהֶם: רַחֵם עָלֵינוּ וְאַל־תַּשְׁחִיתֵנוּ כְּמָה שֶׁכָּתוּב. כִּי אֵל רַחוּם יְיָ אֱלֹהֶיךָ לֹא יַרְפְּךָ וְלֹא יַשְׁחִיתֶךָ וְלֹא יִשְׁכַּח אֶת־בְּרִית אֲבוֹתֶיךָ אֲשֶׁר נִשְׁבַּע לָהֶם: מוֹל אֶת־לְבָבֵנוּ לְאַהֲבָה וּלְיִרְאָה אֶת־שְׁמֶךָ כַּכָּתוּב בְּתוֹרָתֶךָ. וּמָל יְיָ אֱלֹהֶיךָ אֶת־לְבָבְךָ וְאֶת־לְבַב זַרְעֶךָ לְאַהֲבָה אֶת־יְיָ אֱלֹהֶיךָ בְּכָל־לְבָבְךָ וּבְכָל־נַפְשְׁךָ לְמַעַן חַיֶּיךָ: הָשֵׁב שְׁבוּתֵנוּ וְרַחֲמֵנוּ כְּמָה שֶׁכָּתוּב: וְשָׁב יְיָ אֱלֹהֶיךָ אֶת־שְׁבוּתְךָ וְרִחֲמֶךָ וְשָׁב וְקִבֶּצְךָ מִכָּל־הָעַמִּים אֲשֶׁר הֱפִיצְךָ יְיָ אֱלֹהֶיךָ שָׁמָּה: קַבֵּץ נִדָּחֵנוּ כְּמָה שֶׁכָּתוּב. אִם יִהְיֶה נִדַּחֲךָ בִּקְצֵה הַשָּׁמָיִם מִשָּׁם יְקַבֶּצְךָ יְיָ אֱלֹהֶיךָ וּמִשָּׁם יִקָּחֶךָ: הִמָּצֵא לָנוּ בְּבַקָּשָׁתֵנוּ כְּמָה שֶׁכָּתוּב. וּבִקַּשְׁתֶּם מִשָּׁם אֶת־יְיָ אֱלֹהֶיךָ וּמָצָאתָ כִּי תִדְרְשֶׁנּוּ בְּכָל־לְבָבְךָ וּבְכָל־נַפְשֶׁךָ: מְחֵה פְשָׁעֵינוּ לְמַעַנְךָ כַּאֲשֶׁר אָמַרְתָּ. אָנֹכִי אָנֹכִי הוּא מֹחֶה פְשָׁעֶיךָ לְמַעֲנִי וְחַטֹּאתֶיךָ לֹא אֶזְכֹּר: מְחֵה פְשָׁעֵינוּ כָּעָב וְכֶעָנָן כַּאֲשֶׁר אָמַרְתָּ. מָחִיתִי כָעָב פְּשָׁעֶיךָ וְכֶעָנָן חַטֹּאתֶיךָ שׁוּבָה אֵלַי כִּי גְאַלְתִּיךָ: הַלְבֵּן חֲטָאֵינוּ כַּשֶּׁלֶג וְכַצֶּמֶר כְּמָה שֶׁכָּתוּב. לְכוּ נָא וְנִוָּכְחָה יֹאמַר יְיָ אִם יִהְיוּ חֲטָאֵיכֶם כַּשָּׁנִים כַּשֶּׁלֶג יַלְבִּינוּ אִם יַאְדִּימוּ כַתּוֹלָע כַּצֶּמֶר יִהְיוּ: זְרוֹק עָלֵינוּ מַיִם טְהוֹרִים וְטַהֲרֵנוּ כְּמָה שֶׁכָּתוּב. וְזָרַקְתִּי עֲלֵיכֶם מַיִם טְהוֹרִים וּטְהַרְתֶּם מִכֹּל טֻמְאוֹתֵיכֶם וּמִכָּל גִּלּוּלֵיכֶם אֲטַהֵר אֶתְכֶם: כַּפֵּר חֲטָאֵינוּ בַּיּוֹם הַזֶּה וְטַהֲרֵנוּ כְּמָה שֶׁכָּתוּב. כִּי־בַיּוֹם הַזֶּה יְכַפֵּר עֲלֵיכֶם לְטַהֵר אֶתְכֶם מִכֹּל חַטֹּאתֵיכֶם לִפְנֵי יְיָ תִּטְהָרוּ: הֲבִיאֵנוּ אֶל הַר קָדְשֶׁךָ וְשַׂמְּחֵנוּ בְּבֵית תְּפִלָּתֶךָ כְּמָה שֶׁכָּתוּב. וַהֲבִיאוֹתִים אֶל־הַר קָדְשִׁי וְשִׂמַּחְתִּים

Have mercy upon us and destroy us not, "For the Lord your God is a merciful God; He will not forsake you, neither will He destroy you, nor forget the covenant made with your fathers."

Purify our hearts to love and revere Thy name. "And the Lord your God will incline your heart and the heart of your seed, to love the Lord your God with all your heart and with all your soul, that you may live."

O bring back our captivity and have compassion upon us. "Then the Lord your God will turn your captivity and have compassion upon you, and will again gather you from all the peoples whither the Lord your God hath scattered you."

O gather our dispersed and homeless. "If any of them be driven out unto the utmost parts of heaven, from thence will the Lord your God gather you, and from thence will He fetch you."

O be Thou with us to guide our paths. "And if you shall seek the Lord your God, you shall find Him, if you seek Him with all your heart and with all your soul."

O blot out our transgressions for Thy sake. "I, even I, am He that blotteth out your transgressions, for Mine own sake, and I will not remember your sins."

O blot out our transgressions and may they vanish as a thick cloud and as a mist. "I have blotted out as a thick cloud your transgressions, and as a mist your sins; return unto Me; for I have redeemed you."

O turn Thou our sins as white as snow or wool. "Come now, and let us reason together," saith the Lord. "Though your sins be as scarlet, they shall be as white as snow; though they be red like crimson, they shall be as wool."

O cleanse us from all our impurities. "Then will I sprinkle clean water upon you, and you shall be clean; from all your defilement and from all your abominations will I cleanse you."

O forgive our sins on this day and purify us. "For on this day shall atonement be made for you to cleanse you; from all your sins before the Lord shall you be clean."

O bring us to Thy holy mountain and make us joyful in Thy house of prayer. "I will bring them to My holy mountain and make them joyful in My house of prayer; their offerings shall

בְּבֵית תְּפִלָּתִי עוֹלוֹתֵיהֶם וְזִבְחֵיהֶם לְרָצוֹן עַל־מִזְבְּחִי כִּי בֵיתִי בֵּית תְּפִלָּה יִקָּרֵא לְכָל־הָעַמִּים:

Reader and Congregation

שְׁמַע קוֹלֵנוּ יְיָ אֱלֹהֵינוּ חוּס וְרַחֵם עָלֵינוּ וְקַבֵּל בְּרַחֲמִים וּבְרָצוֹן אֶת־תְּפִלָּתֵנוּ:

הֲשִׁיבֵנוּ יְיָ אֵלֶיךָ וְנָשׁוּבָה חַדֵּשׁ יָמֵינוּ כְּקֶדֶם:

אֲמָרֵינוּ הַאֲזִינָה יְיָ בִּינָה הֲגִיגֵנוּ: יִהְיוּ לְרָצוֹן אִמְרֵי־פִינוּ וְהֶגְיוֹן לִבֵּנוּ לְפָנֶיךָ יְיָ צוּרֵנוּ וְגוֹאֲלֵנוּ:

אַל־תַּשְׁלִיכֵנוּ מִלְּפָנֶיךָ וְרוּחַ קָדְשְׁךָ אַל־תִּקַּח מִמֶּנּוּ:

אַל־תַּשְׁלִיכֵנוּ לְעֵת זִקְנָה כִּכְלוֹת כֹּחֵנוּ אַל־תַּעַזְבֵנוּ:

אַל־תַּעַזְבֵנוּ יְיָ אֱלֹהֵינוּ אַל־תִּרְחַק מִמֶּנּוּ: עֲשֵׂה עִמָּנוּ אוֹת לְטוֹבָה וְיִרְאוּ שׂוֹנְאֵינוּ וְיֵבֹשׁוּ כִּי אַתָּה יְיָ עֲזַרְתָּנוּ וְנִחַמְתָּנוּ: כִּי לְךָ יְיָ הוֹחָלְנוּ אַתָּה תַעֲנֶה אֲדֹנָי אֱלֹהֵינוּ:

אֱלֹהֵינוּ וֵאלֹהֵי אֲבוֹתֵינוּ אַל־תַּעַזְבֵנוּ. וְאַל־תִּטְּשֵׁנוּ. וְאַל־תַּכְלִימֵנוּ. וְאַל־תָּפֵר בְּרִיתְךָ אִתָּנוּ. קָרְבֵנוּ לְתוֹרָתֶךָ. לַמְּדֵנוּ מִצְוֹתֶיךָ. הוֹרֵנוּ דְרָכֶיךָ. הַט לִבֵּנוּ לְיִרְאָה אֶת שְׁמֶךָ. וּמוֹל אֶת־לְבָבֵנוּ לְאַהֲבָתֶךָ. וְנָשׁוּב אֵלֶיךָ בֶּאֱמֶת וּבְלֵב שָׁלֵם. וּלְמַעַן שִׁמְךָ הַגָּדוֹל תִּמְחוֹל וְתִסְלַח לַעֲוֹנֵינוּ כַּכָּתוּב בְּדִבְרֵי קָדְשֶׁךָ לְמַעַן שִׁמְךָ יְיָ וְסָלַחְתָּ לַעֲוֹנִי כִּי רַב הוּא:

אֱלֹהֵינוּ וֵאלֹהֵי אֲבוֹתֵינוּ סְלַח־לָנוּ. מְחַל־לָנוּ. כַּפֶּר־לָנוּ:

כִּי אָנוּ עַמֶּךָ וְאַתָּה אֱלֹהֵינוּ. אָנוּ בָנֶיךָ וְאַתָּה אָבִינוּ :

אָנוּ עֲבָדֶיךָ וְאַתָּה אֲדוֹנֵנוּ. אָנוּ קְהָלֶךָ וְאַתָּה חֶלְקֵנוּ :

be accepted upon Mine altar; for My house shall be called a
house of prayer for all people."

> Heavenly Father, heed our cry,
> Give ear and grant our supplication.
>
> Accept our words, our fervent prayer,
> Consider Thou our meditation.
>
> Rock divine, be with Thy folk,
> Cast not Thy people from Thy presence.
>
> Without Thee, God, there is no hope,
> Our life an aimless evanescence.
>
> Lord, forsake us not, we pray,
> Be Thou our staff when our strength faileth;
>
> When youth to feeble age gives way,
> Naught then but Thee, O God, availeth.
>
> Thou, O Father, wast our hope
> In all our days through joy and sorrow.
>
> Be with us yet and to the end,
> Our Comforter in life's tomorrow.

Our God and God of our fathers, forsake us not, nor leave
us. Cast us not off, nor annul Thy covenant with us. Bring
us nearer to Thy Law, and teach us Thy commandments.
Show us Thy ways, incline our hearts to revere Thy name. O
purify our hearts that we may merit Thy love and return unto
Thee in truth with a perfect heart. For Thy great name's
sake, pardon and forgive our sins, even as it is written in Holy
Scriptures: For Thy name's sake, O Lord, pardon my iniquity
for it is great.

Our God and God of our fathers, forgive us, pardon us, and
grant us atonement;

> For we are Thy people, and Thou art our God;
> We are Thy children, and Thou our Father.
> We are Thy servants, and Thou our Master;
> We are Thy congregation, and Thou our Portion.
> We are Thine inheritance and Thou our Lot;
> We are Thy flock, and Thou our Shepherd.
> We are Thy vineyard, and Thou our Keeper;
> We are Thy work, and Thou our Creator.

אָנוּ נַחֲלָתֶךָ וְאַתָּה גוֹרָלֵנוּ. אָנוּ צֹאנֶךָ וְאַתָּה רוֹעֵנוּ:
אָנוּ כַרְמֶךָ וְאַתָּה נוֹטְרֵנוּ. אָנוּ פְעֻלָּתֶךָ וְאַתָּה יוֹצְרֵנוּ:
אָנוּ רַעְיָתֶךָ וְאַתָּה דוֹדֵנוּ. אָנוּ סְגֻלָּתֶךָ וְאַתָּה קְרוֹבֵנוּ:
אָנוּ עַמֶּךָ וְאַתָּה מַלְכֵּנוּ. אָנוּ מַאֲמִירֶךָ וְאַתָּה מַאֲמִירֵנוּ:

Reader

אָנוּ עַזֵּי פָנִים וְאַתָּה רַחוּם וְחַנּוּן. אָנוּ קְשֵׁי עֹרֶף וְאַתָּה אֶרֶךְ אַפַּיִם. אָנוּ מְלֵאֵי עָוֹן וְאַתָּה מָלֵא רַחֲמִים. אָנוּ יָמֵינוּ כְּצֵל עוֹבֵר. וְאַתָּה הוּא וּשְׁנוֹתֶיךָ לֹא יִתָּמּוּ:

אֱלֹהֵינוּ וֵאלֹהֵי אֲבוֹתֵינוּ. תָּבֹא לְפָנֶיךָ תְּפִלָּתֵנוּ וְאַל תִּתְעַלַּם מִתְּחִנָּתֵנוּ. שֶׁאֵין אֲנַחְנוּ עַזֵּי פָנִים וּקְשֵׁי עֹרֶף לוֹמַר לְפָנֶיךָ יְיָ אֱלֹהֵינוּ וֵאלֹהֵי אֲבוֹתֵינוּ צַדִּיקִים אֲנַחְנוּ וְלֹא חָטָאנוּ אֲבָל אֲנַחְנוּ חָטָאנוּ:

Congregation and Reader

אָשַׁמְנוּ. בָּגַדְנוּ. גָּזַלְנוּ. דִּבַּרְנוּ דֹפִי. הֶעֱוִינוּ. וְהִרְשַׁעְנוּ. זַדְנוּ. חָמַסְנוּ. טָפַלְנוּ שֶׁקֶר. יָעַצְנוּ רָע. כִּזַּבְנוּ. לַצְנוּ. מָרַדְנוּ. נִאַצְנוּ. סָרַרְנוּ. עָוִינוּ. פָּשַׁעְנוּ. צָרַרְנוּ. קִשִּׁינוּ עֹרֶף. רָשַׁעְנוּ. שִׁחַתְנוּ. תִּעַבְנוּ. תָּעִינוּ. תִּעְתָּעְנוּ:

סַרְנוּ מִמִּצְוֹתֶיךָ וּמִמִּשְׁפָּטֶיךָ הַטּוֹבִים וְלֹא שָׁוָה לָנוּ: וְאַתָּה צַדִּיק עַל כָּל־הַבָּא עָלֵינוּ. כִּי־אֱמֶת עָשִׂיתָ וַאֲנַחְנוּ הִרְשָׁעְנוּ:

הִרְשַׁעְנוּ וּפָשַׁעְנוּ. לָכֵן לֹא נוֹשָׁעְנוּ. וְתֵן בְּלִבֵּנוּ לַעֲזוֹב דֶּרֶךְ רֶשַׁע וְחִישׁ לָנוּ יֶשַׁע: כַּכָּתוּב עַל יַד נְבִיאֶךָ. יַעֲזֹב רָשָׁע דַּרְכּוֹ וְאִישׁ אָוֶן מַחְשְׁבֹתָיו וְיָשֹׁב אֶל־יְיָ וִירַחֲמֵהוּ וְאֶל־אֱלֹהֵינוּ כִּי־יַרְבֶּה לִסְלוֹחַ:

We are Thy faithful, and Thou our Beloved;
We are Thy loyal ones, and Thou our Lord.
We are Thy subjects, and Thou our King.
We are Thy devoted people, and Thou our exalted God.

It is characteristic of the spirit of Judaism that the confessional is recited in public and is expressed in the plural. Each human being is responsible for all the sins of the society in which he lives, either by his own acts of commission or by his passive acquiescence in the conditions that breed crime and lawlessness.

Reader

We are insolent, but Thou art merciful and compassionate. We are obstinate, but Thou art long-suffering. We are burdened by our sins, but Thou art abounding in mercy. As for us, our days are like a passing shadow; but Thou art immutable, and Thy years never-ending.

Our God and God of our fathers, may our prayers come before Thee. Hide not Thyself from our supplication for we are neither so arrogant nor so hardened as to say before Thee, O Lord our God and God of our fathers, 'we are righteous and have not sinned'; verily, we have sinned.

Congregation and Reader

We have trespassed, we have dealt treacherously, we have robbed, we have spoken slander, we have acted perversely, and we have wrought wickedness; we have been presumptuous, we have done violence, we have framed lies, we have counselled evil, and we have spoken falsely; we have scoffed, we have revolted, we have provoked, we have rebelled, we have committed iniquity, and we have transgressed; we have oppressed, we have been stiff-necked, we have done wickedly, we have corrupted, we have committed abomination, we have gone astray, we have led others astray.

We have turned away from Thy commandments and Thy judgments that are good, and it has profited us naught. But Thou art righteous in all that has come upon us for Thou hast acted truthfully, but we have wrought unrighteousness.

We have acted wickedly and have transgressed; wherefore we have not been saved. O incline our hearts to forsake the path of evil, and hasten our salvation. Let the wicked forsake his way, and the unrighteous man his thoughts; let him return unto the Lord, and He will have mercy upon him, and unto our God, for He is ever ready to pardon.

אֱלֹהֵינוּ וֵאלֹהֵי אֲבוֹתֵינוּ. סְלַח וּמְחַל לַעֲוֹנוֹתֵינוּ בְּיוֹם [הַשַּׁבָּת הַזֶּה וּבְיוֹם] הַכִּפּוּרִים הַזֶּה. וְהֵעָתֶר־לָנוּ בִּתְפִלָּתֵנוּ. מְחֵה וְהַעֲבֵר פְּשָׁעֵינוּ מִנֶּגֶד עֵינֶיךָ. וְכוֹף אֶת־יִצְרֵנוּ לְהִשְׁתַּעְבֶּד־לָךְ. וְהַכְנַע עָרְפֵּנוּ לָשׁוּב אֵלֶיךָ. וְחַדֵּשׁ כִּלְיוֹתֵינוּ לִשְׁמוֹר פִּקּוּדֶיךָ. וּמוֹל אֶת־לְבָבֵנוּ לְאַהֲבָה וּלְיִרְאָה אֶת־שְׁמֶךָ כַּכָּתוּב בְּתוֹרָתֶךָ. וּמָל יְיָ אֱלֹהֶיךָ אֶת־לְבָבְךָ וְאֶת־לְבַב זַרְעֶךָ לְאַהֲבָה אֶת־יְיָ אֱלֹהֶיךָ בְּכָל־לְבָבְךָ וּבְכָל־נַפְשְׁךָ לְמַעַן חַיֶּיךָ:

הַזְּדוֹנוֹת וְהַשְּׁגָגוֹת אַתָּה מַכִּיר. הָרָצוֹן וְהָאֹנֶס הַגְּלוּיִם וְהַנִּסְתָּרִים לְפָנֶיךָ הֵם גְּלוּיִם וִידוּעִים: מָה־אָנוּ. מֶה־חַיֵּינוּ. מֶה־חַסְדֵּנוּ. מַה־צִּדְקֵנוּ. מַה־יִּשְׁעֵנוּ. מַה־כֹּחֵנוּ. מַה־גְּבוּרָתֵנוּ. מַה־נֹּאמַר לְפָנֶיךָ יְיָ אֱלֹהֵינוּ וֵאלֹהֵי אֲבוֹתֵינוּ. הֲלֹא כָּל־הַגִּבּוֹרִים כְּאַיִן לְפָנֶיךָ וְאַנְשֵׁי הַשֵּׁם כְּלֹא הָיוּ וַחֲכָמִים כִּבְלִי מַדָּע וּנְבוֹנִים כִּבְלִי הַשְׂכֵּל. כִּי רֹב מַעֲשֵׂיהֶם תֹּהוּ וִימֵי חַיֵּיהֶם הֶבֶל לְפָנֶיךָ. וּמוֹתַר הָאָדָם מִן־הַבְּהֵמָה אָיִן כִּי הַכֹּל הָבֶל:

מַה־נֹּאמַר לְפָנֶיךָ יוֹשֵׁב מָרוֹם. וּמַה־נְּסַפֵּר לְפָנֶיךָ שׁוֹכֵן שְׁחָקִים. הֲלֹא כָּל־הַנִּסְתָּרוֹת וְהַנִּגְלוֹת אַתָּה יוֹדֵעַ:

שִׁמְךָ מֵעוֹלָם עוֹבֵר עַל פֶּשַׁע. שַׁוְעָתֵנוּ תַּאֲזִין בְּעָמְדֵנוּ לְפָנֶיךָ בִּתְפִלָּה: תַּעֲבוֹר עַל פֶּשַׁע לְעַם שָׁבֵי פֶשַׁע. תִּמְחֶה אַשְׁמָתֵינוּ מִנֶּגֶד עֵינֶיךָ:

אַתָּה יוֹדֵעַ רָזֵי עוֹלָם. וְתַעֲלוּמוֹת סִתְרֵי כָל־חָי: אַתָּה חוֹפֵשׂ כָּל־חַדְרֵי בָטֶן וּבוֹחֵן כְּלָיוֹת וָלֵב: אֵין דָּבָר נֶעְלָם מִמֶּךָּ. וְאֵין נִסְתָּר מִנֶּגֶד עֵינֶיךָ:

וּבְכֵן יְהִי רָצוֹן מִלְּפָנֶיךָ יְיָ אֱלֹהֵינוּ וֵאלֹהֵי אֲבוֹתֵינוּ. שֶׁתִּסְלַח־לָנוּ עַל כָּל־חַטֹּאתֵינוּ. וְתִמְחַל־לָנוּ עַל כָּל־עֲוֹנוֹתֵינוּ. וּתְכַפֶּר־לָנוּ עַל כָּל־פְּשָׁעֵינוּ:

Our God and God of our fathers, forgive and pardon our iniquities [on this day of rest and] on this Day of Atonement. O answer our prayers; erase and remove our transgressions from Thy sight. Subdue our inclination that we may serve Thee; and bend our will to turn unto Thee. Renew our determination to observe Thy precepts, and incline our hearts that we may love and revere Thy name in truth, as it is written in the Torah: "And the Lord your God will incline your heart and the heart of your seed, to love the Lord your God with all your heart and with all your soul, that you may live."

Thou art acquainted with our sins of presumption and of ignorance, committed either voluntarily or by compulsion, whether publicly or in secret. Before Thee they are revealed and known. What are we? What is our life? What is our goodness? What our righteousness? What our help? What is our strength? What is our might? What shall we say before Thee, O Lord our God and God of our fathers? Are not the mightiest like naught before Thee, and men of renown as though they were not, wise men as if they were without knowledge, and men of understanding as though they were lacking in discretion? For most of their work is emptiness, and the days of their life are as vanity before Thee, and the pre-eminence of man over beast is naught, for all is vanity, except only the pure soul which must hereafter give its accounting before Thy glorious throne.*

What shall we say before Thee, O Thou who dwellest on high and what shall we declare before Thee, Thou who abidest in the heavens? Dost Thou not know all things, both the hidden and the revealed?

Thy name is eternal, Thou who passest by transgression; give ear unto our cry when we stand before Thee in prayer. Pass by the transgression of the people who turn from transgression; O blot out our trespass from before Thine eyes.

Thou knowest the mysteries of the universe and the hidden secrets of all living. Thou searchest out the heart of man, and probest all our thoughts and aspirations. Naught escapeth Thee, neither is anything concealed from Thy sight.

May it therefore be Thy will, O Lord our God and God of our fathers, to forgive us all our sins, to pardon all our iniquities, and to grant us atonement for all our transgressions.

* Based on the Sephardic Text.

עַל חֵטְא שֶׁחָטָאנוּ לְפָנֶיךָ בְּאֹנֶס וּבְרָצוֹן:
וְעַל חֵטְא שֶׁחָטָאנוּ לְפָנֶיךָ בְּאִמּוּץ הַלֵּב:
עַל חֵטְא שֶׁחָטָאנוּ לְפָנֶיךָ בִּבְלִי דָעַת:
וְעַל חֵטְא שֶׁחָטָאנוּ לְפָנֶיךָ בְּבִטּוּי שְׂפָתָיִם:
עַל חֵטְא שֶׁחָטָאנוּ לְפָנֶיךָ בְּגִלּוּי עֲרָיוֹת:
וְעַל חֵטְא שֶׁחָטָאנוּ לְפָנֶיךָ בְּגָלוּי וּבַסָּתֶר:
עַל חֵטְא שֶׁחָטָאנוּ לְפָנֶיךָ בְּדַעַת וּבְמִרְמָה:
וְעַל חֵטְא שֶׁחָטָאנוּ לְפָנֶיךָ בְּדִבּוּר פֶּה:
עַל חֵטְא שֶׁחָטָאנוּ לְפָנֶיךָ בְּהוֹנָאַת רֵעַ:
וְעַל חֵטְא שֶׁחָטָאנוּ לְפָנֶיךָ בְּהַרְהוֹר הַלֵּב:
עַל חֵטְא שֶׁחָטָאנוּ לְפָנֶיךָ בִּוְעִידַת זְנוּת:
וְעַל חֵטְא שֶׁחָטָאנוּ לְפָנֶיךָ בְּוִדּוּי פֶּה:
עַל חֵטְא שֶׁחָטָאנוּ לְפָנֶיךָ בְּזִלְזוּל הוֹרִים וּמוֹרִים:
וְעַל חֵטְא שֶׁחָטָאנוּ לְפָנֶיךָ בְּזָדוֹן וּבִשְׁגָגָה:
עַל חֵטְא שֶׁחָטָאנוּ לְפָנֶיךָ בְּחֹזֶק יָד:
וְעַל חֵטְא שֶׁחָטָאנוּ לְפָנֶיךָ בְּחִלּוּל הַשֵּׁם:
עַל חֵטְא שֶׁחָטָאנוּ לְפָנֶיךָ בְּטֻמְאַת שְׂפָתָיִם:
וְעַל חֵטְא שֶׁחָטָאנוּ לְפָנֶיךָ בְּטִפְּשׁוּת פֶּה:
עַל חֵטְא שֶׁחָטָאנוּ לְפָנֶיךָ בְּיֵצֶר הָרָע:
וְעַל חֵטְא שֶׁחָטָאנוּ לְפָנֶיךָ בְּיוֹדְעִים וּבְלֹא יוֹדְעִים:

וְעַל כֻּלָּם אֱלוֹהַּ סְלִיחוֹת סְלַח־לָנוּ. מְחַל־לָנוּ. כַּפֶּר־לָנוּ:

עַל חֵטְא שֶׁחָטָאנוּ לְפָנֶיךָ בְּכַחַשׁ וּבְכָזָב:
וְעַל חֵטְא שֶׁחָטָאנוּ לְפָנֶיךָ בְּכַפַּת שֹׁחַד:
עַל חֵטְא שֶׁחָטָאנוּ לְפָנֶיךָ בְּלָצוֹן:

For the sin which we have committed before Thee under compulsion or of our own will,
And for the sin which we have committed before Thee by hardening our hearts;
For the sin which we have committed before Thee unknowingly,
And for the sin which we have committed before Thee with utterance of the lips;
For the sin which we have committed before Thee by unchastity,
And for the sin which we have committed before Thee openly or secretly;
For the sin which we have committed before Thee knowingly and deceitfully,
And for the sin which we have committed before Thee in speech;
For the sin which we have committed before Thee by wronging our neighbor,
And for the sin which we have committed before Thee by sinful meditation of the heart;
For the sin which we have committed before Thee by association with impurity,
And for the sin which we have committed before Thee by confession of the lips;
For the sin which we have committed before Thee by spurning parents and teachers,
And for the sin which we have committed before Thee in presumption or in error;
For the sin which we have committed before Thee by violence,
And for the sin which we have committed before Thee by the profanation of Thy name;
For the sin which we have committed before Thee by unclean lips,
And for the sin which we have committed before Thee by impure speech;
For the sin which we have committed before Thee by the evil inclination,
And for the sin which we have committed before Thee wittingly or unwittingly;
For all these, O God of forgiveness, forgive us, pardon us, grant us atonement.

V'al ku-lom e-lō-ha s'li-ḥōs s'laḥ lo-nu m'ḥal lo-nu ka-per lo-nu.

For the sin which we have committed before Thee by denying and lying,
And for the sin which we have committed before Thee by bribery;
For the sin which we have committed before Thee by scoffing,

וְעַל חֵטְא שֶׁחָטָאנוּ לְפָנֶיךָ בְּלָשׁוֹן הָרָע:

עַל חֵטְא שֶׁחָטָאנוּ לְפָנֶיךָ בְּמַשָּׂא וּבְמַתָּן:

וְעַל חֵטְא שֶׁחָטָאנוּ לְפָנֶיךָ בְּמַאֲכָל וּבְמִשְׁתֶּה:

עַל חֵטְא שֶׁחָטָאנוּ לְפָנֶיךָ בְּנֶשֶׁךְ וּבְמַרְבִּית:

וְעַל חֵטְא שֶׁחָטָאנוּ לְפָנֶיךָ בִּנְטִיַּת גָּרוֹן:

עַל חֵטְא שֶׁחָטָאנוּ לְפָנֶיךָ בְּשִׂיחַ שִׂפְתוֹתֵינוּ:

וְעַל חֵטְא שֶׁחָטָאנוּ לְפָנֶיךָ בְּשִׂקּוּר עָיִן:

עַל חֵטְא שֶׁחָטָאנוּ לְפָנֶיךָ בְּעֵינַיִם רָמוֹת:

וְעַל חֵטְא שֶׁחָטָאנוּ לְפָנֶיךָ בְּעַזּוּת מֶצַח:

וְעַל כֻּלָּם אֱלוֹהַּ סְלִיחוֹת סְלַח־לָנוּ: מְחַל־לָנוּ. כַּפֶּר־לָנוּ:

עַל חֵטְא שֶׁחָטָאנוּ לְפָנֶיךָ בִּפְרִיקַת עֹל:

וְעַל חֵטְא שֶׁחָטָאנוּ לְפָנֶיךָ בִּפְלִילוּת:

עַל חֵטְא שֶׁחָטָאנוּ לְפָנֶיךָ בִּצְדִיַּת רֵעַ:

וְעַל חֵטְא שֶׁחָטָאנוּ לְפָנֶיךָ בְּצָרוּת עָיִן:

עַל חֵטְא שֶׁחָטָאנוּ לְפָנֶיךָ בְּקַלּוּת רֹאשׁ:

וְעַל חֵטְא שֶׁחָטָאנוּ לְפָנֶיךָ בְּקַשְׁיוּת עֹרֶף:

עַל חֵטְא שֶׁחָטָאנוּ לְפָנֶיךָ בְּרִיצַת רַגְלַיִם לְהָרַע:

וְעַל חֵטְא שֶׁחָטָאנוּ לְפָנֶיךָ בִּרְכִילוּת:

עַל חֵטְא שֶׁחָטָאנוּ לְפָנֶיךָ בִּשְׁבוּעַת שָׁוְא:

וְעַל חֵטְא שֶׁחָטָאנוּ לְפָנֶיךָ בְּשִׂנְאַת חִנָּם:

עַל חֵטְא שֶׁחָטָאנוּ לְפָנֶיךָ בִּתְשׂוּמֶת יָד:

וְעַל חֵטְא שֶׁחָטָאנוּ לְפָנֶיךָ בְּתִמְהוֹן לֵבָב:

וְעַל כֻּלָּם אֱלוֹהַּ סְלִיחוֹת סְלַח־לָנוּ. מְחַל־לָנוּ. כַּפֶּר־לָנוּ:

And for the sin which we have committed before Thee by slander;

For the sin which we have committed before Thee in commerce,

And for the sin which we have committed before Thee in eating and drinking;

For the sin which we have committed before Thee by demanding usurous interest,

And for the sin which we have committed before Thee by stretching forth the neck in pride;

For the sin which we have committed before Thee by idle gossip,

And for the sin which we have committed before Thee with wanton looks;

For the sin which we have committed before Thee with haughty eyes,

And for the sin which we have committed before Thee by effrontery;

For all these, O God of forgiveness, forgive us, pardon us, grant us atonement.

V'al ku-lom e-lō-ha s'li-ḥōs s'laḥ lo-nu m'ḥal lo-nu ka-per lo-nu.

For the sin which we have committed before Thee by casting off the yoke of Thy commandments,

And for the sin which we have committed before Thee by contentiousness;

For the sin which we have committed before Thee by ensnaring our neighbor,

And for the sin which we have committed before Thee by envy;

For the sin which we have committed before Thee by levity,

And for the sin which we have committed before Thee by being stiff-necked;

For the sin which we have committed before Thee by running to do evil,

And for the sin which we have committed before Thee by talebearing;

For the sin which we have committed before Thee by vain oaths,

And for the sin which we have committed before Thee by causeless hatred;

For the sin which we have committed before Thee by breach of trust,

And for the sin which we have committed before Thee with confusion of mind;

For all these, O God of forgiveness, forgive us, pardon us, grant us atonement.

V'al ku-lom e-lō-ha s'li-ḥōs s'laḥ lo-nu m'ḥal lo-nu ka-per lo-nu.

וְעַל חֲטָאִים שֶׁאָנוּ חַיָּבִים עֲלֵיהֶם עוֹלָה:
וְעַל חֲטָאִים שֶׁאָנוּ חַיָּבִים עֲלֵיהֶם חַטָּאת:
וְעַל חֲטָאִים שֶׁאָנוּ חַיָּבִים עֲלֵיהֶם קָרְבָּן עוֹלֶה וְיוֹרֵד:
וְעַל חֲטָאִים שֶׁאָנוּ חַיָּבִים עֲלֵיהֶם אָשָׁם וַדַּאי וְתָלוּי:
וְעַל חֲטָאִים שֶׁאָנוּ חַיָּבִים עֲלֵיהֶם מַכַּת מַרְדּוּת:
וְעַל חֲטָאִים שֶׁאָנוּ חַיָּבִים עֲלֵיהֶם מַלְקוּת אַרְבָּעִים:
וְעַל חֲטָאִים שֶׁאָנוּ חַיָּבִים עֲלֵיהֶם מִיתָה בִּידֵי שָׁמָיִם:
וְעַל חֲטָאִים שֶׁאָנוּ חַיָּבִים עֲלֵיהֶם כָּרֵת וַעֲרִירִי:

וְעַל כֻּלָּם אֱלוֹהַ סְלִיחוֹת סְלַח־לָנוּ. מְחַל־לָנוּ. כַּפֶּר־לָנוּ:

וְעַל חֲטָאִים שֶׁאָנוּ חַיָּבִים עֲלֵיהֶם אַרְבַּע מִיתוֹת בֵּית דִּין. סְקִילָה. שְׂרֵפָה. הֶרֶג. וְחֶנֶק: עַל מִצְוַת עֲשֵׂה וְעַל מִצְוַת לֹא תַעֲשֶׂה. בֵּין שֶׁיֵּשׁ בָּהּ קוּם עֲשֵׂה. וּבֵין שֶׁאֵין בָּהּ קוּם עֲשֵׂה. אֶת־הַגְּלוּיִם לָנוּ וְאֶת־שֶׁאֵינָם גְּלוּיִם לָנוּ: אֶת־הַגְּלוּיִם לָנוּ כְּבָר אֲמַרְנוּם לְפָנֶיךָ. וְהוֹדִינוּ לְךָ עֲלֵיהֶם. וְאֶת־שֶׁאֵינָם גְּלוּיִם לָנוּ לְפָנֶיךָ הֵם גְּלוּיִם וִידוּעִים. כַּדָּבָר שֶׁנֶּאֱמַר הַנִּסְתָּרֹת לַייָ אֱלֹהֵינוּ. וְהַנִּגְלֹת לָנוּ וּלְבָנֵינוּ עַד עוֹלָם. לַעֲשׂוֹת אֶת־כָּל־דִּבְרֵי הַתּוֹרָה הַזֹּאת:

וְדָוִד עַבְדְּךָ אָמַר לְפָנֶיךָ. שְׁגִיאוֹת מִי יָבִין מִנִּסְתָּרוֹת נַקֵּנִי: נַקֵּנוּ יְיָ אֱלֹהֵינוּ מִכָּל־פְּשָׁעֵינוּ וְטַהֲרֵנוּ מִכָּל־טֻמְאוֹתֵינוּ וּזְרוֹק עָלֵינוּ מַיִם טְהוֹרִים וְטַהֲרֵנוּ כַּכָּתוּב עַל־יַד נְבִיאֶךָ. וְזָרַקְתִּי עֲלֵיכֶם מַיִם טְהוֹרִים וּטְהַרְתֶּם מִכֹּל טֻמְאוֹתֵיכֶם וּמִכָּל־גִּלּוּלֵיכֶם אֲטַהֵר אֶתְכֶם:

אַל תִּירָא יַעֲקֹב שׁוּבוּ שׁוֹבָבִים. שׁוּבָה יִשְׂרָאֵל: הִנֵּה לֹא יָנוּם וְלֹא יִישָׁן שׁוֹמֵר יִשְׂרָאֵל: כַּכָּתוּב עַל־יַד נְבִיאֶךָ.

The following enumeration of sins refers to the period when the sacrificial system of the Temple and the judicial power of the Sanhedrin still existed.

Forgive us too, for the sins for which, in the days of the Temple, the law would have required a burnt offering, a sin offering, an offering varying according to our means, and an offering for certain or for doubtful trespass; and for the sins for which the law would have imposed chastisement, flagellation, untimely death, excision, or one of the four death penalties inflicted by Courts of Law.

Forgive us for the breach of positive precepts and for the breach of negative precepts, both for the sins of which we are aware as well as for those that are unknown to us. Those of which we are aware, we have already declared and confessed unto Thee; and those that are unknown to us, lo, they are revealed and manifest unto Thee, according to the word that has been spoken: "The secret things belong unto the Lord our God, but things that are revealed, belong unto us and unto our children forever, that we may do all the words of the Torah."

Thy servant David cried out unto Thee: "Who can discern his error? Clear Thou me from secret faults." Clear us, O Lord our God, from all our transgressions and purify us from all our impurities, as it is written in the words of Thy prophet: "Then will I sprinkle clean water upon you, and ye shall be clean; from all your defilements and from all your abominations will I cleanse you."

Fear not, O Jacob; return ye backsliders; return, O Israel. Behold, the Guardian of Israel slumbereth not nor sleepeth, as it is written in the words of Thy prophet:

שׁוּבָה יִשְׂרָאֵל עַד יְיָ אֱלֹהֶיךָ כִּי כָשַׁלְתָּ בַּעֲוֹנֶךָ: וְנֶאֱמַר. קְחוּ עִמָּכֶם דְּבָרִים וְשׁוּבוּ אֶל יְיָ אִמְרוּ אֵלָיו כָּל־תִּשָּׂא עָוֹן וְקַח טוֹב וּנְשַׁלְּמָה פָרִים שְׂפָתֵינוּ:

וְאַתָּה רַחוּם מְקַבֵּל שָׁבִים וְעַל הַתְּשׁוּבָה מֵרֹאשׁ הִבְטַחְתָּנוּ וְעַל הַתְּשׁוּבָה עֵינֵינוּ מְיַחֲלוֹת לָךְ:

On Sabbath add the bracketed words

וּמֵאַהֲבָתְךָ יְיָ אֱלֹהֵינוּ שֶׁאָהַבְתָּ אֶת־יִשְׂרָאֵל עַמֶּךָ וּמֵחֶמְלָתְךָ מַלְכֵּנוּ שֶׁחָמַלְתָּ עַל בְּנֵי בְרִיתֶךָ נָתַתָּ לָּנוּ יְיָ אֱלֹהֵינוּ אֶת־יוֹם [הַשַּׁבָּת הַזֶּה לִקְדֻשָּׁה וְלִמְנוּחָה וְאֶת־יוֹם] הַכִּפֻּרִים הַזֶּה לִמְחִילַת חֵטְא וְלִסְלִיחַת עָוֹן וּלְכַפָּרַת פָּשַׁע:

מִי אֵל כָּמוֹךָ:

Reader	*Congregation*
אֲהַלֶלְךָ בְּקוֹל רָם. מָגֵן אַבְרָהָם.	מִי אֵל כָּמוֹךָ:
בְּיָדְךָ מְמִתִים. מְחַיֵּה הַמֵּתִים.	מִי אֵל כָּמוֹךָ:
גָּדְלְךָ אֶדְרֹשׁ. הַמֶּלֶךְ הַקָּדוֹשׁ.	מִי אֵל כָּמוֹךָ:
דּוֹרֵשׁ אִמְרֵי דַעַת. חוֹנֵן הַדָּעַת.	מִי אֵל כָּמוֹךָ:
הָאֹמֵר שׁוּבָה. הָרוֹצֶה בִּתְשׁוּבָה.	מִי אֵל כָּמוֹךָ:
וּמוֹחֵל וְסוֹלֵחַ. הַמַּרְבֶּה לִסְלוֹחַ.	מִי אֵל כָּמוֹךָ:
קוֹל רִנָּה וְתוֹדוֹת. הַטּוֹב לְךָ לְהוֹדוֹת.	מִי אֵל כָּמוֹךָ:
רָם בָּרֵךְ קְהַל הֲמוֹנַי. יְבָרֶכְךָ יְיָ.	מִי אֵל כָּמוֹךָ:
שְׁכִינָתְךָ שָׁלוֹם. עוֹשֶׂה הַשָּׁלוֹם.	מִי אֵל כָּמוֹךָ:
תָּבֹא בְרָכָה אֲלֵיכֶם. וְנֹאמַר תְּפִלָּה עֲלֵיכֶם.	מִי אֵל כָּמוֹךָ:

"Return, O Israel, unto the Lord Thy God; for Thou hast stumbled in Thine iniquity. Take with you words and return unto the Lord; say unto Him: 'Take away all iniquity, and accept that which is good, so will we render instead of bullocks the offering of our lips.' "

And Thou, being all-merciful, dost receive them that repent; for from the beginning hast Thou assured us of the efficacy of repentance, and relying upon repentance, our eyes wait upon Thee.

On Sabbath add the bracketed words

And because of the love, O Lord our God, wherewith Thou hast loved Israel, and because of the pity, O our King, wherewith Thou hast pitied the children of Thy covenant, Thou hast given unto us, O Lord our God [this Sabbath day for holiness and rest, and] this Day of Atonement for the pardoning of sin, the forgiveness of iniquity, and the atonement of transgression.

The following Piyyut by Eleazar Kalir, seventh century, contains a summary of the daily Amidah.

O God, who is like unto Thee?
Shield of Abraham, I will praise Thee with uplifted voice;
O Thou who callest the dead to everlasting life,
Thy greatness will I seek, O Holy King.
Thou searchest the words of knowledge,
And graciously givest knowledge.
O God, who is like unto Thee?
Thou sayest, "Return"; and Thou delightest in repentance.
Thou art Pardoner and Forgiver;
Yea, Thou forgivest abundantly.
Thou art the Beneficent One,
And unto Thee belongeth thanksgiving;
O God, who is like unto Thee?
O Thou who art exalted,
Bless the multitude of my congregation—
"The Lord bless thee."
Thy presence is peace, O Thou who makest peace.
May a blessing come upon us all, and let us utter our prayer:
O God, who is like unto Thee?

תַּעֲבוֹר עַל פֶּשַׁע לְעַם שָׁבֵי פֶשַׁע. כַּכָּתוּב עַל־יַד
נְבִיאֶךָ. מִי אֵל כָּמוֹךָ נֹשֵׂא עָוֹן וְעֹבֵר עַל פֶּשַׁע לִשְׁאֵרִית
נַחֲלָתוֹ לֹא־הֶחֱזִיק לָעַד אַפּוֹ כִּי־חָפֵץ חֶסֶד הוּא: יָשׁוּב
יְרַחֲמֵנוּ יִכְבּוֹשׁ עֲוֹנֹתֵינוּ וְתַשְׁלִיךְ בִּמְצֻלוֹת יָם כָּל־חַטֹּאתָם:
וְכָל־חַטֹּאת עַמְּךָ בֵּית יִשְׂרָאֵל תַּשְׁלִיךְ בִּמְקוֹם אֲשֶׁר לֹא
יִזָּכְרוּ וְלֹא יִפָּקְדוּ וְלֹא יַעֲלוּ עַל לֵב לְעוֹלָם: תִּתֵּן אֱמֶת
לְיַעֲקֹב חֶסֶד לְאַבְרָהָם אֲשֶׁר־נִשְׁבַּעְתָּ לַאֲבוֹתֵינוּ מִימֵי
קֶדֶם:

On Sabbath add the bracketed words

אֱלֹהֵינוּ וֵאלֹהֵי אֲבוֹתֵינוּ מְחַל לַעֲוֹנוֹתֵינוּ בְּיוֹם [הַשַּׁבָּת
הַזֶּה וּבְיוֹם] הַכִּפֻּרִים הַזֶּה מְחֵה וְהַעֲבֵר פְּשָׁעֵינוּ וְחַטֹּאתֵינוּ
מִנֶּגֶד עֵינֶיךָ. כָּאָמוּר אָנֹכִי אָנֹכִי הוּא מֹחֶה פְשָׁעֶיךָ לְמַעֲנִי
וְחַטֹּאתֶיךָ לֹא אֶזְכֹּר: וְנֶאֱמַר מָחִיתִי כָעָב פְּשָׁעֶיךָ וְכֶעָנָן
חַטֹּאתֶיךָ שׁוּבָה אֵלַי כִּי גְאַלְתִּיךָ: וְנֶאֱמַר כִּי־בַיּוֹם הַזֶּה
יְכַפֵּר עֲלֵיכֶם לְטַהֵר אֶתְכֶם מִכֹּל חַטֹּאתֵיכֶם לִפְנֵי יְיָ
תִּטְהָרוּ: אֱלֹהֵינוּ וֵאלֹהֵי אֲבוֹתֵינוּ [רְצֵה בִמְנוּחָתֵנוּ] קַדְּשֵׁנוּ
בְּמִצְוֹתֶיךָ וְתֵן חֶלְקֵנוּ בְּתוֹרָתֶךָ שַׂבְּעֵנוּ מִטּוּבֶךָ וְשַׂמְּחֵנוּ
בִּישׁוּעָתֶךָ. [וְהַנְחִילֵנוּ יְיָ אֱלֹהֵינוּ בְּאַהֲבָה וּבְרָצוֹן שַׁבַּת קָדְשֶׁךָ
וְיָנוּחוּ בָהּ יִשְׂרָאֵל מְקַדְּשֵׁי שְׁמֶךָ] וְטַהֵר לִבֵּנוּ לְעָבְדְּךָ בֶּאֱמֶת.
כִּי אַתָּה סָלְחָן לְיִשְׂרָאֵל וּמָחֳלָן לְשִׁבְטֵי יְשֻׁרוּן בְּכָל־דּוֹר
וָדוֹר וּמִבַּלְעָדֶיךָ אֵין לָנוּ מֶלֶךְ מוֹחֵל וְסוֹלֵחַ אֶלָּא אָתָּה.
בָּרוּךְ אַתָּה יְיָ. מֶלֶךְ מוֹחֵל וְסוֹלֵחַ לַעֲוֹנוֹתֵינוּ וְלַעֲוֹנוֹת עַמּוֹ
בֵּית יִשְׂרָאֵל. וּמַעֲבִיר אַשְׁמוֹתֵינוּ בְּכָל־שָׁנָה וְשָׁנָה. מֶלֶךְ עַל
כָּל־הָאָרֶץ מְקַדֵּשׁ [הַשַּׁבָּת וְ]יִשְׂרָאֵל וְיוֹם הַכִּפֻּרִים:

O pass by the transgression of a people who turn from transgression, as it is written by the hand of Thy prophet: "Who is a God like unto Thee, that pardoneth iniquity and passeth by the transgression of the remnant of Israel? Thou retainest not anger forever, because Thou delightest in mercy. Thou wilt again have compassion upon us and subdue our iniquities; Thou wilt cast all our sins into the depths of the sea." And all the sins of Thy people, the house of Israel, Thou wilt cast into a place where they shall not be remembered, neither shall they be visited, neither shall they ever come to mind. "Thou wilt perform truth to Jacob, and mercy to Abraham, as Thou hast assured our fathers from the days of old."

On Sabbath add the bracketed words

Our God and God of our fathers, pardon our iniquities [on this Sabbath Day, and] on this Atonement Day. Efface our transgressions and our sins, and make them pass away from before Thine eyes; as it is written in Scripture: "I, even I, am He that effaceth thy transgressions for Mine own sake." "I have blotted out as a cloud thy transgressions, and, as a mist, thy sins; return unto Me for I have redeemed thee." "For on this day shall atonement be made for you, to cleanse you; from all your sins shall ye be clean before the Lord." Our God and God of our fathers, [accept our rest;] sanctify us by Thy commandments, and grant that our portion be in Thy Torah; satisfy us with Thy goodness, and gladden us with Thy salvation. [Cause us, O Lord our God, in love and favor to inherit Thy holy Sabbath; and may Israel rest thereon and bless Thy name.]

Make our hearts pure to serve Thee in truth; for Thou art the Forgiver of Israel and the Pardoner of the tribes of Jeshurun in every generation, and besides Thee we have no King who pardoneth and forgiveth. Blessed art Thou, O Lord, Thou King who pardonest and forgivest our iniquities and the iniquities of the house of Israel, who makest our trespasses to pass away year by year, Thou King over all the earth, who sanctifiest [the Sabbath and] Israel and the Day of Atonement.

רְצֵה יְיָ אֱלֹהֵינוּ בְּעַמְּךָ יִשְׂרָאֵל וּבִתְפִלָּתָם. וְהָשֵׁב אֶת־הָעֲבוֹדָה לִדְבִיר בֵּיתֶךָ וְאִשֵּׁי יִשְׂרָאֵל וּתְפִלָּתָם בְּאַהֲבָה תְקַבֵּל בְּרָצוֹן. וּתְהִי לְרָצוֹן תָּמִיד עֲבוֹדַת יִשְׂרָאֵל עַמֶּךָ. וְתֶחֱזֶינָה עֵינֵינוּ בְּשׁוּבְךָ לְצִיּוֹן בְּרַחֲמִים. בָּרוּךְ אַתָּה יְיָ הַמַּחֲזִיר שְׁכִינָתוֹ לְצִיּוֹן:

*מוֹדִים אֲנַחְנוּ לָךְ שָׁאַתָּה הוּא יְיָ אֱלֹהֵינוּ וֵאלֹהֵי אֲבוֹתֵינוּ לְעוֹלָם וָעֶד. צוּר חַיֵּינוּ מָגֵן יִשְׁעֵנוּ אַתָּה הוּא לְדוֹר וָדוֹר. נוֹדֶה לְּךָ וּנְסַפֵּר תְּהִלָּתֶךָ עַל חַיֵּינוּ הַמְּסוּרִים בְּיָדֶךָ וְעַל נִשְׁמוֹתֵינוּ הַפְּקוּדוֹת לָךְ וְעַל נִסֶּיךָ שֶׁבְּכָל־יוֹם עִמָּנוּ וְעַל נִפְלְאוֹתֶיךָ וְטוֹבוֹתֶיךָ שֶׁבְּכָל־עֵת עֶרֶב וָבֹקֶר וְצָהֳרָיִם. הַטּוֹב כִּי לֹא־כָלוּ רַחֲמֶיךָ וְהַמְרַחֵם כִּי לֹא־תַמּוּ חֲסָדֶיךָ מֵעוֹלָם קִוִּינוּ לָךְ:

**Congregation, as Reader begins the above prayer:*

מוֹדִים אֲנַחְנוּ לָךְ שָׁאַתָּה הוּא יְיָ אֱלֹהֵינוּ וֵאלֹהֵי אֲבוֹתֵינוּ אֱלֹהֵי כָל־בָּשָׂר יוֹצְרֵנוּ יוֹצֵר בְּרֵאשִׁית. בְּרָכוֹת וְהוֹדָאוֹת לְשִׁמְךָ הַגָּדוֹל וְהַקָּדוֹשׁ עַל שֶׁהֶחֱיִיתָנוּ וְקִיַּמְתָּנוּ. כֵּן תְּחַיֵּנוּ וּתְקַיְּמֵנוּ וְתֶאֱסוֹף גָּלֻיּוֹתֵינוּ לְחַצְרוֹת קָדְשֶׁךָ לִשְׁמֹר חֻקֶּיךָ וְלַעֲשׂוֹת רְצוֹנֶךָ וּלְעָבְדְּךָ בְּלֵבָב שָׁלֵם עַל שֶׁאֲנַחְנוּ מוֹדִים לָךְ. בָּרוּךְ אֵל הַהוֹדָאוֹת:

וְעַל כֻּלָּם יִתְבָּרַךְ וְיִתְרוֹמַם שִׁמְךָ מַלְכֵּנוּ תָּמִיד לְעוֹלָם וָעֶד:

Congregation and Reader

אָבִינוּ מַלְכֵּנוּ זְכוֹר רַחֲמֶיךָ וּכְבוֹשׁ כַּעַסְךָ וְכַלֵּה דֶבֶר וְחֶרֶב וְרָעָב וּשְׁבִי וּמַשְׁחִית וְעָוֹן וּשְׁמַד וּמַגֵּפָה וּפֶגַע רַע וְכָל־מַחֲלָה וְכָל־תְּקָלָה וְכָל־קְטָטָה וְכָל־מִינֵי פֻרְעָנִיּוֹת וְכָל־גְּזֵרָה רָעָה וְשִׂנְאַת חִנָּם. מֵעָלֵינוּ וּמֵעַל כָּל־בְּנֵי בְרִיתֶךָ:

O Lord our God, be gracious unto Thy people Israel and accept their prayer. Restore worship to Thy Sanctuary and receive in love and favor the supplication of Israel. May the worship of Thy people be ever acceptable unto Thee. O may our eyes witness Thy return in mercy to Zion. Blessed art Thou, O Lord, who restorest Thy divine presence unto Zion.

* We thankfully acknowledge that Thou art the Lord our God and the God of our fathers unto all eternity; the Rock of our lives, and the Shield of our salvation through every generation. We will be grateful unto Thee and declare Thy praise for our lives which are entrusted into Thy hands, for our souls which are in Thy care, for Thy miracles which are daily with us, and for Thy wonderful goodness toward us at all times, evening, morn and noon. Thou art good, and Thy love never fails; Thou art merciful, and Thy kindnesses never cease. We have ever hoped in Thee.

* Congregation, as Reader begins the above prayer:

We thank Thee who art the Lord our God and the God of our fathers, the God of all flesh, our Creator and the Creator of the universe. Blessings and thanksgiving are due unto Thy great and holy name because Thou hast given us life and sustained us. O continue to keep us in life and preserve us. Gather our exiles into Thy holy Sanctuary to observe Thy statutes, to do Thy will and to serve Thee with a perfect heart. For this do we give thanks unto Thee, O God, blessed in all thanksgiving.

For all this, Thy name, O our divine Ruler, shall be blessed and exalted forever.

Congregation and Reader

Our Father, our King, remember Thy mercy, show us Thy compassion and remove from us and from the children of Thy covenant, pestilence, sword and famine, destruction, captivity, iniquity and plague, all evil occurrences and every disease, every stumbling-block and contention, every evil decree and all causeless enmity.

Congregation and Reader

וּכְתוֹב לְחַיִּים טוֹבִים כָּל־בְּנֵי בְרִיתֶךָ:

Reader

וְכֹל הַחַיִּים יוֹדוּךָ סֶּלָה וִיהַלְלוּ אֶת שִׁמְךָ בֶּאֱמֶת הָאֵל יְשׁוּעָתֵנוּ וְעֶזְרָתֵנוּ סֶלָה. בָּרוּךְ אַתָּה יְיָ הַטּוֹב שִׁמְךָ וּלְךָ נָאֶה לְהוֹדוֹת:

אֱלֹהֵינוּ וֵאלֹהֵי אֲבוֹתֵינוּ בָּרְכֵנוּ בַּבְּרָכָה הַמְשֻׁלֶּשֶׁת בַּתּוֹרָה הַכְּתוּבָה עַל־יְדֵי משֶׁה עַבְדֶּךָ הָאֲמוּרָה מִפִּי אַהֲרֹן וּבָנָיו כֹּהֲנִים עַם קְדוֹשֶׁךָ כָּאָמוּר.

Reader	*Congregation*
יְבָרֶכְךָ יְיָ וְיִשְׁמְרֶךָ:	כֵּן יְהִי רָצוֹן:
יָאֵר יְיָ פָּנָיו אֵלֶיךָ וִיחֻנֶּךָּ:	כֵּן יְהִי רָצוֹן:
יִשָּׂא יְיָ פָּנָיו אֵלֶיךָ וְיָשֵׂם לְךָ שָׁלוֹם:	כֵּן יְהִי רָצוֹן:

שִׂים שָׁלוֹם טוֹבָה וּבְרָכָה חֵן וָחֶסֶד וְרַחֲמִים עָלֵינוּ וְעַל כָּל־יִשְׂרָאֵל עַמֶּךָ. בָּרְכֵנוּ אָבִינוּ כֻּלָּנוּ כְּאֶחָד בְּאוֹר פָּנֶיךָ. כִּי בְאוֹר פָּנֶיךָ נָתַתָּ לָּנוּ יְיָ אֱלֹהֵינוּ תּוֹרַת חַיִּים וְאַהֲבַת חֶסֶד וּצְדָקָה וּבְרָכָה וְרַחֲמִים וְחַיִּים וְשָׁלוֹם. וְטוֹב בְּעֵינֶיךָ לְבָרֵךְ אֶת־עַמְּךָ יִשְׂרָאֵל בְּכָל־עֵת וּבְכָל־שָׁעָה בִּשְׁלוֹמֶךָ:

Congregation and Reader

בְּסֵפֶר חַיִּים בְּרָכָה וְשָׁלוֹם וּפַרְנָסָה טוֹבָה נִזָּכֵר וְנִכָּתֵב לְפָנֶיךָ אֲנַחְנוּ וְכָל־עַמְּךָ בֵּית יִשְׂרָאֵל לְחַיִּים טוֹבִים וּלְשָׁלוֹם:

בָּרוּךְ אַתָּה יְיָ עוֹשֵׂה הַשָּׁלוֹם:

Congregation and Reader

O inscribe all the children of Thy covenant for a happy life.

Reader

And may all the living do homage unto Thee forever, and praise Thy name in truth, O God, who art our salvation and our help. Blessed be Thou, O Lord, Beneficent One; unto Thee it is seemly to give praise.

Our God and God of our fathers, bless us with the three-fold blessing written in the Torah of Moses, Thy servant, and spoken by Aaron and his descendants, Thy consecrated priests:

Reader	*Congregation*
May the Lord bless you and keep you.	So may it be His will.
May the Lord make His countenance to shine upon you and be gracious unto you.	So may it be His will.
May the Lord turn His countenance unto you and give you peace.	So may it be His will.

Our Father, grant peace and well-being, blessing and grace, loving-kindness and mercy unto us and unto all Israel, Thy people. Bless us, O our Father, all of us together, with the light of Thy presence; for by that light Thou hast given us, O Lord our God, the Torah of life, loving-kindness and righteousness, blessing and mercy, life and peace. O may it be good in Thy sight at all times to bless Israel and all Thy children with Thy peace.

Congregation and Reader

In the book of life, blessing, peace and good sustenance, may we be remembered and inscribed before Thee, we and all Thy people, the house of Israel, for a happy life and for peace.

Blessed art Thou, O Lord, who makest peace.

(*The following verses are omitted on Sabbath*)

The Ark is opened

אָבִינוּ מַלְכֵּנוּ חָטָאנוּ לְפָנֶיךָ:
אָבִינוּ מַלְכֵּנוּ אֵין לָנוּ מֶלֶךְ אֶלָּא אָתָּה:
אָבִינוּ מַלְכֵּנוּ עֲשֵׂה עִמָּנוּ לְמַעַן שְׁמֶךָ:
אָבִינוּ מַלְכֵּנוּ חַדֵּשׁ עָלֵינוּ שָׁנָה טוֹבָה:
אָבִינוּ מַלְכֵּנוּ בַּטֵּל מֵעָלֵינוּ כָּל־גְּזֵרוֹת קָשׁוֹת:
אָבִינוּ מַלְכֵּנוּ בַּטֵּל מַחְשְׁבוֹת שׂוֹנְאֵינוּ:
אָבִינוּ מַלְכֵּנוּ הָפֵר עֲצַת אוֹיְבֵינוּ:
אָבִינוּ מַלְכֵּנוּ כַּלֵּה כָּל־צַר וּמַשְׂטִין מֵעָלֵינוּ:
אָבִינוּ מַלְכֵּנוּ סְתוֹם פִּיּוֹת מַשְׂטִינֵנוּ וּמְקַטְרְגֵנוּ:
אָבִינוּ מַלְכֵּנוּ כַּלֵּה דֶּבֶר וְחֶרֶב וְרָעָב וּשְׁבִי וּמַשְׁחִית מִבְּנֵי בְרִיתֶךָ:
אָבִינוּ מַלְכֵּנוּ מְנַע מַגֵּפָה מִנַּחֲלָתֶךָ:
אָבִינוּ מַלְכֵּנוּ סְלַח וּמְחַל לְכָל־עֲוֹנוֹתֵינוּ:
אָבִינוּ מַלְכֵּנוּ מְחֵה וְהַעֲבֵר פְּשָׁעֵינוּ וְחַטֹּאתֵינוּ מִנֶּגֶד עֵינֶיךָ:
אָבִינוּ מַלְכֵּנוּ מְחוֹק בְּרַחֲמֶיךָ הָרַבִּים כָּל־שִׁטְרֵי חוֹבוֹתֵינוּ:
אָבִינוּ מַלְכֵּנוּ הַחֲזִירֵנוּ בִּתְשׁוּבָה שְׁלֵמָה לְפָנֶיךָ:
אָבִינוּ מַלְכֵּנוּ שְׁלַח רְפוּאָה שְׁלֵמָה לְחוֹלֵי עַמֶּךָ:
אָבִינוּ מַלְכֵּנוּ קְרַע רוֹעַ גְּזַר דִּינֵנוּ:
אָבִינוּ מַלְכֵּנוּ זָכְרֵנוּ בְּזִכְרוֹן טוֹב לְפָנֶיךָ:
אָבִינוּ מַלְכֵּנוּ כָּתְבֵנוּ בְּסֵפֶר חַיִּים טוֹבִים:
אָבִינוּ מַלְכֵּנוּ כָּתְבֵנוּ בְּסֵפֶר גְּאֻלָּה וִישׁוּעָה:
אָבִינוּ מַלְכֵּנוּ כָּתְבֵנוּ בְּסֵפֶר פַּרְנָסָה וְכַלְכָּלָה:
אָבִינוּ מַלְכֵּנוּ כָּתְבֵנוּ בְּסֵפֶר זְכֻיּוֹת:
אָבִינוּ מַלְכֵּנוּ כָּתְבֵנוּ בְּסֵפֶר סְלִיחָה וּמְחִילָה:

(The following verses are omitted on Sabbath.)

The Ark is opened

Our Father, our King, we have sinned before Thee.

Our Father, our King, we have no king except Thee.

Our Father, our King, deal with us kindly for the sake of Thy name.

Our Father, our King, renew unto us a year of good.

Our Father, our King, annul every evil decree against us.

Our Father, our King, annul the designs of those who hate us.

Our Father, our King, frustrate the counsel of our enemies.

Our Father, our King, destroy the power of every oppressor and adversary.

Our Father, our King, silence the mouths of our adversaries and those who accuse us falsely.

Our Father, our King, remove pestilence, sword, famine, captivity, destruction and plague from the children who obey Thy covenant.

Our Father, our King, withhold the plague from Thy people.

Our Father, our King, forgive and pardon our iniquities.

Our Father, our King, blot out our transgressions, and cause our sins to pass away from before Thee.

Our Father, our King, efface in Thine abundant mercy all record of our guilt.

Our Father, our King, may we return unto Thee in perfect repentance.

Our Father, our King, send a perfect healing to the sick among Thy people.

Our Father, our King, repeal the evil sentence that may be decreed against us.

Our Father, our King, remember us for our well-being.

Our Father, our King, inscribe us in the book of happy life.

Our Father, our King, inscribe us in the book of freedom and salvation.

Our Father, our King, inscribe us in the book of sustenance.

Our Father, our King, inscribe us for a meritorious life.

Our Father, our King, inscribe us in the book of forgiveness and reconciliation.

אָבִינוּ מַלְכֵּנוּ הַצְמַח לָנוּ יְשׁוּעָה בְּקָרוֹב:

אָבִינוּ מַלְכֵּנוּ הָרֵם קֶרֶן יִשְׂרָאֵל עַמֶּךָ:

אָבִינוּ מַלְכֵּנוּ הָרֵם קֶרֶן מְשִׁיחֶךָ:

אָבִינוּ מַלְכֵּנוּ מַלֵּא יָדֵינוּ מִבִּרְכוֹתֶיךָ:

אָבִינוּ מַלְכֵּנוּ מַלֵּא אֲסָמֵינוּ שָׂבָע:

אָבִינוּ מַלְכֵּנוּ שְׁמַע קוֹלֵנוּ חוּס וְרַחֵם עָלֵינוּ:

אָבִינוּ מַלְכֵּנוּ קַבֵּל בְּרַחֲמִים וּבְרָצוֹן אֶת־תְּפִלָּתֵנוּ:

אָבִינוּ מַלְכֵּנוּ פְּתַח שַׁעֲרֵי שָׁמַיִם לִתְפִלָּתֵנוּ:

אָבִינוּ מַלְכֵּנוּ נָא אַל תְּשִׁיבֵנוּ רֵיקָם מִלְּפָנֶיךָ:

אָבִינוּ מַלְכֵּנוּ זְכוֹר כִּי עָפָר אֲנָחְנוּ:

אָבִינוּ מַלְכֵּנוּ תְּהֵא הַשָּׁעָה הַזֹּאת שְׁעַת רַחֲמִים וְעֵת רָצוֹן
מִלְּפָנֶיךָ:

אָבִינוּ מַלְכֵּנוּ חֲמוֹל עָלֵינוּ וְעַל עוֹלָלֵינוּ וְטַפֵּנוּ:

אָבִינוּ מַלְכֵּנוּ עֲשֵׂה לְמַעַן הֲרוּגִים עַל שֵׁם קָדְשֶׁךָ:

אָבִינוּ מַלְכֵּנוּ עֲשֵׂה לְמַעַן טְבוּחִים עַל יִחוּדֶךָ:

אָבִינוּ מַלְכֵּנוּ עֲשֵׂה לְמַעַן בָּאֵי בָאֵשׁ וּבַמַּיִם עַל קִדּוּשׁ שְׁמֶךָ:

אָבִינוּ מַלְכֵּנוּ נְקוֹם לְעֵינֵינוּ נִקְמַת דַּם עֲבָדֶיךָ הַשָּׁפוּךְ:

אָבִינוּ מַלְכֵּנוּ עֲשֵׂה לְמַעַנְךָ אִם לֹא לְמַעֲנֵנוּ:

אָבִינוּ מַלְכֵּנוּ עֲשֵׂה לְמַעַנְךָ וְהוֹשִׁיעֵנוּ:

אָבִינוּ מַלְכֵּנוּ עֲשֵׂה לְמַעַן רַחֲמֶיךָ הָרַבִּים:

אָבִינוּ מַלְכֵּנוּ עֲשֵׂה לְמַעַן שִׁמְךָ הַגָּדוֹל הַגִּבּוֹר וְהַנּוֹרָא
שֶׁנִּקְרָא עָלֵינוּ:

אָבִינוּ מַלְכֵּנוּ חָנֵּנוּ וַעֲנֵנוּ כִּי אֵין בָּנוּ מַעֲשִׂים עֲשֵׂה עִמָּנוּ
צְדָקָה וָחֶסֶד וְהוֹשִׁיעֵנוּ:

The Ark is closed

Our Father, our King, cause salvation speedily to spring forth for us.

Our Father, our King, bring glory to Israel, Thy people.

Our Father, our King, exalt the majesty of Thine anointed Redeemer.

Our Father, our King, provide us with Thine abundant blessings.

Our Father, our King, fill our storehouses with plenty.

Our Father, our King, hear our voice, have pity and compassion upon us.

Our Father, our King, receive our prayer with merciful favor.

Our Father, our King, open the gates of heaven unto our prayer.

Our Father, our King, O turn us not away from Thee unanswered.

Our Father, our King, remember our frailty for we are but dust.

Our Father, our King, let this hour be an hour of mercy and a time of favor before Thee.

Our Father, our King, have mercy upon us, and upon our children.

Our Father, our King, do this for the sake of those who were slain for Thy holy name.

Our Father, our King, do this for the sake of those who were slaughtered for Thy unity.

Our Father, our King, do this for the sake of those who went through fire and water for the sanctification of Thy name.

Our Father, our King, bring to judgment those who have shed the blood of Thy people.

Our Father, our King, grant our supplication for Thy sake, if not for ours.

Our Father, our King, accept our prayer for Thy sake and save us.

Our Father, our King, do this for the sake of Thine abundant mercies.

Our Father, our King, do it for the sake of Thy great, mighty and revered name.

Our Father, our King, be Thou gracious unto us and answer us; for lo, we are unworthy; deal Thou with us in charity and loving-kindness and save us.

The Ark is closed

Reader's Kaddish

יִתְגַּדַּל וְיִתְקַדַּשׁ שְׁמֵהּ רַבָּא. בְּעָלְמָא דִּי־בְרָא כִרְעוּתֵהּ. וְיַמְלִיךְ מַלְכוּתֵהּ בְּחַיֵּיכוֹן וּבְיוֹמֵיכוֹן וּבְחַיֵּי דְכָל־בֵּית יִשְׂרָאֵל בַּעֲגָלָא וּבִזְמַן קָרִיב. וְאִמְרוּ אָמֵן:

Congregation and Reader

יְהֵא שְׁמֵהּ רַבָּא מְבָרַךְ לְעָלַם וּלְעָלְמֵי עָלְמַיָּא:

Reader

יִתְבָּרַךְ וְיִשְׁתַּבַּח וְיִתְפָּאַר וְיִתְרוֹמַם וְיִתְנַשֵּׂא וְיִתְהַדַּר וְיִתְעַלֶּה וְיִתְהַלָּל שְׁמֵהּ דְּקֻדְשָׁא. בְּרִיךְ הוּא. לְעֵלָּא וּלְעֵלָּא מִן־כָּל־בִּרְכָתָא וְשִׁירָתָא תֻּשְׁבְּחָתָא וְנֶחֱמָתָא דַּאֲמִירָן בְּעָלְמָא. וְאִמְרוּ אָמֵן:

תִּתְקַבַּל צְלוֹתְהוֹן וּבָעוּתְהוֹן דְּכָל־יִשְׂרָאֵל קֳדָם אֲבוּהוֹן דִּי־בִשְׁמַיָּא. וְאִמְרוּ אָמֵן:

יְהֵא שְׁלָמָא רַבָּא מִן־שְׁמַיָּא וְחַיִּים עָלֵינוּ וְעַל־כָּל־יִשְׂרָאֵל וְאִמְרוּ אָמֵן:

עֹשֶׂה שָׁלוֹם בִּמְרוֹמָיו הוּא יַעֲשֶׂה שָׁלוֹם עָלֵינוּ וְעַל־כָּל־יִשְׂרָאֵל וְאִמְרוּ אָמֵן:

Magnified and sanctified be the great name of God throughout the world which He hath created according to His will. May He establish His kingdom during the days of your life and during the life of all the house of Israel, speedily, yea, soon; and say ye, Amen.

May His great name be blessed for ever and ever.

Exalted and honored be the name of the Holy One, blessed be He, whose glory transcends, yea, is beyond all blessings and hymns, praises and consolations which are uttered in the world; and say ye, Amen.

May the prayers and supplications of the whole house of Israel be acceptable unto their Father in heaven; and say ye, Amen.

May there be abundant peace from heaven, and life for us and for all Israel; and say ye, Amen.

May He who establisheth peace in the heavens, grant peace unto us and unto all Israel; and say ye, Amen.

MEDITATION

Lord! where art Thou to be found?
Hidden and high is Thy home.
And where shall we find Thee not?
Thy glory fills the world.
Thou art found in my heart,
And at the uttermost ends of the earth;
A refuge for the near,
And for the far, a trust.

The universe cannot contain Thee
How then a temple's shrine?
Though Thou art raised above men
On Thy high and lofty throne,
Yet art Thou near unto them
In their spirit and in their flesh.
Who can say he has not seen Thee!
When, lo! the heavens and their host
Make, silently, Thy presence manifest.

—JEHUDAH HALEVI

O Lord, before Thee is my whole desire—
Yea, though I cannot bring it to my lips.

My youth, until today, hath done its pleasure;
But when shall I do good for mine own soul?

The world which Thou hast set within my heart
Hath held me back from seeking out mine end;

What can I say? Temptation doth pursue me
As doth an enemy, from youth to age;

And what hath fate for me if not Thy favor?
If Thou art not my lot, what is my lot?

When far from Thee, I die while yet in life;
But if I cling to Thee I live, though I should die.

Show me, O Lord, Thy ways!
And turn me back from bondage of my folly.

—JEHUDAH HALEVI

סדר הוצאת התורה

אֵין כָּמוֹךָ בָאֱלֹהִים אֲדֹנָי וְאֵין כְּמַעֲשֶׂיךָ: מַלְכוּתְךָ מַלְכוּת כָּל־עֹלָמִים וּמֶמְשַׁלְתְּךָ בְּכָל־דּוֹר וָדֹר: יְיָ מֶלֶךְ יְיָ מָלָךְ יְיָ יִמְלֹךְ לְעֹלָם וָעֶד: יְיָ עֹז לְעַמּוֹ יִתֵּן יְיָ יְבָרֵךְ אֶת־עַמּוֹ בַשָּׁלוֹם:

אַב הָרַחֲמִים הֵיטִיבָה בִרְצוֹנְךָ אֶת־צִיּוֹן תִּבְנֶה חוֹמוֹת יְרוּשָׁלָיִם: כִּי בְךָ לְבַד בָּטָחְנוּ מֶלֶךְ אֵל רָם וְנִשָּׂא אֲדוֹן עוֹלָמִים:

The Ark is opened

וַיְהִי בִּנְסֹעַ הָאָרֹן וַיֹּאמֶר מֹשֶׁה קוּמָה יְיָ וְיָפֻצוּ אֹיְבֶיךָ וְיָנֻסוּ מְשַׂנְאֶיךָ מִפָּנֶיךָ: כִּי מִצִּיּוֹן תֵּצֵא תוֹרָה וּדְבַר־יְיָ מִירוּשָׁלָיִם:

On Sabbath the following until ישעך *is omitted*

יְיָ יְיָ אֵל רַחוּם וְחַנּוּן אֶרֶךְ אַפַּיִם וְרַב־חֶסֶד וֶאֱמֶת:
נֹצֵר חֶסֶד לָאֲלָפִים נֹשֵׂא עָוֹן וָפֶשַׁע וְחַטָּאָה וְנַקֵּה:

רִבּוֹן הָעוֹלָם מַלֵּא מִשְׁאֲלוֹתֵינוּ לְטוֹבָה וְהָפֵק רְצוֹנֵנוּ וְתֶן־לָנוּ שְׁאֵלָתֵנוּ וּמְחוֹל עַל כָּל־עֲוֹנוֹתֵינוּ וְעַל כָּל־עֲוֹנוֹת אַנְשֵׁי בָתֵּינוּ מְחִילָה בְּחֶסֶד מְחִילָה בְּרַחֲמִים. וְטַהֲרֵנוּ מֵחֲטָאֵינוּ וּמֵעֲוֹנוֹתֵינוּ וּמִפְּשָׁעֵינוּ. וְזָכְרֵנוּ בְּזִכְרוֹן טוֹב לְפָנֶיךָ. וּפָקְדֵנוּ בִּפְקֻדַּת יְשׁוּעָה וְרַחֲמִים. וְזָכְרֵנוּ לְחַיִּים טוֹבִים וַאֲרוּכִים וּלְשָׁלוֹם לְפַרְנָסָה וְכַלְכָּלָה. וְתֶן־לָנוּ לֶחֶם לֶאֱכוֹל וּבֶגֶד לִלְבּוֹשׁ וְעֹשֶׁר וְכָבוֹד וְאֹרֶךְ יָמִים לַהֲגוֹת בְּתוֹרָתֶךָ וּלְקַיֵּם מִצְוֹתֶיהָ וְשֵׂכֶל וּבִינָה לְהָבִין וּלְהַשְׂכִּיל

SERVICE FOR TAKING OUT TORAH

There is none like unto Thee among the mighty, O Lord; and there are no works like unto Thine. Thy kingdom is an everlasting kingdom and Thy dominion endureth throughout all generations. The Lord reigneth, the Lord hath reigned, the Lord will reign for ever and ever. The Lord will give strength unto His people; the Lord will bless His people with peace.

Father of compassion, favor Zion with Thy goodness and help us to rebuild the walls of Jerusalem. For in Thee alone do we put our trust, O King, high and exalted God, Lord of the universe.

The Ark is opened

And it came to pass when the Ark set forward, that Moses said, "Rise up, O Lord, and let Thine enemies be scattered; and let them that hate Thee flee before Thee."

"For out of Zion shall go forth the Torah, and the word of the Lord from Jerusalem."

> Kee mi-tsi-yōn tay-tsay sō-ro,
> U-d'var A-dō-noy mee-ru-sho-lo-yim.

On the Sabbath the following is omitted

The Lord, the Eternal, is a merciful and gracious God, slow to anger and abounding in loving-kindness and truth; keeping mercy for thousands, forgiving iniquity, transgression and sin, and acquitting the penitent.

MEDITATION

Lord of the universe, fulfill the worthy desires of our hearts and in Thy loving-kindness pardon our iniquities. Cleanse us of all our sins; remember us for our good, for salvation and compassion. Bless us with a long and happy life, a life of usefulness and peace. Give us bread to eat and raiment to put on, substance and honor, and length of days to meditate on Thy Torah and to fulfill Thy commandments. O do Thou send healing for all our sorrows and bless all the work of our hands. Ordain for us good decrees of salvation and comfort, and annul all severe judgments against us. Promote the welfare of our beloved country and guide and inspire its leaders to govern the nation in truth and justice. May this be Thy will, O Lord. Amen.

עִמְקֵי סוֹדוֹתֶיהָ. וּשְׁלַח רְפוּאָה לְכָל־מַכְאוֹבֵינוּ וּתְבָרֵךְ אֶת־כָּל־מַעֲשֵׂה יָדֵינוּ וְתִגְזוֹר עָלֵינוּ גְּזֵרוֹת טוֹבוֹת יְשׁוּעוֹת וְנֶחָמוֹת וּתְבַטֵּל מֵעָלֵינוּ כָּל־גְּזֵרוֹת קָשׁוֹת. וְתַטֶּה לֵב הַמַּלְכוּת וְיוֹעֲצֶיהָ וְשָׂרֶיהָ עָלֵינוּ לְטוֹבָה. אָמֵן וְכֵן יְהִי רָצוֹן:

יִהְיוּ לְרָצוֹן אִמְרֵי־פִי וְהֶגְיוֹן לִבִּי לְפָנֶיךָ יְיָ צוּרִי וְגוֹאֲלִי:

וַאֲנִי תְפִלָּתִי־לְךָ יְיָ עֵת רָצוֹן אֱלֹהִים בְּרָב־חַסְדֶּךָ עֲנֵנִי בֶּאֱמֶת יִשְׁעֶךָ:

Reader and Congregation

בָּרוּךְ שֶׁנָּתַן תּוֹרָה לְעַמּוֹ יִשְׂרָאֵל בִּקְדֻשָּׁתוֹ:

Two Scrolls of the Torah are taken from the Ark

Reader and Congregation

שְׁמַע יִשְׂרָאֵל יְיָ אֱלֹהֵינוּ יְיָ אֶחָד:

אֶחָד אֱלֹהֵינוּ גָּדוֹל אֲדוֹנֵינוּ קָדוֹשׁ וְנוֹרָא שְׁמוֹ:

Reader

גַּדְּלוּ לַייָ אִתִּי. וּנְרוֹמְמָה שְׁמוֹ יַחְדָּו:

Reader and Congregation

לְךָ יְיָ הַגְּדֻלָּה וְהַגְּבוּרָה וְהַתִּפְאֶרֶת וְהַנֵּצַח וְהַהוֹד כִּי־כֹל בַּשָּׁמַיִם וּבָאָרֶץ לְךָ יְיָ הַמַּמְלָכָה וְהַמִּתְנַשֵּׂא לְכֹל לְרֹאשׁ: רוֹמְמוּ יְיָ אֱלֹהֵינוּ וְהִשְׁתַּחֲווּ לַהֲדֹם רַגְלָיו קָדוֹשׁ הוּא: רוֹמְמוּ יְיָ אֱלֹהֵינוּ וְהִשְׁתַּחֲווּ לְהַר קָדְשׁוֹ כִּי־קָדוֹשׁ יְיָ אֱלֹהֵינוּ:

Congregation

Sh'ma Yis-ro-ayl A-dō-noy e-lō-hay-nu A-dō-noy e-ḥod.
E-ḥod e-lō-hay-nu go-dōl A-dō-nay-nu ko-dōsh sh'mō.

L'ḥo A-dō-noy ha-g'du-lo v'ha-g'vu-ro v'ha-tif-e-res, v-ha-nay-tasaḥ v-ha-hōd. Kee ḥōl ba-sho-ma-yim, u'vo-o-rets, l'ḥo A-dō-noy ha-mam-lo-ḥo, v'ha-mis-na-say l'ḥōl l'rōsh.

May the words of my mouth and the meditation of my heart be acceptable before Thee, O Lord, my Rock and my Redeemer.

As for me, may my prayer unto Thee, O Lord, be in an acceptable time; O God, in the abundance of Thy lovingkindness, answer me in the truth of Thy salvation.

Blessed be He who in His holiness hath given the Torah unto Israel.

Reader

Almighty Father, as we pray unto Thee on this day for life and peace, help us to realize that only as we love and revere Thy Torah, our Tree of Life, will our years be rich and our lives purposeful. All things perish in the course of time, only Thy word endureth forever. Fill our hearts with love of Thee and open our eyes that we may behold the wonders of Thy Torah, to follow Thy precepts all the days of our lives. Grant us length of days to study and teach, remember and fulfill Thy commandments. Like all the generations of Israel who have gone before, may we truly say: "Thy Word is a lamp unto my feet and a light unto my path."

Bless us, we pray Thee, in the coming year, with Thy loving favor. Grant us the wisdom to perceive Thy presence in all the manifestations of life so that we may be filled with Thy spirit and live worthily as Thy children. Amen.

Two Scrolls of the Torah are taken from the Ark

Hear, O Israel: the Lord our God, the Lord is One.

One is our God; great is our Lord; holy and revered is His name.

Extol the Lord with me, and let us exalt His name together.

Thine, O Lord, is the greatness, the power, the glory, the triumph, and the majesty; for all that is in the heaven and on the earth is Thine. Thine is the kingdom, O Lord, and Thou art supreme above all. Exalt the Lord our God, and worship at His footstool; holy is He. Exalt the Lord our God, and worship at His holy mountain for the Lord our God is holy.

Reader

אַב הָרַחֲמִים הוּא יְרַחֵם עַם עֲמוּסִים וְיִזְכּוֹר בְּרִית אֵיתָנִים וְיַצִּיל נַפְשׁוֹתֵינוּ מִן הַשָּׁעוֹת הָרָעוֹת וְיִגְעַר בְּיֵצֶר הָרָע מִן הַנְּשׂוּאִים וְיָחֹן אוֹתָנוּ לִפְלֵיטַת עוֹלָמִים וִימַלֵּא מִשְׁאֲלוֹתֵינוּ בְּמִדָּה טוֹבָה יְשׁוּעָה וְרַחֲמִים:

Reader

וְיַעֲזוֹר וְיָגֵן וְיוֹשִׁיעַ לְכֹל הַחוֹסִים בּוֹ וְנֹאמַר אָמֵן: הַכֹּל הָבוּ גֹדֶל לֵאלֹהֵינוּ וּתְנוּ כָבוֹד לַתּוֹרָה: יַעֲמוֹד

בָּרוּךְ שֶׁנָּתַן תּוֹרָה לְעַמּוֹ יִשְׂרָאֵל בִּקְדֻשָּׁתוֹ:

וְאַתֶּם הַדְּבֵקִים בַּיְיָ אֱלֹהֵיכֶם חַיִּים כֻּלְּכֶם הַיּוֹם:

Those honored by being called to the Torah recite the following blessing:

בָּרְכוּ אֶת־יְיָ הַמְבֹרָךְ:

Congregation:

בָּרוּךְ יְיָ הַמְבֹרָךְ לְעוֹלָם וָעֶד:

The person called to the Torah repeats the response and continues:

בָּרוּךְ אַתָּה יְיָ אֱלֹהֵינוּ מֶלֶךְ הָעוֹלָם. אֲשֶׁר בָּחַר־בָּנוּ מִכָּל הָעַמִּים וְנָתַן־לָנוּ אֶת־תּוֹרָתוֹ. בָּרוּךְ אַתָּה יְיָ. נוֹתֵן הַתּוֹרָה:

After reading a section of the Torah, the following blessing is said:

בָּרוּךְ אַתָּה יְיָ אֱלֹהֵינוּ מֶלֶךְ הָעוֹלָם. אֲשֶׁר נָתַן־לָנוּ תּוֹרַת אֱמֶת. וְחַיֵּי עוֹלָם נָטַע בְּתוֹכֵנוּ. בָּרוּךְ אַתָּה יְיָ. נוֹתֵן הַתּוֹרָה:

Reader

May the Father of compassion have mercy upon a people whom He lovingly tended. May He remember the covenant with the patriarchs; may He deliver us from evil times, curb the evil inclination in the people whom He hath tenderly protected, and graciously grant us enduring deliverance. May He abundantly fulfill our desires and grant us salvation and mercy.

NOTE

No concept of Judaism has been more persistently misunderstood than that of the Chosen People. It has been confused with false pride and national chauvinism. It has been mistakably identified with the pernicious doctrine of racial superiority. For the Jew, the concept of the "chosen" people meant that more was expected of him than of others and that his actions would be judged by higher standards. It was a form of *noblesse oblige*, imposing upon him moral responsibilities, the need of stressing holiness, righteousness, and other spiritual values. The Prayer Book usually interprets the meaning of Chosen People by linking it with the gift of the Torah which is Israel's sacred trust and Israel's contribution to mankind.

"If ye will hearken to My voice, and keep My covenant, then shall ye be Mine own treasure. Ye shall be unto Me a kingdom of priests and a holy people." (Exodus 19:5-6) "You only have I known of all the families of the earth, therefore I will visit upon you all your iniquities." (Amos 3:2) "Israel shall not fail nor be crushed till he have set the right in the earth. I, the Lord have called thee in righteousness for a light of the nations." (Isaiah 42:4,6) "Have we not all one Father? Hath not one God created us all?" (Malachi 2:10)

THE BLESSINGS FOR THE TORAH

Bless the Lord who is to be praised

Praised be the Lord who is blessed for all eternity.

Blessed art Thou, O Lord our God, King of the universe, who didst choose us from among all the peoples by giving us Thy Torah. Blessed art Thou, O Lord, Giver of the Torah.

Blessed art Thou, O Lord our God, King of the universe, who in giving us a Torah of truth, hast planted everlasting life within us. Blessed art Thou, O Lord, Giver of the Torah.

ויקרא ט"ז

כהן וַיְדַבֵּ֤ר יְהוָֹה֙ אֶל־מֹשֶׁ֔ה אַחֲרֵ֣י מ֔וֹת שְׁנֵ֖י בְּנֵ֣י אַהֲרֹ֑ן בְּקָרְבָתָ֥ם לִפְנֵֽי־יְהוָֹ֖ה וַיָּמֻֽתוּ: וַיֹּ֨אמֶר יְהוָֹ֜ה אֶל־מֹשֶׁ֗ה דַּבֵּר֘ אֶל־אַהֲרֹ֣ן אָחִ֒יךָ֒ וְאַל־יָבֹ֤א בְכָל־עֵת֙ אֶל־הַקֹּ֔דֶשׁ מִבֵּ֖ית לַפָּרֹ֑כֶת אֶל־פְּנֵ֨י הַכַּפֹּ֜רֶת אֲשֶׁ֤ר עַל־הָֽאָרֹן֙ וְלֹ֣א יָמ֔וּת כִּ֚י בֶּֽעָנָ֔ן אֵֽרָאֶ֖ה עַל־הַכַּפֹּֽרֶת: בְּזֹ֛את יָבֹ֥א אַהֲרֹ֖ן אֶל־הַקֹּ֑דֶשׁ בְּפַ֧ר בֶּן־בָּקָ֛ר לְחַטָּ֖את וְאַ֥יִל לְעֹלָֽה:

ונשבת לוין כְּתֹֽנֶת־בַּ֨ד קֹ֜דֶשׁ יִלְבָּ֗שׁ וּמִֽכְנְסֵי־בַד֮ יִהְי֣וּ עַל־בְּשָׂרוֹ֒ וּבְאַבְנֵ֥ט בַּד֙ יַחְגֹּ֔ר וּבְמִצְנֶ֥פֶת בַּ֖ד יִצְנֹ֑ף בִּגְדֵי־קֹ֣דֶשׁ הֵ֔ם וְרָחַ֥ץ בַּמַּ֛יִם אֶת־בְּשָׂר֖וֹ וּלְבֵשָֽׁם: וּמֵאֵ֗ת עֲדַת֙ בְּנֵ֣י יִשְׂרָאֵ֔ל יִקַּ֛ח שְׁנֵֽי־שְׂעִירֵ֥י עִזִּ֖ים לְחַטָּ֑את וְאַ֥יִל אֶחָ֖ד לְעֹלָֽה: וְהִקְרִ֧יב אַהֲרֹ֛ן אֶת־פַּ֥ר הַחַטָּ֖את אֲשֶׁר־ל֑וֹ וְכִפֶּ֥ר בַּֽעֲד֖וֹ וּבְעַ֥ד בֵּיתֽוֹ:

לוי ובשבת שלישין וְלָקַ֖ח אֶת־שְׁנֵ֣י הַשְּׂעִירִ֑ם וְהֶעֱמִ֤יד אֹתָם֙ לִפְנֵ֣י יְהוָֹ֔ה פֶּ֖תַח אֹ֥הֶל מוֹעֵֽד: וְנָתַ֧ן אַהֲרֹ֛ן עַל־שְׁנֵ֥י הַשְּׂעִירִ֖ם גֹּרָל֑וֹת גּוֹרָ֤ל אֶחָד֙ לַֽיהוָֹ֔ה וְגוֹרָ֥ל אֶחָ֖ד לַֽעֲזָאזֵֽל: וְהִקְרִ֤יב אַהֲרֹן֙ אֶת־הַשָּׂעִ֔יר אֲשֶׁ֨ר עָלָ֥ה עָלָ֛יו הַגּוֹרָ֖ל לַֽיהוָֹ֑ה וְעָשָׂ֖הוּ חַטָּֽאת: וְהַשָּׂעִ֗יר אֲשֶׁר֩ עָלָ֨ה עָלָ֤יו הַגּוֹרָל֙ לַֽעֲזָאזֵ֔ל יָֽעֳמַד־חַ֥י לִפְנֵ֖י

Note on the Torah Reading

It was Solomon Schechter who observed the striking contrast between the Torah and Haftarah Readings on Israel's most sacred day. He explained that the Torah Reading deals with ritual and sacrifice, while the Haftarah concerns itself with ethical precepts and conduct. Judaism thus stresses the importance of both aspects, ceremony and morality, rite and right. It appeals to the heart and to the mind. It seeks to satisfy the emotions and to nourish the sensitive soul. It believes, as we shall observe in the Haftarah Reading, that ritual and observance should lead to higher ethical standards and the advancement of justice.

The following Torah Reading from Leviticus Chap. 16, recalls the ancient sacrifices brought on the Day of Atonement. To impress the people with their communal responsibility for sin and the need of forgiveness, two goats were brought to the Temple. Lots were cast to designate one goat for the Lord, and the other for Azazel, symbol of wickedness. The first was offered in the prescribed manner as a burnt sacrifice. Upon the other goat, the High Priest placed his hand and confessed the sins of the people, after which the goat was sent away into the wilderness. The elaborate preparations and the procedure of this ritual are minutely described.

This ceremony vividly dramatized the casting away of those sins which the Israelites acquired in the desert. The scapegoat became the symbol of wickedness which was annually banished to the wilderness. When the Temple was destroyed, this ceremony was discarded. Prayer, Repentance, and Righteousness assumed greater significance. We read of this ancient rite to recall the earnest desire of our people to become reconciled with their God and their fellowmen, and to make atonement for their sins, even in the earliest period of their history. For us, this Reading emphasizes the need of cleansing ourselves of sins that separate us from our Maker, and of removing the evil which estranges us from our neighbor.

Selected from Leviticus 16

And the Lord spoke unto Moses after the death of the two sons of Aaron, when they drew near before the Lord, and died; and the Lord said unto Moses: Speak unto Aaron thy brother, that he come not at all times into the holy place within the

יְהוָה לְכַפֵּר עָלָיו לְשַׁלַּח אֹתוֹ לַעֲזָאזֵל הַמִּדְבָּרָה: וְהִקְרִיב
אַהֲרֹן אֶת־פַּר הַחַטָּאת אֲשֶׁר־לוֹ וְכִפֶּר בַּעֲדוֹ וּבְעַד בֵּיתוֹ
וְשָׁחַט אֶת־פַּר הַחַטָּאת אֲשֶׁר־לוֹ:

שלישי [בשבת רביעי]

וְלָקַח מְלֹא־הַמַּחְתָּה גַּחֲלֵי־אֵשׁ מֵעַל הַמִּזְבֵּחַ מִלִּפְנֵי
יְהוָה וּמְלֹא חָפְנָיו קְטֹרֶת סַמִּים דַּקָּה וְהֵבִיא מִבֵּית
לַפָּרֹכֶת: וְנָתַן אֶת־הַקְּטֹרֶת עַל־הָאֵשׁ לִפְנֵי יְהוָה וְכִסָּה |
עֲנַן הַקְּטֹרֶת אֶת־הַכַּפֹּרֶת אֲשֶׁר עַל־הָעֵדוּת וְלֹא יָמוּת:
וְלָקַח מִדַּם הַפָּר וְהִזָּה בְאֶצְבָּעוֹ עַל־פְּנֵי הַכַּפֹּרֶת קֵדְמָה
וְלִפְנֵי הַכַּפֹּרֶת יַזֶּה שֶׁבַע־פְּעָמִים מִן־הַדָּם בְּאֶצְבָּעוֹ: וְשָׁחַט
אֶת־שְׂעִיר הַחַטָּאת אֲשֶׁר לָעָם וְהֵבִיא אֶת־דָּמוֹ אֶל־מִבֵּית
לַפָּרֹכֶת וְעָשָׂה אֶת־דָּמוֹ כַּאֲשֶׁר עָשָׂה לְדַם הַפָּר וְהִזָּה אֹתוֹ
עַל־הַכַּפֹּרֶת וְלִפְנֵי הַכַּפֹּרֶת: וְכִפֶּר עַל־הַקֹּדֶשׁ מִטֻּמְאֹת בְּנֵי
יִשְׂרָאֵל וּמִפִּשְׁעֵיהֶם לְכָל־חַטֹּאתָם וְכֵן יַעֲשֶׂה לְאֹהֶל מוֹעֵד
הַשֹּׁכֵן אִתָּם בְּתוֹךְ טֻמְאֹתָם: וְכָל־אָדָם לֹא־יִהְיֶה | בְּאֹהֶל
מוֹעֵד בְּבֹאוֹ לְכַפֵּר בַּקֹּדֶשׁ עַד־צֵאתוֹ וְכִפֶּר בַּעֲדוֹ וּבְעַד
בֵּיתוֹ וּבְעַד כָּל־קְהַל יִשְׂרָאֵל:

רביעי [בשבת חמישי]

וְיָצָא אֶל־הַמִּזְבֵּחַ אֲשֶׁר לִפְנֵי־יְהוָה וְכִפֶּר עָלָיו וְלָקַח
מִדַּם הַפָּר וּמִדַּם הַשָּׂעִיר וְנָתַן עַל־קַרְנוֹת הַמִּזְבֵּחַ סָבִיב:
וְהִזָּה עָלָיו מִן־הַדָּם בְּאֶצְבָּעוֹ שֶׁבַע פְּעָמִים וְטִהֲרוֹ וְקִדְּשׁוֹ
מִטֻּמְאֹת בְּנֵי יִשְׂרָאֵל: וְכִלָּה מִכַּפֵּר אֶת־הַקֹּדֶשׁ וְאֶת־אֹהֶל
מוֹעֵד וְאֶת־הַמִּזְבֵּחַ וְהִקְרִיב אֶת־הַשָּׂעִיר הֶחָי: וְסָמַךְ אַהֲרֹן
אֶת־שְׁתֵּי יָדָו עַל־רֹאשׁ הַשָּׂעִיר הַחַי וְהִתְוַדָּה עָלָיו אֶת־כָּל־
עֲוֹנֹת בְּנֵי יִשְׂרָאֵל וְאֶת־כָּל־פִּשְׁעֵיהֶם לְכָל־חַטֹּאתָם וְנָתַן
אֹתָם עַל־רֹאשׁ הַשָּׂעִיר וְשִׁלַּח בְּיַד־אִישׁ עִתִּי הַמִּדְבָּרָה:

311   TORAH READING—YOM KIPPUR

veil, before the ark-cover which is upon the ark. Herewith shall Aaron come into the holy place: with a young bullock for a sin-offering, and a ram for a burnt-offering. He shall put on the holy linen tunic, and he shall have the linen breeches upon his flesh, and shall be girded with the linen girdle, and with the linen mitre shall he be attired; they are the holy garments; and he shall bathe his flesh in water, and put them on. And he shall take of the congregation of the children of Israel two he-goats for a sin-offering, and one ram for a burnt-offering. And Aaron shall present the bullock of the sin-offering, which is for himself, and make atonement for himself, and for his house. And he shall take the two goats, and set them before the Lord at the door of the tent of meeting. And Aaron shall cast lots upon the two goats: one lot for the Lord, and the other lot for Azazel. And Aaron shall present the goat upon which the lot fell for the Lord, and offer him for a sin-offering. But the goat, on which the lot fell for Azazel, shall be set alive before the Lord, to make atonement over him, to send him away for Azazel into the wilderness. And Aaron shall present the bullock of the sin-offering, which is for himself, and shall make atonement for himself, and for his house.

And he shall take a censer full of coals of fire from off the altar before the Lord, and his hands full of sweet incense beaten small, and bring it within the veil. And he shall put the incense upon the fire before the Lord, that the cloud of the incense may cover the ark-cover that is upon the testimony.

And he shall make atonement for the holy place, because of the uncleannesses of the children of Israel, and because of their transgressions, even all their sins; and so shall he do for the tent of meeting, that dwelleth with them in the midst of their uncleannesses. And there shall be no man in the tent of meeting when he goeth in to make atonement in the holy place, until he come out, and have made atonement for himself, and for his household, and for all the assembly of Israel.

וְנָשָׂ֨א הַשָּׂעִ֥יר עָלָ֛יו אֶת־כָּל־עֲוֺנֹתָ֖ם אֶל־אֶ֣רֶץ גְּזֵרָ֑ה וְשִׁלַּ֥ח
אֶת־הַשָּׂעִ֖יר בַּמִּדְבָּֽר׃ וּבָ֤א אַהֲרֹן֙ אֶל־אֹ֣הֶל מוֹעֵ֔ד וּפָשַׁט֙
אֶת־בִּגְדֵ֣י הַבָּ֔ד אֲשֶׁ֥ר לָבַ֖שׁ בְּבֹא֣וֹ אֶל־הַקֹּ֑דֶשׁ וְהִנִּיחָ֖ם שָֽׁם׃
וְרָחַ֨ץ אֶת־בְּשָׂר֤וֹ בַמַּ֙יִם֙ בְּמָק֣וֹם קָד֔וֹשׁ וְלָבַ֖שׁ אֶת־בְּגָדָ֑יו
וְיָצָ֗א וְעָשָׂ֤ה אֶת־עֹֽלָתוֹ֙ וְאֶת־עֹלַ֣ת הָעָ֔ם וְכִפֶּ֥ר בַּֽעֲד֖וֹ וּבְעַ֥ד
הָעָֽם׃

חמישי [בשבת ששי]

וְאֵ֛ת חֵ֥לֶב הַֽחַטָּ֖את יַקְטִ֥יר הַמִּזְבֵּֽחָה׃ וְהַֽמְשַׁלֵּ֤חַ אֶת־
הַשָּׂעִיר֙ לַֽעֲזָאזֵ֔ל יְכַבֵּ֣ס בְּגָדָ֔יו וְרָחַ֥ץ אֶת־בְּשָׂר֖וֹ בַּמָּ֑יִם
וְאַחֲרֵי־כֵ֖ן יָב֥וֹא אֶל־הַֽמַּחֲנֶֽה׃ וְאֵת֩ פַּ֨ר הַֽחַטָּ֜את וְאֵ֣ת ׀ שְׂעִ֣יר
הַֽחַטָּ֗את אֲשֶׁ֨ר הוּבָ֤א אֶת־דָּמָם֙ לְכַפֵּ֣ר בַּקֹּ֔דֶשׁ יוֹצִ֖יא אֶל־
מִח֣וּץ לַֽמַּחֲנֶ֑ה וְשָׂרְפ֣וּ בָאֵ֔שׁ אֶת־עֹרֹתָ֥ם וְאֶת־בְּשָׂרָ֖ם וְאֶת־
פִּרְשָֽׁם׃ וְהַשֹּׂרֵ֣ף אֹתָ֔ם יְכַבֵּ֣ס בְּגָדָ֔יו וְרָחַ֥ץ אֶת־בְּשָׂר֖וֹ בַּמָּ֑יִם
וְאַחֲרֵי־כֵ֖ן יָב֥וֹא אֶל־הַֽמַּחֲנֶֽה׃ וְהָיְתָ֥ה לָכֶ֖ם לְחֻקַּ֣ת עוֹלָ֑ם
בַּחֹ֣דֶשׁ הַ֠שְּׁבִיעִ֠י בֶּעָשׂ֨וֹר לַחֹ֜דֶשׁ תְּעַנּ֣וּ אֶת־נַפְשֹֽׁתֵיכֶ֗ם וְכָל־
מְלָאכָה֙ לֹ֣א תַעֲשׂ֔וּ הָֽאֶזְרָ֔ח וְהַגֵּ֖ר הַגָּ֥ר בְּתוֹכְכֶֽם׃ כִּֽי־
בַיּ֥וֹם הַזֶּ֛ה יְכַפֵּ֥ר עֲלֵיכֶ֖ם לְטַהֵ֣ר אֶתְכֶ֑ם מִכֹּל֙ חַטֹּ֣אתֵיכֶ֔ם
לִפְנֵ֥י יְהוָ֖ה תִּטְהָֽרוּ׃

ששי [בשבת שביעי]

שַׁבַּ֨ת שַׁבָּת֥וֹן הִיא֙ לָכֶ֔ם וְעִנִּיתֶ֖ם אֶת־נַפְשֹׁתֵיכֶ֑ם חֻקַּ֖ת
עוֹלָֽם׃ וְכִפֶּ֨ר הַכֹּהֵ֜ן אֲשֶׁר־יִמְשַׁ֣ח אֹת֗וֹ וַאֲשֶׁ֤ר יְמַלֵּא֙ אֶת־יָד֔וֹ
לְכַהֵ֖ן תַּ֣חַת אָבִ֑יו וְלָבַ֛שׁ אֶת־בִּגְדֵ֥י הַבָּ֖ד בִּגְדֵ֥י הַקֹּֽדֶשׁ׃ וְכִפֶּר֙
אֶת־מִקְדַּ֣שׁ הַקֹּ֔דֶשׁ וְאֶת־אֹ֥הֶל מוֹעֵ֛ד וְאֶת־הַמִּזְבֵּ֖חַ יְכַפֵּ֑ר וְעַ֧ל
הַכֹּהֲנִ֛ים וְעַל־כָּל־עַ֥ם הַקָּהָ֖ל יְכַפֵּֽר׃ וְהָיְתָה־זֹּ֨את לָכֶ֜ם
לְחֻקַּ֣ת עוֹלָ֗ם לְכַפֵּ֞ר עַל־בְּנֵ֤י יִשְׂרָאֵל֙ מִכָּל־חַטֹּאתָ֔ם אַחַ֖ת
בַּשָּׁנָ֑ה וַיַּ֕עַשׂ כַּאֲשֶׁ֛ר צִוָּ֥ה יְהוָ֖ה אֶת־מֹשֶֽׁה׃

And he shall go out unto the altar that is before the Lord, and make atonement for it. And when he hath made an end of atoning for the holy place, and the tent of meeting, and the altar, he shall present the live goat. And Aaron shall lay both his hands upon the head of the live goat, and confess over him all the iniquities of the children of Israel, and all their transgressions, even all their sins; and he shall put them upon the head of the goat, and shall send him away by the hand of an appointed man into the wilderness. And the goat shall bear upon him all their iniquities unto a land which is cut off; and he shall let go the goat in the wilderness. And Aaron shall come into the tent of meeting, and shall put off the linen garments, which he put on when he went into the holy place, and shall leave them there. And he shall bathe his flesh in water in a holy place, and put on his other vestments, and come forth, and offer his burnt-offering and the burnt-offering of the people, and make atonement for himself and for the people.

And it shall be a statute forever unto you: in the seventh month, on the tenth day of the month, ye shall afflict your souls, and shall do no manner of work, the home-born, or the stranger that sojourneth among you. For on this day shall atonement be made for you, to cleanse you; from all your sins shall ye be clean before the Lord. It is a sabbath of solemn rest unto you, and ye shall afflict your souls; it is a statute forever. And the priest, who shall be anointed and who shall be consecrated to be priest in his father's stead, shall make the atonement, and shall put on the linen garments, even the holy garments. And he shall make atonement for the most holy place, and he shall make atonement for the tent of meeting and for the altar; and he shall make atonement for the priests and for all the people of the assembly. And this shall be an everlasting statute unto you, to make atonement for the children of Israel because of all their sins once in the year. And he did as the Lord commanded Moses.

Both Scrolls are placed upon the Reader's desk

Reader

יִתְגַּדַּל וְיִתְקַדַּשׁ שְׁמֵהּ רַבָּא. בְּעָלְמָא דִּי־בְרָא כִרְעוּתֵהּ. וְיַמְלִיךְ מַלְכוּתֵהּ בְּחַיֵּיכוֹן וּבְיוֹמֵיכוֹן וּבְחַיֵּי דְכָל־בֵּית יִשְׂרָאֵל בַּעֲגָלָא וּבִזְמַן קָרִיב. וְאִמְרוּ אָמֵן:

Congregation and Reader

יְהֵא שְׁמֵהּ רַבָּא מְבָרַךְ לְעָלַם וּלְעָלְמֵי עָלְמַיָּא:

Reader

יִתְבָּרַךְ וְיִשְׁתַּבַּח וְיִתְפָּאַר וְיִתְרוֹמַם וְיִתְנַשֵּׂא וְיִתְהַדָּר וְיִתְעַלֶּה וְיִתְהַלָּל שְׁמֵהּ דְּקֻדְשָׁא. בְּרִיךְ הוּא. לְעֵלָּא וּלְעֵלָּא מִכָּל־בִּרְכָתָא וְשִׁירָתָא תֻּשְׁבְּחָתָא וְנֶחֱמָתָא דַּאֲמִירָן בְּעָלְמָא. וְאִמְרוּ אָמֵן:

The first Scroll is raised and the Congregation responds:

וְזֹאת הַתּוֹרָה אֲשֶׁר־שָׂם מֹשֶׁה לִפְנֵי בְּנֵי יִשְׂרָאֵל עַל־פִּי יְיָ בְּיַד־מֹשֶׁה:

V'zōs ha-tō-ro a-sher som mō-sheh li-f'nay b'nay yis-ro-ayl Al-pee A-dō-noy b'yad mō-sheh.

The following Maftir is then read from the second Scroll:

במדבר כ״ט ז׳–י״א

וּבֶעָשׂוֹר לַחֹדֶשׁ הַשְּׁבִיעִי הַזֶּה מִקְרָא־קֹדֶשׁ יִהְיֶה לָכֶם וְעִנִּיתֶם אֶת־נַפְשֹׁתֵיכֶם כָּל־מְלָאכָה לֹא תַעֲשׂוּ: וְהִקְרַבְתֶּם עֹלָה לַיהוָה רֵיחַ נִיחֹחַ פַּר בֶּן־בָּקָר אֶחָד אַיִל אֶחָד כְּבָשִׂים בְּנֵי־שָׁנָה שִׁבְעָה תְּמִימִם יִהְיוּ לָכֶם: וּמִנְחָתָם סֹלֶת בְּלוּלָה בַשָּׁמֶן שְׁלֹשָׁה עֶשְׂרֹנִים לַפָּר שְׁנֵי עֶשְׂרֹנִים לָאַיִל הָאֶחָד: עִשָּׂרוֹן עִשָּׂרוֹן לַכֶּבֶשׂ הָאֶחָד לְשִׁבְעַת הַכְּבָשִׂים: שְׂעִיר־עִזִּים אֶחָד חַטָּאת מִלְּבַד חַטַּאת הַכִּפֻּרִים וְעֹלַת הַתָּמִיד וּמִנְחָתָהּ וְנִסְכֵּיהֶם:

The second Scroll is raised and the Congregation responds:

וְזֹאת הַתּוֹרָה אֲשֶׁר־שָׂם מֹשֶׁה לִפְנֵי בְּנֵי יִשְׂרָאֵל עַל־פִּי יְיָ בְּיַד־מֹשֶׁה:

Selected from the Maftir

And on the tenth day of this seventh month ye shall have
a holy convocation; and ye shall afflict your souls; ye shall do
no manner of work.   (Numbers 29:7)

NOTE ON THE HAFTARAH READING

In the following reading from the Book of Isaiah, the prophet,
with intrepid courage, utilizes his gifts of profound penetration
and superb style, to chastise those who adhere to the form but
violate the spirit of Yom Kippur.   He makes clear that the fast-
ing in which God delights must result in a higher ethical stand-
ard, in righteous living, liberality, unselfishness, and mercy.

It has already been indicated that, whereas the reading of the
Torah stresses ritual, the reading of the Haftarah emphasizes
justice.   In championing ethical religion, the prophet is not
averse to ritual and ceremony.   He rather encourages cere-
monial practices as is clearly evidenced in his earnest plea for
the observance of the Sabbath.   The Sabbath which beauti-
fully blends ritual and moral values, is the bridge connecting
religious observance and ethical conduct, both of which are
essential to all true religion.

Great moral good can be derived from a fast sincerely ob-
served.   It provides us with a high and exalted mood.   It
enables us to delight at least one full day in the spiritual at-
mosphere of the Synagogue.   Its strict adherence makes more
real our bond of unity with Israel.   Fasting may strengthen our
moral fibre in the struggle to master evil temptation.   The re-
making of character, the achieving of any worthy goal, requires
systematic self-control.   Fasting symbolizes the need of such
self-discipline; it is a practical lesson in attaining that goal.   It
reminds us that self-mastery is needed if we are to be true to
our better selves and to develop our capacities for the enrich-
ment of our personalities and for the service of our fellowmen.
Fasting helps to arouse sympathy for the plight of the hungry,
makes us appreciate their need, and stimulates us to correct the
economic and social abuses of our day.   "Is it not to deal thy
bread to the hungry, to break the yoke and let the oppressed
go free?"

These moral values inherent in fasting validate the great
prophetic message that is the Haftarah for Yom Kippur.

The Blessing before the Haftarah

בָּרוּךְ אַתָּה יְיָ אֱלֹהֵינוּ מֶלֶךְ הָעוֹלָם אֲשֶׁר בָּחַר בִּנְבִיאִים טוֹבִים וְרָצָה בְדִבְרֵיהֶם הַנֶּאֱמָרִים בֶּאֱמֶת. בָּרוּךְ אַתָּה יְיָ הַבּוֹחֵר בַּתּוֹרָה וּבְמֹשֶׁה עַבְדּוֹ וּבְיִשְׂרָאֵל עַמּוֹ וּבִנְבִיאֵי הָאֱמֶת וָצֶדֶק:

ישעיה נ"ז י"ד–נ"ח ט"ז

וְאָמַר סֹלּוּ־סֹלּוּ פַּנּוּ־דָרֶךְ הָרִימוּ מִכְשׁוֹל מִדֶּרֶךְ עַמִּי: כִּי כֹה אָמַר רָם וְנִשָּׂא שֹׁכֵן עַד וְקָדוֹשׁ שְׁמוֹ מָרוֹם וְקָדוֹשׁ אֶשְׁכּוֹן וְאֶת־דַּכָּא וּשְׁפַל־רוּחַ לְהַחֲיוֹת רוּחַ שְׁפָלִים וּלְהַחֲיוֹת לֵב נִדְכָּאִים: כִּי לֹא לְעוֹלָם אָרִיב וְלֹא לָנֶצַח אֶקְּצוֹף כִּי־רוּחַ מִלְּפָנַי יַעֲטוֹף וּנְשָׁמוֹת אֲנִי עָשִׂיתִי: בַּעֲוֺן בִּצְעוֹ קָצַפְתִּי וְאַכֵּהוּ הַסְתֵּר וְאֶקְצֹף וַיֵּלֶךְ שׁוֹבָב בְּדֶרֶךְ לִבּוֹ: דְּרָכָיו רָאִיתִי וְאֶרְפָּאֵהוּ וְאַנְחֵהוּ וַאֲשַׁלֵּם נִחֻמִים לוֹ וְלַאֲבֵלָיו: בּוֹרֵא °נוב שְׂפָתָיִם שָׁלוֹם | שָׁלוֹם לָרָחוֹק וְלַקָּרוֹב אָמַר יְהוָה וּרְפָאתִיו: וְהָרְשָׁעִים כַּיָּם נִגְרָשׁ כִּי הַשְׁקֵט לֹא יוּכָל וַיִּגְרְשׁוּ מֵימָיו רֶפֶשׁ וָטִיט: אֵין שָׁלוֹם אָמַר אֱלֹהַי לָרְשָׁעִים:

קְרָא בְגָרוֹן אַל־תַּחְשֹׂךְ כַּשּׁוֹפָר הָרֵם קוֹלֶךָ וְהַגֵּד לְעַמִּי פִּשְׁעָם וּלְבֵית יַעֲקֹב חַטֹּאתָם: וְאוֹתִי יוֹם | יוֹם יִדְרֹשׁוּן וְדַעַת דְּרָכַי יֶחְפָּצוּן כְּגוֹי אֲשֶׁר־צְדָקָה עָשָׂה וּמִשְׁפַּט אֱלֹהָיו לֹא עָזָב יִשְׁאָלוּנִי מִשְׁפְּטֵי־צֶדֶק קִרְבַת אֱלֹהִים יֶחְפָּצוּן: לָמָּה צַּמְנוּ וְלֹא רָאִיתָ עִנִּינוּ נַפְשֵׁנוּ וְלֹא תֵדָע הֵן בְּיוֹם צֹמְכֶם תִּמְצְאוּ־חֵפֶץ וְכָל־עַצְּבֵיכֶם תִּנְגֹּשׂוּ: הֵן לְרִיב וּמַצָּה תָּצוּמוּ וּלְהַכּוֹת בְּאֶגְרֹף רֶשַׁע לֹא־תָצוּמוּ כַיּוֹם לְהַשְׁמִיעַ

°ניב קרי

The Blessing before the Haftarah

Blessed art Thou, O Lord our God, Ruler of the universe, who hast selected faithful prophets and hast taken delight in their words which were spoken in truth. Blessed art Thou, O Lord, who hast chosen the Torah, Thy servant Moses, Thy people Israel, and Thy prophets of truth and righteousness.

Isaiah 57:14–58:14

And God will say, make a path, clear the way, remove the stumbling-block out of the way of My people. For thus saith the high and exalted God that inhabits eternity, whose name is Holy: I dwell in the high and holy places, but with him, too, that is of a contrite and humble spirit, to revive the spirit of the humble, and to revive the broken hearted. For I will not contend forever, neither will I be always wroth; for then man's spirit would give way before Me, and the souls which I have made. Their iniquity made Me angry for a while; I smote them in my wrath and turned away; and yet they went on, willful, rebellious. I have seen man's ways, and will heal him now; I will lead him also, and bring comfort to him and his mourners. "Peace, peace, to him that is far off and to him that is near," saith the Lord that createth the fruit of the lips; and I will heal him. But the wicked are like the troubled sea; for it cannot rest, and its waters cast up mire and dirt. "There is no peace," saith my God, "for the wicked."

Lift up thy voice like a horn, cry aloud, spare not, and declare unto My people their transgression, and to the house of Jacob their sins, yet they seek to turn to Me daily, and delight to know My ways; as a nation that doeth righteousness, and forsaketh not the ordinance of their God, they ask of Me righteous ordinances, they delight to draw near unto God. "Wherefore have we fasted, and Thou, O Lord, seest not? Wherefore have we afflicted our soul, and Thou takest no heed?" Behold, in the day of your fast ye pursue your business, and harshly compel full payment. Behold, ye fast in strife and contention, and smite with the fist of wickedness; ye fast not this day so as to make your voice heard on high. Is such the fast that I have chosen? The day for a man to afflict his soul? Is it to bow down your head as a bulrush, and to spread sackcloth and ashes under you? Wilt thou call this a fast, and an acceptable day to the Lord?

בִּמָּרוֹם קוֹלְכֶם׃ הֲכָזֶה יִהְיֶה צוֹם אֶבְחָרֵהוּ יוֹם עַנּוֹת אָדָם
נַפְשׁוֹ הֲלָכֹף כְּאַגְמֹן רֹאשׁוֹ וְשַׂק וָאֵפֶר יַצִּיעַ הֲלָזֶה תִּקְרָא־
צוֹם וְיוֹם רָצוֹן לַיהוָה׃ הֲלוֹא זֶה צוֹם אֶבְחָרֵהוּ פַּתֵּחַ
חַרְצֻבּוֹת רֶשַׁע הַתֵּר אֲגֻדּוֹת מוֹטָה וְשַׁלַּח רְצוּצִים חָפְשִׁים
וְכָל־מוֹטָה תְּנַתֵּקוּ׃ הֲלוֹא פָרֹס לָרָעֵב לַחְמֶךָ וַעֲנִיִּים
מְרוּדִים תָּבִיא בָיִת כִּי־תִרְאֶה עָרֹם וְכִסִּיתוֹ וּמִבְּשָׂרְךָ לֹא
תִתְעַלָּם׃ אָז יִבָּקַע כַּשַּׁחַר אוֹרֶךָ וַאֲרֻכָתְךָ מְהֵרָה תִצְמָח
וְהָלַךְ לְפָנֶיךָ צִדְקֶךָ כְּבוֹד יְהוָה יַאַסְפֶךָ׃ אָז תִּקְרָא וַיהוָה
יַעֲנֶה תְּשַׁוַּע וְיֹאמַר הִנֵּנִי אִם־תָּסִיר מִתּוֹכְךָ מוֹטָה שְׁלַח
אֶצְבַּע וְדַבֶּר־אָוֶן׃ וְתָפֵק לָרָעֵב נַפְשֶׁךָ וְנֶפֶשׁ נַעֲנָה
תַּשְׂבִּיעַ וְזָרַח בַּחֹשֶׁךְ אוֹרֶךָ וַאֲפֵלָתְךָ כַּצָּהֳרָיִם׃ וְנָחֲךָ יְהוָה
תָּמִיד וְהִשְׂבִּיעַ בְּצַחְצָחוֹת נַפְשֶׁךָ וְעַצְמֹתֶיךָ יַחֲלִיץ וְהָיִיתָ
כְּגַן רָוֶה וּכְמוֹצָא מַיִם אֲשֶׁר לֹא־יְכַזְּבוּ מֵימָיו׃ וּבָנוּ מִמְּךָ
חָרְבוֹת עוֹלָם מוֹסְדֵי דוֹר־וָדוֹר תְּקוֹמֵם וְקֹרָא לְךָ גֹּדֵר
פֶּרֶץ מְשֹׁבֵב נְתִיבוֹת לָשָׁבֶת׃ אִם־תָּשִׁיב מִשַּׁבָּת רַגְלֶךָ עֲשׂוֹת
חֲפָצֶךָ בְּיוֹם קָדְשִׁי וְקָרָאתָ לַשַּׁבָּת עֹנֶג לִקְדוֹשׁ יְהוָה מְכֻבָּד
וְכִבַּדְתּוֹ מֵעֲשׂוֹת דְּרָכֶיךָ מִמְּצוֹא חֶפְצְךָ וְדַבֵּר דָּבָר׃ אָז
תִּתְעַנַּג עַל־יְהוָה וְהִרְכַּבְתִּיךָ עַל־בָּמֳותֵי אָרֶץ וְהַאֲכַלְתִּיךָ
נַחֲלַת יַעֲקֹב אָבִיךָ כִּי פִּי יְהוָה דִּבֵּר׃

°יתיר ו'

Is not this the fast that I have chosen?
To loose the fetters of wickedness,
To undo the bands of the yoke,
And to let the oppressed go free,
And that ye break every yoke?
Is it not to deal thy bread to the hungry,
And that thou bring the homeless to thy house?
When thou seest the naked, that thou cover him,
And that thou hide not thyself from thy fellow man?
Then shall thy light break forth as the morning,
And thy healing shall spring forth speedily;
And thy righteousness shall go before thee;
The glory of the Lord shall be thy protection.
Then shalt thou call, and the Lord will answer;
Thou shalt cry, and He will say, 'Here I am.'
If thou remove oppression from thy midst,
Open scorn and words of malice;
And if thou bestow thy bread to the hungry,
And relieve the afflicted soul;
Then shall thy light rise in darkness,
And thy gloom be as the noonday;
And the Lord will guide thee continually,
And satisfy thy soul in drought and give strength to thy bones;
And thou shalt be like a watered garden,
And like a spring of water, whose waters fail not.
And your children shall build the old waste places,
Thou shalt raise up the foundations of many generations;
And thou shalt be called, the repairer of the breach,
The restorer of paths to dwell in.

If thou refrain from pursuing thy business on My holy day;
And call the Sabbath a delight,
And honor the holy day of the Lord,
And shalt exalt it, not doing thy wonted ways,
Nor pursuing thy business, nor speaking idly,
Then shalt thou delight thyself in the Lord.
And I will make thee ride upon the high places of the earth,
And I will feed thee with the heritage of Jacob thy father,
For the mouth of the Lord hath spoken it.

The Blessings after the Haftarah

בָּרוּךְ אַתָּה יְיָ אֱלֹהֵינוּ מֶלֶךְ הָעוֹלָם צוּר כָּל־הָעוֹלָמִים צַדִּיק בְּכָל־הַדּוֹרוֹת הָאֵל הַנֶּאֱמָן הָאוֹמֵר וְעוֹשֶׂה הַמְדַבֵּר וּמְקַיֵּם שֶׁכָּל־דְּבָרָיו אֱמֶת וָצֶדֶק: נֶאֱמָן אַתָּה הוּא יְיָ אֱלֹהֵינוּ וְנֶאֱמָנִים דְּבָרֶיךָ וְדָבָר אֶחָד מִדְּבָרֶיךָ אָחוֹר לֹא יָשׁוּב רֵיקָם כִּי אֵל מֶלֶךְ נֶאֱמָן וְרַחֲמָן אָתָּה. בָּרוּךְ אַתָּה יְיָ הָאֵל הַנֶּאֱמָן בְּכָל־דְּבָרָיו:

רַחֵם עַל־צִיּוֹן כִּי הִיא בֵּית חַיֵּינוּ וְלַעֲלוּבַת נֶפֶשׁ תּוֹשִׁיעַ בִּמְהֵרָה בְיָמֵינוּ. בָּרוּךְ אַתָּה יְיָ מְשַׂמֵּחַ צִיּוֹן בְּבָנֶיהָ:

שַׂמְּחֵנוּ יְיָ אֱלֹהֵינוּ בְּאֵלִיָּהוּ הַנָּבִיא עַבְדֶּךָ וּבְמַלְכוּת בֵּית דָּוִד מְשִׁיחֶךָ בִּמְהֵרָה יָבֹא וְיָגֵל לִבֵּנוּ. עַל־כִּסְאוֹ לֹא־יֵשֶׁב זָר וְלֹא יִנְחֲלוּ עוֹד אֲחֵרִים אֶת־כְּבוֹדוֹ. כִּי בְשֵׁם קָדְשְׁךָ נִשְׁבַּעְתָּ לּוֹ שֶׁלֹּא־יִכְבֶּה נֵרוֹ לְעוֹלָם וָעֶד: בָּרוּךְ אַתָּה יְיָ מָגֵן דָּוִד:

On Sabbath add the bracketed words

עַל־הַתּוֹרָה וְעַל־הָעֲבוֹדָה וְעַל־הַנְּבִיאִים וְעַל־יוֹם [הַשַּׁבָּת הַזֶּה וְעַל־יוֹם] הַכִּפֻּרִים הַזֶּה שֶׁנָּתַתָּ לָּנוּ יְיָ אֱלֹהֵינוּ [לִקְדֻשָּׁה וְלִמְנוּחָה] לִמְחִילָה וְלִסְלִיחָה וּלְכַפָּרָה. לְכָבוֹד וּלְתִפְאָרֶת: עַל־הַכֹּל יְיָ אֱלֹהֵינוּ אֲנַחְנוּ מוֹדִים לָךְ וּמְבָרְכִים אוֹתָךְ. יִתְבָּרַךְ שִׁמְךָ בְּפִי כָּל־חַי תָּמִיד לְעוֹלָם וָעֶד. וּדְבָרְךָ אֱמֶת וְקַיָּם לָעַד. בָּרוּךְ אַתָּה יְיָ מֶלֶךְ מוֹחֵל וְסוֹלֵחַ לַעֲוֹנוֹתֵינוּ וְלַעֲוֹנוֹת עַמּוֹ בֵּית יִשְׂרָאֵל. וּמַעֲבִיר אַשְׁמוֹתֵינוּ בְּכָל־שָׁנָה וְשָׁנָה. מֶלֶךְ עַל־כָּל־הָאָרֶץ מְקַדֵּשׁ [הַשַּׁבָּת וְ]יִשְׂרָאֵל וְיוֹם הַכִּפֻּרִים:

The Blessings after the Haftarah

Blessed art Thou, O Lord our God, King of the universe, Rock of all ages, righteous in all generations. Thou art the faithful God who dost promise and perform, who dost speak and fulfill, whose words are true and righteous. We have faith in Thee, O Lord our God, and in Thy words which will be fulfilled. Thou art a faithful and merciful God and King. Blessed art Thou, O Lord God, who art faithful in fulfilling Thy words.

Be merciful unto Zion, for it is the home of our spirit, and mayest Thou soon in our own day save the city that is grieved in spirit. Blessed art Thou, O Lord, who makest Zion rejoice with her children.

The throne of David is the historic symbol of righteous government and the restoration of Israel's homeland.

Bring us the joy foretold by Elijah, Thy servant, herald of peace and redemption, and delight us with the establishment of the Messianic order which our forebears called by the name of David, Thine anointed. May no stranger occupy his throne and may no usurper inherit his glory. For Thou hast promised unto him that his light will never be extinguished. Blessed art Thou, the Shield of David.

On Sabbath add the bracketed words

We thank and bless Thee, O Lord our God, for the Torah and for our worship and for the prophets, [for this Sabbath day] and for this Day of Atonement, which Thou, O Lord our God, hast given us [for holiness and for rest], for forgiveness, pardon, and atonement, for glory and beauty. May Thy name be continually praised by the mouth of every living being forevermore. Thy word is truth and endureth forever. Blessed art Thou, O Lord, Thou King who pardonest and forgivest our iniquities and the iniquities of Thy people, the house of Israel, and makest our trespasses to pass away year by year; King over all the earth who hallowest [the Sabbath and] Israel and the Day of Atonement.

יְקוּם פֻּרְקָן מִן שְׁמַיָּא חִנָּא וְחִסְדָּא וְרַחֲמֵי וְחַיֵּי אֲרִיכֵי וּמְזוֹנֵי רְוִיחֵי וְסִיַּעְתָּא דִשְׁמַיָּא וּבַרְיוּת גּוּפָא וּנְהוֹרָא מַעַלְיָא. זַרְעָא חַיָּא וְקַיָּמָא. זַרְעָא דִּי לָא־יִפְסֻק וְדִי לָא־יִבְטֻל מִפִּתְגָּמֵי אוֹרַיְתָא. לְמָרָנָן וְרַבָּנָן חֲבוּרָתָא קַדִּישָׁתָא. דִּי בְאַרְעָא דְיִשְׂרָאֵל דִּי בְבָבֶל וְדִי בְּכָל אַרְעָת גָּלְוָתַנָא. לְרֵישֵׁי כַלֵּי וּלְרֵישֵׁי גָלְוָתָא וּלְרֵישֵׁי מְתִיבָתָא וּלְדַיָּנֵי דִי בָבָא: לְכָל־תַּלְמִידֵיהוֹן וּלְכָל תַּלְמִידֵי תַלְמִידֵיהוֹן וּלְכָל־מָן דְּעָסְקִין בְּאוֹרַיְתָא. מַלְכָּא דְעָלְמָא יְבָרֵךְ יָתְהוֹן יַפִּישׁ חַיֵּיהוֹן וְיַסְגֵּא יוֹמֵיהוֹן וְיִתֵּן אַרְכָה לִשְׁנֵיהוֹן. וְיִתְפָּרְקוּן וְיִשְׁתֵּזְבוּן מִן כָּל־עָקָא וּמִן כָּל מַרְעִין בִּישִׁין. מָרַן דִּי בִשְׁמַיָּא יְהֵא בְסַעְדְּהוֹן כָּל זְמַן וְעִדָּן וְנֹאמַר אָמֵן:

יְקוּם פֻּרְקָן מִן שְׁמַיָּא חִנָּא וְחִסְדָּא וְרַחֲמֵי וְחַיֵּי אֲרִיכֵי וּמְזוֹנֵי רְוִיחֵי וְסִיַּעְתָּא דִשְׁמַיָּא וּבַרְיוּת גּוּפָא וּנְהוֹרָא מַעַלְיָא. זַרְעָא חַיָּא וְקַיָּמָא. זַרְעָא דִּי לָא־יִפְסֻק וְדִי לָא־יִבְטֻל מִפִּתְגָּמֵי אוֹרַיְתָא. לְכָל־קְהָלָא קַדִּישָׁא הָדֵן. רַבְרְבַיָּא עִם זְעֵרַיָּא טַפְלָא וּנְשַׁיָּא. מַלְכָּא דְעָלְמָא יְבָרֵךְ יָתְכוֹן יַפִּישׁ חַיֵּיכוֹן וְיַשְׂגֵּא יוֹמֵיכוֹן וְיִתֵּן אַרְכָה לִשְׁנֵיכוֹן. וְתִתְפָּרְקוּן וְתִשְׁתֵּזְבוּן מִן כָּל־עָקָא וּמִן כָּל־מַרְעִין בִּישִׁין. מָרַן דִּי בִשְׁמַיָּא יְהֵא בְסַעְדְּכוֹן כָּל־זְמַן וְעִדָּן. וְנֹאמַר אָמֵן:

מִי שֶׁבֵּרַךְ אֲבוֹתֵינוּ אַבְרָהָם יִצְחָק וְיַעֲקֹב הוּא יְבָרֵךְ אֶת־כָּל־הַקָּהָל הַקָּדוֹשׁ הַזֶּה עִם כָּל־קְהִלּוֹת הַקֹּדֶשׁ. הֵם וּנְשֵׁיהֶם וּבְנֵיהֶם וּבְנוֹתֵיהֶם וְכֹל אֲשֶׁר לָהֶם. וּמִי שֶׁמְּיַחֲדִים בָּתֵּי כְנֵסִיּוֹת לִתְפִלָּה. וּמִי שֶׁבָּאִים בְּתוֹכָם לְהִתְפַּלֵּל. וּמִי שֶׁנּוֹתְנִים נֵר לַמָּאוֹר וְיַיִן לְקִדּוּשׁ וּלְהַבְדָּלָה וּפַת לָאוֹרְחִים וּצְדָקָה לָעֲנִיִּים. וְכָל־מִי שֶׁעוֹסְקִים בְּצָרְכֵי צִבּוּר וּבְבִנְיַן אֶרֶץ יִשְׂרָאֵל בֶּאֱמוּנָה. הַקָּדוֹשׁ בָּרוּךְ הוּא יְשַׁלֵּם שְׂכָרָם וְיָסִיר מֵהֶם כָּל־מַחֲלָה וְיִרְפָּא לְכָל־גּוּפָם וְיִסְלַח לְכָל־עֲוֹנָם. וְיִשְׁלַח בְּרָכָה וְהַצְלָחָה בְּכָל־מַעֲשֵׂה יְדֵיהֶם עִם כָּל־יִשְׂרָאֵל אֲחֵיהֶם וְנֹאמַר אָמֵן:

Prayer for the Scholars

Heavenly Father, we invoke Thy divine aid upon the scholars and teachers associated in the study of the Torah in the land of Israel, in Babylon, and in all the lands of the dispersion. We pray also for those leaders who spread learning among the people, the leaders of the community, those who head schools of learning as well as those who exercise authority in the courts of sacred law. May they, their disciples, the disciples of their disciples and all who apply themselves in the study of the Torah be granted heavenly salvation. Bestow upon them grace, lovingkindness and mercy, long life, ample sustenance, health of body and enlightenment of the mind. May they be blessed with children who will not neglect the Torah. May the Ruler of the universe bless them, prolong their lives, increase their days, and add to their years. May they be saved and delivered from every trouble and misfortune. May the Lord of heaven be their help at all times and seasons; and let us say, Amen.

Prayer for Israel

We invoke Thy divine aid upon this entire congregation, its men and women as well as its children. May there be vouchsafed unto them salvation from heaven, grace, lovingkindness, and mercy, long life, ample sustenance, health of body and enlightenment of the mind. May you be blessed with children who will not neglect the Torah. May the Ruler of the universe bless you, prolong your lives, increase your days, and add to your years. May you be saved and delivered from every trouble and misfortune. May the Lord of heaven be your help at all times and seasons; and let us say, Amen.

Prayer for the Congregation

May He who blessed our fathers, Abraham, Isaac, and Jacob, bless the people of this congregation, and of all other congregations; them, their wives, their sons, their daughters and all their dear ones. May His blessings also be vouchsafed unto those who dedicate and maintain Synagogues, unto those who enter therein to worship, and unto those who provide for the wayfarer, and are charitable to the poor. May He also bless those who faithfully devote themselves to the needs of the community and to the rebuilding of Eretz Yisrael. May the Holy One, blessed be He, remove from them all sickness, preserve them in health, forgive their sins, prosper the work of their hands and bestow blessings upon them and upon all Israel, their brethren, and let us say, Amen.

A Prayer for Our Country

Reader

Almighty God, eternal Ruler of the universe, Thou art revealed in the harmony and the beauty of nature. Thou art also manifest in the lives of good men and in the righteousness of nations. Keep our nation forever righteous and just. Bless our country and all mankind with the light of Thy presence. May all the peoples that make up this great Commonwealth consecrate their efforts, under Thy guidance, to the cause of liberty, equality and justice. May we remain united in purpose, respecting each other's rights and striving together with resolute hearts and willing hands for the welfare of all the inhabitants of our land.

O God, Father of all men, do Thou bind us ever more closely into a brotherhood of peoples, that we may labor unceasingly against the festering vices of malice and greed, fear and ignorance, hypocrisy and corruption, avarice and violence. May this country forever be the land of the free, where all may dwell in security and peace.

Prosper our country, O Lord, in all its worthy endeavors, so that future generations may praise Thee and call us blessed for the spirit of fellowship implanted in the hearts of all Thy children. Vouchsafe Thy blessings unto the President of the United States, the Governor of this State, and all who exercise just and rightful authority. Enlarge their vision so that they may guide us in wisdom and thus make our land a mighty force for righteousness among the nations of the world.

Fashion Thou our hearts anew and bend our will to Thy purpose so that the call to war and the clash of arms will not resound in our land. Grant that our country may lead the way in the pursuit of peace and the fulfillment of the vision of Thy prophet: "Men shall do no evil and work no destruction on all God's holy mountain for the earth shall be filled with the knowledge of the Lord, as the waters cover the sea." Amen.

Prayer for the State of Israel

O Heavenly Father, our Protector and Redeemer, bless, we pray Thee, the State of Israel.

Shield her with Thy loving care; guide her leaders with the light of Thy truth and direct them with Thy good counsel.

Strengthen the hands of those who build and defend the Holy Land. Grant peace and tranquility to the Land; joy and serenity to all its inhabitants.

Remember our brethren of the whole House of Israel, and gather the homeless of our people from the lands of their dispersion. Enable them to return in dignity to Zion, Thy city, and Jerusalem, the dwelling-place of Thy glory. Thus shall be fulfilled the promise set forth in Thy Torah:

"Though your dispersed be in the ends of the earth, from there will the Lord God gather them and bring them into the land which their fathers inherited, and they shall possess it."

Unite our hearts to love and revere Thy name and to observe the teachings of Thy Torah.

Reveal the glory of Thy majesty to all the inhabitants of the earth so that all the living shall proclaim that Thou art the God of Israel and the Sovereign of all mankind. Amen

Adapted from the prayer of the Chief Rabbinate of Israel.

הזכרת נשמות

MEMORIAL SERVICE FOR THE DEPARTED

What is man, or the son of man,
What is man, O Lord, what is man?

יְיָ מָה־אָדָם וַתֵּדָעֵהוּ בֶּן־אֱנוֹשׁ וַתְּחַשְּׁבֵהוּ:
אָדָם לַהֶבֶל דָּמָה יָמָיו כְּצֵל עוֹבֵר:

O Lord, what is man that Thou takest knowledge of him?
Or the son of man that Thou dost regard him?
Man is like unto a breath;
His days are as a shadow that passes away.

Reader

Man is frail; his life is short and fleeting,
Like an aimless cloud that drifts at noonday,
Like the morning mists that rise and gather,
Like the grass that sprouts and grows and withers.
With his sweat he daily wrests his morsel,
Wetting down with tears his every portion.
Wind and rain and sun arrayed against him;
Pestilence and wars recur to plague him.
Vexed and harassed even from the cradle,
Stumbling, falls, and then resumes his struggle.
Ne'er content his eyes with all their seeing,
Nor his heart with all its endless wishes,
Seeking more and more of wealth and power
'Til at last death comes to overtake him.
Year by year, we see fresh blights of sorrow,
Pyres of blasted hopes that rise to mock us,
Bonds of love and friendship torn and severed,
Homes left desolate, bereft of dear ones.
Yet this sacred hour of cherished memories,
As the past and present merge together,
Is not meant to prove life vain and futile,
Nor to cast us down with hearts despairing.

What is man, or the son of man,
What is man, O Lord, what is man?

מָה־אֱנוֹשׁ כִּי־תִזְכְּרֶנּוּ וּבֶן־אָדָם כִּי תִפְקְדֶנּוּ:
וַתְּחַסְּרֵהוּ מְּעַט מֵאֱלֹהִים וְכָבוֹד וְהָדָר תְּעַטְּרֵהוּ:

O Lord, what is man that Thou art mindful of him?
And the son of man that Thou thinkest of him?
Yet Thou hast made him but little lower than the angels,
And hast crowned him with glory and honor.

Reader

Life has meaning, life has plan and purpose;
Man was not created but to perish.
God has fashioned him in His own image,
But a little lower than the angels.
With creations of his mind, man spans the waters,
Fathoms depths and tunnels towering mountains.
Man is master over all creation,
Earth and air, yea, time and space he conquers.
Man's achievements make his life immortal
Though his span of years on earth be ended.
Love and faith and righteous, steadfast striving
Leave their imprints in the hearts of loved ones.
Brick and stone and steel that gird our structures,
All must crumble, in their time be shattered.
Naught remains of all our pride and vaunting
Save our blessed deeds that are eternal.
When the memories of our dear departed
Spur us on to nobler aspiration,
In our hearts they live enshrined forever,
Though removed from earthly habitation.
When hypocrisy and hate we banish,
When our efforts loose the bonds of evil,
When we feed the hungry, clothe the naked,
Strive for peace, for righteousness and justice —
Yea, 'tis then that we become immortal,
Deathless, timeless, living on in others.

יֹשֵׁב בְּסֵתֶר עֶלְיוֹן. בְּצֵל שַׁדַּי יִתְלוֹנָן:
אֹמַר לַיְיָ. מַחְסִי וּמְצוּדָתִי. אֱלֹהַי אֶבְטַח־בּוֹ:

He that dwells in the shelter of the Most High,
Abides under the protection of the Almighty.
I say of the Lord, He is my refuge and my fortress,
My God in whom I trust.

Reader

O merciful Father, in whose hand are the souls of the living and the dead, we consecrate this sacred hour to the memory of our dear ones who have been summoned to their eternal reward.

With sorrowing hearts, children remember their beloved parents whom Thou hast removed from the scene of their earthly tasks and called unto Thee. With what love they tended the young lives entrusted to their care! With what beauty life blossomed under their tender guidance and understanding devotion! Untiring were their endeavors to direct their children on the path of virtue and kindness. Ever mindful were they of their welfare, ever anxious for their happiness.

Husbands and wives recall the affectionate bonds formed in Thy presence, O God. They remember the faith and understanding, the struggles and the dreams, the trials and the griefs, the fears and the joys they shared together until death parted them. Yet the ties that unite their souls can never be severed.

Fathers and mothers remember on this day, those most precious of all Thy bounties, O Lord—their children for whom they planned and toiled, over whom they watched and rejoiced, in whom were centered all their dreams and hopes.

This solemn hour stirs within us tender memories as we recall the pleasant associations of those who were so dear to us in life. We remember the joys and comforts they brought us, the love and devotion they lavished upon us, the hardships they endured for us, and the lofty teachings they strove to impart unto us. And even though months and years have passed since our beloved ones have departed this life, we feel that they are near us and with us, for their memories are forever enshrined in our hearts.

O may we ever remain true to their trust, loyal to their precepts, and faithful to the heritage they bequeathed unto us.

שִׁוִּיתִי יְיָ לְנֶגְדִּי תָמִיד. כִּי מִימִינִי בַּל־אֶמּוֹט:
לָכֵן שָׂמַח לִבִּי וַיָּגֶל כְּבוֹדִי. אַף בְּשָׂרִי יִשְׁכֹּן לָבֶטַח:

I have set the Lord always before me,
Surely He is at my right hand; I shall not fail.
Therefore my heart and soul rejoice;
My flesh also will dwell in safety.

Reader

In this hour of memorial, we recall those of our congregation who, during the past year, were taken from our midst into the world beyond. Their lives are recorded upon the tablet of our hearts; their names are remembered for a blessing.

We recall in love the martyrs of olden times as well as those of our own day, who gave their lives in loyalty to God, to our people and to Zion. We remember, too, the long line of heroes and righteous men and women of all nations, who lived and labored and died for truth, justice and peace for all mankind.

Reader and Congregation

Our God and God of our fathers, may the memories of those whom we lovingly recall this day, influence our lives for good, and direct our thoughts away from the vain and fleeting toward that which is eternal. Teach us to emulate the virtues of our dear ones, so that we, too, may be inspired to devote ourselves to the Torah, to Our People and to Thee, the source of all our aspirations. Thus shall the historic chain of Judaism remain unbroken, our departed mothers and fathers and all our loved ones be united with us. They live in us, in our hopes, and so shall their influence continue in our children. In Thee, O Lord, they and we are one.

"When I stray far from Thee, O God, my life is as death; but when I cleave unto Thee, even in death I have life." With Thee are the souls of the living and the dead. Teach us to live wisely and unselfishly, courageously and fruitfully, in truth and understanding, in love and peace, so that those who come after us may likewise remember us for good, as we this day affectionately remember them who were unto us a blessing. Amen.

Prayer in memory of a father

יִזְכֹּר אֱלֹהִים נִשְׁמַת אָבִי מוֹרִי שֶׁהָלַךְ לְעוֹלָמוֹ. אָנָּא תְּהִי נַפְשׁוֹ צְרוּרָה בִּצְרוֹר הַחַיִּים. וּתְהִי מְנוּחָתוֹ כָּבוֹד. שֹׂבַע שְׂמָחוֹת אֶת־פָּנֶיךָ. נְעִימוֹת בִּימִינְךָ נֶצַח. אָמֵן:

Prayer in memory of a mother

יִזְכֹּר אֱלֹהִים נִשְׁמַת אִמִּי מוֹרָתִי שֶׁהָלְכָה לְעוֹלָמָהּ. אָנָּא תְּהִי נַפְשָׁהּ צְרוּרָה בִּצְרוֹר הַחַיִּים. וּתְהִי מְנוּחָתָהּ כָּבוֹד. שֹׂבַע שְׂמָחוֹת אֶת־פָּנֶיךָ. נְעִימוֹת בִּימִינְךָ נֶצַח. אָמֵן:

Prayer in memory of a husband

יִזְכֹּר אֱלֹהִים נִשְׁמַת בַּעֲלִי שֶׁהָלַךְ לְעוֹלָמוֹ. אָנָּא תְּהִי נַפְשׁוֹ צְרוּרָה בִּצְרוֹר הַחַיִּים. וּתְהִי מְנוּחָתוֹ כָּבוֹד. שֹׂבַע שְׂמָחוֹת אֶת־פָּנֶיךָ. נְעִימוֹת בִּימִינְךָ נֶצַח. אָמֵן:

Prayer in memory of a wife

יִזְכֹּר אֱלֹהִים נִשְׁמַת אִשְׁתִּי שֶׁהָלְכָה לְעוֹלָמָהּ. אָנָּא תְּהִי נַפְשָׁהּ צְרוּרָה בִּצְרוֹר הַחַיִּים. וּתְהִי מְנוּחָתָהּ כָּבוֹד. שֹׂבַע שְׂמָחוֹת אֶת־פָּנֶיךָ. נְעִימוֹת בִּימִינְךָ נֶצַח. אָמֵן:

Prayer in memory of a son

יִזְכֹּר אֱלֹהִים נִשְׁמַת בְּנִי הָאָהוּב מַחְמַד עֵינַי שֶׁהָלַךְ לְעוֹלָמוֹ. אָנָּא תְּהִי נַפְשׁוֹ צְרוּרָה בִּצְרוֹר הַחַיִּים. וּתְהִי מְנוּחָתוֹ כָּבוֹד. שֹׂבַע שְׂמָחוֹת אֶת־פָּנֶיךָ. נְעִימוֹת בִּימִינְךָ נֶצַח. אָמֵן:

O heavenly Father, remember the soul of my beloved . . . who has gone to his (her) eternal home to be reunited with Thee. O may his (her) soul be bound up in the bond of life, a living blessing in our midst. Amen.

Prayer in memory of a father

Yiz-kōr e-lō-heem nish-mas o-vee mō-ree sheh-ho-laḥ l'ō-lo-mō. O-no t'hee naf-shō tz'ru-ro bi-tz'rōr ha-ḥa-yeem, u-s'-hee m'nu-ḥo-sō ko-vōd, sō-va s'mo-ḥōs es po-ne-ḥo, n'ee-mōs bee-meen-ḥo ne-tzaḥ. Omayn.

Prayer in memory of a mother

Yiz-kōr e-lō-heem nish-mas i-mee mō-ro-see sheh-hol-ḥo l'ō-lo-mo. O-no t'hee naf-sho tz'ru-ro bi-tz'rōr ha-ḥa-yeem, u-s'-hee m'nu-ḥo-so ko-vōd, sō-va s'mo-ḥōs es po-ne-ḥo, n'ee-mōs bee-meen-ḥo ne-tzaḥ. Omayn.

Prayer in memory of a husband

Yiz-kōr e-lō-heem nish-mas ba-a-lee sheh-ho-laḥ l'ō-lo-mō. O-no t'hee naf-shō tz'ru-ro bi-tz'rōr ha-ḥa-yeem, u-s'-hee m'nu-ḥo-sō ko-vōd, sō-va s'mo-ḥōs es po-ne-ḥo, n'ee-mōs bee-meen-ḥo ne-tzaḥ. Omayn.

Prayer in memory of a wife

Yiz-kōr e-lō-heem nish-mas ish-tee sheh-hol-ḥo l'ō-lo-mo. O-no t'hee naf-sho tz'ru-ro bi-tz'rōr ha-ḥa-yeem, u-s'-hee m'nu-ḥo-so ko-vōd, sō-va s'mo-ḥōs es po-ne-ḥo, n'ee-mōs bee-meen-ḥo ne-tzaḥ. Omayn.

Prayer in memory of a son

Yiz-kōr e-lō-heem nish-mas b'nee ho-a-huv maḥ-mahd aye-nye sheh-ho-laḥ l'ō-lo-mō. O-no t'hee naf-shō tz'ru-ro bi-tz'rōr ha-ḥa-yeem, u-s'-hee m'nu-ḥo-sō ko-vōd, sō-va s'mo-ḥōs es po-ne-ḥo, n'ee-mōs bee-meen-ḥo ne-tzaḥ. Omayn.

Prayer in memory of a daughter

יִזְכֹּר אֱלֹהִים נִשְׁמַת בִּתִּי הָאֲהוּבָה מַחְמַד עֵינַי שֶׁהָלְכָה לְעוֹלָמָהּ. אָנָּא תְּהִי נַפְשָׁהּ צְרוּרָה בִּצְרוֹר הַחַיִּים. וּתְהִי מְנוּחָתָהּ כָּבוֹד. שֹׂבַע שְׂמָחוֹת אֶת־פָּנֶיךָ. נְעִימוֹת בִּימִינְךָ נֶצַח. אָמֵן:

Yiz-kōr e-lō-heem nish-mas bi-tee ho-a-hu-vo maḥ-mahd aye-nye sheh-hol-ḥo l'ō-lo-mo. O-no t'hee naf-sho tz'ru-ro bi-tz'rōr ha-ḥa-yeem, u-s'e-hee m'nu-ḥo-so ko-vōd, sō-va s'mo-ḥōs es po-ne-ho, n'ee-mōs bee-meen-ḥo ne-tzaḥ. Omayn.

Prayer in memory of other relatives and friends

יִזְכֹּר אֱלֹהִים נִשְׁמוֹת קְרוֹבַי שֶׁהָלְכוּ לְעוֹלָמָם. אָנָּא תִּהְיֶינָה נַפְשׁוֹתֵיהֶם צְרוּרוֹת בִּצְרוֹר הַחַיִּים. וּתְהִי מְנוּחָתָם כָּבוֹד. שֹׂבַע שְׂמָחוֹת אֶת־פָּנֶיךָ. נְעִימוֹת בִּימִינְךָ נֶצַח. אָמֵן:

Yiz-kōr e-lō-heem nish-mōs k'rō-vye sheh-hol-ḥu l'ō-lo-mom. O-no ti-yeh-no naf-shō-say-hem tz-ru-rōs bi-tz'rōr ha-ḥa-yeem, u-s'-hee m'nu-ḥo-som ko-vōd, sō-va s'mo-ḥōs es po-ne-ho, n'ee-mōs bee-meen-ḥo ne-tzaḥ. Omayn.

MEDITATION

In Memory of Father

The memory of your life, dear father, rises before me this solemn hour as I recall all the kindness, love and encouragement which you showed me during your life. With untiring zeal you provided for my physical and spiritual needs. You rejoiced in my achievements, you guided me in my perplexities, and strengthened me in my trials and disappointments. I can pay you the tribute which you so richly deserve, by cherishing the ideals and principles you have taught me, by continuing the noble work you have left unfinished, by loyally upholding the heritage of Israel which you have transmitted unto me, and by serving my people and all who need me. Though you are gone from my physical view, the bond of love which unites us can never be severed. May the memories of your life spur me on to follow truth and righteousness. Amen.

In Memory of Mother

Though we are separated, dear mother, in this solemn hour, I call to mind the love and solicitude with which you tended and watched over my childhood, ever mindful of my welfare, and ever anxious for my happiness. Many were the sacrifices you made to ennoble my heart and instruct my mind. What I achieved is because of your influence, and what I am, I have become through you. Though you are no longer physically present, the lessons that you imparted unto me shall ever remain with me.

If at times, I have failed in showing you the love and appreciation which you so worthily deserved, if I have been thoughtless and ungrateful, I ask to be forgiven. I pray that your spirit inspire me to noble and intelligent living, so that when my days on earth are ended, and I arrive at the Throne of Mercy, I shall be deemed worthy of you, and to be reunited with you in God. Amen.

In Memory of a Husband or a Wife

With a sorrowing heart, O beloved . . . , I fondly recall your love and companionship, your tenderness and devotion, and the many comforts and joys you brought into my life. Though death has taken you from me, the bond which unites us cannot be broken.

O God, I pray that my grief at the departure of my beloved, engender within me sympathy and kindness, understanding and helpfulness toward all mankind. Grant that the memories of my dear one impel me to seek goodness and truth, to serve Israel and humanity. Teach me by my aspirations and daily living to reflect honor upon my beloved who was dear to me in life. Be Thou my comfort and strength. Amen.

In Memory of a Child

I remember in this solemn hour, beloved child, the many joys you afforded me during your lifetime. I recall the days when I delighted in your physical and mental growth, and planned for your future. Though death has taken you from me, you are not forgotten. Your spirit is enshrined in my heart.

O heavenly Father, I thank Thee for the precious gift which Thou didst entrust to my keeping, and which in Thine infinite wisdom Thou hast called back unto Thyself. Though few were the years wherein I rejoiced with my child, many were the blessings that he (she) brought into my household. Teach me to live more nobly and to extend my love and devotion to other children in thankfulness for the privilege of having had and loved this child, though but for a few, brief years. Thus may his (her) soul be bound up in the bond of life and his (her) memory remain an inspiration to me. Amen.

In Memory of a Brother, Sister and Other Relatives

Dear . . . I recall the many hours we spent together in happy fellowship. I shall ever hold sacred the memory of your love and loyalty. May God grant that the recollections of your life stimulate me to noble thinking and righteous living. O Lord, I put my trust in Thee who art the source of all life and my strength in sorrow. Amen.

Prayer in memory of the Jewish Martyrs

יִזְכֹּר אֱלֹהִים נִשְׁמוֹת כָּל־אַחֵינוּ בְּנֵי יִשְׂרָאֵל שֶׁמָּסְרוּ
נַפְשָׁם עַל־קִדּוּשׁ הַשֵּׁם. אָנָּא יִשָּׁמַע בְּחַיֵּינוּ הֵד גְּבוּרָתָם
וּמְסִירוּתָם וְיֵרָאֶה בְּמַעֲשֵׂינוּ טֹהַר לִבָּם וְתִהְיֶינָה נַפְשׁוֹתֵיהֶם
צְרוּרוֹת בִּצְרוֹר הַחַיִּים וּתְהִי מְנוּחָתָם כָּבוֹד. שֹׂבַע שְׂמָחוֹת
אֶת־פָּנֶיךָ נְעִימוֹת בִּימִינְךָ נֶצַח. אָמֵן:

May God be mindful of the souls of all our brothers, departed members of the house of Israel who sacrificed their lives for the sanctification of the holy Name and the honor of Israel. Grant that their heroism and self-sacrificing devotion find response in our hearts and the purity of their souls be reflected in our lives. May their souls be bound up in the bonds of eternal life, an everlasting blessing among us. Amen.

Memorial Prayer for the Departed

אֵל מָלֵא רַחֲמִים שׁוֹכֵן בַּמְּרוֹמִים הַמְצֵא מְנוּחָה נְכוֹנָה
תַּחַת כַּנְפֵי הַשְּׁכִינָה בְּמַעֲלוֹת קְדוֹשִׁים וּטְהוֹרִים כְּזֹהַר
הָרָקִיעַ מַזְהִירִים אֶת־נִשְׁמוֹת כָּל־אֵלֶּה שֶׁהִזְכַּרְנוּ הַיּוֹם
לִבְרָכָה. אָנָּא בַּעַל הָרַחֲמִים תַּסְתִּירֵם בְּסֵתֶר כְּנָפֶיךָ
לְעוֹלָמִים. וְתִצְרוֹר בִּצְרוֹר הַחַיִּים אֶת־נִשְׁמוֹתֵיהֶם וְיָנוּחוּ
עַל־מִשְׁכְּבוֹתָם בְּשָׁלוֹם. וְנֹאמַר אָמֵן:

O merciful God, who dwellest on high and yet art full of compassion, keep in Thy divine presence among the holy and pure, whose light shineth as the brightness of the firmament, the souls of our dear and beloved who have gone to their eternal home with Thee. O may their souls be bound up in the bond of life, and their memories inspire us to serve Thee and our fellowmen in truth, kindness and peace. Amen.

The Spirit Returneth to God Who Gave It

Responsive Reading

We thank Thee, O God, that the healing influences of time mitigate the pangs of bereavement;

> Else would grief forever torment us and wear out our strength.

But if we were to let remembrance of kindred and friends vanish like smoke, they would die in us a second death.

> With like oblivion to await us, our life, too, would be a living death.

If naught remained of all they were and hoped for, then we, too, would be like unto vanity and our days like a fleeting shadow;

> If their life were no better than a vain phantom, how could ours be other than an empty and meaningless ado?

But Thou art the God of life who didst save us from these dread conclusions, when Thou didst put eternity into our hearts,

> And taught us to believe that it is only the dust that returns unto the dust, but that the spirit returns unto Thee.

Thou wouldst not abandon to destruction the soul wherewith we know Thee.

> To them who are close to Thee, Thou dost reveal the path to life everlasting.

Our bodily senses fail us, yea mislead us, when we seek to grasp the abiding realities of life and its deeper meanings;

> Teach us, O God, to trust the promptings of our heart which strive to wrest from death its prey.

Make keen that inner-sense which reveals us to ourselves, to glimpse that in ourselves which is beyond death's reach.

> Grant us the intuition to discern in the complexities of our being that innermost self, of which the body is only the instrument and outward symbol;

And the insight to realize that, as the melody survives the lute and the meaning the written symbol, so the soul survives the body.

Thou, O God, who art the life of our souls, art also the life of the souls of those whose memory we cherish; in Thee, they and we are one.

Without Thee, they and we would be naught; with Thee, they and we share Thine eternal nature and resistless course.

May all who were, and are, and will be, see light in Thy light.

In praying Thee to remember the dead, we plead that our remembrance of them be not merely a passing flutter of regret, but a spur to nobler living;

May the thought of them help us live for that which sanctifies Thy name, O Lord.

In praying Thee to remember the dead, we implore Thee to save their lives from futility by rousing us to bring to fruition the promise that inhered in them;

Help us, O God, to revive by our deeds the hopes of which they despaired.

Generations come and generations go the way streams pass o'er their beds, leaving behind the rich soil of the mountains;

Help us, O God, to recognize in the confused and turbid strivings of the bygone ages the beneficent influences which took their rise in the heights of Thy spirit.

Let Thy servants see Thee at Thy saving work, and let their children behold Thy glorious power,

Deliver Thou our soul from death and our feet from stumbling, so that we may walk before Thee in the sunshine of life. Amen.

MEDITATION

But what is man? Is he simply skin, flesh, blood, veins, nerves, muscle and tissue? No! That which constitutes real man is his soul, the rest being only the garments that cover his inner essence. When man departs this earth, he puts off his outer coverings and continues to live by virtue of his soul, which is immortal.

From the ZOHAR

אב הרחמים

אַב הָרַחֲמִים שׁוֹכֵן מְרוֹמִים בְּרַחֲמָיו הָעֲצוּמִים. הוּא יִפְקוֹד בְּרַחֲמִים הַחֲסִידִים וְהַיְשָׁרִים וְהַתְּמִימִים. קְהִלּוֹת הַקֹּדֶשׁ שֶׁמָּסְרוּ נַפְשָׁם עַל קְדֻשַּׁת הַשֵּׁם. הַנֶּאֱהָבִים וְהַנְּעִימִים בְּחַיֵּיהֶם וּבְמוֹתָם לֹא נִפְרָדוּ. מִנְּשָׁרִים קַלּוּ וּמֵאֲרָיוֹת גָּבֵרוּ לַעֲשׂוֹת רְצוֹן קוֹנָם וְחֵפֶץ צוּרָם: יִזְכְּרֵם אֱלֹהֵינוּ לְטוֹבָה עִם שְׁאָר צַדִּיקֵי עוֹלָם. וְיִנְקוֹם נִקְמַת דַּם עֲבָדָיו הַשָּׁפוּךְ: כַּכָּתוּב בְּתוֹרַת משֶׁה אִישׁ הָאֱלֹהִים. הַרְנִינוּ גוֹיִם עַמּוֹ כִּי דַם־עֲבָדָיו יִקּוֹם. וְנָקָם יָשִׁיב לְצָרָיו וְכִפֶּר אַדְמָתוֹ עַמּוֹ: וְעַל־יְדֵי עֲבָדֶיךָ הַנְּבִיאִים כָּתוּב לֵאמֹר: וְנִקֵּיתִי דָּמָם לֹא־נִקֵּיתִי. וַיְיָ שֹׁכֵן בְּצִיּוֹן: וּבְכִתְבֵי הַקֹּדֶשׁ נֶאֱמַר. לָמָּה יֹאמְרוּ הַגּוֹיִם אַיֵּה אֱלֹהֵיהֶם: יִוָּדַע בַּגּוֹיִם לְעֵינֵינוּ נִקְמַת דַּם־עֲבָדֶיךָ הַשָּׁפוּךְ: וְאוֹמֵר כִּי־דוֹרֵשׁ דָּמִים אוֹתָם זָכָר לֹא־שָׁכַח צַעֲקַת עֲנָוִים: וְאוֹמֵר יָדִין בַּגּוֹיִם מָלֵא גְוִיּוֹת מָחַץ רֹאשׁ עַל־אֶרֶץ רַבָּה: מִנַּחַל בַּדֶּרֶךְ יִשְׁתֶּה עַל־כֵּן יָרִים רֹאשׁ:

NOTE

The following prayer, *Av Haraḥamim*, is a dirge composed on the occasion of the dreadful massacre in 1096, the year of the first Crusade, when many Jewish communities were destroyed in the Rhineland. The survivors, who witnessed the agony of the suffering martyrs, called upon God to punish the perpetrators of these acts of inhumanity.

In the seventeenth century, a similar persecution of a people of another faith aroused the English poet John Milton to cry out:

"Avenge, O Lord, Thy slaughtered saints, whose bones
Lie scattered on the Alpine mountains cold."

The painful scenes which the Jewish elegy recalls have, alas, been re-enacted in different periods, in many lands, even unto our day. Yet, the Synagogue rightly incorporated no new elegies into its liturgy, even reducing the occasions on which this passage is recited, thereby intimating the hope that the day will soon dawn when all oppression will cease, and the brotherhood of man will become a reality. It is significant that this prayer for the slain martyrs embraces all the righteous peoples of the world.

May the Father of mercies who dwelleth on high, in His mighty compassion, remember those loving, upright and blameless ones, the holy congregations, who laid down their lives for the sanctification of the divine name. Beloved and faithful were they in life, and in death were not separated; swifter than eagles and stronger than lions to do the will of their Master and the desire of their Rock. May our God remember them for good with the other righteous of the world, and avenge the blood of the people which has been shed; as it is written in the Torah: 'Sing aloud, O ye nations, for God doth bring to judgment those who shed the blood of His servants.' Wherefore should the nations say: 'Where is their God?' Let the retribution of Thy servants' blood be made known among the nations in our sight. God will judge among the nations and He will emerge triumphant.*

* The Biblical verses in this prayer are from 1 Samuel 1:23, Deuteronomy 32:43, Joel 4:21, Psalms 79:10; 9:13; 110:6–7.

אַשְׁרֵי יוֹשְׁבֵי בֵיתֶךָ עוֹד יְהַלְלוּךָ סֶּלָה:
אַשְׁרֵי הָעָם שֶׁכָּכָה לּוֹ אַשְׁרֵי הָעָם שֶׁיְיָ אֱלֹהָיו:

קמ״ה תְּהִלָּה לְדָוִד.

אֲרוֹמִמְךָ אֱלוֹהַי הַמֶּלֶךְ וַאֲבָרְכָה שִׁמְךָ לְעוֹלָם וָעֶד:
בְּכָל־יוֹם אֲבָרְכֶךָּ וַאֲהַלְלָה שִׁמְךָ לְעוֹלָם וָעֶד:
גָּדוֹל יְיָ וּמְהֻלָּל מְאֹד וְלִגְדֻלָּתוֹ אֵין חֵקֶר:
דּוֹר לְדוֹר יְשַׁבַּח מַעֲשֶׂיךָ וּגְבוּרֹתֶיךָ יַגִּידוּ:
הֲדַר כְּבוֹד הוֹדֶךָ וְדִבְרֵי נִפְלְאֹתֶיךָ אָשִׂיחָה:
וֶעֱזוּז נוֹרְאֹתֶיךָ יֹאמֵרוּ וּגְדֻלָּתְךָ אֲסַפְּרֶנָּה:
זֵכֶר רַב־טוּבְךָ יַבִּיעוּ וְצִדְקָתְךָ יְרַנֵּנוּ:
חַנּוּן וְרַחוּם יְיָ אֶרֶךְ אַפַּיִם וּגְדָל־חָסֶד:
טוֹב־יְיָ לַכֹּל וְרַחֲמָיו עַל־כָּל־מַעֲשָׂיו:
יוֹדוּךָ יְיָ כָּל־מַעֲשֶׂיךָ וַחֲסִידֶיךָ יְבָרְכוּכָה:
כְּבוֹד מַלְכוּתְךָ יֹאמֵרוּ וּגְבוּרָתְךָ יְדַבֵּרוּ:
לְהוֹדִיעַ לִבְנֵי הָאָדָם גְּבוּרֹתָיו וּכְבוֹד הֲדַר מַלְכוּתוֹ:
מַלְכוּתְךָ מַלְכוּת כָּל־עֹלָמִים וּמֶמְשַׁלְתְּךָ בְּכָל־דּוֹר וָדֹר:
סוֹמֵךְ יְיָ לְכָל־הַנֹּפְלִים וְזוֹקֵף לְכָל־הַכְּפוּפִים:
עֵינֵי כֹל אֵלֶיךָ יְשַׂבֵּרוּ וְאַתָּה נוֹתֵן־לָהֶם אֶת־אָכְלָם בְּעִתּוֹ:
פּוֹתֵחַ אֶת־יָדֶךָ וּמַשְׂבִּיעַ לְכָל־חַי רָצוֹן:
צַדִּיק יְיָ בְּכָל־דְּרָכָיו וְחָסִיד בְּכָל־מַעֲשָׂיו:
קָרוֹב יְיָ לְכָל־קֹרְאָיו לְכֹל אֲשֶׁר יִקְרָאֻהוּ בֶאֱמֶת:

Happy are they who dwell in Thy house; forever shall they praise Thee. Happy the people who thus fare; happy the people whose God is the Eternal.

Psalm 145

I will extol Thee, my God, O King,
And praise Thy name for ever and ever.
  Every day will I bless Thee,
  And I will praise Thy name for ever and ever.
Great is the Lord and greatly to be praised,
And His greatness is without end.
  One generation shall laud Thy works to another,
  And shall declare Thy mighty acts.
I will speak of the splendor of Thy glorious majesty,
And tell of Thy wonders.
  And men shall proclaim the might of Thy acts,
  And I will declare Thy greatness.
They shall make known the fame of Thy great goodness,
And shall joyously proclaim Thy righteousness
  The Lord is gracious and full of compassion;
  Slow to anger and abundant in kindness.
The Lord is good to all;
And His love is over all His works.
  All whom Thou hast made shall give thanks unto Thee, O Lord,
  And Thy faithful ones shall bless Thee.
They shall declare the glory of Thy kingdom,
And tell of Thy power,
  To make known to the sons of men Thy mighty acts,
  And the glorious splendor of Thy kingdom.
Thy kingdom is an everlasting kingdom,
And Thy dominion endureth throughout all generations.
  The Lord upholdeth all who fall,
  And raiseth up all who are bowed down.
The eyes of all hopefully look to Thee,
And Thou givest them their food in due season.
  Thou openest Thy hand,
  And satisfiest every living thing with favor.
The Lord is righteous in all His ways,
And gracious in all His works.
  The Lord is near unto all who call upon Him,
  To all who call upon Him in truth.

רְצוֹן־יְרֵאָיו יַעֲשֶׂה וְאֶת־שַׁוְעָתָם יִשְׁמַע וְיוֹשִׁיעֵם:

שׁוֹמֵר יְיָ אֶת־כָּל־אֹהֲבָיו וְאֵת כָּל־הָרְשָׁעִים יַשְׁמִיד:

תְּהִלַּת יְיָ יְדַבֶּר־פִּי וִיבָרֵךְ כָּל־בָּשָׂר שֵׁם קָדְשׁוֹ לְעוֹלָם וָעֶד:

וַאֲנַחְנוּ נְבָרֵךְ יָהּ מֵעַתָּה וְעַד עוֹלָם הַלְלוּיָהּ:

סדר הכנסת התורה

The Ark is opened

Reader

יְהַלְלוּ אֶת־שֵׁם יְיָ כִּי־נִשְׂגָּב שְׁמוֹ לְבַדּוֹ.

Congregation

הוֹדוֹ עַל־אֶרֶץ וְשָׁמָיִם: וַיָּרֶם קֶרֶן לְעַמּוֹ תְּהִלָּה לְכָל־חֲסִידָיו לִבְנֵי יִשְׂרָאֵל עַם קְרֹבוֹ. הַלְלוּיָהּ:

Hō-dō al e-rets v'sho-mo-yim,
Va-yo-rem ke-ren l'a-mō, t'hi-lo l-ḥol ḥa-see-dov,
Li-v'nay yis-ro-ayl am k'rō-vō, ha-l'lu-yo.

On Sabbath

כ״ט מִזְמוֹר לְדָוִד.

הָבוּ לַייָ בְּנֵי אֵלִים הָבוּ לַייָ כָּבוֹד וָעֹז: הָבוּ לַייָ כְּבוֹד שְׁמוֹ הִשְׁתַּחֲווּ לַייָ בְּהַדְרַת־קֹדֶשׁ: קוֹל יְיָ עַל־הַמָּיִם אֵל־הַכָּבוֹד הִרְעִים יְיָ עַל־מַיִם רַבִּים: קוֹל־יְיָ בַּכֹּחַ קוֹל יְיָ בֶּהָדָר: קוֹל יְיָ שֹׁבֵר אֲרָזִים וַיְשַׁבֵּר יְיָ אֶת־אַרְזֵי הַלְּבָנוֹן: וַיַּרְקִידֵם כְּמוֹ־עֵגֶל לְבָנוֹן וְשִׂרְיוֹן כְּמוֹ בֶן־רְאֵמִים: קוֹל־יְיָ חֹצֵב לַהֲבוֹת אֵשׁ: קוֹל יְיָ יָחִיל מִדְבָּר יָחִיל יְיָ מִדְבַּר קָדֵשׁ: קוֹל יְיָ יְחוֹלֵל אַיָּלוֹת וַיֶּחֱשֹׂף יְעָרוֹת וּבְהֵיכָלוֹ כֻּלּוֹ אֹמֵר כָּבוֹד: יְיָ לַמַּבּוּל יָשָׁב וַיֵּשֶׁב יְיָ מֶלֶךְ לְעוֹלָם: יְיָ עֹז לְעַמּוֹ יִתֵּן יְיָ יְבָרֵךְ אֶת־עַמּוֹ בַשָּׁלוֹם:

He will fulfill the desire of them that revere Him;
He also will hear their cry and will save them.
> The Eternal preserveth all who love Him,
> But all wickedness will He destroy.
My mouth shall utter the praise of the Lord;
And let all men bless His holy name forever.
> We will bless the Eternal from this time forth,
> And forevermore. Hallelujah. Praise the Lord.

REPLACING TORAH SCROLLS
The Ark is opened

Let all praise the name of the Lord;
For His name alone is supreme.

His glory is above the earth and heaven. He hath given glory unto His people; He is the praise of all the children of Israel, a people near unto Him. Hallelujah.

On Sabbath
Selected from Psalm 29

Ascribe unto the Lord, ye mighty ones,
Ascribe unto the Eternal glory and power.
> Ascribe unto the Lord, the glory due His name;
> Worship the Lord in the beauty of holiness.
The voice of the Lord is over the waters;
The God of glory thundereth!
The Lord is over the mighty waters.
> The voice of the Lord breaketh the cedars;
> Yea, the Eternal shattereth the cedars of Lebanon.
The Lord maketh the mountains skip like a calf,
Lebanon and Sirion leap like a young steer.
> The voice of the Lord heweth out flames;
> The Lord heweth out flames of fire.
The voice of the Lord whirleth the sand of the desert;
The Eternal whirleth the desert of Kadesh.
> The voice of the Lord maketh the oak trees dance,
> And strippeth the forests bare,
> While in His Temple all proclaim, 'Glory.'
The Lord sat enthroned over the flood;
The Lord is enthroned as King forever.
> The Lord will give strength to His people;
> The Lord will bless His people with peace.

On Week-Days

כ״ד לְדָוִד מִזְמוֹר.

לַיְיָ הָאָרֶץ וּמְלוֹאָהּ תֵּבֵל וְיֹשְׁבֵי בָהּ: כִּי הוּא עַל־יַמִּים יְסָדָהּ וְעַל־נְהָרוֹת יְכוֹנְנֶהָ: מִי־יַעֲלֶה בְהַר יְיָ וּמִי־יָקוּם בִּמְקוֹם קָדְשׁוֹ: נְקִי כַפַּיִם וּבַר לֵבָב אֲשֶׁר לֹא־נָשָׂא לַשָּׁוְא נַפְשִׁי וְלֹא נִשְׁבַּע לְמִרְמָה: יִשָּׂא בְרָכָה מֵאֵת יְיָ וּצְדָקָה מֵאֱלֹהֵי יִשְׁעוֹ: זֶה דּוֹר דֹּרְשָׁיו מְבַקְשֵׁי פָנֶיךָ יַעֲקֹב סֶלָה: שְׂאוּ שְׁעָרִים רָאשֵׁיכֶם וְהִנָּשְׂאוּ פִּתְחֵי עוֹלָם וְיָבוֹא מֶלֶךְ הַכָּבוֹד: מִי זֶה מֶלֶךְ הַכָּבוֹד יְיָ עִזּוּז וְגִבּוֹר יְיָ גִּבּוֹר מִלְחָמָה: שְׂאוּ שְׁעָרִים רָאשֵׁיכֶם וּשְׂאוּ פִּתְחֵי עוֹלָם וְיָבֹא מֶלֶךְ הַכָּבוֹד: מִי הוּא זֶה מֶלֶךְ הַכָּבוֹד יְיָ צְבָאוֹת הוּא מֶלֶךְ הַכָּבוֹד סֶלָה:

The Scrolls are returned to the Ark

וּבְנֻחֹה יֹאמַר שׁוּבָה יְיָ רִבְבוֹת אַלְפֵי יִשְׂרָאֵל: קוּמָה יְיָ לִמְנוּחָתֶךָ אַתָּה וַאֲרוֹן עֻזֶּךָ: כֹּהֲנֶיךָ יִלְבְּשׁוּ־צֶדֶק וַחֲסִידֶיךָ יְרַנֵּנוּ: בַּעֲבוּר דָּוִד עַבְדֶּךָ אַל־תָּשֵׁב פְּנֵי מְשִׁיחֶךָ: כִּי לֶקַח טוֹב נָתַתִּי לָכֶם תּוֹרָתִי אַל־תַּעֲזֹבוּ: עֵץ־חַיִּים הִיא לַמַּחֲזִיקִים בָּהּ וְתֹמְכֶיהָ מְאֻשָּׁר: דְּרָכֶיהָ דַרְכֵי־נֹעַם וְכָל־נְתִיבוֹתֶיהָ שָׁלוֹם: הֲשִׁיבֵנוּ יְיָ אֵלֶיךָ וְנָשׁוּבָה חַדֵּשׁ יָמֵינוּ כְּקֶדֶם:

Reader

Our God, and God of our fathers, we thank Thee for the priceless treasure of Thy Torah, the repository of man's noblest experiences and loftiest aspirations. Grant that the portion of the Torah read today influence our lives for good and inspire us to seek further knowledge of Thy word. Thus our minds will be enriched and our lives endowed with the peace and serenity that is ever the portion of those that love Thy Torah. Amen.

The Ark is closed

On Week-Days

Selected from Psalm 24

The earth is the Lord's with all that it contains;
The world and they that dwell thereon.

> For He hath founded it upon the seas,
> And established it upon the floods.

Who may ascend the mountain of the Lord?
And who shall stand in His holy place?

> He that has clean hands and a pure heart;
> Who has not taken My name in vain,
> And has not sworn deceitfully.

He shall receive a blessing from the Lord,
And righteousness from the God of His salvation.

> Lift up your heads, O ye gates,
> Yea, lift them up, ye everlasting doors,
> That the King of glory may come in.

Who then is the King of glory?
The Lord of hosts,
He is the King of glory.

The Scrolls are returned to the Ark

Selected from the Hebrew

When the Ark rested, Moses said:
"Return, O Lord, unto the multitude of the families of Israel."

> Arise, O Lord, unto Thy Sanctuary,
> Thou, and the Ark of Thy strength.

Let Thy priests be clothed with righteousness;
And let Thy faithful ones exult.

> I give you good counsel;
> Forsake not My Torah.

It is a Tree of Life to them that hold fast to it;
And every one that upholds it is happy.

> Its ways are ways of pleasantness,
> And all its paths are peace.

Turn us unto Thee, O Lord, and we shall return;
Renew our days as of old.

The Ark is closed

תפלה לשליח צבור

הִנְנִי

הִנְנִי הֶעָנִי מִמַּעַשׂ. נִרְעָשׁ וְנִפְחָד מִפַּחַד יוֹשֵׁב תְּהִלּוֹת יִשְׂרָאֵל. בָּאתִי לַעֲמֹד וּלְהִתְחַנֵּן לְפָנֶיךָ עַל עַמְּךָ יִשְׂרָאֵל אֲשֶׁר שְׁלָחוּנִי. אַף עַל פִּי שֶׁאֵינִי כְדַי וְהָגוּן לְכָךְ. לָכֵן אֲבַקֵּשׁ מִמְּךָ אֱלֹהֵי אַבְרָהָם אֱלֹהֵי יִצְחָק וֵאלֹהֵי יַעֲקֹב: יְיָ יְיָ אֵל רַחוּם וְחַנּוּן אֱלֹהֵי יִשְׂרָאֵל. שַׁדַּי אָיוֹם וְנוֹרָא. הֱיֵה־נָא מַצְלִיחַ דַּרְכִּי אֲשֶׁר אֲנִי הוֹלֵךְ לַעֲמֹד וּלְבַקֵּשׁ רַחֲמִים עָלַי וְעַל שׁוֹלְחָי. נָא אַל תַּפְשִׁיעֵם בְּחַטֹּאתַי וְאַל תְּחַיְּבֵם בַּעֲוֹנוֹתַי כִּי חוֹטֵא וּפוֹשֵׁעַ אָנִי. וְאַל יִכָּלְמוּ בִּפְשָׁעַי וְאַל יֵבוֹשׁוּ הֵם בִּי וְאַל אֵבוֹשׁ אֲנִי בָּהֶם. קַבֵּל תְּפִלָּתִי כִּתְפִלַּת זָקֵן וְרָגִיל וּפִרְקוֹ נָאֶה וּזְקָנוֹ מְגֻדָּל וְקוֹלוֹ נָעִים וּמְעֹרָב בְּדַעַת עִם הַבְּרִיּוֹת. וְתִגְעַר בַּשָּׂטָן לְבַל יַשְׂטִינֵנִי. וִיהִי נָא דִלּוּגֵנוּ עָלֶיךָ אַהֲבָה. וְעַל כָּל־פְּשָׁעִים תְּכַסֶּה בְּאַהֲבָה. כָּל־צָרוֹת וְרָעוֹת הֲפָךְ־נָא לָנוּ וּלְכָל־יִשְׂרָאֵל לְשָׂשׂוֹן וּלְשִׂמְחָה לְחַיִּים וּלְשָׁלוֹם. הָאֱמֶת וְהַשָּׁלוֹם אֱהָבוּ וְלֹא יְהִי שׁוּם מִכְשׁוֹל בִּתְפִלָּתִי:

וִיהִי רָצוֹן מִלְּפָנֶיךָ יְיָ אֱלֹהֵי אַבְרָהָם יִצְחָק וְיַעֲקֹב. הָאֵל הַגָּדוֹל הַגִּבּוֹר וְהַנּוֹרָא אֵל עֶלְיוֹן. אֶהְיֶה אֲשֶׁר אֶהְיֶה. שֶׁכָּל־הַמַּלְאָכִים שֶׁהֵם מַעֲלֵי תְפִלּוֹת יָבִיאוּ תְּפִלָּתִי לִפְנֵי כִסֵּא כְבוֹדֶךָ. וְיַצִּיגוּ אוֹתָהּ לְפָנֶיךָ. בַּעֲבוּר כָּל־הַצַּדִּיקִים וְהַחֲסִידִים הַתְּמִימִים וְהַיְשָׁרִים. וּבַעֲבוּר כְּבוֹד שִׁמְךָ הַגָּדוֹל וְהַנּוֹרָא. כִּי אַתָּה שׁוֹמֵעַ תְּפִלַּת עַמְּךָ יִשְׂרָאֵל בְּרַחֲמִים. בָּרוּךְ אַתָּה שׁוֹמֵעַ תְּפִלָּה:

THE READER'S PRAYER

Hineni

The following supplication, composed by a humble Hazan (Reader) in the Middle Ages, reveals the fervor and humility with which our forefathers prayed on these Days of Judgment. May we recapture its spirit of sincere piety and earnestness.

Behold, in deep humility

I stand and plead before Thee, God on high;

Great Lord who art enthroned above all praise,

O hearken and give heed unto my prayer.

Though unworthy of my sacred task,

Though imperfect, too, and filled with awe,

I bow before Thy holy presence here,

To crave compassion for my erring folk.

O God of Israel's patriarchs,

Their children's children send me as their voice,

To supplicate Thy pardon and Thy grace,

To ask Thy mercy, Thy continued love.

Though unworthy of my mission, Lord,

Though I stand not flawless in Thy sight,

Condemn Thou not my people for my faults,

Consider but their virtues, Righteous Judge.

Forgive us our iniquities,

And turn Thou our afflictions unto joy.

Thou great, exalted God who hearest prayer,

Hear ours, and bless us all with life and peace.

תפלת מוסף ליום כפור

Reader

יִתְגַּדַּל וְיִתְקַדַּשׁ שְׁמֵהּ רַבָּא. בְּעָלְמָא דִּי־בְרָא כִרְעוּתֵהּ. וְיַמְלִיךְ מַלְכוּתֵהּ בְּחַיֵּיכוֹן וּבְיוֹמֵיכוֹן וּבְחַיֵּי דְכָל־בֵּית יִשְׂרָאֵל בַּעֲגָלָא וּבִזְמַן קָרִיב. וְאִמְרוּ אָמֵן:

Congregation and Reader

יְהֵא שְׁמֵהּ רַבָּא מְבָרַךְ לְעָלַם וּלְעָלְמֵי עָלְמַיָּא:

Reader

יִתְבָּרַךְ וְיִשְׁתַּבַּח וְיִתְפָּאַר וְיִתְרוֹמַם וְיִתְנַשֵּׂא וְיִתְהַדַּר וְיִתְעַלֶּה וְיִתְהַלַּל שְׁמֵהּ דְּקֻדְשָׁא. בְּרִיךְ הוּא. לְעֵלָּא וּלְעֵלָּא מִן־כָּל־בִּרְכָתָא וְשִׁירָתָא תֻּשְׁבְּחָתָא וְנֶחֱמָתָא דַּאֲמִירָן בְּעָלְמָא. וְאִמְרוּ אָמֵן:

The Amidah is said standing, in silent devotion

אֲדֹנָי שְׂפָתַי תִּפְתָּח וּפִי יַגִּיד תְּהִלָּתֶךָ:

בָּרוּךְ אַתָּה יְיָ אֱלֹהֵינוּ וֵאלֹהֵי אֲבוֹתֵינוּ. אֱלֹהֵי אַבְרָהָם אֱלֹהֵי יִצְחָק וֵאלֹהֵי יַעֲקֹב. הָאֵל הַגָּדוֹל הַגִּבּוֹר וְהַנּוֹרָא אֵל עֶלְיוֹן. גּוֹמֵל חֲסָדִים טוֹבִים וְקוֹנֵה הַכֹּל. וְזוֹכֵר חַסְדֵי אָבוֹת וּמֵבִיא גוֹאֵל לִבְנֵי בְנֵיהֶם לְמַעַן שְׁמוֹ בְּאַהֲבָה: זָכְרֵנוּ לַחַיִּים מֶלֶךְ חָפֵץ בַּחַיִּים. וְכָתְבֵנוּ בְּסֵפֶר הַחַיִּים.

ADDITIONAL SERVICE—YOM KIPPUR

Reader

Magnified and sanctified be the great name of God throughout the world which He hath created according to His will. May He establish His kingdom during the days of your life and during the life of all the house of Israel, speedily, yea, soon; and say ye, Amen.

Congregation and Reader

May His great name be blessed for ever and ever.

Reader

Exalted and honored be the name of the Holy One, blessed be He, whose glory transcends, yea, is beyond all blessings and hymns, praises and consolations which are uttered in the world; and say ye, Amen.

Congregation

Ba-a-go-lo ba-a-go-lo u-vi-z'man ko-reev v'im-ru, o-mayn. Y'hay sh'may ra-bo m'vo-raḥ l'o-lam u-l'o-l'may o-l'ma-yo yis-bo-raḥ.
Tush-b'ḥo-so v'ne-ḥeh-mo-so da-a-mee-ron b'o-l'mo.

The Amidah is said standing, in silent devotion

O Lord, open Thou my lips that my mouth may declare Thy praise.

Blessed art Thou, O Lord our God and God of our fathers, God of Abraham, God of Isaac, and God of Jacob, the great, mighty, revered and exalted God who bestowest loving-kindness and art Master of all. Mindful of the patriarchs' love for Thee, Thou wilt in Thy love bring a redeemer to their children's children for the sake of Thy name. Remember us unto life, O King who delightest in life, and inscribe us in the Book of Life so that we may live worthily for Thy sake,

לְמַעַנְךָ אֱלֹהִים חַיִּים: מֶלֶךְ עוֹזֵר וּמוֹשִׁיעַ וּמָגֵן. בָּרוּךְ אַתָּה יְיָ מָגֵן אַבְרָהָם:

אַתָּה גִּבּוֹר לְעוֹלָם אֲדֹנָי מְחַיֵּה מֵתִים אַתָּה רַב לְהוֹשִׁיעַ. מְכַלְכֵּל חַיִּים בְּחֶסֶד מְחַיֵּה מֵתִים בְּרַחֲמִים רַבִּים. סוֹמֵךְ נוֹפְלִים וְרוֹפֵא חוֹלִים וּמַתִּיר אֲסוּרִים וּמְקַיֵּם אֱמוּנָתוֹ לִישֵׁנֵי עָפָר. מִי כָמוֹךָ בַּעַל גְּבוּרוֹת וּמִי דּוֹמֶה לָּךְ. מֶלֶךְ מֵמִית וּמְחַיֶּה וּמַצְמִיחַ יְשׁוּעָה: מִי כָמוֹךָ אַב הָרַחֲמִים זוֹכֵר יְצוּרָיו לְחַיִּים בְּרַחֲמִים: וְנֶאֱמָן אַתָּה לְהַחֲיוֹת מֵתִים. בָּרוּךְ אַתָּה יְיָ מְחַיֵּה הַמֵּתִים:

אַתָּה קָדוֹשׁ וְשִׁמְךָ קָדוֹשׁ וּקְדוֹשִׁים בְּכָל־יוֹם יְהַלְלוּךָ סֶּלָה:

וּבְכֵן תֵּן פַּחְדְּךָ יְיָ אֱלֹהֵינוּ עַל כָּל־מַעֲשֶׂיךָ וְאֵימָתְךָ עַל כָּל־מַה־שֶּׁבָּרָאתָ. וְיִירָאוּךָ כָּל־הַמַּעֲשִׂים וְיִשְׁתַּחֲווּ לְפָנֶיךָ כָּל־הַבְּרוּאִים. וְיֵעָשׂוּ כֻלָּם אֲגֻדָּה אֶחָת לַעֲשׂוֹת רְצוֹנְךָ בְּלֵבָב שָׁלֵם. כְּמוֹ שֶׁיָּדַעְנוּ יְיָ אֱלֹהֵינוּ שֶׁהַשִּׁלְטוֹן לְפָנֶיךָ עֹז בְּיָדְךָ וּגְבוּרָה בִּימִינֶךָ וְשִׁמְךָ נוֹרָא עַל כָּל־מַה־שֶּׁבָּרָאתָ:

וּבְכֵן תֵּן כָּבוֹד יְיָ לְעַמֶּךָ תְּהִלָּה לִירֵאֶיךָ וְתִקְוָה לְדוֹרְשֶׁיךָ וּפִתְחוֹן פֶּה לַמְיַחֲלִים לָךְ. שִׂמְחָה לְאַרְצֶךָ וְשָׂשׂוֹן לְעִירֶךָ וּצְמִיחַת קֶרֶן לְדָוִד עַבְדֶּךָ וַעֲרִיכַת נֵר לְבֶן יִשַׁי מְשִׁיחֶךָ בִּמְהֵרָה בְיָמֵינוּ:

וּבְכֵן צַדִּיקִים יִרְאוּ וְיִשְׂמָחוּ וִישָׁרִים יַעֲלֹזוּ וַחֲסִידִים בְּרִנָּה יָגִילוּ. וְעוֹלָתָה תִּקְפָּץ־פִּיהָ וְכָל־הָרִשְׁעָה כֻּלָּהּ כְּעָשָׁן תִּכְלֶה. כִּי תַעֲבִיר מֶמְשֶׁלֶת זָדוֹן מִן הָאָרֶץ:

O God of life. O King, Thou Helper, Redeemer and Shield, praised be Thou, O Lord, Shield of Abraham.

Thou, O Lord, art mighty forever. Thou callest the dead to immortal life for Thou art mighty in salvation. Thou sustainest the living with loving-kindness, and in great mercy grantest everlasting life to those who have passed away. Thou upholdest the falling, healest the sick, settest free those in bondage, and keepest faith with those that sleep in the dust. Who is like unto Thee, Almighty King, who decreest death and grantest immortal life and bringest forth salvation? Who may be compared to Thee, Father of mercy, who in love rememberest Thy creatures unto life? Faithful art Thou to grant eternal life to the departed. Blessed art Thou, O Lord, who callest the dead to life everlasting.

Thou art holy and Thy name is holy and holy beings praise Thee daily.

And therefore, O Lord our God, let Thine awe be manifest in all Thy works, and a reverence for Thee fill all that Thou hast created, so that all Thy creatures may know Thee, and all mankind bow down to acknowledge Thee. May all Thy children unite in one fellowship to do Thy will with a perfect heart; for we know, O Lord our God, that dominion is Thine, that Thy might and power are supreme, and that Thy name is to be revered over all Thou hast created.

And therefore, O Lord, grant glory to Thy people who serve Thee, praise to those who revere Thee, hope to those who seek Thee, and confidence to those who yearn for Thee. Bring joy to Thy land, gladness to Thy city, renewed strength to the seed of David, and a constant light to Thy servants in Zion. O may this come to pass speedily in our days.

And therefore, the righteous shall see and be glad, the just exult, and the pious rejoice in song, while iniquity shall close its mouth and all wickedness shall vanish like smoke, when Thou removest the dominion of tyranny from the earth.

וְתִמְלוֹךְ אַתָּה יְיָ לְבַדֶּךָ עַל כָּל־מַעֲשֶׂיךָ בְּהַר צִיּוֹן מִשְׁכַּן כְּבוֹדֶךָ וּבִירוּשָׁלַיִם עִיר קָדְשֶׁךָ כַּכָּתוּב בְּדִבְרֵי קָדְשֶׁךָ. יִמְלֹךְ יְיָ לְעוֹלָם אֱלֹהַיִךְ צִיּוֹן לְדֹר וָדֹר הַלְלוּיָהּ:

קָדוֹשׁ אַתָּה וְנוֹרָא שְׁמֶךָ וְאֵין אֱלוֹהַּ מִבַּלְעָדֶיךָ כַּכָּתוּב. וַיִּגְבַּהּ יְיָ צְבָאוֹת בַּמִּשְׁפָּט וְהָאֵל הַקָּדוֹשׁ נִקְדַּשׁ בִּצְדָקָה. בָּרוּךְ אַתָּה יְיָ הַמֶּלֶךְ הַקָּדוֹשׁ:

אַתָּה בְחַרְתָּנוּ מִכָּל־הָעַמִּים. אָהַבְתָּ אוֹתָנוּ. וְרָצִיתָ בָּנוּ. וְרוֹמַמְתָּנוּ מִכָּל־הַלְּשׁוֹנוֹת. וְקִדַּשְׁתָּנוּ בְּמִצְוֹתֶיךָ. וְקֵרַבְתָּנוּ מַלְכֵּנוּ לַעֲבוֹדָתֶךָ. וְשִׁמְךָ הַגָּדוֹל וְהַקָּדוֹשׁ עָלֵינוּ קָרָאתָ:

On Sabbath add the bracketed words

וַתִּתֶּן לָנוּ יְיָ אֱלֹהֵינוּ בְּאַהֲבָה אֶת־יוֹם [הַשַּׁבָּת הַזֶּה לִקְדֻשָּׁה וְלִמְנוּחָה וְאֶת־יוֹם] הַכִּפֻּרִים הַזֶּה לִמְחִילָה וְלִסְלִיחָה וּלְכַפָּרָה וְלִמְחָל בּוֹ אֶת־כָּל־עֲוֹנוֹתֵינוּ [בְּאַהֲבָה] מִקְרָא קֹדֶשׁ. זֵכֶר לִיצִיאַת מִצְרָיִם:

וּמִפְּנֵי חֲטָאֵינוּ גָּלִינוּ מֵאַרְצֵנוּ וְנִתְרַחַקְנוּ מֵעַל אַדְמָתֵנוּ וְאֵין אֲנַחְנוּ יְכוֹלִים לַעֲשׂוֹת חוֹבוֹתֵינוּ בְּבֵית בְּחִירָתֶךָ בַּבַּיִת הַגָּדוֹל וְהַקָּדוֹשׁ שֶׁנִּקְרָא שִׁמְךָ עָלָיו מִפְּנֵי הַיָּד שֶׁנִּשְׁתַּלְּחָה בְּמִקְדָּשֶׁךָ:

And Thou, O Lord, wilt rule, Thou alone, over all Thy works on Mount Zion, the dwelling place of Thy glory, and in Jerusalem, Thy holy city, fulfilling the words of the Psalmist: "The Lord shall reign forever; thy God, O Zion, shall be Sovereign unto all generations. Praise the Lord."

Holy art Thou, and awe-inspiring is Thy name, and there is no God besides Thee; as it is written in Holy Scriptures: "The Lord of hosts is exalted through justice, and the holy God is sanctified through righteousness." Blessed art Thou, O Lord, the holy King.

Thou didst choose us for Thy service from among all peoples, loving us and taking delight in us. Thou didst exalt us above all tongues by making us holy through Thy commandments. Thou hast drawn us near, O our King, unto Thy service and hast called us by Thy great and holy name.

On Sabbath add the bracketed words

And Thou hast given us in love O Lord our God, [this Sabbath day and] this Day of Atonement, for pardon, forgiveness and atonement, that we may [in love] obtain pardon thereon for all our iniquities; a holy convocation in memory of the departure from Egypt.

Because of our sins, we were exiled from our land and removed far away from our country. We cannot perform our sacred duties in Thy great and holy Temple called by Thy name, because of the destruction that has come upon Thy Sanctuary.

יְהִי רָצוֹן מִלְּפָנֶיךָ יְיָ אֱלֹהֵינוּ וֵאלֹהֵי אֲבוֹתֵינוּ מֶלֶךְ רַחֲמָן שֶׁתָּשׁוּב וּתְרַחֵם עָלֵינוּ וְעַל מִקְדָּשְׁךָ בְּרַחֲמֶיךָ הָרַבִּים. וְתִבְנֵהוּ מְהֵרָה וּתְגַדֵּל כְּבוֹדוֹ: אָבִינוּ מַלְכֵּנוּ גַּלֵּה כְּבוֹד מַלְכוּתְךָ עָלֵינוּ מְהֵרָה. וְהוֹפַע וְהִנָּשֵׂא עָלֵינוּ לְעֵינֵי כָּל־חָי. וְקָרֵב פְּזוּרֵינוּ מִבֵּין הַגּוֹיִם. וּנְפוּצוֹתֵינוּ כַּנֵּס מִיַּרְכְּתֵי אָרֶץ: וַהֲבִיאֵנוּ לְצִיּוֹן עִירְךָ בְּרִנָּה. וְלִירוּשָׁלַיִם בֵּית מִקְדָּשְׁךָ בְּשִׂמְחַת עוֹלָם: וְשָׁם נַעֲשֶׂה לְפָנֶיךָ אֶת קָרְבְּנוֹת חוֹבוֹתֵינוּ. תְּמִידִים כְּסִדְרָם וּמוּסָפִים כְּהִלְכָתָם: וְאֶת־מוּסַף יוֹם [הַשַּׁבָּת הַזֶּה וְאֶת־מוּסַף יוֹם] הַכִּפֻּרִים הַזֶּה נַעֲשֶׂה וְנַקְרִיב לְפָנֶיךָ בְּאַהֲבָה כְּמִצְוַת רְצוֹנֶךָ כְּמוֹ שֶׁכָּתַבְתָּ עָלֵינוּ בְּתוֹרָתֶךָ עַל יְדֵי מֹשֶׁה עַבְדֶּךָ מִפִּי כְבוֹדֶךָ כָּאָמוּר:

On Sabbath

[וּבְיוֹם הַשַּׁבָּת שְׁנֵי־כְבָשִׂים בְּנֵי־שָׁנָה תְּמִימִם וּשְׁנֵי עֶשְׂרֹנִים סֹלֶת מִנְחָה בְּלוּלָה בַשֶּׁמֶן וְנִסְכּוֹ: עֹלַת שַׁבַּת בְּשַׁבַּתּוֹ עַל־עֹלַת הַתָּמִיד וְנִסְכָּהּ:]

וּבֶעָשׂוֹר לַחֹדֶשׁ הַשְּׁבִיעִי הַזֶּה מִקְרָא קֹדֶשׁ יִהְיֶה לָכֶם וְעִנִּיתֶם אֶת־נַפְשֹׁתֵיכֶם כָּל־מְלָאכָה לֹא תַעֲשׂוּ:

וְהִקְרַבְתֶּם עֹלָה לַייָ רֵיחַ נִיחֹחַ פַּר בֶּן־בָּקָר אֶחָד אַיִל אֶחָד כְּבָשִׂים בְּנֵי־שָׁנָה שִׁבְעָה תְּמִימִם יִהְיוּ לָכֶם: וּמִנְחָתָם וְנִסְכֵּיהֶם כִּמְדֻבָּר שְׁלֹשָׁה עֶשְׂרֹנִים לַפָּר שְׁנֵי עֶשְׂרֹנִים לָאָיִל וְעִשָּׂרוֹן לַכֶּבֶשׂ וְיַיִן כְּנִסְכּוֹ וּשְׁנֵי שְׂעִירִים לְכַפֵּר וּשְׁנֵי תְמִידִים כְּהִלְכָתָם:

On Sabbath

[יִשְׂמְחוּ בְמַלְכוּתְךָ שׁוֹמְרֵי שַׁבָּת וְקוֹרְאֵי עֹנֶג. עַם מְקַדְּשֵׁי שְׁבִיעִי כֻּלָּם יִשְׂבְּעוּ וְיִתְעַנְּגוּ מִטּוּבֶךָ. וְהַשְּׁבִיעִי רָצִיתָ בּוֹ וְקִדַּשְׁתּוֹ חֶמְדַּת יָמִים אֹתוֹ קָרָאתָ זֵכֶר לְמַעֲשֵׂה בְרֵאשִׁית:]

May it be Thy will, O Lord our God, and God of our fathers, merciful King, again in Thine abundant compassion to have mercy upon us and upon Thy Sanctuary. O rebuild it speedily and make it great in glory. Our Father, our King, speedily reveal the glory of Thy kingdom unto us; shine forth and be exalted over us in the sight of all living. Bring together our scattered ones from among the nations, and gather our dispersed from the ends of the earth. Lead us with joyous song unto Zion, Thy city, and with everlasting joy unto Jerusalem, the home of Thy Sanctuary.

There shall we bring Thee our offerings in the spirit of reverence and awe which marked the sacrifices brought to Thy Temple by our ancestors of yore as prescribed in Thy Law.

(Numbers 28:9–10)

(Numbers 29:7–8)

And on the tenth day of this seventh month ye shall have a holy convocation; and ye shall afflict your souls; ye shall do no manner of work.

On Sabbath

They that keep the Sabbath and call it a delight shall rejoice in Thy kingdom; the people that sanctify the seventh day, even all of them shall find serenity and delight in Thy goodness, for Thou didst find pleasure in the seventh day and didst hallow it. Thou didst call it the most desirable of days in remembrance of creation.

אֱלֹהֵינוּ וֵאלֹהֵי אֲבוֹתֵינוּ מְחַל לַעֲוֹנוֹתֵינוּ בְּיוֹם [הַשַּׁבָּת הַזֶּה וּבְיוֹם] הַכִּפֻּרִים הַזֶּה מְחֵה וְהַעֲבֵר פְּשָׁעֵינוּ וְחַטֹּאתֵינוּ מִנֶּגֶד עֵינֶיךָ. כָּאָמוּר אָנֹכִי אָנֹכִי הוּא מֹחֶה פְשָׁעֶיךָ לְמַעֲנִי וְחַטֹּאתֶיךָ לֹא אֶזְכֹּר: וְנֶאֱמַר מָחִיתִי כָעָב פְּשָׁעֶיךָ וְכֶעָנָן חַטֹּאתֶיךָ שׁוּבָה אֵלַי כִּי גְאַלְתִּיךָ: וְנֶאֱמַר כִּי־בַיּוֹם הַזֶּה יְכַפֵּר עֲלֵיכֶם לְטַהֵר אֶתְכֶם מִכֹּל חַטֹּאתֵיכֶם לִפְנֵי יְיָ תִּטְהָרוּ: אֱלֹהֵינוּ וֵאלֹהֵי אֲבוֹתֵינוּ [רְצֵה בִמְנוּחָתֵנוּ] קַדְּשֵׁנוּ בְּמִצְוֹתֶיךָ וְתֵן חֶלְקֵנוּ בְּתוֹרָתֶךָ שַׂבְּעֵנוּ מִטּוּבֶךָ וְשַׂמְּחֵנוּ בִּישׁוּעָתֶךָ. [וְהַנְחִילֵנוּ יְיָ אֱלֹהֵינוּ בְּאַהֲבָה וּבְרָצוֹן שַׁבַּת קָדְשֶׁךָ וְיָנוּחוּ בָהּ יִשְׂרָאֵל מְקַדְּשֵׁי שְׁמֶךָ] וְטַהֵר לִבֵּנוּ לְעָבְדְּךָ בֶּאֱמֶת. כִּי אַתָּה סָלְחָן לְיִשְׂרָאֵל וּמָחֳלָן לְשִׁבְטֵי יְשֻׁרוּן בְּכָל־דּוֹר וָדוֹר וּמִבַּלְעָדֶיךָ אֵין לָנוּ מֶלֶךְ מוֹחֵל וְסוֹלֵחַ אֶלָּא אָתָּה. בָּרוּךְ אַתָּה יְיָ. מֶלֶךְ מוֹחֵל וְסוֹלֵחַ לַעֲוֹנוֹתֵינוּ וְלַעֲוֹנוֹת עַמּוֹ בֵּית יִשְׂרָאֵל. וּמַעֲבִיר אַשְׁמוֹתֵינוּ בְּכָל־שָׁנָה וְשָׁנָה. מֶלֶךְ עַל כָּל־הָאָרֶץ מְקַדֵּשׁ [הַשַּׁבָּת וְ]יִשְׂרָאֵל וְיוֹם הַכִּפֻּרִים:

רְצֵה יְיָ אֱלֹהֵינוּ בְּעַמְּךָ יִשְׂרָאֵל וּבִתְפִלָּתָם. וְהָשֵׁב אֶת־הָעֲבוֹדָה לִדְבִיר בֵּיתֶךָ וְאִשֵּׁי יִשְׂרָאֵל וּתְפִלָּתָם בְּאַהֲבָה תְקַבֵּל בְּרָצוֹן. וּתְהִי לְרָצוֹן תָּמִיד עֲבוֹדַת יִשְׂרָאֵל עַמֶּךָ. וְתֶחֱזֶינָה עֵינֵינוּ בְּשׁוּבְךָ לְצִיּוֹן בְּרַחֲמִים. בָּרוּךְ אַתָּה יְיָ הַמַּחֲזִיר שְׁכִינָתוֹ לְצִיּוֹן:

Our God and God of our fathers, pardon our iniquities [on this Sabbath Day, and] on this Atonement Day. Efface our transgressions and our sins, and make them pass away from before Thine eyes; as it is written in Scripture: "I, even I, am He that effaceth your transgressions for Mine own sake." "I have blotted out as a cloud your transgressions, and, as a mist, your sins; return unto Me for I have redeemed you." "For on this day shall atonement be made for you, to cleanse you; from all your sins shall you be clean before the Lord." Our God and God of our fathers, [accept our rest;] sanctify us by Thy commandments, and grant that our portion be in Thy Torah; satisfy us with Thy goodness, and gladden us with Thy salvation. [Cause us, O Lord our God, in love and favor to inherit Thy holy Sabbath; and may Israel rest thereon and bless Thy name.]

Make our hearts pure to serve Thee in truth for Thou art the Forgiver of Israel and the Pardoner of the tribes of Jeshurun in every generation, and besides Thee we have no King who pardoneth and forgiveth. Blessed art Thou, O Lord, Thou King who pardonest and forgivest our iniquities and the iniquities of the house of Israel, who makest our trespasses to pass away year by year, Thou King over all the earth, who sanctifiest [the Sabbath and] Israel and the Day of Atonement.

O Lord our God, be gracious unto Thy people Israel and accept their prayer. Restore worship to Thy Sanctuary and receive in love and favor the supplication of Israel. May the worship of Thy people be ever acceptable unto Thee. O may our eyes witness Thy return in mercy to Zion. Blessed art Thou, O Lord, who restorest Thy divine presence unto Zion.

מוֹדִים אֲנַחְנוּ לָךְ שָׁאַתָּה הוּא יְיָ אֱלֹהֵינוּ וֵאלֹהֵי אֲבוֹתֵינוּ לְעוֹלָם וָעֶד. צוּר חַיֵּינוּ מָגֵן יִשְׁעֵנוּ אַתָּה הוּא לְדוֹר וָדוֹר. נוֹדֶה לְּךָ וּנְסַפֵּר תְּהִלָּתֶךָ עַל חַיֵּינוּ הַמְּסוּרִים בְּיָדֶךָ וְעַל נִשְׁמוֹתֵינוּ הַפְּקוּדוֹת לָךְ וְעַל נִסֶּיךָ שֶׁבְּכָל־יוֹם עִמָּנוּ וְעַל נִפְלְאוֹתֶיךָ וְטוֹבוֹתֶיךָ שֶׁבְּכָל־עֵת עֶרֶב וָבֹקֶר וְצָהֳרָיִם. הַטּוֹב כִּי לֹא־כָלוּ רַחֲמֶיךָ וְהַמְרַחֵם כִּי לֹא־תַמּוּ חֲסָדֶיךָ מֵעוֹלָם קִוִּינוּ לָךְ:

וְעַל כֻּלָּם יִתְבָּרַךְ וְיִתְרוֹמַם שִׁמְךָ מַלְכֵּנוּ תָּמִיד לְעוֹלָם וָעֶד. וּכְתוֹב לְחַיִּים טוֹבִים כָּל־בְּנֵי בְרִיתֶךָ: וְכֹל הַחַיִּים יוֹדוּךָ סֶּלָה וִיהַלְלוּ אֶת שִׁמְךָ בֶּאֱמֶת הָאֵל יְשׁוּעָתֵנוּ וְעֶזְרָתֵנוּ סֶלָה. בָּרוּךְ אַתָּה יְיָ הַטּוֹב שִׁמְךָ וּלְךָ נָאֶה לְהוֹדוֹת:

שִׂים שָׁלוֹם טוֹבָה וּבְרָכָה חֵן וָחֶסֶד וְרַחֲמִים עָלֵינוּ וְעַל כָּל־יִשְׂרָאֵל עַמֶּךָ. בָּרְכֵנוּ אָבִינוּ כֻּלָּנוּ כְּאֶחָד בְּאוֹר פָּנֶיךָ. כִּי בְאוֹר פָּנֶיךָ נָתַתָּ לָּנוּ יְיָ אֱלֹהֵינוּ תּוֹרַת חַיִּים וְאַהֲבַת חֶסֶד וּצְדָקָה וּבְרָכָה וְרַחֲמִים וְחַיִּים וְשָׁלוֹם. וְטוֹב בְּעֵינֶיךָ לְבָרֵךְ אֶת־עַמְּךָ יִשְׂרָאֵל בְּכָל־עֵת וּבְכָל־שָׁעָה בִּשְׁלוֹמֶךָ. בְּסֵפֶר חַיִּים בְּרָכָה וְשָׁלוֹם וּפַרְנָסָה טוֹבָה נִזָּכֵר וְנִכָּתֵב לְפָנֶיךָ אֲנַחְנוּ וְכָל־עַמְּךָ בֵּית יִשְׂרָאֵל לְחַיִּים טוֹבִים וּלְשָׁלוֹם. בָּרוּךְ אַתָּה יְיָ עוֹשֵׂה הַשָּׁלוֹם:

אֱלֹהֵינוּ וֵאלֹהֵי אֲבוֹתֵינוּ.

תָּבֹא לְפָנֶיךָ תְּפִלָּתֵנוּ וְאַל תִּתְעַלַּם מִתְּחִנָּתֵנוּ. שֶׁאֵין אֲנַחְנוּ עַזֵּי פָנִים וּקְשֵׁי עֹרֶף לוֹמַר לְפָנֶיךָ יְיָ אֱלֹהֵינוּ וֵאלֹהֵי אֲבוֹתֵינוּ צַדִּיקִים אֲנַחְנוּ וְלֹא חָטָאנוּ אֲבָל אֲנַחְנוּ חָטָאנוּ:

We thankfully acknowledge that Thou art the Lord our God and the God of our fathers unto all eternity; the Rock of our lives, and the Shield of our salvation through every generation. We will be grateful unto Thee and declare Thy praise for our lives which are entrusted into Thy hands, for our souls which are in Thy care, for Thy miracles which are daily with us, and for Thy wonderful goodness toward us at all times, evening, morn and noon. Thou art good, and Thy love never fails; Thou art merciful, and Thy kindnesses never cease. We have ever hoped in Thee.

For all this, Thy name, O our divine Ruler, shall be blessed and exalted forever. O inscribe all the children of Thy covenant for a happy life. And may all the living do homage unto Thee forever, and praise Thy name in truth, O God who art our salvation and our help. Blessed be Thou, O Lord, Beneficent One; unto Thee it is seemly to give praise.

Our Father, grant peace and well-being, blessing and grace, loving-kindness and mercy unto us and unto all Israel, Thy people. Bless us, O our Father, all of us together, with the light of Thy presence; for by that light Thou hast given us, O Lord our God, the Torah of life, loving-kindness and righteousness, blessing and mercy, life and peace. O may it be good in Thy sight at all times to bless Israel and all Thy children with Thy peace.

In the book of life, blessing, peace and good sustenance, may we be remembered and inscribed before Thee, we and all Thy people, the house of Israel, for a happy life and for peace. Blessed art Thou, O Lord, who makest peace.

Our God and God of our fathers!

May our prayers come before Thee. Hide not Thyself from our supplication for we are neither so arrogant nor so hardened as to say before Thee, O Lord our God and God of our fathers, 'we are righteous and have not sinned'; verily, we have sinned.

אָשַׁמְנוּ. בָּגַדְנוּ. גָּזַלְנוּ. דִּבַּרְנוּ דֹפִי. הֶעֱוִינוּ. וְהִרְשַׁעְנוּ. זַדְנוּ. חָמַסְנוּ. טָפַלְנוּ שֶׁקֶר. יָעַצְנוּ רָע. כִּזַּבְנוּ. לַצְנוּ. מָרַדְנוּ. נִאַצְנוּ. סָרַרְנוּ. עָוִינוּ. פָּשַׁעְנוּ. צָרַרְנוּ. קִשִּׁינוּ עֹרֶף. רָשַׁעְנוּ. שִׁחַתְנוּ. תִּעַבְנוּ. תָּעִינוּ. תִּעְתָּעְנוּ:

סַרְנוּ מִמִּצְוֹתֶיךָ וּמִמִּשְׁפָּטֶיךָ הַטּוֹבִים וְלֹא שָׁוָה לָנוּ: וְאַתָּה צַדִּיק עַל כָּל־הַבָּא עָלֵינוּ. כִּי־אֱמֶת עָשִׂיתָ וַאֲנַחְנוּ הִרְשָׁעְנוּ:

מַה־נֹּאמַר לְפָנֶיךָ יוֹשֵׁב מָרוֹם וּמַה־נְּסַפֵּר לְפָנֶיךָ שׁוֹכֵן שְׁחָקִים. הֲלֹא כָּל־הַנִּסְתָּרוֹת וְהַנִּגְלוֹת אַתָּה יוֹדֵעַ:

אַתָּה יוֹדֵעַ רָזֵי עוֹלָם. וְתַעֲלוּמוֹת סִתְרֵי כָל־חָי: אַתָּה חוֹפֵשׂ כָּל־חַדְרֵי בָטֶן וּבוֹחֵן כְּלָיוֹת וָלֵב: אֵין דָּבָר נֶעְלָם מִמֶּךָּ. וְאֵין נִסְתָּר מִנֶּגֶד עֵינֶיךָ:

וּבְכֵן יְהִי רָצוֹן מִלְּפָנֶיךָ יְיָ אֱלֹהֵינוּ וֵאלֹהֵי אֲבוֹתֵינוּ. שֶׁתִּסְלַח לָנוּ עַל כָּל־חַטֹּאתֵינוּ. וְתִמְחַל לָנוּ עַל כָּל־עֲוֹנוֹתֵינוּ. וּתְכַפֶּר־לָנוּ עַל כָּל־פְּשָׁעֵינוּ:

עַל חֵטְא שֶׁחָטָאנוּ לְפָנֶיךָ בְּאֹנֶס וּבְרָצוֹן:
וְעַל חֵטְא שֶׁחָטָאנוּ לְפָנֶיךָ בְּאִמּוּץ הַלֵּב:
עַל חֵטְא שֶׁחָטָאנוּ לְפָנֶיךָ בִּבְלִי דָעַת:
וְעַל חֵטְא שֶׁחָטָאנוּ לְפָנֶיךָ בְּבִטּוּי שְׂפָתָיִם:
עַל חֵטְא שֶׁחָטָאנוּ לְפָנֶיךָ בְּגִלּוּי עֲרָיוֹת
וְעַל חֵטְא שֶׁחָטָאנוּ לְפָנֶיךָ בְּגָלוּי וּבַסָּתֶר:
עַל חֵטְא שֶׁחָטָאנוּ לְפָנֶיךָ בְּדַעַת וּבְמִרְמָה:
וְעַל חֵטְא שֶׁחָטָאנוּ לְפָנֶיךָ בְּדִבּוּר פֶּה:
עַל חֵטְא שֶׁחָטָאנוּ לְפָנֶיךָ בְּהוֹנָאַת רֵעַ:

We have trespassed, we have dealt treacherously, we have robbed, we have spoken slander, we have acted perversely, and we have wrought wickedness; we have been presumptuous, we have done violence, we have framed lies, we have counselled evil, and we have spoken falsely; we have scoffed, we have revolted, we have provoked, we have rebelled, we have committed iniquity, and we have transgressed; we have oppressed, we have been stiff-necked, we have done wickedly, we have corrupted, we have committed abomination, we have gone astray, we have led others astray.

We have turned away from Thy commandments and Thy judgments that are good, and it has profited us naught. But Thou art righteous in all that has come upon us for Thou hast acted truthfully, but we have wrought unrighteousness.

What shall we say before Thee, O Thou who dwellest on high and what shall we declare before Thee, Thou who abidest in the heavens? Dost Thou not know all things, both the hidden and the revealed?

Thou knowest the mysteries of the universe and the hidden secrets of all living. Thou searchest out the heart of man, and probest all our thoughts and aspirations. Naught escapeth Thee, neither is anything concealed from Thy sight.

May it therefore be Thy will, O Lord, our God and God of our fathers, to forgive us all our sins, to pardon all our iniquities, and to grant us atonement for all our transgressions.

For the sin which we have committed before Thee under compulsion or of our own will,
And for the sin which we have committed before Thee by hardening our hearts;
For the sin which we have committed before Thee unknowingly,
And for the sin which we have committed before Thee with utterance of the lips;
For the sin which we have committed before Thee by unchastity,
And for the sin which we have committed before Thee openly or secretly;
For the sin which we have committed before Thee knowingly and deceitfully,
And for the sin which we have committed before Thee in speech;
For the sin which we have committed before Thee by wronging our neighbor,

וְעַל חֵטְא שֶׁחָטָאנוּ לְפָנֶיךָ בְּהַרְהוֹר הַלֵּב:
עַל חֵטְא שֶׁחָטָאנוּ לְפָנֶיךָ בִּוְעִידַת זְנוּת:
וְעַל חֵטְא שֶׁחָטָאנוּ לְפָנֶיךָ בְּוִדּוּי פֶּה:
עַל חֵטְא שֶׁחָטָאנוּ לְפָנֶיךָ בְּזִלְזוּל הוֹרִים וּמוֹרִים:
וְעַל חֵטְא שֶׁחָטָאנוּ לְפָנֶיךָ בְּזָדוֹן וּבִשְׁגָגָה:
עַל חֵטְא שֶׁחָטָאנוּ לְפָנֶיךָ בְּחֹזֶק יָד:
וְעַל חֵטְא שֶׁחָטָאנוּ לְפָנֶיךָ בְּחִלּוּל הַשֵּׁם:
עַל חֵטְא שֶׁחָטָאנוּ לְפָנֶיךָ בְּטֻמְאַת שְׂפָתָיִם:
וְעַל חֵטְא שֶׁחָטָאנוּ לְפָנֶיךָ בְּטִפְשׁוּת פֶּה:
עַל חֵטְא שֶׁחָטָאנוּ לְפָנֶיךָ בְּיֵצֶר הָרָע:
וְעַל חֵטְא שֶׁחָטָאנוּ לְפָנֶיךָ בְּיוֹדְעִים וּבְלֹא יוֹדְעִים:

וְעַל כֻּלָּם אֱלוֹהַּ סְלִיחוֹת סְלַח־לָנוּ. מְחַל־לָנוּ. כַּפֶּר־לָנוּ:

עַל חֵטְא שֶׁחָטָאנוּ לְפָנֶיךָ בְּכַחַשׁ וּבְכָזָב:
וְעַל חֵטְא שֶׁחָטָאנוּ לְפָנֶיךָ בְּכַפַּת שֹׁחַד:
עַל חֵטְא שֶׁחָטָאנוּ לְפָנֶיךָ בְּלָצוֹן:
וְעַל חֵטְא שֶׁחָטָאנוּ לְפָנֶיךָ בְּלָשׁוֹן הָרָע:
עַל חֵטְא שֶׁחָטָאנוּ לְפָנֶיךָ בְּמַשָּׂא וּבְמַתָּן:
וְעַל חֵטְא שֶׁחָטָאנוּ לְפָנֶיךָ בְּמַאֲכָל וּבְמִשְׁתֶּה:
עַל חֵטְא שֶׁחָטָאנוּ לְפָנֶיךָ בְּנֶשֶׁךְ וּבְמַרְבִּית:
וְעַל חֵטְא שֶׁחָטָאנוּ לְפָנֶיךָ בִּנְטִיַּת גָּרוֹן:
עַל חֵטְא שֶׁחָטָאנוּ לְפָנֶיךָ בְּשִׂיחַ שִׂפְתוֹתֵינוּ:
וְעַל חֵטְא שֶׁחָטָאנוּ לְפָנֶיךָ בְּשִׂקּוּר עָיִן:
עַל חֵטְא שֶׁחָטָאנוּ לְפָנֶיךָ בְּעֵינַיִם רָמוֹת:
וְעַל חֵטְא שֶׁחָטָאנוּ לְפָנֶיךָ בְּעַזּוּת מֶצַח:

And for the sin which we have committed before Thee by sinful meditation of the heart;

For the sin which we have committed before Thee by association with impurity,

And for the sin which we have committed before Thee by confession of the lips;

For the sin which we have committed before Thee by spurning parents and teachers,

And for the sin which we have committed before Thee in presumption or in error;

For the sin which we have committed before Thee by violence,

And for the sin which we have committed before Thee by the profanation of Thy name;

For the sin which we have committed before Thee by unclean lips,

And for the sin which we have committed before Thee by impure speech;

For the sin which we have committed before Thee by the evil inclination,

And for the sin which we have committed before Thee wittingly or unwittingly;

For all these, O God of forgiveness, forgive us, pardon us, grant us atonement.

For the sin which we have committed before Thee by denying and lying,

And for the sin which we have committed before Thee by bribery;

For the sin which we have committed before Thee by scoffing,

And for the sin which we have committed before Thee by slander;

For the sin which we have committed before Thee in commerce,

And for the sin which we have committed before Thee in eating and drinking;

For the sin which we have committed before Thee by demanding usurous interest,

And for the sin which we have committed before Thee by stretching forth the neck in pride;

For the sin which we have committed before Thee by idle gossip,

And for the sin which we have committed before Thee with wanton looks;

For the sin which we have committed before Thee with haughty eyes,

And for the sin which we have committed before Thee by effrontery;

וְעַל כֻּלָּם אֱלוֹהַּ סְלִיחוֹת סְלַח־לָנוּ. מְחַל־לָנוּ. כַּפֶּר־לָנוּ:

עַל חֵטְא שֶׁחָטָאנוּ לְפָנֶיךָ בִּפְרִיקַת עֹל:

וְעַל חֵטְא שֶׁחָטָאנוּ לְפָנֶיךָ בִּפְלִילוּת:

עַל חֵטְא שֶׁחָטָאנוּ לְפָנֶיךָ בִּצְדִיַּת רֵעַ:

וְעַל חֵטְא שֶׁחָטָאנוּ לְפָנֶיךָ בְּצָרוּת עָיִן:

וְעַל חֵטְא שֶׁחָטָאנוּ לְפָנֶיךָ בְּקַלּוּת רֹאשׁ:

וְעַל חֵטְא שֶׁחָטָאנוּ לְפָנֶיךָ בְּקַשְׁיוּת עֹרֶף:

עַל חֵטְא שֶׁחָטָאנוּ לְפָנֶיךָ בְּרִיצַת רַגְלַיִם לְהָרַע:

וְעַל חֵטְא שֶׁחָטָאנוּ לְפָנֶיךָ בִּרְכִילוּת:

עַל חֵטְא שֶׁחָטָאנוּ לְפָנֶיךָ בִּשְׁבוּעַת שָׁוְא:

וְעַל חֵטְא שֶׁחָטָאנוּ לְפָנֶיךָ בְּשִׂנְאַת חִנָּם:

עַל חֵטְא שֶׁחָטָאנוּ לְפָנֶיךָ בִּתְשׂוּמֶת יָד:

וְעַל חֵטְא שֶׁחָטָאנוּ לְפָנֶיךָ בְּתִמְהוֹן לֵבָב:

וְעַל כֻּלָּם אֱלוֹהַּ סְלִיחוֹת סְלַח־לָנוּ. מְחַל־לָנוּ. כַּפֶּר־לָנוּ:

וְעַל חֲטָאִים שֶׁאָנוּ חַיָּבִים עֲלֵיהֶם עוֹלָה:

וְעַל חֲטָאִים שֶׁאָנוּ חַיָּבִים עֲלֵיהֶם חַטָּאת:

וְעַל חֲטָאִים שֶׁאָנוּ חַיָּבִים עֲלֵיהֶם קָרְבָּן עוֹלֶה וְיוֹרֵד:

וְעַל חֲטָאִים שֶׁאָנוּ חַיָּבִים עֲלֵיהֶם אָשָׁם וַדַּאי וְתָלוּי:

וְעַל חֲטָאִים שֶׁאָנוּ חַיָּבִים עֲלֵיהֶם מַכַּת מַרְדּוּת:

וְעַל חֲטָאִים שֶׁאָנוּ חַיָּבִים עֲלֵיהֶם מַלְקוּת אַרְבָּעִים:

וְעַל חֲטָאִים שֶׁאָנוּ חַיָּבִים עֲלֵיהֶם מִיתָה בִּידֵי שָׁמָיִם:

וְעַל חֲטָאִים שֶׁאָנוּ חַיָּבִים עֲלֵיהֶם כָּרֵת וַעֲרִירִי:

וְעַל כֻּלָּם אֱלוֹהַּ סְלִיחוֹת סְלַח־לָנוּ. מְחַל־לָנוּ. כַּפֶּר־לָנוּ:

For all these, O God of forgiveness, forgive us, pardon us, grant us atonement.

For the sin which we have committed before Thee by casting off the yoke of Thy commandments,

And for the sin which we have committed before Thee by contentiousness;

For the sin which we have committed before Thee by ensnaring our neighbor,

And for the sin which we have committed before Thee by envy;

For the sin which we have committed before Thee by levity,

And for the sin which we have committed before Thee by being stiff-necked;

For the sin which we have committed before Thee by running to do evil,

And for the sin which we have committed before Thee by talebearing;

For the sin which we have committed before Thee by vain oaths,

And for the sin which we have committed before Thee by causeless hatred;

For the sin which we have committed before Thee by breach of trust,

And for the sin which we have committed before Thee with confusion of mind;

For all these, O God of forgiveness, forgive us, pardon us, grant us atonement.

> The following enumeration of sins refers to the period when the sacrificial system of the Temple and the judicial power of the Sanhedrin still existed.

Forgive us too, for the sins for which, in the days of the Temple, the law would have required a burnt offering, a sin offering, an offering varying according to our means, and an offering for certain or for doubtful trespass; and for the sins for which the law would have imposed chastisement, flagellation, untimely death, excision, or one of the four death penalties inflicted by Courts of Law.

וְעַל חֲטָאִים שֶׁאָנוּ חַיָּבִים עֲלֵיהֶם אַרְבַּע מִיתוֹת בֵּית דִּין. סְקִילָה. שְׂרֵפָה. הֶרֶג. וְחֶנֶק: עַל מִצְוַת עֲשֵׂה וְעַל מִצְוַת לֹא תַעֲשֶׂה. בֵּין שֶׁיֵּשׁ בָּהּ קוּם עֲשֵׂה. וּבֵין שֶׁאֵין בָּהּ קוּם עֲשֵׂה. אֶת־הַגְּלוּיִם לָנוּ וְאֶת־שֶׁאֵינָם גְּלוּיִם לָנוּ: אֶת־הַגְּלוּיִם לָנוּ כְּבָר אֲמַרְנוּם לְפָנֶיךָ. וְהוֹדִינוּ לְךָ עֲלֵיהֶם. וְאֶת־שֶׁאֵינָם גְּלוּיִם לָנוּ לְפָנֶיךָ הֵם גְּלוּיִם וִידוּעִים. כַּדָּבָר שֶׁנֶּאֱמַר הַנִּסְתָּרֹת לַייָ אֱלֹהֵינוּ. וְהַנִּגְלֹת לָנוּ וּלְבָנֵינוּ עַד־עוֹלָם. לַעֲשׂוֹת אֶת־כָּל־דִּבְרֵי הַתּוֹרָה הַזֹּאת: כִּי אַתָּה סָלְחָן לְיִשְׂרָאֵל וּמָחֳלָן לְשִׁבְטֵי יְשֻׁרוּן בְּכָל־דּוֹר וָדוֹר וּמִבַּלְעָדֶיךָ אֵין לָנוּ מֶלֶךְ מוֹחֵל וְסוֹלֵחַ אֶלָּא אָתָּה:

אֱלֹהַי עַד שֶׁלֹּא נוֹצַרְתִּי אֵינִי כְדַי. וְעַכְשָׁו שֶׁנּוֹצַרְתִּי כְּאִלּוּ לֹא נוֹצַרְתִּי. עָפָר אֲנִי בְּחַיָּי. קַל וָחֹמֶר בְּמִיתָתִי. הֲרֵי אֲנִי לְפָנֶיךָ כִּכְלִי מָלֵא בוּשָׁה וּכְלִמָּה: יְהִי רָצוֹן מִלְּפָנֶיךָ יְיָ אֱלֹהַי וֵאלֹהֵי אֲבוֹתַי שֶׁלֹּא אֶחֱטָא עוֹד. וּמַה־שֶּׁחָטָאתִי לְפָנֶיךָ מָרֵק בְּרַחֲמֶיךָ הָרַבִּים. אֲבָל לֹא עַל יְדֵי יִסּוּרִים וָחֳלָיִם רָעִים:

Forgive us for the breach of positive precepts and for the breach of negative precepts, both for the sins of which we are aware as well as for those that are unknown to us. Those of which we are aware, we have already declared and confessed unto Thee; and those that are unknown to us, lo, they are revealed and manifest unto Thee, according to the word that has been spoken: "The secret things belong unto the Lord our God, but things that are revealed, belong unto us and unto our children forever, that we may do all the words of the Torah." For Thou art the Forgiver of Israel and the Pardoner of the tribes of Jeshurun in every generation, and besides Thee we have no king to pardon and forgive our sins. We have Thee alone.

O Lord, before I was formed I had no worth, and now that I have been formed, I am as though I had not been formed. Dust am I in my life; yea, even more so in my death. Behold I am before Thee like a vessel filled with shame and confusion. May it be Thy will, O Lord my God and the God of my fathers, that I sin no more, and as for the sins I have committed before Thee, purge them away in Thine abundant mercy but not by means of affliction and suffering.

אֱלֹהַי נְצוֹר לְשׁוֹנִי מֵרָע וּשְׂפָתַי מִדַּבֵּר מִרְמָה וְלִמְקַלְלַי נַפְשִׁי תִדּוֹם וְנַפְשִׁי כֶּעָפָר לַכֹּל תִּהְיֶה: פְּתַח לִבִּי בְּתוֹרָתֶךָ וּבְמִצְוֹתֶיךָ תִּרְדּוֹף נַפְשִׁי. וְכֹל הַחוֹשְׁבִים עָלַי רָעָה. מְהֵרָה הָפֵר עֲצָתָם וְקַלְקֵל מַחֲשַׁבְתָּם: עֲשֵׂה לְמַעַן שְׁמֶךָ עֲשֵׂה לְמַעַן יְמִינֶךָ עֲשֵׂה לְמַעַן קְדֻשָּׁתֶךָ עֲשֵׂה לְמַעַן תּוֹרָתֶךָ: לְמַעַן יֵחָלְצוּן יְדִידֶיךָ. הוֹשִׁיעָה יְמִינְךָ וַעֲנֵנִי: יִהְיוּ לְרָצוֹן אִמְרֵי־פִי וְהֶגְיוֹן לִבִּי לְפָנֶיךָ. יְיָ צוּרִי וְגוֹאֲלִי: עֹשֶׂה שָׁלוֹם בִּמְרוֹמָיו. הוּא יַעֲשֶׂה שָׁלוֹם עָלֵינוּ וְעַל כָּל־יִשְׂרָאֵל וְאִמְרוּ אָמֵן:

יְהִי רָצוֹן מִלְּפָנֶיךָ יְיָ אֱלֹהֵינוּ וֵאלֹהֵי אֲבוֹתֵינוּ שֶׁיִּבָּנֶה בֵּית הַמִּקְדָּשׁ בִּמְהֵרָה בְיָמֵינוּ וְתֵן חֶלְקֵנוּ בְּתוֹרָתֶךָ: וְשָׁם נַעֲבָדְךָ בְּיִרְאָה כִּימֵי עוֹלָם וּכְשָׁנִים קַדְמֹנִיּוֹת: וְעָרְבָה לַייָ מִנְחַת יְהוּדָה וִירוּשָׁלָיִם כִּימֵי עוֹלָם וּכְשָׁנִים קַדְמוֹנִיּוֹת:

O Lord,
Guard my tongue from evil and my lips from speaking guile,
And to those who slander me, let me give no heed.
May my soul be humble and forgiving unto all.
Open Thou my heart, O Lord, unto Thy sacred Law,
That Thy statutes I may know and all Thy truths pursue.
Bring to naught designs of those who seek to do me ill;
Speedily defeat their aims and thwart their purposes
For Thine own sake, for Thine own power,
For Thy holiness and Law.
That Thy loved ones be delivered,
Answer me, O Lord, and save with Thy redeeming power.

May the words of my mouth and the meditation of my heart
be acceptable unto Thee, O Lord, my Rock and my Redeemer.
Thou who keepest harmony in the heavenly spheres, mayest
Thou make peace for us, for Israel, and for all Thy children
everywhere. Amen.

May it be Thy will, O Lord our God and God of our fathers, to
grant our portion in Thy Torah and to rebuild the Temple speedily in
our days. There we will serve Thee with awe as in the days of old.
May the worship of Judah and Jerusalem be acceptable unto Thee as
in the days of old.

Meditation

The Days of Awe

To our ancestors the days at the beginning of each new year were "days of awe."
They pictured God as holding then His heavenly assize, and decreeing the fate of men and nations.
To us, too, those days betoken divine judgment,
For what they mean to us decides our fate, whether we shall better the world, or it shall make us worse.

We cannot enter upon a new year without a slight sinking of the heart.
The uncertainty of what the future holds in store for us is enough to move us to prayer.
The piyyut of the martyred Rabbi Amnon, recounting the perils that lurk everywhere, sends us trembling for protection under the wings of the Almighty.

But our ancient sages taught us also to pray in another mood;
The tefillah they would have us send to heaven breathes a different yearning.
It comes to us with this behest:
In well-doing rather than in well-being seek your salvation.
Leave for a while the narrow sphere of your concerns, and with Israel's ancient seers ascend the mount of vision.
Thence behold the millions of your fellow-beings madly struggling for air and light, and a place in the sun, and tearing each other's flesh in the panicky scramble.
You will forget your small cares in the woes of the defeated and helpless multitudes.
The pang of compassion will grip your heart, a pang that, for aught we know, is the stirring of God within you;
And you will plead: "Oh that men were united to do Thy will with a perfect heart!"
Then descend into the valley where men die struggling;
Thither take the vision, the pang and the prayer, and transmute their urge into deeds of love.

Meditation

Let your dealings be such that a blush need never color your cheek; be sternly dumb to the voice of passion; commit no sin, saying to yourself that you will repent and make atonement at a later time. Let no oath ever pass your lips; play not the haughty aristocrat in your heart; follow not the desire of your eyes, banish carefully all guile from your soul, all unseemly self-assertion from your bearing and your temper.

Speak never mere empty words; enter into strife with no man; place no reliance on men of mocking lips; wrangle not with evil men; cherish no too fixed good opinion of yourself; but lend your ear to remonstrance and reproof.

Be not weakly pleased at demonstrations of honor; strive not anxiously for distinction; never let a thought of envy of those who do grave wrong cross your mind; be never enviously jealous of others, or too eager for money.

Honor your parents; make peace whenever you can among people, lead them gently into the good path; place your trust in those who love God.

If worldly wealth be lent to you, exalt not yourself above your brother; for both of you came naked into the world, and both of you will surely have to sleep at last together in the dust.

Bear well your heart against the assaults of envy, which kills even sooner than death itself; and know no envy at all, save such envy of the merits of virtuous men, as shall lead you to emulate the beauty of their lives. Surrender not yourself a slave to hate, that ruin of all the heart's good resolves, that destroyer of the very savor of food, of sleep, of all reverence in our souls.

Keep peace both within the city and without, for it goes well with all those who are counsellors of peace; be wholly sincere; mislead no one by prevarications, by words smoother than intention, as little as by direct falsehood. For God, the Eternal is a God of truth; it is He from whom truth flowed first, He who begat truth and sent it into creation.

—Eleazar Rokeach, 1200

חזרת התפלה לשליח צבור

בָּרוּךְ אַתָּה יְיָ אֱלֹהֵינוּ וֵאלֹהֵי אֲבוֹתֵינוּ. אֱלֹהֵי אַבְרָהָם אֱלֹהֵי יִצְחָק וֵאלֹהֵי יַעֲקֹב. הָאֵל הַגָּדוֹל הַגִּבּוֹר וְהַנּוֹרָא אֵל עֶלְיוֹן. גּוֹמֵל חֲסָדִים טוֹבִים וְקוֹנֵה הַכֹּל. וְזוֹכֵר חַסְדֵי אָבוֹת וּמֵבִיא גוֹאֵל לִבְנֵי בְנֵיהֶם לְמַעַן שְׁמוֹ בְּאַהֲבָה:

מִסּוֹד חֲכָמִים וּנְבוֹנִים. וּמִלֶּמֶד דַּעַת מְבִינִים. אֶפְתְּחָה פִּי בִּתְפִלָּה וּבְתַחֲנוּנִים. לְחַלּוֹת וּלְחַנֵּן פְּנֵי מֶלֶךְ מָלֵא רַחֲמִים מוֹחֵל וְסוֹלֵחַ לַעֲוֹנִים:

זָכְרֵנוּ לְחַיִּים מֶלֶךְ חָפֵץ בַּחַיִּים. וְכָתְבֵנוּ בְּסֵפֶר הַחַיִּים. לְמַעַנְךָ אֱלֹהִים חַיִּים: מֶלֶךְ עוֹזֵר וּמוֹשִׁיעַ וּמָגֵן. בָּרוּךְ אַתָּה יְיָ מָגֵן אַבְרָהָם:

אַתָּה גִּבּוֹר לְעוֹלָם אֲדֹנָי מְחַיֵּה מֵתִים אַתָּה רַב לְהוֹשִׁיעַ. מְכַלְכֵּל חַיִּים בְּחֶסֶד מְחַיֵּה מֵתִים בְּרַחֲמִים רַבִּים. סוֹמֵךְ נוֹפְלִים וְרוֹפֵא חוֹלִים וּמַתִּיר אֲסוּרִים וּמְקַיֵּם אֱמוּנָתוֹ לִישֵׁנֵי עָפָר. מִי כָמוֹךָ בַּעַל גְּבוּרוֹת וּמִי דּוֹמֶה לָּךְ מֶלֶךְ מֵמִית וּמְחַיֶּה וּמַצְמִיחַ יְשׁוּעָה:

Reader and Congregation

עוֹד בּוֹ נִשְׁמָתוֹ. יְקַו תְּשׁוּבַת יְצִיר אַדְמָתוֹ.
לְהַחֲיוֹתוֹ. לְהֵיטִיב אַחֲרִיתוֹ:

Congregation

אֱנוֹשׁ אֵיךְ יִצְדַּק פְּנֵי יוֹצְרוֹ. וְהַכֹּל גָּלוּי לוֹ תַּעֲלוּמוֹ וְסִתְרוֹ. בְּזֹאת יְכֻפַּר עֲוֹנוֹ וְיֶגְהֶה מְזוֹרוֹ. אִם יָשׁוּב טֶרֶם יִכְבֶּה נֵרוֹ: גַּם חֹשֶׁךְ לֹא יַחְשִׁיךְ מִמֶּנּוּ. אִם יַסְתִּיר פָּנָיו הוּא יְשׁוּרֶנּוּ. דָּפְיוֹ וְרִשְׁעוֹ עַל פָּנָיו יַעֲנֶנּוּ. יִתְרוֹן לוֹ אִם בְּחַיָּיו

READER'S REPETITION OF THE AMIDAH

Blessed art Thou, O Lord our God and God of our fathers, God of Abraham, God of Isaac, and God of Jacob, the great, mighty, revered and exalted God who bestowest loving-kindness and art Master of all. Mindful of the patriarchs' love for Thee, Thou wilt in Thy love bring a redeemer to their children's children for the sake of Thy name.

Remember us unto life, O King who delightest in life, and inscribe us in the Book of Life so that we may live worthily for Thy sake, O God of life. O King, Thou Helper, Redeemer and Shield, praised be Thou, O Lord, Shield of Abraham.

Thou, O Lord, art mighty forever. Thou callest the dead to immortal life for Thou art mighty in salvation. Thou sustainest the living with loving-kindness, and in great mercy grantest everlasting life to those who have passed away. Thou upholdest the falling, healest the sick, settest free those in bondage, and keepest faith with those that sleep in the dust. Who is like unto Thee, Almighty King, who decreest death and grantest immortal life and bringest forth salvation?

> This Piyyut (Hymn) by Eleazar Kalir of the seventh century conveys the thought that the contemplation of man's frailty and mortality can serve as a deterrent to sin and as a stimulus to a worthy life since the soul is destined to render account before its Maker.

While there is yet the breath of life within man, God the Creator awaits man's repentance and return, so that He may sustain him and bless his latter end. How can man be proved righteous in the sight of his Maker to whom all things are revealed, even the most hidden secrets? Yet may he gain pardon and peace if he repents before the light of his life becomes extinguished.

Darkness conceals naught from the Eternal. Though man should hide himself, God will see him. Man's evil deeds will in the end testify against him. Ah, it is well for him to confess them while he yet lives.

יוֹדְנוּ: הֵן שָׁמַיִם לֹא זַכּוּ בְּעֵינָיו. אַף כִּי נִתְעָב בַּאֲשָׁמָיו
וּבַעֲוֹנָיו. וְזֵד לָמָּה לֹא יָבִין בְּרַעְיוֹנָיו. הֲלֹא יוֹמוֹ וְאֵידוֹ
נוֹכַח פָּנָיו: זְהָבוֹ וּסְגֻלַּת עָשְׁרוֹ בַּל יוֹעִילֶנּוּ. לָתֵת כָּפְרוֹ
בְּיוֹם עֶבְרָה לְהוֹעִילֶנּוּ. חֶסֶד וּצְדָקָה אִם רָדַף בְּעוֹדֶנּוּ.
לְפָנָיו יַהֲלוֹךְ וּכְבוֹד בּוֹרְאוֹ יַאַסְפֶנּוּ: טוֹב לַגֶּבֶר לִשָּׂא עֹל
תּוֹרָה. לְקַיֵּם חֻקֶּיהָ בְּאַהֲבָה בְּיִרְאָה וּבְטָהֳרָה. יְמֵי חַיָּיו
תַּנְחֶנּוּ מְסִלָּה יְשָׁרָה. תִּנְצְרֶנּוּ בִּגְבוּרָה וְלִתְחִי תְּשִׂיחֶנּוּ
לְעֶזְרָה: שַׁדַּי הִנְנוּ בְּיָדְךָ כְּיוֹצֵר חֹמֶר. רְצוֹנְךָ לְהַחֲיוֹת וְלֹא
לְהָמִית וּלְגַמֵּר. תְּיַשֵּׁר לְבָבֵנוּ בְּיִרְאָתְךָ לְהַחֲטִיב וּלְהַאֲמֵר
קַיְּמֵנוּ לְחַיִּים וְנוֹדְךָ לְעוֹלָם וּנְזַמֵּר:

עוֹד בּוֹ נִשְׁמָתוֹ. יְקַו תְּשׁוּבַת יְצִיר אַדְמָתוֹ.
לְהַחֲיוֹתוֹ. לְהֵיטִיב אַחֲרִיתוֹ:

Reader

מִי כָמוֹךָ אַב הָרַחֲמִים זוֹכֵר יְצוּרָיו לַחַיִּים בְּרַחֲמִים:
וְנֶאֱמָן אַתָּה לְהַחֲיוֹת מֵתִים. בָּרוּךְ אַתָּה יְיָ מְחַיֵּה הַמֵּתִים:

יִמְלוֹךְ יְיָ לְעוֹלָם אֱלֹהַיִךְ צִיּוֹן לְדֹר וָדֹר הַלְלוּיָהּ:
וְאַתָּה קָדוֹשׁ יוֹשֵׁב תְּהִלּוֹת יִשְׂרָאֵל אֵל נָא:

אֶת־לַחֲשִׁי עֲנֵה נָא. זַעֲקִי רְצֵה נָא. הָאֵל קָדוֹשׁ:
אָדוֹן לְקוֹל עַמֶּךָ. זְכוֹר רַחֲמֶיךָ. נוֹרָא וְקָדוֹשׁ:
וּבְכֵן וְאַתָּה כְּרַחוּם סְלַח לָנוּ:

Congregation

אַל תִּזְכָּר־לָנוּ עֲוֹנוֹתֵינוּ. הַצִּילֵנוּ מִצָּרֵינוּ. כָּל אֲשֶׁר
חָשְׁבוּ עָלֵינוּ: בְּשִׁמְךָ נִקְרָא וְתַעֲנֵנוּ. וּתְשַׁבֵּר אֶת־עֻלֵּנוּ.
וְאַתָּה תִמְלוֹךְ עָלֵינוּ: גֹּדֶל רַחֲמֶיךָ תוֹדִיעַ. וּמַלְכוּתְךָ עָלֵינוּ

Lo, even the heavens are not wholly pure in the sight of God. How much less man, defiled by sin and guilt. Let the presumptuous ponder this, while the day of reckoning is still before him.

His gold and his most precious treasures will not avail him nor ransom his soul in the hour of death. But if he follows while he may, kindness and righteousness, they shall go before him, and the glory of the Lord will uphold him.

Happy the man who graciously submits to the Law and accepts its statutes with love, reverence and purity. That Law will lead him on the right path during his earthly pilgrimage, sustain him beyond the grave, and become his salvation for life eternal.

Almighty God, we are in Thy hand, as clay in the hand of the potter. As Thou delightest in life and not in death, sustain us and make our hearts upright through our love and awe of Thee, that we may adore Thy name and sing Thy praise evermore.

While there is yet the breath of life within man, God the Creator awaits man's repentance and return, so that He may sustain him and bless his latter end.

Who may be compared to Thee, Father of mercy, who in love rememberest Thy creatures unto life? Faithful art Thou to grant eternal life to the departed. Blessed art Thou, O Lord, who callest the dead to life everlasting.

The Lord shall reign forever; thy God, O Zion, shall be Sovereign unto all generations; praise the Lord.

For Thou art holy, O Thou who art enthroned upon the praises of Israel; O God, we beseech Thee!

O answer now my silent supplication; be gracious to my cry, Most Holy God!

Lord, upon hearing the voice of Thy people, remember Thy tender mercies, O Thou who art awe-inspiring and holy!

Piyyut by Eleazar Kalir, seventh century

Remember not unto us our iniquities; deliver us from our enemies and from all the evil that they have devised against us. We call upon Thy name; O answer us. Break our yoke, and reign Thou over us. Reveal unto us the greatness of Thy mercies; let the light of Thy dominion shine forth upon us, and save us as in the past. Thy word is established forever.

תוֹפִיעַ. וּכְאָז אוֹתָנוּ תוֹשִׁיעַ: דְּבָרְךָ נִצָּב לְעוֹלָם. זְכוֹר נָא אֲבוֹת הָעוֹלָם. וְהָקֵם בְּרִיתְךָ לְעוֹלָם: הֵרָצֵה לָנוּ כְּמֵאָז. וְתֵן לָנוּ עֹז. וְנִלְמַד נֶחֱמָדִים מִפָּז: וְהַשְׁקִיפָה מִמְּעוֹן קָדְשֶׁךָ. וְקוֹמֵם אֶת־מִקְדָּשֶׁךָ. וְנַעֲרִיץ בְּכָל־יוֹם קְדֻשָּׁתֶךָ: זְכוֹר צִדְקַת רִאשׁוֹנִים. וּסְלַח־נָא לָאַחֲרוֹנִים. וְתוֹשִׁיבֵם אֶל אַרְבּוֹתֵיהֶם כְּיוֹנִים: חוּסָה עַל צֹאן מַרְעִיתֶךָ. וּבָרֵךְ אֶת־נַחֲלָתֶךָ. וְלַמְּדֵם כְּאָז דָּתֶךָ: טָהוֹר תַּרְאֶה כְבוֹדֶךָ. וְתוֹדִיעַ בָּנוּ הוֹדֶךָ: וְנִסְבּוֹל עֹל מוֹרָאֲךָ וְיִחוּדֶךָ: יְרֵאֶיךָ יִשְׂמְחוּ בָךְ. וּבְכָל יוֹם יִשְׁתַּחֲווּ לָךְ. וְגוֹי וּמַמְלָכָה יַעַבְדוּ לָךְ: כְּרַחֲמֶיךָ עֲשֵׂה עִמָּנוּ. כִּי בְכָל־יוֹם לְךָ קְרָאנוּ. יְיָ צְבָאוֹת עִמָּנוּ: לְבַדְּךָ תִּמְלוֹךְ כְּמֵרֵאשִׁית. וְתָשִׁית עֵינֶיךָ בְּרֵאשִׁית. בְּמָקוֹם כּוֹנַנְתָּ מֵרֵאשִׁית: מַלְכוּתְךָ עָלֵינוּ תְגַלֶּה. נוֹרְאוֹתֶיךָ נֶחֱזֶה וְנִתְעַלֶּה. וּמִצִּיּוֹן בְּרַחֲמֶיךָ תִּגָּלֶה: נִחֵנוּ בַּאֲמִתֶּךָ. וְשַׂמְּחֵנוּ בִּישׁוּעָתֶךָ. כִּי אֲנַחְנוּ עַמְּךָ וְנַחֲלָתֶךָ: שִׂימֵנוּ בְרָכָה בָּאָרֶץ. וּתְנַעֵר רְשָׁעִים מֵאָרֶץ. וְנֵשֵׁב לָבֶטַח בָּאָרֶץ: עֲנֵנוּ בִּדְבַר אֲמִתֶּךָ. וְהוֹשִׁיעֵנוּ בֶּאֱמוּנָתֶךָ. כִּי אֲנַחְנוּ צֹאן מַרְעִיתֶךָ: פָּנֶיךָ הָאֵר בְּצִיּוֹן. וּמְלוֹךְ עָלֵינוּ בְּצִבְיוֹן. וְתָסִיר טֻמְאָה מִצִּיּוֹן: צַדִּיק אַתָּה בַּכֹּל. וְרַחֲמֶיךָ גְדוֹלִים עַל כֹּל. מִיָּדְךָ הוּא וּלְךָ הַכֹּל: קָרוֹב אַתָּה לְכָל־קֹרְאֶיךָ. רַחֵם עַל מַמְלִיכֶיךָ. כִּי הֵם מַעֲשֵׂה יָדֶיךָ: רַחוּם סְלַח־נָא לְעָוֹן. כִּי כָל־אָדָם מָלֵא עָוֹן. וְאַתָּה תְּכַפֵּר עָוֹן: שִׁמְךָ בָּנוּ נִקְרָא וְאַל תַּנִּיחֵנוּ. נִקְרָאֲךָ וְאַתָּה תַעֲנֵנוּ. וּלְמַעַנְךָ הָאֵר עֵינֵינוּ:

תָּאֵר פָּנֶיךָ תַּרְאֵנוּ. וּבְתוֹרָתְךָ תְּחַכְּמֵנוּ. וּבְמִרְעֶה טוֹב וְשָׁמֵן תַּרְעֵנוּ. וְאַתָּה כְּרַחוּם סְלַח־לָנוּ:

Remember, we beseech Thee, the patriarchs, and confirm Thy covenant unto all time. Graciously accept us as of yore, and grant us strength that we may learn to obey Thy word, more precious than fine gold. Look down from Thy holy dwelling and raise up Thy Sanctuary that we may every day extol Thy holiness.

Remember the righteousness of our ancestors and forgive, we beseech Thee, their posterity; O bring them back like doves to their nests. Have pity upon the sheep of Thy pastures; bless Thou Thy heritage and teach them Thy Law as aforetime. O Thou who art most pure, show us Thy glory; make known Thy majesty, that we may obey Thee and acknowledge Thy unity.

They who revere Thee shall rejoice in Thee; every day they shall worship Thee and every nation and kingdom shall serve Thee. According to Thy tender mercies deal Thou with us; for daily do we call upon Thee, saying: 'The Lord of hosts be with us.' Thou alone shalt reign as at the beginning; Thou wilt restore the holy place Thou hast established in ancient days. Rule over us, that we may see Thy marvellous deeds and be exalted; yea, in mercy reveal Thyself in Zion. Lead us in Thy truth and gladden us with Thy salvation; for we are Thy people and Thy heritage. Appoint us for a blessing on earth; and remove wickedness from the land, that we may dwell in peace and tranquillity. Answer us with the word of Thy truth, and save us in Thy faithfulness, for we are the sheep of Thy pasture. Remove defilement from Zion; cause Thy presence to shine upon her, and reign Thou over us in splendor. Thou art righteous in all things, and Thy tender mercies are over all. From Thy hand we receive our blessings; all things are Thine. Thou who art near unto all that call upon Thee, have mercy upon those who acknowledge Thee King; for they are Thy handiwork. O most Merciful, forgive our iniquity; for though every man is prone to sin, yet Thou art ready to forgive all. By Thy name are we called; O forsake us not. We pray unto Thee; do Thou answer us, and for Thine own sake enlighten our eyes.

Show us the glory of Thy presence and make us wise in Thy Law; sustain us in Thy fertile pasturage, and as Thou art merciful, do Thou forgive us.

The following Piyyut may be read responsively

וּבְכֵן אִמְרוּ לֵאלֹהִים מַה־נּוֹרָא מַעֲשֶׂיךָ:

אִמְרוּ לֵאלֹהִים. אֵל מֶלֶךְ בְּעוֹלָמוֹ. מֵחִישׁ פְּדוּת עַמּוֹ. לְקַיֵּם דְּבַר נְאֻמוֹ. כִּי סְלִיחָה עִמּוֹ.
הוֹדוּ לַיָי קִרְאוּ בִשְׁמוֹ:

אִמְרוּ לֵאלֹהִים. בָּרוּךְ וּמְהֻלָּל בְּרֹב גָּדְלוֹ. מֵחִישׁ סְלִיחָה לִקְהָלוֹ. לְהַרְאוֹת לַכֹּל גָּדְלוֹ. מָדַד מַיִם בְּשָׁעֳלוֹ.
שִׁירוּ לוֹ זַמְּרוּ לוֹ:

אִמְרוּ לֵאלֹהִים. גּוֹאֵל עַם קְדוֹשׁוֹ. בִּסְלִיחָה לְהַקְדִּישׁוֹ. וּמְכוֹנֵן בֵּית מִקְדָּשׁוֹ. לְזֶרַע אַבְרָהָם קְדוֹשׁוֹ.
הִתְהַלְלוּ בְּשֵׁם קָדְשׁוֹ:

אִמְרוּ לֵאלֹהִים. דָּגוּל מְשֻׁבָּח בִּרְקִיעַ עֻזּוֹ. סוֹלֵחַ לְעַם זוּ בָּזוֹ. בִּדְבַר עֻזּוֹ וּמָעֻזּוֹ. לָכֵן עֲדַת מָעֻזּוֹ.
דִּרְשׁוּ יְיָ וְעֻזּוֹ:

אִמְרוּ לֵאלֹהִים. הַכֹּל בְּמַאֲמָר עָשָׂה. וְהוּא פָּעַל וְעָשָׂה. סוֹלֵחַ לְאוֹם עֲמוּסָה. לָכֵן עַם בּוֹ חָסָה.
זִכְרוּ נִפְלְאֹתָיו אֲשֶׁר עָשָׂה:

אִמְרוּ לֵאלֹהִים. וּמֵקִים דְּבַר עַבְדּוֹ. עַל אֶרֶץ וְשָׁמַיִם הוֹדוֹ. סוֹלֵחַ לְעַם מְיַחֲדוֹ. אֲשֶׁר נִקְרְאוּ בִּדְבַר סוֹדוֹ.
זֶרַע יִשְׂרָאֵל עַבְדּוֹ:

The following Piyyut (Hymn) was composed by Meshullam ben
Kalonymos of Rome, in the tenth century

And thus say ye unto God: How wondrous are Thy works!

Praise give to God!
King of the universe,
Potent to free his folk,
Faithful His word to keep,
Swift in forgiving sin,
Call His name gratefully—
Praise give to God.

Blest, praised and powerful,
Granting His people grace;
He to display His might
Metes in His palm the sea.
Sing to Him, chant to Him—
Praise give to God.

Saving His holy folk,
Purging to sanctify,
Shrined in His holy house,
'Mid Abram's holy seed,
Laud ye His holy name—
Praise give to God.

Hymned in His mighty skies,
He yet His folk forgives,
After His mighty word.
Wherefore, O congregants,
Seek Him and seek His strength—
Praise give to God.

All by His word was made,
He alone worked and wrought;
He is your Pardoner.
Therefore, O folk that trust,
Ponder His miracles—
Praise give to God.

Doing His servant's word,
Glorious in heav'n and earth,
Shriving His worshippers,
Called by His high design,
Israel His servant's seed—
Praise give to God.

אִמְרוּ לֵאלֹהִים. זֶה רוֹקַע הָאָרֶץ. הַיֹּשֵׁב עַל חוּג הָאָרֶץ. סוֹלֵחַ לְגוֹי אֶחָד בָּאָרֶץ. לָכֵן אִמְרוּ לְיוֹסֵד אָרֶץ.
הוּא יְיָ אֱלֹהֵינוּ בְּכָל־הָאָרֶץ:

אִמְרוּ לֵאלֹהִים. חַי בִּמְעוֹנָתוֹ. חַנּוּן וְחוֹנֵן עֲדָתוֹ. יָשׁוּב בְּרַחֲמִים לְבֵיתוֹ. לָכֵן לְבָאֵי בִבְרִיתוֹ.
זָכְרוּ לְעוֹלָם בְּרִיתוֹ:

אִמְרוּ לֵאלֹהִים. טַפֵּי נַחֲלָתוֹ. טְלָאֵי יְרֻשָּׁתוֹ. יְקַיֵּם עָלֵימוֹ אִמְרָתוֹ. כְּחָקוּק בְּתוֹרָתוֹ.
אֲשֶׁר כָּרַת אֶת־אַבְרָהָם וּשְׁבוּעָתוֹ:

אִמְרוּ לֵאלֹהִים. יוֹעֵץ מֵישָׁרִים לְחֹק. יְרֵאָיו לְחַיִּים לָחוֹק. סוֹלֵחַ לַחֵטְא לִמְחוֹק. כְּנִשְׁמַע לְרוֹעֶה מֵרָחוֹק.
וַיַּעֲמִידֶהָ לְיַעֲקֹב לְחֹק:

אִמְרוּ לֵאלֹהִים. תַּקִּיף אֱלֹהֵי עוֹלָם. דְּבָרוֹ נִצָּב לְעוֹלָם. וְהוּא מִכֹּל נֶעְלָם. וַאֲנַחְנוּ מְהַלְלִים שְׁמוֹ לְעוֹלָם.
בָּרוּךְ יְיָ אֱלֹהֵי יִשְׂרָאֵל מִן־הָעוֹלָם וְעַד־הָעוֹלָם:

וּבְכֵן גְּדוֹלִים מַעֲשֵׂי אֱלֹהֵינוּ:

מַעֲשֵׂה אֱלֹהֵינוּ. אַדִּיר בְּוִעוּדוֹ. בָּרוּם וּבְתַחַת הוֹדוֹ. גִּלָּה אוֹר לַעֲבָדוֹ. דָּבָר מֵקִים לְעַבְדּוֹ.
לָכֵן יִתְגָּאֶה אֵין עוֹד מִלְּבַדּוֹ:

Lo, He outspread the earth,
Thrones on the orb of earth,
Pardons the salt of earth.
Call then earth's architect
God throughout all the earth—
    Praise give to God.

He living high enthroned,
Gracious and merciful,
Will to His shrine return.
Sons of His covenant,
Heed it eternally,
    Praise give to God.

God plans salvation and
Life for His followers,
Pardoning sinfulness;
Moses this heard and made
Doctrine in Israel—
    Praise give to God.

Ruler of all the worlds,
Fixed is His word for aye,
Hid is His face from all.
Ours but to praise His name,
Blessèd be Israel's God,
Through all eternity—
    Praise give to God.

In this Piyyut, Meshullam ben Kalonymos, the author, contrasts the enduring and amazing work of the Creator as the source of man's salvation, with the mortal, momentary and confusing work of man. It conveys a solemn warning not to rely on princes or the son of man in whom there is no salvation.

And thus great is the work of our God!

In the height and the depth of His burning,
    Where mighty He sits on the throne,
His light He unveils and His yearning
    To all who revere Him alone.
His promises never are broken,
    His greatness all measure exceeds;
Then exalt Him who gives you for token
    His marvellous deeds.

מַעֲשֵׂה אֱלֹהֵינוּ. הַמַּכִּיר עוֹלְמֵי עַד. וְסוֹפֵר וּמוֹנֶה עֲדֵי־עַד. זִיו מוֹשָׁבוֹ נוֹעַד. חֶלֶד צוֹפֶה בְּמִסְעַד.

לָכֵן יִתְגָּאֶה הַמַּבִּיט לָאָרֶץ וַתִּרְעָד:

מַעֲשֵׂה אֱלֹהֵינוּ. טוֹעֵן עוֹלָמוֹ. יוֹדֵעַ הֲדוֹמוֹ. כִּלְּלוֹ בְּנָאֳמוֹ. לָעַד לַהֲקִימוֹ.

לָכֵן יִתְגָּאֶה יְיָ צְבָאוֹת שְׁמוֹ:

מַעֲשֵׂה אֱלֹהֵינוּ. מוֹשֵׁל בְּמִפְעָלוֹ. נוֹרָא עַל זְבוּלוֹ. סִלּוּדוֹ כְּגָדְלוֹ. עֻזּוֹ כְּרֹב חֵילוֹ.

לָכֵן יִתְגָּאֶה שְׂרָפִים עֹמְדִים מִמַּעַל לוֹ:

מַעֲשֵׂה אֱלֹהֵינוּ. פְּאֵרוֹ בִּשְׁמֵי מְעוֹנַי. צוֹפֶה וּמַבִּיט לְעֵינַי. קִלּוּס שְׁמוֹ בַּהֲמוֹנַי. רוֹדֶה בְּקֶרֶב מוֹנַי.

לָכֵן יִתְגָּאֶה גְּדוֹלִים מַעֲשֵׂי יְיָ:

The following verse is said silently:

מַעֲשֵׂה אֱנוֹשׁ. תַּחְבּוּלוֹתָיו מְזִמָּה. שִׁבְתּוֹ בְּתוֹךְ מִרְמָה. רְפִידָתוֹ רִמָּה. קָבוּר בִּסְעִיף אֲדָמָה. וְאֵיךְ יִתְגָּאֶה אָדָם לַהֶבֶל דָּמָה:

אֲבָל מַעֲשֵׂה אֱלֹהֵינוּ. שַׁדַּי רוֹקַע הָאָרֶץ עַל בְּלִימָה. שׁוֹכְנֶיהָ בְּלִי הֱיוֹת לְשַׁמָּה. תִּכֵּן עַל מַיִם אֲדָמָה. תַּקִּיף שְׁמוֹ לְרוֹמֵמָה.

לָכֵן יִתְגָּאֶה עֹטֶה אוֹר כַּשַּׂלְמָה:

He marshals the planets unbounded,
  He numbers the infinite years;
The seat of his empire is founded
  More deep than the nethermost spheres;
He looks on the lands from His splendor;
  They tremble and quiver like reeds;
Then exalt ye in lowly surrender
  His marvellous deeds.

The worlds He upholds in their flying,
  His feet on the footstool of earth;
His word hath established undying,
  Whatever His word brought to birth.
The ruler of hosts is His title;
  Then exalt Him in worshipful creeds,
Declaring in solemn recital
  His marvellous deeds.

He is master of all He created,
  Sublime in His circle of light;
His strength with His glory is mated,
  His greatness at one with His might.
So that seraphim over Him winging,
  Obeying an angel that leads,
Unite in the rapture of singing
  His marvellous deeds.

The following verse is said silently:

  But of man—ah! the tale is another,
    His counsels are evil and vain;
  He dwells with deceit as a brother,
    And the worm is the close of his reign.
  Into earth he is carted and shovelled,
    And who shall recount or who heeds,
  When above earth he strutted or grovelled,
    His marvellous deeds?

Not so God!—earth on nothing He founded,
  And on emptiness stretched out the sky;
With land the great waters He bounded,
  And bade all their breeds multiply.
In light He is clad as a raiment;
  His greatness no eulogy needs;
Yet exalt, 'tis your only repayment,
  His marvellous deeds.

The Book of Life

'Inscribe us in the Book of Life.' This must be understood in a spiritual sense. When a man clings to the love of God, and puts his trust in His infinite mercy, he takes upon himself the yoke of the Kingdom of Heaven and therewith inscribes himself in the Book of Life. Whereas the man, a slave to his passions, who so loses his belief in the all-embracing love of God that he fails to repent and return to his Father in heaven, his despair of the love of God is equivalent to his being inscribed—God forbid—in the Book of Death.

ISRAEL BAAL SHEM, 1760

Note on the U-n'-sah-ne To-kef

For centuries the U-n'-sah-ne To-kef, chanted on Rosh Hashanah and Yom Kippur, stirred our forefathers. It epitomizes the central theme of the High Holidays and our philosophy of life. Tradition ascribes this prayer to Rabbi Amnon of Mayence who uttered it in his last moments as he lay dying in martyrdom, affirming his faith in Israel's God. It makes us sense the reality of a Day of Judgment on which God opens the books containing in our own handwriting the complete record of the past year. One by one, as a shepherd counts his sheep, God reviews the deeds and determines the destiny of every living soul.

The realistic enumeration of the misfortunes which may befall us during the coming year causes even the strongest and most secure among us to tremble with trepidation and sends us all to seek protection in our God. But the author does not wish us to linger long on the fears and uncertainties of the morrow. He has an abiding conviction that man can influence his fate and change the course of his life through "Repentance, Prayer and Righteousness."

The author ponders over man's precarious and painful lot in the world. Man's striving, he says, is futile. Man's significance is as a mote of dust, and his span of life vanishes with the wind. Man's origin is dust, and to dust he returns. But the author passes beyond this negative conclusion to a triumphant affirmation:

"But Thou art ever our living God and King."

It is our faith in God which gives life meaning and purpose, hope and dignity. The sufferings of the martyred poet do not embitter him against life. Likewise the people of Israel, victims of man's brutality, do not descend to despair, nor succumb to hatred and reprisal, nor rebel against Providence. The pain of Israel is part of the paean of life. With triumphant fervor and invincible trust they acknowledge the sovereignty of God and their indomitable faith in life.

It is our acceptance of the living God which lifts us above despondency, makes us feel ourselves at home in the universe, and teaches us to regard our reverses as a challenge to nobler living.

When we link our destiny with God we become a spark of the Divine. Each of us becomes a personality entitled to liberty, not by gift of the state, but by grace of our Creator who fashioned all human beings in His image. When we acclaim the living God we feel that we are born for noble ends. We become co-workers with God, and must strive to transform the chaos and suffering about us into order and joy, thus ushering in the Kingdom of God on earth.

As we rise to recite the U-n'sah-neh To-kef, may we capture its spirit and may its faith transfigure our lives.

Reader

וּבְכֵן וּלְךָ תַעֲלֶה קְדֻשָּׁה. כִּי אַתָּה
אֱלֹהֵינוּ מֶלֶךְ מוֹחֵל וְסוֹלֵחַ:

Congregation

וּנְתַנֶּה תֹּקֶף קְדֻשַּׁת הַיּוֹם. כִּי הוּא נוֹרָא וְאָיוֹם. וּבוֹ תִנָּשֵׂא מַלְכוּתֶךָ. וְיִכּוֹן בְּחֶסֶד כִּסְאֶךָ. וְתֵשֵׁב עָלָיו בֶּאֱמֶת: אֱמֶת כִּי אַתָּה הוּא דַיָּן וּמוֹכִיחַ וְיוֹדֵעַ וָעֵד. וְכוֹתֵב וְחוֹתֵם וְסוֹפֵר וּמוֹנֶה. וְתִזְכּוֹר כָּל־הַנִּשְׁכָּחוֹת. וְתִפְתַּח אֶת־סֵפֶר הַזִּכְרוֹנוֹת. וּמֵאֵלָיו יִקָּרֵא. וְחוֹתַם יַד כָּל־אָדָם בּוֹ:

וּבְשׁוֹפָר גָּדוֹל יִתָּקַע. וְקוֹל דְּמָמָה דַקָּה יִשָּׁמַע. וּמַלְאָכִים יֵחָפֵזוּן. וְחִיל וּרְעָדָה יֹאחֵזוּן. וְיֹאמְרוּ הִנֵּה יוֹם הַדִּין. לִפְקוֹד עַל־צְבָא מָרוֹם בַּדִּין. כִּי לֹא־יִזְכּוּ בְעֵינֶיךָ בַּדִּין. וְכָל־בָּאֵי עוֹלָם תַּעֲבִיר לְפָנֶיךָ כִּבְנֵי מָרוֹן: כְּבַקָּרַת רוֹעֶה עֶדְרוֹ. מַעֲבִיר צֹאנוֹ תַּחַת שִׁבְטוֹ. כֵּן תַּעֲבִיר וְתִסְפּוֹר וְתִמְנֶה. וְתִפְקוֹד נֶפֶשׁ כָּל־חָי. וְתַחְתּוֹךְ קִצְבָה לְכָל־בְּרִיָּה. וְתִכְתּוֹב אֶת־גְּזַר דִּינָם:

Reader

May our sanctification of Thy name ascend unto Thee; for Thou art our God and a King of pardon and forgiveness.

Congregation

We will observe the mighty holiness of this day, for it is one of awe and anxiety. Thereon is Thy dominion exalted. On this day we conceive Thee established on Thy throne of mercy, sitting thereon in truth. We behold Thee, as Judge and Witness, recording our secret thoughts and acts and setting the seal thereon. Thou recordest everything; yea, Thou rememberest the things forgotten. Thou unfoldest the records, and the deeds therein inscribed tell their own story for lo, the seal of every man's hand is set thereto.

The great Shofar is sounded, and a still small voice is heard. The angels in heaven are dismayed and are seized with fear and trembling, as they proclaim: "Behold the Day of Judgment!" The hosts of heaven are to be arraigned in judgment for in Thine eyes even they are not free from guilt. All who enter the world dost Thou cause to pass before Thee, one by one, as a flock of sheep. As a shepherd musters his sheep and causes them to pass beneath his staff, so dost Thou pass and record, count and visit, every living soul, appointing the measure of every creature's life and decreeing its destiny.

בְּרֹאשׁ הַשָּׁנָה יִכָּתֵבוּן. וּבְיוֹם צוֹם כִּפּוּר יֵחָתֵמוּן. כַּמָּה יַעַבְרוּן. וְכַמָּה יִבָּרֵאוּן. מִי יִחְיֶה. וּמִי יָמוּת. מִי בְקִצּוֹ. וּמִי לֹא בְקִצּוֹ. מִי בָאֵשׁ. וּמִי בַמַּיִם. מִי בַחֶרֶב. וּמִי בַחַיָּה. מִי בָרָעָב. וּמִי בַצָּמָא. מִי בָרַעַשׁ. וּמִי בַמַּגֵּפָה. מִי בַחֲנִיקָה. וּמִי בַסְּקִילָה. מִי יָנוּחַ. וּמִי יָנוּעַ. מִי יִשָּׁקֵט. וּמִי יִטָּרֵף. מִי יִשָּׁלֵו. וּמִי יִתְיַסָּר. מִי יֵעָנִי. וּמִי יֵעָשֵׁר. מִי יִשָּׁפֵל. וּמִי יָרוּם:

וּתְשׁוּבָה וּתְפִלָּה וּצְדָקָה
מַעֲבִירִין אֶת־רֹעַ הַגְּזֵרָה:

כִּי כְּשִׁמְךָ כֵּן תְּהִלָּתֶךָ. קָשֶׁה לִכְעוֹס וְנוֹחַ לִרְצוֹת. כִּי לֹא תַחְפּוֹץ בְּמוֹת הַמֵּת. כִּי אִם בְּשׁוּבוֹ מִדַּרְכּוֹ וְחָיָה. וְעַד יוֹם מוֹתוֹ תְּחַכֶּה לּוֹ. אִם יָשׁוּב מִיַּד תְּקַבְּלוֹ: אֱמֶת כִּי אַתָּה הוּא יוֹצְרָם. וְאַתָּה יוֹדֵעַ יִצְרָם. כִּי הֵם בָּשָׂר וָדָם: אָדָם יְסוֹדוֹ מֵעָפָר וְסוֹפוֹ לֶעָפָר. בְּנַפְשׁוֹ יָבִיא לַחְמוֹ. מָשׁוּל כַּחֶרֶס הַנִּשְׁבָּר. כְּחָצִיר יָבֵשׁ. וּכְצִיץ נוֹבֵל. כְּצֵל עוֹבֵר. וְכֶעָנָן כָּלָה. וּכְרוּחַ נוֹשָׁבֶת. וּכְאָבָק פּוֹרֵחַ. וְכַחֲלוֹם יָעוּף:

וְאַתָּה הוּא מֶלֶךְ אֵל חַי וְקַיָּם:

אֵין קִצְבָה לִשְׁנוֹתֶיךָ. וְאֵין קֵץ לְאֹרֶךְ יָמֶיךָ. וְאֵין לְשַׁעֵר מַרְכְּבוֹת כְּבוֹדֶךָ. וְאֵין לְפָרֵשׁ עֵלּוּם שְׁמֶךָ. שִׁמְךָ נָאֶה לְךָ וְאַתָּה נָאֶה לִשְׁמֶךָ. וּשְׁמֵנוּ קָרָאתָ בִשְׁמֶךָ:

עֲשֵׂה לְמַעַן שְׁמֶךָ. וְקַדֵּשׁ אֶת־שִׁמְךָ עַל מַקְדִּישֵׁי שְׁמֶךָ. בַּעֲבוּר כְּבוֹד שִׁמְךָ הַנַּעֲרָץ וְהַנִּקְדָּשׁ. כְּסוֹד שִׂיחַ שַׂרְפֵי קֹדֶשׁ. הַמַּקְדִּישִׁים שִׁמְךָ בַּקֹּדֶשׁ. דָּרֵי מַעְלָה עִם דָּרֵי מַטָּה.

On New Year's Day the decree is inscribed and on the Day of Atonement it is sealed, how many shall pass away and how many shall be born; who shall live and who shall die; who shall attain the measure of man's days and who shall not attain it; who shall perish by fire and who by water; who by sword, and who by beast; who by hunger and who by thirst; who by earthquake and who by plague; who by strangling and who by stoning; who shall have rest and who shall go wandering; who shall be tranquil and who shall be disturbed; who shall be at ease and who shall be afflicted; who shall become poor and who shall wax rich; who shall be brought low and who shall be exalted.

BUT REPENTANCE, PRAYER AND RIGHTEOUSNESS
AVERT THE SEVERE DECREE.

For according to Thy name so is Thy praise. Thou art slow to anger and ready to forgive. Thou desirest not the death of the sinner but that he return from his evil way and live. Even until his dying day Thou waitest for him, perchance he will repent and Thou wilt straightway receive him.

Verily, Thou as Creator knowest the nature of man, for he is but flesh and blood. Man's origin is dust and he returns to the dust. He obtains his bread by the peril of his life; he is like a fragile potsherd, as the grass that withers, as the flower that fades, as a fleeting shadow, as a passing cloud, as the wind that blows, as the floating dust, yea, and as a dream that vanishes.

BUT THOU ART EVER OUR LIVING GOD AND KING.

Thy years have no measure nor hath the length of Thy days any end. None can conceive Thee, nor fathom Thy mysteries. Thy name is glorious and we therefore pray that our name be forever linked with Thine own.

* In the words of the mystic utterance recorded in Holy Scriptures, we sanctify Thy name, so that the angels in heaven unite with Israel on earth in glorifying Thy sovereignty.

* Isaiah 6.

כַּכָּתוּב עַל־יַד נְבִיאֶךָ. וְקָרָא זֶה אֶל־זֶה וְאָמַר.

קָדוֹשׁ קָדוֹשׁ קָדוֹשׁ יְיָ צְבָאוֹת.
מְלֹא כָל־הָאָרֶץ כְּבוֹדוֹ:

כְּבוֹדוֹ מָלֵא עוֹלָם. מְשָׁרְתָיו שׁוֹאֲלִים זֶה לָזֶה אַיֵּה מְקוֹם כְּבוֹדוֹ. לְעֻמָּתָם בָּרוּךְ יֹאמֵרוּ.

בָּרוּךְ כְּבוֹד־יְיָ מִמְּקוֹמוֹ:

מִמְּקוֹמוֹ הוּא יִפֶן בְּרַחֲמִים וְיָחֹן עַם הַמְיַחֲדִים שְׁמוֹ עֶרֶב וָבֹקֶר בְּכָל־יוֹם תָּמִיד פַּעֲמַיִם בְּאַהֲבָה שְׁמַע אֹמְרִים.

שְׁמַע יִשְׂרָאֵל יְיָ אֱלֹהֵינוּ יְיָ אֶחָד:

אֶחָד הוּא אֱלֹהֵינוּ הוּא אָבִינוּ הוּא מַלְכֵּנוּ הוּא מוֹשִׁיעֵנוּ. וְהוּא יַשְׁמִיעֵנוּ בְּרַחֲמָיו שֵׁנִית לְעֵינֵי כָּל־חָי. לִהְיוֹת לָכֶם לֵאלֹהִים.

אֲנִי יְיָ אֱלֹהֵיכֶם:

אַדִּיר אַדִּירֵנוּ יְיָ אֲדוֹנֵינוּ מָה־אַדִּיר שִׁמְךָ בְּכָל־הָאָרֶץ: וְהָיָה יְיָ לְמֶלֶךְ עַל־כָּל־הָאָרֶץ בַּיּוֹם הַהוּא יִהְיֶה יְיָ אֶחָד וּשְׁמוֹ אֶחָד: וּבְדִבְרֵי קָדְשְׁךָ כָּתוּב לֵאמֹר.

יִמְלֹךְ יְיָ לְעוֹלָם. אֱלֹהַיִךְ צִיּוֹן לְדֹר וָדֹר. הַלְלוּיָהּ:

לְדוֹר וָדוֹר נַגִּיד גָּדְלֶךָ. וּלְנֵצַח נְצָחִים קְדֻשָּׁתְךָ נַקְדִּישׁ. וְשִׁבְחֲךָ אֱלֹהֵינוּ מִפִּינוּ לֹא יָמוּשׁ לְעוֹלָם וָעֶד. כִּי אֵל מֶלֶךְ גָּדוֹל וְקָדוֹשׁ אָתָּה:

חֲמוֹל עַל־מַעֲשֶׂיךָ וְתִשְׂמַח בְּמַעֲשֶׂיךָ. וְיֹאמְרוּ לְךָ חוֹסֶיךָ בְּצַדֶּקְךָ עֲמוּסֶיךָ תֻּקְדַּשׁ אָדוֹן עַל כָּל־מַעֲשֶׂיךָ:

K'DUSHAH

Holy, holy, holy is the Lord of hosts;
The whole earth is full of His glory.

Ko-dōsh, ko-dōsh, ko-dōsh, A-dō-noy ts'vo-ōs,
M'lo ḥol ho-o-rets k'vō-dō.

His majesty pervades the universe; His ministering angels ask one another: 'Where is the place of His glory?'
Blessed be the glory of the Lord that fills the universe.*

Bo-ruḥ k'vōd A-dō-noy mi-m'kō-mō.

From His sacred abode may He turn in mercy unto the people that evening and morning, twice daily, proclaim in love the unity of His name, saying:

Hear, O Israel: the Lord our God, the Lord is One.

Sh'ma yis-ro-ayl A-dō-noy e-lō-hay-nu A-dō-noy e-ḥod.

One is the Eternal our God, our Father, our Sovereign, and our Savior, and He will again in mercy proclaim in the presence of all living:

I am the Lord your God.
A-nee A-dō-noy e-lo-hay-ḥem.

Thou art most exalted; O Lord our God, how glorious is Thy name in all the earth! And the Lord shall be King over all the earth; on that day shall the Lord be One and His name one. And in Holy Scriptures it is written:
The Lord shall reign for ever; thy God, O Zion, shall be Sovereign unto all generations. Praise the Lord.

Yim-lōḥ A-dō-noy l'ō-lom e-lō-ha-yiḥ tsi-yōn,
L'dōr vo-dōr, ha-l'lu-yoh.

Unto endless generations we shall declare Thy greatness, and to all eternity we will proclaim Thy holiness. Thy praise, O our God, shall not depart from our mouth forever, for Thou art a great and holy God and King.

O have compassion upon Thy work and rejoice therein. And when Thou hast justified them that have been sustained by Thee, Thy faithful servants shall say: O Lord, be Thou sanctified over all Thy works.

* The Rabbinic interpretation.

כִּי מַקְדִּישֶׁיךָ בִּקְדֻשָּׁתְךָ קִדַּשְׁתָּ. נָאֶה לְקָדוֹשׁ פְּאֵר מִקְּדוֹשִׁים: וּבְכֵן יִתְקַדַּשׁ שִׁמְךָ יְיָ אֱלֹהֵינוּ עַל יִשְׂרָאֵל עַמֶּךָ וְעַל יְרוּשָׁלַיִם עִירֶךָ וְעַל צִיּוֹן מִשְׁכַּן כְּבוֹדֶךָ וְעַל מַלְכוּת בֵּית דָּוִד מְשִׁיחֶךָ וְעַל מְכוֹנְךָ וְהֵיכָלֶךָ: עוֹד יִזְכָּר־לָנוּ אַהֲבַת אֵיתָן אֲדוֹנֵנוּ. וּבַבֵּן הַנֶּעֱקַד יַשְׁבִּית מְדַיְּנֵנוּ. וּבִזְכוּת הַתָּם יוֹצִיא אָיוֹם לְצֶדֶק דִּינֵנוּ. כִּי קָדוֹשׁ הַיּוֹם לַאדוֹנֵינוּ: בְּאֵין מֵלִיץ יֹשֶׁר מוּל מַגִּיד פֶּשַׁע. תַּגִּיד לְיַעֲקֹב דְּבַר חֹק וּמִשְׁפָּט. וְצַדְּקֵנוּ בַּמִּשְׁפָּט הַמֶּלֶךְ הַמִּשְׁפָּט:

The following Piyyut may be read responsively

הָאוֹחֵז בְּיָד מִדַּת מִשְׁפָּט:
וְכֹל מַאֲמִינִים שֶׁהוּא אֵל אֱמוּנָה:
הַבּוֹחֵן וּבוֹדֵק גִּנְזֵי נִסְתָּרוֹת:
וְכֹל מַאֲמִינִים שֶׁהוּא בּוֹחֵן כְּלָיוֹת:
הַגּוֹאֵל מִמָּוֶת וּפוֹדֶה מִשַּׁחַת:
וְכֹל מַאֲמִינִים שֶׁהוּא גּוֹאֵל חָזָק:
הַדָּן יְחִידִי לְבָאֵי עוֹלָם:
וְכֹל מַאֲמִינִים שֶׁהוּא דַּיָּן אֱמֶת:
הֶהָגוּי בְּאֶהְיֶה אֲשֶׁר אֶהְיֶה:
וְכֹל מַאֲמִינִים שֶׁהוּא הָיָה וְהֹוֶה וְיִהְיֶה:
הַוַּדַּאי שְׁמוֹ כֵּן תְּהִלָּתוֹ:
וְכֹל מַאֲמִינִים שֶׁהוּא וְאֵין בִּלְתּוֹ:
הַזּוֹכֵר לְמַזְכִּירָיו טוֹבוֹת זִכְרוֹנוֹת:
וְכֹל מַאֲמִינִים שֶׁהוּא זוֹכֵר הַבְּרִית:
הַחוֹתֵךְ חַיִּים לְכָל־חָי:
וְכֹל מַאֲמִינִים שֶׁהוּא חַי וְקַיָּם:

For with Thy holiness Thou hast sanctified them that call Thee holy. Seemly unto Thee, O Holy One, is Thy pious servants' crown of praise. And thus may Thy name, O Lord our God, be hallowed over Israel and over Jerusalem, Thy city; over Zion, the habitation of Thy glory; over the Messianic Kingdom; over Thy dwelling place, Thy Sanctuary, and over all mankind. Thou wilt yet remember for our sake the love of Abraham, the patriarch, yea, and of Isaac, his son, who was bound on the altar, and the merit of Jacob, the man of simple faith; and Thou wilt bring forth our suit to the light of acquittal, and forgive us, for this day is holy unto Thee, O Lord. Since there is no advocate of righteousness to plead our cause, do Thou Thyself teach Jacob Thy word, statute and judgment; and clear us in judgment, O King of justice.

Piyyut (Hymn) composed in alphabetical acrostic by Yannai of the
seventh century

God holdeth in His hand the measure of judgment;
And all believe that He is the faithful God.

He trieth and searcheth into the most hidden secrets;
And all believe that He knoweth the innermost thoughts.

He redeemeth from death and delivereth from the grave;
And all believe that He is the mighty Redeemer.

He alone is the Judge of all who come into the world;
And all believe that He is the true Judge.

He is called 'I am that I am';
And all believe that He is, was, and ever will be.

His name is the Immutable and thus is His praise;
And all believe that there is none besides Him.

He remembereth for their good those who are mindful of Him;
And all believe that He remembereth the covenant.

He apportioneth life unto all His creatures;
And all believe that He liveth and endureth.

הַטּוֹב. וּמֵטִיב לָרָעִים וְלַטּוֹבִים:

וְכֹל מַאֲמִינִים שֶׁהוּא טוֹב לַכֹּל:

הַיּוֹדֵעַ יֵצֶר כָּל־יְצוּרִים:

וְכֹל מַאֲמִינִים שֶׁהוּא יוֹצְרָם בַּבֶּטֶן:

הַכֹּל יָכוֹל וְכוֹלְלָם יַחַד:

וְכֹל מַאֲמִינִים שֶׁהוּא כֹּל יוּכָל:

הַלָּן בְּסֵתֶר בְּצֵל שַׁדַּי:

וְכֹל מַאֲמִינִים שֶׁהוּא לְבַדּוֹ הוּא:

הַמַּמְלִיךְ מְלָכִים וְלוֹ הַמְּלוּכָה:

וְכֹל מַאֲמִינִים שֶׁהוּא מֶלֶךְ עוֹלָם:

הַנּוֹהֵג בְּחַסְדּוֹ כָּל־דּוֹר:

וְכֹל מַאֲמִינִים שֶׁהוּא נוֹצֵר חֶסֶד:

הַסּוֹבֵל וּמַעֲלִים עַיִן מִסּוֹרְרִים:

וְכֹל מַאֲמִינִים שֶׁהוּא סוֹלֵחַ סֶלָה:

הָעֶלְיוֹן וְעֵינוֹ אֶל יְרֵאָיו:

וְכֹל מַאֲמִינִים שֶׁהוּא עוֹנֶה לָחַשׁ:

הַפּוֹתֵחַ שַׁעַר לְדוֹפְקֵי בִתְשׁוּבָה:

וְכֹל מַאֲמִינִים שֶׁהוּא פְּתוּחָה יָדוֹ:

הַצּוֹפֶה לָרָשָׁע וְחָפֵץ בְּהִצָּדְקוֹ:

וְכֹל מַאֲמִינִים שֶׁהוּא צַדִּיק וְיָשָׁר:

הַקְּצַר בְּזַעַם וּמַאֲרִיךְ אַף:

וְכֹל מַאֲמִינִים שֶׁהוּא קָשֶׁה לִכְעוֹס:

הָרַחוּם וּמַקְדִּים רַחֲמִים לְרֹגֶז:

וְכֹל מַאֲמִינִים שֶׁהוּא רַךְ לִרְצוֹת:

He is good and beneficent to the wicked as well as to the good:
And all believe that He is good unto all.

He knoweth the nature of all creatures;
And all believe that He fashioned them all.

He is all-powerful and all-perfect;
And all believe that He is omnipotent.

The Almighty dwelleth everywhere, even in the secret place;
And all believe that He, alone, is One.

He causeth kings to reign, while all dominion is His;
And all believe that He is the eternal King.

He guideth every generation with His loving-kindness;
And all believe that He keepeth mercy.

He is patient, and overlooketh the evil of the rebellious;
And all believe that He forgiveth.

He is exalted, and He guardeth those that revere Him;
And all believe that He answereth the silent prayer.

He openeth His gate unto them that knock in repentance;
And all believe that His hand is ever open to receive them.

He waiteth for the wicked and delighteth when they return to
righteousness;
And all believe that He is just and righteous.

He is slow to anger and forbearing;
And all believe that it is difficult to arouse His wrath.

He is merciful, for His compassion goeth before His indigna-
tion;
And all believe that He is easy to reconcile.

הַשָּׁוֶה. וּמַשְׁוֶה קָטוֹן וְגָדוֹל:

וְכֹל מַאֲמִינִים שֶׁהוּא שֹׁפֵט צֶדֶק:

הַתָּם וּמִתַּמֵּם עִם תְּמִימִים:

וְכֹל מַאֲמִינִים שֶׁהוּא תָּמִים פָּעֳלוֹ:

תִּשְׂגַּב לְבַדֶּךָ וְתִמְלֹךְ עַל כֹּל בְּיִחוּד. כַּכָּתוּב עַל־יַד נְבִיאֶךָ. וְהָיָה יְיָ לְמֶלֶךְ עַל־כָּל־הָאָרֶץ בַּיּוֹם הַהוּא יִהְיֶה יְיָ אֶחָד וּשְׁמוֹ אֶחָד:

וּבְכֵן תֵּן פַּחְדְּךָ יְיָ אֱלֹהֵינוּ עַל כָּל־מַעֲשֶׂיךָ וְאֵימָתְךָ עַל כָּל־מַה־שֶּׁבָּרָאתָ. וְיִירָאוּךָ כָּל־הַמַּעֲשִׂים וְיִשְׁתַּחֲווּ לְפָנֶיךָ כָּל־הַבְּרוּאִים. וְיֵעָשׂוּ כֻלָּם אֲגֻדָּה אֶחָת לַעֲשׂוֹת רְצוֹנְךָ בְּלֵבָב שָׁלֵם. כְּמוֹ שֶׁיָּדַעְנוּ יְיָ אֱלֹהֵינוּ שֶׁהַשִּׁלְטוֹן לְפָנֶיךָ עֹז בְּיָדְךָ וּגְבוּרָה בִּימִינֶךָ וְשִׁמְךָ נוֹרָא עַל כָּל־מַה־שֶּׁבָּרָאתָ:

וּבְכֵן תֵּן כָּבוֹד יְיָ לְעַמֶּךָ תְּהִלָּה לִירֵאֶיךָ וְתִקְוָה לְדוֹרְשֶׁיךָ וּפִתְחוֹן פֶּה לַמְיַחֲלִים לָךְ. שִׂמְחָה לְאַרְצֶךָ וְשָׂשׂוֹן לְעִירֶךָ וּצְמִיחַת קֶרֶן לְדָוִד עַבְדֶּךָ וַעֲרִיכַת נֵר לְבֶן יִשַׁי מְשִׁיחֶךָ בִּמְהֵרָה בְיָמֵינוּ:

וּבְכֵן צַדִּיקִים יִרְאוּ וְיִשְׂמָחוּ וִישָׁרִים יַעֲלֹזוּ וַחֲסִידִים בְּרִנָּה יָגִילוּ. וְעוֹלָתָה תִּקְפָּץ פִּיהָ וְכָל־הָרִשְׁעָה כֻּלָּה כְּעָשָׁן תִּכְלֶה. כִּי תַעֲבִיר מֶמְשֶׁלֶת זָדוֹן מִן הָאָרֶץ:

He is just and before Him the great and small are alike;
  And all believe that He is the righteous Judge.

He is perfect and dealeth truly with the pure at heart;
  And all believe that His work is perfect.

Thou alone wilt be exalted, and Thou wilt reign over all in unity, as it is written by the hand of Thy prophet: The Lord shall be King over all the earth; on that day shall the Lord be One and his name one.

Note

The following three paragraphs, each beginning with *U-v'ḥane* "And therefore," reaffirm loyalty to a universal outlook and world brotherhood, the well-being of Israel, and the triumph of the moral law. The three forces of internationalism, nationalism and religion, each retaining its own sphere of influence, but reacting upon one another, will hasten the advent of the Kingdom of God and bring salvation to mankind.

And therefore, O Lord our God, let Thine awe be manifest in all Thy works, and a reverence for Thee fill all that Thou hast created, so that all Thy creatures may know Thee, and all mankind bow down to acknowledge Thee. May all Thy children unite in one fellowship to do Thy will with a perfect heart; for we know, O Lord our God, that dominion is Thine, that Thy might and power are supreme, and that Thy name is to be revered over all Thou hast created.

And therefore, O Lord, grant glory to Thy people who serve Thee, praise to those who revere Thee, hope to those who seek Thee, and confidence to those who yearn for Thee. Bring joy to Thy land, gladness to Thy city, renewed strength to the seed of David, and a constant light to Thy servants in Zion. O may this come to pass speedily in our days.

And therefore, the righteous shall see and be glad, the just exult, and the pious rejoice in song, while iniquity shall close its mouth and all wickedness shall vanish like smoke, when Thou removest the dominion of tyranny from the earth.

וְיֶאֱתָיוּ כֹל לְעָבְדֶךָ וִיבָרְכוּ שֵׁם כְּבוֹדֶךָ. וְיַגִּידוּ בָאִיִּים צִדְקֶךָ: וְיִדְרְשׁוּךָ עַמִּים לֹא יְדָעוּךָ. וִיהַלְלוּךָ כָּל־אַפְסֵי אָרֶץ. וְיֹאמְרוּ תָמִיד יִגְדַּל יְיָ: וְיִזְבְּחוּ לְךָ אֶת־זִבְחֵיהֶם. וְיִזְנְחוּ אֶת־עֲצַבֵּיהֶם. וְיַחְפְּרוּ עִם פְּסִילֵיהֶם: וְיַטּוּ שְׁכֶם אֶחָד לְעָבְדֶךָ. וְיִירָאוּךָ עִם שֶׁמֶשׁ מְבַקְשֵׁי פָנֶיךָ. וְיַכִּירוּ כֹּחַ מַלְכוּתֶךָ. וִילַמְּדוּ תוֹעִים בִּינָה: וִימַלְלוּ אֶת־גְּבוּרָתֶךָ. וִינַשְּׂאוּךָ מִתְנַשֵּׂא לְכֹל לְרֹאשׁ. וִיסַלְּדוּ בְחִילָה פָּנֶיךָ. וִיעַטְּרוּךָ נֵזֶר תִּפְאָרָה: וְיִפְצְחוּ הָרִים רִנָּה. וְיִצְהֲלוּ אִיִּים בְּמָלְכֶךָ. וִיקַבְּלוּ עֹל מַלְכוּתְךָ עֲלֵיהֶם. וִירוֹמְמוּךָ בִּקְהַל עָם: וְיִשְׁמְעוּ רְחוֹקִים וְיָבוֹאוּ. וְיִתְּנוּ לְךָ כֶּתֶר מְלוּכָה:

Congregational Singing

V'yeh-eh-so-yu kol l'ov-de-ḥo vee-vo-r'ḥu shaym kvō-de-ḥo, v'yah-gee-du vo-ee-yim tzid-ke-ḥo.

V'yid-r'shu-ḥo ah-meem lō y'do-u-ḥo, vee-ha-l'lu-ḥo kol af-say-o-retz, v'yōm-ru so-meed yig-dal a-dō-noy.

V'yiz-b'ḥu l'ḥo es ziv-ḥay-hem, v'yiz-n'ḥu es a-tza-bay-hem, v'yaḥ-p'ru im p'see-lay-hem.

V'yah-tu sh'ḥem e-ḥod l'ov-de-ḥo, v'yee-ro-u-ḥo im sheh-mesh m'vak-shay fo-ne-ḥo.

V'ya-kee-ru kō-aḥ mal-ḥu-seh-ḥo, vee lam-du sō-eem bee-no.

Vee-mah-l'lu es g'vu-ro-seh-ḥo, vee-nas-u-ḥo mis-na-say l'-ḥol l'rosh, vee sa-l'du v'ḥee-lo po-neh-ḥo, vee-at-ru-ḥo ne-zer tif-o-ro.

V'yif-tz'ḥu ho-reem ri-no, v'yitz-ha'lu i-yeem b'mo-l ḥeh-ḥo, vee-ka-b'lu ōle ma-l'ḥu-s'ḥo a'lay-hem, vee rō-m'mu-ḥo bi-k'hal om

V'yish-m'u r'ḥo-keem v'yo-vō-u, v'yit-nu l'ḥo ke-ser m'lu-ḥo.

The following poem written more than 1200 years ago by an unknown author is remarkable for its universalistic outlook. This is particularly noteworthy since the Middle Ages were marked largely by intolerance, prejudice and violence.

All the World Shall Come to Serve Thee

All the world shall come to serve Thee
  And bless Thy glorious name,
And Thy righteousness triumphant
  The islands shall acclaim.
And the peoples shall go seeking
  Who knew Thee not before,
And the ends of earth shall praise Thee,
  And tell Thy greatness o'er.

They shall build for Thee their altars,
  Their idols overthrown,
And their graven gods shall shame them,
  As they turn to Thee alone.
They shall worship Thee at sunrise,
  And feel Thy Kingdom's might,
And impart their understanding
  To those astray in night.

They shall testify Thy greatness,
  And of Thy power speak,
And extol Thee, shrined, uplifted
  Beyond man's highest peak.
And with reverential homage,
  Of love and wonder born,
With the ruler's crown of beauty
  Thy head they shall adorn.

With the coming of Thy kingdom
  The hills shall break into song,
And the islands laugh exultant
  That they to God belong.
And all their congregations
  So loud Thy praise shall sing,
That the uttermost peoples, hearing,
  Shall hail Thee crowned King.

וְתִמְלוֹךְ אַתָּה יְיָ לְבַדֶּךָ עַל כָּל־מַעֲשֶׂיךָ בְּהַר צִיּוֹן
מִשְׁכַּן כְּבוֹדֶךָ וּבִירוּשָׁלַיִם עִיר קָדְשֶׁךָ כַּכָּתוּב בְּדִבְרֵי
קָדְשֶׁךָ. יִמְלֹךְ יְיָ לְעוֹלָם אֱלֹהַיִךְ צִיּוֹן לְדֹר וָדֹר הַלְלוּיָהּ:

קָדוֹשׁ אַתָּה וְנוֹרָא שְׁמֶךָ וְאֵין אֱלוֹהַּ מִבַּלְעָדֶיךָ כַּכָּתוּב.
וַיִּגְבַּהּ יְיָ צְבָאוֹת בַּמִּשְׁפָּט וְהָאֵל הַקָּדוֹשׁ נִקְדַּשׁ בִּצְדָקָה.
בָּרוּךְ אַתָּה יְיָ הַמֶּלֶךְ הַקָּדוֹשׁ:

אַתָּה בְחַרְתָּנוּ מִכָּל־הָעַמִּים. אָהַבְתָּ אוֹתָנוּ. וְרָצִיתָ בָּנוּ.
וְרוֹמַמְתָּנוּ מִכָּל־הַלְּשׁוֹנוֹת. וְקִדַּשְׁתָּנוּ בְּמִצְוֹתֶיךָ. וְקֵרַבְתָּנוּ
מַלְכֵּנוּ לַעֲבוֹדָתֶךָ. וְשִׁמְךָ הַגָּדוֹל וְהַקָּדוֹשׁ עָלֵינוּ קָרָאתָ:

On Sabbath add the bracketed words

וַתִּתֶּן לָנוּ יְיָ אֱלֹהֵינוּ בְּאַהֲבָה אֶת־יוֹם [הַשַּׁבָּת הַזֶּה לִקְדֻשָּׁה
וְלִמְנוּחָה וְאֶת־יוֹם] הַכִּפֻּרִים הַזֶּה לִמְחִילָה וְלִסְלִיחָה
וּלְכַפָּרָה וְלִמְחָל בּוֹ אֶת־כָּל־עֲוֹנוֹתֵינוּ [בְּאַהֲבָה] מִקְרָא
קֹדֶשׁ. זֵכֶר לִיצִיאַת מִצְרָיִם:

וּמִפְּנֵי חֲטָאֵינוּ גָּלִינוּ מֵאַרְצֵנוּ וְנִתְרַחַקְנוּ מֵעַל אַדְמָתֵנוּ
וְאֵין אֲנַחְנוּ יְכוֹלִים לַעֲשׂוֹת חוֹבוֹתֵינוּ בְּבֵית בְּחִירָתֶךָ בַּבַּיִת
הַגָּדוֹל וְהַקָּדוֹשׁ שֶׁנִּקְרָא שִׁמְךָ עָלָיו מִפְּנֵי הַיָּד שֶׁנִּשְׁתַּלְּחָה
בְּמִקְדָּשֶׁךָ:

And Thou, O Lord, wilt rule, Thou alone, over all Thy works on Mount Zion, the dwelling place of Thy glory, and in Jerusalem, Thy holy city, fulfilling the words of the Psalmist: "The Lord shall reign forever; thy God, O Zion, shall be Sovereign unto all generations. Praise the Lord."

Holy art Thou, and awe-inspiring is Thy name, and there is no God besides Thee; as it is written in Holy Scriptures: "The Lord of hosts is exalted through justice, and the holy God is sanctified through righteousness." Blessed art Thou, O Lord, the holy King.

Thou didst choose us for Thy service from among all peoples, loving us and taking delight in us. Thou didst exalt us above all tongues by making us holy through Thy commandments. Thou hast drawn us near, O our King, unto Thy service and hast called us by Thy great and holy name.

On Sabbath add the bracketed words

And Thou hast given us in love O Lord our God, [this Sabbath day and] this Day of Atonement, for pardon, forgiveness and atonement, that we may [in love] obtain pardon thereon for all our iniquities; a holy convocation in memory of the departure from Egypt.

Note

For centuries the Temple in Jerusalem served as the symbol of Israel's unity and a source of inspiration to our ancestors. Yet, when the Temple was destroyed, our people chanted no hymn of hate against the enemy that hurled them into the long, dark night of exile and oppression. Instead of succumbing to despair, our people, firm in their faith in God, held themselves responsible for the destruction, and nurtured the hope of a return to the land of their fathers, where they would restore the Temple and its worship. That spirit finds expression in the following prayer known as *U-mip-ne Ḥa-ta-e-nu*. Its recital today should stimulate us to work wholeheartedly for the rebuilding of Israel's homeland so that "out of Zion shall go forth the Law and the word of God from Jerusalem."

Because of our sins, we were exiled from our land and removed far away from our country. We cannot perform our sacred duties in Thy great and holy Temple called by Thy name, because of the destruction that has come upon Thy Sanctuary.

יְהִי רָצוֹן מִלְּפָנֶיךָ יְיָ אֱלֹהֵינוּ וֵאלֹהֵי אֲבוֹתֵינוּ מֶלֶךְ רַחֲמָן שֶׁתָּשׁוּב וּתְרַחֵם עָלֵינוּ וְעַל מִקְדָּשְׁךָ בְּרַחֲמֶיךָ הָרַבִּים. וְתִבְנֵהוּ מְהֵרָה וּתְגַדֵּל כְּבוֹדוֹ: אָבִינוּ מַלְכֵּנוּ גַּלֵּה כְּבוֹד מַלְכוּתְךָ עָלֵינוּ מְהֵרָה. וְהוֹפַע וְהִנָּשֵׂא עָלֵינוּ לְעֵינֵי כָּל־חָי. וְקָרֵב פְּזוּרֵינוּ מִבֵּין הַגּוֹיִם. וּנְפוּצוֹתֵינוּ כַּנֵּס מִיַּרְכְּתֵי אָרֶץ: וַהֲבִיאֵנוּ לְצִיּוֹן עִירְךָ בְּרִנָּה. וְלִירוּשָׁלַיִם בֵּית מִקְדָּשְׁךָ בְּשִׂמְחַת עוֹלָם: וְשָׁם נַעֲשֶׂה לְפָנֶיךָ אֶת קָרְבְּנוֹת חוֹבוֹתֵינוּ. תְּמִידִים כְּסִדְרָם וּמוּסָפִים כְּהִלְכָתָם: וְאֶת־מוּסַף יוֹם [הַשַּׁבָּת הַזֶּה וְאֶת־מוּסַף יוֹם] הַכִּפֻּרִים הַזֶּה נַעֲשֶׂה וְנַקְרִיב לְפָנֶיךָ בְּאַהֲבָה כְּמִצְוַת רְצוֹנֶךָ כְּמוֹ שֶׁכָּתַבְתָּ עָלֵינוּ בְּתוֹרָתֶךָ עַל יְדֵי משֶׁה עַבְדֶּךָ מִפִּי כְבוֹדֶךָ כָּאָמוּר:

On Sabbath

[וּבְיוֹם הַשַּׁבָּת שְׁנֵי־כְבָשִׂים בְּנֵי־שָׁנָה תְּמִימִם וּשְׁנֵי עֶשְׂרֹנִים סֹלֶת מִנְחָה בְּלוּלָה בַשֶּׁמֶן וְנִסְכּוֹ: עֹלַת שַׁבַּת בְּשַׁבַּתּוֹ עַל־עֹלַת הַתָּמִיד וְנִסְכָּהּ:]

וּבֶעָשׂוֹר לַחֹדֶשׁ הַשְּׁבִיעִי הַזֶּה מִקְרָא קֹדֶשׁ יִהְיֶה לָכֶם וְעִנִּיתֶם אֶת־נַפְשֹׁתֵיכֶם כָּל־מְלָאכָה לֹא תַעֲשׂוּ:

וְהִקְרַבְתֶּם עֹלָה לַייָ רֵיחַ נִיחֹחַ פַּר בֶּן־בָּקָר אֶחָד אַיִל אֶחָד כְּבָשִׂים בְּנֵי־שָׁנָה שִׁבְעָה תְּמִימִם יִהְיוּ לָכֶם: וּמִנְחָתָם וְנִסְכֵּיהֶם כִּמְדֻבָּר שְׁלֹשָׁה עֶשְׂרֹנִים לַפָּר שְׁנֵי עֶשְׂרֹנִים לָאָיִל וְעִשָּׂרוֹן לַכֶּבֶשׂ וְיַיִן כְּנִסְכּוֹ וּשְׁנֵי שְׂעִירִים לְכַפֵּר וּשְׁנֵי תְמִידִים כְּהִלְכָתָם:

On Sabbath

[יִשְׂמְחוּ בְמַלְכוּתְךָ שׁוֹמְרֵי שַׁבָּת וְקוֹרְאֵי עֹנֶג. עַם מְקַדְּשֵׁי שְׁבִיעִי כֻּלָּם יִשְׂבְּעוּ וְיִתְעַנְּגוּ מִטּוּבֶךָ. וְהַשְּׁבִיעִי רָצִיתָ בּוֹ וְקִדַּשְׁתּוֹ חֶמְדַּת יָמִים אוֹתוֹ קָרָאתָ זֵכֶר לְמַעֲשֵׂה בְרֵאשִׁית:]

May it be Thy will, O Lord our God, and God of our fathers, merciful King, again in Thine abundant compassion to have mercy upon us and upon Thy Sanctuary. O rebuild it speedily and make it great in glory. Our Father, our King, speedily reveal the glory of Thy kingdom unto us; shine forth and be exalted over us in the sight of all living. Bring together our scattered ones from among the nations, and gather our dispersed from the ends of the earth. Lead us with joyous song unto Zion, Thy city, and with everlasting joy unto Jerusalem, the home of Thy Sanctuary.

There shall we bring Thee our offerings in the spirit of reverence and awe which marked the sacrifices brought to Thy Temple by our ancestors of yore as prescribed in Thy Law.

(Numbers 28:9–10)

(Numbers 29:7–8)

And on the tenth day of this seventh month ye shall have a holy convocation; and ye shall afflict your souls; ye shall do no manner of work.

On Sabbath

They that keep the Sabbath and call it a delight shall rejoice in Thy kingdom; the people that sanctify the seventh day, even all of them shall find serenity and delight in Thy goodness, for Thou didst find pleasure in the seventh day and didst hallow it. Thou didst call it the most desirable of days in remembrance of creation.

עָלֵינוּ לְשַׁבֵּחַ לַאֲדוֹן הַכֹּל לָתֵת גְּדֻלָּה לְיוֹצֵר בְּרֵאשִׁית שֶׁלֹּא עָשָׂנוּ כְּגוֹיֵי הָאֲרָצוֹת וְלֹא שָׂמָנוּ כְּמִשְׁפְּחוֹת הָאֲדָמָה שֶׁלֹּא שָׂם חֶלְקֵנוּ כָּהֶם וְגֹרָלֵנוּ כְּכָל הֲמוֹנָם:

וַאֲנַחְנוּ כּוֹרְעִים וּמִשְׁתַּחֲוִים וּמוֹדִים
לִפְנֵי מֶלֶךְ מַלְכֵי הַמְּלָכִים הַקָּדוֹשׁ בָּרוּךְ הוּא.

שֶׁהוּא נוֹטֶה שָׁמַיִם וְיוֹסֵד אָרֶץ וּמוֹשַׁב יְקָרוֹ בַּשָּׁמַיִם מִמַּעַל וּשְׁכִינַת עֻזּוֹ בְּגָבְהֵי מְרוֹמִים: הוּא אֱלֹהֵינוּ אֵין עוֹד. אֱמֶת מַלְכֵּנוּ אֶפֶס זוּלָתוֹ כַּכָּתוּב בְּתוֹרָתוֹ וְיָדַעְתָּ הַיּוֹם וַהֲשֵׁבֹתָ אֶל לְבָבֶךָ כִּי יְיָ הוּא הָאֱלֹהִים בַּשָּׁמַיִם מִמַּעַל וְעַל־הָאָרֶץ מִתָּחַת. אֵין עוֹד:

Congregation rises

Let us adore the Lord of all, who formed the world from of old, that He hath not made us like unto the heathens of the earth, nor fashioned us like the godless of the land; that He hath not made our destiny as theirs, nor cast our lot with their multitude.

We bend the knee, bow in worship, and give thanks unto the King of kings, the Holy One, blessed be He.

Congregation

Va-a'-naḥ-nu kō-r'eem u-mish-ta-ḥa-veem u-mō-deem

Li-f'nay me-leḥ, ma-l'ḥay ham'lo-ḥeem, ha-ko-dōsh bo-ruḥ hu.

Congregation is seated

He stretched forth the heavens and laid the foundations of the earth. His glory is revealed in the heavens above, and His might is manifest in the loftiest heights. He is our God; there is none other. In truth He is our King, there is none besides Him. Thus it is written in His Torah: "Know this day, and consider it in thy heart that the Lord, He is God in the heavens above and on the earth beneath; there is none else."

In the following Meditation, the people of the Congregation pray for their leaders

אֱלֹהֵינוּ וֵאלֹהֵי אֲבוֹתֵינוּ הֱיֵה עִם פִּיפִיּוֹת שְׁלוּחֵי עַמְּךָ בֵּית יִשְׂרָאֵל. הָעוֹמְדִים לְבַקֵּשׁ תְּפִלָּה וְתַחֲנוּנִים מִלְּפָנֶיךָ עַל עַמְּךָ בֵּית יִשְׂרָאֵל: הוֹרֵם מַה־שֶּׁיֹּאמְרוּ. הֲבִינֵם מַה־שֶּׁיְּדַבֵּרוּ. הֲשִׁיבֵם מַה־שֶּׁיִּשְׁאֲלוּ. יַדְּעֵם הֵיךְ יְפָאֲרוּ: בְּאוֹר פָּנֶיךָ יְהַלֵּכוּן. בֶּרֶךְ לְךָ יִכְרְעוּן. עַמְּךָ בְּפִיהֶם יְבָרְכוּן. וּמִבִּרְכוֹת פִּיךָ כֻּלָּם יִתְבָּרְכוּן: עַמְּךָ לְפָנֶיךָ יַעֲבִירוּן. וְהֵם בַּתָּוֶךְ יַעֲבוֹרוּן: עֵינֵי עַמְּךָ בָּם תְּלוּיוֹת. וְעֵינֵיהֶם לְךָ מְיַחֲלוֹת: נִגָּשִׁים מוּל אֲרוֹן הַקֹּדֶשׁ בְּאֵימָה. לְשַׁכֵּךְ כַּעַס וְחֵמָה. וְעַמְּךָ מַסְבִּיבִים אוֹתָם כַּחוֹמָה. וְאַתָּה מִן הַשָּׁמַיִם תַּשְׁגִּיחַ אוֹתָם לְרַחֲמָה: עַיִן נוֹשְׂאִים לְךָ לַשָּׁמַיִם. לֵב שׁוֹפְכִים נִכְחָךְ כַּמַּיִם. וְאַתָּה תִּשְׁמַע מִן הַשָּׁמַיִם: שֶׁלֹּא יִכָּשְׁלוּ בִלְשׁוֹנָם. וְלֹא יִנָּקְשׁוּ בְשִׁנּוּנָם. וְלֹא יֵבוֹשׁוּ בְּמַשְׁעֵנָם. וְלֹא יִכָּלְמוּ בָם שְׁאוֹנָם. וְאַל יֹאמַר פִּיהֶם דָּבָר שֶׁלֹּא כִרְצוֹנֶךָ: כִּי חֲנוּנֶיךָ יְיָ אֱלֹהֵינוּ הֵמָּה חֲנוּנִים. וּמְרוּחָמֶיךָ הֵמָּה מְרוּחָמִים: כְּמָה שֶׁיָּדַעְנוּ יְיָ אֱלֹהֵינוּ אֶת־אֲשֶׁר תָּחוֹן יוּחָן. וְאֶת־אֲשֶׁר תְּרַחֵם יְרוּחָם. כַּכָּתוּב בְּתוֹרָתֶךָ. וְחַנֹּתִי אֶת־אֲשֶׁר אָחֹן וְרִחַמְתִּי אֶת־אֲשֶׁר אֲרַחֵם: וְנֶאֱמַר אַל־יֵבֹשׁוּ בִי קֹוֶיךָ אֲדֹנָי אֱלֹהִים צְבָאוֹת. אַל־יִכָּלְמוּ בִי מְבַקְשֶׁיךָ אֱלֹהֵי יִשְׂרָאֵל:

Reader

אוֹחִילָה לָאֵל. אֲחַלֶּה פָנָיו. אֶשְׁאֲלָה מִמֶּנּוּ מַעֲנֵה לָשׁוֹן: אֲשֶׁר בִּקְהַל עָם אָשִׁירָה עֻזּוֹ. אַבִּיעָה רְנָנוֹת בְּעַד מִפְעָלָיו: לְאָדָם מַעַרְכֵי לֵב. וּמֵיְיָ מַעֲנֵה לָשׁוֹן: יְיָ שְׂפָתַי תִּפְתָּח וּפִי יַגִּיד תְּהִלָּתֶךָ: יִהְיוּ לְרָצוֹן אִמְרֵי־פִי וְהֶגְיוֹן לִבִּי לְפָנֶיךָ יְיָ צוּרִי וְגוֹאֲלִי:

In the following Meditation, the people of the Congregation
pray for their leaders

Meditation

Our God and God of our fathers, inspire the lips of those
who have been appointed by Thy people, the house of Israel,
to stand in prayer before Thee, to beseech Thee and suppli-
cate Thy presence for them. Teach them what to say; instruct
them what to speak; grant them what they ask; and make
known to them how they may glorify Thee. They walk in
the light of Thy spirit; they bend their knee unto Thee, and
with their lips utter blessings upon Thy people. O do Thou
bless them, O Lord, with Thy loving favor. They lead Thy
people to seek Thee, and from their midst they approach Thee;
the eyes of Thy people are upon their leaders and the eyes
of the leaders are toward Thee. They approach the holy Ark
in reverence to pray for their people; O look down from heaven
in compassion upon them. They lift up their eyes unto Thee
and open their hearts in supplication. O do Thou hear them
from Thy heavenly abode. Suffer them not to falter with
their tongue nor to err in their speech, that the multitudes that
repose their trust in them be not put to shame nor bear re-
proach. Guard their lips from uttering any word that is not
according to Thy will. They have found grace and won Thy
mercy, as it is written in Thy words: "I will be gracious to
whom I will be gracious, and I will show mercy on whom I
will show mercy."

Reader

I will hope in God; His presence I will entreat; I will ask
Him the gift of speech that in the Congregation of the people
I may sing of His power and render joyful melody concerning
His deeds. The preparation of the heart is the concern of
man, but the gift of speech comes from the Lord. O Lord,
open Thou my lips that my mouth shall declare Thy praise.
May the words of my mouth and the meditation of my heart
be acceptable unto Thee, O Lord, my Rock and my Redeemer.

אַמִּיץ כֹּחַ כַּבִּיר וְרַב אוֹנִים. אֲשֶׁר מִי יַעֲשֶׂה כְּמַעֲשׂ גְּבוּרוֹתֶיךָ. אֹמֶץ עֲלִיּוֹת קֵרִיתָ עַל קָרִים. אַף יִסַּדְתָּ תֵּבֵל עַל בְּלִימָה: בִּהְיוֹת עוֹלָם חֹשֶׁךְ וְצַלְמָוֶת וְעֵיפָה. בְּמַעֲטֵה לְבוּשְׁךָ אוֹר בֹּקֶר הִגַּהְתָּ. בֵּין זֵדוֹנִים חָצְתָּ כְּקֶרַח הַנּוֹרָא. בְּצוּל הִקְוִיתָם לְבַל יְכַסּוּן חֶלֶד: גִּלִּיתָ פְּנֵי נְשִׁי וְהֵנִיצָה תְּנוּבָה. גַּן מִקֶּדֶם טַעְתָּ לְשַׁעֲשׁוּעַ מַאֲמִירֶיךָ. גֹּדֶל מְאוֹרוֹת תָּתָּה בִּרְקִיעַ עֻזֶּךָ. גַּם צְבָא מַזָּרוֹת עִמָּם צִוִּיתָ: דֵּי שָׁחִים וְדָאִים מִשְּׁעַל צַרְתָּ. דִּמְיוֹן בָּרִיחַ לְכָרֵת יוֹשְׁבֵי גַנִּים. דְּבוּקַת רְגָבִים הוֹצִיאָה רוֹמְשִׂים וְשׁוֹאֲפִים. דָּר קָנֶה וּבִצָּה לַאֲרוּחַת קְרוּאֶיךָ: הֵכַנְתָּ טֶבַח וָמֶסֶךְ וְסוֹעֵד אָיִן. הִקְרַצְתָּ גֹּלֶם מֵחֹמֶר בְּתַבְנִית חוֹתָמֶךָ. הִפַּחְתָּ בְחֶלְדּוֹ טֹהַר נֶשֶׁם מִזְּבוּלֶךָ. הִרְדַּם וּמִצַּלְעוֹ עֵזֶר לוֹ יָעַדְתָּ: וְצִוִּיתוֹ בְּלִי לְעוּט מֵעֵץ הַדַּעַת. וְהֵפֵר צִוּוּי כְּפֶתִי בְּהַשָּׁאַת זוֹחֵל. וְעֻנַּשׁ בְּזֵעַת אַף לִטְרוֹף חֻקּוֹ. וְאִוֶּלֶת בְּצִירִים וְעָרוּם עָפָר לַחְמוֹ: זֵרוּי רִבְעוֹ הִקְפֵּיתָ בְּבֶטֶן חוֹמֶדֶת. זָרְעָה וְהוֹלִידָה אִכָּר וְרוֹעֵה צֹאן. זֶבַח וָשַׁי הִגִּישׁוּ לְמוֹלְךָ יַחַד. זָעַמְתָּ בְּרַב וְשָׁעִתָּ תְּשׁוּרַת צָעִיר: חֶמֶל רַחֲמָיו שִׁחֵת וְעָרַף אָח. חִלָּה פָנֶיךָ וְשַׂמְתָּ לוֹ אוֹת. חָלוּ שְׁלִישִׁים קְרֹא בְשִׁמְךָ לַסֶּמֶל. חִיל נוֹזְלִים קָרָאתָ וּשְׁטָפוּם וְאָבֵדוּ: טָעוּ גֵאִים וּפָצוּ סוּר לְנֶגְדֶּךָ. טוֹרְפוּ בְּחֹם הוֹמִים וְזוֹרְבוּ נִצְמָתוּ. טָעוּן גֹּפֶר נוֹשַׁע כְּסָגֶרְתָּ בַּעֲדוֹ. טְפוּלָיו הִפְרֵיתָ וּמָלְאוּ פְּנֵי צִיָּה: יָעֲצוּ נֶאֱחָדִים לָרוּם עַד לַשַּׁחַק. יֻקְשׁוּ נֻפְּצוּ בְּרוּחַ סוֹעָה וָסָעַר. יְדִיד אֲתוּי עֵבֶר יִדְעֲךָ בָּעוֹלָם. יִחוּם זְקוּנָיו הֶעֱלָה לְךָ לְכָלִיל: כְּשֶׂה תָמִים בְּחַר אִישׁ תָּם. כְּחֶשֶׁק יְשִׁיבַת אֹהָלִים

Service of the High Priest in the Temple on the Day of Atonement

Note

Centuries ago, when our ancestors dwelt in Palestine and when the Temple stood on Mount Zion in Jerusalem, the worship of God was characterized by an elaborate and inspiring sacrificial service. The Priests, attired in their impressive vestments, brought varied offerings and sacrifices. The colorful procession, the rich symbolism and pageantry, and the choral singing of the Levites, the response of the people who stood in the courts, were soul-stirring. This was particularly true of the ritual for the Day of Atonement prescribed in Leviticus, chapter 16, when as a climax to the day's observance, the High Priest alone entered the Holy of Holies.

With the destruction of the Temple, the desire to retain the vividness of that awe-inspiring experience led the sages to introduce, in the Musaf service, a recital of each step in the atonement ritual known as the Avodah, so that future generations would recall its solemnity and be moved to a deeper religious fervor and zeal. Based mainly upon the records preserved in the Mishna Yoma, the Hebrew account (in alphabetical acrostic) was written by Rabbi Meshullam ben Kalonymos of the tenth century.

The English rendition is a summary and a modern interpretation of its contents. The interpolations are indented on both margins of the page in order to distinguish them from the translation.

In order to explain the origin of the institution of the Day of Atonement with its priesthood and ritual, the author in the introductory chapter, *Amitz Koaḥ*, goes back to the creation of the world. He traces the history of man, the sinfulness of the early generations, the flood in the days of Noah, the patriarchs who made God known in the world, the birth of the Hebrew nation that was to stress righteousness, and the appointment of the Levites to minister in the Holy of Holies.

וְנִמְשַׁךְ אַחֲרֶיךָ. כְּשֵׁר חֲנִיטֵי יְף הוֹצֵאתָ מֵחֲלָצָיו. כֻּלוֹ זֶרַע אֱמֶת וְאֵין דֹּפִי: לְשָׁרֶתְךָ אִוִּיתָ לֵוִי אִישׁ חֲסִידֶךָ. לְהַבְדִּיל מִגִּזְעוֹ מְקֻדָּשׁ קֹדֶשׁ קָדָשִׁים. לִקְשׁוֹר נֵזֶר קֹדֶשׁ וְלַעֲטוֹת אוּרִים. לֵישֵׁב בִּכְבֻדָּה פְּנִימָה יָמִים שִׁבְעָה: מַחֲזִיקֵי אֲמָנָה שָׁבוּעַ קֹדֶם לֶעָשׂוֹר. מַפְרִישִׁים כֹּהֵן הָרֹאשׁ כְּדַת הַמִּלֻּאִים. מַזִּים עָלָיו מֵי חַטָּאת לְטַהֲרוֹ. זוֹרֵק מַקְטִיר וּמֵיטִיב לְהִתְרַגֵּל בָּעֲבוֹדָה:

נִלְוִים אֵלָיו נְבוֹנִים יְשִׁישֵׁי שַׁעַר. נוֹאֲמִים לוֹ קְרָא נָא בְּפִיךָ. נֹגַהּ תְּשִׁיעִי יַעֲמִידוּהוּ בְּשַׁעַר קָדִים. נוֹי זִבְחֵי יוֹם לְפָנָיו יַעֲבִירוּ: סֶמֶךְ בִּיאַת שֶׁמֶשׁ צֵידוֹ יַמְעִיטוּ. סַאַב לְבֶן פֶּן בְּרֶדֶם יִקְרֶהוּ. סָבֵי שִׁבְטוֹ לְלַמֵּד חֶפֶן יוֹלִיכוּהוּ. סַמִּים לְתַמֵּר בְּפָנִים אוֹתוֹ יַשְׁבִּיעוּ. סָמַר בְּשָׂרוֹ וְהִדְמִיעַ כִּי נֶחֱשַׁד. סָרוּ גַּם הֵם וּבָכָה הִגִּירוּ. שִׂיחַ מִדְרָשׁ בְּפֶה וּבִכְתָב הִגָּיוֹן. סְבִיבָיו יְשַׁנְּנוּ לְעוֹרְרוֹ עַד חֲצוֹת: עָלְצוּ תְּרוֹם דֶּשֶׁן בְּפַיִס רִאשׁוֹן. עוֹד יָפִיסוּ לְדַשּׁוּן פְּנִימִי וּמְנוֹרָה. עֵקֶב קְטֹרֶת פַּיִס חֲדָשִׁים יְשַׁלֵּשׁוּ. עֲרוּךְ נְתָחִים יַחַד פַּיִס הָרְבִיעִי. עָלָה בְּרַק הַשַּׁחַר כְּנָם הַצּוֹפֶה. עָלָיו פֵּרְשׂוּ מָסַךְ בּוּץ לְהֶצְנֵעַ. עָרָה סוּתוֹ טָבַל וְעָט זְהָבִים. עָמַד וְקִדֵּשׁ וְקֵרֵץ תְּמִיד הַשַּׁחַר: פִּקֵּד לְמָרְקוֹ וְהוּא קִבֵּל וְזָרַק. פֵּרֵשׁ הִקְטִיר וְהֵיטִיב הִקְרִיב וְנִסֵּךְ. פְּעֻלַּת כְּלִיל הִשְׁלִים וְעָשׂ כַּסֵּדֶר. פֵּרְשׂוּ סָדִין לָבָן עוֹד כְּבָרִאשׁוֹנָה. פַּרְוָה בַּקֹּדֶשׁ שָׁם קִדֵּשׁ וּפָשַׁט. פָּסַע וְטָבַל לְבָנִים עָט וְקִדֵּשׁ. פְּלוּסִים עֶרְכָּם מָנִים

O Lord, in wisdom hast Thou created the world and all Thy creatures. Into man hast Thou breathed Thy spirit and hast endowed him with a soul to distinguish between good and evil. Israel hast Thou inspired to know and teach Thy word. Since no man is so righteous that he sins not, since man is prone to error and often follows the evil inclination of his heart, Thou hast given us these holy days for sincere soul-searching and atonement. Thou, O God, desirest not the death of the sinner but that he return from his evil ways and live righteously. As we recall the ancient Avodah Service in the Temple of old, may we be moved to seek Thee in true repentance.

To make atonement for Israel in the days of the Temple, the High Priest commenced a seven-day period of consecration before entering the Holy of Holies on Yom Kippur. The elders that sat in the gate, gathered around him and duly impressed upon him the sacredness of his trust. The eyes of all Israel were turned upon him. The High Priest read aloud the Law and realized fully the need of his own personal uprightness. He dared not pray for the forgiveness of others if he himself were not wholly pure. On the dawn of the ninth day, the Priests who also prepared themselves scrupulously for their holy task, escorted the High Priest to the eastern gate, where he witnessed part of the sacrificial rite of the Day of Atonement. Toward sunset, he partook of a frugal meal so that he would not become drowsy and close his eyes in sleep. All night long the rules and procedure of the Atonement ritual were read and expounded. The High Priest trembled and was moved to tears as his grave responsibility on the morrow was borne in upon him. When the watchman proclaimed the dawn of the Day of Atonement, he cleansed and bathed himself, and after meditation and prayer and meticulous self-scrutiny, he put on the golden garments, and with the assistance of many Priests, the various offerings were made, while the Levites sang hymns of praise. After removing the golden garments, the High Priest put on white garments of linen and then made confession for his own transgressions.

שְׁמוֹנָה עָשָׂר. פְּאוּרִים לְשָׁרֵת בָּם לְמֶלֶךְ הַכָּבוֹד. פָּרוֹ מֻצָּב בֵּין אוּלָם לַמִּזְבֵּחַ. פָּנָיו יָמָּה וְרֹאשׁוֹ נֶגְבָּה מְעֻקָּם. פָּנַשׁ וְסָמַךְ יָדָיו עַל רֹאשׁוֹ. פְּשָׁעָיו הוֹדָה וּבְחֻבּוֹ לֹא טָמַן:

Reader and Congregation

וְכָךְ הָיָה אוֹמֵר. אָנָּא הַשֵּׁם. חָטָאתִי. עָוִיתִי. פָּשַׁעְתִּי לְפָנֶיךָ אֲנִי וּבֵיתִי. אָנָּא בַּשֵּׁם. כַּפֶּר־נָא. לַחֲטָאִים. וְלַעֲוֹנוֹת. וְלִפְשָׁעִים. שֶׁחָטָאתִי. וְשֶׁעָוִיתִי. וְשֶׁפָּשַׁעְתִּי לְפָנֶיךָ אֲנִי וּבֵיתִי. כַּכָּתוּב בְּתוֹרַת משֶׁה עַבְדֶּךָ מִפִּי כְבוֹדֶךָ. כִּי־בַיּוֹם הַזֶּה יְכַפֵּר עֲלֵיכֶם לְטַהֵר אֶתְכֶם מִכֹּל חַטֹּאתֵיכֶם לִפְנֵי יְהוָֹה

וְהַכֹּהֲנִים וְהָעָם הָעוֹמְדִים בָּעֲזָרָה. כְּשֶׁהָיוּ שׁוֹמְעִים אֶת־הַשֵּׁם הַנִּכְבָּד וְהַנּוֹרָא מְפוֹרָשׁ יוֹצֵא מִפִּי כֹהֵן גָּדוֹל בִּקְדֻשָּׁה וּבְטָהֳרָה. הָיוּ כּוֹרְעִים וּמִשְׁתַּחֲוִים וּמוֹדִים וְנוֹפְלִים עַל פְּנֵיהֶם. וְאוֹמְרִים בָּרוּךְ שֵׁם כְּבוֹד מַלְכוּתוֹ לְעוֹלָם וָעֶד:

וְאַף הוּא הָיָה מִתְכַּוֵּן לִגְמוֹר אֶת־הַשֵּׁם כְּנֶגֶד הַמְבָרְכִים וְאוֹמֵר לָהֶם תִּטְהָרוּ: וְאַתָּה בְּטוּבְךָ מְעוֹרֵר רַחֲמֶיךָ וְסוֹלֵחַ לְאִישׁ חֲסִידֶךָ:

צָעַד לֵילֵךְ לוֹ לְמִזְרַח עֲזָרָה. צֶמֶד שְׂעִירִים שָׁם מֵהוֹן עֵדָה. צְמוּדִים אֲחוּיִם שָׁוִים בְּתֹאַר וּבְקוֹמָה. צָגִים לְכַפֵּר עֲוֹן בַּת הַשּׁוֹבֵבָה. צָהוּב חֲלָשִׁים טָרַף וְהֶעֱלָה מִקַּלְפִּי. צָנַח וְהִגְרִיל לְשֵׁם גָּבוֹהַּ וְלַצּוּק. צָעַק בְּקוֹל רָם לַיְיָ

And thus did the High Priest pray: O God, I have sinned; I have committed iniquity. I have transgressed against Thee, *I and my household*. I beseech Thee by Thy NAME, make Thou atonement for the sins and for the iniquities and for the transgressions wherein I have sinned and committed iniquity and transgressed against Thee, I and my household; as it is written in the Law of Thy servant Moses, at Thy glorious command: "For on this day shall atonement be made for you, to cleanse you; from all your sins, before the Lord [shall ye be clean]."

And when the Priests and the people that stood in the court heard the glorious Name pronounced out of the mouth of the High Priest, in holiness and in purity, they knelt and prostrated themselves, and made acknowledgment to God, falling on their faces and saying: "Blessed be His glorious sovereign Name for ever and ever."

And the High Priest in awe, prolonged the utterance of the Name until the people completed the above blessing, after which he turned to them and said: "Ye shall be purified." And Thou, in Thy goodness, O God, didst forgive Thy pious *Priest*.

> Even as the High Priest first confessed his own sins and prayed for himself and his household, so let us first consider our own individual conduct during the past year. Let us begin by purging our own hearts of impurity and deception, and by cleansing our own homes of that which sullies its beauty and mars its sanctity. May each hearthstone be a Sanctuary in which the lamp of faith and religion will glow and reflect in the lives of our children, the love of Thee and Thy Torah.

Then the High Priest went forth to the east of the court where two goats were placed. They were alike and equal, both in form and height and stood ready to be used as an atonement to be made for the iniquity of the children of Israel. Two lots that were made of gold were thrown to‑gether into a casket from which he drew one lot for the Name Most High, and one for the rocky steep. He cried aloud: "A sin-offering unto the Lord." They that heard him, an-

חַטָּאת. צוֹתְתָיו עָנוּ לוֹ וּבָרְכוּ אֶת־הַשֵּׁם. צֶבַע זְהוֹרִית קָשַׁר בְּרֹאשׁ הַמִּשְׁתַּלֵּחַ. צִיגָתוֹ אֲמֵן נֶגֶד בֵּית שִׁלּוּחַ. צָלַח וּבָא אֵצֶל פָּרוֹ שֵׁנִית. צַחֲנָתוֹ וְשֶׁלְּמַטֵּהוּ פְּנֵי צוּר הִתְוַדָּה:

Reader and Congregation

וְכַךְ הָיָה אוֹמֵר. אָנָּא הַשֵּׁם. חָטָאתִי. עָוִיתִי. פָּשַׁעְתִּי לְפָנֶיךָ אֲנִי וּבֵיתִי וּבְנֵי אַהֲרֹן עַם קְדוֹשֶׁךָ. אָנָּא בַּשֵּׁם. כַּפֶּר־נָא. לַחֲטָאִים. וְלַעֲוֹנוֹת. וְלִפְשָׁעִים. שֶׁחָטָאתִי. וְשֶׁעָוִיתִי. וְשֶׁפָּשַׁעְתִּי לְפָנֶיךָ אֲנִי וּבֵיתִי וּבְנֵי אַהֲרֹן עַם קְדוֹשֶׁךָ. כַּכָּתוּב בְּתוֹרַת משֶׁה עַבְדְּךָ מִפִּי כְבוֹדֶךָ. כִּי־בַיּוֹם הַזֶּה יְכַפֵּר עֲלֵיכֶם לְטַהֵר אֶתְכֶם מִכֹּל חַטֹּאתֵיכֶם לִפְנֵי יְהוָֹה

וְהַכֹּהֲנִים וְהָעָם הָעוֹמְדִים בָּעֲזָרָה. כְּשֶׁהָיוּ שׁוֹמְעִים אֶת־הַשֵּׁם הַנִּכְבָּד וְהַנּוֹרָא. מְפוֹרָשׁ יוֹצֵא מִפִּי כֹהֵן גָּדוֹל בִּקְדֻשָּׁה וּבְטָהֳרָה. הָיוּ כּוֹרְעִים וּמִשְׁתַּחֲוִים וּמוֹדִים וְנוֹפְלִים עַל פְּנֵיהֶם. וְאוֹמְרִים בָּרוּךְ שֵׁם כְּבוֹד מַלְכוּתוֹ לְעוֹלָם וָעֶד:

וְאַף הוּא הָיָה מִתְכַּוֵּן לִגְמוֹר אֶת־הַשֵּׁם כְּנֶגֶד הַמְבָרְכִים וְאוֹמֵר לָהֶם תִּטְהָרוּ: וְאַתָּה בְּטוּבְךָ מְעוֹרֵר רַחֲמֶיךָ וְסוֹלֵחַ לְשֵׁבֶט מְשָׁרְתֶיךָ:

קָח מַאֲכֶלֶת חַדָּה וּשְׁחָטוֹ כַּסֵּדֶר. קִבֵּל דָּם בְּמִזְרָק וּנְתָנוֹ לַמְמָרֵס. קְרִישָׁתוֹ יָמֵס עַד עֵת הַזָּיָה. קָפוּי פֶּן יְהִי וְתֶעְדַּר סְלִיחָה. קוֹחַ לוֹחֲשׁוֹת חַת בְּמַחְתַּת פַּרְוָיִם. קַלָּה

swered by blessing God's Name. The High Priest tied a scarlet fillet about the head of the goat to be sent away and released it toward the place whence it was to be sent. The High Priest then made confession of his sins and those of his fellow Priests.

And thus did he pray: O God, I have sinned, I have committed iniquity, I have transgressed against Thee, *I and my household and the sons of Aaron, Thy holy Priests*. I beseech Thee by Thy NAME make Thou atonement for the sins and for the iniquities and for the transgressions wherein I have sinned and committed iniquity and transgressed against Thee, I and my household and the sons of Aaron, Thy Priests; as it is written in the Law of Thy servant Moses: "For on this day shall atonement be made for you, to cleanse you from all your sins, before the Lord [shall ye be clean]."

And when the Priests and the people that stood in the court heard the glorious Name pronounced out of the mouth of the High Priest, in holiness and in purity, they knelt and prostrated themselves, and made acknowledgment to God, falling on their faces and saying: "Blessed be His glorious, sovereign Name for ever and ever."

And the High Priest, in awe, prolonged the utterance of the Name, until the people completed the above blessing, after which he turned to them and said: "Ye shall be purified." And Thou, in Thy goodness, didst forgive the *Priestly Tribe*.

Even as the High Priest prayed for the members of the Priestly Tribe, the leaders of Israel, so do we pray for the leaders of our day, the teachers of religion, the leaders of labor, industry and commerce, the pathfinders in science, education, and government, leaders in all lofty and useful endeavor. O may they who have in their power the safety and welfare of human beings, all created in Thine image, realize the sacredness of their trust. Guard them from temptation, corruption and greed. Give us men of faith, daring and vision, who will bring about a society wherein none shall be master and none shall be slave, wherein all shall share the blessings of life, liberty and happiness.

As a dramatic symbol of the need of forgiveness and community responsibility for sins, the High Priest laid his hands

וְגֶלֶד רַךְ וַאֲרוּכַת יָד. קָדַר לְתוֹכָהּ שְׁלֹשֶׁת קַבִּין גֶּחָלִים. קֵרְבוּ לוֹ בָּזָךְ וּגְדוּשַׁת דַּקָּה. קָלַט וְחָפַן וְהֵרִיק לְתוֹךְ בָּזָךְ. קָפַץ מַחְתָּה בְּיָמִין וּבָזָךְ בִּשְׂמֹאל. קִישׁ צְעָדָיו לְפָרֹכוֹת וְקֵרֵב לַבַּדִּים. קְטֹרֶת שָׂם בֵּינֵימוֹ וְעָשַׁן וְיָצָא: רוֹבֶה מְמָרֵס מִנּוּ נָטַל דָּם. רִצֵּף וְנִכְנַס וְקָם בֵּין שָׁדַיִם. רִצּוּי הַזָּיוֹת טָבַל וְהִצְלִיף בְּמִנְיָן. רוּם מַעְלָה אַחַת וּמַטָּה שֶׁבַע:

וְכַךְ הָיָה מוֹנֶה. אַחַת. אַחַת וְאַחַת. אַחַת וּשְׁתַּיִם. אַחַת וְשָׁלֹשׁ. אַחַת וְאַרְבַּע. אַחַת וְחָמֵשׁ. אַחַת וָשֵׁשׁ. אַחַת וָשֶׁבַע:

רָץ וְהִנִּיחוֹ בַּכַּן וְשָׁחַט שָׂעִיר. רָצָה וְקִבֵּל דָּמוֹ בְּאַגַּן קֹדֶשׁ. רִגֵּל וְעָמַד מְקוֹם וְעוֹד אָרֹן. רִצָּה הַזָּיוֹת כְּמַעֲשֵׂה דַּם פָּר:

וְכַךְ הָיָה מוֹנֶה. אַחַת. אַחַת וְאַחַת. אַחַת וּשְׁתַּיִם. אַחַת וְשָׁלֹשׁ. אַחַת וְאַרְבַּע. אַחַת וְחָמֵשׁ. אַחַת וָשֵׁשׁ. אַחַת וָשֶׁבַע:

רָהַט וְהִנִּיחוֹ וְדַם פָּר נָטַל. רַגְלָיו הֵרִיץ וְצָג חוּץ לְבַדֶּלֶת. רִקְמֵי פָרֹכֶת יַז כְּמִשְׁפַּט כַּפֹּרֶת. רָגַשׁ וְשָׁנָה וְהִזָּה מִדַּם שָׂעִיר:

שָׁב וּבְלָלָם וְחִטֵּא מִזְבֵּחַ סָגוּר. שֶׁבַע עַל טִהֲרוֹ וּבְקַרְנָיו אַרְבַּע. שָׁקַד וּבָא אֵצֶל שָׂעִיר הֶחָי. שִׁגְיוֹן עַם וּזְדוֹנוֹ יוֹדֶה לָאֵל:

upon the head of the goat standing before him and confessed the sins of the people. Then the goat, symbolizing wickedness, was sent into the wilderness to the place called Azazel, and there consigned to destruction.

While later generations retained this primitive rite, higher meanings were ascribed to it. The scapegoat became the symbol of wickedness which was banished annually. Nobler means of atonement and forgiveness were discovered by our ancestors. Vicarious punishment was frowned upon. Ezekiel taught that "The soul that sinneth, it shall die." Hosea proclaimed: "For bullocks, we will render the offering of our lips. Return, O Israel, unto the Lord, Thy God." Isaiah interpreted the meaning of atonement in the message read today: "Is not this the fast that I have chosen, to loose the fetters of wickedness, to undo the bands of the yoke, to let those oppressed go free, to feed the the hungry, clothe the naked, and break every yoke?" Micah said: "Shall I come before God with burnt offerings? Will the Lord be pleased with thousands of rivers of oil? Shall I give my first born for my transgression—the fruit of my body for the sin of my soul? It has been told thee, O man, what is good and what the Lord requires of thee, only to do justly and to love mercy and to walk humbly with your God." Prayer, Repentance and Righteousness were substituted for sacrifices when the Temple was destroyed.

O heavenly Father, in recalling this ancient ritual of the scapegoat, we retain the historical continuity with our people's past and we feel a spiritual kinship with their abhorrence of sin and their longing for atonement. As we remember the ceremony of the High Priest, help us, O God and God of our fathers, to remove from our hearts hatred and greed, to judge others leniently and ourselves severely. Bring us nearer unto Thee and Thy Law so that we may achieve Thy blessings of serenity and peace.

With an offering of fragrant incense, the High Priest entered the Holy of Holies. Then he went forth to make confession for the sins of all Israel.

Reader and Congregation

וְכַךְ הָיָה אוֹמֵר. אָנָּא הַשֵּׁם. חָטְאוּ. עָווּ. פָּשְׁעוּ לְפָנֶיךָ עַמְּךָ בֵּית יִשְׂרָאֵל. אָנָּא בַשֵּׁם. כַּפֶּר־נָא. לַחֲטָאִים. וְלַעֲוֹנוֹת. וְלִפְשָׁעִים. שֶׁחָטְאוּ. וְשֶׁעָווּ. וְשֶׁפָּשְׁעוּ לְפָנֶיךָ עַמְּךָ בֵּית יִשְׂרָאֵל. כַּכָּתוּב בְּתוֹרַת מֹשֶׁה עַבְדֶּךָ מִפִּי כְבוֹדֶךָ. כִּי־בַיּוֹם הַזֶּה יְכַפֵּר עֲלֵיכֶם לְטַהֵר אֶתְכֶם מִכֹּל חַטֹּאתֵיכֶם לִפְנֵי יְהֹוָה

וְהַכֹּהֲנִים וְהָעָם הָעוֹמְדִים בָּעֲזָרָה. כְּשֶׁהָיוּ שׁוֹמְעִים אֶת הַשֵּׁם הַנִּכְבָּד וְהַנּוֹרָא מְפוֹרָשׁ יוֹצֵא מִפִּי כֹהֵן גָּדוֹל בִּקְדֻשָּׁה וּבְטָהֳרָה. הָיוּ כּוֹרְעִים וּמִשְׁתַּחֲוִים וּמוֹדִים וְנוֹפְלִים עַל פְּנֵיהֶם. וְאוֹמְרִים בָּרוּךְ שֵׁם כְּבוֹד מַלְכוּתוֹ לְעוֹלָם וָעֶד:

וְאַף הוּא הָיָה מִתְכַּוֵּן לִגְמוֹר אֶת־הַשֵּׁם כְּנֶגֶד הַמְבָרְכִים וְאוֹמֵר לָהֶם תִּטְהָרוּ: וְאַתָּה בְּטוּבְךָ מְעוֹרֵר רַחֲמֶיךָ וְסוֹלֵחַ לַעֲדַת יְשֻׁרוּן:

שִׁגְּרוֹ בְּיַד אִישׁ עִתִּי לְמִדְבַּר עָז. שֶׁמֶץ כְּתָמֵי זוּ שְׂאֵת לִגְזֵרָה. שֵׁן סֶלַע הֲדָפוֹ וְגִלְגֵּל וְיָרַד. שֻׁבְּרוּ עֲצָמָיו כְּנֵפֶץ כְּלִי יוֹצֵר. שְׁחוּוָה אֲחַז פָּר וְשָׂעִיר קָרַע. שָׁלַף אֵמוּרִים וּגְוִיּוֹת קָלַע לִשְׂרוֹף. שָׁאַג סִדְרֵי יוֹם קִדֵּשׁ וּפָשַׁט. שִׁלֵּשׁ וְטָבַל פַּזִּים עָט וְקִדֵּשׁ: תִּכֵּף וְעָשׂ אֵילוֹ וְאֵיל עָם. תֵּרַב חַטָּאת וּמוּסָפִין הִקְרִיב כַּחֹק. תָּר וְקִדֵּשׁ פָּשַׁט טָבַל וְקִדֵּשׁ. תִּכְרִיךְ בַּדִּים עָט וְנִכְנַס לַדְּבִיר. תְּכוּנַת כְּלֵי קְטֹרֶת הוֹצִיא וְקִדֵּשׁ. תִּלְבֹּשֶׁת מַדָּיו הִפְשִׁיט וּגְנָזָם נֶצַח. תִּרְגֵּל וְטָבַל

And thus did he pray: O God, *Thy people, the house of Israel,* have sinned; they have committed iniquity; they have transgressed against Thee. I beseech Thee by Thy NAME, make Thou atonement for the iniquities and for the transgressions wherein Thy people, the house of Israel, have sinned and committed iniquity and transgressed against Thee; as it is written in the Law of Thy servant, Moses, at Thy glorious command: "For on this day shall atonement be made for you, to cleanse you; from all your sins, before the Lord [shall ye be clean]."

And when the priests and the people that stood in the court heard the glorious Name pronounced out of the mouth of the High Priest, in holiness and in purity, they knelt and prostrated themselves and made acknowledgment to God, falling on their faces and saying: "Blessed be His glorious, sovereign Name for ever and ever."

And the High Priest, in awe, prolonged the utterance of the Name, until the people completed the above blessing, after which he turned to them and said: "Ye shall be purified." And Thou, in Thy goodness, didst forgive the *people of Israel.*

Thus the High Priest prayed, first for himself and his family, then for the Priestly Tribe, and finally for the well-being of all Israel. In the same spirit, do we pray for Israel and all humanity.

Grant, O heavenly Father, that the children of Israel shall no longer be harassed and humiliated, that they may lay aside the wanderer's staff, that they may find shelter and serenity and dwell in their homes secure and unafraid, honored for their virtues and public service, trusted for their loyalty and integrity, respected for their traditions and ideals, true to their individuality, yet sharing whole-heartedly in civic and national responsibilities, participating fully in their country's progress, blending the noblest in their heritage with the best in their environment, living full, happy and useful lives, a blessing to Our People and a glory to Thee.

O send Thy light and Thy truth to rulers who are blinded by hate and maddened with power. Hasten the day when all peoples and nations will acknowledge Thee and live together in amity and good will, in friendship and peace.

חֲרוּצִים עֵט וְקִדֵּשׁ. תָּמִיד הִסְדִּיר וְתִמֵּר וְנֵרוֹת הֶעֱלָה. תָּכֵל עֲבֹדוֹת יָד וְרֶגֶל קִדֵּשׁ. תִּמֵּם טְבִילוֹת חָמֵשׁ וְקִדּוּשִׁים עֲשָׂרָה. תֹּאַר מְגַמָּתוֹ כְּצֵאת הַשֶּׁמֶשׁ בִּגְבוּרָה. תָּקֵף וְרֶץ וְעָטָה בִּגְדֵי הוֹנוֹ. תַּמָּה תְלָוֶה צִיר נֶאֱמָן לַבַּיִת. תָּגֵל בְּהִתְבַּשֵּׂר הַשְׁלֵג אֹדֶם תּוֹלָע. תַּעֲדֶה יֶשַׁע תַּעֲטָה מְעִיל צְדָקָה. תָּפִיק צָהֳלָה תַּבִּיעַ דִּיץ וְחֶדְוָה. תִּלְוּלֵי רוּם הִרְעִיפוּ זַרְזִיף טַלָּם. תַּלְמֵי שָׂדַי רָווּ תֵּת יְבוּלָם. תּוֹדָה נָתְנוּ אוֹסְפֵי זֶרַע שָׁלוֹם. תְּהִלָּה בִּשְּׂרוּ נוֹשְׂאֵי אֲלֻמּוֹת בְּרֶנֶן. תַּחְתִּיּוֹת אֶרֶץ צְבִי זֶמֶר שָׁמְעוּ. תְּנוּ צִדְקוֹתָיו חֲצַץ הוֹלְכֵי נְתִיבוֹת. תִּקְוַת שׁוֹלְחָיו אֵמוּן לֹא אַכְזָב. תּוֹחַלְתָּם כְּצִנַּת שֶׁלֶג בְּיוֹם קָצִיר: מְצוֹאָתָם רָחֲצוּ מִטֶּנֶף צַחֲנָתָם זַכּוּ. שְׁלֵמִים תְּמִימִים בְּבֹר כַּפֵּימוֹ זָכְזָכוּ. לְהַגִּיד כִּי מְטַהֲרָם מְקוֹר מַיִם חַיִּים. מִקְוֵה יִשְׂרָאֵל מְנַקָּם מַיִם נֶאֱמָנוּ: בְּטֹהַר וּבְנִקָּיוֹן יִנָּקוּ וְיִטְהָרוּ. יְחֻדְּשׁוּ כַּחֲדָשֵׁי בְקָרִים מִכֶּתֶם יְצַחְצָחוּ. רוֹמְמוֹת אֵל יֶהְגּוּ בִגְרוֹנָם. בִּלְשׁוֹנָם רֹן בְּפִימוֹ שִׁיר חָדָשׁ. יָגִילוּ בְרַעַד יַעַבְדוּ בְיִרְאָה: קְדוֹשׁ יִשְׂרָאֵל מְקַדֵּשׁ קְדוֹשִׁים. לְשַׁנֵּן לְרַנֵּן לְתוֹף וּלְצַלְצֵל. וּלְנַצֵּחַ בִּנְגִינוֹת וּלְהַנְעִים זֶמֶר. נֶחֱבָקִים בְּעֹז יְמִין רוֹמֵמָה. יַחַד נִתְמָכִים בִּמְלֵאָה צֶדֶק. מְשׁוּכִים לָבֹא שְׁעָרָיו בִּרְנָנָה. וְשָׂשׂוֹן וְשִׂמְחָה יַשִּׂיגוּ נֶצַח. שָׂשִׂים וְגָלִים בִּשְׁמוֹ כָּל־הַיּוֹם: חָדִים בְּשִׂמְחָה אֶת־פָּנָיו. זִיו אוֹרָם כַּשַּׁחַר יִבָּקַע. קוֹלָם יִשְׂאוּ וְיָרֹנּוּ בִגְאוֹן צוּר עוֹלָמִים: אַשְׁרֵי הָעָם שֶׁכָּכָה לּוֹ. אַשְׁרֵי הָעָם שֶׁיְיָ אֱלֹהָיו:

Lo, when the High Priest had completed the service, his face was radiant as the sun when it goes forth in its splendor. The people conducted the faithful messenger to his home; they rejoiced at the good tidings, that the fillet, red as scarlet, had become like snow; a cry of triumph rose, a song of joy and gladness. The clouds on high distilled and dropped their dew; the furrows of the field ran with water, and the land yielded her increase. They that gathered in the seed of peace, gave thanks; they that bore the sheaves, declared God's praise in melody; the nethermost parts of the glorious earth gave forth music.

The hope of the people was fulfilled, their salvation came as the cool breeze from a snowclad land on the day of harvest. They were washed from their uncleanness, they were cleared from the taint of their pollution; they were made wholly clean, to make known that He that cleanseth them is the Fountain of living waters; He that purifieth them is the Well of Israel, whose waters never fail. They felt new again even as mercy is new every morning; they were cleansed from every stain; the high praises of God were in their throat, singing was on their tongue; in their mouth a new song. They rejoiced in reverence; they uttered joyful song with the timbrel and cymbal, playing on stringed instruments and singing sweet psalmody. "Happy is such a people, happy is the people whose God is the Lord."

Grant, O heavenly Father, that these memories of reconciliation with Thee, inspire us also to seek through repentance and prayer Thy blessing of forgiveness, so that we may be one with Thee. Teach us to emulate in our worship today the fervor and piety, and the zeal for righteousness which our forefathers sought and found in the offerings they brought to the Sanctuary in Jerusalem. Imbue us with a spirit of devotion and consecration, so that we and our children may find in the Synagogue, Torah and guidance, fellowship and worship, self-respect and vision, which will fill our daily lives with beauty and dignity. O renew our loyalty to the Torah, so that we may accept with joy the faith and ideals of our fathers.

וְיוֹם טוֹב הָיָה עוֹשֶׂה כֹּהֵן גָּדוֹל לְכָל־אֹהֲבָיו כְּשֶׁנִּכְנַס בְּשָׁלוֹם וְיָצָא בְשָׁלוֹם בְּלִי פֶגַע: וְכַךְ הָיְתָה תְּפִלָּתוֹ שֶׁל כֹּהֵן גָּדוֹל בְּיוֹם הַכִּפֻּרִים בְּצֵאתוֹ מִבֵּית קֹדֶשׁ הַקֳּדָשִׁים בְּשָׁלוֹם בְּלִי פֶגַע.

יְהִי רָצוֹן מִלְּפָנֶיךָ יְיָ אֱלֹהֵינוּ וֵאלֹהֵי אֲבוֹתֵינוּ שֶׁתְּהֵא הַשָּׁנָה הַזֹּאת הַבָּאָה עָלֵינוּ וְעַל כָּל־עַמְּךָ בֵּית יִשְׂרָאֵל. שְׁנַת אֹסֶם. שְׁנַת בְּרָכָה. שְׁנַת גְּזֵרוֹת טוֹבוֹת מִלְּפָנֶיךָ. שְׁנַת דָּגָן תִּירוֹשׁ וְיִצְהָר. שְׁנַת הַרְוָחָה וְהַצְלָחָה. שְׁנַת וְעוּד בֵּית מִקְדָּשֶׁךָ. שְׁנַת זוֹל. שְׁנַת חַיִּים טוֹבִים מִלְּפָנֶיךָ. שָׁנָה טְלוּלָה וּגְשׁוּמָה אִם שְׁחוּנָה. שְׁנַת יַמְתִּיקוּ מְגָדִים אֶת־תְּנוּבָתָם. שְׁנַת כַּפָּרָה עַל כָּל־עֲוֹנוֹתֵינוּ. שְׁנַת לַחְמֵנוּ וּמֵימֵינוּ תְּבָרֵךְ. שְׁנַת מַשָּׂא וּמַתָּן. שְׁנַת נָבוֹא לְבֵית מִקְדָּשֵׁנוּ. שְׁנַת שֹׂבַע. שְׁנַת עֹנֶג. שְׁנַת פְּרִי בִטְנֵנוּ וּפְרִי אַדְמָתֵנוּ תְּבָרֵךְ. שְׁנַת צֵאתֵנוּ וּבוֹאֵנוּ תְּבָרֵךְ. שְׁנַת קְהָלֵנוּ תּוֹשִׁיעַ. שְׁנַת רַחֲמֶיךָ יִכְמְרוּ עָלֵינוּ. שְׁנַת שָׁלוֹם וְשַׁלְוָה. שָׁנָה שֶׁתַּעֲלֵנוּ שְׂמֵחִים לְאַרְצֵנוּ. שְׁנַת אוֹצָרְךָ הַטּוֹב תִּפְתַּח לָנוּ. שָׁנָה שֶׁלֹּא יִצְטָרְכוּ עַמְּךָ בֵּית יִשְׂרָאֵל זֶה לָזֶה וְלֹא לְעַם אַחֵר בְּתִתְּךָ בְרָכָה בְּמַעֲשֵׂה יְדֵיהֶם: וְעַל אַנְשֵׁי הַשָּׁרוֹן הָיָה אוֹמֵר. יְהִי רָצוֹן מִלְּפָנֶיךָ יְיָ אֱלֹהֵינוּ וֵאלֹהֵי אֲבוֹתֵינוּ שֶׁלֹּא יֵעָשׂוּ בָתֵּיהֶם קִבְרֵיהֶם:

The High Priest also made a festive day for all his well-wishers after he had entered the Holy of Holies in peace, and had come forth in perfect peace. And thus did he pray:

May it be Thy will, O Lord our God and the God of our fathers, that this year that has now arrived, may be unto us and unto all Thy people, the house of Israel, a year of plenty, a year of blessings, a year of good decree from Thee; a year of corn, wine and oil, a year of enlargement and prosperity, a year of assembly in Thy Sanctuary; a year of abundance, a year of happy life from Thee, a year of dew and rain and warmth, a year in which the precious fruits shall ripen; a year of atonement for all our iniquities, a year in which Thou wilt bless our bread and water, a year of trading and merchandise, a year in which we may enter our holy Temple, a year of plenty and happiness, a year in which Thou wilt bless the fruit of the womb and the fruit of our land, a year in which Thou wilt bless our going out and our coming in, a year in which Thou wilt save our assembly, a year in which Thy mercies shall be moved toward us; a year of peace and tranquility, a year in which Thou mayest bring us up rejoicing to our land, a year in which Thou wilt open unto us Thy good treasury, a year in which Thy people, the House of Israel, may not be in need of support one from the other nor from another people in that Thou wilt set a blessing upon the work of their hands.

And for the inhabitants of Sharon who lived in peril of sudden earthquake, he prayed: May it be Thy will, O Lord our God and God of our fathers, that their houses may not become their graves.

Reader and Congregation

O heavenly Father, vouchsafe these blessings to us and to the inhabitants of the Holy Land. May Thy glory and Thy Law be acknowledged by all the children of men.

Prosper our country, these United States, and keep it forever a land of freedom for all men. May we, with integrity and devotion, preserve the principles that have made her blessed. May all the people who live under her protecting care walk together in unity and brotherhood, pledged to mutual helpfulness and good will. O speed the day when peace and security shall be restored to all mankind.

אֱמֶת מַה־נֶּהְדָּר הָיָה כֹּהֵן גָּדוֹל בְּצֵאתוֹ
מִבֵּית קָדְשֵׁי הַקֳּדָשִׁים בְּשָׁלוֹם בְּלִי פֶגַע:

כְּאֹהֶל הַנִּמְתָּח בְּדָרֵי מַעְלָה. מַרְאֵה כֹהֵן:
כִּבְרָקִים הַיּוֹצְאִים מִזִּיו הַחַיּוֹת. מַרְאֵה כֹהֵן:
כְּגֹדֶל גְּדִילִים בְּאַרְבַּע קְצָווֹת. מַרְאֵה כֹהֵן:
כִּדְמוּת הַקֶּשֶׁת בְּתוֹךְ הֶעָנָן. מַרְאֵה כֹהֵן:
כְּהוֹד אֲשֶׁר הִלְבִּישׁ צוּר לִיצוּרִים. מַרְאֵה כֹהֵן:
כְּוֶרֶד הַנָּתוּן בְּתוֹךְ גִּנַּת חֶמֶד. מַרְאֵה כֹהֵן:
כְּזֵר הַנָּתוּן עַל מֵצַח מֶלֶךְ. מַרְאֵה כֹהֵן:
כְּחֶסֶד הַנִּתָּן עַל פְּנֵי חָתָן. מַרְאֵה כֹהֵן:
כְּטֹהַר הַנָּתוּן בְּצָנִיף טָהוֹר. מַרְאֵה כֹהֵן:
כְּיוֹשֵׁב בְּסֵתֶר לְחַלּוֹת פְּנֵי מֶלֶךְ. מַרְאֵה כֹהֵן:
כְּכֹכַב הַנֹּגַהּ בִּגְבוּל מִזְרָח. מַרְאֵה כֹהֵן:

כָּל־אֵלֶּה בִּהְיוֹת הַהֵיכָל עַל יְסוֹדוֹתָיו. וּמִקְדַּשׁ הַקֹּדֶשׁ עַל מְכוֹנוֹתָיו. וְכֹהֵן גָּדוֹל עוֹמֵד וּמְשָׁרֵת. דּוֹרוֹ רָאוּ וְשָׂמֵחוּ:

אַשְׁרֵי עַיִן רָאֲתָה כָל־אֵלֶּה. הֲלֹא לְמִשְׁמַע אֹזֶן דָּאֲבָה נַפְשֵׁנוּ:

אַשְׁרֵי עַיִן רָאֲתָה אָהֳלֵנוּ. בְּשִׂמְחַת קְהָלֵנוּ. הֲלֹא לְמִשְׁמַע אֹזֶן דָּאֲבָה נַפְשֵׁנוּ:

אַשְׁרֵי עַיִן רָאֲתָה גִּילֵנוּ. דִּיצַת קְהָלֵנוּ. הֲלֹא לְמִשְׁמַע אֹזֶן דָּאֲבָה נַפְשֵׁנוּ:

אַשְׁרֵי עַיִן רָאֲתָה הַמְשׁוֹרְרִים. וְכָל־מִינֵי שִׁירִים. הֲלֹא לְמִשְׁמַע אֹזֶן דָּאֲבָה נַפְשֵׁנוּ:

אַשְׁרֵי עַיִן רָאֲתָה זְבוּל הַמְתֻכָּן. חַי בּוֹ שָׁכָן. הֲלֹא לְמִשְׁמַע אֹזֶן דָּאֲבָה נַפְשֵׁנוּ:

In truth how glorious was the High Priest as he came forth from the Holy of Holies in perfect peace.

As the brightness of the vaulted canopy of heaven,
Was the countenance of the Priest!

As the iridescence of the rainbow in storm clouds,
Was the countenance of the Priest!

As the morning star shining in the borders of the east,
Was the countenance of the Priest!

While the Temple was upon its foundations, the holy Sanctuary upon its site, and when the High Priest stood and ministered, his generation beheld and rejoiced.

Happy the eye that saw these things—the exaltation of Israel in the Sanctuary, the singers singing sweet songs, the High Priest praying unto Thee, the scarlet fillet becoming white—to hear of all this, verily makes our soul sad.

O may our remembrance of the Avodah lead us to true repentance, and may the affliction of our soul be the beginning of sincere atonement. For in Thine abundant mercies Thou hast given unto us this Day of Atonement, this day of pardon, for forgiveness of iniquity, and the atonement of transgressions; a day on which to bestow loving-kindness and friendship, a day to abandon envy and strife, a day to pardon those who have wronged us.

May all Israel be reconciled with Thee this day, so that those who have drifted into ways of temptation may find again the paths that lead to righteousness, and those who have strayed from the fold may return to fellowship with their people.

אַשְׁרֵי עַיִן רָאֲתָה שִׂמְחַת בֵּית הַשּׁוֹאֵבָה. עַם שׁוֹאֶבֶת רוּחַ הַקֹּדֶשׁ רוּחַ נְדִיבָה. הֲלֹא לְמִשְׁמַע אֹזֶן דָּאֲבָה נַפְשֵׁנוּ:

אַשְׁרֵי עַיִן רָאֲתָה פְּרִישַׁת כֹּהֵן בְּרֶשֶׁם. צוֹעֵק אָנָּא הַשֵּׁם. הֲלֹא לְמִשְׁמַע אֹזֶן דָּאֲבָה נַפְשֵׁנוּ:

אַשְׁרֵי עַיִן רָאֲתָה קְהַל קְדוֹשִׁים. רוֹגְשִׁים בְּבֵית קָדְשֵׁי הַקֳּדָשִׁים. הֲלֹא לְמִשְׁמַע אֹזֶן דָּאֲבָה נַפְשֵׁנוּ:

אַשְׁרֵי עַיִן רָאֲתָה שָׁנִי הַמְלֻבָּן. מִשְּׂעִיר הַקָּרְבָּן. הֲלֹא לְמִשְׁמַע אֹזֶן דָּאֲבָה נַפְשֵׁנוּ:

אַשְׁרֵי עַיִן רָאֲתָה תְּמִידִים קְרֵבִים. בְּשַׁעַר בַּת רַבִּים. הֲלֹא לְמִשְׁמַע אֹזֶן דָּאֲבָה נַפְשֵׁנוּ:

אֲבָל עֲוֹנוֹת אֲבוֹתֵינוּ הֶחֱרִיבוּ נָוֶה. וְחַטֹּאתֵינוּ הֶאֱרִיכוּ קִצּוֹ. אֲבָל זִכְרוֹן דְּבָרִים תְּהֵא סְלִיחָתֵנוּ. וְעִנּוּי נַפְשֵׁנוּ תְּהֵא כַפָּרָתֵנוּ. עַל כֵּן בְּרַחֲמֶיךָ הָרַבִּים נָתַתָּ לָנוּ אֶת־יוֹם הַכִּפֻּרִים הַזֶּה וְאֶת־יוֹם מְחִילַת הֶעָוֹן הַזֶּה לִסְלִיחַת עָוֹן וּלְכַפָּרַת פֶּשַׁע. יוֹם אָסוּר בַּאֲכִילָה. יוֹם אָסוּר בִּשְׁתִיָּה. יוֹם אָסוּר בְּרְחִיצָה. יוֹם אָסוּר בְּסִיכָה. יוֹם אָסוּר בְּתַשְׁמִישׁ הַמִּטָּה. יוֹם אָסוּר בִּנְעִילַת הַסַּנְדָּל. יוֹם שִׂימַת אַהֲבָה וְרֵעוּת. יוֹם עֲזִיבַת קִנְאָה וְתַחֲרוּת. יוֹם שֶׁתִּמְחוֹל לְכָל־עֲוֹנוֹתֵינוּ: וּבָעֵת וּבָעוֹנָה הַזֹּאת גָּלוּי וְיָדוּעַ לְפָנֶיךָ וְלִפְנֵי כִסֵּא כְבוֹדֶךָ. שֶׁאֵין לָנוּ לֹא מְנַהֵל כַּיָּמִים הָרִאשׁוֹנִים. לֹא כֹהֵן גָּדוֹל לְהַקְרִיב קָרְבָּן. וְלֹא מִזְבֵּחַ לְהַעֲלוֹת עָלָיו כָּלִיל:

מַה־נְּדַבֵּר וּמַה־נִּצְטַדָּק. וּמַה־נַּעֲנֶה לְמִמֶּנּוּ מַעֲנֶה: גְּמָלָנוּ טוֹבוֹת וְשִׁלַּמְנוּ רָעוֹת. וּמַה־יֵּשׁ לָנוּ עוֹד צְדָקָה לִזְעֹק פְּנֵי הַמֶּלֶךְ:

A symbolical interpretation of the Avodah

Responsive Reading

Our fathers on the Day of Atonement reconsecrated their Sanctuary to the worship of God;

By fasting and solemn rites they purified the altar of the uncleanness it acquired through their sins.

Though no temple crowns Zion's hill, we still recall the glory which dwelt thereon;

Though those rites ceased long ago, we still rehearse the tale of their performance.

These things we do, to link our people's early life and thought to our life and thought today,

And thus retain that oneness with Israel of yore which gives us hold on Israel's future blessing.

But to share such blessing we must needs help build God's earthly kingdom,

And in that kingdom's service employ the ancestral deeds and faith we choose to remember.

The Temple where Israel communed with God's Sheḥinah is but the symbol of the sanctuaries which arise out of our corporate life;

The home, the school, the state, the nation, each is a Temple where we may learn to know our God and commune with Him.

But the evil which inheres in our inner life, and accrues to our dealings with one another, defiles these sanctuaries of the human spirit.

Let us therefore cleanse them of their pollution, and consecrate them anew to the service of God.

We taint the atmosphere of the home by words that wound and acts that grieve;

Our selfishness blinds us to what we owe to those who are the dearest comfort of our life.

In accord with today's Avodah, let us dismiss from our hearts all rankling slights and wrongs,

And hallow the altar of the home once again by the power of healing and forgiving love.

We desecrate the halls of learning by stimulating the vainglory of the intellect,

And by permitting knowledge to be imparted without the passion for its righteous use.

In accord with today's Avodah, let the teachers of our youth instruct them to expel from their hearts the unclean spirit of sordid striving,

And sanctify wisdom by having it spell character and conscience, justice and loving-kindness.

We corrupt the instruments of state, its powers and its laws by placing in authority those whose hearts are set upon their gains,

And who, by betraying their trust, give free rein to the tyrannous instincts of the strong and the cunning.

In accord with today's Avodah, let us purge our commonwealths of their inherited wrong,

And consecrate them to furthering the life, the welfare and the virtue of their citizens.

We violate the sacredness of nationhood by allowing it to be exploited in behalf of greed and oppression, of arrogant dominion and empire,

And by exalting, as its prime purpose and ideal, the waging of war and the spreading of devastation.

In accord with today's Avodah, let us dismiss these cruel ways of the national being into the wasteland of forgotten barbarities,

And, by striving to embody it in the Commonwealth of Man, dedicate it to the cause of human good.

Let not the illusion of success render us callous to the sins we commit deliberately and unwittingly, passively and actively, in sharing an order of life based on force and guile;

Nor let the material comforts we enjoy still the voice of conscience, or lull us into self-righteous ease.

In humility and contrition, let us pray to God to hasten for all mankind the great fast day of His choosing, the day for loosening the fetters of wickedness, breaking of the yoke and letting the oppressed go free, the day when none shall go hungry or be without shelter.

On that day shall a new light dawn for us, with healing for all our wounds. Amen.

GOD, THE GREAT, THE ADORED

To God, the Great, the Adored,
  Incessant will I cry,
From out my straitness and my misery,
  Until He speak the word:
    'Rebuild,
  Rebuild the house beloved and beautiful,
  That once My glory filled;'
    Until He come again,
Therein, My Rock, to dwell,
Therein my King, to reign.

Thou, who art merciful to all
  That go astray,
  Thy covenant recall,
Made with my faithful ones of olden day.
How long shall impious foes profane Thy name
  Unto my face—and I
  Endure in silent shame;
Nor dare their blasphemies deny,
  Lest torture be the swift reply!

Despoiled am I, stript bare;
  With ruthless hate
  Thrust out, eachwhere
  I seek a place of rest—
As though I were a thing contaminate,
  Unclean, unblest.

    Most High,
The sorrow-laden people seek Thy face,
  They stretch forth suppliant hands;
    How long must they yet wait
    The appointed hour of grace,
  When Thou in loving-kindness shalt fulfill
    The message, comfort-fraught.
    Of prophecy?
  How long—in what far lands,
    Must they redeemed from Egypt wander still,
    Before the sign is shown,
    The wonder wrought?

    O, sanctify
Thy name, that men profane,
  And cause it in mine oracle
    To dwell again;
Then shall The glory seek its ancient home,
And all the nations to my light shall come!

אֵל מֶלֶךְ יוֹשֵׁב עַל כִּסֵּא רַחֲמִים. מִתְנַהֵג בַּחֲסִידוּת מוֹחֵל עֲוֹנוֹת עַמּוֹ. מַעֲבִיר רִאשׁוֹן רִאשׁוֹן. מַרְבֶּה מְחִילָה לְחַטָּאִים וּסְלִיחָה לְפוֹשְׁעִים. עוֹשֶׂה צְדָקוֹת עִם כָּל־בָּשָׂר וָרוּחַ. לֹא כְרָעָתָם תִּגְמוֹל. אֵל הוֹרֵיתָ לָּנוּ לוֹמַר שְׁלֹשׁ־עֶשְׂרֵה. זְכָר־לָנוּ הַיּוֹם בְּרִית שְׁלֹשׁ־עֶשְׂרֵה. כְּמוֹ שֶׁהוֹדַעְתָּ לֶעָנָו מִקֶּדֶם כְּמוֹ שֶׁכָּתוּב. וַיֵּרֶד יְיָ בֶּעָנָן וַיִּתְיַצֵּב עִמּוֹ שָׁם וַיִּקְרָא בְשֵׁם יְיָ:

וַיַּעֲבֹר יְיָ עַל־פָּנָיו וַיִּקְרָא.

יְיָ יְיָ אֵל רַחוּם וְחַנּוּן אֶרֶךְ אַפַּיִם וְרַב־חֶסֶד וֶאֱמֶת: נֹצֵר חֶסֶד לָאֲלָפִים נֹשֵׂא עָוֹן וָפֶשַׁע וְחַטָּאָה וְנַקֵּה. וְסָלַחְתָּ לַעֲוֹנֵנוּ וּלְחַטָּאתֵנוּ וּנְחַלְתָּנוּ:

סְלַח־לָנוּ אָבִינוּ כִּי חָטָאנוּ. מְחַל־לָנוּ מַלְכֵּנוּ כִּי פָשָׁעְנוּ: כִּי אַתָּה אֲדֹנָי טוֹב וְסַלָּח וְרַב־חֶסֶד לְכָל־קֹרְאֶיךָ:

זְכֹר רַחֲמֶיךָ יְיָ וַחֲסָדֶיךָ כִּי מֵעוֹלָם הֵמָּה: אַל־תִּזְכָּר־לָנוּ עֲוֹנוֹת רִאשֹׁנִים מַהֵר יְקַדְּמוּנוּ רַחֲמֶיךָ כִּי דַלּוֹנוּ מְאֹד: זָכְרֵנוּ יְיָ בִּרְצוֹן עַמֶּךָ. פָּקְדֵנוּ בִּישׁוּעָתֶךָ: זְכֹר עֲדָתְךָ קָנִיתָ קֶּדֶם גָּאַלְתָּ שֵׁבֶט נַחֲלָתֶךָ הַר צִיּוֹן זֶה שָׁכַנְתָּ בּוֹ: זְכֹר יְיָ חִבַּת יְרוּשָׁלָיִם. אַהֲבַת צִיּוֹן אַל תִּשְׁכַּח לָנֶצַח: זְכֹר יְיָ לִבְנֵי אֱדוֹם אֵת יוֹם יְרוּשָׁלָיִם הָאֹמְרִים עָרוּ עָרוּ עַד הַיְסוֹד בָּהּ: אַתָּה תָקוּם תְּרַחֵם צִיּוֹן כִּי עֵת לְחֶנְנָהּ כִּי בָא מוֹעֵד: זְכֹר לְאַבְרָהָם לְיִצְחָק וּלְיִשְׂרָאֵל עֲבָדֶיךָ אֲשֶׁר נִשְׁבַּעְתָּ לָהֶם בָּךְ וַתְּדַבֵּר אֲלֵהֶם אַרְבֶּה אֶת־זַרְעֲכֶם כְּכוֹכְבֵי הַשָּׁמָיִם וְכָל־הָאָרֶץ הַזֹּאת אֲשֶׁר אָמַרְתִּי אֶתֵּן לְזַרְעֲכֶם וְנָחֲלוּ לְעֹלָם: זְכֹר לַעֲבָדֶיךָ לְאַבְרָהָם לְיִצְחָק וּלְיַעֲקֹב. אַל־תֵּפֶן אֶל־קְשִׁי הָעָם הַזֶּה וְאֶל־רִשְׁעוֹ וְאֶל־חַטָּאתוֹ:

Almighty King, enthroned in mercy and governing Thy people with loving-kindness, Thou causest their sins to pass away one by one. Thou art ever ready to extend Thy pardon to sinners, and forgiveness to transgressors, judging charitably all the living, and not requiting them according to the evil they do. O God, who hast taught us to repeat Thy thirteen attributes, remember unto us this day the covenant of Thy mercy in these attributes, as Thou didst reveal them of old to Moses, the meek, in the words written in the Torah:[1] "And the Lord descended in the cloud and stood with him there, and proclaimed the name of the Lord.

And the Lord passed before him and proclaimed:
'The Lord, the Lord is a compassionate and gracious God, slow to anger, abundant in loving-kindness and truth; keeping mercy for thousands, forgiving iniquity, transgression and sin, and acquitting the penitent.' "[2] "O pardon our iniquity and our sin, and take us for Thy heritage."[3]

Forgive us, O our Father, for we have sinned; pardon us, our King, for we have transgressed. For Thou, O Lord, art good, and ready to forgive, and art abundant in mercy unto all them that call upon Thee.

Remember, O Lord, Thy tender mercies and Thy loving-kindness for they are everlasting. O remember not our former iniquities. Hasten Thy tender mercies for we are brought very low. Remember us, O Lord, with favor, and grant us Thy salvation. Remember Thy congregation which Thou hast gotten of old and which Thou hast redeemed, and Mount Zion wherein Thou hast dwelt. Remember, O Lord, the devotion of Jerusalem, and never forget the love of Zion. Recall, O Lord, the words of the Edomites, who in the day of Jerusalem said: "Raze it, raze it even unto its very foundation." Thou wilt arise and have mercy upon Zion, for the time has now come to favor her.

Remember Abraham, Isaac and Israel, Thy servants, to whom Thou promised: "I will multiply your seed as the stars of heaven, and all this land that I have spoken of will I give unto your seed, and they shall inherit it forever." Yea, remember Thy servants, Abraham, Isaac and Jacob; look not unto the stubbornness of this people, nor to their wickedness, nor to their sin.

[1] Exodus 34:5–7.   [2] Midrashic interpretation.   [3] Exodus 34:9.

MARTYROLOGY

As part of the penitential prayers of the Musaf Service, the traditional prayer book includes a martyrology recording the death of the ten Rabbis for the Sanctification of God's Name. The events referred to, took place during the Hadrianic persecution following the year 135 of the Common Era. With the destruction of Jerusalem by the Romans, in the year 70, the Jews had lost their Temple and their country, but not their love for independence. In the year 131, under the leadership of Bar Koḥba, the Jews revolted once more against Rome. After four years of struggle, the rebellion was drowned in blood. The Roman authorities determined to destroy the spirit of Israel, and, to prevent the recurrence of any opposition, issued a series of restrictive acts calculated to make the continued existence of Judaism impossible. The Talmud tells us that the leading Rabbis of Palestine nevertheless continued to meet, and determined, in defiance of the Roman government, that they would under no circumstances cease teaching Torah. The fate meted out to them is graphically described in the following version attributed to Rabbi Judah. These instances of martyrdom are typical of thousands of others in their heroism and loyalty to the truth.

Reader

אַל־נָא תָשֵׁת עָלֵינוּ חַטָּאת אֲשֶׁר נוֹאַלְנוּ וַאֲשֶׁר חָטָאנוּ:
חָטָאנוּ צוּרֵנוּ. סְלַח־לָנוּ יוֹצְרֵנוּ:

Congregation

אֵלֶּה אֶזְכְּרָה וְנַפְשִׁי עָלַי אֶשְׁפְּכָה. כִּי בְלָעוּנוּ זֵדִים
כְּעֻגָּה בְּלִי הֲפוּכָה. כִּי בִימֵי הַשַּׂר לֹא עָלְתָה אֲרוּכָה.
לַעֲשָׂרָה הֲרוּגֵי מְלוּכָה: בְּלָמְדוֹ סֵפֶר מִפִּי מְשׁוּלֵי עֲרֵמַת.
וְהֵבִין וְדִקְדֵּק בְּדַת רְשׁוּמַת. וּפָתַח בְּוְאֵלֶּה הַמִּשְׁפָּטִים
וְחָשַׁב מְזִמַּת. וְגֹנֵב אִישׁ וּמְכָרוֹ וְנִמְצָא בְיָדוֹ מוֹת יוּמָת:
גָּבַהּ לֵב בִּגְדוֹלִים. וְצִוָּה לְמַלְאוֹת פַּלְטֵרוֹ נְעָלִים. וְקָרָא

THE TEN MARTYRS

Who can forget, even after decades, the sight of his father huddled in the great prayer-shawl and trying in vain to conceal the tears which flowed down his cheeks during the recital of this poem? What a deep pathos filled the voice of the Reader as he repeated each stanza, and how natural it was for everyone to join in the soft weeping of the congregation, as all of them sobbed the pitiful response: "We have sinned, O our Rock; do Thou forgive us, O our Maker!"

But it is not the picture of the congregation alone which comes back to one with so curious a pang; behind it appears another equally vivid but far more distressing scene, that of the Roman court, where the martyrs were tried, convicted and executed. How peculiarly contemporary they all seemed, and how much one suffered when one thought of the cruel fate which befell them. Ishmael and Simeon, Yeshebab and Huzpit, Judah ben Baba and Haninah ben Teradyon—one forgot that they had been dead for centuries, and that, their sufferings over, they were at peace in Paradise. Drawn out of the dim past, they were living personalities. Their learning and their piety, their courage and their saintliness, their heroism and their martyrdom were part of immediate experience. They were resurrected out of their humble graves, and stood once more in the dock, listening to the charges against them, and waiting for their doom to be pronounced by the inexorable Roman.

To the person who lived through this hour in the synagogue, it seemed almost irreverent to ask whether the martyrs had actually died in the manner described. Only as the child became the student did such questions occur to him, and only then did he realize that the poet, gifted as he was, had failed in his high task. The drama of the Ten Martyrs was far more powerful than that described in ELEH EZKERAH.

Lay not the sin upon us, we beseech Thee, wherein we have done foolishly and wherein we have sinned.

We have sinned, O our Rock! Do Thou forgive us, O our Maker!

These things do I remember and my heart is grieved. How the arrogant have devoured our people! In the reign of a certain emperor, ten sages, though innocent, were doomed to

לַעֲשָׂרָה חֲכָמִים גְּדוֹלִים. מְבִינֵי דָת וּטְעָמֶיהָ בְּפִלְפּוּלִים:
דִּינוּ מִשְׁפָּט זֶה לַאֲשָׁרוֹ. וְאַל תְּעַוְּתוּהוּ בְּכָזָב לְאָמְרוֹ.
כִּי אִם הוֹצִיאוּהוּ לַאֲמִתּוֹ וְלַאוֹרוֹ. כִּי־יִמָּצֵא אִישׁ גֹּנֵב
נֶפֶשׁ מֵאֶחָיו מִבְּנֵי יִשְׂרָאֵל וְהִתְעַמֶּר־בּוֹ וּמְכָרוֹ: הֵם כְּעָנוּ
לוֹ וּמֵת הַגַּנָּב הַהוּא. נָם אַיֵּה אֲבוֹתֵיכֶם אֲשֶׁר אֲחִיהֶם
מְכָרוּהוּ. לְאֹרְחַת יִשְׁמְעֵאלִים סְחָרוּהוּ. וּבְעַד נַעֲלַיִם
נְתָנוּהוּ: וְאַתֶּם קַבְּלוּ דִין שָׁמַיִם עֲלֵיכֶם. כִּי מִימֵי אֲבוֹתֵיכֶם
לֹא נִמְצָא כָּכֶם. וְאִם הָיוּ בַּחַיִּים הָיִיתִי דָנָם לִפְנֵיכֶם.
וְאַתֶּם תִּשְׂאוּ עֲוֹן אֲבוֹתֵיכֶם: זְמַן תְּנָה־לָנוּ שְׁלֹשָׁה יָמִים. עַד
שֶׁנֵּדַע אִם נִגְזַר הַדָּבָר מִמְּרוֹמִים. אִם אָנוּ חַיָּבִים וַאֲשֵׁמִים.
נִסְבּוֹל בִּגְזֵרַת מָלֵא רַחֲמִים: חָלוּ וְזָעוּ וְנָעוּ כֻּלָּמוֹ. עַל רַבִּי
יִשְׁמָעֵאל כֹּהֵן גָּדוֹל נָתְנוּ עֵינֵימוֹ. לְהַזְכִּיר אֶת־הַשֵּׁם לַעֲלוֹת
לַאֲדוֹנֵימוֹ. לָדַעַת אִם יָצְאָה הַגְּזֵרָה מֵאֵת אֱלֹהֵימוֹ.

טִהֵר רַבִּי יִשְׁמָעֵאל עַצְמוֹ וְהִזְכִּיר אֶת־הַשֵּׁם בְּסִלּוּדִים.
וְעָלָה לַמָּרוֹם וְשָׁאַל מֵאֵת הָאִישׁ לְבוּשׁ הַבַּדִּים. וְנָם
לוֹ קַבְּלוּ עֲלֵיכֶם צַדִּיקִים וִידִידִים. כִּי שָׁמַעְתִּי מֵאֲחֹרֵי
הַפַּרְגּוֹד כִּי בְּזֹאת אַתֶּם נִלְכָּדִים: יָרַד וְהִגִּיד לַחֲבֵרָיו
מַאֲמַר אֵל. וְצִוָּה הַבְּלִיַּעַל לְהָרְגָם בְּכֹחַ וָלָאֵל. וּשְׁנַיִם
מֵהֶם הוֹצִיאוּ תְּחִלָּה שֶׁהֵם גְּדוֹלֵי יִשְׂרָאֵל. רַבִּי יִשְׁמָעֵאל
כֹּהֵן גָּדוֹל וְרַבָּן שִׁמְעוֹן בֶּן גַּמְלִיאֵל נְשִׂיא יִשְׂרָאֵל: כְּרוֹת
רֹאשׁוֹ תְּחִלָּה הִרְבָּה לִבְעוֹן. וְנָם הָרְגֵנִי תְּחִלָּה וְאַל־
אֶרְאֶה בְּמִיתַת מְשָׁרֵת לְדָר בְּמָעוֹן. וּלְהַפִּיל גּוֹרָלוֹת צִוָּה
צִפְעוֹן. וְנָפַל הַגּוֹרָל עַל רַבָּן שִׁמְעוֹן: לִשְׁפּוֹךְ דָּמוֹ מִהֵר
כְּשׁוֹר פָּר. וּכְשֶׁנֶּחְתַּךְ רֹאשׁוֹ נְטָלוֹ וְצָרַח עָלָיו בְּקוֹל מַר

death by his command. The tyrant, searching our Torah for an excuse, yea, for a sword to slay us, found this law among our ordinances: "And he that steals a man, and sells him, he shall surely be put to death." *

Elated, he summoned ten great sages of our Torah and put to them this question: "What is the law if a man is found stealing his brother, one of the children of Israel, and makes merchandise of him and sells him?"

And the sages instantly replied, "That thief shall die."

And the despot said, "They are your ancestors who sold their brother Joseph to the Ishmaelites. If they were living, I would pronounce sentence against them as you have spoken, but now you must bear your father's sin."

And that cruel oppressor commanded that the ten sages be slain. Two of the great in Israel were first brought forth to the slaughter, the High Priest, Rabbi Ishmael and Rabban Simeon ben Gamaliel, the Prince, the ruler in Israel.

Then Rabban Simeon implored: "O, slay me ere you slay him, lest I see the death of him who ministered to God."

The tyrant bade them to cast lots, and the lot fell on Rabban Simeon, who was immediately slaughtered.

Rabbi Ishmael raised the severed head and bitterly cried out like a trumpet blast: "How is the tongue, skilled in the word of God, brought low to lick the dust."

* Exodus 21:16.

כַּשּׁוֹפָר. אֵי הַלָּשׁוֹן הַמְמַהֶרֶת לְהוֹרוֹת בְּאִמְרֵי שְׁפָר. בַּעֲוֹנוֹת אֵיךְ עַתָּה לוֹחֶכֶת אֶת הֶעָפָר: מַה־מְּאֹד בָּכָה עָלָיו בַּחֲרָדָה. בַּת בְּלִיַּעַל לְקוֹל בְּכִיָּתוֹ שֶׁל רַבִּי יִשְׁמָעֵאל עָמְדָה. תֹּאַר יָפְיוֹ בְּלִבָּהּ חָמְדָה. וְשָׁאֲלָה מֵאֵת אָבִיהָ חַיָּתוֹ לְהַעֲמִידָהּ: נִאֵץ בְּלִיַּעַל דָּבָר זֶה לַעֲשׂוֹתוֹ. לְהַפְשִׁיט עוֹרוֹ מֵעַל פָּנָיו שָׁאֲלָה מֵאִתּוֹ. וְלֹא עִכֵּב דָּבָר זֶה לַעֲשׂוֹתוֹ. וּכְשֶׁהִגִּיעַ לִמְקוֹם תְּפִלִּין צָרַח בְּקוֹל מַר לְיוֹצֵר נִשְׁמָתוֹ: שַׂרְפֵי מַעְלָה צָעֲקוּ בְּמָרָה. זוּ תוֹרָה וְזוּ שְׂכָרָהּ עוֹטֶה כַּשַּׂלְמָה אוֹרָה. אוֹיֵב מְנָאֵץ שִׁמְךָ הַגָּדוֹל וְהַנּוֹרָא. וּמְחָרֵף וּמְגַדֵּף עַל דִּבְרֵי תוֹרָה: עָנְתָה בַת קוֹל מִשָּׁמַיִם. אִם אֶשְׁמַע קוֹל אַחֵר אֶהֱפוֹךְ אֶת הָעוֹלָם לְמָיִם. לְתֹהוּ וָבֹהוּ אָשִׁית הֲדוֹמַיִם. גְּזֵרָה הִיא מִלְּפָנַי קַבְּלוּהָ מְשַׁעַשְׁעֵי דַת יוֹמָיִם:

פְּקִידִים נֶהֶרְגוּ מֵאַחֲרֵי שֶׁבֶת בָּתֵּי כְנֵסִיּוֹת. מְלֵאֵי מִצְוֹת כְּרִמּוֹן וּכְזָוִיּוֹת. וְהוֹצִיאוּ אֶת רַבִּי עֲקִיבָא דּוֹרֵשׁ כִּתְרֵי אוֹתִיּוֹת. וְסָרְקוּ בְשָׂרוֹ בְּמַסְרְקוֹת פִּיפִיּוֹת: צִוָּה לְהוֹצִיא רַבִּי חֲנַנְיָא בֶּן תְּרַדְיוֹן מִבֵּית אוּלָמוֹ. וּבַחֲבִילֵי זְמוֹרוֹת שָׂרְפוּ גָלְמוֹ. וּסְפוֹגִין שֶׁל צֶמֶר שָׂמוּ עַל לִבּוֹ לְעַכֵּב עַצְמוֹ. וּכְשֶׁנִּסְתַּלְּקוּ מִיַּד נִשְׂרַף וְסֵפֶר תּוֹרָה עִמּוֹ: קוֹנְנוּ עַם לֹא אַלְמָן. כִּי עַל דָּבָר מוּעָט נִשְׁפַּךְ דָּמָן. לְקַדֵּשׁ שֵׁם שָׁמַיִם מָסְרוּ עַצְמָן. בַּהֲרִיגַת רַבִּי חוּצְפִּית הַמְּתֻרְגְּמָן: רְעָדָה תֶאֱחוֹז כָּל־שׁוֹמֵעַ שִׁמְעָהּ. וְתִזַּל כָּל־עַיִן דִּמְעָהּ. וְנֶהְפַּךְ לְאֵבֶל כָּל־שַׁעֲשׁוּעַ. עַל הֲרִיגַת רַבִּי אֶלְעָזָר בֶּן שַׁמּוּעַ: שְׁחָתוּנִי צוֹרְרַי וּמְעַנַּי. וּמִלְּאוּ כְרֵסָם מֵעֲדָנַי.

And while he wept, the tyrant's daughter stood, and gazing upon the High Priest's handsome features, implored her father to spare his life, but her father refused to do so. They began to flay off the skin from Rabbi Ishmael's face.

(Terror makes me dumb so that I am unable to describe the tortures that my eyes beheld.)

Even the seraphim in the heights of heaven called out in anguish: "Is this then the reward for the Torah. O Thou, who spreadest out light as a garment? The foe blasphemes Thy great and revered name and scorns Thy Law."

But out of heaven's height, a voice replied, "The way to truth and justice is often filled with affliction and pain."

Thus were the princes of the Law slain:—Rabbi Akiba, the greatest of them all, whose flesh they tore with a sharp instrument and Rabbi Hananya, son of Teradyon, whom they burned with the parchment of the Sefer Torah wrapped about him.

Mourn, O my people; because of the cruel whim of tyrants, our sages were slaughtered for the sake of God.

Men like Huzpit the Interpreter, willingly suffered martyrdom.

Trembling takes hold of all who hear, and tears flow from all eyes, and all delight is dead for the murder of a sage like Eliezer, son of Shamua.

How have our enemies fed on us! How do they give us water of gall and hemlock to drink! For they slew Hanina, son of Hakinai.

וְהִשְׁקוּנִי מֵי רוֹשׁ וְלַעֲנִי. בַּהֲרִיגַת רַבִּי חֲנִינָא בֶּן חֲכִינַאי:
תָּקְפוּ עָלֵינוּ צָרוֹת מִצְוֹת לְהָפֵר. וּמֵאֲנוּ לָקַחַת הוֹן וְכֹפֶר.
כִּי אִם נְפָשׁוֹת הַהוֹגוֹת אִמְרֵי שֶׁפֶר. כְּמוֹ רַבִּי יְשֵׁבָב
הַסּוֹפֵר: יְחַתּוּנוּ בְּנֵי עֲדִינָה הַשּׁוֹמֵמָה. הֵרֵעוּ לָנוּ מִכָּל־
מַלְכֵי אֲדָמָה. וְהָרְגוּ מֶנּוּ כַּמָּה וְכַמָּה. בַּהֲרִיגַת רַבִּי יְהוּדָה
בֶּן דָּמָה: דִּבַּרְתָּ בֵּית יַעֲקֹב אֵשׁ וּבֵית יוֹסֵף לֶהָבָה. הֵן
עַתָּה קַשׁ אוֹרָם כָּבָה. חַי זַעֲקִי קְשׁוֹב וְקָרֵב בְּעוּר יוֹם
הַבָּא. כִּי הֵמָּה הִסְכִּימוּ לַהֲרוֹג עֲשָׂרָה צַדִּיקִים עִם רַבִּי
יְהוּדָה בֶּן בָּבָא:

זֹאת קְרָאַתְנוּ וְסִפַּרְנוּ בְּשִׁנּוּן. וְשָׁפַכְנוּ לֵב שָׁפוּל וְאָנוּן.
מִמָּרוֹם הַסְכֵּת תַּחֲנוּן. יְיָ יְיָ אֵל רַחוּם וְחַנּוּן:

Reader

חַנּוּן הַבִּיטָה מִמְּרוֹמִים. תִּשְׁפֹּכֶת דַּם הַצַּדִּיקִים וְתַמְצִית
דָּמִים. תִּרְאֶה בְּפַרְגּוֹדְךָ וְהַעֲבֵר כְּתָמִים. אֵל מֶלֶךְ יוֹשֵׁב
עַל כִּסֵּא רַחֲמִים:

חָטָאנוּ צוּרֵנוּ. סְלַח־לָנוּ יוֹצְרֵנוּ:

They tortured us that we might break the commandments; they refused to take ransom, but insisted on the lives of those who studied the Torah, such as the Scribe Yeshebab.

The sons of voluptuousness made us desolate. They have oppressed us more than the kings of earth. They have slain numbers of us, among them, Judah, son of Dama.

It is written in Thy Torah: "Jacob shall be a fire, Joseph, a flame, and the house of Esau, stubble," but now the stubble has quenched the fire!

O bring near the day of reckoning, for Judah, son of Baba, was not spared. Thus were ten righteous men slain.

This has befallen our people. With humble and mournful hearts, we pray to Thee, O merciful God, view from heaven the blood of all Thy righteous.

Reader

O make an end of blood-shed by man and wash the stain away, O Thou King, who sittest on the throne of mercy.

We have sinned, O our Rock; do Thou forgive us, O our Maker!

Israel's Martyrdom

If there are ranks in suffering, Israel takes precedence of all the nations; if the duration of sorrows and the patience with which they are borne ennoble, the Jews can challenge the aristocracy of every land; if a literature is called rich in the possession of a few classic tragedies—what shall we say to a National Tragedy lasting for fifteen hundred years, in which the poets and the actors were also the heroes?

Leopold Zunz, 1855

Combine all the woes that temporal and ecclesiastical tyrannies have ever inflicted on men or nations, and you will not have reached the full measure of suffering which this martyr people was called upon to endure century upon century. It was as if all the powers of earth had conspired—and they did so conspire—to exterminate the Jewish people, or at least to transform it into a brutalized horde. History dare not pass over in silence these scenes of well nigh unutterable misery. It is her duty to give a true and vivid account of them; to evoke due admiration for the superhuman endurance of this suffering people, and to testify that Israel, like Jacob in the days of old, has striven with gods and with men, and has prevailed.

Hirsch Graetz, 1863

When studying the documents referring to Israel's times of agony, I was struck by the fact that women proved themselves more heroic than the men; and at many a critical moment, it was the desperate courage and the conscience of the women which decided in favor of martyrdom.

Solomon Shechter

We Remember the Six Million

Responsive Reading

Let us now pause to recall the bitter catastrophe which so recently has befallen our people in Europe. When in the past our brothers were massacred in ruthless pogroms, the poet Bialik, in his "City of Slaughter," cried out against this bloody savagery.

Today we mourn, not for one "city of slaughter" but for many such cities where six million of our people have been brutally destroyed.

The cruelties of Pharaoh, Haman, Nebuchadnezzar and Titus, cannot be compared to the diabolical devices fashioned by modern tyrants in their design to exterminate a whole people.

No generation has known a catastrophe so vast and tragic!

The blood of the innocent, who perished in the gas-chambers of Auschwitz, Bergen-Belsen, Buchenwald, Dachau, Majdanek, Treblinka, and Theresienstadt, cries out to God and to man.

How can we ever forget the burning of synagogues and houses of study, the destruction of the holy books and scrolls of the Torah, the sadistic torment and murder of our scholars, sages, and teachers?

They tortured the flesh of our brothers, but they could not crush their spirit, their faith, nor their love of Torah.

The parchment of the Torah was burnt, but the letters were indestructible.

In the Warsaw Ghetto, Jews valiantly defied the overwhelming forces of the inhuman tyrant. These martyrs lifted up their voices in a hymn reaffirming their faith in the coming of the Messiah, when justice and peace shall finally be established for all men.

"I believe with a perfect faith in the coming of the Messiah; and though he tarry, nonetheless do I believe he will come!"

Let us pray: O Lord, remember Thy martyred children; remember all who have given their lives for KIDDUSH HASHEM, the sanctification of Thy name.

Grant their souls the peace reserved for all the righteous who are in Thy tender keeping.

And as we mourn Our People's tragic fate, we also recall the compassionate men and women of other faiths and nationalities who, at the peril of their lives, protected and saved thousands of Jews.

They are among those whom our Rabbis had in mind when they taught: "The righteous of all nations have a share in the world to come."

Reader

Let us all pray and work together for that day when there shall be no more violence or desolation anywhere on this earth, when "nation shall not lift up sword against nation; neither shall they learn war any more."

ISRAEL'S HISTORY

The first part of Jewish history, the Biblical part, is a source from which, for many centuries, millions of human beings belonging to the most diverse denominations have derived instruction, solace, and inspiration. Its heroes have long ago become types and incarnations of great ideas. The events it relates serve as living ethical formulas. But a time will come—perhaps it is not very far off—when the second half of Jewish history, the record of the two thousand years of the Jewish people's life after the Biblical period, will be accorded the same treatment. The thousand years' martyrdom of the Jewish people, its unbroken pilgrimage, its tragic fate, its teachers of religion, its martyrs, philosophers, champions—this whole epic will, in days to come, sink deep into the memory of men. It will speak to the heart and conscience of men, not merely to their curious mind. It will secure respect for the silvery hair of the Jewish people, a people of thinkers and sufferers. It is our firm conviction that the time is approaching in which the second half of Jewish history will be to the noblest part of thinking humanity what its first half has long been to believing humanity, a source of sublime moral truths.

SIMON DUBNOW, 1893

That which is great and lasting in Jewish history is the spiritual wealth accumulated through the ages; the description of the fierce battles fought between the powers of darkness and light, of freedom and persecution, of knowledge and ignorance. Our great men are the heroes of the school and the sages of the Synagogue, not the knights of the sanguinary battlefield. No widow was left to mourn through our victory, no mother for her lost son, no orphan for the lost father.

MOSES GASTER, 1906

ISRAEL'S STRENGTH

And shouldst thou wish to know the Source
From which thy tortured brethren drew
In evil days their strength of soul
To meet their doom, stretch out their necks
To each uplifted knife and axe,
In flames, on stakes to die with joy,
And with a whisper, 'God is One,'
To close their lips?

And shouldst thou wish to find the Spring
From which thy banished brethren drew,
'Midst fear of death and fear of life,
Their comfort, courage, patience, trust,
An iron will to bear their yoke,
To live bespattered and despised,
And suffer without end?

And shouldst thou wish to see the Lap
Whereon thy people's galling tears
In ceaseless torrents fell and fell,
And hear the cries that moved the hills,
And thrilled Satan with awe and grief,
But not the stony heart of man,
Than Satan's and than rock's more hard?

And shouldst thou wish to see the Fort
Wherein thy fathers refuge sought,
And all their sacred treasures hid,
The Refuge that has still preserved
Thy nation's soul intact and pure,
And when despised, and scorned, and scoffed,
Their faith they did not shame?

And shouldst thou wish to see and know
Their Mother, faithful, loving, kind,
Who gathered all the burning tears
Of her bespattered, hapless sons,
And when to her warm bos'm they came,
She tenderly wiped off their tears,
And sheltered them and shielded them,
And lulled them on her lap to sleep?

If thou, my brother, knowest not
This mother, spring, and lap, and fort,
Then enter thou the House of God,
The House of Study, old and gray,
Throughout the sultry summer days,
Throughout the gloomy winter nights,
At morning, midday, or at eve;
Perchance there is a remnant yet,
Perchance thy eye may still behold
In some dark corner, hid from view,
A cast-off shadow of the past,
The profile of some pallid face,
Upon an ancient folio bent,
Who seeks to drown unspoken woes
In the Talmudic boundless waves;
And then thy heart shall guess the truth,
That thou hast touched the sacred ground
Of thy great nation's House of Life,
And that thy eyes do gaze upon
The treasure of thy nation's soul.

And know that this is but a spark
That by a miracle escaped
Of that bright light, that sacred flame,
Thy forebears kindled long ago
On altars high and pure.

HAYIM NAHMAN BIALIK, 1898

זְכָר־לָֽנוּ בְּרִית אָבוֹת כַּאֲשֶׁר אָמַֽרְתָּ. וְזָכַרְתִּי אֶת־בְּרִיתִי יַעֲקוֹב וְאַף אֶת־בְּרִיתִי יִצְחָק וְאַף אֶת־בְּרִיתִי אַבְרָהָם אֶזְכֹּר וְהָאָֽרֶץ אֶזְכֹּר: זְכָר־לָֽנוּ בְּרִית רִאשׁוֹנִים כַּאֲשֶׁר אָמַֽרְתָּ. וְזָכַרְתִּי לָהֶם בְּרִית רִאשֹׁנִים אֲשֶׁר הוֹצֵֽאתִי אֹתָם מֵאֶֽרֶץ מִצְרַֽיִם לְעֵינֵי הַגּוֹיִם לִהְיוֹת לָהֶם לֵאלֹהִים אֲנִי יְיָ: עֲשֵׂה עִמָּֽנוּ כְּמָה שֶׁהִבְטַחְתָּֽנוּ. וְאַף־גַּם־זֹאת בִּהְיוֹתָם בְּאֶֽרֶץ אֹיְבֵיהֶם לֹא־מְאַסְתִּים וְלֹא־גְעַלְתִּים לְכַלֹּתָם לְהָפֵר בְּרִיתִי אִתָּם כִּי אֲנִי יְיָ אֱלֹהֵיהֶם: רַחֵם עָלֵֽינוּ וְאַל־תַּשְׁחִיתֵֽנוּ כְּמָה שֶׁכָּתוּב. כִּי אֵל רַחוּם יְיָ אֱלֹהֶֽיךָ לֹא יַרְפְּךָ וְלֹא יַשְׁחִיתֶֽךָ וְלֹא יִשְׁכַּח אֶת־בְּרִית אֲבוֹתֶֽיךָ אֲשֶׁר נִשְׁבַּע לָהֶם: מוֹל אֶת־לְבָבֵֽנוּ לְאַהֲבָה וּלְיִרְאָה אֶת־שְׁמֶֽךָ כַּכָּתוּב בְּתוֹרָתֶֽךָ. וּמָל יְיָ אֱלֹהֶֽיךָ אֶת־לְבָבְךָ וְאֶת־לְבַב זַרְעֶֽךָ לְאַהֲבָה אֶת־יְיָ אֱלֹהֶֽיךָ בְּכָל־לְבָבְךָ וּבְכָל־נַפְשְׁךָ לְמַֽעַן חַיֶּֽיךָ: הָשֵׁב שְׁבוּתֵֽנוּ וְרַחֲמֵֽנוּ כְּמָה שֶׁכָּתוּב. וְשָׁב יְיָ אֱלֹהֶֽיךָ אֶת־שְׁבוּתְךָ וְרִחֲמֶֽךָ וְשָׁב וְקִבֶּצְךָ מִכָּל־הָעַמִּים אֲשֶׁר הֱפִיצְךָ יְיָ אֱלֹהֶֽיךָ שָֽׁמָּה: קַבֵּץ נִדָּחֵֽנוּ כְּמָה שֶׁכָּתוּב. אִם יִהְיֶה נִדַּחֲךָ בִּקְצֵה הַשָּׁמָֽיִם מִשָּׁם יְקַבֶּצְךָ יְיָ אֱלֹהֶֽיךָ וּמִשָּׁם יִקָּחֶֽךָ: הִמָּצֵא לָֽנוּ בְּבַקָּשָׁתֵֽנוּ כְּמָה שֶׁכָּתוּב. וּבִקַּשְׁתֶּם מִשָּׁם אֶת־יְיָ אֱלֹהֶֽיךָ וּמָצָֽאתָ כִּי תִדְרְשֶֽׁנּוּ בְּכָל־לְבָבְךָ וּבְכָל־נַפְשֶֽׁךָ: מְחֵה פְשָׁעֵֽינוּ לְמַעַנְךָ כַּאֲשֶׁר אָמַֽרְתָּ. אָנֹכִי אָנֹכִי הוּא מֹחֶה פְשָׁעֶֽיךָ לְמַעֲנִי וְחַטֹּאתֶֽיךָ לֹא אֶזְכֹּר: מְחֵה פְשָׁעֵֽינוּ כָּעָב וְכֶעָנָן כַּאֲשֶׁר אָמַֽרְתָּ. מָחִֽיתִי כָעָב פְּשָׁעֶֽיךָ וְכֶעָנָן חַטֹּאתֶֽיךָ שׁוּבָה אֵלַי כִּי גְאַלְתִּֽיךָ: הַלְבֵּן חֲטָאֵֽינוּ כַּשֶּֽׁלֶג וְכַצֶּֽמֶר כְּמָה

Remember unto us the covenant of the patriarchs: "And I will remember My covenant with Abraham, with Isaac and with Jacob; and I will remember the land."

Remember unto us the covenant of our ancestors: "And I will, for their sakes, remember the covenant of their ancestors, whom I brought forth out of the land of Egypt in the sight of the nations that I might be their God; I am the Lord."

Deal with us according to the promise in Scriptures: "And even when they be in the land of their enemies, I will not cast them away, neither will I abhor them, to destroy them utterly, and to break My covenant with them; for I am the Lord, their God."

Have mercy upon us and destroy us not. "For the Lord your God is a merciful God; He will not forsake you, neither will He destroy you, nor forget the covenant made with your fathers."

Purify our hearts to love and revere Thy name. "And the Lord your God will incline your heart and the heart of your seed, to love the Lord your God with all your heart and with all your soul, that you may live."

O bring back our captivity and have compassion upon us. "Then the Lord your God will turn your captivity and have compassion upon you, and will again gather you from all the peoples whither the Lord your God has scattered you."

O gather our dispersed and homeless. "If any of them be driven out unto the utmost parts of heaven, from thence will the Lord your God gather you, and from thence will He fetch you."

O be Thou with us to guide our paths. "And if you shall seek the Lord your God, you shall find Him, if you seek Him with all your heart and with all your soul."

O blot out our transgressions for Thy sake. "I, even I, am He that blotteth out your transgressions for Mine own sake, and I will not remember your sins."

O blot out our transgressions and may they vanish as a thick cloud and as a mist. "I have blotted out as a thick cloud your transgressions, and as a mist your sins; return unto Me; for I have redeemed you."

שֶׁכָּתוּב. לְכוּ־נָא וְנִוָּכְחָה יֹאמַר יְיָ אִם־יִהְיוּ חֲטָאֵיכֶם כַּשָּׁנִים כַּשֶּׁלֶג יַלְבִּינוּ אִם־יַאְדִּימוּ כַתּוֹלָע כַּצֶּמֶר יִהְיוּ: זְרוֹק עָלֵינוּ מַיִם טְהוֹרִים וְטַהֲרֵנוּ כְּמָה שֶׁכָּתוּב. וְזָרַקְתִּי עֲלֵיכֶם מַיִם טְהוֹרִים וּטְהַרְתֶּם מִכֹּל טֻמְאוֹתֵיכֶם וּמִכָּל־גִּלּוּלֵיכֶם אֲטַהֵר אֶתְכֶם: כַּפֵּר חֲטָאֵינוּ בַּיּוֹם הַזֶּה וְטַהֲרֵנוּ כְּמָה שֶׁכָּתוּב. כִּי־בַיּוֹם הַזֶּה יְכַפֵּר עֲלֵיכֶם לְטַהֵר אֶתְכֶם מִכֹּל חַטֹּאתֵיכֶם לִפְנֵי יְיָ תִּטְהָרוּ: הֲבִיאֵנוּ אֶל־הַר קָדְשֶׁךָ וְשַׂמְּחֵנוּ בְּבֵית תְּפִלָּתֶךָ כְּמָה שֶׁכָּתוּב. וַהֲבִיאוֹתִים אֶל־הַר קָדְשִׁי וְשִׂמַּחְתִּים בְּבֵית תְּפִלָּתִי עוֹלוֹתֵיהֶם וְזִבְחֵיהֶם לְרָצוֹן עַל־מִזְבְּחִי כִּי בֵיתִי בֵּית־תְּפִלָּה יִקָּרֵא לְכָל־הָעַמִּים:

Reader and Congregation

שְׁמַע קוֹלֵנוּ יְיָ אֱלֹהֵינוּ חוּס וְרַחֵם עָלֵינוּ וְקַבֵּל בְּרַחֲמִים וּבְרָצוֹן אֶת־תְּפִלָּתֵנוּ:

הֲשִׁיבֵנוּ יְיָ אֵלֶיךָ וְנָשׁוּבָה חַדֵּשׁ יָמֵינוּ כְּקֶדֶם:

אֲמָרֵינוּ הַאֲזִינָה יְיָ בִּינָה הֲגִיגֵנוּ: יִהְיוּ לְרָצוֹן אִמְרֵי פִינוּ וְהֶגְיוֹן לִבֵּנוּ לְפָנֶיךָ יְיָ צוּרֵנוּ וְגוֹאֲלֵנוּ:

אַל־תַּשְׁלִיכֵנוּ מִלְּפָנֶיךָ וְרוּחַ קָדְשְׁךָ אַל־תִּקַּח מִמֶּנּוּ:

אַל־תַּשְׁלִיכֵנוּ לְעֵת זִקְנָה כִּכְלוֹת כֹּחֵנוּ אַל־תַּעַזְבֵנוּ:

אַל־תַּעַזְבֵנוּ יְיָ אֱלֹהֵינוּ אַל־תִּרְחַק מִמֶּנּוּ: עֲשֵׂה עִמָּנוּ אוֹת לְטוֹבָה וְיִרְאוּ שׂוֹנְאֵינוּ וְיֵבֹשׁוּ כִּי אַתָּה יְיָ עֲזַרְתָּנוּ וְנִחַמְתָּנוּ: כִּי לְךָ יְיָ הוֹחָלְנוּ אַתָּה תַעֲנֶה אֲדֹנָי אֱלֹהֵינוּ:

O turn Thou our sins as white as snow or wool. "Come now, and let us reason together," saith the Lord. "Though your sins be as scarlet, they shall be as white as snow; though they be red like crimson, they shall be as wool."

O cleanse us from all our impurities. "Then will I sprinkle clean water upon you, and you shall be clean; from all your defilement and from all your abominations will I cleanse you."

O forgive our sins on this day and purify us. "For on this day shall atonement be made for you to cleanse you; from all your sins before the Lord shall you be clean."

O bring us to Thy holy mountain and make us joyful in Thy house of prayer. "I will bring them to My holy mountain and make them joyful in My house of prayer; their offerings shall be accepted upon Mine altar; for My house shall be called a house of prayer for all people."

Heavenly Father, heed our cry,
Give ear and grant our supplication.

Accept our words, our fervent prayer,
Consider Thou our meditation.

Rock divine, be with Thy folk,
Cast not Thy people from Thy presence.

Without Thee, God, there is no hope,
Our life an aimless evanescence.

Lord, forsake us not, we pray,
Be Thou our staff when our strength faileth;

When youth to feeble age gives way,
Naught then but Thee, O God, availeth.

Thou, O Father, wast our hope
In all our days through joy and sorrow.

Be with us yet and to the end,
Our Comforter in life's tomorrow.

אֱלֹהֵינוּ וֵאלֹהֵי אֲבוֹתֵינוּ אַל-תַּעַזְבֵנוּ. וְאַל-תִּטְּשֵׁנוּ. וְאַל-
תַּכְלִימֵנוּ. וְאַל-תָּפֵר בְּרִיתְךָ אִתָּנוּ. קָרְבֵנוּ לְתוֹרָתֶךָ. לַמְּדֵנוּ
מִצְוֹתֶיךָ. הוֹרֵנוּ דְרָכֶיךָ. הַט לִבֵּנוּ לְיִרְאָה אֶת שְׁמֶךָ. וּמוֹל
אֶת-לְבָבֵנוּ לְאַהֲבָתֶךָ. וְנָשׁוּב אֵלֶיךָ בֶּאֱמֶת וּבְלֵב שָׁלֵם.
וּלְמַעַן שִׁמְךָ הַגָּדוֹל תִּמְחוֹל וְתִסְלַח לַעֲוֹנֵינוּ כַּכָּתוּב בְּדִבְרֵי
קָדְשֶׁךָ לְמַעַן שִׁמְךָ יְיָ וְסָלַחְתָּ לַעֲוֹנִי כִּי רַב הוּא:

אֱלֹהֵינוּ וֵאלֹהֵי אֲבוֹתֵינוּ סְלַח-לָנוּ. מְחַל-לָנוּ. כַּפֶּר-לָנוּ:

כִּי אָנוּ עַמֶּךָ וְאַתָּה אֱלֹהֵינוּ.	אָנוּ בָנֶיךָ וְאַתָּה אָבִינוּ:
אָנוּ עֲבָדֶיךָ וְאַתָּה אֲדוֹנֵנוּ.	אָנוּ קְהָלֶךָ וְאַתָּה חֶלְקֵנוּ:
אָנוּ נַחֲלָתֶךָ וְאַתָּה גוֹרָלֵנוּ.	אָנוּ צֹאנֶךָ וְאַתָּה רוֹעֵנוּ:
אָנוּ כַרְמֶךָ וְאַתָּה נוֹטְרֵנוּ.	אָנוּ פְעֻלָּתֶךָ וְאַתָּה יוֹצְרֵנוּ:
אָנוּ רַעְיָתֶךָ וְאַתָּה דוֹדֵנוּ.	אָנוּ סְגֻלָּתֶךָ וְאַתָּה קְרוֹבֵנוּ:
אָנוּ עַמֶּךָ וְאַתָּה מַלְכֵּנוּ.	אָנוּ מַאֲמִירֶךָ וְאַתָּה מַאֲמִירֵנוּ:

Our God and God of our fathers, forsake us not, nor leave us. Cast us not off, nor annul Thy covenant with us. Bring us nearer to Thy Law, and teach us Thy commandments. Show us Thy ways, incline our hearts to revere Thy name. O purify our hearts that we may merit Thy love and return unto Thee in truth with a perfect heart. For Thy great name's sake, pardon and forgive our sins, even as it is written in Holy Scriptures: For Thy name's sake, O Lord, pardon my iniquity for it is great.

Our God and God of our fathers, forgive us, pardon us, and grant us atonement;

> For we are Thy people, and Thou art our God;
> We are Thy children, and Thou our Father.
> We are Thy servants, and Thou our Master;
> We are Thy congregation, and Thou our Portion.
> We are Thine inheritance and Thou our Lot;
> We are Thy flock, and Thou our Shepherd.
> We are Thy vineyard, and Thou our Keeper;
> We are Thy work, and Thou our Creator.
> We are Thy faithful, and Thou our Beloved;
> We are Thy loyal ones, and Thou our Lord.
> We are Thy subjects, and Thou our King.
> We are Thy devoted people, and Thou our exalted God.

Reader

אָנוּ עַזֵּי פָנִים וְאַתָּה רַחוּם וְחַנּוּן. אָנוּ קְשֵׁי עֹרֶף וְאַתָּה אֶרֶךְ אַפַּיִם. אָנוּ מְלֵאֵי עָוֹן וְאַתָּה מָלֵא רַחֲמִים. אָנוּ יָמֵינוּ כְּצֵל עוֹבֵר. וְאַתָּה הוּא וּשְׁנוֹתֶיךָ לֹא יִתָּמּוּ:

אֱלֹהֵינוּ וֵאלֹהֵי אֲבוֹתֵינוּ. תָּבֹא לְפָנֶיךָ תְּפִלָּתֵנוּ וְאַל תִּתְעַלַּם מִתְּחִנָּתֵנוּ. שֶׁאֵין אֲנַחְנוּ עַזֵּי פָנִים וּקְשֵׁי עֹרֶף לוֹמַר לְפָנֶיךָ יְיָ אֱלֹהֵינוּ וֵאלֹהֵי אֲבוֹתֵינוּ צַדִּיקִים אֲנַחְנוּ וְלֹא חָטָאנוּ אֲבָל אֲנַחְנוּ חָטָאנוּ:

Congregation and Reader

אָשַׁמְנוּ. **בָּ**גַדְנוּ. **גָּ**זַלְנוּ. **דִּ**בַּרְנוּ דֹפִי. **הֶ**עֱוִינוּ. **וְ**הִרְשַׁעְנוּ. **זַ**דְנוּ. **חָ**מַסְנוּ. **טָ**פַלְנוּ שֶׁקֶר. **יָ**עַצְנוּ רָע. **כִּ**זַּבְנוּ. **לַ**צְנוּ. **מָ**רַדְנוּ. **נִ**אַצְנוּ. **סָ**רַרְנוּ. **עָ**וִינוּ. **פָּ**שַׁעְנוּ. **צָ**רַרְנוּ. **קִ**שִּׁינוּ עֹרֶף. **רָ**שַׁעְנוּ. **שִׁ**חַתְנוּ. **תִּ**עַבְנוּ. **תָּ**עִינוּ. **תִּ**עְתָּעְנוּ:

סַרְנוּ מִמִּצְוֹתֶיךָ וּמִמִּשְׁפָּטֶיךָ הַטּוֹבִים וְלֹא שָׁוָה לָנוּ: וְאַתָּה צַדִּיק עַל כָּל־הַבָּא עָלֵינוּ. כִּי־אֱמֶת עָשִׂיתָ וַאֲנַחְנוּ הִרְשָׁעְנוּ:

הִרְשַׁעְנוּ וּפָשַׁעְנוּ. לָכֵן לֹא נוֹשָׁעְנוּ. וְתֵן בְּלִבֵּנוּ לַעֲזוֹב דֶּרֶךְ רֶשַׁע וְחִישׁ לָנוּ יֶשַׁע: כַּכָּתוּב עַל יַד נְבִיאֶךָ. יַעֲזֹב רָשָׁע דַּרְכּוֹ וְאִישׁ אָוֶן מַחְשְׁבֹתָיו וְיָשֹׁב אֶל־יְיָ וִירַחֲמֵהוּ וְאֶל־אֱלֹהֵינוּ כִּי־יַרְבֶּה לִסְלוֹחַ:

It is characteristic of the spirit of Judaism that the confessional is recited in public and is expressed in the plural. Each human being is responsible for all the sins of the society in which he lives, either by his own acts of commission or by his passive acquiescence in the conditions that breed crime and lawlessness.

Reader

We are insolent, but Thou art merciful and compassionate. We are obstinate, but Thou art long-suffering. We are burdened by our sins, but Thou art abounding in mercy. As for us, our days are like a passing shadow; but Thou art immutable, and Thy years never-ending.

Our God and God of our fathers, may our prayers come before Thee. Hide not Thyself from our supplication for we are neither so arrogant nor so hardened as to say before Thee, O Lord our God and God of our fathers, 'we are righteous and have not sinned'; verily, we have sinned.

Congregation and Reader

We have trespassed, we have dealt treacherously, we have robbed, we have spoken slander, we have acted perversely, and we have wrought wickedness; we have been presumptuous, we have done violence, we have framed lies, we have counselled evil, and we have spoken falsely; we have scoffed, we have revolted, we have provoked, we have rebelled, we have committed iniquity, and we have transgressed; we have oppressed, we have been stiff-necked, we have done wickedly, we have corrupted, we have committed abomination, we have gone astray, we have led others astray.

We have turned away from Thy commandments and Thy judgments that are good, and it has profited us naught. But Thou art righteous in all that has come upon us for Thou hast acted truthfully, but we have wrought unrighteousness.

We have acted wickedly and have transgressed; wherefore we have not been saved. O incline our hearts to forsake the path of evil, and hasten our salvation. Let the wicked forsake his way, and the unrighteous man his thoughts; let him return unto the Lord, and He will have mercy upon him, and unto our God, for He is ever ready to pardon.

אֱלֹהֵינוּ וֵאלֹהֵי אֲבוֹתֵינוּ. סְלַח וּמְחַל לַעֲוֹנוֹתֵינוּ בְּיוֹם [הַשַּׁבָּת הַזֶּה וּבְיוֹם] הַכִּפּוּרִים הַזֶּה. וְהֵעָתֶר־לָנוּ בִּתְפִלָּתֵנוּ. מְחֵה וְהַעֲבֵר פְּשָׁעֵינוּ מִנֶּגֶד עֵינֶיךָ. וְכוֹף אֶת־יִצְרֵנוּ לְהִשְׁתַּעְבֶּד־לָךְ. וְהַכְנַע עָרְפֵּנוּ לָשׁוּב אֵלֶיךָ. וְחַדֵּשׁ כִּלְיוֹתֵינוּ לִשְׁמוֹר פִּקּוּדֶיךָ. וּמוֹל אֶת־לְבָבֵנוּ לְאַהֲבָה וּלְיִרְאָה אֶת־שְׁמֶךָ כַּכָּתוּב בְּתוֹרָתֶךָ. וּמָל יְיָ אֱלֹהֶיךָ אֶת־לְבָבְךָ וְאֶת־לְבַב זַרְעֶךָ לְאַהֲבָה אֶת־יְיָ אֱלֹהֶיךָ בְּכָל־לְבָבְךָ וּבְכָל־נַפְשְׁךָ לְמַעַן חַיֶּיךָ:

הַזְּדוֹנוֹת וְהַשְּׁגָגוֹת אַתָּה מַכִּיר. הָרָצוֹן וְהָאֹנֶס הַגְּלוּיִם וְהַנִּסְתָּרִים לְפָנֶיךָ הֵם גְּלוּיִם וִידוּעִים: מָה־אָנוּ. מֶה־חַיֵּינוּ. מֶה־חַסְדֵּנוּ. מַה־צִּדְקֵנוּ. מַה־יִּשְׁעֵנוּ. מַה־כֹּחֵנוּ. מַה־גְּבוּרָתֵנוּ. מַה־נֹּאמַר לְפָנֶיךָ יְיָ אֱלֹהֵינוּ וֵאלֹהֵי אֲבוֹתֵינוּ. הֲלֹא כָּל־הַגִּבּוֹרִים כְּאַיִן לְפָנֶיךָ וְאַנְשֵׁי הַשֵּׁם כְּלֹא הָיוּ וַחֲכָמִים כִּבְלִי מַדָּע וּנְבוֹנִים כִּבְלִי הַשְׂכֵּל. כִּי רֹב מַעֲשֵׂיהֶם תֹּהוּ וִימֵי חַיֵּיהֶם הֶבֶל לְפָנֶיךָ. וּמוֹתַר הָאָדָם מִן הַבְּהֵמָה אָיִן כִּי הַכֹּל הָבֶל:

מַה־נֹּאמַר לְפָנֶיךָ יוֹשֵׁב מָרוֹם. וּמַה־נְּסַפֵּר לְפָנֶיךָ שׁוֹכֵן שְׁחָקִים. הֲלֹא כָּל־הַנִּסְתָּרוֹת וְהַנִּגְלוֹת אַתָּה יוֹדֵעַ:

אַתָּה יוֹדֵעַ רָזֵי עוֹלָם. וְתַעֲלוּמוֹת סִתְרֵי כָל־חָי: אַתָּה חוֹפֵשׂ כָּל־חַדְרֵי בָטֶן וּבוֹחֵן כְּלָיוֹת וָלֵב: אֵין דָּבָר נֶעְלָם מִמֶּךָּ. וְאֵין נִסְתָּר מִנֶּגֶד עֵינֶיךָ:

וּבְכֵן יְהִי רָצוֹן מִלְּפָנֶיךָ יְיָ אֱלֹהֵינוּ וֵאלֹהֵי אֲבוֹתֵינוּ. שֶׁתִּסְלַח־לָנוּ עַל כָּל־חַטֹּאתֵינוּ. וְתִמְחַל־לָנוּ עַל כָּל־עֲוֹנוֹתֵינוּ. וּתְכַפֶּר־לָנוּ עַל כָּל־פְּשָׁעֵינוּ:

Our God and God of our fathers, forgive and pardon our iniquities [on this day of rest and] on this Day of Atonement. O answer our prayers; erase and remove our transgressions from Thy sight. Subdue our inclination that we may serve Thee; and bend our will to turn unto Thee. Renew our determination to observe Thy precepts, and incline our hearts that we may love and revere Thy name in truth, as it is written in the Torah: "And the Lord your God will incline your heart and the heart of your seed, to love the Lord your God with all your heart and with all your soul, that you may live."

Thou art acquainted with our sins of presumption and of ignorance, committed either voluntarily or by compulsion, whether publicly or in secret. Before Thee they are revealed and known. What are we? What is our life? What is our goodness? What our righteousness? What our help? What is our strength? What is our might? What shall we say before Thee, O Lord our God and God of our fathers? Are not the mightiest like naught before Thee, and men of renown as though they were not, wise men as if they were without knowledge, and men of understanding as though they were lacking in discretion? For most of their work is emptiness, and the days of their life are as vanity before Thee, and the pre-eminence of man over beast is naught, for all is vanity, except only the pure soul which must hereafter give its accounting before Thy glorious throne.*

What shall we say before Thee, O Thou who dwellest on high and what shall we declare before Thee, Thou who abidest in the heavens? Dost Thou not know all things, both the hidden and the revealed?

Thou knowest the mysteries of the universe and the hidden secrets of all living. Thou searchest out the heart of man, and probest all our thoughts and aspirations. Naught escapeth Thee, neither is anything concealed from Thy sight.

May it therefore be Thy will, O Lord our God and God of our fathers, to forgive us all our sins, to pardon all our iniquities, and to grant us atonement for all our transgressions.

* Based on the Sephardic Text.

עַל חֵטְא שֶׁחָטָאנוּ לְפָנֶיךָ בְּאֹנֶס וּבְרָצוֹן:
וְעַל חֵטְא שֶׁחָטָאנוּ לְפָנֶיךָ בְּאִמּוּץ הַלֵּב:
עַל חֵטְא שֶׁחָטָאנוּ לְפָנֶיךָ בִּבְלִי דָעַת:
וְעַל חֵטְא שֶׁחָטָאנוּ לְפָנֶיךָ בְּבִטּוּי שְׂפָתָיִם:
עַל חֵטְא שֶׁחָטָאנוּ לְפָנֶיךָ בְּגִלּוּי עֲרָיוֹת:
וְעַל חֵטְא שֶׁחָטָאנוּ לְפָנֶיךָ בְּגָלוּי וּבַסָּתֶר:
עַל חֵטְא שֶׁחָטָאנוּ לְפָנֶיךָ בְּדַעַת וּבְמִרְמָה:
וְעַל חֵטְא שֶׁחָטָאנוּ לְפָנֶיךָ בְּדִבּוּר פֶּה:
עַל חֵטְא שֶׁחָטָאנוּ לְפָנֶיךָ בְּהוֹנָאַת רֵעַ:
וְעַל חֵטְא שֶׁחָטָאנוּ לְפָנֶיךָ בְּהַרְהוֹר הַלֵּב:
עַל חֵטְא שֶׁחָטָאנוּ לְפָנֶיךָ בִּוְעִידַת זְנוּת:
וְעַל חֵטְא שֶׁחָטָאנוּ לְפָנֶיךָ בְּוִדּוּי פֶּה:
עַל חֵטְא שֶׁחָטָאנוּ לְפָנֶיךָ בְּזִלְזוּל הוֹרִים וּמוֹרִים:
וְעַל חֵטְא שֶׁחָטָאנוּ לְפָנֶיךָ בְּזָדוֹן וּבִשְׁגָגָה:
עַל חֵטְא שֶׁחָטָאנוּ לְפָנֶיךָ בְּחֹזֶק יָד:
וְעַל חֵטְא שֶׁחָטָאנוּ לְפָנֶיךָ בְּחִלּוּל הַשֵּׁם:
עַל חֵטְא שֶׁחָטָאנוּ לְפָנֶיךָ בְּטֻמְאַת שְׂפָתָיִם:
וְעַל חֵטְא שֶׁחָטָאנוּ לְפָנֶיךָ בְּטִפְשׁוּת פֶּה:
עַל חֵטְא שֶׁחָטָאנוּ לְפָנֶיךָ בְּיֵצֶר הָרָע:
וְעַל חֵטְא שֶׁחָטָאנוּ לְפָנֶיךָ בְּיוֹדְעִים וּבְלֹא יוֹדְעִים:

וְעַל כֻּלָּם אֱלוֹהַּ סְלִיחוֹת סְלַח־לָנוּ. מְחַל־לָנוּ. כַּפֶּר־לָנוּ:

עַל חֵטְא שֶׁחָטָאנוּ לְפָנֶיךָ בְּכַחַשׁ וּבְכָזָב:
וְעַל חֵטְא שֶׁחָטָאנוּ לְפָנֶיךָ בְּכַפַּת שֹׁחַד:
עַל חֵטְא שֶׁחָטָאנוּ לְפָנֶיךָ בְּלָצוֹן:

A New Heart and a New Spirit

*Responsive Reading Based on the Confessional**

O God, Thou hast revealed Thyself through the conscience of mankind which found voice in the prophetic words of our ancient seers.

Without such proof of Thy guidance, we would be like lost and forsaken wanderers in a trackless desert.

On this Day of Atonement Thou dost lovingly plead with us as of yore: "Cast away from you all your transgressions, wherein ye have transgressed, and make you a new heart and a new spirit; for why will you die, O house of Israel?"

Grant us the wisdom to grasp the full import of this, Thy message, and the ability to pattern our lives in accordance with its behests.

If we but knew Thee aright, we would know Thy will;

And knowing Thy will, we would not fail to recognize our transgressions.

We know that against Thee we sin most grievously when we darken the lives of Thy children;

And when, through our selfishness, we extinguish in them the light of faith and hope.

We sin against Thee, when we profane the person of a fellow-being by using him as a tool for the fulfillment of our desires.

We sin against Thee when we lust, domineer, and compel others to gratify our passions and ambitions.

For all these, O God of forgiveness, forgive us, pardon us, grant us atonement.

V'al ku-lom e-lō-ha s'li-ḥōs s'laḥ lo-nu m'ḥal lo-nu ka-per lo-nu.

* For literal translation, see pages 342–344.

וְעַל חֵטְא שֶׁחָטָאנוּ לְפָנֶיךָ בְּלָשׁוֹן הָרָע:
עַל חֵטְא שֶׁחָטָאנוּ לְפָנֶיךָ בְּמַשָּׂא וּבְמַתָּן:
וְעַל חֵטְא שֶׁחָטָאנוּ לְפָנֶיךָ בְּמַאֲכָל וּבְמִשְׁתֶּה:
עַל חֵטְא שֶׁחָטָאנוּ לְפָנֶיךָ בְּנֶשֶׁךְ וּבְמַרְבִּית:
וְעַל חֵטְא שֶׁחָטָאנוּ לְפָנֶיךָ בִּנְטִיַּת גָּרוֹן:
עַל חֵטְא שֶׁחָטָאנוּ לְפָנֶיךָ בְּשִׂיחַ שִׂפְתוֹתֵינוּ:
וְעַל חֵטְא שֶׁחָטָאנוּ לְפָנֶיךָ בְּשִׂקּוּר עָיִן:
עַל חֵטְא שֶׁחָטָאנוּ לְפָנֶיךָ בְּעֵינַיִם רָמוֹת:
וְעַל חֵטְא שֶׁחָטָאנוּ לְפָנֶיךָ בְּעַזּוּת מֶצַח:

וְעַל כֻּלָּם אֱלוֹהַ סְלִיחוֹת סְלַח־לָנוּ: מְחַל־לָנוּ. כַּפֶּר־לָנוּ:

עַל חֵטְא שֶׁחָטָאנוּ לְפָנֶיךָ בִּפְרִיקַת עֹל:
וְעַל חֵטְא שֶׁחָטָאנוּ לְפָנֶיךָ בִּפְלִילוּת:
עַל חֵטְא שֶׁחָטָאנוּ לְפָנֶיךָ בִּצְדִיַּת רֵעַ:
וְעַל חֵטְא שֶׁחָטָאנוּ לְפָנֶיךָ בְּצָרוּת עָיִן:
עַל חֵטְא שֶׁחָטָאנוּ לְפָנֶיךָ בְּקַלּוּת רֹאשׁ:
וְעַל חֵטְא שֶׁחָטָאנוּ לְפָנֶיךָ בְּקַשְׁיוּת עֹרֶף:
עַל חֵטְא שֶׁחָטָאנוּ לְפָנֶיךָ בְּרִיצַת רַגְלַיִם לְהָרַע:
וְעַל חֵטְא שֶׁחָטָאנוּ לְפָנֶיךָ בִּרְכִילוּת:
עַל חֵטְא שֶׁחָטָאנוּ לְפָנֶיךָ בִּשְׁבוּעַת שָׁוְא:
וְעַל חֵטְא שֶׁחָטָאנוּ לְפָנֶיךָ בְּשִׂנְאַת חִנָּם:
עַל חֵטְא שֶׁחָטָאנוּ לְפָנֶיךָ בִּתְשׂוּמֶת יָד:
וְעַל חֵטְא שֶׁחָטָאנוּ לְפָנֶיךָ בְּתִמְהוֹן לֵבָב:

וְעַל כֻּלָּם אֱלוֹהַ סְלִיחוֹת סְלַח־לָנוּ. מְחַל־לָנוּ. כַּפֶּר־לָנוּ:

We sin against Thee when we allow envy of a neighbor's good fortune to breed in us hatred and spite, and when, in our pride, we humiliate those of fewer possessions and lesser achievements.

We sin against Thee when we besmirch a good name and gloat over the downfall of those we deem our rivals.

We sin against Thee when, greedy after gain and thirsty after power, we pervert the truth, deal dishonestly and break the plighted word.

We sin against Thee when we set up the lawlessness of the jungle as the law of human life.

We sin against Thee when we declare all noble striving to be vanity, and despair of the good ever triumphing over evil.

We sin against Thee when we do not consider the love, the beauty and the joy in the world, but fret and grumble in our impatience and ingratitude.

For all these, O God of forgiveness, forgive us, pardon us, grant us atonement.

V'al ku-lom e-lō-ha s'li-ḥōs s'laḥ lo-nu m'ḥal lo-nu ka-per lo-nu.

We sin against Thee, when our people's past is to us as though it had never been.

We sin against Thee when, in hardness of heart, we spurn the bonds that unite us to our dispersed and martyred people.

We sin against Thee when, by our deeds, we bring reproach upon Israel's name.

We sin against Thee when we give our enemies cause to say that Thou hast forsaken us.

All these sins do we commit against Thee in our homes and in our market places, in our shops and in our offices;

In all our dealings with one another as man with man, as group with group, and as nation with nation.

Thou hast bidden us to cast off these sins, because Thou hast endowed us with the power to choose the good and reject the evil;

But we have lost that freedom through complacent yielding to the urges and compulsions of our lower self.

וְעַל חֲטָאִים שֶׁאָנוּ חַיָּבִים עֲלֵיהֶם עוֹלָה:
וְעַל חֲטָאִים שֶׁאָנוּ חַיָּבִים עֲלֵיהֶם חַטָּאת:
וְעַל חֲטָאִים שֶׁאָנוּ חַיָּבִים עֲלֵיהֶם קָרְבָּן עוֹלֶה וְיוֹרֵד:
וְעַל חֲטָאִים שֶׁאָנוּ חַיָּבִים עֲלֵיהֶם אָשָׁם וַדַּאי וְתָלוּי:
וְעַל חֲטָאִים שֶׁאָנוּ חַיָּבִים עֲלֵיהֶם מַכַּת מַרְדּוּת:
וְעַל חֲטָאִים שֶׁאָנוּ חַיָּבִים עֲלֵיהֶם מַלְקוּת אַרְבָּעִים:
וְעַל חֲטָאִים שֶׁאָנוּ חַיָּבִים עֲלֵיהֶם מִיתָה בִּידֵי שָׁמָיִם:
וְעַל חֲטָאִים שֶׁאָנוּ חַיָּבִים עֲלֵיהֶם כָּרֵת וַעֲרִירִי:

וְעַל כֻּלָּם אֱלוֹהַּ סְלִיחוֹת סְלַח־לָנוּ. מְחַל־לָנוּ. כַּפֶּר־לָנוּ:

וְעַל חֲטָאִים שֶׁאָנוּ חַיָּבִים עֲלֵיהֶם אַרְבַּע מִיתוֹת בֵּית דִּין. סְקִילָה. שְׂרֵפָה. הֶרֶג. וְחֶנֶק: עַל מִצְוַת עֲשֵׂה וְעַל מִצְוַת לֹא תַעֲשֶׂה. בֵּין שֶׁיֵּשׁ בָּהּ קוּם עֲשֵׂה. וּבֵין שֶׁאֵין בָּהּ קוּם עֲשֵׂה. אֶת־הַגְּלוּיִם לָנוּ וְאֶת־שֶׁאֵינָם גְּלוּיִם לָנוּ: אֶת־הַגְּלוּיִם לָנוּ כְּבָר אֲמַרְנוּם לְפָנֶיךָ. וְהוֹדִינוּ לְךָ עֲלֵיהֶם. וְאֶת־שֶׁאֵינָם גְּלוּיִם לָנוּ לְפָנֶיךָ הֵם גְּלוּיִם וִידוּעִים. כַּדָּבָר שֶׁנֶּאֱמַר הַנִּסְתָּרֹת לַיָי אֱלֹהֵינוּ. וְהַנִּגְלֹת לָנוּ וּלְבָנֵינוּ עַד עוֹלָם. לַעֲשׂוֹת אֶת־כָּל־דִּבְרֵי הַתּוֹרָה הַזֹּאת:

וְדָוִד עַבְדְּךָ אָמַר לְפָנֶיךָ. שְׁגִיאוֹת מִי יָבִין מִנִּסְתָּרוֹת נַקֵּנִי: נַקֵּנוּ יְיָ אֱלֹהֵינוּ מִכָּל־פְּשָׁעֵינוּ וְטַהֲרֵנוּ מִכָּל־טֻמְאוֹתֵינוּ וּזְרוֹק עָלֵינוּ מַיִם טְהוֹרִים וְטַהֲרֵנוּ כַּכָּתוּב עַל־יַד נְבִיאֶךָ. וְזָרַקְתִּי עֲלֵיכֶם מַיִם טְהוֹרִים וּטְהַרְתֶּם מִכֹּל טֻמְאוֹתֵיכֶם וּמִכָּל־גִּלּוּלֵיכֶם אֲטַהֵר אֶתְכֶם:

אַל תִּירָא יַעֲקֹב שׁוּבוּ שׁוֹבָבִים. שׁוּבָה יִשְׂרָאֵל: הִנֵּה לֹא יָנוּם וְלֹא יִישָׁן שׁוֹמֵר יִשְׂרָאֵל: כַּכָּתוּב עַל־יַד נְבִיאֶךָ.

We therefore pray Thee to help us root out our degrading habits, and break the shackles of pernicious custom.

Fashion Thou our hearts anew, and redirect our will in accordance with Thy purposes.

Else we, Thy people, whom Thou didst call to proclaim Thy Law of righteousness, would forfeit both the right and the reason for being,

And would become an aimless and forlorn clan, the shattered ruin of a once glorious sanctuary of Thy spirit.

Enable us, then, to achieve such vision of the better world to come, as would impel us to give ourselves over to its upbuilding,

And that sense of common destiny with all mankind which would open our eyes to the folly of selfishness and pride, and to the futility of hatred and strife.

May a new spirit of compassion move us to banish from our hearts the evil purposes and cruel designs we harbor against one another.

May a new spirit of loving-kindness unite us all in the endeavor to establish on earth Thy kingdom of justice, freedom and peace. Amen.

Thy servant David cried out unto Thee: "Who can discern his error? Clear Thou me from secret faults." Clear us, O Lord our God, from all our transgressions and purify us from all our impurities, as it is written in the words of Thy Prophet: "Then will I sprinkle clean water upon you, and you shall be clean; from all your defilements and from all your abominations will I cleanse you."

Fear not, O Jacob; return you backsliders; return, O Israel. Behold, He that keepeth Israel slumbereth not nor sleepeth, as it is written by the hand of Thy prophet:

שׁוּבָה יִשְׂרָאֵל עַד יְיָ אֱלֹהֶיךָ כִּי כָשַׁלְתָּ בַּעֲוֹנֶךָ: וְנֶאֱמַר.
קְחוּ עִמָּכֶם דְּבָרִים וְשׁוּבוּ אֶל־יְיָ אִמְרוּ אֵלָיו כָּל־תִּשָּׂא עָוֹן
וְקַח טוֹב וּנְשַׁלְּמָה פָרִים שְׂפָתֵינוּ:

וְאַתָּה רַחוּם מְקַבֵּל שָׁבִים וְעַל הַתְּשׁוּבָה מֵרֹאשׁ
הִבְטַחְתָּנוּ וְעַל הַתְּשׁוּבָה עֵינֵינוּ מְיַחֲלוֹת לָךְ:

On Sabbath add the bracketed words

וּמֵאַהֲבָתְךָ יְיָ אֱלֹהֵינוּ שֶׁאָהַבְתָּ אֶת־יִשְׂרָאֵל עַמֶּךָ
וּמֵחֶמְלָתְךָ מַלְכֵּנוּ שֶׁחָמַלְתָּ עַל בְּנֵי בְרִיתֶךָ נָתַתָּ לָּנוּ יְיָ
אֱלֹהֵינוּ אֶת־[יוֹם הַשַּׁבָּת הַזֶּה לִקְדֻשָּׁה וְלִמְנוּחָה וְאֶת־] יוֹם הַכִּפֻּרִים
הַזֶּה לִמְחִילַת חֵטְא וְלִסְלִיחַת עָוֹן וּלְכַפָּרַת פֶּשַׁע:

מִי אֵל כָּמוֹךָ:

Congregation	Reader
מִי אֵל כָּמוֹךָ:	אַדִּיר וְנָאוֹר. בּוֹרֵא דק וָחֶלֶד.
מִי אֵל כָּמוֹךָ:	גּוֹלֶה עֲמֻקוֹת. דּוֹבֵר צְדָקוֹת.
מִי אֵל כָּמוֹךָ:	הָדוּר בִּלְבוּשׁוֹ. וְאֵין זוּלָתוֹ.
מִי אֵל כָּמוֹךָ:	זוֹקֵף כְּפוּפִים. חוֹנֵן דַּלִּים.
מִי אֵל כָּמוֹךָ:	טָהוֹר עֵינַיִם. יוֹשֵׁב שָׁמַיִם.
מִי אֵל כָּמוֹךָ:	שׁוֹכֵן שְׁחָקִים. תּוֹמֵךְ תְּמִימִים.
מִי אֵל כָּמוֹךָ:	נוֹשֵׂא עָוֹן. וְעוֹבֵר עַל פֶּשַׁע.

כַּכָּתוּב עַל יַד נְבִיאֶךָ.

מִי־אֵל כָּמוֹךָ נֹשֵׂא עָוֹן וְעוֹבֵר עַל־פֶּשַׁע לִשְׁאֵרִית נַחֲלָתוֹ
לֹא־הֶחֱזִיק לָעַד אַפּוֹ כִּי־חָפֵץ חֶסֶד הוּא: יָשׁוּב יְרַחֲמֵנוּ
יִכְבֹּשׁ עֲוֹנוֹתֵינוּ וְתַשְׁלִיךְ בִּמְצוֹלוֹת יָם כָּל־חַטֹּאתָם: וְכָל־

"Return, O Israel, unto the Lord your God; for you have stumbled in your iniquity. Take with you words, and return unto the Lord; say unto Him: 'Forgive all iniquity, and accept that which is good; so will we render for bullocks the offering of our lips.'"

And Thou, being all-merciful, dost receive them that repent; concerning the efficacy of repentance, Thou hast assured us of old; and relying upon repentance, our eyes wait upon Thee.

On Sabbath add the bracketed words

And because of the love, O Lord our God, wherewith Thou hast loved Israel, and because of the pity, O our King, wherewith Thou hast pitied the children of Thy covenant, Thou hast given unto us, O Lord our God, [this Sabbath day for holiness and rest, and] this Day of Atonement for the pardoning of sin, the forgiveness of iniquity, and the atonement of transgression.

O God who is like unto Thee?

Glorious and exalted, Creator of heaven and earth,
Who revealeth profound things and speaketh righteousness;
Glorious in Thy splendor there is none besides Thee.
Thou raisest up those that are bowed down and hast pity on
    the poor.
Thou art pure of sight; Thou dwellest in the heavens.
Thou abidest in the heights, Thou upholdest the faithful.
Thou pardonest iniquity and passest by transgression.

O God, who is like unto Thee?

As it is written in the words of Thy prophet: "Who is a God like unto Thee, that pardoneth iniquity and passeth by the transgression of the remnant of Israel? Thou retainest not anger forever, because Thou delightest in mercy. Thou wilt again have compassion upon us and subdue our iniquities; Thou wilt cast all our sins into the depths of the sea." And

חַטֹּאת עַמְּךָ בֵּית יִשְׂרָאֵל תַּשְׁלִיךְ בִּמְקוֹם אֲשֶׁר לֹא יִזָּכְרוּ וְלֹא יִפָּקְדוּ וְלֹא יַעֲלוּ עַל לֵב לְעוֹלָם: תִּתֵּן אֱמֶת לְיַעֲקֹב חֶסֶד לְאַבְרָהָם אֲשֶׁר־נִשְׁבַּעְתָּ לַאֲבֹתֵינוּ מִימֵי קֶדֶם:

אֱלֹהֵינוּ וֵאלֹהֵי אֲבוֹתֵינוּ מְחַל לַעֲוֹנוֹתֵינוּ בְּיוֹם [הַשַּׁבָּת הַזֶּה וּבְיוֹם] הַכִּפֻּרִים הַזֶּה מְחֵה וְהַעֲבֵר פְּשָׁעֵינוּ וְחַטֹּאתֵינוּ מִנֶּגֶד עֵינֶיךָ. כָּאָמוּר אָנֹכִי אָנֹכִי הוּא מֹחֶה פְשָׁעֶיךָ לְמַעֲנִי וְחַטֹּאתֶיךָ לֹא־אֶזְכֹּר: וְנֶאֱמַר מָחִיתִי כָעָב פְּשָׁעֶיךָ וְכֶעָנָן חַטֹּאתֶיךָ שׁוּבָה אֵלַי כִּי גְאַלְתִּיךָ: וְנֶאֱמַר כִּי־בַיּוֹם הַזֶּה יְכַפֵּר עֲלֵיכֶם לְטַהֵר אֶתְכֶם מִכֹּל חַטֹּאתֵיכֶם לִפְנֵי יְיָ תִּטְהָרוּ: אֱלֹהֵינוּ וֵאלֹהֵי אֲבוֹתֵינוּ [רְצֵה בִמְנוּחָתֵנוּ] קַדְּשֵׁנוּ בְּמִצְוֹתֶיךָ וְתֵן חֶלְקֵנוּ בְּתוֹרָתֶךָ שַׂבְּעֵנוּ מִטּוּבֶךָ וְשַׂמְּחֵנוּ בִּישׁוּעָתֶךָ. [וְהַנְחִילֵנוּ יְיָ אֱלֹהֵינוּ בְּאַהֲבָה וּבְרָצוֹן שַׁבַּת קָדְשֶׁךָ וְיָנוּחוּ בָהּ יִשְׂרָאֵל מְקַדְּשֵׁי שְׁמֶךָ] וְטַהֵר לִבֵּנוּ לְעָבְדְּךָ בֶּאֱמֶת. כִּי אַתָּה סָלְחָן לְיִשְׂרָאֵל וּמָחֳלָן לְשִׁבְטֵי יְשֻׁרוּן בְּכָל־דּוֹר וָדוֹר וּמִבַּלְעָדֶיךָ אֵין לָנוּ מֶלֶךְ מוֹחֵל וְסוֹלֵחַ אֶלָּא אָתָּה. בָּרוּךְ אַתָּה יְיָ. מֶלֶךְ מוֹחֵל וְסוֹלֵחַ לַעֲוֹנוֹתֵינוּ וְלַעֲוֹנוֹת עַמּוֹ בֵּית יִשְׂרָאֵל. וּמַעֲבִיר אַשְׁמוֹתֵינוּ בְּכָל־שָׁנָה וְשָׁנָה. מֶלֶךְ עַל כָּל־הָאָרֶץ מְקַדֵּשׁ [הַשַּׁבָּת וְ]יִשְׂרָאֵל וְיוֹם הַכִּפֻּרִים:

all the sins of Thy people, the house of Israel, Thou wilt cast into a place where they shall not be remembered, neither shall they be visited, neither shall they ever come to mind. "Thou wilt perform truth to Jacob, and mercy to Abraham, as Thou hast sworn unto our fathers from the days of old."

Our God and God of our fathers, pardon our iniquities [on this Sabbath Day, and] on this Atonement Day. Efface our transgressions and our sins, and make them pass away from before Thine eyes; as it is written in Scripture: "I, even I, am He that effaceth thy transgressions for Mine own sake." "I have blotted out as a cloud thy transgressions, and, as a mist, thy sins; return unto Me for I have redeemed thee." "For on this day shall atonement be made for you, to cleanse you; from all your sins shall ye be clean before the Lord." Our God and God of our fathers, [accept our rest;] sanctify us by Thy commandments, and grant that our portion be in Thy Torah; satisfy us with Thy goodness, and gladden us with Thy salvation. [Cause us, O Lord our God, in love and favor to inherit Thy holy Sabbath; and may Israel rest thereon and bless Thy name.]

Make our hearts pure to serve Thee in truth; for Thou art the Forgiver of Israel and the Pardoner of the tribes of Jeshurun in every generation, and besides Thee we have no King who pardoneth and forgiveth. Blessed art Thou, O Lord, Thou King who pardonest and forgivest our iniquities and the iniquities of the house of Israel, who makest our trespasses to pass away year by year, Thou King over all the earth, who sanctifiest [the Sabbath and] Israel and the Day of Atonement.

רְצֵה יְיָ אֱלֹהֵינוּ בְּעַמְּךָ יִשְׂרָאֵל וּבִתְפִלָּתָם. וְהָשֵׁב אֶת־הָעֲבוֹדָה לִדְבִיר בֵּיתֶךָ וְאִשֵּׁי יִשְׂרָאֵל וּתְפִלָּתָם בְּאַהֲבָה תְקַבֵּל בְּרָצוֹן. וּתְהִי לְרָצוֹן תָּמִיד עֲבוֹדַת יִשְׂרָאֵל עַמֶּךָ:

When the Cohanim offer the Priestly Blessing, the following prayer is added.

וְתֶעֱרַב לְפָנֶיךָ עֲתִירָתֵנוּ כְּעוֹלָה וּכְקָרְבָּן. אָנָּא רַחוּם בְּרַחֲמֶיךָ הָרַבִּים הָשֵׁב שְׁכִינָתְךָ לְצִיּוֹן עִירֶךָ וְסֵדֶר הָעֲבוֹדָה לִירוּשָׁלָיִם. וְתֶחֱזֶינָה עֵינֵינוּ בְּשׁוּבְךָ לְצִיּוֹן בְּרַחֲמִים. וְשָׁם נַעֲבָדְךָ בְּיִרְאָה כִּימֵי עוֹלָם וּכְשָׁנִים קַדְמֹנִיּוֹת:

בָּרוּךְ אַתָּה יְיָ שֶׁאוֹתְךָ לְבַדְּךָ בְּיִרְאָה נַעֲבוֹד:

וְתֶחֱזֶינָה עֵינֵינוּ בְּשׁוּבְךָ לְצִיּוֹן בְּרַחֲמִים. בָּרוּךְ אַתָּה יְיָ הַמַּחֲזִיר שְׁכִינָתוֹ לְצִיּוֹן:

*מוֹדִים אֲנַחְנוּ לָךְ שָׁאַתָּה הוּא יְיָ אֱלֹהֵינוּ וֵאלֹהֵי אֲבוֹתֵינוּ לְעוֹלָם וָעֶד. צוּר חַיֵּינוּ מָגֵן יִשְׁעֵנוּ אַתָּה הוּא לְדוֹר וָדוֹר. נוֹדֶה לְּךָ וּנְסַפֵּר תְּהִלָּתֶךָ עַל חַיֵּינוּ הַמְּסוּרִים בְּיָדֶךָ וְעַל נִשְׁמוֹתֵינוּ הַפְּקוּדוֹת לָךְ וְעַל נִסֶּיךָ שֶׁבְּכָל־יוֹם עִמָּנוּ וְעַל נִפְלְאוֹתֶיךָ וְטוֹבוֹתֶיךָ שֶׁבְּכָל־עֵת עֶרֶב וָבֹקֶר וְצָהֳרָיִם. הַטּוֹב כִּי לֹא־כָלוּ רַחֲמֶיךָ וְהַמְרַחֵם כִּי לֹא־תַמּוּ חֲסָדֶיךָ מֵעוֹלָם קִוִּינוּ לָךְ:

**Congregation, as Reader begins the above prayer:*

מוֹדִים אֲנַחְנוּ לָךְ שָׁאַתָּה הוּא יְיָ אֱלֹהֵינוּ וֵאלֹהֵי אֲבוֹתֵינוּ אֱלֹהֵי כָל־בָּשָׂר יוֹצְרֵנוּ יוֹצֵר בְּרֵאשִׁית. בְּרָכוֹת וְהוֹדָאוֹת לְשִׁמְךָ הַגָּדוֹל וְהַקָּדוֹשׁ עַל שֶׁהֶחֱיִיתָנוּ וְקִיַּמְתָּנוּ. כֵּן תְּחַיֵּנוּ וּתְקַיְּמֵנוּ וְתֶאֱסוֹף גָּלֻיּוֹתֵינוּ לְחַצְרוֹת קָדְשֶׁךָ לִשְׁמֹר חֻקֶּיךָ וְלַעֲשׂוֹת רְצוֹנֶךָ וּלְעָבְדְךָ בְּלֵבָב שָׁלֵם עַל שֶׁאֲנַחְנוּ מוֹדִים לָךְ. בָּרוּךְ אֵל הַהוֹדָאוֹת:

O Lord our God, be gracious unto Thy people Israel and accept their prayer. Restore worship to Thy Sanctuary and receive in love and favor the supplication of Israel. May the worship of Thy people be ever acceptable unto Thee.

When the Cohanim offer the Priestly Blessing, the following prayer is added.

And may our prayer be acceptable unto Thee as burnt offering, and as sacrifice. O Thou who art merciful, we beseech Thee, in Thine abundant mercy, to restore Thy divine presence unto Zion, and the sacred service to Jerusalem. O let our eyes behold Thy return in mercy to Zion, and there will we worship Thee in awe as in the days of old and as in ancient years.

Blessed art Thou, O Lord, whom alone we serve in awe.

Reader

O may our eyes witness Thy return in mercy to Zion! Blessed art Thou, O Lord, who restorest Thy divine presence unto Zion.

* We thankfully acknowledge that Thou art the Lord our God and the God of our fathers unto all eternity; the Rock of our lives, and the Shield of our salvation through every generation. We will be grateful unto Thee and declare Thy praise for our lives which are entrusted into Thy hands, for our souls which are in Thy care, for Thy miracles, which are daily with us and for Thy wonderful goodness toward us at all times, evening, morn and noon. Thou art good, and Thy love never fails; Thou art merciful, and Thy kindnesses never cease. We have ever hoped in Thee.

* Congregation, as Reader begins the above prayer:

We thank Thee who art the Lord our God and the God of our fathers, the God of all flesh, our Creator and the Creator of the universe. Blessings and thanksgiving are due unto Thy great and holy name because Thou hast given us life and sustained us. O continue to keep us in life and preserve us. Gather our exiles into Thy holy Sanctuary, to observe Thy statutes, to do Thy will and to serve Thee with a perfect heart. For this do we give thanks unto Thee, O God, blessed in all thanksgiving.

וְעַל כֻּלָּם יִתְבָּרַךְ וְיִתְרוֹמַם שִׁמְךָ מַלְכֵּנוּ תָּמִיד לְעוֹלָם וָעֶד:

Congregation and Reader

אָבִינוּ מַלְכֵּנוּ זְכוֹר רַחֲמֶיךָ וּכְבוֹשׁ כַּעַסְךָ וְכַלֵּה דֶבֶר וְחֶרֶב וְרָעָב וּשְׁבִי וּמַשְׁחִית וְעָוֹן וּשְׁמַד וּמַגֵּפָה וּפֶגַע רַע וְכָל־מַחֲלָה וְכָל־תְּקָלָה וְכָל־קְטָטָה וְכָל־מִינֵי פֻרְעָנִיּוֹת וְכָל־גְּזֵרָה רָעָה וְשִׂנְאַת חִנָּם. מֵעָלֵינוּ וּמֵעַל כָּל־בְּנֵי בְרִיתֶךָ:

Congregation and Reader

וּכְתוֹב לְחַיִּים טוֹבִים כָּל־בְּנֵי בְרִיתֶךָ:

וְכֹל הַחַיִּים יוֹדוּךָ סֶּלָה וִיהַלְלוּ אֶת־שִׁמְךָ בֶּאֱמֶת הָאֵל יְשׁוּעָתֵנוּ וְעֶזְרָתֵנוּ סֶלָה. בָּרוּךְ אַתָּה יְיָ הַטּוֹב שִׁמְךָ וּלְךָ נָאֶה לְהוֹדוֹת:

When the Cohanim offer the Priestly Blessing, the Reader continues:

אֱלֹהֵינוּ וֵאלֹהֵי אֲבוֹתֵינוּ בָּרְכֵנוּ בַּבְּרָכָה הַמְשֻׁלֶּשֶׁת בַּתּוֹרָה הַכְּתוּבָה עַל־יְדֵי מֹשֶׁה עַבְדֶּךָ הָאֲמוּרָה מִפִּי אַהֲרֹן וּבָנָיו

Reader כֹּהֲנִים *Congregation* עַם קְדוֹשֶׁךָ כָּאָמוּר.

The Cohanim pronounce the following blessing:

בָּרוּךְ אַתָּה יְיָ. אֱלֹהֵינוּ מֶלֶךְ הָעוֹלָם אֲשֶׁר קִדְּשָׁנוּ בִּקְדֻשָּׁתוֹ שֶׁל אַהֲרֹן וְצִוָּנוּ לְבָרֵךְ אֶת־עַמּוֹ יִשְׂרָאֵל בְּאַהֲבָה:

יְבָרֶכְךָ יְיָ וְיִשְׁמְרֶךָ אָמֵן:

יָאֵר יְיָ פָּנָיו אֵלֶיךָ וִיחֻנֶּךָּ. אָמֵן:

יִשָּׂא יְיָ פָּנָיו אֵלֶיךָ וְיָשֵׂם לְךָ שָׁלוֹם. אָמֵן:

אֱלֹהֵינוּ וֵאלֹהֵי אֲבוֹתֵינוּ בָּרְכֵנוּ בַּבְּרָכָה הַמְשֻׁלֶּשֶׁת בַּתּוֹרָה הַכְּתוּבָה עַל־יְדֵי מֹשֶׁה עַבְדֶּךָ הָאֲמוּרָה מִפִּי אַהֲרֹן וּבָנָיו כֹּהֲנִים עַם קְדוֹשֶׁךָ כָּאָמוּר.

יְבָרֶכְךָ יְיָ וְיִשְׁמְרֶךָ: כֵּן יְהִי רָצוֹן:

יָאֵר יְיָ פָּנָיו אֵלֶיךָ וִיחֻנֶּךָּ: כֵּן יְהִי רָצוֹן:

יִשָּׂא יְיָ פָּנָיו אֵלֶיךָ וְיָשֵׂם לְךָ שָׁלוֹם: כֵּן יְהִי רָצוֹן:

For all this, Thy name, O our divine Ruler, shall be blessed and exalted forever.

Congregation and Reader

Our Father, our King, remember Thy mercy, show us Thy compassion and remove from us and from the children of Thy covenant pestilence, sword and famine, destruction, captivity, iniquity and plague, all evil occurrences and every disease, every stumbling-block and contention, every evil decree and all causeless enmity.

Congregation and Reader

O inscribe all the children of Thy covenant for a happy life. And may all the living do homage unto Thee forever, and praise Thy name in truth, O God, who art our salvation and our help. Blessed be Thou, O Lord, Beneficent One; unto Thee it is seemly to give praise.

When the Cohanim offer the Priestly Blessing, the Reader continues:

Our God and God of our fathers, bless us with the three-fold blessing written in the Torah of Moses, Thy servant, and spoken by Aaron and his descendants,

Reader: the priests,   *Congregation:* Thy holy people, as it is said:

The Cohanim

Blessed art Thou, O Lord our God, King of the universe, who hast hallowed us with the holiness of Aaron and hast commanded us to bless Thy people Israel in love.

May the Lord bless you and keep you.   Amen.

May the Lord make His countenace to shine upon you and be gracious unto you.   Amen.

May the Lord turn His countenance unto you and give you peace.

                                      Amen.

Reader

Our God and God of our fathers, bless us with the three-fold blessing written in the Torah of Moses, Thy servant, and spoken by Aaron and his descendants, Thy consecrated priests:

Reader	*Congregation*
May the Lord bless you and keep you.	So may it be His will.
May the Lord make His countenance to shine upon you and be gracious unto you.	So may it be His will.
May the Lord turn His countenance unto you and give you peace.	So may it be His will.

שִׂים שָׁלוֹם טוֹבָה וּבְרָכָה חֵן וָחֶסֶד וְרַחֲמִים עָלֵינוּ וְעַל כָּל־יִשְׂרָאֵל עַמֶּךָ. בָּרְכֵנוּ אָבִינוּ כֻּלָּנוּ כְּאֶחָד בְּאוֹר פָּנֶיךָ. כִּי בְאוֹר פָּנֶיךָ נָתַתָּ לָּנוּ יְיָ אֱלֹהֵינוּ תּוֹרַת חַיִּים וְאַהֲבַת חֶסֶד וּצְדָקָה וּבְרָכָה וְרַחֲמִים וְחַיִּים וְשָׁלוֹם. וְטוֹב בְּעֵינֶיךָ לְבָרֵךְ אֶת־עַמְּךָ יִשְׂרָאֵל בְּכָל־עֵת וּבְכָל־שָׁעָה בִּשְׁלוֹמֶךָ:

Congregation and Reader

בְּסֵפֶר חַיִּים בְּרָכָה וְשָׁלוֹם וּפַרְנָסָה טוֹבָה נִזָּכֵר וְנִכָּתֵב לְפָנֶיךָ אֲנַחְנוּ וְכָל־עַמְּךָ בֵּית יִשְׂרָאֵל לְחַיִּים טוֹבִים וּלְשָׁלוֹם:

וְנֶאֱמַר כִּי בִי יִרְבּוּ יָמֶיךָ וְיוֹסִיפוּ לְךָ שְׁנוֹת חַיִּים: לְחַיִּים טוֹבִים תִּכְתְּבֵנוּ. אֱלֹהִים חַיִּים כָּתְבֵנוּ בְּסֵפֶר הַחַיִּים. כַּכָּתוּב. וְאַתֶּם הַדְּבֵקִים בַּייָ אֱלֹהֵיכֶם חַיִּים כֻּלְּכֶם הַיּוֹם:

The Ark is opened

Reader	*Congregation*
הַיּוֹם תְּאַמְּצֵנוּ:	אָמֵן:
הַיּוֹם תְּבָרְכֵנוּ:	אָמֵן:
הַיּוֹם תְּגַדְּלֵנוּ:	אָמֵן:
הַיּוֹם תִּדְרְשֵׁנוּ לְטוֹבָה:	אָמֵן:
הַיּוֹם תִּכְתְּבֵנוּ לְחַיִּים טוֹבִים:	אָמֵן:
הַיּוֹם תִּשְׁמַע שַׁוְעָתֵנוּ:	אָמֵן:
הַיּוֹם תְּקַבֵּל בְּרַחֲמִים וּבְרָצוֹן אֶת־תְּפִלָּתֵנוּ:	אָמֵן:
הַיּוֹם תִּתְמְכֵנוּ בִּימִין צִדְקֶךָ:	אָמֵן:
הַיּוֹם תִּמְחוֹל וְתִסְלַח לְכָל־עֲוֹנוֹתֵינוּ:	אָמֵן:

The Ark is closed

Our Father, grant peace and well-being, blessing and grace, loving-kindness and mercy unto us and unto all Israel, Thy people. Bless us, O our Father, all of us together, with the light of Thy presence; for by that light Thou hast given us, O Lord our God, the Torah of life, loving-kindness and righteousness, blessing and mercy, life and peace. O may it be good in Thy sight at all times to bless Israel and all Thy children with Thy peace.

Congregation and Reader

In the book of life, blessing, peace and good sustenance, may we be remembered and inscribed before Thee, we and all Thy people, the house of Israel, for a happy life and for peace.

As it is written: "For by Me shall your days be multiplied, and the years of your life shall be increased." O inscribe us for a happy life. O living God, inscribe us in the Book of Life as it is written: "And you that cleave unto the Lord your God, are alive, everyone of you, this day."

The Ark is opened

This day mayest Thou strengthen us. Amen.
This day mayest Thou bless us. Amen.
This day mayest Thou exalt us. Amen.
This day mayest Thou consider us for well-being. Amen.
This day mayest Thou inscribe us for happy life. Amen.
This day mayest Thou hear our supplication. Amen.
This day mayest Thou accept our prayer in mercy and favor. Amen.
This day mayest Thou uphold us with the power of Thy righteousness. Amen.
This day mayest Thou pardon and forgive all our iniquities. Amen.

The Ark is closed

כְּהַיּוֹם הַזֶּה תְּבִיאֵנוּ שָׂשִׂים וּשְׂמֵחִים בְּבִנְיַן שָׁלֵם כַּכָּתוּב עַל־יַד נְבִיאֶךָ. וַהֲבִיאוֹתִים אֶל־הַר קָדְשִׁי וְשִׂמַּחְתִּים בְּבֵית תְּפִלָּתִי עוֹלֹתֵיהֶם וְזִבְחֵיהֶם לְרָצוֹן עַל־מִזְבְּחִי. כִּי בֵיתִי בֵּית תְּפִלָּה יִקָּרֵא לְכָל־הָעַמִּים: וְנֶאֱמַר. וַיְצַוֵּנוּ יְיָ לַעֲשׂוֹת אֶת־כָּל־הַחֻקִּים הָאֵלֶּה לְיִרְאָה אֶת־יְיָ אֱלֹהֵינוּ. לְטוֹב לָנוּ כָּל־הַיָּמִים לְחַיֹּתֵנוּ כְּהַיּוֹם הַזֶּה: וְנֶאֱמַר. וּצְדָקָה תִּהְיֶה־לָּנוּ כִּי־נִשְׁמֹר לַעֲשׂוֹת אֶת־כָּל־הַמִּצְוָה הַזֹּאת לִפְנֵי יְיָ אֱלֹהֵינוּ כַּאֲשֶׁר צִוָּנוּ: וּצְדָקָה וּבְרָכָה וְרַחֲמִים וְחַיִּים וְשָׁלוֹם יִהְיֶה־לָּנוּ וּלְכָל־יִשְׂרָאֵל עַד הָעוֹלָם. בָּרוּךְ אַתָּה יְיָ עוֹשֵׂה הַשָּׁלוֹם:

Reader's Kaddish

יִתְגַּדַּל וְיִתְקַדַּשׁ שְׁמֵהּ רַבָּא. בְּעָלְמָא דִּי־בְרָא כִרְעוּתֵהּ. וְיַמְלִיךְ מַלְכוּתֵהּ בְּחַיֵּיכוֹן וּבְיוֹמֵיכוֹן וּבְחַיֵּי דְכָל־בֵּית יִשְׂרָאֵל בַּעֲגָלָא וּבִזְמַן קָרִיב. וְאִמְרוּ אָמֵן:

Congregation and Reader

יְהֵא שְׁמֵהּ רַבָּא מְבָרַךְ לְעָלַם וּלְעָלְמֵי עָלְמַיָּא:

Reader

יִתְבָּרַךְ וְיִשְׁתַּבַּח וְיִתְפָּאַר וְיִתְרוֹמַם וְיִתְנַשֵּׂא וְיִתְהַדַּר וְיִתְעַלֶּה וְיִתְהַלָּל שְׁמֵהּ דְּקֻדְשָׁא. בְּרִיךְ הוּא. לְעֵלָּא וּלְעֵלָּא מִן־כָּל־בִּרְכָתָא וְשִׁירָתָא תֻּשְׁבְּחָתָא וְנֶחֱמָתָא דַּאֲמִירָן בְּעָלְמָא. וְאִמְרוּ אָמֵן:

תִּתְקַבַּל צְלוֹתְהוֹן וּבָעוּתְהוֹן דְּכָל־יִשְׂרָאֵל קֳדָם אֲבוּהוֹן דִּי־בִשְׁמַיָּא. וְאִמְרוּ אָמֵן:

יְהֵא שְׁלָמָא רַבָּא מִן־שְׁמַיָּא וְחַיִּים עָלֵינוּ וְעַל־כָּל־יִשְׂרָאֵל. וְאִמְרוּ אָמֵן:

עֹשֶׂה שָׁלוֹם בִּמְרוֹמָיו הוּא יַעֲשֶׂה שָׁלוֹם עָלֵינוּ וְעַל־כָּל־יִשְׂרָאֵל. וְאִמְרוּ אָמֵן:

Upon a day like this mayest Thou bring us rejoicing unto Thy Temple of peace, as it is written in the words of Thy prophet: "And I will bring them to My holy mountain and make them joyful in My house of prayer; their offerings shall be accepted upon Mine altar; for My house shall be called a house of prayer for all peoples." And it is said: "And the Lord commanded us to do all these statutes, to revere the Lord our God for our good always, that He might preserve us alive, as at this day." And it is said: "And it shall be accounted as righteousness for us, if we observe to do all these commandments before the Lord our God, as He hath commanded us." And righteousness and blessing, mercy, life and peace be unto us and unto all Israel forever. Blessed art Thou, O Lord, who makest peace.

Reader's Kaddish

Magnified and sanctified be the great name of God throughout the world which He hath created according to His will. May He establish His kingdom during the days of your life and during the life of all the house of Israel, speedily, yea, soon; and say ye, Amen.

May His great name be blessed for ever and ever.

Exalted and honored be the name of the Holy One, blessed be He, whose glory transcends, yea, is beyond all blessings and hymns, praises and consolations which are uttered in the world; and say ye, Amen.

May the prayers and supplications of the whole house of Israel be acceptable unto their Father in heaven; and say ye, Amen.

May there be abundant peace from heaven, and life for us and for all Israel; and say ye, Amen.

May He who establisheth peace in the heavens, grant peace unto us and unto all Israel; and say ye, Amen.

MEDITATION

And remember that the companionship of Time is but of short duration. It flies more quickly than the shades of evening. We are like a child that grasps in his hand a sunbeam. He opens his hand soon again, but, to his amazement, finds it empty and the brightness gone.

YEDAYA PENINI, 14th cent.

A man should so live that at the close of every day he can repeat: 'I have not wasted my day.'

ZOHAR

Thou Who Knowest Our Sorrows

Thou who knowest our sorrows, and bindest up our wounds,
Turn again our tens of thousands to the land of our abodes.
There shall we make before Thee the offering due to Thee.
The faithful recall today the wonders of olden time;
The children groan, for other lords beside Thee are their
masters.
Where is God's covenant to the fathers, where His former
mercies,
When He spake from the heavens of His dwelling unto us,
face to face,
When He gave into the hand of the faithful envoy the two
tablets of stone?
And where are all His marvels which our fathers have told us?
How long have we drunken our fill of bitterness, and hoped for
Thy salvation?
How many seasons were we sick with longing, but entreated
none but Thee,
And watched for the light of morning, but were covered with
thick darkness?
As though we had not been a people, nay had not been more
wonderful than any people;
As though we had not seen the day of Sinai, nor had drunken
the waters of the rock,
And Thy manna had not been in our mouth, and Thy cloud
about us!

They ask the way to Zion—they pray toward her—
The children exiled from her border, but which have not stript
themselves of their adornment.
The beautiful adornment for which they were praised, for this
they are slain and defiled—
The treasures they inherited at Horeb, whereby they are justi-
fied and proud;

Slaves bear rule over them, but they will never cease to call
    Thee
Until Thou turn our captivity and comfort our waste places.

We stand upon our watch to keep Thy righteous judgments—
And even if our splendor be ruined, and we be thrust forth
    from Thy bosom
And an handmaid be our mistress, and those far off from Thee
    rule over us,
Yet do we hold fast to our crown, the diadem of Thy statutes,
Until Thou gather our company into the house of Thy choice
    and Thy desire,
Our holy place, our glory, where our fathers praised Thee.

Yehudah Halevi

The Altar of God

Do not seek for the City of God on earth, for it is not built
of wood or stone; but seek it in the soul of the man who is at
peace with himself and is a lover of true wisdom.

If a man practices ablutions of the body, but defiles his
mind—if he offers hecatombs, founds a temple, adorns a
shrine, and does nothing for making his soul beautiful—let
him not be called religious. He has wandered far from real
religion, mistaking ritual for holiness; attempting, as it were,
to bribe the Incorruptible and to flatter Him whom none can
flatter. God welcomes the genuine service of a soul, the sacri-
fice of truth; but from display of wealth He turns away.

Will any man with impure soul and with no intention to
repent, dare to approach the Most High God? The grateful
soul of the wise man is the true altar of God.

Philo Judaeus, first century

Humility

The proud cedar is felled, the lowly bush is untouched; fire
rises and dies away, water flows down and forever. If for
what beauty or riches you have, you raise your head above
neighbor or brother, you feed hateful envy, and the beggar
whom you despise may yet triumph over you. Better enough
in freedom than plenty at the table of another.

—Benedict of Oxford, 1195

O LORD, WHERE SHALL I FIND THEE?

O Lord, where shall I find Thee?
  Hid is Thy lofty place;
And where shall I not find Thee,
  Whose glory fills all space?

Who formed the world, abideth
  Within man's soul alway;
Refuge to them that seek Him,
  Ransom for them that stray.

Oh, how shall mortals praise Thee.
  When angels strive in vain—
Or build for Thee a dwelling,
  Whom worlds cannot contain?

Yet when they bow in worship
  Before Thy throne, most high,
Closer than flesh or spirit,
  They feel Thy presence nigh.

Then they, with lips exulting,
  Bear witness Thou art One—
That Thou art their Creator,
  Ruler and God alone.

Who shall not yield Thee reverence,
  That holdest the world in thrall,
Who shall not seek Thy mercy,
  That feeds and succors all?

Longing to draw anear Thee,
  With all my heart I pray;
Then going forth to seek Thee,
  Thou meetest me on the way!

I find Thee in the marvels
  Of Thy creative might,
In visions in Thy Temple,
  In dreams that bless the night.

Who saith he hath not seen Thee,
  Thy heavens refute his word;
Their hosts declare Thy glory,
  Though never voice be heard.

Dare mortal think such wonder?
  And yet, believe I must,
That God, the Uncreated,
  Dwells in this frame of dust.

That Thou, transcendent, holy,
  Joyest in Thy creatures' praise,
And comest where men are gathered
  To glorify Thy ways.

And where celestial beings
  Adore Thee, as they stand
Upon the heights eternal—
  And Thou, above their band,

Hast set Thy throne of glory—
  Thou hearest when they call;
They sing Thine infinite wonders,
  And Thou upholdest all.

Yehudah Halevi, 1140

Humility

The man who does good works is more likely to be overtaken by pride in them than by any other moral mischance, and its effect on conduct is injurious in the extreme. Therefore, among the most necessary of virtues is that one which banishes pride; and this is humility.

First among the signs by which the meek are known is that when misfortunes come to them their endurance triumphs over their fear and grief, and they willingly submit to the decree of God, and own that His judgments are righteous.

In matters of religion, justice, and of right and wrong, however, the meek will be high-spirited and fearless, punishing the wicked without fear or favor. He will rescue the oppressed and help to bring him out of the power of the oppressor.

Bahya ibn Pakudah, 1040

The Ark is opened

וַיְהִי בִּנְסֹעַ הָאָרֹן וַיֹּאמֶר מֹשֶׁה קוּמָה יְיָ וְיָפֻצוּ אֹיְבֶיךָ וְיָנֻסוּ מְשַׂנְאֶיךָ מִפָּנֶיךָ: כִּי מִצִּיּוֹן תֵּצֵא תוֹרָה וּדְבַר־יְיָ מִירוּשָׁלָיִם:

בָּרוּךְ שֶׁנָּתַן תּוֹרָה לְעַמּוֹ יִשְׂרָאֵל בִּקְדֻשָּׁתוֹ:

A Scroll of the Torah is taken from the Ark

גַּדְּלוּ לַיְיָ אִתִּי. וּנְרוֹמְמָה שְׁמוֹ יַחְדָּו:

לְךָ יְיָ הַגְּדֻלָּה וְהַגְּבוּרָה וְהַתִּפְאֶרֶת וְהַנֵּצַח וְהַהוֹד כִּי כֹל בַּשָּׁמַיִם וּבָאָרֶץ לְךָ יְיָ הַמַּמְלָכָה וְהַמִּתְנַשֵּׂא לְכֹל לְרֹאשׁ: רוֹמְמוּ יְיָ אֱלֹהֵינוּ וְהִשְׁתַּחֲווּ לַהֲדֹם רַגְלָיו קָדוֹשׁ הוּא: רוֹמְמוּ יְיָ אֱלֹהֵינוּ וְהִשְׁתַּחֲווּ לְהַר קָדְשׁוֹ כִּי קָדוֹשׁ יְיָ אֱלֹהֵינוּ.

וְתִגָּלֶה וְתֵרָאֶה מַלְכוּתוֹ עָלֵינוּ בִּזְמַן קָרוֹב. וְיָחֹן פְּלֵיטָתֵנוּ וּפְלֵיטַת עַמּוֹ בֵּית יִשְׂרָאֵל לְחֵן וּלְחֶסֶד וּלְרַחֲמִים וּלְרָצוֹן וְנֹאמַר אָמֵן: הַכֹּל הָבוּ גֹדֶל לֵאלֹהֵינוּ וּתְנוּ כָבוֹד לַתּוֹרָה: יַעֲמוֹד...

בָּרוּךְ שֶׁנָּתַן תּוֹרָה לְעַמּוֹ יִשְׂרָאֵל בִּקְדֻשָּׁתוֹ:

וְאַתֶּם הַדְּבֵקִים בַּייָ אֱלֹהֵיכֶם חַיִּים כֻּלְּכֶם הַיּוֹם:

Blessing for the Torah

בָּרְכוּ אֶת־יְיָ הַמְבֹרָךְ:

בָּרוּךְ יְיָ הַמְבֹרָךְ לְעוֹלָם וָעֶד:

בָּרוּךְ אַתָּה יְיָ אֱלֹהֵינוּ מֶלֶךְ הָעוֹלָם. אֲשֶׁר בָּחַר־בָּנוּ מִכָּל־הָעַמִּים וְנָתַן־לָנוּ אֶת־תּוֹרָתוֹ. בָּרוּךְ אַתָּה יְיָ. נוֹתֵן הַתּוֹרָה:

בָּרוּךְ אַתָּה יְיָ אֱלֹהֵינוּ מֶלֶךְ הָעוֹלָם. אֲשֶׁר נָתַן־לָנוּ תּוֹרַת אֱמֶת. וְחַיֵּי עוֹלָם נָטַע בְּתוֹכֵנוּ. בָּרוּךְ אַתָּה יְיָ. נוֹתֵן הַתּוֹרָה:

The Ark is opened

And it came to pass when the Ark set forward, that Moses said: "Rise up, O Lord, and let Thine enemies be scattered; and let them that hate Thee flee before Thee."

"For out of Zion shall go forth the Torah, and the word of the Lord from Jerusalem."

> Kee mi-tsi-yōn tay-tsay sō-ro,
> U-d'var A-dō-noy mee-ru-sho-lo-yim.

Blessed be He who in His holiness hath given the Torah unto Israel.

A Scroll of the Torah is taken from the Ark

Extol the Lord with me, and let us exalt His name together. Thine, O Lord, is the greatness, the power, the glory, the triumph, and the majesty; for all that is in the heaven and in the earth is Thine. Thine is the kingdom, O Lord, and Thou art supreme above all. Exalt the Lord our God, and worship at His footstool; holy is He. Exalt the Lord our God, and worship at His holy mountain for the Lord our God is holy

And may God's Kingdom soon be revealed and made manifest unto us; and may He have compassion upon our remnant and the remnant of His people, the house of Israel, for grace and kindness, mercy and favor; and let us say, Amen. Ascribe greatness unto our God, and render honor to the Torah.

Blessed be He who in His holiness hath given the Torah to Israel.

"And you who cleave unto the Lord your God, are alive everyone of you this day."

Blessing for the Torah

Bless the Lord who is to be praised.

Praised be the Lord who is blessed for all eternity.

Blessed art Thou, O Lord our God, King of the universe, who didst choose us from among all the peoples by giving us Thy Torah. Blessed art Thou, O Lord, Giver of the Torah.

Blessed art Thou, O Lord our God, King of the universe, who in giving us a Torah of truth, hast planted everlasting life within us. Blessed art Thou, O Lord, Giver of the Torah.

ויקרא י"ח

כהן וַיְדַבֵּ֥ר יְהֹוָ֖ה אֶל־מֹשֶׁ֥ה לֵּאמֹֽר: דַּבֵּר֙ אֶל־בְּנֵ֣י יִשְׂרָאֵ֔ל
וְאָמַרְתָּ֣ אֲלֵהֶ֔ם אֲנִ֖י יְהֹוָ֥ה אֱלֹהֵיכֶֽם: כְּמַעֲשֵׂ֧ה אֶֽרֶץ־מִצְרַ֛יִם
אֲשֶׁ֥ר יְשַׁבְתֶּם־בָּ֖הּ לֹ֣א תַעֲשׂ֑וּ וּכְמַעֲשֵׂ֣ה אֶֽרֶץ־כְּנַ֡עַן אֲשֶׁ֣ר
אֲנִי֩ מֵבִ֨יא אֶתְכֶ֥ם שָׁ֙מָּה֙ לֹ֣א תַעֲשׂ֔וּ וּבְחֻקֹּתֵיהֶ֖ם לֹ֥א תֵלֵֽכוּ:
אֶת־מִשְׁפָּטַ֧י תַּעֲשׂ֛וּ וְאֶת־חֻקֹּתַ֥י תִּשְׁמְר֖וּ לָלֶ֣כֶת בָּהֶ֑ם אֲנִ֖י
יְהֹוָ֥ה אֱלֹהֵיכֶֽם: וּשְׁמַרְתֶּ֤ם אֶת־חֻקֹּתַי֙ וְאֶת־מִשְׁפָּטַ֔י אֲשֶׁ֨ר
יַעֲשֶׂ֥ה אֹתָ֛ם הָאָדָ֖ם וָחַ֣י בָּהֶ֑ם אֲנִ֖י יְהֹוָֽה:

לוי אִ֥ישׁ אִישׁ֙ אֶל־כָּל־שְׁאֵ֣ר בְּשָׂר֔וֹ לֹ֥א תִקְרְב֖וּ לְגַלּ֣וֹת עֶרְוָ֑ה
אֲנִ֖י יְהֹוָֽה: עֶרְוַ֥ת אָבִ֛יךָ וְעֶרְוַ֥ת אִמְּךָ֖ לֹ֣א תְגַלֵּ֑ה אִמְּךָ֣ הִ֔וא
לֹ֥א תְגַלֶּ֖ה עֶרְוָתָֽהּ: עֶרְוַ֥ת אֵֽשֶׁת־אָבִ֖יךָ לֹ֣א תְגַלֵּ֑ה עֶרְוַ֥ת
אָבִ֖יךָ הִֽוא: עֶרְוַ֨ת אֲחֽוֹתְךָ֤ בַת־אָבִ֙יךָ֙ א֣וֹ בַת־אִמֶּ֔ךָ מוֹלֶ֣דֶת
בַּ֕יִת א֖וֹ מוֹלֶ֣דֶת ח֑וּץ לֹ֥א תְגַלֶּ֖ה עֶרְוָתָֽן: עֶרְוַ֤ת בַּת־בִּנְךָ֙ א֣וֹ
בַֽת־בִּתְּךָ֔ לֹ֥א תְגַלֶּ֖ה עֶרְוָתָ֑ן כִּ֥י עֶרְוָתְךָ֖ הֵֽנָּה: עֶרְוַ֨ת בַּת־
אֵ֤שֶׁת אָבִ֙יךָ֙ מוֹלֶ֣דֶת אָבִ֔יךָ אֲחֽוֹתְךָ֖ הִ֑וא לֹ֥א תְגַלֶּ֖ה עֶרְוָתָֽהּ:
עֶרְוַ֥ת אֲחֽוֹת־אָבִ֖יךָ לֹ֣א תְגַלֵּ֑ה שְׁאֵ֥ר אָבִ֖יךָ הִֽוא: עֶרְוַ֨ת
אֲחֽוֹת־אִמְּךָ֖ לֹ֣א תְגַלֵּ֑ה כִּֽי־שְׁאֵ֥ר אִמְּךָ֖ הִֽוא: עֶרְוַ֥ת אֲחִ֖י־
אָבִ֖יךָ לֹ֣א תְגַלֵּ֑ה אֶל־אִשְׁתּוֹ֙ לֹ֣א תִקְרָ֔ב דֹּדָֽתְךָ֖ הִֽוא: עֶרְוַ֥ת
כַּלָּֽתְךָ֖ לֹ֣א תְגַלֵּ֑ה אֵ֤שֶׁת בִּנְךָ֙ הִ֔וא לֹ֥א תְגַלֶּ֖ה עֶרְוָתָֽהּ: עֶרְוַ֨ת
אֵֽשֶׁת־אָחִ֖יךָ לֹ֣א תְגַלֵּ֑ה עֶרְוַ֥ת אָחִ֖יךָ הִֽוא: עֶרְוַ֥ת אִשָּׁ֛ה וּבִתָּ֖הּ
לֹ֣א תְגַלֵּ֑ה אֶֽת־בַּת־בְּנָ֞הּ וְאֶֽת־בַּת־בִּתָּ֗הּ לֹ֤א תִקַּח֙ לְגַלּ֣וֹת
עֶרְוָתָ֔הּ שַׁאֲרָ֥ה הֵ֖נָּה זִמָּ֥ה הִֽוא: וְאִשָּׁ֥ה אֶל־אֲחֹתָ֖הּ לֹ֣א תִקָּ֑ח
לִצְרֹ֗ר לְגַלּ֧וֹת עֶרְוָתָ֛הּ עָלֶ֖יהָ בְּחַיֶּֽיהָ: וְאֶל־אִשָּׁ֖ה בְּנִדַּ֥ת

NOTE

The inclusion of this passage from Leviticus Chapter 18 condemning adultery and other immoralities, dates back to the days of the Temple when Yom Kippur possessed a markedly festive character. Following the announcement of forgiveness by the High Priest, at the conclusion of the Avodah in the Temple, the maidens danced in the vineyards and betrothals were announced. This Torah reading was selected to impress upon the young people the need of maintaining Israel's high standard of chastity and family morality. Impurity in marriage, incestuous promiscuity among near relations and other abominations, were condemned and regarded as unpardonable sins. The retention of this passage from the Bible was prompted by the desire to inculcate on the most sacred day of the Jewish calendar, the paramount duties of self-control and connubial purity, which have proved such potent factors in the survival of the Jewish people.

The importance of these virtues transcends national boundaries. To be reconciled with God and with our fellowmen, we must be chaste in body, wholesome in mind, and pure in heart. A high standard of domestic fidelity is the basis of a happy home life, and a moral home is the foundation of an enduring civilization.

And the Lord spoke unto Moses, saying: Speak unto the children of Israel, and say unto them: I am the Lord your God. After the doings of the land of Egypt, wherein ye dwelt, shall ye not do; and after the doings of the land of Canaan, whither I bring you, shall ye not do; neither shall ye walk in their statutes. Ye shall do Mine ordinances, and keep My statutes, to walk therein; I am the Lord your God. Ye shall therefore keep My statutes, and Mine ordinances, which if a man do, he shall live by them; I am the Lord. None of you shall approach to any that is near of kin to him, to uncover their nakedness; I am the Lord. The nakedness of thy father, even the nakedness of thy mother, shalt thou not uncover. She is thy mother; thou shalt not uncover her nakedness. The nakedness of thy father's wife shalt thou not uncover; it is thy father's nakedness. The nakedness of thy sister, the daughter of thy father, or daughter of thy mother, whether she be born at home, or abroad, even their nakedness thou shalt not uncover. The nakedness of thy son's daughter, or of thy daughter's daughter, even their nakedness thou shalt not uncover; for theirs is thine own nakedness. The nakedness of thy father's wife's daughter, begotten of thy father,

טֻמְאָתָהּ לֹא תִקְרַב לְגַלּוֹת עֶרְוָתָהּ: וְאֶל־אֵשֶׁת עֲמִיתְךָ לֹא־
תִתֵּן שְׁכָבְתְּךָ לְזָרַע לְטָמְאָה־בָהּ: וּמִזַּרְעֲךָ לֹא־תִתֵּן
לְהַעֲבִיר לַמֹּלֶךְ וְלֹא תְחַלֵּל אֶת־שֵׁם אֱלֹהֶיךָ אֲנִי יְהוָה:

מפטיר
וְאֶת־זָכָר לֹא תִשְׁכַּב מִשְׁכְּבֵי אִשָּׁה תּוֹעֵבָה הִוא: וּבְכָל־
בְּהֵמָה לֹא־תִתֵּן שְׁכָבְתְּךָ לְטָמְאָה־בָהּ וְאִשָּׁה לֹא־תַעֲמֹד
לִפְנֵי בְהֵמָה לְרִבְעָהּ תֶּבֶל הוּא: אַל־תִּטַּמְּאוּ בְּכָל־אֵלֶּה
כִּי בְכָל־אֵלֶּה נִטְמְאוּ הַגּוֹיִם אֲשֶׁר־אֲנִי מְשַׁלֵּחַ מִפְּנֵיכֶם:
וַתִּטְמָא הָאָרֶץ וָאֶפְקֹד עֲוֹנָהּ עָלֶיהָ וַתָּקִא הָאָרֶץ אֶת־
יֹשְׁבֶיהָ: וּשְׁמַרְתֶּם אַתֶּם אֶת־חֻקֹּתַי וְאֶת־מִשְׁפָּטַי וְלֹא תַעֲשׂוּ
מִכֹּל הַתּוֹעֵבֹת הָאֵלֶּה הָאֶזְרָח וְהַגֵּר הַגָּר בְּתוֹכְכֶם: כִּי אֶת־
כָּל־הַתּוֹעֵבֹת הָאֵל עָשׂוּ אַנְשֵׁי־הָאָרֶץ אֲשֶׁר לִפְנֵיכֶם וַתִּטְמָא
הָאָרֶץ: וְלֹא־תָקִיא הָאָרֶץ אֶתְכֶם בְּטַמַּאֲכֶם אֹתָהּ כַּאֲשֶׁר
קָאָה אֶת־הַגּוֹי אֲשֶׁר לִפְנֵיכֶם: כִּי כָּל־אֲשֶׁר יַעֲשֶׂה מִכֹּל
הַתּוֹעֵבֹת הָאֵלֶּה וְנִכְרְתוּ הַנְּפָשׁוֹת הָעֹשֹׂת מִקֶּרֶב עַמָּם:
וּשְׁמַרְתֶּם אֶת־מִשְׁמַרְתִּי לְבִלְתִּי עֲשׂוֹת מֵחֻקּוֹת הַתּוֹעֵבֹת
אֲשֶׁר נַעֲשׂוּ לִפְנֵיכֶם וְלֹא תִטַּמְּאוּ בָּהֶם אֲנִי יְהוָה אֱלֹהֵיכֶם:

The Scroll is raised and the Congregation responds:

וְזֹאת הַתּוֹרָה אֲשֶׁר־שָׂם מֹשֶׁה לִפְנֵי בְּנֵי יִשְׂרָאֵל עַל־פִּי
יְיָ בְּיַד־מֹשֶׁה:

V'zōs ha-tō-ro a-sher som mō-sheh li-f'nay b'nay yis-ro-ayl Al-pee A-dō-noy b'yad mō-sheh.

This is the Torah, proclaimed by Moses to the children of Israel, at the command of the Lord.

she is thy sister, thou shalt not uncover her nakedness. Thou shalt not uncover the nakedness of thy father's sister; she is thy father's near kinswoman. Thou shalt not uncover the nakedness of thy mother's sister; for she is thy mother's near kinswoman. Thou shalt not uncover the nakedness of thy father's brother, thou shalt not approach to his wife; she is thine aunt. Thou shalt not uncover the nakedness of thy daughter-in-law; she is thy son's wife; thou shalt not uncover her nakedness. Thou shalt not uncover the nakedness of thy brother's wife; it is thy brother's nakedness. Thou shalt not uncover the nakedness of a woman and her daughter; thou shalt not take her son's daughter, or her daughter's daughter, to uncover her nakedness; they are near kinswomen; it is lewdness. And thou shalt not take a woman to her sister, to be a rival to her, to uncover her nakedness, besides the other in her life-time. And unto a woman separated by her unclean-ness thou shalt not approach to uncover her nakedness. And thou shalt not lie carnally with thy neighbour's wife, to defile thyself with her. And thou shalt not give any of thy seed to set them apart to Molech, neither shalt thou profane the name of thy God; I am the Lord. Thou shalt not lie with mankind, as with womankind; it is abomination. And thou shalt not lie with any beast to defile thyself therewith; neither shall any woman stand before a beast, to lie down thereto; it is perversion. Defile not yourselves in any of these things; for in all these, the nations are defiled, which I cast out from before you. And the land was defiled, therefore I did visit the iniquity thereof upon it, and the land vomited out her in-habitants. Ye shall therefore keep My statutes and Mine ordinances, and shall not commit any of these abominations; neither the homeborn, nor the stranger that sojourneth among you. For all these abominations have the men of the land done, which were before you, and the land is defiled—that the land vomit not you out also, when ye defile it, as it vom-ited out the nation that was before you. For whosoever shall commit any of these abominations, even the souls that commit them shall be cut off from among their people. There-fore shall ye keep My charge, that ye commit not any one of these abominable customs, which were committed before you, and that ye defile not yourselves therein; I am the Lord your God.

The Blessing before the Haftarah

בָּרוּךְ אַתָּה יְיָ אֱלֹהֵינוּ מֶלֶךְ הָעוֹלָם אֲשֶׁר בָּחַר בִּנְבִיאִים טוֹבִים וְרָצָה בְדִבְרֵיהֶם הַנֶּאֱמָרִים בֶּאֱמֶת. בָּרוּךְ אַתָּה יְיָ הַבּוֹחֵר בַּתּוֹרָה וּבְמֹשֶׁה עַבְדּוֹ וּבְיִשְׂרָאֵל עַמּוֹ וּבִנְבִיאֵי הָאֱמֶת וָצֶדֶק:

יונה

וַיְהִי דְּבַר־יְהוָה אֶל־יוֹנָה בֶן־אֲמִתַּי לֵאמֹר: קוּם לֵךְ אֶל־נִינְוֵה הָעִיר הַגְּדוֹלָה וּקְרָא עָלֶיהָ כִּי־עָלְתָה רָעָתָם לְפָנָי: וַיָּקָם יוֹנָה לִבְרֹחַ תַּרְשִׁישָׁה מִלִּפְנֵי יְהוָה וַיֵּרֶד יָפוֹ וַיִּמְצָא אָנִיָּה ׀ בָּאָה תַרְשִׁישׁ וַיִּתֵּן שְׂכָרָהּ וַיֵּרֶד בָּהּ לָבוֹא עִמָּהֶם תַּרְשִׁישָׁה מִלִּפְנֵי יְהוָה: וַיהוָה הֵטִיל רוּחַ־גְּדוֹלָה אֶל־הַיָּם וַיְהִי סַעַר־גָּדוֹל בַּיָּם וְהָאֳנִיָּה חִשְּׁבָה לְהִשָּׁבֵר: וַיִּירְאוּ הַמַּלָּחִים וַיִּזְעֲקוּ אִישׁ אֶל־אֱלֹהָיו וַיָּטִלוּ אֶת־הַכֵּלִים אֲשֶׁר בָּאֳנִיָּה אֶל־הַיָּם לְהָקֵל מֵעֲלֵיהֶם וְיוֹנָה יָרַד אֶל־יַרְכְּתֵי הַסְּפִינָה וַיִּשְׁכַּב וַיֵּרָדַם: וַיִּקְרַב אֵלָיו רַב הַחֹבֵל וַיֹּאמֶר לוֹ מַה־לְּךָ נִרְדָּם קוּם קְרָא אֶל־אֱלֹהֶיךָ אוּלַי יִתְעַשֵּׁת הָאֱלֹהִים לָנוּ וְלֹא נֹאבֵד: וַיֹּאמְרוּ אִישׁ אֶל־רֵעֵהוּ לְכוּ וְנַפִּילָה גוֹרָלוֹת וְנֵדְעָה בְּשֶׁלְּמִי הָרָעָה הַזֹּאת לָנוּ וַיַּפִּלוּ גּוֹרָלוֹת וַיִּפֹּל הַגּוֹרָל עַל־יוֹנָה: וַיֹּאמְרוּ אֵלָיו הַגִּידָה־נָּא לָנוּ בַּאֲשֶׁר לְמִי־הָרָעָה הַזֹּאת לָנוּ מַה־מְּלַאכְתְּךָ וּמֵאַיִן תָּבוֹא מָה אַרְצֶךָ וְאֵי־מִזֶּה עַם אָתָּה: וַיֹּאמֶר אֲלֵיהֶם עִבְרִי אָנֹכִי וְאֶת־יְהוָה אֱלֹהֵי הַשָּׁמַיִם אֲנִי יָרֵא אֲשֶׁר־עָשָׂה אֶת־הַיָּם וְאֶת־הַיַּבָּשָׁה: וַיִּירְאוּ הָאֲנָשִׁים יִרְאָה גְדוֹלָה וַיֹּאמְרוּ אֵלָיו מַה־זֹּאת עָשִׂיתָ כִּי־יָדְעוּ הָאֲנָשִׁים כִּי־מִלִּפְנֵי יְהוָה הוּא בֹרֵחַ

BOOK OF JONAH

The Book of Jonah has achieved fame largely because of the incident of the whale which is part of the story. Actually, as the great scholar Cornill pointed out, the Book of Jonah may well be regarded as the noblest book in the Bible because of its wide humanity and deep compassion. Here we have an effective protest against the narrow chauvinism that limited God's influence to the Hebrews only, and confined His concern to Palestine alone. The lesson which the author conveys is unmistakably clear. God, who created the whole earth, is the God and Father of all peoples. His love and mercy embrace all nations, and He is ready to forgive all who repent. No matter how depraved men and nations are, the gates of repentance are never closed. In the sight of God, there is no distinction of race, religion or territory. All men are created in His image. He is the God of the universe and all people are His children. Jonah's flight from the presence of God was as futile as our attempts to escape from our conscience and from our duty and responsibility toward our fellowmen.

Now the word of the Lord came unto Jonah the son of Amittai, saying: 'Arise, go to Nineveh, that great city, and proclaim against it; for their wickedness is come up before Me.' But Jonah rose up to flee unto Tarshish from the presence of the Lord; and he went down to Jaffa and found a ship going to Tarshish; so he paid the fare thereof, and went down into it, to go with them unto Tarshish, to avoid the presence of the Lord.

But the Lord hurled a furious wind into the sea, and there was a mighty tempest at sea, so that the ship was like to be broken. And the mariners were afraid, and cried every man unto his god; and they cast forth the wares that were in the ship into the sea, to lighten the load.

But Jonah was gone down into the innermost parts of the ship; and he lay, and was fast asleep. So the captain came to him and said unto him: 'What meanest thou that thou sleepest? Arise, call upon thy God, perhaps He will think of us, that we perish not.'

And they said every one to his fellow: 'Come, let us cast lots, that we may know for whose cause this evil is upon us. So they cast lots, and the lot fell upon Jonah. Then said they unto him: 'Tell us, we pray thee, for whose cause has this evil come upon us? What is thine occupation? And whence comest

כִּי הִגִּיד לָהֶם׃ וַיֹּאמְרוּ אֵלָיו מַה־נַּעֲשֶׂה לָּךְ וְיִשְׁתֹּק הַיָּם מֵעָלֵינוּ כִּי הַיָּם הוֹלֵךְ וְסֹעֵר׃ וַיֹּאמֶר אֲלֵיהֶם שָׂאוּנִי וַהֲטִילֻנִי אֶל־הַיָּם וְיִשְׁתֹּק הַיָּם מֵעֲלֵיכֶם כִּי יוֹדֵעַ אָנִי כִּי בְשֶׁלִּי הַסַּעַר הַגָּדוֹל הַזֶּה עֲלֵיכֶם׃ וַיַּחְתְּרוּ הָאֲנָשִׁים לְהָשִׁיב אֶל־הַיַּבָּשָׁה וְלֹא יָכֹלוּ כִּי הַיָּם הוֹלֵךְ וְסֹעֵר עֲלֵיהֶם׃ וַיִּקְרְאוּ אֶל־יְהוָֹה וַיֹּאמְרוּ אָנָּה יְהוָֹה אַל־נָא נֹאבְדָה בְּנֶפֶשׁ הָאִישׁ הַזֶּה וְאַל־תִּתֵּן עָלֵינוּ דָּם נָקִיא כִּי־אַתָּה יְהוָֹה כַּאֲשֶׁר חָפַצְתָּ עָשִׂיתָ׃ וַיִּשְׂאוּ אֶת־יוֹנָה וַיְטִלֻהוּ אֶל־הַיָּם וַיַּעֲמֹד הַיָּם מִזַּעְפּוֹ׃ וַיִּירְאוּ הָאֲנָשִׁים יִרְאָה גְדוֹלָה אֶת־יְהוָֹה וַיִּזְבְּחוּ־זֶבַח לַיהוָֹה וַיִּדְּרוּ נְדָרִים׃

וַיְמַן יְהוָֹה דָּג גָּדוֹל לִבְלֹעַ אֶת־יוֹנָה וַיְהִי יוֹנָה בִּמְעֵי הַדָּג שְׁלֹשָׁה יָמִים וּשְׁלֹשָׁה לֵילוֹת׃ וַיִּתְפַּלֵּל יוֹנָה אֶל־יְהוָֹה אֱלֹהָיו מִמְּעֵי הַדָּגָה׃ וַיֹּאמֶר קָרָאתִי מִצָּרָה לִי אֶל־יְהוָֹה וַיַּעֲנֵנִי מִבֶּטֶן שְׁאוֹל שִׁוַּעְתִּי שָׁמַעְתָּ קוֹלִי׃ וַתַּשְׁלִיכֵנִי מְצוּלָה בִּלְבַב יַמִּים וְנָהָר יְסֹבְבֵנִי כָּל־מִשְׁבָּרֶיךָ וְגַלֶּיךָ עָלַי עָבָרוּ׃ וַאֲנִי אָמַרְתִּי נִגְרַשְׁתִּי מִנֶּגֶד עֵינֶיךָ אַךְ אוֹסִיף לְהַבִּיט אֶל־הֵיכַל קָדְשֶׁךָ׃ אֲפָפוּנִי מַיִם עַד־נֶפֶשׁ תְּהוֹם יְסֹבְבֵנִי סוּף חָבוּשׁ לְרֹאשִׁי׃ לְקִצְבֵי הָרִים יָרַדְתִּי הָאָרֶץ בְּרִחֶיהָ בַעֲדִי לְעוֹלָם וַתַּעַל מִשַּׁחַת חַיַּי יְהוָֹה אֱלֹהָי׃ בְּהִתְעַטֵּף עָלַי נַפְשִׁי אֶת־יְהוָֹה זָכָרְתִּי וַתָּבוֹא אֵלֶיךָ תְּפִלָּתִי אֶל־הֵיכַל קָדְשֶׁךָ׃ מְשַׁמְּרִים הַבְלֵי־שָׁוְא חַסְדָּם יַעֲזֹבוּ׃ וַאֲנִי בְּקוֹל תּוֹדָה אֶזְבְּחָה־לָּךְ אֲשֶׁר נָדַרְתִּי אֲשַׁלֵּמָה יְשׁוּעָתָה לַיהוָֹה׃ וַיֹּאמֶר יְהוָֹה לַדָּג וַיָּקֵא אֶת־יוֹנָה אֶל־הַיַּבָּשָׁה׃

thou? What is thy country? And of what people art thou? And he said unto them: 'I am a Hebrew; and I revere the Lord, the God of heaven, who hath made the sea and the dry land.' Then were the men exceedingly afraid, and said unto him: 'What is this that thou hast done?' For the men knew that he fled from the presence of the Lord, because he had told them. Then said they unto him: 'What shall we do unto thee, that the sea may be calm for us?' For the sea grew more and more tempestuous. And he said unto them: 'Take me up, and cast me forth into the sea; so that the sea be calm unto you; for I know that for my sake this great tempest is upon you.' Nevertheless the men rowed hard to bring the ship back to land; but they could not; for the sea grew more and more tempestuous against them. Wherefore they cried unto the Lord, and said: 'We beseech Thee, O Lord, let us not perish for taking this man's life, and lay not upon us innocent blood; for Thou O Lord, hast done as it pleased Thee.' So they took up Jonah, and cast him forth into the sea; and the sea ceased from its raging. Then the men in great awe of the Lord offered a sacrifice unto the Lord, and made vows to Him.

And the Lord prepared a great fish to swallow Jonah; and Jonah was in the belly of the fish three days and three nights. Then Jonah prayed unto the Lord his God out of the fish's belly. And he said:

I called out of mine affliction unto the Lord, and He answered me; out of the belly of the netherworld cried I, and Thou heardest my voice. For Thou didst cast me into the depth, into the heart of the seas, and the flood was round about me; all Thy waves and Thy billows passed over me. And I thought 'I am cast out from before Thine eyes'; O that I might see once more Thy holy Temple! The waters compassed me about, even to the soul; the deep was round about me; the weeds were wrapped about my head. I went down to the bottoms of the mountains; the earth with her bars closed upon me forever; yet hast Thou brought up my life from the pit, O Lord my God. When my soul fainted within me, I remembered the Lord; and my prayer reached Thee, in Thy holy Temple. They that worship vain idols forget the kindness done unto them. But I will sacrifice unto Thee with the voice of thanksgiving; that which I have vowed I will pay. Salvation is of the Lord.

וַיְהִי דְבַר־יְהוָה אֶל־יוֹנָה שֵׁנִית לֵאמֹר׃ קוּם לֵךְ אֶל־
נִינְוֵה הָעִיר הַגְּדוֹלָה וּקְרָא אֵלֶיהָ אֶת־הַקְּרִיאָה אֲשֶׁר אָנֹכִי
דֹּבֵר אֵלֶיךָ׃ וַיָּקָם יוֹנָה וַיֵּלֶךְ אֶל־נִינְוֵה כִּדְבַר יְהוָה
וְנִינְוֵה הָיְתָה עִיר־גְּדוֹלָה לֵאלֹהִים מַהֲלַךְ שְׁלֹשֶׁת יָמִים׃
וַיָּחֶל יוֹנָה לָבוֹא בָעִיר מַהֲלַךְ יוֹם אֶחָד וַיִּקְרָא וַיֹּאמַר
עוֹד אַרְבָּעִים יוֹם וְנִינְוֵה נֶהְפָּכֶת׃ וַיַּאֲמִינוּ אַנְשֵׁי נִינְוֵה
בֵּאלֹהִים וַיִּקְרְאוּ־צוֹם וַיִּלְבְּשׁוּ שַׂקִּים מִגְּדוֹלָם וְעַד־קְטַנָּם׃
וַיִּגַּע הַדָּבָר אֶל־מֶלֶךְ נִינְוֵה וַיָּקָם מִכִּסְאוֹ וַיַּעֲבֵר אַדַּרְתּוֹ
מֵעָלָיו וַיְכַס שַׂק וַיֵּשֶׁב עַל־הָאֵפֶר׃ וַיַּזְעֵק וַיֹּאמֶר בְּנִינְוֵה
מִטַּעַם הַמֶּלֶךְ וּגְדֹלָיו לֵאמֹר הָאָדָם וְהַבְּהֵמָה הַבָּקָר
וְהַצֹּאן אַל־יִטְעֲמוּ מְאוּמָה אַל־יִרְעוּ וּמַיִם אַל־יִשְׁתּוּ׃
וְיִתְכַּסּוּ שַׂקִּים הָאָדָם וְהַבְּהֵמָה וְיִקְרְאוּ אֶל־אֱלֹהִים
בְּחָזְקָה וְיָשֻׁבוּ אִישׁ מִדַּרְכּוֹ הָרָעָה וּמִן־הֶחָמָס אֲשֶׁר
בְּכַפֵּיהֶם׃ מִי־יוֹדֵעַ יָשׁוּב וְנִחַם הָאֱלֹהִים וְשָׁב מֵחֲרוֹן אַפּוֹ
וְלֹא נֹאבֵד׃ וַיַּרְא הָאֱלֹהִים אֶת־מַעֲשֵׂיהֶם כִּי־שָׁבוּ
מִדַּרְכָּם הָרָעָה וַיִּנָּחֶם הָאֱלֹהִים עַל־הָרָעָה אֲשֶׁר־דִּבֶּר
לַעֲשׂוֹת־לָהֶם וְלֹא עָשָׂה׃

וַיֵּרַע אֶל־יוֹנָה רָעָה גְדוֹלָה וַיִּחַר לוֹ׃ וַיִּתְפַּלֵּל אֶל־
יְהוָה וַיֹּאמַר אָנָּה יְהוָה הֲלוֹא־זֶה דְבָרִי עַד־הֱיוֹתִי עַל־
אַדְמָתִי עַל־כֵּן קִדַּמְתִּי לִבְרֹחַ תַּרְשִׁישָׁה כִּי יָדַעְתִּי כִּי אַתָּה
אֵל־חַנּוּן וְרַחוּם אֶרֶךְ אַפַּיִם וְרַב־חֶסֶד וְנִחָם עַל־הָרָעָה׃
וְעַתָּה יְהוָה קַח־נָא אֶת־נַפְשִׁי מִמֶּנִּי כִּי טוֹב מוֹתִי מֵחַיָּי׃
וַיֹּאמֶר יְהוָה הַהֵיטֵב חָרָה לָךְ׃ וַיֵּצֵא יוֹנָה מִן־הָעִיר
וַיֵּשֶׁב מִקֶּדֶם לָעִיר וַיַּעַשׂ לוֹ שָׁם סֻכָּה וַיֵּשֶׁב תַּחְתֶּיהָ
בַּצֵּל עַד אֲשֶׁר יִרְאֶה מַה־יִּהְיֶה בָּעִיר׃ וַיְמַן יְהוָה־אֱלֹהִים

And the Lord spoke unto the fish, and it vomited out Jonah upon the dry land.

And the word of the Lord came unto Jonah the second time, saying: 'Arise, go unto Nineveh, that great city, and announce unto it the proclamation that I bid thee.' So Jonah arose, and went unto Nineveh, according to the word of the Lord. Now Nineveh was an exceeding great city of three days' journey. And Jonah began to enter into the city a day's journey, and he proclaimed, and said: 'Forty days more and Nineveh shall be overthrown.'

And the people of Nineveh believed God; and they proclaimed a fast, and put on sackcloth, from the greatest of them even to the least of them. And the tidings reached the king of Nineveh, and he arose from his throne, and laid his robe from him, and covered him with sackcloth, and sat down in ashes. And he caused it to be proclaimed and published through Nineveh: 'By the decree of the King and his nobles! Let neither man nor beast, herd nor flock, taste any food or drink, but let them be covered with sackcloth, both man and beast and let them turn every one from his evil way, and from the violence that is in their hands. Perhaps God will relent and we shall not perish.'

And when God saw their works, that they turned from their evil way, God repented of the evil which He said He would do unto them; and He did it not.

But it displeased Jonah exceedingly, and he was angry. And he prayed unto the Lord, and said: 'I pray Thee, O Lord, was not this my saying, when I was yet in mine own country? Therefore I fled beforehand unto Tarshish; for I knew that Thou art a gracious God, and compassionate, long-suffering, and abundant in mercy, who repentest easily of evil. Therefore now, O Lord, take, I beseech Thee, my life from me; for it is better for me to die than to live.' And the Lord said: 'Art thou greatly angry?'

Then Jonah went out of the city, and sat on the east side of the city, and there made him a booth, and sat under it in the shadow, till he might see what would become of the city.

קִיקָיוֹן וַיַּעַל ׀ מֵעַל לְיוֹנָה לִהְיוֹת צֵל עַל־רֹאשׁוֹ לְהַצִּיל
לוֹ מֵרָעָתוֹ וַיִּשְׂמַח יוֹנָה עַל־הַקִּיקָיוֹן שִׂמְחָה גְדוֹלָה׃ וַיְמַן
הָאֱלֹהִים תּוֹלַעַת בַּעֲלוֹת הַשַּׁחַר לַמָּחֳרָת וַתַּךְ אֶת־הַקִּיקָיוֹן
וַיִּיבָשׁ׃ וַיְהִי ׀ כִּזְרֹחַ הַשֶּׁמֶשׁ וַיְמַן אֱלֹהִים רוּחַ קָדִים
חֲרִישִׁית וַתַּךְ הַשֶּׁמֶשׁ עַל־רֹאשׁ יוֹנָה וַיִּתְעַלָּף וַיִּשְׁאַל אֶת־
נַפְשׁוֹ לָמוּת וַיֹּאמֶר טוֹב מוֹתִי מֵחַיָּי׃ וַיֹּאמֶר אֱלֹהִים אֶל־
יוֹנָה הַהֵיטֵב חָרָה־לְךָ עַל־הַקִּיקָיוֹן וַיֹּאמֶר הֵיטֵב חָרָה־לִי
עַד־מָוֶת׃ וַיֹּאמֶר יְהוָה אַתָּה חַסְתָּ עַל־הַקִּיקָיוֹן אֲשֶׁר
לֹא־עָמַלְתָּ בּוֹ וְלֹא גִדַּלְתּוֹ שֶׁבִּן־לַיְלָה הָיָה וּבִן־לַיְלָה אָבָד׃
וַאֲנִי לֹא אָחוּס עַל־נִינְוֵה הָעִיר הַגְּדוֹלָה אֲשֶׁר יֶשׁ־בָּהּ
הַרְבֵּה מִשְׁתֵּים־עֶשְׂרֵה רִבּוֹ אָדָם אֲשֶׁר לֹא־יָדַע בֵּין־יְמִינוֹ
לִשְׂמֹאלוֹ וּבְהֵמָה רַבָּה׃

מיכה ז׳ י״ח–כ׳

מִי־אֵל כָּמוֹךָ נֹשֵׂא עָוֹן וְעֹבֵר עַל־פֶּשַׁע לִשְׁאֵרִית נַחֲלָתוֹ
לֹא־הֶחֱזִיק לָעַד אַפּוֹ כִּי־חָפֵץ חֶסֶד הוּא׃ יָשׁוּב יְרַחֲמֵנוּ
יִכְבֹּשׁ עֲוֺנֹתֵינוּ וְתַשְׁלִיךְ בִּמְצֻלוֹת יָם כָּל־חַטֹּאתָם׃ תִּתֵּן
אֱמֶת לְיַעֲקֹב חֶסֶד לְאַבְרָהָם אֲשֶׁר־נִשְׁבַּעְתָּ לַאֲבֹתֵינוּ מִימֵי
קֶדֶם׃

THE BLESSINGS AFTER THE HAFTARAH

בָּרוּךְ אַתָּה יְיָ אֱלֹהֵינוּ מֶלֶךְ הָעוֹלָם צוּר כָּל־הָעוֹלָמִים
צַדִּיק בְּכָל־הַדּוֹרוֹת הָאֵל הַנֶּאֱמָן הָאוֹמֵר וְעוֹשֶׂה הַמְדַבֵּר
וּמְקַיֵּם שֶׁכָּל־דְּבָרָיו אֱמֶת וָצֶדֶק׃ נֶאֱמָן אַתָּה הוּא יְיָ אֱלֹהֵינוּ
וְנֶאֱמָנִים דְּבָרֶיךָ וְדָבָר אֶחָד מִדְּבָרֶיךָ אָחוֹר לֹא יָשׁוּב
רֵיקָם כִּי אֵל מֶלֶךְ נֶאֱמָן וְרַחֲמָן אָתָּה. בָּרוּךְ אַתָּה יְיָ הָאֵל
הַנֶּאֱמָן בְּכָל־דְּבָרָיו׃

And the Lord God prepared a gourd, and made it to come up over Jonah, that it might be a shadow over his head and bring him ease. So Jonah was exceeding glad because of the gourd. But God prepared a worm when the morning star rose the next day, and it gnawed the gourd, that it withered. And it came to pass, when the sun arose, that God prepared a violent east wind; and the sun beat upon the head of Jonah, that he fainted, and longed to die, and said: 'It is better for me to die than to live.' And God said to Jonah: 'Art thou greatly angry for the gourd?' And he said: 'I am greatly angry, even unto death.' And the Lord said: 'Thou hast pity on the gourd, for which Thou hast not labored, neither didst thou make it grow, which came up in a night, and perished in a night; and should not I have pity on Nineveh, that great city, wherein are more than sixscore, a hundred and twenty thousand persons that cannot discern between their right hand and their left hand, and also much cattle?'

Micah 7:18–20

Who is a God like unto Thee, pardoning iniquity,
And passing over the transgression of the remnant of His
   heritage?
He retaineth not His wrath,
Because He delighteth in mercy.
He will again have compassion upon us;

He will subdue our iniquities;
And Thou wilt cast all their sins into the depths of the sea.
Thou wilt show faithfulness to Jacob, mercy to Abraham,
As Thou hast promised our fathers from the days of old.

The Blessings after the Haftarah

Blessed art Thou, O Lord our God, Ruler of the universe, Rock of all ages, righteous in all generations. Thou art the faithful God who dost promise and perform, who dost speak and fulfill, whose words are true and righteous. We have faith in Thee, O Lord our God, and in Thy words which will be fulfilled. Thou art a faithful and merciful God and King. Blessed art Thou, O Lord God, who art faithful in fulfilling Thy words.

רַחֵם עַל־צִיּוֹן כִּי הִיא בֵּית חַיֵּינוּ וְלַעֲלוּבַת נֶפֶשׁ תּוֹשִׁיעַ בִּמְהֵרָה בְיָמֵינוּ: בָּרוּךְ אַתָּה יְיָ מְשַׂמֵּחַ צִיּוֹן בְּבָנֶיהָ:

שַׂמְּחֵנוּ יְיָ אֱלֹהֵינוּ בְּאֵלִיָּהוּ הַנָּבִיא עַבְדֶּךָ וּבְמַלְכוּת בֵּית דָּוִד מְשִׁיחֶךָ בִּמְהֵרָה יָבֹא וְיָגֵל לִבֵּנוּ. עַל־כִּסְאוֹ לֹא־יֵשֶׁב זָר וְלֹא־יִנְחֲלוּ עוֹד אֲחֵרִים אֶת־כְּבוֹדוֹ. כִּי בְשֵׁם קָדְשְׁךָ נִשְׁבַּעְתָּ לּוֹ שֶׁלֹּא־יִכְבֶּה נֵרוֹ לְעוֹלָם וָעֶד: בָּרוּךְ אַתָּה יְיָ מָגֵן דָּוִד:

The Ark is opened

Reader

יְהַלְלוּ אֶת־שֵׁם יְיָ כִּי נִשְׂגָּב שְׁמוֹ לְבַדּוֹ.

Congregation

הוֹדוֹ עַל־אֶרֶץ וְשָׁמָיִם: וַיָּרֶם קֶרֶן לְעַמּוֹ תְּהִלָּה לְכָל־חֲסִידָיו לִבְנֵי יִשְׂרָאֵל עַם קְרֹבוֹ הַלְלוּיָהּ:

כ״ד לְדָוִד מִזְמוֹר.

לַיְיָ הָאָרֶץ וּמְלוֹאָהּ תֵּבֵל וְיֹשְׁבֵי בָהּ: כִּי הוּא עַל־יַמִּים יְסָדָהּ וְעַל־נְהָרוֹת יְכוֹנְנֶהָ: מִי־יַעֲלֶה בְהַר יְיָ וּמִי־יָקוּם בִּמְקוֹם קָדְשׁוֹ: נְקִי כַפַּיִם וּבַר לֵבָב אֲשֶׁר לֹא־נָשָׂא לַשָּׁוְא נַפְשִׁי וְלֹא נִשְׁבַּע לְמִרְמָה: יִשָּׂא בְרָכָה מֵאֵת יְיָ וּצְדָקָה מֵאֱלֹהֵי יִשְׁעוֹ: זֶה דּוֹר דֹּרְשָׁיו מְבַקְשֵׁי פָנֶיךָ יַעֲקֹב סֶלָה: שְׂאוּ שְׁעָרִים רָאשֵׁיכֶם וְהִנָּשְׂאוּ פִּתְחֵי עוֹלָם וְיָבוֹא מֶלֶךְ הַכָּבוֹד: מִי זֶה מֶלֶךְ הַכָּבוֹד יְיָ עִזּוּז וְגִבּוֹר יְיָ גִּבּוֹר מִלְחָמָה: שְׂאוּ שְׁעָרִים רָאשֵׁיכֶם וּשְׂאוּ פִּתְחֵי עוֹלָם וְיָבֹא מֶלֶךְ הַכָּבוֹד: מִי הוּא זֶה מֶלֶךְ הַכָּבוֹד יְיָ צְבָאוֹת הוּא מֶלֶךְ הַכָּבוֹד סֶלָה:

Be merciful unto Zion for it is the fountain of our life, and mayest Thou soon in our own day save the city that is grieved in spirit. Blessed art Thou, O Lord, who makest Zion rejoice with her children.

Bring us the joy foretold by Elijah, Thy servant, herald of peace and redemption, and delight us with the establishment of the Messianic order which our forebears called by the name of David, Thine anointed. May no stranger occupy his throne and may no usurper inherit his glory. For Thou hast promised unto him that his light will never be extinguished. Blessed art Thou, the Shield of David.

The Ark is opened

Let all praise the name of the Lord;
For His name alone is supreme.

Hō-dō al e-rets v'sho-mo-yim,
Va-yo-rem ke-ren l'a-mō, t'hi-lo l-ḥol ḥa-see-dov,
Li-v'nay yis-ro-ayl am k'rō-vō, ha-l'lu-yo.

His glory is above the earth and heaven. He hath given glory unto His people; He is the praise of all the children of Israel, a people near unto Him. Hallelujah; praise the Lord.

Selected from Psalm 24

The earth is the Lord's with all that it contains,
The world and they that dwell thereon.

For He hath founded it upon the seas,
And established it upon the floods.

Who may ascend the mountain of the Lord?
And who shall stand in His holy place?

He that has clean hands and a pure heart;
Who has not taken My name in vain,
And has not sworn deceitfully.

He shall receive a blessing from the Lord,
And righteousness from the God of His salvation.

Lift up your heads, O ye gates,
Yea, lift them up, ye everlasting doors,
That the King of glory may come in.

Who then is the King of glory?
The Lord of hosts,
He is the King of glory.

The Scroll is returned to the Ark

וּבְנֻחֹה יֹאמַר שׁוּבָה יְיָ רִבְבוֹת אַלְפֵי יִשְׂרָאֵל: קוּמָה
יְיָ לִמְנוּחָתֶךָ אַתָּה וַאֲרוֹן עֻזֶּךָ: כֹּהֲנֶיךָ יִלְבְּשׁוּ צֶדֶק
וַחֲסִידֶיךָ יְרַנֵּנוּ: בַּעֲבוּר דָּוִד עַבְדֶּךָ אַל־תָּשֵׁב פְּנֵי מְשִׁיחֶךָ:
כִּי לֶקַח טוֹב נָתַתִּי לָכֶם תּוֹרָתִי אַל־תַּעֲזֹבוּ: עֵץ חַיִּים הִיא
לַמַּחֲזִיקִים בָּהּ וְתֹמְכֶיהָ מְאֻשָּׁר: דְּרָכֶיהָ דַרְכֵי־נֹעַם וְכָל־
נְתִיבוֹתֶיהָ שָׁלוֹם: הֲשִׁיבֵנוּ יְיָ אֵלֶיךָ וְנָשׁוּבָה חַדֵּשׁ יָמֵינוּ
כְּקֶדֶם:

The Ark is closed

Reader

יִתְגַּדַּל וְיִתְקַדַּשׁ שְׁמֵהּ רַבָּא. בְּעָלְמָא דִּי־בְרָא כִרְעוּתֵהּ.
וְיַמְלִיךְ מַלְכוּתֵהּ בְּחַיֵּיכוֹן וּבְיוֹמֵיכוֹן וּבְחַיֵּי דְכָל־בֵּית
יִשְׂרָאֵל בַּעֲגָלָא וּבִזְמַן קָרִיב. וְאִמְרוּ אָמֵן:

Congregation and Reader

יְהֵא שְׁמֵהּ רַבָּא מְבָרַךְ לְעָלַם וּלְעָלְמֵי עָלְמַיָּא:

Reader

יִתְבָּרַךְ וְיִשְׁתַּבַּח וְיִתְפָּאַר וְיִתְרֹמַם וְיִתְנַשֵּׂא וְיִתְהַדָּר
וְיִתְעַלֶּה וְיִתְהַלָּל שְׁמֵהּ דְּקֻדְשָׁא. בְּרִיךְ הוּא. לְעֵלָּא וּלְעֵלָּא
מִן־כָּל־בִּרְכָתָא וְשִׁירָתָא תֻּשְׁבְּחָתָא וְנֶחֱמָתָא דַּאֲמִירָן
בְּעָלְמָא. וְאִמְרוּ אָמֵן:

The Scroll is returned to the Ark

Selected from the Hebrew

When the Ark rested, Moses said:
"Return, O Lord, unto the multitude of the families of Israel."

Arise, O Lord, unto Thy Sanctuary,
Thou, and the Ark of Thy strength.

Let Thy priests be clothed with righteousness;
And let Thy faithful ones exult.

I give you good counsel;
Forsake not My Torah.

It is a Tree of Life to them that hold fast to it.
And everyone that upholds it is happy.

Its ways are ways of pleasantness,
And all its paths are peace.

Turn us unto Thee, O Lord, and we shall return;
Renew our days as of old.

Reader

Our God, and God of our fathers, we thank Thee for the price-less treasure of Thy Torah, the repository of man's noblest experiences and loftiest aspirations. Grant that the portion of the Torah read today, influence our lives for good and inspire us to seek further knowledge of Thy word. Thus our minds will be enriched and our lives endowed with the peace and serenity that is ever the portion of those that love Thy Torah. Amen.

The Ark is closed

Reader

Magnified and sanctified be the great name of God throughout the world which He hath created according to His will. May He establish His kingdom during the days of your life and during the life of all the house of Israel, speedily, yea, soon; and say ye, Amen.

May His great name be blessed for ever and ever.

Exalted and honored be the name of the Holy One, blessed be He, whose glory transcends, yea, is beyond all blessings and hymns, praises and consolations which are uttered in the world; and say ye, Amen.

The Amidah is said standing, in silent devotion

אֲדֹנָי שְׂפָתַי תִּפְתָּח וּפִי יַגִּיד תְּהִלָּתֶךָ:

בָּרוּךְ אַתָּה יְיָ אֱלֹהֵינוּ וֵאלֹהֵי אֲבוֹתֵינוּ. אֱלֹהֵי אַבְרָהָם אֱלֹהֵי יִצְחָק וֵאלֹהֵי יַעֲקֹב. הָאֵל הַגָּדוֹל הַגִּבּוֹר וְהַנּוֹרָא אֵל עֶלְיוֹן. גּוֹמֵל חֲסָדִים טוֹבִים וְקוֹנֵה הַכֹּל. וְזוֹכֵר חַסְדֵי אָבוֹת וּמֵבִיא גוֹאֵל לִבְנֵי בְנֵיהֶם לְמַעַן שְׁמוֹ בְּאַהֲבָה: זָכְרֵנוּ לַחַיִּים מֶלֶךְ חָפֵץ בַּחַיִּים. וְכָתְבֵנוּ בְּסֵפֶר הַחַיִּים. לְמַעַנְךָ אֱלֹהִים חַיִּים: מֶלֶךְ עוֹזֵר וּמוֹשִׁיעַ וּמָגֵן. בָּרוּךְ אַתָּה יְיָ מָגֵן אַבְרָהָם:

אַתָּה גִּבּוֹר לְעוֹלָם אֲדֹנָי מְחַיֵּה מֵתִים אַתָּה רַב לְהוֹשִׁיעַ. מְכַלְכֵּל חַיִּים בְּחֶסֶד מְחַיֵּה מֵתִים בְּרַחֲמִים רַבִּים. סוֹמֵךְ נוֹפְלִים וְרוֹפֵא חוֹלִים וּמַתִּיר אֲסוּרִים וּמְקַיֵּם אֱמוּנָתוֹ לִישֵׁנֵי עָפָר. מִי כָמוֹךָ בַּעַל גְּבוּרוֹת וּמִי דּוֹמֶה לָּךְ. מֶלֶךְ מֵמִית וּמְחַיֶּה וּמַצְמִיחַ יְשׁוּעָה: מִי כָמוֹךָ אַב הָרַחֲמִים זוֹכֵר יְצוּרָיו לַחַיִּים בְּרַחֲמִים: וְנֶאֱמָן אַתָּה לְהַחֲיוֹת מֵתִים: בָּרוּךְ אַתָּה יְיָ מְחַיֵּה הַמֵּתִים:

אַתָּה קָדוֹשׁ וְשִׁמְךָ קָדוֹשׁ וּקְדוֹשִׁים בְּכָל־יוֹם יְהַלְלוּךָ סֶּלָה:

וּבְכֵן תֵּן פַּחְדְּךָ יְיָ אֱלֹהֵינוּ עַל כָּל־מַעֲשֶׂיךָ וְאֵימָתְךָ עַל כָּל־מַה־שֶּׁבָּרָאתָ. וְיִירָאוּךָ כָּל־הַמַּעֲשִׂים וְיִשְׁתַּחֲווּ לְפָנֶיךָ כָּל־הַבְּרוּאִים. וְיֵעָשׂוּ כֻלָּם אֲגֻדָּה אֶחָת לַעֲשׂוֹת רְצוֹנְךָ בְּלֵבָב שָׁלֵם. כְּמוֹ שֶׁיָּדַעְנוּ יְיָ אֱלֹהֵינוּ שֶׁהַשִּׁלְטוֹן לְפָנֶיךָ עֹז בְּיָדְךָ וּגְבוּרָה בִּימִינֶךָ וְשִׁמְךָ נוֹרָא עַל כָּל־מַה־שֶּׁבָּרָאתָ:

וּבְכֵן תֵּן כָּבוֹד יְיָ לְעַמֶּךָ תְּהִלָּה לִירֵאֶיךָ וְתִקְוָה לְדוֹרְשֶׁיךָ וּפִתְחוֹן פֶּה לַמְיַחֲלִים לָךְ. שִׂמְחָה לְאַרְצֶךָ

The Amidah is said standing, in silent devotion

O Lord, open Thou my lips that my mouth may declare Thy praise.

Blessed art Thou, O Lord our God and God of our fathers, God of Abraham, God of Isaac, and God of Jacob, the great, mighty, revered and exalted God who bestowest loving-kindness and art Master of all. Mindful of the patriarchs' love for Thee, Thou wilt in Thy love bring a redeemer to their children's children for the sake of Thy name. Remember us unto life, O King who delightest in life, and inscribe us in the Book of Life so that we may live worthily for Thy sake, O God of life. O King, Thou Helper, Redeemer and Shield, praised be Thou, O Lord, Shield of Abraham.

Thou, O Lord, art mighty forever. Thou callest the dead to immortal life for Thou art mighty in salvation. Thou sustainest the living with loving-kindness, and in great mercy grantest everlasting life to those who have passed away. Thou upholdest the falling, healest the sick, settest free those in bondage, and keepest faith with those that sleep in the dust. Who is like unto Thee, Almighty King, who decreest death and grantest immortal life and bringest forth salvation? Who may be compared to Thee, Father of mercy, who in love rememberest Thy creatures unto life? Faithful art Thou to grant eternal life to the departed. Blessed art Thou, O Lord, who callest the dead to life everlasting.

Thou art holy and Thy name is holy and holy beings praise Thee daily.

And therefore, O Lord our God, let Thine awe be manifest in all Thy works, and a reverence for Thee fill all that Thou hast created, so that all Thy creatures may know Thee, and all mankind bow down to acknowledge Thee. May all Thy children unite in one fellowship to do Thy will with a perfect heart; for we know, O Lord our God, that dominion is Thine, that Thy might and power are supreme, and that Thy name is to be revered over all Thou hast created.

And therefore, O Lord, grant glory to Thy people who serve Thee, praise to those who revere Thee, hope to those who seek Thee, and confidence to those who yearn for Thee. Bring

וְשָׂשׂוֹן לְעִירֶךָ וּצְמִיחַת קֶרֶן לְדָוִד עַבְדֶּךָ וַעֲרִיכַת נֵר לְבֶן יִשַׁי מְשִׁיחֶךָ בִּמְהֵרָה בְיָמֵינוּ:

וּבְכֵן צַדִּיקִים יִרְאוּ וְיִשְׂמָחוּ וִישָׁרִים יַעֲלֹזוּ וַחֲסִידִים בְּרִנָּה יָגִילוּ. וְעוֹלָתָה תִּקְפָּץ־פִּיהָ וְכָל־הָרִשְׁעָה כֻּלָּהּ כְּעָשָׁן תִּכְלֶה. כִּי תַעֲבִיר מֶמְשֶׁלֶת זָדוֹן מִן הָאָרֶץ:

וְתִמְלוֹךְ אַתָּה יְיָ לְבַדֶּךָ עַל כָּל־מַעֲשֶׂיךָ בְּהַר צִיּוֹן מִשְׁכַּן כְּבוֹדֶךָ וּבִירוּשָׁלַיִם עִיר קָדְשֶׁךָ כַּכָּתוּב בְּדִבְרֵי קָדְשֶׁךָ. יִמְלֹךְ יְיָ לְעוֹלָם אֱלֹהַיִךְ צִיּוֹן לְדֹר וָדֹר הַלְלוּיָהּ:

קָדוֹשׁ אַתָּה וְנוֹרָא שְׁמֶךָ וְאֵין אֱלוֹהַּ מִבַּלְעָדֶיךָ כַּכָּתוּב. וַיִּגְבַּהּ יְיָ צְבָאוֹת בַּמִּשְׁפָּט וְהָאֵל הַקָּדוֹשׁ נִקְדַּשׁ בִּצְדָקָה. בָּרוּךְ אַתָּה יְיָ הַמֶּלֶךְ הַקָּדוֹשׁ:

אַתָּה בְחַרְתָּנוּ מִכָּל־הָעַמִּים. אָהַבְתָּ אוֹתָנוּ. וְרָצִיתָ בָּנוּ. וְרוֹמַמְתָּנוּ מִכָּל־הַלְּשׁוֹנוֹת. וְקִדַּשְׁתָּנוּ בְּמִצְוֹתֶיךָ. וְקֵרַבְתָּנוּ מַלְכֵּנוּ לַעֲבוֹדָתֶךָ. וְשִׁמְךָ הַגָּדוֹל וְהַקָּדוֹשׁ עָלֵינוּ קָרָאתָ:

וַתִּתֶּן־לָנוּ יְיָ אֱלֹהֵינוּ בְּאַהֲבָה אֶת־יוֹם [הַשַּׁבָּת הַזֶּה לִקְדֻשָּׁה וְלִמְנוּחָה וְאֶת־יוֹם] הַכִּפֻּרִים הַזֶּה לִמְחִילָה וְלִסְלִיחָה וּלְכַפָּרָה וְלִמְחָל־בּוֹ אֶת־כָּל־עֲוֹנוֹתֵינוּ [בְּאַהֲבָה] מִקְרָא קֹדֶשׁ. זֵכֶר לִיצִיאַת מִצְרָיִם:

אֱלֹהֵינוּ וֵאלֹהֵי אֲבוֹתֵינוּ יַעֲלֶה וְיָבֹא וְיַגִּיעַ וְיֵרָאֶה וְיֵרָצֶה וְיִשָּׁמַע וְיִפָּקֵד וְיִזָּכֵר זִכְרוֹנֵנוּ וּפִקְדוֹנֵנוּ וְזִכְרוֹן אֲבוֹתֵינוּ וְזִכְרוֹן מָשִׁיחַ בֶּן דָּוִד עַבְדֶּךָ וְזִכְרוֹן יְרוּשָׁלַיִם עִיר קָדְשֶׁךָ וְזִכְרוֹן כָּל־עַמְּךָ בֵּית יִשְׂרָאֵל לְפָנֶיךָ לִפְלֵיטָה לְטוֹבָה לְחֵן וּלְחֶסֶד וּלְרַחֲמִים לְחַיִּים וּלְשָׁלוֹם בְּיוֹם הַכִּפּוּרִים הַזֶּה: זָכְרֵנוּ יְיָ אֱלֹהֵינוּ בּוֹ לְטוֹבָה. וּפָקְדֵנוּ בוֹ לִבְרָכָה.

joy to Thy land, gladness to Thy city, renewed strength to the seed of David, and a constant light to Thy servants in Zion. O may this come to pass speedily in our days.

And therefore, the righteous shall see and be glad, the just exult, and the pious rejoice in song, while iniquity shall close its mouth and all wickedness shall vanish like smoke, when Thou removest the dominion of tyranny from the earth.

And Thou, O Lord, wilt rule, Thou alone, over all Thy works on Mount Zion, the dwelling place of Thy glory, and in Jerusalem, Thy holy city, fulfilling the words of the Psalmist: "The Lord shall reign forever; thy God, O Zion, shall be Sovereign unto all generations. Praise the Lord."

Holy art Thou, and awe-inspiring is Thy name, and there is no God besides Thee; as it is written in Holy Scriptures: "The Lord of hosts is exalted through justice, and the holy God is sanctified through righteousness." Blessed art Thou, O Lord, the holy King.

Thou didst choose us for Thy service from among all peoples, loving us and taking delight in us. Thou didst exalt us above all tongues by making us holy through Thy commandments. Thou hast drawn us near, O our King, unto Thy service and hast called us by Thy great and holy name.

On Sabbath add the bracketed words

And Thou hast given us in love O Lord our God, [this Sabbath day and] this Day of Atonement, for pardon, forgiveness and atonement, that we may [in love] obtain pardon thereon for all our iniquities; a holy convocation in memory of the departure from Egypt.

Our God and God of our fathers, may Israel be remembered for loving-kindness and mercy, life and peace; may Zion be remembered for deliverance and well-being on this Day of

וְהוֹשִׁיעֵנוּ בוֹ לְחַיִּים. וּבִדְבַר יְשׁוּעָה וְרַחֲמִים חוּס וְחָנֵּנוּ וְרַחֵם עָלֵינוּ וְהוֹשִׁיעֵנוּ כִּי אֵלֶיךָ עֵינֵינוּ. כִּי אֵל מֶלֶךְ חַנּוּן וְרַחוּם אָתָּה:

אֱלֹהֵינוּ וֵאלֹהֵי אֲבוֹתֵינוּ מְחַל לַעֲוֹנוֹתֵינוּ בְּיוֹם [הַשַּׁבָּת הַזֶּה וּבְיוֹם] הַכִּפֻּרִים הַזֶּה מְחֵה וְהַעֲבֵר פְּשָׁעֵינוּ וְחַטֹּאתֵינוּ מִנֶּגֶד עֵינֶיךָ. כָּאָמוּר אָנֹכִי אָנֹכִי הוּא מֹחֶה פְשָׁעֶיךָ לְמַעֲנִי וְחַטֹּאתֶיךָ לֹא אֶזְכֹּר: וְנֶאֱמַר מָחִיתִי כָעָב פְּשָׁעֶיךָ וְכֶעָנָן חַטֹּאתֶיךָ שׁוּבָה אֵלַי כִּי גְאַלְתִּיךָ: וְנֶאֱמַר כִּי־בַיּוֹם הַזֶּה יְכַפֵּר עֲלֵיכֶם לְטַהֵר אֶתְכֶם מִכֹּל חַטֹּאתֵיכֶם לִפְנֵי יְיָ תִּטְהָרוּ: אֱלֹהֵינוּ וֵאלֹהֵי אֲבוֹתֵינוּ [רְצֵה בִמְנוּחָתֵנוּ] קַדְּשֵׁנוּ בְּמִצְוֹתֶיךָ וְתֵן חֶלְקֵנוּ בְּתוֹרָתֶךָ שַׂבְּעֵנוּ מִטּוּבֶךָ וְשַׂמְּחֵנוּ בִּישׁוּעָתֶךָ. [וְהַנְחִילֵנוּ יְיָ אֱלֹהֵינוּ בְּאַהֲבָה וּבְרָצוֹן שַׁבַּת קָדְשֶׁךָ וְיָנוּחוּ בָהּ יִשְׂרָאֵל מְקַדְּשֵׁי שְׁמֶךָ] וְטַהֵר לִבֵּנוּ לְעָבְדְּךָ בֶּאֱמֶת. כִּי אַתָּה סָלְחָן לְיִשְׂרָאֵל וּמָחֳלָן לְשִׁבְטֵי יְשֻׁרוּן בְּכָל־דּוֹר וָדוֹר וּמִבַּלְעָדֶיךָ אֵין לָנוּ מֶלֶךְ מוֹחֵל וְסוֹלֵחַ אֶלָּא אָתָּה. בָּרוּךְ אַתָּה יְיָ. מֶלֶךְ מוֹחֵל וְסוֹלֵחַ לַעֲוֹנוֹתֵינוּ וְלַעֲוֹנוֹת עַמּוֹ בֵּית יִשְׂרָאֵל. וּמַעֲבִיר אַשְׁמוֹתֵינוּ בְּכָל־שָׁנָה וְשָׁנָה. מֶלֶךְ עַל כָּל־הָאָרֶץ מְקַדֵּשׁ [הַשַּׁבָּת וְ]יִשְׂרָאֵל וְיוֹם הַכִּפֻּרִים:

רְצֵה יְיָ אֱלֹהֵינוּ בְּעַמְּךָ יִשְׂרָאֵל וּבִתְפִלָּתָם. וְהָשֵׁב אֶת־הָעֲבוֹדָה לִדְבִיר בֵּיתֶךָ וְאִשֵּׁי יִשְׂרָאֵל וּתְפִלָּתָם בְּאַהֲבָה תְקַבֵּל בְּרָצוֹן. וּתְהִי לְרָצוֹן תָּמִיד עֲבוֹדַת יִשְׂרָאֵל עַמֶּךָ. וְתֶחֱזֶינָה עֵינֵינוּ בְּשׁוּבְךָ לְצִיּוֹן בְּרַחֲמִים. בָּרוּךְ אַתָּה יְיָ הַמַּחֲזִיר שְׁכִינָתוֹ לְצִיּוֹן:

Atonement. Remember us, O Lord our God for our good, and be mindful of us for a life of blessing. In accordance with Thy promise of salvation and mercy, spare us and be gracious unto us; have compassion upon us and save us. Unto Thee have we lifted our eyes for Thou art a gracious and merciful God and King.

Our God and God of our fathers, pardon our iniquities [on this Sabbath Day, and] on this Atonement Day. Efface our transgressions and our sins, and make them pass away from before Thine eyes; as it is written in Scripture: "I, even I, am He that effaceth your transgressions for Mine own sake." "I have blotted out as a cloud your transgressions, and, as a mist, your sins; return unto Me for I have redeemed you." "For on this day shall atonement be made for you, to cleanse you; from all your sins shall you be clean before the Lord." Our God and God of our fathers, [accept our rest;] sanctify us by Thy commandments, and grant that our portion be in Thy Torah; satisfy us with Thy goodness, and gladden us with Thy salvation. [Cause us, O Lord our God, in love and favor to inherit Thy holy Sabbath; and may Israel rest thereon and bless Thy name.]

Make our hearts pure to serve Thee in truth for Thou art the Forgiver of Israel and the Pardoner of the tribes of Jeshurun in every generation, and besides Thee we have no King who pardoneth and forgiveth. Blessed art Thou, O Lord, Thou King who pardonest and forgivest our iniquities and the iniquities of the house of Israel, who makest our trespasses to pass away year by year, Thou King over all the earth, who sanctifiest [the Sabbath and] Israel and the Day of Atonement.

O Lord our God, be gracious unto Thy people Israel and accept their prayer. Restore worship to Thy Sanctuary and receive in love and favor the supplication of Israel. May the worship of Thy people be ever acceptable unto Thee. O may our eyes witness Thy return in mercy to Zion. Blessed art Thou, O Lord, who restorest Thy divine presence unto Zion.

מוֹדִים אֲנַחְנוּ לָךְ שָׁאַתָּה הוּא יְיָ אֱלֹהֵינוּ וֵאלֹהֵי אֲבוֹתֵינוּ לְעוֹלָם וָעֶד. צוּר חַיֵּינוּ מָגֵן יִשְׁעֵנוּ אַתָּה הוּא לְדוֹר וָדוֹר. נוֹדֶה לְּךָ וּנְסַפֵּר תְּהִלָּתֶךָ עַל חַיֵּינוּ הַמְּסוּרִים בְּיָדֶךָ וְעַל נִשְׁמוֹתֵינוּ הַפְּקוּדוֹת לָךְ וְעַל נִסֶּיךָ שֶׁבְּכָל־יוֹם עִמָּנוּ וְעַל נִפְלְאוֹתֶיךָ וְטוֹבוֹתֶיךָ שֶׁבְּכָל־עֵת עֶרֶב וָבֹקֶר וְצָהֳרָיִם. הַטּוֹב כִּי לֹא־כָלוּ רַחֲמֶיךָ וְהַמְרַחֵם כִּי לֹא־תַמּוּ חֲסָדֶיךָ מֵעוֹלָם קִוִּינוּ לָךְ:

וְעַל כֻּלָּם יִתְבָּרַךְ וְיִתְרוֹמַם שִׁמְךָ מַלְכֵּנוּ תָּמִיד לְעוֹלָם וָעֶד. וּכְתוֹב לְחַיִּים טוֹבִים כָּל־בְּנֵי בְרִיתֶךָ: וְכֹל הַחַיִּים יוֹדוּךָ סֶּלָה וִיהַלְלוּ אֶת שִׁמְךָ בֶּאֱמֶת הָאֵל יְשׁוּעָתֵנוּ וְעֶזְרָתֵנוּ סֶלָה. בָּרוּךְ אַתָּה יְיָ הַטּוֹב שִׁמְךָ וּלְךָ נָאֶה לְהוֹדוֹת:

שִׂים שָׁלוֹם טוֹבָה וּבְרָכָה חֵן וָחֶסֶד וְרַחֲמִים עָלֵינוּ וְעַל כָּל־יִשְׂרָאֵל עַמֶּךָ. בָּרְכֵנוּ אָבִינוּ כֻּלָּנוּ כְּאֶחָד בְּאוֹר פָּנֶיךָ. כִּי בְאוֹר פָּנֶיךָ נָתַתָּ לָּנוּ יְיָ אֱלֹהֵינוּ תּוֹרַת חַיִּים וְאַהֲבַת חֶסֶד וּצְדָקָה וּבְרָכָה וְרַחֲמִים וְחַיִּים וְשָׁלוֹם. וְטוֹב בְּעֵינֶיךָ לְבָרֵךְ אֶת־עַמְּךָ יִשְׂרָאֵל בְּכָל־עֵת וּבְכָל־שָׁעָה בִּשְׁלוֹמֶךָ. בְּסֵפֶר חַיִּים בְּרָכָה וְשָׁלוֹם וּפַרְנָסָה טוֹבָה נִזָּכֵר וְנִכָּתֵב לְפָנֶיךָ אֲנַחְנוּ וְכָל־עַמְּךָ בֵּית יִשְׂרָאֵל לְחַיִּים טוֹבִים וּלְשָׁלוֹם. בָּרוּךְ אַתָּה יְיָ עוֹשֵׂה הַשָּׁלוֹם:

אֱלֹהֵינוּ וֵאלֹהֵי אֲבוֹתֵינוּ.

תָּבֹא לְפָנֶיךָ תְּפִלָּתֵנוּ וְאַל תִּתְעַלַּם מִתְּחִנָּתֵנוּ. שֶׁאֵין אֲנַחְנוּ עַזֵּי פָנִים וּקְשֵׁי עֹרֶף לוֹמַר לְפָנֶיךָ יְיָ אֱלֹהֵינוּ וֵאלֹהֵי אֲבוֹתֵינוּ צַדִּיקִים אֲנַחְנוּ וְלֹא חָטָאנוּ אֲבָל אֲנַחְנוּ חָטָאנוּ:

We thankfully acknowledge that Thou art the Lord our God and the God of our fathers unto all eternity; the Rock of our lives, and the Shield of our salvation through every generation. We will be grateful unto Thee and declare Thy praise for our lives which are entrusted into Thy hands, for our souls which are in Thy care, for Thy miracles which are daily with us, and for Thy wonderful goodness toward us at all times, evening, morn and noon. Thou art good, and Thy love never fails; Thou art merciful, and Thy kindnesses never cease. We have ever hoped in Thee.

For all this, Thy name, O our divine Ruler, shall be blessed and exalted forever. O inscribe all the children of Thy covenant for a happy life. And may all the living do homage unto Thee forever, and praise Thy name in truth, O God who art our salvation and our help. Blessed be Thou, O Lord, Beneficent One; unto Thee it is seemly to give praise.

Our Father, grant peace and well-being, blessing and grace, loving-kindness and mercy unto us and unto all Israel, Thy people. Bless us, O our Father, all of us together, with the light of Thy presence; for by that light Thou hast given us, O Lord our God, the Torah of life, loving-kindness and righteousness, blessing and mercy, life and peace. O may it be good in Thy sight at all times to bless Israel and all Thy children with Thy peace.

In the book of life, blessing, peace and good sustenance, may we be remembered and inscribed before Thee, we and all Thy people, the house of Israel, for a happy life and for peace. Blessed art Thou, O Lord, who makest peace.

Our God and God of our fathers!

May our prayers come before Thee. Hide not Thyself from our supplication for we are neither so arrogant nor so hardened as to say before Thee, O Lord our God and God of our fathers, 'we are righteous and have not sinned'; verily, we have sinned.

אָשַׁמְנוּ. בָּגַדְנוּ. גָּזַלְנוּ. דִּבַּרְנוּ דֹפִי. הֶעֱוִינוּ. וְהִרְשַׁעְנוּ. זַדְנוּ. חָמַסְנוּ. טָפַלְנוּ שֶׁקֶר. יָעַצְנוּ רָע. כִּזַּבְנוּ. לַצְנוּ. מָרַדְנוּ. נִאַצְנוּ. סָרַרְנוּ. עָוִינוּ. פָּשַׁעְנוּ. צָרַרְנוּ. קִשִּׁינוּ עֹרֶף. רָשַׁעְנוּ. שִׁחַתְנוּ. תִּעַבְנוּ. תָּעִינוּ. תִּעְתָּעְנוּ:

סַרְנוּ מִמִּצְוֹתֶיךָ וּמִמִּשְׁפָּטֶיךָ הַטּוֹבִים וְלֹא שָׁוָה לָנוּ: וְאַתָּה צַדִּיק עַל כָּל־הַבָּא עָלֵינוּ. כִּי־אֱמֶת עָשִׂיתָ וַאֲנַחְנוּ הִרְשָׁעְנוּ:

מַה־נֹּאמַר לְפָנֶיךָ יוֹשֵׁב מָרוֹם וּמַה־נְּסַפֵּר לְפָנֶיךָ שׁוֹכֵן שְׁחָקִים. הֲלֹא כָּל־הַנִּסְתָּרוֹת וְהַנִּגְלוֹת אַתָּה יוֹדֵעַ:

אַתָּה יוֹדֵעַ רָזֵי עוֹלָם. וְתַעֲלוּמוֹת סִתְרֵי כָּל־חָי: אַתָּה חוֹפֵשׂ כָּל־חַדְרֵי בָטֶן וּבוֹחֵן כְּלָיוֹת וָלֵב: אֵין דָּבָר נֶעְלָם מִמֶּךָּ. וְאֵין נִסְתָּר מִנֶּגֶד עֵינֶיךָ:

וּבְכֵן יְהִי רָצוֹן מִלְּפָנֶיךָ יְיָ אֱלֹהֵינוּ וֵאלֹהֵי אֲבוֹתֵינוּ. שֶׁתִּסְלַח לָנוּ עַל כָּל־חַטֹּאתֵינוּ. וְתִמְחַל לָנוּ עַל כָּל־עֲוֹנוֹתֵינוּ. וּתְכַפֶּר־לָנוּ עַל כָּל־פְּשָׁעֵינוּ:

עַל חֵטְא שֶׁחָטָאנוּ לְפָנֶיךָ בְּאֹנֶס וּבְרָצוֹן:
וְעַל חֵטְא שֶׁחָטָאנוּ לְפָנֶיךָ בְּאִמּוּץ הַלֵּב:
עַל חֵטְא שֶׁחָטָאנוּ לְפָנֶיךָ בִּבְלִי דָעַת:
וְעַל חֵטְא שֶׁחָטָאנוּ לְפָנֶיךָ בְּבִטּוּי שְׂפָתָיִם:
עַל חֵטְא שֶׁחָטָאנוּ לְפָנֶיךָ בְּגִלּוּי עֲרָיוֹת:
וְעַל חֵטְא שֶׁחָטָאנוּ לְפָנֶיךָ בְּגָלוּי וּבַסָּתֶר:
עַל חֵטְא שֶׁחָטָאנוּ לְפָנֶיךָ בְּדַעַת וּבְמִרְמָה:
וְעַל חֵטְא שֶׁחָטָאנוּ לְפָנֶיךָ בְּדִבּוּר פֶּה:
עַל חֵטְא שֶׁחָטָאנוּ לְפָנֶיךָ בְּהוֹנָאַת רֵעַ:

We have trespassed, we have dealt treacherously, we have robbed, we have spoken slander, we have acted perversely, and we have wrought wickedness; we have been presumptuous, we have done violence, we have framed lies, we have counselled evil, and we have spoken falsely; we have scoffed, we have revolted, we have provoked, we have rebelled, we have committed iniquity, and we have transgressed; we have oppressed, we have been stiff-necked, we have done wickedly, we have corrupted, we have committed abomination, we have gone astray, we have led others astray.

We have turned away from Thy commandments and Thy judgments that are good, and it has profited us naught. But Thou art righteous in all that has come upon us for Thou hast acted truthfully, but we have wrought unrighteousness.

What shall we say before Thee, O Thou who dwellest on high and what shall we declare before Thee, Thou who abidest in the heavens? Dost Thou not know all things, both the hidden and the revealed?

Thou knowest the mysteries of the universe and the hidden secrets of all living. Thou searchest out the heart of man, and probest all our thoughts and aspirations. Naught escapeth Thee, neither is anything concealed from Thy sight.

May it therefore be Thy will, O Lord, our God and God of our fathers, to forgive us all our sins, to pardon all our iniquities, and to grant us atonement for all our transgressions.

For the sin which we have committed before Thee under compulsion or of our own will,
And for the sin which we have committed before Thee by hardening our hearts;
For the sin which we have committed before Thee unknowingly,
And for the sin which we have committed before Thee with utterance of the lips;
For the sin which we have committed before Thee by unchastity,
And for the sin which we have committed before Thee openly or secretly;
For the sin which we have committed before Thee knowingly and deceitfully,
And for the sin which we have committed before Thee in speech;
For the sin which we have committed before Thee by wronging our neighbor,

וְעַל חֵטְא שֶׁחָטָאנוּ לְפָנֶיךָ בְּהַרְהוֹר הַלֵּב:
עַל חֵטְא שֶׁחָטָאנוּ לְפָנֶיךָ בִּוְעִידַת זְנוּת:
וְעַל חֵטְא שֶׁחָטָאנוּ לְפָנֶיךָ בְּוִדּוּי פֶּה:
עַל חֵטְא שֶׁחָטָאנוּ לְפָנֶיךָ בְּזִלְזוּל הוֹרִים וּמוֹרִים:
וְעַל חֵטְא שֶׁחָטָאנוּ לְפָנֶיךָ בְּזָדוֹן וּבִשְׁגָגָה:
עַל חֵטְא שֶׁחָטָאנוּ לְפָנֶיךָ בְּחֹזֶק יָד:
וְעַל חֵטְא שֶׁחָטָאנוּ לְפָנֶיךָ בְּחִלּוּל הַשֵּׁם:
עַל חֵטְא שֶׁחָטָאנוּ לְפָנֶיךָ בְּטֻמְאַת שְׂפָתָיִם:
וְעַל חֵטְא שֶׁחָטָאנוּ לְפָנֶיךָ בְּטִפְשׁוּת פֶּה:
עַל חֵטְא שֶׁחָטָאנוּ לְפָנֶיךָ בְּיֵצֶר הָרָע:
וְעַל חֵטְא שֶׁחָטָאנוּ לְפָנֶיךָ בְּיוֹדְעִים וּבְלֹא יוֹדְעִים:

וְעַל כֻּלָּם אֱלוֹהַּ סְלִיחוֹת סְלַח־לָנוּ. מְחַל־לָנוּ. כַּפֶּר־לָנוּ:

עַל חֵטְא שֶׁחָטָאנוּ לְפָנֶיךָ בְּכַחַשׁ וּבְכָזָב:
וְעַל חֵטְא שֶׁחָטָאנוּ לְפָנֶיךָ בְּכַפַּת שֹׁחַד:
עַל חֵטְא שֶׁחָטָאנוּ לְפָנֶיךָ בְּלָצוֹן:
וְעַל חֵטְא שֶׁחָטָאנוּ לְפָנֶיךָ בְּלָשׁוֹן הָרָע:
עַל חֵטְא שֶׁחָטָאנוּ לְפָנֶיךָ בְּמַשָּׂא וּבְמַתָּן:
וְעַל חֵטְא שֶׁחָטָאנוּ לְפָנֶיךָ בְּמַאֲכָל וּבְמִשְׁתֶּה:
עַל חֵטְא שֶׁחָטָאנוּ לְפָנֶיךָ בְּנֶשֶׁךְ וּבְמַרְבִּית:
וְעַל חֵטְא שֶׁחָטָאנוּ לְפָנֶיךָ בִּנְטִיַּת גָּרוֹן:
עַל חֵטְא שֶׁחָטָאנוּ לְפָנֶיךָ בְּשִׂיחַ שִׂפְתוֹתֵינוּ:
וְעַל חֵטְא שֶׁחָטָאנוּ לְפָנֶיךָ בְּשִׂקּוּר עָיִן:
עַל חֵטְא שֶׁחָטָאנוּ לְפָנֶיךָ בְּעֵינַיִם רָמוֹת:
וְעַל חֵטְא שֶׁחָטָאנוּ לְפָנֶיךָ בְּעַזּוּת מֶצַח:

And for the sin which we have committed before Thee by sinful meditation of the heart;
For the sin which we have committed before Thee by association with impurity,
And for the sin which we have committed before Thee by confession of the lips;
For the sin which we have committed before Thee by spurning parents and teachers,
And for the sin which we have committed before Thee in presumption or in error;
For the sin which we have committed before Thee by violence,
And for the sin which we have committed before Thee by the profanation of Thy name;
For the sin which we have committed before Thee by unclean lips,
And for the sin which we have committed before Thee by impure speech;
For the sin which we have committed before Thee by the evil inclination,
And for the sin which we have committed before Thee wittingly or unwittingly;

For all these, O God of forgiveness, forgive us, pardon us, grant us atonement.

For the sin which we have committed before Thee by denying and lying,
And for the sin which we have committed before Thee by bribery;
For the sin which we have committed before Thee by scoffing,
And for the sin which we have committed before Thee by slander;
For the sin which we have committed before Thee in commerce,
And for the sin which we have committed before Thee in eating and drinking;
For the sin which we have committed before Thee by demanding usurous interest,
And for the sin which we have committed before Thee by stretching forth the neck in pride;
For the sin which we have committed before Thee by idle gossip,
And for the sin which we have committed before Thee with wanton looks;
For the sin which we have committed before Thee with haughty eyes,
And for the sin which we have committed before Thee by effrontery;

וְעַל כֻּלָּם אֱלוֹהַּ סְלִיחוֹת סְלַח־לָנוּ. מְחַל־לָנוּ. כַּפֶּר־לָנוּ:

עַל חֵטְא שֶׁחָטָאנוּ לְפָנֶיךָ בִּפְרִיקַת עֹל:
וְעַל חֵטְא שֶׁחָטָאנוּ לְפָנֶיךָ בִּפְלִילוּת:
עַל חֵטְא שֶׁחָטָאנוּ לְפָנֶיךָ בִּצְדִיַּת רֵעַ:
וְעַל חֵטְא שֶׁחָטָאנוּ לְפָנֶיךָ בְּצָרוּת עָיִן:
וְעַל חֵטְא שֶׁחָטָאנוּ לְפָנֶיךָ בְּקַלּוּת רֹאשׁ:
וְעַל חֵטְא שֶׁחָטָאנוּ לְפָנֶיךָ בְּקַשְׁיוּת עֹרֶף:
עַל חֵטְא שֶׁחָטָאנוּ לְפָנֶיךָ בְּרִיצַת רַגְלַיִם לְהָרַע:
וְעַל חֵטְא שֶׁחָטָאנוּ לְפָנֶיךָ בִּרְכִילוּת:
עַל חֵטְא שֶׁחָטָאנוּ לְפָנֶיךָ בִּשְׁבוּעַת שָׁוְא:
וְעַל חֵטְא שֶׁחָטָאנוּ לְפָנֶיךָ בְּשִׂנְאַת חִנָּם:
עַל חֵטְא שֶׁחָטָאנוּ לְפָנֶיךָ בִּתְשׂוּמֶת יָד:
וְעַל חֵטְא שֶׁחָטָאנוּ לְפָנֶיךָ בְּתִמְהוֹן לֵבָב:

וְעַל כֻּלָּם אֱלוֹהַּ סְלִיחוֹת סְלַח־לָנוּ. מְחַל־לָנוּ. כַּפֶּר־לָנוּ:

וְעַל חֲטָאִים שֶׁאָנוּ חַיָּבִים עֲלֵיהֶם עוֹלָה:
וְעַל חֲטָאִים שֶׁאָנוּ חַיָּבִים עֲלֵיהֶם חַטָּאת:
וְעַל חֲטָאִים שֶׁאָנוּ חַיָּבִים עֲלֵיהֶם קָרְבָּן עוֹלֶה וְיוֹרֵד:
וְעַל חֲטָאִים שֶׁאָנוּ חַיָּבִים עֲלֵיהֶם אָשָׁם וַדַּאי וְתָלוּי:
וְעַל חֲטָאִים שֶׁאָנוּ חַיָּבִים עֲלֵיהֶם מַכַּת מַרְדּוּת:
וְעַל חֲטָאִים שֶׁאָנוּ חַיָּבִים עֲלֵיהֶם מַלְקוּת אַרְבָּעִים:
וְעַל חֲטָאִים שֶׁאָנוּ חַיָּבִים עֲלֵיהֶם מִיתָה בִּידֵי שָׁמָיִם:
וְעַל חֲטָאִים שֶׁאָנוּ חַיָּבִים עֲלֵיהֶם כָּרֵת וַעֲרִירִי:

וְעַל כֻּלָּם אֱלוֹהַּ סְלִיחוֹת סְלַח־לָנוּ. מְחַל־לָנוּ. כַּפֶּר־לָנוּ:

For all these, O God of forgiveness, forgive us, pardon us, grant us atonement.

For the sin which we have committed before Thee by casting off the yoke of Thy commandments,

And for the sin which we have committed before Thee by contentiousness;

For the sin which we have committed before Thee by ensnaring our neighbor,

And for the sin which we have committed before Thee by envy;

For the sin which we have committed before Thee by levity,

And for the sin which we have committed before Thee by being stiff-necked;

For the sin which we have committed before Thee by running to do evil,

And for the sin which we have committed before Thee by tale-bearing;

For the sin which we have committed before Thee by vain oaths,

And for the sin which we have committed before Thee by causeless hatred;

For the sin which we have committed before Thee by breach of trust,

And for the sin which we have committed before Thee with confusion of mind;

For all these, O God of forgiveness, forgive us, pardon us, grant us atonement.

The following enumeration of sins refers to the period when the sacrificial system of the Temple and the judicial power of the Sanhedrin still existed.

Forgive us too, for the sins for which, in the days of the Temple, the law would have required a burnt offering, a sin offering, an offering varying according to our means, and an offering for certain or for doubtful trespass; and for the sins for which the law would have imposed chastisement, flagellation, untimely death, excision, or one of the four death penalties inflicted by Courts of Law.

וְעַל חֲטָאִים שֶׁאָנוּ חַיָּבִים עֲלֵיהֶם אַרְבַּע מִיתוֹת בֵּית דִּין. סְקִילָה. שְׂרֵפָה. הֶרֶג. וְחֶנֶק: עַל מִצְוַת עֲשֵׂה וְעַל מִצְוַת לֹא תַעֲשֶׂה. בֵּין שֶׁיֵּשׁ בָּהּ קוּם עֲשֵׂה. וּבֵין שֶׁאֵין בָּהּ קוּם עֲשֵׂה. אֶת־הַגְּלוּיִם לָנוּ וְאֶת שֶׁאֵינָם גְּלוּיִם לָנוּ: אֶת־הַגְּלוּיִם לָנוּ כְּבָר אֲמַרְנוּם לְפָנֶיךָ. וְהוֹדִינוּ לְךָ עֲלֵיהֶם. וְאֶת־שֶׁאֵינָם גְּלוּיִם לָנוּ לְפָנֶיךָ הֵם גְּלוּיִם וִידוּעִים. כַּדָּבָר שֶׁנֶּאֱמַר הַנִּסְתָּרֹת לַייָ אֱלֹהֵינוּ. וְהַנִּגְלֹת לָנוּ וּלְבָנֵינוּ עַד־עוֹלָם. לַעֲשׂוֹת אֶת־כָּל־דִּבְרֵי הַתּוֹרָה הַזֹּאת: כִּי אַתָּה סָלְחָן לְיִשְׂרָאֵל וּמָחֳלָן לְשִׁבְטֵי יְשֻׁרוּן בְּכָל־דּוֹר וָדוֹר וּמִבַּלְעָדֶיךָ אֵין לָנוּ מֶלֶךְ מוֹחֵל וְסוֹלֵחַ אֶלָּא אָתָּה:

אֱלֹהַי עַד שֶׁלֹּא נוֹצַרְתִּי אֵינִי כְדַי. וְעַכְשָׁו שֶׁנּוֹצַרְתִּי כְּאִלּוּ לֹא נוֹצַרְתִּי. עָפָר אֲנִי בְּחַיָּי. קַל וָחֹמֶר בְּמִיתָתִי. הֲרֵי אֲנִי לְפָנֶיךָ כִּכְלִי מָלֵא בוּשָׁה וּכְלִמָּה: יְהִי רָצוֹן מִלְּפָנֶיךָ יְיָ אֱלֹהַי וֵאלֹהֵי אֲבוֹתַי שֶׁלֹּא אֶחֱטָא עוֹד. וּמַה־שֶּׁחָטָאתִי לְפָנֶיךָ מָרֵק בְּרַחֲמֶיךָ הָרַבִּים. אֲבָל לֹא עַל יְדֵי יִסּוּרִים וָחֳלָיִם רָעִים:

אֱלֹהַי נְצוֹר לְשׁוֹנִי מֵרָע וּשְׂפָתַי מִדַּבֵּר מִרְמָה וְלִמְקַלְלַי נַפְשִׁי תִדּוֹם וְנַפְשִׁי כֶּעָפָר לַכֹּל תִּהְיֶה: פְּתַח לִבִּי בְּתוֹרָתֶךָ וּבְמִצְוֹתֶיךָ תִּרְדּוֹף נַפְשִׁי. וְכֹל הַחוֹשְׁבִים עָלַי רָעָה מְהֵרָה הָפֵר עֲצָתָם וְקַלְקֵל מַחֲשַׁבְתָּם: עֲשֵׂה לְמַעַן שְׁמֶךָ עֲשֵׂה לְמַעַן יְמִינֶךָ עֲשֵׂה לְמַעַן קְדֻשָּׁתֶךָ עֲשֵׂה לְמַעַן תּוֹרָתֶךָ: לְמַעַן יֵחָלְצוּן יְדִידֶיךָ הוֹשִׁיעָה יְמִינְךָ וַעֲנֵנִי: יִהְיוּ לְרָצוֹן אִמְרֵי־פִי וְהֶגְיוֹן לִבִּי לְפָנֶיךָ יְיָ צוּרִי וְגוֹאֲלִי: עֹשֶׂה שָׁלוֹם בִּמְרוֹמָיו הוּא יַעֲשֶׂה שָׁלוֹם עָלֵינוּ וְעַל כָּל־יִשְׂרָאֵל וְאִמְרוּ אָמֵן:

Forgive us for the breach of positive precepts and for the breach of negative precepts, both for the sins of which we are aware as well as for those that are unknown to us. Those of which we are aware, we have already declared and confessed unto Thee; and those that are unknown to us, lo, they are revealed and manifest unto Thee, according to the word that has been spoken: "The secret things belong unto the Lord our God, but things that are revealed, belong unto us and unto our children forever, that we may do all the words of the Torah." For Thou art the Forgiver of Israel and the Pardoner of the tribes of Jeshurun in every generation, and besides Thee we have no king to pardon and forgive our sins. We have Thee alone.

O Lord, before I was formed I had no worth, and now that I have been formed, I am as though I had not been formed. Dust am I in my life; yea, even more so in my death. Behold I am before Thee like a vessel filled with shame and confusion. May it be Thy will, O Lord my God and the God of my fathers, that I sin no more, and as for the sins I have committed before Thee, purge them away in Thine abundant mercy but not by means of affliction and suffering.

O Lord,
Guard my tongue from evil and my lips from speaking guile,
And to those who slander me, let me give no heed.
May my soul be humble and forgiving unto all.
Open Thou my heart, O Lord, unto Thy sacred Law,
That Thy statutes I may know and all Thy truths pursue.
Bring to naught designs of those who seek to do me ill;
Speedily defeat their aims and thwart their purposes
For Thine own sake, for Thine own power,
For Thy holiness and Law.
That Thy loved ones be delivered,
Answer me, O Lord, and save with Thy redeeming power.

May the words of my mouth and the meditation of my heart be acceptable unto Thee, O Lord, my Rock and my Redeemer. Thou who keepest harmony in the heavenly spheres, mayest Thou make peace for us, for Israel, and for all Thy children everywhere. Amen.

יְהִי רָצוֹן מִלְּפָנֶיךָ יְיָ אֱלֹהֵינוּ וֵאלֹהֵי אֲבוֹתֵינוּ שֶׁיִּבָּנֶה בֵּית הַמִּקְדָּשׁ בִּמְהֵרָה בְיָמֵינוּ וְתֵן חֶלְקֵנוּ בְּתוֹרָתֶךָ: וְשָׁם נַעֲבָדְךָ בְּיִרְאָה כִּימֵי עוֹלָם וּכְשָׁנִים קַדְמוֹנִיּוֹת: וְעָרְבָה לַיְיָ מִנְחַת יְהוּדָה וִירוּשָׁלָיִם כִּימֵי עוֹלָם וּכְשָׁנִים קַדְמוֹנִיּוֹת:

חזרת התפלה לשליח צבור

בָּרוּךְ אַתָּה יְיָ אֱלֹהֵינוּ וֵאלֹהֵי אֲבוֹתֵינוּ. אֱלֹהֵי אַבְרָהָם אֱלֹהֵי יִצְחָק וֵאלֹהֵי יַעֲקֹב. הָאֵל הַגָּדוֹל הַגִּבּוֹר וְהַנּוֹרָא אֵל עֶלְיוֹן. גּוֹמֵל חֲסָדִים טוֹבִים וְקוֹנֵה הַכֹּל. וְזוֹכֵר חַסְדֵי אָבוֹת וּמֵבִיא גוֹאֵל לִבְנֵי בְנֵיהֶם לְמַעַן שְׁמוֹ בְּאַהֲבָה:

מִסּוֹד חֲכָמִים וּנְבוֹנִים. וּמִלֶּמֶד דַּעַת מְבִינִים. אֶפְתְּחָה פִּי בִּתְפִלָּה וּבְתַחֲנוּנִים. לְחַלּוֹת וּלְחַנֵּן פְּנֵי מֶלֶךְ מָלֵא רַחֲמִים מוֹחֵל וְסוֹלֵחַ לַעֲוֹנִים:

Congregation

אֵיתָן הִכִּיר אֱמוּנָתֶךָ. בְּדוֹר לֹא יָדְעוּ לִרְצוֹתֶךָ. גָּהַץ בְּךָ וְיָדַע יִרְאָתֶךָ. דָּץ לְהוֹדִיעַ לַכֹּל הַדְרָכֶךָ: הִדְרִיךְ תּוֹעִים בִּנְתִיבָתֶךָ. וְנִקְרָא אָב לְאֻמָּתֶךָ. זָהַר לַעֲשׂוֹת דִּבְרָתֶךָ. חָפֵץ לַחֲסוֹת בְּצֵל שְׁכִינָתֶךָ. טִעֵם לְעוֹבְרִים כַּלְכָּלָתֶךָ. יָדַע לַשָּׁבִים כִּי אֵין בִּלְתֶּךָ.

Reader

כִּי הֶאֱמִין בְּךָ לְחַלּוֹתֶךָ. לָטַע אֶשֶׁל וּלְהַזְכִּיר גְּבוּרוֹתֶיךָ:

צְדָקָה תֵּחָשֶׁב־לָנוּ. בְּצֶדֶק אָב סְלַח־לָנוּ.

לֹא כַחֲטָאֵינוּ תַּעֲשֶׂה־לָנוּ. מָגִנֵּנוּ כִּי לְךָ יְחַלְנוּ:

זָכְרֵנוּ לַחַיִּים מֶלֶךְ חָפֵץ בַּחַיִּים. וְכָתְבֵנוּ בְּסֵפֶר הַחַיִּים. לְמַעַנְךָ אֱלֹהִים חַיִּים: מֶלֶךְ עוֹזֵר וּמוֹשִׁיעַ וּמָגֵן. בָּרוּךְ אַתָּה יְיָ מָגֵן אַבְרָהָם:

May it be Thy will, O Lord our God and God of our fathers, to grant our portion in Thy Law and to rebuild the Temple speedily in our days. There we will serve Thee with awe as in the days of old.

READER'S REPETITION OF THE AMIDAH

Blessed art Thou, O Lord our God and God of our fathers, God of Abraham, God of Isaac, and God of Jacob, the great, mighty, revered and exalted God who bestowest loving-kindness and art Master of all. Mindful of the patriarchs' love for Thee, Thou wilt in Thy love bring a redeemer to their children's children for the sake of Thy name.

With the inspired words of the wise, and with knowledge derived from the discerning, I will open my lips in prayer and supplication to entreat and implore the presence of the King who is full of compassion, who pardoneth and forgiveth iniquity.

Piyyut (Hymn) by Elijah ben Mordecai, eleventh century

Abraham, our steadfast forebear, discerned Thy faithfulness in an age when yet man knew not Thy will. Delighting in Thee, he taught others how to revere Thee, yea, he rejoiced to make known Thy glory unto all. Surnamed the father of his people, he led the erring to Thy paths. He hastened to do Thy bidding; for he desired the serenity of Thy protecting presence. With the food of Thy word he refreshed the wanderers, and taught the penitent that there is none besides Thee.

He besought Thee because he believed in Thee. In Thine honor he planted a grove and there he proclaimed Thy mighty deeds.

O may his righteousness be accounted unto us; yea, pardon us through the righteousness of the patriarch.

Deal not with us according to our sins, but shield us, for in Thee we put our trust.

Remember us unto life, O King who delightest in life, and inscribe us in the Book of Life so that we may live worthily for Thy sake, O God of life. O King, Thou Helper, Redeemer and Shield, praised be Thou, O Lord, Shield of Abraham.

אַתָּה גִּבּוֹר לְעוֹלָם אֲדֹנָי מְחַיֵּה מֵתִים אַתָּה רַב לְהוֹשִׁיעַ. מְכַלְכֵּל חַיִּים בְּחֶסֶד מְחַיֵּה מֵתִים בְּרַחֲמִים רַבִּים. סוֹמֵךְ נוֹפְלִים וְרוֹפֵא חוֹלִים וּמַתִּיר אֲסוּרִים וּמְקַיֵּם אֱמוּנָתוֹ לִישֵׁנֵי עָפָר. מִי כָמוֹךָ בַּעַל גְּבוּרוֹת וּמִי דּוֹמֶה לָּךְ מֶלֶךְ מֵמִית וּמְחַיֶּה וּמַצְמִיחַ יְשׁוּעָה:

מָאֳהָב וְיָחִיד לְאִמּוֹ. נַפְשׁוֹ לָטֶבַח בְּהַשְׁלִימוֹ. שְׂרָפִים צָעֲקוּ מִמְּרוֹמוֹ. עוֹנִים חוּסָה לָאֵל מְרַחֲמוֹ. פּוֹדֶה וּמַצִּיל רַחֲמוֹ. צִוָּה שֶׂה תְּמוּרָה בִּמְקוֹמוֹ. קָשַׁב אַל תִּשְׁפּוֹךְ דָּמוֹ. רִחֲפוּ רַחוּם לְרוֹמְמוֹ. שְׁמָרוּ וְקִיְּמוּ לִשְׁמוֹ. שִׁפֵּר תָּאֳרוֹ כְּנֹגַהּ יוֹמוֹ. תַּרְאֵהוּ הַיּוֹם כְּשָׂרוּף בְּאוּלָמוֹ. תִּזְכּוֹר עֲקֵדָתוֹ וְתָחוֹן עַמּוֹ:

לְפָנָיו יְקִימֵנוּ וְנִחְיֶה. בְּצֶדֶק אָב נִחְיֶה:
יְיָ מֵמִית וּמְחַיֶּה. בְּטְלָלָיו רְדוּמִים יְחַיֶּה:

מִי כָמוֹךְ אַב הָרַחֲמִים זוֹכֵר יְצוּרָיו לַחַיִּים בְּרַחֲמִים:
וְנֶאֱמָן אַתָּה לְהַחֲיוֹת מֵתִים. בָּרוּךְ אַתָּה יְיָ מְחַיֵּה הַמֵּתִים:

יִמְלֹךְ יְיָ לְעוֹלָם אֱלֹהַיִךְ צִיּוֹן לְדֹר וָדֹר הַלְלוּיָהּ:

וְאַתָּה קָדוֹשׁ יוֹשֵׁב תְּהִלּוֹת יִשְׂרָאֵל אֵל נָא:

קדושה

כַּכָּתוּב עַל־יַד נְבִיאֶךָ. וְקָרָא זֶה אֶל־זֶה וְאָמַר.
קָדוֹשׁ קָדוֹשׁ קָדוֹשׁ יְיָ צְבָאוֹת. מְלֹא כָל־הָאָרֶץ כְּבוֹדוֹ:
כְּבוֹדוֹ מָלֵא עוֹלָם. מְשָׁרְתָיו שׁוֹאֲלִים זֶה לָזֶה אַיֵּה מְקוֹם כְּבוֹדוֹ. לְעֻמָּתָם בָּרוּךְ יֹאמֵרוּ.

בָּרוּךְ כְּבוֹד־יְיָ מִמְּקוֹמוֹ:

Thou, O Lord, art mighty forever. Thou callest the dead to immortal life for Thou art mighty in salvation. Thou sustainest the living with loving-kindness, and in great mercy grantest everlasting life to those who have passed away. Thou upholdest the falling, healest the sick, settest free those in bondage, and keepest faith with those that sleep in the dust. Who is like unto Thee, Almighty King, who decreest death and grantest immortal life and bringest forth salvation?

When Isaac, the only child, beloved of his mother, surrendered himself for a sacrifice, the seraphim from their heights cried aloud: "O God of compassion, spare him." In His mercy, the Redeemer and Deliverer appointed a ram in his stead, and a voice was heard: "Shed not the lad's blood." God's tender love was moved toward him to make him great. He preserved him to bear witness to His name, and his form made He beautiful as the radiance of a perfect day. O may the remembrance of his virtue be before Thee now as the ashes of offering in Thy Temple court. Remember the binding of Isaac and be gracious unto his posterity.

O raise us near unto Thee that we may live, yea, that we may live through the grace of our forebear's righteousness.

The Lord giveth life and death; with His dew He will cause them that slumber to live again.

Who may be compared to Thee, Father of mercy, who in love rememberest Thy creatures unto life? Faithful art Thou to grant eternal life to the departed. Blessed art Thou, O Lord, who callest the dead to life everlasting.

The Lord shall reign forever; thy God, O Zion, shall be Sovereign unto all generations. Praise the Lord.

For Thou art holy, O Thou who art enthroned upon the praises of Israel; O God, we beseech Thee!

It is written by the hand of Thy prophet: And one called unto another and said,

> Holy, holy, holy is the Lord of hosts;
> The whole earth is full of His glory.

His majesty pervades the universe; His ministering angels ask one another: 'Where is the place of His glory?'

Blessed be the glory of the Lord that fills the universe.

מִמְּקוֹמוֹ הוּא יִפֶן בְּרַחֲמִים וְיָחֹן עַם הַמְיַחֲדִים שְׁמוֹ עֶרֶב וָבֹקֶר בְּכָל־יוֹם תָּמִיד פַּעֲמַיִם בְּאַהֲבָה שְׁמַע אוֹמְרִים:

שְׁמַע יִשְׂרָאֵל יְיָ אֱלֹהֵינוּ יְיָ אֶחָד:

אֶחָד הוּא אֱלֹהֵינוּ הוּא אָבִינוּ הוּא מַלְכֵּנוּ הוּא מוֹשִׁיעֵנוּ. וְהוּא יַשְׁמִיעֵנוּ בְּרַחֲמָיו שֵׁנִית לְעֵינֵי כָּל־חָי. לִהְיוֹת לָכֶם לֵאלֹהִים.

אֲנִי יְיָ אֱלֹהֵיכֶם:

אַדִּיר אַדִּירֵנוּ יְיָ אֲדוֹנֵינוּ מָה־אַדִּיר שִׁמְךָ בְּכָל־הָאָרֶץ: וְהָיָה יְיָ לְמֶלֶךְ עַל־כָּל־הָאָרֶץ בַּיּוֹם הַהוּא יִהְיֶה יְיָ אֶחָד וּשְׁמוֹ אֶחָד: וּבְדִבְרֵי קָדְשְׁךָ כָּתוּב לֵאמֹר.

יִמְלֹךְ יְיָ לְעוֹלָם. אֱלֹהַיִךְ צִיּוֹן לְדֹר וָדֹר. הַלְלוּיָהּ:

לְדוֹר וָדוֹר נַגִּיד גָּדְלֶךָ. וּלְנֵצַח נְצָחִים קְדֻשָּׁתְךָ נַקְדִּישׁ. וְשִׁבְחֲךָ אֱלֹהֵינוּ מִפִּינוּ לֹא יָמוּשׁ לְעוֹלָם וָעֶד. כִּי אֵל מֶלֶךְ גָּדוֹל וְקָדוֹשׁ אָתָּה:

חֲמוֹל עַל מַעֲשֶׂיךָ וְתִשְׂמַח בְּמַעֲשֶׂיךָ. וְיֹאמְרוּ לְךָ חוֹסֶיךָ בְּצַדֶּקְךָ עֲמוּסֶיךָ תֻּקְדַּשׁ אָדוֹן עַל כָּל־מַעֲשֶׂיךָ:

כִּי מַקְדִּישֶׁיךָ בִּקְדֻשָּׁתְךָ קִדַּשְׁתָּ. נָאֶה לְקָדוֹשׁ פְּאֵר מִקְּדוֹשִׁים. בְּאֵין מֵלִיץ יֹשֶׁר מוּל מַגִּיד פֶּשַׁע. תַּגִּיד לְיַעֲקֹב דְּבַר חֹק וּמִשְׁפָּט. וְצַדְּקֵנוּ בַּמִּשְׁפָּט הַמֶּלֶךְ הַמִּשְׁפָּט: עוֹד יִזְכָּר־לָנוּ אַהֲבַת אֵיתָן אֲדוֹנֵנוּ. וּבַבֵּן הַנֶּעֱקַד יַשְׁבִּית מְדַיְּנֵנוּ. וּבִזְכוּת הַתָּם יוֹצִיא אָיוֹם לְצֶדֶק דִּינֵנוּ. כִּי קָדוֹשׁ הַיּוֹם לַאֲדוֹנֵינוּ: וּבְכֵן יִתְקַדַּשׁ שִׁמְךָ יְיָ אֱלֹהֵינוּ עַל יִשְׂרָאֵל עַמֶּךָ וְעַל יְרוּשָׁלַיִם עִירֶךָ וְעַל צִיּוֹן מִשְׁכַּן כְּבוֹדֶךָ וְעַל מַלְכוּת בֵּית דָּוִד מְשִׁיחֶךָ וְעַל מְכוֹנְךָ וְהֵיכָלֶךָ:

From His sacred abode may He turn in mercy unto the people that evening and morning, twice daily, proclaim in love the unity of His name, saying:

Hear, O Israel: the Lord our God, the Lord is One.

One is the Eternal, our God, our Father, our Sovereign, and our Savior; and He will again in mercy proclaim in the presence of all living:

'I am the Lord your God.'

Thou art most exalted; O Lord our God, how glorious is Thy name in all the earth! And the Lord shall be King over all the earth; on that day shall the Lord be One and His name one. And in Holy Scriptures it is written:

The Lord shall reign forever; thy God, O Zion, shall be Sovereign unto all generations. Praise the Lord.

Unto endless generations we shall declare Thy greatness, and to all eternity we will proclaim Thy holiness. Thy praise, O our God, shall not depart from our mouth forever, for Thou art a great and holy God and King.

O have compassion upon Thy work and rejoice therein. And when Thou hast justified them that have been sustained by Thee, Thy faithful servants shall say: O Lord, be Thou sanctified over all Thy works.

For with Thy holiness Thou hast sanctified them that call Thee holy. Seemly unto Thee, O Holy One, is Thy pious servants' crown of praise. Since there is no advocate of righteousness to plead our cause, do Thou teach Jacob Thy word, statute and judgment; and clear us in judgment, O King of justice. Thou wilt yet remember for our sakes the love of Abraham, the patriarch, yea, and Isaac, his son, who was bound on the altar, and the merit of Jacob, the man of simple faith; and Thou wilt bring forth our suit to the light of acquittal, and forgive us, for this day is holy unto Thee, O Lord. And thus may Thy name, O Lord our God, be hallowed over Israel and over Jerusalem, Thy city; over Zion, the habitation of Thy glory; over the Messianic kingdom; over Thy dwelling place, Thy Sanctuary, and over all mankind.

וּבְכֵן תֵּן פַּחְדְּךָ יְיָ אֱלֹהֵינוּ עַל כָּל־מַעֲשֶׂיךָ וְאֵימָתְךָ עַל כָּל־מַה־שֶּׁבָּרָאתָ. וְיִירָאוּךָ כָּל־הַמַּעֲשִׂים וְיִשְׁתַּחֲווּ לְפָנֶיךָ כָּל־הַבְּרוּאִים. וְיֵעָשׂוּ כֻלָּם אֲגֻדָּה אֶחָת לַעֲשׂוֹת רְצוֹנְךָ בְּלֵבָב שָׁלֵם. כְּמוֹ שֶׁיָּדַעְנוּ יְיָ אֱלֹהֵינוּ שֶׁהַשִּׁלְטוֹן לְפָנֶיךָ עֹז בְּיָדְךָ וּגְבוּרָה בִּימִינֶךָ וְשִׁמְךָ נוֹרָא עַל כָּל־מַה־שֶּׁבָּרָאתָ:

וּבְכֵן תֵּן כָּבוֹד יְיָ לְעַמֶּךָ תְּהִלָּה לִירֵאֶיךָ וְתִקְוָה לְדוֹרְשֶׁיךָ וּפִתְחוֹן פֶּה לַמְיַחֲלִים לָךְ. שִׂמְחָה לְאַרְצֶךָ וְשָׂשׂוֹן לְעִירֶךָ וּצְמִיחַת קֶרֶן לְדָוִד עַבְדֶּךָ וַעֲרִיכַת נֵר לְבֶן יִשַׁי מְשִׁיחֶךָ בִּמְהֵרָה בְיָמֵינוּ:

וּבְכֵן צַדִּיקִים יִרְאוּ וְיִשְׂמָחוּ וִישָׁרִים יַעֲלֹזוּ וַחֲסִידִים בְּרִנָּה יָגִילוּ. וְעוֹלָתָה תִּקְפָּץ פִּיהָ וְכָל־הָרִשְׁעָה כֻּלָּהּ כְּעָשָׁן תִּכְלֶה. כִּי תַעֲבִיר מֶמְשֶׁלֶת זָדוֹן מִן הָאָרֶץ:

וְתִמְלוֹךְ אַתָּה יְיָ לְבַדֶּךָ עַל כָּל־מַעֲשֶׂיךָ בְּהַר צִיּוֹן מִשְׁכַּן כְּבוֹדֶךָ וּבִירוּשָׁלַיִם עִיר קָדְשֶׁךָ כַּכָּתוּב בְּדִבְרֵי קָדְשֶׁךָ. יִמְלֹךְ יְיָ לְעוֹלָם אֱלֹהַיִךְ צִיּוֹן לְדֹר וָדֹר הַלְלוּיָהּ:

קָדוֹשׁ אַתָּה וְנוֹרָא שְׁמֶךָ וְאֵין אֱלוֹהַּ מִבַּלְעָדֶיךָ כַּכָּתוּב. וַיִּגְבַּהּ יְיָ צְבָאוֹת בַּמִּשְׁפָּט וְהָאֵל הַקָּדוֹשׁ נִקְדַּשׁ בִּצְדָקָה. בָּרוּךְ אַתָּה יְיָ הַמֶּלֶךְ הַקָּדוֹשׁ:

אַתָּה בְחַרְתָּנוּ מִכָּל־הָעַמִּים. אָהַבְתָּ אוֹתָנוּ. וְרָצִיתָ בָּנוּ. וְרוֹמַמְתָּנוּ מִכָּל־הַלְּשׁוֹנוֹת. וְקִדַּשְׁתָּנוּ בְּמִצְוֹתֶיךָ. וְקֵרַבְתָּנוּ מַלְכֵּנוּ לַעֲבוֹדָתֶךָ. וְשִׁמְךָ הַגָּדוֹל וְהַקָּדוֹשׁ עָלֵינוּ קָרָאתָ:

And therefore, O Lord our God, let Thine awe be manifest in all Thy works, and a reverence for Thee fill all that Thou hast created, so that all Thy creatures may know Thee, and all mankind bow down to acknowledge Thee. May all Thy children unite in one fellowship to do Thy will with a perfect heart; for we know, O Lord our God, that dominion is Thine, that Thy might and power are supreme, and that Thy name is to be revered over all Thou hast created.

And therefore, O Lord, grant glory to Thy people who serve Thee, praise to those who revere Thee, hope to those who seek Thee, and confidence to those who yearn for Thee. Bring joy to Thy land, gladness to Thy city, renewed strength to the seed of David, and a constant light to Thy servants in Zion. O may this come to pass speedily in our days.

And therefore, the righteous shall see and be glad, the just exult, and the pious rejoice in song, while iniquity shall close its mouth and all wickedness shall vanish like smoke, when Thou removest the dominion of tyranny from the earth.

And Thou, O Lord, wilt rule, Thou alone, over all Thy works on Mount Zion, the dwelling place of Thy glory, and in Jerusalem, Thy holy city, fulfilling the words of the Psalmist: "The Lord shall reign forever; thy God, O Zion, shall be Sovereign unto all generations. Praise the Lord."

Holy art Thou, and awe-inspiring is Thy name, and there is no God besides Thee; as it is written in Holy Scriptures: "The Lord of hosts is exalted through justice, and the holy God is sanctified through righteousness." Blessed art Thou, O Lord, the holy King.

Thou didst choose us for Thy service from among all peoples, loving us and taking delight in us. Thou didst exalt us above all tongues by making us holy through Thy commandments. Thou hast drawn us near, O our King, unto Thy service and hast called us by Thy great and holy name.

On Sabbath add the bracketed words

וַתִּתֶּן־לָנוּ יְיָ אֱלֹהֵינוּ בְּאַהֲבָה אֶת־יוֹם [הַשַּׁבָּת הַזֶּה לִקְדֻשָּׁה וְלִמְנוּחָה וְאֶת־יוֹם] הַכִּפֻּרִים הַזֶּה לִמְחִילָה וְלִסְלִיחָה וּלְכַפָּרָה וְלִמְחָל־בּוֹ אֶת־כָּל־עֲוֹנוֹתֵינוּ [בְּאַהֲבָה] מִקְרָא קֹדֶשׁ. זֵכֶר לִיצִיאַת מִצְרָיִם:

אֱלֹהֵינוּ וֵאלֹהֵי אֲבוֹתֵינוּ יַעֲלֶה וְיָבֹא וְיַגִּיעַ וְיֵרָאֶה וְיֵרָצֶה וְיִשָּׁמַע וְיִפָּקֵד וְיִזָּכֵר זִכְרוֹנֵנוּ וּפִקְדוֹנֵנוּ וְזִכְרוֹן אֲבוֹתֵינוּ וְזִכְרוֹן מָשִׁיחַ בֶּן דָּוִד עַבְדֶּךָ וְזִכְרוֹן יְרוּשָׁלַיִם עִיר קָדְשֶׁךָ וְזִכְרוֹן כָּל־עַמְּךָ בֵּית יִשְׂרָאֵל לְפָנֶיךָ לִפְלֵיטָה לְטוֹבָה לְחֵן וּלְחֶסֶד וּלְרַחֲמִים לְחַיִּים וּלְשָׁלוֹם בְּיוֹם הַכִּפֻּרִים הַזֶּה: זָכְרֵנוּ יְיָ אֱלֹהֵינוּ בּוֹ לְטוֹבָה. וּפָקְדֵנוּ בוֹ לִבְרָכָה. וְהוֹשִׁיעֵנוּ בוֹ לְחַיִּים. וּבִדְבַר יְשׁוּעָה וְרַחֲמִים חוּס וְחָנֵּנוּ וְרַחֵם עָלֵינוּ וְהוֹשִׁיעֵנוּ כִּי אֵלֶיךָ עֵינֵינוּ. כִּי אֵל מֶלֶךְ חַנּוּן וְרַחוּם אָתָּה:

אֵל מֶלֶךְ יוֹשֵׁב עַל כִּסֵּא רַחֲמִים. מִתְנַהֵג בַּחֲסִידוּת מוֹחֵל עֲוֹנוֹת עַמּוֹ. מַעֲבִיר רִאשׁוֹן רִאשׁוֹן. מַרְבֶּה מְחִילָה לְחַטָּאִים וּסְלִיחָה לְפוֹשְׁעִים. עוֹשֶׂה צְדָקוֹת עִם כָּל־בָּשָׂר וָרוּחַ. לֹא כְרָעָתָם תִּגְמוֹל. אֵל הוֹרֵיתָ לָנוּ לוֹמַר שְׁלֹשׁ עֶשְׂרֵה. זְכָר־לָנוּ הַיּוֹם בְּרִית שְׁלֹשׁ עֶשְׂרֵה. כְּמוֹ שֶׁהוֹדַעְתָּ לֶעָנָו מִקֶּדֶם כְּמוֹ שֶׁכָּתוּב. וַיֵּרֶד יְיָ בֶּעָנָן וַיִּתְיַצֵּב עִמּוֹ שָׁם וַיִּקְרָא בְשֵׁם יְיָ:

וַיַּעֲבֹר יְיָ עַל פָּנָיו וַיִּקְרָא.

יְיָ יְיָ אֵל רַחוּם וְחַנּוּן אֶרֶךְ אַפַּיִם וְרַב־חֶסֶד וֶאֱמֶת: נֹצֵר חֶסֶד לָאֲלָפִים נֹשֵׂא עָוֹן וָפֶשַׁע וְחַטָּאָה וְנַקֵּה. וְסָלַחְתָּ לַעֲוֹנֵנוּ וּלְחַטָּאתֵנוּ וּנְחַלְתָּנוּ:

On Sabbath add the bracketed words

And Thou hast given us in love O Lord our God, [this Sabbath day and] this Day of Atonement, for pardon, forgiveness and atonement, that we may [in love] obtain pardon thereon for all our iniquities; a holy convocation in memory of the departure from Egypt.

Our God and God of our fathers, may Israel be remembered for loving-kindness and mercy, life and peace; may Zion be remembered for deliverance and well-being on this Day of Atonement. Remember us, O Lord our God for our good, and be mindful of us for a life of blessing. In accordance with Thy promise of salvation and mercy, spare us and be gracious unto us; have compassion upon us and save us. Unto Thee have we lifted our eyes for Thou art a gracious and merciful God and King.

Almighty King, enthroned in mercy and governing Thy people with loving-kindness, Thou causest their sins to pass away one by one. Thou art ever ready to extend Thy pardon to sinners, and forgiveness to transgressors, judging charitably all the living, and not requiting them according to the evil they do. O God, who hast taught us to repeat Thy thirteen attributes, remember unto us this day the covenant of Thy mercy in these attributes, as Thou didst reveal them of old to Moses, the meek, in the words written in the Torah :[1] "And the Lord descended in the cloud and stood with him there, and proclaimed the name of the Lord.

And the Lord passed before him and proclaimed:

'The Lord, the Lord is a compassionate and gracious God, slow to anger, abounding in loving-kindness and truth; keeping mercy for thousands, forgiving iniquity, transgression and sin, and acquitting the penitent.' "[2] "O pardon our iniquity and our sin, and take us for Thy heritage."[3]

---

[1] Exodus 34:5–7.   [2] Midrashic interpretation.   [3] Exodus 34:9.

סְלַח־לָֽנוּ אָבִֽינוּ כִּי חָטָֽאנוּ. מְחַל־לָֽנוּ מַלְכֵּֽנוּ כִּי פָשָֽׁעְנוּ:
כִּי אַתָּה אֲדֹנָי טוֹב וְסַלָּח וְרַב־חֶֽסֶד לְכָל־קֹרְאֶֽיךָ:

זְכֹר רַחֲמֶֽיךָ יְיָ וַחֲסָדֶֽיךָ כִּי מֵעוֹלָם הֵֽמָּה: אַל־תִּזְכָּר־לָֽנוּ עֲוֹנוֹת רִאשׁוֹנִים מַהֵר יְקַדְּמֽוּנוּ רַחֲמֶֽיךָ כִּי דַלּֽוֹנוּ מְאֹד: זָכְרֵֽנוּ יְיָ בִּרְצוֹן עַמֶּֽךָ. פָּקְדֵֽנוּ בִּישׁוּעָתֶֽךָ: זְכֹר עֲדָתְךָ קָנִֽיתָ קֶּֽדֶם גָּאַֽלְתָּ שֵֽׁבֶט נַחֲלָתֶֽךָ הַר צִיּוֹן זֶה שָׁכַֽנְתָּ בּוֹ: זְכֹר יְיָ חִבַּת יְרוּשָׁלָֽיִם. אַהֲבַת צִיּוֹן אַל תִּשְׁכַּח לָנֶֽצַח: זְכֹר יְיָ לִבְנֵי אֱדוֹם אֵת יוֹם יְרוּשָׁלָֽיִם הָאֹמְרִים עָֽרוּ עָֽרוּ עַד הַיְסוֹד בָּהּ: אַתָּה תָקוּם תְּרַחֵם צִיּוֹן כִּי עֵת לְחֶנְנָהּ כִּי בָא מוֹעֵד: זְכֹר לְאַבְרָהָם לְיִצְחָק וּלְיִשְׂרָאֵל עֲבָדֶֽיךָ אֲשֶׁר נִשְׁבַּֽעְתָּ לָהֶם בָּךְ וַתְּדַבֵּר אֲלֵהֶם אַרְבֶּה אֶת־זַרְעֲכֶם כְּכוֹכְבֵי הַשָּׁמָֽיִם. וְכָל־הָאָֽרֶץ הַזֹּאת אֲשֶׁר אָמַֽרְתִּי אֶתֵּן לְזַרְעֲכֶם וְנָחֲלוּ לְעֹלָם: זְכֹר לַעֲבָדֶֽיךָ לְאַבְרָהָם לְיִצְחָק וּלְיַעֲקֹב. אַל־תֵּֽפֶן אֶל־קְשִׁי הָעָם הַזֶּה וְאֶל־רִשְׁעוֹ וְאֶל־חַטָּאתוֹ:

אַל־נָא תָשֵׁת עָלֵֽינוּ חַטָּאת אֲשֶׁר נוֹאַֽלְנוּ וַאֲשֶׁר חָטָֽאנוּ:
חָטָֽאנוּ צוּרֵֽנוּ. סְלַח־לָֽנוּ יוֹצְרֵֽנוּ:

זְכָר־לָֽנוּ בְּרִית אָבוֹת כַּאֲשֶׁר אָמַֽרְתָּ. וְזָכַרְתִּי אֶת־בְּרִיתִי יַעֲקוֹב וְאַף אֶת־בְּרִיתִי יִצְחָק וְאַף אֶת־בְּרִיתִי אַבְרָהָם אֶזְכֹּר וְהָאָֽרֶץ אֶזְכֹּר: זְכָר־לָֽנוּ בְּרִית רִאשׁוֹנִים כַּאֲשֶׁר אָמַֽרְתָּ. וְזָכַרְתִּי לָהֶם בְּרִית רִאשֹׁנִים אֲשֶׁר הוֹצֵֽאתִי אֹתָם מֵאֶֽרֶץ מִצְרַֽיִם לְעֵינֵי הַגּוֹיִם לִהְיוֹת לָהֶם לֵאלֹהִים אֲנִי יְיָ: עֲשֵׂה עִמָּֽנוּ כְּמָה שֶׁהִבְטַחְתָּֽנוּ. וְאַף־גַּם־זֹאת בִּהְיוֹתָם בְּאֶֽרֶץ אֹיְבֵיהֶם לֹא־מְאַסְתִּים וְלֹא־גְעַלְתִּים לְכַלֹּתָם לְהָפֵר בְּרִיתִי

Forgive us, O our Father, for we have sinned; pardon us, our King, for we have transgressed. For Thou, O Lord, art good and ready to forgive, and art abundant in mercy unto all them that call upon Thee.

Remember, O Lord, Thy tender mercies and Thy loving-kindness for they are everlasting. O remember not our former iniquities. Hasten Thy tender mercies for we are brought very low. Remember us, O Lord, with favor, and grant us Thy salvation. Remember Thy congregation which Thou hast gotten of old and which Thou hast redeemed, and Mount Zion wherein Thou hast dwelt. Remember, O Lord, the devotion of Jerusalem, and never forget the love of Zion. Recall, O Lord, the words of the Edomites, who in the day of Jerusalem said: "Raze it, raze it even unto its very foundation." Thou wilt arise and have mercy upon Zion, for the time has now come to favor her.

Remember Abraham, Isaac and Israel, Thy servants, to whom Thou promised: "I will multiply your seed as the stars of heaven, and all this land that I have spoken of will I give unto your seed, and they shall inherit it forever." Yea, remember Thy servants, Abraham, Isaac and Jacob; look not unto the stubbornness of this people, nor to their wickedness, nor to their sin.

Judge us not too harshly, we beseech Thee, for the sins which we have committed foolishly.

We have sinned, O our Rock! Our Creator, forgive us!

Remember unto us the covenant of the patriarchs, "And I will remember My covenant with Abraham, with Isaac and with Jacob; and I will remember the land."

Remember unto us the covenant of our ancestors, "And I will, for their sakes, remember the covenant of their ancestors whom I brought forth out of the land of Egypt in the sight of the nations that I might be their God; I am the Lord."

Deal with us according to the promise in Scriptures: "And even when they be in the land of their enemies, I will not cast them away, neither will I abhor them, to destroy them utterly, and to break My covenant with them; for I am the Lord, their God."

אִתָּם כִּי אֲנִי יְיָ אֱלֹהֵיהֶם: רַחֵם עָלֵינוּ וְאַל־תַּשְׁחִיתֵנוּ כְּמָה שֶׁכָּתוּב. כִּי אֵל רַחוּם יְיָ אֱלֹהֶיךָ לֹא יַרְפְּךָ וְלֹא יַשְׁחִיתֶךָ וְלֹא יִשְׁכַּח אֶת־בְּרִית אֲבוֹתֶיךָ אֲשֶׁר נִשְׁבַּע לָהֶם: מוֹל אֶת־לְבָבֵנוּ לְאַהֲבָה וּלְיִרְאָה אֶת־שְׁמֶךָ כַּכָּתוּב בְּתוֹרָתֶךָ. וּמָל יְיָ אֱלֹהֶיךָ אֶת־לְבָבְךָ וְאֶת־לְבַב זַרְעֶךָ לְאַהֲבָה אֶת־יְיָ אֱלֹהֶיךָ בְּכָל־לְבָבְךָ וּבְכָל־נַפְשְׁךָ לְמַעַן חַיֶּיךָ: הָשֵׁב שְׁבוּתֵנוּ וְרַחֲמֵנוּ כְּמָה שֶׁכָּתוּב: וְשָׁב יְיָ אֱלֹהֶיךָ אֶת־שְׁבוּתְךָ וְרִחֲמֶךָ וְשָׁב וְקִבֶּצְךָ מִכָּל־הָעַמִּים אֲשֶׁר הֱפִיצְךָ יְיָ אֱלֹהֶיךָ שָׁמָּה: קַבֵּץ נִדָּחֵנוּ כְּמָה שֶׁכָּתוּב. אִם יִהְיֶה נִדַּחֲךָ בִּקְצֵה הַשָּׁמָיִם מִשָּׁם יְקַבֶּצְךָ יְיָ אֱלֹהֶיךָ וּמִשָּׁם יִקָּחֶךָ: הִמָּצֵא לָנוּ בְּבַקָּשָׁתֵנוּ כְּמָה שֶׁכָּתוּב. וּבִקַּשְׁתֶּם מִשָּׁם אֶת־יְיָ אֱלֹהֶיךָ וּמָצָאתָ כִּי תִדְרְשֶׁנּוּ בְּכָל־לְבָבְךָ וּבְכָל־נַפְשֶׁךָ: מְחֵה פְשָׁעֵינוּ לְמַעַנְךָ כַּאֲשֶׁר אָמַרְתָּ. אָנֹכִי אָנֹכִי הוּא מֹחֶה פְשָׁעֶיךָ לְמַעֲנִי וְחַטֹּאתֶיךָ לֹא אֶזְכֹּר: מְחֵה פְשָׁעֵינוּ כָּעָב וְכֶעָנָן כַּאֲשֶׁר אָמַרְתָּ. מָחִיתִי כָעָב פְּשָׁעֶיךָ וְכֶעָנָן חַטֹּאתֶיךָ שׁוּבָה אֵלַי כִּי גְאַלְתִּיךָ: הַלְבֵּן חֲטָאֵינוּ כַּשֶּׁלֶג וְכַצֶּמֶר כְּמָה שֶׁכָּתוּב. לְכוּ נָא וְנִוָּכְחָה יֹאמַר יְיָ אִם יִהְיוּ חֲטָאֵיכֶם כַּשָּׁנִים כַּשֶּׁלֶג יַלְבִּינוּ אִם יַאְדִּימוּ כַתּוֹלָע כַּצֶּמֶר יִהְיוּ: זְרוֹק עָלֵינוּ מַיִם טְהוֹרִים וְטַהֲרֵנוּ כְּמָה שֶׁכָּתוּב. וְזָרַקְתִּי עֲלֵיכֶם מַיִם טְהוֹרִים וּטְהַרְתֶּם מִכֹּל טֻמְאוֹתֵיכֶם וּמִכָּל גִּלּוּלֵיכֶם אֲטַהֵר אֶתְכֶם: כַּפֵּר חֲטָאֵינוּ בַּיּוֹם הַזֶּה וְטַהֲרֵנוּ כְּמָה שֶׁכָּתוּב. כִּי־בַיּוֹם הַזֶּה יְכַפֵּר עֲלֵיכֶם לְטַהֵר אֶתְכֶם מִכֹּל חַטֹּאתֵיכֶם לִפְנֵי יְיָ תִּטְהָרוּ: הֲבִיאֵנוּ אֶל הַר קָדְשֶׁךָ וְשַׂמְּחֵנוּ בְּבֵית תְּפִלָּתֶךָ כְּמָה שֶׁכָּתוּב. וַהֲבִיאוֹתִים אֶל־הַר קָדְשִׁי וְשִׂמַּחְתִּים

Have mercy upon us and destroy us not, "For the Lord your God is a merciful God; He will not forsake you, neither will He destroy you, nor forget the covenant made with your fathers."

Purify our hearts to love and revere Thy name. "And the Lord your God will incline your heart and the heart of your seed, to love the Lord your God with all your heart and with all your soul, that you may live."

O bring back our captivity and have compassion upon us. "Then the Lord your God will turn your captivity and have compassion upon you, and will again gather you from all the peoples whither the Lord your God hath scattered you."

O gather our dispersed and homeless. "If any of them be driven out unto the utmost parts of heaven, from thence will the Lord your God gather you, and from thence will He fetch you."

O be Thou with us to guide our paths. "And if you shall seek the Lord your God, you shall find Him, if you seek Him with all your heart and with all your soul."

O blot out our transgressions for Thy sake. "I, even I, am He that blotteth out your transgressions, for Mine own sake, and I will not remember your sins."

O blot out our transgressions and may they vanish as a thick cloud and as a mist. "I have blotted out as a thick cloud your transgressions, and as a mist your sins; return unto Me; for I have redeemed you."

O turn Thou our sins as white as snow or wool. "Come now, and let us reason together," saith the Lord. "Though your sins be as scarlet, they shall be as white as snow; though they be red like crimson, they shall be as wool."

O cleanse us from all our impurities. "Then will I sprinkle clean water upon you, and you shall be clean; from all your defilement and from all your abominations will I cleanse you."

O forgive our sins on this day and purify us. "For on this day shall atonement be made for you to cleanse you; from all your sins before the Lord shall you be clean."

O bring us to Thy holy mountain and make us joyful in Thy house of prayer. "I will bring them to My holy mountain and make them joyful in My house of prayer; their offerings shall

בְּבֵית תְּפִלָּתִי עוֹלוֹתֵיהֶם וְזִבְחֵיהֶם לְרָצוֹן עַל־מִזְבְּחִי כִּי
בֵיתִי בֵּית תְּפִלָּה יִקָּרֵא לְכָל־הָעַמִּים:

Reader and Congregation

שְׁמַע קוֹלֵנוּ יְיָ אֱלֹהֵינוּ חוּס וְרַחֵם עָלֵינוּ וְקַבֵּל בְּרַחֲמִים
וּבְרָצוֹן אֶת־תְּפִלָּתֵנוּ:
הֲשִׁיבֵנוּ יְיָ אֵלֶיךָ וְנָשׁוּבָה חַדֵּשׁ יָמֵינוּ כְּקֶדֶם:

אֲמָרֵינוּ הַאֲזִינָה יְיָ בִּינָה הֲגִיגֵנוּ: יִהְיוּ לְרָצוֹן אִמְרֵי־פִינוּ
וְהֶגְיוֹן לִבֵּנוּ לְפָנֶיךָ יְיָ צוּרֵנוּ וְגוֹאֲלֵנוּ:
אַל־תַּשְׁלִיכֵנוּ מִלְּפָנֶיךָ וְרוּחַ קָדְשְׁךָ אַל־תִּקַּח מִמֶּנּוּ:
אַל־תַּשְׁלִיכֵנוּ לְעֵת זִקְנָה כִּכְלוֹת כֹּחֵנוּ אַל־תַּעַזְבֵנוּ:
אַל־תַּעַזְבֵנוּ יְיָ אֱלֹהֵינוּ אַל־תִּרְחַק מִמֶּנּוּ: עֲשֵׂה עִמָּנוּ
אוֹת לְטוֹבָה וְיִרְאוּ שׂוֹנְאֵינוּ וְיֵבֹשׁוּ כִּי אַתָּה יְיָ עֲזַרְתָּנוּ
וְנִחַמְתָּנוּ: כִּי לְךָ יְיָ הוֹחָלְנוּ אַתָּה תַעֲנֶה אֲדֹנָי אֱלֹהֵינוּ:

אֱלֹהֵינוּ וֵאלֹהֵי אֲבוֹתֵינוּ אַל־תַּעַזְבֵנוּ. וְאַל־תִּטְּשֵׁנוּ. וְאַל־
תַּכְלִימֵנוּ. וְאַל־תָּפֵר בְּרִיתְךָ אִתָּנוּ. קָרְבֵנוּ לְתוֹרָתֶךָ. לַמְּדֵנוּ
מִצְוֹתֶיךָ. הוֹרֵנוּ דְרָכֶיךָ. הַט לִבֵּנוּ לְיִרְאָה אֶת שְׁמֶךָ. וּמוֹל
אֶת־לְבָבֵנוּ לְאַהֲבָתֶךָ. וְנָשׁוּב אֵלֶיךָ בֶּאֱמֶת וּבְלֵב שָׁלֵם.
וּלְמַעַן שִׁמְךָ הַגָּדוֹל תִּמְחוֹל וְתִסְלַח לַעֲוֹנֵינוּ כַּכָּתוּב בְּדִבְרֵי
קָדְשֶׁךָ לְמַעַן שִׁמְךָ יְיָ וְסָלַחְתָּ לַעֲוֹנִי כִּי רַב הוּא:

אֱלֹהֵינוּ וֵאלֹהֵי אֲבוֹתֵינוּ סְלַח־לָנוּ. מְחַל־לָנוּ. כַּפֶּר־לָנוּ:

כִּי אָנוּ עַמֶּךָ וְאַתָּה אֱלֹהֵינוּ.   אָנוּ בָנֶיךָ וְאַתָּה אָבִינוּ   :

אָנוּ עֲבָדֶיךָ וְאַתָּה אֲדוֹנֵנוּ.   אָנוּ קְהָלֶךָ וְאַתָּה חֶלְקֵנוּ   :

be accepted upon Mine altar; for My house shall be called a house of prayer for all people."

Heavenly Father, heed our cry,
Give ear and grant our supplication.

Accept our words, our fervent prayer,
Consider Thou our meditation.

Rock divine, be with Thy folk,
Cast not Thy people from Thy presence.

Without Thee, God, there is no hope,
Our life an aimless evanescence.

Lord, forsake us not, we pray,
Be Thou our staff when our strength faileth;

When youth to feeble age gives way,
Naught then but Thee, O God, availeth.

Thou, O Father, wast our hope
In all our days through joy and sorrow.

Be with us yet and to the end,
Our Comforter in life's tomorrow.

Our God and God of our fathers, forsake us not, nor leave us. Cast us not off, nor annul Thy covenant with us. Bring us nearer to Thy Law, and teach us Thy commandments. Show us Thy ways, incline our hearts to revere Thy name. O purify our hearts that we may merit Thy love and return unto Thee in truth with a perfect heart. For Thy great name's sake, pardon and forgive our sins, even as it is written in Holy Scriptures: For Thy name's sake, O Lord, pardon my iniquity for it is great.

Our God and God of our fathers, forgive us, pardon us, and grant us atonement;

For we are Thy people, and Thou art our God;
We are Thy children, and Thou our Father.
We are Thy servants, and Thou our Master;
We are Thy congregation, and Thou our Portion.
We are Thine inheritance and Thou our Lot;
We are Thy flock, and Thou our Shepherd.
We are Thy vineyard, and Thou our Keeper;
We are Thy work, and Thou our Creator.

אָֽנוּ נַחֲלָתֶֽךָ וְאַתָּה גוֹרָלֵֽנוּ. אָֽנוּ צֹאנֶֽךָ וְאַתָּה רוֹעֵֽנוּ:
אָֽנוּ כַרְמֶֽךָ וְאַתָּה נוֹטְרֵֽנוּ. אָֽנוּ פְעֻלָּתֶֽךָ וְאַתָּה יוֹצְרֵֽנוּ:
אָֽנוּ רַעְיָתֶֽךָ וְאַתָּה דוֹדֵֽנוּ. אָֽנוּ סְגֻלָּתֶֽךָ וְאַתָּה קְרוֹבֵֽנוּ:
אָֽנוּ עַמֶּֽךָ וְאַתָּה מַלְכֵּֽנוּ. אָֽנוּ מַאֲמִירֶֽךָ וְאַתָּה מַאֲמִירֵֽנוּ:

Reader

אָֽנוּ עַזֵּי פָנִים וְאַתָּה רַחוּם וְחַנּוּן. אָֽנוּ קְשֵׁי עֹֽרֶף וְאַתָּה אֶֽרֶךְ אַפַּֽיִם. אָֽנוּ מְלֵאֵי עָוֹן וְאַתָּה מָלֵא רַחֲמִים. אָֽנוּ יָמֵֽינוּ כְּצֵל עוֹבֵר. וְאַתָּה הוּא וּשְׁנוֹתֶֽיךָ לֹא יִתָּֽמּוּ:

אֱלֹהֵֽינוּ וֵאלֹהֵי אֲבוֹתֵֽינוּ. תָּבֹא לְפָנֶֽיךָ תְּפִלָּתֵֽנוּ וְאַל תִּתְעַלַּם מִתְּחִנָּתֵֽנוּ. שֶׁאֵין אֲנַֽחְנוּ עַזֵּי פָנִים וּקְשֵׁי עֹֽרֶף לוֹמַר לְפָנֶֽיךָ יְיָ אֱלֹהֵֽינוּ וֵאלֹהֵי אֲבוֹתֵֽינוּ צַדִּיקִים אֲנַֽחְנוּ וְלֹא חָטָֽאנוּ אֲבָל אֲנַֽחְנוּ חָטָֽאנוּ:

Congregation and Reader

אָשַֽׁמְנוּ. **ב**ָּגַֽדְנוּ. **ג**ָּזַֽלְנוּ. **ד**ִּבַּֽרְנוּ דֹֽפִי. **ה**ֶעֱוִֽינוּ. **ו**ְהִרְשַֽׁעְנוּ. **ז**ַֽדְנוּ. **ח**ָמַֽסְנוּ. **ט**ָפַֽלְנוּ שֶֽׁקֶר. **י**ָעַֽצְנוּ רָע. **כ**ִּזַּֽבְנוּ. **ל**ַֽצְנוּ. **מ**ָרַֽדְנוּ. **נ**ִאַֽצְנוּ. **ס**ָרַֽרְנוּ. **ע**ָוִֽינוּ. **פ**ָּשַֽׁעְנוּ. **צ**ָרַֽרְנוּ. **ק**ִשִּֽׁינוּ עֹֽרֶף. **ר**ָשַֽׁעְנוּ. **ש**ִׁחַֽתְנוּ. **ת**ִּעַֽבְנוּ. **ת**ָּעִֽינוּ. **ת**ִּעְתָּֽעְנוּ:

סַֽרְנוּ מִמִּצְוֹתֶֽיךָ וּמִמִּשְׁפָּטֶֽיךָ הַטּוֹבִים וְלֹא שָֽׁוָה לָֽנוּ: וְאַתָּה צַדִּיק עַל כָּל־הַבָּא עָלֵֽינוּ. כִּי־אֱמֶת עָשִֽׂיתָ וַאֲנַֽחְנוּ הִרְשָֽׁעְנוּ:

הִרְשַֽׁעְנוּ וּפָשַֽׁעְנוּ. לָכֵן לֹא נוֹשָֽׁעְנוּ. וְתֵן בְּלִבֵּֽנוּ לַעֲזוֹב דֶּֽרֶךְ רֶֽשַׁע וְחִישׁ לָֽנוּ יֶֽשַׁע: כַּכָּתוּב עַל יַד נְבִיאֶֽךָ. יַעֲזֹב רָשָׁע דַּרְכּוֹ וְאִישׁ אָֽוֶן מַחְשְׁבֹתָיו וְיָשֹׁב אֶל־יְיָ וִירַחֲמֵֽהוּ וְאֶל־אֱלֹהֵֽינוּ כִּי־יַרְבֶּה לִסְלֽוֹחַ:

We are Thy faithful, and Thou our Beloved;
We are Thy loyal ones, and Thou our Lord.
We are Thy subjects, and Thou our King.
We are Thy devoted people, and Thou our exalted God.

It is characteristic of the spirit of Judaism that the confessional is recited in public and is expressed in the plural. Each human being is responsible for all the sins of the society in which he lives, either by his own acts of commission or by his passive acquiescence in the conditions that breed crime and lawlessness.

Reader

We are insolent, but Thou art merciful and compassionate. We are obstinate, but Thou art long-suffering. We are burdened by our sins, but Thou art abounding in mercy. As for us, our days are like a passing shadow; but Thou art immutable, and Thy years never-ending.

Our God and God of our fathers, may our prayers come before Thee. Hide not Thyself from our supplication for we are neither so arrogant nor so hardened as to say before Thee, O Lord our God and God of our fathers, 'we are righteous and have not sinned'; verily, we have sinned.

Congregation and Reader

We have trespassed, we have dealt treacherously, we have robbed, we have spoken slander, we have acted perversely, and we have wrought wickedness; we have been presumptuous, we have done violence, we have framed lies, we have counselled evil, and we have spoken falsely; we have scoffed, we have revolted, we have provoked, we have rebelled, we have committed iniquity, and we have transgressed; we have oppressed, we have been stiff-necked, we have done wickedly, we have corrupted, we have committed abomination, we have gone astray, we have led others astray.

We have turned away from Thy commandments and Thy judgments that are good, and it has profited us naught. But Thou art righteous in all that has come upon us for Thou hast acted truthfully, but we have wrought unrighteousness.

We have acted wickedly and have transgressed; wherefore we have not been saved. O incline our hearts to forsake the path of evil, and hasten our salvation. Let the wicked forsake his way, and the unrighteous man his thoughts; let him return unto the Lord, and He will have mercy upon him, and unto our God, for He is ever ready to pardon.

אֱלֹהֵינוּ וֵאלֹהֵי אֲבוֹתֵינוּ. סְלַח וּמְחַל לַעֲוֹנוֹתֵינוּ בְּיוֹם [הַשַּׁבָּת הַזֶּה וּבְיוֹם] הַכִּפּוּרִים הַזֶּה. וְהֵעָתֶר־לָנוּ בִּתְפִלָּתֵנוּ. מְחֵה וְהַעֲבֵר פְּשָׁעֵינוּ מִנֶּגֶד עֵינֶיךָ. וְכוֹף אֶת־יִצְרֵנוּ לְהִשְׁתַּעְבֶּד־לָךְ. וְהַכְנַע עָרְפֵּנוּ לָשׁוּב אֵלֶיךָ. וְחַדֵּשׁ כִּלְיוֹתֵינוּ לִשְׁמוֹר פִּקּוּדֶיךָ. וּמוֹל אֶת־לְבָבֵנוּ לְאַהֲבָה וּלְיִרְאָה אֶת־שְׁמֶךָ כַּכָּתוּב בְּתוֹרָתֶךָ. וּמָל יְיָ אֱלֹהֶיךָ אֶת־לְבָבְךָ וְאֶת־לְבַב זַרְעֶךָ לְאַהֲבָה אֶת־יְיָ אֱלֹהֶיךָ בְּכָל־לְבָבְךָ וּבְכָל־נַפְשְׁךָ לְמַעַן חַיֶּיךָ:

הַזְּדוֹנוֹת וְהַשְּׁגָגוֹת אַתָּה מַכִּיר. הָרָצוֹן וְהָאֹנֶס הַגְּלוּיִם וְהַנִּסְתָּרִים לְפָנֶיךָ הֵם גְּלוּיִם וִידוּעִים: מָה־אָנוּ. מֶה־חַיֵּינוּ. מֶה־חַסְדֵּנוּ. מַה־צִּדְקֵנוּ. מַה־יִּשְׁעֵנוּ. מַה־כֹּחֵנוּ. מַה־גְּבוּרָתֵנוּ. מַה־נֹּאמַר לְפָנֶיךָ יְיָ אֱלֹהֵינוּ וֵאלֹהֵי אֲבוֹתֵינוּ. הֲלֹא כָּל־הַגִּבּוֹרִים כְּאַיִן לְפָנֶיךָ וְאַנְשֵׁי הַשֵּׁם כְּלֹא הָיוּ וַחֲכָמִים כִּבְלִי מַדָּע וּנְבוֹנִים כִּבְלִי הַשְׂכֵּל. כִּי רֹב מַעֲשֵׂיהֶם תֹּהוּ וִימֵי חַיֵּיהֶם הֶבֶל לְפָנֶיךָ. וּמוֹתַר הָאָדָם מִן הַבְּהֵמָה אָיִן כִּי הַכֹּל הָבֶל:

מַה־נֹּאמַר לְפָנֶיךָ יוֹשֵׁב מָרוֹם. וּמַה־נְּסַפֵּר לְפָנֶיךָ שׁוֹכֵן שְׁחָקִים. הֲלֹא כָּל־הַנִּסְתָּרוֹת וְהַנִּגְלוֹת אַתָּה יוֹדֵעַ:

אַתָּה יוֹדֵעַ רָזֵי עוֹלָם. וְתַעֲלוּמוֹת סִתְרֵי כָל־חָי: אַתָּה חוֹפֵשׂ כָּל־חַדְרֵי בָטֶן וּבוֹחֵן כְּלָיוֹת וָלֵב: אֵין דָּבָר נֶעְלָם מִמֶּךָּ. וְאֵין נִסְתָּר מִנֶּגֶד עֵינֶיךָ:

וּבְכֵן יְהִי רָצוֹן מִלְּפָנֶיךָ יְיָ אֱלֹהֵינוּ וֵאלֹהֵי אֲבוֹתֵינוּ. שֶׁתִּסְלַח־לָנוּ עַל כָּל־חַטֹּאתֵינוּ. וְתִמְחַל־לָנוּ עַל כָּל־עֲוֹנוֹתֵינוּ. וּתְכַפֶּר־לָנוּ עַל כָּל־פְּשָׁעֵינוּ:

Our God and God of our fathers, forgive and pardon our iniquities [on this day of rest and] on this Day of Atonement. O answer our prayers; erase and remove our transgressions from Thy sight. Subdue our inclination that we may serve Thee; and bend our will to turn unto Thee. Renew our determination to observe Thy precepts, and incline our hearts that we may love and revere Thy name in truth, as it is written in the Torah: "And the Lord your God will incline your heart and the heart of your seed, to love the Lord your God with all your heart and with all your soul, that you may live."

Thou art acquainted with our sins of presumption and of ignorance, committed either voluntarily or by compulsion, whether publicly or in secret. Before Thee they are revealed and known. What are we? What is our life? What is our goodness? What our righteousness? What our help? What is our strength? What is our might? What shall we say before Thee, O Lord our God and God of our fathers? Are not the mightiest like naught before Thee, and men of renown as though they were not, wise men as if they were without knowledge, and men of understanding as though they were lacking in discretion? For most of their work is emptiness, and the days of their life are as vanity before Thee, and the pre-eminence of man over beast is naught, for all is vanity, except only the pure soul which must hereafter give its accounting before Thy glorious throne.*

What shall we say before Thee, O Thou who dwellest on high and what shall we declare before Thee, Thou who abidest in the heavens? Dost Thou not know all things, both the hidden and the revealed?

Thou knowest the mysteries of the universe and the hidden secrets of all living. Thou searchest out the heart of man, and probest all our thoughts and aspirations. Naught escapeth Thee, neither is anything concealed from Thy sight.

May it therefore be Thy will, O Lord our God and God of our fathers, to forgive us all our sins, to pardon all our iniquities, and to grant us atonement for all our transgressions.

* Based on the Sephardic Text.

עַל חֵטְא שֶׁחָטָאנוּ לְפָנֶיךָ בְּאֹנֶס וּבְרָצוֹן:
וְעַל חֵטְא שֶׁחָטָאנוּ לְפָנֶיךָ בְּאִמּוּץ הַלֵּב:
עַל חֵטְא שֶׁחָטָאנוּ לְפָנֶיךָ בִּבְלִי דָעַת:
וְעַל חֵטְא שֶׁחָטָאנוּ לְפָנֶיךָ בְּבִטּוּי שְׂפָתָיִם:
עַל חֵטְא שֶׁחָטָאנוּ לְפָנֶיךָ בְּגִלּוּי עֲרָיוֹת:
וְעַל חֵטְא שֶׁחָטָאנוּ לְפָנֶיךָ בְּגָלוּי וּבַסָּתֶר:
עַל חֵטְא שֶׁחָטָאנוּ לְפָנֶיךָ בְּדַעַת וּבְמִרְמָה:
וְעַל חֵטְא שֶׁחָטָאנוּ לְפָנֶיךָ בְּדִבּוּר פֶּה:
עַל חֵטְא שֶׁחָטָאנוּ לְפָנֶיךָ בְּהוֹנָאַת רֵעַ:
וְעַל חֵטְא שֶׁחָטָאנוּ לְפָנֶיךָ בְּהַרְהוֹר הַלֵּב:
עַל חֵטְא שֶׁחָטָאנוּ לְפָנֶיךָ בִּוְעִידַת זְנוּת:
וְעַל חֵטְא שֶׁחָטָאנוּ לְפָנֶיךָ בְּוִדּוּי פֶּה:
עַל חֵטְא שֶׁחָטָאנוּ לְפָנֶיךָ בְּזִלְזוּל הוֹרִים וּמוֹרִים:
וְעַל חֵטְא שֶׁחָטָאנוּ לְפָנֶיךָ בְּזָדוֹן וּבִשְׁגָגָה:
עַל חֵטְא שֶׁחָטָאנוּ לְפָנֶיךָ בְּחֹזֶק יָד:
וְעַל חֵטְא שֶׁחָטָאנוּ לְפָנֶיךָ בְּחִלּוּל הַשֵּׁם:
עַל חֵטְא שֶׁחָטָאנוּ לְפָנֶיךָ בְּטֻמְאַת שְׂפָתָיִם:
וְעַל חֵטְא שֶׁחָטָאנוּ לְפָנֶיךָ בְּטִפְּשׁוּת פֶּה:
עַל חֵטְא שֶׁחָטָאנוּ לְפָנֶיךָ בְּיֵצֶר הָרָע:
וְעַל חֵטְא שֶׁחָטָאנוּ לְפָנֶיךָ בְּיוֹדְעִים וּבְלֹא יוֹדְעִים:

וְעַל כֻּלָּם אֱלוֹהַּ סְלִיחוֹת סְלַח־לָנוּ. מְחַל־לָנוּ. כַּפֶּר־לָנוּ:

עַל חֵטְא שֶׁחָטָאנוּ לְפָנֶיךָ בְּכַחַשׁ וּבְכָזָב:
וְעַל חֵטְא שֶׁחָטָאנוּ לְפָנֶיךָ בְּכַפַּת שֹׁחַד:
עַל חֵטְא שֶׁחָטָאנוּ לְפָנֶיךָ בְּלָצוֹן:

For the sin which we have committed before Thee under compulsion or of our own will,
And for the sin which we have committed before Thee by hardening our hearts;
For the sin which we have committed before Thee unknowingly,
And for the sin which we have committed before Thee with utterance of the lips;
For the sin which we have committed before Thee by unchastity,
And for the sin which we have committed before Thee openly or secretly;
For the sin which we have committed before Thee knowingly and deceitfully,
And for the sin which we have committed before Thee in speech;
For the sin which we have committed before Thee by wronging our neighbor,
And for the sin which we have committed before Thee by sinful meditation of the heart;
For the sin which we have committed before Thee by association with impurity,
And for the sin which we have committed before Thee by confession of the lips;
For the sin which we have committed before Thee by spurning parents and teachers,
And for the sin which we have committed before Thee in presumption or in error;
For the sin which we have committed before Thee by violence,
And for the sin which we have committed before Thee by the profanation of Thy name;
For the sin which we have committed before Thee by unclean lips,
And for the sin which we have committed before Thee by impure speech;
For the sin which we have committed before Thee by the evil inclination,
And for the sin which we have committed before Thee wittingly or unwittingly;
For all these, O God of forgiveness, forgive us, pardon us, grant us atonement.

V'al ku-lom e-lō-ha s'li-ḥōs s'laḥ lo-nu m'hal lo-nu ka-per lo-nu.

For the sin which we have committed before Thee by denying and lying,
And for the sin which we have committed before Thee by bribery;
For the sin which we have committed before Thee by scoffing,

וְעַל חֵטְא שֶׁחָטָאנוּ לְפָנֶיךָ בִּלְשׁוֹן הָרָע:
עַל חֵטְא שֶׁחָטָאנוּ לְפָנֶיךָ בְּמַשָּׂא וּבְמַתָּן:
וְעַל חֵטְא שֶׁחָטָאנוּ לְפָנֶיךָ בְּמַאֲכָל וּבְמִשְׁתֶּה:
עַל חֵטְא שֶׁחָטָאנוּ לְפָנֶיךָ בְּנֶשֶׁךְ וּבְמַרְבִּית:
וְעַל חֵטְא שֶׁחָטָאנוּ לְפָנֶיךָ בִּנְטִיַּת גָּרוֹן:
עַל חֵטְא שֶׁחָטָאנוּ לְפָנֶיךָ בְּשִׂיחַ שִׂפְתוֹתֵינוּ:
וְעַל חֵטְא שֶׁחָטָאנוּ לְפָנֶיךָ בְּשִׂקּוּר עָיִן:
עַל חֵטְא שֶׁחָטָאנוּ לְפָנֶיךָ בְּעֵינַיִם רָמוֹת:
וְעַל חֵטְא שֶׁחָטָאנוּ לְפָנֶיךָ בְּעַזּוּת מֶצַח:

וְעַל כֻּלָּם אֱלוֹהַּ סְלִיחוֹת סְלַח־לָנוּ: מְחַל־לָנוּ. כַּפֶּר־לָנוּ:

עַל חֵטְא שֶׁחָטָאנוּ לְפָנֶיךָ בִּפְרִיקַת עֹל:
וְעַל חֵטְא שֶׁחָטָאנוּ לְפָנֶיךָ בִּפְלִילוּת:
עַל חֵטְא שֶׁחָטָאנוּ לְפָנֶיךָ בִּצְדִיַּת רֵעַ:
וְעַל חֵטְא שֶׁחָטָאנוּ לְפָנֶיךָ בְּצָרוּת עָיִן:
עַל חֵטְא שֶׁחָטָאנוּ לְפָנֶיךָ בְּקַלּוּת רֹאשׁ:
וְעַל חֵטְא שֶׁחָטָאנוּ לְפָנֶיךָ בְּקַשְׁיוּת עֹרֶף:
עַל חֵטְא שֶׁחָטָאנוּ לְפָנֶיךָ בְּרִיצַת רַגְלַיִם לְהָרַע:
וְעַל חֵטְא שֶׁחָטָאנוּ לְפָנֶיךָ בִּרְכִילוּת:
עַל חֵטְא שֶׁחָטָאנוּ לְפָנֶיךָ בִּשְׁבוּעַת שָׁוְא:
וְעַל חֵטְא שֶׁחָטָאנוּ לְפָנֶיךָ בְּשִׂנְאַת חִנָּם:
עַל חֵטְא שֶׁחָטָאנוּ לְפָנֶיךָ בִּתְשׂוּמֶת יָד:
וְעַל חֵטְא שֶׁחָטָאנוּ לְפָנֶיךָ בְּתִמְהוֹן לֵבָב:

וְעַל כֻּלָּם אֱלוֹהַּ סְלִיחוֹת סְלַח־לָנוּ. מְחַל־לָנוּ. כַּפֶּר־לָנוּ:

And for the sin which we have committed before Thee by slander;

For the sin which we have committed before Thee in commerce,

And for the sin which we have committed before Thee in eating and drinking;

For the sin which we have committed before Thee by demanding usurous interest,

And for the sin which we have committed before Thee by stretching forth the neck in pride;

For the sin which we have committed before Thee by idle gossip,

And for the sin which we have committed before Thee with wanton looks;

For the sin which we have committed before Thee with haughty eyes,

And for the sin which we have committed before Thee by effrontery;

For all these, O God of forgiveness, forgive us, pardon us, grant us atonement.

V'al ku-lom e-lō-ha s'li-ḥōs s'laḥ lo-nu m'ḥal lo-nu ka-per lo-nu.

For the sin which we have committed before Thee by casting off the yoke of Thy commandments,

And for the sin which we have committed before Thee by contentiousness;

For the sin which we have committed before Thee by ensnaring our neighbor,

And for the sin which we have committed before Thee by envy;

For the sin which we have committed before Thee by levity,

And for the sin which we have committed before Thee by being stiff-necked;

For the sin which we have committed before Thee by running to do evil,

And for the sin which we have committed before Thee by talebearing;

For the sin which we have committed before Thee by vain oaths,

And for the sin which we have committed before Thee by causeless hatred;

For the sin which we have committed before Thee by breach of trust,

And for the sin which we have committed before Thee with confusion of mind;

For all these, O God of forgiveness, forgive us, pardon us, grant us atonement.

V'al ku-lom e-lō-ha s'li-ḥōs s'laḥ lo-nu m'ḥal lo-nu ka-per lo-nu.

וְעַל חֲטָאִים שֶׁאָנוּ חַיָּבִים עֲלֵיהֶם עוֹלָה:
וְעַל חֲטָאִים שֶׁאָנוּ חַיָּבִים עֲלֵיהֶם חַטָּאת:
וְעַל חֲטָאִים שֶׁאָנוּ חַיָּבִים עֲלֵיהֶם קָרְבָּן עוֹלֶה וְיוֹרֵד:
וְעַל חֲטָאִים שֶׁאָנוּ חַיָּבִים עֲלֵיהֶם אָשָׁם וַדַּאי וְתָלוּי:
וְעַל חֲטָאִים שֶׁאָנוּ חַיָּבִים עֲלֵיהֶם מַכַּת מַרְדּוּת:
וְעַל חֲטָאִים שֶׁאָנוּ חַיָּבִים עֲלֵיהֶם מַלְקוּת אַרְבָּעִים:
וְעַל חֲטָאִים שֶׁאָנוּ חַיָּבִים עֲלֵיהֶם מִיתָה בִּידֵי שָׁמָיִם:
וְעַל חֲטָאִים שֶׁאָנוּ חַיָּבִים עֲלֵיהֶם כָּרֵת וַעֲרִירִי:

וְעַל כֻּלָּם אֱלוֹהַּ סְלִיחוֹת סְלַח־לָנוּ. מְחַל־לָנוּ. כַּפֶּר־לָנוּ:

וְעַל חֲטָאִים שֶׁאָנוּ חַיָּבִים עֲלֵיהֶם אַרְבַּע מִיתוֹת בֵּית דִּין. סְקִילָה. שְׂרֵפָה. הֶרֶג. וְחֶנֶק: עַל מִצְוַת עֲשֵׂה וְעַל מִצְוַת לֹא תַעֲשֶׂה. בֵּין שֶׁיֵּשׁ בָּהּ קוּם עֲשֵׂה. וּבֵין שֶׁאֵין בָּהּ קוּם עֲשֵׂה. אֶת־הַגְּלוּיִם לָנוּ וְאֶת־שֶׁאֵינָם גְּלוּיִם לָנוּ: אֶת־הַגְּלוּיִם לָנוּ כְּבָר אֲמַרְנוּם לְפָנֶיךָ. וְהוֹדִינוּ לְךָ עֲלֵיהֶם. וְאֶת־שֶׁאֵינָם גְּלוּיִם לָנוּ לְפָנֶיךָ הֵם גְּלוּיִם וִידוּעִים. כַּדָּבָר שֶׁנֶּאֱמַר הַנִּסְתָּרֹת לַייָ אֱלֹהֵינוּ. וְהַנִּגְלֹת לָנוּ וּלְבָנֵינוּ עַד עוֹלָם. לַעֲשׂוֹת אֶת־כָּל־דִּבְרֵי הַתּוֹרָה הַזֹּאת:

וְדָוִד עַבְדְּךָ אָמַר לְפָנֶיךָ. שְׁגִיאוֹת מִי יָבִין מִנִּסְתָּרוֹת נַקֵּנִי: נַקֵּנוּ יְיָ אֱלֹהֵינוּ מִכָּל־פְּשָׁעֵינוּ וְטַהֲרֵנוּ מִכָּל־טֻמְאוֹתֵינוּ וּזְרוֹק עָלֵינוּ מַיִם טְהוֹרִים וְטַהֲרֵנוּ כַּכָּתוּב עַל־יַד נְבִיאֶךָ. וְזָרַקְתִּי עֲלֵיכֶם מַיִם טְהוֹרִים וּטְהַרְתֶּם מִכֹּל טֻמְאוֹתֵיכֶם וּמִכָּל־גִּלּוּלֵיכֶם אֲטַהֵר אֶתְכֶם:

אַל תִּירָא יַעֲקֹב שׁוּבוּ שׁוֹבָבִים. שׁוּבָה יִשְׂרָאֵל: הִנֵּה לֹא יָנוּם וְלֹא יִישָׁן שׁוֹמֵר יִשְׂרָאֵל: כַּכָּתוּב עַל־יַד נְבִיאֶךָ.

The following enumeration of sins refers to the period when the sacrificial system of the Temple and the judicial power of the Sanhedrin still existed.

Forgive us too, for the sins for which, in the days of the Temple, the law would have required a burnt offering, a sin offering, an offering varying according to our means, and an offering for certain or for doubtful trespass; and for the sins for which the law would have imposed chastisement, flagellation, untimely death, excision, or one of the four death penalties inflicted by Courts of Law.

Forgive us for the breach of positive precepts and for the breach of negative precepts, both for the sins of which we are aware as well as for those that are unknown to us. Those of which we are aware, we have already declared and confessed unto Thee; and those that are unknown to us, lo, they are revealed and manifest unto Thee, according to the word that has been spoken: "The secret things belong unto the Lord our God, but things that are revealed, belong unto us and unto our children forever, that we may do all the words of the Torah."

Thy servant David cried out unto Thee: "Who can discern his error? Clear Thou me from secret faults." Clear us, O Lord our God, from all our transgressions and purify us from all our impurities, as it is written in the words of Thy prophet: "Then will I sprinkle clean water upon you, and ye shall be clean; from all your defilements and from all your abominations will I cleanse you."

Fear not, O Jacob; return ye backsliders; return, O Israel. Behold, the Guardian of Israel slumbereth not nor sleepeth, as it is written in the words of Thy prophet:

שׁוּבָה יִשְׂרָאֵל עַד יְיָ אֱלֹהֶיךָ כִּי כָשַׁלְתָּ בַּעֲוֺנֶךָ: וְנֶאֱמַר. קְחוּ עִמָּכֶם דְּבָרִים וְשׁוּבוּ אֶל־יְיָ אִמְרוּ אֵלָיו כָּל־תִּשָּׂא עָוֺן וְקַח טוֹב וּנְשַׁלְּמָה פָרִים שְׂפָתֵינוּ:

וְאַתָּה רַחוּם מְקַבֵּל שָׁבִים וְעַל הַתְּשׁוּבָה מֵרֹאשׁ הִבְטַחְתָּנוּ וְעַל הַתְּשׁוּבָה עֵינֵינוּ מְיַחֲלוֹת לָךְ:

וּמֵאַהֲבָתְךָ יְיָ אֱלֹהֵינוּ שֶׁאָהַבְתָּ אֶת־יִשְׂרָאֵל עַמֶּךָ וּמֵחֶמְלָתְךָ מַלְכֵּנוּ שֶׁחָמַלְתָּ עַל בְּנֵי בְרִיתֶךָ נָתַתָּ־לָּנוּ יְיָ אֱלֹהֵינוּ אֶת־יוֹם [הַשַּׁבָּת הַזֶּה לִקְדוּשָּׁה וְלִמְנוּחָה וְאֶת־יוֹם] הַכִּפֻּרִים הַזֶּה לִמְחִילַת חֵטְא וְלִסְלִיחַת עָוֺן וּלְכַפָּרַת פֶּשַׁע:

בַּעֲבוּר כְּבוֹד שִׁמְךָ הַמְּצֵא לָנוּ חַנּוּן וְרַחוּם. שְׁמַע־נָא תְּפִלָּתֵנוּ לְמַעַן שְׁמֶךָ:

מִי אֵל כָּמוֹךָ:

אָדוֹן אַבִּיר. בְּמַעֲשָׂיו כַּבִּיר. מִי אֵל כָּמוֹךָ:
גּוֹלֶה עֲמֻקּוֹת. דּוֹבֵר צְדָקוֹת. מִי אֵל כָּמוֹךָ:
הַצּוּר תָּמִים. וּמָלֵא רַחֲמִים. מִי אֵל כָּמוֹךָ:
כּוֹבֵשׁ כְּעָסִים. לְהַצְדִּיק עֲמוּסִים. מִי אֵל כָּמוֹךָ:

כַּכָּתוּב עַל יַד נְבִיאֶךָ. מִי־אֵל כָּמוֹךָ נֹשֵׂא עָוֺן וְעֹבֵר עַל־פֶּשַׁע לִשְׁאֵרִית נַחֲלָתוֹ לֹא־הֶחֱזִיק לָעַד אַפּוֹ כִּי־חָפֵץ חֶסֶד הוּא: יָשׁוּב יְרַחֲמֵנוּ יִכְבֹּשׁ עֲוֺנֹתֵינוּ וְתַשְׁלִיךְ בִּמְצֻלוֹת יָם כָּל־חַטֹּאתָם: וְכָל־חַטֹּאת עַמְּךָ בֵּית יִשְׂרָאֵל תַּשְׁלִיךְ בִּמְקוֹם אֲשֶׁר לֹא יִזָּכְרוּ וְלֹא יִפָּקְדוּ וְלֹא יַעֲלוּ עַל לֵב לְעוֹלָם: תִּתֵּן אֱמֶת לְיַעֲקֹב חֶסֶד לְאַבְרָהָם אֲשֶׁר־נִשְׁבַּעְתָּ לַאֲבוֹתֵינוּ מִימֵי קֶדֶם:

"Return, O Israel, unto the Lord thy God; for thou hast stumbled in thine iniquity. Take with you words, and return unto the Lord; say unto Him: 'Forgive all iniquity and accept that which is good; so will we render for bullocks the offering of our lips.' "

And Thou, being all-merciful, dost receive them that repent; concerning the efficacy of repentance, Thou hast assured us of old; and relying upon repentance, our eyes wait upon Thee.

On Sabbath add the bracketed words

And because of the love, O Lord our God, wherewith Thou hast loved Israel, and because of the pity, O our King, wherewith Thou hast pitied the children of Thy covenant, Thou hast given unto us, O Lord our God, [this Sabbath day for holiness and rest, and] this Day of Atonement for the pardoning of sin, the forgiveness of iniquity, and the atonement of transgression.

For the sake of the glory of Thy name, be gracious unto us, O Thou who art compassionate; hear our prayer, we beseech Thee, for Thy name's sake.

O God, who is like unto Thee?

O Lord Almighty, Thou art exceeding great in all Thy works.	O God, who is like unto Thee?
Revealing hidden things and speaking righteousness.	O God, who is like unto Thee?
Thou art the perfect Rock, yea, Thou art full of mercy.	O God, who is like unto Thee?
O Thou who subduest wrath, vindicate those who have been sustained by Thee.	O God, who is like unto Thee?

As it is written in the words of Thy prophet: "Who is a God like unto Thee, that pardoneth iniquity and passeth by the transgression of the remnant of Israel? Thou retainest not anger forever, because Thou delightest in mercy. Thou wilt again have compassion upon us and subdue our iniquities; Thou wilt cast all our sins into the depths of the sea." And all the sins of Thy people, the house of Israel, Thou wilt cast into a place where they shall not be remembered, neither shall they be visited, neither shall they ever come to mind. "Thou wilt perform truth to Jacob, and mercy to Abraham, as Thou hast sworn unto our fathers from the days of old."

אֱלֹהֵינוּ וֵאלֹהֵי אֲבוֹתֵינוּ מְחַל לַעֲוֹנוֹתֵינוּ בְּיוֹם [הַשַּׁבָּת הַזֶּה וּבְיוֹם] הַכִּפֻּרִים הַזֶּה מְחֵה וְהַעֲבֵר פְּשָׁעֵינוּ וְחַטֹּאתֵינוּ מִנֶּגֶד עֵינֶיךָ. כָּאָמוּר אָנֹכִי אָנֹכִי הוּא מֹחֶה פְשָׁעֶיךָ לְמַעֲנִי וְחַטֹּאתֶיךָ לֹא־אֶזְכֹּר: וְנֶאֱמַר מָחִיתִי כָעָב פְּשָׁעֶיךָ וְכֶעָנָן חַטֹּאתֶיךָ שׁוּבָה אֵלַי כִּי גְאַלְתִּיךָ: וְנֶאֱמַר כִּי־בַיּוֹם הַזֶּה יְכַפֵּר עֲלֵיכֶם לְטַהֵר אֶתְכֶם מִכֹּל חַטֹּאתֵיכֶם לִפְנֵי יְיָ תִּטְהָרוּ: אֱלֹהֵינוּ וֵאלֹהֵי אֲבוֹתֵינוּ [רְצֵה בִמְנוּחָתֵנוּ] קַדְּשֵׁנוּ בְּמִצְוֹתֶיךָ וְתֵן חֶלְקֵנוּ בְּתוֹרָתֶךָ שַׂבְּעֵנוּ מִטּוּבֶךָ וְשַׂמְּחֵנוּ בִּישׁוּעָתֶךָ. [וְהַנְחִילֵנוּ יְיָ אֱלֹהֵינוּ בְּאַהֲבָה וּבְרָצוֹן שַׁבַּת קָדְשֶׁךָ וְיָנוּחוּ בָהּ יִשְׂרָאֵל מְקַדְּשֵׁי שְׁמֶךָ] וְטַהֵר לִבֵּנוּ לְעָבְדְּךָ בֶּאֱמֶת. כִּי אַתָּה סָלְחָן לְיִשְׂרָאֵל וּמָחֳלָן לְשִׁבְטֵי יְשֻׁרוּן בְּכָל־דּוֹר וָדוֹר וּמִבַּלְעָדֶיךָ אֵין לָנוּ מֶלֶךְ מוֹחֵל וְסוֹלֵחַ אֶלָּא אָתָּה. בָּרוּךְ אַתָּה יְיָ. מֶלֶךְ מוֹחֵל וְסוֹלֵחַ לַעֲוֹנוֹתֵינוּ וְלַעֲוֹנוֹת עַמּוֹ בֵּית יִשְׂרָאֵל. וּמַעֲבִיר אַשְׁמוֹתֵינוּ בְּכָל־שָׁנָה וְשָׁנָה. מֶלֶךְ עַל כָּל־הָאָרֶץ מְקַדֵּשׁ [הַשַּׁבָּת וְ]יִשְׂרָאֵל וְיוֹם הַכִּפֻּרִים:

רְצֵה יְיָ אֱלֹהֵינוּ בְּעַמְּךָ יִשְׂרָאֵל וּבִתְפִלָּתָם. וְהָשֵׁב אֶת־הָעֲבוֹדָה לִדְבִיר בֵּיתֶךָ וְאִשֵּׁי יִשְׂרָאֵל וּתְפִלָּתָם בְּאַהֲבָה תְקַבֵּל בְּרָצוֹן. וּתְהִי לְרָצוֹן תָּמִיד עֲבוֹדַת יִשְׂרָאֵל עַמֶּךָ. וְתֶחֱזֶינָה עֵינֵינוּ בְּשׁוּבְךָ לְצִיּוֹן בְּרַחֲמִים. בָּרוּךְ אַתָּה יְיָ הַמַּחֲזִיר שְׁכִינָתוֹ לְצִיּוֹן:

Our God and God of our fathers, pardon our iniquities [on this Sabbath Day, and] on this Atonement Day. Efface our transgressions and our sins, and make them pass away from before Thine eyes; as it is written in Scripture: "I, even I, am He that effaceth your transgressions for Mine own sake." "I have blotted out as a cloud your transgressions, and, as a mist, your sins; return unto Me for I have redeemed you." "For on this day shall atonement be made for you, to cleanse you; from all your sins shall you be clean before the Lord." Our God and God of our fathers, [accept our rest;] sanctify us by Thy commandments, and grant that our portion be in Thy Torah; satisfy us with Thy goodness, and gladden us with Thy salvation. [Cause us, O Lord our God, in love and favor to inherit Thy holy Sabbath; and may Israel rest thereon and bless Thy name.]

Make our hearts pure to serve Thee in truth for Thou art the Forgiver of Israel and the Pardoner of the tribes of Jeshurun in every generation, and besides Thee we have no King who pardoneth and forgiveth. Blessed art Thou, O Lord, Thou King who pardonest and forgivest our iniquities and the iniquities of the house of Israel, who makest our trespasses to pass away year by year, Thou King over all the earth, who sanctifiest [the Sabbath and] Israel and the Day of Atonement.

O Lord our God, be gracious unto Thy people Israel and accept their prayer. Restore worship to Thy Sanctuary and receive in love and favor the supplication of Israel. May the worship of Thy people be ever acceptable unto Thee. O may our eyes witness Thy return in mercy to Zion. Blessed art Thou, O Lord, who restorest Thy divine presence unto Zion.

*מוֹדִים אֲנַחְנוּ לָךְ שָׁאַתָּה הוּא יְיָ אֱלֹהֵינוּ וֵאלֹהֵי אֲבוֹתֵינוּ לְעוֹלָם וָעֶד. צוּר חַיֵּינוּ מָגֵן יִשְׁעֵנוּ אַתָּה הוּא לְדוֹר וָדוֹר: נוֹדֶה לְּךָ וּנְסַפֵּר תְּהִלָּתֶךָ עַל חַיֵּינוּ הַמְּסוּרִים בְּיָדֶךָ וְעַל נִשְׁמוֹתֵינוּ הַפְּקוּדוֹת לָךְ וְעַל נִסֶּיךָ שֶׁבְּכָל־יוֹם עִמָּנוּ וְעַל נִפְלְאוֹתֶיךָ וְטוֹבוֹתֶיךָ שֶׁבְּכָל־עֵת עֶרֶב וָבֹקֶר וְצָהֳרָיִם. הַטּוֹב כִּי לֹא־כָלוּ רַחֲמֶיךָ וְהַמְרַחֵם כִּי לֹא־תַמּוּ חֲסָדֶיךָ מֵעוֹלָם קִוִּינוּ לָךְ:

**Congregation, as Reader begins the above prayer:*

מוֹדִים אֲנַחְנוּ לָךְ שָׁאַתָּה הוּא יְיָ אֱלֹהֵינוּ וֵאלֹהֵי אֲבוֹתֵינוּ אֱלֹהֵי כָל בָּשָׂר יוֹצְרֵנוּ יוֹצֵר בְּרֵאשִׁית. בְּרָכוֹת וְהוֹדָאוֹת לְשִׁמְךָ הַגָּדוֹל וְהַקָּדוֹשׁ עַל שֶׁהֶחֱיִיתָנוּ וְקִיַּמְתָּנוּ. כֵּן תְּחַיֵּנוּ וּתְקַיְּמֵנוּ וְתֶאֱסוֹף גָּלֻיּוֹתֵינוּ לְחַצְרוֹת קָדְשֶׁךָ לִשְׁמֹר חֻקֶּיךָ וְלַעֲשׂוֹת רְצוֹנֶךָ וּלְעָבְדְּךָ בְּלֵבָב שָׁלֵם עַל שֶׁאֲנַחְנוּ מוֹדִים לָךְ. בָּרוּךְ אֵל הַהוֹדָאוֹת:

וְעַל כֻּלָּם יִתְבָּרַךְ וְיִתְרוֹמַם שִׁמְךָ מַלְכֵּנוּ תָּמִיד לְעוֹלָם וָעֶד:

Congregation and Reader

אָבִינוּ מַלְכֵּנוּ זְכוֹר רַחֲמֶיךָ וּכְבוֹשׁ כַּעַסְךָ וְכַלֵּה דֶּבֶר וְחֶרֶב וְרָעָב וּשְׁבִי וּמַשְׁחִית וְעָוֹן וּשְׁמַד וּמַגֵּפָה וּפֶגַע רַע וְכָל־מַחֲלָה וְכָל־תַּקָּלָה וְכָל־קְטָטָה וְכָל־מִינֵי פֻרְעָנִיּוֹת וְכָל־גְּזֵרָה רָעָה וְשִׂנְאַת חִנָּם. מֵעָלֵינוּ וּמֵעַל כָּל־בְּנֵי בְרִיתֶךָ:

וּכְתוֹב לְחַיִּים טוֹבִים כָּל־בְּנֵי בְרִיתֶךָ:

וְכֹל הַחַיִּים יוֹדוּךָ סֶּלָה וִיהַלְלוּ אֶת שִׁמְךָ בֶּאֱמֶת הָאֵל יְשׁוּעָתֵנוּ וְעֶזְרָתֵנוּ סֶלָה. בָּרוּךְ אַתָּה יְיָ הַטּוֹב שִׁמְךָ וּלְךָ נָאֶה לְהוֹדוֹת:

אֱלֹהֵינוּ וֵאלֹהֵי אֲבוֹתֵינוּ בָּרְכֵנוּ בַבְּרָכָה הַמְשֻׁלֶּשֶׁת בַּתּוֹרָה הַכְּתוּבָה עַל־יְדֵי מֹשֶׁה עַבְדֶּךָ הָאֲמוּרָה מִפִּי אַהֲרֹן וּבָנָיו כֹּהֲנִים עַם קְדוֹשֶׁךָ כָּאָמוּר.

*We thankfully acknowledge that Thou art the Lord our God and the God of our fathers unto all eternity; the Rock of our lives, and the Shield of our salvation through every generation. We will be grateful unto Thee and declare Thy praise for our lives which are entrusted into Thy hands, for our souls which are in Thy care, for Thy miracles, which are daily with us and for Thy wonderful goodness toward us at all times, evening, morn and noon. Thou art good, and Thy love never fails; Thou art merciful, and Thy kindnesses never cease. We have ever hoped in Thee.

* *Congregation, as Reader begins the above prayer:*

We thank Thee who art the Lord our God and the God of our fathers, the God of all flesh, our Creator and the Creator of the universe. Blessings and thanksgiving are due unto Thy great and holy name because Thou hast given us life and sustained us. O continue to keep us in life and preserve us. Gather our exiles into Thy holy Sanctuary to observe Thy statutes, to do Thy will and to serve Thee with a perfect heart. For this do we give thanks unto Thee, O God, blessed in all thanksgiving.

For all this, Thy name, O our divine Ruler, shall be blessed and exalted forever.

Congregation and Reader

Our Father, our King, remember Thy mercy, show us Thy compassion, and remove from us and from the children of Thy covenant, pestilence, sword and famine, destruction, captivity, iniquity and plague, all evil occurrences and every disease, every stumbling-block and contention, every evil decree and all causeless enmity.

O inscribe all the children of Thy covenant for a happy life.

And may all the living do homage unto Thee forever, and praise Thy name in truth, O God, who art our salvation and our help. Blessed be Thou, O Lord, Beneficent One; unto Thee it is seemly to give praise.

Our God and God of our fathers, bless us with the three-fold blessing written in the Torah of Moses, Thy servant, and spoken by Aaron and his descendants, Thy consecrated priests:

Reader	*Congregation*
יְבָרֶכְךָ יְיָ וְיִשְׁמְרֶךָ	כֵּן יְהִי רָצוֹן:
יָאֵר יְיָ פָּנָיו אֵלֶיךָ וִיחֻנֶּךָּ:	כֵּן יְהִי רָצוֹן:
יִשָּׂא יְיָ פָּנָיו אֵלֶיךָ וְיָשֵׂם לְךָ שָׁלוֹם:	כֵּן יְהִי רָצוֹן:

שִׂים שָׁלוֹם טוֹבָה וּבְרָכָה חֵן וָחֶסֶד וְרַחֲמִים עָלֵינוּ וְעַל כָּל־יִשְׂרָאֵל עַמֶּךָ. בָּרְכֵנוּ אָבִינוּ כֻּלָּנוּ כְּאֶחָד בְּאוֹר פָּנֶיךָ. כִּי בְאוֹר פָּנֶיךָ נָתַתָּ לָּנוּ יְיָ אֱלֹהֵינוּ תּוֹרַת חַיִּים וְאַהֲבַת חֶסֶד וּצְדָקָה וּבְרָכָה וְרַחֲמִים וְחַיִּים וְשָׁלוֹם. וְטוֹב בְּעֵינֶיךָ לְבָרֵךְ אֶת עַמְּךָ יִשְׂרָאֵל בְּכָל־עֵת וּבְכָל־שָׁעָה בִּשְׁלוֹמֶךָ:

Congregation and Reader

בְּסֵפֶר חַיִּים בְּרָכָה וְשָׁלוֹם וּפַרְנָסָה טוֹבָה נִזָּכֵר וְנִכָּתֵב לְפָנֶיךָ אֲנַחְנוּ וְכָל־עַמְּךָ בֵּית יִשְׂרָאֵל לְחַיִּים טוֹבִים וּלְשָׁלוֹם:

בָּרוּךְ אַתָּה יְיָ עוֹשֵׂה הַשָּׁלוֹם:

Reader's Kaddish

יִתְגַּדַּל וְיִתְקַדַּשׁ שְׁמֵהּ רַבָּא. בְּעָלְמָא דִּי־בְרָא כִרְעוּתֵהּ. וְיַמְלִיךְ מַלְכוּתֵהּ בְּחַיֵּיכוֹן וּבְיוֹמֵיכוֹן וּבְחַיֵּי דְכָל־בֵּית יִשְׂרָאֵל בַּעֲגָלָא וּבִזְמַן קָרִיב. וְאִמְרוּ אָמֵן:

יְהֵא שְׁמֵהּ רַבָּא מְבָרַךְ לְעָלַם וּלְעָלְמֵי עָלְמַיָּא:

יִתְבָּרַךְ וְיִשְׁתַּבַּח וְיִתְפָּאַר וְיִתְרוֹמַם וְיִתְנַשֵּׂא וְיִתְהַדָּר וְיִתְעַלֶּה וְיִתְהַלָּל שְׁמֵהּ דְּקֻדְשָׁא. בְּרִיךְ הוּא. לְעֵלָּא וּלְעֵלָּא מִן־כָּל־בִּרְכָתָא וְשִׁירָתָא תֻּשְׁבְּחָתָא וְנֶחֱמָתָא דַּאֲמִירָן בְּעָלְמָא וְאִמְרוּ אָמֵן:

תִּתְקַבַּל צְלוֹתְהוֹן וּבָעוּתְהוֹן דְּכָל יִשְׂרָאֵל קֳדָם אֲבוּהוֹן דִּי־בִשְׁמַיָּא. וְאִמְרוּ אָמֵן:

יְהֵא שְׁלָמָא רַבָּא מִן־שְׁמַיָּא וְחַיִּים עָלֵינוּ וְעַל־כָּל־יִשְׂרָאֵל. וְאִמְרוּ אָמֵן:

עֹשֶׂה שָׁלוֹם בִּמְרוֹמָיו הוּא יַעֲשֶׂה שָׁלוֹם עָלֵינוּ וְעַל־כָּל־יִשְׂרָאֵל. וְאִמְרוּ אָמֵן:

Reader	*Congregation*
May the Lord bless you and keep you.	So may it be His will.
May the Lord make His countenance to shine upon you and be gracious unto you.	So may it be His will.
May the Lord turn His countenance unto you and give you peace.	So may it be His will.

Our Father, grant peace and well-being, blessing and grace, loving-kindness and mercy unto us and unto all Israel, Thy people. Bless us, O our Father, all of us together, with the light of Thy presence; for by that light Thou hast given us, O Lord our God, the Torah of life, loving-kindness and righteousness, blessing and mercy, life and peace. O may it be good in Thy sight at all times to bless Israel and all Thy children with Thy peace.

Congregation and Reader

In the book of life, blessing, peace and good sustenance, may we be remembered and inscribed before Thee, we and all Thy people, the house of Israel, for a happy life and for peace.

Blessed art Thou, O Lord, who makest peace.

Reader's Kaddish

MEDITATION

O soul of mine! Resolve to school yourself with such self-discipline
That fear and loss of faith can never threaten you again.
Let no exuberance of loud prosperity cajole you
Into fantastic structures of belief.
Remember that I am a child of God
And wealth and power cannot add to that,
Nor loss of them detract from it.
Within my inmost self my worth is centered,
Impregnable, unconquerable and supreme.
Then keep it so and do not sully it
By lack of self control!

THE BOOK OF THE BAAL SHEM

A Day of Solemnity and Exultation

Strange as it may seem to us today, Yom Kippur in antiquity was a festive occasion. The Sifre points out that the phrase, 'In the days of gladness,' refers to the Day of Atonement. Rabbi Simeon ben Gamaliel records in the Mishnah (Ta'anit 4:8) that, "The Israelites had no more joyous festivals than the fifteenth of Ab and the Day of Atonement." The daughters of Jerusalem on the Day of Atonement, attired themselves in new white garments, all borrowed for the occasion, in order that those who possessed no festal clothes might not be put to shame. On the Day of Atonement, maidens danced in the vineyards and sprightfully challenged the young men to make their choice on the basis of beauty, family, or merit. That very day betrothals were announced. We also learn from one of the passages in the Avodah Service that after the High Priest returned from the Holy of Holies and announced that Israel's sins were forgiven, he declared a festive day. There was great rejoicing when the red fillet symbolizing the sins, turned into white, signifying forgiveness.

There are those who erroneously believe that Yom Kippur, with its twenty-four hours of fasting, prayers, and confession of sin, is a sad and gloomy period. Tisha B'Ab, which recalls the destruction of the Temple, is a sad day of mourning, of ashes and sack cloth. Yom Kippur, however, is not sad, but solemn. Our Sephardic brothers appropriately call Tisha B'Ab the Black Fast, and Yom Kippur the White Fast. Every Jewish holiday is designated 'Mikrah Kodesh,' a solemn assembly. It is a holy day, and a holy day is also a holiday. We are enjoined to eat abundant food before the Eve of Atonement, and to don our finest garments. In Judaism, solemnity and joy go hand in hand. We read in the Psalms that we must 'rejoice with trembling.' There is a spiritual exultation which transcends the physical. Such exultation is experienced when people give of themselves unselfishly, when they make sacrifices for a great ideal and lose themselves in the pursuit of a noble cause.

The purpose of fasting is not to bring discomfort. On this one day of the year, the Jew endeavors to approximate a complete spiritual life, and by dispensing with the material needs of food and drink to acquire an exalted mood which will persist throughout the rest of the year to influence his thoughts and actions. Repentance, if sincere, will lead to new insight, and to deeper happiness. To cast off the burden of a guilty conscience, which estranges one from his God and his fellowman, to dispel all hatred from his heart, to feel free and reborn, to yearn to express the best within him—that is the highest purpose of the Day of Atonement. Yom Kippur must, therefore, continue not as a depressing and discomforting ordeal but as an occasion for spiritual upliftment that will bring about an inward change in our life, and thus contribute to true happiness.

Self Mastery

It is because man is half angel, half brute, that his inner life witnesses such bitter war between such unlike natures. The brute in him clamors for sensual joy and things in which there is only vanity; but the angel resists and strives to make him know that meat, drink, sleep are but means whereby the body may be made efficient for the study of the truths and the doing of the will of God. Not until the very hour of death can it be certain or known to what measure the victory has been won. He, who is but a novice in the love of God, will do well to say audibly each day, as he rises: "This day I will be a faithful servant of the Almighty. I will be on my guard against wrath, falsehood, hatred, and quarrelsomeness, and will forgive those who wound me." For whoso forgives is forgiven in his turn; hard-heartedness and a temper that will not make up quarrels are a heavy burden of sin, and unworthy of an Israelite.

Moses of Coucy, thirteenth century

National Disaster

What I understand by assimilation is loss of identity. It is this kind of assimilation, with the terrible consequences indicated, that I dread most—even more than pogroms.

It is a tragedy to see a great ancient people, distinguished for its loyalty to its religion, and its devotion to its sacred law, losing thousands every day by the mere process of attrition. It is a tragedy to see a language held sacred by all the world, in which Holy Writ was composed, which served as the depository of Israel's greatest and best thoughts, doomed to oblivion. It is a tragedy to see the descendants of those who revealed religious literature in existence, so little familiar with real Jewish thought, that they have no other interpretation to offer of Israel's Scriptures, Israel's religion, and Israel's ideals and aspirations and hopes, than those suggested by their natural opponents, slavishly following their opinions, copying their phrases, and repeating their catchwords. We are helpless spectators of the Jewish soul wasting away before our very eyes.

Now, the rebirth of Israel's national consciousness and the revival of Judaism are inseparable. When Israel found itself, it found its God. When Israel lost itself, or began to work at its self-effacement, it was sure to deny its God. The selection of Israel, the indestructibility of God's covenant with Israel, the immortality of Israel as a nation, and the final restoration of Israel to Palestine, where the nation will live a holy life, on holy ground, with all the wide-reaching consequences of the conversion of humanity, and the establishment of the Kingdom of God on earth—all these are the common ideals and the common ideas that permeate the whole of Jewish literature extending over nearly four thousand years.

Solomon Schechter, 1906

NATIONAL REGENERATION

The hand of the Lord was upon me, and the Lord carried me out in a spirit, and set me down in the midst of the valley, and it was full of bones; and He caused me to pass by them round about, and, behold, there were very many in the open valley; and, lo, they were very dry.

And He said unto me: 'Son of man, can these bones live?' And I answered: 'O Lord God, Thou knowest.'

Then He said unto me: 'Prophesy over these bones, and say unto them: O ye dry bones, hear the word of the Lord: Thus saith the Lord God unto these bones: Behold, I will cause breath to enter into you, and ye shall live.

And I will lay sinews upon you, and will bring up flesh upon you, and cover you with skin, and put breath in you, and ye shall live; and ye shall know that I am the Lord.'

So I prophesied as I was commanded; and as I prophesied, there was a noise, and behold a commotion, and the bones came together bone to its bone.

And I beheld, and lo, there were sinews upon them, and flesh came up, and skin covered them above; but there was no breath in them.

Then said He unto me: 'Prophesy unto the breath, prophesy, son of man, and say to the breath: Thus saith the Lord God: Come from the four winds, O Breath, and breathe upon these slain, that they may live.'

So I prophesied as He commanded me, and the breath came into them, and they lived, and stood up upon their feet, an exceeding great host.

Then He said unto me: 'Son of man, these bones are the whole house of Israel; behold, they say: Our bones are dried up, and our hope is lost; we are clean cut off.

Therefore prophesy, and say unto them: Thus saith the Lord God: Behold, I will open your graves, and cause you to come up out of your graves, O My people; and I will bring you into the Land of Israel.

And ye shall know that I am the Lord, when I have opened your graves, and caused you to come up out of your graves, O my people.

And I will put My spirit in you, and ye shall live, and I will place you in your own land; and ye shall know that I the Lord have spoken, and performed, saith the Lord.'

EZEKIEL 37:1–14

MEDITATION

Fear the Lord, the God of your fathers, and serve Him in love, for fear only restrains a man from sin, while love stimulates him to good. Accustom yourself to habitual goodness, for a man's character is what habit makes it. The perfection of the body is a necessary antecedent to the perfection of the soul, for health is the key to the inner chamber. Measure your words, for by multiplying words you increase error.

Keep firmly to your word; let not a legal contract or witnesses be more binding than your verbal promise whether in public or in private. Disdain reservations and subterfuges, evasion, and sharp practices. Abhor inactivity and indolence —the causes of destruction of body, of penury, of self-contempt.

Defile not your souls by quarrelsomeness and petulance. I have seen the white become black, the low brought still lower, families driven into exile, princes deposed from their high estate, great cities laid in ruins, assemblies dispersed, the pious humiliated, the honorable held lightly and despised, all on account of quarrelsomeness. Glory in forbearance, for in that is true strength and victory.

—MOSES MAIMONIDES, 1190

No crown carries such royalty with it as does humility; no monument gives such glory as an unsullied name; no worldly gain can equal that which comes from observing God's laws. The highest sacrifice is a broken and contrite heart; the highest wisdom is that which is found in the Law; the noblest of all ornaments is modesty; the most beautiful of all things man can do is to forgive wrong.

Cherish a good heart when you find it in any one; hate, for you may hate it, the haughtiness of the overbearing man, and keep the boaster at a distance. There is no skill or cleverness to be compared to that which avoids temptation; there is no force, no strength that can equal piety. All honor to him who thinks continually with an anxious heart of his Maker; who prays, reads, learns, and all these with a passionate yearning for his Maker's grace.

—ELEAZAR ROKEACH, 1200

CONCLUDING SERVICE

FOR

YOM KIPPUR

Ne'ilah

This last of the five services of the Day of Atonement, known as Ne'ilah, and called Ne'ilat She'arim, "closing of the gates" in the Mishnah,[1] dates from the third century. Rabbi Johanan held the view that Ne'ilah meant literally, the gates of the Temple which were closed after the priestly benediction was pronounced; while Rav, another outstanding scholar, maintained that Ne'ilah referred allegorically to the gates of heaven which were closed at the conclusion of the Yom Kippur service.[2] This latter opinion, which was adopted in all the rituals, contributed considerably to the solemnity and beauty of the service. The repeated theme that the gates are closing and the day fading into the dusk, gave the exhausted people renewed strength to offer their prayers with supreme reverence and fervor in their final effort to win divine grace and forgiveness.

It should be observed that in this Ne'ilah service, the prayer "*inscribe* us in the Book of Life" said in all other High Holiday services, is now changed to "*seal* us in the Book of Life." This is in keeping with the metaphor that on New Year's Day, our fate for the future is inscribed, but in order to afford us the opportunity to repent and change the decree, it is not sealed until the Day of Atonement. Although the gates of repentance are always open, this allegory challenges us at the beginning of the year to turn to self-scrutiny, to make amends for all wrongs, and to become imbued with the earnest resolve to seek righteousness during the coming year.

[1] Ta'anit 4:1.   [2] Talmud Yer. Ta'anit 7 c.

תפלת נעילה

אַשְׁרֵי יוֹשְׁבֵי בֵיתֶךָ עוֹד יְהַלְלוּךָ סֶּלָה:
אַשְׁרֵי הָעָם שֶׁכָּכָה לּוֹ אַשְׁרֵי הָעָם שֶׁיְיָ אֱלֹהָיו:

קמ״ה תְּהִלָּה לְדָוִד.

אֲרוֹמִמְךָ אֱלוֹהַי הַמֶּלֶךְ וַאֲבָרְכָה שִׁמְךָ לְעוֹלָם וָעֶד:
בְּכָל־יוֹם אֲבָרְכֶךָּ וַאֲהַלְלָה שִׁמְךָ לְעוֹלָם וָעֶד:
גָּדוֹל יְיָ וּמְהֻלָּל מְאֹד וְלִגְדֻלָּתוֹ אֵין חֵקֶר:
דּוֹר לְדוֹר יְשַׁבַּח מַעֲשֶׂיךָ וּגְבוּרֹתֶיךָ יַגִּידוּ:
הֲדַר כְּבוֹד הוֹדֶךָ וְדִבְרֵי נִפְלְאֹתֶיךָ אָשִׂיחָה:
וֶעֱזוּז נוֹרְאֹתֶיךָ יֹאמֵרוּ וּגְדֻלָּתְךָ אֲסַפְּרֶנָּה:
זֵכֶר רַב־טוּבְךָ יַבִּיעוּ וְצִדְקָתְךָ יְרַנֵּנוּ:
חַנּוּן וְרַחוּם יְיָ אֶרֶךְ אַפַּיִם וּגְדָל־חָסֶד:
טוֹב־יְיָ לַכֹּל וְרַחֲמָיו עַל־כָּל־מַעֲשָׂיו:
יוֹדוּךָ יְיָ כָּל־מַעֲשֶׂיךָ וַחֲסִידֶיךָ יְבָרְכוּכָה:
כְּבוֹד מַלְכוּתְךָ יֹאמֵרוּ וּגְבוּרָתְךָ יְדַבֵּרוּ:
לְהוֹדִיעַ לִבְנֵי הָאָדָם גְּבוּרֹתָיו וּכְבוֹד הֲדַר מַלְכוּתוֹ:
מַלְכוּתְךָ מַלְכוּת כָּל־עֹלָמִים וּמֶמְשַׁלְתְּךָ בְּכָל־דּוֹר וָדֹר:
סוֹמֵךְ יְיָ לְכָל־הַנֹּפְלִים וְזוֹקֵף לְכָל־הַכְּפוּפִים:
עֵינֵי כֹל אֵלֶיךָ יְשַׂבֵּרוּ וְאַתָּה נוֹתֵן־לָהֶם אֶת־אָכְלָם בְּעִתּוֹ:
פּוֹתֵחַ אֶת־יָדֶךָ וּמַשְׂבִּיעַ לְכָל־חַי רָצוֹן:
צַדִּיק יְיָ בְּכָל־דְּרָכָיו וְחָסִיד בְּכָל־מַעֲשָׂיו:
קָרוֹב יְיָ לְכָל־קֹרְאָיו לְכֹל אֲשֶׁר יִקְרָאֻהוּ בֶאֱמֶת:

Happy are they who dwell in Thy house; forever shall they praise Thee. Happy the people who thus fare; happy the people whose God is the Eternal.

Psalm 145

I will extol Thee, my God, O King,
And praise Thy name for ever and ever.
  Every day will I bless Thee,
  And I will praise Thy name for ever and ever.
Great is the Lord and greatly to be praised,
And His greatness is without end.
  One generation shall laud Thy works to another,
  And shall declare Thy mighty acts.
I will speak of the splendor of Thy glorious majesty,
And tell of Thy wonders.
  And men shall proclaim the might of Thy acts,
  And I will declare Thy greatness.
They shall make known the fame of Thy great goodness,
And shall joyously proclaim Thy righteousness.
  The Lord is gracious and full of compassion;
  Slow to anger and abundant in kindness.
The Lord is good to all;
And His love is over all His works.
  All whom Thou hast made shall give thanks unto Thee, O Lord,
  And Thy faithful ones shall bless Thee.
They shall declare the glory of Thy kingdom,
And tell of Thy power,
  To make known to the sons of men Thy mighty acts,
  And the glorious splendor of Thy kingdom.
Thy kingdom is an everlasting kingdom,
And Thy dominion endureth throughout all generations.
  The Lord upholdeth all who fall,
  And raiseth up all who are bowed down.
The eyes of all hopefully look to Thee,
And Thou givest them their food in due season.
  Thou openest Thy hand,
  And satisfiest every living thing with favor.
The Lord is righteous in all His ways,
And gracious in all His works.
  The Lord is near unto all who call upon Him,
  To all who call upon Him in truth.

רְצוֹן־יְרֵאָיו יַעֲשֶׂה וְאֶת־שַׁוְעָתָם יִשְׁמַע וְיוֹשִׁיעֵם: שׁוֹמֵר יְיָ אֶת־כָּל אֹהֲבָיו וְאֵת כָּל־הָרְשָׁעִים יַשְׁמִיד: תְּהִלַּת יְיָ יְדַבֶּר־פִּי וִיבָרֵךְ כָּל־בָּשָׂר שֵׁם קָדְשׁוֹ לְעוֹלָם וָעֶד: וַאֲנַחְנוּ נְבָרֵךְ יָהּ מֵעַתָּה וְעַד־עוֹלָם הַלְלוּיָהּ:

וּבָא לְצִיּוֹן גּוֹאֵל וּלְשָׁבֵי פֶשַׁע בְּיַעֲקֹב נְאֻם יְיָ: וַאֲנִי זֹאת בְּרִיתִי אוֹתָם אָמַר יְיָ רוּחִי אֲשֶׁר עָלֶיךָ וּדְבָרַי אֲשֶׁר־שַׂמְתִּי בְּפִיךָ לֹא־יָמוּשׁוּ מִפִּיךָ וּמִפִּי זַרְעֲךָ וּמִפִּי זֶרַע זַרְעֲךָ אָמַר יְיָ מֵעַתָּה וְעַד עוֹלָם: וְאַתָּה קָדוֹשׁ יוֹשֵׁב תְּהִלּוֹת יִשְׂרָאֵל: וְקָרָא זֶה אֶל־זֶה וְאָמַר קָדוֹשׁ קָדוֹשׁ קָדוֹשׁ יְיָ צְבָאוֹת מְלֹא כָל־הָאָרֶץ כְּבוֹדוֹ: וּמְקַבְּלִין דֵּין מִן דֵּין וְאָמְרִין קַדִּישׁ בִּשְׁמֵי מְרוֹמָא עִלָּאָה. בֵּית שְׁכִינְתֵּהּ. קַדִּישׁ עַל אַרְעָא עוֹבַד גְּבוּרְתֵּהּ קַדִּישׁ לְעָלַם וּלְעָלְמֵי עָלְמַיָּא יְיָ צְבָאוֹת מַלְיָא כָל־אַרְעָא זִיו יְקָרֵהּ: וַתִּשָּׂאֵנִי רוּחַ וָאֶשְׁמַע אַחֲרַי קוֹל רַעַשׁ גָּדוֹל. בָּרוּךְ כְּבוֹד־יְיָ מִמְּקוֹמוֹ: וּנְטָלַתְנִי רוּחָא וְשִׁמְעֵת בַּתְרַי קָל זִיעַ סַגִּיא דִּי־מְשַׁבְּחִין וְאָמְרִין. בְּרִיךְ יְקָרָא דַיְיָ מֵאֲתַר בֵּית שְׁכִינְתֵּהּ: יְיָ יִמְלֹךְ לְעֹלָם וָעֶד: יְיָ מַלְכוּתֵהּ קָאֵם לְעָלַם וּלְעָלְמֵי עָלְמַיָּא: יְיָ אֱלֹהֵי אַבְרָהָם יִצְחָק וְיִשְׂרָאֵל אֲבוֹתֵינוּ שָׁמְרָה זֹּאת לְעוֹלָם לְיֵצֶר מַחְשְׁבוֹת לְבַב עַמֶּךָ וְהָכֵן לְבָבָם אֵלֶיךָ: וְהוּא רַחוּם יְכַפֵּר עָוֹן וְלֹא יַשְׁחִית וְהִרְבָּה לְהָשִׁיב אַפּוֹ וְלֹא יָעִיר כָּל־חֲמָתוֹ: כִּי אַתָּה אֲדֹנָי טוֹב וְסַלָּח וְרַב חֶסֶד לְכָל־קֹרְאֶיךָ: צִדְקָתְךָ צֶדֶק לְעוֹלָם וְתוֹרָתְךָ אֱמֶת: תִּתֵּן אֱמֶת לְיַעֲקֹב חֶסֶד לְאַבְרָהָם אֲשֶׁר נִשְׁבַּעְתָּ לַאֲבֹתֵינוּ מִימֵי קֶדֶם: בָּרוּךְ אֲדֹנָי יוֹם יוֹם יַעֲמָס לָנוּ הָאֵל יְשׁוּעָתֵנוּ סֶלָה: יְיָ צְבָאוֹת עִמָּנוּ מִשְׂגָּב־לָנוּ

He will fulfill the desire of them that revere Him;
He also will hear their cry and will save them.

The Eternal preserveth all who love Him,
But all wickedness will He destroy.

My mouth shall utter the praise of the Lord;
And let all men bless His holy name forever.

We will bless the Eternal from this time forth,
And forevermore. Hallelujah. Praise the Lord.

And a redeemer shall come to Zion and to those in Jacob who turn from transgression, saith the Lord. And as for Me, this is My covenant with them, saith the Lord: My spirit that is upon you, and My words which I have put in your mouth shall not depart out of your mouth, nor out of the mouth of your children nor your children's children henceforth and forever. Thou art holy, O Thou who art enthroned upon the praises of Israel. And one called to another and said:[1] Holy, holy, holy is the Lord of hosts; the whole earth is full of His glory. [And they receive sanction one from the other, and say: Holy in the highest heavens, the place of His abode; Holy upon earth, the work of His mighty power; Holy forever and to all eternity is the Lord of hosts; the whole earth is full of the radiance of His glory.]* And a wind lifted me up, and I heard behind me a mighty chorus proclaiming: Blessed be the glory of the Lord everywhere. [Then a wind lifted me up, and I heard behind me the mighty moving sound of those who uttered praises and said: Blessed be the glory of the Lord from the place of his abode.] The Lord shall reign for ever and ever. [The kingdom of the Lord is established forever and to all eternity.]

O Lord, God of our fathers, Abraham, Isaac and Israel, keep this forever in the inward thoughts of the heart of Thy people, and direct their heart unto Thee, for Thou, being merciful, full of compassion, forgiveth iniquity and destroyeth not; yea, many a time Thou turnest anger away. For Thou, O Lord, art good, and ready to forgive; abounding in mercy unto all who call upon Thee. Thy righteousness is everlasting, and Thy Law is truth. Thou wilt show faithfulness to Jacob and mercy to Abraham, as Thou hast promised unto our fathers from the days of old. Blessed be the Lord who day by day bears our burden. He is the God of our salvation, the Lord of hosts be with us; the God of Jacob be

---

[1] The vision of Isaiah, ch. 6.   * The verses enclosed in brackets are the Targum or Aramaic paraphrases of the preceding Biblical texts.

אֱלֹהֵי יַעֲקֹב סֶלָה: יְיָ צְבָאוֹת אַשְׁרֵי אָדָם בּוֹטֵחַ בָּךְ: יְיָ הוֹשִׁיעָה הַמֶּלֶךְ יַעֲנֵנוּ בְיוֹם קָרְאֵנוּ: בָּרוּךְ הוּא אֱלֹהֵינוּ שֶׁבְּרָאָנוּ לִכְבוֹדוֹ וְהִבְדִּילָנוּ מִן הַתּוֹעִים וְנָתַן לָנוּ תּוֹרַת אֱמֶת וְחַיֵּי עוֹלָם נָטַע בְּתוֹכֵנוּ הוּא יִפְתַּח לִבֵּנוּ בְּתוֹרָתוֹ וְיָשֵׂם בְּלִבֵּנוּ אַהֲבָתוֹ וְיִרְאָתוֹ וְלַעֲשׂוֹת רְצוֹנוֹ וּלְעָבְדוֹ בְּלֵבָב שָׁלֵם לְמַעַן לֹא נִיגַע לָרִיק וְלֹא נֵלֵד לַבֶּהָלָה: יְהִי רָצוֹן מִלְּפָנֶיךָ יְיָ אֱלֹהֵינוּ וֵאלֹהֵי אֲבוֹתֵינוּ שֶׁנִּשְׁמוֹר חֻקֶּיךָ בָּעוֹלָם הַזֶּה וְנִזְכֶּה וְנִחְיֶה וְנִרְאֶה וְנִירַשׁ טוֹבָה וּבְרָכָה לִשְׁנֵי יְמוֹת הַמָּשִׁיחַ וּלְחַיֵּי הָעוֹלָם הַבָּא: לְמַעַן יְזַמֶּרְךָ כָבוֹד וְלֹא יִדֹּם יְיָ אֱלֹהַי לְעוֹלָם אוֹדֶךָּ: בָּרוּךְ הַגֶּבֶר אֲשֶׁר יִבְטַח בַּייָ וְהָיָה יְיָ מִבְטַחוֹ: בִּטְחוּ בַייָ עֲדֵי־עַד כִּי בְּיָהּ יְיָ צוּר עוֹלָמִים: וְיִבְטְחוּ בְךָ יוֹדְעֵי שְׁמֶךָ כִּי לֹא עָזַבְתָּ דֹרְשֶׁיךָ יְיָ: יְיָ חָפֵץ לְמַעַן צִדְקוֹ יַגְדִּיל תּוֹרָה וְיַאְדִּיר:

Reader

יִתְגַּדַּל וְיִתְקַדַּשׁ שְׁמֵהּ רַבָּא. בְּעָלְמָא דִּי־בְרָא כִרְעוּתֵהּ. וְיַמְלִיךְ מַלְכוּתֵהּ בְּחַיֵּיכוֹן וּבְיוֹמֵיכוֹן וּבְחַיֵּי דְכָל־בֵּית יִשְׂרָאֵל בַּעֲגָלָא וּבִזְמַן קָרִיב. וְאִמְרוּ אָמֵן:

Congregation and Reader

יְהֵא שְׁמֵהּ רַבָּא מְבָרַךְ לְעָלַם וּלְעָלְמֵי עָלְמַיָּא:

Reader

יִתְבָּרַךְ וְיִשְׁתַּבַּח וְיִתְפָּאַר וְיִתְרוֹמַם וְיִתְנַשֵּׂא וְיִתְהַדַּר וְיִתְעַלֶּה וְיִתְהַלַּל שְׁמֵהּ דְּקֻדְשָׁא. בְּרִיךְ הוּא. לְעֵלָּא וּלְעֵלָּא מִן־כָּל־בִּרְכָתָא וְשִׁירָתָא תֻּשְׁבְּחָתָא וְנֶחֱמָתָא דַּאֲמִירָן בְּעָלְמָא. וְאִמְרוּ אָמֵן:

a stronghold unto us. O Lord of hosts, happy is the man that trusts in Thee. Save, O Lord; O King, answer us on the day when we call.

Blessed be our God who hath created us for His glory, and hath separated us from them that go astray by giving us the Torah of truth, thus planting everlasting life in our midst. May He open our hearts unto His Law, and with love and reverence may we do His will and serve Him with a perfect heart that we may not labor in vain, nor bring forth confusion. May it be Thy will, O Lord our God and God of our fathers, that we keep Thy statutes in the world, and be worthy to live and inherit happiness and blessings in the days of the Messiah and in the life of the world to come.

May my soul sing Thy praise and not be silent; O Lord my God, I will give thanks unto Thee forever. Blessed is the man that trusts in Thee, O Lord, and whose trust Thou art. Trust in the Lord forever, for the Lord is an everlasting Rock. And they that know Thy name will put their trust in Thee; Thou hast not forsaken them that seek Thee. Thou, O Lord, desirest for the sake of Thy righteousness to make the Torah great and glorious.

Reader

Magnified and sanctified be the great name of God throughout the world which He hath created according to His will. May He establish His kingdom during the days of your life and during the life of all the house of Israel, speedily, yea, soon; and say ye, Amen.

Congregation and Reader

May His great name be blessed for ever and ever.

Reader

Exalted and honored be the name of the Holy One, blessed be He, whose glory transcends, yea, is beyond all blessings and hymns, praises and consolations which are uttered in the world; and say ye, Amen.

The Amidah is said standing, in silent devotion

אֲדֹנָי שְׂפָתַי תִּפְתָּח וּפִי יַגִּיד תְּהִלָּתֶךָ:

בָּרוּךְ אַתָּה יְיָ אֱלֹהֵינוּ וֵאלֹהֵי אֲבוֹתֵינוּ. אֱלֹהֵי אַבְרָהָם אֱלֹהֵי יִצְחָק וֵאלֹהֵי יַעֲקֹב. הָאֵל הַגָּדוֹל הַגִּבּוֹר וְהַנּוֹרָא אֵל עֶלְיוֹן. גּוֹמֵל חֲסָדִים טוֹבִים וְקֹנֵה הַכֹּל. וְזוֹכֵר חַסְדֵי אָבוֹת וּמֵבִיא גוֹאֵל לִבְנֵי בְנֵיהֶם לְמַעַן שְׁמוֹ בְּאַהֲבָה: זָכְרֵנוּ לַחַיִּים מֶלֶךְ חָפֵץ בַּחַיִּים. וְחָתְמֵנוּ בְּסֵפֶר הַחַיִּים. לְמַעַנְךָ אֱלֹהִים חַיִּים: מֶלֶךְ עוֹזֵר וּמוֹשִׁיעַ וּמָגֵן. בָּרוּךְ אַתָּה יְיָ מָגֵן אַבְרָהָם:

אַתָּה גִּבּוֹר לְעוֹלָם אֲדֹנָי מְחַיֵּה מֵתִים אַתָּה רַב לְהוֹשִׁיעַ. מְכַלְכֵּל חַיִּים בְּחֶסֶד מְחַיֵּה מֵתִים בְּרַחֲמִים רַבִּים. סוֹמֵךְ נוֹפְלִים וְרוֹפֵא חוֹלִים וּמַתִּיר אֲסוּרִים וּמְקַיֵּם אֱמוּנָתוֹ לִישֵׁנֵי עָפָר. מִי כָמוֹךָ בַּעַל גְּבוּרוֹת וּמִי דּוֹמֶה לָּךְ. מֶלֶךְ מֵמִית וּמְחַיֶּה וּמַצְמִיחַ יְשׁוּעָה: מִי כָמוֹךָ אַב הָרַחֲמִים זוֹכֵר יְצוּרָיו לַחַיִּים בְּרַחֲמִים: וְנֶאֱמָן אַתָּה לְהַחֲיוֹת מֵתִים. בָּרוּךְ אַתָּה יְיָ מְחַיֵּה הַמֵּתִים:

אַתָּה קָדוֹשׁ וְשִׁמְךָ קָדוֹשׁ וּקְדוֹשִׁים בְּכָל־יוֹם יְהַלְלוּךָ סֶּלָה:

וּבְכֵן תֵּן פַּחְדְּךָ יְיָ אֱלֹהֵינוּ עַל כָּל־מַעֲשֶׂיךָ וְאֵימָתְךָ עַל כָּל־מַה־שֶּׁבָּרָאתָ. וְיִירָאוּךָ כָּל־הַמַּעֲשִׂים וְיִשְׁתַּחֲווּ לְפָנֶיךָ כָּל־הַבְּרוּאִים. וְיֵעָשׂוּ כֻלָּם אֲגֻדָּה אֶחָת לַעֲשׂוֹת רְצוֹנְךָ בְּלֵבָב שָׁלֵם. כְּמוֹ שֶׁיָּדַעְנוּ יְיָ אֱלֹהֵינוּ שֶׁהַשִּׁלְטוֹן לְפָנֶיךָ עֹז בְּיָדְךָ וּגְבוּרָה בִּימִינֶךָ וְשִׁמְךָ נוֹרָא עַל כָּל־מַה־שֶּׁבָּרָאתָ:

וּבְכֵן תֵּן כָּבוֹד יְיָ לְעַמֶּךָ תְּהִלָּה לִירֵאֶיךָ וְתִקְוָה לְדוֹרְשֶׁיךָ וּפִתְחוֹן פֶּה לַמְיַחֲלִים לָךְ. שִׂמְחָה לְאַרְצֶךָ

The Amidah is said standing, in silent devotion

O Lord, open Thou my lips that my mouth may declare Thy praise.

Blessed art Thou, O Lord our God and God of our fathers, God of Abraham, God of Isaac, and God of Jacob, the great, mighty, revered and exalted God who bestowest loving-kindness and art Master of all. Mindful of the patriarchs' love for Thee, Thou wilt in Thy love bring a redeemer to their children's children for the sake of Thy name. Remember us unto life, O King who delightest in life, and *seal* us in the Book of Life so that we may live worthily for Thy sake, O God of life. O King, Thou Helper, Redeemer and Shield, praised be Thou, O Lord, Shield of Abraham.

Thou, O Lord, art mighty forever. Thou callest the dead to immortal life for Thou art mighty in salvation. Thou sustainest the living with loving-kindness, and in great mercy grantest everlasting life to those who have passed away. Thou upholdest the falling, healest the sick, settest free those in bondage, and keepest faith with those that sleep in the dust. Who is like unto Thee, Almighty King, who decreest death and grantest immortal life and bringest forth salvation? Who may be compared to Thee, Father of mercy, who in love rememberest Thy creatures unto life? Faithful art Thou to grant eternal life to the departed. Blessed art Thou, O Lord, who callest the dead to life everlasting.

Thou art holy and Thy name is holy and holy beings praise Thee daily.

And therefore, O Lord our God, let Thine awe be manifest in all Thy works, and a reverence for Thee fill all that Thou hast created, so that all Thy creatures may know Thee, and all mankind bow down to acknowledge Thee. May all Thy children unite in one fellowship to do Thy will with a perfect heart; for we know, O Lord our God, that dominion is Thine, that Thy might and power are supreme, and that Thy name is to be revered over all Thou hast created.

And therefore, O Lord, grant glory to Thy people who serve Thee, praise to those who revere Thee, hope to those who seek Thee, and confidence to those who yearn for Thee. Bring

וְשָׂשׂוֹן לְעִירֶךָ וּצְמִיחַת קֶרֶן לְדָוִד עַבְדֶּךָ וַעֲרִיכַת נֵר לְבֶן יִשַׁי מְשִׁיחֶךָ בִּמְהֵרָה בְיָמֵינוּ:

וּבְכֵן צַדִּיקִים יִרְאוּ וְיִשְׂמָחוּ וִישָׁרִים יַעֲלֹזוּ וַחֲסִידִים בְּרִנָּה יָגִילוּ. וְעוֹלָתָה תִּקְפָּץ־פִּיהָ וְכָל־הָרִשְׁעָה כֻּלָּהּ כְּעָשָׁן תִּכְלֶה. כִּי תַעֲבִיר מֶמְשֶׁלֶת זָדוֹן מִן הָאָרֶץ:

וְתִמְלוֹךְ אַתָּה יְיָ לְבַדֶּךָ עַל כָּל־מַעֲשֶׂיךָ בְּהַר צִיּוֹן מִשְׁכַּן כְּבוֹדֶךָ וּבִירוּשָׁלַיִם עִיר קָדְשֶׁךָ כַּכָּתוּב בְּדִבְרֵי קָדְשֶׁךָ. יִמְלֹךְ יְיָ לְעוֹלָם אֱלֹהַיִךְ צִיּוֹן לְדֹר וָדֹר הַלְלוּיָהּ:

קָדוֹשׁ אַתָּה וְנוֹרָא שְׁמֶךָ וְאֵין אֱלוֹהַּ מִבַּלְעָדֶיךָ כַּכָּתוּב. וַיִּגְבַּהּ יְיָ צְבָאוֹת בַּמִּשְׁפָּט וְהָאֵל הַקָּדוֹשׁ נִקְדַּשׁ בִּצְדָקָה. בָּרוּךְ אַתָּה יְיָ הַמֶּלֶךְ הַקָּדוֹשׁ:

אַתָּה בְחַרְתָּנוּ מִכָּל־הָעַמִּים. אָהַבְתָּ אוֹתָנוּ. וְרָצִיתָ בָּנוּ. וְרוֹמַמְתָּנוּ מִכָּל־הַלְּשׁוֹנוֹת. וְקִדַּשְׁתָּנוּ בְּמִצְוֹתֶיךָ. וְקֵרַבְתָּנוּ מַלְכֵּנוּ לַעֲבוֹדָתֶךָ. וְשִׁמְךָ הַגָּדוֹל וְהַקָּדוֹשׁ עָלֵינוּ קָרָאתָ:

וַתִּתֶּן־לָנוּ יְיָ אֱלֹהֵינוּ בְּאַהֲבָה אֶת־יוֹם [הַשַּׁבָּת הַזֶּה לִקְדֻשָּׁה וְלִמְנוּחָה וְאֶת־יוֹם] הַכִּפֻּרִים הַזֶּה לִמְחִילָה וְלִסְלִיחָה וּלְכַפָּרָה וְלִמְחָל־בּוֹ אֶת־כָּל־עֲוֹנוֹתֵינוּ [בְּאַהֲבָה] מִקְרָא קֹדֶשׁ. זֵכֶר לִיצִיאַת מִצְרָיִם:

אֱלֹהֵינוּ וֵאלֹהֵי אֲבוֹתֵינוּ יַעֲלֶה וְיָבֹא וְיַגִּיעַ וְיֵרָאֶה וְיֵרָצֶה וְיִשָּׁמַע וְיִפָּקֵד וְיִזָּכֵר זִכְרוֹנֵנוּ וּפִקְדוֹנֵנוּ וְזִכְרוֹן אֲבוֹתֵינוּ וְזִכְרוֹן מָשִׁיחַ בֶּן דָּוִד עַבְדֶּךָ וְזִכְרוֹן יְרוּשָׁלַיִם עִיר קָדְשֶׁךָ וְזִכְרוֹן כָּל־עַמְּךָ בֵּית יִשְׂרָאֵל לְפָנֶיךָ לִפְלֵיטָה לְטוֹבָה לְחֵן וּלְחֶסֶד וּלְרַחֲמִים לְחַיִּים וּלְשָׁלוֹם בְּיוֹם הַכִּפּוּרִים הַזֶּה: זָכְרֵנוּ יְיָ אֱלֹהֵינוּ בּוֹ לְטוֹבָה. וּפָקְדֵנוּ בוֹ לִבְרָכָה.

joy to Thy land, gladness to Thy city, renewed strength to the seed of David, and a constant light to Thy servants in Zion. O may this come to pass speedily in our days.

And therefore, the righteous shall see and be glad, the just exult, and the pious rejoice in song, while iniquity shall close its mouth and all wickedness shall vanish like smoke, when Thou removest the dominion of tyranny from the earth.

And Thou, O Lord, wilt rule, Thou alone, over all Thy works on Mount Zion, the dwelling place of Thy glory, and in Jerusalem, Thy holy city, fulfilling the words of the Psalmist: "The Lord shall reign forever; thy God, O Zion, shall be Sovereign unto all generations. Praise the Lord."

Holy art Thou, and awe-inspiring is Thy name, and there is no God besides Thee; as it is written in Holy Scriptures: "The Lord of hosts is exalted through justice, and the holy God is sanctified through righteousness." Blessed art Thou, O Lord, the holy King.

Thou didst choose us for Thy service from among all peoples, loving us and taking delight in us. Thou didst exalt us above all tongues by making us holy through Thy commandments. Thou hast drawn us near, O our King, unto Thy service and hast called us by Thy great and holy name.

On Sabbath add the bracketed words

And Thou hast given us in love O Lord our God, [this Sabbath day and] this Day of Atonement, for pardon, forgiveness and atonement, that we may [in love] obtain pardon thereon for all our iniquities; a holy convocation in memory of the departure from Egypt.

Our God and God of our fathers, may Israel be remembered for loving-kindness and mercy, life and peace; may Zion be remembered for deliverance and well-being on this Day of

וְהוֹשִׁיעֵנוּ בוֹ לְחַיִּים. וּבִדְבַר יְשׁוּעָה וְרַחֲמִים חוּס וְחָנֵּנוּ וְרַחֵם עָלֵינוּ וְהוֹשִׁיעֵנוּ כִּי אֵלֶיךָ עֵינֵינוּ. כִּי אֵל מֶלֶךְ חַנּוּן וְרַחוּם אָתָּה:

אֱלֹהֵינוּ וֵאלֹהֵי אֲבוֹתֵינוּ מְחַל לַעֲוֹנוֹתֵינוּ בְּיוֹם [הַשַּׁבָּת הַזֶּה וּבְיוֹם] הַכִּפֻּרִים הַזֶּה מְחֵה וְהַעֲבֵר פְּשָׁעֵינוּ וְחַטֹּאתֵינוּ מִנֶּגֶד עֵינֶיךָ. כָּאָמוּר אָנֹכִי אָנֹכִי הוּא מֹחֶה פְשָׁעֶיךָ לְמַעֲנִי וְחַטֹּאתֶיךָ לֹא אֶזְכֹּר: וְנֶאֱמַר מָחִיתִי כָעָב פְּשָׁעֶיךָ וְכֶעָנָן חַטֹּאתֶיךָ שׁוּבָה אֵלַי כִּי גְאַלְתִּיךָ: וְנֶאֱמַר כִּי־בַיּוֹם הַזֶּה יְכַפֵּר עֲלֵיכֶם לְטַהֵר אֶתְכֶם מִכֹּל חַטֹּאתֵיכֶם לִפְנֵי יְיָ תִּטְהָרוּ: אֱלֹהֵינוּ וֵאלֹהֵי אֲבוֹתֵינוּ [רְצֵה בִמְנוּחָתֵנוּ] קַדְּשֵׁנוּ בְּמִצְוֹתֶיךָ וְתֵן חֶלְקֵנוּ בְּתוֹרָתֶךָ שַׂבְּעֵנוּ מִטּוּבֶךָ וְשַׂמְּחֵנוּ בִּישׁוּעָתֶךָ. [וְהַנְחִילֵנוּ יְיָ אֱלֹהֵינוּ בְּאַהֲבָה וּבְרָצוֹן שַׁבַּת קָדְשֶׁךָ וְיָנוּחוּ בָהּ יִשְׂרָאֵל מְקַדְּשֵׁי שְׁמֶךָ] וְטַהֵר לִבֵּנוּ לְעָבְדְּךָ בֶּאֱמֶת. כִּי אַתָּה סָלְחָן לְיִשְׂרָאֵל וּמָחֳלָן לְשִׁבְטֵי יְשֻׁרוּן בְּכָל־דּוֹר וָדוֹר וּמִבַּלְעָדֶיךָ אֵין לָנוּ מֶלֶךְ מוֹחֵל וְסוֹלֵחַ אֶלָּא אָתָּה. בָּרוּךְ אַתָּה יְיָ. מֶלֶךְ מוֹחֵל וְסוֹלֵחַ לַעֲוֹנוֹתֵינוּ וְלַעֲוֹנוֹת עַמּוֹ בֵּית יִשְׂרָאֵל. וּמַעֲבִיר אַשְׁמוֹתֵינוּ בְּכָל־שָׁנָה וְשָׁנָה. מֶלֶךְ עַל כָּל־הָאָרֶץ מְקַדֵּשׁ [הַשַּׁבָּת וְ]יִשְׂרָאֵל וְיוֹם הַכִּפֻּרִים:

רְצֵה יְיָ אֱלֹהֵינוּ בְּעַמְּךָ יִשְׂרָאֵל וּבִתְפִלָּתָם. וְהָשֵׁב אֶת־הָעֲבוֹדָה לִדְבִיר בֵּיתֶךָ וְאִשֵּׁי יִשְׂרָאֵל וּתְפִלָּתָם בְּאַהֲבָה תְקַבֵּל בְּרָצוֹן. וּתְהִי לְרָצוֹן תָּמִיד עֲבוֹדַת יִשְׂרָאֵל עַמֶּךָ. וְתֶחֱזֶינָה עֵינֵינוּ בְּשׁוּבְךָ לְצִיּוֹן בְּרַחֲמִים. בָּרוּךְ אַתָּה יְיָ הַמַּחֲזִיר שְׁכִינָתוֹ לְצִיּוֹן:

Atonement. Remember us, O Lord our God for our good, and be mindful of us for a life of blessing. In accordance with Thy promise of salvation and mercy, spare us and be gracious unto us; have compassion upon us and save us. Unto Thee have we lifted our eyes for Thou art a gracious and merciful God and King.

Our God and God of our fathers, pardon our iniquities [on this Sabbath Day, and] on this Atonement Day. Efface our transgressions and our sins, and make them pass away from before Thine eyes; as it is written in Scripture: "I, even I, am He that effaceth your transgressions for Mine own sake." "I have blotted out as a cloud your transgressions, and, as a mist, your sins; return unto Me for I have redeemed you." "For on this day shall atonement be made for you, to cleanse you; from all your sins shall you be clean before the Lord." Our God and God of our fathers, [accept our rest;] sanctify us by Thy commandments, and grant that our portion be in Thy Torah; satisfy us with Thy goodness, and gladden us with Thy salvation. [Cause us, O Lord our God, in love and favor to inherit Thy holy Sabbath; and may Israel rest thereon and bless Thy name.]

Make our hearts pure to serve Thee in truth for Thou art the Forgiver of Israel and the Pardoner of the tribes of Jeshurun in every generation, and besides Thee we have no King who pardoneth and forgiveth. Blessed art Thou, O Lord, Thou King who pardonest and forgivest our iniquities and the iniquities of the house of Israel, who makest our trespasses to pass away year by year, Thou King over all the earth, who sanctifiest [the Sabbath and] Israel and the Day of Atonement.

O Lord our God, be gracious unto Thy people Israel and accept their prayer. Restore worship to Thy Sanctuary and receive in love and favor the supplication of Israel. May the worship of Thy people be ever acceptable unto Thee. O may our eyes witness Thy return in mercy to Zion. Blessed art Thou, O Lord, who restorest Thy divine presence unto Zion.

מוֹדִים אֲנַחְנוּ לָךְ שָׁאַתָּה הוּא יְיָ אֱלֹהֵינוּ וֵאלֹהֵי אֲבוֹתֵינוּ לְעוֹלָם וָעֶד. צוּר חַיֵּינוּ מָגֵן יִשְׁעֵנוּ אַתָּה הוּא לְדוֹר וָדוֹר. נוֹדֶה לְּךָ וּנְסַפֵּר תְּהִלָּתֶךָ עַל חַיֵּינוּ הַמְּסוּרִים בְּיָדֶךָ וְעַל נִשְׁמוֹתֵינוּ הַפְּקוּדוֹת לָךְ וְעַל נִסֶּיךָ שֶׁבְּכָל־יוֹם עִמָּנוּ וְעַל נִפְלְאוֹתֶיךָ וְטוֹבוֹתֶיךָ שֶׁבְּכָל־עֵת עֶרֶב וָבֹקֶר וְצָהֳרָיִם. הַטּוֹב כִּי לֹא־כָלוּ רַחֲמֶיךָ וְהַמְרַחֵם כִּי לֹא־תַמּוּ חֲסָדֶיךָ מֵעוֹלָם קִוִּינוּ לָךְ:

וְעַל כֻּלָּם יִתְבָּרַךְ וְיִתְרוֹמַם שִׁמְךָ מַלְכֵּנוּ תָּמִיד לְעוֹלָם וָעֶד.

וַחֲתוֹם לְחַיִּים טוֹבִים כָּל־בְּנֵי בְרִיתֶךָ:

וְכֹל הַחַיִּים יוֹדוּךָ סֶּלָה וִיהַלְלוּ אֶת־שִׁמְךָ בֶּאֱמֶת הָאֵל יְשׁוּעָתֵנוּ וְעֶזְרָתֵנוּ סֶלָה. בָּרוּךְ אַתָּה יְיָ הַטּוֹב שִׁמְךָ וּלְךָ נָאֶה לְהוֹדוֹת:

שִׂים שָׁלוֹם טוֹבָה וּבְרָכָה חֵן וָחֶסֶד וְרַחֲמִים עָלֵינוּ וְעַל כָּל־יִשְׂרָאֵל עַמֶּךָ. בָּרְכֵנוּ אָבִינוּ כֻּלָּנוּ כְּאֶחָד בְּאוֹר פָּנֶיךָ. כִּי בְאוֹר פָּנֶיךָ נָתַתָּ לָּנוּ יְיָ אֱלֹהֵינוּ תּוֹרַת חַיִּים וְאַהֲבַת חֶסֶד וּצְדָקָה וּבְרָכָה וְרַחֲמִים וְחַיִּים וְשָׁלוֹם. וְטוֹב בְּעֵינֶיךָ לְבָרֵךְ אֶת־עַמְּךָ יִשְׂרָאֵל בְּכָל־עֵת וּבְכָל־שָׁעָה בִּשְׁלוֹמֶךָ: בְּסֵפֶר חַיִּים בְּרָכָה וְשָׁלוֹם וּפַרְנָסָה טוֹבָה נִזָּכֵר וְנֵחָתֵם לְפָנֶיךָ אֲנַחְנוּ וְכָל־עַמְּךָ בֵּית יִשְׂרָאֵל לְחַיִּים טוֹבִים וּלְשָׁלוֹם. בָּרוּךְ אַתָּה יְיָ עוֹשֵׂה הַשָּׁלוֹם:

We thankfully acknowledge that Thou art the Lord our God and the God of our fathers unto all eternity; the Rock of our lives, and the Shield of our salvation through every generation. We will be grateful unto Thee and declare Thy praise for our lives which are entrusted into Thy hands, for our souls which are in Thy care, for Thy miracles which are daily with us, and for Thy wonderful goodness toward us at all times, evening, morn and noon. Thou art good, and Thy love never fails; Thou art merciful, and Thy kindnesses never cease. We have ever hoped in Thee.

For all this, Thy name, O our divine Ruler, shall be blessed and exalted forever.

And *seal* all the children of Thy covenant for a happy life.

And may all the living do homage unto Thee forever and praise Thy name in truth, O God who art our salvation and our help. Blessed be Thou, O Lord, Beneficent One; unto Thee it is seemly to give praise.

Our Father, grant peace and well-being, blessing and grace, loving-kindness and mercy unto us and unto all Israel, Thy people. Bless us, O our Father, all of us together, with the light of Thy presence; for by that light Thou hast given us, O Lord our God, the Torah of life, loving-kindness and righteousness, blessing and mercy, life and peace. O may it be good in Thy sight at all times to bless Israel and all Thy children with Thy peace.

In the book of life, blessing, peace and good sustenance, may we be remembered and *sealed* before Thee, we and all Thy people, the house of Israel, for a happy life and for peace. Blessed art thou, O Lord, who makest peace.

אֱלֹהֵינוּ וֵאלֹהֵי אֲבוֹתֵינוּ.

תָּבֹא לְפָנֶיךָ תְּפִלָּתֵנוּ וְאַל תִּתְעַלַּם מִתְּחִנָּתֵנוּ. שֶׁאֵין אֲנַחְנוּ עַזֵּי פָנִים וּקְשֵׁי עֹרֶף לוֹמַר לְפָנֶיךָ יְיָ אֱלֹהֵינוּ וֵאלֹהֵי אֲבוֹתֵינוּ צַדִּיקִים אֲנַחְנוּ וְלֹא חָטָאנוּ אֲבָל אֲנַחְנוּ חָטָאנוּ:

אָשַׁמְנוּ. בָּגַדְנוּ. גָּזַלְנוּ. דִּבַּרְנוּ דֹפִי. הֶעֱוִינוּ. וְהִרְשַׁעְנוּ. זַדְנוּ. חָמַסְנוּ. טָפַלְנוּ שֶׁקֶר. יָעַצְנוּ רָע. כִּזַּבְנוּ. לַצְנוּ. מָרַדְנוּ. נִאַצְנוּ. סָרַרְנוּ. עָוִינוּ. פָּשַׁעְנוּ. צָרַרְנוּ. קִשִּׁינוּ עֹרֶף. רָשַׁעְנוּ. שִׁחַתְנוּ. תִּעַבְנוּ. תָּעִינוּ. תִּעְתָּעְנוּ:

סַרְנוּ מִמִּצְוֹתֶיךָ וּמִמִּשְׁפָּטֶיךָ הַטּוֹבִים וְלֹא שָׁוָה לָנוּ: וְאַתָּה צַדִּיק עַל כָּל־הַבָּא עָלֵינוּ. כִּי אֱמֶת עָשִׂיתָ וַאֲנַחְנוּ הִרְשָׁעְנוּ:

מַה־נֹּאמַר לְפָנֶיךָ יוֹשֵׁב מָרוֹם וּמַה־נְּסַפֵּר לְפָנֶיךָ שׁוֹכֵן שְׁחָקִים. הֲלֹא כָּל־הַנִּסְתָּרוֹת וְהַנִּגְלוֹת אַתָּה יוֹדֵעַ:

אַתָּה נוֹתֵן יָד לְפוֹשְׁעִים וִימִינְךָ פְשׁוּטָה לְקַבֵּל שָׁבִים. וַתְּלַמְּדֵנוּ יְיָ אֱלֹהֵינוּ לְהִתְוַדּוֹת לְפָנֶיךָ עַל כָּל־עֲוֹנוֹתֵינוּ לְמַעַן נֶחְדַּל מֵעֹשֶׁק יָדֵינוּ וּתְקַבְּלֵנוּ בִּתְשׁוּבָה שְׁלֵמָה לְפָנֶיךָ כְּאִשִּׁים וּכְנִיחוֹחִים לְמַעַן דְּבָרֶיךָ אֲשֶׁר אָמָרְתָּ: אֵין קֵץ לְאִשֵּׁי חוֹבוֹתֵינוּ וְאֵין מִסְפָּר לְנִיחוֹחֵי אַשְׁמָתֵנוּ. וְאַתָּה יוֹדֵעַ שֶׁאַחֲרִיתֵנוּ רִמָּה וְתוֹלֵעָה. לְפִיכָךְ הִרְבֵּיתָ סְלִיחָתֵנוּ: מָה־אָנוּ. מֶה־חַיֵּינוּ. מֶה־חַסְדֵּנוּ. מַה־צִּדְקֵנוּ. מַה־יִּשְׁעֵנוּ. מַה־כֹּחֵנוּ. מַה־גְּבוּרָתֵנוּ. מַה־נֹּאמַר לְפָנֶיךָ יְיָ אֱלֹהֵינוּ וֵאלֹהֵי

Our God and God of our fathers!

May our prayers come before Thee. Hide not Thyself from our supplication for we are neither so arrogant nor so hardened as to say before Thee, O Lord our God and God of our fathers, 'we are righteous and have not sinned'; verily, we have sinned.

We have trespassed, we have dealt treacherously, we have robbed, we have spoken slander, we have acted perversely, and we have wrought wickedness; we have been presumptuous, we have done violence, we have framed lies, we have counselled evil, and we have spoken falsely; we have scoffed, we have revolted, we have provoked, we have rebelled, we have committed iniquity, and we have transgressed; we have oppressed, we have been stiff-necked, we have done wickedly, we have corrupted, we have committed abomination, we have gone astray, we have led others astray.

We have turned away from Thy commandments and Thy judgments that are good, and it has profited us naught. But Thou art righteous in all that has come upon us; for Thou hast acted truthfully, but we have wrought unrighteousness.

What shall we say before Thee, O Thou who dwellest on high, and what shall we declare before Thee, O Thou who abidest in the heavens? Dost Thou not know all things, both the hidden and the revealed?

Thou helpest the transgressors and Thy right hand is stretched out to receive the repentant. Thou hast taught us, O Lord our God, to make confession before Thee of all our iniquities to the end that we may withhold our hands from unrighteousness; for then wilt Thou receive us back into Thy presence in perfect penitence even as Thou didst accept the offerings in the Temple of old. Endless would be the sacrifices due unto Thee according to ancient rite, and numberless would be the guilt-offerings required because of our sins. But Thou knowest that our end is but dust and ashes and therefore Thou hast multiplied the means by which we may seek Thy forgiveness.

What are we? What is our life? What our piety? What our righteousness? What our help? What our strength? What our might? What shall we say before Thee, O Lord

אֲבוֹתֵינוּ. הֲלֹא כָּל־הַגִּבּוֹרִים כְּאַיִן לְפָנֶיךָ וְאַנְשֵׁי הַשֵּׁם כְּלֹא הָיוּ וַחֲכָמִים כִּבְלִי מַדָּע וּנְבוֹנִים כִּבְלִי הַשְׂכֵּל. כִּי רֹב מַעֲשֵׂיהֶם תֹּהוּ וִימֵי חַיֵּיהֶם הֶבֶל לְפָנֶיךָ. וּמוֹתַר הָאָדָם מִן הַבְּהֵמָה אָיִן כִּי הַכֹּל הָבֶל:

אַתָּה הִבְדַּלְתָּ אֱנוֹשׁ מֵרֹאשׁ וַתַּכִּירֵהוּ לַעֲמוֹד לְפָנֶיךָ: כִּי מִי יֹאמַר לְךָ מַה־תִּפְעַל וְאִם־יִצְדַּק מַה־יִּתֶּן־לָךְ: וַתִּתֶּן־לָנוּ יְיָ אֱלֹהֵינוּ בְּאַהֲבָה אֶת יוֹם הַכִּפֻּרִים הַזֶּה קֵץ וּמְחִילָה וּסְלִיחָה עַל כָּל־עֲוֹנוֹתֵינוּ לְמַעַן נֶחְדַּל מֵעֹשֶׁק יָדֵנוּ וְנָשׁוּב אֵלֶיךָ לַעֲשׂוֹת חֻקֵּי רְצוֹנְךָ בְּלֵבָב שָׁלֵם: וְאַתָּה בְּרַחֲמֶיךָ הָרַבִּים רַחֵם עָלֵינוּ. כִּי לֹא תַחְפּוֹץ בְּהַשְׁחָתַת עוֹלָם. שֶׁנֶּאֱמַר. דִּרְשׁוּ יְיָ בְּהִמָּצְאוֹ קְרָאֻהוּ בִּהְיוֹתוֹ קָרוֹב: וְנֶאֱמַר. יַעֲזֹב רָשָׁע דַּרְכּוֹ וְאִישׁ אָוֶן מַחְשְׁבֹתָיו וְיָשֹׁב אֶל־יְיָ וִירַחֲמֵהוּ וְאֶל־אֱלֹהֵינוּ כִּי־יַרְבֶּה לִסְלוֹחַ: וְאַתָּה אֱלוֹהַּ סְלִיחוֹת חַנּוּן וְרַחוּם אֶרֶךְ אַפַּיִם וְרַב־חֶסֶד וֶאֱמֶת וּמַרְבֶּה לְהֵיטִיב. וְרוֹצֶה אַתָּה בִּתְשׁוּבַת רְשָׁעִים וְאֵין אַתָּה חָפֵץ בְּמִיתָתָם שֶׁנֶּאֱמַר. אֱמֹר אֲלֵיהֶם חַי־אָנִי נְאֻם אֲדֹנָי יֱהֹוִה אִם־אֶחְפֹּץ בְּמוֹת הָרָשָׁע כִּי אִם־בְּשׁוּב רָשָׁע מִדַּרְכּוֹ וְחָיָה. שׁוּבוּ שׁוּבוּ מִדַּרְכֵיכֶם הָרָעִים וְלָמָּה תָמוּתוּ בֵּית יִשְׂרָאֵל: וְנֶאֱמַר. הֶחָפֹץ אֶחְפֹּץ מוֹת רָשָׁע נְאֻם אֲדֹנָי יֱהֹוִה הֲלוֹא בְּשׁוּבוֹ מִדְּרָכָיו וְחָיָה. וְנֶאֱמַר. כִּי לֹא אֶחְפֹּץ בְּמוֹת הַמֵּת נְאֻם אֲדֹנָי יֱהֹוִה וְהָשִׁיבוּ וִחְיוּ: כִּי אַתָּה סָלְחָן לְיִשְׂרָאֵל וּמָחֳלָן לְשִׁבְטֵי יְשֻׁרוּן בְּכָל־דּוֹר וָדוֹר וּמִבַּלְעָדֶיךָ אֵין לָנוּ מֶלֶךְ מוֹחֵל וְסוֹלֵחַ אֶלָּא אָתָּה:

our God and God of our fathers? Are not all the mighty ones as naught before Thee? Are not the men of renown as though they were not? Are not wise men as though without knowledge and men of understanding as though without discernment? For the multitude of their works is emptiness, and the days of their lives are vanity before Thee; and the preeminence of man over beast is naught; for all is vanity, except the pure soul which must hereafter give accounting before the throne of Thy glory.*

From the beginning, Thou hast distinguished man by endowing him with reason and filled him with the desire to seek Thy presence. Yet who shall say unto Thee: "What doest Thou?" And if man be righteous, what boon is that to Thee? But Thou hast given us, O Lord our God, this Day of Atonement, the culmination of the season of forgiveness and pardon of all our iniquities so that we may withhold our hand from unrighteousness and return unto Thee to perform Thy will with a perfect heart.

Do Thou, in Thine abundant mercy, have compassion upon us. For Thou delightest not in the destruction of the world, as it is written in Holy Scripture: "Seek the Lord while He may be found, call upon Him while He is near." "Let the wicked forsake his way, and the man of iniquity, his thoughts; and let him return unto the Lord, and He will have compassion upon him; and to our God for He will abundantly pardon. For Thou art a God ready to forgive, gracious and full of compassion, slow to anger, abounding in mercy, and in goodness." Thou acceptest the repentance of the wicked and delightest not in their death, as it is said: "Say unto them, 'As I live,' saith the Lord God, 'I have no pleasure in the death of the wicked; but that the wicked turn from his way and live; turn ye, turn ye from your evil ways; for why will ye die, O house of Israel?'"

For thou art the Forgiver of Israel and the Pardoner of the tribes of Jeshurun in every generation, and besides Thee we have no king to pardon and forgive our sins. We have Thee alone.

* Based on Sephardic text

אֱלֹהַי עַד שֶׁלֹּא נוֹצַרְתִּי אֵינִי כְדַי. וְעַכְשָׁו שֶׁנּוֹצַרְתִּי כְּאִלּוּ לֹא נוֹצַרְתִּי. עָפָר אֲנִי בְּחַיָּי. קַל וָחֹמֶר בְּמִיתָתִי. הֲרֵי אֲנִי לְפָנֶיךָ כִּכְלִי מָלֵא בוּשָׁה וּכְלִמָּה: יְהִי רָצוֹן מִלְּפָנֶיךָ יְיָ אֱלֹהַי וֵאלֹהֵי אֲבוֹתַי שֶׁלֹּא אֶחֱטָא עוֹד. וּמַה שֶּׁחָטָאתִי לְפָנֶיךָ מָרֵק בְּרַחֲמֶיךָ הָרַבִּים. אֲבָל לֹא עַל יְדֵי יִסּוּרִים וָחֳלָיִם רָעִים:

אֱלֹהַי נְצוֹר לְשׁוֹנִי מֵרָע וּשְׂפָתַי מִדַּבֵּר מִרְמָה וְלִמְקַלְלַי נַפְשִׁי תִדּוֹם וְנַפְשִׁי כֶּעָפָר לַכֹּל תִּהְיֶה: פְּתַח לִבִּי בְּתוֹרָתֶךָ וּבְמִצְוֹתֶיךָ תִּרְדּוֹף נַפְשִׁי. וְכֹל הַחוֹשְׁבִים עָלַי רָעָה מְהֵרָה הָפֵר עֲצָתָם וְקַלְקֵל מַחֲשַׁבְתָּם: עֲשֵׂה לְמַעַן שְׁמֶךָ עֲשֵׂה לְמַעַן יְמִינֶךָ עֲשֵׂה לְמַעַן קְדֻשָּׁתֶךָ עֲשֵׂה לְמַעַן תּוֹרָתֶךָ: לְמַעַן יֵחָלְצוּן יְדִידֶיךָ הוֹשִׁיעָה יְמִינְךָ וַעֲנֵנִי: יִהְיוּ לְרָצוֹן אִמְרֵי־פִי וְהֶגְיוֹן לִבִּי לְפָנֶיךָ יְיָ צוּרִי וְגוֹאֲלִי: עֹשֶׂה שָׁלוֹם בִּמְרוֹמָיו הוּא יַעֲשֶׂה שָׁלוֹם עָלֵינוּ וְעַל כָּל־יִשְׂרָאֵל וְאִמְרוּ אָמֵן:

יְהִי רָצוֹן מִלְּפָנֶיךָ יְיָ אֱלֹהֵינוּ וֵאלֹהֵי אֲבוֹתֵינוּ שֶׁיִּבָּנֶה בֵּית הַמִּקְדָּשׁ בִּמְהֵרָה בְיָמֵינוּ וְתֵן חֶלְקֵנוּ בְּתוֹרָתֶךָ: וְשָׁם נַעֲבָדְךָ בְּיִרְאָה כִּימֵי עוֹלָם וּכְשָׁנִים קַדְמוֹנִיּוֹת: וְעָרְבָה לַייָ מִנְחַת יְהוּדָה וִירוּשָׁלָיִם כִּימֵי עוֹלָם וּכְשָׁנִים קַדְמוֹנִיּוֹת:

O my God, before I was formed I had no worth, and now that I have been formed, I am as though I had not been formed. Dust am I in my life; yea, even more so in my death. Behold I am before Thee like a vessel filled with shame and confusion. O may it be Thy will, O Lord my God and the God of my fathers, that I sin no more, and as for the sins I have committed before Thee, purge them away in Thine abundant mercy but not by means of affliction and suffering.

O Lord,
Guard my tongue from evil and my lips from speaking guile,
And to those who slander me, let me give no heed.
May my soul be humble and forgiving unto all.
Open Thou my heart, O Lord, unto Thy sacred Law,
That Thy statutes I may know and all Thy truths pursue.
Bring to naught designs of those who seek to do me ill;
Speedily defeat their aims and thwart their purposes
For Thine own sake, for Thine own power,
For Thy holiness and Law.
That Thy loved ones be delivered,
Answer me, O Lord, and save with Thy redeeming power.

May the words of my mouth and the meditation of my heart be acceptable unto Thee, O Lord, my Rock and my Redeemer. Thou who keepest harmony in the heavenly spheres, mayest Thou make peace for us, for Israel, and for all Thy children everywhere. Amen.

May it be Thy will, O Lord our God and God of our fathers, to grant our portion in Thy Torah and to rebuild the Temple speedily in our days. There we will serve Thee with awe as in the days of old.

אֵל נוֹרָא עֲלִילָה אֵל נוֹרָא עֲלִילָה
הַמְצִיא לָנוּ מְחִילָה בְּשָׁעַת הַנְּעִילָה:

מְתֵי מִסְפָּר קְרוּאִים לְךָ עַיִן נוֹשְׂאִים
וּמְסַלְּדִים בְּחִילָה בְּשָׁעַת הַנְּעִילָה:

שׁוֹפְכִים לְךָ נַפְשָׁם מְחֵה פִשְׁעָם וְכַחֲשָׁם
הַמְצִיאֵם מְחִילָה בְּשָׁעַת הַנְּעִילָה:

הֱיֵה לָהֶם לְסִתְרָה וְחַלְּצֵם מִמְּאֵרָה
וְחָתְמֵם לְהוֹד וּלְגִילָה בְּשָׁעַת הַנְּעִילָה:

חֹן אֹתָם וְרַחֵם וְכָל־לוֹחֵץ וְלוֹחֵם
עֲשֵׂה בָהֶם פְּלִילָה בְּשָׁעַת הַנְּעִילָה:

זְכֹר צִדְקַת אֲבִיהֶם וְחַדֵּשׁ אֶת־יְמֵיהֶם
כְּקֶדֶם וּתְחִלָּה בְּשָׁעַת הַנְּעִילָה:

קְרָא נָא שְׁנַת רָצוֹן וְהָשֵׁב שְׁאֵרִית הַצֹּאן
לְאָהֳלִיבָה וְאָהֳלָה בְּשָׁעַת הַנְּעִילָה:
וְתִזְכּוּ לְשָׁנִים רַבּוֹת הַבָּנִים וְהָאָבוֹת
בְּדִיצָה וּבְצָהֳלָה בְּשָׁעַת הַנְּעִילָה:
מִיכָאֵל שַׂר יִשְׂרָאֵל אֵלִיָּהוּ וְגַבְרִיאֵל
בַּשְּׂרוּ נָא הַגְּאוּלָה בְּשָׁעַת הַנְּעִילָה:

God That Doest Wondrously*

God, that doest wondrously,
God, that doest wondrously,
Pardon at Thy people's cry,
As the closing hour draws nigh!

Few are Israel's sons, and weak:
Thee, in penitence, they seek.
O, regard their anguished cry,
As the closing hour draws nigh!

Souls gripe before Thee poured,
Agonize for deed and word;
"We have sinned: Forgive!" they cry,
As the closing hour draws nigh!

Heal them! Let their trust in Thee
Turn aside Wrath's dread decree.
Doom them not, but heed their cry,
As the closing hour draws nigh!

Mercy, grace, for these low-bowed!
But upon the oppressor proud,
Judgment for his victim's cry,
As the closing hour draws nigh!

For our fathers' righteousness,
Save us now in our distress;
Make us glad with freedom's cry,
As the closing hour draws nigh!

Join, O Shepherd, as of old,
Zion's with Samaria's fold;
Call Thy flock with tend'rest cry,
As the closing hour draws nigh!

Elijah, Michael, Gabriel,
Come! the hoped-for tidings tell;
Let 'Redemption!' be your cry
As the closing hour draws nigh!

God, that doest wondrously,
God, that doest wondrously,
Pardon at Thy people's cry,
As the closing hour draws nigh.

* Hymn attributed to Moses ibn Ezra and used in the Sephardic
ritual.

חזרת התפלה לשליח צבור

בָּרוּךְ אַתָּה יְיָ אֱלֹהֵינוּ וֵאלֹהֵי אֲבוֹתֵינוּ. אֱלֹהֵי אַבְרָהָם אֱלֹהֵי יִצְחָק וֵאלֹהֵי יַעֲקֹב. הָאֵל הַגָּדוֹל הַגִּבּוֹר וְהַנּוֹרָא אֵל עֶלְיוֹן. גּוֹמֵל חֲסָדִים טוֹבִים וְקֹנֵה הַכֹּל. וְזוֹכֵר חַסְדֵי אָבוֹת וּמֵבִיא גוֹאֵל לִבְנֵי בְנֵיהֶם לְמַעַן שְׁמוֹ בְּאַהֲבָה:

מִסּוֹד חֲכָמִים וּנְבוֹנִים. וּמִלֶּמֶד דַּעַת מְבִינִים. אֶפְתְּחָה פִּי בִּתְפִלָּה וּבְתַחֲנוּנִים. לְחַלּוֹת וּלְחַנֵּן פְּנֵי מֶלֶךְ מָלֵא רַחֲמִים מוֹחֵל וְסוֹלֵחַ לַעֲוֹנִים:

Congregation

אָב יְדָעֲךָ מִנֹּעַר. בְּחַנְתּוֹ בְּעֶשֶׂר בַּל עֲבוֹר בְּרֹאשׁ תָּעַר:

Reader

גֹּשׁ לְחַלּוֹתְךָ כְּנַעַר וְלֹא כְבַעַר. דְּגָלָיו לָבֹא בְּזֶה הַשָּׁעַר:

Congregation

אֱמוּנִים גֹּשׁוּ לְנַצְּחָךְ אָיוֹם. נֶצַח כָּל־הַיּוֹם:

Reader

עֲבוּר כִּי פָנָה יוֹם. גוֹנְנֵנוּ בְּצֶדֶק יוֹשֵׁב כְּחֹם הַיּוֹם:

זָכְרֵנוּ לַחַיִּים מֶלֶךְ חָפֵץ בַּחַיִּים. וְחָתְמֵנוּ בְּסֵפֶר הַחַיִּים. לְמַעַנְךָ אֱלֹהִים חַיִּים: מֶלֶךְ עוֹזֵר וּמוֹשִׁיעַ וּמָגֵן. בָּרוּךְ אַתָּה יְיָ מָגֵן אַבְרָהָם:

READER'S REPETITION OF THE AMIDAH

Blessed art Thou, O Lord our God and God of our fathers, God of Abraham, God of Isaac, and God of Jacob, the great, mighty, revered and exalted God who bestowest loving-kindness and art Master of all. Mindful of the patriarchs' love for Thee, Thou wilt in Thy love bring a redeemer to their children's children for the sake of Thy name.

With the inspired words of the wise, and with knowledge derived from the discerning, I will open my lips in prayer and supplication to entreat and implore the presence of the King who is full of compassion, who pardoneth and forgiveth iniquity.

The Piyyut inserted in the following prayers is by Eleazar Kalir

Congregation

The patriarch Abraham acknowledged Thee from childhood. Thou didst test him with ten trials. And he strayed not by a hair-breadth from Thy path.

Reader

When a youth, yet not as one untutored, he drew nigh to supplicate Thee. Even so his descendants now long to enter Thy gates.

Congregation

Yea, all day the faithful have prayed unto Thee, O Thou who art powerful and exalted.

Reader

Lo, the day waneth; O shield Thou us with the righteousness of Abraham who did await Thy emissaries at the tent door in the heat of the day.

Remember us unto life, O King who delightest in life, and *seal* us in the Book of Life so that we may live worthily for Thy sake, O God of life. O King, Thou Helper, Redeemer and Shield, praised be Thou, O Lord, Shield of Abraham.

אַתָּה גִּבּוֹר לְעוֹלָם אֲדֹנָי מְחַיֵּה מֵתִים אַתָּה רַב לְהוֹשִׁיעַ. מְכַלְכֵּל חַיִּים בְּחֶסֶד מְחַיֵּה מֵתִים בְּרַחֲמִים רַבִּים. סוֹמֵךְ נוֹפְלִים וְרוֹפֵא חוֹלִים וּמַתִּיר אֲסוּרִים וּמְקַיֵּם אֱמוּנָתוֹ לִישֵׁנֵי עָפָר. מִי כָמְוֹךָ בַּעַל גְּבוּרוֹת וּמִי דּוֹמֶה לָּךְ. מֶלֶךְ מֵמִית וּמְחַיֶּה וּמַצְמִיחַ יְשׁוּעָה:

Congregation

הַנִּקְרָא לְאָב זָרַע. וְנִפְנֶה לָסוּר מִמּוֹקְשֵׁי רַע.

Reader

זָעַק וְחִנֵּן וְשִׂיחָה לֹא גָרַע. חָסַן בְּרָכָה בַּאֲשֶׁר זָרַע:

Congregation

יָהּ שִׁמְךָ בָּנוּ יֶעֱרַב. וְיִשְׁעֲךָ לָנוּ תְקָרֵב.

Reader

גְּאַל־נָא מִקֶּרֶב. הַחֲיֵנוּ בְטַל כְּשָׁח לִפְנוֹת עֶרֶב:

מִי כָמְוֹךָ אַב הָרַחֲמִים זוֹכֵר יְצוּרָיו לַחַיִּים בְּרַחֲמִים: וְנֶאֱמָן אַתָּה לְהַחֲיוֹת מֵתִים. בָּרוּךְ אַתָּה יְיָ מְחַיֵּה הַמֵּתִים:

טֶבַע זִיו תָּאֳרָהּ. יָהּ חֲקָקוֹ בְּכֵס יְקָרָה.
כְּשֶׁר תָּם מְקוֹם מַה־נּוֹרָא. לְעֵת קֵץ חָז וַיִּירָא:

יִמְלֹךְ יְיָ לְעוֹלָם אֱלֹהַיִךְ צִיּוֹן לְדֹר וָדֹר הַלְלוּיָהּ:
וְאַתָּה קָדוֹשׁ יוֹשֵׁב תְּהִלּוֹת יִשְׂרָאֵל אֵל נָא:

Reader and Congregation

שְׁמַע־נָא סְלַח־נָא הַיּוֹם. עֲבוּר כִּי פָנָה יוֹם.
וּנְהַלֶּלְךָ נוֹרָא וְאָיוֹם. קָדוֹשׁ:

Thou, O Lord, art mighty forever. Thou callest the dead to immortal life for Thou art mighty in salvation. Thou sustainest the living with loving-kindness, and in great mercy grantest everlasting life to those who have passed away. Thou upholdest the falling, healest the sick, settest free those in bondage, and keepest faith with those that sleep in the dust. Who is like unto Thee, Almighty King, who decreest death and grantest immortal life and bringest forth salvation?

Isaac, who was called his father's heir,
Turned aside from every evil snare.

He, too, made entreaty and spared not prayer.
He reaped rich harvest of his seed.

O God, let Thy name be endeared unto us,
And speedily grant us Thy salvation.

We pray Thee, now redeem and revive us with Thy dew
As Thou didst revive Isaac who prayed toward evening.

Who may be compared to Thee, Father of mercy, who in love rememberest Thy creatures unto life? Faithful art Thou to grant eternal life to the departed. Blessed art Thou, O Lord, who callest the dead to life everlasting.

The form of Jacob's beautiful countenance
Hath the Lord engraven on His glorious throne.

Waking from his vision of the dreaded place,
The faithful patriarch was filled with awe.

The Lord shall reign forever; thy God, O Zion, shall be Sovereign unto all generations. Praise the Lord. Hallelujah.

For Thou art holy, O Thou who art enthroned upon the praises of Israel; O God, we beseech Thee!

Hearken, we implore Thee; this day, forgive us, for lo! the day waneth, and we turn to Thee, O Thou who art awe-inspiring, revered and holy.

וּבְכֵן וּלְךָ תַעֲלֶה קְדֻשָּׁה כִּי אַתָּה
אֱלֹהֵינוּ מֶלֶךְ מוֹחֵל וְסוֹלֵחַ:

Congregation

שַׁעֲרֵי אַרְמוֹן. מְהֵרָה תִפְתַּח לְבוֹאֲרֵי דַת אָמוֹן:
שַׁעֲרֵי גְנוּזִים. מְהֵרָה תִפְתַּח לְדָתְךָ אֲחוּזִים:
שַׁעֲרֵי הֵיכָל הַנֶּחֱמָדִים. מְהֵרָה תִפְתַּח לְוַעוּדִים:
שַׁעֲרֵי זְבוּל מַחֲנַיִם. מְהֵרָה תִפְתַּח לְחַכְלִילִי עֵינַיִם:
שַׁעֲרֵי טְהָרָה. מְהֵרָה תִפְתַּח לְיָפָה וּבָרָה:
שַׁעֲרֵי כֶּתֶר הַמְיֻמָּן. מְהֵרָה תִפְתַּח לְלֹא אַלְמָן:
וּבָהֶם תַּעֲרָץ וְתֻקְדָּשׁ.
כְּסוֹד שִׂיחַ שַׂרְפֵי קֹדֶשׁ הַמַּקְדִּישִׁים שִׁמְךָ בַּקֹּדֶשׁ.

Reader

כַּכָּתוּב עַל יַד נְבִיאֶךָ. וְקָרָא זֶה אֶל־זֶה וְאָמַר.
קָדוֹשׁ קָדוֹשׁ קָדוֹשׁ יְיָ צְבָאוֹת. מְלֹא כָל־הָאָרֶץ כְּבוֹדוֹ:
כְּבוֹדוֹ מָלֵא עוֹלָם. מְשָׁרְתָיו שׁוֹאֲלִים זֶה לָזֶה אַיֵּה מְקוֹם כְּבוֹדוֹ. לְעֻמָּתָם בָּרוּךְ יֹאמֵרוּ.

בָּרוּךְ כְּבוֹד־יְיָ מִמְּקוֹמוֹ:

מִמְּקוֹמוֹ הוּא יִפֶן בְּרַחֲמִים וְיָחֹן עַם הַמְיַחֲדִים שְׁמוֹ עֶרֶב וָבֹקֶר בְּכָל־יוֹם תָּמִיד פַּעֲמַיִם בְּאַהֲבָה שְׁמַע אוֹמְרִים.

שְׁמַע יִשְׂרָאֵל יְיָ אֱלֹהֵינוּ יְיָ אֶחָד:

אֶחָד הוּא אֱלֹהֵינוּ הוּא אָבִינוּ הוּא מַלְכֵּנוּ הוּא מוֹשִׁיעֵנוּ. וְהוּא יַשְׁמִיעֵנוּ בְּרַחֲמָיו שֵׁנִית לְעֵינֵי כָּל־חָי. לִהְיוֹת לָכֶם לֵאלֹהִים.

אֲנִי יְיָ אֱלֹהֵיכֶם:

And thus may the sanctification ascend unto Thee, for Thou art our God, a King of pardon and forgiveness.

Piyyut by Eleazar Kalir

Open the gates, the gates of the Temple,
Swift to Thy sons who Thy truths have displayed.
Open the gates, the gates that are hidden,
Swift to Thy sons who Thy Law have obeyed.
Open the gates of the coveted Temple,
Swift to Thy sons who confess and seek grace.
Open the gates of the armies celestial,
Swift to Thy sons, Judah's tearful-eyed race.
Open the gates, the radiant portals,
Swift to Thy sons who are lovely and pure.
Open the gates of the crown of fidelity,
Swift to Thy sons who in God rest secure.

And within them Thou shalt be revered and hallowed according to the mystic utterance of the holy seraphim who hallow Thy name in the Sanctuary—

As it is written by the hand of Thy prophet: And one called unto another and said,

'Holy, holy, holy is the Lord of hosts;
The whole earth is full of His glory.'
Ko-dōsh, ko-dōsh, ko-dōsh, A-dō-noy ts'vo-ōs,
M'lō ḥol ho-o-rets k'vō-dō.

His majesty pervades the universe; His ministering angels ask one another: "Where is the place of His glory?"

Blessed be the glory of the Lord that fills the universe.*

Bo-ruḥ k'vōd A-dō-noy mi-m'kō-mō.

From His sacred abode may He turn in mercy unto the people that evening and morning, twice daily, proclaim in love the unity of His name, saying:

Hear, O Israel: the Lord our God, the Lord is One.
Sh'ma yis-ro-ayl A-dō-noy e-lō-hay-nu A-dō-noy e-ḥod.

One is the Eternal our God, our Father, our Sovereign, and our Savior; and He will again in mercy proclaim in the presence of all living:

'I am the Lord your God.'
A-nee A-dō-noy e-lō-hay-ḥem.

* The Rabbinic interpretation.

אַדִּיר אַדִּירֵנוּ יְיָ אֲדוֹנֵינוּ מָה־אַדִּיר שִׁמְךָ בְּכָל־הָאָרֶץ: וְהָיָה יְיָ לְמֶלֶךְ עַל כָּל־הָאָרֶץ בַּיּוֹם הַהוּא יִהְיֶה יְיָ אֶחָד וּשְׁמוֹ אֶחָד: וּבְדִבְרֵי קָדְשְׁךָ כָּתוּב לֵאמֹר.

יִמְלֹךְ יְיָ לְעוֹלָם. אֱלֹהַיִךְ צִיּוֹן לְדֹר וָדֹר. הַלְלוּיָהּ:

לְדוֹר וָדוֹר נַגִּיד גָּדְלֶךָ. וּלְנֵצַח נְצָחִים קְדֻשָּׁתְךָ נַקְדִּישׁ. וְשִׁבְחֲךָ אֱלֹהֵינוּ מִפִּינוּ לֹא יָמוּשׁ לְעוֹלָם וָעֶד. כִּי אֵל מֶלֶךְ גָּדוֹל וְקָדוֹשׁ אָתָּה:

חֲמוֹל עַל מַעֲשֶׂיךָ וְתִשְׂמַח בְּמַעֲשֶׂיךָ. וְיֹאמְרוּ לְךָ חוֹסֶיךָ בְּצַדֶּקְךָ עֲמוּסֶיךָ תֻּקְדַּשׁ אָדוֹן עַל כָּל־מַעֲשֶׂיךָ:

כִּי מַקְדִּישֶׁיךָ בִּקְדֻשָּׁתְךָ קִדַּשְׁתָּ. נָאֶה לְקָדוֹשׁ פְּאֵר מִקְּדוֹשִׁים. בְּאֵין מֵלִיץ יֹשֶׁר מוּל מַגִּיד פֶּשַׁע. תַּגִּיד לְיַעֲקֹב דְּבַר חֹק וּמִשְׁפָּט. וְצַדְּקֵנוּ בַּמִּשְׁפָּט הַמֶּלֶךְ הַמִּשְׁפָּט: עוֹד יִזְכָּר־לָנוּ אַהֲבַת אֵיתָן אֲדוֹנֵנוּ. וּבַבֵּן הַנֶּעֱקַד יַשְׁבִּית מְדַיְּנֵנוּ. וּבִזְכוּת הַתָּם יוֹצִיא אָיוֹם לְצֶדֶק דִּינֵנוּ. כִּי קָדוֹשׁ הַיּוֹם לַאדוֹנֵינוּ: וּבְכֵן יִתְקַדַּשׁ שִׁמְךָ יְיָ אֱלֹהֵינוּ עַל יִשְׂרָאֵל עַמֶּךָ וְעַל יְרוּשָׁלַיִם עִירֶךָ וְעַל צִיּוֹן מִשְׁכַּן כְּבוֹדֶךָ וְעַל מַלְכוּת בֵּית דָּוִד מְשִׁיחֶךָ וְעַל מְכוֹנְךָ וְהֵיכָלֶךָ:

וּבְכֵן תֵּן פַּחְדְּךָ יְיָ אֱלֹהֵינוּ עַל כָּל־מַעֲשֶׂיךָ וְאֵימָתְךָ עַל כָּל־מַה־שֶּׁבָּרָאתָ. וְיִירָאוּךָ כָּל־הַמַּעֲשִׂים וְיִשְׁתַּחֲווּ לְפָנֶיךָ כָּל־הַבְּרוּאִים. וְיֵעָשׂוּ כֻלָּם אֲגֻדָּה אַחַת לַעֲשׂוֹת רְצוֹנְךָ בְּלֵבָב שָׁלֵם. כְּמוֹ שֶׁיָּדַעְנוּ יְיָ אֱלֹהֵינוּ שֶׁהַשִּׁלְטוֹן

Thou art most exalted; O Lord our God, how glorious is Thy name in all the earth! And the Lord shall be King over all the earth; on that day shall the Lord be One and His name one. And in Holy Scriptures it is written:

The Lord shall reign forever; thy God, O Zion, shall be Sovereign unto all generations. Praise the Lord.

> Yim-lōḥ A-dō-noy l'ō-lom e-lō-ha-yiḥ tsi-yōn,
> L'dōr vo-dōr, ha-l'lu-yoh.

Unto endless generations we shall declare Thy greatness, and to all eternity we will proclaim Thy holiness. Thy praise, O our God, shall not depart from our mouth forever, for Thou art a great and holy God and King.

O have compassion upon Thy work and rejoice therein. And when Thou hast justified them that have been sustained by Thee, Thy faithful servants shall say: "O Lord, be Thou sanctified over all Thy works."

For with Thy holiness Thou hast sanctified them that call Thee holy. Seemly unto Thee, O Holy One, is Thy pious servants' crown of praise. Since there is no advocate of righteousness to plead our cause, do Thou teach Jacob Thy word, Thy statute and judgment; and clear us in judgment, O King of justice. Thou wilt yet remember for our sakes the love of Abraham, the patriarch; yea, and Isaac, his son, who was bound on the altar, and the merit of Jacob, the man of simple faith, and Thou wilt bring forth our suit to the light of acquittal, and forgive us, for this day is holy unto Thee, O Lord. And thus may Thy name, O Lord our God, be hallowed over Israel and over Jerusalem, Thy city; over Zion, the habitation of Thy glory; over the Messianic kingdom; over Thy dwelling place, Thy Sanctuary, and over all mankind.

And therefore, O Lord our God, let Thine awe be manifest in all Thy works, and a reverence for Thee fill all that Thou hast created, so that all Thy creatures may know Thee, and all mankind bow down to acknowledge Thee. May all Thy children unite in one fellowship to do Thy will with a perfect heart; for we know, O Lord our God, that dominion is Thine,

לְפָנֶיךָ עֹז בְּיָדְךָ וּגְבוּרָה בִּימִינֶךָ וְשִׁמְךָ נוֹרָא עַל כָּל־מַה שֶּׁבָּרָאתָ׃

וּבְכֵן תֵּן כָּבוֹד יְיָ לְעַמֶּךָ תְּהִלָּה לִירֵאֶיךָ וְתִקְוָה לְדוֹרְשֶׁיךָ וּפִתְחוֹן פֶּה לַמְיַחֲלִים לָךְ. שִׂמְחָה לְאַרְצֶךָ וְשָׂשׂוֹן לְעִירֶךָ וּצְמִיחַת קֶרֶן לְדָוִד עַבְדֶּךָ וַעֲרִיכַת נֵר לְבֶן יִשַׁי מְשִׁיחֶךָ בִּמְהֵרָה בְיָמֵינוּ׃

וּבְכֵן צַדִּיקִים יִרְאוּ וְיִשְׂמָחוּ וִישָׁרִים יַעֲלֹזוּ וַחֲסִידִים בְּרִנָּה יָגִילוּ. וְעוֹלָתָה תִּקְפָּץ־פִּיהָ וְכָל־הָרִשְׁעָה כֻּלָּהּ כְּעָשָׁן תִּכְלֶה. כִּי תַעֲבִיר מֶמְשֶׁלֶת זָדוֹן מִן הָאָרֶץ׃

וְתִמְלוֹךְ אַתָּה יְיָ לְבַדֶּךָ עַל כָּל־מַעֲשֶׂיךָ בְּהַר צִיּוֹן מִשְׁכַּן כְּבוֹדֶךָ וּבִירוּשָׁלַיִם עִיר קָדְשֶׁךָ כַּכָּתוּב בְּדִבְרֵי קָדְשֶׁךָ. יִמְלֹךְ יְיָ לְעוֹלָם אֱלֹהַיִךְ צִיּוֹן לְדֹר וָדֹר הַלְלוּיָהּ׃

קָדוֹשׁ אַתָּה וְנוֹרָא שְׁמֶךָ וְאֵין אֱלוֹהַּ מִבַּלְעָדֶיךָ כַּכָּתוּב. וַיִּגְבַּהּ יְיָ צְבָאוֹת בַּמִּשְׁפָּט וְהָאֵל הַקָּדוֹשׁ נִקְדַּשׁ בִּצְדָקָה. בָּרוּךְ אַתָּה יְיָ הַמֶּלֶךְ הַקָּדוֹשׁ׃

אַתָּה בְחַרְתָּנוּ מִכָּל־הָעַמִּים. אָהַבְתָּ אוֹתָנוּ. וְרָצִיתָ בָּנוּ. וְרוֹמַמְתָּנוּ מִכָּל־הַלְּשׁוֹנוֹת. וְקִדַּשְׁתָּנוּ בְּמִצְוֹתֶיךָ. וְקֵרַבְתָּנוּ מַלְכֵּנוּ לַעֲבוֹדָתֶךָ. וְשִׁמְךָ הַגָּדוֹל וְהַקָּדוֹשׁ עָלֵינוּ קָרָאתָ׃

On Sabbath add the bracketed words

וַתִּתֶּן־לָנוּ יְיָ אֱלֹהֵינוּ בְּאַהֲבָה אֶת־יוֹם [הַשַּׁבָּת הַזֶּה לִקְדֻשָּׁה וְלִמְנוּחָה וְאֶת־יוֹם] הַכִּפֻּרִים הַזֶּה לִמְחִילָה וְלִסְלִיחָה וּלְכַפָּרָה וְלִמְחָל־בּוֹ אֶת־כָּל־עֲוֹנוֹתֵינוּ [בְּאַהֲבָה] מִקְרָא קֹדֶשׁ. זֵכֶר לִיצִיאַת מִצְרָיִם׃

that Thy might and power are supreme, and that Thy name is to be revered over all Thou hast created.

And therefore, O Lord, grant glory to Thy people who serve Thee, praise to those who revere Thee, hope to those who seek Thee, and confidence to those who yearn for Thee. Bring joy to Thy land, gladness to Thy city, renewed strength to the seed of David, and a constant light to Thy servants in Zion. O may this come to pass speedily in our days.

And therefore, the righteous shall see and be glad, the just exult, and the pious rejoice in song, while iniquity shall close its mouth and all wickedness shall vanish like smoke, when Thou removest the dominion of tyranny from the earth.

And Thou, O Lord, wilt rule, Thou alone, over all Thy works on Mount Zion, the dwelling place of Thy glory, and in Jerusalem, Thy holy city, fulfilling the words of the Psalmist: "The Lord shall reign forever; thy God, O Zion, shall be Sovereign unto all generations. Praise the Lord."

Holy art Thou, and awe-inspiring is Thy name, and there is no God besides Thee; as it is written in Holy Scriptures: "The Lord of hosts is exalted through justice, and the holy God is sanctified through righteousness." Blessed art Thou, O Lord, the holy King.

Thou didst choose us for Thy service from among all peoples, loving us and taking delight in us. Thou didst exalt us above all tongues by making us holy through Thy commandments. Thou hast drawn us near, O our King, unto Thy service and hast called us by Thy great and holy name.

On Sabbath add the bracketed words

And Thou hast given us in love O Lord our God, [this Sabbath day and] this Day of Atonement, for pardon, forgiveness and atonement, that we may [in love] obtain pardon thereon for all our iniquities; a holy convocation in memory of the departure from Egypt.

אֱלֹהֵינוּ וֵאלֹהֵי אֲבוֹתֵינוּ יַעֲלֶה וְיָבֹא וְיַגִּיעַ וְיֵרָאֶה וְיֵרָצֶה
וְיִשָּׁמַע וְיִפָּקֵד וְיִזָּכֵר זִכְרוֹנֵנוּ וּפִקְדוֹנֵנוּ וְזִכְרוֹן אֲבוֹתֵינוּ
וְזִכְרוֹן מָשִׁיחַ בֶּן דָּוִד עַבְדֶּךָ וְזִכְרוֹן יְרוּשָׁלַיִם עִיר קָדְשֶׁךָ
וְזִכְרוֹן כָּל־עַמְּךָ בֵּית יִשְׂרָאֵל לְפָנֶיךָ לִפְלֵיטָה לְטוֹבָה
לְחֵן וּלְחֶסֶד וּלְרַחֲמִים לְחַיִּים וּלְשָׁלוֹם בְּיוֹם הַכִּפֻּרִים
הַזֶּה: זָכְרֵנוּ יְיָ אֱלֹהֵינוּ בּוֹ לְטוֹבָה. וּפָקְדֵנוּ בוֹ לִבְרָכָה.
וְהוֹשִׁיעֵנוּ בוֹ לְחַיִּים. וּבִדְבַר יְשׁוּעָה וְרַחֲמִים חוּס וְחָנֵּנוּ
וְרַחֵם עָלֵינוּ וְהוֹשִׁיעֵנוּ כִּי אֵלֶיךָ עֵינֵינוּ. כִּי אֵל מֶלֶךְ חַנּוּן
וְרַחוּם אָתָּה:

Reader and Congregation

פְּתַח לָנוּ שַׁעַר. בְּעֵת נְעִילַת שַׁעַר. כִּי פָנָה יוֹם:

הַיּוֹם יִפְנֶה. הַשֶּׁמֶשׁ יָבֹא וְיִפְנֶה. נָבוֹאָה שְׁעָרֶיךָ:

אָנָּא אֵל נָא. שָׂא נָא. סְלַח־נָא. מְחַל־נָא. חֲמָל־
נָא. רַחֶם־נָא. כַּפֶּר־נָא. כְּבוֹשׁ חֵטְא וְעָוֹן:

Our God and God of our fathers, may Israel be remembered for loving-kindness and mercy, life and peace; may Zion be remembered for deliverance and well-being on this Day of Atonement.   Remember us, O Lord our God for our good, and be mindful of us for a life of blessing. In accordance with Thy promise of salvation and mercy, spare us and be gracious unto us; have compassion upon us and save us.   Unto Thee have we lifted our eyes for Thou art a gracious and merciful God and King.

Reader and Congregation

Open Thou the gate, O Lord,
Yea, even as it swingeth closed,
For lo, the day declineth fast.
As the day doth wane, O Lord,
Yea, even as the sun doth set,
O let us enter in Thy gate.

We beseech Thee, O God, forgive, pardon, condone; have pity and compassion; grant us atonement, and subdue our sin and iniquity.

אֵל מֶלֶךְ יוֹשֵׁב עַל כִּסֵּא רַחֲמִים.
מִתְנַהֵג בַּחֲסִידוּת מוֹחֵל עֲוֹנוֹת עַמּוֹ.
מַעֲבִיר רִאשׁוֹן רִאשׁוֹן.
מַרְבֶּה מְחִילָה לְחַטָּאִים וּסְלִיחָה לְפוֹשְׁעִים.
עוֹשֶׂה צְדָקוֹת עִם כָּל־בָּשָׂר וָרוּחַ.
לֹא כְרָעָתָם תִּגְמוֹל.
אֵל הוֹרֵיתָ לָּנוּ לוֹמַר שְׁלֹשׁ עֶשְׂרֵה.
זְכָר־לָנוּ הַיּוֹם בְּרִית שְׁלֹשׁ עֶשְׂרֵה.
כְּמוֹ שֶׁהוֹדַעְתָּ לֶעָנָו מִקֶּדֶם כְּמוֹ שֶׁכָּתוּב.
וַיֵּרֶד יְיָ בֶּעָנָן וַיִּתְיַצֵּב עִמּוֹ שָׁם וַיִּקְרָא בְשֵׁם יְיָ:

וַיַּעֲבֹר יְיָ עַל פָּנָיו וַיִּקְרָא.

יְיָ יְיָ אֵל רַחוּם וְחַנּוּן אֶרֶךְ אַפַּיִם וְרַב חֶסֶד וֶאֱמֶת: נֹצֵר חֶסֶד לָאֲלָפִים נֹשֵׂא עָוֹן וָפֶשַׁע וְחַטָּאָה וְנַקֵּה. וְסָלַחְתָּ לַעֲוֹנֵנוּ וּלְחַטָּאתֵנוּ וּנְחַלְתָּנוּ:

Thou sittest on Thy judgment seat
 Enthroned on high,
And one by one man's trespasses
 In penance pass Thee by.
Almighty King, Thy governing
Is with tender love replete.
Absolve we pray, our fears allay,
With mercy judgment mete.

Thou dwellest high, our Rock and Shield,
 Enthroned in might,
And pardonest each one his sins,
 From scarlet mak'st Thou white.
O Ruler wise, before Thine eyes,
Our frailties stand revealed.
Thy judgment be with charity,
Thy might with mercy wield.

Thou taughtest us Thy attributes
 Thirteen to say.
Remember then Thy covenant
 With us unto this day.
O living Fount, on Sinai's mount
Didst plant Thy nation's roots.
The truth, Thy seal, didst Thou reveal,
And none Thy word refutes.

Thou stoodest in a heavenly glow
 With Moses there.
Invoked he then Thy name, O God,
 And thus didst Thou declare:
"A gracious Lord, compassionate Lord,
To wrath and anger slow,
Forgiving sin, men's hearts to win,
To thousands mercy show."

סְלַח־לָנוּ אָבִינוּ כִּי חָטָאנוּ. מְחַל־לָנוּ מַלְכֵּנוּ כִּי פָשָׁעְנוּ: כִּי אַתָּה אֲדֹנָי טוֹב וְסַלָּח וְרַב חֶסֶד לְכָל־קֹרְאֶיךָ:

כִּי עִמְּךָ הַסְּלִיחָה לְמַעַן תִּוָּרֵא: כִּי עִמְּךָ מְקוֹר חַיִּים בְּאוֹרְךָ נִרְאֶה אוֹר: שְׁמַע יְיָ קוֹלֵנוּ נִקְרָא וְחָנֵּנוּ וַעֲנֵנוּ:

רַחֲמֶיךָ רַבִּים יְיָ כְּמִשְׁפָּטֶיךָ חַיֵּינוּ: אַל־תָּבֹא בְמִשְׁפָּט עִמָּנוּ כִּי לֹא יִצְדַּק לְפָנֶיךָ כָּל־חָי:

כְּרַחֵם אָב עַל בָּנִים כֵּן תְּרַחֵם יְיָ עָלֵינוּ: לַייָ הַיְשׁוּעָה עַל־עַמְּךָ בִרְכָתֶךָ סֶּלָה: יְיָ צְבָאוֹת עִמָּנוּ מִשְׂגָּב־לָנוּ אֱלֹהֵי יַעֲקֹב סֶלָה: יְיָ צְבָאוֹת אַשְׁרֵי אָדָם בֹּטֵחַ בָּךְ: יְיָ הוֹשִׁיעָה הַמֶּלֶךְ יַעֲנֵנוּ בְיוֹם־קָרְאֵנוּ:

סְלַח־נָא לַעֲוֹן הָעָם הַזֶּה כְּגֹדֶל חַסְדֶּךָ וְכַאֲשֶׁר נָשָׂאתָה לָעָם הַזֶּה מִמִּצְרַיִם וְעַד הֵנָּה: וְשָׁם נֶאֱמַר

Congregation

וַיֹּאמֶר יְיָ סָלַחְתִּי כִּדְבָרֶךָ:

הַטֵּה אֱלֹהַי אָזְנְךָ וּשְׁמָע פְּקַח עֵינֶיךָ וּרְאֵה שֹׁמְמֹתֵינוּ וְהָעִיר אֲשֶׁר נִקְרָא שִׁמְךָ עָלֶיהָ: כִּי לֹא עַל צִדְקֹתֵינוּ אֲנַחְנוּ מַפִּילִים תַּחֲנוּנֵינוּ לְפָנֶיךָ. כִּי עַל רַחֲמֶיךָ הָרַבִּים: אֲדֹנָי שְׁמָעָה אֲדֹנָי סְלָחָה אֲדֹנָי הַקְשִׁיבָה וַעֲשֵׂה אַל־תְּאַחַר לְמַעַנְךָ אֱלֹהַי. כִּי שִׁמְךָ נִקְרָא עַל־עִירְךָ וְעַל־עַמֶּךָ:

Forgive us, O our Father, for we have sinned; pardon us, our King, for we have transgressed. For Thou, O Lord, art good, and ready to forgive, and abundant in mercy unto all them that call upon Thee.

For there is forgiveness with Thee, that Thou mayest be revered. For with Thee is the fountain of life; in Thy light shall we see light. Hear our voice, O Lord, when we cry; have mercy also upon us and answer us.

Great are Thy tender mercies, O Lord; quicken us according to Thy judgments. Enter not into judgment with us; for in Thy sight no man living is altogether righteous.

As a father pities His children, so pity us, O Lord. Salvation comes from the Lord; may Thy blessing be upon Thy people. The Lord of hosts is with us; the God of Jacob is as a high tower unto us. O Lord of hosts, happy is the man that trusts in Thee. Save us, O Lord; mayest Thou, O King, answer us on the day we call.

O pardon the iniquity of this people according to the greatness of Thy mercy, and according as Thou hast forgiven this people from the days of Egypt even until now.

Congregation

And the Lord said: 'I have forgiven according to thy word.'

O my God, hear our prayer and behold the desolation of Zion, the city which is called by Thy name; for we do not present our supplications before Thee for our righteous deeds, but because of Thy great mercies. O Lord, hear; O Lord, forgive; O Lord, hearken and deal kindly with us. Delay not for Thine own sake, O my God; for Thy city and Thy people are called by Thy name.

The following Piyyut may be read responsively

אֱלֹהֵינוּ וֵאלֹהֵי אֲבוֹתֵינוּ.

וּמִי יַעֲמוֹד חֵטְא אִם תִּשְׁמוֹר.
וּמִי יָקוּם דִּין אִם תִּגְמוֹר.
הַסְּלִיחָה עִמְּךָ סָלַחְתִּי לֵאמֹר.

הָרַחֲמִים גַּם לְךָ מִדָּתְךָ לִכְמוֹר:
דִּכְדּוּךְ דַּלּוּתֵנוּ רְאֵה וְאַל תְּכַלִּים.
דֶּעַת נְתִיב דְּרָכֶיךָ חֶפְצֵנוּ הַשְׁלִים.
גָּדוֹל וְקָטוֹן רוּחַ שֵׂכֶל הַחֲלִים.

גִּבּוֹרֵי כֹחַ רְצוֹנְךָ חַזֵּק וְהַאֲלִים:
בְּצִלְּךָ שֶׁבֶת שָׁבִים קַבֵּל נְדָבָה.
בֵּיתְךָ יַפְרִיחוּ וְלֹא יוֹסִיפוּ לְדַאֲבָה.
אוֹבֵד וְנִדָּח תַּשְׁבִּית נוֹגֵשׂ וּמַדְהֵבָה.

אָז יַעֲלוּ וְיֵרְאוּ בְּרוּחַ נְדִיבָה:
שְׁלוֹם פָּרִים שְׂפָתֵינוּ תִּכּוֹן אֱמֶת.
לֶכְתֵּנוּ אַחֲרֶיךָ בְּתֹם וְיֹשֶׁר הַעֲמֵת.
מֵלִיץ יֹשֶׁר קַבֵּל וּמִלָּשְׁנִי צַמֵּת.

הֶחָפֵץ בַּחַיִּים וְלֹא בְּמוֹת הַמֵּת:
הֲקִימֵנוּ בְּאוֹר פָּנֶיךָ וְחֶשְׁבּוֹן יִתְמַצֵּה.
קִיּוּם מֵרֶדֶת שַׁחַת כֹּפֶר יִמָּצֵא.
טֶרֶם נִקְרָא עוֹד דִּבּוּר יֵצֵא.

נִדְבוֹת פִּינוּ יְיָ רְצֵה:

Piyyut by Solomon ben Judah ha-Babli, tenth century

Our God, and God of our fathers!
Lo, who could stand, if sin remained unshriven,
   And who abide, didst Thou his doom fulfill?
But it is Thine to say, "I have forgiven."
   O guard Thy attribute of mercy still.

Abash us not, our poor estate beholding,
   Our longed-for knowledge of Thy ways complete,
Intelligence in young and old unfolding.
   Make strong to follow Thee Thy servants' feet.

Thy shelter throw o'er penitent transgressors,
   So shall they flourish and no longer pine;
The lost and exiled loose from their oppressors,
   That they may freely offer at Thy shrine.

Accept our words as ancient sacrifices,
   When joined with righteousness, not merely breath;
Our pleader heed, destroy his foe's devices;
   Thou lovest life and not the sinner's death.

Establish us within Thy Face's shining,
   Annul our sins and save us from the grave;
Before we call, our unsaid words divining,
   Accept the off'rings of our mouth, we crave.

מְרֻבִּים צָרְכֵי עַמְּךָ וְדַעְתָּם קְצָרָה.
מַחְסוֹרָם וּמִשְׁאֲלוֹתָם בַּל יוּכְלוּ לְסַפְּרָה.
נָא בִּינָה הֲגִיגֵנוּ טֶרֶם נִקְרָא.
הָאֵל הַגָּדוֹל הַגִּבּוֹר וְהַנּוֹרָא:

סֶפּוּ וְגַם כָּלוּ יוֹדְעֵי פְגִיעָה.
סֵדֶר תְּפִלּוֹת בְּמַעֲנֵה לְשׁוֹנָם לְהַבִּיעָה.
עֲרֻמִּים נוֹתַרְנוּ וְרַבְתָה הָרָעָה.
עַל כֵּן לֹא תַשִּׂיג יְשׁוּעָה:

פָּנִים אֵין לָנוּ פָּנֶיךָ לְחַלּוֹת.
פָּשַׁעְנוּ וּמָרַדְנוּ וְהֶעֱוִינוּ מְסִלּוֹת.
צְדָקָה לְךָ לְבַד נְבַקֵּשׁ בְּמַעַרְכֵי תְהִלּוֹת.
הָעֹמְדִים בְּבֵית־יְיָ בַּלֵּילוֹת:

קָדוֹשׁ רְאֵה כִּי פַס מֵלִיץ כַּשּׁוּרָה.
קַבֵּל נִיבִי כְּמַרְבִּית תְּשׁוּרָה.
רִנָּתִי הַיּוֹם תְּהֵא בְכִתְרְךָ קְשׁוּרָה.
אֵל נֶאְזָר בִּגְבוּרָה:

שַׁוְעָתִי שְׁעֵה וּתְפִלָּתִי תְּהֵא נְעִימָה.
שְׁמַע פְּגִיעָתִי כִּפְגִיעַת תַּמָּה.
תְּחוֹקְקֵנוּ לְחַיִּים וְתֵיטִיב לָנוּ הַחֲתִימָה.
תֹּלֶה אֶרֶץ עַל בְּלִימָה:

יָדְךָ פְשׁוֹט וְקַבֵּל תְּשׁוּבָתִי בְּמַעֲמָדִי.
סְלַח וּמְחַל רֹעַ מַעְבָּדִי.
פְּנֵה נָא וַעֲסוֹק בְּטוֹבַת מְשַׁחֲרֶיךָ דּוֹדִי וּמְעוֹדְדִי.
וְאַתָּה יְיָ מָגֵן בַּעֲדִי:

Thy people's needs are large, their knowledge broken,
　Their wants and wishes they can scarce express;
O listen to their thought before 'tis spoken,
　Great God, so awesome in Thy mightiness.

Bereft are we of all the holy masters,
　In every form of prayer eloquent;
Hence grows the daily tale of our disasters,
　And hence salvation tarries in descent.

We lack the heart for prayer's true relation,
　For we have sinned, rebelled and gone astray;
Mere alms the substance of our supplication,
　When in Thy house at night we stand and pray.

Vain-spun, O Lord, the pleader's specious seeming,
　Accept my plea as though a gift I brought;
And in Thy crown, O set my prayer gleaming,
　O God, whose girdle is of power wrought.

With pleasure hear my humble cry forgiving,
　As though I were of goodness unalloyed;
Inscribe us all for life and happy living,
　Suspender of the earth upon the void.

Stretch out Thy hand and take my true contrition,
　Beloved, pardon every evil deed;
And grant them good who at the dawn petition,
　O Lord, the shield and buckler of my need.

זְכוֹר בְּרִית אַבְרָהָם וַעֲקֵדַת יִצְחָק.
וְהָשֵׁב שְׁבוּת אָהֳלֵי יַעֲקֹב וְהוֹשִׁיעֵנוּ לְמַעַן שְׁמֶךָ:
גּוֹאֵל חָזָק לְמַעַנְךָ פְּדֵנוּ.
רְאֵה כִּי אָזְלַת יָדֵנוּ.
שׁוּר כִּי אָבְדוּ חֲסִידֵינוּ.
מַפְגִּיעַ אֵין בַּעֲדֵנוּ:
וְשׁוּב בְּרַחֲמִים עַל שְׁאֵרִית יִשְׂרָאֵל. וְהוֹשִׁיעֵנוּ לְמַעַן שְׁמֶךָ:
הָעִיר הַקֹּדֶשׁ וְהַמְּחוֹזוֹת.
הָיוּ לְחֶרְפָּה וּלְבִזּוֹת.
וְכָל־מַחֲמַדֶּיהָ טְבוּעוֹת וּגְנוּזוֹת.
וְאֵין שִׁיּוּר רַק הַתּוֹרָה הַזֹּאת.
וְהָשֵׁב שְׁבוּת אָהֳלֵי יַעֲקֹב. וְהוֹשִׁיעֵנוּ לְמַעַן שְׁמֶךָ:

Reader and Congregation

אֶנְקַת מְסַלְדֶיךָ. תַּעַל לִפְנֵי כִסֵּא כְבוֹדֶךָ. מַלֵּא מִשְׁאֲלוֹת עַם מְיַחֲדֶיךָ. שׁוֹמֵעַ תְּפִלַּת בָּאֵי עָדֶיךָ:

יִשְׂרָאֵל נוֹשַׁע בַּייָ תְּשׁוּעַת עוֹלָמִים. גַּם הַיּוֹם יִוָּשְׁעוּ מִפִּיךָ שׁוֹכֵן מְרוֹמִים. כִּי אַתָּה רַב סְלִיחוֹת וּבַעַל הָרַחֲמִים:

יַחְבִּיאֵנוּ צֵל יָדוֹ תַּחַת כַּנְפֵי הַשְּׁכִינָה. חֹן יָחֹן כִּי יִבְחוֹן לֵב עָקֹב לְהָכִינָה. קוּמָה־נָא אֱלֹהֵינוּ עֻזָּה עֻזִּי־נָא. יְיָ לְשַׁוְעָתֵנוּ הַאֲזִינָה:

יַשְׁמִיעֵנוּ סָלַחְתִּי יֹשֵׁב בְּסֵתֶר עֶלְיוֹן. בִּימִין יֶשַׁע לְהִוָּשַׁע עַם עָנִי וְאֶבְיוֹן. בְּשַׁוְעֵנוּ אֵלֶיךָ נוֹרָאוֹת בְּצֶדֶק תַּעֲנֵנוּ. יְיָ הֱיֵה עוֹזֵר לָנוּ:

The following prayer is part of a Seliḥah (Penitential Psalm) by Gershom bar Judah ("Light of the Exile"), born at Metz, 960

Remember the covenant of Abraham, and the binding of Isaac. Turn back the captivity of the tents of Jacob, and save us for the sake of Thy name.

Thou mighty Redeemer, redeem us for Thine own sake;
Behold how powerless we are,
How few are our pious men,
And there is none to supplicate for us.
O return in mercy toward the remnant of Israel;
Save us for the sake of Thy name.
The holy city of Jerusalem and the provinces
Are become a reproach.
All their treasures are no more;
Naught remains for us but the Torah.
O turn back the captivity of the tents of Jacob,
And save us for the sake of Thy name.

The following four passages constitute the beginnings of four different Piyyutim. The first is by Rabbi Silano; the second, by Shephatiah, eleventh century; the third, by Isaac ben Samuel, and the fourth by Solomon ben Samuel of the thirteenth century. It is possible that when there was ample time, the congregation recited the four complete Piyyutim. But when there was insufficient time, the congregation read only the first stanzas, which are all that remain of them.

May the cry of those who praise Thee ascend before Thy glorious throne; grant the request of the people who acknowledge Thy unity, O Thou who hearest the prayers of those who entreat Thee.

Israel shall be saved by the Lord with everlasting salvation, yea, saved this day by Thy word, O Thou who dwellest on high; Thou art great in forgiveness and Thou art the Lord of mercy.

May God shelter us under the wings of His divine presence; may He indeed be gracious to us when He searcheth the wrongful heart to make it steadfast. Our God, we beseech Thee, strengthen us now, O our Strength; O Lord hearken to our cry.

O Thou Most High, from Thy secret dwelling place, cause us to hear, "I have pardoned" and with Thy salvation redeem a hapless and afflicted people. We stand in awe of Thee, and petition Thee; answer us graciously, O Eternal, be our help.

יְיָ יְיָ אֵל רַחוּם וְחַנּוּן אֶֽרֶךְ אַפַּֽיִם וְרַב־חֶֽסֶד וֶאֱמֶת:

נֹצֵר חֶֽסֶד לָאֲלָפִים נֹשֵׂא עָוֹן וָפֶֽשַׁע וְחַטָּאָה וְנַקֵּה.

וְסָלַחְתָּ לַעֲוֹנֵֽנוּ וּלְחַטָּאתֵֽנוּ וּנְחַלְתָּֽנוּ:

אֶזְכְּרָה אֱלֹהִים וְאֶהֱמָיָה.

בִּרְאוֹתִי כָל־עִיר עַל תִּלָּהּ בְּנוּיָה.

וְעִיר הָאֱלֹהִים מֻשְׁפֶּֽלֶת עַד שְׁאוֹל תַּחְתִּיָּה.

וּבְכָל־זֹאת אָֽנוּ לְיָהּ וְעֵינֵֽינוּ לְיָהּ:

מִדַּת הָרַחֲמִים עָלֵֽינוּ הִתְגַּלְגָּֽלִי.

וְלִפְנֵי קוֹנֵךְ תְּחִנָּתֵֽנוּ הַפִּֽילִי.

וּבְעַד עַמֵּךְ רַחֲמִים שַׁאֲֽלִי.

כִּי כָל־לֵבָב דַּוָּי וְכָל־רֹאשׁ לָחֳֽלִי:

תָּמַֽכְתִּי יְתֵדוֹתַי בִּשְׁלֹשׁ עֶשְׂרֵה תֵיבוֹת.

וּבְשַׁעֲרֵי דְמָעוֹת כִּי לֹא נִשְׁלָבוֹת.

לָכֵן שָׁפַֽכְתִּי שִֽׂיחַ פְּנֵי בּוֹחֵן לִבּוֹת.

בָּטֽוּחַ אֲנִי בָּאֵֽלֶּה וּבִזְכוּת שְׁלֹֽשֶׁת אָבוֹת:

יְהִי רָצוֹן לְפָנֶֽיךָ שׁוֹמֵֽעַ קוֹל בְּכִיוֹת.

שֶׁתָּשִׂים דִּמְעוֹתֵֽינוּ בְּנֹאדְךָ לִהְיוֹת.

וְתַצִּילֵֽנוּ מִכָּל־גְּזֵרוֹת אַכְזָרִיוֹת.

כִּי לְךָ לְבַד עֵינֵֽינוּ תְלוּיוֹת:

Reader and Congregation

רַחֶם־נָא קְהַל עֲדַת יְשֻׁרוּן. סְלַח וּמְחַל עֲוֹנָם. וְהוֹשִׁיעֵֽנוּ

אֱלֹהֵי יִשְׁעֵֽנוּ:

שַׁעֲרֵי שָׁמַֽיִם פְּתַח. וְאוֹצָרְךָ הַטּוֹב לָֽנוּ תִפְתַּח. תּוֹשִֽׁיעַ

וְרִיב אַל תִּמְתַּח. וְהוֹשִׁיעֵֽנוּ אֱלֹהֵי יִשְׁעֵֽנוּ:

The Lord, the Lord is a God full of compassion and gracious, slow to anger, and abounding in mercy and truth; keeping mercy for thousands, forgiving iniquity, transgressions and sin; and acquitting the penitent.* O pardon our iniquity and our sin, and take us for Thine inheritance.

Piyyut composed by Amittai ben Shephatiah of the late ninth century

I remember, O God, and I am deeply vexed
When I see every city built on its own site,
While Jerusalem, the city of God is razed to the
    ground;
Yet for all this, our faith in Thee does not falter.

O attribute of mercy, be moved compassionately
    toward us;
Supplicate your possessor, the Eternal,
And entreat for mercy for your people.
"For every heart is faint and every head is weary."

On the thirteen attributes of God, do I rely,
And on the flowing tears of contrite hearts;
Therefore have I poured out my prayer to Him who
    searcheth hearts.
In these do I have faith, and in the merit of the
    fathers.

O Thou who hearest weeping, hear Thou us.
And do Thou pour our tears in Thy heavenly urn.
Deliver us; forgo Thy dread decrees,
For unto Thee our eyes turn evermore.

Reader and Congregation

Have mercy, we pray Thee, on the assembly of the congregation of Jeshurun; forgive and pardon their iniquity, and save us, O God of our salvation.

Open the gates of heaven, and unlock for us Thy bounteous storehouse. Help us; delay not; save us, O God of our salvation.

* According to the Rabbinic interpretation.

אֱלֹהֵינוּ וֵאלֹהֵי אֲבוֹתֵינוּ סְלַח־לָנוּ. מְחַל־לָנוּ. כַּפֶּר־לָנוּ.

כִּי אָנוּ עַמֶּךָ וְאַתָּה אֱלֹהֵינוּ. אָנוּ בָנֶיךָ וְאַתָּה אָבִינוּ:
אָנוּ עֲבָדֶיךָ וְאַתָּה אֲדוֹנֵנוּ. אָנוּ קְהָלֶךָ וְאַתָּה חֶלְקֵנוּ:
אָנוּ נַחֲלָתֶךָ וְאַתָּה גוֹרָלֵנוּ. אָנוּ צֹאנֶךָ וְאַתָּה רוֹעֵנוּ:
אָנוּ כַרְמֶךָ וְאַתָּה נוֹטְרֵנוּ. אָנוּ פְעֻלָּתֶךָ וְאַתָּה יוֹצְרֵנוּ:
אָנוּ רַעְיָתֶךָ וְאַתָּה דוֹדֵנוּ. אָנוּ סְגֻלָּתֶךָ וְאַתָּה קְרוֹבֵנוּ:
אָנוּ עַמֶּךָ וְאַתָּה מַלְכֵּנוּ. אָנוּ מַאֲמִירֶךָ וְאַתָּה מַאֲמִירֵנוּ:

אָנוּ עַזֵּי פָנִים וְאַתָּה רַחוּם וְחַנּוּן. אָנוּ קְשֵׁי עֹרֶף וְאַתָּה אֶרֶךְ אַפַּיִם. אָנוּ מְלֵאֵי עָוֹן וְאַתָּה מָלֵא רַחֲמִים. אָנוּ יָמֵינוּ כְּצֵל עוֹבֵר. וְאַתָּה הוּא וּשְׁנוֹתֶיךָ לֹא יִתָּמּוּ:

אֱלֹהֵינוּ וֵאלֹהֵי אֲבוֹתֵינוּ.

תָּבֹא לְפָנֶיךָ תְּפִלָּתֵנוּ וְאַל תִּתְעַלַּם מִתְּחִנָּתֵנוּ. שֶׁאֵין אֲנַחְנוּ עַזֵּי פָנִים וּקְשֵׁי עֹרֶף לוֹמַר לְפָנֶיךָ יְיָ אֱלֹהֵינוּ וֵאלֹהֵי אֲבוֹתֵינוּ צַדִּיקִים אֲנַחְנוּ וְלֹא חָטָאנוּ אֲבָל אֲנַחְנוּ חָטָאנוּ:

Congregation and Reader

אָשַׁמְנוּ. בָּגַדְנוּ. גָּזַלְנוּ. דִּבַּרְנוּ דֹפִי. הֶעֱוִינוּ. וְהִרְשַׁעְנוּ. זַדְנוּ. חָמַסְנוּ. טָפַלְנוּ שֶׁקֶר. יָעַצְנוּ רָע. כִּזַּבְנוּ. לַצְנוּ. מָרַדְנוּ. נִאַצְנוּ. סָרַרְנוּ. עָוִינוּ. פָּשַׁעְנוּ. צָרַרְנוּ. קִשִּׁינוּ עֹרֶף. רָשַׁעְנוּ. שִׁחַתְנוּ. תִּעַבְנוּ. תָּעִינוּ. תִּעְתָּעְנוּ:

סַרְנוּ מִמִּצְוֹתֶיךָ וּמִמִּשְׁפָּטֶיךָ הַטּוֹבִים וְלֹא שָׁוָה לָנוּ: וְאַתָּה צַדִּיק עַל כָּל־הַבָּא עָלֵינוּ. כִּי אֱמֶת עָשִׂיתָ וַאֲנַחְנוּ הִרְשָׁעְנוּ׃

Our God and God of our fathers, forgive us, pardon us, and grant us atonement;

For we are Thy people, and Thou art our God;
We are Thy children, and Thou our Father.
We are Thy servants, and Thou our Master;
We are Thy congregation, and Thou our Portion.
We are Thine inheritance and Thou our Lot;
We are Thy flock, and Thou our Shepherd.
We are Thy vineyard, and Thou our Keeper;
We are Thy work, and Thou our Creator.
We are Thy faithful, and Thou our Beloved;
We are Thy loyal ones, and Thou our Lord.
We are Thy subjects and Thou our King;
We are Thy devoted people, and Thou our exalted God.

We are insolent, but Thou art merciful and compassionate; we are obstinate, but Thou art long-suffering. We are burdened by our sins, but Thou art abounding in mercy. As for us, our days are like a passing shadow; but Thou art immutable, and Thy years never-ending.

Our God and God of our fathers!

May our prayers come before Thee. Hide not Thyself from our supplication for we are neither so arrogant nor so hardened as to say before Thee, O Lord our God and God of our fathers, 'we are righteous and have not sinned'; verily, we have sinned.

Congregation and Reader

We have trespassed, we have dealt treacherously, we have robbed, we have spoken slander, we have acted perversely, and we have wrought wickedness; we have been presumptuous, we have done violence, we have framed lies, we have counselled evil, and we have spoken falsely; we have scoffed, we have revolted, we have provoked, we have rebelled, we have committed iniquity, and we have transgressed; we have oppressed, we have been stiff-necked, we have done wickedly, we have corrupted, we have committed abomination, we have gone astray, we have led others astray.

We have turned away from Thy commandments and Thy judgments that are good, and it has profited us naught. But Thou art righteous in all that has come upon us; for Thou hast acted truthfully, but we have wrought unrighteousness.

מַה־נֹּאמַר לְפָנֶיךָ יוֹשֵׁב מָרוֹם. וּמַה־נְּסַפֵּר לְפָנֶיךָ שׁוֹכֵן שְׁחָקִים. הֲלֹא כָּל־הַנִּסְתָּרוֹת וְהַנִּגְלוֹת אַתָּה יוֹדֵעַ:

אַתָּה נוֹתֵן יָד לְפוֹשְׁעִים וִימִינְךָ פְשׁוּטָה לְקַבֵּל שָׁבִים. וַתְּלַמְּדֵנוּ יְיָ אֱלֹהֵינוּ לְהִתְוַדּוֹת לְפָנֶיךָ עַל כָּל־עֲוֹנוֹתֵינוּ לְמַעַן נֶחְדַּל מֵעֹשֶׁק יָדֵינוּ וּתְקַבְּלֵנוּ בִּתְשׁוּבָה שְׁלֵמָה לְפָנֶיךָ כְּאִשִּׁים וּכְנִיחוֹחִים לְמַעַן דְּבָרֶיךָ אֲשֶׁר אָמָרְתָּ: אֵין קֵץ לְאִשֵּׁי חוֹבוֹתֵינוּ וְאֵין מִסְפָּר לְנִיחוֹחֵי אַשְׁמָתֵנוּ. וְאַתָּה יוֹדֵעַ שֶׁאַחֲרִיתֵנוּ רִמָּה וְתוֹלֵעָה לְפִיכָךְ הִרְבֵּיתָ סְלִיחָתֵנוּ: מָה־אָנוּ מֶה־חַיֵּינוּ מֶה־חַסְדֵּנוּ מַה־צִּדְקֵנוּ מַה־יִּשְׁעֵנוּ מַה־כֹּחֵנוּ מַה־גְּבוּרָתֵנוּ. וּמַה־נֹּאמַר לְפָנֶיךָ יְיָ אֱלֹהֵינוּ וֵאלֹהֵי אֲבוֹתֵינוּ. הֲלֹא כָּל־הַגִּבּוֹרִים כְּאַיִן לְפָנֶיךָ וְאַנְשֵׁי הַשֵּׁם כְּלֹא הָיוּ וַחֲכָמִים כִּבְלִי מַדָּע וּנְבוֹנִים כִּבְלִי הַשְׂכֵּל. כִּי רֹב מַעֲשֵׂיהֶם תֹּהוּ וִימֵי חַיֵּיהֶם הֶבֶל לְפָנֶיךָ. וּמוֹתַר הָאָדָם מִן הַבְּהֵמָה אָיִן כִּי הַכֹּל הָבֶל:

On Sabbath add the bracketed words

אַתָּה הִבְדַּלְתָּ אֱנוֹשׁ מֵרֹאשׁ וַתַּכִּירֵהוּ לַעֲמוֹד לְפָנֶיךָ: כִּי מִי יֹאמַר לְךָ מַה־תִּפְעַל וְאִם־יִצְדַּק מַה־יִּתֶּן־לָךְ: וַתִּתֶּן־לָנוּ יְיָ אֱלֹהֵינוּ בְּאַהֲבָה אֶת־יוֹם [הַשַּׁבָּת הַזֶּה וְאֶת־יוֹם] הַכִּפֻּרִים הַזֶּה קֵץ וּמְחִילָה וּסְלִיחָה עַל כָּל־עֲוֹנוֹתֵינוּ לְמַעַן נֶחְדַּל מֵעֹשֶׁק יָדֵנוּ וְנָשׁוּב אֵלֶיךָ לַעֲשׂוֹת חֻקֵּי רְצוֹנְךָ בְּלֵבָב שָׁלֵם: וְאַתָּה בְּרַחֲמֶיךָ הָרַבִּים רַחֵם עָלֵינוּ כִּי לֹא תַחְפּוֹץ בְּהַשְׁחָתַת עוֹלָם. שֶׁנֶּאֱמַר דִּרְשׁוּ יְיָ בְּהִמָּצְאוֹ קְרָאֻהוּ בִּהְיוֹתוֹ קָרוֹב: וְנֶאֱמַר. יַעֲזֹב רָשָׁע דַּרְכּוֹ וְאִישׁ אָוֶן מַחְשְׁבֹתָיו וְיָשֹׁב אֶל־יְיָ וִירַחֲמֵהוּ וְאֶל־אֱלֹהֵינוּ כִּי־יַרְבֶּה

What shall we say before Thee, O Thou who dwellest on high, and what shall we declare before Thee, O Thou who abidest in the heavens? Dost Thou not know all things, both the hidden and the revealed?

Thou helpest the transgressors and Thy right hand is stretched out to receive the repentant. Thou hast taught us, O Lord our God, to make confession before Thee of all our iniquities to the end that we may withhold our hands from unrighteousness; for then wilt Thou receive us back into Thy presence in perfect penitence even as Thou didst accept the offerings in the Temple of old. Endless would be the sacrifices due unto Thee according to ancient rite, and numberless would be the guilt-offerings required because of our sins. But Thou knowest that our end is but dust and ashes and therefore Thou hast multiplied the means by which we may seek Thy forgiveness.

What are we? What is our life? What our piety? What our righteousness? What our help? What our strength? What our might? What shall we say before Thee, O Lord our God and God of our fathers? Are not all the mighty ones as naught before Thee? Are not the men of renown as though they were not? Are not wise men as though without knowledge and men of understanding as though without discernment? For the multitude of their works is emptiness, and the days of their lives are vanity before Thee; and the pre-eminence of man over beast is naught; for all is vanity, except the pure soul which must hereafter give accounting before the throne of Thy glory.*

On Sabbath add the bracketed words

From the beginning, Thou hast distinguished man by endowing him with reason and filled him with the desire to seek Thy presence. Yet, who shall say unto Thee: "What doest Thou?" And if man be righteous, what boon is that to Thee? But Thou hast given us, O Lord our God, this [Sabbath Day and this] Day of Atonement, the culmination of the season of forgiveness and pardon of all our iniquities so that we may withhold our hand from unrighteousness and return unto Thee to perform Thy will with a perfect heart.

* Based on Sephardic text

לִסְלֹוחַ: וְאַתָּה אֱלוֹהַּ סְלִיחוֹת חַנּוּן וְרַחוּם אֶרֶךְ אַפַּיִם וְרַב־חֶסֶד וֶאֱמֶת וּמַרְבֶּה לְהֵיטִיב. וְרוֹצֶה אַתָּה בִּתְשׁוּבַת רְשָׁעִים וְאֵין אַתָּה חָפֵץ בְּמִיתָתָם שֶׁנֶּאֱמַר. אֱמֹר אֲלֵיהֶם חַי־אָנִי נְאֻם אֲדֹנָי יֱהוִֹה אִם־אֶחְפֹּץ בְּמוֹת הָרָשָׁע כִּי אִם־בְּשׁוּב רָשָׁע מִדַּרְכּוֹ וְחָיָה. שׁוּבוּ שׁוּבוּ מִדַּרְכֵיכֶם הָרָעִים וְלָמָּה תָמוּתוּ בֵּית יִשְׂרָאֵל: וְנֶאֱמַר. הֶחָפֹץ אֶחְפֹּץ מוֹת רָשָׁע נְאֻם אֲדֹנָי יֱהוִֹה הֲלוֹא בְּשׁוּבוֹ מִדְּרָכָיו וְחָיָה. וְנֶאֱמַר. כִּי לֹא אֶחְפֹּץ בְּמוֹת הַמֵּת נְאֻם אֲדֹנָי יֱהוִֹה וְהָשִׁיבוּ וִחְיוּ:

אֱלֹהֵינוּ וֵאלֹהֵי אֲבוֹתֵינוּ מְחַל לַעֲוֹנוֹתֵינוּ בְּיוֹם [הַשַּׁבָּת הַזֶּה וּבְיוֹם] הַכִּפֻּרִים הַזֶּה מְחֵה וְהַעֲבֵר פְּשָׁעֵינוּ וְחַטֹּאתֵינוּ מִנֶּגֶד עֵינֶיךָ. כָּאָמוּר אָנֹכִי אָנֹכִי הוּא מֹחֶה פְשָׁעֶיךָ לְמַעֲנִי וְחַטֹּאתֶיךָ לֹא אֶזְכֹּר: וְנֶאֱמַר מָחִיתִי כָעָב פְּשָׁעֶיךָ וְכֶעָנָן חַטֹּאתֶיךָ שׁוּבָה אֵלַי כִּי גְאַלְתִּיךָ: וְנֶאֱמַר כִּי־בַיּוֹם הַזֶּה יְכַפֵּר עֲלֵיכֶם לְטַהֵר אֶתְכֶם מִכֹּל חַטֹּאתֵיכֶם לִפְנֵי יְיָ תִּטְהָרוּ: אֱלֹהֵינוּ וֵאלֹהֵי אֲבוֹתֵינוּ [רְצֵה בִמְנוּחָתֵנוּ] קַדְּשֵׁנוּ בְּמִצְוֹתֶיךָ וְתֵן חֶלְקֵנוּ בְּתוֹרָתֶךָ שַׂבְּעֵנוּ מִטּוּבֶךָ וְשַׂמְּחֵנוּ בִּישׁוּעָתֶךָ. [וְהַנְחִילֵנוּ יְיָ אֱלֹהֵינוּ בְּאַהֲבָה וּבְרָצוֹן שַׁבַּת קָדְשֶׁךָ וְיָנוּחוּ בָהּ יִשְׂרָאֵל מְקַדְּשֵׁי שְׁמֶךָ] וְטַהֵר לִבֵּנוּ לְעָבְדְּךָ בֶּאֱמֶת. כִּי אַתָּה סָלְחָן לְיִשְׂרָאֵל וּמָחֳלָן לְשִׁבְטֵי יְשֻׁרוּן בְּכָל־דּוֹר וָדוֹר וּמִבַּלְעָדֶיךָ אֵין לָנוּ מֶלֶךְ מוֹחֵל וְסוֹלֵחַ אֶלָּא אָתָּה. בָּרוּךְ אַתָּה יְיָ. מֶלֶךְ מוֹחֵל וְסוֹלֵחַ לַעֲוֹנוֹתֵינוּ וְלַעֲוֹנוֹת עַמּוֹ בֵּית יִשְׂרָאֵל. וּמַעֲבִיר אַשְׁמוֹתֵינוּ בְּכָל־שָׁנָה וְשָׁנָה. מֶלֶךְ עַל כָּל־הָאָרֶץ מְקַדֵּשׁ [הַשַּׁבָּת וְ]יִשְׂרָאֵל וְיוֹם הַכִּפֻּרִים:

Do Thou, in Thine abundant mercy, have compassion upon us. For Thou delightest not in the destruction of the world, as it is written in Holy Scripture: "Seek the Lord while He may be found, call upon Him while He is near." "Let the wicked forsake his way, and the man of iniquity, his thoughts; and let him return unto the Lord, and He will have compassion upon him; and to our God for He will abundantly pardon. For Thou art a God ready to forgive, gracious and full of compassion, slow to anger, abounding in mercy, and in goodness." Thou acceptest the repentance of the wicked and delightest not in their death, as it is said: "Say unto them, 'As I live,' saith the Lord God, 'I have no pleasure in the death of the wicked; but that the wicked turn from his way and live; turn ye, turn ye from your evil ways; for why will ye die, O house of Israel?"

Our God and God of our fathers, pardon our iniquities [on this Sabbath Day, and] on this Atonement Day. Efface our transgressions and our sins, and make them pass away from before Thine eyes; as it is written in Scripture: "I, even I, am He that effaceth thy transgressions for Mine own sake." "I have blotted out as a cloud thy transgressions, and, as a mist, thy sins; return unto Me for I have redeemed thee." "For on this day shall atonement be made for you, to cleanse you; from all your sins shall ye be clean before the Lord." Our God and God of our fathers, [accept our rest;] sanctify us by Thy commandments, and grant that our portion be in Thy Torah; satisfy us with Thy goodness, and gladden us with Thy salvation. [Cause us, O Lord our God, in love and favor to inherit Thy holy Sabbath; and may Israel rest thereon and bless Thy name.]

Make our hearts pure to serve Thee in truth; for Thou art the Forgiver of Israel and the Pardoner of the tribes of Jeshurun in every generation, and besides Thee we have no King who pardoneth and forgiveth. Blessed art Thou, O Lord, Thou King who pardonest and forgivest our iniquities and the iniquities of the house of Israel, who makest our trespasses to pass away year by year, Thou King over all the earth, who sanctifiest [the Sabbath and] Israel and the Day of Atonement.

רְצֵה יְיָ אֱלֹהֵינוּ בְּעַמְּךָ יִשְׂרָאֵל וּבִתְפִלָּתָם. וְהָשֵׁב אֶת־הָעֲבוֹדָה לִדְבִיר בֵּיתֶךָ וְאִשֵּׁי יִשְׂרָאֵל וּתְפִלָּתָם בְּאַהֲבָה תְקַבֵּל בְּרָצוֹן. וּתְהִי לְרָצוֹן תָּמִיד עֲבוֹדַת יִשְׂרָאֵל עַמֶּךָ. וְתֶחֱזֶינָה עֵינֵינוּ בְּשׁוּבְךָ לְצִיּוֹן בְּרַחֲמִים. בָּרוּךְ אַתָּה יְיָ הַמַּחֲזִיר שְׁכִינָתוֹ לְצִיּוֹן:

*מוֹדִים אֲנַחְנוּ לָךְ שָׁאַתָּה הוּא יְיָ אֱלֹהֵינוּ וֵאלֹהֵי אֲבוֹתֵינוּ לְעוֹלָם וָעֶד. צוּר חַיֵּינוּ מָגֵן יִשְׁעֵנוּ אַתָּה הוּא לְדוֹר וָדוֹר. נוֹדֶה לְּךָ וּנְסַפֵּר תְּהִלָּתֶךָ עַל חַיֵּינוּ הַמְּסוּרִים בְּיָדֶךָ וְעַל נִשְׁמוֹתֵינוּ הַפְּקוּדוֹת לָךְ וְעַל נִסֶּיךָ שֶׁבְּכָל־יוֹם עִמָּנוּ וְעַל נִפְלְאוֹתֶיךָ וְטוֹבוֹתֶיךָ שֶׁבְּכָל־עֵת עֶרֶב וָבֹקֶר וְצָהֳרָיִם. הַטּוֹב כִּי לֹא־כָלוּ רַחֲמֶיךָ וְהַמְרַחֵם כִּי לֹא־תַמּוּ חֲסָדֶיךָ מֵעוֹלָם קִוִּינוּ לָךְ:

**Congregation, as Reader begins the above prayer:*

מוֹדִים אֲנַחְנוּ לָךְ שָׁאַתָּה הוּא יְיָ אֱלֹהֵינוּ וֵאלֹהֵי אֲבוֹתֵינוּ אֱלֹהֵי כָל־בָּשָׂר יוֹצְרֵנוּ יוֹצֵר בְּרֵאשִׁית. בְּרָכוֹת וְהוֹדָאוֹת לְשִׁמְךָ הַגָּדוֹל וְהַקָּדוֹשׁ עַל שֶׁהֶחֱיִיתָנוּ וְקִיַּמְתָּנוּ. כֵּן תְּחַיֵּנוּ וּתְקַיְּמֵנוּ וְתֶאֱסוֹף גָּלֻיּוֹתֵינוּ לְחַצְרוֹת קָדְשֶׁךָ לִשְׁמֹר חֻקֶּיךָ וְלַעֲשׂוֹת רְצוֹנֶךָ וּלְעָבְדְךָ בְּלֵבָב שָׁלֵם עַל שֶׁאֲנַחְנוּ מוֹדִים לָךְ. בָּרוּךְ אֵל הַהוֹדָאוֹת:

וְעַל כֻּלָּם יִתְבָּרַךְ וְיִתְרוֹמַם שִׁמְךָ מַלְכֵּנוּ תָּמִיד לְעוֹלָם וָעֶד:

Congregation and Reader

אָבִינוּ מַלְכֵּנוּ זְכוֹר רַחֲמֶיךָ וּכְבוֹשׁ כַּעַסְךָ וְכַלֵּה דֶבֶר וְחֶרֶב וְרָעָב וּשְׁבִי וּמַשְׁחִית וְעָוֹן וּשְׁמַד וּמַגֵּפָה וּפֶגַע רַע וְכָל־מַחֲלָה וְכָל־תַּקָּלָה וְכָל־קְטָטָה וְכָל־מִינֵי פֻרְעָנִיּוֹת וְכָל־גְּזֵרָה רָעָה וְשִׂנְאַת חִנָּם. מֵעָלֵינוּ וּמֵעַל כָּל־בְּנֵי בְרִיתֶךָ:

O Lord our God, be gracious unto Thy people Israel and accept their prayer. Restore worship to Thy Sanctuary and receive in love and favor the supplication of Israel. May the worship of Thy people be ever acceptable unto Thee. O may our eyes witness Thy return in mercy to Zion. Blessed art Thou, O Lord, who restorest Thy divine presence unto Zion.

* We thankfully acknowledge that Thou art the Lord our God and the God of our fathers unto all eternity; the Rock of our lives, and the Shield of our salvation through every generation. We will be grateful unto Thee and declare Thy praise for our lives which are entrusted into Thy hands, for our souls which are in Thy care, for Thy miracles which are daily with us, and for Thy wonderful goodness toward us at all times, evening, morn and noon. Thou art good, and Thy love never fails; Thou art merciful, and Thy kindnesses never cease. We have ever hoped in Thee.

Congregation, as Reader begins the above prayer:

We thank Thee who art the Lord our God and the God of our fathers, the God of all flesh, our Creator and the Creator of the universe. Blessings and thanksgiving are due unto Thy great and holy name because Thou hast given us life and sustained us. O continue to keep us in life and preserve us. Gather our exiles into Thy holy Sanctuary to observe Thy statutes, to do Thy will and to serve Thee with a perfect heart. For this do we give thanks unto Thee, O God, blessed in all thanksgiving.

For all this, Thy name, O our divine Ruler, shall be blessed and exalted forever.

Congregation and Reader

Our Father, our King, remember Thy mercy, show us Thy compassion and remove from us and from the children of Thy covenant, pestilence, sword and famine, destruction, captivity, iniquity and plague, all evil occurrences and every disease, every stumbling-block and contention, every evil decree and all causeless enmity.

Congregation and Reader

וַחֲתוֹם לְחַיִּים טוֹבִים כָּל־בְּנֵי בְרִיתֶךָ:

וְכֹל הַחַיִּים יוֹדְוּךָ סֶּלָה וִיהַלְלוּ אֶת־שִׁמְךָ בֶּאֱמֶת הָאֵל יְשׁוּעָתֵנוּ וְעֶזְרָתֵנוּ סֶלָה. בָּרוּךְ אַתָּה יְיָ הַטּוֹב שִׁמְךָ וּלְךָ נָאֶה לְהוֹדוֹת:

אֱלֹהֵינוּ וֵאלֹהֵי אֲבוֹתֵינוּ בָּרְכֵנוּ בַבְּרָכָה הַמְשֻׁלֶּשֶׁת בַּתּוֹרָה הַכְּתוּבָה עַל־יְדֵי מֹשֶׁה עַבְדֶּךָ הָאֲמוּרָה מִפִּי אַהֲרֹן וּבָנָיו כֹּהֲנִים עַם קְדוֹשֶׁךָ כָּאָמוּר.

Reader	*Congregation*
יְבָרֶכְךָ יְיָ וְיִשְׁמְרֶךָ:	כֵּן יְהִי רָצוֹן:
יָאֵר יְיָ פָּנָיו אֵלֶיךָ וִיחֻנֶּךָּ:	כֵּן יְהִי רָצוֹן:
יִשָּׂא יְיָ פָּנָיו אֵלֶיךָ וְיָשֵׂם לְךָ שָׁלוֹם:	כֵּן יְהִי רָצוֹן:

שִׂים שָׁלוֹם טוֹבָה וּבְרָכָה חֵן וָחֶסֶד וְרַחֲמִים עָלֵינוּ וְעַל כָּל־יִשְׂרָאֵל עַמֶּךָ. בָּרְכֵנוּ אָבִינוּ כֻּלָּנוּ כְּאֶחָד בְּאוֹר פָּנֶיךָ. כִּי בְאוֹר פָּנֶיךָ נָתַתָּ לָּנוּ יְיָ אֱלֹהֵינוּ תּוֹרַת חַיִּים וְאַהֲבַת חֶסֶד וּצְדָקָה וּבְרָכָה וְרַחֲמִים וְחַיִּים וְשָׁלוֹם. וְטוֹב בְּעֵינֶיךָ לְבָרֵךְ אֶת עַמְּךָ יִשְׂרָאֵל בְּכָל־עֵת וּבְכָל־שָׁעָה בִּשְׁלוֹמֶךָ:

Congregation and Reader

בְּסֵפֶר חַיִּים בְּרָכָה וְשָׁלוֹם וּפַרְנָסָה טוֹבָה נִזָּכֵר וְנֵחָתֵם לְפָנֶיךָ אֲנַחְנוּ וְכָל־עַמְּךָ בֵּית יִשְׂרָאֵל לְחַיִּים טוֹבִים וּלְשָׁלוֹם.

בָּרוּךְ אַתָּה יְיָ עוֹשֵׂה הַשָּׁלוֹם:

Congregation and Reader

O *seal* all the children of Thy covenant for a happy life.

Reader

And may all the living do homage unto Thee forever, and praise Thy name in truth, O God, who art our salvation and our help. Blessed be Thou, O Lord, Beneficent One; unto Thee it is seemly to give praise.

Our God and God of our fathers, bless us with the three-fold blessing written in the Torah of Moses, Thy servant, and spoken by Aaron and his descendants, Thy consecrated priests:

Reader	*Congregation*
May the Lord bless you and keep you.	So may it be His will.
May the Lord make His countenance to shine upon you and be gracious unto you.	So may it be His will.
May the Lord turn His countenance unto you and give you peace.	So may it be His will.

Our Father, grant peace and well-being, blessing and grace, loving-kindness and mercy unto us and unto all Israel, Thy people. Bless us, O our Father, all of us together, with the light of Thy presence; for by that light Thou hast given us, O Lord our God, the Torah of life, loving-kindness and righteousness, blessing and mercy, life and peace. O may it be good in Thy sight at all times to bless Israel and all Thy children with Thy peace.

Congregation and Reader

In the book of life, blessing, peace and good sustenance, may we be remembered and *sealed* before Thee, we and all Thy people, the house of Israel, for a happy life and for peace.

Blessed art Thou, O Lord, who makest peace.

Congregation and Reader

אָבִינוּ מַלְכֵּנוּ חָטָאנוּ לְפָנֶיךָ:
אָבִינוּ מַלְכֵּנוּ אֵין לָנוּ מֶלֶךְ אֶלָּא אָתָּה:
אָבִינוּ מַלְכֵּנוּ עֲשֵׂה עִמָּנוּ לְמַעַן שְׁמֶךָ:
אָבִינוּ מַלְכֵּנוּ חַדֵּשׁ עָלֵינוּ שָׁנָה טוֹבָה:
אָבִינוּ מַלְכֵּנוּ בַּטֵּל מֵעָלֵינוּ כָּל־גְּזֵרוֹת קָשׁוֹת:
אָבִינוּ מַלְכֵּנוּ בַּטֵּל מַחְשְׁבוֹת שׂוֹנְאֵינוּ:
אָבִינוּ מַלְכֵּנוּ הָפֵר עֲצַת אוֹיְבֵינוּ:
אָבִינוּ מַלְכֵּנוּ כַּלֵּה כָל־צַר וּמַשְׂטִין מֵעָלֵינוּ:
אָבִינוּ מַלְכֵּנוּ סְתוֹם פִּיּוֹת מַשְׂטִינֵנוּ וּמְקַטְרְגֵינוּ:
אָבִינוּ מַלְכֵּנוּ כַּלֵּה דֶּבֶר וְחֶרֶב וְרָעָב וּשְׁבִי וּמַשְׁחִית מִבְּנֵי בְרִיתֶךָ:
אָבִינוּ מַלְכֵּנוּ מְנַע מַגֵּפָה מִנַּחֲלָתֶךָ:
אָבִינוּ מַלְכֵּנוּ סְלַח וּמְחַל לְכָל־עֲוֹנוֹתֵינוּ:
אָבִינוּ מַלְכֵּנוּ מְחֵה וְהַעֲבֵר פְּשָׁעֵינוּ וְחַטֹּאתֵינוּ מִנֶּגֶד עֵינֶיךָ:
אָבִינוּ מַלְכֵּנוּ מְחוֹק בְּרַחֲמֶיךָ הָרַבִּים כָּל־שִׁטְרֵי חוֹבוֹתֵינוּ:
אָבִינוּ מַלְכֵּנוּ הַחֲזִירֵנוּ בִּתְשׁוּבָה שְׁלֵמָה לְפָנֶיךָ:
אָבִינוּ מַלְכֵּנוּ שְׁלַח רְפוּאָה שְׁלֵמָה לְחוֹלֵי עַמֶּךָ:
אָבִינוּ מַלְכֵּנוּ קְרַע רוֹעַ גְּזַר דִּינֵנוּ:
אָבִינוּ מַלְכֵּנוּ זָכְרֵנוּ בְּזִכָּרוֹן טוֹב לְפָנֶיךָ:
אָבִינוּ מַלְכֵּנוּ חָתְמֵנוּ בְּסֵפֶר חַיִּים טוֹבִים:
אָבִינוּ מַלְכֵּנוּ חָתְמֵנוּ בְּסֵפֶר גְּאֻלָּה וִישׁוּעָה:
אָבִינוּ מַלְכֵּנוּ חָתְמֵנוּ בְּסֵפֶר פַּרְנָסָה וְכַלְכָּלָה:
אָבִינוּ מַלְכֵּנוּ חָתְמֵנוּ בְּסֵפֶר זְכֻיּוֹת:
אָבִינוּ מַלְכֵּנוּ חָתְמֵנוּ בְּסֵפֶר סְלִיחָה וּמְחִילָה:

The Ark is opened

Congregation and Reader

Our Father, our King, we have sinned before Thee.

Our Father, our King, we have no king except Thee.

Our Father, our King, deal with us kindly for the sake of Thy name.

Our Father, our King, renew unto us a year of good.

Our Father, our King, annul every evil decree against us.

Our Father, our King, annul the designs of those who hate us.

Our Father, our King, frustrate the counsel of our enemies.

Our Father, our King, destroy the power of every oppressor and adversary.

Our Father, our King, silence the mouths of our adversaries and those who accuse us falsely.

Our Father, our King, remove pestilence, sword, famine, captivity, destruction and plague from the children who obey Thy covenant.

Our Father, our King, withhold the plague from Thy people.

Our Father, our King, forgive and pardon our iniquities.

Our Father, our King, blot out our transgressions, and cause our sins to pass away from before Thee.

Our Father, our King, efface in Thine abundant mercy, all record of our guilt.

Our Father, our King, may we return unto Thee in perfect repentance.

Our Father, our King, send a perfect healing to the sick among Thy people.

Our Father, our King, repeal the evil sentence that may be decreed against us.

Our Father, our King, remember us for our well-being.

Our Father, our King, *seal* us in the Book of Happy Life.

Our Father, our King, *seal* us in the Book of Freedom and Salvation.

Our Father, our King, *seal* us in the Book of Sustenance.

Our Father, our King, *seal* us for a meritorious life.

Our Father, our King, *seal* us in the Book of Forgiveness and Pardon.

אָבִינוּ מַלְכֵּנוּ הַצְמַח לָנוּ יְשׁוּעָה בְּקָרוֹב:
אָבִינוּ מַלְכֵּנוּ הָרֵם קֶרֶן יִשְׂרָאֵל עַמֶּךָ:
אָבִינוּ מַלְכֵּנוּ הָרֵם קֶרֶן מְשִׁיחֶךָ:
אָבִינוּ מַלְכֵּנוּ מַלֵּא יָדֵינוּ מִבִּרְכוֹתֶיךָ:
אָבִינוּ מַלְכֵּנוּ מַלֵּא אֲסָמֵינוּ שָׂבָע:
אָבִינוּ מַלְכֵּנוּ שְׁמַע קוֹלֵנוּ חוּס וְרַחֵם עָלֵינוּ:
אָבִינוּ מַלְכֵּנוּ קַבֵּל בְּרַחֲמִים וּבְרָצוֹן אֶת־תְּפִלָּתֵנוּ
אָבִינוּ מַלְכֵּנוּ פְּתַח שַׁעֲרֵי שָׁמַיִם לִתְפִלָּתֵנוּ:
אָבִינוּ מַלְכֵּנוּ נָא אַל תְּשִׁיבֵנוּ רֵיקָם מִלְּפָנֶיךָ:
אָבִינוּ מַלְכֵּנוּ זְכוֹר כִּי עָפָר אֲנָחְנוּ:
אָבִינוּ מַלְכֵּנוּ תְּהֵא הַשָּׁעָה הַזֹּאת שְׁעַת רַחֲמִים וְעֵת רָצוֹן מִלְּפָנֶיךָ:
אָבִינוּ מַלְכֵּנוּ חֲמוֹל עָלֵינוּ וְעַל עוֹלָלֵינוּ וְטַפֵּנוּ:
אָבִינוּ מַלְכֵּנוּ עֲשֵׂה לְמַעַן הֲרוּגִים עַל שֵׁם קָדְשֶׁךָ:
אָבִינוּ מַלְכֵּנוּ עֲשֵׂה לְמַעַן טְבוּחִים עַל יִחוּדֶךָ:
אָבִינוּ מַלְכֵּנוּ עֲשֵׂה לְמַעַן בָּאֵי בָאֵשׁ וּבַמַּיִם עַל קִדּוּשׁ שְׁמֶךָ:
אָבִינוּ מַלְכֵּנוּ נְקוֹם לְעֵינֵינוּ נִקְמַת דַּם עֲבָדֶיךָ הַשָּׁפוּךְ:
אָבִינוּ מַלְכֵּנוּ עֲשֵׂה לְמַעַנְךָ אִם לֹא לְמַעֲנֵנוּ:
אָבִינוּ מַלְכֵּנוּ עֲשֵׂה לְמַעַנְךָ וְהוֹשִׁיעֵנוּ:
אָבִינוּ מַלְכֵּנוּ עֲשֵׂה לְמַעַן רַחֲמֶיךָ הָרַבִּים:
אָבִינוּ מַלְכֵּנוּ עֲשֵׂה לְמַעַן שִׁמְךָ הַגָּדוֹל הַגִּבּוֹר וְהַנּוֹרָא שֶׁנִּקְרָא עָלֵינוּ:
אָבִינוּ מַלְכֵּנוּ חָנֵּנוּ וַעֲנֵנוּ כִּי אֵין בָּנוּ מַעֲשִׂים עֲשֵׂה עִמָּנוּ צְדָקָה וָחֶסֶד וְהוֹשִׁיעֵנוּ:

The Ark is closed

Our Father, our King, cause salvation speedily to spring forth for us.

Our Father, our King, bring glory to Israel, Thy people.

Our Father, our King, exalt the majesty of Thine anointed Redeemer.

Our Father, our King, provide us with Thine abundant blessings.

Our Father, our King, fill our storehouses with plenty.

Our Father, our King, hear our voice, have pity and compassion upon us.

Our Father, our King, receive our prayer with merciful favor.

Our Father, our King, open the gates of heaven unto our prayer.

Our Father, our King, O turn us not away from Thee unanswered.

Our Father, our King, remember our frailty for we are but dust.

Our Father, our King, let this hour be an hour of mercy and a time of favor before Thee.

Our Father, our King, have mercy upon us, and upon our children.

Our Father, our King, do this for the sake of those who were slain for Thy holy name.

Our Father, our King, do this for the sake of those who were slaughtered for Thy unity.

Our Father, our King, do this for the sake of those who went through fire and water for the sanctification of Thy name.

Our Father, our King, bring to judgment those who have shed the blood of Thy people.

Our Father, our King, grant our supplication for Thy sake, if not for ours.

Our Father, our King, accept our prayer for Thy sake and save us.

Our Father, our King, do this for the sake of Thine abundant mercies.

Our Father, our King, do it for the sake of Thy great, mighty and revered name.

Our Father, our King, be Thou gracious unto us and answer us; for lo, we are unworthy; deal Thou with us in charity and loving-kindness and save us.

The Ark is closed

Reader's Kaddish

יִתְגַּדַּל וְיִתְקַדַּשׁ שְׁמֵהּ רַבָּא. בְּעָלְמָא דִּי־בְרָא כִרְעוּתֵהּ. וְיַמְלִיךְ מַלְכוּתֵהּ בְּחַיֵּיכוֹן וּבְיוֹמֵיכוֹן וּבְחַיֵּי דְכָל־בֵּית יִשְׂרָאֵל בַּעֲגָלָא וּבִזְמַן קָרִיב. וְאִמְרוּ אָמֵן:

Congregation and Reader

יְהֵא שְׁמֵהּ רַבָּא מְבָרַךְ לְעָלַם וּלְעָלְמֵי עָלְמַיָּא:

Reader

יִתְבָּרַךְ וְיִשְׁתַּבַּח וְיִתְפָּאַר וְיִתְרוֹמַם וְיִתְנַשֵּׂא וְיִתְהַדַּר וְיִתְעַלֶּה וְיִתְהַלָּל שְׁמֵהּ דְּקֻדְשָׁא. בְּרִיךְ הוּא. לְעֵלָּא וּלְעֵלָּא מִן־כָּל־בִּרְכָתָא וְשִׁירָתָא תֻּשְׁבְּחָתָא וְנֶחֱמָתָא דַּאֲמִירָן בְּעָלְמָא. וְאִמְרוּ אָמֵן:

תִּתְקַבַּל צְלוֹתְהוֹן וּבָעוּתְהוֹן דְּכָל־יִשְׂרָאֵל קֳדָם אֲבוּהוֹן דִּי־בִשְׁמַיָּא. וְאִמְרוּ אָמֵן:

יְהֵא שְׁלָמָא רַבָּא מִן־שְׁמַיָּא וְחַיִּים עָלֵינוּ וְעַל־כָּל־יִשְׂרָאֵל וְאִמְרוּ אָמֵן:

עֹשֶׂה שָׁלוֹם בִּמְרוֹמָיו הוּא יַעֲשֶׂה שָׁלוֹם עָלֵינוּ וְעַל־כָּל־יִשְׂרָאֵל וְאִמְרוּ אָמֵן:

Magnified and sanctified be the great name of God throughout the world which He hath created according to His will. May He establish His kingdom during the days of your life and during the life of all the house of Israel, speedily, yea, soon; and say ye, Amen.

May His great name be blessed for ever and ever.

Exalted and honored be the name of the Holy One, blessed be He, whose glory transcends, yea, is beyond all blessings and hymns, praises and consolations which are uttered in the world; and say ye, Amen.

May the prayers and supplications of the whole house of Israel be acceptable unto their Father in heaven; and say ye, Amen.

May there be abundant peace from heaven, and life for us and for all Israel; and say ye, Amen.

May He who establisheth peace in the heavens, grant peace unto us and unto all Israel; and say ye, Amen.

MEDITATION

THE CRY OF ISRAEL

Thou knowest my tongue, O God,
    Fain would it bring
A precious gift—the songs
    Thou makest me sing!

Thou guidest my steps from old;
    If boon too high
I ask—Thou gavest me speech,
    Spurn not my cry!

My thought hast Thou made pure
    As whitest fleece:
Thou wilt not that mine heart
    Shall ne'er have peace.

O, be my refuge now,
    Even as of yore.
My God, my Savior, Thou—
    Tarry no more!

SOLOMON IBN GABIROL

AN AGE OF SORROWS DRAWETH TO ITS CLOSE

Now dost Thou lift Thy daughter from the pit
    Of misery,
And break her prison-yoke and bid her sit
    With them made free.
Now are Thy wonders seen. From out Thy fold,
The ravening beasts are fled; there as of old,
Thy ransomed flock shall dwell, secure from foes—
    An age of sorrows draweth to its close.

O ye, whose faith gave courage to endure
    Till wrong should cease,
Rejoice! The Covenant ye trust is sure—
    God gives you peace!
Now shall ye turn you Zionward and say:
"Cast up! Cast up! Make firm and broad the way!"—
    Let the new age of hope begin, to-day!

SOLOMON SOLIS-COHEN

OUR FATHER, HEAR OUR PRAYER

Ere Thy heavenly gates swing closed,
    Our Father, hear our prayer.
With heads bowed low, our knees we bend,
Entreaties to Thy throne we send.
Before the shades of night descend,
    Our Father, hear our prayer.

Ere Thy heavenly gates swing closed,
    Our Father, hear our prayer.
Thy erring children turn to Thee,
Stripped bare in deep humility.
With mercy temper Thy decree.
    Our Father, hear our prayer.

Ere Thy heavenly gates swing closed,
    Our Father, hear our prayer.
Abide with us through all our days,
And set our hearts with zeal ablaze,
That we may learn to walk Thy ways.
    Our Father, hear our prayer.

Ere Thy heavenly gates swing closed,
    Our Father, hear our prayer.
Our Sanctuaries open wide,
And in our homes and marts reside—
Thy spirit ever as our guide.
    Our Father, hear our prayer.

Ere Thy heavenly gates swing closed,
    Our Father, grant our prayer.
Oh, reconcile our hearts with Thee,
Forgive us our iniquity.
Accept our penitential plea.
    Our Father, grant our prayer.

Reader

As the sun sets in the western skies and the day dissolves into twilight, we pray Thee, O our Father, uplift our depressed hearts and strengthen us with the comforting solace of Thy presence.

From Thy house, O God of love, we shall soon return to our homes and our daily tasks. Protect our beloved and bless them with the spirit of Thy loving-kindness. May no word or act of ours dishonor them nor shatter the faith that they repose in us. Give us strength to overcome our weakness and fill us with compassion that we may bring cheer into darkened lives. Be with us wherever we go and do Thou bless the work of our hands.

May we retain during the coming year, the lofty import of these holy days, else our prayers will have been in vain and we shall have offered Thee naught save the mere service of the lips. May the inspiration of the sacred season now drawing to a close be an incentive for greater loyalty and devotion to the Synagogue, to Jewish learning, to Our People, and to Zion. May it stimulate in us an increased zeal for Jewish life, for the welfare of our community, and for this, our blessed land. As the peace and silence of night envelop Thy earth, may Thy blessings of peace spread over us all.

Seal us in the Book of Life, O heavenly Father, as we rise to affirm with all Our People everywhere our faith in Thy unity and in the glory of Thy kingdom.

Reader and Congregation once:

שְׁמַע יִשְׂרָאֵל יְיָ אֱלֹהֵינוּ יְיָ אֶחָד:

Reader and Congregation three times:

בָּרוּךְ שֵׁם כְּבוֹד מַלְכוּתוֹ לְעוֹלָם וָעֶד:

Reader and Congregation seven times:

יְיָ הוּא הָאֱלֹהִים:

AFFIRMATION OF FAITH

Hear, O Israel: the Lord our God, the Lord is One.

Blessed be the name of His glorious kingdom for ever and ever.

The Eternal, He is God.

Benediction

God of our fathers, Almighty God!
As we go forth from Thy sacred House,
Back to our homes and the ones we love,
Back to our tasks that the morrow brings,
Grant us forgiveness, O God of love.

Humbly we pray in the gathering dusk,
Bless us, O Lord, with a year of life,
Health and achievement and heart's content,
Hope and abundance and wise pursuits.

Peace and tranquility, send to our land,
Peace for all Israel and all mankind.

SOUNDING OF THE SHOFAR

תקיעה גדולה

לְשָׁנָה הַבָּאָה בִּירוּשָׁלָיִם:

תפלת ערבית למוצאי יום כפור

EVENING SERVICE ON THE TERMINATION
OF THE
DAY OF ATONEMENT

וְהוּא רַחוּם יְכַפֵּר עָוֹן וְלֹא יַשְׁחִית. וְהִרְבָּה לְהָשִׁיב אַפּוֹ וְלֹא יָעִיר כָּל חֲמָתוֹ: יְיָ הוֹשִׁיעָה. הַמֶּלֶךְ יַעֲנֵנוּ בְיוֹם קָרְאֵנוּ:

Reader

בָּרְכוּ אֶת יְיָ הַמְבֹרָךְ:

Congregation and Reader

בָּרוּךְ יְיָ הַמְבֹרָךְ לְעוֹלָם וָעֶד:

בָּרוּךְ אַתָּה יְיָ אֱלֹהֵינוּ מֶלֶךְ הָעוֹלָם. אֲשֶׁר בִּדְבָרוֹ מַעֲרִיב עֲרָבִים בְּחָכְמָה פּוֹתֵחַ שְׁעָרִים וּבִתְבוּנָה מְשַׁנֶּה עִתִּים וּמַחֲלִיף אֶת הַזְּמַנִּים. וּמְסַדֵּר אֶת הַכֹּכָבִים בְּמִשְׁמְרוֹתֵיהֶם בָּרָקִיעַ כִּרְצוֹנוֹ. בּוֹרֵא יוֹם וָלָיְלָה גּוֹלֵל אוֹר מִפְּנֵי חֹשֶׁךְ וְחֹשֶׁךְ מִפְּנֵי אוֹר. וּמַעֲבִיר יוֹם וּמֵבִיא לָיְלָה וּמַבְדִּיל בֵּין יוֹם וּבֵין לָיְלָה. יְיָ צְבָאוֹת שְׁמוֹ: אֵל חַי וְקַיָּם תָּמִיד יִמְלוֹךְ עָלֵינוּ לְעוֹלָם וָעֶד. בָּרוּךְ אַתָּה יְיָ הַמַּעֲרִיב עֲרָבִים:

אַהֲבַת עוֹלָם בֵּית יִשְׂרָאֵל עַמְּךָ אָהָבְתָּ. תּוֹרָה וּמִצְוֹת חֻקִּים וּמִשְׁפָּטִים אוֹתָנוּ לִמַּדְתָּ. עַל־כֵּן יְיָ אֱלֹהֵינוּ בְּשָׁכְבֵנוּ וּבְקוּמֵנוּ נָשִׂיחַ בְּחֻקֶּיךָ. וְנִשְׂמַח בְּדִבְרֵי תוֹרָתֶךָ וּבְמִצְוֹתֶיךָ לְעוֹלָם וָעֶד. כִּי הֵם חַיֵּינוּ וְאֹרֶךְ יָמֵינוּ וּבָהֶם נֶהְגֶּה יוֹמָם וָלָיְלָה. וְאַהֲבָתְךָ אַל תָּסִיר מִמֶּנּוּ לְעוֹלָמִים. בָּרוּךְ אַתָּה יְיָ אוֹהֵב עַמּוֹ יִשְׂרָאֵל:

דברים ו׳ ד׳–ט׳

שְׁמַע יִשְׂרָאֵל יְהוָֹה אֱלֹהֵינוּ יְהוָֹה אֶחָד׃

בָּרוּךְ שֵׁם כְּבוֹד מַלְכוּתוֹ לְעוֹלָם וָעֶד׃

וְאָהַבְתָּ אֵת יְהוָֹה אֱלֹהֶיךָ בְּכָל־לְבָבְךָ וּבְכָל־נַפְשְׁךָ וּבְכָל־מְאֹדֶךָ׃ וְהָיוּ הַדְּבָרִים הָאֵלֶּה אֲשֶׁר אָנֹכִי מְצַוְּךָ הַיּוֹם עַל־לְבָבֶךָ׃ וְשִׁנַּנְתָּם לְבָנֶיךָ וְדִבַּרְתָּ בָּם בְּשִׁבְתְּךָ בְּבֵיתֶךָ וּבְלֶכְתְּךָ בַדֶּרֶךְ וּבְשָׁכְבְּךָ וּבְקוּמֶךָ׃ וּקְשַׁרְתָּם לְאוֹת עַל־יָדֶךָ וְהָיוּ לְטֹטָפֹת בֵּין עֵינֶיךָ׃ וּכְתַבְתָּם עַל־מְזֻזוֹת בֵּיתֶךָ וּבִשְׁעָרֶיךָ׃

דברים י״א י״ג–כ״א

וְהָיָה אִם־שָׁמֹעַ תִּשְׁמְעוּ אֶל־מִצְוֹתַי אֲשֶׁר אָנֹכִי מְצַוֶּה אֶתְכֶם הַיּוֹם לְאַהֲבָה אֶת־יְהוָֹה אֱלֹהֵיכֶם וּלְעָבְדוֹ בְּכָל־לְבַבְכֶם וּבְכָל־נַפְשְׁכֶם׃ וְנָתַתִּי מְטַר־אַרְצְכֶם בְּעִתּוֹ יוֹרֶה וּמַלְקוֹשׁ וְאָסַפְתָּ דְגָנֶךָ וְתִירֹשְׁךָ וְיִצְהָרֶךָ׃ וְנָתַתִּי עֵשֶׂב בְּשָׂדְךָ לִבְהֶמְתֶּךָ וְאָכַלְתָּ וְשָׂבָעְתָּ׃ הִשָּׁמְרוּ לָכֶם פֶּן יִפְתֶּה לְבַבְכֶם וְסַרְתֶּם וַעֲבַדְתֶּם אֱלֹהִים אֲחֵרִים וְהִשְׁתַּחֲוִיתֶם לָהֶם׃ וְחָרָה אַף־יְהוָֹה בָּכֶם וְעָצַר אֶת־

הַשָּׁמַיִם וְלֹא־יִהְיֶה מָטָר וְהָאֲדָמָה לֹא תִתֵּן אֶת־יְבוּלָהּ וַאֲבַדְתֶּם מְהֵרָה מֵעַל הָאָרֶץ הַטֹּבָה אֲשֶׁר יְהוָה נֹתֵן לָכֶם: וְשַׂמְתֶּם אֶת־דְּבָרַי אֵלֶּה עַל־לְבַבְכֶם וְעַל־נַפְשְׁכֶם וּקְשַׁרְתֶּם אֹתָם לְאוֹת עַל־יֶדְכֶם וְהָיוּ לְטוֹטָפֹת בֵּין עֵינֵיכֶם: וְלִמַּדְתֶּם אֹתָם אֶת־בְּנֵיכֶם לְדַבֵּר בָּם בְּשִׁבְתְּךָ בְּבֵיתֶךָ וּבְלֶכְתְּךָ בַדֶּרֶךְ וּבְשָׁכְבְּךָ וּבְקוּמֶךָ: וּכְתַבְתָּם עַל־מְזוּזוֹת בֵּיתֶךָ וּבִשְׁעָרֶיךָ: לְמַעַן יִרְבּוּ יְמֵיכֶם וִימֵי בְנֵיכֶם עַל הָאֲדָמָה אֲשֶׁר נִשְׁבַּע יְהוָה לַאֲבֹתֵיכֶם לָתֵת לָהֶם כִּימֵי הַשָּׁמַיִם עַל־הָאָרֶץ:

במדבר ט״ו ל״ז–מ״א

וַיֹּאמֶר יְהוָה אֶל־מֹשֶׁה לֵּאמֹר: דַּבֵּר אֶל־בְּנֵי יִשְׂרָאֵל וְאָמַרְתָּ אֲלֵהֶם וְעָשׂוּ לָהֶם צִיצִת עַל־כַּנְפֵי בִגְדֵיהֶם לְדֹרֹתָם וְנָתְנוּ עַל־צִיצִת הַכָּנָף פְּתִיל תְּכֵלֶת: וְהָיָה לָכֶם לְצִיצִת וּרְאִיתֶם אֹתוֹ וּזְכַרְתֶּם אֶת־כָּל־מִצְוֹת יְהוָה וַעֲשִׂיתֶם אֹתָם וְלֹא תָתוּרוּ אַחֲרֵי לְבַבְכֶם וְאַחֲרֵי עֵינֵיכֶם אֲשֶׁר־אַתֶּם זֹנִים אַחֲרֵיהֶם: לְמַעַן תִּזְכְּרוּ וַעֲשִׂיתֶם אֶת־כָּל־מִצְוֹתָי וִהְיִיתֶם קְדֹשִׁים לֵאלֹהֵיכֶם: אֲנִי יְהוָה אֱלֹהֵיכֶם אֲשֶׁר הוֹצֵאתִי אֶתְכֶם מֵאֶרֶץ מִצְרַיִם לִהְיוֹת לָכֶם לֵאלֹהִים אֲנִי יְהוָה אֱלֹהֵיכֶם:

יְהוָה אֱלֹהֵיכֶם אֱמֶת:

אֱמֶת וֶאֱמוּנָה כָּל־זֹאת וְקַיָּם עָלֵינוּ כִּי הוּא יְיָ אֱלֹהֵינוּ וְאֵין זוּלָתוֹ וַאֲנַחְנוּ יִשְׂרָאֵל עַמּוֹ: הַפּוֹדֵנוּ מִיַּד מְלָכִים מַלְכֵּנוּ הַגּוֹאֲלֵנוּ מִכַּף כָּל־הֶעָרִיצִים: הָאֵל הַנִּפְרָע לָנוּ מִצָּרֵינוּ וְהַמְשַׁלֵּם גְּמוּל לְכָל־אוֹיְבֵי נַפְשֵׁנוּ: הָעֹשֶׂה גְדֹלוֹת עַד אֵין חֵקֶר וְנִפְלָאוֹת עַד אֵין מִסְפָּר: הַשָּׂם נַפְשֵׁנוּ בַּחַיִּים וְלֹא נָתַן לַמּוֹט רַגְלֵנוּ: הַמַּדְרִיכֵנוּ עַל בָּמוֹת אוֹיְבֵינוּ וַיָּרֶם קַרְנֵנוּ עַל כָּל־שׂנְאֵינוּ: הָעֹשֶׂה לָּנוּ נִסִּים וּנְקָמָה בְּפַרְעֹה אוֹתֹת וּמוֹפְתִים בְּאַדְמַת בְּנֵי חָם: הַמַּכֶּה בְעֶבְרָתוֹ כָּל־בְּכוֹרֵי מִצְרָיִם וַיּוֹצֵא אֶת עַמּוֹ יִשְׂרָאֵל מִתּוֹכָם לְחֵרוּת עוֹלָם: הַמַּעֲבִיר בָּנָיו בֵּין גִּזְרֵי יַם־סוּף אֶת רוֹדְפֵיהֶם וְאֶת שׂוֹנְאֵיהֶם בִּתְהוֹמוֹת טִבַּע: וְרָאוּ בָנָיו גְּבוּרָתוֹ שִׁבְּחוּ וְהוֹדוּ לִשְׁמוֹ: וּמַלְכוּתוֹ בְּרָצוֹן קִבְּלוּ עֲלֵיהֶם. מֹשֶׁה וּבְנֵי יִשְׂרָאֵל לְךָ עָנוּ שִׁירָה בְּשִׂמְחָה רַבָּה וְאָמְרוּ כֻלָּם.

מִי־כָמֹכָה בָּאֵלִם יְיָ מִי כָּמֹכָה נֶאְדָּר בַּקֹּדֶשׁ נוֹרָא תְהִלֹּת עֹשֵׂה פֶלֶא:

מַלְכוּתְךָ רָאוּ בָנֶיךָ בּוֹקֵעַ יָם לִפְנֵי מֹשֶׁה זֶה אֵלִי עָנוּ וְאָמְרוּ.

יְיָ יִמְלֹךְ לְעֹלָם וָעֶד:

וְנֶאֱמַר כִּי־פָדָה יְיָ אֶת־יַעֲקֹב וּגְאָלוֹ מִיַּד חָזָק מִמֶּנּוּ. בָּרוּךְ אַתָּה יְיָ גָּאַל יִשְׂרָאֵל:

הַשְׁכִּיבֵנוּ יְיָ אֱלֹהֵינוּ לְשָׁלוֹם וְהַעֲמִידֵנוּ מַלְכֵּנוּ לְחַיִּים. וּפְרוֹשׂ עָלֵינוּ סֻכַּת שְׁלוֹמֶךָ וְתַקְּנֵנוּ בְּעֵצָה טוֹבָה מִלְּפָנֶיךָ וְהוֹשִׁיעֵנוּ לְמַעַן שְׁמֶךָ. וְהָגֵן בַּעֲדֵנוּ וְהָסֵר מֵעָלֵינוּ אוֹיֵב דֶּבֶר וְחֶרֶב וְרָעָב וְיָגוֹן וְהָסֵר שָׂטָן מִלְּפָנֵינוּ וּמֵאַחֲרֵינוּ. וּבְצֵל כְּנָפֶיךָ תַּסְתִּירֵנוּ כִּי אֵל שׁוֹמְרֵנוּ וּמַצִּילֵנוּ אָתָּה כִּי אֵל מֶלֶךְ חַנּוּן וְרַחוּם אָתָּה. וּשְׁמוֹר צֵאתֵנוּ וּבוֹאֵנוּ לְחַיִּים וּלְשָׁלוֹם מֵעַתָּה וְעַד עוֹלָם. בָּרוּךְ אַתָּה יְיָ שׁוֹמֵר עַמּוֹ יִשְׂרָאֵל לָעַד:

בָּרוּךְ יְיָ לְעוֹלָם. אָמֵן וְאָמֵן: בָּרוּךְ יְיָ מִצִּיּוֹן שֹׁכֵן יְרוּשָׁלָיִם. הַלְלוּיָהּ: בָּרוּךְ יְיָ אֱלֹהִים אֱלֹהֵי יִשְׂרָאֵל עֹשֵׂה נִפְלָאוֹת לְבַדּוֹ: וּבָרוּךְ שֵׁם כְּבוֹדוֹ לְעוֹלָם. וְיִמָּלֵא כְבוֹדוֹ אֶת־כָּל־הָאָרֶץ. אָמֵן וְאָמֵן: יְהִי כְבוֹד יְיָ לְעוֹלָם יִשְׂמַח יְיָ בְּמַעֲשָׂיו: יְהִי שֵׁם יְיָ מְבֹרָךְ מֵעַתָּה וְעַד־עוֹלָם: כִּי לֹא־יִטֹּשׁ יְיָ אֶת־עַמּוֹ בַּעֲבוּר שְׁמוֹ הַגָּדוֹל. כִּי הוֹאִיל יְיָ לַעֲשׂוֹת אֶתְכֶם לוֹ לְעָם: וַיַּרְא כָּל־הָעָם וַיִּפְּלוּ עַל־פְּנֵיהֶם וַיֹּאמְרוּ. יְיָ הוּא הָאֱלֹהִים. יְיָ הוּא הָאֱלֹהִים: וְהָיָה יְיָ לְמֶלֶךְ עַל־כָּל־הָאָרֶץ. בַּיּוֹם הַהוּא יִהְיֶה יְיָ אֶחָד וּשְׁמוֹ אֶחָד: יְהִי חַסְדְּךָ יְיָ עָלֵינוּ כַּאֲשֶׁר יִחַלְנוּ לָךְ: הוֹשִׁיעֵנוּ אֱלֹהֵי יִשְׁעֵנוּ. וְקַבְּצֵנוּ וְהַצִּילֵנוּ מִן־הַגּוֹיִם. לְהוֹדוֹת לְשֵׁם קָדְשֶׁךָ לְהִשְׁתַּבֵּחַ בִּתְהִלָּתֶךָ: כָּל־גּוֹיִם אֲשֶׁר עָשִׂיתָ יָבוֹאוּ וְיִשְׁתַּחֲווּ לְפָנֶיךָ אֲדֹנָי וִיכַבְּדוּ לִשְׁמֶךָ: כִּי־גָדוֹל אַתָּה וְעֹשֵׂה נִפְלָאוֹת אַתָּה אֱלֹהִים לְבַדֶּךָ: וַאֲנַחְנוּ עַמְּךָ וְצֹאן מַרְעִיתֶךָ. נוֹדֶה לְּךָ לְעוֹלָם לְדוֹר וָדֹר נְסַפֵּר תְּהִלָּתֶךָ:

בָּרוּךְ יְיָ בַּיּוֹם. בָּרוּךְ יְיָ בַּלָּיְלָה. בָּרוּךְ יְיָ בְּשָׁכְבֵנוּ. בָּרוּךְ יְיָ בְּקוּמֵנוּ: כִּי בְיָדְךָ נַפְשׁוֹת הַחַיִּים וְהַמֵּתִים. אֲשֶׁר בְּיָדוֹ נֶפֶשׁ כָּל־חָי וְרוּחַ כָּל־בְּשַׂר־אִישׁ: בְּיָדְךָ אַפְקִיד רוּחִי פָּדִיתָה אוֹתִי יְיָ אֵל אֱמֶת: אֱלֹהֵינוּ שֶׁבַּשָּׁמַיִם יַחֵד שִׁמְךָ. וְקַיֵּם מַלְכוּתְךָ תָּמִיד וּמְלוֹךְ עָלֵינוּ לְעוֹלָם וָעֶד:

יִרְאוּ עֵינֵינוּ וְיִשְׂמַח לִבֵּנוּ. וְתָגֵל נַפְשֵׁנוּ בִּישׁוּעָתְךָ בֶּאֱמֶת בֶּאֱמֹר לְצִיּוֹן מָלַךְ אֱלֹהָיִךְ: יְיָ מֶלֶךְ. יְיָ מָלָךְ. יְיָ יִמְלֹךְ לְעוֹלָם וָעֶד: כִּי הַמַּלְכוּת שֶׁלְּךָ הִיא. וּלְעוֹלְמֵי עַד תִּמְלֹךְ בְּכָבוֹד. כִּי אֵין לָנוּ מֶלֶךְ אֶלָּא אָתָּה. בָּרוּךְ אַתָּה יְיָ הַמֶּלֶךְ בִּכְבוֹדוֹ. תָּמִיד יִמְלוֹךְ עָלֵינוּ לְעוֹלָם וָעֶד. וְעַל כָּל מַעֲשָׂיו:

Reader

יִתְגַּדַּל וְיִתְקַדַּשׁ שְׁמֵהּ רַבָּא. בְּעָלְמָא דִּי־בְרָא כִרְעוּתֵהּ. וְיַמְלִיךְ מַלְכוּתֵהּ בְּחַיֵּיכוֹן וּבְיוֹמֵיכוֹן וּבְחַיֵּי דְכָל־בֵּית יִשְׂרָאֵל בַּעֲגָלָא וּבִזְמַן קָרִיב. וְאִמְרוּ אָמֵן.

Congregation and Reader

יְהֵא שְׁמֵהּ רַבָּא מְבָרַךְ לְעָלַם וּלְעָלְמֵי עָלְמַיָּא.

Reader

יִתְבָּרַךְ וְיִשְׁתַּבַּח וְיִתְפָּאַר וְיִתְרוֹמַם וְיִתְנַשֵּׂא וְיִתְהַדַּר וְיִתְעַלֶּה וְיִתְהַלַּל שְׁמֵהּ דְּקֻדְשָׁא בְּרִיךְ הוּא. לְעֵלָּא (וּלְעֵלָּא) מִן־כָּל־בִּרְכָתָא וְשִׁירָתָא תֻּשְׁבְּחָתָא וְנֶחֱמָתָא דַּאֲמִירָן בְּעָלְמָא. וְאִמְרוּ אָמֵן:

The Amidah is said standing, in silent devotion

אֲדֹנָי שְׂפָתַי תִּפְתָּח וּפִי יַגִּיד תְּהִלָּתֶךָ:

בָּרוּךְ אַתָּה יְיָ אֱלֹהֵינוּ וֵאלֹהֵי אֲבוֹתֵינוּ. אֱלֹהֵי אַבְרָהָם אֱלֹהֵי יִצְחָק וֵאלֹהֵי יַעֲקֹב. הָאֵל הַגָּדוֹל הַגִּבּוֹר וְהַנּוֹרָא אֵל עֶלְיוֹן. גּוֹמֵל חֲסָדִים טוֹבִים וְקוֹנֵה הַכֹּל. וְזוֹכֵר חַסְדֵי אָבוֹת וּמֵבִיא גוֹאֵל לִבְנֵי בְנֵיהֶם לְמַעַן שְׁמוֹ בְּאַהֲבָה. מֶלֶךְ עוֹזֵר וּמוֹשִׁיעַ וּמָגֵן. בָּרוּךְ אַתָּה יְיָ מָגֵן אַבְרָהָם:

אַתָּה גִּבּוֹר לְעוֹלָם אֲדֹנָי מְחַיֵּה מֵתִים אַתָּה רַב לְהוֹשִׁיעַ. מְכַלְכֵּל חַיִּים בְּחֶסֶד מְחַיֵּה מֵתִים בְּרַחֲמִים רַבִּים. סוֹמֵךְ נוֹפְלִים וְרוֹפֵא חוֹלִים וּמַתִּיר אֲסוּרִים וּמְקַיֵּם אֱמוּנָתוֹ לִישֵׁנֵי עָפָר. מִי כָמוֹךָ בַּעַל גְּבוּרוֹת וּמִי דוֹמֶה לָּךְ. מֶלֶךְ מֵמִית וּמְחַיֶּה וּמַצְמִיחַ יְשׁוּעָה. וְנֶאֱמָן אַתָּה לְהַחֲיוֹת מֵתִים. בָּרוּךְ אַתָּה יְיָ מְחַיֵּה הַמֵּתִים:

אַתָּה קָדוֹשׁ וְשִׁמְךָ קָדוֹשׁ וּקְדוֹשִׁים בְּכָל־יוֹם יְהַלְלוּךָ סֶּלָה. בָּרוּךְ אַתָּה יְיָ הָאֵל הַקָּדוֹשׁ:

אַתָּה חוֹנֵן לְאָדָם דַּעַת וּמְלַמֵּד לֶאֱנוֹשׁ בִּינָה. אַתָּה חוֹנַנְתָּנוּ לְמַדַּע תּוֹרָתֶךָ. וַתְּלַמְּדֵנוּ לַעֲשׂוֹת חֻקֵּי רְצוֹנֶךָ. וַתַּבְדֵּל יְיָ אֱלֹהֵינוּ בֵּין קֹדֶשׁ לְחוֹל בֵּין אוֹר לְחֹשֶׁךְ בֵּין יִשְׂרָאֵל לָעַמִּים בֵּין יוֹם הַשְּׁבִיעִי לְשֵׁשֶׁת יְמֵי הַמַּעֲשֶׂה: אָבִינוּ מַלְכֵּנוּ הָחֵל עָלֵינוּ הַיָּמִים הַבָּאִים לִקְרָאתֵנוּ לְשָׁלוֹם חֲשׂוּכִים מִכָּל־חֵטְא וּמְנֻקִּים מִכָּל־עָוֹן וּמְדֻבָּקִים בְּיִרְאָתֶךָ. וְחָנֵּנוּ מֵאִתְּךָ דֵּעָה בִּינָה וְהַשְׂכֵּל. בָּרוּךְ אַתָּה יְיָ חוֹנֵן הַדָּעַת:

הֲשִׁיבֵנוּ אָבִינוּ לְתוֹרָתֶךָ וְקָרְבֵנוּ מַלְכֵּנוּ לַעֲבוֹדָתֶךָ וְהַחֲזִירֵנוּ בִּתְשׁוּבָה שְׁלֵמָה לְפָנֶיךָ. בָּרוּךְ אַתָּה יְיָ הָרוֹצֶה בִּתְשׁוּבָה:

סְלַח־לָנוּ אָבִינוּ כִּי חָטָאנוּ מְחַל־לָנוּ מַלְכֵּנוּ כִּי פָשָׁעְנוּ כִּי מוֹחֵל וְסוֹלֵחַ אָתָּה. בָּרוּךְ אַתָּה יְיָ חַנּוּן הַמַּרְבֶּה לִסְלוֹחַ:

רְאֵה בְעָנְיֵנוּ וְרִיבָה רִיבֵנוּ וּגְאָלֵנוּ מְהֵרָה לְמַעַן שְׁמֶךָ. כִּי גוֹאֵל חָזָק אָתָּה. בָּרוּךְ אַתָּה יְיָ גּוֹאֵל יִשְׂרָאֵל:

רְפָאֵנוּ יְיָ וְנֵרָפֵא הוֹשִׁיעֵנוּ וְנִוָּשֵׁעָה כִּי תְהִלָּתֵנוּ אָתָּה. וְהַעֲלֵה רְפוּאָה שְׁלֵמָה לְכָל־מַכּוֹתֵינוּ כִּי אֵל מֶלֶךְ רוֹפֵא נֶאֱמָן וְרַחֲמָן אָתָּה. בָּרוּךְ אַתָּה יְיָ רוֹפֵא חוֹלֵי עַמּוֹ יִשְׂרָאֵל:

בָּרֵךְ עָלֵינוּ יְיָ אֱלֹהֵינוּ אֶת־הַשָּׁנָה הַזֹּאת וְאֶת־כָּל־מִינֵי תְבוּאָתָהּ לְטוֹבָה וְתֵן בְּרָכָה עַל פְּנֵי הָאֲדָמָה וְשַׂבְּעֵנוּ מִטּוּבֶךָ וּבָרֵךְ שְׁנָתֵנוּ כַּשָּׁנִים הַטּוֹבוֹת. בָּרוּךְ אַתָּה יְיָ מְבָרֵךְ הַשָּׁנִים:

תְּקַע בְּשׁוֹפָר גָּדוֹל לְחֵרוּתֵנוּ וְשָׂא נֵס לְקַבֵּץ גָּלֻיּוֹתֵינוּ וְקַבְּצֵנוּ יַחַד מֵאַרְבַּע כַּנְפוֹת הָאָרֶץ. בָּרוּךְ אַתָּה יְיָ מְקַבֵּץ נִדְחֵי עַמּוֹ יִשְׂרָאֵל:

הָשִׁיבָה שׁוֹפְטֵינוּ כְּבָרִאשׁוֹנָה וְיוֹעֲצֵינוּ כְּבַתְּחִלָּה וְהָסֵר מִמֶּנּוּ יָגוֹן וַאֲנָחָה וּמְלוֹךְ עָלֵינוּ אַתָּה יְיָ לְבַדְּךָ בְּחֶסֶד וּבְרַחֲמִים וְצַדְּקֵנוּ בַּמִּשְׁפָּט. בָּרוּךְ אַתָּה יְיָ מֶלֶךְ אוֹהֵב צְדָקָה וּמִשְׁפָּט:

וְלַמַּלְשִׁינִים אַל־תְּהִי תִקְוָה וְכָל־הָרִשְׁעָה כְּרֶגַע תֹּאבֵד. וְכָל־אוֹיְבֶיךָ מְהֵרָה יִכָּרֵתוּ וּמַלְכוּת זָדוֹן מְהֵרָה תְעַקֵּר וּתְשַׁבֵּר וּתְמַגֵּר וְתַכְנִיעַ בִּמְהֵרָה בְיָמֵינוּ. בָּרוּךְ אַתָּה יְיָ שׁוֹבֵר אוֹיְבִים וּמַכְנִיעַ זֵדִים:

עַל הַצַּדִּיקִים וְעַל הַחֲסִידִים וְעַל זִקְנֵי עַמְּךָ בֵּית יִשְׂרָאֵל וְעַל פְּלֵיטַת סוֹפְרֵיהֶם וְעַל גֵּרֵי הַצֶּדֶק וְעָלֵינוּ יֶהֱמוּ רַחֲמֶיךָ יְיָ אֱלֹהֵינוּ וְתֵן שָׂכָר טוֹב לְכֹל הַבּוֹטְחִים בְּשִׁמְךָ בֶּאֱמֶת וְשִׂים חֶלְקֵנוּ עִמָּהֶם לְעוֹלָם וְלֹא נֵבוֹשׁ כִּי בְךָ בָּטָחְנוּ. בָּרוּךְ אַתָּה יְיָ מִשְׁעָן וּמִבְטָח לַצַּדִּיקִים:

וְלִירוּשָׁלַיִם עִירְךָ בְּרַחֲמִים תָּשׁוּב וְתִשְׁכּוֹן בְּתוֹכָהּ כַּאֲשֶׁר דִּבַּרְתָּ וּבְנֵה אוֹתָהּ בְּקָרוֹב בְּיָמֵינוּ בִּנְיַן עוֹלָם וְכִסֵּא דָוִד מְהֵרָה לְתוֹכָהּ תָּכִין. בָּרוּךְ אַתָּה יְיָ בּוֹנֵה יְרוּשָׁלָיִם:

אֶת־צֶמַח דָּוִד עַבְדְּךָ מְהֵרָה תַצְמִיחַ וְקַרְנוֹ תָּרוּם בִּישׁוּעָתֶךָ כִּי לִישׁוּעָתְךָ קִוִּינוּ כָּל־הַיּוֹם. בָּרוּךְ אַתָּה יְיָ מַצְמִיחַ קֶרֶן יְשׁוּעָה:

שְׁמַע קוֹלֵנוּ יְיָ אֱלֹהֵינוּ חוּס וְרַחֵם עָלֵינוּ וְקַבֵּל בְּרַחֲמִים וּבְרָצוֹן אֶת־תְּפִלָּתֵנוּ כִּי אֵל שׁוֹמֵעַ תְּפִלּוֹת וְתַחֲנוּנִים אָתָּה. וּמִלְּפָנֶיךָ מַלְכֵּנוּ רֵיקָם אַל תְּשִׁיבֵנוּ. כִּי אַתָּה שׁוֹמֵעַ תְּפִלַּת עַמְּךָ יִשְׂרָאֵל בְּרַחֲמִים. בָּרוּךְ אַתָּה יְיָ שׁוֹמֵעַ תְּפִלָּה:

רְצֵה יְיָ אֱלֹהֵינוּ בְּעַמְּךָ יִשְׂרָאֵל וּבִתְפִלָּתָם. וְהָשֵׁב אֶת־הָעֲבוֹדָה לִדְבִיר בֵּיתֶךָ וְאִשֵּׁי יִשְׂרָאֵל וּתְפִלָּתָם בְּאַהֲבָה תְקַבֵּל בְּרָצוֹן. וּתְהִי לְרָצוֹן תָּמִיד עֲבוֹדַת יִשְׂרָאֵל עַמֶּךָ. וְתֶחֱזֶינָה עֵינֵינוּ בְּשׁוּבְךָ לְצִיּוֹן בְּרַחֲמִים. בָּרוּךְ אַתָּה יְיָ הַמַּחֲזִיר שְׁכִינָתוֹ לְצִיּוֹן:

מוֹדִים אֲנַחְנוּ לָךְ שָׁאַתָּה הוּא יְיָ אֱלֹהֵינוּ וֵאלֹהֵי אֲבוֹתֵינוּ לְעוֹלָם וָעֶד. צוּר חַיֵּינוּ מָגֵן יִשְׁעֵנוּ אַתָּה הוּא לְדוֹר וָדוֹר. נוֹדֶה לְּךָ וּנְסַפֵּר תְּהִלָּתֶךָ עַל חַיֵּינוּ הַמְּסוּרִים בְּיָדֶךָ וְעַל נִשְׁמוֹתֵינוּ הַפְּקוּדוֹת לָךְ וְעַל נִסֶּיךָ שֶׁבְּכָל־יוֹם עִמָּנוּ וְעַל נִפְלְאוֹתֶיךָ וְטוֹבוֹתֶיךָ שֶׁבְּכָל־עֵת עֶרֶב וָבֹקֶר וְצָהֳרָיִם. הַטּוֹב כִּי לֹא־כָלוּ רַחֲמֶיךָ וְהַמְרַחֵם כִּי לֹא־תַמּוּ חֲסָדֶיךָ מֵעוֹלָם קִוִּינוּ לָךְ:

וְעַל כֻּלָּם יִתְבָּרַךְ וְיִתְרוֹמַם שִׁמְךָ מַלְכֵּנוּ תָּמִיד לְעוֹלָם וָעֶד: וְכֹל הַחַיִּים יוֹדוּךָ סֶּלָה וִיהַלְלוּ אֶת שִׁמְךָ בֶּאֱמֶת הָאֵל יְשׁוּעָתֵנוּ וְעֶזְרָתֵנוּ סֶלָה. בָּרוּךְ אַתָּה יְיָ הַטּוֹב שִׁמְךָ וּלְךָ נָאֶה לְהוֹדוֹת:

שָׁלוֹם רָב עַל יִשְׂרָאֵל עַמְּךָ תָּשִׂים לְעוֹלָם. כִּי אַתָּה הוּא מֶלֶךְ אָדוֹן לְכָל־הַשָּׁלוֹם. וְטוֹב בְּעֵינֶיךָ לְבָרֵךְ אֶת עַמְּךָ יִשְׂרָאֵל בְּכָל־עֵת וּבְכָל־שָׁעָה בִּשְׁלוֹמֶךָ. בָּרוּךְ אַתָּה יְיָ הַמְבָרֵךְ אֶת־עַמּוֹ יִשְׂרָאֵל בַּשָּׁלוֹם:

אֱלֹהַי נְצוֹר לְשׁוֹנִי מֵרָע וּשְׂפָתַי מִדַּבֵּר מִרְמָה וְלִמְקַלְלַי נַפְשִׁי תִדּוֹם וְנַפְשִׁי כֶּעָפָר לַכֹּל תִּהְיֶה: פְּתַח לִבִּי בְּתוֹרָתֶךָ וּבְמִצְוֹתֶיךָ תִּרְדּוֹף נַפְשִׁי. וְכֹל הַחוֹשְׁבִים עָלַי רָעָה מְהֵרָה הָפֵר עֲצָתָם וְקַלְקֵל מַחֲשַׁבְתָּם: עֲשֵׂה לְמַעַן שְׁמֶךָ עֲשֵׂה לְמַעַן יְמִינֶךָ עֲשֵׂה לְמַעַן קְדֻשָּׁתֶךָ עֲשֵׂה לְמַעַן תּוֹרָתֶךָ: לְמַעַן יֵחָלְצוּן יְדִידֶיךָ הוֹשִׁיעָה יְמִינְךָ וַעֲנֵנִי: יִהְיוּ לְרָצוֹן אִמְרֵי־פִי וְהֶגְיוֹן לִבִּי לְפָנֶיךָ יְיָ צוּרִי וְגוֹאֲלִי: עֹשֶׂה שָׁלוֹם בִּמְרוֹמָיו הוּא יַעֲשֶׂה שָׁלוֹם עָלֵינוּ וְעַל כָּל־יִשְׂרָאֵל וְאִמְרוּ אָמֵן:

יְהִי רָצוֹן מִלְּפָנֶיךָ יְיָ אֱלֹהֵינוּ וֵאלֹהֵי אֲבוֹתֵינוּ שֶׁיִּבָּנֶה בֵּית הַמִּקְדָּשׁ בִּמְהֵרָה בְיָמֵינוּ וְתֵן חֶלְקֵנוּ בְּתוֹרָתֶךָ: וְשָׁם נַעֲבָדְךָ בְּיִרְאָה כִּימֵי עוֹלָם וּכְשָׁנִים קַדְמֹנִיּוֹת: וְעָרְבָה לַייָ מִנְחַת יְהוּדָה וִירוּשָׁלָיִם כִּימֵי עוֹלָם וּכְשָׁנִים קַדְמוֹנִיּוֹת:

Reader's Kaddish

יִתְגַּדַּל וְיִתְקַדַּשׁ שְׁמֵהּ רַבָּא. בְּעָלְמָא דִּי־בְרָא כִרְעוּתֵהּ. וְיַמְלִיךְ מַלְכוּתֵהּ בְּחַיֵּיכוֹן וּבְיוֹמֵיכוֹן וּבְחַיֵּי דְכָל־בֵּית יִשְׂרָאֵל בַּעֲגָלָא וּבִזְמַן קָרִיב. וְאִמְרוּ אָמֵן:

Congregation and Reader

יְהֵא שְׁמֵהּ רַבָּא מְבָרַךְ לְעָלַם וּלְעָלְמֵי עָלְמַיָּא:

Reader

יִתְבָּרַךְ וְיִשְׁתַּבַּח וְיִתְפָּאַר וְיִתְרוֹמַם וְיִתְנַשֵּׂא וְיִתְהַדַּר וְיִתְעַלֶּה וְיִתְהַלַּל שְׁמֵהּ דְּקֻדְשָׁא. בְּרִיךְ הוּא. לְעֵלָּא וּלְעֵלָּא מִן־כָּל־בִּרְכָתָא וְשִׁירָתָא תֻּשְׁבְּחָתָא וְנֶחֱמָתָא דַּאֲמִירָן בְּעָלְמָא. וְאִמְרוּ אָמֵן:

תִּתְקַבַּל צְלוֹתְהוֹן וּבָעוּתְהוֹן דְּכָל־יִשְׂרָאֵל קֳדָם אֲבוּהוֹן דִּי־בִשְׁמַיָּא. וְאִמְרוּ אָמֵן:

יְהֵא שְׁלָמָא רַבָּא מִן־שְׁמַיָּא וְחַיִּים עָלֵינוּ וְעַל־כָּל־יִשְׂרָאֵל. וְאִמְרוּ אָמֵן:

עֹשֶׂה שָׁלוֹם בִּמְרוֹמָיו הוּא יַעֲשֶׂה שָׁלוֹם עָלֵינוּ וְעַל־כָּל־יִשְׂרָאֵל. וְאִמְרוּ אָמֵן:

On Saturday evening, add the prayers on pages 493 to 496 inclusive. On other evenings, continue on page 497.

ויתן לך

וְיִתֶּן לְךָ הָאֱלֹהִים מִטַּל הַשָּׁמַיִם וּמִשְׁמַנֵּי הָאָרֶץ וְרֹב דָּגָן וְתִירשׁ: יַעַבְדוּךָ עַמִּים וְיִשְׁתַּחֲווּ לְךָ לְאֻמִּים. הֱוֵה גְבִיר לְאַחֶיךָ וְיִשְׁתַּחֲווּ לְךָ בְּנֵי אִמֶּךָ. אֹרְרֶיךָ אָרוּר וּמְבָרְכֶיךָ בָּרוּךְ: וְאֵל שַׁדַּי יְבָרֵךְ אֹתְךָ וְיַפְרְךָ וְיַרְבֶּךָ וְהָיִיתָ לִקְהַל עַמִּים: וְיִתֶּן לְךָ אֶת בִּרְכַּת אַבְרָהָם. לְךָ וּלְזַרְעֲךָ אִתָּךְ לְרִשְׁתְּךָ אֶת אֶרֶץ מְגֻרֶיךָ. אֲשֶׁר נָתַן אֱלֹהִים לְאַבְרָהָם:

מֵאֵל אָבִיךָ וְיַעְזְרֶךָּ וְאֵת שַׁדַּי וִיבָרְכֶךָּ. בִּרְכֹת שָׁמַיִם מֵעָל. בִּרְכֹת תְּהוֹם רֹבֶצֶת תָּחַת. בִּרְכֹת שָׁדַיִם וָרָחַם: בִּרְכֹת אָבִיךָ גָּבְרוּ עַל בִּרְכֹת הוֹרַי עַד תַּאֲוַת גִּבְעֹת עוֹלָם. תִּהְיֶיןָ לְרֹאשׁ יוֹסֵף וּלְקָדְקֹד נְזִיר אֶחָיו:

וַאֲהֵבְךָ וּבֵרַכְךָ וְהִרְבֶּךָ. וּבֵרַךְ פְּרִי בִטְנְךָ וּפְרִי אַדְמָתֶךָ. דְּגָנְךָ וְתִירשְׁךָ וְיִצְהָרֶךָ שְׁגַר אֲלָפֶיךָ וְעַשְׁתְּרֹת צֹאנֶךָ עַל הָאֲדָמָה אֲשֶׁר נִשְׁבַּע לַאֲבֹתֶיךָ לָתֶת לָךְ: בָּרוּךְ תִּהְיֶה מִכָּל־הָעַמִּים. לֹא יִהְיֶה בְךָ עָקָר וַעֲקָרָה וּבִבְהֶמְתֶּךָ: וְהֵסִיר יְיָ מִמְּךָ כָּל־חֹלִי וְכָל מַדְוֵי מִצְרַיִם הָרָעִים אֲשֶׁר יָדַעְתָּ. לֹא יְשִׂימָם בָּךְ וּנְתָנָם בְּכָל שֹׂנְאֶיךָ:

הַמַּלְאָךְ הַגֹּאֵל אֹתִי מִכָּל רָע. יְבָרֵךְ אֶת הַנְּעָרִים וְיִקָּרֵא בָהֶם שְׁמִי וְשֵׁם אֲבֹתַי. אַבְרָהָם וְיִצְחָק. וְיִדְגּוּ לָרֹב בְּקֶרֶב הָאָרֶץ: יְיָ אֱלֹהֵיכֶם הִרְבָּה אֶתְכֶם וְהִנְּכֶם הַיּוֹם כְּכוֹכְבֵי הַשָּׁמַיִם לָרֹב: יְיָ אֱלֹהֵי אֲבוֹתֵיכֶם יֹסֵף עֲלֵיכֶם כָּכֶם אֶלֶף פְּעָמִים וִיבָרֵךְ אֶתְכֶם כַּאֲשֶׁר דִּבֶּר לָכֶם:

בָּרוּךְ אַתָּה בָּעִיר וּבָרוּךְ אַתָּה בַּשָּׂדֶה: בָּרוּךְ אַתָּה בְּבֹאֶךָ וּבָרוּךְ אַתָּה בְּצֵאתֶךָ: בָּרוּךְ טַנְאֲךָ וּמִשְׁאַרְתֶּךָ: בָּרוּךְ פְּרִי בִטְנְךָ וּפְרִי אַדְמָתְךָ וּפְרִי בְהֶמְתֶּךָ. שְׁגַר אֲלָפֶיךָ וְעַשְׁתְּרוֹת צֹאנֶךָ: יְצַו יְיָ אִתְּךָ אֶת הַבְּרָכָה בַּאֲסָמֶיךָ. וּבְכֹל מִשְׁלַח יָדֶךָ וּבֵרַכְךָ בָּאָרֶץ אֲשֶׁר יְיָ אֱלֹהֶיךָ נֹתֵן לָךְ: יִפְתַּח יְיָ לְךָ אֶת אוֹצָרוֹ הַטּוֹב. אֶת הַשָּׁמַיִם לָתֵת מְטַר אַרְצְךָ בְּעִתּוֹ וּלְבָרֵךְ אֵת כָּל מַעֲשֵׂה יָדֶךָ. וְהִלְוִיתָ גּוֹיִם רַבִּים וְאַתָּה לֹא תִלְוֶה: כִּי יְיָ אֱלֹהֶיךָ בֵּרַכְךָ כַּאֲשֶׁר דִּבֶּר לָךְ. וְהַעֲבַטְתָּ גּוֹיִם רַבִּים וְאַתָּה לֹא תַעֲבֹט. וּמָשַׁלְתָּ בְּגוֹיִם רַבִּים וּבְךָ לֹא יִמְשֹׁלוּ: אַשְׁרֶיךָ יִשְׂרָאֵל מִי כָמוֹךָ עַם נוֹשַׁע בַּיְיָ. מָגֵן עֶזְרֶךָ וַאֲשֶׁר חֶרֶב גַּאֲוָתֶךָ. וְיִכָּחֲשׁוּ אֹיְבֶיךָ לָךְ וְאַתָּה עַל בָּמוֹתֵימוֹ תִדְרֹךְ:

מָחִיתִי כָעָב פְּשָׁעֶיךָ וְכֶעָנָן חַטֹּאתֶיךָ. שׁוּבָה אֵלַי כִּי גְאַלְתִּיךָ: רָנּוּ שָׁמַיִם כִּי עָשָׂה יְיָ. הָרִיעוּ תַּחְתִּיּוֹת אָרֶץ. פִּצְחוּ הָרִים רִנָּה יַעַר וְכָל עֵץ בּוֹ. כִּי גָאַל יְיָ יַעֲקֹב וּבְיִשְׂרָאֵל יִתְפָּאָר: גֹּאֲלֵנוּ יְיָ צְבָאוֹת שְׁמוֹ קְדוֹשׁ יִשְׂרָאֵל:

יִשְׂרָאֵל נוֹשַׁע בַּייָ תְּשׁוּעַת עוֹלָמִים. לֹא תֵבֹשׁוּ וְלֹא תִכָּלְמוּ עַד עוֹלְמֵי עַד: וַאֲכַלְתֶּם אָכוֹל וְשָׂבוֹעַ וְהִלַּלְתֶּם אֶת שֵׁם יְיָ אֱלֹהֵיכֶם אֲשֶׁר עָשָׂה עִמָּכֶם לְהַפְלִיא. וְלֹא יֵבֹשׁוּ עַמִּי לְעוֹלָם: וִידַעְתֶּם כִּי בְקֶרֶב יִשְׂרָאֵל אָנִי וַאֲנִי יְיָ אֱלֹהֵיכֶם וְאֵין עוֹד. וְלֹא יֵבֹשׁוּ עַמִּי לְעוֹלָם: כִּי בְשִׂמְחָה תֵצֵאוּ וּבְשָׁלוֹם תּוּבָלוּן. הֶהָרִים וְהַגְּבָעוֹת יִפְצְחוּ לִפְנֵיכֶם רִנָּה וְכָל עֲצֵי הַשָּׂדֶה יִמְחֲאוּ כָף: הִנֵּה

אֵל יְשׁוּעָתִי אֶבְטַח וְלֹא אֶפְחָד. כִּי עָזִּי וְזִמְרָת יָהּ יְיָ. וַיְהִי לִי לִישׁוּעָה: וּשְׁאַבְתֶּם מַיִם בְּשָׂשׂוֹן מִמַּעַיְנֵי הַיְשׁוּעָה: וַאֲמַרְתֶּם בַּיּוֹם הַהוּא. הוֹדוּ לַיְיָ קִרְאוּ בִשְׁמוֹ הוֹדִיעוּ בָעַמִּים עֲלִילֹתָיו. הַזְכִּירוּ כִּי נִשְׂגָּב שְׁמוֹ: זַמְּרוּ יְיָ כִּי גֵאוּת עָשָׂה. מוּדַעַת זֹאת בְּכָל הָאָרֶץ: צַהֲלִי וָרֹנִּי יֹשֶׁבֶת צִיּוֹן. כִּי גָדוֹל בְּקִרְבֵּךְ קְדוֹשׁ יִשְׂרָאֵל: וְאָמַר בַּיּוֹם הַהוּא. הִנֵּה אֱלֹהֵינוּ זֶה קִוִּינוּ לוֹ וְיוֹשִׁיעֵנוּ. זֶה יְיָ קִוִּינוּ לוֹ נָגִילָה וְנִשְׂמְחָה בִּישׁוּעָתוֹ:

בֵּית יַעֲקֹב לְכוּ וְנֵלְכָה בְּאוֹר יְיָ: וְהָיָה אֱמוּנַת עִתֶּיךָ חֹסֶן יְשׁוּעֹת חָכְמַת וָדָעַת. יִרְאַת יְיָ הִיא אוֹצָרוֹ: וַיְהִי דָוִד לְכָל דְּרָכָיו מַשְׂכִּיל וַיְיָ עִמּוֹ: פָּדָה בְשָׁלוֹם נַפְשִׁי מִקְּרָב לִי. כִּי בְרַבִּים הָיוּ עִמָּדִי: וַיֹּאמֶר הָעָם אֶל שָׁאוּל הֲיוֹנָתָן יָמוּת אֲשֶׁר עָשָׂה הַיְשׁוּעָה הַגְּדוֹלָה הַזֹּאת בְּיִשְׂרָאֵל. חָלִילָה חַי יְיָ אִם יִפֹּל מִשַּׂעֲרַת רֹאשׁוֹ אַרְצָה, כִּי עִם אֱלֹהִים עָשָׂה הַיּוֹם הַזֶּה. וַיִּפְדּוּ הָעָם אֶת יוֹנָתָן וְלֹא מֵת: וּפְדוּיֵי יְיָ יְשֻׁבוּן וּבָאוּ צִיּוֹן בְּרִנָּה. וְשִׂמְחַת עוֹלָם עַל רֹאשָׁם. שָׂשׂוֹן וְשִׂמְחָה יַשִּׂיגוּ וְנָסוּ יָגוֹן וַאֲנָחָה: הָפַכְתָּ מִסְפְּדִי לְמָחוֹל לִי. פִּתַּחְתָּ שַׂקִּי וַתְּאַזְּרֵנִי שִׂמְחָה: וְלֹא אָבָה יְיָ אֱלֹהֶיךָ לִשְׁמוֹעַ אֶל בִּלְעָם. וַיַּהֲפֹךְ יְיָ אֱלֹהֶיךָ לְּךָ אֶת הַקְּלָלָה לִבְרָכָה כִּי אֲהֵבְךָ יְיָ אֱלֹהֶיךָ: אָז תִּשְׂמַח בְּתוּלָה בְּמָחוֹל וּבַחֻרִים וּזְקֵנִים יַחְדָּו. וְהָפַכְתִּי אֶבְלָם לְשָׂשׂוֹן וְנִחַמְתִּים וְשִׂמַּחְתִּים מִיגוֹנָם:

בּוֹרֵא נִיב שְׂפָתָיִם. שָׁלוֹם שָׁלוֹם לָרָחוֹק וְלַקָּרוֹב אָמַר יְיָ וּרְפָאתִיו: וְרוּחַ לָבְשָׁה אֶת עֲמָשַׂי רֹאשׁ הַשָּׁלִישִׁים לְךָ דָוִיד וְעִמְּךָ בֶן יִשַׁי. שָׁלוֹם שָׁלוֹם לְךָ וְשָׁלוֹם לְעֹזְרֶךָ. כִּי עֲזָרְךָ אֱלֹהֶיךָ. וַיְקַבְּלֵם דָּוִיד וַיִּתְּנֵם בְּרָאשֵׁי הַגְּדוּד: וַאֲמַרְתֶּם כֹּה לֶחָי. וְאַתָּה שָׁלוֹם וּבֵיתְךָ שָׁלוֹם וְכֹל אֲשֶׁר לְךָ שָׁלוֹם: יְיָ עֹז לְעַמּוֹ יִתֵּן יְיָ יְבָרֵךְ אֶת עַמּוֹ בַשָּׁלוֹם:

אָמַר רַבִּי יוֹחָנָן. בְּכָל מָקוֹם שֶׁאַתָּה מוֹצֵא גְּדֻלָּתוֹ שֶׁל הַקָּדוֹשׁ בָּרוּךְ הוּא. שָׁם אַתָּה מוֹצֵא עַנְוְתָנוּתוֹ. דָּבָר זֶה כָּתוּב בַּתּוֹרָה. וְשָׁנוּי בַּנְּבִיאִים. וּמְשֻׁלָּשׁ בַּכְּתוּבִים: כָּתוּב בַּתּוֹרָה. כִּי יְיָ אֱלֹהֵיכֶם הוּא אֱלֹהֵי הָאֱלֹהִים וַאֲדֹנֵי הָאֲדֹנִים. הָאֵל הַגָּדֹל הַגִּבֹּר וְהַנּוֹרָא אֲשֶׁר לֹא יִשָּׂא פָנִים וְלֹא יִקַּח שֹׁחַד: וּכְתִיב בַּתְרֵהּ. עֹשֶׂה מִשְׁפַּט יָתוֹם וְאַלְמָנָה. וְאֹהֵב גֵּר לָתֶת לוֹ לֶחֶם וְשִׂמְלָה: שָׁנוּי בַּנְּבִיאִים דִּכְתִיב. כִּי כֹה אָמַר רָם וְנִשָּׂא שֹׁכֵן עַד וְקָדוֹשׁ שְׁמוֹ מָרוֹם וְקָדוֹשׁ אֶשְׁכּוֹן. וְאֶת דַּכָּא וּשְׁפַל רוּחַ לְהַחֲיוֹת רוּחַ שְׁפָלִים וּלְהַחֲיוֹת לֵב נִדְכָּאִים: מְשֻׁלָּשׁ בַּכְּתוּבִים דִּכְתִיב. שִׁירוּ לֵאלֹהִים זַמְּרוּ שְׁמוֹ. סֹלּוּ לָרֹכֵב בָּעֲרָבוֹת בְּיָהּ שְׁמוֹ וְעִלְזוּ לְפָנָיו: וּכְתִיב בַּתְרֵהּ. אֲבִי יְתוֹמִים וְדַיַּן אַלְמָנוֹת אֱלֹהִים בִּמְעוֹן קָדְשׁוֹ: יְהִי יְיָ אֱלֹהֵינוּ עִמָּנוּ. כַּאֲשֶׁר הָיָה עִם אֲבֹתֵינוּ. אַל יַעַזְבֵנוּ וְאַל יִטְּשֵׁנוּ: וְאַתֶּם הַדְּבֵקִים בַּייָ אֱלֹהֵיכֶם. חַיִּים כֻּלְּכֶם הַיּוֹם: כִּי נִחַם יְיָ צִיּוֹן. נִחַם כָּל חָרְבֹתֶיהָ וַיָּשֶׂם מִדְבָּרָהּ כְּעֵדֶן וְעַרְבָתָהּ כְּגַן יְיָ. שָׂשׂוֹן וְשִׂמְחָה יִמָּצֵא בָהּ תּוֹדָה וְקוֹל זִמְרָה: יְיָ חָפֵץ לְמַעַן צִדְקוֹ. יַגְדִּיל תּוֹרָה וְיַאְדִּיר:

תהלים קכ״ח

שִׁיר הַמַּעֲלוֹת

אַשְׁרֵי כָּל־יְרֵא יְיָ הַהֹלֵךְ בִּדְרָכָיו:
יְגִיעַ כַּפֶּיךָ כִּי תֹאכֵל אַשְׁרֶיךָ וְטוֹב לָךְ:
אֶשְׁתְּךָ כְּגֶפֶן פֹּרִיָּה בְּיַרְכְּתֵי בֵיתֶךָ
בָּנֶיךָ כִּשְׁתִלֵי זֵיתִים סָבִיב לְשֻׁלְחָנֶךָ:
הִנֵּה כִי־כֵן יְבֹרַךְ גָּבֶר יְרֵא יְיָ:
יְבָרֶכְךָ יְיָ מִצִּיּוֹן וּרְאֵה בְּטוּב יְרוּשָׁלָיִם
כֹּל יְמֵי חַיֶּיךָ:
וּרְאֵה־בָנִים לְבָנֶיךָ שָׁלוֹם עַל־יִשְׂרָאֵל:

הבדלה

When the Havdalah is chanted in the Synagogue, the opening paragraph is omitted.

הִנֵּה אֵל יְשׁוּעָתִי אֶבְטַח וְלֹא אֶפְחָד. כִּי עָזִּי וְזִמְרָת יָהּ יְיָ וַיְהִי־לִי לִישׁוּעָה: וּשְׁאַבְתֶּם מַיִם בְּשָׂשׂוֹן מִמַּעַיְנֵי הַיְשׁוּעָה: לַייָ הַיְשׁוּעָה עַל־עַמְּךָ בִרְכָתֶךָ סֶּלָה: יְיָ צְבָאוֹת עִמָּנוּ מִשְׂגָּב־לָנוּ אֱלֹהֵי יַעֲקֹב סֶלָה: לַיְּהוּדִים הָיְתָה אוֹרָה וְשִׂמְחָה וְשָׂשׂוֹן וִיקָר: כֵּן תִּהְיֶה לָּנוּ. כּוֹס יְשׁוּעוֹת אֶשָּׂא וּבְשֵׁם יְיָ אֶקְרָא:

בָּרוּךְ אַתָּה יְיָ אֱלֹהֵינוּ מֶלֶךְ הָעוֹלָם. בּוֹרֵא פְּרִי הַגָּפֶן:

The spice box is taken and the following is said:

בָּרוּךְ אַתָּה יְיָ אֱלֹהֵינוּ מֶלֶךְ הָעוֹלָם. בּוֹרֵא מִינֵי בְשָׂמִים:

Blessing for the light

בָּרוּךְ אַתָּה יְיָ אֱלֹהֵינוּ מֶלֶךְ הָעוֹלָם. בּוֹרֵא מְאוֹרֵי הָאֵשׁ:

בָּרוּךְ אַתָּה יְיָ אֱלֹהֵינוּ מֶלֶךְ הָעוֹלָם. הַמַּבְדִּיל בֵּין קֹדֶשׁ לְחוֹל בֵּין אוֹר לְחשֶׁךְ בֵּין יִשְׂרָאֵל לָעַמִּים. בֵּין יוֹם הַשְּׁבִיעִי לְשֵׁשֶׁת יְמֵי הַמַּעֲשֶׂה. בָּרוּךְ אַתָּה יְיָ הַמַּבְדִּיל בֵּין קֹדֶשׁ לְחוֹל:

הַמַּבְדִּיל בֵּין קֹדֶשׁ לְחוֹל. חַטֹּאתֵינוּ יִמְחֹל.
זַרְעֵנוּ וְכַסְפֵּנוּ יַרְבֶּה כַּחוֹל. וְכַכּוֹכָבִים בַּלָּיְלָה:
יוֹם פָּנָה כְּצֵל תֹּמֶר. אֶקְרָא לָאֵל עָלַי גֹּמֵר.
אָמַר שׁוֹמֵר. אָתָא בֹקֶר וְגַם לָיְלָה:
צִדְקָתְךָ כְּהַר תָּבוֹר. עַל חֲטָאַי עָבוֹר תַּעֲבוֹר.
כְּיוֹם אֶתְמוֹל כִּי יַעֲבוֹר. וְאַשְׁמוּרָה בַלָּיְלָה:

עָלֵינוּ לְשַׁבֵּחַ לַאֲדוֹן הַכֹּל לָתֵת גְּדֻלָּה לְיוֹצֵר בְּרֵאשִׁית שֶׁלֹּא עָשָׂנוּ כְּגוֹיֵי הָאֲרָצוֹת וְלֹא שָׂמָנוּ כְּמִשְׁפְּחוֹת הָאֲדָמָה שֶׁלֹּא שָׂם חֶלְקֵנוּ כָּהֶם וְגוֹרָלֵנוּ כְּכָל הֲמוֹנָם:

וַאֲנַחְנוּ כּוֹרְעִים וּמִשְׁתַּחֲוִים וּמוֹדִים
לִפְנֵי מֶלֶךְ מַלְכֵי הַמְּלָכִים הַקָּדוֹשׁ בָּרוּךְ הוּא.

שֶׁהוּא נוֹטֶה שָׁמַיִם וְיוֹסֵד אָרֶץ וּמוֹשַׁב יְקָרוֹ בַּשָּׁמַיִם מִמַּעַל וּשְׁכִינַת עֻזּוֹ בְּגָבְהֵי מְרוֹמִים: הוּא אֱלֹהֵינוּ אֵין עוֹד. אֱמֶת מַלְכֵּנוּ אֶפֶס זוּלָתוֹ כַּכָּתוּב בְּתוֹרָתוֹ וְיָדַעְתָּ הַיּוֹם וַהֲשֵׁבֹתָ אֶל לְבָבֶךָ כִּי יְיָ הוּא הָאֱלֹהִים בַּשָּׁמַיִם מִמַּעַל וְעַל־הָאָרֶץ מִתָּחַת. אֵין עוֹד:

עַל־כֵּן נְקַוֶּה לְּךָ יְיָ אֱלֹהֵינוּ לִרְאוֹת מְהֵרָה בְּתִפְאֶרֶת עֻזֶּךָ לְהַעֲבִיר גִּלּוּלִים מִן הָאָרֶץ וְהָאֱלִילִים כָּרוֹת יִכָּרֵתוּן. לְתַקֵּן עוֹלָם בְּמַלְכוּת שַׁדַּי. וְכָל־בְּנֵי בָשָׂר יִקְרְאוּ בִשְׁמֶךָ לְהַפְנוֹת אֵלֶיךָ כָּל־רִשְׁעֵי אָרֶץ. יַכִּירוּ וְיֵדְעוּ כָּל־יוֹשְׁבֵי תֵבֵל. כִּי־לְךָ תִּכְרַע כָּל־בֶּרֶךְ תִּשָּׁבַע כָּל־לָשׁוֹן: לְפָנֶיךָ יְיָ אֱלֹהֵינוּ יִכְרְעוּ וְיִפֹּלוּ. וְלִכְבוֹד שִׁמְךָ יְקָר יִתֵּנוּ. וִיקַבְּלוּ כֻלָּם אֶת עוֹל מַלְכוּתֶךָ. וְתִמְלוֹךְ עֲלֵיהֶם מְהֵרָה לְעוֹלָם וָעֶד. כִּי הַמַּלְכוּת שֶׁלְּךָ הִיא וּלְעוֹלְמֵי עַד תִּמְלוֹךְ בְּכָבוֹד: כַּכָּתוּב בְּתוֹרָתֶךָ יְיָ יִמְלֹךְ לְעוֹלָם וָעֶד: וְנֶאֱמַר וְהָיָה יְיָ לְמֶלֶךְ עַל־כָּל־הָאָרֶץ בַּיּוֹם הַהוּא יִהְיֶה יְיָ אֶחָד וּשְׁמוֹ אֶחָד:

Mourners' Kaddish

יִתְגַּדַּל וְיִתְקַדַּשׁ שְׁמֵהּ רַבָּא. בְּעָלְמָא דִּי־בְרָא כִרְעוּתֵהּ.
וְיַמְלִיךְ מַלְכוּתֵהּ בְּחַיֵּיכוֹן וּבְיוֹמֵיכוֹן וּבְחַיֵּי דְכָל־בֵּית
יִשְׂרָאֵל בַּעֲגָלָא וּבִזְמַן קָרִיב. וְאִמְרוּ אָמֵן:

Congregation and Mourners

יְהֵא שְׁמֵהּ רַבָּא מְבָרַךְ לְעָלַם וּלְעָלְמֵי עָלְמַיָּא:

Mourners

יִתְבָּרַךְ וְיִשְׁתַּבַּח וְיִתְפָּאַר וְיִתְרוֹמַם וְיִתְנַשֵּׂא וְיִתְהַדַּר
וְיִתְעַלֶּה וְיִתְהַלַּל שְׁמֵהּ דְּקֻדְשָׁא. בְּרִיךְ הוּא. לְעֵלָּא
וּלְעֵלָּא מִן־כָּל־בִּרְכָתָא וְשִׁירָתָא תֻּשְׁבְּחָתָא וְנֶחֱמָתָא
דַּאֲמִירָן בְּעָלְמָא. וְאִמְרוּ אָמֵן:

יְהֵא שְׁלָמָא רַבָּא מִן־שְׁמַיָּא וְחַיִּים עָלֵינוּ וְעַל־כָּל־
יִשְׂרָאֵל. וְאִמְרוּ אָמֵן:

עֹשֶׂה שָׁלוֹם בִּמְרוֹמָיו הוּא יַעֲשֶׂה שָׁלוֹם עָלֵינוּ וְעַל־כָּל־
יִשְׂרָאֵל. וְאִמְרוּ אָמֵן:

Yis-ga-dal v'yis-ka-dash sh'may ra-bo,
B'ol-mo dee-v'ro ḥir-u-say, v'yam-leeḥ mal-ḥu-say,
B'ḥa-yay-ḥōn uv-yō-may-ḥōn, uv-ḥa-yay d'ḥol bays yis-ro-ayl,
Ba-a-go-lo u-viz'man ko-reev, v'im-ru o-mayn.

Y'hay sh'may ra-bo m'vo-raḥ, l'o-lam ul-ol-may ol-ma-yo.
Yis-bo-raḥ v'yish-ta-baḥ, v'yis-po-ar v'yis-rō-mam,
V'yis-na-say v'yis-ha-dar, v'yis-a-leh, v'yis-ha-lal
sh'may d'kud-sho b'riḥ hu;

L'ay-lo ul-ay-lo min kol bir-ḥo-so v'shee-ro-so,
Tush-b'ḥo-so v'ne-ḥeh-mo-so, da-a-mee-ron b'ol-mo,
V'im-ru o-mayn.

Y'hay sh'lo-mo ra-bo min sh'ma-yo,
V'ḥa-yeem o-lay-nu v'al kol yis-ro-ayl v'im-ru o-mayn.
Ō-se sho-lōm bim-rō-mov hu ya-a-se sho-lōm
O-lay-nu v'al kol yis-ro-ayl v'im-ru o-mayn.

INDEX OF ADDITIONAL PRAYERS, MEDITATIONS, RESPONSIVE READINGS, NOTES, AND TRANSLATION IN PROSE AND VERSE

(Prayers and Supplementary Readings listed without signature, composed or translated by the compiler, Morris Silverman)